Constituição da República Federativa do Brasil

CONSTITUIÇÃO DA REPÚBLICA
FEDERATIVA DO BRASIL

Coleção Jacoby de Direito Público
Organização: J. U. Jacoby Fernandes

Constituição da República Federativa do Brasil

- Atualizada até a EC nº 99/2017
- Redação anterior com período de vigência
- Indicação das leis que regulamentam os artigos
- Ações Diretas de Inconstitucionalidade
- Súmulas do Supremo Tribunal Federal
- Melhor índice remissivo alfabético

Belo Horizonte

1 FÓRUM

2019

© 2019 da 2ª edição by Editora Fórum: 1000 exemplares

Coordenação Editorial (coaching e projeto editorial/revisão de conteúdo): Lili Vieira.
Colaboração: Daiana Líbia
Capa: Murilo Queiroz Melo Jacoby Fernandes
Interferência de capa: Walter Santos
Dados Internacionais de Catalogação na Publicação (CIP)
(Câmara Brasileira do Livro, SP, Brasil)

Dados Internacionais de Catalogação na Publicação (CIP) de acordo com ISBD

C758   Constituição da República Federativa do Brasil: Atualizada até a EC nº 99/2017. Redação anterior de cada dispositivo alterado. Súmulas do Supremo Tribunal Federal. Melhor índice remissivo. Indicação das leis que regulamentam os artigos. Ações Diretas de Inconstitucionalidade / organizado por J. U. Jacoby Fernandes. - 2. ed. - Belo Horizonte : Fórum, 2019.
        790 p. ; 12cm x 18cm. – (Coleção Jacoby de Direito Público, v.5)

        ISBN: 978-85-450-0599-5.

        1. Direito. 2. Direito Constitucional. 3. Constituição da República Federativa do Brasil. I. Título. II. Série.

                                  CDD 342
                                  CDU 342

Elaborado por Vagner Rodolfo da Silva - CRB-8/9410

Informação bibliográfica deste livro, conforme a NBR 6023:2002 da Associação Brasileira de Normas Técnicas (ABNT):

FERNANDES, J. U. Jacoby (Org.). *Constituição da República Federativa do Brasil*: Atualizada até a EC nº 99/2017. Redação anterior de cada dispositivo alterado. Súmulas do Supremo Tribunal Federal. Melhor índice remissivo. Indicação das leis que regulamentam os artigos. Ações Diretas de Inconstitucionalidade. 2. ed. Belo Horizonte: Fórum, 2019. 790 p. ISBN 978-85-450-0599-5.

Proibida a reprodução total ou parcial desta obra, por qualquer meio eletrônico, inclusive por processos xerográficos, sem autorização expressa do editor, em especial das notas e índices de assuntos.

SUMÁRIO

Apresentação 11

Como consultar essa obra 13

Preâmbulo 15

TÍTULO I - Dos Princípios Fundamentais 17

TÍTULO II - Dos Direitos e Garantias Fundamentais 19
Capítulo I - Dos Direitos e Deveres Individuais e Coletivos 19
Capítulo II - Dos Direitos Sociais 32
Capítulo III - Da Nacionalidade 39
Capítulo IV - Dos Direitos Políticos 40
Capítulo V - Dos Partidos Políticos 43

TÍTULO III - Da Organização do Estado 45
Capítulo I - Da Organização Político-administrativa 45
Capítulo II - Da União 47
Capítulo III - Dos Estados Federados 60
Capítulo IV - Dos Municípios 63
Capítulo V - Do Distrito Federal e dos Territórios 69
Seção I - Do Distrito Federal 69
Seção II - Dos Territórios 70
Capítulo VI - Da Intervenção 70
Capítulo VII - Da Administração Pública 72
Seção I - Disposições Gerais 72
Seção II - Dos Servidores Públicos 83
Seção III – Dos Militares dos Estados, do Distrito Federal e dos Territórios 92
Seção IV - Das Regiões 94

TÍTULO IV - Da Organização dos Poderes 95
Capítulo I - Do Poder Legislativo 95
Seção I - do Congresso Nacional 95

Seção II - Das atribuições do Congresso Nacional 96

Seção III - Da Câmara dos Deputados 99

Seção IV - Do Senado Federal 100

Seção V - Dos Deputados e dos Senadores 102

Seção VI - Das Reuniões 105

Seção VII - Das Comissões 107

Seção VIII - Do Processo Legislativo 108

Subseção I - Disposição geral 108

Subseção II - Da Emenda à Constituição 108

Subseção III - Das Leis 109

Seção IX - Da Fiscalização Contábil, Financeira e Orçamentária 116

Capítulo II - Do Poder Executivo 120

Seção I - Do Presidente e do Vice-presidente da República 120

Seção II - Das Atribuições do Presidente da República 122

Seção III - Da Responsabilidade do Presidente da República 124

Seção IV - Dos Ministros de Estado 125

Seção V - Do Conselho da República e do Conselho de Defesa Nacional 126

Subseção I - Do Conselho da República 126

Subseção II - Do Conselho de Defesa Nacional 126

Capítulo III - Do Poder Judiciário 127

Seção I - Disposições gerais 127

Seção II - Do Supremo Tribunal Federal 141

Seção III - Do Superior Tribunal de Justiça 152

Seção IV - Dos Tribunais Regionais Federais e dos Juízes Federais 154

Seção V - Do Tribunal Superior do Trabalho, dos Tribunais Regionais do Trabalho e dos Juízes do Trabalho 157

Seção VI - Dos Tribunais e Juízes Eleitorais 162

Seção VII - Dos Tribunais e Juízes Militares 164

Seção VIII - Dos Tribunais e Juízes dos Estados 164

Capítulo IV - Das Funções Essenciais à Justiça 166

Seção I - Do Ministério Público 166

Seção II - Da Advocacia Pública 172

SUMÁRIO

Seção III - Da Advocacia 174

Seção IV - Da Defensoria Pública 174

TÍTULO V - Da Defesa do Estado e das Instituições Democráticas 176

Capítulo I - Do Estado de Defesa e do Estado de Sítio 176

Seção I - Do Estado de Defesa 176

Seção II - Do Estado de Sítio 177

Seção III - Disposições gerais 178

Capítulo II - Das Forças Armadas 178

Capítulo III - Da Segurança Pública 180

TÍTULO VI - Da Tributação e do Orçamento 183

Capítulo I - Do Sistema Tributário Nacional 183

Seção I - Dos Princípios Gerais 183

Seção II – Das Limitações do Poder de Tributar 186

Seção III - Dos Impostos da União 190

Seção IV - Dos Impostos dos Estados e do Distrito Federal 192

Seção V - Dos Impostos dos Municípios 197

Seção VI - Da Repartição das Receitas Tributárias 199

Capítulo II - Das Finanças Públicas 202

Seção I - Normas Gerais 202

Seção II - Dos Orçamentos 203

TÍTULO VII - Da Ordem Econômica e Financeira 212

Capítulo I - Dos Princípios Gerais da Atividade Econômica 212

Capítulo II - Da Política Urbana 220

Capítulo III - Da Política Agrícola e Fundiária e da Reforma Agrária .. 221

Capítulo IV - Do Sistema Financeiro Nacional 223

TÍTULO VIII - Da Ordem Social 225

Capítulo I - Disposição Geral 225

Capítulo II - Da Seguridade Social 225

Seção I - Disposições Gerais 225

Seção II - Da Saúde 229

Seção III - Da Previdência Social 233

Seção IV - Da Assistência Social 238

Capítulo III - Da Educação, da Cultura e do Desporto 239

Seção I - Da Educação... 239

Seção II - Da Cultura... 246

Seção III - Do Desporto... 249

Capítulo IV - Da Ciência, Tecnologia e Inovação 250

Capítulo V - Da Comunicação Social 252

Capítulo VI - Do Meio Ambiente 255

Capítulo VII - Da Família, da Criança, do Adolescente, do Jovem e do Idoso 259

Capítulo VIII - Dos Índios.. 262

TÍTULO IX - DAS DISPOSIÇÕES CONSTITUCIONAIS GERAIS .. 264

ATO DAS DISPOSIÇÕES CONSTITUCIONAIS TRANSITÓRIAS 271

Emenda Constitucional nº 2, de 25 de agosto de 1992 328

Emenda Constitucional nº 3, de 17 de março de 1993 329

Emenda Constitucional nº 8, de 15 de agosto de 1995 331

Emenda Constitucional nº 9, de 09 de novembro de 1995 332

Emenda Constitucional nº 17, de 22 de novembro de 1997 333

Emenda Constitucional nº 19, de 04 de junho de 1998........................ 334

Emenda Constitucional nº 20, de 15 de dezembro de 1998 338

Emenda Constitucional nº 24, de 9 de dezembro de 1999.................... 342

Emenda Constitucional nº 32, de 11 de setembro de 2001 343

Emenda Constitucional nº 33, de 11 de dezembro de 2001 344

Emenda Constitucional nº 41, de 19 de dezembro de 2003 345

Emenda Constitucional nº 42, de 19 de dezembro de 2003 350

Emenda Constitucional nº 45, de 30 de dezembro de 2004 351

Emenda Constitucional nº 47, de 5 de julho de 2005 353

Emenda Constitucional nº 51, de 14 de fevereiro de 2006.................... 355

Emenda Constitucional nº 62, de 9 de dezembro de 2009 356

Emenda Constitucional nº 69, de 29 de março de 2012........................ 357

Emenda Constitucional nº 70, de 29 de março de 2012........................ 358

Emenda Constitucional nº 91, de 18 de fevereiro de 2016................... 359

SUMÁRIO

Emenda Constitucional nº 97, de 4 de outubro de 2017 360

Emenda Constitucional nº 98, de 6 de dezembro de 2017 362

SÚMULAS DO SUPREMO TRIBUNAL FEDERAL 364

Súmulas Vinculantes..364

Súmulas da Jurisprudência predominante do STF 371

ÍNDICE DE ASSUNTOS..457

APRESENTAÇÃO

A Constituição Federal completa em 2018 seus 30 anos. Foram 99 emendas até dezembro de 2017.

A edição comemorativa agora apresentada ao público representa um esforço de pesquisa e organização que tornam a obra diferenciada em relação a outras existentes no mercado.

Primeiramente, oferece ao leitor, em cada artigo alterado, o tempo em que vigeu o dispositivo anterior e desde que data vige o atual. Em vários casos, felizmente, a vigência não coincide com a data da publicação. Felizmente porque o legislador tem oportunizado um adequado período de *vacatio legis*, o que é muito apropriado e necessário, especialmente em se tratando da norma que no regime democrático subjuga todas as demais.

Em segundo lugar, aproveitando informações disponibilizadas pelo Supremo Tribunal Federal, foi associada aos artigos e demais dispositivos a existência de Ação Direta de Inconstitucionalidade.

Terceiro, as normas infralegais que regulamentam o dispositivo estão indicadas e também associadas ao respectivo dispositivo da Constituição.

O mais importante diferencial desta obra, porém, está no índice remissivo alfabético inserido no final. Mesmo com os recursos da tecnologia da informação, nem sempre a pesquisa eletrônica alcançará o mesmo resultado. Por exemplo: ao procurar com "ctr-l" ou "ctr-f" direitos do preso o pesquisador não encontrará "dignidade da pessoa humana"; no índice dessa obra, no verbete "preso", remete-se à prisão e nesse está como subverbete a remissão ao art. 1º, inc. III – "dignidade da pessoa humana" como um dos fundamentos da República Federativa do Brasil. Em vários verbetes, o esforço do pensamento associativo foi planejado para antecipar interrelações úteis ao pesquisador-leitor.

Sempre teremos o que comemorar neste país. E a dinâmica da Constituição federal representa a esperança do seu povo, externada pelos legítimos representantes, democraticamente eleitos. Que extraordinária visão é perceber que o nosso povo consagra no mais elevado instrumento jurídico, a Constituição federal, o dever-ser como ideário para os operadores do Direito e para toda a nação. Esperança dinâmica, dialética, ininterrupta e condensada nessa crença cívica!

Um brinde aos trinta anos da Constituição-cidadã.

Jacoby Fernandes
Professor e advogado

COMO CONSULTAR ESTA OBRA

Para oferecer a segunda edição desta obra ao público, a Constituição Federal foi atualizada com todas as emendas constitucionais publicadas até outubro de 2018. A propósito, é importante saber que:

a) os dispositivos que sofreram alteração, se encontram com a redação vigente até 4 de outubro de 2018;

b) no final, foram disponibilizadas apenas a parte das emendas que trouxeram outras disposições, além das alterações dos artigos constitucionais;

c) os dispositivos que já foram regulamentados receberam a indicação da Lei e decretos respectivos;

d) as leis e decretos que apenas alteram outras normas não foram mencionados, mas podem ser consultadas com apenas um clique no *site* do planalto;

e) no total foram realizadas mais de 22 mil inserções;

O Brasil conta hoje, com quase 5 milhões de normas editadas, entre leis, decretos e normas infralegais, como portarias e instruções normativas editadas após 5 de outubro de 1988. Por esse motivo, apenas foram indicadas as leis e decretos regulamentadores e, somente em casos excepcionais, em razão da importância, outros tipos de normas.

Sugere-se, entretanto, para facilitar a busca no caso de norma pontual, que o leitor inicie a pesquisa sempre pelo *Google*, colocando apenas os dados base de pesquisa, como "Lei 5709", "Decreto-lei 200" e escolha sempre o *link* do planalto, onde a norma aparecerá atualizada com todas as alterações e indicação da norma modificadora.

Também foram objeto de indicação as Ações Diretas de Inconstitucionalidade (ADIs) nos dispositivos que foram questionados no Supremo Tribunal Federal, corte maior, incumbida constitucionalmente de proteger a Constituição.

Uma ótima leitura!

O organizador

CONSTITUIÇÃO DA REPÚBLICA
FEDERATIVA DO BRASIL
(Publicada no Diário Oficial da União n° 191-A, de 5 de outubro de 1988)

PREÂMBULO

Nós, representantes do povo brasileiro, reunidos em Assembléia Nacional Constituinte para instituir um Estado Democrático, destinado a assegurar o exercício dos direitos sociais e individuais, a liberdade, a segurança, o bem-estar, o desenvolvimento, a igualdade e a justiça como valores supremos de uma sociedade fraterna, pluralista e sem preconceitos, fundada na harmonia social e comprometida, na ordem interna e internacional, com a solução pacífica das controvérsias, promulgamos, sob a proteção de Deus, a seguinte CONSTITUIÇÃO DA REPÚBLICA FEDERATIVA DO BRASIL.[1]

---

[1] Vide ADI 2.076, Rel. Min. Carlos Velloso, DJ 08/08/2003 e ADI 2.649, Rel. Min. Cármen Lúcia, DJe 17/10/2008.

TÍTULO I
DOS PRINCÍPIOS FUNDAMENTAIS

Art. 1º A República Federativa do Brasil, formada pela união indissolúvel dos Estados e Municípios e do Distrito Federal, constitui-se em Estado Democrático de Direito e tem como fundamentos:[2]

I - a soberania;

II - a cidadania;[3]

III - a dignidade da pessoa humana;[4]

IV - os valores sociais do trabalho e da livre iniciativa;[5]

V - o pluralismo político.[6]

Parágrafo único. Todo o poder emana do povo, que o exerce por meio de representantes eleitos ou diretamente, nos termos desta Constituição.[7]

Art. 2º São Poderes da União, independentes e harmônicos entre si, o Legislativo, o Executivo e o Judiciário.[8]

---

[2] Vide ADI 5.394, Rel Alexandre de Morais, Inf. 895; ADI 4.650, Rel. Min. Luiz Fux, DJe 24/02/2016 e ADI 1.247-MC, Rel. Min. Celso de Mello, DJ 08/09/1995.

[3] Vide ADI 2.649, Rel. Min. Cármen Lúcia, DJe 17/10/2008.

[4] Vide Súmulas Vinculantes nos 11 e 56 e ADI 4.275, rel. Min. Edson Fachin, Inf. 892; ADI 4.424, Rel. Min. Marco Aurélio, DJe 01/08/2014; ADI 3.510, Rel. Min. Ayres Britto, DJe 28/05/2010; ADI 2.649, Rel. Min. Cármen Lúcia, DJe 17/10/2008 e também a Lei nº 13.271, de 15 de abril de 2016 (dispõe sobre a proibição de revista íntima de funcionárias nos locais de trabalho e trata da revista íntima em ambientes prisionais); Lei nº 13.239, de 30 de dezembro de 2015 (dispõe sobre a oferta e a realização, no âmbito do Sistema Único de Saúde - SUS, de cirurgia plástica reparadora de sequelas de lesões causadas por atos de violência contra a mulher); Lei nº 13.185, de 06 de novembro de 2015 (Programa de Combate à Intimidação Sistemática - Bullying); Lei nº 13.031, de 24 de setembro de 2014 (dispõe sobre a caracterização de símbolo que permita a identificação de local ou serviço habilitado ao uso por pessoas com ostomia).

[5] Vide ADI 1.950, Rel. Min. Eros Grau, DJ 02/06/2006; e ADI 319-QO, Rel. Min. Moreira Alves, DJ 30/04/1993. Vide Lei nº 13.111, de 25 de março de 2015 (obrigatoriedade de os empresários que comercializam veículos automotores informarem ao comprador o valor dos tributos incidentes sobre a venda e a situação de regularidade do veículo quanto a furto, multas, taxas anuais, débitos de impostos, alienação fiduciária ou quaisquer outros registros que limitem ou impeçam a circulação do veículo).

[6] Vide ADI 1.351 e 1.354, Rel. Min. Marco Aurélio, Inf. 451 e ADI 1.355-MC, Rel. Min. Ilmar Galvão, DJ 23/02/1996.

[7] Vide ADI 4.307, Rel. Min. Cármen Lúcia, DJe 01/10/2013.

[8] Vide Súmula nº 649; ADI 5.468, Rel. Min. Luiz Fux, DJe de 02/08/2017; ADI 4.125, Rel. Min. Cármen Lúcia, DJe 15/02/2011; ADI 4.102, Rel. Min. Cármen Lúcia, DJe 10/02/2015; ADI 4.029, Rel. Min. Luiz Fux, 27/06/2012; ADI 3.458, Rel. Min. Eros Grau, DJe 16/05/2008; ADI 3.394, Rel. Min. Eros Grau, DJe 15/08/2008; ADI 3.378, Rel. Min. Ayres Britto, DJe 20/06/2008; ADI 3.343, Rel. Min. Luiz Fux, DJe 22/11/2011; ADI 2.654, Rel. Min. Dias Toffoli, DJe, 09/10/2014; ADI 2.300, Rel. Min. Teori Zavascki, DJe 17/09/2014; ADI 2.238, Rel p/ o ac. Min. Ayres Brito, DJe 12/09/2008; ADI 2.214, Rel. Min. Maurício Correa, DJ 19/04/2002; ADI 1.949-MC, Rel. Min. Sepúlveda Pertence, DJ 25/11/2005; ADI 1.933, Rel. Min. Eros Grau, DJe 03/09/2010; ADI 1706, Rel. Min. Eros Grau, DJe 12/09/2008; ADI 1.703, Rel. Min. Alexandre de Moraes, DJe, 19/12/2017; ADI 1.642, Rel. Min. Eros Grau, DJe

Arts. 3º e 4º

Art. 3º Constituem objetivos fundamentais da República Federativa do Brasil:

I - construir uma sociedade livre, justa e solidária;[9]

II - garantir o desenvolvimento nacional;[10]

III - erradicar a pobreza e a marginalização e reduzir as desigualdades sociais e regionais;[11]

IV - promover o bem de todos, sem preconceitos de origem, raça, sexo, cor, idade e quaisquer outras formas de discriminação.[12]

Art. 4º A República Federativa do Brasil rege-se nas suas relações internacionais pelos seguintes princípios:

I - independência nacional;

II - prevalência dos direitos humanos;

III - autodeterminação dos povos;

IV - não-intervenção;

V - igualdade entre os Estados;

VI - defesa da paz;

VII - solução pacífica dos conflitos;

VIII - repúdio ao terrorismo e ao racismo;

IX - cooperação entre os povos para o progresso da humanidade;

X - concessão de asilo político.

19/09/2008; ADI 1.578, Rel. Min. Cármen Lúcia, DJe 03/04/2009; ADI 839-MC, Rel. Min. Celso de Mello, DJ 24/11/2006; ADI 603, Rel. Min. Eros Grau, DJ 06/10/2006; ADI 3.367, Rel. Min. Cezar Peluso, DJ 22/09/2006; ADC 12-MC, Rel. Min. Ayres Britto, DJ 01/09/2006; ADI 3.252-MC, Rel. Min. Gilmar Mendes, DJ 06/04/2005; ADI 246, Rel. Min. Eros Grau, DJ 29/04/2005; ADI 98, Rel. Min. Sepúlveda Pertence, DJ 31/10/1997; ADI 2.931, Rel. Min. Ayres Britto, Inf. 377; ADI 2.911, Rel. Min. Ayres Britto, DJ de 02/02/2007; ADI 1.905-MC, Rel. Min. Sepúlveda Pertence, DJ 05/11/2004; ADI 3.046, Rel. Min. Sepúlveda Pertence, DJ 28/05/2004; ADI 738, Rel. Min. Maurício Corrêa, DJ 07/02/2003; ADI 2.654-MC, Rel. Min. Sepúlveda Pertence, DJ 23/08/2002; ADI 774, Rel. Min. Sepúlveda Pertence, DJ 26/02/1999, no mesmo sentido: ADI 2.434-MC, DJ 10/08/2001; ADI 975-MC, Rel. Min. Carlos Velloso, DJ 20/06/1997; ADI 676, Rel. Min. Carlos Velloso, DJ 29/11/1996; ADI 668, Rel. Min. Dias Toffoli, DJe 28/03/2014; ADI 770, DJ 20/09/2002 e ADI 165, DJ 26/09/1997; ADI 1.315-MC, Rel. Min. Ilmar Galvão, DJ 25/08/1995; ADI 179, Rel. Min. Dias Toffoli, 28/03/2014; ADI 605-MC, Rel. Min. Celso de Mello, DJ 05/03/1993; ADI 523, Rel. Min. Eros Grau, DJe 17/10/2008; ADI 307, Rel. Min. Eros Grau, DJe 01/07/2009; ADI 104, Rel. Min. Sepúlveda Pertence, DJ 24/08/2007.

[9] Vide ADI 1.003, Rel. Min. Celso de Mello, DJ 10/09/1999 e Lei nº 13.289, de 20 de maio de 2016 (dispõe sobre o Selo Empresa Solidária com a Vida e dá outras providências).

[10] Vide ADI 3.540-MC, Rel. Min. Celso de Mello, DJ 03/02/2006.

[11] Vide ADI 1.003-MC, Rel. Min. Celso de Mello, DJ 10/09/1999 e ADI 319-QO, Rel. Min. Moreira Alves, DJ 30/04/1993.

[12] Vide ADI 4.277, Rel. Min. Ayres Britto, DJe 14/10/2011; ADI 4.275, Rel. Min. p/ o ac. Edson Fachin, Inf. 892 e ADI 319-QO, Rel. Min. Moreira Alves, DJ 30/04/1993; Lei nº 12.227, de 12 de abril de 2010 (cria o Relatório Anual Socioeconômico da Mulher).

CONSTITUIÇÃO FEDERAL (1988)   Arts. 4º e 5º

Parágrafo único. A República Federativa do Brasil buscará a integração econômica, política, social e cultural dos povos da América Latina, visando à formação de uma comunidade latino-americana de nações.

TÍTULO II
DOS DIREITOS E GARANTIAS FUNDAMENTAIS

CAPÍTULO I - DOS DIREITOS E DEVERES INDIVIDUAIS E COLETIVOS

Art. 5º Todos são iguais perante a lei, sem distinção de qualquer natureza, garantindo-se aos brasileiros e aos estrangeiros residentes no País a inviolabilidade do direito à vida, à liberdade, à igualdade, à segurança e à propriedade[13], nos termos seguintes:[14]

I - homens e mulheres são iguais em direitos e obrigações, nos termos desta Constituição;[15]

II - ninguém será obrigado a fazer ou deixar de fazer alguma coisa senão em virtude de lei;[16]

III - ninguém será submetido a tortura nem a tratamento desumano ou degradante;[17]

IV - é livre a manifestação do pensamento, sendo vedado o anonimato;[18]

---

[13] Vide Lei nº 13.170, de 16 de outubro de 2015 (disciplina a ação de indisponibilidade de bens, direitos ou valores em decorrência de resolução do Conselho de Segurança das Nações Unidas – CSNU).

[14] Vide Súmulas Vinculantes nº 37 e 06 e Súmula nº 725; ADI 4.747, 4.756, 4.923 e 4.679, Rel. Min. Luiz Fux, Inf. 884; ADI 4.364, Rel. Min. Dias Toffoli, DJe 16/05/2011; ADI 4.277, Rel. Min. Ayres Britto, DJE 14/10/2011; ADI 4.178, Rel. Min. Cezar Peluso, DJe 07/05/2010; ADI 3.854-MC, Rel. Min. Cezar Peluso, DJ. 29/06/2007; ADI 3.795, Rel. Min. Ayres Britto, DJe 16/06/2011; ADI 3.522, Rel. Min. Marco Aurélio, DJ 12/05/2006; ADI 3.510, Rel. Min. Ayres Britto, DJe 28/05/2010; ADI 3.443, Rel. Min. Carlos Velloso, DJ 23/09/2005; ADI 3.330, Rel. Min. Ayres Britto, 22/03/2013; ADI 3.324, Min. Marco Aurélio, DJ 05/08/2005; ADI 3.305, Rel. Min. Eros Grau, DJ 24/11/2006; ADI 3.070, Rel. Min. Eros Grau, DJ 19/12/2007; ADI 2.527, Rel. Min. Ellen Gracie, DJ 23/11/2007; ADI 2.474, Rel. Min. Ellen Gracie, DJ 25/04/2003; ADI 2.418, Rel. Min. Teori Zavascki, DJe 17/11/2016; ADI 2.214, Rel. Min. Maurício Correa, DJ 19/04/2002; ADI 2.206-MC, Rel. Min. Nelson Jobim, DJ 01/08/2003; ADI 872, Rel. Min. Ellen Gracie, DJ 20/09/2002; ADC 41, Rel. Min. Roberto Barroso, DJe 17/08/2017; Lei nº 11.142, de 25 de julho de 2005 (dia nacional da imigração japonesa) e Lei nº 11.172, de 6 de setembro de 2005 (dia nacional de combate à pobreza).

[15] Vide ADI 4.424, voto do rel. min. Marco Aurélio, DJe, 01/08/2014; ADI 1.946, Rel. Min. Sydney Sanches, DJ 16/05/2003.

[16] Vide Súmulas nºˢ 636, 686 e 711 e também ADI 3.378, Rel. Min. Ayres Britto, DJe de 20/6/2008; ADI 3.510, Rel. Min. Ayres Britto, DJE de 28/05/2010 e ADI 2.075-MC, Rel. Min. Celso de Mello, DJ 27/06/2003.

[17] Vide Súmula Vinculante 11. Lei nº 12.847 de 02 agosto de 2013. (institui o Sistema Nacional de Prevenção e Combate à Tortura; cria o Comitê Nacional de Prevenção e Combate à Tortura e o Mecanismo Nacional de Prevenção e Combate à Tortura).

[18] Vide ADI 5.136, Rel. Min. Gilmar Mendes, DJe 30/10/2014; ADI 4.451, Rel. Min. Ayres Britto, DJe 24/08/2012; ADI 4.274, Rel. Min. Ayres Britto, DJe 02/05/2012; ADI 869, Rel. Min. Ilmar Galvão, DJ 04/06/2004. Vide Lei nº 13.188, de 11 de novembro de 2015 (Direito de

Art. 5º

V - é assegurado o direito de resposta, proporcional ao agravo, além da indenização por dano material, moral ou à imagem;[19]

VI - é inviolável a liberdade de consciência e de crença, sendo assegurado o livre exercício dos cultos religiosos e garantida, na forma da lei, a proteção aos locais de culto e a suas liturgias;[20]

VII - é assegurada, nos termos da lei, a prestação de assistência religiosa nas entidades civis e militares de internação coletiva;[21]

VIII - ninguém será privado de direitos por motivo de crença religiosa ou de convicção filosófica ou política, salvo se as invocar para eximir-se de obrigação legal a todos imposta e recusar-se a cumprir prestação alternativa, fixada em lei;[22]

IX - é livre a expressão da atividade intelectual, artística, científica e de comunicação, independentemente de censura ou licença;[23]

X - são invioláveis a intimidade, a vida privada, a honra e a imagem das pessoas, assegurado o direito a indenização pelo dano material ou moral decorrente de sua violação;[24]

---

resposta ou retificação do ofendido em matéria divulgada, publicada ou transmitida por veículo de comunicação social) .

[19] Vide ADI 4.451, Rel. Min. Ayres Britto, DJe 24/08/2012. Lei nº 12.190, de 13 de janeiro de 2010 (Concede indenização por dano moral às pessoas com deficiência física decorrente do uso da talidomida).

[20] Vide ADI 4.439, Rel.Min. Alexandre de Moraes, Inf. 879; Lei nº 4.898, de 09 de dezembro de 1965 (Lei de Abuso de Autoridade), art. 3º, alínea "d" (constitui abuso de autoridade qualquer atentado à liberdade de consciência e de crença); Decreto-Lei nº 2.848, de 7 de dezembro de 1940 (Código Penal), arts. 208/212 (crimes contra o sentimento religioso e contra o respeito aos mortos) e Lei nº 10.335, de 19 de dezembro de 2001 (dia da Bíblia); Lei nº 13,425 de 30 de março de 2017 (diretrizes gerais sobre medidas de prevenção e combate a incêndio e a desastres em estabelecimentos, edificações e áreas de reunião de público).

[21] Vide Lei nº 6.923, de 29 de junho de 1981 (dispõe sobre o serviço de assistência religiosa nas Forças Armadas); Lei nº 7.210, de 11 de julho de 1984 (Lei de Execução Penal), art. 24 (A assistência religiosa, com liberdade de culto, será prestada aos presos e aos internados, permitindo-se-lhes a participação nos serviços organizados no estabelecimento penal, bem como a posse de livros de instrução religiosa); Lei nº 8.069, de 13 de julho de 1990 (Estatuto da Criança e do Adolescente), art. 124, XIV (estabelece como direito do adolescente privado de liberdade, o recebimento de assistência religiosa, segundo a sua crença, e desde que assim o deseje); Lei nº 9.982, de 14 de julho de 2000 (dispõe sobre a prestação de assistência religiosa nas entidades hospitalares públicas e privadas, bem como nos estabelecimentos prisionais civis e militares); Lei 12.965, de 23 de abril de 2014 (estabelece princípios, garantias, direitos e deveres para o uso da Internet no Brasil).

[22] Vide Lei nº 8.239, de 04 de outubro de 1991 (regulamenta o artigo 143, §§ 1º e 2º, que dispõem sobre a prestação de serviço alternativo ao Serviço Militar Obrigatório).

[23] Vide ADI 5.136, Rel. Min. Gilmar Mendes, DJe 30/10/2014; ADI 4.451, Rel. Min. Ayres Britto, DJe 24/08/2012; ADI 3.510, Rel. Min. Ayres Britto, DJe 28/05/2010 e ADI 2.404, Rel. Min. Dias Toffoli, DJe 01/08/2017.

[24] Vide Lei nº 13.709, de 14 de agosto de 2018 (dispõe sobre a proteção de dados pessoais) e também: Súmula Vinculante 11; ADI 4.451, Rel. Min. Ayres Britto, DJe 24/08/2012 e ADI 4.275, Rel. Min. Edson Fachin, Inf. 892.

CONSTITUIÇÃO FEDERAL (1988)   Art. 5º

XI - a casa é asilo inviolável do indivíduo, ninguém nela podendo penetrar sem consentimento do morador, salvo em caso de flagrante delito ou desastre, ou para prestar socorro, ou, durante o dia, por determinação judicial;

XII - é inviolável o sigilo da correspondência e das comunicações telegráficas, de dados e das comunicações telefônicas, salvo, no último caso, por ordem judicial, nas hipóteses e na forma que a lei estabelecer para fins de investigação criminal ou instrução processual penal;[25]

XIII - é livre o exercício de qualquer trabalho, ofício ou profissão, atendidas as qualificações profissionais que a lei estabelecer;[26]

---

[25] Vide ADI 2.407, Rel. Min. Cármen Lúcia, DJ 29/06/2007; Decreto-Lei nº 2.848, de 7 de dezembro de 1940 (Código Penal), arts. 151/152 (crimes contra a inviolabilidade de correspondência); Lei nº 4.898, de 09 de dezembro de 1965 (Lei de Abuso de Autoridade), art. 3º, alínea "c" (constitui abuso de autoridade qualquer atentado ao sigilo da correspondência); Lei nº 5.172, de 25 de outubro de 1966 (Código Tributário Nacional), art. 198, § 1º, inc. I (possibilidade de quebra de sigilo fiscal por decisão judicial ou solicitação de autoridade administrativa no interesse da Administração Pública; Lei nº 6.538, de 22 de junho de 1978 (dispõe sobre os serviços postais); Decreto nº 8.016, de 17 de maio de 2013 (Estatuto Social da Empresa Brasileira de Correios e Telégrafos - ECT); Lei Complementar nº 75, de 20 de maio de 1993 (Estatuto do Ministério Público da União), arts. 6º, inc. XVIII, alínea "a" (compete ao MPU representar ao órgão judicial competente para quebra de sigilo da correspondência e das comunicações telegráficas, de dados e das comunicações telefônicas, para fins de investigação criminal ou instrução processual penal, bem como manifestar-se sobre representação a ele dirigida para os mesmos fins); Lei nº 9.296, de 24 de julho de 1996 (Lei da escuta telefônica - regulamenta o inciso XII, parte final, do art. 5º da Constituição Federal); Lei Complementar nº 105, de 10 de janeiro de 2001 (dispõe sobre o sigilo das operações de instituições financeiras); Li 12.694, de 24 de julho de 2012 (dispõe sobre o processo e o julgamento colegiado em primeiro grau de jurisdição de crimes praticados por organizações criminosas); Lei 12.830, de 20 de junho de 2013 (investigação criminal conduzida pelo delegado de polícia); Lei nº 12.850, de 2 de agosto de 2013 (define organização criminosa e dispõe sobre a investigação criminal, os meios de obtenção da prova, infrações penais correlatas e o procedimento criminal).

[26] Vide ADI 5.035 e 5.037, rel. p/ o ac. Alexandre Moraes, Inf. 886; ADI 3.541, Rel. Min. Dias Toffoli, DJe 24/03/2014; ADI 3.000, Rel. Min. Carlos Velloso, Inf. 413; ADI 1.040, Rel. Min. Ellen Gracie, DJ 01/04/2005; ADI 1.717, Rel. Min. Sydney Sanches, DJ 28/03/2003; ADI 1.723-MC, voto do Min. Carlos Velloso, DJ 19/12/2001; ADI 2.317-MC, Rel. Min. Ilmar Galvão, DJ 23/03/2001 e ADI 1.062-MC, Rel. Min. Sydney Sanches, DJ 01/07/1994; ADI 803, Rel. Min. Gilmar Mendes, DJe 23/11/2017; ADI 395, Rel. Min. Cármen Lúcia, DJ 17/08/2007; Lei nº 12.790, de 14 de maço de 2013 (exercício da profissão de comerciário); Lei nº 12.870, de 15 de outubro de 2013 (exercício da atividade profissional de vaqueiro); Lei nº 12.842, de 10 de julho de 2013 (exercício da Medicina); Lei nº 12.592, de 18 de janeiro de 2012 (exercício das atividades profissionais de Cabeleireiro, Barbeiro, Esteticista, Manicure, Pedicure, Depilador e Maquiador); Lei nº 12.591, de 18 de janeiro de 2012 (exercício da profissão de turismólogo); Lei nº 12.468 de 26 de agosto de 2018 (Regulamenta a profissão de taxista); Lei 12.467 de 26 de agosto de 2011 (exercício da profissão de *Sommelier*); Lei nº 12.378, de 31 de dezembro de 2010 (exercício da Arquitetura e Urbanismo); Lei nº 12.319 de 01 de setembro e 2010 (regulamenta a profissão de Tradutor e Intérprete da Língua Brasileira de Sinais - LIBRAS; Lei nº 12.302, de 02 de agosto de 2010 (exercício da profissão de Instrutor de Trânsito; Lei nº 12.198 de 14 de janeiro de 2010 (exercício da profissão de Repentista); Lei nº 12.023, de 27 de agosto de 2009 (atividades de movimentação de mercadorias em geral e sobre o trabalho avulso); Lei nº 12.009 de 29 de julho de 2009 (exercício das atividades dos profissionais em transporte de passageiros,

Art. 5º J. U. JACOBY FERNANDES

XIV - é assegurado a todos o acesso à informação e resguardado o sigilo da fonte, quando necessário ao exercício profissional;[27]

XV - é livre a locomoção no território nacional em tempo de paz, podendo qualquer pessoa, nos termos da lei, nele entrar, permanecer ou dele sair com seus bens;[28]

XVI - todos podem reunir-se pacificamente, sem armas, em locais abertos ao público, independentemente de autorização, desde que não frustrem outra reunião anteriormente convocada para o mesmo local, sendo apenas exigido prévio aviso à autoridade competente;[29]

XVII - é plena a liberdade de associação para fins lícitos, vedada a de caráter paramilitar;[30]

XVIII - a criação de associações e, na forma da lei, a de cooperativas independem de autorização, sendo vedada a interferência estatal em seu funcionamento;[31]

"mototaxista); Lei nº 11.901 de 12 de janeiro de 2009 (profissão de Bombeiro Civil); Lei nº 11.760 de 31 de julho de 2018 (exercício da profissão de Oceanógrafo); Lei nº 11.889, de 24 de dezembro de 2008 (exercício das profissões de Técnico em Saúde Bucal - TSB e de Auxiliar em Saúde Bucal – ASB); Lei nº 11.476, de 29 de maio de 2007 (regulamenta a profissão de Enólogo e Técnico em Enologia)

[27] Vide ADI 4.451, Rel. Min. Ayres Britto, DJe 24/08/2012; vide ADI 3.741, Rel. Min. Ricardo Lewandowski, Inf. 439; ADI 3.401, Rel. Min. Ricardo Lewandowski, DJ 23/02/2007; Lei nº 8.159, de 8 de janeiro de 1991 (política nacional de arquivos públicos e privados) e o Decreto nº 4.073, de 3 de janeiro de 2002 que a regulamenta e ainda o Decreto nº 7.845, de 14 de novembro de 2012 (regulamenta procedimentos para credenciamento de segurança e tratamento de informação classificada em qualquer grau de sigilo, e dispõe sobre o Núcleo de Segurança e Credenciamento).

[28] Vide ADI 1.706, Rel. Min. Eros Grau, DJe 12/09/2008 e ainda Lei nº 13.445, de 24 de maio de 2017 (Lei de Migração), regulamentada pelo Decreto nº 9.199, de 20 de novembro de 2017; Lei nº 7.685, de 02 de dezembro de 1988 (dispõe sobre o registro provisório para o estrangeiro em situação ilegal em território nacional).

[29] Vide ADI 4.274, Rel. Min. Ayres Britto, DJe 02/05/2012; ADI 1.969, Rel. Min. Ricardo Lewandowski, DJ 31/08/2007.

[30] Vide ADI 3.045, Rel. Min. Celso de Mello, DJ 01/06/2007; ADI 2.054, Rel. Min. Sepúlveda Pertence, DJ 17/10/2003; ADI 1.194, Rel. p/ o ac Min. Cármen Lúcia, DJe 11/09/2009 e ADI 444, Rel. Min. Moreira Alves, DJ 25/10/1991.

[31] Vide Lei nº 4.595, de 31 de dezembro de 1964 (dispõe sobre a política e as instituições monetárias, bancárias e creditícias e cria o Conselho Monetário Nacional); Lei nº 4.898, de 09 de dezembro de 1965 (Lei de Abuso de Autoridade), art. 3º, alínea "f" (constitui abuso de autoridade qualquer atentado à liberdade de associação); Lei nº 5.764, de 16 de dezembro de 1971 (define a Política Nacional de Cooperativismo e institui o regime jurídico das sociedades cooperativas); Lei nº 9.867, de 10 de novembro de 1999 (dispõe sobre a criação e o funcionamento de cooperativas sociais, visando à integração social dos cidadãos); Decretos nº 3.701, de 27 de dezembro de 2000, nº 2.936, de 11 de janeiro de 1999 e Decreto nº 3.263, de 25 de novembro de 1999 (dispõem sobre a contratação de operações de crédito ao amparo do Programa de Revitalização de Cooperativas de Produção Agropecuária - RECOOP); Lei nº 12.690, de 19 de julho de 2012 (organização e o funcionamento das Cooperativas de Trabalho).

CONSTITUIÇÃO FEDERAL (1988) Art. 5º

XIX - as associações só poderão ser compulsoriamente dissolvidas ou ter suas atividades suspensas por decisão judicial, exigindo-se, no primeiro caso, o trânsito em julgado;[32]

XX - ninguém poderá ser compelido a associar-se ou a permanecer associado;[33]

XXI - as entidades associativas, quando expressamente autorizadas, têm legitimidade para representar seus filiados judicial ou extrajudicialmente;[34]

XXII - é garantido o direito de propriedade;[35]

XXIII - a propriedade atenderá a sua função social;[36]

XXIV - a lei estabelecerá o procedimento para desapropriação por necessidade ou utilidade pública, ou por interesse social, mediante justa e prévia indenização em dinheiro, ressalvados os casos previstos nesta Constituição;[37]

XXV - no caso de iminente perigo público, a autoridade competente poderá usar de propriedade particular, assegurada ao proprietário indenização ulterior, se houver dano;

XXVI - a pequena propriedade rural, assim definida em lei, desde que trabalhada pela família, não será objeto de penhora para pagamento de débitos

---

[32] Vide ADI 3.045, Rel. Min. Celso de Mello, DJ 01/06/2007.

[33] Vide ADI 3.464, Rel. Min. Menezes Direito, DJe 06/03/2009 e ADI 1.416, Rel. Min. Gilmar Mendes, DJ 14/11/2002.

[34] Vide Súmula n° 629.

[35] Vide ADI 3.112, Rel. Min. Ricardo Lewandowski, DJ 26/10/2007; ADI 2.213-MC, Rel. Min. Celso de Mello, DJ 23/04/2004.

[36] Vide ADI 2.213-MC, Rel. Min. Celso de Mello, DJ 23/04/2004.

[37] Vide Súmulas n°s 618 e 652; ADI 2.260-MC, Rel. Min. Moreira Alves, DJ 02/08/2002; Decreto-Lei n° 3.365, de 21 de junho de 1941 (dispõe sobre desapropriações por utilidade pública); Lei n° 4.132, de 10 de setembro de 1962 (define os casos de desapropriação por interesse social e dispõe sobre sua aplicação); Lei n° 4.593, de 29 de dezembro de 1964 (disciplina a desapropriação para as obras de combate as secas do nordeste); Decreto-Lei n° 1.075, de 22 de janeiro de 1970 (regula a imissão de posse, *initio litis*, em imóveis residenciais urbanos), aprovado pelo Decreto Legislativo n° 23, de 27 de maio de 1970; Lei n° 6.513, de 20 de dezembro de 1977 (dispõe sobre a criação de áreas especiais e de locais de interesse turísticos, sobre o inventário com finalidades turísticas dos bens de valor cultural e natural); Lei n° 8.629, de 25 de fevereiro de 1993 (regulamenta a reforma agrária), regulamentada, juntamente com a Lei n° 13.001, de 14 de junho de 2014 pelo Decreto n° 8.738 de 3 maio de 2016; Lei Complementar n° 76, de 06 de julho de 1993 (dispõe sobre o procedimento contraditório especial, de rito sumário, para o processo de desapropriação de imóvel rural, por interesse social, para fins de reforma agrária); Lei n° 6.015, de 31 de dezembro de 1973 (dispõe sobre os registros públicos); Lei n° 6.766, de 19 de dezembro de 1979 (dispõe sobre o Parcelamento do Solo Urbano); Lei n° 10.406, de 10 de janeiro de 2002 (institui o Código Civil), art. 1.228, § 3° (O proprietário tem a faculdade de usar, gozar e dispor da coisa, e o direito de reavê-la do poder de quem quer que injustamente a possua ou detenha. [...] § 3° O proprietário pode ser privado da coisa, nos casos de desapropriação, por necessidade ou utilidade pública ou interesse social, bem como no de requisição, em caso de perigo público iminente) e Lei n° 10.257, de 10 de julho de 2001 (Estatuto da Cidade); Lei n° 13.465, de 11 de julho de 2017 (dispõe sobre a regularização fundiária rural e urbana).

Art. 5º   J. U. Jacoby Fernandes

decorrentes de sua atividade produtiva, dispondo a lei sobre os meios de financiar o seu desenvolvimento;[38]

XXVII - aos autores pertence o direito exclusivo de utilização, publicação ou reprodução de suas obras, transmissível aos herdeiros pelo tempo que a lei fixar;[39]

XXVIII - são assegurados, nos termos da lei:

a) a proteção às participações individuais em obras coletivas e à reprodução da imagem e voz humanas, inclusive nas atividades desportivas;

b) o direito de fiscalização do aproveitamento econômico das obras que criarem ou de que participarem aos criadores, aos intérpretes e às respectivas representações sindicais e associativas;[40]

XXIX - a lei assegurará aos autores de inventos industriais privilégio temporário para sua utilização, bem como proteção às criações industriais, à

---

[38] Vide Lei nº 4.504, de 30 de novembro de 1964 (dispõe sobre o Estatuto da Terra); Decreto nº 55.286, de 28 de dezembro de 1964 (estabelece as normas gerais para a regulamentação da Lei nº 4.504/64); Decreto nº 56.798, de 27 de agosto de 1965 (regulamenta o Fundo Agroindustrial de Reconversão - Funar - criado pelo artigo 120 do Estatuto da Terra); Decreto nº 578, de 24 de junho de 1992 (dá nova regulamentação ao lançamento dos títulos da dívida agrária); Lei nº 4.947, de 06 de abril de 1966 (fixa normas de Direito Agrário, dispõe sobre o sistema de organização e funcionamento do Instituto Brasileiro de Reforma Agrária); Lei nº 5.709, de 7 de outubro de 1971 (regula a aquisição de imóvel rural por estrangeiro residente no país ou pessoa jurídica estrangeira autorizada a funcionar no Brasil); Lei nº 5.868, de 12 de dezembro de 1972 (cria o Sistema Nacional de Cadastro Rural) e Decreto nº 3.993, de 30 de outubro de 2001 (regulamenta o artigo 95-a da Lei nº 4.504/64, que institui o programa de arrendamento rural para a agricultura familiar); Lei 11.326, de 24 de junho de 2006 (estabelece as diretrizes para a formulação da Política Nacional da Agricultura Familiar e Empreendimentos Familiares Rurais); Lei no 13.606, de 09 de janeiro de 2018 (institui o Programa de Regularização Tributária Rural (PRR); Lei nº 12.188, de 11 de janeiro de 2010 (institui a Política Nacional de Assistência Técnica e Extensão Rural para a Agricultura Familiar e Reforma Agrária - PNATER e o Programa Nacional de Assistência Técnica e Extensão Rural na Agricultura Familiar e na Reforma Agrária - PRONATER).

[39] Vide Súmula nº 386; Lei nº 5.988, de 14 de dezembro de 1973 (registro das obras intelectuais) derrogada pela Lei nº 9.610, de 19 de fevereiro de 1998 (consolida a legislação sobre direitos autorais); Lei nº 9.456, de 25 de abril de 1997 (Lei de Proteção de Cultivares), regulamentada pelo Decreto nº 2.366, de 05 de novembro de 1997 (dispõe sobre o Serviço Nacional de Proteção de Cultivares - SNPC); Lei nº 9.609, de 19 de fevereiro de 1998 (Lei de Software - dispõe sobre a proteção da propriedade intelectual de programa de computador e sua comercialização no país), regulamentada pelo Decreto nº 2.556, de 20 de abril de 1998; Lei no 12.270, de 24 de junho de 2010 (medidas de suspensão de concessões ou outras obrigações do País relativas aos direitos de propriedade intelectual e outros, em casos de descumprimento de obrigações do Acordo Constitutivo da OMC).

[40] Vide ADIs 5.062 e 5.065, Rel. Min. Luiz Fux, DJe, 21/06/2017; ADI 2.054, Rel. p/o ac. Marco Aurélio, DJe, 21/06/2017; Decreto-Lei nº 2.848, de 7 de dezembro de 1940 (Código Penal), arts. 184; Lei nº 6.533, de 24 de maio de 1978 (regulamentação das profissões de Artistas e de técnico em Espetáculos de Diversões); Lei nº 9.610, de 19 de fevereiro de 1998 (consolida a legislação sobre direitos autorais); Decreto nº 4.533, de 19 de dezembro de 2002 (regulamenta o art. 113 da Lei nº 9.610/1998, no que se refere a fonogramas) e Lei nº 10.406, de 10 de janeiro de 2002 (Código Civil), art. 205 (A prescrição ocorre em dez anos, quando a lei não lhe haja fixado prazo menor).

CONSTITUIÇÃO FEDERAL (1988)   Art. 5º

propriedade das marcas, aos nomes de empresas e a outros signos distintivos, tendo em vista o interesse social e o desenvolvimento tecnológico e econômico do País;[41]

XXX - é garantido o direito de herança;[42]

XXXI - a sucessão de bens de estrangeiros situados no País será regulada pela lei brasileira em benefício do cônjuge ou dos filhos brasileiros, sempre que não lhes seja mais favorável a lei pessoal do "de cujus";[43]

XXXII - o Estado promoverá, na forma da lei, a defesa do consumidor;[44]

XXXIII - todos têm direito a receber dos órgãos públicos informações de seu interesse particular, ou de interesse coletivo ou geral, que serão prestadas no prazo da lei, sob pena de responsabilidade, ressalvadas aquelas cujo sigilo seja imprescindível à segurança da sociedade e do Estado;[45]

---

[41] Vide Decreto-Lei nº 7.903, de 27 de agosto de 1945 (Código da Propriedade Industrial); Lei nº 9.279, de 14 de maio de 1996 (regula direitos e obrigações relativos à propriedade industrial); Decreto Legislativo nº 59, de 30 de agosto de 1974 (aprova o texto do Acordo de Estrasburgo relativo à Classificação Internacional de Patentes, firmado em Estrasburgo, a 24 de março de 1971); Lei nº 8.955, de 15 de dezembro de 1994 (dispõe sobre o contrato de franquia empresarial - franchising); Lei nº 9.279, de 14 de maio de 1996 (regula direitos e obrigações relativos à propriedade industrial); Decreto nº 2.553, de 16 de abril de 1998 (regulamenta os arts. 75 e 88 a 93 da Lei nº 9.279/1996; Lei nº 9.456, de 25 de abril de 1997 (Lei de Proteção de Cultivares) e Decreto nº 2.366, de 05 de novembro de 1997 (regulamenta a Lei nº 9.456/1997, que institui a Proteção de Cultivares, dispõe sobre o Serviço Nacional de Proteção de Cultivares - SNPC).

[42] Vide ADI 1.715, DJ 30/04/2014.

[43] Vide Decreto-Lei nº 4.657, de 04 de setembro de 1942 (Lei de Introdução às normas do Direito Brasileiro), art. 10, §§ 1º e 2º; Lei nº 6.515, de 26 de dezembro de 1977 (regula os casos de dissolução da sociedade conjugal e do casamento, seus efeitos e respectivos processos - Lei do Divórcio).

[44] Vide ADI 2.937, Rel. Min. Cezar Peluso, DJe 29/05/2012; ADI 2.591, Rel. Min. Eros Grau, DJ 29/09/2006; ADI 319-QO, Rel. Min. Moreira Alves, DJ 30/04/1993; Lei nº 8.078, de 11 de setembro de 1990 (Código de Proteção e Defesa do Consumidor), Lei nº 9.008, de 21 de março de 1995 (cria o Conselho Federal Gestor do Fundo de Defesa de Direitos Difusos e altera o CDC); Decreto nº 2.181, de 20 de março de 1997 (dispõe sobre a organização do Sistema Nacional de Defesa do Consumidor - SNDC, estabelece as normas gerais de aplicação das sanções administrativas previstas na Lei nº 8.078/1990); Decreto nº 4.533, de 19 de dezembro de 2002 (regulamenta o art. 113 da Lei nº 9.610/1998, no que se refere a fonogramas); Lei nº 8.137, de 27 de dezembro de 1990 (define crimes contra a ordem tributária, econômica e contra as relações de consumo); Lei nº 819884, de 11 de junho de 1994 (transforma o Conselho Administrativo de Defesa Econômica - CADE - em autarquia, dispõe sobre a prevenção e a repressão as infrações contra a ordem econômica); Portarias nº 4, de 13 de março de 1998, nº 3, de 19 de março de 1999, nº 3, de 15 de março de 2001 e nº 5, de 27 de agosto de 2002, da Secretaria de Direito Econômico (ampliaram o rol de cláusulas abusivas consideradas nulas de pleno direito); Lei nº 10.504, de 08 de julho de 2002 (cria o Dia Nacional do Consumidor) e Lei nº 10.671, de 15 de maio de 2003 (Lei Dos Torcedores); Lei nº 13.186 (Política de Educação para o Consumo Sustentável).

[45] Vide SúmulaVinculante 14; Lei nº 6.015, de 31 de dezembro de 1973 (Lei de registros públicos); Lei nº 8.935, de 18 de novembro de 1994 (Lei dos Cartórios); Lei nº 9.051, de 18 de maio de 1995 (expedição de certidões para a defesa de direitos e esclarecimentos de situações); Lei nº 9.265, de 12 de fevereiro de 1996 (regulamenta o inciso LXXVII do art. 5º da CF, dispondo sobre a gratuidade dos atos necessários ao exercício da cidadania); Lei nº 9.507, de 12

Art. 5º   J. U. JACOBY FERNANDES

XXXIV - são a todos assegurados, independentemente do pagamento de taxas:

a) o direito de petição aos Poderes Públicos em defesa de direitos ou contra ilegalidade ou abuso de poder;[46]

b) a obtenção de certidões em repartições públicas, para defesa de direitos e esclarecimento de situações de interesse pessoal;[47]

XXXV - a lei não excluirá da apreciação do Poder Judiciário lesão ou ameaça a direito;[48]

XXXVI - a lei não prejudicará o direito adquirido, o ato jurídico perfeito e a coisa julgada;[49]

XXXVII - não haverá juízo ou tribunal de exceção;[50]

XXXVIII - é reconhecida a instituição do júri, com a organização que lhe der a lei, assegurados:[51]

a) a plenitude de defesa;

b) o sigilo das votações;

c) a soberania dos veredictos;

d) a competência para o julgamento dos crimes dolosos contra a vida;[52]

---

de novembro de 1997 (regula o direito de acesso a informações e disciplina o rito processual do *habeas-data*); Decreto n° 7.845, de 14 de novembro de 2012 (regulamenta procedimentos para credenciamento de segurança e tratamento de informação classificada em qualquer grau de sigilo, e dispõe sobre o Núcleo de Segurança e Credenciamento) e Lei n° 12.527, de 18 de novembro de 2011 (Lei de Acesso à informação) e Decreto n° 7.724 de 16 de maio de 2012 que a regulamenta.
[46] Vide Súmula Vinculante 21; ADI 2.212, Rel. Min. Ellen Gracie, DJ 14/11/2003 e ADI 1.247-MC, Rel. Min. Celso de Mello, DJ 08/09/1995.
[47] Vide ADI 2.969, Rel. Min. Ayres Britto, DJ 22/06/2007 e Lei n° 11.971 de 06 de julho de 2018 (certidões expedidas pelos Ofícios do Registro de Distribuição e Distribuidores Judiciais).
[48] Vide Súmula Vinculante n° 28 e Súmula n° 667; ADI 4.414, Rel. Min. Luiz Fux, DJe 17/06/2013; ADI 3.826, Rel. Min. Eros Grau, DJe, 20/08/2010; ADI 3.168, Rel. Min. Joaquim Barbosa, Inf. 430; ADI 2.139 e 2.160, Rel. p/ o ac. Min. Marco Aurélio, DJe 23/10/2009; ADI 2.078, Rel. Min. Gilmar Mendes, DJe, 13/04/2011; ADI 1.194, Rel. Min. Maurício Corrêa, Inf. 393; ADI 1.127-MC, Rel. Min. Marco Aurélio, DJ 29/06/2001; ADI 1.772-MC, Rel. Min. Carlos Velloso, DJ 08/09/2000; ADI 1882-MC, Rel. Min. Néri da Silveira, DJ 01/09/2000; ADI 1.074, Rel. Min. Eros Grau, DJ 25/05/2007; ADI 223-MC, voto do Min. Moreira Alves, DJ 29/06/1990; ADI 173 e 394, Rel. Min. Joaquim Barbosa, DJe 20/03/2009.
[49] Vide Súmulas Vinculantes n°s 1, 9 e 35 e Súmulas n°s 239, 343, 443, 524, 654, 678 e 725; ADI 4.917, Rel. Min. Cármen Lúcia, DJe 21/03/2013; ADI 4.578, Rel. Min. Luiz Fux, DJe 29/06/2012; ADI 3.543, Rel. Min. Cármen Lúcia, DJ, 16/03/2007; ADI 3.112, Rel. Min. Ricardo Lewandowsky, DJ 26/10/2007; ADI 3.105, Rel. Min. Cezar Peluso, DJ 18/02/2005; ADI 3.104, Rel. Min. Cármen Lúcia, DJ 09/11/2007; ADI 2.887, Rel. Min. Marco Aurélio, DJ 06/08/2004; ADI 2.527, Rel. Min. Ellen Gracie, DJ 23/11/2007; ADI 2.418, Rel. Min. Teori Zavascki, DJe, 17/11/2016; ADI 1931, Rel. Min. Marco Aurélio, Inf. 890; ADI 605, Rel. Min. Celso de Mello, DJ, 05/03/1993; ADI 493, Rel. Min. Moreira Alves, DJ 04/09/1992 e ADI 248, Rel. Min. Celso de Mello, DJ 08/04/1994.
[50] Vide Súmula n° 704 e ADI 4.414, Rel. Min. Luiz Fux, DJe 17/06/2013.
[51] Vide Súmulas n°s 156, 162 e 713.
[52] Vide Súmulas n°s 603 e 721 e ADI 4.414, Rel. Min. Luiz Fux, DJe 17/06/2013.

CONSTITUIÇÃO FEDERAL (1988)   Art. 5º

XXXIX - não há crime sem lei anterior que o defina, nem pena sem prévia cominação legal;[53]

XL - a lei penal não retroagirá, salvo para beneficiar o réu;[54]

XLI - a lei punirá qualquer discriminação atentatória dos direitos e liberdades fundamentais;[55]

XLII - a prática do racismo constitui crime inafiançável e imprescritível, sujeito à pena de reclusão, nos termos da lei;[56]

XLIII - a lei considerará crimes inafiançáveis e insuscetíveis de graça ou anistia a prática da tortura, o tráfico ilícito de entorpecentes e drogas afins, o terrorismo e os definidos como crimes hediondos, por eles respondendo os mandantes, os executores e os que, podendo evitá-los, se omitirem;[57]

---

[53] Vide ADI 3.330, Rel. Min. Ayres Britto DJe 22/03/2013.

[54] Vide Súmulas nos 611 e 711 e ADI 1.719, Rel. Min. Joaquim Barbosa, DJ 03/08/2007.

[55] Vide ADI 4.424, Rel. Min. Marco Aurélio, DJe, 01/08/2014; Lei nº 7.716, de 05 de janeiro de 1989 (define os crimes resultantes de preconceito de raça ou de cor, etnia, religião ou procedência nacional); 1988 Lei nº 9.455, 07 de abril de 1997 (define os crimes de tortura); Decreto nº 5.397 de 22 de março de 2005 (dispõe sobre a composição, competência e funcionamento do Conselho Nacional de Combate à Discriminação - CNCD); Decreto nº 3.956, de 08 de outubro de 2001 (Convenção Interamericana para eliminação de todas as formas de discriminação contra as pessoas portadoras de deficiência); Decreto nº 4.377, de 13 de setembro de 2002 (Convenção sobre a eliminação de todas as formas de discriminação contra a mulher); Lei nº 10.741, de 01 de outubro de 2003 (dispõe sobre o Estatuto do Idoso), Decreto nº 6.214, de 26 de setembro de 2007 (regulamenta o benefício de prestação continuada da assistência social devido à pessoa com deficiência e ao idoso de que trata a Lei nº 8.742/1993) e Decreto nº 419886, de 20 de novembro de 2003 (institui a Política Nacional de Promoção da Igualdade Racial - PNPIR); Lei nº 12.288, de 20 de julho de 2010 (Estatuto da Igualdade Racial); Decreto nº 7.388, de 9 de dezembro de 2010 (dispõe sobre a composição, estruturação, competências e funcionamento do Conselho Nacional de Combate à Discriminação - CNCD); Decreto nº 8.136, de 5 de novembro de 2013 (aprova o regulamento do Sistema Nacional de Promoção da Igualdade Racial – SINAPIR);Lei nº 12.735, de 30 de novembro de 2012 (tipifica condutas realizadas mediante uso de sistema eletrônico, digital ou similares, que sejam praticadas contra sistemas informatizados e similares).

[56] Vide Decreto-Lei nº 2.848, de 7 de dezembro de 1940 (institui o Código Penal), art. 140, § 3º (§ 3º Se a injúria consiste na utilização de elementos referentes à raça, cor, etnia, religião, origem ou a condição de pessoa idosa ou portadora de deficiência: Pena - reclusão de um a três anos e multa.); Lei nº 7.716, de 05 de janeiro de 1989 (define os crimes resultantes de preconceito de raça ou de cor, etnia, religião ou procedência nacional), com as alterações das Leis nº 8.081/1990, 9.459/1997, 12.288/2010, 12.735/2012; Lei nº 9.455, 07 de abril de 1997 (define os crimes de tortura); Lei nº 10.678, de 23 de maio de 2003 (cria a Secretaria Especial de Políticas de Promoção da Igualdade Racial, da Presidência da República) e Lei nº 10.741, de 01 de outubro de 2003 (dispõe sobre o Estatuto do Idoso), Decreto nº 6.214, de 26 de setembro de 2007 (assistência social devido à pessoa com deficiência e ao idoso).

[57] Vide Súmula Vinculante nº 26; ADI 3.112, Rel. Ricardo Lewandowski, DJ 26/10/2007; ADI 2.795, Rel. Maurício Correia, DJ 20/06/2003 e também: Lei nº 13.260, de 16 de março de 2016 (disciplina sobre o terrorismo, tratando de disposições investigatórias e processuais e reformulando o conceito de organização terrorista); Lei nº 7.960, de 21 de dezembro de 1989 (prisão temporária); Lei nº12.850, de 2 de agosto de 2013 (define organização criminosa e dispõe sobre investigação criminal, meios de obtenção da prova, infrações penais correlatas e o procedimento processual).

Art. 5º

XLIV - constitui crime inafiançável e imprescritível a ação de grupos armados, civis ou militares, contra a ordem constitucional e o Estado Democrático;

XLV - nenhuma pena passará da pessoa do condenado, podendo a obrigação de reparar o dano e a decretação do perdimento de bens ser, nos termos da lei, estendidas aos sucessores e contra eles executadas, até o limite do valor do patrimônio transferido;[58]

XLVI - a lei regulará a individualização da pena e adotará, entre outras, as seguintes:[59]

a) privação ou restrição da liberdade;

b) perda de bens;

c) multa;

d) prestação social alternativa;

e) suspensão ou interdição de direitos;

XLVII - não haverá penas:

a) de morte, salvo em caso de guerra declarada, nos termos do art. 84, XIX;

b) de caráter perpétuo;

c) de trabalhos forçados;

d) de banimento;

e) cruéis;

XLVIII - a pena será cumprida em estabelecimentos distintos, de acordo com a natureza do delito, a idade e o sexo do apenado;

XLIX - é assegurado aos presos o respeito à integridade física e moral;[60]

L - às presidiárias serão asseguradas condições para que possam permanecer com seus filhos durante o período de amamentação;

LI - nenhum brasileiro será extraditado, salvo o naturalizado, em caso de crime comum, praticado antes da naturalização, ou de comprovado

---

[58] Vide Decreto-Lei nº 2.848, de 7 de dezembro de 1940 (Código Penal), arts. 32 e ss, e 107, I; Lei nº 10.406, de 10 de janeiro de 2002 (Código Civil), art. 932 (São também responsáveis pela reparação civil: I - os pais, pelos filhos menores que estiverem sob sua autoridade e em sua companhia; II - o tutor e o curador, pelos pupilos e curatelados, que se acharem nas mesmas condições; III - o empregador ou comitente, por seus empregados, serviçais e prepostos, no exercício do trabalho que lhes competir, ou em razão dele; IV - os donos de hotéis, hospedarias, casas ou estabelecimentos onde se albergue por dinheiro, mesmo para fins de educação, pelos seus hóspedes, moradores e educandos; V - os que gratuitamente houverem participado nos produtos do crime, até a concorrente quantia) e art. 935 (A responsabilidade civil é independente da criminal, não se podendo questionar mais sobre a existência do fato, ou sobre quem seja o seu autor, quando estas questões se acharem decididas no juízo criminal); Decreto-Lei nº 1.001, de 21 de outubro de 1969 (Código Penal Militar), arts. 55 e ss. e Lei nº 8.429, de 02 de junho de 1992 (Lei de Improbidade Administrativa), art. 8º (O sucessor daquele que causar lesão ao patrimônio público ou se enriquecer ilicitamente está sujeito às cominações desta lei até o limite do valor da herança).

[59] Vide Súmulas Vinculantes nos 26 e 56 e Súmulas 715, 716 e 719.

[60] Vide Súmula Vinculante nº 11 e ADI 5.240, Rel. Min. Luiz Fux, DJe 01/02/2016.

CONSTITUIÇÃO FEDERAL (1988)   Art. 5º

envolvimento em tráfico ilícito de entorpecentes e drogas afins, na forma da lei;[61]

LII - não será concedida extradição de estrangeiro por crime político ou de opinião;

LIII - ninguém será processado nem sentenciado senão pela autoridade competente;[62]

LIV - ninguém será privado da liberdade ou de seus bens sem o devido processo legal;[63]

LV - aos litigantes, em processo judicial ou administrativo, e aos acusados em geral são assegurados o contraditório e ampla defesa, com os meios e recursos a ela inerentes;[64]

LVI - são inadmissíveis, no processo, as provas obtidas por meios ilícitos;

LVII - ninguém será considerado culpado até o trânsito em julgado de sentença penal condenatória;[65]

LVIII - o civilmente identificado não será submetido a identificação criminal, salvo nas hipóteses previstas em lei;[66]

---

[61] Vide Súmula n° 421; Decreto-Lei n° 2.848, de 7 de dezembro de 1940 (Código Penal), art. 7°, inc. II, alínea "b" (Art. 7°. Ficam sujeitos à lei brasileira, embora cometidos no estrangeiro: [...] II - os crimes: [...] b) praticados por brasileiro; e Decreto n° 98.961, de 15 de janeiro de 1990 (dispõe sobre a expulsão de estrangeiro condenado por tráfico de entorpecentes e drogas afins).

[62] Vide Súmula n° 704 e ainda ADI 4.414, Rel. Min. Luiz Fux, DJe 17/06/2013; ADI 2.797 e ADI 2.860, Rel. Min. Sepúlveda Pertence, DJ 19/12/2006.

[63] Vide Súmulas n°s 14, 24, 70, 323, 547, 704 e ADI 3.288, Rel. Min. Ayres Britto, DJe 24/02/2018; ADI 2.418, Rel Min. Roberto Barroso, DJe 08/03/2016; ADI 1.933, Rel. Min. Eros Grau, DJe 03/09/2010; DI 2.214, Rel. Min. Maurício Correa, DJ 19/04/2002; ADI 1.127, Rel. p/ o ac. Ricardo Lewandowski, DJe, 11/06/2010; ADI 1.511-MC, voto do Min. Carlos Velloso, DJ 06/06/2003. ADI 1.082, Rel. Min. Marco Aurélio, DJe 30/10/2014; ADI 173 e 394, Rel. Min. Joaquim Barbosa, DJe 20/03/2009; Lei n° 12.030 de 17 de setembro de 2009 (dispõe sobre as perícias oficiais).

[64] Vide Súmulas vinculantes n° 3, 5, 14, 21 e 28 e Súmulas n°s 523, 701, 704, 708 e ADI 4.264, Rel. Ricardo Lewandowski, DJe 30/05/2011; ADI 3.288, Rel. Min. Ayres Britto, DJe 24/02/2011; ADI 3.168, Rel. Min. Joaquim barbosa, DJ 03/08/2007; ADI 2.144, Rel. Min. Teori Zavascki, DJ 14/06/2016; ADI 2.374, Rel. Min. Gimar Mendes, DJ 16/02/2007; ADI 2.120, Min. Celso de Mello, Dje 30/10/2014; ADI 1511, Rel. Min.s Carlos Velloso, DJ 06/06/2003; ADI 1.922-MC, voto do Min. Moreira Alves, DJ 24/11/2000; ADI 1.127, Rel. Ricardo Lewandowski, DJe 11/06/2010 e também: Lei n° 13.444, de 11 de maio de 2017 (dispõe sobre a Identificação Civil Nacional - ICN); Lei n° 7.116, de 29 de agosto de 1983 (Assegura validade nacional as Carteiras de Identidade regula sua expedição).

[65] Vide Súmula vinculante no 11 e ADI 4.578, Rel. Mn. Luiz Fux, DJe, 29/06/2012; ADI 3.112, Rel. Min. Ricardo Lewandowski, DJ 26/10/2007.

[66] Vide Lei n° 12.037, de 1° de outubro de 2009 (dispõe sobre a identificação criminal do civilmente identificado, regulamentando o art. 5°, inciso LVIII, da Constituição Federal); Decreto-Lei n° 3.689, de 3 de outubro de 1941 (Código de Processo Penal), art. 6°, VIII (Art. 6° Logo que tiver conhecimento da prática da infração penal, a autoridade policial deverá: [...] VIII - ordenar a identificação do indiciado pelo processo datiloscópico, se possível, e fazer juntar aos autos sua folha de antecedentes); Lei n° 6.015, de 31 de dezembro 1973 (Lei de registros públicos); Lei n° 8.069, de 13 de julho de 1990 (Estatuto da Criança e do Adolescente), art. 109 (o adolescente civilmente identificado não será submetido a identificação compulsória pelos

Art. 5º   J. U. Jacoby Fernandes

LIX - será admitida ação privada nos crimes de ação pública, se esta não for intentada no prazo legal;[67]

LX - a lei só poderá restringir a publicidade dos atos processuais quando a defesa da intimidade ou o interesse social o exigirem;[68]

LXI - ninguém será preso senão em flagrante delito ou por ordem escrita e fundamentada de autoridade judiciária competente, salvo nos casos de transgressão militar ou crime propriamente militar, definidos em lei;[69]

LXII - a prisão de qualquer pessoa e o local onde se encontre serão comunicados imediatamente ao juiz competente e à família do preso ou à pessoa por ele indicada;

LXIII - o preso será informado de seus direitos, entre os quais o de permanecer calado, sendo-lhe assegurada a assistência da família e de advogado;[70]

LXIV - o preso tem direito à identificação dos responsáveis por sua prisão ou por seu interrogatório policial;

LXV - a prisão ilegal será imediatamente relaxada pela autoridade judiciária;[71]

LXVI - ninguém será levado à prisão ou nela mantido, quando a lei admitir a liberdade provisória, com ou sem fiança;[72]

LXVII - não haverá prisão civil por dívida, salvo a do responsável pelo inadimplemento voluntário e inescusável de obrigação alimentícia e a do depositário infiel;[73]

órgãos policiais, de proteção e judiciais, salvo para efeito de confrontação, havendo dúvida fundada); Lei nº 5.553, de 6 de dezembro de 1968 (dispõe sobre a apresentação e uso de documentos de identificação pessoal).

[67] Vide Súmula nº 279.

[68] Vide ADI 4.414, Rel. Min. Luiz Fx, DJe 17/06/2013.

[69] Vide ADI 3.112, Rel. Min. Ricardo Lewandowski e também: Decreto-Lei nº 3.415, de 10 de julho de 1941 (dispõe sobre a prisão administrativa e sobre o depósito e guarda dos bens apreendidos aos acusados do crime contra a Fazenda Nacional); Decreto-Lei nº 3.689, de 3 de outubro de 1941 (Código de Processo Penal), arts. 282, 301 a 310, 408, § 1º; Decreto-Lei nº 1.001, de 21 de outubro de 1969 (Código Penal Militar); Decreto-Lei nº 1.002, de 21 de outubro de 1969 (Código de Processo Penal Militar), arts. 262 e ss; Lei nº 6.880, de 09 de dezembro de 1980 (Estatuto dos Militares); Decreto nº 4.346, de 26 de agosto de 2002 (Regulamento Disciplinar do Exército - R-4); e Lei nº 7.960, de 21 de dezembro de 1989 (Prisão temporária); Lei nº 12.737 de 03 de novembro de 2018 (tipifica os delitos informáticos).

[70] Vide Súmula vinculante nº14 e Súmula nº 279; ADI 162-MC, Rel. Min. Moreira Alves, voto, DJ 19/09/1997; Decreto-Lei nº 3.689, de 3 de outubro de 1941 (Código de Processo Penal), art. 306 (A prisão de qualquer pessoa e o local onde se encontre serão comunicados imediatamente ao juiz competente, ao Ministério Público e à família do preso ou à pessoa por ele indicada.).

[71] Vide Súmula nº 697 e ADI 4.414, Rel. Min. Luiz Fux, DJe 17/06/2013; ADI 1.489-MC, Rel. Min. Octavio Gallotti, DJ 07/12/2000.

[72] Vide Súmula nº 697 e ADI 4.414, Rel. Min. Luiz Fux, DJe 17/06/2013; ADI 1.489-MC, Rel. Min. Octavio Gallotti, DJ 07/12/2000. Vide Lei nº 12.174, de 14 de setembro de 2012 (sistema de acompanhamento da execução das penas, da prisão cautelar e da medida de segurança).

[73] Vide Súmula vinculante nº 25.

CONSTITUIÇÃO FEDERAL (1988)   Art. 5º

LXVIII - conceder-se-á habeas-corpus sempre que alguém sofrer ou se achar ameaçado de sofrer violência ou coação em sua liberdade de locomoção, por ilegalidade ou abuso de poder;[74]

LXIX - conceder-se-á mandado de segurança para proteger direito líquido e certo, não amparado por habeas-corpus ou habeas-data, quando o responsável pela ilegalidade ou abuso de poder for autoridade pública ou agente de pessoa jurídica no exercício de atribuições do Poder Público;[75]

LXX - o mandado de segurança coletivo pode ser impetrado por:[76]

a) partido político com representação no Congresso Nacional;

b) organização sindical, entidade de classe ou associação legalmente constituída e em funcionamento há pelo menos um ano, em defesa dos interesses de seus membros ou associados;[77]

LXXI - conceder-se-á mandado de injunção sempre que a falta de norma regulamentadora torne inviável o exercício dos direitos e liberdades constitucionais e das prerrogativas inerentes à nacionalidade, à soberania e à cidadania;[78]

LXXII - conceder-se-á habeas-data:

a) para assegurar o conhecimento de informações relativas à pessoa do impetrante, constantes de registros ou bancos de dados de entidades governamentais ou de caráter público;

b) para a retificação de dados, quando não se prefira fazê-lo por processo sigiloso, judicial ou administrativo;

LXXIII - qualquer cidadão é parte legítima para propor ação popular que vise a anular ato lesivo ao patrimônio público ou de entidade de que o Estado participe, à moralidade administrativa, ao meio ambiente e ao patrimônio histórico e cultural, ficando o autor, salvo comprovada má-fé, isento de custas judiciais e do ônus da sucumbência;[79]

LXXIV - o Estado prestará assistência jurídica integral e gratuita aos que comprovarem insuficiência de recursos;[80]

LXXV - o Estado indenizará o condenado por erro judiciário, assim como o que ficar preso além do tempo fixado na sentença;

LXXVI - são gratuitos para os reconhecidamente pobres, na forma da lei:

a) o registro civil de nascimento[81];

---

[74] Vide Súmulas nºˢ 431, 395, 692, 693, 694 e 695.

[75] Vide Súmulas nºˢ 101, 266, 267, 268, 269, 270, 271, 430, 510, 512, 625, 630 e 632.

[76] Vide Súmula nº 266 e Lei nº 12.016 de 07 de agosto de 2009 (disciplina o mandado de segurança individual e coletivo).

77 Vide Súmulas nºs 629 e 630.

[78] Vide ADI 4, Rel. Min. Sydney Sanches, DJ 25/06/1993 e Lei nº 13.300, de 23 de junho de 2016 (processo e o julgamento dos mandados de injunção individual).

[79] Vide Súmulas nºˢ 101 e 365; Vide também ADI 769, Rel. Min. Celso de Mello, DJ 08/04/1994.

[80] Vide ADI 4.270 e 3.892, Rel. Min. Joaquim Barbosa, DJe 25/09/2012; ADI 3.394, Rel. Min. Eros Grau, DJe 15/08/2008.

Arts. 5º e 6º   J. U. Jacoby Fernandes

b) a certidão de óbito;[82]

LXXVII - são gratuitas as ações de habeas-corpus e habeas-data, e, na forma da lei, os atos necessários ao exercício da cidadania;[83]

LXXVIII - a todos, no âmbito judicial e administrativo, são assegurados a razoável duração do processo e os meios que garantam a celeridade de sua tramitação.[84]

§ 1º As normas definidoras dos direitos e garantias fundamentais têm aplicação imediata.

§ 2º Os direitos e garantias expressos nesta Constituição não excluem outros decorrentes do regime e dos princípios por ela adotados, ou dos tratados internacionais em que a República Federativa do Brasil seja parte.[85]

§ 3º Os tratados e convenções internacionais sobre direitos humanos que forem aprovados, em cada Casa do Congresso Nacional, em dois turnos, por três quintos dos votos dos respectivos membros, serão equivalentes às emendas constitucionais.[86]

§ 4º O Brasil se submete à jurisdição de Tribunal Penal Internacional a cuja criação tenha manifestado adesão.[87]

Capítulo II - Dos direitos sociais

Art. 6º São direitos sociais a educação, a saúde, a alimentação[88], o trabalho, a moradia[89], o transporte[90], o lazer, a segurança, a previdência social, a proteção

---

[81] Lei nº 6.015, de 31 de dezembro de 1973 (Lei dos registros públicos), art. 30 e §§ 1º e 2º e art. 58 (O prenome será definitivo, admitindo-se, todavia, a sua substituição por apelidos públicos notórios.); Lei nº 12.662, de 05 de junho de 2012 (Assegura validade nacional à Declaração de Nascido Vivo - DNV, regula sua expedição).

82 Vide ADI 1.800-MC, Rel. Min. Nelson Jobim, DJ 03/10/2003; Lei nº 7.844, de 18 de outubro de 1989 (disciplina o inciso LXXVI do art. 5º da CF); Lei nº 6.015, de 31 de dezembro de 1973 (Lei dos registros públicos), art. 30 e §§ 1º e 2º, arts. 50 a 66 (do nascimento) e arts. 77 a 88 (do óbito); Lei nº 8.935, de 18 de novembro de 1994 (Lei dos Cartórios), art. 45 (São gratuitos os assentos do registro civil de nascimento e o de óbito, bem como a primeira certidão respectiva); Lei nº 9.265, de 12 de fevereiro de 1996 (Gratuidade dos atos necessários ao exercício da cidadania); Lei nº 11.976 de 07 de julho de 2009 (Declaração de Óbito e a realização de estatísticas de óbitos em hospitais públicos e privados); Lei nº 13.114 de 16 de abril de 2015 (dispõe sobre a obrigatoriedade de os serviços de registros civis de pessoas naturais comunicarem à Receita Federal e à Secretaria de Segurança Pública os óbitos registrados);.

[83] Vide ADI 1.800-MC, Rel. Min. Nelson Jobim, DJ 06/04/1998 e Lei nº 9.265, de 12 de fevereiro de 1996 (regulamenta o inciso LXXVII do art. 5º da Constituição, dispondo sobre a gratuidade dos atos necessários ao exercício da cidadania).

[84] Incluído pela EC nº 45, de 30/12/2004.

[85] Vide Súmula vinculante nº 25 e também ADI 4.277, Rel. Min. Ayres Britto, DJe 14/10/2011; ADI 1.675-MC, Rel. Min. Sepúlveda Pertence, DJ 19/09/2003 e ADI 1.480-MC, Rel. Min. Celso de Mello, DJ 18/05/2001.

[86] Incluído pela EC nº 45, de 30/12/2004.Vide ADI 903, Min. Dias Toffoli, DJe 7/02/2014.

[87] Incluído pela EC nº 45, de 30/12/2004.

[88] A alimentação foi inserida pela EC nº 64, de 4/2/2010. Vide Lei nº 11.947 de 16 de junho de 2018 (atendimento da alimentação escolar e do Programa Dinheiro Direto na Escola aos alunos da educação básica).

CONSTITUIÇÃO FEDERAL (1988)   Arts. 6º e 7º

à maternidade[91] e à infância, a assistência aos desamparados, na forma desta Constituição.[92]

> **Redação anterior:** vigente entre 04.02.2010 e 15.09.2015
>
> **Art. 6º** São direitos sociais a educação, a saúde, a alimentação, o trabalho, a moradia, o lazer, a segurança, a previdência social, a proteção à maternidade e à infância, a assistência aos desamparados, na forma desta Constituição.
>
> **Redação anterior:** vigente entre 15.02.2000 e 03.02.2010:
>
> **Art. 6º** São direitos sociais a educação, a saúde, o trabalho, a moradia, o lazer, a segurança, a previdência social, a proteção à maternidade e à infância, a assistência aos desamparados, na forma desta Constituição.
>
> **Redação anterior:** vigente entre 05.10.1988 e 14.02.2000 (original):
>
> **Art. 6º** São direitos sociais a educação, a saúde, o trabalho, o lazer, a segurança, a previdência social, a proteção à maternidade e à infância, a assistência aos desamparados, na forma desta Constituição.

Art. 7º São direitos dos trabalhadores urbanos e rurais, além de outros que visem à melhoria de sua condição social:[93]

I - relação de emprego protegida contra despedida arbitrária ou sem justa causa, nos termos de lei complementar, que preverá indenização compensatória, dentre outros direitos;[94]

II - seguro-desemprego, em caso de desemprego involuntário;[95]

---

[89] Vide Lei nº 7.196 de 11 de junho de 1984 (Plano Nacional de Moradia – PLAMO); Lei nº 11.977 de 07 de julho de 2018 (dispõe sobre o Programa Minha Casa, Minha Vida – PMCMV e a regularização fundiária de assentamentos localizados em áreas urbanas); Lei nº 13.439, de 27 de abril de 2017 (cria o Programa Cartão Reforma); Lei nº 11.888, de 24 de dezembro de 2008 (Assegura às famílias de baixa renda assistência técnica pública e gratuita para o projeto e a construção de habitação de interesse social).

[90] O transporte foi incluído pela EC nº 90, 15/9/2015. Vide Lei nº 11.975, de 07 de julho de 2009 (validade dos bilhetes de passagem no transporte coletivo rodoviário de passageiros).

[91] Vide Lei nº 11.634 de 27 de dezembro de 2007 (direito da gestante ao conhecimento e a vinculação à maternidade onde receberá assistência no âmbito do SUS); Lei nº 11.770, de 09 de setembro de 2008 (cria o Programa Empresa Cidadã, destinado à prorrogação da licença-maternidade mediante concessão de incentivo fiscal); Lei nº 11.804, de 05 de novembro de 2008 (disciplina o direito a alimentos gravídicos e) Lei nº 13.536 de 15 de dezembro de 2017 (dispõe sobre a prorrogação dos prazos de vigência das bolsas de estudo concedidas por agências de fomento à pesquisa nos casos de maternidade e adoção).

[92] Redação dada pela EC nº 26, de 14/2/2000. Vide ADI 3.510, Rel. Min. Ayres Britto, DJe 28/05/2010; ADI 3.330, Rel. Min. Ayres Britto, DJe 22/03/2003; ADI 1.698, Rel. Min. Cármen Lúcia, DJe 16/04/2010.

[93] Vide Súmulas nºs 196, 312, 612 e ADI 639, Rel. Min. Joaquim Barbosa, Inf. 390.

[94] Vide o disposto no art. 10 do Ato das Disposições Constitucionais Transitórias; Súmulas nº 225, 459, 462; ADI 3.934, Rel. Min. Ricardo Lewandowski, DJe 06/11/2009; ADI 1.721, Rel. Min. Ayres Britto, Inf. 444; ADI 1.480, Rel. Min. Celso de Mello, DJ 18/05/2001; ADI 639, Rel. Min. Joaquim Barbosa, Inf. 390 e ADI 1.480-MC, Rel. Min. Celso de Mello, DJ 18/05/2001.

[95] Vide ADI 3.464, Rel. Min. Menezes Direito, DJe 06/03/2009.

III - fundo de garantia do tempo de serviço;[96]

IV - salário mínimo, fixado em lei, nacionalmente unificado, capaz de atender às suas necessidades vitais básicas e às de sua família com moradia, alimentação, educação, saúde, lazer, vestuário, higiene, transporte e previdência social, com reajustes periódicos que lhe preservem o poder aquisitivo, sendo vedada sua vinculação para qualquer fim;[97]

V - piso salarial proporcional à extensão e à complexidade do trabalho;[98]

VI - irredutibilidade do salário, salvo o disposto em convenção ou acordo coletivo;

VII - garantia de salário, nunca inferior ao mínimo, para os que percebem remuneração variável;[99]

VIII - décimo terceiro saláriocom base na remuneração integral ou no valor da aposentadoria;[100]

IX - remuneração do trabalho noturno superior à do diurno;[101]

X - proteção do salário na forma da lei, constituindo crime sua retenção dolosa;[102]

XI - participação nos lucros, ou resultados, desvinculada da remuneração, e, excepcionalmente, participação na gestão da empresa, conforme definido em lei;[103]

XII - salário-família pago em razão do dependente do trabalhador de baixa renda nos termos da lei;[104]

---

[96] Vide Súmula vinculante n° 1 e Súmula n° 215. Lei n° 8.036 de 11 de maio de 1990 (dispõe sobre o FGTS) e Lei n° 11.491 de 20 de junho de 2007 (institui o Fundo de Investimento do Fundo de Garantia do Tempo de Serviço - FI-FGTS).

[97] Vide Súmulas vinculantes n°s 4, 6, 15 e 16 e Súmulas n°s 203, 204, 207, 465; ADI 4.568, Rel. Min. Cármen Lúcia, DJe 30/03/2012; ADI 3.934, Rel. Min. Ricardo Lewandowski, DJe de 06/11/2009; ADI 2.672, Rel. Min. Ayres Britto, DJ 10/11/2006 e ADI 1.442, Rel. Min. Celso de Mello, DJ 29/04/2005, no mesmo sentido: ADI 1.458-MC, Rel. Min. Celso de Mello, DJ 20/09/1996. Vide também Lei n° 13.152, de 29 de julho de 2015 (Política de valorização do salário-mínimo e dos benefícios pagos pelo Regime Geral de Previdência Social - RGPS).

[98] Vide ADI 4.364, Rel. Min. Dias Toffoli, DJe 20/09/2013.

[99] Vide Súmula vinculante n° 6.

[100] Vide Súmula n° 207.

[101] Vide Súmulas n°s 213, 214, 313 e 402.

[102] Vide Decreto-Lei n° 2.848, de 7 de dezembro de 1940 (Código Penal); Decreto-Lei n° 5.452, de 1° de maio de 1943 (Consolidação das Leis do Trabalho), arts. 487, § 2°, e 767; Lei n° 4.090, de 13 de julho de 1962 (institui a gratificação de Natal para os trabalhadores – 13°) e Lei n° 4.749, de 12 de agosto de 1965 (dispõe sobre o pagamento da gratificação de Natal).

[103] Vide Súmula n° 209; ADI 2.296-MC, Rel. Min. Sepúlveda Pertence, DJ 23/02/2001; ADI 1.229, Rel. Min. Luiz Fux, DJe 19/12/2013 e Lei n° 10.101, de 19 de dezembro de 2000 (dispõe sobre a participação dos trabalhadores nos lucros ou resultados da empresa).

[104] Redação dada pela EC n° 20, de 15/12/1998; vide Lei n° 4.266, de 03 de outubro de 1963 (institui o salário família do trabalhador); Decreto n° 53.153, de 10 de dezembro de 1963 (Regulamento do salário-família do trabalhador); Lei n° 5.559, de 11 de dezembro de 1968 (estende o direito ao salário-família aos aposentados); Lei n° 8.213, de 24 de julho de 1991 (dispõe sobre os Planos de Benefícios da Previdência Social), arts. 18, 26, 28, 65 a 70 e Decreto

CONSTITUIÇÃO FEDERAL (1988)   Art. 7º

> **Redação anterior:** vigente entre 05.10.1988 e 15.12.1998 (original):
>
> **XII** - salário-família para os seus dependentes;

XIII - duração do trabalho normal não superior a oito horas diárias e quarenta e quatro semanais, facultada a compensação de horários e a redução da jornada, mediante acordo ou convenção coletiva de trabalho;[105]

XIV - jornada de seis horas para o trabalho realizado em turnos ininterruptos de revezamento, salvo negociação coletiva;[106]

XV - repouso semanal remunerado, preferencialmente aos domingos;[107]

XVI - remuneração do serviço extraordinário superior, no mínimo, em cinqüenta por cento à do normal;[108]

XVII - gozo de férias anuais remuneradas com, pelo menos, um terço a mais do que o salário normal;[109]

XVIII - licença à gestante, sem prejuízo do emprego e do salário, com a duração de cento e vinte dias;[110]

XIX - licença-paternidade, nos termos fixados em lei;[111]

XX - proteção do mercado de trabalho da mulher, mediante incentivos específicos, nos termos da lei;[112]

XXI - aviso prévio proporcional ao tempo de serviço, sendo no mínimo de trinta dias, nos termos da lei;[113]

XXII - redução dos riscos inerentes ao trabalho, por meio de normas de saúde, higiene e segurança;[114]

XXIII - adicional de remuneração para as atividades penosas, insalubres ou perigosas, na forma da lei;[115]

---

nº 3.048, de 06 de maio de 1999 (Regulamento da Previdência Social), arts. 5º, 25, 30 a 32, 42, 81 a 92, 173, 217, § 6º, 218, § 1º, 225 e 255

[105] Vide ADI 4.842, Rel. Min. Edson Fachin, DJe 08/08/2017 e também Decreto-Lei nº 5.452, de 1º de maio de 1943 (Consolidação das Leis do Trabalho), art. 57 e ss., com alterações da Lei nº 13.467, de 13 de julho de 2017 (Reforma trabalhista).

[106] Vide Súmulas nºs 213 e 675.

[107] Vide Súmulas nºs 201, 461, 462 e 464; ADI 1.675-MC, Rel. Min. Sepúlveda Pertence, DJ 19/09/2003 e ADI 1.687-MC, Rel. Min. Sepúlveda Pertence, DJ 31/10/2001.

[108] Vide Decreto-Lei nº 5.452, de 1º de maio de 1943 (Consolidação das Leis do Trabalho), art. 59, 59-A e 59-B.

[109] Vide Súmulas nºs 198, 199, 200 e ADI 2.579, Rel. Min. Carlos Velloso, DJ 26/09/2003 e ADI 1.158, Rel. Min. Dias Toffoli, 08/10/2014.

[110] Vide ADI 1.964, Rel. Min. Sydney Sanches, DJ 16/05/2003. Vide Lei nº 13.109 de 25 de março de 2015 (dispõe sobre a licença à gestante e à adotante, as medidas de proteção à maternidade para militares grávidas e a licença-paternidade, no âmbito das Forças Armadas).

[111] Vide art. 10, § 1º, do Ato das Disposições Constitucionais Transitórias.

[112] Vide Decreto-Lei nº 5.452, de 1º de maio de 1943 (Consolidação das Leis do Trabalho), arts. 372 e ss; e Decreto nº 4.377, de 13 de setembro de 2002 (convenção sobre a eliminação de todas as formas de discriminação contra a mulher).

[113] Vide Decreto-Lei nº 5.452, de 1º de maio de 1943 (Consolidação das Leis do Trabalho), arts. 487 e ss. e Lei nº 12.506, de 11 de outubro de 2011 (Aviso prévio).

[114] Vide Súmula nº 736 e ADI 3.397, Rel. Min. Marco Aurélio, DJe 10/10/2008.

Art. 7°

XXIV - aposentadoria;[116]

XXV - assistência gratuita aos filhos e dependentes desde o nascimento até 5 (cinco) anos de idade em creches e pré-escolas;[117]

> **Redação anterior:** vigente entre 05.10.1988 a 20.12.2006 (original):
>
> **XXV** - assistência gratuita aos filhos e dependentes desde o nascimento até seis anos de idade em creches e pré-escolas;

XXVI - reconhecimento das convenções e acordos coletivos de trabalho;[118]

XXVII - proteção em face da automação, na forma da lei;

XXVIII - seguro contra acidentes de trabalho, a cargo do empregador, sem excluir a indenização a que este está obrigado, quando incorrer em dolo ou culpa;[119]

XXIX - ação, quanto aos créditos resultantes das relações de trabalho, com prazo prescricional de cinco anos para os trabalhadores urbanos e rurais, até o limite de dois anos após a extinção do contrato de trabalho;[120]

> **Redação anterior:** vigente entre 05.10.1988 e 25.05.2000 (original):
>
> **XXIX** - ação, quanto a créditos resultantes das relações de trabalho, com prazo prescricional de:

  a) ...[121]

> **Redação anterior:** vigente entre 05.10.1988 e 25.05.2000 (original):
>
> a) cinco anos para o trabalhador urbano, até o limite de dois anos após a extinção do contrato;

  b) ...[122]

> **Redação anterior:** vigente entre 05.10.1988 e 25.5.2000 (original):
>
> b) até dois anos após a extinção do contrato, para o trabalhador rural;

XXX - proibição de diferença de salários, de exercício de funções e de critério de admissão por motivo de sexo, idade, cor ou estado civil;[123]

---

[115] Vide Súmula vinculante n° 4 e Súmulas n°s 212, 307 e 460 e Decreto-Lei n° 5.452, de 1° de maio de 1943 (Consolidação das Leis do Trabalho), arts. 189 e ss. e Lei n° 6.514, de 22 de dezembro de 1977 (dispõe sobre segurança e medicina do trabalho).

[116] Vide Súmulas n°s 217, 243, 359 e 726.

[117] Redação dada pela EC n° 53 de 19/12/2006.

[118] Vide ADI 4.364, Rel. Min. Dias Toffoli, DJe 20/09/2013; ADI 559, Rel. Min. Eros Grau, DJ 05/05/2006, no mesmo sentido: ADI 554, DJ 05/05/06 e ADI 112, DJ 09/02/1996 e ADI 492, Rel. Min. Carlos Velloso, DJ 12/03/1993.

[119] Vide Súmula vinculante 22 e Súmulas n°s 35, 229, 230, 232, 324, 235, 236, 238, 240, 311, 314, 337, 434, 464, 465, 501 e 529; Lei n° 11.121, de 25 de maio de 2005 (institui o dia nacional em memória das vítimas de acidentes e doença do trabalho).

[120] Redação dada pela EC n° 28, de 25/5/2000; vide Súmula n° 349.

[121] Revogada pela EC n° 28, de 25/5/2000.

[122] Revogada pela EC n° 28, de 25/5/2000.

[123] Vide Súmulas n° 202, 531 e 683.

CONSTITUIÇÃO FEDERAL (1988)   Arts. 7º e 8º

XXXI - proibição de qualquer discriminação no tocante a salário e critérios de admissão do trabalhador portador de deficiência;

XXXII - proibição de distinção entre trabalho manual, técnico e intelectual ou entre os profissionais respectivos;

XXXIII - proibição de trabalho noturno, perigoso ou insalubre a menores de dezoito e de qualquer trabalho a menores de dezesseis anos, salvo na condição de aprendiz, a partir de quatorze anos;[124]

> **Redação anterior:** vigente entre 05.10.1988 e 15.12.1998 (original):
>
> **XXXIII** - proibição de trabalho noturno, perigoso ou insalubre aos menores de dezoito e de qualquer trabalho a menores de quatorze anos, salvo na condição de aprendiz;

XXXIV - igualdade de direitos entre o trabalhador com vínculo empregatício permanente e o trabalhador avulso.[125]

Parágrafo único. São assegurados à categoria dos trabalhadores domésticos os direitos previstos nos incisos IV, VI, VII, VIII, X, XIII XV, XVI, XVII, XVIII, XIX, XXI, XXII, XXIV, XXVI, XXX, XXXI e XXXIII e, atendidas as condições estabelecidas em lei e observada a simplificação do cumprimento das obrigações tributárias, principais e acessórias, decorrentes da relação de trabalho e suas peculiaridades, os previstos nos incisos I, II, III, IX, XII, XXV e XXVIII, bem como a sua integração à previdência social.[126]

> **Redação anterior:** vigente entre 05.10.1988 e 02.04.2013 (original):
>
> **Parágrafo único.** São assegurados à categoria dos trabalhadores domésticos os direitos previstos nos incisos IV, VI, VIII, XV, XVII, XVIII, XIX, XXI e XXIV, bem como a sua integração à previdência social.

Art. 8º É livre a associação profissional ou sindical, observado o seguinte:[127]

I - a lei não poderá exigir autorização do Estado para a fundação de sindicato, ressalvado o registro no órgão competente, vedadas ao Poder Público a interferência e a intervenção na organização sindical;[128]

II - é vedada a criação de mais de uma organização sindical, em qualquer grau, representativa de categoria profissional ou econômica, na mesma base territorial, que será definida pelos trabalhadores ou empregadores interessados, não podendo ser inferior à área de um Município;[129]

---

[124] Redação dada pela EC nº 20, de 15/12/1998; vide Súmula nº 205.

[125] Vide Súmula nº 195.

[126] EC nº 72, de 2/4/2013. Vide Lei Complementar nº 150/2015 (dispõe sobre o contrato de trabalho doméstico).

[127] Vide ADI 1.852, voto do Min. Carlos Velloso, DJ 21/11/2003 e Decreto-Lei nº 5.452, de 1º de maio de 1943 (Consolidação das Leis do Trabalho) arts. 543, §§ 4º e 5º, e 547.

[128] Vide Súmula nº 677; ADI 4.364, Rel. Min. Dias Toffoli, DJe 16/05/2011; ADI 4.033, Rel. Min. Joaquim Barbosa, DJe 07/02/2011; ADI 2.522, Rel. Min. Eros Grau, DJ 18/08/2006; ADI 2.006-MC, Rel. Min. Maurício Corrêa, DJ 24/09/1999 e ADI 1.121-MC, Rel. Min. Celso de Mello, DJ 06/10/1995.

[129] Vide Súmula nº 677 e ADI 1.076-MC, Rel. Min. Sepúlveda Pertence, DJ 07/12/2000.

III - ao sindicato cabe a defesa dos direitos e interesses coletivos ou individuais da categoria, inclusive em questões judiciais ou administrativas;[130]

IV - a assembléia geral fixará a contribuição que, em se tratando de categoria profissional, será descontada em folha, para custeio do sistema confederativo da representação sindical respectiva, independentemente da contribuição prevista em lei;[131]

V - ninguém será obrigado a filiar-se ou a manter-se filiado a sindicato;[132]

VI - é obrigatória a participação dos sindicatos nas negociações coletivas de trabalho;[133]

VII - o aposentado filiado tem direito a votar e ser votado nas organizações sindicais;

VIII - é vedada a dispensa do empregado sindicalizado a partir do registro da candidatura a cargo de direção ou representação sindical e, se eleito, ainda que suplente, até um ano após o final do mandato, salvo se cometer falta grave nos termos da lei.[134]

Parágrafo único. As disposições deste artigo aplicam-se à organização de sindicatos rurais e de colônias de pescadores, atendidas as condições que a lei estabelecer.[135]

Art. 9º É assegurado o direito de greve, competindo aos trabalhadores decidir sobre a oportunidade de exercê-lo e sobre os interesses que devam por meio dele defender.[136]

§ 1º A lei definirá os serviços ou atividades essenciais e disporá sobre o atendimento das necessidades inadiáveis da comunidade.

§ 2º Os abusos cometidos sujeitam os responsáveis às penas da lei.[137]

Art. 10. É assegurada a participação dos trabalhadores e empregadores nos colegiados dos órgãos públicos em que seus interesses profissionais ou previdenciários sejam objeto de discussão e deliberação.

Art. 11. Nas empresas de mais de duzentos empregados, é assegurada a eleição de um representante destes com a finalidade exclusiva de promover-lhes o entendimento direto com os empregadores.

---

[130] Vide Súmula nº 232 ADI 2.522, Rel. Min. Eros Grau, DJ 18/08/2006;.

[131] Vide Súmula vinculante nº 40 e Súmula nº 666; ADI 4.033, Rel. Min. Joaquim Barbosa, DJe 07/02/2011; ADI 2.522, Rel. Min. Eros Grau, DJ 18/08/2006; ADI 1.088, Rel. Min. Nelson Jobim, DJ 22/11/2002; ADI 1.416, Rel. Min. Gilmar Mendes, DJ 14/11/2002; ADI 1088, Rel. Min. Nelson Jobim, DJ 22/11/2002 e ADI 962-MC, Rel. Min. Ilmar Galvão, DJ 11/02/1994.

[132] Vide ADI 3.464, Rel. Min. Menezes Direito, DJe 06/03/2009; ADI 1.076-MC, Rel. Min. Pertence, DJ 15/6/1994 e ADI 962, Rel. Min. Ilmar Galvão, DJ 11/11/1993.

[133] Vide ADI 3.587, Rel. Min. Gilmar Mendes, DJe 22/02/2008.

[134] Vide Súmula nº 197.

[135] Vide ADI nº 3.464, Rel. Min. Menezes Direito, DJe 06/03/2009 e Lei nº 11.669, de 13 de junho de 2008 (dispõe sobre as Colônias, Federações e Confederação Nacional dos Pescadores);

[136] Vide Súmula nº 316 e Lei nº 7.783, de 28 de junho de 1989 (dispõe sobre o exercício do direito de greve, define as atividades essenciais, regula o atendimento das necessidades inadiáveis da comunidade).

[137] Vide ADI 380, Rel. Min. Carlos Velloso, DJ 07/06/2002.

CONSTITUIÇÃO FEDERAL (1988)   Art. 12

CAPÍTULO III - DA NACIONALIDADE

Art. 12. São brasileiros:

I - natos:

a) os nascidos na República Federativa do Brasil, ainda que de pais estrangeiros, desde que estes não estejam a serviço de seu país;

b) os nascidos no estrangeiro, de pai brasileiro ou mãe brasileira, desde que qualquer deles esteja a serviço da República Federativa do Brasil;

c) os nascidos no estrangeiro de pai brasileiro ou de mãe brasileira, desde que sejam registrados em repartição brasileira competente ou venham a residir na República Federativa do Brasil e optem, em qualquer tempo, depois de atingida a maioridade, pela nacionalidade brasileira;[138]

> **Redação anterior:** vigente entre 08.06.1994 e 20.09.2007 (original):
>
> c) os nascidos no estrangeiro, de pai brasileiro ou mãe brasileira, desde que venham a residir na República Federativa do Brasil e optem, em qualquer tempo, pela nacionalidade brasileira;
>
> **Redação anterior:** vigente entre 05.10.1988 e 08.06.1994 (original):
>
> c) os nascidos no estrangeiro, de pai brasileiro ou de mãe brasileira, desde que sejam registrados em repartição brasileira competente, ou venham a residir na República Federativa do Brasil antes da maioridade e, alcançada esta, optem, em qualquer tempo, pela nacionalidade brasileira;

II - naturalizados:

a) os que, na forma da lei, adquiram a nacionalidade brasileira, exigidas aos originários de países de língua portuguesa apenas residência por um ano ininterrupto e idoneidade moral;[139]

b) os estrangeiros de qualquer nacionalidade residentes na República Federativa do Brasil há mais de quinze anos ininterruptos e sem condenação penal, desde que requeiram a nacionalidade brasileira.[140]

> **Redação anterior:** vigente entre 05.10.1988 e 08.06.1994 (original):
>
> b) os estrangeiros de qualquer nacionalidade, residentes na República Federativa do Brasil há mais de trinta anos ininterruptos e sem condenação penal, desde que requeiram a nacionalidade brasileira.

§ 1º Aos portugueses com residência permanente no País, se houver reciprocidade em favor de brasileiros, serão atribuídos os direitos inerentes ao brasileiro, salvo os casos previstos nesta Constituição.[141]

---

[138] Redação da EC de Revisão nº 3, de 7/6/1994, alterada pela EC nº 54, de 20/09/2007.

[139] Vide Lei nº 13.445, de 24 de maio de 2017 (Lei de Migração), art. 65 (prevê os requisitos para a aquisição da nacionalidade ordinária) e Decreto nº 9.199, de 20 de novembro de 2017 (regulamenta a Lei de Migração).

[140] Redação dada pela EC de Revisão nº 3, de 7/6/1994.

[141] Redação dada pela EC de Revisão nº 3, de 7/6/1994.

Arts. 12 a 14   J. U. Jacoby Fernandes

> **Redação anterior:** vigente entre 05.10.1988 e 08.06.1994 (original):
>
> § 1° Aos portugueses com residência permanente no País, se houver reciprocidade em favor de brasileiros, serão atribuídos os direitos inerentes ao brasileiro nato, salvo os casos previstos nesta Constituição.

§ 2° A lei não poderá estabelecer distinção entre brasileiros natos e naturalizados, salvo nos casos previstos nesta Constituição.

§ 3° São privativos de brasileiro nato os cargos:

I - de Presidente e Vice-Presidente da República;

II - de Presidente da Câmara dos Deputados;

III - de Presidente do Senado Federal;

IV - de Ministro do Supremo Tribunal Federal;

V - da carreira diplomática;

VI - de oficial das Forças Armadas;

VII - de Ministro de Estado da Defesa.[142]

§ 4° Será declarada a perda da nacionalidade do brasileiro que:

I - tiver cancelada sua naturalização, por sentença judicial, em virtude de atividade nociva ao interesse nacional;

II - adquirir outra nacionalidade, salvo nos casos:[143]

> **Redação anterior:** vigente entre 05.10.1988 e 08.06.1994 (original):
>
> II - adquirir outra nacionalidade por naturalização voluntária.

a) de reconhecimento de nacionalidade originária pela lei estrangeira;[144]

b) de imposição de naturalização, pela norma estrangeira, ao brasileiro residente em Estado estrangeiro, como condição para permanência em seu território ou para o exercício de direitos civis.[145]

Art. 13. A língua portuguesa é o idioma oficial da República Federativa do Brasil.

§ 1° São símbolos da República Federativa do Brasil a bandeira, o hino, as armas e o selo nacionais.

§ 2° Os Estados, o Distrito Federal e os Municípios poderão ter símbolos próprios.

Capítulo IV - Dos direitos políticos

Art. 14. A soberania popular será exercida pelo sufrágio universal e pelo voto direto e secreto, com valor igual para todos, e, nos termos da lei, mediante:[146]

---

[142] Incluído pela EC n° 23, de 2/9/1999.

[143] Redação dada pela EC de Revisão n° 3, de 7/6/1994.

[144] Incluído pela EC de Revisão n° 3, de 7/6/1994.

[145] Incluído pela EC de Revisão n° 3, de 7/6/1994.

[146] Vide ADI 5.081, Rel. Min. Roberto Barroso, DJe 19/08/2015; ADI 4.467, Rel. Min. Elle Gracie, DJe 01/06/2011; ADI 4.298, Rel. Min. Cezar Peluso, DJe 27/11/2009; ADI 1.057, Rel. Min. Celson de Mello, DJe 06/04/2001; ADI 244, Rel. Min. Sepúlveda Pertence, DJ

CONSTITUIÇÃO FEDERAL (1988)   Art. 14

I - plebiscito;[147]

II - referendo;

III - iniciativa popular.

§ 1° O alistamento eleitoral e o voto são:

I - obrigatórios para os maiores de dezoito anos;

II - facultativos para:

a) os analfabetos;

b) os maiores de setenta anos;

c) os maiores de dezesseis e menores de dezoito anos.

§ 2° Não podem alistar-se como eleitores os estrangeiros e, durante o período do serviço militar obrigatório, os conscritos.

§ 3° São condições de elegibilidade, na forma da lei:[148]

I - a nacionalidade brasileira;

II - o pleno exercício dos direitos políticos;

III - o alistamento eleitoral;

IV - o domicílio eleitoral na circunscrição;

V - a filiação partidária;[149]

VI - a idade mínima de:

a) trinta e cinco anos para Presidente e Vice-Presidente da República e Senador;

b) trinta anos para Governador e Vice-Governador de Estado e do Distrito Federal;

c) vinte e um anos para Deputado Federal, Deputado Estadual ou Distrital, Prefeito, Vice-Prefeito e juiz de paz;

d) dezoito anos para Vereador.

§ 4° São inelegíveis os inalistáveis e os analfabetos.[150]

31/10/2002; ADI 1.057-MC, Rel. Min. Celso de Mello, DJ 06/04/2001; Lei n° 4.737, de 15 de julho de 1965 (Código Eleitoral), arts. 42 e ss. (alistamento); Lei n° 9.709, de 18 de novembro de 1998 (regulamenta a execução dos plebiscitos, referendos e a iniciativa popular de lei). Lei n° 13.165, de 29 de setembro de 2015 (altera leis eleitorias para reduzir custos das campanhas, simplificar administração de partidos e incentivar participação feminina e estabelecer o voto impresso).

[147] Vide ADI 1.373-MC, Rel. Min. Francisco Rezek, DJ 31/05/1996.

[148] Vide ADI 4.298, Rel. Min. Cezar Peluso, DJe 27/11/2009; ADI 2.938, Rel. Min. Eros Grau, DJ 09/12/2005; ADI 1.063-MC, Rel. Min. Celso de Mello, DJ 27/04/2001; ADI 1.057-MC, Rel. Min. Celso de Mello, DJ 06/04/2001; Lei n° 4.737, de 15 de julho de 1965 (Código Eleitoral), arts. 87 e ss. (registro de candidatos).

[149] Vide ADI 5.081, Rel. Min. Roberto Barroso, DJe 19/08/2015; ADI 3.999 e ADI 4.086, Rel. Min. Joaquim Barbosa, DJe 17/04/2009; ADI 1.817-MC, Rel. Min. Sepúlveda Pertence, DJ 14/06/2002 e Lei n° 9.096, de 19 de setembro de 1995 (dispõe sobre partidos políticos e regulamenta os arts. 14, § 3°, inc. V e 17 da CF)

[150] Vide ADI 4.298, Rel. Min. Celso de Mello, DJ 06/04/2001; ADI 1.465, Rel. Min. Joaquim Barbosa, DJ 06/05/2005 e ADI 1.057-MC, Rel. Min. Celso de Mello, DJ 06/04/2001.

Art. 14 — J. U. JACOBY FERNANDES

§ 5º O Presidente da República, os Governadores de Estado e do Distrito Federal, os Prefeitos e quem os houver sucedido, ou substituído no curso dos mandatos poderão ser reeleitos para um único período subseqüente.[151]

> **Redação anterior:** vigente entre 05.10.1988 e 04.06.1997 (original):
>
> § 5º São inelegíveis para os mesmos cargos, no período subseqüente, o Presidente da República, os Governadores de Estado e do Distrito Federal, os Prefeitos e quem os houver sucedido, ou substituído nos seis meses anteriores ao pleito.

§ 6º Para concorrerem a outros cargos, o Presidente da República, os Governadores de Estado e do Distrito Federal e os Prefeitos devem renunciar aos respectivos mandatos até seis meses antes do pleito.[152]

§ 7º São inelegíveis, no território de jurisdição do titular, o cônjuge e os parentes consangüíneos ou afins, até o segundo grau ou por adoção, do Presidente da República, de Governador de Estado ou Território, do Distrito Federal, de Prefeito ou de quem os haja substituído dentro dos seis meses anteriores ao pleito, salvo se já titular de mandato eletivo e candidato à reeleição.[153]

§ 8º O militar alistável é elegível, atendidas as seguintes condições:[154]

I - se contar menos de dez anos de serviço, deverá afastar-se da atividade;

II - se contar mais de dez anos de serviço, será agregado pela autoridade superior e, se eleito, passará automaticamente, no ato da diplomação, para a inatividade.

§ 9º Lei complementar estabelecerá outros casos de inelegibilidade e os prazos de sua cessação, a fim de proteger a probidade administrativa, a moralidade para exercício de mandato, considerada a vida pregressa do candidato, e a normalidade e legitimidade das eleições contra a influência do poder econômico ou o abuso do exercício de função, cargo ou emprego na administração direta ou indireta.[155]

> **Redação anterior:** vigente entre 05.10.1988 e 08.06.1994 (original):
>
> § 9º Lei complementar estabelecerá outros casos de inelegibilidade e os prazos de sua cessação, a fim de proteger a normalidade e legitimidade das eleições contra a influência do poder econômico ou o abuso do exercício de função, cargo ou emprego na administração direta ou indireta.

---

[151] Redação dada pela EC nº 16, de 4/6/1997; vide ADI 1.805-MC, Rel. Min. Néri da Silveira, DJ 14/11/2003.
[152] Vide ADI 1.382-MC, Rel. Min. Octávio Gallotti, DJ 22/03/1996.
[153] Vide Súmula Vinculante 18.
[154] Vide ADI 1.381, Rel. Min. Dias Toffoli, DJ 09/10/2014.
[155] Redação dada pela EC de Revisão nº 4, de 7/6/1994; vide ADI 4.578, Rel. Min. Luiz Fux, DJe 29/06/2012; ADI 3.592, Rel. Min. Gilar Mendes, DJ 07/12/2012; ADI 3.305, Rel. Min. Eros Grau, DJ 24/11/2006; ADI 1.063, Rel. Mins. Celso de Mello, DJ 27/04/2001; ADI 1.057-MC, Rel. Min. Celso de Mello, DJ 06/04/2001 e Lei Complementar nº 64, de 18 de maio de 1990 (casos de inelegibilidade).

CONSTITUIÇÃO FEDERAL (1988)   Arts. 14 a 17

§ 10. O mandato eletivo poderá ser impugnado ante a Justiça Eleitoral no prazo de quinze dias contados da diplomação, instruída a ação com provas de abuso do poder econômico, corrupção ou fraude.[156]

§ 11. A ação de impugnação de mandato tramitará em segredo de justiça, respondendo o autor, na forma da lei, se temerária ou de manifesta má-fé.

Art. 15. É vedada a cassação de direitos políticos, cuja perda ou suspensão só se dará nos casos de:

I - cancelamento da naturalização por sentença transitada em julgado;

II - incapacidade civil absoluta;

III - condenação criminal transitada em julgado, enquanto durarem seus efeitos;[157]

IV - recusa de cumprir obrigação a todos imposta ou prestação alternativa, nos termos do art. 5°, VIII;

V - improbidade administrativa, nos termos do art. 37, § 4°.

Art. 16. A lei que alterar o processo eleitoral entrará em vigor na data de sua publicação, não se aplicando à eleição que ocorra até um ano da data de sua vigência.[158]

> **Redação anterior:** vigente entre 05.10.1988 e 15.09.1993 (original):
>
> **Art. 16.** A lei que alterar o processo eleitoral só entrará em vigor um ano após sua promulgação.

CAPÍTULO V - DOS PARTIDOS POLÍTICOS

Art. 17. É livre a criação, fusão, incorporação e extinção de partidos políticos, resguardados a soberania nacional, o regime democrático, o pluripartidarismo, os direitos fundamentais da pessoa humana e observados os seguintes preceitos:[159]

I - caráter nacional[160];

---

[156] Vide ADI 3.592, Rel. Min. Gilmar Mendes, Inf. 446 e ADI 2.283-MC, Rel. Min. Néri da Silveira, DJ 29/08/2003.

[157] Vide ADI 4.578, Rel. Min. Luiz Fux, DJe 29/06/2012; ADI 1.493-MC, Rel. Min. Sydney Sanches, DJ 06/12/1996.

[158] Redação dada pela EC n° 4, de 14/9/1993; Vide ADI 5.577, Rel. Min. Rosa Weber, DJe 19/12/2017; ADI 4.307, Rel. Min. Cármen Lúcia, DJe, 01/10;2013; ADI 4.298, Rel. Min. Cezar Peluso, DJe 27/11/2009; ADI 3.741, ADI 3.742 e ADI 3.743, Rel. Min. Ricardo Lewandowski, Inf. 439; ADI 3.685, Rel. Min. Ellen Gracie, DJ 10/08/2006; ADI 3.345 e 3.365, Rel. Min. Celso de Mello, Inf. 398; ADI 2.626, Rel. Min. Ellen Gracie, DJ 05/03/2004 e ADI 718, Rel. Min. Sepúlveda Pertence, DJ 18/12/1998 e ainda: Lei n° 9.096, de 19 de setembro de 1995 (Lei orgânica dos partidos políticos; regulamenta os arts. 17 e 14, § 3°, inciso V, da Constituição Federal).

[159] Vide ADI 5.311, Rel. Min. Cármen Lúcia, DJe 04/02/2016; ADI 4.650, Rel. Min. Luiz Fux, DJe 24/02/2016; ADI 4.430, Rel. Dias Toffoli, DJe 19/09/2013; ADI 1.817, Rel. Min. Dias Toffoli, DJe 01/08/2014; ADI 1.351 e ADI 1.354, Rel. Min. Marco Aurélio, Inf. 451 e ADI 966, Rel. Min. Marco Aurélio, DJ 25/08/1995.

[160] Vide ADI 4.430, Rel. Dias Toffoli, DJe 19/09/2013.

Art. 17   J. U. JACOBY FERNANDES

II - proibição de recebimento de recursos financeiros de entidade ou governo estrangeiros ou de subordinação a estes;

III - prestação de contas à Justiça Eleitoral;[161]

IV - funcionamento parlamentar de acordo com a lei.[162]

§ 1º É assegurada aos partidos políticos autonomia para definir sua estrutura interna e estabelecer regras sobre escolha, formação e duração de seus órgãos permanentes e provisórios e sobre sua organização e funcionamento e para adotar os critérios de escolha e o regime de suas coligações nas eleições majoritárias, vedada a sua celebração nas eleições proporcionais, sem obrigatoriedade de vinculação entre as candidaturas em âmbito nacional, estadual, distrital ou municipal, devendo seus estatutos estabelecer normas de disciplina e fidelidade partidária.[163]

> **Redação anterior**: vigente entre 09.03.2006 e 04.10.2017:
>
> § 1º É assegurada aos partidos políticos autonomia para definir sua estrutura interna, organização e funcionamento e para adotar os critérios de escolha e o regime de suas coligações eleitorais, sem obrigatoriedade de vinculação entre as candidaturas em âmbito nacional, estadual, distrital ou municipal, devendo seus estatutos estabelecer normas de disciplina e fidelidade partidária.
>
> **Redação anterior**: vigente entre 05.10.1988 e 09.03.2006 (original):
>
> § 1º É assegurada aos partidos políticos autonomia para definir sua estrutura interna, organização e funcionamento, devendo seus estatutos estabelecer normas de fidelidade e disciplina partidárias.

§ 2º Os partidos políticos, após adquirirem personalidade jurídica, na forma da lei civil, registrarão seus estatutos no Tribunal Superior Eleitoral.[164]

§ 3º Somente terão direito a recursos do fundo partidário e acesso gratuito ao rádio e à televisão, na forma da lei, os partidos políticos que alternativamente:[165]

---

[161] Vide ADI 5.394, Rel. Min. Alexandre de Moraes, Inf. 895.

[162] Vide Lei n° 9.096, de 19 de setembro de 1995 (Lei Orgânica dos Partidos Políticos - regulamenta este artigo).

[163] Redação da EC n° 52, de 8/03/2006 aterada pela EC n° 97, de 4/10/2017; vide ADI 5.081, Rel. Min. Roberto Barroso, DJe 19/08/2015; ADI 4086 e ADI 3.999, Rel. Min. Joaquim Barbosa, DJe 17/04/2009; ADI 3685-8, Rel. Min.(a) Ellen Gracie, DJ 10.8.06 (verticalização); ADI 2.430, Rel. Min. Sydney Sanches, DJ 21/11/2003.

[164] Vide Lei n° 10.406, de 10 de janeiro de 2002 (Código Civil), art. 44.

[165] Alterado pela EC n° 97 de 04/10/2017. Vide à p. 359, demais disposições pertinentes; Vide EC n° 91, de 18/02/2016 e também ADI 5.491, Rel. Min. Dias Toffoli, DJe 06/09/2017; ADI 5.488, Rel. Min. Dias Toffoli, DJe 19/12/2017; ADI 5.487, Rel. p/ o ac. Min. Roberto Barroso, DJe 19/12/2017; ADI 5.423, Rel. Min. Dias Toffoli, DJe 19/12/2017; ADI 5.105, Rel. Min. Luiz Fux, DJe 16/03/2016; ADI 4.617, Rel. Min. Luiz Fux, DJe 12/02/2014; ADI 4.430, Rel. Dias Toffoli, DJe 19/09/2013; ADI 2.677-MC, Rel. Min. Maurício Corrêa, DJ 07/11/2003; ADI 2.306, Rel. Min. Ellen Gracie, DJ 31/10/2002; ADI 1.408-MC, Rel. Min. Ilmar Galvão, DJ 24/10/1997; ADI 1.822, DJ 10/12/1999; ADI 1.351-MC, Rel. Min. Marco Aurélio; ADI 1.354-MC, Rel. Min. Maurício Corrêa, DJ 25/05/2001; ADI 956, Rel. Min. Francisco Rezek, DJ 20/04/2001; ADI 839-MC, Rel. Min. Celso de Mello, DJ 24/11/2006. Vide também Lei n°

CONSTITUIÇÃO FEDERAL (1988)   Arts. 17 e 18

Redação anterior: vigente entre 05.10.1988 e 04.10.2017 (original):

§ 3º Os partidos políticos têm direito a recursos do fundo partidário e acesso gratuito ao rádio e à televisão, na forma da lei.

I - obtiverem, nas eleições para a Câmara dos Deputados, no mínimo, 3% (três por cento) dos votos válidos, distribuídos em pelo menos um terço das unidades da Federação, com um mínimo de 2% (dois por cento) dos votos válidos em cada uma delas; ou[166]

II - tiverem elegido pelo menos quinze Deputados Federais distribuídos em pelo menos um terço das unidades da Federação.[167]

§ 4º É vedada a utilização pelos partidos políticos de organização paramilitar.

§ 5º Ao eleito por partido que não preencher os requisitos previstos no § 3º deste artigo é assegurado o mandato e facultada a filiação, sem perda do mandato, a outro partido que os tenha atingido, não sendo essa filiação considerada para fins de distribuição dos recursos do fundo partidário e de acesso gratuito ao tempo de rádio e de televisão.[168]

TÍTULO III
DA ORGANIZAÇÃO DO ESTADO

CAPÍTULO I - DA ORGANIZAÇÃO POLÍTICO-ADMINISTRATIVA

Art. 18. A organização político-administrativa da República Federativa do Brasil compreende a União, os Estados, o Distrito Federal e os Municípios, todos autônomos, nos termos desta Constituição.[169]

9.096, de 19 de setembro de 1995, art. 41, II (atribui ao TSE a missão de distribuir os recursos do Fundo Partidário aos órgãos nacionais dos partidos) e Lei nº 9.504, de 30 de setembro de 1997, arts. 44 e ss (regula o acesso gratuito ao rádio, à televisão e internet); Lei nº 13.165, de 29 de setembro de 2015 (Minirreforma Eleitoral de 2015) e Lei nº 13.488, de 6 de outubro de 2017 (Reforma no ordenamento político-eleitoral).

[166] Incluído pela EC nº 97, de 4/10/2017.

[167] Incluído pela EC nº 97, de 4/10/2017.

[168] Incluído pelaEC nº 97, de 4/10/2017.

[169] Vide Súmula nº 681; Vide ADI 5.540, Rel. Min. Edson Fachin, Inf. 863; ADI 2.452, Rel. Min. Eros Grau, DJe 17/09/2010; ADI 1.749, Rel. Min. Nelson Jobim, DJ 15/04/2005; ADI 1.842, Rel. Min. Gilmar Mendes, DJe 16/09/2013; ADI 826, Rel. Min. Sydney Sanches, DJ 12/03/1999; ADI 1546, Rel. Min. Nelson Jobim, DJ 06/04/2001; ADI 692, Rel. Min. Joaquim Barbosa, DJ 01/10/2004;; ADI 2.303-MC, Rel. Min. Maurício Corrêa, DJ 05/12/2003; ADI 2.377-MC, Rel. Min. Sepúlveda Pertence, DJ 07/11/2003; ADI 2.087-MC, Rel. Min. Sepúlveda Pertence, DJ 19/09/2003; ADI 1.689, Rel. Min. Sydney Sanches, DJ 02/05/2003; ADI 2.381-MC, Rel. Min. Sepúlveda Pertence, DJ 14/12/2001; ADI 614-MC, Rel. Min. Ilmar Galvão, DJ 18/05/2001; ADI 1.546, Rel. Min. Nelson Jobim, DJ 06/04/2001; ADI 478, Rel. Min. Carlos Velloso, DJ 28/02/1997; ADI 512, DJ 18/06/2001; ADI 287-MC, Rel. Min. Célio Borja, DJ 07/05/1993; ADI MC 165 e 342; ADI 770-MC, Rel. Min. Sepúlveda Pertence, DJ 25/09/1992 e ADI 307-MC, Rel. Min. Célio Borja, DJ 28/09/1990. Vide também Decreto-Lei

Arts. 18 e 19   J. U. Jacoby Fernandes

§ 1° Brasília é a Capital Federal.

§ 2° Os Territórios Federais integram a União, e sua criação, transformação em Estado ou reintegração ao Estado de origem serão reguladas em lei complementar.[170]

§ 3° Os Estados podem incorporar-se entre si, subdividir-se ou desmembrar-se para se anexarem a outros, ou formarem novos Estados ou Territórios Federais, mediante aprovação da população diretamente interessada, através de plebiscito, e do Congresso Nacional, por lei complementar.[171]

§ 4° A criação, a incorporação, a fusão e o desmembramento de Municípios, far-se-ão por lei estadual, dentro do período determinado por lei complementar federal, e dependerão de consulta prévia, mediante plebiscito, às populações dos Municípios envolvidos, após divulgação dos Estudos de Viabilidade Municipal, apresentados e publicados na forma da lei.[172]

> Redação anterior: vigente entre 05.10.1988 e 12.9.1996 (original):
>
> § 4° A criação, a incorporação, a fusão e o desmembramento de Municípios preservarão a continuidade e a unidade histórico-cultural do ambiente urbano, far-se-ão por lei estadual, obedecidos os requisitos previstos em lei complementar estadual, e dependerão de consulta prévia, mediante plebiscito, às populações diretamente interessadas.

Art. 19. É vedado à União, aos Estados, ao Distrito Federal e aos Municípios:[173]

I - estabelecer cultos religiosos ou igrejas, subvencioná-los, embaraçar-lhes o funcionamento ou manter com eles ou seus representantes relações de

---

n° 200, de 25 de fevereiro de 1967 (dispõe sôbre a organização da Administração Federal, estabelece diretrizes para a Reforma Administrativa).

[170] Vide art. 14 do Ato das Disposições Constitucionais Transitórias.

[171] Vide ADI 1.509, Rel. Min. Gilmar Mendes, DJe 18/11/2014; ADI 2.650, Rel. Min. Dias Toffoli, DJe 17/11/2011.

[172] Redação dada pela EC n° 15, de 12/09/1996; vide art 96 do ADCT; vide ADI 4.992, Rel. Min. Gilmar Mendes, DJ 13/11/2014; ADI 3.682, Rel. Min. Gilmar Mendes, DJ 06/09/2007; ADI 3.615, Rel. Min. Ellen Gracie, DJ 09/03/2007; ADI 3.013, Rel. Min. Ellen Gracie, DJ 04/06/2004; ADI 2.967, Rel. Min. Sepúlveda Pertence, DJ 19/03/2004; ADI 2.702, Rel. Min. Maurício Corrêa, DJ 06/02/2004; ADI 2.650, Rel. Min. Dias Toffoli, DJe 17/11/2011; ADI 2.395, Rel. Min. Gilmar Mendes, DJe 23/05/2008; ADI 2.381, Rel. Min. Sepúlveda Pertence e (AgR), Rel. Min. Cármen Lúcia, DJe, 11/04/2011; ADI 2.240, Rel. Min. Eros Grau, DJ 03/08/2007; ADI 1.034, Rel. Min. Marco Aurélio, DJ 25/02/2000; ADI 1881-, Rel. Ricardo Lewndowski, DJ 15/06/2007; ADI 458, Rel. Min. Sydney Sanches, DJ 11/09/1998; ADI 1.262, Rel. Min. Sydney Sanches, DJ 12/12/1997; ADI 1.373, Rel. Min. Francisco Rezek, DJ 31/05/1996; ADI 2.702, DJ 06/02/2004; ADI 1.034, DJ 25/02/2000; ADI 1.825-MC, DJ 23/03/2001;, DJ 14/12/2001; ADI 733, Rel. Min. Sepúlveda Pertence, DJ 16/06/1995; ADI 222, Rel. Min. Sepúlveda Pertence, DJ 06/09/1991 e Lei n° 10.521, de 18 de julho de 2002 (dispõe que é assegurada a instalação de Município cujo processo de criação teve início antes da promulgação da EC n° 15/1996, desde que o resultado do plebiscito tenha sido favorável e que as leis de criação tenham obedecido à legislação anterior).

[173] Vide ADI 4.439, Rel. Min. Alexandre Moraes, Inf. 879.

CONSTITUIÇÃO FEDERAL (1988)   Arts. 19 e 20

dependência ou aliança, ressalvada, na forma da lei, a colaboração de interesse público;

II - recusar fé aos documentos públicos;

III - criar distinções entre brasileiros ou preferências entre si.[174]

CAPÍTULO II - DA UNIÃO

Art. 20. São bens da União:[175]

I - os que atualmente lhe pertencem e os que lhe vierem a ser atribuídos;[176]

II - as terras devolutas indispensáveis à defesa das fronteiras, das fortificações e construções militares, das vias federais de comunicação e à preservação ambiental, definidas em lei;[177]

III - os lagos, rios e quaisquer correntes de água em terrenos de seu domínio, ou que banhem mais de um Estado, sirvam de limites com outros países, ou se estendam a território estrangeiro ou dele provenham, bem como os terrenos marginais e as praias fluviais;[178]

IV - as ilhas fluviais e lacustres nas zonas limítrofes com outros países; as praias marítimas; as ilhas oceânicas e as costeiras, excluídas, destas, as que contenham a sede de Municípios, exceto aquelas áreas afetadas ao serviço público e a unidade ambiental federal, e as referidas no art. 26, II;[179]

> **Redação anterior:** vigente entre 05.10.1988 e 05.05.2005 (original):
>
> IV - as ilhas fluviais e lacustres nas zonas limítrofes com outros países; as praias marítimas; as ilhas oceânicas e as costeiras, excluídas, destas, as áreas referidas no art. 26, II;

V - os recursos naturais da plataforma continental e da zona econômica exclusiva;[180]

VI - o mar territorial;

VII - os terrenos de marinha e seus acrescidos;

---

[174] Vide ADI 3.583, Rel. Min. Cézar Peluso, DJe 14/03/2008; ADI 3.070, Rel. Min. Eros Grau, DJ 19/12/2007.

[175] Vide ADI 3.273, Rel. Min. Eros Grau, Inf. 380.

[176] Vide Súmula n° 650.

[177] Vide Súmula n° 477; Lei n° 6.442, de 26 de setembro de 1977 (áreas de proteção para funcionamento de estações de comunicação) Lei n° 6.383, de 7 de dezembro de 1976 (dispõe sobre o processo discriminatório de terras devolutas da União) e Lei n° 6.938, de 31 de agosto de 1981 (dispõe sobre a política nacional do meio ambiente), regulamentadas pelo Decreto n° 99.274, de 6 de junho de 1990 (dispõe sobre estações ecológicas, áreas de proteção ambiental e Política Nacional do Meio Ambiente); e Decreto n° 5.975, de 30 de novembro de 2006 (regulamenta o manejo e exploração das florestas); Lei n° 12.651, de 25 de maio de 2012 (proteção da vegetação nativa).

[178] Súmulas 479. Vide Lei n° 13.081 de 02 de janeiro de 2015 (construção e a operação de eclusas ou de outros dispositivos de transposição hidroviária de níveis em vias navegáveis e potencialmente navegáveis).

[179] Redação dada pela EC n° 46, de 5/5/2005.

[180] Vide ADI 2.080, Rel. Min. Sydney Sanches, DJ 22/03/2002.

Arts. 20 e 21

VIII - os potenciais de energia hidráulica;

IX - os recursos minerais, inclusive os do subsolo;

X - as cavidades naturais subterrâneas e os sítios arqueológicos e pré-históricos;

XI - as terras tradicionalmente ocupadaspelos índios.[181]

§ 1° É assegurada, nos termos da lei, aos Estados, ao Distrito Federal e aos Municípios, bem como a órgãos da administração direta da União, participação no resultado da exploração de petróleo ou gás natural, de recursos hídricos para fins de geração de energia elétrica e de outros recursos minerais no respectivo território, plataforma continental, mar territorial ou zona econômica exclusiva, ou compensação financeira por essa exploração.[182]

§ 2° A faixa de até cento e cinqüenta quilômetros de largura, ao longo das fronteiras terrestres, designada como faixa de fronteira, é considerada fundamental para defesa do território nacional, e sua ocupação e utilização serão reguladas em lei.[183]

Art. 21. Compete à União:

---

[181] Vide Súmula n° 650.

[182] Vide EC n° 86, de 17/05/2015 que estabelece no "Art. 3º - As despesas com ações e serviços públicos de saúde custeados com a parcela da União oriunda da participação no resultado ou da compensação financeira pela exploração de petróleo e gás natural, de que trata o § 1º do art. 20 da Constituição Federal, serão computadas para fins de cumprimento do disposto no inciso I do § 2º do art. 198 da Constituição Federal. Art. 4º - Esta Emenda Constitucional entra em vigor na data de sua publicação e produzirá efeitos a partir da execução orçamentária do exercício de 2014." Vide também ADI 2.080-MC, Rel. Min. Sydney Sanches, DJ 22/03/2002; Lei n° 7.990, de 28 de dezembro de 1989 (institui para os Estados, Distrito Federal e Municípios, compensação financeira pelo resultado da exploração de petróleo ou gás natural, de recursos hídricos para fins de geração de energia elétrica, de recursos minerais em seus respectivos territórios, plataforma continental, mar territorial ou zona econômica exclusiva), regulamentada pelo Decreto n° 1, de 11 de janeiro de 1991 (pagamento da compensação financeira); Decreto n° 3.739, de 31 de janeiro de 2001 (dispõe sobre o cálculo da tarifa atualizada de referência para compensação financeira pela utilização de recursos hídricos, Lei n° 9.648, de 27 de maio de 1998 (reestruturação da Centrais Elétricas Brasileiras - ELETROBRÁS e subsidiárias); regulamentada pelo Decreto n° 2.655, de 2 de julho de 1998 (regulamenta o mercado atacadista de energia elétrica e define regras de organização do operador nacional do Sistema Elétrico); Lei n° 8.001, de 13 de março de 1990 (define os percentuais da distribuição da compensação financeira); Lei n° 9.427, de 26 de dezembro de 1996 (institui a Agência Nacional de Energia Elétrica - ANEEL, disciplina o regime das concessões de serviços públicos de energia elétrica); Lei n° 9.478, de 6 de agosto de 1997 (dispõe sobre a política energética nacional, as atividades relativas ao monopólio do petróleo, institui o Conselho Nacional de Política Energética e a Agência Nacional do Petróleo) e Lei n° 9.984, de 17 de julho de 2000 (cria a Agência Nacional de Águas - ANA); Lei n° 12.351, de 22 de dezembro de 2010 (exploração e a produção de petróleo, de gás natural e de outros hidrocarbonetos fluidos, sob o regime de partilha de produção, em áreas do pré-sal e em áreas estratégicas; cria o Fundo Social – FS); Lei n° 12.111 de 09 de dezembro de 2009 (serviços de energia elétrica nos Sistemas Isolados).

183 Vide Lei n° 6.634, de 2 de maio de 1979 (dispõe sobre a Faixa de Fronteira) e Decreto n° 85.064, de 26 de agosto de 1980 (regulamenta a Lei n° 6.634/1979); Lei n° 13.178, de 22 de outubro de 2015 (Ratificação dos registros imobiliários decorrentes de alienações e concessões de terras públicas situadas nas faixas de fronteira).

CONSTITUIÇÃO FEDERAL (1988)   Art. 21

I - manter relações com Estados estrangeiros e participar de organizações internacionais;

II - declarar a guerra e celebrar a paz;

III - assegurar a defesa nacional;[184]

IV - permitir, nos casos previstos em lei complementar, que forças estrangeiras transitem pelo território nacional ou nele permaneçam temporariamente;[185]

V - decretar o estado de sítio, o estado de defesa e a intervenção federal;

VI - autorizar e fiscalizar a produção e o comércio de material bélico;[186]

VII - emitir moeda;

VIII - administrar as reservas cambiais do País e fiscalizar as operações de natureza financeira, especialmente as de crédito, câmbio e capitalização, bem como as de seguros e de previdência privada;[187]

IX - elaborar e executar planos nacionais e regionais de ordenação do território e de desenvolvimento econômico e social;[188]

X - manter o serviço postal e o correio aéreo nacional;[189]

XI - explorar, diretamente ou mediante autorização, concessão ou permissão, os serviços de telecomunicações, nos termos da lei, que disporá sobre a organização dos serviços, a criação de um órgão regulador e outros aspectos institucionais;[190]

---

[184] Vide Lei n° 12.598, de 21 de março de 2012 (estabelece normas especiais para as compras, as contratações e o desenvolvimento de produtos e de sistemas de defesa).

[185] Vide Lei Complementar n° 90, de 1° de outubro de 1997 (permanência temporária e trânsito de forças estrangeiras em território nacional); Decreto n° 97.464, de 20 de janeiro de 1989 (entrada no Brasil e sobrevôo de seu território por aeronaves civis estrangeiras que não estejam em serviço aéreo regular).

[186] Vide ADI 3.258, Rel. Min. Joaquim Barbosa, DJ 09/09/2005; ADI 3.193, Rel. Min. Marco Aurélio, DJe, 06/08/2013; ADI 2.729, Rel. Min. Gilmar Mendes, DJe 12/02/2014 e ADI 2.035-MC, Rel. Min. Octavio Gallotti, DJ 04/08/2000.

[187] Vide ADI 4.701, Rel. Min. Roberto Barroso, DJe, 25/08/2014; ADI 3.515, Rel. Min. Cezar Peluso, DJe, 29/09/2011; ADI 1.357, Rel. Min. Roberto Barroso, DJe 01/02/2016 e também a ei 12.414, de 9 de junho de 2011 (formação e consulta a bancos de dados com informações de adimplemento, de pessoas naturais ou de pessoas jurídicas, para formação de histórico de crédito).

[188] Vide Plano Nacional de Educação; Plano Nacional de Logística Portuária; Plano Nacional de Segurança Pública; Plano Nacional de Logística; Plano Nacional de Desenvolvimento e outros.

[189] Vide ADI 3.080, Rel. Min. Ellen Gracie, DJ 27/08/2004 e também Lei n° 11.668, de 02 de maio de 2008 (exercício da atividade de franquia postal).

[190] Redação dada pela EC n° 8, de 15/8/1995; vide ADI 5.569, Rel. Min. Rosa Weber, DJe de 1/06/2017; ADI 5.253, Rel. Min. Dias Toffoli, DJe 01/08/2017; ADI 4.907, Rel. Min. Ricardo Lewandowski, DJe de 08/03/2013; ADI 4.739, Rel. Min. Marco Aurélio, DJe 30/09/2013; ADI 4.715, Rel. Min. Marco Aurélio, DJe de 19/08/2013; ADI 4.649, Rel. Min. Dias Toffoli, DJe de 12/8/2016; ADI 4.533, Rel. Min. Ricardo Lewandowski, DJe 01/02/2012; ADI 4.083, Rel. Min. Cármen Lúcia, DJe 14/12/2010; ADI 3.533, Rel. Min; Eros Grau, DJ 06/10/2006; ADI 3.846, Rel. Min. Gilmar Mendes, DJe 15/03/2011; ADI 3.558, Rel. Min. Cármen Lúcia, DJe de 06/05/2011; ADI 3.343, Rel. p/o ac. Min. Luiz Fux, DJe 22/11/2011; ADI 3.322, voto do rel. min. Gilmar Mendes, DJe de 29-3-2011; ADI 1.949, Rel. Min. Sepúlveda Pertence, DJ

Art. 21   J. U. JACOBY FERNANDES

> **Redação anterior:** vigente entre 05.10.1988 e 15.08.1995 (original):
>
> **XI** - explorar, diretamente ou mediante concessão a empresas sob controle acionário estatal, os serviços telefônicos, telegráficos, de transmissão de dados e demais serviços públicos de telecomunicações, assegurada a prestação de serviços de informações por entidades de direito privado através da rede pública de telecomunicações explorada pela União.

XII - explorar, diretamente ou mediante autorização, concessão ou permissão:

a) os serviços de radiodifusão sonora e de sons e imagens;[191]

> **Redação anterior:** vigente entre 05.10.1988 e 15.08.1995 (original):
>
> **a)** os serviços de radiodifusão sonora, de sons e imagens e demais serviços de telecomunicações;

b) os serviços e instalações de energia elétrica e o aproveitamento energético dos cursos de água, em articulação com os Estados onde se situam os potenciais hidroenergéticos;[192]

25/11/2005; ADI 1.467, Rel. Min. Sydney Sanches, DJ 11/04/2003 e ADI 2.615-MC, Rel. Min. Nelson Jobim, DJ 06/12/2002. Vide Lei n° 8.987, de 13 de fevereiro de 1995 (concessões e permissões de serviços públicos); art. 2° da Emenda Constitucional n° 8, de 15 de agosto de 1995; Lei n° 9.074, de 7 de julho de 1995 (normas para outorga e prorrogação da concessões e permissões); Lei n° 9.295, de 19 de julho de 1996 (serviços de telecomunicações e organização do órgão regulador) e decretos regulamentadores; Lei n° 9.472, de 16 de julho de 1997 (organização dos serviços de telecomunicações, criação e funcionamento de um órgão regulador) e decreto n° 2.338, de 7 de outubro de 1997 (regulamento da ANATEL); Decreto n° 7.512, de 30 de junho de 2011 (aprova o plano geral de metas para a universalização do serviço telefônico fixo comutado prestado no regime público - PGMU); Resolução n° 612, de 29 de abril de 2013 (Regimento Interno da ANATEL); Decreto n° 3.896, de 23 de agosto de 2001 (regência dos serviços de telecomunicações); Lei n° 10.052, de 28 de novembro de 2000 (institui o Fundo para o Desenvolvimento Tecnológico das Telecomunicações - Funttel) e Decreto n° 3.737, de 30 de janeiro de 2001 (regulamenta o Fundo para o Desenvolvimento Tecnológico das Telecomunicações - Funttel); Lei n° 12.783, de 11 de janeiro de 2013 (concessões de geração, transmissão e distribuição de energia elétrica) e decretos regulamentadores.

[191] Redação dada pela EC n° 8, de 15/8/1995; vide ADI 1.467, Rel. Min. Sydney Sanches, DJ 11/04/2003. Vide Lei n° 11.652, de 07 de abril de 2008 (institui os princípios e objetivos dos serviços de radiodifusão pública explorados pelo Poder Executivo ou outorgados a entidades de sua administração indireta).

[192] Vide ADI 3.729, Rel. Min. Gilmar Mendes, DJ 09/11/2007; ADI 3.558, Rel. Min. Cármen Lúcia, DJe 06/05/2011; ADI 3.343, Rel. Min. Luiz Fux, DJe 22/11/2011; ADI 2.337, Rel. Min. Celso de Mello, DJ 21/06/2002. Vide Lei n° 13.203 de 08 de dezembro de 2015 (dispõe sobre a repactuação do risco hidrológico de geração de energia elétrica; institui a bonificação pela outorga); Lei n° 12.783 de 11 de janeiro de 2013 (concessões de geração, transmissão e distribuição de energia elétrica; redução dos encargos setoriais e modicidade tarifária); Lei n° 12.212, de 20 de janeiro de 2010 (dispõe sobre a Tarifa Social de Energia Elétrica); Lei n° 12.334, de 20 de setembro de 2010 (Política Nacional de Segurança de Barragens destinadas à acumulação de água para quaisquer usos, à disposição final ou temporária de rejeitos e à acumulação de resíduos industriais, cria o Sistema Nacional de Informações sobre Segurança de Barragens); Lei n° 10.295, de 17 de outubro de 2001 (Política Nacional de Conservação e Uso Racional de Energia).

CONSTITUIÇÃO FEDERAL (1988) Art. 21

c) a navegação aérea, aeroespacial e a infra-estrutura aeroportuária;[193]

d) os serviços de transporte ferroviário e aquaviário entre portos brasileiros e fronteiras nacionais, ou que transponham os limites de Estado ou Território;

e) os serviços de transporte rodoviário interestadual e internacional de passageiros;[194]

f) os portos marítimos, fluviais e lacustres;

XIII - organizar e manter o Poder Judiciário, o Ministério Público do Distrito Federal e dos Territórios e a Defensoria Pública e dos Territórios;[195]

> **Redação anterior:** vigente entre 05.10.1988 e 29.03.2012 (original):
>
> XIII - organizar e manter o Poder Judiciário, o Ministério Público e a Defensoria Pública do Distrito Federal e dos Territórios;

XIV - organizar e manter a polícia civil, a polícia militar e o corpo de bombeiros militar do Distrito Federal, bem como prestar assistência financeira ao Distrito Federal para a execução de serviços públicos, por meio de fundo próprio;[196]

> **Redação anterior:** vigente entre 05.10.1988 e 04.06.1998 (original):
>
> XIV - organizar e manter a polícia federal, a polícia rodoviária e a ferroviária federais, bem como a polícia civil, a polícia militar e o corpo de bombeiros militar do Distrito Federal e dos Territórios;

XV - organizar e manter os serviços oficiais de estatística, geografia, geologia e cartografia de âmbito nacional;

XVI - exercer a classificação, para efeito indicativo, de diversões públicas e de programas de rádio e televisão;[197]

XVII - conceder anistia;[198]

---

[193] Vide Lei n° 13.488, de 05 de junho de 2017 (Diretrizes gerais para prorrogação e relicitação dos contratos de parceria nos setores rodoviário, ferroviário e aeroportuário da administração pública federal); Lei n° 12.815, de 5 de junho de 2013 (dispõe sobre a exploração de portos e instalações portuárias) e Decreto n° 8.033, de 27 de junho de 2013 que a regulamenta; Lei n° 13.499, de 26 de outubro de 2017 (estabelece critérios para a celebração de aditivos contratuais relativos às outorgas nos contratos de parceria no setor aeroportuário).

[194] Decreto n° 2.521, de 20 de março de 1998 (exploração de serviços de transporte rodoviário interestadual e internacional de passageiros).

[195] EC n° 69, de 29/3/2012.

[196] Redação dada pela EC n° 19, de 4/6/1998; vide Súmula vinculante n° 39 e Súmula n° 647; ADI 3.817, Rel. Min. Cármen Lúcia, DJe 03/04/2009; ADI 3.791, Rel. Min. Ayres Britto, DJe 27/08/2010; ADI 2.988, DJ 26/03/2004; ADI 2.705, Rel. Min. Ellen Gracie, DJ 31/10/2003; ADI 2.102, Rel. Min. Sepúlveda Pertence, DJ 07/04/2000, no mesmo sentido: ADI 1.359, DJ 11/10/2002; ADI 1.136, Rel. Min. Eros Grau, DJ 13/10/2006; ADI 1.045, Rel. Min. Marco Aurélio, DJ 12/06/2009 e também Lei n° 12.086 de 06 de novembro de 2009 (dispõe sobre os militares da Polícia Militar do Distrito Federal e do Corpo de Bombeiros Militar do Distrito Federal).

[197] Vide ADI 2.404, Rel. Min. Dias Toffoli, DJ 01/08/2017.

[198] Vide ADI 104, Rel. Min. Sepúlveda Pertence, DJ 24/08/2007.

Art. 21 — J. U. Jacoby Fernandes

XVIII - planejar e promover a defesa permanente contra as calamidades públicas, especialmente as secas e as inundações;

XIX - instituir sistema nacional de gerenciamento de recursos hídricos e definir critérios de outorga de direitos de seu uso;[199]

XX - instituir diretrizes para o desenvolvimento urbano, inclusive habitação, saneamento básico e transportes urbanos;[200]

XXI - estabelecer princípios e diretrizes para o sistema nacional de viação;[201]

XXII - executar os serviços de polícia marítima, aeroportuária e de fronteiras;[202]

> **Redação anterior:** vigente entre 05.10.1988 e 04.06.1998 (original):
>
> **XXII** - executar os serviços de polícia marítima, aérea e de fronteira;

XXIII - explorar os serviços e instalações nucleares de qualquer natureza e exercer monopólio estatal sobre a pesquisa, a lavra, o enriquecimento e reprocessamento, a industrialização e o comércio de minérios nucleares e seus derivados, atendidos os seguintes princípios e condições:[203]

a) toda atividade nuclear em território nacional somente será admitida para fins pacíficos e mediante aprovação do Congresso Nacional;

b) sob regime de permissão, são autorizadas a comercialização e a utilização de radioisótopos para a pesquisa e usos médicos, agrícolas e industriais;

> **Redação anterior:** vigente entre 05.10.1988 e 08.02.2006 (original):
>
> b) sob regime de concessão ou permissão, é autorizada a utilização de radioisótopos para a pesquisa e usos medicinais, agrícolas, industriais e atividades análogas;

c) sob regime de permissão, são autorizadas a produção, comercialização e utilização de radioisótopos de meia-vida igual ou inferior a duas horas;

> **Redação anterior:** vigente entre 05.10.1988 e 08.02.2006 (original):
>
> c) a responsabilidade civil por danos nucleares independe da existência de culpa;

d) a responsabilidade civil por danos nucleares independe da existência de culpa;[204]

XXIV - organizar, manter e executar a inspeção do trabalho;[205]

---

[199] Vide Lei nº 9.433, de 8 de janeiro de 1997 (Política Nacional de Recursos Hídricos, cria o Sistema Nacional de Gerenciamento de Recursos Hídricos, regulamenta o inciso XIX do art. 21 da Constituição Federal) e Decreto nº 4.613, de 11 de março de 2003 (regulamenta o Conselho Nacional de Recursos Hídricos).

[200] Vide Lei nº 11.445, de 05 de janeiro de 2007 (estabelece as diretrizes nacionais para o saneamento básico, cria o Comitê Interministerial de Saneamento Básico).

[201] Vide Lei nº 12.379 de 06 de janeiro de 2011 (Sistema Nacional de Viação – SNV).

[202] Redação dada pela EC nº 19, de 4/6/1998.

[203] Vide Lei nº 12.731 de 21 de novembro de 2012 (Sistema de Proteção ao Programa Nuclear Brasileiro – SIPRON).

[204] Incluída pela EC nº 49, de 08/02/2006.

CONSTITUIÇÃO FEDERAL (1988) Arts. 21 e 22

XXV - estabelecer as áreas e as condições para o exercício da atividade de garimpagem, em forma associativa.

Art. 22. Compete privativamente à União legislar sobre:

I - direito civil, comercial, penal, processual, eleitoral, agrário, marítimo, aeronáutico, espacial e do trabalho;[206]

II - desapropriação;[207]

---

[205] Vide ADI 3.670, Rel. Min. Sepúlveda Pertence, DJ 18/05/2007; ADI 2.947, Rel. Min. Cezar Peluso, DJe 10/09/2010; ADI 2.487-MC, Rel. Min. Moreira Alves, DJ 01/08/2003; ADI 1.893, Rel. Min. Carlos Velloso, DJ 04/06/2004 e.

[206] Vide Súmula vinculante 46 e Súmula nº 722; ADI 5.629, Rel. Min. Roberto Barroso, DOU 22/08/2018; ADI 5.104, Rel. Min. Roberto Barroso, DJe 30/10/2014; ADI 4.862, Rel. Min. Gilmar Mendes, DJe 07/02/2017;ADI 4.701, Rel. Min. Roberto Barroso, DJe 25/08/2014; ADI 4.414, Rel. Min. Luiz Fux, DJe 17/06/2013; ADI 4.391, Rel. Min. Dias Toffoli, DJe 20/06/2011; ADI 4.298, Rel. Min. Cezar Peluso, DJe 27/11/2009; ADI 4.190, Rel. Min. Celso de Mello, DJe 11/06/2010; ADI 4.161, Rel. Min. Cármen Lúcia, DOU 10/02/2015; ADI 3.999 e ADI 4.086, Rel. Min. Joaquim Barbosa, DJe 17/04/2009; ADI 3.710, Rel. Joaquim Barbosa, DJe 27/04/2007; ADI 3.934, Rel. Min. Ricardo Lewandowski, DJe 06/11/2009; ADI 3.896, Rel. Min. Cármen Lúcia, DJe 08/08/2008; ADI 3.671, Rel. Min. Cezar Peluso, DJe 28/11/2008; ADI 3.639, Rel. Min. Joaquim Barbosa, DJe 07/10/2013; ADI 3.605, Rel. Min. Alexandre de Moraes, DOU 13/09/2017; ADI 3.587, Rel. Min. Gilmar Mendes, DJe 22/02/2008; ADI 3.483, Rel. Min. Dias Toffoli, DJe 14/05/2014; ADI 3.394, Rel. Min. Eros Grau, DJe 15/08/2008; ADI 3.251, Rel. Min. Ayres Britto, DJe 19/10/2007; ADI 3.207 Rel. Min. Alexandre de Moraes, DJe 25/04/2018; ADI 3.165, Rel. Min. Dias Toffoli, DJe 10/05/2016; ADI 3.041, Rel. Min. Ricardo Lewandowski, DJe 01/02/2012; ADI 3.069, Rel. Min. Ellen Gracie, DJ 16/12/2005; ADI 3.438, Rel. Min. Carlos Velloso, Inf. 413; ADI 2.736, Rel. Cezar Peluso, DJe 29/03/2011; ADI 2.970, Rel. Min. Ellen Gracie, Inf. 423; ADI 2.947, Rel. Min. Cezar Peluso, DJe 10/09/2010; ADI 2.909, Rel. Min. Ayres Britto, DJe 11/06/2010; ADI 2.855, Rel. Min. Marco Aurélio, DJe 17/09/2010; ADI 2.832, Rel. Min. Ricardo Lewandowski, Dje 20/06/2008; ADI 2.729, Rel. Min. Gilmar Mendes, DJe 12/02/2014; ADI 2.374, Rel. Min. Gilmar Mendes, Inf. 364; ADI 2.655, Rel. Min. Ellen Gracie, DJ 26/03/2004; ADI 2.212, Rel. Min. Ellen Gracie, DJ 14/11/2003; ADI 2.487, Rel. Min. Moreira Alves, DJ 01/08/2003 e Min. Joaquim Barbosa, DJe 28/03/2008; ADI 2.448, Rel. Min. Sydney Sanches, DJ 13/06/2003; ADI 2.278, Rel. Min. Joaquim Barbosa, DJ 10/11/2006; ADI 2.283, Rel. Min. Gilmar Mendes, DJ 02/06/2006; ADI 2.052, Rel. Min. Eros Grau, Inf. 382; ADI 1.918, Rel. Min. Maurício Corrêa, DJ 01/08/2003; ADI 2.875, Rel. Min. Ricardo Lewandowski, Dje 20/06/2008; ADI 2.819, Rel. Min. Eros Grau, Inf. 382; ADI 1.646, Rel. Min. Gilmar Mendes, DJ 07/12/2006, no mesmo sentido: ADI 1.595, DJ 07/12/2006; ADI 1.628, Rel. Min. Eros Grau, DJ 24/11/2006; ADI 1.595-MC, Rel. Min. Nelson Jobim, DJ 19/12/2002; ADI 1.057-MC, Rel. Min. Celso de Mello, DJ 06/04/2001; ADI 1.007, Rel. Min. Eros Grau, Inf. 399; ADI 1.916-MC, Rel. Min. Nelson Jobim, DJ 26/10/2001; ADI 2.257, Rel. Min. Nelson Jobim, DJ 06/04/2001; ADI 2.220, Rel. Min. Octavio Gallotti, DJ 07/12/2000; ADI 2.052-MC, Rel. Nelson Jobim, DJ 13/10/2000; ADI 1.807, Rel. Min. Sepúlveda Pertence, DJ 05/06/1998 e Min. Dias Toffoli, DJe 09/02/2015; ADI 1.615-MC, Rel. Min. Néri da Silveira, DJ 05/11/1999; ADI 1.381, Rel. Min. Dias Toffoli, DJ 09/10/2014; ADI 1.042, Rel. Min. Cezar Peluso, DJe 06/11/2009; ADI 932, Rel. Min. Ricardo Lewandowski, Dje 09/05/2011; ADI 907, Rel. Min. Alexandre de Moraes, DJe 24/11/2017; ADI 601, Rel. Min. Ilmar Galvão, DJ 20/09/2002; ADI 541-MC, Rel. Min. Marco Aurélio, DJ 14/02/1992; ADI 451, Rel. Min. Roberto Barroso, DJe 09/03/2018; ADI 238, Rel. Min. Joaquim Barbosa, DJe 09/04/2010; ADI 144, Rel. Min. Gilmar Mendes, DJe 03/04/2014, ADI 104, Rel. Min. Sepúlveda Pertence, DJe 24/08/2007.

[207] Vide ADI 969, Rel. Min. Joaquim Barbosa, 27/09/2006.

III - requisições civis e militares, em caso de iminente perigo e em tempo de guerra;[208]

IV - águas, energia, informática, telecomunicações e radiodifusão;[209]

V - serviço postal;[210]

VI - sistema monetário[211] e de medidas, títulos e garantias dos metais;

VII - política de crédito, câmbio, seguros e transferência de valores;[212]

VIII - comércio exterior e interestadual;[213]

IX - diretrizes da política nacional de transportes;[214]

X - regime dos portos, navegação lacustre, fluvial, marítima, aérea e aeroespacial;[215]

XI - trânsito e transporte;[216]

---

[208] Vide ADI 3.639, Rel. Min. Joaquim Barbosa, 07/10/2013.

[209] Vide ADI 5.569, Rel. Min. Rosa Weber, DJe 01/06/2017; ADI 5.253, Rel. Min. Dias Toffoli, DJe 01/08/2017; ADI 4.739, Rel. Min. Marco Aurélio, DJe 30/09/2013; ADI 4.649, Rel. Min. Dias Toffoli, DJe 12/08/2016; ADI 4.533, Rel. Min. Ricardo Lewandowski, DJe 01/02/2012; ADI 4.603, Rel. Min. Dias Toffoli, DJe 12/08/2016; ADI 4.401, Rel. Min. Gilmar Mendes, DJe 01/10/2010; ADI 4.369, Rel. Min. Marco Aurélio, DJe 03/11/2014; ADI 4.083, Rel. Min. Cármen Lúcia, DJe 14/12/2010; ADI 3.846, Rel. Min. Gilmar Mendes, DJe 15/03/2011; ADI 3.558, Rel. Min. Cármen Lúcia, DJe de 06/05/2011; ADI 3.533, Rel. Min. Eros Grau, DJ 06/10/2006; ADI 3.343, Rel. Min. Luiz Fux, DJe 22/11/2011; ADI 3.322-MC, Rel. Min. Cezar Peluso, Inf. 434 e ADI 855, Rel. Min. Sepúlveda Pertence, DJ 01/10/1993 e Gilmar Mendes DJe 27/03/2009. Vide também Lei nº 7.232 de29 de outubro de 1984 (Política Nacional de Informática).

[210] Vide ADI 3.080, Rel. Min. Ellen Gracie, DJ 27/08/2004.

[211] Vide Lei nº 8.880, de 27 de maio de 1994 (Programa de Estabilização Econômica e o Sistema Monetário Nacional, institui a Unidade Real de Valor - URV)

[212] Vide Lei nº 13.636, de 20 de março de 2018 (Programa Nacional de Microcrédito Produtivo Orientado - PNMPO); Lei nº 126, de 15/01/2007 (dispõe sobre a política de resseguro, retrocessão e sua intermediação, as operações de co-seguro, as contratações de seguro no exterior e as operações em moeda estrangeira do setor securitário) e ainda: ADI 4.701, Rel. Min. Roberto Barroso, DJ 01/02/2016; ADI 3.207, Rel. Min. Alexandre de Moraes, DJ 25/04/2018; ADI 1.646, Rel. Min. Néri da Silveira, DJ 04/05/2001 e Gilmar Mendes, DJe 07/12/2006; ADI 1.357, Rel. Min. Roberto Barroso, DJ 01/02/2016;.

[213] Vide ADI 3.813, Rel. Min. Dias Toffoli, DJ 20/04/2015; ADI 3.001 e 2.866, Rel. Min. Gilmar Mendes, DJe 06/08/2010; ADI 2.832, Rel. Ricardo Lewandowski, DJ 20/06/2008; ADI 750, Rel. Min. Gilmar Mendes, DJ 09/03/2018; ADI 280, Rel. Min. Rezek, DJ de 17/6/1994; ADI-MC 349, Rel. Min. Marco Aurélio, DJ de 26/10/1990 "conveniência da suspensão do dispositivo, haja vista a expressiva participação do Estado do Rio Grande Norte na produção nacional de sal marinho".

[214] Vide ADI 2.374, Rel. Min. Gilmar Mendes, Inf. 364; ADI 476, Rel. Min. Sepúlveda Pertence, DJ 09/04/1999 e Lei Complementar nº 87, de 13 de setembro de 1996 (ICMS dos Estados e do Distrito Federal sobre operações relativas à circulação de mercadorias e sobre prestações de serviços de transporte interestadual e intermunicipal e de comunicação).

[215] Vide Lei nº 12.815, de 5 de junho de 2013 (dispõe sobre a exploração de portos e instalações portuárias).

[216] Vide ADI 5.332, Rel. Min. Cármen Lúcia, DJe 24/08/2017; ADI 3.897, Rel. Min. Gilmar Mendes, DJe 24/04/2009; ADI 3.679, Rel. Min. Sepúlveda Pertence, DJe 03/08/2007; ADI 3.671, Rel. Min. Cezar Peluso, DJe 28/11/2008; ADI 3.639, Rel. Min. Joaquim Barbosa, DJe 07/10/2013; ADI 3.625, Rel. Min. Cezar Peluso, DJ 29/09/2006; ADI 3.610, Rel. Min. Cezar

CONSTITUIÇÃO FEDERAL (1988) Art. 22

XII - jazidas, minas, outros recursos minerais e metalurgia;

XIII - nacionalidade, cidadania e naturalização;[217]

XIV - populações indígenas;

XV - emigração e imigração, entrada, extradição e expulsão de estrangeiros;[218]

XVI - organização do sistema nacional de emprego e condições para o exercício de profissões;[219]

XVII - organização judiciária, do Ministério Público do Distrito Federal e dos Territórios e da Defensoria Pública dos Territórios, bem como organização administrativa destes;[220]

Redação anterior: vigente entre 05.10.1988 e 29.03.2012 (original):

XVII - organização judiciária, do Ministério Público e da Defensoria Pública do Distrito Federal e dos Territórios, bem como organização administrativa destes.

XVIII - sistema estatístico, sistema cartográfico e de geologia nacionais;

XIX - sistemas de poupança, captação e garantia da poupança popular;

XX - sistemas de consórcios e sorteios;[221]

Peluso, DJe 22/09/2011; ADI 3.444, Rel. Min. Ellen Gracie, DJ 03/02/2006; ADI 3.327, Rel. Min. Cármen Lúcia, DJe 30/10/2014; ADI 3.269, Rel. Min. Cezar Peluso, DJe 22/09/2011; ADI 3.254, Rel. Min. Ellen Gracie, DJ 02/12/2005; ADI 3.196-MC, DJ 22/04/2005; ADI 3.186, Rel. Min. Gilmar Mendes, DJ 12/05/2006; ADI 3.136, DJ 10/11/2006; ADI 3.135, Rel. Min. Gilmar Mendes, DJ 08/09/2006); ADI 3.055, Rel. Min. Carlos Velloso, DJ 03/02/2006; ADI 3.049, DJ 12/03/2004; ADI 2.960, Rel. Min. Dias Toffoli, DJe 09/05/2013; ADI 2.814, Rel. Min. Carlos Velloso, DJ 05/12/2003; ADI 2.796, Rel. Min. Gilmar Mendes, DJ 16/12/2005; ADI 2.751, Rel. Min. Carlos Velloso, Inf. 399; ADI 2.718, Rel. Min. Joaquim Barbosa, DJ 24/06/2005; ADI 2.644, Rel. Min. Ellen Gracie, DJ 29/08/2003; ADI 2.582, Rel. Min. Sepúlveda Pertence, DJ 06/06/2003; ADI 2.407-MC, Rel. Min. Ellen Gracie, DJ 18/10/2002; ADI 2.372-MC, Rel. Min. Sydney Sanches, DJ 28/11/2003; ADI 2.328, Rel. Min. Maurício Corrêa, DJ 16/04/2004; ADI 2.137, Rel. Dias Toffoli, DJe 09/05/2013; ADI 1.704, Rel. Min. Carlos Velloso, DJ 20/09/2002; ADI 1.666-MC, DJ 27/02/2004; ADI 476, Rel. Min. Sepúlveda Pertence, DJ 09/04/1999; ADI 403, Rel. Min. Ilmar Galvão, DJ 27/09/2002 e ADI 280, Rel. Min. Francisco Rezek, DJ 17/06/1994. Vide Lei nº 13.614, de 11 de janeiro de 2018 (cria o Plano Nacional de Redução de Mortes e Lesões no Trânsito); Lei nº 13.290, de 23 de maio de 2016 (Torna obrigatório o uso, nas rodovias, de farol baixo aceso durante o dia); Lei 12.436, de 06 de julho de 2011 (Veda o emprego de práticas que estimulem o aumento de velocidade por motociclistas profissionais).

[217] Vide ADI 4.387, Rel. Min. Dias Toffoli, DJe 10/10/2014.

[218] Vide Lei nº 11.961 de 02 de julho de 2009 (residência provisória para o estrangeiro em situação irregular); Lei nº 13.445 de 24 de maio de 2017 (Lei de Migração); Lei nº 13.684, de 21/06/2018 (Assistência emergencial para acolhimento a pessoas em situação de vulnerabilidade decorrente de fluxo migratório provocado por crise humanitária).

[219] Vide ADI 3.679, Rel. Min. Sepúlveda Pertence, DJ 03/08/2007; ADI 3.610, Rel. Min. Cezar Peluso, DJ 22/09/2011; ADI 3.587, Rel. Min. Gilmar Mendes, DJ 22/02/2008. Vide também Lei nº 13.667, de 17 de maio de 2018 (dispõe sobre o Sistema Nacional de Emprego - Sine) E Lei no 12.513, de 26 de outubro de 2011 (Programa Nacional de Acesso ao Ensino Técnico e Emprego - (Pronatec).

[220] Redação dada pela EC nº 69, de 29/3/2012.

Art. 22   J. U. JACOBY FERNANDES

XXI - normas gerais de organização, efetivos, material bélico, garantias, convocação e mobilização das polícias militares e corpos de bombeiros militares;[222]

XXII - competência da polícia federal e das polícias rodoviária e ferroviária federais;

XXIII - seguridade social;

XXIV - diretrizes e bases da educação nacional;[223]

XXV - registros públicos;[224]

XXVI - atividades nucleares de qualquer natureza;[225]

XXVII - normas gerais de licitação e contratação, em todas as modalidades, para as administrações públicas diretas, autárquicas e fundacionais da União, Estados, Distrito Federal e Municípios, obedecido o disposto no art. 37, XXI, e para as empresas públicas e sociedades de economia mista, nos termos do art. 173, § 1º, III;[226]

---

[221] Vide Súmula vinculante nº 2 e ainda: ADI 3.895, Rel. Menezes Direito, DJ 29/08/2008; ADI 3.259, Rel. Min. Eros Grau, DJ 24/02/2006 ADI 3.183, Rel. Min. Joaquim Barbosa, 10/08/2006; ADI 3.147, DJ 22/09/2006; ADI 2.996, Rel. Min. Sepúlveda Pertence, DJ 29/09/2006; ADI 2.995, Rel. Min. Celso de Mello, DJ 28/09/2007; ADI 2.948, Rel. Min. Eros Grau, DJ 13/05/2005; ADI 2.690, Rel. Min. Gilmar Mendes, 07/06/2006 e ADI 179, Rel Min. Dias Toffoli, 28/03/2014 e também a Lei nº 12.402, de 02 de maio de 2011 (obrigações tributárias por consórcios que realizarem contratações de pessoas jurídicas e físicas).

[222] Vide ADI 3.774-MC, Rel. Min. Joaquim Barbosa, Inf. 446; ADI 1.540, Rel. Min. Maurício Corrêa, DJ 16/11/2001; ADI 1.136, Rel. Min. Eros Grau, DJ 13/10/2006 e ADI 1.045, Rel. Marco Aurélio, DJe 12/06/2009.

[223] Vide ADI 5.341, Rel. Min. Edson Fachin, DJe, 29/03/2016; ADI 5.037 e 5035, Rel. p/o ac. Min. Alexandre de Moraes, Inf. 886; ADI 4.720, Rel. Min. Cármen Lúcia, DJe, 23/08/2017; ADI 3.669, Rel. Min. Cármen Lúcia, DJe, 29/06/2007; ADI 3.098, Rel. Min. Carlos Velloso, Inf. 410; DJ 11/06/2004 e ADI 2.667, Rel. Min. Celso de Mello, DJ 12/03/2004; ADI 2.501, Rel. Min. Joaquim Barbosa, DJe, 19/12/2008; ADI 1.399, Rel. Min. Maurício Corrêa, DJ 11/06/2004.

[224] Vide ADI 4.007, Rel. Min. Rosa Weber, DJe, 30/10/2014; ADI 3.151, Rel. Min. Ayres Britto, Inf. 391; ADI 2.254 Rel. Min. Sepúlveda Pertence, DJ 26/09/2003 e Min. Dias Toffoli, DJe 03/03/2017; ADI 1.709, Rel. Min. Maurício Corrêa, DJ 31/03/2000 e ADI 1.047-MC, Rel. Min. Sepúlveda Pertence, DJ 06/05/1994.

[225] Vide ADI 1.575, Rel. Min. Joaquim Barbosa, DJe, 11/06/2010; ADI 329, Rel. Min. Ellen Gracie, DJ 28/05/2004.

[226] Redação dada pela EC nº 19, de 4/6/1998; vide ADI 3.735, Rel. Min. Cármen Lúcia, DJe, 01/08/2017; ADI 3.670, Rel. Min. Sepúlveda Pertence, DJe, 18/05/2007; ADI 3.059-MC, Rel. Min. Ayres Britto, DJ 20/08/2004; ADI 1.746, Rel. Min. Marco Aurélio, DJe, 13/11/2014; e ADI 927-MC, Rel. Min. Carlos Velloso, DJ 11/11/1994. Vide também Lei nº 8.666, de 21 de junho de 1993 (institui normas para licitações e contratos da Administração Pública); Lei nº 13.334, de 13 de novembro de 2016 (cria o Programa de Parcerias de Investimentos – PPI); Lei nº 13.529 de 04 de dezembro de 2017 (Participação da União em fundo de apoio à estruturação e ao desenvolvimento de projetos de concessões e parcerias público-privadas); Lei nº 11.079, de 30 de dezembro de 2004 (institui normas gerais para licitação e contratação de parceria público-privada na administração pública).

CONSTITUIÇÃO FEDERAL (1988)   Arts. 22 e 23

> **Redação anterior:** vigente entre 05.10.1988 e 04.06.1998 (original):
>
> **XXVII** - normas gerais de licitação e contratação, em todas as modalidades, para a administração pública, direta e indireta, incluídas as fundações instituídas e mantidas pelo Poder Público, nas diversas esferas de governo, e empresas sob seu controle;

XXVIII - defesa territorial, defesa aeroespacial, defesa marítima, defesa civil[227] e mobilização nacional;

XXIX - propaganda comercial.

Parágrafo único. Lei complementar poderá autorizar os Estados a legislar sobre questões específicas das matérias relacionadas neste artigo.[228]

Art. 23. É competência comum da União, dos Estados, do Distrito Federal e dos Municípios:[229]

I - zelar pela guarda da Constituição, das leis e das instituições democráticas e conservar o patrimônio público;

II - cuidar da saúde e assistência pública, da proteção e garantia das pessoas portadoras de deficiência;[230]

III - proteger os documentos, as obras e outros bens de valor histórico, artístico e cultural, os monumentos, as paisagens naturais notáveis e os sítios arqueológicos;[231]

IV - impedir a evasão, a destruição e a descaracterização de obras de arte e de outros bens de valor histórico, artístico ou cultural;

V - proporcionar os meios de acesso à cultura, à educação, à ciência, à tecnologia, à pesquisa e à inovação;[232]

> **Redação anterior:** vigente entre 05.10.1988 e 26.02.2015 (original):
>
> **V** - proporcionar os meios de acesso à cultura, à educação e à ciência;

---

[227] Vide Lei nº 12.608 de 12 de abril de 2012 (institui a Política Nacional de Proteção e Defesa Civil - PNPDEC; dispõe sobre o Sistema Nacional de Proteção e Defesa Civil - SINPDEC e o Conselho Nacional de Proteção e Defesa Civil - CONPDEC; autoriza a criação de sistema de informações e monitoramento de desastres) e Lei nº 12.340 de 01 de dezembro de 2010 (transferências da União para a execução de ações de prevenção em áreas de risco de desastres e de resposta e de recuperação em áreas atingidas por desastres e sobre o Fundo Nacional para Calamidades Públicas, Proteção e Defesa Civil).

[228] Vide ADI 4.391, Rel. Min. Dias Toffoli, DJe, 20/06/2011; ADI 4.364, Rel. Min. Dias Toffoli, DJe, 16/05/2011; ADI 3.774-MC, Rel. Min. Joaquim Barbosa, Inf. 446; ADI 2.432-MC, Rel. Min. Nelson Jobim, DJ 21/09/2001 e Lei Complementar nº 103, de 14 de julho de 2000 (autoriza os Estados e o Distrito Federal a instituir o piso salarial a que se refere o inc. V do art. 7º da CF).

[229] Vide ADI 3.193, Rel. Min. Marco Aurélio, DJe, 06/08/2013;

[230] Vide ADI 2.875, Rel. Min. Ricardo Lewandowski, DJe, 20/06/2008.

[231] Vide ADI 3.525, Rel. Min. Gilmar Mendes, DJ 26/10/2007; ADI 2.544, Rel. Min. Sepúlveda Pertence, DJ 17/11/2006. Vide também Lei Complementar nº 140 de 08 de dezembro de 2001 (Cooperação entre União, Estados e DF para proteção das paisagens naturais, meio ambiente e combate à poluição); Lei nº 12.682, de 09 de julho de 2012. (dispõe sobre a elaboração e o arquivamento de documentos em meios eletromagnéticos).

[232] Vide ADI 1.950, Rel. Min. Eros Grau, DJ 02/06/2006; Alterado pela EC nº 85, 26/2/2015.

Arts. 23 e 24 · J. U. JACOBY FERNANDES

VI - proteger o meio ambiente e combater a poluição em qualquer de suas formas;[233]

VII - preservar as florestas, a fauna e a flora;[234]

VIII - fomentar a produção agropecuária e organizar o abastecimento alimentar;

IX - promover programas de construção de moradias e a melhoria das condições habitacionais e de saneamento básico;[235]

X - combater as causas da pobreza e os fatores de marginalização, promovendo a integração social dos setores desfavorecidos;

XI - registrar, acompanhar e fiscalizar as concessões de direitos de pesquisa e exploração de recursos hídricos e minerais em seus territórios;

XII - estabelecer e implantar política de educação para a segurança do trânsito.[236]

Parágrafo único. Leis complementares fixarão normas para a cooperação entre a União e os Estados, o Distrito Federal e os Municípios, tendo em vista o equilíbrio do desenvolvimento e do bem-estar em âmbito nacional.[237]

Redação anterior: vigente entre 05.10.1988 e 20.12.2006. (original):

Parágrafo único. Lei complementar fixará normas para a cooperação entre a União e os Estados, o Distrito Federal e os Municípios, tendo em vista o equilíbrio do desenvolvimento e do bem-estar em âmbito nacional.

Art. 24. Compete à União, aos Estados e ao Distrito Federal legislar concorrentemente sobre:

I - direito tributário, financeiro, penitenciário, econômico e urbanístico;[238]

II - orçamento;

III - juntas comerciais;[239]

IV - custas dos serviços forenses;[240]

V - produção e consumo;[241]

---

[233] Vide ADI 3.338, Rel. Min. Eros Grau, Inf. 399.

[234] Vide Lei nº 12.725, de 16 de outubro de 2012 (controle da fauna nas imediações de aeródromos).

[235] Vide ADI 1.842, Rel. Min. Gilmar Mendes, DJe 16/09/2013.

[236] Vide ADI 3.679, Rel. Min. Sepúlveda Pertenc, DJ 03/08/2007; ADI 3.610, Rel. Min. Cezar Peluso, DJ 22/09/2011; ADI 2.407, Rel. Min. Cármen Lúcia, DJ 29/06/2007; ADI 1.592, voto do Min. Moreira Alves, DJ 09/05/2003.

[237] Redação dada pela EC nº 53, de 19/12/2006. Vide ADI 2.544, Rel. Min. Sepúlveda Pertence, DJ 17/11/2006.

[238] Vide ADI 3.916, Rel. Min. Eros Grau, DJ 14/05/2010; ADI 3.809, Rel. Min. Eros Grau, DJ 14/09/2007; ADI 3.512, Rel. Min. Eros Grau, DJ 23/06/2006; ADI 2.198, Rel. Min. Dias Toffoli, DJe 19/08/2013 e ADI 2.124-MC, Rel. Min. Néri da Silveira, DJ 31/10/2003; ADI 442, Rel. Min. Eros Grau, DJ 28/05/2010.

[239] Vide ADI 804-MC, Rel. Min. Sepúlveda Pertence, DJ 05/02/1993.

[240] Vide ADI 3.260, Rel. Min. Eros Grau, DJ 29/06/2007; ADI 1.624, Rel. Min. Carlos Velloso, DJ 13/06/2003.

[241] Vide ADI 3.937, Rel. Min. Dias Toffoli, Inf. 874; ADI 3.668, Rel. Min. Gilmar Mendes, DJ 19/12/2007; ADI 3.645, Rel. Min. Ellen Gracie, DJ 01/09/2006; ADI 3.406 e 3.470, Rel. Min.

Constituição Federal (1988) — Art. 24

VI - florestas, caça, pesca, fauna, conservação da natureza, defesa do solo e dos recursos naturais, proteção do meio ambiente e controle da poluição;[242]

VII - proteção ao patrimônio histórico, cultural, artístico, turístico e paisagístico;

VIII - responsabilidade por dano ao meio ambiente, ao consumidor, a bens e direitos de valor artístico, estético, histórico, turístico e paisagístico;[243]

IX - educação, cultura, ensino, desporto, ciência, tecnologia, pesquisa, desenvolvimento e inovação;[244]

> **Redação anterior:** vigente entre 05.10.1988 e 26.02.2015. (original):
>
> IX - educação, cultura, ensino e desporto;

X - criação, funcionamento e processo do juizado de pequenas causas;

XI - procedimentos em matéria processual;[245]

XII - previdência social, proteção e defesa da saúde;[246]

XIII - assistência jurídica e defensoria pública;[247]

XIV - proteção e integração social das pessoas portadoras de deficiência;[248]

XV - proteção à infância e à juventude;

XVI - organização, garantias, direitos e deveres das polícias civis.[249]

Rosa Weber, Inf. 886; ADI 3.356 e 3.357, Rel. Min. Dias Toffoli, Inf. 886; ADI 2.832, Rel. Min. Ricardo Lewandowski, DJe 20/06/2008; ADI 3.818, Rel. Min. Dias Toffoli, DJe 01/08/2013; ADI 2.730, Rel. Min. Cármen Lúcia, DJ 28/05/2010; ADI 2.396, Rel. Min. Ellen Gracie, DJ 01/08/2003; ADI 2.359, Rel. Min. Eros Grau, DJ 07/12/2006; ADI 2.334, Rel. Min. Gilmar Mendes, DJ 30/05/2003 e ADI 1.980, Rel. Min. Sydney Sanches, DJ 25/02/2000 e Cezar Peluzzo em 07/08/2009.

[242] Vide ADI 1.245, Rel. Min. Eros Grau, DJ 26/08/2005 e ADI 1.086, Rel. Min. Ilmar Galvão, DJ 16/09/1994.

[243] Vide ADI 2.832, Rel. Min. Ricardo Lewandowski, DJe 20/06/2008; ADI 2.359, Rel. Min. Eros Grau, Inf. 442; ADI 2.030, Rel. Min. Gilmar Mendes, Inf. 872; ADI 1.980, Rel. Cesar Peluso, DJe 07/08/2009;

[244] Redação dada pela EC nº 85, de 26/2/2015. Vide ADI 4.167, Rel.Min. Joaquim Barbosa, DJe 24/08/2011; ADI 4.060, Rel. Min. Luiz Fux, DJe 04/05/2015; ADI 3.669, Rel. Min. Cármen Lúcia, DJ 29/06/2007; ADI 3.477, Rel. p/o ac. Min. Luiz Fux, DJe 04/05/2015; ADI 3.098, Rel. Min. Carlos Velloso, Inf. 410; ADI 2.937, Rel. Min. Cezar Peluso, DJe 29/05/2012; ADI 1.266, Rel. Min. Eros Grau, DJ 23/09/2005 e ADI 2.667-MC, Rel. Min. Celso de Mello, DJ 12/03/2004;

[245] Vide ADI 4.414, Rel. Min. Luiz Fux, DJe 17/06/2013; ADI 2.922, Rel. Min. Gilmar Mendes, DJe 30/10/2014; ADI 2.886, Rel.Min. Joaquim Barbosa, DJe 05/08/2014; ADI 1.285-MC, Rel. Min. Moreira Alves, DJ 23/03/2001.

[246] Vide ADI 4.949, Rel. Min. Ricardo Lewandowski, DJe 03/10/2014; ADI 4.696, Rel. Min. Edson Fachin, DJe 14/09/2017; ADI 4.582, Rel. Min. Marco Aurélio, DJe 09/02/2012; ADI 3.937, Min. Marco Aurélio, DJe 10/10/2008; ADI 3.645, Rel. Min. Ellen Gracie, DJ 01/09/2006; ADI 3.470 e 3.406, Rel. Min. Rosa Weber, Inf. 886; ADI 3.356 e 3.357, Rel. p/ o ac. Min. Dias Toffoli, Inf. 886; ADI 2.875, Rel. Min. Ricardo Lewandowski, DJe 20/06/2008; ADI 2.730, Rel. Min. Cármen Lúcia, DJe 28/05/2010; ADI 2.024, Rel. Min. Sepúlveda Pertence, DJe 22/06/2007; ADI 1.278, Rel. Min. Ricardo Lewandowski, DJe 01/06/2007.

[247] Vide ADI 2.903, Rel. Min. Celso de Mello, DJe 19/09/2008;

[248] Vide ADI 5.293, Rel. Min. Alexandre de Moraes, DJe 21/11/2017; ADI 903, Rel. Min. Dias Toffoli, DJ 07/02/2014 e ADI 429-MC, Rel. Min. Célio Borja, DJ 19/02/1993.

Arts. 24 e 25 — J. U. Jacoby Fernandes

§ 1º No âmbito da legislação concorrente, a competência da União limitar-se-á a estabelecer normas gerais.[250]

§ 2º A competência da União para legislar sobre normas gerais não exclui a competência suplementar dos Estados.[251]

§ 3º Inexistindo lei federal sobre normas gerais, os Estados exercerão a competência legislativa plena, para atender a suas peculiaridades.[252]

§ 4º A superveniência de lei federal sobre normas gerais suspende a eficácia da lei estadual, no que lhe for contrário.[253]

CAPÍTULO III - DOS ESTADOS FEDERADOS

Art. 25. Os Estados organizam-se e regem-se pelas Constituições e leis que adotarem, observados os princípios desta Constituição.[254]

§ 1º São reservadas aos Estados as competências que não lhes sejam vedadas por esta Constituição.[255]

§ 2º Cabe aos Estados explorar diretamente, ou mediante concessão, os serviços locais de gás canalizado, na forma da lei, vedada a edição de medida provisória para a sua regulamentação.[256]

---

[249] Vide ADI 3.062, Rel. Min. Gilmar Mendes, DJe 12/04/2011;

[250] Vide ADI 3.668, Rel. Min. Gilmar Mendes, DJ 19/12/2007; ADI 2.903, Rel. Min. Celso de Mello, DJe 19/09/2008; ADI 2.886, Rel.Min. Joaquim Barbosa, DJe 05/08/2014; ADI 2.876, Rel. Min. Cármen Lúcia, DJe 20/11/2009; ADI 2.344-QO, Rel. Min. Celso de Mello, DJ 02/08/2002.

[251] Vide ADI 3.098, Rel. Min. Carlos Velloso, DJ 10/03/2006; ADI 2.903, Rel. Min. Celso de Mello, DJ 19/09/2008; ADI 2.818, Rel. Min. Dias Toffoli, DJ 01/08/2013; ADI 2.344-QO, Rel. Min. Celso de Mello, DJ 02/08/2002; ADI 2.876, Rel. Min. Cármen Lúcia, DJe 20/11/2009. ADI 2.030, Rel. Min. Gilmar Mendes, Inf. 872; ADI 1.245, Rel. Min. Eros Grau, DJ 26/08/2005.

[252] Vide ADI 3.937, Rel. p/o ac. Min. Dias Toffoli, Inf. 874; ADI 3.406 e 3470, Rel. Min. Rosa Weber, Inf. 886; ADI 3.098, Rel. Min. Carlos Velloso, Inf. 410; ADI 2.818, Rel. Min. Dias Toffoli, DJ 01/08/2013; ADI 3.098, Rel. Min. Carlos Velloso, DJ 10/03/2006 e ADI 1.926-MC, Rel. Min. Sepúlveda Pertence, DJ 10/09/1999.

[253] Vide ADI 3.937, Rel. p/o ac. Min. Dias Toffoli, Inf. 874; ADI 3.406 e 3470, Rel. Min. Rosa Weber, Inf. 886; ADI 2.656, Rel. Min. Maurício Corrêa, DJ 01/08/2003; ADI 903, Rel. Min. Dias Toffoli, DJe 07/02/2014;

[254] Vide ADI 4.298, Rel. Min. Cezar Peluso, DJe 27/11/2009; ADI 3.225, Rel. Min. Cezar Peluso, DJ 26/10/2007; ADI 2.113-MC, Rel. Min. Ellen Gracie, DJ 27/06/2003 e Min. Cármen Lúcia, DJe, 21/08/2009; ADI 2.076, Rel. Min. Carlos Velloso, DJ 08/08/2003; ADI 2.069-MC, Rel. Min. Néri da Silveira , DJ 09/05/2003; ADI 1.746-MC, Rel. Min. Maurício Corrêa, DJ 19/09/2003; ADI 1.594, Rel. Min. Eros Grau, DJe, 22/08/2008; ADI 1.521, Rel. Min. Ricardo Lewandowski, DJe 13/08/2013; ADI 1.448, Rel. Min. Maurício Corrêa, DJ 02/08/1996 e Joaquim Barbosa, DJ, 11/10/2007; ADI 687, Rel. Min. Celso de Mello, DJ 10/02/2006. ADI 507, Rel. Min. Celso de Mello, DJ 08/08/2003; ADI 486, Rel. Min. Celso de Mello, DJ 10/11/2006 e ADI 291, Rel. Min. Joaquim Barbosa, DJe 10/09/2010.

[255] Vide ADI 2.349, Rel. Min. Eros Grau, Inf. 399; ADI 2.311-MC, Rel. Min. Néri da Silveira, DJ 07/06/2002; ADI 425, Rel. Min. Maurício Corrêa, DJ 19/12/2003; ADI 2.069-MC, Rel. Min. Néri da Silveira , DJ 09/05/2003;; ADI 1.279-MC, Rel. Min. Maurício Corrêa, DJ 15/12/1995 e ADI 1.448-MC, Rel. Min. Maurício Corrêa, DJ 02/08/1996.

CONSTITUIÇÃO FEDERAL (1988)   Arts. 25 a 27

> **Redação anterior:** vigente entre 05.10.1988 e 15.08.1995 (original):
>
> § 2° Cabe aos Estados explorar diretamente, ou mediante concessão a empresa estatal, com exclusividade de distribuição, os serviços locais de gás canalizado.

§ 3° Os Estados poderão, mediante lei complementar, instituir regiões metropolitanas, aglomerações urbanas e microrregiões, constituídas por agrupamentos de municípios limítrofes, para integrar a organização, o planejamento e a execução de funções públicas de interesse comum.[257]

Art. 26. Incluem-se entre os bens dos Estados:

I - as águas superficiais ou subterrâneas, fluentes, emergentes e em depósito, ressalvadas, neste caso, na forma da lei, as decorrentes de obras da União;

II - as áreas, nas ilhas oceânicas e costeiras, que estiverem no seu domínio, excluídas aquelas sob domínio da União, Municípios ou terceiros;

III - as ilhas fluviais e lacustres não pertencentes à União;

IV - as terras devolutas não compreendidas entre as da União.[258]

Art. 27. O número de Deputados à Assembléia Legislativa corresponderá ao triplo da representação do Estado na Câmara dos Deputados e, atingido o número de trinta e seis, será acrescido de tantos quantos forem os Deputados Federais acima de doze.

§ 1° Será de quatro anos o mandato dos Deputados Estaduais, aplicando-se-lhes as regras desta Constituição sobre sistema eleitoral, inviolabilidade, imunidades, remuneração, perda de mandato, licença, impedimentos e incorporação às Forças Armadas.[259]

§ 2° O subsídio dos Deputados Estaduais será fixado por lei de iniciativa da Assembléia Legislativa, na razão de, no máximo, setenta e cinco por cento daquele estabelecido, em espécie, para os Deputados Federais, observado o que dispõem os arts. 39, § 4°, 57, § 7°, 150, II, 153, III, e 153, § 2°, I.[260]

> **Redação anterior:** vigente entre 06.04.1992 e 04.06.1998 (EC n° 1/92):
>
> § 2° A remuneração dos Deputados Estaduais será fixada em cada legislatura, para a subseqüente, pela Assembléia Legislativa, observado o que dispõem os arts. 150, II,

---

[256] Redação dada pela EC n° 5, de 15/8/1995. Vide ADI 2.391, Rel. Min. Ellen Gracie, Inf. 316; ADI 425, voto do Rel. Min. Maurício Corrêa, DJ 19/12/2003; vide também a Lei n° 9.478, de 06 de agosto de 1997 (política energética nacional, as atividades relativas ao monopólio do petróleo, institui o Conselho Nacional de Política Energética e a Agência Nacional do Petróleo).

[257] Vide ADI 1.842, Rel. Min. Gilmar Mendes, DJe 16/09/2013; ADI 1.841, Rel. Min. Carlos Velloso, DJ 20/09/2002; Vide Lei n° 12.305, de 02 de agosto de 2010 (Política Nacional de Resíduos Sólidos).

[258] Vide ADI 255, Rel. Min. Ricardo Lewandowski, DJe 24/05/2011.

[259] Vide ADI 3.825, Rel. Min. Cármen Lúcia; ADI 3.200, Rel. Min. Marco Aurélio, DJe, 21/10/2014; ADI 2.461, ADI 3.208, Rel. Min. Gilmar Mendes, Inf. 387 e ADI 2.262-MC, Rel. Min. Nelson Jobim, DJ 01/08/2003.

[260] Redação dada pela EC n° 19, de 4/6/1998; vide ADI 4.509, Rel. Min. Cármen Lúcia, DJe 27/09/2016; ADI 3.461-MC, Rel. Min. Gilmar Mendes, Inf. 433 e ADI 2.075-MC, Rel. Min. Celso de Mello, DJ 27/06/2003.

Arts. 27 a 28   J. U. Jacoby Fernandes

> 153, III e 153, § 2°, I , na razão de, no máximo, setenta e cinco por cento daquela estabelecida, em espécie, para os Deputados Federais.
>
> **Redação anterior:** vigente entre 05.10.1988 e 05.04.1992 (original):
>
> § 2° A remuneração dos Deputados Estaduais será fixada em cada legislatura, para a subseqüente, pela Assembléia Legislativa, observado o que dispõem os arts. 150, II, 153, III e 153, § 2°, I.

§ 3° Compete às Assembléias Legislativas dispor sobre seu regimento interno, polícia e serviços administrativos de sua secretaria, e prover os respectivos cargos.[261]

§ 4° A lei disporá sobre a iniciativa popular no processo legislativo estadual.[262]

Art. 28. A eleição do Governador e do Vice-Governador de Estado, para mandato de quatro anos, realizar-se-á no primeiro domingo de outubro, em primeiro turno, e no último domingo de outubro, em segundo turno, se houver, do ano anterior ao do término do mandato de seus antecessores, e a posse ocorrerá em primeiro de janeiro do ano subseqüente, observado, quanto ao mais, o disposto no art. 77.[263]

> **Redação anterior:** vigente entre 05.10.1988 e 04.06.1997 (original):
>
> **Art. 28.** A eleição do Governador e do Vice-Governador de Estado, para mandato de quatro anos, realizar-se-á noventa dias antes do término do mandato de seus antecessores, e a posse ocorrerá no dia 1° de janeiro do ano subseqüente, observado, quanto ao mais, o disposto no art. 77.

§ 1° Perderá o mandato o Governador que assumir outro cargo ou função na administração pública direta ou indireta, ressalvada a posse em virtude de concurso público e observado o disposto no art. 38, I, IV e V.[264]

> **Redação anterior:** vigente entre 05.10.1988 e 04.06.1998 (original):
>
> **Parágrafo único.** Perderá o mandato o Governador que assumir outro cargo ou função na administração pública direta ou indireta, ressalvada a posse em virtude de concurso público e observado o disposto no art. 38, I, IV e V.

§ 2° Os subsídios do Governador, do Vice-Governador e dos Secretários de Estado serão fixados por lei de iniciativa da Assembléia Legislativa, observado o que dispõem os arts. 37, XI, 39, § 4°, 150, II, 153, III, e 153, § 2°, I.[265]

---

[261] Vide ADI 1.628-MC, Rel. Min. Nelson Jobim, DJ 26/09/1997.

[262] Vide ADI 3.937, Rel. p/o ac. Min. Dias Toffoli, Inf. 874; ADI 3.406 e 3470, Rel. Min. Rosa Weber, Inf. 886; ADI 903, Rel. Min. Dias Toffoli, DJ 07/02/2014 e ainda: Lei n° 9.709, de 18 de novembro de 1998 (regulamenta a execução dos plebiscitos, referendos e a iniciativa popular de lei).

[263] Redação dada pela EC n° 16, de 4/6/1997; vide ADI 1.057-MC, Rel. Min. Celso de Mello, DJ 06/04/2001.

[264] Parágrafo único transformado em § 1° pela EC n° 19, de 4/6/1998.

[265] Incluído pela EC n° 19, de 4/6/1998; vide ADI 2.585, Rel. Min. Ellen Gracie, DJ 06/06/2003.

CONSTITUIÇÃO FEDERAL (1988) Art. 29

CAPÍTULO IV - DOS MUNICÍPIOS

Art. 29. O Município reger-se-á por lei orgânica, votada em dois turnos, com o interstício mínimo de dez dias, e aprovada por dois terços dos membros da Câmara Municipal, que a promulgará, atendidos os princípios estabelecidos nesta Constituição, na Constituição do respectivo Estado e os seguintes preceitos:[266]

I - eleição do Prefeito, do Vice-Prefeito e dos Vereadores, para mandato de quatro anos, mediante pleito direto e simultâneo realizado em todo o País;

II - eleição do Prefeito e do Vice-Prefeito realizada no primeiro domingo de outubro do ano anterior ao término do mandato dos que devam suceder, aplicadas as regras do art. 77 no caso de Municípios com mais de duzentos mil eleitores;[267]

> **Redação anterior:** vigente entre 05.10.1988 e 04.06.1997 (original):
>
> **II** - eleição do Prefeito e do Vice-Prefeito até noventa dias antes do término do mandato dos que devam suceder, aplicadas as regras do art. 77 no caso de municípios com mais de duzentos mil eleitores;

III - posse do Prefeito e do Vice-Prefeito no dia 1º de janeiro do ano subseqüente ao da eleição;

IV - para a composição das Câmaras Municipais, será observado o limite máximo de:[268]

a) mínimo de nove e máximo de vinte e um nos Municípios de até um milhão de a) 9 (nove) Vereadores, nos Municípios de até 15.000 (quinze mil) habitantes;

b) 11 (onze) Vereadores, nos Municípios de mais de 15.000 (quinze mil) habitantes e de até 30.000 (trinta mil) habitantes;

c) 13 (treze) Vereadores, nos Municípios com mais de 30.000 (trinta mil) habitantes e de até 50.000 (cinquenta mil) habitantes;

d) 15 (quinze) Vereadores, nos Municípios de mais de 50.000 (cinquenta mil) habitantes e de até 80.000 (oitenta mil) habitantes;

e) 17 (dezessete) Vereadores, nos Municípios de mais de 80.000 (oitenta mil) habitantes e de até 120.000 (cento e vinte mil) habitantes;

f) 19 (dezenove) Vereadores, nos Municípios de mais de 120.000 (cento e vinte mil) habitantes e de até 160.000 (cento sessenta mil) habitantes;

---

[266] Vide ADI 3.549, Rel. Min. Cármen Lúcia, DJ 31/10/2007; ADI 2.112-MC, Rel. Min. Sepúlveda Pertence, DJ 18/05/2001.

[267] Redação dada pela EC nº 16, de 4/6/1997. ADI 5.690, Rel. Min. Roberto Barroso, Inf. 893.

[268] a) Redação do inc. IV, alíneas *a* a *d*, dada pela EC nº 58, de 23/09/2009, que incluiu as alíneas *d* a *x*. A Emenda entrou em vigor na data de sua promulgação, produzindo efeitos, a partir do processo eleitoral de 2008, conf. Seu art. 3º. b) Vide ADI 4.307, Rel. Min. Cármen Lúcia, DJe 01/10/2013; ADI 3.445, Rel. Min. Sepúlveda Pertence, DJ 29/09/2006 e ADI 3.345 e 3.365, Rel. Min. Celso de Mello, Informativo 398. EC nº 58, de 23/09/2009.

g) 21 (vinte e um) Vereadores, nos Municípios de mais de 160.000 (cento e sessenta mil) habitantes e de até 300.000 (trezentos mil) habitantes;

h) 23 (vinte e três) Vereadores, nos Municípios de mais de 300.000 (trezentos mil) habitantes e de até 450.000 (quatrocentos e cinquenta mil) habitantes;

i) 25 (vinte e cinco) Vereadores, nos Municípios de mais de 450.000 (quatrocentos e cinquenta mil) habitantes e de até 600.000 (seiscentos mil) habitantes;

j) 27 (vinte e sete) Vereadores, nos Municípios de mais de 600.000 (seiscentos mil) habitantes e de até 750.000 (setecentos cinquenta mil) habitantes;

k) 29 (vinte e nove) Vereadores, nos Municípios de mais de 750.000 (setecentos e cinquenta mil) habitantes e de até 900.000 (novecentos mil) habitantes;

l) 31 (trinta e um) Vereadores, nos Municípios de mais de 900.000 (novecentos mil) habitantes e de até 1.050.000 (um milhão e cinquenta mil) habitantes;

m) 33 (trinta e três) Vereadores, nos Municípios de mais de 1.050.000 (um milhão e cinquenta mil) habitantes e de até 1.200.000 (um milhão e duzentos mil) habitantes;

n) 35 (trinta e cinco) Vereadores, nos Municípios de mais de 1.200.000 (um milhão e duzentos mil) habitantes e de até 1.350.000 (um milhão e trezentos e cinquenta mil) habitantes;

o) 37 (trinta e sete) Vereadores, nos Municípios de 1.350.000 (um milhão e trezentos e cinquenta mil) habitantes e de até 1.500.000 (um milhão e quinhentos mil) habitantes;

p) 39 (trinta e nove) Vereadores, nos Municípios de mais de 1.500.000 (um milhão e quinhentos mil) habitantes e de até 1.800.000 (um milhão e oitocentos mil) habitantes;

q) 41 (quarenta e um) Vereadores, nos Municípios de mais de 1.800.000 (um milhão e oitocentos mil) habitantes e de até 2.400.000 (dois milhões e quatrocentos mil) habitantes;

r) 43 (quarenta e três) Vereadores, nos Municípios de mais de 2.400.000 (dois milhões e quatrocentos mil) habitantes e de até 3.000.000 (três milhões) de habitantes;

s) 45 (quarenta e cinco) Vereadores, nos Municípios de mais de 3.000.000 (três milhões) de habitantes e de até 4.000.000 (quatro milhões) de habitantes;

t) 47 (quarenta e sete) Vereadores, nos Municípios de mais de 4.000.000 (quatro milhões) de habitantes e de até 5.000.000 (cinco milhões) de habitantes;

u) 49 (quarenta e nove) Vereadores, nos Municípios de mais de 5.000.000 (cinco milhões) de habitantes e de até 6.000.000 (seis milhões) de habitantes;

v) 51 (cinquenta e um) Vereadores, nos Municípios de mais de 6.000.000 (seis milhões) de habitantes e de até 7.000.000 (sete milhões) de habitantes;

CONSTITUIÇÃO FEDERAL (1988) Art. 29

w) 53 (cinquenta e três) Vereadores, nos Municípios de mais de 7.000.000 (sete milhões) de habitantes e de até 8.000.000 (oito milhões) de habitantes; e

x) 55 (cinquenta e cinco) Vereadores, nos Municípios de mais de 8.000.000 (oito milhões) de habitantes;

> **Redação anterior:** vigente entre 5.10.1988 e 23.9.2009 (original):
>
> **IV** - número de Vereadores proporcional à população do Município, observados os seguintes limites:
>
> **a)** mínimo de nove e máximo de vinte e um nos Municípios de até um milhão de habitantes;
>
> **b)** mínimo de trinta e três e máximo de quarenta e um nos Municípios de mais de um milhão e menos de cinco milhões de habitantes;
>
> **c)** mínimo de quarenta e dois e máximo de cinqüenta e cinco nos Municípios de mais de cinco milhões de habitantes;

V - subsídios do Prefeito, do Vice-Prefeito e dos Secretários Municipais fixados por lei de iniciativa da Câmara Municipal, observado o que dispõem os arts. 37, XI, 39, § 4°, 150, II, 153, III, e 153, § 2°, I;[269]

> **Redação anterior:** vigente entre 05.10.1988 e 04.06.1998 (original):
>
> **V** - remuneração do Prefeito, do Vice-Prefeito e dos Vereadores fixada pela Câmara Municipal em cada legislatura, para a subseqüente, observado o que dispõem os arts. 37, XI, 150, II, 153, III, e 153, § 2°, I;

VI - o subsídio dos Vereadores será fixado pelas respectivas Câmaras Municipais em cada legislatura para a subseqüente, observado o que dispõe esta Constituição, observados os critérios estabelecidos na respectiva Lei Orgânica e os seguintes limites máximos:[270]

> **Redação anterior:** vigente entre 05.06.1998 e 31.12.2000 (EC n° 19/98):
>
> **VI** - subsídio dos Vereadores fixado por lei de iniciativa da Câmara Municipal, na razão de, no máximo, setenta e cinco por cento daquele estabelecido, em espécie, para os Deputados Estaduais, observado o que dispõem os arts. 39, § 4°, 57, § 7°, 150, II, 153, III, e 153, § 2°, I;
>
> **Redação anterior:** vigente entre 05.04.1992 e 04.06.1998 (EC n° 1/92 - original):
>
> **VI** - a remuneração dos Vereadores corresponderá a, no máximo, setenta e cinco por cento daquela estabelecida, em espécie, para os Deputados Estaduais, ressalvado o que dispõe o art. 37, XI;

a) em Municípios de até dez mil habitantes, o subsídio máximo dos Vereadores corresponderá a vinte por cento do subsídio dos Deputados Estaduais;

---

[269] Redação dada pela EC n° 19, de 4/6/1998; vide ADI 2.112, Rel. Min. Sepúlveda Pertence, DJ 28/06/2002.
[270] Redação dada pela EC n° 25, de 14/2/2000; vide ADI 2.112-MC, Rel. Min. Sepúlveda Pertence, DJ 18/05/2001.

Art. 29 — J. U. Jacoby Fernandes

b) em Municípios de dez mil e um a cinqüenta mil habitantes, o subsídio máximo dos Vereadores corresponderá a trinta por cento do subsídio dos Deputados Estaduais;

c) em Municípios de cinqüenta mil e um a cem mil habitantes, o subsídio máximo dos Vereadores corresponderá a quarenta por cento do subsídio dos Deputados Estaduais;

d) em Municípios de cem mil e um a trezentos mil habitantes, o subsídio máximo dos Vereadores corresponderá a cinqüenta por cento do subsídio dos Deputados Estaduais;

e) em Municípios de trezentos mil e um a quinhentos mil habitantes, o subsídio máximo dos Vereadores corresponderá a sessenta por cento do subsídio dos Deputados Estaduais;

f) em Municípios de mais de quinhentos mil habitantes, o subsídio máximo dos Vereadores corresponderá a setenta e cinco por cento do subsídio dos Deputados Estaduais;

VII - o total da despesa com a remuneração dos vereadores não poderá ultrapassar o montante de cinco por cento da receita do município;[271]

VIII - inviolabilidade dos Vereadores por suas opiniões, palavras e votos no exercício do mandato e na circunscrição do Município;[272]

IX - proibições e incompatibilidades, no exercício da vereança, similares, no que couber, ao disposto nesta Constituição para os membros do Congresso Nacional e, na Constituição do respectivo Estado, para os membros da Assembléia Legislativa;[273]

X - julgamento do Prefeito perante o Tribunal de Justiça;[274]

XI - organização das funções legislativas e fiscalizadoras da Câmara Municipal;[275]

XII - cooperação das associações representativas no planejamento municipal;[276]

XIII - iniciativa popular de projetos de lei de interesse específico do Município, da cidade ou de bairros, através de manifestação de, pelo menos, cinco por cento do eleitorado;[277]

XIV - perda do mandato do Prefeito, nos termos do art. 28, parágrafo único.[278]

---

[271] Incluído pela EC n° 1, de 31/3/1992.

[272] Inciso VI, renumerado pela EC n° 1, de 31/3/1992.

[273] Inciso VII, renumerado pela EC n° 1, de 31/3/1992.

[274] Vide Súmulas n°s 702, 703 e ADI 2.797 e ADI 2.860, Rel. Min. Sepúlveda Pertence, Inf. 401 e ADI 687, Rel. Min. Celso de Mello, DJ 10/02/2006.

[275] Inciso IX, renumerado pela EC n° 1, de 31/3/1992.

[276] Inciso X, renumerado pela EC n° 1, de 31/3/1992.

[277] Inciso XI, renumerado pela EC n° 1, de 31/3/1992.

[278] Inciso XII, renumerado pela EC n° 1, de 31/3/1992 e ADI 336, Rel. Min. Eros Grau, DJe 17/09/2010.

CONSTITUIÇÃO FEDERAL (1988)   Arts. 29-A e 30

Art. 29-A. O total da despesa do Poder Legislativo Municipal, incluídos os subsídios dos Vereadores e excluídos os gastos com inativos, não poderá ultrapassar os seguintes percentuais, relativos ao somatório da receita tributária e das transferências previstas no § 5° do art. 153 e nos arts. 158 e 159, efetivamente realizado no exercício anterior:[279]

I - 7% (sete por cento) para Municípios com população de até 100.000 (cem mil) habitantes;[280]

II - 6% (seis por cento) para Municípios com população entre 100.000 (cem mil) e 300.000 (trezentos mil) habitantes;

III - 5% (cinco por cento) para Municípios com população entre 300.001 (trezentos mil e um) e 500.000 (quinhentos mil) habitantes;

IV - 4,5% (quatro inteiros e cinco décimos por cento) para Municípios com população entre 500.001 (quinhentos mil e um) e 3.000.000 (três milhões) de habitantes;

> **Redação anterior:** vigente entre 15.2.2000 e 23.09.2009 (EC n° 59/2009):
>
> I - oito por cento para Municípios com população de até cem mil habitantes;
>
> II - sete por cento para Municípios com população entre cem mil e um e trezentos mil habitantes
>
> III - seis por cento para Municípios com população entre trezentos mil e um e quinhentos mil habitantes;
>
> IV - cinco por cento para Municípios com população acima de quinhentos mil habitantes.

V - 4% (quatro por cento) para Municípios com população entre 3.000.001 (três milhões e um) e 8.000.000 (oito milhões) de habitantes;[281]

VI - 3,5% (três inteiros e cinco décimos por cento) para Municípios com população acima de 8.000.001 (oito milhões e um) habitantes.

§ 1° A Câmara Municipal não gastará mais de setenta por cento de sua receita com folha de pagamento, incluído o gasto com o subsídio de seus Vereadores.[282]

§ 2° Constitui crime de responsabilidade do Prefeito Municipal:

I - efetuar repasse que supere os limites definidos neste artigo;

II - não enviar o repasse até o dia vinte de cada mês; ou

III - enviá-lo a menor em relação à proporção fixada na Lei Orçamentária.

§ 3° Constitui crime de responsabilidade do Presidente da Câmara Municipal o desrespeito ao § 1° deste artigo.[283]

Art. 30. Compete aos Municípios:

---

[279] Caput e incisos I a IV incluídos pela EC n° 25, de 14/2/2000.

[280] Incisos I a IV com redação alterada pela EC n° 58, de 23/09/2009, publicada em 24/09/2009. Conf. Art. 3°, inc. II, entrou em vigor na data de sua promulgação, produzindo efeitos, a partir de 1° de janeiro do ano subsequente ao da promulgação desta Emenda.

[281] Incisos V e VI incluídos pela EC n° 58, de 23/09/2009.

[282] §§ 1°, 2° e 3° incluídos pela EC n° 25, de 14/2/2000.

Arts. 30 e 31

I - legislar sobre assuntos de interesse local;[284]

II - suplementar a legislação federal e a estadual no que couber;

III - instituir e arrecadar os tributos de sua competência, bem como aplicar suas rendas, sem prejuízo da obrigatoriedade de prestar contas e publicar balancetes nos prazos fixados em lei;[285]

IV - criar, organizar e suprimir distritos, observada a legislação estadual;[286]

V - organizar e prestar, diretamente ou sob regime de concessão ou permissão, os serviços públicos de interesse local, incluído o de transporte coletivo, que tem caráter essencial;[287]

VI - manter, com a cooperação técnica e financeira da União e do Estado, programas de educação infantil e de ensino fundamental;[288]

> **Redação anterior:** vigente entre 05.10.1988 a 20.12.2006 (original):
>
> VI - manter, com a cooperação técnica e financeira da União e do Estado, programas de educação pré-escolar e de ensino fundamental;

VII - prestar, com a cooperação técnica e financeira da União e do Estado, serviços de atendimento à saúde da população;

VIII - promover, no que couber, adequado ordenamento territorial, mediante planejamento e controle do uso, do parcelamento e da ocupação do solo urbano;[289]

IX - promover a proteção do patrimônio histórico-cultural local, observada a legislação e a ação fiscalizadora federal e estadual.

Art. 31. A fiscalização do Município será exercida pelo Poder Legislativo Municipal, mediante controle externo, e pelos sistemas de controle interno do Poder Executivo Municipal, na forma da lei.

§ 1º O controle externo da Câmara Municipal será exercido com o auxílio dos Tribunais de Contas dos Estados ou do Município ou dos Conselhos ou Tribunais de Contas dos Municípios, onde houver.[290]

---

[284] Vide Súmula vinculante nº 38 e Súmula nº 645 e também ADI 3.731, rel. Min. Cezar Peluso, DJ 11/10/2007; ADI 3.691, Rel. Min. Gilmar Mendes, DJe 09/05/2008; ADI 3.549, Rel. Min. Cármen Lúcia, DJ 31/10/2007; ADI 2.077, rel. p/o ac. Min. Joaquim Barbosa, DJe ADI 144, Rel. Min. Gilmar Mendes, DJe 03/04/2014.

[285] ADI 2.355, rel. Min. Cezar Peluso, DJ 29/06/2007;

[286] ADI 478, Rel. Min. Carlos Velloso, DJ 28/02/1997; ADI 512, Rel. Min. Marco Aurélio, DJ 18/06/2001.

[287] Vide ADI 2.751, Rel. Min. Carlos Velloso, DJ 24/02/2006; ADI 2.349, Rel. Min. Eros Grau, Inf. 399; ADI 2.340, Rel. Ricardo Lewandoski, DJ 10/05/2013; ADI 2.337-MC, Rel. Min. Celso de Mello, DJ 21/06/2002 e ADI 1.221, Rel. Min. Carlos Velloso, DJ 31/10/2003; ADI 845, Rel. Min. Eros Grau, DJe 07/03/2008.

[288] Redação dada pela EC nº 53, de 19.12.2006.

[289] Vide ADI 478, Rel. Min. Carlos Velloso, DJ 28/02/1997.

[290] Vide ADI 5.763, Rel. Min. Marco Aurélio, Inf. 883; Vide ADI 687, Rel. Min. Celso de Mello, DJ 10/02/2006.

CONSTITUIÇÃO FEDERAL (1988)　　　　　　　　　　Arts. 31 e 32

§ 2° O parecer prévio, emitido pelo órgão competente sobre as contas que o Prefeito deve anualmente prestar, só deixará de prevalecer por decisão de dois terços dos membros da Câmara Municipal.[291]

§ 3° As contas dos Municípios ficarão, durante sessenta dias, anualmente, à disposição de qualquer contribuinte, para exame e apreciação, o qual poderá questionar-lhes a legitimidade, nos termos da lei.

§ 4° É vedada a criação de Tribunais, Conselhos ou órgãos de Contas Municipais.[292]

CAPÍTULO V - DO DISTRITO FEDERAL E DOS TERRITÓRIOS

SEÇÃO I - DO DISTRITO FEDERAL

Art. 32. O Distrito Federal, vedada sua divisão em Municípios, reger-se-á por lei orgânica, votada em dois turnos com interstício mínimo de dez dias, e aprovada por dois terços da Câmara Legislativa, que a promulgará, atendidos os princípios estabelecidos nesta Constituição.[293]

§ 1° Ao Distrito Federal são atribuídas as competências legislativas reservadas aos Estados e Municípios.[294]

§ 2° A eleição do Governador e do Vice-Governador, observadas as regras do art. 77, e dos Deputados Distritais coincidirá com a dos Governadores e Deputados Estaduais, para mandato de igual duração.

§ 3° Aos Deputados Distritais e à Câmara Legislativa aplica-se o disposto no art. 27.[295]

§ 4° Lei federal disporá sobre a utilização, pelo Governo do Distrito Federal, das polícias civil e militar e do corpo de bombeiros militar.[296]

---

[291] Vide ADI 3.077, Rel. Min. Cármen Lúcia, DJe 01/08/2017.

[292] Vide ADI 687, Rel. Min. Celso de Mello, DJ 10/02/2006.

[293] Vide ADI 3.756, Rel. Min. Ayres Britto, DJ 19/10/2007; ADI 2.558, Rel. Min. Cezar Peluso, DJe; ADI 1.706-MC, Rel. Min. Nelson Jobim, DJ 01/08/2003; ADI 980, Rel. Min. Menezes Direito, DJe 01/08/2008 e Lei Orgânica do Distrito Federal, publicada no DODF - Supl. 9.6.1993, p. 1.

[294] Vide ADI 1.812, Rel. Min. Ilmar Galvão, DJ 04/09/1998; ADI 1.509-MC, Rel. Min. Sydney Sanches, DJ 11/04/1997; ADI 880-MC, Rel. Min. Sepúlveda Pertence, DJ 04/02/1994; ADI 677, Rel. Min. Néri da Silveira, DJ 21/05/1993; ADI 665, Rel. Min. Sepúlveda Pertence, DJ 27/10/1995 e ADI 645-MC, Rel. Min. Ilmar Galvão, DJ 21/02/1992 e.

[295] Vide ADI 548, Rel. Min. Ilmar Galvão, DJ 20/11/1992.

[296] Vide ADI 2.988, Rel. Min. Cezar Peluso, DJ 26/03/2004; Lei n° 6.450, de 14 de outubro de 1977 (organização da Polícia Militar do Distrito Federal); Lei n° 7.106, de 28 de junho de 1983 (define os crimes de responsabilidade do governador do Distrito Federal, dos governadores dos Territórios Federais e de seus respectivos secretários); Lei n° 7.289, de 18 de dezembro de 1984 (Estatuto dos Policiais Militares do Distrito Federal); Lei n° 7.479, de 02 de junho de 1986 (Estatuto dos Bombeiros Militares do Distrito Federal); Lei Distrital n° 1.241, de 1° de novembro de 1996 (aprova o regulamento do Quadro de Oficiais Policiais Militares Complementar da Polícia Militar do Distrito Federal e as condições de acesso a ele) e Lei Distrital n° 837, de 28 de

SEÇÃO II - DOS TERRITÓRIOS

Art. 33. A lei disporá sobre a organização administrativa e judiciária dos Territórios.[297]

§ 1º Os Territórios poderão ser divididos em Municípios, aos quais se aplicará, no que couber, o disposto no Capítulo IV deste Título.

§ 2º As contas do Governo do Território serão submetidas ao Congresso Nacional, com parecer prévio do Tribunal de Contas da União.

§ 3º Nos Territórios Federais com mais de cem mil habitantes, além do Governador nomeado na forma desta Constituição, haverá órgãos judiciários de primeira e segunda instância, membros do Ministério Público e defensores públicos federais; a lei disporá sobre as eleições para a Câmara Territorial e sua competência deliberativa.

CAPÍTULO VI - DA INTERVENÇÃO

Art. 34. A União não intervirá nos Estados nem no Distrito Federal, exceto para:

I - manter a integridade nacional;

II - repelir invasão estrangeira ou de uma unidade da Federação em outra;

III - pôr termo a grave comprometimento da ordem pública;

IV - garantir o livre exercício de qualquer dos Poderes nas unidades da Federação;

V - reorganizar as finanças da unidade da Federação que:

a) suspender o pagamento da dívida fundada por mais de dois anos consecutivos, salvo motivo de força maior;

b) deixar de entregar aos Municípios receitas tributárias fixadas nesta Constituição, dentro dos prazos estabelecidos em lei;[298]

VI - prover a execução de lei federal, ordem ou decisão judicial;[299]

VII - assegurar a observância dos seguintes princípios constitucionais:

a) forma republicana, sistema representativo e regime democrático;

b) direitos da pessoa humana;

c) autonomia municipal;

d) prestação de contas da administração pública, direta e indireta;

e) aplicação do mínimo exigido da receita resultante de impostos estaduais, compreendida a proveniente de transferências, na manutenção e desenvolvimento do ensino e nas ações e serviços públicos de saúde.[300]

---

dezembro de 1994 (dispõe sobre a autonomia administrativa e financeira da Polícia Civil do Distrito Federal).

[297] Vide Lei nº 11.697, de 13 de junho de 2008 (disciplina a organização judiciária do Distrito Federal e dos Territórios).

[298] Vide Lei nº 4.320, de 17 de março de 1964 (conceito jurídico-legal de dívida fundada).

[299] Vide ADI 1.662-MC, Rel. Min. Maurício Corrêa, DJ 20/03/1998.

[300] Redação dada pela EC nº 29, de 13/9/2000.

CONSTITUIÇÃO FEDERAL (1988)   Arts. 34 a 36

> **Redação anterior:** vigente entre 01.01.1997 e 13.09.2000 (EC n° 14/96 - original):
>
> e) aplicação do mínimo exigido da receita resultante de impostos estaduais, compreendida a proveniente de transferências, na manutenção e desenvolvimento do ensino.

Art. 35. O Estado não intervirá em seus Municípios, nem a União nos Municípios localizados em Território Federal, exceto quando:[301]

I - deixar de ser paga, sem motivo de força maior, por dois anos consecutivos, a dívida fundada;[302]

II - não forem prestadas contas devidas, na forma da lei;

III - não tiver sido aplicado o mínimo exigido da receita municipal na manutenção e desenvolvimento do ensino e nas ações e serviços públicos de saúde;[303]

> **Redação anterior:** vigente entre 05.10.1988 e 13.09.2000 (original):
>
> III - não tiver sido aplicado o mínimo exigido da receita municipal na manutenção e desenvolvimento do ensino;

IV - o Tribunal de Justiça der provimento a representação para assegurar a observância de princípios indicados na Constituição Estadual, ou para prover a execução de lei, de ordem ou de decisão judicial.

Art. 36. A decretação da intervenção dependerá:

I - no caso do art. 34, IV, de solicitação do Poder Legislativo ou do Poder Executivo coacto ou impedido, ou de requisição do Supremo Tribunal Federal, se a coação for exercida contra o Poder Judiciário;

II - no caso de desobediência a ordem ou decisão judiciária, de requisição do Supremo Tribunal Federal, do Superior Tribunal de Justiça ou do Tribunal Superior Eleitoral;

III - de provimento, pelo Supremo Tribunal Federal, de representação do Procurador-Geral da República, na hipótese do art. 34, VII, e no caso de recusa à execução de lei federal;[304]

> **Redação anterior:** vigente entre 05.10.1988 e 30.12.2004 (original):
>
> III - de provimento, pelo Supremo Tribunal Federal, de representação do Procurador-Geral da República, na hipótese do art. 34, VII;

IV - (revogado)[305]

---

[301] Vide Súmula n° 637; ADI 2.631, Rel. Min. Carlos Velloso, DJ 08/08/2003; ADI 614-MC, Rel. Min. Ilmar Galvão, DJ 18/05/2001; ADI 1.000-MC, Rel. Min. Moreira Alves, DJ 22/04/1994 e ADI 336-MC, Rel. Min. Célio Borja, DJ 01/11/1991.

[302] Vide ADI 558-MC, Rel. Min. Sepúlveda Pertence, DJ 26/03/1993.

[303] Redação dada pela EC n° 29, de 13/9/2000.

[304] Redação dada pela EC n° 45, de 8/12/2004. Vide Súmula n° 360 e Lei n° 12.562 de 23 de dezembro de 2011 (Processo e julgamento da representação interventiva perante o Supremo Tribunal Federal).

[305] Revogado pela EC n° 45, de 8/12/2004.

Arts. 36 e 37 — J. U. JACOBY FERNANDES

> **Redação anterior:** vigente entre 05.10.1988 e 30.12.2004 (original):
>
> IV - de provimento, pelo Superior Tribunal de Justiça, de representação do Procurador-Geral da República, no caso de recusa à execução de lei federal.

§ 1º O decreto de intervenção, que especificará a amplitude, o prazo e as condições de execução e que, se couber, nomeará o interventor, será submetido à apreciação do Congresso Nacional ou da Assembléia Legislativa do Estado, no prazo de vinte e quatro horas.

§ 2º Se não estiver funcionando o Congresso Nacional ou a Assembléia Legislativa, far-se-á convocação extraordinária, no mesmo prazo de vinte e quatro horas.

§ 3º Nos casos do art. 34, VI e VII, ou do art. 35, IV, dispensada a apreciação pelo Congresso Nacional ou pela Assembléia Legislativa, o decreto limitar-se-á a suspender a execução do ato impugnado, se essa medida bastar ao restabelecimento da normalidade.

§ 4º Cessados os motivos da intervenção, as autoridades afastadas de seus cargos a estes voltarão, salvo impedimento legal.

CAPÍTULO VII - DA ADMINISTRAÇÃO PÚBLICA

SEÇÃO I - DISPOSIÇÕES GERAIS

Art. 37. A administração pública direta e indireta de qualquer dos Poderes da União, dos Estados, do Distrito Federal e dos Municípios obedecerá aos princípios de legalidade, impessoalidade, moralidade, publicidade e eficiência e, também, ao seguinte:[306]

> **Redação anterior:** vigente entre 05.10.1988 e 04.06.1998 (original):
>
> **Art. 37.** A administração pública direta, indireta ou fundacional, de qualquer dos Poderes da União, dos Estados, do Distrito Federal e dos Municípios obedecerá aos princípios de legalidade, impessoalidade, moralidade, publicidade e, também, ao seguinte:

---

[306] Redação dada pela EC nº 19, de 4/6/1998; vide Súmulas nºˢ 346, 473, 636, 682; ADI 4.259, Rel. Min. Edson Fachin, DJe 16/03/2016; ADI 4.180, Rel. Min. Gilmar Mendes, DJe, 07/10/2014; ADI 3.795, Rel. Min. Ayres Britto, DJe 16/06/2011; ADI 3.853, Rel. Min. Cármen Lúcia, DJ 26/10/2007; ADI 3.745, Rel. Min. Dias Toffoli, DJe 01/08/2013; ADI 3.443, Rel. Min. Carlos Velloso, DJ 23/09/2005; ADI 3.324, voto do Min. Marco Aurélio, DJ 05/08/2005; ADI 3.026, Rel. Min. Eros Grau, DJ 29/09/2006; ADI 2.661-MC, Rel. Min. Celso de Mello, DJ 23/08/2002; ADI 2.472-MC, Rel. Min. Marco Aurélio, DJ 22/11/2004; ADI 2.306, Rel. Min. Ellen Gracie, DJ 31/10/2002; ADI 2.198, Rel. Min. Dias Toffoli, DJe ;ADI 1.694-MC, Rel. Min. Néri da Silveira, DJ 15/12/2000; ADI 524, Rel. p/o ac. Ricardo Lewandowski, DJe 03/08/2015 e ADI 514-MC, Rel. Min. Celso de Mello, DJ 18/03/1994.

CONSTITUIÇÃO FEDERAL (1988)   Art. 37

I - os cargos, empregos e funções públicas são acessíveis aos brasileiros que preencham os requisitos estabelecidos em lei, assim como aos estrangeiros, na forma da lei;[307]

> **Redação anterior:** vigente entre 05.10.1988 e 04.06.1998 (original):
>
> I - os cargos, empregos e funções públicas são acessíveis aos brasileiros que preencham os requisitos estabelecidos em lei;

II - a investidura em cargo ou emprego público depende de aprovação prévia em concurso público de provas ou de provas e títulos, de acordo com a natureza e a complexidade do cargo ou emprego, na forma prevista em lei, ressalvadas as nomeações para cargo em comissão declarado em lei de livre nomeação e exoneração;[308]

---

[307] Redação dada pela EC n° 19, de 04/06/1998; vide Súmula vinculante n° 44 e Súmulas n°s 14, 683, 686; ADI 2.873, Rel. Min. Ellen Gracie, DJ 09/11/2007; ADI 2.113-MC, Rel. Min. Ellen Gracie, DJ 27/06/2003 e Min. Cármen Lúcia, DJe, 21/08/2009; ADI 1.165, Rel. Min. Nelson Jobim, DJ 14/06/2002; ADI 1.040-MC, Rel. Min. Néri da Silveira, DJ 17/03/1995; Lei n° 8.112, de 11 de dezembro de 1990 (Regime Jurídico dos Servidores Públicos Civis da União, das autarquias e das fundações públicas federais); Lei n° 8.429, de 02 de junho de 1992 (Lei de Improbidade Administrativa); Lei n° 8.730, de 10 de novembro de 1993 (obrigatoriedade da declaração de bens e rendas para o exercício de cargos, empregos e funções nos Poderes Executivo, Legislativo e Judiciário); Lei n° 9.784, de 29 de janeiro de 1999 (regula o processo administrativo no âmbito da Administração Pública Federal) e Lei n° 9.962, de 22 de fevereiro de 2000 (disciplina o regime de emprego público do pessoal da administração federal direta, autárquica e fundacional); Lei n° 13.506, de 13 de novembro de 2017 (dispõe sobre o processo administrativo sancionador na esfera de atuação do Banco Central do Brasil e da Comissão de Valores Mobiliários).
[308] Redação dada pela EC n° 19, de 04/06/1998; vide Súmula vinculante n° 43, Súmulas n°s 15, 16, 17, 684 e 685; ADI 4.303, Rel. Min. Cármen Lúcia, DJe 28/08/2014; ADI 4.178, Rel. Min. Cezar Peluso, DJe 07/05/2010; ADI 3.857, Rel. Min. Ricardo Lewandowski, DJe 27/02/2009; ADI 3.819, Rel. Min.Eros Grau, DJe 28/03/2008; ADI 3.706, Rel. Min. Gilmar Mendes, DJ 5/10/2007; ADI 3.609, Rel. Min. Dias Toffoli, DJe 30/10/2014; ADI 3.552, Rel. Min. Roberto Barroso, DJe 14/04/2016; ADI 3.522, Rel. Min. Marco Aurélio, DJ 12/05/2006; ADI 3.443, Rel. Min. Carlos Velloso, DJ 23/09/2005; ADI 3.434, Rel. Min. Joaquim Barbosa, Inf. 437; ADI 3.332, Rel. Min. Eros Grau, DJ 14/10/2005; ADI 3.315, Rel. Min. Ricardo Lewandowski, DJe 11/04/2008; ADI 3.233, Rel. Min. Joaquim Barbosa, DJ 14/09/2007; ADI 3.190, Rel. Min. Sepúlveda Pertence, DJ 24/11/2006; ADI 3.061, Rel. Min. Ayres Britto, DJ 09/06/2006; ADI 3.051, Rel. Min. Ayres Britto, Inf. 394; ADI 3.026, Rel. Min. Eros Grau, DJ 29/09/2006; ADI 2.997, Rel. Min. Cezar Peluso, DJe 12/03/2010; ADI 2.949, Rel. p/ o ac. Min. Marco Aurélio, DJe 28/05/2015; ADI 2.939, Rel. Min. Joaquim Barbosa, DJ 26/03/2004; ADI 2.713, Rel. Min. Ellen Gracie, DJ de 07/03/2003; ADI 2.689, Rel. Min. Ellen Gracie, DJ 21/11/2003; ADI 2.620, Rel. Min. Nelson Jobim, DJ 13/06/2003 e Min. Eeros Grau, DJe 16/05/2008; ADI 2.364-MC, Rel. Min. Celso de Mello, DJ 14/12/2001; ADI 2.335, Rel. Min. Gilmar Mendes, DJ 19/12/2003; ADI 2.208, Rel. Min. Gilmar Mendes, DJ 25/06/2004 e Rel. Min. Néri da Silveira, DJ 08/03/2002; ADI 2.145-MC, Rel. Min. Néri da Silveira, DJ 31/10/2003; ADI 2.113, Rel. Min. Cármen Lucia, DJe 21/08/2009; ADI 1.966-MC, Rel. Min. Octavio Gallotti, DJ 07/05/1999; ADI 1.949, Rel. Min. Dias Toffoli, DJe 14/11/2014; ADI 1.855, Rel. Min. Nelson Jobim, DJ 19/12/2002; ADI 1.854-MC, Rel. Min. Sepúlveda Pertence, DJ 23/10/1998 e DJ 04/05/2001; ADI 1.731-MC, Rel. Min. Ilmar Galvão, DJ 13/03/1998; ADI 1.591, Rel. Min. Octavio Gallotti, DJ 30/06/2000; ADI 1.561-MC, Rel. Min. Sydney Sanches, DJ 28/11/1997;

> **Redação anterior:** vigente entre 05.10.1988 e 04.06.1998 (original):
>
> II - a investidura em cargo ou emprego público depende de aprovação prévia em concurso público de provas ou de provas e títulos, ressalvadas as nomeações para cargo em comissão declarado em lei de livre nomeação e exoneração;

III - o prazo de validade do concurso público será de até dois anos, prorrogável uma vez, por igual período;[309]

IV - durante o prazo improrrogável previsto no edital de convocação, aquele aprovado em concurso público de provas ou de provas e títulos será convocado com prioridade sobre novos concursados para assumir cargo ou emprego, na carreira;[310]

V - as funções de confiança, exercidas exclusivamente por servidores ocupantes de cargo efetivo, e os cargos em comissão, a serem preenchidos por

---

ADI 1.545-MC, Rel. Min. Octavio Gallotti, DJ 24/10/1997; ADI 1.345, Rel. Min. Ellen Gracie, DJ 25/04/2003; ADI 1.329, Rel. Min. Sepúlvida Pertence, DJ 12/09/2003; ADI 1.279-MC, Rel. Min. Maurício Corrêa, DJ 15/12/1995; ADI 1.267, Rel. Min. Eros Grau, DJ 10/08/2006; ADI 1.251 MC, Rel. Min. Celso de Mello, DJ 22/09/1995; ADI 1.233, Rel. Min. Carlos Velloso, DJ 10/08/2001; ADI 1.222, Rel. Min. Sydney Sanches, DJ 11/04/2003; ADI 1.203-MC, Rel. Min. Celso de Mello, DJ 19/02/1995; ADI 1.141, Rel. Min. Ellen Gracie, DJ 29/08/2003; ADI 982-MC, Rel. Min. Ilmar Galvão, DJ 06/05/1994; ADI 980, Rel. Min. Celso de Mello, DJ 13/05/1994 e Min. Menezes Direito, DJe 01/08/2008; ADI 960, Rel. Min. Sydney Sanches, DJ 29/08/2003; ADI 917, Rel. Min. Teori Zavascki, DJe 30/10/2014; ADI 890, Rel. Min. Maurício Corrêa, DJ 06/02/2004; ADI 637, Rel. Min. Sepúlveda Pertence, DJ 01/10/2004; ADI 430, Rel. Min. Sepúlveda Pertence, DJ 01/07/1994; ADI 824, Rel. Min. Nelson Jobim, DJ 10/08/2001; ADI 722-MC, Rel. Min. Moreira Alves, DJ 19/06/1992; ADI 872, Rel. Min. Ellen Gracie, DJ 20/09/2002; ADI 824, Rel. Min. Nelson Jobim, DJ 10/08/2001; ADI 690, Rel. Min. Sydney Sanches, DJ 25/08/1995; ADI 598, Rel. Min. Paulo Brossard, DJ 12/11/1993; ADI 498, Rel. Min. Carlos Velloso, DJ 09/08/1996; ADI 495, Rel. Min. Néri da Silveira, DJ 11/02/2000; ADI 483, Rel. Min. Ilmar Galvão, DJ 29/06/2001; ADI 430, Rel. Min. Sepúlveda Pertence, DJ 01/07/1994; ADI 391, Rel. Min. Paulo Brossard, DJ 16/09/1994; ADI 373, Rel. Min. Ilmar Galvão, DJ 06/05/1994; ADI 363, Rel. Min. Sydney Sanches, DJ 03/05/1996; ADI 336, Rel. Min. Eros Grau, DJe 17/09/2010; ADI 249, Rel. Min. Néri da Silveira, DJ 17/12/1999; ADI 266, Rel. Min. Octavio Gallotti, DJ 06/08/1993; ADI 249, Rel. Min. Néri da Silveira, DJ 17/12/1999; ADI 231, Rel. Min. Moreira Alves, DJ 13/11/1992; ADI 229, Rel. Min. Nelson Jobim, DJ 13/06/2003; ADI 182, Rel. Min. Sydney Sanches, DJ 05/12/1997; ADI 180, Rel. Min. Nelson Jobim, DJ 27/06/2003; ADI 159, Rel. Min. Octavio Gallotti, DJ 02/04/1993; ADI 123, Rel. Min. Carlos Velloso, DJ 12/09/1997; ADI 114, Rel. Min. Cármen Lúcia, DJe 03/10/2011; ADI 112, Rel. Min. Néri da Silveira, DJ 09/02/1996; ADI 100, Rel. Min. Ellen Gracie, DJ 01/10/2004; ADI 97, Rel. Min. Moreira Alves, DJ 22/10/1993; ADI 94, Rel. Min. Gilmar Mendes, DJe 16/12/2011; Decreto n° 2.373, de 10 de novembro de 1997 (estabelece limites para o provimento de cargos públicos efetivos no âmbito dos Órgãos e Entidades do Poder Executivo); Lei n° 8.112, de 11 de dezembro de 1990 (dispõe sobre o Regime Jurídico dos Servidores Públicos Civis da União, das autarquias e das fundações públicas federais) e Lei n° 9.527, de 10 de dezembro de 1997 (regula sobre gratificações, incorporções, férias...), regulamentada pelo Decreto n° 7.862, de 8 de dezembro de 2012; Lei n° 12.990, de 09 de junho de 2014 (Reserva 20% de vagas para negros).

[309] Vide ADI 430, Rel. Min. Sepúlveda Pertence, DJ 01/07/1994.
[310] Vide ADI 2.931, Rel. Min. Ayres Britto, Inf. 377.

CONSTITUIÇÃO FEDERAL (1988)   Art. 37

servidores de carreira nos casos, condições e percentuais mínimos previstos em lei, destinam-se apenas às atribuições de direção, chefia e assessoramento;[311]

> **Redação anterior:** vigente entre 05.10.1988 e 04.06.1998 (original):
>
> V - os cargos em comissão e as funções de confiança serão exercidos, preferencialmente, por servidores ocupantes de cargo de carreira técnica ou profissional, nos casos e condições previstos em lei;

VI - é garantido ao servidor público civil o direito à livre associação sindical;[312]

VII - o direito de greve será exercido nos termos e nos limites definidos em lei específica;[313]

> **Redação anterior:** vigente entre 05.10.1988 e 04.06.1998 (original):
>
> VII - o direito de greve será exercido nos termos e nos limites definidos em lei complementar;

VIII - a lei reservará percentual dos cargos e empregos públicos para as pessoas portadoras de deficiência e definirá os critérios de sua admissão;[314]

IX - a lei estabelecerá os casos de contratação por tempo determinado para atender a necessidade temporária de excepcional interesse público;[315]

X - a remuneração dos servidores públicos e o subsídio de que trata o § 4° do art. 39 somente poderão ser fixados ou alterados por lei específica, observada

---

[311] Redação dada pela EC n° 19, de 4/6/1998.

[312] Vide ADI 990, Rel. Min. Sydney Sanches, DJ 11/04/2003 e ADI 1.416, Rel. Min. Gilmar Mendes, DJ 14/11/2002.

[313] Redação dada pela EC n° 19, de 4/6/1998; vide ADI 3.235, Rel. Min. Gilmar Mendes, DJ 12/03/2010; ADI 1.696, Rel. Min. Sepúlveda Pertence, DJ 14/06/2002; ADI 546 RTJ/747; ADI 1.333-MC, Rel. Min. Octavio Gallotti, DJ 13/10/1995; ADI 341-MC, Rel. Min. Celio Borja, DJ 14/09/1990; Lei n° 7.783, de 28 de junho de 1989 (dispõe sobre o exercício de greve em atividade essenciais) e Decreto n° 1.480, de 3 de maio de 1995 (paralisações dos serviços públicos federais).

[314] Vide Lei n° 8.112, de 11 de dezembro de 1990 (Regime Jurídico dos Servidores Públicos Civis da União, das autarquias e das fundações públicas federais), art. 5°, § 2°; Lei n° 7.853/1989 (disciplina a Coordenadoria Nacional para Integração da Pessoa Portadora de Deficiência - CORDE e institui a tutela jurisdicional de interesses coletivos e difusos das pessoas portadoras de deficiência) e sua regulamentação pelo Decreto n° 3.298, de 20 de dezembro de 1999.

[315] Vide ADI 3.662, Rel. Min. Marco Aurélio, Inf. 858; ADI 3.430, Rel. Min. Ricardo Lewandowski, DJe 23/10/2009; ADI 3.386, Rel. Min. Cármem Lucia, Dje, 24/08/2011; ADI 3.247, Rel. Min. Cármem Lucia, Dje, 18/08/2014; ADI 3.237, Rel. Min. Joaquim, Barbosa, DJe 19/08/2014; ADI 3.068, Rel. Min. Marco Aurélio, DJ 23/09/2005; ADI 2.987, Rel. Min. Sepúlveda Pertence, DJ 02/04/2004; ADI 2.229, Rel. Min. Carlos Velloso, DJ 25/06/2004; ADI 2.125-MC, Rel. Min. Maurício Corrêa, DJ 29/09/2000; ADI 1.567-MC, Rel. Min. Sydney Sanches, DJ 07/11/1997 ADI 890, Rel. Min. Maurício Corrêa, DJ 06/02/2004e Lei n° 8.745, de 09 de dezembro de 1993 (dispõe sobre a contratação por tempo determinado para atender a necessidade temporária de excepcional interesse público), decretos regulamentadores e a IN SEGES/MP n° 05/2017 Vide também JACOBY FERNANDES, Jorge Ulisses (Coordenador). **Terceirização:** legislação, doutrina e jurisprudência. Belo Horizonte: Fórum, 2017.

Art. 37   J. U. JACOBY FERNANDES

a iniciativa privativa em cada caso, assegurada revisão geral anual, sempre na mesma data e sem distinção de índices;[316]

> **Redação anterior:** vigente entre 05.10.1988 e 04.06.1998 (original):
>
> X - a revisão geral da remuneração dos servidores públicos, sem distinção de índices entre servidores públicos civis e militares, far-se-á sempre na mesma data;

XI - a remuneração e o subsídio dos ocupantes de cargos, funções e empregos públicos da administração direta, autárquica e fundacional, dos membros de qualquer dos Poderes da União, dos Estados, do Distrito Federal e dos Municípios, dos detentores de mandato eletivo e dos demais agentes políticos e os proventos, pensões ou outra espécie remuneratória, percebidos cumulativamente ou não, incluídas as vantagens pessoais ou de qualquer outra natureza, não poderão exceder o subsídio mensal, em espécie, dos Ministros do Supremo Tribunal Federal, aplicando-se como limite, nos Municípios, o subsídio do Prefeito, e nos Estados e no Distrito Federal, o subsídio mensal do Governador no âmbito do Poder Executivo, o subsídio dos Deputados Estaduais e Distritais no âmbito do Poder Legislativo e o subsídio dos Desembargadores do Tribunal de Justiça, limitado a noventa inteiros e vinte e cinco centésimos por cento do subsídio mensal, em espécie, dos Ministros do Supremo Tribunal Federal, no âmbito do Poder Judiciário, aplicável este limite aos membros do Ministério Público, aos Procuradores e aos Defensores Públicos;[317]

> **Redação anterior:** vigente entre 05.06.1998 e 30.12.2003 (EC n° 19/98):
>
> XI - a remuneração e o subsídio dos ocupantes de cargos, funções e empregos públicos da administração direta, autárquica e fundacional, dos membros de

---

[316] Redação dada pela EC n° 19, de 4/6/1998; dispositivo regulamentado pela Lei n° 10.331, de 18 de dezembro de 2001 (revisão geral e anual das remunerações e subsídios dos servidores públicos federais); Lei n° 8.676 de 13 de julho de 1993 (dispõe sobre a política de remuneração dos servidores públicos civis e militares da Administração); Lei n° 13.371, de 14 de dezembro de 2016 (Altera a remuneração de servidores públicos; estabelece opção por novas regras de incorporação de gratificação de desempenho às aposentadorias e pensões); e ainda: Súmulas vinculants n°s 37 e 51 e Súmulas n°s 339, 672, 679 e 682; ADI 3.369-MC, Rel. Min. Carlos Velloso, DJ 01/02/2005; ADI 3.306-MC, Rel. Min. Gilmar Mendes, DJ 28/04/2006; ADI 3.303, Rel. Min. Ayres Britto, Inf. 442; ADI 3.202, Rel. Min. Cármen Lúcia, DJe 21/05/2014; ADI 2.726, Rel. Min. Maurício Corrêa, DJ 29/08/2003; ADI 2.481, Rel. Min. Ilmar Galvão, DJ 22/03/2002; ADI 2.061, Rel. Min. Ilmar Galvão, DJ 29/06/2001; ADI 1.757-MC, Rel. Min. Ilmar Galvão, DJ 19/11/1999; ADI 1.456, Rel. Min. Nelson Jobim, DJ 20/02/2004; ADI 1.352, Rel. Min. Edson Fachin, DJe 12/05/2016; ADI 938, Rel. Min. Octavio Gallotti DJ 18/05/2001; ADI 603, Rel. Min. Eros Grau, DJ 06/10/2006; ADI 526-MC, DJ 05/03/1993; ADI 525-MC, Rel. Min. Sepúlveda Pertence, DJ 02/04/2004; A ADI 336, Rel. Min. Eros Grau, DJe 17/09/2010; ADI 91, Rel. Min. Sydney Sanches, DJ 23/03/2001.

[317] Redação dada pela EC n° 41, de 19/12/2003; vide Lei n° 8.448, de 21 de julho de 1992 que regulamenta esse dispositivo e também ADI 4.900, Rel. Min. Roberto Barroso, DJe 20/04/2015; ADI 3.855, Rel. Min. Gilmar Mendes; ADI 3.854-MC, Rel. Min. Cezar Peluso, DJ 29/06/2007; ADI 1.404-MC, Rel. Min. Marco Aurélio, DJ 25/05/2001 e ADI 1.033 MC, Rel. Min. Ilmar Galvão, DJ 16/09/1994.

CONSTITUIÇÃO FEDERAL (1988)   Art. 37

qualquer dos Poderes da União, dos Estados, do Distrito Federal e dos Municípios, dos detentores de mandato eletivo e dos demais agentes políticos e os proventos, pensões ou outra espécie remuneratória, percebidos cumulativamente ou não, incluídas as vantagens pessoais ou de qualquer outra natureza, não poderão exceder o subsídio mensal, em espécie, dos Ministros do Supremo Tribunal Federal;

Redação anterior: vigente entre 05.10.1988 e 04.06.1998 (original):

XI - a lei fixará o limite máximo e a relação de valores entre a maior e a menor remuneração dos servidores públicos, observados, como limites máximos e no âmbito dos respectivos poderes, os valores percebidos como remuneração, em espécie, a qualquer título, por membros do Congresso Nacional, Ministros de Estado e Ministros do Supremo Tribunal Federal e seus correspondentes nos Estados, no Distrito Federal e nos Territórios, e, nos Municípios, os valores percebidos como remuneração, em espécie, pelo Prefeito;

XII - os vencimentos dos cargos do Poder Legislativo e do Poder Judiciário não poderão ser superiores aos pagos pelo Poder Executivo;[318]

XIII - é vedada a vinculação ou equiparação de quaisquer espécies remuneratórias para o efeito de remuneração de pessoal do serviço público;[319]

Redação anterior: vigente entre 05.10.1988 e 04.06.1998 (original):

XIII - é vedada a vinculação ou equiparação de vencimentos, para o efeito de remuneração de pessoal do serviço público, ressalvado o disposto no inciso anterior e no art. 39, § 1°;

XIV - os acréscimos pecuniários percebidos por servidor público não serão computados nem acumulados para fins de concessão de acréscimos ulteriores;[320]

Redação anterior: vigente entre 05.10.1988 e 04.06.1998 (original):

---

[318] Vide ADI 603, Rel. Min. Eros Grau, Inf. 436.
[319] Redação dada pela EC n° 19, de 4/6/1998; vide Súmula vinculante n° 42 e Súmula n° 681; ADI 3.491, Rel. Min. Ayres Britto, Inf. 442; ADI 2.840, Rel. Min. Ellen Gracie, DJ 11/06/2004; ADI 2.831-MC, Rel. Min. Maurício Corrêa, DJ 28/05/2004; ADI 1.291-MC, Rel. Min. Octavio Gallotti, DJ 16/05/2003; ADI 1.977, Rel. Min. Sydney Sanches, DJ 02/05/2003; ADI 1.756, Rel. Min. Roberto Barroso, DJe 04/11/2015; ADI 1.227, Rel. Min. Maurício Corrêa, DJ 29/11/2002; ADI 1.070, Rel. Min. Sepúlveda Pertence, DJ 25/05/2001; ADI 1.469-MC, Rel. Min. Octavio Gallotti, DJ 13/10/2000; ADI 1.776-MC, Rel. Min. Sepúlveda Pertence, DJ 26/05/2000; ADI 1.551-MC, Rel. Min. Nelson Jobim, DJ 17/12/1999; ADI 1.714-MC, Rel. Min. Néri da Silveira, DJ 23/04/1999; ADI 1.644-MC, Rel. Min. Sepúlveda Pertence, DJ 31/10/1997; ADI 1.264, Rel. Min. Cármen Lucia, DJe 15/02/2008; ADI 1.064, Rel. Min. Ilmar Galvão, DJ 26/09/1997; ADI 955, Rel. Min. Sepúlveda Pertence, DJ 25/08/2006; ADI 898-MC, Rel. Min. Sepúlveda Pertence, DJ 04/03/1994; ADI 774, Rel. Min. Sepúlveda Pertence, DJ 26/02/1999; ADI 669, Rel. Min. Dias Toffoli, DJe 28/03/2014; ADI 514-MC, Rel. Min. Celso de Mello, DJ 18/03/1994; ADI 507, Rel. Min. Celso de Mello, DJ 08/08/2003; ADI 191, Rel. Min. Cármen Lúcia, DJe 07/03/2008; ADI 196, Rel. Min. Ellen Gracie, DJ 20/09/2002; ADI 171, Rel. Min. Sepúlveda Pertence, DJ 03/06/1994;ADI 138, Rel. Min. Ilmar Galvão, DJ 21/06/1996; ADI 115, Rel. Min. Octavio Gallotti, DJ 01/07/1993 e ADI 650-MC, Rel. Min. Marco Aurélio, DJ 22/05/1992.
[320] Redação dada pela EC n° 19, de 4/6/1998; vide ADI 1.586, Rel. Min. Sydney Sanches, DJ 29/08/2003.

Art. 37   J. U. Jacoby Fernandes

> **XIV** - os acréscimos pecuniários percebidos por servidor público não serão computados nem acumulados, para fins de concessão de acréscimos ulteriores, sob o mesmo título ou idêntico fundamento;

XV - o subsídio e os vencimentos dos ocupantes de cargos e empregos públicos são irredutíveis, ressalvado o disposto nos incisos XI e XIV deste artigo e nos arts. 39, § 4°, 150, II, 153, III, e 153, § 2°, I;[321]

> **Redação anterior:** vigente entre 06.02.1998 e 04.06.1998 (EC n° 18/98):
>
> **XV** - os vencimentos dos servidores públicos são irredutíveis, e a remuneração observará o que dispõem os arts. 37, XI e XII, 150, II, 153, III e § 2°, I;
>
> **Redação anterior:** vigente entre 05.10.1988 e 15.02.1998 (original):
>
> **XV** - os vencimentos dos servidores públicos, civis e militares, são irredutíveis e a remuneração observará o que dispõem os arts. 37, XI, XII, 150, II, 153, III, e 153, § 2°, I;

XVI - é vedada a acumulação remunerada de cargos públicos, exceto, quando houver compatibilidade de horários, observado em qualquer caso o disposto no inciso XI:[322]

> **Redação anterior:** vigente entre 05.10.1988 e 04.06.1998 (original):
>
> **XVI** - é vedada a acumulação remunerada de cargos públicos, exceto, quando houver compatibilidade de horários:

a) a de dois cargos de professor;[323]

b) a de um cargo de professor com outro, técnico ou científico;[324]

c) a de dois cargos ou empregos privativos de profissionais de saúde, com profissões regulamentadas;[325]

> **Redação anterior:** vigente entre 05.06.1998 e 13.12.2001 (EC n° 19/98 - original):
>
> c) a de dois cargos privativos de médico;

XVII - a proibição de acumular estende-se a empregos e funções e abrange autarquias, fundações, empresas públicas, sociedades de economia mista, suas

---

[321] Redação dada pela EC n° 19, de 4/6/1998; vide ADI 2.238-MC, Rel. Min. Ilmar Galvão, Inf. 267 e Min. Ayres Britto, DJe 12/09/2008; ADI 2.153-MC, Rel. Min. Ilmar Galvão, DJ 06/10/2000; ADI 2.075-MC, Rel. Min. Celso de Mello, DJ 27/06/2003; ADI 2.022-MC, Rel. Min. Ilmar Galvão, DJ 28/04/2000; ADI 2.010-MC, Rel. Min. Celso de Mello, DJ 12/04/2002 e ADI 1.434, Rel. Min. Sepúlveda Pertence, DJ 25/02/2000.

[322] Redação dada pela EC n° 19, de 4/6/1998; vide ADI 1.770, Rel. Min. Joaquim Barbosa, DJ 01/12/2006; ADI 1.328, Rel. Min. Ellen Gracie, DJ 18/06/2004; ADI 1.541, Rel. Min. Ellen Gracie, DJ 04/10/2002; ADI 1.691-MC, Rel. Min. Moreira Alves, DJ 12/12/1997; ADI 1.328-MC, Rel. Min. Octavio Gallotti, DJ 24/11/1995; ADI 1.485-MC, Rel. Min. Néri da Silveira, DJ 05/11/1999 e ADI 1.770-MC, Rel. Min. Moreira Alves, DJ 06/11/1998.

[323] Redação dada pela EC n° 19, de 4/6/1998.

[324] Redação dada pela EC n° 19, de 4/6/1998.

[325] Redação dada pela EC n° 34, de 13/12/2001.

CONSTITUIÇÃO FEDERAL (1988)   Art. 37

subsidiárias, e sociedades controladas, direta ou indiretamente, pelo poder público;[326]

> **Redação anterior:** vigente entre 05.10.1988 e 04.06.1998 (original):
>
> XVII - a proibição de acumular estende-se a empregos e funções e abrange autarquias, empresas públicas, sociedades de economia mista e fundações mantidas pelo Poder Público;

XVIII - a administração fazendária e seus servidores fiscais terão, dentro de suas áreas de competência e jurisdição, precedência sobre os demais setores administrativos, na forma da lei;[327]

XIX - somente por lei específica poderá ser criada autarquia e autorizada a instituição de empresa pública, de sociedade de economia mista e de fundação, cabendo à lei complementar, neste último caso, definir as áreas de sua atuação;[328]

> **Redação anterior:** vigente entre 05.10.1988 e 04.06.1998 (original):
>
> XIX - somente por lei específica poderão ser criadas empresa pública, sociedade de economia mista, autarquia ou fundação pública;

XX - depende de autorização legislativa, em cada caso, a criação de subsidiárias das entidades mencionadas no inciso anterior, assim como a participação de qualquer delas em empresa privada;[329]

XXI - ressalvados os casos especificados na legislação, as obras, serviços, compras e alienações serão contratados mediante processo de licitação pública que assegure igualdade de condições a todos os concorrentes, com cláusulas que estabeleçam obrigações de pagamento, mantidas as condições efetivas da proposta, nos termos da lei, o qual somente permitirá as exigências de qualificação técnica e econômica indispensáveis à garantia do cumprimento das obrigações;[330]

---

[326] Redação dada pela EC n° 19, de 4/6/1998.

[327] Vide Lei n° 5.010 de 30 de maio de 1966 (Lei de Organização da Justiça Federal em que há foro e juízo privativos à Fazenda Pública).

[328] Redação dada pela EC n° 19, de 4/6/1998; vide ADI 3.578-MC, Rel. Min. Sepúlveda Pertence, DJ 24/02/2006; ADI 1.811, Rel. Min. Néri da Silveira, DJ 25/02/2000; ADI 1.840-MC, Rel. Min. Carlos Velloso, DJ 11/09/1998; ADI 1.348, Rel. Min. Cármen Lúcia, DJe 07/03/2008; ADI 1.131, Rel. Min. Ilmar Galvão, DJ 25/10/2002; ADI 234, Rel. Min. Néri da Silveira, DJ 15/09/1995. Vide leis específicas e tambéma Lei n° 12.353, de 28 de dezembro de 2010 (participação de empregados nos conselhos de administração das empresas públicas e sociedades de economia mista, suas subsidiárias e controladas)

[329] Vide ADI 1.649, Rel. Min. Maurício Corrêa, DJ 28/05/2004 e ADI 1.491, Rel. p/ o ac. Ricardo Lewandowski, DJe 30/10/2014.

[330] Vide ADI 3.670, Rel. Min. Sepúlveda Pertence, DJ 18/05/2007; ADI 3.521, Rel. Min. Eros Grau, Inf. 442; ADI 3.070, Rel. Min. Eros Grau, DJ 19/12/2007; ADI 3.059-MC, Rel. Min. Ayres Britto, DJ 20/08/2004; ADI 2.990, rel. p/ o ac. Min. Eros Grau, DJ 24/08/2007; ADI 2.733, Rel. Min. Eros Grau, DJ 03/02/2006; ADI 2.716, Rel. Min. Eros Grau, DJe 07/03/2008; ADI 2.405-MC, Rel. Min. Ayres Britto, DJ 17/02/2006; ADI 2.337-MC, Rel. Min. Celso de Mello, DJ 21/06/2002; ADI 2.299-MC, Rel. Min. Moreira Alves, DJ 29/08/2003; ADI 1.864,

Art. 37   J. U. JACOBY FERNANDES

XXII - as administrações tributárias da União, dos Estados, do Distrito Federal e dos Municípios, atividades essenciais ao funcionamento do Estado, exercidas por servidores de carreiras específicas, terão recursos prioritários para a realização de suas atividades e atuarão de forma integrada, inclusive com o compartilhamento de cadastros e de informações fiscais, na forma da lei ou convênio.[331]

§ 1º A publicidade dos atos, programas, obras, serviços e campanhas dos órgãos públicos deverá ter caráter educativo, informativo ou de orientação social, dela não podendo constar nomes, símbolos ou imagens que caracterizem promoção pessoal de autoridades ou servidores públicos.[332]

§ 2º A não observância do disposto nos incisos II e III implicará a nulidade do ato e a punição da autoridade responsável, nos termos da lei.

§ 3º A lei disciplinará as formas de participação do usuário na administração pública direta e indireta, regulando especialmente:[333]

> **Redação anterior:** vigente entre 05.10.1988 e 04.06.1998 (original):

Rel. p/oac. Joaquim Barbosa, DJe 02/05/2008; ADI 1.863, Rel. Min. Eros Grau, DJe 15/02/2008; ADI 1.824-MC, Rel. Min. Néri da Silveira, DJ 29/11/2002; ADI 1.706, Rel. Min. Eros Grau, DJe 12/09/2008; ADI 651, Rel. Min. Ilmar Galvão, DJ 20/09/2002; Lei nº 8.666, de 21 de junho de 1993. [institui normas para licitações e contratos da Administração Pública]. Org. e índice: Jorge Ulisses Jacoby Fernandes. 18 ed, Belo Horizonte: 2018. Decreto nº 99.658 de 30 de outubro de 1990 (reaproveitamento, movimentação, alienação e desfazimento de material); Decreto nº 1.054, de 7 de fevereiro de 1994 (regulamenta o reajuste de preços nos contratos administrativos); Decreto nº 9.507, de 21 de setembro de 2018 (dispõe sobre a execução indireta, mediante contratação, de serviços da administração pública federal direta, autárquica e fundacional e das EP e SEM controladas pela União); Lei nº 9.648, de 27 de maio de 1998 (altera dispositivos das Leis nºs 3.890-A/1961, 8.666/1993, 8.987/1995, 9.074/ 1995, 9.427/1996, e autoriza o Poder Executivo a promover a reestruturação da Centrais Elétricas Brasileiras - Eletrobrás e de suas subsidiárias), regulamentada pelo Decreto nº2.655, de 2 de julho de 1998 (mercado atacadista de energia elétrica); Decreto nº 3.555, de 08 de agosto de 2000 (regulamenta o Pregão Presencial); Decreto nº 7.892, de 23 de janeiro de 2013 (regulamenta o Sistema de Registro de Preços no Governo Federal); Decreto nº 4.358 de 5 de setembro de 2002 (regulamenta a Lei nº 9.854 que alterou a lei nº 8.666/1993 sobre a habilitação); Lei nº 10.520, de 17 de julho de 2002 (institui modalidade de licitação denominada pregão, para aquisição de bens e serviços comuns), regulamentada pelo Decreto nº 5.450, de 31 de maio de 2005 (regulamenta o pregão na forma eletrônica para aquisição de bens e serviços comuns) e Decreto nº 7.174, de 12 de maio de 2010 (regulamenta a contratação de bens e serviços de informática e automação pela Administração). Vide, ainda a Lei nº 12.598, de 21 de março de 2012 (estabelece normas especiais para as compras, as contratações e o desenvolvimento de produtos e de sistemas de defesa e regras de incentivo à área estratégica de defesa).

[331] Incluído pela EC nº 42, de 19/12/2003.

[332] Vide ADI 2.472-MC, Rel. Min. Marco Aurélio, DJ 22/11/2004; ADI 307, Rel. Min. Eros Grau, DJe 01/07/2009 e também Lei nº 12.232, de 29 de abril de 2010 (normas gerais para licitação e contratação pela administração pública de serviços de publicidade prestados por intermédio de agências de propaganda).

[333] Redação dada pela EC nº 19, de 4/6/1998; vide ADI 2.416, rel. p/o ac. Ricardo Lewandowski, DJe 14/10/2013; ADI 244, Rel. Min. Sepúlveda Pertence, DJ 31/10/2002.

CONSTITUIÇÃO FEDERAL (1988) — Art. 37

§ 3° As reclamações relativas à prestação de serviços públicos serão disciplinadas em lei.

I - as reclamações relativas à prestação dos serviços públicos em geral, asseguradas a manutenção de serviços de atendimento ao usuário e a avaliação periódica, externa e interna, da qualidade dos serviços;[334]

II - o acesso dos usuários a registros administrativos e a informações sobre atos de governo, observado o disposto no art. 5°, X e XXXIII;

III - a disciplina da representação contra o exercício negligente ou abusivo de cargo, emprego ou função na administração pública.

§ 4° Os atos de improbidade administrativa importarão a suspensão dos direitos políticos, a perda da função pública, a indisponibilidade dos bens e o ressarcimento ao erário, na forma e gradação previstas em lei, sem prejuízo da ação penal cabível.[335]

§ 5° A lei estabelecerá os prazos de prescrição para ilícitos praticados por qualquer agente, servidor ou não, que causem prejuízos ao erário, ressalvadas as respectivas ações de ressarcimento.[336]

§ 6° As pessoas jurídicas de direito público e as de direito privado prestadoras de serviços públicos responderão pelos danos que seus agentes, nessa qualidade, causarem a terceiros, assegurado o direito de regresso contra o responsável nos casos de dolo ou culpa.[337]

§ 7° A lei disporá sobre os requisitos e as restrições ao ocupante de cargo ou emprego da administração direta e indireta que possibilite o acesso a informações privilegiadas.[338]

§ 8° A autonomia gerencial, orçamentária e financeira dos órgãos e entidades da administração direta e indireta poderá ser ampliada mediante contrato, a ser firmado entre seus administradores e o poder público, que tenha por objeto a fixação de metas de desempenho para o órgão ou entidade, cabendo à lei dispor sobre:[339]

---

[334] Incisos I, II e III incluídos pela EC n° 19, de 4/6/1998.

[335] Vide ADI 2.860, Rel. Min. Sepúlveda Pertence, Inf. 401; ADI 2.797, Rel. Min. Sepúlveda Pertence, Inf. 401 e Min. Ayres Britto, DJe 28/02/2013; ADI 463, Rel. Min. Carlos Veloso, DJ 31/10/2003 e Lei n° 8.429, de 02 de junho de 1992 (Lei da Improbidade Administrativa).

[336] Vide Lei n° 8.429, de 02 de junho de 1992 (Lei da Improbidade Administrativa) e Decreto n° 4.410, de 07 de outubro de 2002 (promulga a Convenção Interamericana contra a Corrupção).

[337] Vide ADI 4.976, Rel. Min. Ricardo Lewandoswi, DJe 30/10/2014; ADI 2.418, Rel. Min. Teori Zavascki, DJe 17/11/2016; ADI 2.159-AgR, Rel. Min. Gilmar Mendes, DJ 24/08/2004, no mesmo sentido: ADI 2.618-AgR-AgR, Rel. Min. Gilmar Mendes, DJ 31/03/2006 e ADI 1.358-MC, Rel. Min. Sydney Sanches, DJ 26/04/1996 e Min. Gilmar Mendes, DJe 03/03/2015.

[338] Incluído pela EC n° 19, de 4/6/1998; vide Lei n° 9.472, de 16 de julho de 1997 (dispõe sobre a organização dos serviços de telecomunicações), art. 30 (até um ano após deixar o cargo, é vedado ao ex-conselheiro representar qualquer pessoa ou interesse perante a Agência).

[339] § 8° e incisos I, II e III incluídos pela EC n° 19, de 4/6/1998; vide Lei n° 9.637, de 15 de maio de 1998 (organizações sociais no âmbito federal); Decreto n° 5.396, de 21 de março de 2005 (regulamenta o art. 19 da Lei n° 9.637, de 15 de maio de 1998, que dispõe sobre o recebimento de recursos e a veiculação de publicidade institucional por organizações sociais que

Arts. 37 e 38 — J. U. Jacoby Fernandes

I - o prazo de duração do contrato;

II - os controles e critérios de avaliação de desempenho, direitos, obrigações e responsabilidade dos dirigentes;

III - a remuneração do pessoal.

§ 9º O disposto no inciso XI aplica-se às empresas públicas e às sociedades de economia mista, e suas subsidiárias, que receberem recursos da União, dos Estados, do Distrito Federal ou dos Municípios para pagamento de despesas de pessoal ou de custeio em geral.[340]

§ 10. É vedada a percepção simultânea de proventos de aposentadoria decorrentes do art. 40 ou dos arts. 42 e 142 com a remuneração de cargo, emprego ou função pública, ressalvados os cargos acumuláveis na forma desta Constituição, os cargos eletivos e os cargos em comissão declarados em lei de livre nomeação e exoneração.[341]

§ 11. Não serão computadas, para efeito dos limites remuneratórios de que trata o inciso XI do caput deste artigo, as parcelas de caráter indenizatório previstas em lei.[342]

§ 12. Para os fins do disposto no inciso XI do caput deste artigo, fica facultado aos Estados e ao Distrito Federal fixar, em seu âmbito, mediante emenda às respectivas Constituições e Lei Orgânica, como limite único, o subsídio mensal dos Desembargadores do respectivo Tribunal de Justiça, limitado a noventa inteiros e vinte e cinco centésimos por cento do subsídio mensal dos Ministros do Supremo Tribunal Federal, não se aplicando o disposto neste parágrafo aos subsídios dos Deputados Estaduais e Distritais e dos Vereadores.[343]

Art. 38. Ao servidor público da administração direta, autárquica e fundacional, no exercício de mandato eletivo, aplicam-se as seguintes disposições:[344]

> **Redação anterior:** vigente entre 05.10.1988 e 04.06.1998 (original):
>
> **Art. 38.** Ao servidor público em exercício de mandato eletivo aplicam-se as seguintes disposições:

---

exercem atividades de rádio e televisão educativa); Lei Complementar nº 846, de 4 de junho de 1998 (Organização Social no âmbito do Estado de São Paulo); Lei nº 9.649/1998, de 27 de maio de 1998, arts. 51 e 52; Decretos nºˢ 2.487 e 2.488, ambos de 2 de fevereiro de 1998 (Agências Executivas); Decreto nº 8.889, de 26 de outubro de 2016 (aprova a Estrutura Regimental e o Quadro Demonstrativo dos Cargos em Comissão e das Funções de Confiança da Casa Civil da Presidência da República) e Lei nº 9.648, de 27 de maio de 1998 (alterou as leis de licitações, de concessões e da ANEEL, buscando flexibilizar exigências, inclusive para as Agências Executivas).

[340] Incluído pela EC nº 19, de 4/6/1998.

[341] Incluído pela EC nº 20, de 15/12/1998.

[342] Incluído pela EC nº 47, de 5/7/2005.

[343] Incluído pela EC nº 47, de 5/7/2005. Vide ADI 4.900, Rel. p/o ac. Min. Roberto Barroso, DJe 20/04/2015; ADI 3.854-MC, Rel. Min. Cezar Peluso, DJ. 29/06/2007.

[344] Redação dada pela EC nº 19, de 4/6/1998; vide ADI 1.255, Rel. Min. Ilmar Galvão, DJ 06/09/2001 e ADI 119, Rel. Min. Dias Toffoli, DJe 28/03/2014.

CONSTITUIÇÃO FEDERAL (1988)   Arts. 38 e 39

I - tratando-se de mandato eletivo federal, estadual ou distrital, ficará afastado de seu cargo, emprego ou função;

II - investido no mandato de Prefeito, será afastado do cargo, emprego ou função, sendo-lhe facultado optar pela sua remuneração;[345]

III - investido no mandato de Vereador, havendo compatibilidade de horários, perceberá as vantagens de seu cargo, emprego ou função, sem prejuízo da remuneração do cargo eletivo, e, não havendo compatibilidade, será aplicada a norma do inciso anterior;[346]

IV - em qualquer caso que exija o afastamento para o exercício de mandato eletivo, seu tempo de serviço será contado para todos os efeitos legais, exceto para promoção por merecimento;

V - para efeito de benefício previdenciário, no caso de afastamento, os valores serão determinados como se no exercício estivesse.

SEÇÃO II - DOS SERVIDORES PÚBLICOS[347]

Redação anterior: vigente entre 05.10.1988 e 15.02.1998 (original):

Dos Servidores Públicos Civis

Art. 39. A União, os Estados, o Distrito Federal e os Municípios instituirão conselho de política de administração e remuneração de pessoal, integrado por servidores designados pelos respectivos Poderes.[348]

Redação anterior: vigente entre 05.10.1988 e 04.06.1998 (original):

Art. 39. A União, os Estados, o Distrito Federal e os Municípios instituirão, no âmbito de sua competência, regime jurídico único e planos de carreira para os servidores da administração pública direta, das autarquias e das fundações públicas.

§ 1° A fixação dos padrões de vencimento e dos demais componentes do sistema remuneratório observará:[349]

Redação anterior: vigente entre 05.10.1988 e 04.06.1998 (original):

---

[345] Vide ADI 1.381, Rel. Min. Dias Toffoli, DJe 09/10/2014; ADI 199, Rel. Min. Maurício Corrêa, DJ 07/08/1998; ADI 143-MC-MC, Rel. Min. Carlos Velloso, DJ 30/03/2001.
[346] Vide ADI 1.531-MC, Rel. Min. Sydney Sanches, DJ 14/12/2001; ADI 1.381, Rel. Min. Dias Toffoli, DJe 09/10/2014; ADI 199, Rel. Min. Maurício Corrêa, DJ 07/08/1998.
[347] Redação dada pela EC n° 18, de 5/2/1998.
[348] Redação dada pela EC n° 19, de 4/6/1998; Eficácia do *caput* suspensa, conf. ADI n° 2.135-4 Rel. Min. Carmem Lúcia, DJe 07/03/2008; Lei n° 8.112, de 11 de dezembro de 1990 (dispõe sobre o Regime Jurídico dos Servidores Públicos Civis da União, das autarquias e das fundações públicas federais); Lei n° 8.027, de 12 de abril de 1990 (dispõe sobre normas de conduta dos servidores públicos civis da União, das autarquias e das fundações públicas) e Lei n° 8.026, de 12 de abril de 1990 (dispõe sobre a aplicação de pena de demissão a funcionário público).
[349] Redação dada pela EC n° 19, de 4/6/1998; vide Súmulas vinculantes n° 4 e 37 e Súmula n° 679. Vide também ADI 14, Rel. Min. Célio Borja, DJ 01/12/1989. Lei n° 8.448, de 21 de julho de 1992 (regulamenta esse dispositivo constitucional).

Art. 39 — J. U. JACOBY FERNANDES

> § 1º A lei assegurará, aos servidores da administração direta, isonomia de vencimentos para cargos de atribuições iguais ou assemelhados do mesmo Poder ou entre servidores dos Poderes Executivo, Legislativo e Judiciário, ressalvadas as vantagens de caráter individual e as relativas à natureza ou ao local de trabalho.

I - a natureza, o grau de responsabilidade e a complexidade dos cargos componentes de cada carreira;[350]

II - os requisitos para a investidura;

III - as peculiaridades dos cargos.

§ 2º A União, os Estados e o Distrito Federal manterão escolas de governo para a formação e o aperfeiçoamento dos servidores públicos, constituindo-se a participação nos cursos um dos requisitos para a promoção na carreira, facultada, para isso, a celebração de convênios ou contratos entre os entes federados.[351]

> **Redação anterior:** vigente entre 05.10.1988 e 04.06.1998 (original):
>
> § 2º Aplica-se a esses servidores o disposto no art. 7º, IV, VI, VII, VIII, IX, XII, XIII, XV, XVI, XVII, XVIII, XIX, XX, XXII, XXIII e XXX.

§ 3º Aplica-se aos servidores ocupantes de cargo público o disposto no art. 7º, IV, VII, VIII, IX, XII, XIII, XV, XVI, XVII, XVIII, XIX, XX, XXII e XXX, podendo a lei estabelecer requisitos diferenciados de admissão quando a natureza do cargo o exigir.[352]

§ 4º O membro de Poder, o detentor de mandato eletivo, os Ministros de Estado e os Secretários Estaduais e Municipais serão remunerados exclusivamente por subsídio fixado em parcela única, vedado o acréscimo de qualquer gratificação, adicional, abono, prêmio, verba de representação ou outra espécie remuneratória, obedecido, em qualquer caso, o disposto no art. 37, X e XI.[353]

§ 5º Lei da União, dos Estados, do Distrito Federal e dos Municípios poderá estabelecer a relação entre a maior e a menor remuneração dos servidores públicos, obedecido, em qualquer caso, o disposto no art. 37, XI.[354]

§ 6º Os Poderes Executivo, Legislativo e Judiciário publicarão anualmente os valores do subsídio e da remuneração dos cargos e empregos públicos.[355]

---

[350] Incisos I, II e III incluídos pela EC nº 19, de 4/6/1998; vide Lei nº 13.316, de 20 de julho de 2016 (dispõe sobre as carreiras dos servidores do Ministério Público da União e as carreiras dos servidores do Conselho Nacional do Ministério Público; fixa valores de sua remuneração).

[351] Redação dada pela EC nº 19, de 4/6/1998.

[352] Incluído pela EC nº 19, de 4/6/1998; vide Súmulas vinculantes nos 4, 15, 16 e Súmula nº 679 e 683; Vide ainda ADI 492, voto do Min. Carlos Velloso, DJ 12/03/1993.

[353] Incluído pela EC nº 19, de 4/6/1998; vide ADI 4.587, Rel. Min. Ricardo Lewandowski, DJe 18/06/2014; ADI 3.923, Rel. Min. Eros Grau, DJe 15/02/2008; ADI 3.771-MC, Rel. Min. Carlos Britto e ainda Lei nº 11.144, de 26 de julho de 2005 (dispõe sobre o subsídio do Procurador-Geral da República).

[354] Incluído pela EC nº 19, de 4/6/1998. Vide Lei nº 13.460, de 26 de junho de 2017 (dispõe sobre participação, proteção e defesa dos direitos do usuário dos serviços públicos da administração pública).

CONSTITUIÇÃO FEDERAL (1988)   Arts. 39 e 40

§ 7º Lei da União, dos Estados, do Distrito Federal e dos Municípios disciplinará a aplicação de recursos orçamentários provenientes da economia com despesas correntes em cada órgão, autarquia e fundação, para aplicação no desenvolvimento de programas de qualidade e produtividade, treinamento e desenvolvimento, modernização, reaparelhamento e racionalização do serviço público, inclusive sob a forma de adicional ou prêmio de produtividade.[356]

§ 8º A remuneração dos servidores públicos organizados em carreira poderá ser fixada nos termos do § 4º.[357]

Art. 40. Aos servidores titulares de cargos efetivos da União, dos Estados, do Distrito Federal e dos Municípios, incluídas suas autarquias e fundações, é assegurado regime de previdência de caráter contributivo e solidário, mediante contribuição do respectivo ente público, dos servidores ativos e inativos e dos pensionistas, observados critérios que preservem o equilíbrio financeiro e atuarial e o disposto neste artigo.[358]

Redação anterior: vigente entre 16.12.1998 e 30.12.2003 (EC nº 20/1998):

Art. 40. Aos servidores titulares de cargos efetivos da União, dos Estados, do Distrito Federal e dos Municípios, incluídas suas autarquias e fundações, é assegurado regime de previdência de caráter contributivo, observados critérios que preservem o equilíbrio financeiro e atuarial e o disposto neste artigo.

Redação anterior: vigente entre 05.10.1988 e 15.12.1998 (original):

Art. 40. O servidor será aposentado:

I - por invalidez permanente, sendo os proventos integrais quando decorrentes de acidente em serviço, moléstia profissional ou doença grave, contagiosa ou incurável, especificadas em lei, e proporcionais nos demais casos;

II - compulsoriamente, aos setenta anos de idade, com proventos proporcionais ao tempo de serviço;

III - voluntariamente:

a) aos trinta e cinco anos de serviço, se homem, e aos trinta, se mulher, com proventos integrais;

b) aos trinta anos de efetivo exercício em funções de magistério, se professor, e vinte e cinco, se professora, com proventos integrais;

---

[355] Incluído pela EC nº 19, de 4/6/1998.

[356] Incluído pela EC nº 19, de 4/6/1998.

[357] Incluído pela EC nº 19, de 4/6/1998. Vide ADI 4.079, Rel. Min. Robeto Barroso, DJe 05/05/2015; ADI 3.923, Rel. Min. Eros Grau, DJe 15/02/2008;

[358] Redação dada pela EC nº 41, de 19/12/2003; vide Súmula nº 359 e ainda: ADI 4.698, Rel. Min. Joaquim Barbosa, DJe 25/04/2012; ADI 3.617, Rel. Min. Cezar Peluso, DJ 09/12/2005; ADI 3.188, DJ 17/11/2006; ADI 3.128 e 3.105, Rel. Min. Cezar Peluso, DJ 18/02/85; ADI 3.104, Rel. Min. Cármen Lúcia, DJ 09/11/2007; ADI 2.791, Rel. Min. Gilmar Mendes, DJ 24/11/2006; ADI 575, Rel. Min. Sepúlveda Pertence, DJ 25/06/1999; ADI 369, Rel. Moreira Alves, DJ 12/03/1999.

Art. 40

J. U. JACOBY FERNANDES

> **c)** aos trinta anos de serviço, se homem, e aos vinte e cinco, se mulher, com proventos proporcionais a esse tempo;
>
> **d)** aos sessenta e cinco anos de idade, se homem, e aos sessenta, se mulher, com proventos proporcionais ao tempo de serviço.

§ 1º Os servidores abrangidos pelo regime de previdência de que trata este artigo serão aposentados, calculados os seus proventos a partir dos valores fixados na forma dos §§ 3º e 17:[359]

> **Redação anterior:** vigente entre 16.12.1998 e 30.12.2003 (EC n° 20/1998):
>
> § 1º Os servidores abrangidos pelo regime de previdência de que trata este artigo serão aposentados, calculados os seus proventos a partir dos valores fixados na forma do § 3º:
>
> **Redação anterior:** vigente entre 05.10.1988 e 15.12.1998 (original):
>
> § 1º Lei complementar poderá estabelecer exceções ao disposto no inciso III, "a" e "c", no caso de exercício de atividades consideradas penosas, insalubres ou perigosas.

I - por invalidez permanente, sendo os proventos proporcionais ao tempo de contribuição, exceto se decorrente de acidente em serviço, moléstia profissional ou doença grave, contagiosa ou incurável, na forma da lei;[360]

> **Redação anterior:** vigente entre 16.12.1998 e 30.12.2003 (EC n° 20/1998 - original):
>
> I - por invalidez permanente, sendo os proventos proporcionais ao tempo de contribuição, exceto se decorrente de acidente em serviço, moléstia profissional ou doença grave, contagiosa ou incurável, especificadas em lei;

II - compulsoriamente, com proventos proporcionais ao tempo de contribuição, aos 70 (setenta) anos de idade, ou aos 75 (setenta e cinco) anos de idade, na forma de lei complementar;[361]

> **Redação anterior:** vigente entre 16.12.1998 e 30.12.2003 (EC n° 20/1998):
>
> II - compulsoriamente, aos setenta anos de idade, com proventos proprocionais ao tempo de contribuição;

III - voluntariamente, desde que cumprido tempo mínimo de dez anos de efetivo exercício no serviço público e cinco anos no cargo efetivo em que se dará a aposentadoria, observadas as seguintes condições:[362]

---

[359] Redação dada pela EC n° 41, de 19/12/2003.

[360] Redação dada pela EC n° 41, de 19/12/2003; vide Lei n° 8.112, de 11 de dezembro de 1990 (dispõe sobre o Regime Jurídico dos Servidores Públicos Civis da União, das autarquias e das fundações públicas federais), art. 186, § 1º (define as doenças graves, contagiosas ou incuráveis) e art. 188, §§ 1º a 3º (permite licença para tratamento de saúde, em casos de aposentadoria por invalidez); EC n° 70, de 29/3/2012, altera o art. 6º-A da EC n° 41, de 19/12/2003.

[361] Redação dada pela EC n° 88, de 7/5/2015; vide Lei Complementar n° 151/2015 (dispõe sobre a aposentadoria compulsória por idade, com proventos proporcionais); vide Súmula n° 36; ADI 5.316, Rel. Min. Luiz Fux, DJe 06/08/2015; ADI 4.696, Rel. Min. Edson Fachin, DJe 14/09/2017; ADI 2.602-MC, Rel. Min. Moreira Alves, DJ 06/06/2003 e Min. Eros Grau, DJ 31/03/2006 e ADI 575, Rel. Min. Sepúlveda Pertence, DJ 25/06/1999.

CONSTITUIÇÃO FEDERAL (1988) Art. 40

a) sessenta anos de idade e trinta e cinco de contribuição, se homem, e cinqüenta e cinco anos de idade e trinta de contribuição, se mulher;

b) sessenta e cinco anos de idade, se homem, e sessenta anos de idade, se mulher, com proventos proporcionais ao tempo de contribuição.

§ 2º Os proventos de aposentadoria e as pensões, por ocasião de sua concessão, não poderão exceder a remuneração do respectivo servidor, no cargo efetivo em que se deu a aposentadoria ou que serviu de referência para a concessão da pensão.[363]

> **Redação anterior:** vigente entre 05.10.1988 e 15.12.1998 (original):
>
> § 2º A lei disporá sobre a aposentadoria em cargos ou empregos temporários.

§ 3º Para o cálculo dos proventos de aposentadoria, por ocasião da sua concessão, serão consideradas as remunerações utilizadas como base para as contribuições do servidor aos regimes de previdência de que tratam este artigo e o art. 201, na forma da lei.[364]

> **Redação anterior:** vigente entre 16.12.1998 e 30.12.2003 (EC nº 20/1998):
>
> § 3º Os proventos de aposentadoria, por ocasião da sua concessão, serão calculados com base na remuneração do servidor no cargo efetivo em que se der a aposentadoria e, na forma da lei, corresponderão à totalidade da remuneração.
>
> **Redação anterior:** vigente entre 05.10.1988 e 15.12.1998 (original):
>
> § 3º O tempo de serviço público federal, estadual ou municipal será computado integralmente para os efeitos de aposentadoria e de disponibilidade.

§ 4º É vedada a adoção de requisitos e critérios diferenciados para a concessão de aposentadoria aos abrangidos pelo regime de que trata este artigo, ressalvados, nos termos definidos em leis complementares, os casos de servidores:[365]

I - portadores de deficiência;

II - que exerçam atividades de risco;[366]

III - cujas atividades sejam exercidas sob condições especiais que prejudiquem a saúde ou a integridade física.[367]

> **Redação anterior:** vigente entre 16.12.1998 e 05.07.2005 (EC nº 20/1998):

---

[362] Inciso 3º, alíneas "a" e "b" com Redação dada pela EC nº 20, de 15/12/1998.

[363] Redação dada pela EC nº 20, de 15/12/1998.

[364] Redação dada pela EC nº 41, de 19/12/2003; vide art. 2º da EC nº 41/2003, Súmula nº 680 e ainda a Lei nº 10.887, de 18 de junho de 2004 (dispõe sobre o cálculo dos proventos de aposentadoria dos servidores titulares de cargo efetivo de qualquer dos poderes, previsto neste parágrafo). Medida Provisória nº 805, de 30 de outubro de 2017 (aumentos remuneratórios e contribuição social do servidor público).

[365] Redação dada pela EC nº 47, de 5/7/2005. Obs.: vigência com efeitos retroativos à data de vigência da Emenda Constitucional nº 41, de 2003.

[366] Vide ADI 3.817, Rel. Min. Cármen Lúcia, DJe 03/04/2009.

[367] Vide Súmula vinculante nº 33.

Art. 40 J. U. Jacoby Fernandes

> **§ 4°** É vedada a adoção de requisitos e critérios diferenciados para a concessão de aposentadoria aos abrangidos pelo regime de que trata este artigo, ressalvados os casos de atividades exercidas exclusivamente sob condições especiais que prejudiquem a saúde ou a integridade física, definidos em lei complementar.
>
> **Redação anterior:** vigente entre 05.10.1988 e 15.12.1998 (original):
>
> **§ 4°** Os proventos da aposentadoria serão revistos, na mesma proporção e na mesma data, sempre que se modificar a remuneração dos servidores em atividade, sendo também estendidos aos inativos quaisquer benefícios ou vantagens posteriormente concedidos aos servidores em atividade, inclusive quando decorrentes da transformação ou reclassificação do cargo ou função em que se deu a aposentadoria, na forma da lei.

§ 5° Os requisitos de idade e de tempo de contribuição serão reduzidos em cinco anos, em relação ao disposto no § 1°, III, "a", para o professor que comprove exclusivamente tempo de efetivo exercício das funções de magistério na educação infantil e no ensino fundamental e médio.[368]

> **Redação anterior:** vigente entre 05.10.1988 e 15.12.1998 (original):
>
> **§ 5°** O benefício da pensão por morte corresponderá à totalidade dos vencimentos ou proventos do servidor falecido, até o limite estabelecido em lei, observado o disposto no parágrafo anterior.

§ 6° Ressalvadas as aposentadorias decorrentes dos cargos acumuláveis na forma desta Constituição, é vedada a percepção de mais de uma aposentadoria à conta do regime de previdência previsto neste artigo.[369]

> **Redação anterior:** vigente entre 18.09.1993 e 15.12.1998 (EC n° 3/93 - original):
>
> **§ 6°** As aposentadorias e pensões dos servidores públicos federais serão custeadas com recursos provenientes da União e das contribuições dos servidores, na forma da lei.

§ 7° Lei disporá sobre a concessão do benefício de pensão por morte, que será igual:[370]

> **Redação anterior:** vigente entre 16.12.1998 e 30.12.2003 (EC n° 20/1998 - original):
>
> **§ 7°** Lei disporá sobre a concessão do benefício da pensão por morte, que será igual ao valor dos proventos do servidor falecido ou ao valor dos proventos a que teria direito o servidor em atividade na data de seu falecimento, observado o disposto no § 3°.

---

[368] Redação dada pela EC n° 20, de 15/12/1998; vide Súmula n° 726 e ADI 3.772, Rel. p/o ac. Ricardo Lewandowski, DJe 29/10/2009; ADI 2.253, Rel. Min. Maurício Corrêa, DJ 07/05/2004; ADI 178, Rel. Min. Maurício Corrêa, DJ 26/04/1996.

[369] Redação dada pela EC n° 20, de 15/12/1998.

[370] Redação dada pela EC n° 41, de 19/12/2003; vide Portaria n° 3.359/SC-5, de 7 de novembro de 1989 e Lei n° 13.261, de 22 de março de 2016 (dispõe sobre a normatização, a fiscalização e a comercialização de planos de assistência funerária).

CONSTITUIÇÃO FEDERAL (1988)   Art. 40

I - ao valor da totalidade dos proventos do servidor falecido, até o limite máximo estabelecido para os benefícios do regime geral de previdência social de que trata o art. 201, acrescido de setenta por cento da parcela excedente a este limite, caso aposentado à data do óbito; ou[371]

II - ao valor da totalidade da remuneração do servidor no cargo efetivo em que se deu o falecimento, até o limite máximo estabelecido para os benefícios do regime geral de previdência social de que trata o art. 201, acrescido de setenta por cento da parcela excedente a este limite, caso em atividade na data do óbito.[372]

§ 8° É assegurado o reajustamento dos benefícios para preservar-lhes, em caráter permanente, o valor real, conforme critérios estabelecidos em lei.[373]

Redação anterior: vigente entre 16.12.1998 e 30.12.2003 (EC n° 20/1998 - original):

§ 8° Observado o disposto no art. 37, XI, os proventos de aposentadoria e as pensões serão revistos na mesma proporção e na mesma data, sempre que se modificar a remuneração dos servidores em atividade, sendo também estendidos aos aposentados e aos pensionistas quaisquer benefícios ou vantagens posteriormente concedidos aos servidores em atividade, inclusive quando decorrentes da transformação ou reclassificação do cargo ou função em que se deu a aposentadoria ou que serviu de referência para a concessão da pensão, na forma da lei.

---

§ 9° O tempo de contribuição federal, estadual ou municipal será contado para efeito de aposentadoria e o tempo de serviço correspondente para efeito de disponibilidade.[374]

§ 10. A lei não poderá estabelecer qualquer forma de contagem de tempo de contribuição fictício.[375]

§ 11. Aplica-se o limite fixado no art. 37, XI, à soma total dos proventos de inatividade, inclusive quando decorrentes da acumulação de cargos ou empregos públicos, bem como de outras atividades sujeitas a contribuição para o regime geral de previdência social, e ao montante resultante da adição de proventos de inatividade com remuneração de cargo acumulável na forma desta Constituição, cargo em comissão declarado em lei de livre nomeação e exoneração, e de cargo eletivo.[376]

§ 12. Além do disposto neste artigo, o regime de previdência dos servidores públicos titulares de cargo efetivo observará, no que couber, os requisitos e critérios fixados para o regime geral de previdência social.[377]

---

[371] Incluído pela EC n° 41, de 19/12/2003.

[372] Incluído pela EC n° 41, de 19/12/2003.

[373] Redação dada pela EC n° 41, de 19/12/2003; vide Súmula Vinculante no 34; Portaria n° 3.359/SC-5, de 7 de novembro de 1989.

[374] Incluído pela EC n° 20, de 15/12/1998; vide Súmula n° 567.

[375] Incluído pela EC n° 20, de 15/12/1998; vide ADI 404, Rel. Min. Carlos Velloso, DJ 14/05/2004.

[376] Incluído pela EC n° 20, de 15/12/1998.

[377] Incluído pela EC n° 20, de 15/12/1998. Vide ADI 3.105 e 3.128, Rel. p/ ac Min. Cezar Peluso, DJ 18/02/2005;

Art. 40
J. U. JACOBY FERNANDES

§ 13. Ao servidor ocupante, exclusivamente, de cargo em comissão declarado em lei de livre nomeação e exoneração bem como de outro cargo temporário ou de emprego público, aplica-se o regime geral de previdência social.[378]

§ 14. A União, os Estados, o Distrito Federal e os Municípios, desde que instituam regime de previdência complementar para os seus respectivos servidores titulares de cargo efetivo, poderão fixar, para o valor das aposentadorias e pensões a serem concedidas pelo regime de que trata este artigo, o limite máximo estabelecido para os benefícios do regime geral de previdência social de que trata o art. 201.[379]

§ 15. O regime de previdência complementar de que trata o § 14 será instituído por lei de iniciativa do respectivo Poder Executivo, observado o disposto no art. 202 e seus parágrafos, no que couber, por intermédio de entidades fechadas de previdência complementar, de natureza pública, que oferecerão aos respectivos participantes planos de benefícios somente na modalidade de contribuição definida.[380]

> **Redação anterior:** vigente entre 16.12.1998 e 30.12.2003 (EC nº 20/1998 - original):
>
> § 15. Observado o disposto no art. 202, lei complementar disporá sobre as normas gerais para a instituição de regime de previdência complementar pela União, Estados, Distrito Federal e Municípios, para atender aos seus respectivos servidores titulares de cargo efetivo.

§ 16. Somente mediante sua prévia e expressa opção, o disposto nos §§ 14 e 15 poderá ser aplicado ao servidor que tiver ingressado no serviço público até a data da publicação do ato de instituição do correspondente regime de previdência complementar.[381]

§ 17. Todos os valores de remuneração considerados para o cálculo do benefício previsto no § 3º serão devidamente atualizados, na forma da lei.[382]

§ 18. Incidirá contribuição sobre os proventos de aposentadorias e pensões concedidas pelo regime de que trata este artigo que superem o limite máximo estabelecido para os benefícios do regime geral de previdência social de que trata o art. 201, com percentual igual ao estabelecido para os servidores titulares de cargos efetivos.[383]

---

[378] Incluído pela EC nº 20, de 15/12/1998; vide ADI 3.106, Rel. Min. Eros Grau, DJe 24/09/2010; ADI 2.024-MC, Rel. Min. Sepúlveda Pertence, DJ 01/12/2000.

[379] Incluído pela EC nº 20, de 15/12/1998. Vide Lei nº 12.618, de 30 de abril de 2012 (institui o regime de previdência complementar para os servidores públicos federais); Lei nº 12.154 de 23 de dezembro de 2009 (Superintendência Nacional de Previdência Complementar – PREVIC).

[380] Redação pela EC nº 41, de 19/12/2003.

[381] Incluído pela EC nº 20, de 15/12/1998.

[382] Incluído pela EC nº 41, de 19/12/2003; vide art. 2º da Emenda Constitucional nº 41, de 19 de dezembro de 2003.

[383] Incluído pela EC nº 41, de 19/12/2003; vide ADI 3.105 e 3.128, Rel. Min. Cezar Peluso, DJ 18/02/2005, no mesmo sentido: ADI 3.128, DJ 18/02/2005; ADI 3.188, DJ 17/11/2006; ADI

CONSTITUIÇÃO FEDERAL (1988) Arts. 40 e 41

§ 19. O servidor de que trata este artigo que tenha completado as exigências para aposentadoria voluntária estabelecidas no § 1°, III, "a", e que opte por permanecer em atividade fará jus a um abono de permanência equivalente ao valor da sua contribuição previdenciária até completar as exigências para aposentadoria compulsória contidas no § 1°, II.[384]

§ 20. Fica vedada a existência de mais de um regime próprio de previdência social para os servidores titulares de cargos efetivos, e de mais de uma unidade gestora do respectivo regime em cada ente estatal, ressalvado o disposto no art. 142, § 3°, X.[385]

§ 21. A contribuição prevista no § 18 deste artigo incidirá apenas sobre as parcelas de proventos de aposentadoria e de pensão que superem o dobro do limite máximo estabelecido para os benefícios do regime geral de previdência social de que trata o art. 201 desta Constituição, quando o beneficiário, na forma da lei, for portador de doença incapacitante.[386]

Art. 41. São estáveis após três anos de efetivo exercício os servidores nomeados para cargo de provimento efetivo em virtude de concurso público.[387]

> **Redação anterior:** vigente entre 05.10.1988 e 04.06.1998 (original):
>
> **Art. 41.** São estáveis, após dois anos de efetivo exercício, os servidores nomeados em virtude de concurso público.

§ 1° O servidor público estável só perderá o cargo:[388]

I - em virtude de sentença judicial transitada em julgado;

II - mediante processo administrativo em que lhe seja assegurada ampla defesa;[389]

III - mediante procedimento de avaliação periódica de desempenho, na forma de lei complementar, assegurada ampla defesa.[390]

> **Redação anterior:** vigente entre 05.10.1988 e 04.06.1998 (original):
>
> § 1° O servidor público estável só perderá o cargo em virtude de sentença judicial transitada em julgado ou mediante processo administrativo em que lhe seja assegurada ampla defesa.

3.128, DJ 18/02/2005; ADI 2.010 MC, Rel. Min. Celso de Mello, DJ 12/04/2002 e ADI 1.255, Rel. Min. Ilmar Galvão, DJ 06/09/2001.

[384] Incluído pela EC n° 41, de 19/12/2003.

[385] Incluído pela EC n° 41, de 19/12/2003.

[386] Incluído pela EC n° 47, de 5/7/2005. Vide ADI 3.477, Rel. p/o ac. Min. Luiz Fux, DJe 04/05/2015.

[387] Redação dada pela EC n° 19, de 04/06/1998.Vide ADI 3.253, Rel. Min. Gilmar Mendes, DJe 12/03/2010 e ADI 230, Rel. Min. Cármen Lúcia, DJe, 30/10/2014.

[388] Redação do caput e inclusão dos incisos I, II e III pela EC n° 19, de 04/06/1998.

[389] Vide Súmulas n°s 18, 19, 20 e 21.

[390] Vide Lei n° 9.801, de 14 de junho de 1999 (dispõe sobre as normas gerais para perda do cargo público por excesso de despesa) e Lei Complementar n° 101, de 4 de maio de 2000 (Lei de Responsabilidade Fiscal).

Arts. 41 e 42   J. U. JACOBY FERNANDES

§ 2º Invalidada por sentença judicial a demissão do servidor estável, será ele reintegrado, e o eventual ocupante da vaga, se estável, reconduzido ao cargo de origem, sem direito a indenização, aproveitado em outro cargo ou posto em disponibilidade com remuneração proporcional ao tempo de serviço.[391]

> **Redação anterior:** vigente entre 05.10.1988 e 04.06.1998 (original):
>
> § 2º Invalidada por sentença judicial a demissão do servidor estável, será ele reintegrado, e o eventual ocupante da vaga reconduzido ao cargo de origem, sem direito a indenização, aproveitado em outro cargo ou posto em disponibilidade.

§ 3º Extinto o cargo ou declarada a sua desnecessidade, o servidor estável ficará em disponibilidade, com remuneração proporcional ao tempo de serviço, até seu adequado aproveitamento em outro cargo.[392]

> **Redação anterior:** vigente entre 05.10.1988 e 04.06.1998 (original):
>
> § 3º Extinto o cargo ou declarada sua desnecessidade, o servidor estável ficará em disponibilidade remunerada, até seu adequado aproveitamento em outro cargo.

§ 4º Como condição para a aquisição da estabilidade, é obrigatória a avaliação especial de desempenho por comissão instituída para essa finalidade.[393]

SEÇÃO III - DOS MILITARES DOS ESTADOS, DO DISTRITO FEDERAL E DOS TERRITÓRIOS[394]

> **Redação anterior:** vigente entre 05.10.1988 e 15.02.1998 (original):
>
> DOS SERVIDORES PÚBLICOS MILITARES

Art. 42. Os membros das Polícias Militares e Corpos de Bombeiros Militares, instituições organizadas com base na hierarquia e disciplina, são militares dos Estados, do Distrito Federal e dos Territórios.[395]

> **Redação anterior:** vigente entre 05.10.1988 e 15.02.1998 (original):
>
> **Art. 42.** São servidores militares federais os integrantes das Forças Armadas e servidores militares dos Estados, Territórios e Distrito Federal os integrantes de suas polícias militares e de seus corpos de bombeiros militares.
>
> § 1º ...[396]

---

[391] Redação dada pela EC nº 19, de 04/06/1998; vide ADI 1.255, Rel. Min. Ilmar Galvão, DJ 06/09/2001 e ADI 119, Rel. Dias Toffoli, DJe 28/03/2014.

[392] Redação dada pela EC nº 19, de 4/6/1998; vide Súmulas nºs 11 e 39 e ADI 2.645-MC, Rel. Min. Sepúlveda Pertence, DJ 29/09/2006; ADI 1.255, Rel. Min. Ilmar Galvão, DJ 06/09/2001; ADI 239, Rel. Min. Dias Toffoli, DJe 30/10/2014; ADI 119, Rel. Min. Dias Toffoli, DJe 28/03/2014.

[393] Incluído pela EC nº 19, de 4/6/1998.

[394] Redação dada pela EC nº 18, de 5/2/1998.

[395] Redação dada pela EC nº 18, de 5/2/1998.

[396] Vide redação deste texto no § 1º, abaixo.

CONSTITUIÇÃO FEDERAL (1988)   Art. 42

§ 2° ...[397]

§ 3° O militar em atividade que aceitar cargo público civil permanente será transferido para a reserva.

§ 4° O militar da ativa que aceitar cargo, emprego ou função pública temporária, não eletiva, ainda que da administração indireta, ficará agregado ao respectivo quadro e somente poderá, enquanto permanecer nessa situação, ser promovido por antigüidade, contando-se-lhe o tempo de serviço apenas para aquela promoção e transferência para a reserva, sendo depois de dois anos de afastamento, contínuos ou não, transferido para a inatividade.

§ 5° Ao militar são proibidas a sindicalização e a greve.

§ 6° O militar, enquanto em efetivo serviço, não pode estar filiado a partidos políticos.

§ 7° O oficial das Forças Armadas só perderá o posto e a patente se for julgado indigno do oficialato ou com ele incompatível, por decisão de tribunal militar de caráter permanente, em tempo de paz, ou de tribunal especial, em tempo de guerra.

§ 8° O oficial condenado na justiça comum ou militar a pena privativa de liberdade superior a dois anos, por sentença transitada em julgado, será submetido ao julgamento previsto no parágrafo anterior.

§ 9° A lei disporá sobre os limites de idade, a estabilidade e outras condições de transferência do servidor militar para a inatividade.

§ 10. Aplica-se aos servidores a que se refere este artigo, e a seus pensionistas, o disposto no art. 40, §§ 4° e 5°.

§ 10. Aplica-se aos servidores a que se refere este artigo, e a seus pensionistas, o disposto no art. 40, §§ 4°, 5° e 6° (Redação dada pela EC n° 3, de 17/3/93)

§ 11. Aplica-se aos servidores a que se refere este artigo o disposto no art. 7°, VIII, XII, XVII, XVIII e XIX.

§ 1° Aplicam-se aos militares dos Estados, do Distrito Federal e dos Territórios, além do que vier a ser fixado em lei, as disposições do art. 14, § 8°; do art. 40, § 9°; e do art. 142, §§ 2° e 3°, cabendo a lei estadual específica dispor sobre as matérias do art. 142, § 3°, inciso X, sendo as patentes dos oficiais conferidas pelos respectivos governadores.[398]

> **Redação anterior:** vigente entre 06.2.1998 e 15.12.1998 (EC n° 18/98):
>
> § 1° Aplicam-se aos militares dos Estados, do Distrito Federal e dos Territórios, além do que vier a ser fixado em lei, as disposições do art. 14, § 8°; do art. 40, § 3°; e do art. 142, §§ 2° e 3°, cabendo à lei estadual específica dispor sobre as matérias do art. 142, 3°, inciso X, sendo as patentes dos oficiais conferidas pelos respectivos Governadores.
>
> **Redação anterior:** vigente entre 05.10.1988 e 15.02.1998 (original):

---

[397] Vide redação deste texto no § 2°, abaixo.
[398] Redação dada pela EC n° 20, de 15/12/1998. Vide Súmula vinculante n° 4.

Arts. 42 e 43 — J. U. Jacoby Fernandes

> § 1º As patentes, com prerrogativas, direitos e deveres a elas inerentes, são asseguradas em plenitude aos oficiais da ativa, da reserva ou reformados das Forças Armadas, das polícias militares e dos corpos de bombeiros militares dos Estados, dos Territórios e do Distrito Federal, sendo-lhes privativos os títulos, postos e uniformes militares.

§ 2º Aos pensionistas dos militares dos Estados, do Distrito Federal e dos Territórios aplica-se o que for fixado em lei específica do respectivo ente estatal.[399]

> **Redação anterior:** vigente entre 16.12.1998 e 30.12.2003 (EC n° 20/1998):
>
> § 2º Aos militares dos Estados, do Distrito Federal e dos Territórios e a seus pensionistas, aplica-se o disposto no art. 40, §§ 7º e 8º.
>
> **Redação anterior:** vigente entre 06.02.1998 e 15.12.1998 (EC n° 18/98):
>
> § 2º Aos militares dos Estados, do Distrito Federal e dos Territórios e a seus pensionistas, aplica-se o disposto no art. 40, §§ 4º e 5º; e aos militares do Distrito Federal e dos Territórios, o disposto no art. 40, § 6º.
>
> **Redação anterior:** vigente entre 05.10.1988 e 15.02.1998 (original):
>
> § 2º As patentes dos oficiais das Forças Armadas são conferidas pelo Presidente da República, e as dos oficiais das polícias militares e corpos de bombeiros militares dos Estados, Territórios e Distrito Federal, pelos respectivos Governadores.

SEÇÃO IV - DAS REGIÕES

Art. 43. Para efeitos administrativos, a União poderá articular sua ação em um mesmo complexo geoeconômico e social, visando a seu desenvolvimento e à redução das desigualdades regionais.

§ 1º Lei complementar disporá sobre:

I - as condições para integração de regiões em desenvolvimento;

II - a composição dos organismos regionais que executarão, na forma da lei, os planos regionais, integrantes dos planos nacionais de desenvolvimento econômico e social, aprovados juntamente com estes.[400]

---

[399] Redação dada pela EC n° 41, de 19/12/2003.

[400] Vide Lei Complementar n° 129, de 8 de janeiro de 2009 (institui a Superintendência do Desenvolvimento do Centro-oestee - SUDECO, estabelece sua missão, natureza jurídica, objetivos, áreas de atuação e instrumentos de ação); Lei Complementar n° 125, de 3 de janeiro de 2007 (institui a Superintendência do Desenvolvimento do Nordeste - SUDENE, estabelece sua composição, natureza jurídica, objetivos, áreas de atuação, instrumentos de ação) e Decreto n° 8.276, de 27 de junho de 2014 (aprova a estutura regimental e o quadro demonstrativo dos cargos da SUDENE); Lei Complementar n° 124, de 3 de janeiro de 2007 (institui a Superintendência do Desenvolvimento da Amazônia - SUDAM, estabelece sua composição, natureza jurídica, objetivos, área de competência e instrumentos de ação, dispõe sobre o Fundo de Desenvolvimento da Amazônia - FDA) e Decreto n° 8.275, de 27 de junho de 2014 (aprova a estutura regimental e o quadro demonstrativo dos cargos da SUDAM; Lei Complementar n° 134, de 14 de janeiro de 2010 (composição do Conselho de Administração da Superintendência da

CONSTITUIÇÃO FEDERAL (1988)   Arts. 43 a 45

§ 2º Os incentivos regionais compreenderão, além de outros, na forma da lei:[401]

I - igualdade de tarifas, fretes, seguros e outros itens de custos e preços de responsabilidade do Poder Público;

II - juros favorecidos para financiamento de atividades prioritárias;

III - isenções, reduções ou diferimento temporário de tributos federais devidos por pessoas físicas ou jurídicas;

IV - prioridade para o aproveitamento econômico e social dos rios e das massas de água represadas ou represáveis nas regiões de baixa renda, sujeitas a secas periódicas.

§ 3º Nas áreas a que se refere o § 2º, IV, a União incentivará a recuperação de terras áridas e cooperará com os pequenos e médios proprietários rurais para o estabelecimento, em suas glebas, de fontes de água e de pequena irrigação.

TÍTULO IV
DA ORGANIZAÇÃO DOS PODERES

CAPÍTULO I - DO PODER LEGISLATIVO

SEÇÃO I - DO CONGRESSO NACIONAL

Art. 44. O Poder Legislativo é exercido pelo Congresso Nacional, que se compõe da Câmara dos Deputados e do Senado Federal.

Parágrafo único. Cada legislatura terá a duração de quatro anos.

Art. 45. A Câmara dos Deputados compõe-se de representantes do povo, eleitos, pelo sistema proporcional, em cada Estado, em cada Território e no Distrito Federal.

§ 1º O número total de Deputados, bem como a representação por Estado e pelo Distrito Federal, será estabelecido por lei complementar, proporcionalmente à população, procedendo-se aos ajustes necessários, no ano anterior às eleições, para que nenhuma daquelas unidades da Federação tenha menos de oito ou mais de setenta Deputados.[402]

§ 2º Cada Território elegerá quatro Deputados.

Zona Franca de Manaus - SUFRAMA); Medida Provisória nº 2.157-5, de 24 de agosto de 2001 (cria a ADA e extingue a SUDAM) e Decreto nº 7.839, de 9 de novembro de 2012 (aprova o regulamento do ; Decreto nº 4.254, de 31 de maio de 2002 (Agência de Desenvolvimento da Amazônia - ADA); Medida Provisória nº 2.156-5, de 24 de agosto de 2001 e Decreto nº 7.838, de 9 de novembro de 2012 (aprova o Regulamento do FDNE).

[401] Vide Lei nº 13.710, de 24 de agosto de 2018 (institui a Política Nacional de Incentivo à Produção e Cacau de qualidade).

[402] Vide ADI 5.134, Min. Gilmar Mendes, DJe 6/10/2016; ADI 4.963, rel. Min. Rosa Weber, DJe 30/10/2014; ADI 4.947, rel. p/o ac. Min. Rosa Weber, DJe 30/10/2014; ADI 1.813-MC, Rel. Min. Marco Aurélio, DJ 05/06/1998; ADI 267-MC, Rel. Min. Celso de Mello, DJ 19/05/1995; Lei Complementar nº 78, de 30 de dezembro de 1993 (dispõe sobre a representação por Estado e pelo Distrito Federal, proporcional à população), arts. 1º ao 3º.

Arts. 46 a 48

Art. 46. O Senado Federal compõe-se de representantes dos Estados e do Distrito Federal, eleitos segundo o princípio majoritário.[403]

§ 1º Cada Estado e o Distrito Federal elegerão três Senadores, com mandato de oito anos.

§ 2º A representação de cada Estado e do Distrito Federal será renovada de quatro em quatro anos, alternadamente, por um e dois terços.

§ 3º Cada Senador será eleito com dois suplentes.

Art. 47. Salvo disposição constitucional em contrário, as deliberações de cada Casa e de suas Comissões serão tomadas por maioria dos votos, presente a maioria absoluta de seus membros.

SEÇÃO II - DAS ATRIBUIÇÕES DO CONGRESSO NACIONAL

Art. 48. Cabe ao Congresso Nacional, com a sanção do Presidente da República, não exigida esta para o especificado nos arts. 49, 51 e 52, dispor sobre todas as matérias de competência da União, especialmente sobre:

I - sistema tributário, arrecadação e distribuição de rendas;

II - plano plurianual, diretrizes orçamentárias, orçamento anual, operações de crédito, dívida pública e emissões de curso forçado;[404]

III - fixação e modificação do efetivo das Forças Armadas;

IV - planos e programas nacionais, regionais e setoriais de desenvolvimento;

V - limites do território nacional, espaço aéreo e marítimo e bens do domínio da União;

VI - incorporação, subdivisão ou desmembramento de áreas de Territórios ou Estados, ouvidas as respectivas Assembléias Legislativas;

VII - transferência temporária da sede do Governo Federal;

VIII - concessão de anistia;[405]

IX - organização administrativa, judiciária, do Ministério Público e da Defensoria Pública da União e dos Territórios e organização judiciária e do Ministério Público do Distrito Federal;[406]

> **Redação anterior:** vigente entre 05.10.1988 e 11.09.2001 (original):
>
> IX - organização administrativa, judiciária, do Ministério Público e da Defensoria Pública da União e dos Territórios e organização judiciária, do Ministério Público e da Defensoria Pública do Distrito Federal;

X - criação, transformação e extinção de cargos, empregos e funções públicas, observado o que estabelece o art. 84, VI, "b";[407]

---

[403] Vide ADI 5.690, Min. Roberto Barroso, Inf. 893;

[404] Vide ADI 225, Rel. Min. Paulo Brossard, DJ 25/05/2001.

[405] Vide ADI 1.231, Rel. Min. Carlos Velloso, DJ 28/04/2006.

[406] EC nº 69, de 29/3/2012.

[407] Redação dada pela EC nº 32, de 11/9/2001; vide ADI 2.713, Rel. Min. Ellen Gracie, DJ 07/03/2003; ADI 578, Rel. Min. Maurício Correa, DJ 18/05/2001; ADI 51, rel. Min. Paulo Brossard, DJ 17/09/1993.

CONSTITUIÇÃO FEDERAL (1988)   Arts. 48 e 49

> **Redação anterior:** vigente entre 05.10.1988 e 29.03.2012 (original):
>
> **X** - criação, transformação e extinção de cargos, empregos e funções públicas;

XI - criação e extinção de Ministérios e órgãos da administração pública;[408]

> **Redação anterior:** vigente entre 05.10.1988 e 11.09.2001 (original):
>
> **XI** - criação, estruturação e atribuições dos Ministérios e órgãos da administração pública;

XII - telecomunicações e radiodifusão;

XIII - matéria financeira, cambial e monetária, instituições financeiras e suas operações;

XIV - moeda, seus limites de emissão, e montante da dívida mobiliária federal;

XV - fixação do subsídio dos Ministros do Supremo Tribunal Federal, observado o que dispõem os arts. 39, § 4°; 150, II; 153, III; e 153, § 2°, I.[409]

> **Redação anterior:** vigente entre 05.06.1998 e 30.12.2003 (EC n° 19/98):
>
> **XV** - fixação do subsídio dos Ministros do Supremo Tribunal Federal, por lei de iniciativa conjunta dos Presidentes da República, da Câmara dos Deputados, do Senado Federal e do Supremo Tribunal Federal, observado o que dispõem os arts. 39, § 4°, 150, II, 153, III, e 153, § 2°, I.

Art. 49. É da competência exclusiva do Congresso Nacional:

I - resolver definitivamente sobre tratados, acordos ou atos internacionais que acarretem encargos ou compromissos gravosos ao patrimônio nacional;[410]

II - autorizar o Presidente da República a declarar guerra, a celebrar a paz, a permitir que forças estrangeiras transitem pelo território nacional ou nele permaneçam temporariamente, ressalvados os casos previstos em lei complementar;

III - autorizar o Presidente e o Vice-Presidente da República a se ausentarem do País, quando a ausência exceder a quinze dias;[411]

IV - aprovar o estado de defesa e a intervenção federal, autorizar o estado de sítio, ou suspender qualquer uma dessas medidas;

V - sustar os atos normativos do Poder Executivo que exorbitem do poder regulamentar ou dos limites de delegação legislativa;[412]

VI - mudar temporariamente sua sede;

---

[408] Redação dada pela EC n° 32, de 11/9/2001; vide ADI 2.415-MC, Rel. Min. Ilmar Galvão, DJ 20/02/2004.

[409] Redação dada pela EC n° 41, de 19/12/2003; vide ADI 2.075-MC, Rel. Min. Celso de Mello, DJ 27/06/2003 e Lei n° 11.143, de 26 de julho de 2005 (dispõe sobre subsídio de Ministro do Supremo Tribunal Federal).

[410] Vide ADI 1.480-MC, Rel.Min.Celso de Mello, DJ 18/05/2001; ADI 331, Rel. Min. Gilmar Mendes, DJe 02/05/2014.

[411] Vide ADI 1.172, Rel. Min. Ellen Gracie, DJ 25/04/2003; ADI 775-MC, Rel. Min. Celso de Mello, DJ 01/12/2006 e ADI 738, Rel. Min. Maurício Corrêa, DJ 07/02/2003.

[412] Vide ADI 748-MC, Rel. Min. Celso de Mello, DJ 06/11/1992.

Arts. 49 e 50 — J. U. JACOBY FERNANDES

VII - fixar idêntico subsídio para os Deputados Federais e os Senadores, observado o que dispõem os arts. 37, XI, 39, § 4°, 150, II, 153, III, e 153, § 2°, I;[413]

> **Redação anterior:** vigente entre 05.10.1988 e 04.06.1998 (original):
>
> **VII** - fixar idêntica remuneração para os Deputados Federais e os Senadores, em cada legislatura, para a subseqüente, observado o que dispõem os arts. 150, II, 153, III, e 153, § 2°, I.

VIII - fixar os subsídios do Presidente e do Vice-Presidente da República e dos Ministros de Estado, observado o que dispõem os arts. 37, XI, 39, § 4°, 150, II, 153, III, e 153, § 2°, I;[414]

> **Redação anterior:** vigente entre 05.10.1988 e 04.06.1998 (original):
>
> **VIII** - fixar para cada exercício financeiro a remuneração do Presidente e do Vice-Presidente da República e dos Ministros de Estado, observado o que dispõem os arts. 150, II, 153, III, e 153, § 2°, I;

IX - julgar anualmente as contas prestadas pelo Presidente da República e apreciar os relatórios sobre a execução dos planos de governo;[415]

X - fiscalizar e controlar, diretamente, ou por qualquer de suas Casas, os atos do Poder Executivo, incluídos os da administração indireta;[416]

XI - zelar pela preservação de sua competência legislativa em face da atribuição normativa dos outros Poderes;[417]

XII - apreciar os atos de concessão e renovação de concessão de emissoras de rádio e televisão;

XIII - escolher dois terços dos membros do Tribunal de Contas da União;

XIV - aprovar iniciativas do Poder Executivo referentes a atividades nucleares;

XV - autorizar referendo e convocar plebiscito;

XVI - autorizar, em terras indígenas, a exploração e o aproveitamento de recursos hídricos e a pesquisa e lavra de riquezas minerais;[418]

XVII - aprovar, previamente, a alienação ou concessão de terras públicas com área superior a dois mil e quinhentos hectares.

Art. 50. A Câmara dos Deputados e o Senado Federal, ou qualquer de suas Comissões, poderão convocar Ministro de Estado ou quaisquer titulares de órgãos diretamente subordinados à Presidência da República para prestarem,

---

[413] Redação dada pela EC n° 19, de 4/6/1998; vide ADI 898-MC, Rel. Min. Sepúlveda Pertence, DJ 04/03/1994.

[414] Redação dada pela EC n° 19, de 4/6/1998; vide ADI 3.491, Rel. Min. Ayres Britto, Inf. 442.

[415] Vide ADI 1.964-MC, Rel. Min. Sepúlveda Pertence, DJ 07/05/1999 e Dias Toffoli, DJe 09/10/2014.

[416] Vide ADI 3.046, Rel. Min. Sepúlveda Pertence, DJ 28/05/2004.

[417] Vide ADI 3.059-MC, Rel. Min. Ayres Britto, DJ 20/08/2004.

[418] Vide ADI 3.352-MC, Rel. Min. Sepúlveda Pertence, DJ 15/04/2005.

CONSTITUIÇÃO FEDERAL (1988) | Arts. 50 e 51

pessoalmente, informações sobre assunto previamente determinado, importando crime de responsabilidade a ausência sem justificação adequada.[419]

> **Redação anterior:** vigente entre 05.10.1988 e 08.06.1994 (original):
>
> **Art. 50.** A Câmara dos Deputados ou o Senado Federal, bem como qualquer de suas Comissões, poderão convocar Ministro de Estado para prestar, pessoalmente, informações sobre assunto previamente determinado, importando crime de responsabilidade a ausência sem justificação adequada.

§ 1° Os Ministros de Estado poderão comparecer ao Senado Federal, à Câmara dos Deputados, ou a qualquer de suas Comissões, por sua iniciativa e mediante entendimentos com a Mesa respectiva, para expor assunto de relevância de seu Ministério.

§ 2° As Mesas da Câmara dos Deputados e do Senado Federal poderão encaminhar pedidos escritos de informação a Ministros de Estado ou a qualquer das pessoas referidas no caput deste artigo, importando em crime de responsabilidade a recusa, ou o não-atendimento, no prazo de trinta dias, bem como a prestação de informações falsas.[420]

> **Redação anterior:** vigente entre 05.10.1988 e 08.06.1994 (original):
>
> § 2° As Mesas da Câmara dos Deputados e do Senado Federal poderão encaminhar pedidos escritos de informação aos Ministros de Estado, importando crime de responsabilidade a recusa, ou o não-atendimento no prazo de trinta dias, bem como a prestação de informações falsas.

SEÇÃO III - DA CÂMARA DOS DEPUTADOS

Art. 51. Compete privativamente à Câmara dos Deputados:

I - autorizar, por dois terços de seus membros, a instauração de processo contra o Presidente e o Vice-Presidente da República e os Ministros de Estado;[421]

II - proceder à tomada de contas do Presidente da República, quando não apresentadas ao Congresso Nacional dentro de sessenta dias após a abertura da sessão legislativa;

III - elaborar seu regimento interno;

IV - dispor sobre sua organização, funcionamento, polícia, criação, transformação ou extinção dos cargos, empregos e funções de seus serviços, e a

---

[419] Redação dada pela EC de Revisão n° 2, de 7/6/1994; vide ADI 2.911, Rel. Min. Ayres Britto, Inf. 435, no mesmo sentido: ADI 111-MC, Rel. Min. Carlos Madeira DJ 24/11/1989.

[420] Redação dada pela EC de Revisão n° 2, de 7/6/1994. Vide ADI 3.279, Rel. Min. Cezar Peluso, DJe 15/02/2012; ADI 3.046, Rel. Min. Sepúlveda Pertence, DJ 28/05/2004.

[421] Vide ADI 5.540, Rel. Min. Edson Fachin, Inf. 863; ADI 4.362, Rel. Min. Roberto Barroso, DJe 06/02/2018;.

Arts. 51 e 52   J. U. JACOBY FERNANDES

iniciativa de lei para fixação da respectiva remuneração, observados os parâmetros estabelecidos na lei de diretrizes orçamentárias;[422]

> **Redação anterior:** vigente entre 05.10.1988 e 04.06.1998 (original):
>
> IV - dispor sobre sua organização, funcionamento, polícia, criação, transformação ou extinção dos cargos, empregos e funções de seus serviços e fixação da respectiva remuneração, observados os parâmetros estabelecidos na lei de diretrizes orçamentárias;

V - eleger membros do Conselho da República, nos termos do art. 89, VII.

SEÇÃO IV - DO SENADO FEDERAL

Art. 52. Compete privativamente ao Senado Federal:

I - processar e julgar o Presidente e o Vice-Presidente da República nos crimes de responsabilidade, bem como os Ministros de Estado e os Comandantes da Marinha, do Exército e da Aeronáutica nos crimes da mesma natureza conexos com aqueles;[423]

> **Redação anterior:** vigente entre 05.10.1988 e 02.09.1999 (original):
>
> I - processar e julgar o Presidente e o Vice-Presidente da República nos crimes de responsabilidade e os Ministros de Estado nos crimes da mesma natureza conexos com aqueles;

II - processar e julgar os Ministros do Supremo Tribunal Federal, os membros do Conselho Nacional de Justiça e do Conselho Nacional do Ministério Público, o Procurador-Geral da República e o Advogado-Geral da União nos crimes de responsabilidade;[424]

> **Redação anterior:** vigente entre 05.10.1988 e 31.12.2004 (original):
>
> II - processar e julgar os Ministros do Supremo Tribunal Federal, o Procurador-Geral da República e o Advogado-Geral da União nos crimes de responsabilidade;

III - aprovar previamente, por voto secreto, após argüição pública, a escolha de:

a) Magistrados, nos casos estabelecidos nesta Constituição;[425]

b) Ministros do Tribunal de Contas da União indicados pelo Presidente da República;

c) Governador de Território;

d) Presidente e diretores do Banco Central;

e) Procurador-Geral da República;

---

[422] Redação dada pela EC n° 19, de 4/6/1998; vide ADI 3.599, Rel. Min. Gilmar Mendes, DJ 14/09/2007; ADI 3.369-MC, Rel. Min. Carlos Velloso, DJ 18/02/2005; ADI 3.306-MC, Rel. Min. Gilmar Mendes, DJ 28/04/2006; e ADI 1.782, Rel. Min. Maurício Corrêa, DJ 15/10/1999.

[423] Redação dada pela EC n° 23, de 2/9/1999.

[424] Redação dada pela EC n° 45, de 8/12/2004.

[425] Vide ADI 4.150, Rel. Min. Marco Aurélio, DJe 19/03/2015.

CONSTITUIÇÃO FEDERAL (1988)   Art. 52

f) titulares de outros cargos que a lei determinar;[426]

IV - aprovar previamente, por voto secreto, após argüição em sessão secreta, a escolha dos chefes de missão diplomática de caráter permanente;

V - autorizar operações externas de natureza financeira, de interesse da União, dos Estados, do Distrito Federal, dos Territórios e dos Municípios;

VI - fixar, por proposta do Presidente da República, limites globais para o montante da dívida consolidada da União, dos Estados, do Distrito Federal e dos Municípios;[427]

VII - dispor sobre limites globais e condições para as operações de crédito externo e interno da União, dos Estados, do Distrito Federal e dos Municípios, de suas autarquias e demais entidades controladas pelo Poder Público federal;[428]

VIII - dispor sobre limites e condições para a concessão de garantia da União em operações de crédito externo e interno;

IX - estabelecer limites globais e condições para o montante da dívida mobiliária dos Estados, do Distrito Federal e dos Municípios;[429]

X - suspender a execução, no todo ou em parte, de lei declarada inconstitucional por decisão definitiva do Supremo Tribunal Federal;[430]

XI - aprovar, por maioria absoluta e por voto secreto, a exoneração, de ofício, do Procurador-Geral da República antes do término de seu mandato;

XII - elaborar seu regimento interno;

XIII - dispor sobre sua organização, funcionamento, polícia, criação, transformação ou extinção dos cargos, empregos e funções de seus serviços, e a iniciativa de lei para fixação da respectiva remuneração, observados os parâmetros estabelecidos na lei de diretrizes orçamentárias;[431]

> **Redação anterior:** vigente entre 05.10.1988 e 04.06.1998 (original):
>
> **XIII** - dispor sobre sua organização, funcionamento, polícia, criação, transformação ou extinção dos cargos, empregos e funções de seus serviços e fixação da respectiva remuneração, observados os parâmetros estabelecidos na lei de diretrizes orçamentárias;

XIV - eleger membros do Conselho da República, nos termos do art. 89, VII;[432]

---

[426] Vide ADI 2.225-MC, Rel. Min. Sepúlveda Pertence, DJ 29/09/2000, no mesmo sentido: ADI 1.949-MC, Rel. Min. Sepúlveda Pertence, DJ 25/11/2005.

[427] Vide ADI 686-MC, Rel. Min. Ilmar Galvão, DJ 06/04/2001.

[428] Vide ADI 2.238-MC, Rel. Min. Ilmar Galvão, Inf. 297.

[429] Vide ADI 2.238-MC, Rel. Min. Ilmar Galvão, Inf. 297..

[430] Vide ADI 3.406 e 3.470, Rel. Min. Rosa Weber, Inf. 886; ADI 1.417, voto do Min. Octavio Gallotti, DJ 23/03/2001.

[431] Redação dada pela EC n° 19, de 4/6/1998; vide ADI 3.599, Rel. Min. Gilmar Mendes, DJ 14/09/2007; ADI 3.369-MC, Rel. Min. Carlos Velloso, DJ 18/02/2005; ADI 3.306-MC, Rel. Min. Gilmar Mendes, DJ 28/04/2006; ADI 1.782, Rel. Min. Maurício Corrêa, DJ 15/10/1999 e ADI 1.777- MC, Rel. Min. Sydney Sanches, DJ 26/05/2000

[432] Vide Lei n° 13.502 de 01 de novembro de 2017 (estabelece a organização básica dos órgãos da Presidência da República e dos Ministérios).

Arts. 52 e 53   J. U. JACOBY FERNANDES

XV - avaliar periodicamente a funcionalidade do Sistema Tributário Nacional, em sua estrutura e seus componentes, e o desempenho das administrações tributárias da União, dos Estados e do Distrito Federal e dos Municípios.[433]

Parágrafo único. Nos casos previstos nos incisos I e II, funcionará como Presidente o do Supremo Tribunal Federal, limitando-se a condenação, que somente será proferida por dois terços dos votos do Senado Federal, à perda do cargo, com inabilitação, por oito anos, para o exercício de função pública, sem prejuízo das demais sanções judiciais cabíveis.[434]

SEÇÃO V - DOS DEPUTADOS E DOS SENADORES

Art. 53. Os Deputados e Senadores são invioláveis, civil e penalmente, por quaisquer de suas opiniões, palavras e votos.[435]

> **Redação anterior:** vigente entre 05.10.1988 e 20.12.2001 (original):
>
> **Art. 53.** Os Deputados e Senadores são invioláveis por suas opiniões, palavras e votos.

§ 1º Os Deputados e Senadores, desde a expedição do diploma, serão submetidos a julgamento perante o Supremo Tribunal Federal.[436]

> **Redação anterior:** vigente entre 05.10.1988 e 20.12.2001 (original):
>
> § 1º Desde a expedição do diploma, os membros do Congresso Nacional não poderão ser presos, salvo em flagrante de crime inafiançável, nem processados criminalmente, sem prévia licença de sua Casa.

§ 2º Desde a expedição do diploma, os membros do Congresso Nacional não poderão ser presos, salvo em flagrante de crime inafiançável. Nesse caso, os autos serão remetidos dentro de vinte e quatro horas à Casa respectiva, para que, pelo voto da maioria de seus membros, resolva sobre a prisão.[437]

> **Redação anterior:** vigente entre 05.10.1988 e 20.12.2001 (original):
>
> § 2º O indeferimento do pedido de licença ou a ausência de deliberação suspende a prescrição enquanto durar o mandato.

§ 3º Recebida a denúncia contra o Senador ou Deputado, por crime ocorrido após a diplomação, o Supremo Tribunal Federal dará ciência à Casa respectiva, que, por iniciativa de partido político nela representado e pelo voto

---

[433] Incluído pela EC nº 42, de 19/12/2003.

[434] ADI 1.628, Rel. Min. Eros Grau, DJ 24/11/2006.

[435] Redação dada pela EC nº 35, de 20/12/2001; vide Súmula nº 245 e ADI 1.828-MC, Rel. Min. Sepúlveda Pertence, DJ 07/08/1998.

[436] Redação dada pela EC nº 35, de 20/12/2001.

[437] Redação dada pela EC nº 35, de 20/12/2001. ADI 5.526, Rel. Min. Alexandre de Moraes, Inf. 881.

CONSTITUIÇÃO FEDERAL (1988)   Art. 53

da maioria de seus membros, poderá, até a decisão final, sustar o andamento da ação.[438]

> **Redação anterior:** vigente entre 05.10.1988 e 20.12.2001 (original):
>
> § 3° No caso de flagrante de crime inafiançável, os autos serão remetidos, dentro de vinte e quatro horas, à Casa respectiva, para que, pelo voto secreto da maioria de seus membros, resolva sobre a prisão e autorize, ou não, a formação de culpa.

§ 4° O pedido de sustação será apreciado pela Casa respectiva no prazo improrrogável de quarenta e cinco dias do seu recebimento pela Mesa Diretora.[439]

> **Redação anterior:** vigente entre 05.10.1988 e 20.12.2001 (original):
>
> § 4° Os Deputados e Senadores serão submetidos a julgamento perante o Supremo Tribunal Federal.

§ 5° A sustação do processo suspende a prescrição, enquanto durar o mandato.[440]

> **Redação anterior:** vigente entre 05.10.1988 e 20.12.2001 (original):
>
> § 5° Os Deputados e Senadores não serão obrigados a testemunhar sobre informações recebidas ou prestadas em razão do exercício do mandato, nem sobre as pessoas que lhes confiaram ou deles receberam informações.

§ 6° Os Deputados e Senadores não serão obrigados a testemunhar sobre informações recebidas ou prestadas em razão do exercício do mandato, nem sobre as pessoas que lhes confiaram ou deles receberam informações.[441]

> **Redação anterior:** vigente entre 05.10.1988 e 20.12.2001 (original):
>
> § 6° A incorporação às Forças Armadas de Deputados e Senadores, embora militares e ainda que em tempo de guerra, dependerá de prévia licença da Casa respectiva.

§ 7° A incorporação às Forças Armadas de Deputados e Senadores, embora militares e ainda que em tempo de guerra, dependerá de prévia licença da Casa respectiva.[442]

> **Redação anterior:** vigente entre 05.10.1988 e 20.12.2001 (original):
>
> § 7° As imunidades de Deputados ou Senadores subsistirão durante o estado de sítio, só podendo ser suspensas mediante o voto de dois terços dos membros da Casa respectiva, nos casos de atos, praticados fora do recinto do Congresso, que sejam incompatíveis com a execução da medida.

§ 8° As imunidades de Deputados ou Senadores subsistirão durante o estado de sítio, só podendo ser suspensas mediante o voto de dois terços dos

---

[438] Redação dada pela EC n° 35, de 20/12/2001.
[439] Redação dada pela EC n° 35, de 20/12/2001.
[440] Redação dada pela EC n° 35, de 20/12/2001.
[441] Redação dada pela EC n° 35, de 20/12/2001.
[442] Redação dada pela EC n° 35, de 20/12/2001.

103

Arts. 53 a 55   J. U. JACOBY FERNANDES

membros da Casa respectiva, nos casos de atos praticados fora do recinto do Congresso Nacional, que sejam incompatíveis com a execução da medida.[443]

Art. 54. Os Deputados e Senadores não poderão:

I - desde a expedição do diploma:

a) firmar ou manter contrato com pessoa jurídica de direito público, autarquia, empresa pública, sociedade de economia mista ou empresa concessionária de serviço público, salvo quando o contrato obedecer a cláusulas uniformes;

b) aceitar ou exercer cargo, função ou emprego remunerado, inclusive os de que sejam demissíveis *ad nutum*, nas entidades constantes da alínea anterior;

II - desde a posse:

a) ser proprietários, controladores ou diretores de empresa que goze de favor decorrente de contrato com pessoa jurídica de direito público, ou nela exercer função remunerada;

b) ocupar cargo ou função de que sejam demissíveis *ad nutum*, nas entidades referidas no inciso I, "a";

c) patrocinar causa em que seja interessada qualquer das entidades a que se refere o inciso I, "a";

d) ser titulares de mais de um cargo ou mandato público eletivo.

Art. 55. Perderá o mandato o Deputado ou Senador:[444]

I - que infringir qualquer das proibições estabelecidas no artigo anterior;

II - cujo procedimento for declarado incompatível com o decoro parlamentar;

III - que deixar de comparecer, em cada sessão legislativa, à terça parte das sessões ordinárias da Casa a que pertencer, salvo licença ou missão por esta autorizada;

IV - que perder ou tiver suspensos os direitos políticos;

V - quando o decretar a Justiça Eleitoral, nos casos previstos nesta Constituição;

VI - que sofrer condenação criminal em sentença transitada em julgado.

§ 1º É incompatível com o decoro parlamentar, além dos casos definidos no regimento interno, o abuso das prerrogativas asseguradas a membro do Congresso Nacional ou a percepção de vantagens indevidas.

§ 2º Nos casos dos incisos I, II e VI, a perda do mandato será decidida pela Câmara dos Deputados ou pelo Senado Federal, por maioria absoluta, mediante provocação da respectiva Mesa ou de partido político representado no Congresso Nacional, assegurada ampla defesa.[445]

> **Redação anterior:** vigente entre 05.10.1988 e 28.11.2013 (original):

---

[443] Incluído pela EC n° 35, de 20/12/2001.
[444] ADI 5.081, Rel. Min. Roberto Barroso, DJe 19/08/2015; ADI 3.999 e ADI 4.086, Rel. Min. Joaquim Barbosa, DJe 17/04/2009.
[445] Redação dada pela EC n° 76, de 28/11/2013. Vide ADI 2.461 e ADI 3.208, Rel. Min. Gilmar Mendes, Inf. 387.

CONSTITUIÇÃO FEDERAL (1988) Arts. 55 a 57

> § 2º Nos casos dos incisos I, II e VI, a perda do mandato será decidida pela Câmara dos Deputados ou pelo Senado Federal, por voto secreto e maioria absoluta, mediante provocação da respectiva Mesa ou de partido político representado no Congresso Nacional, assegurada ampla defesa.

§ 3º Nos casos previstos nos incisos III a V, a perda será declarada pela Mesa da Casa respectiva, de ofício ou mediante provocação de qualquer de seus membros ou de partido político representado no Congresso Nacional, assegurada ampla defesa.

§ 4º A renúncia de parlamentar submetido a processo que vise ou possa levar à perda do mandato, nos termos deste artigo, terá seus efeitos suspensos até as deliberações finais de que tratam os §§ 2º e 3º.[446]

Art. 56. Não perderá o mandato o Deputado ou Senador:

I - investido no cargo de Ministro de Estado, Governador de Território, Secretário de Estado, do Distrito Federal, de Território, de Prefeitura de Capital ou chefe de missão diplomática temporária;

II - licenciado pela respectiva Casa por motivo de doença, ou para tratar, sem remuneração, de interesse particular, desde que, neste caso, o afastamento não ultrapasse cento e vinte dias por sessão legislativa.

§ 1º O suplente será convocado nos casos de vaga, de investidura em funções previstas neste artigo ou de licença superior a cento e vinte dias.

§ 2º Ocorrendo vaga e não havendo suplente, far-se-á eleição para preenchê-la se faltarem mais de quinze meses para o término do mandato.[447]

§ 3º Na hipótese do inciso I, o Deputado ou Senador poderá optar pela remuneração do mandato.

SEÇÃO VI - DAS REUNIÕES

Art. 57. O Congresso Nacional reunir-se-á, anualmente, na Capital Federal, de 2 de fevereiro a 17 de julho e de 1º de agosto a 22 de dezembro.[448]

> **Redação anterior:** vigente entre 05.10.1988 e 15.02.2006 (original)
>
> **Art. 57.** O Congresso Nacional reunir-se-á, anualmente, na Capital Federal, de 15 de fevereiro a 30 de junho e de 1º de agosto a 15 de dezembro.

§ 1º As reuniões marcadas para essas datas serão transferidas para o primeiro dia útil subseqüente, quando recaírem em sábados, domingos ou feriados.

§ 2º A sessão legislativa não será interrompida sem a aprovação do projeto de lei de diretrizes orçamentárias.

§ 3º Além de outros casos previstos nesta Constituição, a Câmara dos Deputados e o Senado Federal reunir-se-ão em sessão conjunta para:

I - inaugurar a sessão legislativa;

---

[446] Incluído pela EC de Revisão nº 6, de 7/6/1994.
[447] Vide ADI 5.525, Rel. Min. Roberto Barroso, Inf. 893.
[448] Redação dada pela EC nº 50, de 14.2.2006.

Art. 57 — J. U. Jacoby Fernandes

II - elaborar o regimento comum e regular a criação de serviços comuns às duas Casas;

III - receber o compromisso do Presidente e do Vice-Presidente da República;

IV - conhecer do veto e sobre ele deliberar.[449]

§ 4º Cada uma das Casas reunir-se-á em sessões preparatórias, a partir de 1º de fevereiro, no primeiro ano da legislatura, para a posse de seus membros e eleição das respectivas Mesas, para mandato de 2 (dois) anos, vedada a recondução para o mesmo cargo na eleição imediatamente subseqüente.[450]

Redação anterior: vigente entre 05.10.1988 e 15.02.2006 (original)

§ 4º Cada uma das Casas reunir-se-á em sessões preparatórias, a partir de 1º de fevereiro, no primeiro ano da legislatura, para a posse de seus membros e eleição das respectivas Mesas, para mandato de dois anos, vedada a recondução para o mesmo cargo na eleição imediatamente subseqüente.

---

§ 5º A Mesa do Congresso Nacional será presidida pelo Presidente do Senado Federal, e os demais cargos serão exercidos, alternadamente, pelos ocupantes de cargos equivalentes na Câmara dos Deputados e no Senado Federal.

§ 6º A convocação extraordinária do Congresso Nacional far-se-á:

I - pelo Presidente do Senado Federal, em caso de decretação de estado de defesa ou de intervenção federal, de pedido de autorização para a decretação de estado de sítio e para o compromisso e a posse do Presidente e do Vice-Presidente da República;

II - pelo Presidente da República, pelos Presidentes da Câmara dos Deputados e do Senado Federal ou a requerimento da maioria dos membros de ambas as Casas, em caso de urgência ou interesse público relevante, em todas as hipóteses deste inciso com a aprovação da maioria absoluta de cada uma das Casas do Congresso Nacional.[451]

Redação anterior: vigente entre 05.10.1988 e 15.02.2006 (original)

II - pelo Presidente da República, pelos Presidentes da Câmara dos Deputados e do Senado Federal, ou a requerimento da maioria dos membros de ambas as Casas, em caso de urgência ou interesse público relevante.

---

§ 7º Na sessão legislativa extraordinária, o Congresso Nacional somente deliberará sobre a matéria para a qual foi convocado, ressalvada a hipótese do § 8º deste artigo, vedado o pagamento de parcela indenizatória, em razão da convocação.[452]

---

[449] Vide ADI 2.417, Rel. Min. Maurício Corrêa, DJ 05/12/2003.

[450] Redação dada pela EC nº 50, de 14.2.2006.

[451] Redação dada pela EC nº 50, de 14.2.2006.

[452] Redação dada pela EC nº 50, de 14.2.2006. Vide ADI 4.587, Rel. Min. Ricardo Lewandowski, DJe 18/06/2014;

CONSTITUIÇÃO FEDERAL (1988)   Arts. 57 e 58

Redação anterior: vigente entre 11.09.2001 e 15.02.2006 (EC nº 32/2001)

§ 7º Na sessão legislativa extraordinária, o Congresso Nacional somente deliberará sobre a matéria para a qual foi convocado, ressalvada a hipótese do § 8º, vedado o pagamento de parcela indenizatória em valor superior ao subsídio mensal.

Redação anterior: vigente entre 05.06.1998 e 11.09.2001 (EC nº 19/98):

§ 7º Na sessão legislativa extraordinária, o Congresso Nacional somente deliberará sobre a matéria para a qual foi convocado, vedado o pagamento de parcela indenizatória em valor superior ao do subsídio mensal.

Redação anterior: vigente entre 05.10.1988 e 04.06.1998 (original):

§ 7º Na sessão legislativa extraordinária, o Congresso Nacional somente deliberará sobre a matéria para a qual foi convocado.

---

§ 8º Havendo medidas provisórias em vigor na data de convocação extraordinária do Congresso Nacional, serão elas automaticamente incluídas na pauta da convocação.[453]

SEÇÃO VII - DAS COMISSÕES

Art. 58. O Congresso Nacional e suas Casas terão comissões permanentes e temporárias, constituídas na forma e com as atribuições previstas no respectivo regimento ou no ato de que resultar sua criação.

§ 1º Na constituição das Mesas e de cada Comissão, é assegurada, tanto quanto possível, a representação proporcional dos partidos ou dos blocos parlamentares que participam da respectiva Casa.[454]

§ 2º Às comissões, em razão da matéria de sua competência, cabe:[455]

I - discutir e votar projeto de lei que dispensar, na forma do regimento, a competência do Plenário, salvo se houver recurso de um décimo dos membros da Casa;[456]

II - realizar audiências públicas com entidades da sociedade civil;[457]

III - convocar Ministros de Estado para prestar informações sobre assuntos inerentes a suas atribuições;

IV - receber petições, reclamações, representações ou queixas de qualquer pessoa contra atos ou omissões das autoridades ou entidades públicas;

V - solicitar depoimento de qualquer autoridade ou cidadão;

VI - apreciar programas de obras, planos nacionais, regionais e setoriais de desenvolvimento e sobre eles emitir parecer.

---

[453] Incluído pela EC nº 32, de 11/9/2001.
[454] Vide ADI 1.351 e ADI 1.354, Rel. Min. Marco Aurélio, Inf. 451.
[455] Vide ADI 1.505, Rel. Min. Eros Grau, DJ 04/03/2005.
[456] Vide ADI 652-MC, Rel. Min. Celso de Mello, DJ 02/04/1993.
[457] Vide Lei nº 13.019, de 31 de julho de 2014 (Regime jurídico das parecerias entre a Administração e as OSCIPs); Lei nº 12.879 de 05 de novembro de 2013 (gratuidade dos atos de registro, pelas associações de moradores, necessários à adaptação estatutária ao Código Civil, e enquadramento como OSCIP)

Arts. 58 a 60 — J. U. JACOBY FERNANDES

§ 3° As comissões parlamentares de inquérito, que terão poderes de investigação próprios das autoridades judiciais, além de outros previstos nos regimentos das respectivas Casas, serão criadas pela Câmara dos Deputados e pelo Senado Federal, em conjunto ou separadamente, mediante requerimento de um terço de seus membros, para a apuração de fato determinado e por prazo certo, sendo suas conclusões, se for o caso, encaminhadas ao Ministério Público, para que promova a responsabilidade civil ou criminal dos infratores.[458]

§ 4° Durante o recesso, haverá uma Comissão representativa do Congresso Nacional, eleita por suas Casas na última sessão ordinária do período legislativo, com atribuições definidas no regimento comum, cuja composição reproduzirá, quanto possível, a proporcionalidade da representação partidária.

SEÇÃO VIII - DO PROCESSO LEGISLATIVO

SUBSEÇÃO I - DISPOSIÇÃO GERAL

Art. 59. O processo legislativo compreende a elaboração de:[459]

I - emendas à Constituição;
II - leis complementares;[460]
III - leis ordinárias;[461]
IV - leis delegadas;
V - medidas provisórias;
VI - decretos legislativos;
VII - resoluções.

Parágrafo único. Lei complementar disporá sobre a elaboração, redação, alteração e consolidação das leis.[462]

SUBSEÇÃO II - DA EMENDA À CONSTITUIÇÃO

Art. 60. A Constituição poderá ser emendada mediante proposta:[463]

I - de um terço, no mínimo, dos membros da Câmara dos Deputados ou do Senado Federal;[464]

II - do Presidente da República;

---

[458] Vide ADI 1.351 e ADI 1.354, Rel. Min. Marco Aurélio, Inf. 451.

[459] Vide ADI 3.619, Rel. Min. Eros Grau, 20/04/2007; ADI 1.434, Rel. Min. Sepúlveda Pertence, DJ 25/02/2000.

[460] Vide ADI 4.071, Rel. Min. Menezes Direito, DJe 16/10/2009; ADI 789, Rel. Min. Celso de Mello, DJ 19/12/1994.

[461] Vide ADI 4.071, Rel. Min. Menezes Direito, DJe 16/10/2009; ADI 1.480-MC, Rel. Min. Celso de Mello, DJ 18/05/2001.

[462] Vide Lei Complementar n° 95, de 26 de fevereiro de 1998 (dispõe sobre a elaboração, a redação, a alteração e a consolidação das leis, conforme determina o parágrafo único do art. 59 da Constituição Federal, e estabelece normas para a consolidação dos atos normativos que menciona) e Decreto n° 9.191, de 1 de novembro de 2017 (disciplina a elaboração das leis).

[463] ADI 2.356 e 2.362, rel. p/ o ac. Min. Ayres Britto, DJe 19/05/2011.

[464] Vide ADI 2.031, Rel. Min. Ellen Gracie, DJ 17/10/2003.

CONSTITUIÇÃO FEDERAL (1988)   Arts. 60 e 61

III - de mais da metade das Assembléias Legislativas das unidades da Federação, manifestando-se, cada uma delas, pela maioria relativa de seus membros.

§ 1º A Constituição não poderá ser emendada na vigência de intervenção federal, de estado de defesa ou de estado de sítio.

§ 2º A proposta será discutida e votada em cada Casa do Congresso Nacional, em dois turnos, considerando-se aprovada se obtiver, em ambos, três quintos dos votos dos respectivos membros.[465]

§ 3º A emenda à Constituição será promulgada pelas Mesas da Câmara dos Deputados e do Senado Federal, com o respectivo número de ordem.

§ 4º Não será objeto de deliberação a proposta de emenda tendente a abolir:[466]

I - a forma federativa de Estado;[467]

II - o voto direto, secreto, universal e periódico;

III - a separação dos Poderes;[468]

IV - os direitos e garantias individuais.[469]

§ 5º A matéria constante de proposta de emenda rejeitada ou havida por prejudicada não pode ser objeto de nova proposta na mesma sessão legislativa.

SUBSEÇÃO III - DAS LEIS

Art. 61. A iniciativa das leis complementares e ordinárias cabe a qualquer membro ou Comissão da Câmara dos Deputados, do Senado Federal ou do Congresso Nacional, ao Presidente da República, ao Supremo Tribunal Federal, aos Tribunais Superiores, ao Procurador-Geral da República e aos cidadãos, na forma e nos casos previstos nesta Constituição.[470]

§ 1º São de iniciativa privativa do Presidente da República as leis que:[471]

---

[465] Vide ADI 4.425, Rel. p/ o ac. Min. Luiz Fux, DJe 19/12/2013; ADI 3.367, Rel. Min. Cezar Peluso, DJ 22/09/2006; ADI 486, Rel. Min. Celso de Mello, DJ 10/11/2006.

[466] Vide ADI 1.946-MC, Rel. Min. Sydney Sanches, DJ 14/09/2001; ADI 981-MC, Rel. Min. Néri da Silveira, DJ 05/08/1994; ADI 815, Rel. Min. Moreira Alves, DJ 10/05/1996.

[467] Vide ADI 2.024-MC, Rel. Min. Sepúlveda Pertence, DJ 01/12/2000.

[468] Vide ADI 2.356 e 2.362, rel. p/ o ac. Min. Ayres Britto, DJe 19/05/2011.

[469] Vide ADI 3.128 e ADI 3.105, Rel. Min. Cezar Peluso, DJ 18/02/2005; ADI 2.666, Rel. Min. Ellen Gracie, DJ 06/12/2002; ADI 2.356 e 2.362, rel. p/ o ac. Min. Ayres Britto, DJe 19/05/2011; ADI 939, Rel. Min. Sydney Sanches, DJ 18/03/1994 e ADI 466, Rel. Min. Celso de Mello, DJ 10/05/1991.

[470] Vide ADI 637, Rel. Min. Sepúlveda Pertence, DJ 01/10/2004; ADI 572, Rel. Min. Eros Grau, Inf. 433.

[471] Vide ADI 3.458, Rel. Min. Eros Grau, DJe 16/05/2008; ADI 3.394, Rel. Min. Eros Grau, DJe 15/08/2008; ADI 3.051, Rel. Min. Ayres Britto, DJ 25/10/2005; ADI 2.909, Rel. Min. Ayres Britto, DJe 11/06/2010; ADI 2.867, Rel. Min. Celso de Mello, DJ 09/02/2007; ADI 2.855, Rel. Min. Marco Aurélio, DJe 17/09/2010; ADI 2.672, Rel. Min. Ayres Britto, DJ 10/11/2006; ADI 2.583, Rel. Min. Cármen Lucia, DJe 26/08/2011; ADI 2.472-MC, Rel. Min. Marco Aurélio, DJ 22/11/2004; ADI 2.393-MC, Rel. Min. Sydney Sanches, DJ 21/06/2002; ADI 2.305, Min. Cezar Peluso, DJe 05/08/2011; ADI 546, Rel. Min. Moreira Alves, DJ 14/04/2000.

Art. 61   J. U. Jacoby Fernandes

I - fixem ou modifiquem os efetivos das Forças Armadas;

II - disponham sobre:[472]

a) criação de cargos, funções ou empregos públicos na administração direta e autárquica ou aumento de sua remuneração;[473]

b) organização administrativa e judiciária, matéria tributária e orçamentária, serviços públicos e pessoal da administração dos Territórios;[474]

c) servidores públicos da União e Territórios, seu regime jurídico, provimento de cargos, estabilidade e aposentadoria;[475]

> **Redação anterior:** vigente entre 05.10.1988 e 15.02.1998 (original):
>
> c) servidores públicos da União e Territórios, seu regime jurídico, provimento de cargos, estabilidade e aposentadoria de civis, reforma e transferência de militares para a inatividade;

d) organização do Ministério Público e da Defensoria Pública da União, bem como normas gerais para a organização do Ministério Público e da Defensoria Pública dos Estados, do Distrito Federal e dos Territórios;[476]

---

[472] Vide ADI 2.966, Rel. Min. Joaquim Barbosa, DJ 06/05/2005 e ADI 341, Rel. Min. Eros Grau, DJe 11/06/2010.

[473] Vide ADI 4.759, Rel. Min. Marco Aurélio, 01/08/2014; ADI 4.125, Rel. Min. Cármen Lúcia, DJe 15/02/2011; ADI 3.791, Rel. Min. Ayres Britto, DJe 27/08/2010; ADI 3.599, Rel. Min. Gilmar Mendes, DJ 14/09/2007; ADI 3.555, Rel. Min. Cezar Peluso, DJ 08/05/2009; ADI 3.232, Rel. Min. Cezar Peluso, DJe 03/10/2008; ADI 3.814, 3.788, 3.600, 3.586, 3.535, 3.518, 3.263, 3.137, 3.138, Rel. Min. Ricardo Lewandowski, Inf. 465; 3.112, Rel. Min. Ricardo Lewandowski, DJ 26/10/2007; ADI 3.061, Rel. Min. Ayres Britto, DJ 09/06/2006; ADI 2.192, Rel. Ricardo Lewandowski, DJe 20/06/2008; ADI 2.079, Rel. Min. Maurício Corrêa, DJ 18/06/2004; ADI 2.075, Rel. Min. Celso de Mello, DJ 27/06/2003; ADI 2.029, Rel. Min. Ricardo Lewandowski, DJ 24/08/2007; ADI 1.729, Rel. Min. Eros Grau, Inf. 433; ADI 1.521, Rel. Min. Ricardo Lewandowski, DJe 13/08/2013; ADI 1.470, DJ 01/03/2006; ADI 1.249, Rel. Min. Maurício Corrêa, DJ 20/02/1998; ADI 843, Rel. Min. Ilmar Galvão; ADI 774, Rel. Min. Sepúlveda Pertence; ADI 665, Rel. Sydney Sanches; ADI 645, DJ 13/06/1996; ADI 554, DJ 05/05/2006; ADI 559, Rel. Min. Eros Grau, DJ 05/05/2006; ADI 290, Rel. Min. Dias Toffoli, 12/06/2014; ADI 250, Rel. Min. Ilmar Galvão; ADI 227, Rel. Min. Maurício Corrêa; ADI 104, Rel. Min. Sepúlveda Pertence, DJ 24/08/2007

[474] Vide ADI 3.205, Rel. Min. Sepúlveda Pertence, DJ 17/11/2006; ADI 2.638, DJ 09/06/2006, ADI 2.474, DJ 25/04/2003; ADI 2.464, Rel. Min. Ellen Gracie, DJ 28/06/2002; ADI 2.447, Rel. Min. Joaquim Barbosa, DJe 04/12/2009; ADI 2.392-MC, Rel. Min. Moreira Alves, DJ 01/08/2003; ADI 1.759-MC, Rel. Min. Gilmar Mendes, DJ 06/04/2001; ADI 1.182, Rel. Min. Eros Grau, DJ 10/03/2006; ADI 724, Rel. Min. Celso de Mello, DJ 27/04/2001.

[475] Redação dada pela EC nº 18, de 5/2/1998; vide ADI 3.792, Rel. Min. Dias Toffoli, DJe 01/08/2017; ADI 2.904, Rel. Min. Menezes Direito, DJe 25/09/2009; ADI 2.887, Rel. Min. Marco Aurélio, DJ 06/08/2004; ADI 2.873, Rel. Min. Ellen Gracie, DJ 09/11/2007; ADI 2.867, Rel. Min. Celso de Mello, DJ 09/02/2007; ADI 2.856, Rel. Mn. Gilmar Mendes, DJe 01/03/2011; ADI 2.791, Rel. Min. Gilmar Mendes, DJ 24/11/2006; ADI 2.420, Rel. Min. Ellen Gracie, DJ 25/04/2005; ADI 2.300, Rel. Min. Teori Zavascki, DJe 17/09/2014; ADI 2.075-MC, Rel. Min. Celso de Mello, DJ 27/06/2003; ADI 1.434, Rel. Min. Sepúlveda Pertence, DJ 25/02/2000; ADI 1.201, Rel. Min. Moreira Alves, DJ 19/02/2002; ADI 700, Rel. Min. Maurício Corrêa, DJ 24/08/2001; ADI 139, Rel. Min. Marco Aurélio, DJ 05/06/1992; ADI 13, Rel. Mn. Joaquim Barbosa, DJ 28/09/2007.

CONSTITUIÇÃO FEDERAL (1988)   Arts. 61 e 62

e) criação e extinção de Ministérios e órgãos da administração pública, observado o disposto no art. 84, VI;[477]

> **Redação anterior:** vigente entre 05.10.1988 e 11.09.2001 (original):
>
> e) criação, estruturação e atribuições dos Ministérios e órgãos da administração pública.

f) militares das Forças Armadas, seu regime jurídico, provimento de cargos, promoções, estabilidade, remuneração, reforma e transferência para a reserva.[478]

§ 2º A iniciativa popular pode ser exercida pela apresentação à Câmara dos Deputados de projeto de lei subscrito por, no mínimo, um por cento do eleitorado nacional, distribuído pelo menos por cinco Estados, com não menos de três décimos por cento dos eleitores de cada um deles.

Art. 62. Em caso de relevância e urgência, o Presidente da República poderá adotar medidas provisórias, com força de lei, devendo submetê-las de imediato ao Congresso Nacional.[479]

> **Redação anterior:** vigente entre 05.10.1988 e 11.09.2001 (original):

---

[476] Vide ADI 4.075, Rel. Min. Joaquim Barbosa, DJe 20/06/2008; ADI 595, Rel. Min. Carlos Velloso, DJ 13/12/1991.

[477] Redação dada pela EC nº 32, de 11/9/2001; vide ADI 5.293, Rel. Min. Alexandre de Moraes, DJe 21/11/2017; ADI 3.254, Rel. Min. Ellen Gracie, DJ 02/12/2005; ADI 3.180, Rel. Min. Joaquim Barbosa, DJ 15/06/2007; ADI 1.379, Rel. Min. Cezar Peluso, DJe 10/09/2010; ADI 2.857, Rel. Min. Joaquim Barbosa, DJ 30/11/2007; ADI 2.808, Rel. Min. Gilmar Mendes, DJ 17/11/2006; ADI 2.799-MC, Rel. Min. Marco Aurélio, DJ 21/05/2004; ADI 2.791, Rel. Min. Gilmar Mendes, DJ 24/11/2006; ADI 2.443-MC, Rel. Min. Maurício Corrêa, DJ 29/08/2003; ADI 2.329, Rel. Min. Cármen Lúcia, DJe 25/06/2010; ADI 2.294, Rel. Min. Ricardo Lewandowski, DJe 11/09/2014; ADI 1.391, Rel. Min. Sepúlveda Pertence, DJ 07/06/2002; ADI 1.275, Rel. Min. Ricardo Lewandowski, DJe 08/06/2007; ADI 2.102, Rel. Min. Menezes Direito, DJ 21/08/2009; ADI 1.144, Rel. Min. Eros Grau, DJ 08/09/2006; ADI 603, Rel. Min. Eros Grau, DJ 06/10/2006;

[478] Incluída pela EC nº 18, de 5/2/1998; vide ADI 2.966, Rel. Min. Joaquim Barbosa, DJ 06/05/2005; ADI 858, Rel. Min. Ricardo Lewandowski, DJe 28/03/2008

[479] Redação dada pela EC nº 32, de 11/9/2001; vide ADI 4.049, Rel. Min. Ayres Britto, DJe 08/05/2009; ADI nº 4.048, Rel. Min. Gilmar Mendes, DJ 22.08.2008; ADI 4.029, Rel. Min. Luiz Fux, 27/06/2012; ADI 3.467-MC, Rel. Min. Marco Aurélio, DJ 28/03/2005; ADI 3.330, Rel. Min. Ayres Britto, 22/03/2013; ADI 3.090, Rel. Min. Gilmar Mendes, Inf. 444; ADI 2.984-MC, Rel. Min. Ellen Gracie, DJ 14/05/2004; ADI 2.527, Rel. Min. Ellen Gracie, DJ 23/11/2007; ADI 2.391, Rel. Min. Ellen Gracie, Inf. 316; ADI 2.213-MC, Rel. Min. Celso de Mello, DJ 23/04/2004; ADI 1.910-MC, Rel. Min. Sepúlveda Pertence, DJ 27/02/2004; ADI 1.726-MC, Rel. Min. Maurício Corrêa, DJ 30/04/2004; ADI 1.665-MC, Rel. Min. Moreira Alves, DJ 08/05/1998; ADI 1.717-MC, Rel. Min. Sydney Sanches, DJ 25/02/2000; ADI 1.567-MC, Rel. Min. Sydney Sanches, DJ 07/11/1997; ADI 1.417, Rel. Min. Octavio Gallotti, DJ 23/03/2001; ADI 1.125-MC, Rel. Min. Carlos Velloso, DJ 31/03/1995; ADI 1.005-MC, Rel. Min. Moreira Alves, DJ 19/05/1995; ADI 991-MC, Rel. Min. Ilmar Galvão, DJ 09/09/1994; ADI 691-MC, Rel. Min. Sepúlveda Pertence, DJ 19/06/1992; ADI 525-MC, Rel. Min. Sepúlveda Pertence, DJ 02/04/2004; ADI 425, Rel. Min. Maurício Corrêa, DJ 19/12/2003; ADI 365-AgR, Rel. Min. Celso de Mello, DJ 15/03/1991; ADI 293-MC, Rel. Min. Celso de Mello, DJ 16/04/1993; ADI 221-MC, voto do Min. Celso de Mello, DJ 22/10/1993.

Art. 62   J. U. JACOBY FERNANDES

> **Art. 62.** Em caso de relevância e urgência, o Presidente da República poderá adotar medidas provisórias, com força de lei, devendo submetê-las de imediato ao Congresso Nacional, que, estando em recesso, será convocado extraordinariamente para se reunir no prazo de cinco dias.
>
> **Parágrafo único.** As medidas provisórias perderão eficácia, desde a edição, se não forem convertidas em lei no prazo de trinta dias, a partir de sua publicação, devendo o Congresso Nacional disciplinar as relações jurídicas delas decorrentes.

§ 1° É vedada a edição de medidas provisórias sobre matéria:[480]

I - relativa a:

a) nacionalidade, cidadania, direitos políticos, partidos políticos e direito eleitoral;

b) direito penal, processual penal e processual civil;[481]

c) organização do Poder Judiciário e do Ministério Público, a carreira e a garantia de seus membros;[482]

d) planos plurianuais, diretrizes orçamentárias, orçamento e créditos adicionais e suplementares, ressalvado o previsto no art. 167, § 3°;

II - que vise a detenção ou seqüestro de bens, de poupança popular ou qualquer outro ativo financeiro;

III - reservada a lei complementar;

IV - já disciplinada em projeto de lei aprovado pelo Congresso Nacional e pendente de sanção ou veto do Presidente da República.

§ 2° Medida provisória que implique instituição ou majoração de impostos, exceto os previstos nos arts. 153, I, II, IV, V, e 154, II, só produzirá efeitos no exercício financeiro seguinte se houver sido convertida em lei até o último dia daquele em que foi editada.[483]

§ 3° As medidas provisórias, ressalvado o disposto nos §§ 11 e 12 perderão eficácia, desde a edição, se não forem convertidas em lei no prazo de sessenta dias, prorrogável, nos termos do § 7°, uma vez por igual período, devendo o Congresso Nacional disciplinar, por decreto legislativo, as relações jurídicas delas decorrentes.[484]

§ 4° O prazo a que se refere o § 3° contar-se-á da publicação da medida provisória, suspendendo-se durante os períodos de recesso do Congresso Nacional.[485]

---

[480] § e incisos incluídos pela EC n° 32, de 11/9/2001.

[481] Vide ADI 2.736, Rel. Cezar Peluso, DJe 29/03/2011.

[482] Vide ADI 2.581, Rel. Min. Marco Aurélio, DJe 15/08/2008; ADI 291, Rel. Min. Joaquim Barbosa, DJe 10/09/2010.

[483] Incluído pela EC n° 32, de 11/9/2001. Vide ADI 1.667, Rel. Min. Ilmar Galvão, DJ 21/11/1997.

[484] Incluído pela EC n° 32, de 11/9/2001; vide ADI 5.127, Rel. p/o ac. Edson Fachin, DJe 11/05/2016; ADI 1.445-QO, Rel. Min. Celso de Mello, DJ 29/04/2005; ADI 1.442, Rel. Min. Celso de Mello, DJ 29/04/2005.

[485] Incluído pela EC n° 32, de 11/9/2001.

CONSTITUIÇÃO FEDERAL (1988) Arts. 62 e 63

§ 5° A deliberação de cada uma das Casas do Congresso Nacional sobre o mérito das medidas provisórias dependerá de juízo prévio sobre o atendimento de seus pressupostos constitucionais.[486]

§ 6° Se a medida provisória não for apreciada em até qu arenta e cinco dias contados de sua publicação, entrará em regime de urgência, subseqüentemente, em cada uma das Casas do Congresso Nacional, ficando sobrestadas, até que se ultime a votação, todas as demais deliberações legislativas da Casa em que estiver tramitando.[487]

§ 7° Prorrogar-se-á uma única vez por igual período a vigência de medida provisória que, no prazo de sessenta dias, contado de sua publicação, não tiver a sua votação encerrada nas duas Casas do Congresso Nacional.[488]

§ 8° As medidas provisórias terão sua votação iniciada na Câmara dos Deputados.[489]

§ 9° Caberá à comissão mista de Deputados e Senadores examinar as medidas provisórias e sobre elas emitir parecer, antes de serem apreciadas, em sessão separada, pelo plenário de cada uma das Casas do Congresso Nacional.[490]

§ 10. É vedada a reedição, na mesma sessão legislativa, de medida provisória que tenha sido rejeitada ou que tenha perdido sua eficácia por decurso de prazo.[491]

§ 11. Não editado o decreto legislativo a que se refere o § 3° até sessenta dias após a rejeição ou perda de eficácia de medida provisória, as relações jurídicas constituídas e decorrentes de atos praticados durante sua vigência conservar-se-ão por ela regidas.[492]

§ 12. Aprovado projeto de lei de conversão alterando o texto original da medida provisória, esta manter-se-á integralmente em vigor até que seja sancionado ou vetado o projeto.[493]

Art. 63. Não será admitido aumento da despesa prevista:

I - nos projetos de iniciativa exclusiva do Presidente da República, ressalvado o disposto no art. 166, § 3° e § 4°;[494]

---

[486] Incluído pela EC n° 32, de 11/9/2001.

[487] Incluído pela EC n° 32, de 11/9/2001. Vide ADI 3.146, Rel. Min. Joaquim Barbosa, DJ 19/12/2006.

[488] Incluído pela EC n° 32, de 11/9/2001.

[489] Incluído pela EC n° 32, de 11/9/2001.

[490] Incluído pela EC n° 32, de 11/9/2001. Vide ADI 4.029, Rel. Min. Luiz Fyx, DJe 27/06/2012.

[491] Incluído pela EC n° 32, de 11/9/2001. Vide ADI 2.010-MC, Rel. Min. Celso de Mello, DJ 12/04/2002.

[492] Incluído pela EC n° 32, de 11/9/2001.

[493] Incluído pela EC n° 32, de 11/9/2001.

[494] Vide ADI 4.009, Rel. Min. Eros Grau, DJe 29/05/2009; ADI 3.114, Rel. Min. Ayres Britto, DJ 07/04/2006; ADI 2.791, Rel. Min. Gilmar Mendes, DJ 24/11/2006; ADI 2.681, Rel. Min. Celso de Mello, 25/10/2013; ADI 2.583, Rel. Min. Cármen Lucia, DJe 26/08/2011; ADI 2.170, Rel. Min. Sepúlveda Pertence, DJ 09/09/2005; ADI 2.118-MC, Rel. Min. Octavio Gallotti, DJ 22/09/2000; ADI 2.113-MC, Rel. Min. Ellen Gracie, DJ 27/06/2003, no mesmo sentido: ADI 1.070-MC, DJ 15/09/1995; ADI 1.124, DJ 08/04/2005; ADI 774, Rel. Min. Sepúlveda

Arts. 63 a 66 — J. U. JACOBY FERNANDES

II - nos projetos sobre organização dos serviços administrativos da Câmara dos Deputados, do Senado Federal, dos Tribunais Federais e do Ministério Público.[495]

Art. 64. A discussão e votação dos projetos de lei de iniciativa do Presidente da República, do Supremo Tribunal Federal e dos Tribunais Superiores terão início na Câmara dos Deputados.[496]

§ 1º O Presidente da República poderá solicitar urgência para apreciação de projetos de sua iniciativa.[497]

§ 2º Se, no caso do § 1º, a Câmara dos Deputados e o Senado Federal não se manifestarem sobre a proposição, cada qual sucessivamente, em até quarenta e cinco dias, sobrestar-se-ão todas as demais deliberações legislativas da respectiva Casa, com exceção das que tenham prazo constitucional determinado, até que se ultime a votação.[498]

> **Redação anterior:** vigente entre 05.10.1988 e 11.09.2001 (original):
>
> **§ 2º** Se, no caso do parágrafo anterior, a Câmara dos Deputados e o Senado Federal não se manifestarem, cada qual, sucessivamente, em até quarenta e cinco dias, sobre a proposição, será esta incluída na ordem do dia, sobrestando-se a deliberação quanto aos demais assuntos, para que se ultime a votação.

§ 3º A apreciação das emendas do Senado Federal pela Câmara dos Deputados far-se-á no prazo de dez dias, observado quanto ao mais o disposto no parágrafo anterior.

§ 4º Os prazos do § 2º não correm nos períodos de recesso do Congresso Nacional, nem se aplicam aos projetos de código.

Art. 65. O projeto de lei aprovado por uma Casa será revisto pela outra, em um só turno de discussão e votação, e enviado à sanção ou promulgação, se a Casa revisora o aprovar, ou arquivado, se o rejeitar.[499]

Parágrafo único. Sendo o projeto emendado, voltará à Casa iniciadora.[500]

Art. 66. A Casa na qual tenha sido concluída a votação enviará o projeto de lei ao Presidente da República, que, aquiescendo, o sancionará.[501]

§ 1º Se o Presidente da República considerar o projeto, no todo ou em parte, inconstitucional ou contrário ao interesse público, vetá-lo-á total ou

---

Pertence, DJ 26/02/1999; ADI 816, DJ 27/09/1996; ADI 2.840-QO, DJ 11/06/2004; ADI 805, DJ 12/03/1999 e ADI 2.079, DJ 18/06/2004.

[495] Vide ADI 865-MC, Rel. Min. Celso de Mello, DJ 08/04/1994.

[496] Vide ADI 3.114, Rel. Min. Ayres Britto, DJ 07/04/2006.

[497] Vide ADI 3.682, Rel. Min. Gilmar Mendes, DJ 06/09/2007; ADI 525-MC, Rel. Min. Sepúlveda Pertence, DJ 02/04/2004.

[498] Redação dada pela EC nº 32, de 11/9/2001.

[499] Vide ADI 1.393, Rel. Min. Celso de Mello, DJ 11/10/1996.

[500] Vide ADI 2.238, Rel p/ o ac. Min. Ayres Brito, DJe, 12/09/2008; ADI 2.182-MC, Rel. Min. Maurício Corrêa, DJ 19/03/2004 e ADI 1.254, Rel. Min. Sepúlveda Pertence, DJ 17/03/2000.

[501] Vide ADI 2.867, Rel. Min. Celso de Mello, DJ 09/02; ADI 2.113, Rel. Min. Cármen Lucia, DJe 21/08/2009; ADI 1.963-MC, Rel. Min. Maurício Corrêa, DJ 7/5/1999 e ADI 1.070-MC, Rel. Min. Celso de Mello, DJ 15/9/1995.

CONSTITUIÇÃO FEDERAL (1988)   Arts. 66 a 68

parcialmente, no prazo de quinze dias úteis, contados da data do recebimento, e comunicará, dentro de quarenta e oito horas, ao Presidente do Senado Federal os motivos do veto.

§ 2° O veto parcial somente abrangerá texto integral de artigo, de parágrafo, de inciso ou de alínea.

§ 3° Decorrido o prazo de quinze dias, o silêncio do Presidente da República importará sanção.

§ 4° O veto será apreciado em sessão conjunta, dentro de trinta dias a contar de seu recebimento, só podendo ser rejeitado pelo voto da maioria absoluta dos Deputados e Senadores.[502]

> **Redação anterior:** vigente entre 05.10.1988 e 11.09.2001 (original):
>
> § 4° O veto será apreciado em sessão conjunta, dentro de trinta dias a contar de seu recebimento, só podendo ser rejeitado pelo voto da maioria absoluta dos Deputados e Senadores, em escrutínio secreto.

§ 5° Se o veto não for mantido, será o projeto enviado, para promulgação, ao Presidente da República.

§ 6° Esgotado sem deliberação o prazo estabelecido no § 4°, o veto será colocado na ordem do dia da sessão imediata, sobrestadas as demais proposições, até sua votação final.[503]

> **Redação anterior:** vigente entre 05.10.1988 e 11.09.2001 (original):
>
> § 6° Esgotado sem deliberação o prazo estabelecido no § 4°, o veto será colocado na ordem do dia da sessão imediata, sobrestadas as demais proposições, até sua votação final, ressalvadas as matérias de que trata o art. 62, parágrafo único.

§ 7° Se a lei não for promulgada dentro de quarenta e oito horas pelo Presidente da República, nos casos dos §§ 3° e 5°, o Presidente do Senado a promulgará, e, se este não o fizer em igual prazo, caberá ao Vice-Presidente do Senado fazê-lo.

Art. 67. A matéria constante de projeto de lei rejeitado somente poderá constituir objeto de novo projeto, na mesma sessão legislativa, mediante proposta da maioria absoluta dos membros de qualquer das Casas do Congresso Nacional.[504]

Art. 68. As leis delegadas serão elaboradas pelo Presidente da República, que deverá solicitar a delegação ao Congresso Nacional.[505]

§ 1° Não serão objeto de delegação os atos de competência exclusiva do Congresso Nacional, os de competência privativa da Câmara dos Deputados ou

---

[502] Redação dada pela EC n° 76, de 28/11/2013; vide ADI 1.254, Rel. Min. Sepúlveda Pertence, DJ 17/3/2000.

[503] Redação dada pela EC n° 32, de 11/9/2001.

[504] Vide ADI 2.010-MC, Rel. Min. Celso de Mello 28/03/2004; ADI 1.546, Rel. Min. Nelson Jobim, DJ 06/04/2001 e ADI 1.441-MC, voto do Min. Rel. Octavio Gallotti, DJ 18/10/1996.

[505] Vide ADI 1.296-MC, Rel. Min. Celso de Mello, DJ 10/08/1995; ADI 1.247-MC, Rel. Min. Celso de Mello, DJ 08/09/1995; ADI 425, Rel. Min. Maurício Corrêa, DJ 19/12/2003.

Arts. 68 a 71

do Senado Federal, a matéria reservada à lei complementar, nem a legislação sobre:

I - organização do Poder Judiciário e do Ministério Público, a carreira e a garantia de seus membros;

II - nacionalidade, cidadania, direitos individuais, políticos e eleitorais;

III - planos plurianuais, diretrizes orçamentárias e orçamentos.

§ 2º A delegação ao Presidente da República terá a forma de resolução do Congresso Nacional, que especificará seu conteúdo e os termos de seu exercício.

§ 3º Se a resolução determinar a apreciação do projeto pelo Congresso Nacional, este a fará em votação única, vedada qualquer emenda.

Art. 69. As leis complementares serão aprovadas por maioria absoluta.[506]

SEÇÃO IX - DA FISCALIZAÇÃO CONTÁBIL, FINANCEIRA E ORÇAMENTÁRIA

Art. 70. A fiscalização contábil, financeira, orçamentária, operacional e patrimonial da União e das entidades da administração direta e indireta, quanto à legalidade, legitimidade, economicidade, aplicação das subvenções e renúncia de receitas, será exercida pelo Congresso Nacional, mediante controle externo, e pelo sistema de controle interno de cada Poder.[507]

Parágrafo único. Prestará contas qualquer pessoa física ou jurídica, pública ou privada, que utilize, arrecade, guarde, gerencie ou administre dinheiros, bens e valores públicos ou pelos quais a União responda, ou que, em nome desta, assuma obrigações de natureza pecuniária.[508]

> **Redação anterior:** vigente entre 05.10.1988 e 04.06.1998 (original):
>
> **Parágrafo único.** Prestará contas qualquer pessoa física ou entidade pública que utilize, arrecade, guarde, gerencie ou administre dinheiros, bens e valores públicos ou pelos quais a União responda, ou que, em nome desta, assuma obrigações de natureza pecuniária.

Art. 71. O controle externo, a cargo do Congresso Nacional, será exercido com o auxílio do Tribunal de Contas da União, ao qual compete:[509]

---

[506] Vide ADI 2.436-MC, Rel. Min. Moreira Alves, DJ 09/05/2003; ADI 2.010-MC, Rel. Min. Celso de Mello, DJ 28/03/2004; ADI 1.480-MC, Rel. Min. Celso de Mello, DJ 18/05/2001; ADI 2.028-MC, Rel. Min. Moreira Alves, DJ 16/06/2000; ADI 1.422, Rel. Min. Ilmar Galvão, DJ 12/11/1999; ADI 1.516-MC, Rel. Min. Sydney Sanches, DJ 13/08/1999; ADI 267-MC, Rel. Min. Celso de Mello, DJ 19/05/1995; ADI 1.152-MC, Rel. Min. Celso de Mello, DJ 03/02/1995 e ADI 789, Rel. Min. Celso de Mello, DJ 19/12/1994.

[507] Vide ADI 3.046, Rel. Min. Sepúlveda Pertence, DJ 28/05/2004; ADI 523, Rel. Min. Eros Grau, DJe 17/10/2008 e ADI 375, Rel. Min. Octavio Gallotti, DJ 14/02/1992.

[508] Redação dada pela EC nº 19, de 4/6/1998.

[509] Vide Súmula nº 347 e ADI 2.597, Rel. p/o ac. Min. Eros Grau, DJ 17/08/2007; ADI 1.175, Rel. Min. Marco Aurélio, Inf. 355; ADI 916, Rel. Joaquim Barbosa, DJe 06/03/2009. Consulte, a propósito das competências, os art. 20 a 30 do Decreto nº 4.657, de 4 de setembro de 1942, incluídos pela Lei nº 13.655, de 25 de abril de 2018.

CONSTITUIÇÃO FEDERAL (1988)   Art. 71

I - apreciar as contas prestadas anualmente pelo Presidente da República, mediante parecer prévio que deverá ser elaborado em sessenta dias a contar de seu recebimento;[510]

II - julgar as contas dos administradores e demais responsáveis por dinheiros, bens e valores públicos da administração direta e indireta, incluídas as fundações e sociedades instituídas e mantidas pelo Poder Público federal, e as contas daqueles que derem causa a perda, extravio ou outra irregularidade de que resulte prejuízo ao erário público;[511]

III - apreciar, para fins de registro, a legalidade dos atos de admissão de pessoal, a qualquer título, na administração direta e indireta, incluídas as fundações instituídas e mantidas pelo Poder Público, excetuadas as nomeações para cargo de provimento em comissão, bem como a das concessões de aposentadorias, reformas e pensões, ressalvadas as melhorias posteriores que não alterem o fundamento legal do ato concessório;[512]

IV - realizar, por iniciativa própria, da Câmara dos Deputados, do Senado Federal, de Comissão técnica ou de inquérito, inspeções e auditorias de natureza contábil, financeira, orçamentária, operacional e patrimonial, nas unidades administrativas dos Poderes Legislativo, Executivo e Judiciário, e demais entidades referidas no inciso II;

V - fiscalizar as contas nacionais das empresas supranacionais de cujo capital social a União participe, de forma direta ou indireta, nos termos do tratado constitutivo;

VI - fiscalizar a aplicação de quaisquer recursos repassados pela União, mediante convênio, acordo, ajuste ou outros instrumentos congêneres, a Estado, ao Distrito Federal ou a Município;

VII - prestar as informações solicitadas pelo Congresso Nacional, por qualquer de suas Casas, ou por qualquer das respectivas Comissões, sobre a fiscalização contábil, financeira, orçamentária, operacional e patrimonial e sobre resultados de auditorias e inspeções realizadas;

VIII - aplicar aos responsáveis, em caso de ilegalidade de despesa ou irregularidade de contas, as sanções previstas em lei, que estabelecerá, entre outras cominações, multa proporcional ao dano causado ao erário;

IX - assinar prazo para que o órgão ou entidade adote as providências necessárias ao exato cumprimento da lei, se verificada ilegalidade;

X - sustar, se não atendido, a execução do ato impugnado, comunicando a decisão à Câmara dos Deputados e ao Senado Federal;

XI - representar ao Poder competente sobre irregularidades ou abusos apurados.

---

[510] Vide ADI 3.715-MC, Rel. Min. Gilmar Mendes, DJ 25/08/2006 e ADI 1.779, Rel. Min. Ilmar Galvão, DJ 14/09/2001.
[511] Vide ADI 3.715-MC, Rel. Min. Gilmar Mendes, DJ 25/08/2006; ADI 2.238, Rel p/ o ac. Min. Ayres Brito, DJe, 12/09/2008; ADI 849, Rel. Min. Sepúlveda Pertence, DJ 23/04/1999.
[512] Vide Súmula vinculante n° 3 e Súmula n° 06.

Arts. 71 a 73

§ 1º No caso de contrato, o ato de sustação será adotado diretamente pelo Congresso Nacional, que solicitará, de imediato, ao Poder Executivo as medidas cabíveis.[513]

§ 2º Se o Congresso Nacional ou o Poder Executivo, no prazo de noventa dias, não efetivar as medidas previstas no parágrafo anterior, o Tribunal decidirá a respeito.

§ 3º As decisões do Tribunal de que resulte imputação de débito ou multa terão eficácia de título executivo.

§ 4º O Tribunal encaminhará ao Congresso Nacional, trimestral e anualmente, relatório de suas atividades.[514]

Art. 72. A Comissão mista permanente a que se refere o art. 166, §1º, diante de indícios de despesas não autorizadas, ainda que sob a forma de investimentos não programados ou de subsídios não aprovados, poderá solicitar à autoridade governamental responsável que, no prazo de cinco dias, preste os esclarecimentos necessários.

§ 1º Não prestados os esclarecimentos, ou considerados estes insuficientes, a Comissão solicitará ao Tribunal pronunciamento conclusivo sobre a matéria, no prazo de trinta dias.

§ 2º Entendendo o Tribunal irregular a despesa, a Comissão, se julgar que o gasto possa causar dano irreparável ou grave lesão à economia pública, proporá ao Congresso Nacional sua sustação.

Art. 73. O Tribunal de Contas da União, integrado por nove Ministros, tem sede no Distrito Federal, quadro próprio de pessoal e jurisdição em todo o território nacional, exercendo, no que couber, as atribuições previstas no art. 96.[515]

§ 1º Os Ministros do Tribunal de Contas da União serão nomeados dentre brasileiros que satisfaçam os seguintes requisitos:

I - mais de trinta e cinco e menos de sessenta e cinco anos de idade;

II - idoneidade moral e reputação ilibada;

III - notórios conhecimentos jurídicos, contábeis, econômicos e financeiros ou de administração pública;

IV - mais de dez anos de exercício de função ou de efetiva atividade profissional que exija os conhecimentos mencionados no inciso anterior.

§ 2º Os Ministros do Tribunal de Contas da União serão escolhidos:[516]

---

[513] Vide ADI 3.715-MC, Rel. Min. Gilmar Mendes, DJ 25/08/2006.

[514] Vide ADI 687, Rel. Min. Celso de Mello, DJ 10/02/2006.

[515] Vide ADI 4.418, Rel. Min. Dias Toffoli, DJe 03/03/2017; ADI 4.190, Rel. Min. Celso de Mello, DJe 11/06/2010; ADI 2.378, Rel. Min. Maurício Corrêa, Inf. 348; ADI 1.994, Rel. Min. Eros Grau, DJ 08/09/2006; ADI 789, Rel. Min. Celso de Mello, DJ 19/12/1994; ADI 119, Rel. Min. Dias Toffoli, DJe 28/03/2014.

[516] Vide Súmula nº 653 e ADI 3.688, Rel. Min. Joaquim Barbosa, DJ 24/08/2007; ADI 3.276, Rel. Min. Eros Grau, Inf. 390; ADI 2.596, Rel. Min. Sepúlveda Pertence, DJ 02/05/2003; ADI 1.957, Rel. Min. Gilmar Mendes, DJe 22/10/2010; ADI 2.117, Rel. Min. Marco Aurélio, DJe

CONSTITUIÇÃO FEDERAL (1988) Arts. 73 a 74

I - um terço pelo Presidente da República, com aprovação do Senado Federal, sendo dois alternadamente dentre auditores e membros do Ministério Público junto ao Tribunal, indicados em lista tríplice pelo Tribunal, segundo os critérios de antigüidade e merecimento;[517]

II - dois terços pelo Congresso Nacional.[518]

§ 3º Os Ministros do Tribunal de Contas da União terão as mesmas garantias, prerrogativas, impedimentos, vencimentos e vantagens dos Ministros do Superior Tribunal de Justiça, aplicando-se-lhes, quanto à aposentadoria e pensão, as normas constantes do art. 40.[519]

> **Redação anterior:** vigente entre 05.10.1988 e 15.12.1998 (original):
>
> § 3º Os Ministros do Tribunal de Contas da União terão as mesmas garantias, prerrogativas, impedimentos, vencimentos e vantagens dos Ministros do Superior Tribunal de Justiça e somente poderão aposentar-se com as vantagens do cargo quando o tiverem exercido efetivamente por mais de cinco anos.

§ 4º O auditor, quando em substituição a Ministro, terá as mesmas garantias e impedimentos do titular e, quando no exercício das demais atribuições da judicatura, as de juiz de Tribunal Regional Federal.[520]

Art. 74. Os Poderes Legislativo, Executivo e Judiciário manterão, de forma integrada, sistema de controle interno com a finalidade de:

I - avaliar o cumprimento das metas previstas no plano plurianual, a execução dos programas de governo e dos orçamentos da União;

II - comprovar a legalidade e avaliar os resultados, quanto à eficácia e eficiência, da gestão orçamentária, financeira e patrimonial nos órgãos e entidades da administração federal, bem como da aplicação de recursos públicos por entidades de direito privado;

III - exercer o controle das operações de crédito, avais e garantias, bem como dos direitos e haveres da União;

IV - apoiar o controle externo no exercício de sua missão institucional.

§ 1º Os responsáveis pelo controle interno, ao tomarem conhecimento de qualquer irregularidade ou ilegalidade, dela darão ciência ao Tribunal de Contas da União, sob pena de responsabilidade solidária.

18/09/2014; ADI 397, Rel. Min. Eros Grau, Inf. 395; ADI 374, Rel. Min. Dias Toffoli, DJe 21/08/2014.
[517] Vide ADI 3.315, Rel. Min. Ricardo Lewandowski, DJe 11/04/2008; ADI 2.596, Rel. Min. Sepúlveda Pertence, DJ 02/05/2003; ADI 2.502-MC, Rel. Min. Sydney Sanches, DJ 14/12/2001; ADI 2.409-MC, DJ 24/05/2002; ADI 2.209, Rel. Min. Maurício Corrêa, DJ 25/04/2003; ADI 2.117-MC, Rel. Min. Maurício Corrêa, DJ 07/11/2003 e ADI 789, Rel. Min. Celso de Mello, DJ 19/12/1994.
[518] Vide ADI 2.117-MC, Rel. Min. Maurício Corrêa, DJ 07/11/2003.
[519] Redação dada pela EC nº 20, de 15/12/1998. Vide ADI 4.190, Rel. Min. Celso de Mello, DJe 11/06/2010.
[520] Vide ADI 2.208, Rel. Min. Gilmar Mendes, DJ 25/06/2004; ADI 1.994, Rel. Min. Eros Grau, DJ 08/09/2006; ADI 687, Rel. Min. Celso de Mello, DJ 10/02/2006; ADI 507, Rel. Min. Celso de Mello, DJ 08/08/2003; ADI 134, Rel. Min. Maurício Corrêa, DJ 03/09/2004.

Arts. 74 a 77   J. U. JACOBY FERNANDES

§ 2º Qualquer cidadão, partido político, associação ou sindicato é parte legítima para, na forma da lei, denunciar irregularidades ou ilegalidades perante o Tribunal de Contas da União.[521]

Art. 75. As normas estabelecidas nesta seção aplicam-se, no que couber, à organização, composição e fiscalização dos Tribunais de Contas dos Estados e do Distrito Federal, bem como dos Tribunais e Conselhos de Contas dos Municípios.[522]

Parágrafo único. As Constituições estaduais disporão sobre os Tribunais de Contas respectivos, que serão integrados por sete Conselheiros.[523]

CAPÍTULO II - DO PODER EXECUTIVO

SEÇÃO I - DO PRESIDENTE E DO VICE-PRESIDENTE DA REPÚBLICA

Art. 76. O Poder Executivo é exercido pelo Presidente da República, auxiliado pelos Ministros de Estado.[524]

Art. 77. A eleição do Presidente e do Vice-Presidente da República realizar-se-á, simultaneamente, no primeiro domingo de outubro, em primeiro turno, e no último domingo de outubro, em segundo turno, se houver, do ano anterior ao do término do mandato presidencial vigente.[525]

> Redação anterior: vigente entre 05.10.1988 e 04.06.1997 (original):
>
> **Art. 77.** A eleição do Presidente e do Vice-Presidente da República realizar-se-á, simultaneamente, noventa dias antes do término do mandato presidencial vigente.

§ 1º A eleição do Presidente da República importará a do Vice-Presidente com ele registrado.

---

[521] Vide Lei nº 8.443, de 16 de julho de 1992 (Lei Orgânica do Tribunal de Contas da União).

[522] Vide ADI 4.190, Rel. Min. Celso de Mello, DJe 11/06/2010; ADI 3.715-MC, Rel. Min. Gilmar Mendes, DJ 25/08/2006; ADI 3.688, Rel. Min. Joaquim Barbosa, DJ 24/08/2007; ADI 3.682, Rel. Min. Joaquim Barbosa DJ, 24.08.2007; ADI 3.361-MC, Rel. Min. Eros Grau, DJ 22/04/2005; ADI 3.307, Rel. Min. Cármen Lúcia, DJe 29/05/2009; ADI 3.276, Rel. Min. Eros Grau, Inf. 390; ADI 3.255, Rel. Min. Sepúlveda Pertence, DJ 07/12/2007; ADI 3.192, Rel. Min. Eros Grau, DJ 18/08/2006; ADI 2.884, Rel. Min. Celso de Mello, DJ 20/05/2005; ADI 2.597, Rel. p/o ac. Min. Eros Grau, DJ 17/08/2007; ADI 2.596, Rel. Min. Sepúlveda Pertence, DJ 02/05/2003; ADI 2.209, Rel. Min. Maurício Corrêa, DJ 25/04/2003; ADI 2.208, Rel. Min. Gilmar Mendes, DJ 25/06/2004; ADI 2.502-MC, Rel. Min. Sydney Sanches, DJ 14/12/2001; ADI 2.409-MC, Rel. Min. Sydney Sanches, DJ 24/05/2002; ADI 2.378-MC, Rel. Min. Maurício Corrêa, DJ 05/04/2002; ADI 1.957, Rel. Min. Gilmar Mendes, DJe 22/10/2010; ADI 1.175, Rel. Min. Marco Aurélio, Inf. 355; ADI 916, Rel. Min. Joaquim Barbosa, DJe 06/03/2009; ADI 892, Rel. Min. Sepúlveda Pertence, DJ 26/04/2002; ADI 461, Rel. Min. Carlos Velloso, DJ 06/09/2002; ADI 397, Rel. Min. Eros Grau, Inf. 395; ADI 396, Rel. Min. Maurício Corrêa, DJ 05/08/2005; ADI 374, Rel. Min. Dias Toffoli, DJe 21/08/2014.

[523] Vide Súmula nº 653 e ainda ADI 2.884, voto do Min. Celso de Mello, DJ 20/05/2005; ADI 2.502-MC, Rel. Min. Sydney Sanches, DJ 14/12/2001; ; ADI 397, Rel. Min. Eros Grau, Inf. 395.

[524] Vide ADI 2.564, Rel. Min. Ellen Gracie, DJ 06/02/2004.

[525] Redação dada pela EC nº 16, de 4/6/1997; vide ADI 1.057-MC, Rel. Min. Celso de Mello, DJ 06/04/2001 e ADI 966, Rel. Min. Marco Aurélio, DJ 25/08/1995.

CONSTITUIÇÃO FEDERAL (1988)   Arts. 77 a 82

§ 2º Será considerado eleito Presidente o candidato que, registrado por partido político, obtiver a maioria absoluta de votos, não computados os em branco e os nulos.

§ 3º Se nenhum candidato alcançar maioria absoluta na primeira votação, far-se-á nova eleição em até vinte dias após a proclamação do resultado, concorrendo os dois candidatos mais votados e considerando-se eleito aquele que obtiver a maioria dos votos válidos.

§ 4º Se, antes de realizado o segundo turno, ocorrer morte, desistência ou impedimento legal de candidato, convocar-se-á, dentre os remanescentes, o de maior votação.

§ 5º Se, na hipótese dos parágrafos anteriores, remanescer, em segundo lugar, mais de um candidato com a mesma votação, qualificar-se-á o mais idoso.

Art. 78. O Presidente e o Vice-Presidente da República tomarão posse em sessão do Congresso Nacional, prestando o compromisso de manter, defender e cumprir a Constituição, observar as leis, promover o bem geral do povo brasileiro, sustentar a união, a integridade e a independência do Brasil.

Parágrafo único. Se, decorridos dez dias da data fixada para a posse, o Presidente ou o Vice-Presidente, salvo motivo de força maior, não tiver assumido o cargo, este será declarado vago.

Art. 79. Substituirá o Presidente, no caso de impedimento, e suceder-lhe-á, no de vaga, o Vice-Presidente.[526]

Parágrafo único. O Vice-Presidente da República, além de outras atribuições que lhe forem conferidas por lei complementar, auxiliará o Presidente, sempre que por ele convocado para missões especiais.

Art. 80. Em caso de impedimento do Presidente e do Vice-Presidente, ou vacância dos respectivos cargos, serão sucessivamente chamados ao exercício da Presidência o Presidente da Câmara dos Deputados, o do Senado Federal e o do Supremo Tribunal Federal.

Art. 81. Vagando os cargos de Presidente e Vice-Presidente da República, far-se-á eleição noventa dias depois de aberta a última vaga.[527]

§ 1º Ocorrendo a vacância nos últimos dois anos do período presidencial, a eleição para ambos os cargos será feita trinta dias depois da última vaga, pelo Congresso Nacional, na forma da lei.[528]

§ 2º Em qualquer dos casos, os eleitos deverão completar o período de seus antecessores.

Art. 82. O mandato do Presidente da República é de quatro anos e terá início em primeiro de janeiro do ano seguinte ao da sua eleição.[529]

---

[526] Vide ADI 3.647, Rel. Min. Joaquim Barbosa, DJe, 16/05/2008; ADI 644-MC, Rel. Min. Sepúlveda Pertence, DJ 21/02/1992.
[527] Vide ADI 1.057-MC, Rel. Min. Celso de Mello, DJ 06/04/2001.
[528] Vide ADI 5.525, Rel. Min. Roberto Barroso, Inf. 893; ADI 4.298, Rel. Min. Cezar Peluso, DJe 27/11/2009; ADI 3.549, Rel. Min. Cármen Lúcia, DJ 31/10/2007; ADI 2.709, Rel. Min. Gilmar Mendes, DJe 16/05/2008; ADI 1.057-MC, Rel. Min. Celso de Mello, DJ 06/04/2001.

Arts. 82 a 84

> **Redação anterior:** vigente entre 01.11.1995 e 04.06.1997 (EC de revisão n° 5/94):
>
> **Art. 82.** O mandato do Presidente da República é de quatro anos, vedada a reeleição para o período subseqüente, e terá início em 1° de janeiro do ano seguinte ao da sua eleição.
>
> **Redação anterior:** vigente entre 05.10.1988 e 31.12.1994 (original):
>
> **Art. 82.** O mandato do Presidente da República é de cinco anos, vedada a reeleição para o período subseqüente, e terá início em 1° de janeiro do ano seguinte ao da sua eleição.

Art. 83. O Presidente e o Vice-Presidente da República não poderão, sem licença do Congresso Nacional, ausentar-se do País por período superior a quinze dias, sob pena de perda do cargo.[530]

SEÇÃO II - DAS ATRIBUIÇÕES DO PRESIDENTE DA REPÚBLICA

Art. 84. Compete privativamente ao Presidente da República:

I - nomear e exonerar os Ministros de Estado;

II - exercer, com o auxílio dos Ministros de Estado, a direção superior da administração federal;[531]

III - iniciar o processo legislativo, na forma e nos casos previstos nesta Constituição;

IV - sancionar, promulgar e fazer publicar as leis, bem como expedir decretos e regulamentos para sua fiel execução;[532]

V - vetar projetos de lei, total ou parcialmente;

VI - dispor, mediante decreto, sobre:[533]

> **Redação anterior:** vigente entre 05.10.1988 e 11.09.2001 (original):
>
> VI - dispor sobre a organização e o funcionamento da administração federal, na forma da lei;

a) organização e funcionamento da administração federal, quando não implicar aumento de despesa nem criação ou extinção de órgãos públicos;[534]

---

[529] Redação dada pela EC n° 16, de 4/6/1997.

[530] Vide ADI 3.647, Rel. Min. Joaquim Barbosa, DJe, 16/05/2008; ADI 738, Rel. Min. Maurício Corrêa, DJ 07/02/2003.

[531] Vide ADI 2.095-MC, Rel. Min. Octavio Gallotti, DJ 19/09/2003; ADI 1.914, Rel. Min. Cezar Peluso, DJe 07/08/2009; ADI 1.901, Rel. Min. Ilmar Galvão, DJ 09/05/2003; ADI 179, Rel. Min. Dias Toffoli, 28/03/2014.

[532] Vide ADI 4.568, Rel. Min. Cármen Lúcia, DJe 30/03/2012; ADI 4.218, Rel. Min; Luiz Fux, DJe 19/02/2013; ADI 3.394, Rel. Min. Eros Grau, DJe 15/08/2008; ADI 1.511-MC, Rel. Min.Carlos Velloso, DJ 06/06/2003; ADI 1.435-MC, Rel. Min. Francisco Resek, DJ 06/08/1999; ADI 996-MC, Rel. Min. Celso de Mello, DJ 06/05/1994 e ADI 365-AgR, Rel. Min. Celso de Mello, DJ 15/03/1991.

[533] Redação dada pela EC n° 32, de 11/9/2001.

[534] Incluída pela EC n° 32, de 11/9/2001; vide ADI 4.125, Rel. Min. Cármen Lúcia, DJe 15/02/2011; ADI 3.254, Rel. Min. Ellen Gracie, DJ 02/12/2005; ADI 3.232, Rel. Min. Cezar

CONSTITUIÇÃO FEDERAL (1988) Art. 84

b) extinção de funções ou cargos públicos, quando vagos;[535]

VII - manter relações com Estados estrangeiros e acreditar seus representantes diplomáticos;

VIII - celebrar tratados, convenções e atos internacionais, sujeitos a referendo do Congresso Nacional;[536]

IX - decretar o estado de defesa e o estado de sítio;

X - decretar e executar a intervenção federal;

XI - remeter mensagem e plano de governo ao Congresso Nacional por ocasião da abertura da sessão legislativa, expondo a situação do País e solicitando as providências que julgar necessárias;

XII - conceder indulto e comutar penas, com audiência, se necessário, dos órgãos instituídos em lei;[537]

XIII - exercer o comando supremo das Forças Armadas, nomear os Comandantes da Marinha, do Exército e da Aeronáutica, promover seus oficiais-generais e nomeá-los para os cargos que lhes são privativos;[538]

> **Redação anterior:** vigente entre 05.10.1988 e 02.09.1999 (original):
>
> **XIII** - exercer o comando supremo das Forças Armadas, promover seus oficiais-generais e nomeá-los para os cargos que lhes são privativos;

XIV - nomear, após aprovação pelo Senado Federal, os Ministros do Supremo Tribunal Federal e dos Tribunais Superiores, os Governadores de Territórios, o Procurador-Geral da República, o presidente e os diretores do Banco Central e outros servidores, quando determinado em lei;

XV - nomear, observado o disposto no art. 73, os Ministros do Tribunal de Contas da União;[539]

XVI - nomear os magistrados, nos casos previstos nesta Constituição, e o Advogado-Geral da União;[540]

XVII - nomear membros do Conselho da República, nos termos do art. 89, VII;

XVIII - convocar e presidir o Conselho da República e o Conselho de Defesa Nacional;

XIX - declarar guerra, no caso de agressão estrangeira, autorizado pelo Congresso Nacional ou referendado por ele, quando ocorrida no intervalo das sessões legislativas, e, nas mesmas condições, decretar, total ou parcialmente, a mobilização nacional;

Peluso, DJe 03/10/2008; ADI 2.857, Rel. Min. Joaquim Barbosa, DJ 30/11/2007; ADI 2.564, Rel. Min. Ellen Gracie, DJ 06/02/2004.

[535] Incluída pela EC n° 32, de 11/9/2001.

[536] Vide ADI 1.480-MC, Rel. Min. Celso de Mello, DJ 18/05/2001.

[537] Vide ADI 1.231, Rel. Min. Carlos Velloso, DJ 24/04/2006 e Decreto-Lei n° 2.848, de 7 de dezembro de 1940 (institui o Código Penal), arts. 16 e 312, § 2°.

[538] Redação dada pela EC n° 23, de 2/9/1999.

[539] Vide ADI 2.828-MC, Rel. Min. Sydney Sanches, DJ 02/05/2005.

[540] Vide Súmula n° 627.

Arts. 84 e 85 — J. U. JACOBY FERNANDES

XX - celebrar a paz, autorizado ou com o referendo do Congresso Nacional;

XXI - conferir condecorações e distinções honoríficas;

XXII - permitir, nos casos previstos em lei complementar, que forças estrangeiras transitem pelo território nacional ou nele permaneçam temporariamente;

XXIII - enviar ao Congresso Nacional o plano plurianual, o projeto de lei de diretrizes orçamentárias e as propostas de orçamento previstos nesta Constituição;

XXIV - prestar, anualmente, ao Congresso Nacional, dentro de sessenta dias após a abertura da sessão legislativa, as contas referentes ao exercício anterior;[541]

XXV - prover e extinguir os cargos públicos federais, na forma da lei;[542]

XXVI - editar medidas provisórias com força de lei, nos termos do art. 62;[543]

XXVII - exercer outras atribuições previstas nesta Constituição.

Parágrafo único. O Presidente da República poderá delegar as atribuições mencionadas nos incisos VI, XII e XXV, primeira parte, aos Ministros de Estado, ao Procurador-Geral da República ou ao Advogado-Geral da União, que observarão os limites traçados nas respectivas delegações.

SEÇÃO III - DA RESPONSABILIDADE DO PRESIDENTE DA REPÚBLICA

Art. 85. São crimes de responsabilidade os atos do Presidente da República que atentem contra a Constituição Federal e, especialmente, contra:

I - a existência da União;

II - o livre exercício do Poder Legislativo, do Poder Judiciário, do Ministério Público e dos Poderes constitucionais das unidades da Federação;

III - o exercício dos direitos políticos, individuais e sociais;

IV - a segurança interna do País;

V - a probidade na administração;

VI - a lei orçamentária;

VII - o cumprimento das leis e das decisões judiciais.

Parágrafo único. Esses crimes serão definidos em lei especial, que estabelecerá as normas de processo e julgamento.[544]

---

[541] Vide ADI 2.472-MC, Rel. Min. Marco Aurélio, DJ 22/11/2004.

[542] Vide ADI 578, Rel. Min. Maurício Corrêa, DJ 18/05/2001; ADI 291, Rel. Min. Joaquim Barbosa, DJe 10/09/2010; ADI 123, Rel. Min. Carlos Velloso, DJ 12/09/1997.

[543] Vide ADI 2.391, Rel. Min. Ellen Gracie, Inf. 316.

[544] Vide Súmula vinculante 46, Súmula n° 722; ADI 4.190, Rel. Min. Celso de Mello, DJe 11/06/2010; ADI 2.235-MC, Rel. Min. Ellen Gracie, DJ 07/05/2004; ADI 2.220, Rel. Min. Cármen Lúcia, DJe 07/12/2011; ADI 1.628-MC, Rel. Min. Nelson Jobim, DJ 26/09/1997 e Min. Eros Grau, DJ 24/11/2006; ADI 834, Rel. Min. Sepúlveda Pertence, DJ 09/04/1999; Lei n° 1.079, de 10 de abril de 1950 (define os crimes de responsabilidade e regula o respectivo processo de julgamento) e Lei n° 8.429, de 02 de junho de 1992 (Lei de Improbidade Administrativa).

CONSTITUIÇÃO FEDERAL (1988)   Arts. 85 a 88

Art. 86. Admitida a acusação contra o Presidente da República, por dois terços da Câmara dos Deputados, será ele submetido a julgamento perante o Supremo Tribunal Federal, nas infrações penais comuns, ou perante o Senado Federal, nos crimes de responsabilidade.[545]

§ 1º O Presidente ficará suspenso de suas funções:

I - nas infrações penais comuns, se recebida a denúncia ou queixa-crime pelo Supremo Tribunal Federal;

II - nos crimes de responsabilidade, após a instauração do processo pelo Senado Federal.

§ 2º Se, decorrido o prazo de cento e oitenta dias, o julgamento não estiver concluído, cessará o afastamento do Presidente, sem prejuízo do regular prosseguimento do processo.

§ 3º Enquanto não sobrevier sentença condenatória, nas infrações comuns, o Presidente da República não estará sujeito a prisão.[546]

§ 4º O Presidente da República, na vigência de seu mandato, não pode ser responsabilizado por atos estranhos ao exercício de suas funções.[547]

SEÇÃO IV - DOS MINISTROS DE ESTADO

Art. 87. Os Ministros de Estado serão escolhidos dentre brasileiros maiores de vinte e um anos e no exercício dos direitos políticos.[548]

Parágrafo único. Compete ao Ministro de Estado, além de outras atribuições estabelecidas nesta Constituição e na lei:

I - exercer a orientação, coordenação e supervisão dos órgãos e entidades da administração federal na área de sua competência e referendar os atos e decretos assinados pelo Presidente da República;

II - expedir instruções para a execução das leis, decretos e regulamentos;[549]

III - apresentar ao Presidente da República relatório anual de sua gestão no Ministério;

IV - praticar os atos pertinentes às atribuições que lhe forem outorgadas ou delegadas pelo Presidente da República.

Art. 88. A lei disporá sobre a criação e extinção de Ministérios e órgãos da administração pública.[550]

---

[545] Vide ADI 1.634-MC, Rel. Min. Néri da Silveira, DJ 08/09/2000.

[546] Vide ADI 1.634-MC, Rel. Min. Néri da Silveira, DJ 08/09/2000 e ADI 978, Rel. Min. Celso de Mello, DJ 24/11/1995.

[547] Vide ADI 978, Rel. Min. Celso de Mello, DJ 24/11/1995 e ADI 1.021, Rel. Min. Celso de Mello, DJ 24/11/1995.

[548] Vide Lei 12.813, de 16 de maio de 2013 (Lei do Conflito de interesses).

[549] Vide ADI 1.075-MC, Rel. Min. Celso de Mello, DJ 24/11/2006 e ADI 3.206, Rel. Min. Marco Aurélio, DJ 26/08/2005.

[550] Redação dada pela EC nº 32, de 11/9/2001; vide Decreto nº 8.851, de 20 de setembro de 2016 (dispõe sobre a substituição de Ministros de Estado,); Lei nº 9.649, de 27 de maio de 1998 (dispõe sobre a organização dos Ministérios) e Decreto nº 8.889, de 267 de outubro de 2016

125

Arts. 88 a 91 — J. U. JACOBY FERNANDES

> Redação anterior: vigente entre 05.10.1988 e 11.09.2001 (original):
> **Art. 88.** A lei disporá sobre a criação, estruturação e atribuições dos Ministérios.

SEÇÃO V - DO CONSELHO DA REPÚBLICA E DO CONSELHO DE DEFESA NACIONAL

SUBSEÇÃO I - DO CONSELHO DA REPÚBLICA

Art. 89. O Conselho da República é órgão superior de consulta do Presidente da República, e dele participam:[551]

I - o Vice-Presidente da República;

II - o Presidente da Câmara dos Deputados;

III - o Presidente do Senado Federal;

IV - os líderes da maioria e da minoria na Câmara dos Deputados;

V - os líderes da maioria e da minoria no Senado Federal;

VI - o Ministro da Justiça;

VII - seis cidadãos brasileiros natos, com mais de trinta e cinco anos de idade, sendo dois nomeados pelo Presidente da República, dois eleitos pelo Senado Federal e dois eleitos pela Câmara dos Deputados, todos com mandato de três anos, vedada a recondução.

Art. 90. Compete ao Conselho da República pronunciar-se sobre:

I - intervenção federal, estado de defesa e estado de sítio;

II - as questões relevantes para a estabilidade das instituições democráticas.

§ 1º O Presidente da República poderá convocar Ministro de Estado para participar da reunião do Conselho, quando constar da pauta questão relacionada com o respectivo Ministério.

§ 2º A lei regulará a organização e o funcionamento do Conselho da República.[552]

SUBSEÇÃO II - DO CONSELHO DE DEFESA NACIONAL

Art. 91. O Conselho de Defesa Nacional é órgão de consulta do Presidente da República nos assuntos relacionados com a soberania nacional e a defesa do Estado democrático, e dele participam como membros natos:

I - o Vice-Presidente da República;

II - o Presidente da Câmara dos Deputados;

III - o Presidente do Senado Federal;

IV - o Ministro da Justiça;

(aprova a Estrutura Regimental e o Quadro Demonstrativo dos Cargos em Comissão e das Funções de Confiança da Casa Civil da Presidência da República).

[551] Vide ADI 106, Rel. Min. Gilmar Mendes, DJ 25/11/2005.

[552] Vide Lei nº 8.041, de 5 de junho de 1990 (dispõe sobre a organização e o funcionamento do Conselho da República) e Lei nº 8.490, de 19 de novembro de 1992 (dispõe sobre a organização da Presidência da República e dos Ministérios).

CONSTITUIÇÃO FEDERAL (1988)   Arts. 91 e 92

V - o Ministro de Estado da Defesa;[553]

Redação anterior: vigente entre 05.10.1988 e 02.09.1999 (original):

V - os Ministros militares;

VI - o Ministro das Relações Exteriores;
VII - o Ministro do Planejamento;
VIII - os Comandantes da Marinha, do Exército e da Aeronáutica.[554]

§ 1° Compete ao Conselho de Defesa Nacional:

I - opinar nas hipóteses de declaração de guerra e de celebração da paz, nos termos desta Constituição;

II - opinar sobre a decretação do estado de defesa, do estado de sítio e da intervenção federal;

III - propor os critérios e condições de utilização de áreas indispensáveis à segurança do território nacional e opinar sobre seu efetivo uso, especialmente na faixa de fronteira e nas relacionadas com a preservação e a exploração dos recursos naturais de qualquer tipo;

IV - estudar, propor e acompanhar o desenvolvimento de iniciativas necessárias a garantir a independência nacional e a defesa do Estado democrático.

§ 2° A lei regulará a organização e o funcionamento do Conselho de Defesa Nacional.[555]

CAPÍTULO III - DO PODER JUDICIÁRIO

SEÇÃO I - DISPOSIÇÕES GERAIS

Art. 92. São órgãos do Poder Judiciário:

I - o Supremo Tribunal Federal;

I-A o Conselho Nacional de Justiça;[556]

II - o Superior Tribunal de Justiça;

II-A - o Tribunal Superior do Trabalho;[557]

III - os Tribunais Regionais Federais e Juízes Federais;[558]

---

[553] Redação dada pela EC n° 23, de 2/9/1999.

[554] Incluído pela EC n° 23, de 2/9/1999.

[555] Vide Lei n° 8.183, de 11 de abril de 1991 (estabelece a organização e o funcionamento do Conselho de Defesa Nacional) e Decreto n° 893, de 12 de agosto de 1993 (regulamenta o Conselho de Defesa Nacional).

[556] Incluído pela EC n° 45, de 8/12/2004; vide ADI 4.638, Rel. Min. Marco Aurélio, DJe 30/10/2014; ADI 3.367, Rel. Min. Cezar Peluso, DJ 22/09/2006. Vide Lei n° 12.106 de 07 de dezembro de 2018 (cria, no âmbito do Conselho Nacional de Justiça, o Departamento de Monitoramento e Fiscalização do Sistema Carcerário e do Sistema de Execução de Medidas Socioeducativas).

[557] Incluído pela EC n° 92, de 12/7/2016.

[558] Vide Lei n° 7.727, de 9 de janeiro de 1989 (composição inicial dos Tribunais Regionais Federais e sua instalação).

Arts. 92 e 93   J. U. JACOBY FERNANDES

IV - os Tribunais e Juízes do Trabalho;

V - os Tribunais e Juízes Eleitorais;

VI - os Tribunais e Juízes Militares;

VII - os Tribunais e Juízes dos Estados e do Distrito Federal e Territórios.

§ 1° O Supremo Tribunal Federal, o Conselho Nacional de Justiça e os Tribunais Superiores têm sede na Capital Federal.[559]

§ 2° O Supremo Tribunal Federal e os Tribunais Superiores têm jurisdição em todo o território nacional.[560]

> **Redação anterior:** vigente entre 05.10.1988 e 30.12.2004 (original):
>
> **Parágrafo único.** O Supremo Tribunal Federal e os Tribunais Superiores têm sede na Capital Federal e jurisdição em todo o território nacional.

Art. 93. Lei complementar, de iniciativa do Supremo Tribunal Federal, disporá sobre o Estatuto da Magistratura, observados os seguintes princípios:[561]

I - ingresso na carreira, cujo cargo inicial será o de juiz substituto, mediante concurso público de provas e títulos, com a participação da Ordem dos Advogados do Brasil em todas as fases, exigindo-se do bacharel em direito, no mínimo, três anos de atividade jurídica e obedecendo-se, nas nomeações, à ordem de classificação;[562]

> **Redação anterior:** vigente entre 05.10.1988 e 30.12.2004 (original):
>
> **I** - ingresso na carreira, cujo cargo inicial será o de juiz substituto, através de concurso público de provas e títulos, com a participação da Ordem dos Advogados do Brasil em todas as suas fases, obedecendo-se, nas nomeações, à ordem de classificação;

---

[559] Incluído pela EC n° 45, de 8/12/2004.

[560] Redação dada pela EC n° 45, de 8/12/2004.

[561] Vide ADI 5.310, Rel. Min. Carmen Lúcia, DJe 09/10/2017; ADI 4.462, Rel. Min. Carmen Lúcia, DJe 14/09/2016; ADI 4.108, Rel. Min. Ellen Gracie, DJ 06.03.2009; ADI 4.042, Rel. Min. Gilmar Mendes, DJe 30/04/2009; ADI 3.976, Rel. Min. Ricardo Lewandoski, DJe 15/02/2008; ADI 3.566, Rel. Min. Cezar Peluso, DJ 15/06/2007; ADI 3.508, Rel. Min. Sepúlveda Pertence, DJ 31/08/2007; ADI 3.227, Rel. Min. Gilmar Mendes, DJ 01/09/2006; ADI 2.885, Rel. Min. Ellen Gracie, Inf. 445; ADI 2.983, Rel. Min. Carlos Velloso, DJ 15/04/2005; ADI 2.580, Rel. Min. Carlos Velloso, DJ 21/02/2003; ADI 1.985, Rel. Min. Eros Grau, DJ 13/05/2005; ADI 1.422, Rel. Min. Ilmar Galvão, DJ 12/11/1999; ADI 841, Rel. Min. Caros Veloso, DJ 21/10/1994; ADI 575, Rel. Min. Sepúlveda Pertence, DJ 25/06/1999; ADI 202, Rel. Min. Octavio Gallotti, DJ 07/03/1997; ADI 1.152-MC, Rel. Min. Celso de Mello, DJ 03/02/1995; ADI 841-QO, Rel. Min. Carlos Velloso, DJ 21/10/1994; ADI 189, Rel. Min. Celso de Mello, DJ 22/05/1992 e Lei Complementar n° 35, de 14 de março de 1979 (Lei Orgânica da Magistratura Nacional)..

[562] Redação dada pela EC n° 45, de 8/12/2004; vide ADI 2.983, voto do Min. Carlos Velloso, DJ 15/04/2005; ADI 2.210-MC, Rel. Min. Sepúlveda Pertence, DJ 24/05/2002 e ADI 2.204-MC, Rel. Min. Sydney Sanches, DJ 02/02/2001.

CONSTITUIÇÃO FEDERAL (1988)   Art. 93

II - promoção de entrância para entrância, alternadamente, por antigüidade e merecimento, atendidas as seguintes normas:[563]

a) é obrigatória a promoção do juiz que figure por três vezes consecutivas ou cinco alternadas em lista de merecimento;

b) a promoção por merecimento pressupõe dois anos de exercício na respectiva entrância e integrar o juiz a primeira quinta parte da lista de antigüidade desta, salvo se não houver com tais requisitos quem aceite o lugar vago;[564]

c) aferição do merecimento conforme o desempenho e pelos critérios objetivos de produtividade e presteza no exercício da jurisdição e pela freqüência e aproveitamento em cursos oficiais ou reconhecidos de aperfeiçoamento;[565]

> **Redação anterior:** vigente entre 05.10.1988 e 30.12.2004 (original):
>
> c) aferição do merecimento pelos critérios da presteza e segurança no exercício da jurisdição e pela freqüência e aproveitamento em cursos reconhecidos de aperfeiçoamento;

d) na apuração de antigüidade, o tribunal somente poderá recusar o juiz mais antigo pelo voto fundamentado de dois terços de seus membros, conforme procedimento próprio, e assegurada ampla defesa, repetindo-se a votação até fixar-se a indicação;[566]

> **Redação anterior:** vigente entre 05.10.1988 e 30.12.2004 (original):
>
> d) na apuração da antigüidade, o tribunal somente poderá recusar o juiz mais antigo pelo voto de dois terços de seus membros, conforme procedimento próprio, repetindo-se a votação até fixar-se a indicação;

e) não será promovido o juiz que, injustificadamente, retiver autos em seu poder além do prazo legal, não podendo devolvê-los ao cartório sem o devido despacho ou decisão;[567]

III - o acesso aos tribunais de segundo grau far-se-á por antigüidade e merecimento, alternadamente, apurados na última ou única entrância;[568]

> **Redação anterior:** vigente entre 05.10.1988 e 30.12.2004 (original):
>
> III - o acesso aos tribunais de segundo grau far-se-á por antigüidade e merecimento, alternadamente, apurados na última entrância ou, onde houver, no Tribunal de

---

[563] Vide ADI 4.414, Rel. Min. Luiz Fux, DJe 17/06/2013; ADI 2.494, Rel. Min. Eros Grau, DJ 13/10/2006; ADI 1.837, Rel. Min. Sydney Sanches, DJ 02/05/2003; ADI 581, Rel. Min. Marco Aurélio, DJ 06/11/1992 e ADI 189, Rel. Min. Celso de Mello, DJ 22/05/1992.

[564] Vide ADI 1970-MC, voto do Rel. Min. Nelson Jobim, DJ 18/02/2000.

[565] Redação dada pela EC n° 45, de 8/12/2004.

[566] Redação dada pela EC n° 45, de 8/12/2004; vide ADI 1.303-MC, Rel. Min. Maurício Corrêa, DJ 01/09/2000.

[567] Incluída pela EC n° 45, de 8/12/2004.

[568] Redação dada pela EC n° 45, de 8/12/2004; vide ADI 654, Rel. Min. Carlos Velloso, DJ 06/08/1993 e ADI 189, Rel. Min. Celso de Mello, DJ 22/05/1992.

> Alçada, quando se tratar de promoção para o Tribunal de Justiça, de acordo com o inciso II e a classe de origem;

IV - previsão de cursos oficiais de preparação, aperfeiçoamento e promoção de magistrados, constituindo etapa obrigatória do processo de vitaliciamento a participação em curso oficial ou reconhecido por escola nacional de formação e aperfeiçoamento de magistrados;[569]

> **Redação anterior:** vigente entre 05.10.1988 e 08.12.2004 (original):
>
> **IV** - previsão de cursos oficiais de preparação e aperfeiçoamento de magistrados como requisitos para ingresso e promoção na carreira;

V - o subsídio dos Ministros dos Tribunais Superiores corresponderá a noventa e cinco por cento do subsídio mensal fixado para os Ministros do Supremo Tribunal Federal e os subsídios dos demais magistrados serão fixados em lei e escalonados, em nível federal e estadual, conforme as respectivas categorias da estrutura judiciária nacional, não podendo a diferença entre uma e outra ser superior a dez por cento ou inferior a cinco por cento, nem exceder a noventa e cinco por cento do subsídio mensal dos Ministros dos Tribunais Superiores, obedecido, em qualquer caso, o disposto nos arts. 37, XI, e 39, § 4°;[570]

> **Redação anterior:** vigente entre 05.10.1988 e 04.06.1998 (original):
>
> **V** - os vencimentos dos magistrados serão fixados com diferença não superior a dez por cento de uma para outra das categorias da carreira, não podendo, a título nenhum, exceder os dos Ministros do Supremo Tribunal Federal;

VI - a aposentadoria dos magistrados e a pensão de seus dependentes observarão o disposto no art. 40;[571]

> **Redação anterior:** vigente entre 05.10.1988 e 15.12.1998 (original):
>
> **VI** - a aposentadoria com proventos integrais é compulsória por invalidez ou aos setenta anos de idade, e facultativa aos trinta anos de serviço, após cinco anos de exercício efetivo na judicatura;

VII - o juiz titular residirá na respectiva comarca, salvo autorização do tribunal;[572]

---

[569] Redação dada pela EC n° 45, de 8/12/2004.

[570] Redação dada pela EC n° 19, de 4/6/1998; vide ADI 3.854-MC, Rel. Min. Cezar Peluso, DJ. 29/06/2007; ADI 2.087-MC, Rel. Min. Sepúlveda Pertence, DJ 19/09/2003; ADI 2.075-MC, Rel. Min. Celso de Mello, DJ 27/06/2003; ADI 691-MC, Rel. Min. Sepúlveda Pertence, DJ 19/06/1992; ADI 509, Rel. Min. Ricardo Lewandowski, DJe 16/09/2014 e Lei n° 9.655, de 02 de junho de 1998 (percentual de diferença entre a remuneração dos cargos de Ministros do Superior Tribunal de Justiça e dos Juízes da Justiça Federal de primeiro e segundo graus) e Lei n° 10.474, de 27 de junho de 2002 (remuneração da magistratura da União).

[571] Redação dada pela EC n° 20, de 15/12/1998; vide ADI 1.878, Rel. Min. Ilmar Galvão, 07/11/2003.

[572] Redação dada pela EC n° 45, de 08/12/2004; vide ADI 3.053, Rel. Min.Sepúlveda Pertence, DJ 17/12/2004.

CONSTITUIÇÃO FEDERAL (1988) Art. 93

> **Redação anterior:** vigente entre 05.10.1988 e 30.12.2004 (originl):
> VII - o juiz titular residirá na respectiva comarca;

VIII - o ato de remoção, disponibilidade e aposentadoria do magistrado, por interesse público, fundar-se-á em decisão por voto da maioria absoluta do respectivo tribunal ou do Conselho Nacional de Justiça, assegurada ampla defesa;[573]

> **Redação anterior:** vigente entre 05.10.1988 e 30.12.2004 (original):
> VIII - o ato de remoção, disponibilidade e aposentadoria do magistrado, por interesse público, fundar-se-á em decisão por voto de dois terços do respectivo tribunal, assegurada ampla defesa;

VIII-A - a remoção a pedido ou a permuta de magistrados de comarca de igual entrância atenderá, no que couber, ao disposto nas alíneas "a" , "b" , "c" e "e" do inciso II;[574]

IX - todos os julgamentos dos órgãos do Poder Judiciário serão públicos, e fundamentadas todas as decisões, sob pena de nulidade, podendo a lei limitar a presença, em determinados atos, às próprias partes e a seus advogados, ou somente a estes, em casos nos quais a preservação do direito à intimidade do interessado no sigilo não prejudique o interesse público à informação;[575]

> **Redação anterior:** vigente entre 05.10.1988 e 30.12.2004 (original):
> IX - todos os julgamentos dos órgãos do Poder Judiciário serão públicos, e fundamentadas todas as decisões, sob pena de nulidade, podendo a lei, se o interesse público o exigir, limitar a presença, em determinados atos, às próprias partes e a seus advogados, ou somente a estes;

X - as decisões administrativas dos tribunais serão motivadas e em sessão pública, sendo as disciplinares tomadas pelo voto da maioria absoluta de seus membros;[576]

> **Redação anterior:** vigente entre 05.10.1988 e 30.12.2004 (original):
> X - as decisões administrativas dos tribunais serão motivadas, sendo as disciplinares tomadas pelo voto da maioria absoluta de seus membros;

XI - nos tribunais com número superior a vinte e cinco julgadores, poderá ser constituído órgão especial, com o mínimo de onze e o máximo de vinte e cinco membros, para o exercício das atribuições administrativas e jurisdicionais

---

[573] Redação dada pela EC nº 45, de 8/12/2004.
[574] Incluído pela EC nº 45, de 8/12/2004. Vide ADI 4.414, Rel. Min. Luiz Fux, DJe 17/06/2013; ADI 3.463, Rel. Min; Ayes Britto, DJe 06/06/2012.
[575] Redação dada pela EC nº 45, de 8/12/2004; vide Súmula vinculante nº 26, ADI 1.055-MC, Rel. Min. Sydney Sanches, DJ 13/06/1997.
[576] Redação dada pela EC nº 45, de 8/12/2004; vide ADI 2.580, Rel. Min. Carlos Velloso, DJ 21/02/2003.

Arts. 93 a 95   J. U. Jacoby Fernandes

delegadas da competência do tribunal pleno, provendo-se metade das vagas por antigüidade e a outra metade por eleição pelo tribunal pleno;[577]

> **Redação anterior:** vigente entre 05.10.1988 e 30.12.2004 (original):
>
> **XI** - nos tribunais com número superior a vinte e cinco julgadores poderá ser constituído órgão especial, com o mínimo de onze e o máximo de vinte e cinco membros, para o exercício das atribuições administrativas e jurisdicionais da competência do tribunal pleno.

XII - a atividade jurisdicional será ininterrupta, sendo vedado férias coletivas nos juízos e tribunais de segundo grau, funcionando, nos dias em que não houver expediente forense normal, juízes em plantão permanente;[578]

XIII - o número de juízes na unidade jurisdicional será proporcional à efetiva demanda judicial e à respectiva população;[579]

XIV - os servidores receberão delegação para a prática de atos de administração e atos de mero expediente sem caráter decisório;[580]

XV - a distribuição de processos será imediata, em todos os graus de jurisdição.[581]

Art. 94. Um quinto dos lugares dos Tribunais Regionais Federais, dos Tribunais dos Estados, e do Distrito Federal e Territórios será composto de membros, do Ministério Público, com mais de dez anos de carreira, e de advogados de notório saber jurídico e de reputação ilibada, com mais de dez anos de efetiva atividade profissional, indicados em lista sêxtupla pelos órgãos de representação das respectivas classes.[582]

Parágrafo único. Recebidas as indicações, o tribunal formará lista tríplice, enviando-a ao Poder Executivo, que, nos vinte dias subseqüentes, escolherá um de seus integrantes para nomeação.[583]

Art. 95. Os juízes gozam das seguintes garantias:

I - vitaliciedade, que, no primeiro grau, só será adquirida após dois anos de exercício, dependendo a perda do cargo, nesse período, de deliberação do

---

[577] Redação dada pela EC n° 45, de 8/12/2004; vide ADI 410-MC, Rel. Min. Celso de Mello, DJ 17/06/1994.

[578] Incluído pela EC n° 45, de 8/12/2004; vide ADI 3.823, Rel. Min. Carmen Lúcia, Inf. 451 e ADI 3.085, Rel. Min. Eros Grau, DJ 28/04/2006.

[579] Incluído pela EC n° 45, de 8/12/2004.

[580] Incluído pela EC n° 45, de 8/12/2004.

[581] Incluído pela EC n° 45, de 8/12/2004.

[582] Vide ADI 3.490, Rel. Min. Marco Aurélio, DJ 07/04/2006; ADI 2.319-MC, Rel. Min. Moreira Alves, DJ 09/11/2001; ADI 1.289, Rel. Min. Octavio Gallotti, DJ 29/05/1998; ADI 813, Rel. Min. Carlos Velloso, DJ 25/04/1997; ADI 759-MC, Rel. Min. Carlos Velloso, DJ 16/04/1993 ADI 160, Rel. Min. Octavio Gallotti, 20/11/1998; ADI 29, Rel. Min. Aldir Passarinho, DJ 22/06/1990; ADI 27, Rel. Min. Célio Borja, DJ 22/06/1990.

[583] Vide ADI 4.150, Rel. Min. Marco Aurélio, DJe 19/03/2015.

CONSTITUIÇÃO FEDERAL (1988)   Arts. 95 a 96

tribunal a que o juiz estiver vinculado, e, nos demais casos, de sentença judicial transitada em julgado;[584]

II - inamovibilidade, salvo por motivo de interesse público, na forma do art. 93, VIII;[585]

III - irredutibilidade de subsídio, ressalvado o disposto nos arts. 37, X e XI, 39, § 4º, 150, II, 153, III, e 153, § 2º, I.[586]

> **Redação anterior:** vigente entre 05.10.1988 e 04.06.1998 (original):
>
> **III** - irredutibilidade de vencimentos, observado, quanto à remuneração, o que dispõem os arts. 37, XI, 150, II, 153, III, e 153, § 2º, I.

Parágrafo único. Aos juízes é vedado:

I - exercer, ainda que em disponibilidade, outro cargo ou função, salvo uma de magistério;[587]

II - receber, a qualquer título ou pretexto, custas ou participação em processo;[588]

III - dedicar-se à atividade político-partidária;

IV - receber, a qualquer título ou pretexto, auxílios ou contribuições de pessoas físicas, entidades públicas ou privadas, ressalvadas as exceções previstas em lei;[589]

V - exercer a advocacia no juízo ou tribunal do qual se afastou, antes de decorridos três anos do afastamento do cargo por aposentadoria ou exoneração.[590]

Art. 96. Compete privativamente:

I - aos tribunais:

a) eleger seus órgãos diretivos e elaborar seus regimentos internos, com observância das normas de processo e das garantias processuais das partes, dispondo sobre a competência e o funcionamento dos respectivos órgãos jurisdicionais e administrativos;[591]

---

[584] Vide ADI 4.638, Rel. Min. Marco Aurélio, DJe 30/10/2014; ADI 3.367, Rel. Min. Cezar Peluso, DJ 22/09/2006.

[585] Vide ADI 4.638, Rel. Min. Marco Aurélio, DJe 30/10/2014.

[586] Redação dada pela EC nº 19, de 4/6/1998; vide ADI 1.550-MC, Rel. Min. Maurício Corrêa, DJ 04/04/1997; ADI 965, Rel. Min. Maurício Corrêa, DJ 08/09/2000.

[587] Vide ADI 3.508, Rel. Min. Sepúlveda Pertence, DJ 31/08/2007; ADI 3.126-MC, Rel. Min. Gilmar Mendes, DJ 06/05/2005.

[588] Vide ADI 954, Rel. Min. Gilmar Mendes, DJe 26/05/2011.

[589] Incluído pela EC nº 45, de 8/12/2004.

[590] Incluído pela EC nº 45, de 8/12/2004.

[591] Vide ADI 5.240, Rel. Min. Luiz Fux, DJe 01/02/2016; ADI 3.976, Rel. Min. Ricardo Lewandoski, DJe 15/02/2008; ADI 3.566, Rel. Min. Cezar Peluso, DJ 15/06/2007; ADI 2.970, Rel. Min. Ellen Gracie, DJ 12/05/2006; ADI 2.907, Rel. Min. Ricardo Lewandowsky, DJe 29/08/2008; ADI 2.700-MC, Rel. Min. Sydney Sanches, DJ 07/03/2003; ADI 2.480, Rel. Min. Sepúlveda Pertence, DJ 15/06/2007; ADI 2.408, Rel. Min. Sepúlveda Pertence, Dje 29/08/2008; ADI 2.012-MC, Rel. Min. Marco Aurélio, DJ 28/02/2003; ADI 1.503, Rel. Min. Maurício Corrêa, DJ 18/05/2001; ADI 1.105-MC, Rel. Min. Paulo Brossard, DJ 27/04/2001. ADI 410/SC, MC, Lex 191/166 e ADI 1.152-MC, Rel. Min. Celso de Mello, DJ 03/02/1995.

Art. 96   J. U. JACOBY FERNANDES

b) organizar suas secretarias e serviços auxiliares e os dos juízos que lhes forem vinculados, velando pelo exercício da atividade correicional respectiva;[592]

c) prover, na forma prevista nesta Constituição, os cargos de juiz de carreira da respectiva jurisdição;[593]

d) propor a criação de novas varas judiciárias;[594]

e) prover, por concurso público de provas, ou de provas e títulos, obedecido o disposto no art. 169, parágrafo único, os cargos necessários à administração da Justiça, exceto os de confiança assim definidos em lei;

f) conceder licença, férias e outros afastamentos a seus membros e aos juízes e servidores que lhes forem imediatamente vinculados;

II - ao Supremo Tribunal Federal, aos Tribunais Superiores e aos Tribunais de Justiça propor ao Poder Legislativo respectivo, observado o disposto no art. 169:[595]

a) a alteração do número de membros dos tribunais inferiores;[596]

b) a criação e a extinção de cargos e a remuneração dos seus serviços auxiliares e dos juízos que lhes forem vinculados, bem como a fixação do subsídio de seus membros e dos juízes, inclusive dos tribunais inferiores, onde houver;[597]

Redação anterior: vigente entre 05.10.1988 e 30.12.2003 (EC n° 19/98):

b) a criação e a extinção de cargos e a remuneração dos seus serviços auxiliares e dos juízos que lhes forem vinculados, bem como a fixação do subsídio de seus membros e dos juízes, inclusive dos tribunais inferiores, onde houver, ressalvado o disposto no art. 48, XV;

Redação anterior: vigente entre 05.10.1988 e 04.06.1998 (original):

b) a criação e a extinção de cargos e a fixação de vencimentos de seus membros, dos juízes, inclusive dos tribunais inferiores, onde houver, dos serviços auxiliares e os dos juízos que lhes forem vinculados;

---

[592] Vide ADI 4.140, Rel. Min. Ellen Gracie, DJe 20/09/2011; ADI 2.907, Rel. Min. Ricardo Lewandowsky, DJe 29/08/2008; ADI 2.308-MC, Rel. Min. Moreira Alves, DJ 05/10/2001; ADI 2.415-MC, Rel. Min. Ilmar Galvão, DJ 20/02/2004; e ADI 1.105-MC, Rel. Min. Paulo Brossard, DJ 27/04/2001; ADI 106, Rel. Min. Gilmar Mendes, DJ 25/11/2005.

[593] Vide ADI 314, Rel. Min. Carlos Velloso, DJ 20/04/2001.

[594] Vide ADI 3.131, Rel. Min. Carlos Velloso, DJ 18/06/2004.

[595] Vide ADI 2.909, Rel. Min. Ayres Britto, DJe 11/06/2010; ADI 2.855, Rel. Min. Marco Aurélio, DJe 17/09/2010;

[596] Vide ADI 3.362, Rel. p/o ac. Min. Marco Aurélio, DJe 28/03/2008; ADI 142, Rel. Min. Ilmar Galvão, DJ 06/09/1996.

[597] Redação dada pela EC n° 41, de 19/12/2003; vide ADI 3.773, Rel. Min. Mezezes Direito, DJe 04/09/2009; ADI 2.104, Rel. Min. Eros Grau, DJ 22/02/2008; ADI 2.103, Rel. Min. Ellen Gracie, DJ 08/10/2004; ADI 2.087-MC, Rel. Min. Sepúlveda Pertence, DJ 19/09/2003; ADI 1.781-MC, Rel. Min. Néri da Silveira, DJ 22/10/1999; ADI 965, Rel. Min. Maurício Corrêa, DJ 08/09/2000; ADI 662, Rel. Min. Eros Grau, DJ 10/11/2006; ADI 106, Rel. Min. Gilmar Mendes, DJ 25/11/2005.

CONSTITUIÇÃO FEDERAL (1988)   Arts. 96 a 98

c) a criação ou extinção dos tribunais inferiores;[598]

d) a alteração da organização e da divisão judiciárias;[599]

III - aos Tribunais de Justiça julgar os juízes estaduais e do Distrito Federal e Territórios, bem como os membros do Ministério Público, nos crimes comuns e de responsabilidade, ressalvada a competência da Justiça Eleitoral.

Art. 97. Somente pelo voto da maioria absoluta de seus membros ou dos membros do respectivo órgão especial poderão os tribunais declarar a inconstitucionalidade de lei ou ato normativo do Poder Público.[600]

Art. 98. A União, no Distrito Federal e nos Territórios, e os Estados criarão:

I - juizados especiais, providos por juízes togados, ou togados e leigos, competentes para a conciliação, o julgamento e a execução de causas cíveis de menor complexidade e infrações penais de menor potencial ofensivo, mediante os procedimentos oral e sumaríssimo, permitidos, nas hipóteses previstas em lei, a transação e o julgamento de recursos por turmas de juízes de primeiro grau;[601]

II - justiça de paz, remunerada, composta de cidadãos eleitos pelo voto direto, universal e secreto, com mandato de quatro anos e competência para, na forma da lei, celebrar casamentos, verificar, de ofício ou em face de impugnação apresentada, o processo de habilitação e exercer atribuições conciliatórias, sem caráter jurisdicional, além de outras previstas na legislação.[602]

§ 1° Lei federal disporá sobre a criação de juizados especiais no âmbito da Justiça Federal.[603]

> **Redação anterior:** vigente entre 05.10.1988 e 30.12.2004 (EC n° 22/99 - original):
>
> **Parágrafo único.** Lei federal disporá sobre a criação de juizados especiais no âmbito da Justiça Federal.

§ 2° As custas e emolumentos serão destinados exclusivamente ao custeio dos serviços afetos às atividades específicas da Justiça.[604]

---

[598] Vide ADI 2.011-MC, Rel. Min. Ilmar Galvão, DJ 04/04/2003 e ADI 366, Rel. Min. Octavio Gallotti, DJ 07/02/1997.

[599] Vide ADI 4.140, Rel. Min. Ellen Gracie, DJe 20/09/2011; ADI 4.066, Rel. Min. Rosa Weber, Inf. 874; ADI 4.062, Rel. Joaquim Barbosa, DJ 20/06/2008; ADI 3.151, Rel. Min. Ayres Britto, DJ 28/04/2006 e ADI 1.834-MC, Rel. Min. Maurício Corrêa, DJ 17/10/2003.

[600] Vide Súmula vinculante 10; ADI 2.010-MC, Rel. Min. Celso de Mello, DJ 12/04/2002 e Lei no. 13.105 (Codigo de Processo Civil), art. 1.035, § 3°, inc. III.

[601] Vide Súmula vinculante 27; ADI 4.161, Rel. Min. Cármen Lúcia, DOU 10/02/2015; ADI 1.807, Rel. Min. Sepúlveda Pertence, DJ 05/06/1998 e Min. Dias Toffoli, DJe 09/02/2015 e Lei n° 9.099, de 26 de setembro de 1995 (dispõe sobre o Juizado especial de causas cíveis e criminais, estabelecendo os requisitos para a transação penal e para o procedimento sumaríssimo cível); Lei n° 12.153 de 22 de dezembro de 2009 (dispõe sobre os Juizados Especiais da Fazenda Pública).

[602] Vide ADI 2.938, Rel. Min. Eros Grau, Inf. 391 e ADI 1.051, Rel. Min. Maurício Corrêa, DJ 13/10/1995; ADI 954, Rel. Min. Gilmar Mendes, DJe 26/05/2011.

[603] Renumerado pela EC n° 45, de 8/12/2004.

[604] Incluído pela EC n° 45, de 8/12/2004; vide ADI 3.401-MC, Rel. Min. Gilmar Mendes, DJ 03/06/2005.

Arts. 99 e 100

Art. 99. Ao Poder Judiciário é assegurada autonomia administrativa e financeira.[605]

§ 1º Os tribunais elaborarão suas propostas orçamentárias dentro dos limites estipulados conjuntamente com os demais Poderes na lei de diretrizes orçamentárias.[606]

§ 2º O encaminhamento da proposta, ouvidos os outros tribunais interessados, compete:

I - no âmbito da União, aos Presidentes do Supremo Tribunal Federal e dos Tribunais Superiores, com a aprovação dos respectivos tribunais;

II - no âmbito dos Estados e no do Distrito Federal e Territórios, aos Presidentes dos Tribunais de Justiça, com a aprovação dos respectivos tribunais.

§ 3º Se os órgãos referidos no § 2º não encaminharem as respectivas propostas orçamentárias dentro do prazo estabelecido na lei de diretrizes orçamentárias, o Poder Executivo considerará, para fins de consolidação da proposta orçamentária anual, os valores aprovados na lei orçamentária vigente, ajustados de acordo com os limites estipulados na forma do § 1º deste artigo.[607]

§ 4º Se as propostas orçamentárias de que trata este artigo forem encaminhadas em desacordo com os limites estipulados na forma do § 1º, o Poder Executivo procederá aos ajustes necessários para fins de consolidação da proposta orçamentária anual.[608]

§ 5º Durante a execução orçamentária do exercício, não poderá haver a realização de despesas ou a assunção de obrigações que extrapolem os limites estabelecidos na lei de diretrizes orçamentárias, exceto se previamente autorizadas, mediante a abertura de créditos suplementares ou especiais.[609]

Art. 100. Os pagamentos devidos pelas Fazendas Públicas Federal, Estaduais, Distrital e Municipais, em virtude de sentença judiciária, far-se-ão exclusivamente na ordem cronológica de apresentação dos precatórios e à conta dos créditos respectivos, proibida a designação de casos ou de pessoas nas dotações orçamentárias e nos créditos adicionais abertos para este fim.[610]

---

[605] Vide ADI 3.458, Rel. Min. Eros Grau, DJe 16/05/2008; ADI 2.214, Rel. Min. Maurício Correa, DJ 19/04/2002; ADI 1.933, Rel. Min. Eros Grau, DJe 03/09/2010; ADI 1.578, Rel. Min. Cármen Lúcia, DJe 03/04/2009.

[606] Vide ADI 4.356, Rel. Min. Dias Toffoli, DJe 12/05/2011; ADI 4.426, Rel. Min. Dias Toffoli, DJe 18/05/2011; ADI 1.911-MC, Rel. Min. Ilmar Galvão, DJ 12/03/1999; ADI 848-MC, Rel. Min. Sepúlveda Pertence, DJ 16/04/1993; ADI 810-MC, Rel. Min. Francisco Rezek, DJ 19/02/1993 e ADI 691-MC, Rel. Min. Sepúlveda Pertence, DJ 19/06/1992; ADI 336, Rel. Eros Grau, DJe 17/09/2010.

[607] Incluído pela EC nº 45, de 8/12/2004.

[608] Incluído pela EC nº 45, de 8/12/2004.

[609] Incluído pela EC nº 45, de 8/12/2004.

[610] Redação dada pela EC nº 62, de 09/12/2009. Vide art. 101 a 105 do ADCT incluídos pelas EC's nº 99 de 14 de dezembro de 2017 e nº 94 de 15 de dezembro de 2016; Vide Lei nº 13.463, de 06 de julho de 2017 (dispõe sobre os recursos destinados aos pagamentos decorrentes de precatórios e de Requisições de Pequeno Valor – RPV – federais); Súmulas nos 655, 729; ADI 3.453, Rel. Min. Cármen Lúcia, Inf. 450; ADI 2.405-MC, Rel. Min. Ayres Britto, DJ

CONSTITUIÇÃO FEDERAL (1988)   Art. 100

§ 1° Os débitos de natureza alimentícia compreendem aqueles decorrentes de salários, vencimentos, proventos, pensões e suas complementações, benefícios previdenciários e indenizações por morte ou por invalidez, fundadas em responsabilidade civil, em virtude de sentença judicial transitada em julgado, e serão pagos com preferência sobre todos os demais débitos, exceto sobre aqueles referidos no § 2° deste artigo.[611]

> **Redação anterior:** vigente entre 05.10.1988 e 10.12.2009 (EC n° 62):
>
> § 1° É obrigatória a inclusão, no orçamento das entidades de direito público, de verba necessária ao pagamento de seus débitos oriundos de sentenças transitadas em julgado, constantes de precatórios judiciários, apresentados até 1° de julho, fazendo-se o pagamento até o final do exercício seguinte, quando terão seus valores atualizados monetariamente.
>
> **Redação anterior:** vigente entre 05.10.1988 e 13.09.2000 (original):
>
> § 1° É obrigatória a inclusão, no orçamento das entidades de direito público, de verba necessária ao pagamento de seus débitos constantes de precatórios judiciários, apresentados até 1° de julho, data em que terão atualizados seus valores, fazendo-se o pagamento até o final do exercício seguinte.[612]

§ 2° Os débitos de natureza alimentícia cujos titulares, originários ou por sucessão hereditária, tenham 60 (sessenta) anos de idade, ou sejam portadores de doença grave, ou pessoas com deficiência, assim definidos na forma da lei, serão pagos com preferência sobre todos os demais débitos, até o valor equivalente ao triplo fixado em lei para os fins do disposto no § 3° deste artigo, admitido o fracionamento para essa finalidade, sendo que o restante será pago na ordem cronológica de apresentação do precatório.[613]

> **Redação anterior:** vigente entre 11.12.2009 e 14.12.2016 (EC n° 62)
>
> § 2° Os débitos de natureza alimentícia cujos titulares tenham 60 (sessenta) anos de idade ou mais na data de expedição do precatório, ou sejam portadores de doença grave, definidos na forma da lei, serão pagos com preferência sobre todos os demais débitos, até o valor equivalente ao triplo do fixado em lei para os fins do disposto no § 3° deste artigo, admitido o fracionamento para essa finalidade, sendo que o restante será pago na ordem cronológica de apresentação do precatório.
>
> **Redação anterior:** vigente entre 14.09.2000 e 10.12.2009 (EC n° 30)
>
> § 2° As dotações orçamentárias e os créditos abertos serão consignados diretamente ao Poder Judiciário, cabendo ao Presidente do Tribunal que proferir a decisão exeqüenda determinar o pagamento segundo as possibilidades do depósito, e

---

17/02/2006; ADI 1.098, Rel. Min. Marco Aurélio, DJ 25/10/1996 e ADI 584-MC, Rel. Min. Celso de Mello, DJ 22/05/1992; ADI 4425, Rel. Min. Luiz Fux.

[611] Redação dada pela EC n° 30, de 13/9/2000 e alterada pela EC n° 62, de 09/12/2009.

[612] Sobre o assunto, consulte o § 5° abaixo e a súmula vinculante 17.

[613] Redação dada pela EC n° 94, de 15/12/2016, após alteração da EC n° 62, de 09/12/ 2009 e, anteriormente, da EC n° 30, de 13/9/2000; vide ADI 4.425, Rel. p/ o ac. Min. Luiz Fux, DJe 19/12/2013; ADI 1.662, Rel. Min. Maurício Corrêa, DJ 19/09/2003;

Art. 100 — J. U. JACOBY FERNANDES

> autorizar, a requerimento do credor, e exclusivamente para o caso de preterimento de seu direito de precedência, o seqüestro da quantia necessária à satisfação do débito.
>
> **Redação anterior:** vigente entre 05.10.1988 e 13.09.2000 (original):
>
> § 2° As dotações orçamentárias e os créditos abertos serão consignados ao Poder Judiciário, recolhendo-se as importâncias respectivas à repartição competente, cabendo ao Presidente do Tribunal que proferir a decisão exeqüenda determinar o pagamento, segundo as possibilidades do depósito, e autorizar, a requerimento do credor e exclusivamente para o caso de preterimento de seu direito de precedência, o seqüestro da quantia necessária à satisfação do débito.

§ 3° O disposto no *caput* deste artigo, relativamente à expedição de precatórios, não se aplica aos pagamentos de obrigações definidas em leis como de pequeno valor que as Fazendas referidas devam fazer em virtude de sentença judicial transitada em julgado.[614]

> **Redação anterior:** vigente entre 14.09.2000 e 09.12.2009 (EC n° 30/2000):
>
> § 3° As dotações orçamentárias e os créditos abertos serão consignados diretamente ao Poder Judiciário, cabendo ao Presidente do Tribunal que proferir a decisão exeqüenda determinar o pagamento segundo as possibilidades do depósito, e autorizar, a requerimento do credor, e exclusivamente para o caso de preterimento de seu direito de precedência, o seqüestro da quantia necessária à satisfação do débito.
>
> **Redação anterior:** vigente entre 16.12.1998 e 13.09.2000 (EC n° 20/1998 - original):
>
> § 3° O disposto no caput deste artigo, relativamente à expedição de precatórios, não se aplica aos pagamentos de obrigações definidas em lei como de pequeno valor que a Fazenda Federal, Estadual ou Municipal deva fazer em virtude de sentença judicial transitada em julgado.

§ 4° Para os fins do disposto no § 3°, poderão ser fixados, por leis próprias, valores distintos às entidades de direito público, segundo as diferentes capacidades econômicas, sendo o mínimo igual ao valor do maior benefício do regime geral de previdência social.[615]

> **Redação anterior:** de 13.02.2002 a 09.12.2009 (EC n° 37):
>
> § 4° São vedados a expedição de precatório complementar ou suplementar de valor pago, bem como fracionamento, repartição ou quebra do valor da execução, a fim de que seu pagamento não se faça, em parte, na forma estabelecida no § 3° deste artigo e, em parte, mediante expedição de precatório.

§ 5° É obrigatória a inclusão, no orçamento das entidades de direito público, de verba necessária ao pagamento de seus débitos, oriundos de

---

[614] Redação dada pela EC n° 62, de 09/12/2009; vide ADI 4.015, Rel. Min. Celso de Mello, DJe 06/02/2014; ADI 3.344-MC, Rel. Min. Gilmar Mendes, DJ 03/02/2006 e ADI 3.057-MC, Rel. Min. Cezar Peluso, DJ 19/03/2004;

[615] Redação dada pela EC n° 62, de 09/12/2009. Vide vide ADI 2.868, Rel. p/ ac. Min. Joaquim Barbosa, DJ 12/11/2004.

CONSTITUIÇÃO FEDERAL (1988)   Art. 100

sentenças transitadas em julgado, constantes de precatórios judiciários apresentados até 1º de julho, fazendo-se o pagamento até o final do exercício seguinte, quando terão seus valores atualizados monetariamente.[616]

> **Redação anterior:** vigente entre 14.09.2000 e 09.12.2009 (EC nº 30/2000):
>
> § 5º A lei poderá fixar valores distintos para o fim previsto no § 3º deste artigo, segundo as diferentes capacidades das entidades de direito público.

§ 6º As dotações orçamentárias e os créditos abertos serão consignados diretamente ao Poder Judiciário, cabendo ao Presidente do Tribunal que proferir a decisão exequenda determinar o pagamento integral e autorizar, a requerimento do credor e exclusivamente para os casos de preterimento de seu direito de precedência ou de não alocação orçamentária do valor necessário à satisfação do seu débito, o sequestro da quantia respectiva.[617]

> **Redação anterior:** vigente entre 14.09.2000 e 09.12.2009 (EC nº 30/2000):
>
> § 6º O Presidente do Tribunal competente que, por ato comissivo ou omissivo, retardar ou tentar frustrar a liquidação regular de precatório incorrerá em crime de responsabilidade.

§ 7º O Presidente do Tribunal competente que, por ato comissivo ou omissivo, retardar ou tentar frustrar a liquidação regular de precatórios incorrerá em crime de responsabilidade e responderá, também, perante o Conselho Nacional de Justiça.[618]

§ 8º É vedada a expedição de precatórios complementares ou suplementares de valor pago, bem como o fracionamento, repartição ou quebra do valor da execução para fins de enquadramento de parcela do total ao que dispõe o § 3º deste artigo.[619]

§ 9º No momento da expedição dos precatórios, independentemente de regulamentação, deles deverá ser abatido, a título de compensação, valor correspondente aos débitos líquidos e certos, inscritos ou não em dívida ativa e constituídos contra o credor original pela Fazenda Pública devedora, incluídas parcelas vincendas de parcelamentos, ressalvados aqueles cuja execução esteja suspensa em virtude de contestação administrativa ou judicial.[620]

§ 10. Antes da expedição dos precatórios, o Tribunal solicitará à Fazenda Pública devedora, para resposta em até 30 (trinta) dias, sob pena de perda do

---

[616] EC nº 62, de 09/12/2009. Vide Súmula vinculante 17.
[617] EC nº 62, de 09/12/2009.
[618] Incluído pela EC nº 62, de 09/12/2009.
[619] Incluído pela EC nº 62, de 09/12/2009. Vide ADI 2.924, Rel. Min. Carlos Velloso, DJ 06/09/2007.
[620] Incluído pela EC nº 62, de 09/12/2009. Vide ADI nº 4.425. Relator: Ministro Luiz Fux, DJ 19/12/2013;

Art. 100   J. U. JACOBY FERNANDES

direito de abatimento, informação sobre os débitos que preencham as condições estabelecidas no § 9º, para os fins nele previstos.[621]

§ 11. É facultada ao credor, conforme estabelecido em lei da entidade federativa devedora, a entrega de créditos em precatórios para compra de imóveis públicos do respectivo ente federado.[622]

§ 12. A partir da promulgação desta Emenda Constitucional, a atualização de valores de requisitórios, após sua expedição, até o efetivo pagamento, independentemente de sua natureza, será feita pelo índice oficial de remuneração básica da caderneta de poupança, e, para fins de compensação da mora, incidirão juros simples no mesmo percentual de juros incidentes sobre a caderneta de poupança, ficando excluída a incidência de juros compensatórios.[623]

§ 13. O credor poderá ceder, total ou parcialmente, seus créditos em precatórios a terceiros, independentemente da concordância do devedor, não se aplicando ao cessionário o disposto nos §§ 2º e 3º.[624]

§ 14. A cessão de precatórios somente produzirá efeitos após comunicação, por meio de petição protocolizada, ao tribunal de origem e à entidade devedora.[625]

§ 15. Sem prejuízo do disposto neste artigo, lei complementar a esta Constituição Federal poderá estabelecer regime especial para pagamento de crédito de precatórios de Estados, Distrito Federal e Municípios, dispondo sobre vinculações à receita corrente líquida e forma e prazo de liquidação.[626]

§ 16. A seu critério exclusivo e na forma de lei, a União poderá assumir débitos, oriundos de precatórios, de Estados, Distrito Federal e Municípios, refinanciando-os diretamente.[627]

§ 17. A União, os Estados, o Distrito Federal e os Municípios aferirão mensalmente, em base anual, o comprometimento de suas respectivas receitas correntes líquidas com o pagamento de precatórios e obrigações de pequeno valor.[628]

§ 18. Entende-se como receita corrente líquida, para os fins de que trata o § 17, o somatório das receitas tributárias, patrimoniais, industriais, agropecuárias, de contribuições e de serviços, de transferências correntes e outras receitas correntes, incluindo as oriundas do § 1º do art. 20 da Constituição Federal,

---

[621] Incluído pela EC nº 62, de 09/12/2009. Vide ADI nº 4.425. Relator: Ministro Luiz Fux, DJ 19/12/2013.
[622] Incluído pela EC nº 62, de 09/12/2009.
[623] Incluído pela EC nº 62, de 09/12/2009. Vide ADI nº 4.425. Relator: Ministro Luiz Fux, DJ 19/12/2013.
[624] Incluído pela EC nº 62, de 09/12/2009.
[625] Incluído pela EC nº 62, de 09/12/2009.
[626] Incluído pela EC nº 62, de 09/12/2009. Vide ADI nº 4.425. Relator: Ministro Luiz Fux, DJ 19/12/2013.
[627] Incluído pela EC nº 62, de 09/12/2009.
[628] Incluído pela EC nº 94, de 15/12/2016.

CONSTITUIÇÃO FEDERAL (1988) Arts 100 a 101

verificado no período compreendido pelo segundo mês imediatamente anterior ao de referência e os 11 (onze) meses precedentes, excluídas as duplicidades, e deduzidas:[629]

I - na União, as parcelas entregues aos Estados, ao Distrito Federal e aos Municípios por determinação constitucional;[630]

II - nos Estados, as parcelas entregues aos Municípios por determinação constitucional;[631]

III - na União, nos Estados, no Distrito Federal e nos Municípios, a contribuição dos servidores para custeio de seu sistema de previdência e assistência social e as receitas provenientes da compensação financeira referida no § 9º do art. 201 da Constituição Federal.[632]

§ 19. Caso o montante total de débitos decorrentes de condenações judiciais em precatórios e obrigações de pequeno valor, em período de 12 (doze) meses, ultrapasse a média do comprometimento percentual da receita corrente líquida nos 5 (cinco) anos imediatamente anteriores, a parcela que exceder esse percentual poderá ser financiada, excetuada dos limites de endividamento de que tratam os incisos VI e VII do art. 52 da Constituição Federal e de quaisquer outros limites de endividamento previstos, não se aplicando a esse financiamento a vedação de vinculação de receita prevista no inciso IV do art. 167 da Constituição Federal.[633]

§ 20. Caso haja precatório com valor superior a 15% (quinze por cento) do montante dos precatórios apresentados nos termos do § 5º deste artigo, 15% (quinze por cento) do valor deste precatório serão pagos até o final do exercício seguinte e o restante em parcelas iguais nos cinco exercícios subsequentes, acrescidas de juros de mora e correção monetária, ou mediante acordos diretos, perante Juízos Auxiliares de Conciliação de Precatórios, com redução máxima de 40% (quarenta por cento) do valor do crédito atualizado, desde que em relação ao crédito não penda recurso ou defesa judicial e que sejam observados os requisitos definidos na regulamentação editada pelo ente federado.[634]

SEÇÃO II - DO SUPREMO TRIBUNAL FEDERAL

Art. 101. O Supremo Tribunal Federal compõe-se de onze Ministros, escolhidos dentre cidadãos com mais de trinta e cinco e menos de sessenta e cinco anos de idade, de notável saber jurídico e reputação ilibada.

Parágrafo único. Os Ministros do Supremo Tribunal Federal serão nomeados pelo Presidente da República, depois de aprovada a escolha pela maioria absoluta do Senado Federal.

---

[629] Incluído pela EC nº 94, de 15/12/2016.
[630] Incluído pela EC nº 94, de 15/12/2016.
[631] Incluído pela EC nº 94, de 15/12/2016.
[632] Incluído pela EC nº 94, de 15/12/2016.
[633] Incluído pela EC nº 94, de 15/12/2016.
[634] Incluído pela EC nº 94, de 15/12/2016.

Art. 102 — J. U. Jacoby Fernandes

Art. 102. Compete ao Supremo Tribunal Federal, precipuamente, a guarda da Constituição, cabendo-lhe:[635]

I - processar e julgar, originariamente:

a) a ação direta de inconstitucionalidade de lei ou ato normativo federal ou estadual e a ação declaratória de constitucionalidade de lei ou ato normativo federal;[636]

---

[635] Vide ADI 3.345, Rel. Min. Celso de Mello, Inf. 398; ADI 2.010-MC, Rel. Min. Celso de Mello, DJ 12/04/2002; ADI 1.886-AgR, Rel. Min. Néri da Silveira, DJ 17/12/1999; ADI 2.105-MC, Rel. Min. Celso de Mello, DJ 28/04/2000 e ADI 293-MC, Rel. Min. Celso de Mello, DJ 16/04/1993.

[636] Redação dada pela EC nº 3, de 17/03/1993; vide Súmulas nºs 360, 642; ADI 5.749, Rel. Min. Alexandre de Moraes, DJe 26/02/2018; ADI 5.089, Rel. Min. Celso de Mello, DJe 06/02/2015; ADI 4.620, Rel. Min. Dias Toffoli, DJe 01/08/2012; ADI 4.430, Rel. Dias Toffoli, DJe 19/09/2013; ADI 4.364, Rel. Min. Dias Toffoli, DJe 16/05/2011; ADI 4.307, Rel. Min. Cármen Lúcia, DJe 01/10/2013; ADI 4.303, Rel. Min. Cármen Lúcia, DJe 28/08/2014; ADI 4.180, Rel. Min. Cezar Peluso, DJe, 27/08/2010; ADI 4.163, Rel. Min. Cezar Peluso, DJe 01/03/2013; ADI nº 4.048, Rel. Min. Gilmar Mendes, DJ 22/08/2008; ADI 3.773, Rel. Min. Mezezes Direito, DJe 04/09/2009; ADI 3.731, rel. Min. Cezar Peluso, DJ 11/10/2007; ADI 3.710, Rel. Joaquim Barbosa, DJe 27/04/2007; ADI 3.510, Rel. Min. Ayres Britto, DJe 28/05/2010; ADI 3.376, Rel. Min. Eros Grau, DJ 23/06/2006; ADI 3.345, Rel. Min. Celso de Mello, Inf. 398; ADI 3.233, Rel. Min. Joaquim Barbosa, DJ 14/09/2007; ADI 3.232, Rel. Min. Cezar Peluso, DJe 03/10/2008; ADI 3.615, Rel. Min. Ellen Gracie, Inf. 438; ADI 3.573, Rel. p/ o ac. Min. Eros Grau, DJ 19/12/2006; ADI 3.367, Rel. Min. Cezar Peluso, DJ 22/09/2006; ADI 3.341, Rel. Min. Ricardo Lewandowski, DJe 01/07/2014; ADI 3.148 Rel. Min. Celso de Mello, DJ 28/09/2007; ADI 3.147, Rel. Min. Teori Zavaski, DJ 13/06/2014; ADI 3.111, Rel. Alexandre de Moraes, DJe 08/08/2017; ADI 3.205, Rel. Min. Sepúlveda Pertence, DJ 17/11/2006; ADI 3.103, Rel. Min. Cezar Peluso, DJ 25/08/2006; ADI 2.980, Rel. Min. Cezar Peluso, DJe 07/08/2009; ADI 2.950, Rel p/o ac. Min. Eros Grau, DJ 09/02/2007; ADI 2.895, Rel. Min. Carlos Velloso, DJ 20/05/2005; ADI 2.797, Rel. Min. Ayres Brito, DJ 28/02/2013; ADI 2.813, Rel. Min. Cármen Lúcia, DJe 26/08/2011; ADI 2.645-MC, Rel. Min. Sepúlveda Pertence, DJ 29/09/2006; ADI 2.728-ED, Rel. Min. Marco Aurélio, Inf. STF 445; ADI 2.551, Rel. Min. Celso Mello, DJ 20/04/2006; ADI 2.549, Rel. Min. Ricardo Lewandowski, DJe 03/11/2011; ADI 2.531-AgR, DJ de 12/09/2003; ADI 2.398, Rel. Min. Cezar Peluso, DJ 31/08/2007; ADI 2.238-MC, Rel. Min. Ilmar Galvão, Inf. 297; ADI 2.189 e ADI 2.158, rel. Min. Dias Toffoli, DJe, 16/12/2010; ADI 1.144, Rel. Min. Eros Grau, DJ 08/09/2006; ADI 2.883, Rel. Min. Gilmar Mendes, Inf. 438; ADI 2.197, DJ de 02/04/2004; ADI 1.949-MC, Rel. Min. Sepúlveda Pertence, DJ 25/11/2005; ADI 1.874, Rel. Min. Mauricio Corrêa, DJ 07/02/2003; ADI 1.717-MC, DJ de 25/02/2000; ADI 1.691, DJ de 04/04/2003; ADI 1.633, Rel. Min. Cármen Lúcia, DJ 30/11/2007; ADI 1.458-MC, Rel. Min. Celso de Mello, DJ 29/09/1996; ADI 1.344, Rel. Min. Moreira Alves, DJ 19/04/1996; ADI 1.247-MC, Rel. Min. Celso de Mello, DJ 08/09/1995; ADI 1.096-MC, Rel. Min. Celso de Mello, DJ 22/09/1995; ADI 1.063-MC-QO, Rel. Min. Celso de Mello, DJ 27/04/2001; ADI 956, Rel. Min. Francisco Rezek, DJ 20/04/2001;ADI 907-MC, Rel. Min. Ilmar Galvão, DJ 03/12/1993; ADI 654-MC, Rel. Min. Carlos Velloso, DJ 06/08/1993; ADI 594, Rel. Min. Carlos Velloso, DJ 15/04/1994; ADI 466, Rel. Min. Celso de Mello, DJ 10/05/1991; ADI 164, Rel. Min. Moreira Alves, DJ 17/12/1993; ADI 4, Rel. Min. Sydney Sanches, DJ 25/06/1993; ADI 2.321-MC, Rel. Min. Celso de Mello, DJ 10/06/2005; ADI 943, Rel. Min. Moreira Alves, DJ 24/11/1995; ADI 2.884, Rel. Min. Celso de Mello, DJ 20/05/2005; ADI 2.574, Rel. Min. Carlos Velloso, DJ 29/08/2003; ADI 1.949, Rel. Min. Sepúlveda Pertence, DJ 25/11/2005; ADI 2.215-MC, Rel. Min. Celso de Mello, DJ 26/04/2001; ADI 2.112, Rel. Min. Sepúlveda Pertence, DJ

CONSTITUIÇÃO FEDERAL (1988)   Art. 102

> **Redação anterior:** vigente entre 05.10.1988 e 17.03.1993 (original):
>
> **a)** a ação direta de inconstitucionalidade de lei ou ato normativo federal ou estadual;

b) nas infrações penais comuns, o Presidente da República, o Vice-Presidente, os membros do Congresso Nacional, seus próprios Ministros e o Procurador-Geral da República;[637]

c) nas infrações penais comuns e nos crimes de responsabilidade, os Ministros de Estado e os Comandantes da Marinha, do Exército e da Aeronáutica, ressalvado o disposto no art. 52, I, os membros dos Tribunais

---

28/06/2002; ADI 1.445-QO, Rel. Min. Celso de Mello, DJ 29/04/2005; ADI 246, Rel. Min. Eros Grau, DJ 29/04/2005; ADI 1.749, Rel. Min. Nelson Jobim, DJ 15/04/2005; ADI 1.967, DJ 15/04/2005; ADI 3.218-AgR, Rel. Min. Eros Grau, DJ 07/03/2005; ADI 2.333-MC, Rel. Min. Marco Aurélio, 06/05/2005; ADI 2.925, Rel. Min. Marco Aurélio, DJ 04/03/2005; ADI 769-MC, Rel. Min. Celso de Mello, DJ 08/04/1994; ADI 3.352-MC, Rel. Min. Sepúlveda Pertence, DJ 15/05/2004; ADI 2.645-MC, Rel. Min. Sepúlveda Pertence, Inf. 369; ADI 3.324, Rel. Min. Marco Aurélio, DJ 05/08/2005; ADI 3.046, Rel. Min. Sepúlveda Pertence, DJ 28/05/2004; ADI 2.656, Rel. Min. Maurício Corrêa, DJ 01/08/2003; ADI 2.361-MC, Rel. Min. Maurício Corrêa, DJ 01/08/2003; ADI 2.223-MC, Rel. Min. Maurício Corrêa, DJ 05/12/2003; ADI 2.155-MC, Rel. Min. Sydney Sanches, DJ 01/06/2001; ADI 2.146-MC, Rel. Min. Sepúlveda Pertence, DJ 13/04/2000; ADI 2.138-MC-QO, Rel. Min. Sydney Sanches, DJ 16/02/2001; ADI 2.130-MC, Rel. Min. Celso de Mello, DJ 02/02/2001; ADI 2.105-MC, Rel. Min. Celso de Mello, DJ 28/04/2000; ADI 2.047, Rel. Min. Ilmar Galvão, DJ 17/12/1999; ADI 1.835, Rel. Min. Dias Toffoli, DJe 17/10/2014; ADI 1.823-MC, Rel. Min. Ilmar Galvão, DJ 16/10/1998; ADI 1.805-MC, Rel. Min. Néri da Silveira, DJ 14/11/2003; ADI 1.137, Rel. Min. Ilmar Galvão, DJ 19/09/2003; ADI 2.695, Rel. Min. Moreira Alves, DJ 01/08/2003; ADI 2.206-MC, Rel. Min. Nelson Jobim, DJ 01/08/2003; ADI 2.104, Rel. Min. Eros Grau, DJ 22/02/2008; ADI 2.075-MC-ED, Rel. Min. Celso de Mello, DJ 27/06/2003; ADI 2.844-QO, Rel. Min. Sepúlveda Pertence, DJ 27/06/2003; ADI 1.507-MC-AgR, Rel. Min. Carlos Velloso, DJ 06/06/1997; ADI 1.439-MC, Rel. Min. Celso de Mello, DJ 30/05/2003; ADI 2.159, Rel. Min. Eros Grau, DJe 17/12/2007; ADI 2.055, Rel. Min. Moreira Alves, DJ 09/05/2003; ADI 2.174, Rel. Min. Maurício Corrêa, DJ 07/03/2003; ADI 1.891-MC, Rel. Min. Moreira Alves, DJ 08/11/2002; ADI 1.000-QO, Rel. Min. Moreira Alves, DJ 09/08/2002; ADI 1.946-MC, Rel. Min. Sydney Sanches, DJ 14/09/2001; ADI 1.969-MC, Rel. Min. Marco Aurélio, DJ 05/03/2004; ADI 1.775, Rel. Min. Maurício Corrêa, DJ 18/05/2001; ADI 1.716, Rel. Min. Sepúlveda Pertence, DJ 27/03/1998; ADI 1.614, Rel. Min. Nelson Jobim, DJ 06/08/1999; ADI 1.507-MC-AgR, Rel. Min. Carlos Velloso, DJ 06/06/1997; ADI 1.503, voto do Min. Maurício Corrêa, DJ 18/05/2001; ADI 1.480-MC, Rel. Min. Celso de Mello, DJ 18/05/2001; ADI 1.423-MC, Rel. Min. Moreira Alves, DJ 22/11/1996; ADI 1.347-MC, Rel. Min. Celso de Mello, DJ 01/12/1995; ADI 1.143, DJ de 06/09/2001; ADI 996, Rel. Min. Celso de Mello, DJ 06/05/1994; ADI 907, Rel. Min. Alexandre de Moraes, DJe 24/11/2017; ADI 799, DJ de 17/09/2002; ADI 888, Rel. Min. Eros Grau, DJ 10/06/2005; ADI 815, Rel. Min. Moreira Alves, DJ 10/05/1996; ADI 794, Rel. Min. Sepúlveda Pertence, DJ 21/05/1983; ADI 695, Rel. Eros Grau, DJ 14/12/2007; ADI 595-MC, Rel. Min. Celso de Mello, DJ 26/02/2002; ADI 575, Rel. Min. Sepúlveda Pertence, DJ 25/06/1999; ADI 561-MC, Rel. Min. Celso de Mello, DJ 23/03/2001; ADI 525-MC, Rel. Min. Sepúlveda Pertence, DJ 02/04/2004; ADI 384, Rel. Min. Moreira Alves, DJ 21/02/2003; ADI 221-MC, Rel. Min. Moreira Alves, DJ 22/10/1993; ADI 209, Rel. Min. Sydney Sanches, DJ 11/09/1998; ADI 128, Rel. Min. Cármen Lucia, DJe, 15/09/2011; ADI 91, Rel. Min. Sydney Sanches, DJ 23/03/2001; ADI 74, Rel. Min. Celso de Mello, DJ 25/09/1992; ADI 4, Rel. Min. Sydney Sanches, DJ 25/06/1993; ADI 2, Rel. Min. Paulo Brossard, DJ 21/11/1997;

[637] Vide ADI 2.797 e ADI 2.860, Rel. Min. Sepúlveda Pertence, Inf. 401.

Art. 102   J. U. JACOBY FERNANDES

Superiores, os do Tribunal de Contas da União e os chefes de missão diplomática de caráter permanente;[638]

> **Redação anterior:** vigente entre 05.10.1988 e 02.09.1999 (original):
>
> c) nas infrações penais comuns e nos crimes de responsabilidade, os Ministros de Estado, ressalvado o disposto no art. 52, I, os membros dos Tribunais Superiores, os do Tribunal de Contas da União e os chefes de missão diplomática de caráter permanente;

d) o *habeas-corpus*, sendo paciente qualquer das pessoas referidas nas alíneas anteriores; o mandado de segurança e o *habeas-data* contra atos do Presidente da República, das Mesas da Câmara dos Deputados e do Senado Federal, do Tribunal de Contas da União, do Procurador-Geral da República e do próprio Supremo Tribunal Federal;[639]

e) o litígio entre Estado estrangeiro ou organismo internacional e a União, o Estado, o Distrito Federal ou o Território;

f) as causas e os conflitos entre a União e os Estados, a União e o Distrito Federal, ou entre uns e outros, inclusive as respectivas entidades da administração indireta;[640]

g) a extradição solicitada por Estado estrangeiro;[641]

h) ...[642]

> **Redação anterior:** vigente entre 05.10.1988 e 30.12.2004 (original):
>
> h) a homologação das sentenças estrangeiras e a concessão do "exequatur" às cartas rogatórias, que podem ser conferidas pelo regimento interno a seu Presidente;

i) o habeas-corpus, quando o coator for Tribunal Superior ou quando o coator ou o paciente for autoridade ou funcionário cujos atos estejam sujeitos diretamente à jurisdição do Supremo Tribunal Federal, ou se trate de crime sujeito à mesma jurisdição em uma única instância;[643]

> **Redação anterior:** vigente entre 05.10.1988 e 18.03.1999 (original):
>
> i) o "habeas-corpus", quando o coator ou o paciente for tribunal, autoridade ou funcionário cujos atos estejam sujeitos diretamente à jurisdição do Supremo Tribunal Federal, ou se trate de crime sujeito à mesma jurisdição em uma única instância;

j) a revisão criminal e a ação rescisória de seus julgados;[644]

---

[638] Redação dada pela EC n° 23, de 02/09/1999; vide ADI 3.289 e ADI 3.290, Rel. Min. Gilmar Mendes, DJ 24/02/2006.
[639] Vide Súmulas n°s 622, 624 e 510.
[640] Vide Súmulas n°s 503 e 517.
[641] Vide Súmulas n°s 2, 367, 421 e 692.
[642] Revogada pela EC n° 45, de 8/12/2004.
[643] Redação dada pela EC n° 22, de 18/3/1999; vide Súmulas n°s 208, 395, 606, 690, 691, 693, 694 e 695.
[644] Vide Súmulas n°s 249, 343 e 515.

CONSTITUIÇÃO FEDERAL (1988) Art. 102

l) a reclamação para a preservação de sua competência e garantia da autoridade de suas decisões;[645]

m) a execução de sentença nas causas de sua competência originária, facultada a delegação de atribuições para a prática de atos processuais;

n) a ação em que todos os membros da magistratura sejam direta ou indiretamente interessados, e aquela em que mais da metade dos membros do tribunal de origem estejam impedidos ou sejam direta ou indiretamente interessados;[646]

o) os conflitos de competência entre o Superior Tribunal de Justiça e quaisquer tribunais, entre Tribunais Superiores, ou entre estes e qualquer outro tribunal;

p) o pedido de medida cautelar das ações diretas de inconstitucionalidade;[647]

q) o mandado de injunção, quando a elaboração da norma regulamentadora for atribuição do Presidente da República, do Congresso Nacional, da Câmara dos Deputados, do Senado Federal, das Mesas de uma dessas Casas Legislativas, do Tribunal de Contas da União, de um dos Tribunais Superiores, ou do próprio Supremo Tribunal Federal;

r) as ações contra o Conselho Nacional de Justiça e contra o Conselho Nacional do Ministério Público;[648]

II - julgar, em recurso ordinário:

a) o *habeas-corpus*, o mandado de segurança, o *habeas-data* e o mandado de injunção decididos em única instância pelos Tribunais Superiores, se denegatória a decisão;[649]

b) o crime político;

III - julgar, mediante recurso extraordinário, as causas decididas em única ou última instância, quando a decisão recorrida:[650]

a) contrariar dispositivo desta Constituição;[651]

b) declarar a inconstitucionalidade de tratado ou lei federal;

c) julgar válida lei ou ato de governo local contestado em face desta Constituição;[652]

d) julgar válida lei local contestada em face de lei federal.[653]

---

[645] Vide Súmulas n.os 368 e 734 e ADI 2.480, Rel. Min. Sepúlveda Pertence, DJ 15/06/2007;

[646] Vide Súmulas n.os 623 e 731.

[647] Vide Súmulas n.os 623 e 731 e ADI 1.434, Rel. Min. Celso de Mello, DJ 22/11/1996.

[648] Incluída pela EC n° 45, de 8/12/2004.

[649] Vide Súmula n° 691.

[650] Vide Súmulas n.os 279, 280, 281, 282, 283, 284, 286, 287, 288, 289, 296, 356, 454, 456, 513, 528, 602, 634, 635, 636, 637, 638, 639, 640, 727, 728, 729, 733 e 735.

[651] Vide Súmulas n° 400 e 735.

[652] Vide Súmula n° 285.

[653] Incluída pela EC n° 45, de 8/12/2004.

Arts. 102 a 103 — J. U. JACOBY FERNANDES

§ 1° A argüição de descumprimento de preceito fundamental, decorrente desta Constituição, será apreciada pelo Supremo Tribunal Federal, na forma da lei.[654]

> **Redação anterior:** vigente entre 05.10.1988 e 17.03.1993 (original):
>
> **Parágrafo único.** A argüição de descumprimento de preceito fundamental, decorrente desta Constituição, será apreciada pelo Supremo Tribunal Federal, na forma da lei.

§ 2° As decisões definitivas de mérito, proferidas pelo Supremo Tribunal Federal, nas ações diretas de inconstitucionalidade e nas ações declaratórias de constitucionalidade produzirão eficácia contra todos e efeito vinculante, relativamente aos demais órgãos do Poder Judiciário e à administração pública direta e indireta, nas esferas federal, estadual e municipal.[655]

> **Redação anterior:** vigente entre 18.03.1993 e 30.12.2004 (EC n° 3/93 - original):
>
> **§ 2°** As decisões definitivas de mérito, proferidas pelo Supremo Tribunal Federal, nas ações declaratórias de constitucionalidade de lei ou ato normativo federal, produzirão eficácia contra todos e efeito vinculante, relativamente aos demais órgãos do Poder Judiciário e ao Poder Executivo.

§ 3° No recurso extraordinário o recorrente deverá demonstrar a repercussão geral das questões constitucionais discutidas no caso, nos termos da lei, a fim de que o Tribunal examine a admissão do recurso, somente podendo recusá-lo pela manifestação de dois terços de seus membros.[656]

Art. 103. Podem propor a ação direta de inconstitucionalidade e a ação declaratória de constitucionalidade:[657]

> **Redação anterior:** vigente entre 05.10.1988 e 30.12.2004 (original):
>
> **Art. 103.** Podem propor a ação de inconstitucionalidade:

I - o Presidente da República;

II - a Mesa do Senado Federal;

III - a Mesa da Câmara dos Deputados;

---

[654] Parágrafo único transformado em § 1° pela EC n° 3, de 17/03/1993; vide Lei n° 9.882, de 3 de dezembro de 1999 (dispõe sobre o processo e julgamento da argüição de descumprimento de preceito fundamental).

[655] Redação dada pela EC n° 45, de 08/12/2004. Vide ADI 3.791, Rel. Min. Ayres Britto, DJe 27/08/2010; ADI 2.903, Rel. Min. Celso de Mello, Inf. 411.

[656] Incluído pela EC n° 45, de 08/12/2004.

[657] Redação dada pela EC n° 45, de 08/12/2004; Vide art. 950, § 2° do Código de Processo Civil. Vide ainda ADI 4.654, Rel. Min. Gilmar Mendes, DJe 02/12/2011; ADI 1.157-MC, Rel. Min. Celso de Mello, DJ 17/11/2006; ADI 2.187-QO, Rel. Min. Octavio Gallotti, DJ 12/12/2003; ADI 1.105-MC-ED-QO, Rel. Min. Maurício Corrêa, DJ 16/11/2001; ADI 1.254-MC-AgR, Rel. Min. Celso de Mello, DJ 19/09/1997; ADI 1.507-MC-AgR, Rel. Min. Carlos Velloso, DJ 06/06/1997; ADI 1.105-MC-ED-QO, Rel. Min. Maurício Corrêa, DJ 16/11/2001 e ADI 387-MC, Rel. Min. Celso de Mello, DJ 11/10/1991.

CONSTITUIÇÃO FEDERAL (1988)   Art. 103

IV - a Mesa de Assembléia Legislativa ou da Câmara Legislativa do Distrito Federal;[658]

> **Redação anterior:** vigente entre 05.10.1988 e 30.12.2004 (original):
>
> IV - a Mesa de Assembléia Legislativa;

V - o Governador de Estado ou do Distrito Federal;[659]

> **Redação anterior:** vigente entre 05.10.1988 e 30.12.2004 (original):
>
> V - o Governador de Estado;

VI - o Procurador-Geral da República;
VII - o Conselho Federal da Ordem dos Advogados do Brasil;[660]
VIII - partido político com representação no Congresso Nacional;[661]
IX - confederação sindical ou entidade de classe de âmbito nacional.[662]

---

[658] Redação dada pela EC n° 45, de 8/12/2004; vide ADI ADI 3.756, Rel. Min. Ayres Britto, DJ 19/10/2007; ADI 3.682, Rel. Min. Gilmar Mendes, DJ 06/09/2007; ADI 3.013-ED-AgR, Rel. Min. Ellen Gracie, DJ 04/08/2006 e ADI 1.507-MC-AgR, Rel. Min. Carlos Velloso, DJ 06/06/1997. Vide também Lei 13.105, de 2015 (Código de Processo Civil, art 948 e ss.)

[659] Redação dada pela EC n° 45, de 8/12/2004; vide ADI 3.013-ED-AgR, Rel. Min. Ellen Gracie, DJ 04/08/2006; ADI 2.906, Rel. Min. Marco Aurélio, DJe 29/06/2011; ADI 2.728-ED, Rel. Min. Marco Aurélio, Inf. STF 445; ADI 2.656, Rel. Min. Maurício Corrêa, DJ 01/08/2003; ADI 2.130-AgR, Rel. Min. Celso de Mello, DJ 14/12/2001; ADI 902, Rel. Min. Marco Aurélio, DJ 22/04/1994; ADI 779-AgR- Rel. Min. Celso de Mello, DJ 11/03/1994; ADI 807-QO, Rel. Min. Celso de Mello, DJ 11/06/1993; ADI 127-MC-QO, Rel. Min. Celso de Mello, DJ 04/12/1992 e ADI 604-MC, Rel. Min. Celso de Mello, DJ 29/11/1991.

[660] Vide ADI 949-MC, Rel. Min. Sydney Sanches, DJ 12/11/1993.

[661] Vide ADI 2.618-AgR-AgR, Rel. Min. Gilmar Mendes, DJ 31/03/2006, no mesmo sentido: ADI 2.427, DJ 10/11/2006; ADI 1.396-MC, DJ 22/03/1996; ADI 1.096-MC, DJ 22/09/1995; ADI 2.054-QO, Rel. Min. Sepúlveda Pertence, DJ 17/10/2003; ADI 2.202, Rel. Min. Celso de Mello, DJ 29/08/2003; ADI 3.059-MC, Rel. Min. Ayres Britto, DJ 20/08/2004; ADI 1.407-MC, Rel. Min. Celso de Mello, DJ 24/11/2000; ADI 131-QO, Rel. Min. Sydney Sanches, DJ 07/12/1989; ADI 2.187-QO, Rel. Min. Octavio Gallotti, DJ 12/12/2003 e ADI 1.528-QO, Rel. Min. Ellen Gracie, DJ 23/08/2002.

[662] Vide ADI 1.157-MC, Rel. Min. Celso de Mello, DJ 17/11/2006; ADI 5.034, Rel. Min. Celso de Mello, DJe 03/09/2014; ADI 4.701, Rel. Min. Roberto Barroso, DJe, 25/08/2014; ADI 4.473, Rel. Min. Dias Toffoli, DJe 01/08/2012; ADI 4.462, Rel. Min. Carmen Lúcia, DJe 14/09/2016; ADI 4.361, Rel. Min. Lyz Fux, DJe 01/02//2012; ADI 4.230, Rel. Min. Dias Toffoli, DJe 14/09/2011; ADI 4.224, Rel. Min. Dias Toffoli, 08/09/2011; ADI 4.029, Rel. Min. Luiz Fux, 27/06/2012; ADI 3.469, Rel. Min. Gilmar Mendes,DJe 28/02/2011; ADI 3.413, Rel. Min. Marco Aurélio, 01/08/2011; ADI 3.702, Rel. Min. Dias Toffoli, DJe 30/08/2011; ADI 3.617, Rel. Min. Cezar Peluso, DJ 09/12/2005; ADI 3.288, Rel. Min. Ayres Britto, DJe 24/02/2018; ADI 3.195, Rel. Min. Celso de Mello, DJ 19/05/2004; ADI 2.991, Rel. Min. Gilmar Mendes, DJ 14/10/2003; ADI 2.973, Rel. Min. Joaquim Barbosa, DJ 24/10/2003; ADI 2.903, Rel. Min. Celso de Mello, Inf. 411; ADI 2.797 e ADI 2.860, Rel. Min. Sepúlveda Pertence, DJ 19/12/2006; ADI 2.713, Rel. Min. Ellen Gracie, DJ 07/03/2003; ADI 2.258 e 2.154, Rel. Min. Sepúlveda Pertence, INf. 456; ADI 1.336-ED, Rel. Min. Cármen Lúcia, Inf. 435; ADI 1.788, Rel. Min. Nelson Jobim, DJ 17/03/2006; ADI 3.506-AgR, Rel. Min. Ellen Gracie, DJ 30/09/2005; ADI 1.875, Rel. Min. Celso de Mello, DJe 12/12/2008; ADI 1.869-MC, Rel. Min. Moreira Alves, DJ 31/10/2003; ADI 23, Rel. Min. Moreira Alves, DJ 18/05/2001; ADI 146-MC, Rel. Min. Paulo Brossard, decisão de 24/09/1990; ADI 3.506-AgR, Rel. Min. Ellen

Art. 103

J. U. JACOBY FERNANDES

§ 1° O Procurador-Geral da Repúblicadeverá ser previamente ouvido nas ações de inconstitucionalidade e em todos os processos de competência do Supremo Tribunal Federal.[663]

§ 2° Declarada a inconstitucionalidade por omissão de medida para tornar efetiva norma constitucional, será dada ciência ao Poder competente para a adoção das providências necessárias e, em se tratando de órgão administrativo, para fazê-lo em trinta dias.[664]

§ 3° Quando o Supremo Tribunal Federal apreciar a inconstitucionalidade, em tese, de norma legal ou ato normativo, citará, previamente, o Advogado-Geral da União, que defenderá o ato ou texto impugnado.[665]

§ 4° (revogado)[666]

Redação anterior: vigente entre 18.03.1993 e 30.12.2004 (EC n° 3/93 - original):

§ 4° A ação declaratória de constitucionalidade poderá ser proposta pelo Presidente da República, pela Mesa do Senado Federal, pela Mesa da Câmara dos Deputados ou pelo Procurador Geral da República.

Art. 103-A. O Supremo Tribunal Federal poderá, de ofício ou por provocação, mediante decisão de dois terços dos seus membros, após reiteradas decisões sobre matéria constitucional, aprovar súmula que, a partir de sua publicação na imprensa oficial, terá efeito vinculante em relação aos demais órgãos do Poder Judiciário e à administração pública direta e indireta, nas

---

Gracie, DJ 30/09/2005; ADI 3.153-AgR, Rel. Min. Sepúlveda Pertence, DJ 09/09/2005; ADI 1.442, Rel. Min. Celso de Mello, DJ 29/04/2005; ADI 1.873, Rel. Min. Marco Aurélio, DJ 19/09/2003; ADI 271-MC, Rel. Min. Moreira Alves, DJ 06/09/2001; ADI 1.442, DJ 29/04/2005; ADI 1.599-MC, Rel. Min. Maurício Corrêa, DJ 18/05/2001; ADI 1.480-MC, Rel. Min. Celso de Mello, DJ 18/05/2001; ADI 1.565, Rel. Min. Néri da Silveira, DJ 17/12/1999; ADI 929-MC, Voto do Rel. Min. Néri da Silveira, DJ 20/06/1997; ADI 1.507-MC-AgR, Rel. Min. Carlos Velloso, DJ 06/06/1997; ADI 1.194, Rel. p/ o ac Min. Cármen Lúcia, DJe 11/09/2009; ADI 1.157-MC, Rel. Min. Celso de Mello, DJ 17/11/2006; ADI 1.123, Rel Min. Moreira Alves, DJ 17/03/1995; ADI 914-MC, Rel. Min. Sydney Sanches, DJ 11/03/1994; ADI 846-MC, Rel. Min. Moreira Alves, DJ 17/12/1993; ADI 928-MC, Rel. Min. Sydney Sanches, DJ 08/10/1993 e ADI 61-QO, Rel. Min. Sepúlveda Pertence, DJ 28/09/1990.

[663] Vide ADI 55-MC-QO, Rel. Min. Octavio Gallotti, DJ 16/03/1990.

[664] Vide ADI 3.682, Rel. Min. Gilmar Mendes, DJ 06/09/2007; ADI 1.458-MC, Rel. Min. Celso de Mello, DJ 29/09/1996; ADI 1.439-MC, Rel. Min. Celso de Mello, DJ 30/05/2003; ADI 267-MC, Rel. Min. Celso de Mello, DJ 19/05/1995 e ADI 23-QO, Rel. Min. Sydney Sanches, DJ 01/09/1989.

[665] Vide ADI 4.983, Rel. Min. Marco Aurélio, DJe 27/04/2017; ADI 3.916, Rel. Min. Eros Grau, DJ 14/05/2010; ADI 3.522, DJ 12/05/2006; ADI 3.413, Rel. Min. Marco Aurélio, 01/08/2011; ADI 1.616, Rel. Min. Maurício Corrêa, DJ 24/08/2001; ADI 242, Rel. Min. Paulo Brossard, DJ 23/03/2001; ADI 1.254-MC-AgR, Rel. Min. Celso de Mello, DJ 19/09/1997; ADI 1.350, Rel. Min. Celso Mello, DJ 04/08/1996 e ADI 23-QO, Rel. Min. Sydney Sanches, DJ 01/09/1989.

[666] Revogado pela EC n° 45, de 8/12/2004.

CONSTITUIÇÃO FEDERAL (1988)   Arts. 103-A e 103-B

esferas federal, estadual e municipal, bem como proceder à sua revisão ou cancelamento, na forma estabelecida em lei.[667]

§ 1º A súmula terá por objetivo a validade, a interpretação e a eficácia de normas determinadas, acerca das quais haja controvérsia atual entre órgãos judiciários ou entre esses e a administração pública que acarrete grave insegurança jurídica e relevante multiplicação de processos sobre questão idêntica.[668]

§ 2º Sem prejuízo do que vier a ser estabelecido em lei, a aprovação, revisão ou cancelamento de súmula poderá ser provocada por aqueles que podem propor a ação direta de inconstitucionalidade.[669]

§ 3º Do ato administrativo ou decisão judicial que contrariar a súmula aplicável ou que indevidamente a aplicar, caberá reclamação ao Supremo Tribunal Federal que, julgando-a procedente, anulará o ato administrativo ou cassará a decisão judicial reclamada, e determinará que outra seja proferida com ou sem a aplicação da súmula, conforme o caso.[670]

Art. 103-B. O Conselho Nacional de Justiça compõe-se de 15 (quinze) membros com mandato de 2 (dois) anos, admitida 1 (uma) recondução, sendo:[671]

Redação anterior: vigente entre 30.12.2004 e 11.11.2009 (EC nº 45/2009):

Art. 103-B. O Conselho Nacional de Justiça compõe-se de quinze membros com mais de trinta e cinco e menos de sessenta e seis anos de idade, com mandato de dois anos, admitida uma recondução, sendo:

I - um Ministro do Supremo Tribunal Federal, indicado pelo respectivo tribunal;

I - o Presidente do Supremo Tribunal Federal;

II - um Ministro do Superior Tribunal de Justiça, indicado pelo respectivo tribunal;

III - um Ministro do Tribunal Superior do Trabalho, indicado pelo respectivo tribunal;

IV - um desembargador de Tribunal de Justiça, indicado pelo Supremo Tribunal Federal;

V - um juiz estadual, indicado pelo Supremo Tribunal Federal;

VI - um juiz de Tribunal Regional Federal, indicado pelo Superior Tribunal de Justiça;

---

[667] Incluído pela EC nº 45, de 8/12/2004; vide Lei nº 11.417, de 19 de dezembro de 2006. Regulamenta o art. 103-A [...] disciplinando a edição, a revisão e o cancelamento de enunciado de súmula vinculante pelo Supremo Tribunal Federal [...].
[668] Incluído pela EC nº 45, de 8/12/2004; vide Lei nº 11.372, de 28 de novembro de 2006 (regulamenta a forma de indicação dos membros do Conselho Nacional do Ministério Público oriundos do Ministério Público e criar sua estrutura organizacional e funcional).
[669] Incluído pela EC nº 45, de 8/12/2004.
[670] Incluído pela EC nº 45, de 8/12/2004.
[671] Redação do caput dada pela EC nº 61, de 11/11/2009. Caput e incisos I a XIII incluídos pela EC nº 45, de 8/12/2004; vide ADI 3.367, Rel. Min. Cezar Peluso, DJ 22/09/2006;

149

Art. 103-B J. U. JACOBY FERNANDES

VII - um juiz federal, indicado pelo Superior Tribunal de Justiça;

VIII - um juiz de Tribunal Regional do Trabalho, indicado pelo Tribunal Superior do Trabalho;

IX - um juiz do trabalho, indicado pelo Tribunal Superior do Trabalho;

X - um membro do Ministério Público da União, indicado pelo Procurador-Geral da República;

XI - um membro do Ministério Público estadual, escolhido pelo Procurador-Geral da República dentre os nomes indicados pelo órgão competente de cada instituição estadual;

XII - dois advogados, indicados pelo Conselho Federal da Ordem dos Advogados do Brasil;

XIII - dois cidadãos, de notável saber jurídico e reputação ilibada, indicados um pela Câmara dos Deputados e outro pelo Senado Federal.

§ 1° O Conselho será presidido pelo Presidente do Supremo Tribunal Federal e, nas suas ausências e impedimentos, pelo Vice-Presidente do Supremo Tribunal Federal;[672]

Redação anterior: vigente entre 30.12.2004 e 11.11.2009 (EC n° 45/2009):

§ 1° O Conselho será presidido pelo Ministro do Supremo Tribunal Federal, que votará em caso de empate, ficando excluído da distribuição de processos naquele tribunal.

---

§ 2° Os demais membros do Conselho serão nomeados pelo Presidente da República, depois de aprovada a escolha pela maioria absoluta do Senado Federal.[673]

Redação anterior: vigente entre 30.12.2004 e 11.11.2009 (EC n° 45/2009):

§ 2° Os membros do Conselho serão nomeados pelo Presidente da República, depois de aprovada a escolha pela maioria absoluta do Senado Federal.

---

§ 3° Não efetuadas, no prazo legal, as indicações previstas neste artigo, caberá a escolha ao Supremo Tribunal Federal.[674]

§ 4° Compete ao Conselho o controle da atuação administrativa e financeira do Poder Judiciário e do cumprimento dos deveres funcionais dos juízes, cabendo-lhe, além de outras atribuições que lhe forem conferidas pelo Estatuto da Magistratura:[675]

I - zelar pela autonomia do Poder Judiciário e pelo cumprimento do Estatuto da Magistratura, podendo expedir atos regulamentares, no âmbito de sua competência, ou recomendar providências;

II - zelar pela observância do art. 37 e apreciar, de ofício ou mediante provocação, a legalidade dos atos administrativos praticados por membros ou

---

[672] Redação dada pela EC n° 61, de 11/11/2009 ao § 1°, incluído pela EC n° 45, de 8/12/2004;

[673] Redação dada pela EC n° 61, de 11/11/2009 ao § 2°, incluído pela EC n° 45, de 8/12/2004;.

[674] Incluído pela EC n° 45, de 8/12/2004.

[675] § 4° e incisos incluídos pela EC n° 45, de 8/12/2004; vide ADI 4.638, Rel. Min. Marco Aurélio, DJe 30/10/2014; ADI 3.823, Rel. Min, Cármen Lúcia, Inf. 451.

CONSTITUIÇÃO FEDERAL (1988) Art. 103-B

órgãos do Poder Judiciário, podendo desconstituí-los, revê-los ou fixar prazo para que se adotem as providências necessárias ao exato cumprimento da lei, sem prejuízo da competência do Tribunal de Contas da União;

III - receber e conhecer das reclamações contra membros ou órgãos do Poder Judiciário, inclusive contra seus serviços auxiliares, serventias e órgãos prestadores de serviços notariais e de registro que atuem por delegação do poder público ou oficializados, sem prejuízo da competência disciplinar e correicional dos tribunais, podendo avocar processos disciplinares em curso e determinar a remoção, a disponibilidade ou a aposentadoria com subsídios ou proventos proporcionais ao tempo de serviço e aplicar outras sanções administrativas, assegurada ampla defesa;

IV - representar ao Ministério Público, no caso de crime contra a administração pública ou de abuso de autoridade;

V - rever, de ofício ou mediante provocação, os processos disciplinares de juízes e membros de tribunais julgados há menos de um ano;

VI - elaborar semestralmente relatório estatístico sobre processos e sentenças prolatadas, por unidade da Federação, nos diferentes órgãos do Poder Judiciário;

VII - elaborar relatório anual, propondo as providências que julgar necessárias, sobre a situação do Poder Judiciário no País e as atividades do Conselho, o qual deve integrar mensagem do Presidente do Supremo Tribunal Federal a ser remetida ao Congresso Nacional, por ocasião da abertura da sessão legislativa.

§ 5° O Ministro do Superior Tribunal de Justiça exercerá a função de Ministro-Corregedor e ficará excluído da distribuição de processos no Tribunal, competindo-lhe, além das atribuições que lhe forem conferidas pelo Estatuto da Magistratura, as seguintes:[676]

I - receber as reclamações e denúncias, de qualquer interessado, relativas aos magistrados e aos serviços judiciários;

II - exercer funções executivas do Conselho, de inspeção e de correição geral;

III - requisitar e designar magistrados, delegando-lhes atribuições, e requisitar servidores de juízos ou tribunais, inclusive nos Estados, Distrito Federal e Territórios.

§ 6° Junto ao Conselho oficiarão o Procurador-Geral da República e o Presidente do Conselho Federal da Ordem dos Advogados do Brasil.[677]

§ 7° A União, inclusive no Distrito Federal e nos Territórios, criará ouvidorias de justiça, competentes para receber reclamações e denúncias[678] de

---

[676] § 5° e incisos incluídos pela EC n° 45, de 8/12/2004.
[677] Incluído pela EC n° 45, de 8/12/2004.
[678] Vide Lei no 13.608 de 10 de janeiro de 2018 (dispõe sobre o serviço telefônico de recebimento de denúncias e sobre recompensa por informações que auxiliem nas investigações policiais)

151

Arts. 103-B a 105 — J. U. JACOBY FERNANDES

qualquer interessado contra membros ou órgãos do Poder Judiciário, ou contra seus serviços auxiliares, representando diretamente ao Conselho Nacional de Justiça.[679]

SEÇÃO III - DO SUPERIOR TRIBUNAL DE JUSTIÇA

Art. 104. O Superior Tribunal de Justiça compõe-se de, no mínimo, trinta e três Ministros.

Parágrafo único. Os Ministros do Superior Tribunal de Justiça serão nomeados pelo Presidente da República, dentre brasileiros com mais de trinta e cinco e menos de sessenta e cinco anos, de notável saber jurídico e reputação ilibada, depois de aprovada a escolha pela maioria absoluta do Senado Federal, sendo:[680]

> **Redação anterior:** vigente entre 05.10.1988 e 30.12.2004 (original):
>
> **Parágrafo único.** Os Ministros do Superior Tribunal de Justiça serão nomeados pelo Presidente da República, dentre brasileiros com mais de trinta e cinco e menos de sessenta e cinco anos, de notável saber jurídico e reputação ilibada, depois de aprovada a escolha pelo Senado Federal, sendo:

I - um terço dentre juízes dos Tribunais Regionais Federais e um terço dentre desembargadores dos Tribunais de Justiça, indicados em lista tríplice elaborada pelo próprio Tribunal;[681]

II - um terço, em partes iguais, dentre advogados e membros do Ministério Público Federal, Estadual, do Distrito Federal e Territórios, alternadamente, indicados na forma do art. 94.

Art. 105. Compete ao Superior Tribunal de Justiça:

I - processar e julgar, originariamente:

a) nos crimes comuns, os Governadores dos Estados e do Distrito Federal, e, nestes e nos de responsabilidade, os desembargadores dos Tribunais de Justiça dos Estados e do Distrito Federal, os membros dos Tribunais de Contas dos Estados e do Distrito Federal, os dos Tribunais Regionais Federais, dos Tribunais Regionais Eleitorais e do Trabalho, os membros dos Conselhos ou Tribunais de Contas dos Municípios e os do Ministério Público da União que oficiem perante tribunais;[682]

b) os mandados de segurança e os *habeas-data* contra ato de Ministro de Estado, dos Comandantes da Marinha, do Exército e da Aeronáutica ou do próprio Tribunal;[683]

> **Redação anterior:** vigente entre 05.10.1988 e 02.09.1999 (original):

---

[679] Incluído pela EC n° 45, de 8/12/2004.
[680] Redação dada pela EC n° 45, de 8/12/2004.
[681] ADI 4.078, Rel. p/o ac. Min. Cármen Lùcia, DJe 13/04/2012.
[682] Vide Vide ADI 5.540, Rel. Min. Edson Fachin, Inf. 863; ADI 4.190, Rel. Min. Celso de Mello, DJe 11/06/2010.
[683] Redação dada pela EC n° 23, de 2/9/1999.

CONSTITUIÇÃO FEDERAL (1988)   Art. 105

> **b)** os mandados de segurança e os "habeas-data" contra ato de Ministro de Estado ou do próprio Tribunal;

c) os *habeas-corpus*, quando o coator ou paciente for qualquer das pessoas mencionadas na alínea "a", ou quando o coator for tribunal sujeito à sua jurisdição, Ministro de Estado ou Comandante da Marinha, do Exército ou da Aeronáutica, ressalvada a competência da Justiça Eleitoral;[684]

> **Redação anterior:** vigente entre 19.03.1999 e 02.09.1999 (EC n° 21/1999):
>
> c) os "habeas corpus", quando o coator ou o paciente for qualquer das pessoas mencionadas na alínea "a", quando coator for tribunal, sujeito à sua jurisdição, ou Ministro de Estado, ressalvada a competência da Justiça Eleitoral;
>
> **Redação anterior:** vigente entre 05.10.1988 e 18.03.1999 (original):
>
> c) os "habeas-corpus", quando o coator ou o paciente for qualquer das pessoas mencionadas na alínea "a", ou quando o coator for Ministro de Estado, ressalvada a competência da Justiça Eleitoral;

d) os conflitos de competência entre quaisquer tribunais, ressalvado o disposto no art. 102, I, "o", bem como entre tribunal e juízes a ele não vinculados e entre juízes vinculados a tribunais diversos;

e) as revisões criminais e as ações rescisórias de seus julgados;

f) a reclamação para a preservação de sua competência e garantia da autoridade de suas decisões;

g) os conflitos de atribuições entre autoridades administrativas e judiciárias da União, ou entre autoridades judiciárias de um Estado e administrativas de outro ou do Distrito Federal, ou entre as deste e da União;

h) o mandado de injunção, quando a elaboração da norma regulamentadora for atribuição de órgão, entidade ou autoridade federal, da administração direta ou indireta, excetuados os casos de competência do Supremo Tribunal Federal e dos órgãos da Justiça Militar, da Justiça Eleitoral, da Justiça do Trabalho e da Justiça Federal;

i) a homologação de sentenças estrangeiras e a concessão de *exequatur* às cartas rogatórias;[685]

II - julgar, em recurso ordinário:

a) os *habeas-corpus* decididos em única ou última instância pelos Tribunais Regionais Federais ou pelos tribunais dos Estados, do Distrito Federal e Territórios, quando a decisão for denegatória;

b) os mandados de segurança decididos em única instância pelos Tribunais Regionais Federais ou pelos tribunais dos Estados, do Distrito Federal e Territórios, quando denegatória a decisão;

---

[684] Redação dada pela EC n° 23, de 2/9/1999.
[685] Incluída pela EC n° 45, de 8/12/2004.

Arts. 105 a 106   J. U. JACOBY FERNANDES

c) as causas em que forem partes Estado estrangeiro ou organismo internacional, de um lado, e, do outro, Município ou pessoa residente ou domiciliada no País;

III - julgar, em recurso especial, as causas decididas, em única ou última instância, pelos Tribunais Regionais Federais ou pelos tribunais dos Estados, do Distrito Federal e Territórios, quando a decisão recorrida:

a) contrariar tratado ou lei federal, ou negar-lhes vigência;

b) julgar válido ato de governo local contestado em face de lei federal;[686]

> **Redação anterior:** vigente entre 05.10.1988 e 30.12.2004 (original):
>
> b) julgar válida lei ou ato de governo local contestado em face de lei federal;

c) der a lei federal interpretação divergente da que lhe haja atribuído outro tribunal.

Parágrafo único. Funcionarão junto ao Superior Tribunal de Justiça:[687]

> **Redação anterior:** vigente entre 05.10.1988 e 30.12.2004 (original):
>
> **Parágrafo único.** Funcionará junto ao Superior Tribunal de Justiça o Conselho da Justiça Federal, cabendo-lhe, na forma da lei, exercer a supervisão administrativa e orçamentária da Justiça Federal de primeiro e segundo graus.

I - a Escola Nacional de Formação e Aperfeiçoamento de Magistrados, cabendo-lhe, dentre outras funções, regulamentar os cursos oficiais para o ingresso e promoção na carreira;[688]

II - o Conselho da Justiça Federal, cabendo-lhe exercer, na forma da lei, a supervisão administrativa e orçamentária da Justiça Federal de primeiro e segundo graus, como órgão central do sistema e com poderes correicionais, cujas decisões terão caráter vinculante.[689]

SEÇÃO IV - DOS TRIBUNAIS REGIONAIS FEDERAIS E DOS JUÍZES FEDERAIS

Art. 106. São órgãos da Justiça Federal:

I - os Tribunais Regionais Federais;

II - os Juízes Federais.

Art. 107. Os Tribunais Regionais Federais compõem-se de, no mínimo, sete juízes, recrutados, quando possível, na respectiva região e nomeados pelo Presidente da República dentre brasileiros com mais de trinta e menos de sessenta e cinco anos, sendo:

---

[686] Redação dada pela EC n° 45, de 8/12/2004.

[687] Incluído pela EC n° 45, de 8/12/2004; vide ADI 3.126-MC, Rel. Min. Gilmar Mendes, DJ 06/05/2005; ADI 3.126-MC, despacho do Min. Nelson Jobim, Vice-Presidente, no exercício da Presidência, DJ 09/02/2004 e Lei n° 7.746, de 30 de março de 1989 (dispõe sobre a composição e instalação da Superior Tribunal de Justiça, cria o respectivo Quadro de Pessoal, disciplina o funcionamento do Conselho da Justiça Federal).

[688] Incluído pela EC n° 45, de 8/12/2004.

[689] Incluído pela EC n° 45, de 8/12/2004; vide ADI 3.126-MC, Rel. Min. Gilmar Mendes, DJ 06/05/2005.

CONSTITUIÇÃO FEDERAL (1988) Arts. 106 a 109

I - um quinto dentre advogados com mais de dez anos de efetiva atividade profissional e membros do Ministério Público Federal com mais de dez anos de carreira;

II - os demais, mediante promoção de juízes federais com mais de cinco anos de exercício, por antigüidade e merecimento, alternadamente.

§ 1º A lei disciplinará a remoção ou a permuta de juízes dos Tribunais Regionais Federais e determinará sua jurisdição e sede.[690]

> **Redação anterior:** vigente entre 05.10.1988 e 30.12.2004 (original):
>
> **Parágrafo único.** A lei disciplinará a remoção ou a permuta de juízes dos Tribunais Regionais Federais e determinará sua jurisdição e sede.

§ 2º Os Tribunais Regionais Federais instalarão a justiça itinerante, com a realização de audiências e demais funções da atividade jurisdicional, nos limites territoriais da respectiva jurisdição, servindo-se de equipamentos públicos e comunitários.[691]

§ 3º Os Tribunais Regionais Federais poderão funcionar descentralizadamente, constituindo Câmaras regionais, a fim de assegurar o pleno acesso do jurisdicionado à justiça em todas as fases do processo.

Art. 108. Compete aos Tribunais Regionais Federais:

I - processar e julgar, originariamente:

a) os juízes federais da área de sua jurisdição, incluídos os da Justiça Militar e da Justiça do Trabalho, nos crimes comuns e de responsabilidade, e os membros do Ministério Público da União, ressalvada a competência da Justiça Eleitoral;

b) as revisões criminais e as ações rescisórias de julgados seus ou dos juízes federais da região;

c) os mandados de segurança e os *habeas-data* contra ato do próprio Tribunal ou de juiz federal;

d) os *habeas-corpus*, quando a autoridade coatora for juiz federal;

e) os conflitos de competência entre juízes federais vinculados ao Tribunal;

II - julgar, em grau de recurso, as causas decididas pelos juízes federais e pelos juízes estaduais no exercício da competência federal da área de sua jurisdição.

Art. 109. Aos juízes federais compete processar e julgar:[692]

I - as causas em que a União, entidade autárquica ou empresa pública federal forem interessadas na condição de autoras, rés, assistentes ou oponentes, exceto as de falência, as de acidentes de trabalho e as sujeitas à Justiça Eleitoral e à Justiça do Trabalho;[693]

---

[690] Renumerado pela EC nº 45, de 8/12/2004.
[691] §§ 2º e 3º incluídos pela EC nº 45, de 8/12/2004.
[692] Vide ADI 2.473-MC, Rel. Min. Néri da Silveira, DJ 07/11/2003.
[693] Vide Súmulas vinculantes nºs 22 e 27 e Súmulas nºs 235, 501, 508, 511 e 556.

155

II - as causas entre Estado estrangeiro ou organismo internacional e Município ou pessoa domiciliada ou residente no País;

III - as causas fundadas em tratado ou contrato da União com Estado estrangeiro ou organismo internacional;

IV - os crimes políticos e as infrações penais praticadas em detrimento de bens, serviços ou interesse da União ou de suas entidades autárquicas ou empresas públicas, excluídas as contravenções e ressalvada a competência da Justiça Militar e da Justiça Eleitoral;[694]

V - os crimes previstos em tratado ou convenção internacional, quando, iniciada a execução no País, o resultado tenha ou devesse ter ocorrido no estrangeiro, ou reciprocamente;[695]

V-A - as causas relativas a direitos humanos a que se refere o § 5° deste artigo;[696]

VI - os crimes contra a organização do trabalho e, nos casos determinados por lei, contra o sistema financeiro e a ordem econômico-financeira;

VII - os *habeas-corpus*, em matéria criminal de sua competência ou quando o constrangimento provier de autoridade cujos atos não estejam diretamente sujeitos a outra jurisdição;

VIII - os mandados de segurança e os *habeas-data* contra ato de autoridade federal, excetuados os casos de competência dos tribunais federais;

IX - os crimes cometidos a bordo de navios ou aeronaves, ressalvada a competência da Justiça Militar;

X - os crimes de ingresso ou permanência irregular de estrangeiro, a execução de carta rogatória, após o *exequatur*, e de sentença estrangeira, após a homologação, as causas referentes à nacionalidade, inclusive a respectiva opção, e à naturalização;

XI - a disputa sobre direitos indígenas.

§ 1° As causas em que a União for autora serão aforadas na seção judiciária onde tiver domicílio a outra parte.[697]

§ 2° As causas intentadas contra a União poderão ser aforadas na seção judiciária em que for domiciliado o autor, naquela onde houver ocorrido o ato ou fato que deu origem à demanda ou onde esteja situada a coisa, ou, ainda, no Distrito Federal.

§ 3° Serão processadas e julgadas na justiça estadual, no foro do domicílio dos segurados ou beneficiários, as causas em que forem parte instituição de previdência social e segurado, sempre que a comarca não seja sede de vara do juízo federal, e, se verificada essa condição, a lei poderá permitir que outras causas sejam também processadas e julgadas pela justiça estadual.[698]

---

[694] Vide Súmula n° 516.
[695] Vide Súmula n° 522.
[696] Incluído pela EC n° 45, de 8/12/2004.
[697] Vide ADI 1.094-MC, Rel. Min. Carlos Velloso, DJ 20/04/2001.
[698] Vide Súmula n° 689.

CONSTITUIÇÃO FEDERAL (1988)   Arts. 109 a 111

§ 4° Na hipótese do parágrafo anterior, o recurso cabível será sempre para o Tribunal Regional Federal na área de jurisdição do juiz de primeiro grau.

§ 5° Nas hipóteses de grave violação de direitos humanos, o Procurador-Geral da República, com a finalidade de assegurar o cumprimento de obrigações decorrentes de tratados internacionais de direitos humanos dos quais o Brasil seja parte, poderá suscitar, perante o Superior Tribunal de Justiça, em qualquer fase do inquérito ou processo, incidente de deslocamento de competência para a Justiça Federal.[699]

Art. 110. Cada Estado, bem como o Distrito Federal, constituirá uma seção judiciária, que terá por sede a respectiva Capital, e varas localizadas segundo o estabelecido em lei.[700]

Parágrafo único. Nos Territórios Federais, a jurisdição e as atribuições cometidas aos juízes federais caberão aos juízes da justiça local, na forma da lei.

SEÇÃO V - DO TRIBUNAL SUPERIOR DO TRABALHO, DOS TRIBUNAIS REGIONAIS DO TRABALHO E DOS JUÍZES DO TRABALHO[701]

Art. 111. São órgãos da Justiça do Trabalho:

I - o Tribunal Superior do Trabalho;

II - os Tribunais Regionais do Trabalho;

III - Juizes do Trabalho.[702]

Redação anterior: vigente entre 05.10.1988 e 09.12.1999 (original):

III - as Juntas de Conciliação e Julgamento.

---

§ 1° (revogado)[703]

Redação anterior: vigente entre 10.12.1999 e 30.12.2004 (EC n° 24/99):

§ 1° O Tribunal Superior do Trabalho compor-se-á de dezessete Ministros, togados e vitalícios, escolhidos dentre brasileiros com mais de trinta e cinco e menos de sessenta e cinco anos, nomeados pelo Presidente da República, após aprovação pelo Senado Federal, dos quais onze escolhidos dentre juizes dos Tribunais Regionais do Trabalho, integrantes da carreira da magistratura trabalhista, três dentre advogados e três dentre membros do Ministério Público do Trabalho.

Redação anterior: vigente entre 05.10.1988 e 09.12.1999 (original):

§ 1° O Tribunal Superior do Trabalho compor-se-á de vinte e sete Ministros, escolhidos dentre brasileiros com mais de trinta e cinco e menos de sessenta e cinco anos, nomeados pelo Presidente da República após aprovação pelo Senado Federal, sendo:

---

[699] Incluído pela EC n° 45, de 8/12/2004.

[700] Vide Lei n° 9.788, de 19 de fevereiro de 1999 (dispõe sobre a reestruturação da Justiça Federal de Primeiro Grau, nas 5 regiões, com a criação de 100 Varas Federais).

[701] Redação dada pela EC n° 92, de 12/7/2016.

[703] Revogado pela EC n° 45, de 8/12/2004.

Arts. 111 a 111-A   J. U. JACOBY FERNANDES

I - (revogado)[704]

> **Redação anterior:** vigente entre 05.10.1988 e 09.12.1999 (original):
>
> I - dezessete togados e vitalícios, dos quais onze escolhidos dentre juízes de carreira da magistratura trabalhista, três dentre advogados e três dentre membros do Ministério Público do Trabalho;

II - (revogado)[705]

> **Redação anterior:** vigente entre 05.10.1988 e 09.12.1999 (original):
>
> II - dez classistas temporários, com representação paritária dos trabalhadores e empregadores.

§ 2º (revogado)[706]

> **Redação anterior:** vigente entre 10.12.1999 e 30.12.2004 (EC nº 24/99):
>
> § 2º O Tribunal encaminhará ao Presidente da República listas tríplices, observando-se, quanto às vagas destinadas aos advogados e aos membros do Ministério Público, o disposto no art. 94; as listas tríplices para o provimento de cargos destinados aos juízes da magistratura trabalhista de carreira deverão ser elaboradas pelos Ministros togados e vitalícios.
>
> **Redação anterior:** vigente entre 05.10.1988 e 09.12.1999 (original):
>
> § 2º O Tribunal encaminhará ao Presidente da República listas tríplices, observando-se, quanto às vagas destinadas aos advogados e aos membros do Ministério Público, o disposto no art. 94, e, para as de classistas, o resultado de indicação de colégio eleitoral integrado pelas diretorias das confederações nacionais de trabalhadores ou empregadores, conforme o caso; as listas tríplices para o provimento de cargos destinados aos juízes da magistratura trabalhista de carreira deverão ser elaboradas pelos Ministros togados e vitalícios.

§ 3º (revogado)[707]

> **Redação anterior:** vigente entre 05.10.1988 e 30.12.2004 (original):
>
> § 3º A lei disporá sobre a competência do Tribunal Superior do Trabalho.

Art. 111-A. O Tribunal Superior do Trabalho compor-se-á de vinte e sete Ministros, escolhidos dentre brasileiros com mais de trinta e cinco anos e menos de sessenta e cinco anos, de notável saber jurídico e reputação ilibada, nomeados pelo Presidente da República após aprovação pela maioria absoluta do Senado Federal, sendo:[708]

> **Redação anterior:** vigente entre 31.12.2004 (original) e 12.07.2016:
>
> Art. 111-A. O Tribunal Superior do Trabalho compor-se-á de vinte e sete Ministros, escolhidos dentre brasileiros com mais de trinta e cinco e menos de sessenta e cinco

---

[704] Revogado pela EC nº 24, de 9/12/1999.
[705] Revogado pela EC nº 24, de 9/12/1999.
[706] Revogado pela EC nº 45, de 8/12/2004.
[707] Revogado pela EC nº 24, de 9/12/1999.
[708] Incluído pela EC nº 45, de 8/12/2004 e alterado pela EC nº 92, de 12/7/2016.

CONSTITUIÇÃO FEDERAL (1988) — Arts. 111-A a 112

> anos, nomeados pelo Presidente da República após aprovação pela maioria absoluta do Senado Federal, sendo:

I - um quinto dentre advogados com mais de dez anos de efetiva atividade profissional e membros do Ministério Público do Trabalho com mais de dez anos de efetivo exercício, observado o disposto no art. 94;

II - os demais dentre juízes dos Tribunais Regionais do Trabalho, oriundos da magistratura da carreira, indicados pelo próprio Tribunal Superior.

§ 1º A lei disporá sobre a competência do Tribunal Superior do Trabalho.[709]

§ 2º Funcionarão junto ao Tribunal Superior do Trabalho:[710]

I - a Escola Nacional de Formação e Aperfeiçoamento de Magistrados do Trabalho, cabendo-lhe, dentre outras funções, regulamentar os cursos oficiais para o ingresso e promoção na carreira;

II - o Conselho Superior da Justiça do Trabalho, cabendo-lhe exercer, na forma da lei, a supervisão administrativa, orçamentária, financeira e patrimonial da Justiça do Trabalho de primeiro e segundo graus, como órgão central do sistema, cujas decisões terão efeito vinculante.

§ 3º Compete ao Tribunal Superior do Trabalho processar e julgar, originariamente, a reclamação para a preservação de sua competência e garantia da autoridade de suas decisões.[711]

Art. 112. A lei criará varas da Justiça do Trabalho, podendo, nas comarcas não abrangidas por sua jurisdição, atribuí-la aos juízes de direito, com recurso para o respectivo Tribunal Regional do Trabalho.[712]

> **Redação anterior:** vigente entre 10.12.1999 e 30.12.2004 (EC n° 24/99):
>
> **Art. 112.** Haverá pelo menos um Tribunal Regional do Trabalho em cada Estado e no Distrito Federal, e a lei instituirá as Varas do Trabalho, podendo, nas comarcas onde não forem instituídas, atribuir sua jurisdição aos juízes de direito.
>
> **Redação anterior:** vigente entre 05.10.1988 e 09.12.1999 (original):
>
> **Art. 112.** Haverá pelo menos um Tribunal Regional do Trabalho em cada Estado e no Distrito Federal, e a lei instituirá as Juntas de Conciliação e Julgamento, podendo, nas comarcas onde não forem instituídas, atribuir sua jurisdição aos juízes de direito.

Art. 113. A lei disporá sobre a constituição, investidura, jurisdição, competência, garantias e condições de exercício dos órgãos da Justiça do Trabalho.[713]

---

[709] Incluído pela EC n° 45, de 8/12/2004.

[710] Incluído pela EC n° 45, de 8/12/2004.

[711] Incluído pela EC n° 92, de 12/7/2016.

[712] Redação dada pela EC n° 45, de 8/12/2004; vide Súmula n° 222.

[713] Redação dada pela EC n° 24, de 9/12/1999; vide Súmula n° 628 e ADI 2.527, Rel. Min. Ellen Gracie, DJ 23/11/2007.

Arts. 112 a 114

J. U. Jacoby Fernandes

> **Redação anterior:** vigente entre 05.10.1988 e 09.12.1999 (original):
>
> **Art. 113.** A lei disporá sobre a constituição, investidura, jurisdição, competência, garantias e condições de exercício dos órgãos da Justiça do Trabalho, assegurada a paridade de representação de trabalhadores e empregadores.

Art. 114. Compete à Justiça do Trabalho processar e julgar:[714]

> **Redação anterior:** vigente entre 05.10.1988 e 30.12.2004 (original):
>
> **Art. 114.** Compete à Justiça do Trabalho conciliar e julgar os dissídios individuais e coletivos entre trabalhadores e empregadores, abrangidos os entes de direito público externo e da administração pública direta e indireta dos Municípios, do Distrito Federal, dos Estados e da União, e, na forma da lei, outras controvérsias decorrentes da relação de trabalho, bem como os litígios que tenham origem no cumprimento de suas próprias sentenças, inclusive coletivas.

I - as ações oriundas da relação de trabalho, abrangidos os entes de direito público externo e da administração pública direta e indireta da União, dos Estados, do Distrito Federal e dos Municípios;[715]

II - as ações que envolvam exercício do direito de greve;[716]

III - as ações sobre representação sindical, entre sindicatos, entre sindicatos e trabalhadores, e entre sindicatos e empregadores;

IV - os mandados de segurança, *habeas-corpus* e *habeas-data*, quando o ato questionado envolver matéria sujeita à sua jurisdição;[717]

V - os conflitos de competência entre órgãos com jurisdição trabalhista, ressalvado o disposto no art. 102, I, "o";

VI - as ações de indenização por dano moral ou patrimonial, decorrentes da relação de trabalho;[718]

VII - as ações relativas às penalidades administrativas impostas aos empregadores pelos órgãos de fiscalização das relações de trabalho;

VIII - a execução, de ofício, das contribuições sociais previstas no art. 195, I, "a", e II, e seus acréscimos legais, decorrentes das sentenças que proferir;[719]

IX - outras controvérsias decorrentes da relação de trabalho, na forma da lei.

§ 1º Frustrada a negociação coletiva, as partes poderão eleger árbitros.

§ 2º Recusando-se qualquer das partes à negociação coletiva ou à arbitragem, é facultado às mesmas, de comum acordo, ajuizar dissídio coletivo de natureza econômica, podendo a Justiça do Trabalho decidir o conflito,

---

[714] Redação dada pela EC nº 45, de 8/12/2004; vide Súmula nº 234.

[715] Incisos I a IX incluídos pela EC nº 45, de 8/12/2004; vide Súmula nº 736 e ADI 3.395-MC, Rel. Min. Cezar Peluso, DJ 10/11/2006 e ADI 3.684, Rel. Min. Cezar Peluso, DJ 03/08/2007

[716] Vide Súmula nº 23.

[717] Vide ADI 3.684, Rel. Min. Cezar Peluso, DJ 03/08/2007.

[718] Vide Súmula vinculante 22.

[719] Vide Súmula vinculante 53.

CONSTITUIÇÃO FEDERAL (1988)   Arts. 114 e 115

respeitadas as disposições mínimas legais de proteção ao trabalho, bem como as convencionadas anteriormente.[720]

> **Redação anterior:** vigente entre 05.10.1988 e 30.12.2004 (original):
>
> § 2° Recusando-se qualquer das partes à negociação ou à arbitragem, é facultado aos respectivos sindicatos ajuizar dissídio coletivo, podendo a Justiça do Trabalho estabelecer normas e condições, respeitadas as disposições convencionais e legais mínimas de proteção ao trabalho.

§ 3° Em caso de greve em atividade essencial, com possibilidade de lesão do interesse público, o Ministério Público do Trabalho poderá ajuizar dissídio coletivo, competindo à Justiça do Trabalho decidir o conflito.[721]

> **Redação anterior:** vigente entre 16.12.1998 e 30.12.2004 (EC n° 20/1998):
>
> § 3° Compete ainda à Justiça do Trabalho executar, de ofício, as contribuições sociais previstas no art. 195, I, a, e II, e seus acréscimos legais, decorrentes das sentenças que proferir.

Art. 115. Os Tribunais Regionais do Trabalho compõem-se de, no mínimo, sete juízes, recrutados, quando possível, na respectiva região, e nomeados pelo Presidente da República dentre brasileiros com mais de trinta e menos de sessenta e cinco anos, sendo:[722]

I - um quinto dentre advogados com mais de dez anos de efetiva atividade profissional e membros do Ministério Público do Trabalho com mais de dez anos de efetivo exercício, observado o disposto no art. 94;[723]

II - os demais, mediante promoção de juízes do trabalho por antiguidade e merecimento, alternadamente.

> **Redação anterior:** vigente entre 10.12.1999 e 30.12.2004 (EC n° 24/99):
>
> **Art. 115.** Os Tribunais Regionais do Trabalho serão compostos de juízes nomeados pelo Presidente da República, observada a proporcionalidade estabelecida no § 2° do art. 111.
>
> **Redação anterior:** vigente entre 05.10.1988 e 09.12.1999 (original):
>
> **Art. 115.** Os Tribunais Regionais do Trabalho serão compostos de juízes nomeados pelo Presidente da República, sendo dois terços de juízes togados vitalícios e um terço de juízes classistas temporários, observada, entre os juízes togados, a proporcionalidade estabelecida no art. 111, § 1°, I.
>
> **Parágrafo único.** Os magistrados dos Tribunais Regionais do Trabalho serão:
>
> I - juízes do trabalho, escolhidos por promoção, alternadamente, por antiguidade e merecimento;

---

[720] Redação dada pela EC n° 45, de 8/12/2004. Vide ADI 4.364, Rel. Min. Dias Toffoli, DJe 16/05/2011;

[721] Redação dada pela EC n° 45, de 8/12/2004.

[722] Redação dada pela EC n° 45, de 8/12/2004.

[723] Vide ADI 1.289-EI, Rel. Min. Gilmar Mendes, DJ 27/02/2004.

Arts. 115 a 119 — J. U. Jacoby Fernandes

> **II** - advogados e membros do Ministério Público do Trabalho, obedecido o disposto no art. 94;
>
> **III** - classistas indicados em listas tríplices pelas diretorias das federações e dos sindicatos com base territorial na região. (Revogado pela EC n° 24, de 9/12/99)

§ 1° Os Tribunais Regionais do Trabalho instalarão a justiça itinerante, com a realização de audiências e demais funções de atividade jurisdicional, nos limites territoriais da respectiva jurisdição, servindo-se de equipamentos públicos e comunitários.[724]

§ 2° Os Tribunais Regionais do Trabalho poderão funcionar descentralizadamente, constituindo Câmaras regionais, a fim de assegurar o pleno acesso do jurisdicionado à justiça em todas as fases do processo.

Art. 116. Nas Varas do Trabalho, a jurisdição será exercida por um juiz singular.[725]

> **Redação anterior:** vigente entre 05.10.1988 e 09.12.1999 (original):
>
> **Art. 116.** A Junta de Conciliação e Julgamento será composta de um juiz do trabalho, que a presidirá, e dois juízes classistas temporários, representantes dos empregados e dos empregadores.

Parágrafo único...[726]

> **Redação anterior:** vigente entre 05.10.1988 e 09.12.1999 (original):
>
> **Parágrafo único.** Os juízes classistas das Juntas de Conciliação e Julgamento serão nomeados pelo Presidente do Tribunal Regional do Trabalho, na forma da lei, permitida uma recondução.

Art. 117. (revogado)[727]

> **Redação anterior:** vigente entre 05.10.1988 e 09.12.1999 (original):
>
> **Art. 117.** O mandato dos representantes classistas, em todas as instâncias, é de três anos.**Parágrafo único.** Os representantes classistas terão suplentes.

SEÇÃO VI - DOS TRIBUNAIS E JUÍZES ELEITORAIS

Art. 118. São órgãos da Justiça Eleitoral:

I - o Tribunal Superior Eleitoral;

II - os Tribunais Regionais Eleitorais;

III - os Juízes Eleitorais;

IV - as Juntas Eleitorais.

Art. 119. O Tribunal Superior Eleitoral compor-se-á, no mínimo, de sete membros, escolhidos:

I - mediante eleição, pelo voto secreto:

---

[724] §§ 1° e 2° incluídos pela EC n° 45, de 8/12/2004.
[725] Redação dada pela EC n° 24, de 9/12/1999.
[726] Revogado pela EC n° 24, de 9/12/1999.
[727] Revogado pela EC n° 24, de 9/12/1999.

CONSTITUIÇÃO FEDERAL (1988)   Arts. 119 a 121

a) três juízes dentre os Ministros do Supremo Tribunal Federal;

b) dois juízes dentre os Ministros do Superior Tribunal de Justiça;

II - por nomeação do Presidente da República, dois juízes dentre seis advogados de notável saber jurídico e idoneidade moral, indicados pelo Supremo Tribunal Federal.

Parágrafo único. O Tribunal Superior Eleitoral elegerá seu Presidente e o Vice-Presidente dentre os Ministros do Supremo Tribunal Federal, e o Corregedor Eleitoral dentre os Ministros do Superior Tribunal de Justiça.

Art. 120. Haverá um Tribunal Regional Eleitoral na Capital de cada Estado e no Distrito Federal.

§ 1° Os Tribunais Regionais Eleitorais compor-se-ão:

I - mediante eleição, pelo voto secreto:

a) de dois juízes dentre os desembargadores do Tribunal de Justiça;

b) de dois juízes, dentre juízes de direito, escolhidos pelo Tribunal de Justiça;

II - de um juiz do Tribunal Regional Federal com sede na Capital do Estado ou no Distrito Federal, ou, não havendo, de juiz federal, escolhido, em qualquer caso, pelo Tribunal Regional Federal respectivo;

III - por nomeação, pelo Presidente da República, de dois juízes dentre seis advogados de notável saber jurídico e idoneidade moral, indicados pelo Tribunal de Justiça.

§ 2° O Tribunal Regional Eleitoral elegerá seu Presidente e o Vice-Presidente dentre os desembargadores.

Art. 121. Lei complementar disporá sobre a organização e competência dos tribunais, dos juízes de direito e das juntas eleitorais.[728]

§ 1° Os membros dos tribunais, os juízes de direito e os integrantes das juntas eleitorais, no exercício de suas funções, e no que lhes for aplicável, gozarão de plenas garantias e serão inamovíveis.

§ 2° Os juízes dos tribunais eleitorais, salvo motivo justificado, servirão por dois anos, no mínimo, e nunca por mais de dois biênios consecutivos, sendo os substitutos escolhidos na mesma ocasião e pelo mesmo processo, em número igual para cada categoria.[729]

§ 3° São irrecorríveis as decisões do Tribunal Superior Eleitoral, salvo as que contrariarem esta Constituição e as denegatórias de *habeas-corpus* ou mandado de segurança.

§ 4° Das decisões dos Tribunais Regionais Eleitorais somente caberá recurso quando:

I - forem proferidas contra disposição expressa desta Constituição ou de lei;

---

[728] Vide ADI 2.280, Rel. Min. Joaquim Barbosa, DJ 24/11/2006; ADI 2.275, Rel. Min. Maurício Corrêa, DJ 13/09/2002; ADI 2.268-MC, Rel. Min. Octavio Gallotti, DJ 02/08/2002; ADI 1.459, Rel. Min. Sydney Sanches, DJ 07/05/1999; Lei n° 4.737, de 15 de julho de 1965 (Código Eleitoral).
[729] Vide ADI 2.993, Rel. Min. Carlos Velloso, DJ 12/03/2004.

Arts. 121 a 125 — J. U. Jacoby Fernandes

II - ocorrer divergência na interpretação de lei entre dois ou mais tribunais eleitorais;

III - versarem sobre inelegibilidade ou expedição de diplomas nas eleições federais ou estaduais;

IV - anularem diplomas ou decretarem a perda de mandatos eletivos federais ou estaduais;

V - denegarem *habeas-corpus*, mandado de segurança, *habeas-data* ou mandado de injunção.

SEÇÃO VII - DOS TRIBUNAIS E JUÍZES MILITARES

Art. 122. São órgãos da Justiça Militar:

I - o Superior Tribunal Militar;

II - os Tribunais e Juízes Militares instituídos por lei.

Art. 123. O Superior Tribunal Militar compor-se-á de quinze Ministros vitalícios, nomeados pelo Presidente da República, depois de aprovada a indicação pelo Senado Federal, sendo três dentre oficiais-generais da Marinha, quatro dentre oficiais-generais do Exército, três dentre oficiais-generais da Aeronáutica, todos da ativa e do posto mais elevado da carreira, e cinco dentre civis.

Parágrafo único. Os Ministros civis serão escolhidos pelo Presidente da República dentre brasileiros maiores de trinta e cinco anos, sendo:

I - três dentre advogados de notório saber jurídico e conduta ilibada, com mais de dez anos de efetiva atividade profissional;

II - dois, por escolha paritária, dentre juízes auditores e membros do Ministério Público da Justiça Militar.

Art. 124. À Justiça Militar compete processar e julgar os crimes militares definidos em lei.[730]

Parágrafo único. A lei disporá sobre a organização, o funcionamento e a competência da Justiça Militar.[731]

SEÇÃO VIII - DOS TRIBUNAIS E JUÍZES DOS ESTADOS

Art. 125. Os Estados organizarão sua Justiça, observados os princípios estabelecidos nesta Constituição.[732]

§ 1° A competência dos tribunais será definida na Constituição do Estado, sendo a lei de organização judiciária de iniciativa do Tribunal de Justiça.[733]

---

[730] Vide Decreto-Lei n° 1.001, de 21 de outubro de 1969 (institui o Código Penal Militar) e Decreto-Lei n° 1.002, de 21 de outubro de 1969 (institui o Código de Processo Penal Militar).

[731] Vide Lei n° 8.457, de 4 de setembro de 1992 (organiza a Justiça Militar da União e regula o funcionamento de seus serviços auxiliares).

[732] Vide ADI 4.414, Rel. Min. Luiz Fux, DJe 17/06/2013.

[733] Vide Súmulas vinculantes n°s 27 e 45 e Súmulas n°s 508, 516, 556, 721; ADI 4.657, Rel. Min. Marco Auréio, DJe 25/04/3012; ADI 4.453, Rel. Min. Cármen Lúcia, DJe 24/08/2011; ADI 4.140, Rel. Min. Ellen Gracie, DJe 20/09/2011; ADI 3.140, Rel. Min. Cármen Lúcia, DJe

CONSTITUIÇÃO FEDERAL (1988)   Art. 125

§ 2º Cabe aos Estados a instituição de representação de inconstitucionalidade de leis ou atos normativos estaduais ou municipais em face da Constituição Estadual, vedada a atribuição da legitimação para agir a um único órgão.[734]

§ 3º A lei estadual poderá criar, mediante proposta do Tribunal de Justiça, a Justiça Militar estadual, constituída, em primeiro grau, pelos juízes de direito e pelos Conselhos de Justiça e, em segundo grau, pelo próprio Tribunal de Justiça, ou por Tribunal de Justiça Militar nos Estados em que o efetivo militar seja superior a vinte mil integrantes.[735]

> **Redação anterior:** vigente entre 05.10.1988 e 30.12.2004 (original):
>
> § 3º A lei estadual poderá criar, mediante proposta do Tribunal de Justiça, a Justiça Militar estadual, constituída, em primeiro grau, pelos Conselhos de Justiça e, em segundo, pelo próprio Tribunal de Justiça, ou por Tribunal de Justiça Militar nos Estados em que o efetivo da polícia militar seja superior a vinte mil integrantes.

§ 4º Compete à Justiça Militar estadual processar e julgar os militares dos Estados, nos crimes militares definidos em lei e as ações judiciais contra atos disciplinares militares, ressalvada a competência do júri quando a vítima for civil, cabendo ao tribunal competente decidir sobre a perda do posto e da patente dos oficiais e da graduação das praças.[736]

> **Redação anterior:** vigente entre 05.10.1988 e 30.12.2004 (original):
>
> § 4º Compete à Justiça Militar estadual processar e julgar os policiais militares e bombeiros militares nos crimes militares definidos em lei, cabendo ao tribunal competente decidir sobre a perda do posto e da patente dos oficiais e da graduação das praças.

§ 5º Compete aos juízes de direito do juízo militar processar e julgar, singularmente, os crimes militares cometidos contra civis e as ações judiciais contra atos disciplinares militares, cabendo ao Conselho de Justiça, sob a presidência de juiz de direito, processar e julgar os demais crimes militares.[737]

§ 6º O Tribunal de Justiça poderá funcionar descentralizadamente, constituindo Câmaras regionais, a fim de assegurar o pleno acesso do jurisdicionado à justiça em todas as fases do processo.

29/06/2007; ADI 2.415, Rel. Min. Ayres Britto; ADI 2.350, Rel. Min. Maurício Corrêa, DJ 30/04/2004 e ADI 865-MC, Rel. Min. Celso de Mello, DJ 08/04/1994; ADI 197, Rel. Min. Gilmar Mendes, DJe 22/05/2014.

[734] Vide ADI 5.089, Rel. Min. Celso de Mello, DJe 06/02/2015; ADI 347, Rel. Min. Joaquim Barbosa, 20/09/2006; ADI 209, Rel. Min. Sydney Sanches, DJ 11/09/1998 e ADI 119, Rel. Min. Dias Toffoli, DJe 28/03/2014.

[735] Redação dada pela EC nº 45, de 8/12/2004; vide ADI 1.218, Rel. Min. Maurício Corrêa, DJ 08/11/2002; ADI 725, Rel. Min. Moreira Alves, DJ 04/09/1998 e ADI 471, Rel. Min. Eros Grau, 29/08/2008..

[736] Redação dada pela EC nº 45, de 8/12/2004; vide Súmula nº 673 e o Decreto-Lei nº 1.001, de 21 de outubro de 1969 (Código Penal Militar).

[737] §§ 5º, 6º e 7º incluídos pela EC nº 45, de 8/12/2004.

Arts. 125 a 127 — J. U. Jacoby Fernandes

§ 7° O Tribunal de Justiça instalará a justiça itinerante, com a realização de audiências e demais funções da atividade jurisdicional, nos limites territoriais da respectiva jurisdição, servindo-se de equipamentos públicos e comunitários.

Art. 126. Para dirimir conflitos fundiários, o Tribunal de Justiça proporá a criação de varas especializadas, com competência exclusiva para questões agrárias.[738]

> **Redação anterior:** vigente entre 05.10.1988 e 30.12.2004 (original):
>
> **Art. 126.** Para dirimir conflitos fundiários, o Tribunal de Justiça designará juízes de entrância especial, com competência exclusiva para questões agrárias.

Parágrafo único. Sempre que necessário à eficiente prestação jurisdicional, o juiz far-se-á presente no local do litígio.

CAPÍTULO IV - DAS FUNÇÕES ESSENCIAIS À JUSTIÇA

SEÇÃO I - DO MINISTÉRIO PÚBLICO

Art. 127. O Ministério Público é instituição permanente, essencial à função jurisdicional do Estado, incumbindo-lhe a defesa da ordem jurídica, do regime democrático e dos interesses sociais e individuais indisponíveis.[739]

§ 1° São princípios institucionais do Ministério Público a unidade, a indivisibilidade e a independência funcional.[740]

§ 2° Ao Ministério Público é assegurada autonomia funcional e administrativa, podendo, observado o disposto no art. 169, propor ao Poder Legislativo a criação e extinção de seus cargos e serviços auxiliares, provendo-os por concurso público de provas ou de provas e títulos, a política remuneratória e os planos de carreira; a lei disporá sobre sua organização e funcionamento.[741]

> **Redação anterior:** vigente entre 05.10.1988 e 04.06.1998 (original):
>
> **§ 2°** Ao Ministério Público é assegurada autonomia funcional e administrativa, podendo, observado o disposto no art. 169, propor ao Poder Legislativo a criação e

---

[738] Incluído pela EC n° 45, de 8/12/2004.

[739] ADI 4.617, Rel. Min. Luiz Fux, DJe 12/02/2014; ADI 3.028, rel. p/o ac. Min. Ayres Britto, DJe 01/07/2010. Consulte, a propósito das competências, os art. 20 a 30 do Decreto n° 4.657, de 4 de setembro de 1942, incluídos pela Lei n° 13.655, de 25 de abril de 2018.

[740] Vide ADI 1.285-MC, Rel. Min. Moreira Alves, DJ 23/03/2001;

[741] Redação dada pela EC n° 19, de 4/6/1998; vide ADI 2.513, Rel. Min. Celso de Mello, DJe 15/03/2011; ADI 603, Rel. Min. Eros Grau, DJ 06/10/2006; ADI 2.874, Rel. Min. Marco Aurélio, DJ 03/10/2003; ADI 63, Rel. Min. Ilmar Galvão, DJ 27/05/1994; Lei Complementar n° 75, de 20 de maio de 1993 (organização, atribuições e Estatuto do Ministério Público da União); Lei n° 8.625, de 12 de fevereiro de 1993 (Lei Orgânica Nacional do Ministério Público); Lei n° 10.053/2000 (dispõe sobre a criação de Procuradorias da República em Municípios) e Lei n° 11.144, de 26 de julho de 2005 (dispõe sobre o subsídio do Procurador-Geral da República); vide Lei n° 13.316, de 20 de julho de 2016 (dispõe sobre as carreiras dos servidores do Ministério Público da União e as carreiras dos servidores do Conselho Nacional do Ministério Público; fixa valores de sua remuneração).

CONSTITUIÇÃO FEDERAL (1988)   Arts. 127 e 128

> extinção de seus cargos e serviços auxiliares, provendo-os por concurso público de provas e de provas e títulos; a lei disporá sobre sua organização e funcionamento.

§ 3º O Ministério Público elaborará sua proposta orçamentária dentro dos limites estabelecidos na lei de diretrizes orçamentárias.[742]

§ 4º Se o Ministério Público não encaminhar a respectiva proposta orçamentária dentro do prazo estabelecido na lei de diretrizes orçamentárias, o Poder Executivo considerará, para fins de consolidação da proposta orçamentária anual, os valores aprovados na lei orçamentária vigente, ajustados de acordo com os limites estipulados na forma do § 3º.[743]

§ 5º Se a proposta orçamentária de que trata este artigo for encaminhada em desacordo com os limites estipulados na forma do § 3º, o Poder Executivo procederá aos ajustes necessários para fins de consolidação da proposta orçamentária anual.

§ 6º Durante a execução orçamentária do exercício, não poderá haver a realização de despesas ou a assunção de obrigações que extrapolem os limites estabelecidos na lei de diretrizes orçamentárias, exceto se previamente autorizadas, mediante a abertura de créditos suplementares ou especiais.

Art. 128. O Ministério Público abrange:

I - o Ministério Público da União, que compreende:[744]

a) o Ministério Público Federal;

b) o Ministério Público do Trabalho;

c) o Ministério Público Militar;

d) o Ministério Público do Distrito Federal e Territórios;[745]

II - os Ministérios Públicos dos Estados.

§ 1º O Ministério Público da União tem por chefe o Procurador-Geral da República, nomeado pelo Presidente da República dentre integrantes da carreira, maiores de trinta e cinco anos, após a aprovação de seu nome pela maioria absoluta dos membros do Senado Federal, para mandato de dois anos, permitida a recondução.

§ 2º A destituição do Procurador-Geral da República, por iniciativa do Presidente da República, deverá ser precedida de autorização da maioria absoluta do Senado Federal.

§ 3º Os Ministérios Públicos dos Estados e o do Distrito Federal e Territórios formarão lista tríplice dentre integrantes da carreira, na forma da lei respectiva, para escolha de seu Procurador-Geral, que será nomeado pelo Chefe do Poder Executivo, para mandato de dois anos, permitida uma recondução.[746]

---

[742] Vide ADI 4.356, Rel. Min. Dias Toffoli, DJe 12/05/2011; ADI 4.426, Rel. Min. Dias Toffoli, DJe 18/05/2011; ADI 514-MC, Rel. Min. Celso de Mello, DJ 18/03/1994.

[743] §§ 4º, 5º e 6º incluídos pela EC nº 45, de 8/12/2004.

[744] Vide ADI 789, Rel. Min. Celso de Mello, DJ 19/12/1994.

[745] Vide ADI 2.794, Rel. Min. Sepúlveda Pertence, DJ 30/03/2007.

[746] Vide ADI 3.727, Rel. Min. Ayres Britto, DJe 11/06/2010; ADI 2.622, Rel. Min. Cezar Peluso, DJ 16/02/2012; ADI 452, Rel. Min. Maurício Corrêa, DJ 31/10/2002, no mesmo sentido: ADI

Art. 128   J. U. Jacoby Fernandes

§ 4° Os Procuradores-Gerais nos Estados e no Distrito Federal e Territórios poderão ser destituídos por deliberação da maioria absoluta do Poder Legislativo, na forma da lei complementar respectiva.[747]

§ 5° Leis complementares da União e dos Estados, cuja iniciativa é facultada aos respectivos Procuradores-Gerais, estabelecerão a organização, as atribuições e o estatuto de cada Ministério Público, observadas, relativamente a seus membros:[748]

I - as seguintes garantias:

a) vitaliciedade, após dois anos de exercício, não podendo perder o cargo senão por sentença judicial transitada em julgado;

b) inamovibilidade, salvo por motivo de interesse público, mediante decisão do órgão colegiado competente do Ministério Público, pelo voto da maioria absoluta de seus membros, assegurada ampla defesa;[749]

> **Redação anterior:** vigente entre 05.10.1988 e 30.12.2004 (original):
>
> b) inamovibilidade, salvo por motivo de interesse público, mediante decisão do órgão colegiado competente do Ministério Público, por voto de dois terços de seus membros, assegurada ampla defesa;

c) irredutibilidade de subsídio, fixado na forma do art. 39, § 4°, e ressalvado o disposto nos arts. 37, X e XI, 150, II, 153, III, 153, § 2°, I;[750]

> **Redação anterior:** vigente entre 05.10.1988 e 04.06.1998 (original):
>
> c) irredutibilidade de vencimentos, observado, quanto à remuneração, o que dispõem os arts. 37, XI, 150, II, 153, III, 153, § 2°, I;

II - as seguintes vedações:

a) receber, a qualquer título e sob qualquer pretexto, honorários, percentagens ou custas processuais;

b) exercer a advocacia;

c) participar de sociedade comercial, na forma da lei;[751]

1.506-MC, DJ 22/11/1996, ADI 1.962, DJ 01/02/2002; ADI 1.783, Rel. Min. Sepúlveda Pertence, DJ 16/11/2001 e ADI 1.791-MC, Rel. Min. Sydney Sanches, DJ 11/09/1998.

[747] Vide ADI 2.436-MC, Rel. Min. Moreira Alves, DJ 09/05/2003, no mesmo sentido: ADI 2.622, Rel. Min. Cezar Peluso, DJ 16/02/2012.

[748] Vide ADI 4.075, Rel. Min. Joaquim Barbosa, DJe 20/06/2008; ADI 4.062, Rel. Joaquim Barbosa, DJ 20/06/2008; ADI 3.802, Rel. Min. Dias Toffoli, DJe 14/11/2016; ADI 2.794, Rel. Min. Sepúlveda Pertence, DJ 30/03/2007; ADI 2.028-MC, Rel. Min. Moreira Alves, DJ 16/06/2000; ADI 2.010-MC, Rel. Min. Celso de Mello, DJ 12/04/2002; ADI 1.916, Rel. Min. Eros Grau, DJe 18/06/2010; ADI 852, Rel. Min. Ilmar Galvão, DJ 18/10/2002; ADI 789, Rel. Min. Celso de Mello, DJ 19/12/1994; ADI 1.138-MC, Rel. Min. Ilmar Galvão, DJ 16/02/1996; Lei n° 8.625, de 12 de fevereiro de 1993 (Lei Orgânica Nacional do Ministério Público) e Lei Complementar n° 75, de 20 de maio de 1993 (Estatuto do Ministério Público da União).

[749] Redação dada pela EC n° 45, de 8/12/2004.

[750] Redação dada pela EC n° 19, de 4/6/1998; vide Lei n° 11.144, de 26 de julho de 2005 (dispõe sobre o subsídio do Procurador-Geral da República).

[751] Vide Lei n° 8.625, de 12 de fevereiro de 1993 (Lei Orgânica Nacional do Ministério Público).

CONSTITUIÇÃO FEDERAL (1988) — Arts. 128 e 129

d) exercer, ainda que em disponibilidade, qualquer outra função pública, salvo uma de magistério;[752]

e) exercer atividade político-partidária;[753]

> **Redação anterior:** vigente entre 05.10.1988 e 30.12.2004 (original):
> e) exercer atividade político-partidária, salvo exceções previstas na lei.

f) receber, a qualquer título ou pretexto, auxílios ou contribuições de pessoas físicas, entidades públicas ou privadas, ressalvadas as exceções previstas em lei.[754]

§ 6° Aplica-se aos membros do Ministério Público o disposto no art. 95, parágrafo único, V.[755]

Art. 129. São funções institucionais do Ministério Público:[756]

I - promover, privativamente, a ação penal pública, na forma da lei;[757]

II - zelar pelo efetivo respeito dos Poderes Públicos e dos serviços de relevância pública aos direitos assegurados nesta Constituição, promovendo as medidas necessárias a sua garantia;

III - promover o inquérito civil e a ação civil pública, para a proteção do patrimônio público e social, do meio ambiente e de outros interesses difusos e coletivos;[758]

IV - promover a ação de inconstitucionalidade ou representação para fins de intervenção da União e dos Estados, nos casos previstos nesta Constituição;

V - defender judicialmente os direitos e interesses das populações indígenas;

VI - expedir notificações nos procedimentos administrativos de sua competência, requisitando informações e documentos para instruí-los, na forma da lei complementar respectiva;[759]

VII - exercer o controle externo da atividade policial, na forma da lei complementar mencionada no artigo anterior;

---

[752] ADI 3.574, Rel. Min. Ricardo Lewandowski, DJ 01/06/2007; ADI 2.836, Rel. Min. Eros Grau, DJ 09/12/2005; ADI 2.622, Rel. Min. Cezar Peluso, DJ 16/02/2012 e ADI 2.534-MC, Rel. Min. Maurício Corrêa, DJ 13/06/2003; no mesmo sentido: ADI 2.084, DJ 14/09/2001.

[753] Redação dada pela EC n° 45, de 8/12/2004.

[754] Incluída pela EC n° 45, de 8/12/2004.

[755] Incluída pela EC n° 45, de 8/12/2004.

[756] Vide ADI 3.041, Rel. Min. Ricardo Lewandowski, DJe 01/02/2012.

[757] Vide ADI 1.571-MC, Rel. Min. Néri da Silveira, DJ 25/09/1998; Decreto-Lei n° 2.848, de 7 de dezembro de 1940 (Código Penal), art. 100, § 1°; Decreto-Lei n° 3.689, de 3 de outubro de 1941 (Código de Processo Penal), art. 24 e Lei n° 8.625, de 12 de fevereiro de 1993 (Lei Orgânica Nacional do Ministério Público).

[758] Vide Súmula n° 643 e ADI 1.571-MC, trecho do voto do Min. Rel. Néri da Silveira, DJ 25/09/1998.

[759] Vide Lei n° 8.625, de 12 de fevereiro de 1993 (Lei Orgânica Nacional do Ministério Público), art. 26, I, "a" e Lei Complementar n° 75, de 20 de maio de 1993 (dispõe sobre a organização, as atribuições e o estatuto do Ministério Público da União).

Arts. 129   J. U. Jacoby Fernandes

VIII - requisitar diligências investigatórias e a instauração de inquérito policial, indicados os fundamentos jurídicos de suas manifestações processuais;[760]

IX - exercer outras funções que lhe forem conferidas, desde que compatíveis com sua finalidade, sendo-lhe vedada a representação judicial e a consultoria jurídica de entidades públicas.[761]

§ 1° A legitimação do Ministério Público para as ações civis previstas neste artigo não impede a de terceiros, nas mesmas hipóteses, segundo o disposto nesta Constituição e na lei.[762]

§ 2° As funções do Ministério Público só podem ser exercidas por integrantes da carreira, que deverão residir na comarca da respectiva lotação, salvo autorização do chefe da instituição.[763]

> **Redação anterior:** vigente entre 05.10.1988 e 30.12.2004 (original):
>
> § 2° As funções de Ministério Público só podem ser exercidas por integrantes da carreira, que deverão residir na comarca da respectiva lotação.

§ 3° O ingresso na carreira do Ministério Público far-se-á mediante concurso público de provas e títulos, assegurada a participação da Ordem dos Advogados do Brasil em sua realização, exigindo-se do bacharel em direito, no mínimo, três anos de atividade jurídica e observando-se, nas nomeações, a ordem de classificação.[764]

> **Redação anterior:** vigente entre 05.10.1988 e 30.12.2004 (original):
>
> § 3° O ingresso na carreira far-se-á mediante concurso público de provas e títulos, assegurada participação da Ordem dos Advogados do Brasil em sua realização, e observada, nas nomeações, a ordem de classificação.

§ 4° Aplica-se ao Ministério Público, no que couber, o disposto no art. 93.[765]

> **Redação anterior:** vigente entre 05.10.1988 e 30.12.2004 (original):

---

[760] Vide Súmula n° 524 e ADI 5.104, Rel. Min. Roberto Barroso, DJe 30/10/2014; ADI 1.571-MC, trecho do voto do Min. Rel. Néri da Silveira, DJ 25/09/1998.

[761] Vide ; ADI 3.463, Rel. Min; Ayes Britto, DJe 06/06/2012; ADI 1.852, Rel. Min. Carlos Velloso, DJ 21/11/2003; ADI 2.958-MC, Rel. Min. Cezar Peluso, DJ 03/10/2003 e ADI 1.748-MC, Rel. Min. Sydney Sanches, DJ 08/09/2000.

[762] Vide Lei n° 7.347, de 24 de julho de 1985 (Lei da Ação Civil Pública); Lei n° 8.078/1990 (Código de Defesa do Consumidor); Decreto n° 5.903, de 20 de setembro de 2006 (dispõe sobre as práticas infracionais ao direito básico do consumidor) e Lei n° 8.429, 02 de junho de 1992 (Lei de Improbidade Administrativa).

[763] Redação dada pela EC n° 45, de 8/12/2004. Vide ADI 3.783, Rel. Min. Gilmar Mendes, DJe 06/06/2011.

[764] Redação dada pela EC n° 45, de 8/12/2004; vide ADI 3.460, Rel. Min. Ayres Britto, Inf. 438; ADI 2.958-MC, Rel. Min. Cezar Peluso, DJ 03/10/2003 e ADI 1.791, Rel. Min. Sydney Sanches, DJ 23/02/2001.

[765] Redação dada pela EC n° 45, de 8/12/2004; vide ADI 3.220-MC, Rel. Min. Ayres Britto, DJ 06/05/2005 e ADI 994, Rel. Min. Néri da Silveira, DJ 19/09/2003.

CONSTITUIÇÃO FEDERAL (1988)   Arts. 129 a 130-A

§ 4º Aplica-se ao Ministério Público, no que couber, o disposto no art. 93, II e VI.

§ 5º A distribuição de processos no Ministério Público será imediata.[766]

Art. 130. Aos membros do Ministério Público junto aos Tribunais de Contas aplicam-se as disposições desta seção pertinentes a direitos, vedações e forma de investidura.[767]

Art. 130-A. O Conselho Nacional do Ministério Público compõe-se de quatorze membros nomeados pelo Presidente da República, depois de aprovada a escolha pela maioria absoluta do Senado Federal, para um mandato de dois anos, admitida uma recondução, sendo:[768]

I - o Procurador-Geral da República, que o preside;

II - quatro membros do Ministério Público da União, assegurada a representação de cada uma de suas carreiras;

III - três membros do Ministério Público dos Estados;

IV - dois juízes, indicados um pelo Supremo Tribunal Federal e outro pelo Superior Tribunal de Justiça;

V - dois advogados, indicados pelo Conselho Federal da Ordem dos Advogados do Brasil;

VI - dois cidadãos de notável saber jurídico e reputação ilibada, indicados um pela Câmara dos Deputados e outro pelo Senado Federal.

§ 1º Os membros do Conselho oriundos do Ministério Público serão indicados pelos respectivos Ministérios Públicos, na forma da lei.[769]

§ 2º Compete ao Conselho Nacional do Ministério Público o controle da atuação administrativa e financeira do Ministério Público e do cumprimento dos deveres funcionais de seus membros, cabendo-lhe:[770]

I - zelar pela autonomia funcional e administrativa do Ministério Público, podendo expedir atos regulamentares, no âmbito de sua competência, ou recomendar providências;

II - zelar pela observância do art. 37 e apreciar, de ofício ou mediante provocação, a legalidade dos atos administrativos praticados por membros ou órgãos do Ministério Público da União e dos Estados, podendo desconstituí-los, revê-los ou fixar prazo para que se adotem as providências necessárias ao exato cumprimento da lei, sem prejuízo da competência dos Tribunais de Contas;

---

[766] Incluído pela EC nº 45, de 8/12/2004.
[767] Vide ADI 3.315, Rel. Min. Ricardo Lewandowski, DJe 11/04/2008; ADI 2.884, Rel. Min. Celso de Mello, DJ 20/05/2005; ADI 2.068, Rel. Min. Sydney Sanches, DJ 16/05/2003; ADI 2.378-MC, Rel. Min. Maurício Corrêa, DJ 05/04/2002; ADI 1.791-MC, Rel. Min. Sydney Sanches, DJ 11/09/1998; ADI 1.545-MC, Rel. Min. Octavio Gallotti, DJ 24/10/1997 e ADI 789, Rel. Min. Celso de Mello, DJ 19/12/1994; ADI 328, Rel. Min. Ricardo Lewandowsli, DJe 06/03/2009.
[768] Incluído pela EC nº 45, de 8/12/2004; vide ADI 3.472-MC, Rel. Min. Sepúlveda Pertence, DJ 24/06/2005.
[769] Incluído pela EC nº 45, de 8/12/2004.
[770] Incluído pela EC nº 45, de 8/12/2004.

Arts. 130-A a 131 · J. U. Jacoby Fernandes

III - receber e conhecer das reclamações contra membros ou órgãos do Ministério Público da União ou dos Estados, inclusive contra seus serviços auxiliares, sem prejuízo da competência disciplinar e correicional da instituição, podendo avocar processos disciplinares em curso, determinar a remoção, a disponibilidade ou a aposentadoria com subsídios ou proventos proporcionais ao tempo de serviço e aplicar outras sanções administrativas, assegurada ampla defesa;

IV - rever, de ofício ou mediante provocação, os processos disciplinares de membros do Ministério Público da União ou dos Estados julgados há menos de um ano;

V - elaborar relatório anual, propondo as providências que julgar necessárias sobre a situação do Ministério Público no País e as atividades do Conselho, o qual deve integrar a mensagem prevista no art. 84, XI.

§ 3° O Conselho escolherá, em votação secreta, um Corregedor nacional, dentre os membros do Ministério Público que o integram, vedada a recondução, competindo-lhe, além das atribuições que lhe forem conferidas pela lei, as seguintes:[771]

I - receber reclamações e denúncias, de qualquer interessado, relativas aos membros do Ministério Público e dos seus serviços auxiliares;

II - exercer funções executivas do Conselho, de inspeção e correição geral;

III - requisitar e designar membros do Ministério Público, delegando-lhes atribuições, e requisitar servidores de órgãos do Ministério Público.

§ 4° O Presidente do Conselho Federal da Ordem dos Advogados do Brasil oficiará junto ao Conselho.[772]

§ 5° Leis da União e dos Estados criarão ouvidorias do Ministério Público, competentes para receber reclamações e denúncias de qualquer interessado contra membros ou órgãos do Ministério Público, inclusive contra seus serviços auxiliares, representando diretamente ao Conselho Nacional do Ministério Público.[773]

SEÇÃO II - DA ADVOCACIA PÚBLICA[774]

> **Redação anterior:** vigente entre 05.10.1988 e 04.06.1998 (original):
> DA ADVOCACIA-GERAL DA UNIÃO

Art. 131. A Advocacia-Geral da União é a instituição que, diretamente ou através de órgão vinculado, representa a União, judicial e extrajudicialmente, cabendo-lhe, nos termos da lei complementar que dispuser sobre sua

---

[771] Incluído pela EC n° 45, de 8/12/2004.
[772] Incluído pela EC n° 45, de 8/12/2004.
[773] Incluído pela EC n° 45, de 8/12/2004.
[774] Redação dada pela EC n° 19, de 4/6/1998.

CONSTITUIÇÃO FEDERAL (1988)   Arts. 131 e 132

organização e funcionamento, as atividades de consultoria e assessoramento jurídico do Poder Executivo.[775]

§ 1º A Advocacia-Geral da União tem por chefe o Advogado-Geral da União, de livre nomeação pelo Presidente da República dentre cidadãos maiores de trinta e cinco anos, de notável saber jurídico e reputação ilibada.[776]

§ 2º O ingresso nas classes iniciais das carreiras da instituição de que trata este artigo far-se-á mediante concurso público de provas e títulos.[777]

§ 3º Na execução da dívida ativa de natureza tributária, a representação da União cabe à Procuradoria-Geral da Fazenda Nacional, observado o disposto em lei.[778]

Art. 132. Os Procuradores dos Estados e do Distrito Federal, organizados em carreira, na qual o ingresso dependerá de concurso público de provas e títulos, com a participação da Ordem dos Advogados do Brasil em todas as suas fases, exercerão a representação judicial e a consultoria jurídica das respectivas unidades federadas.[779]

> **Redação anterior:** vigente entre 05.10.1988 e 04.06.1998 (original):
>
> **Art. 132.** Os Procuradores dos Estados e do Distrito Federal exercerão a representação judicial e a consultoria jurídica das respectivas unidades federadas, organizados em carreira, na qual o ingresso dependerá de concurso público de provas e títulos, observado o disposto no art. 135.

Parágrafo único. Aos procuradores referidos neste artigo é assegurada estabilidade após três anos de efetivo exercício, mediante avaliação de

---

[775] Vide Súmula 757 e ADI 2.713, Rel. Min. Ellen Gracie, DJ 07/03/2003; Vide também Lei Complementar nº 73, de 10 de fevereiro de 1993 (Lei Orgânica da Advocacia-Geral da União); Decreto nº 767, de 5 de março de 1993 (aprova a estrutura regimental e o quadro demonstratito dos cargos em comissão da AGU); Lei nº 9.028, de 12 de abril de 1995 (exercício das atribuições institucionais da Advocacia-Geral da União, em caráter emergencial e provisório) e Lei nº 9.469, de 10 de julho de 1997 (dispõe sobre a intervenção da União nas causas em que figurarem, como autores ou réus, entes da administração indireta, regula os pagamentos devidos pela Fazenda Pública em virtude de sentença judiciária) e Lei nº 13.140, de 26 de junho de 2015 (mediação entre particulares e autocomposição de conflitos no âmbito da Administração pública).

[776] Vide ADI 291, Rel. Min. Joaquim Barbosa, DJe 10/09/2010.

[777] Vide ADI 2.713, Rel. Min. Ellen Gracie, DJ de 07/03/2003;

[778] Vide Lei nº 8.906, de 04 de julho de 1994 (Estatuto da Advocacia e da Ordem dos Advogados do Brasil).

[779] Redação dada pela EC nº 19, de 4/6/1998; videADI 4.843, Rel. Min. Celso de Mello, DJe 19/02/2015; ADI 4.261, Rel. Min. Ayres Britto, DJe 20/08/2010; ADI 2.682, Rel. Min. Gilmar Mendes, DJe 19/06/2009; ADI 2.581, Rel. Min. Marco Aurélio, DJe 15/08/2008; ADI 1.557-MC, Rel. Min. Octávio Gallotti, DJ 20/06/1997; ADI 881-MC, Rel. Min. Celso de Mello, DJ 25/04/1997 e ADI 1.246-MC, Rel. Min. Moreira Alves, DJ 06/10/1995; ADI 484, Rel. p/o ac. Min. Ricardo Lewandowski, DJe 01/02/2012; ADI 291, Rel. Min. Joaquim Barbosa, DJe 10/09/2010; ADI 217, Rel. Min. Ilmar Galvão, DJ 13/09/2002; ADI 94, Rel. Min. Gilmar Mendes, DJe 16/12/2011. Vide também Lei nº 13.688, de 03 de julho de 2018 (institui o Diário Eletrônico da Ordem dos Advogados do Brasil).

Arts. 132 a 134   J. U. JACOBY FERNANDES

desempenho perante os órgãos próprios, após relatório circunstanciado das corregedorias.[780]

SEÇÃO III - DA ADVOCACIA[781]

Art. 133. O advogado é indispensável à administração da justiça, sendo inviolável por seus atos e manifestações no exercício da profissão, nos limites da lei.[782]

SEÇÃO IV - DA DEFENSORIA PÚBLICA[783]

Art. 134. A Defensoria Pública é instituição essencial à função jurisdicional do Estado, incumbindo-lhe, como expressão e instrumento do regime democrático, fundamentalmente, a orientação jurídica, a promoção dos direitos humanos e a defesa, em todos os graus, judicial e extrajudicial, dos direitos individuais e coletivos, de forma integral e gratuita, aos necessitados, na forma do inciso LXXIV do art. 5º desta Constituição Federal.[784]

> Redação anterior: vigente entre 05.10.1988 e 04.06.2014 (original):
>
> **Art. 134.** A Defensoria Pública é instituição essencial à função jurisdicional do Estado, incumbindo-lhe a orientação jurídica e a defesa, em todos os graus, dos necessitados, na forma do art. 5º, LXXIV.)

§ 1º Lei complementar organizará a Defensoria Pública da União e do Distrito Federal e dos Territórios e prescreverá normas gerais para sua organização nos Estados, em cargos de carreira, providos, na classe inicial, mediante concurso público de provas e títulos, assegurada a seus integrantes a garantia da inamovibilidade e vedado o exercício da advocacia fora das atribuições institucionais.[785]

---

[780] Redação dada pela EC nº 19, de 4/6/1998.

[781] Alterado pela EC nº 80, de 4/6/2014.

[782] Vide Súmula vinculante 14 e ainda: ADI 3.168, Rel. Min. Joaquim Barbosa, Inf. 430; ADI 2.527, Rel. Min. Ellen Gracie, DJ 23/11/2007; ADI 2.144-MC, Rel. Min. Ilmar Galvão, DJ 14/11/2003; ADI 1.105 e ADI 1.127, Rel. Min. Ricardo Lewandowski, Inf. 427; ADI 2.652, Rel. Min. Maurício Corrêa, DJ 14/11/2003; ADI 1.194, Rel. p/ o ac Min. Cármen Lúcia, DJe 11/09/2009 e Lei nº 8.906, de 04 de julho de 1994 (Estatuto da Advocacia e a Ordem dos Advogados do Brasil - OAB).

[783] Incluído pela EC nº 80, de 4/6/2014.

[784] Redação dada pela EC nº 80, de 4/6/2014; vide Súmula vinculante nº 14 e ainda: ADI 3.943, Rel. Min. Cármen Lúcia, DJe 06/08/2015; ADI 4.270 e 3.892, Rel. Min. Joaquim Barbosa, DJe 25/09/2012; ADI 3.700, Rel. Min. Ayres Britto, DJe 06/03/2009; ADI 3.643, Rel. Min. Ayres Britto, Inf. 447 e ADI 3.022, Rel. Min. Joaquim Barbosa, DJ 04/03/2005; ADI 2.903, Rel. Min. Celso de Mello, Inf. 411.

[785] Renumerado pela EC nº 45, de 8/12/2004; vide ADI 3.819, Rel. Min.Eros Grau, DJe 28/03/2008; ADI 3.043, Rel. Min. Eros Grau, DJ 27/10/2006; ADI 2.903, Rel. Min. Celso de Mello, Inf. 411; ADI 230, Rel. Min. Cármen Lúcia, DJe, 30/10/2014; Lei nº 1.060 de 5 de fevereiro de 1950 (Lei de Assistência Judiciária); Lei Complementar nº 80, de 12 de janeiro de 1994 (organiza a Defensoria Pública da União e prescreve normas gerais para sua organização nos Estados); Lei nº 9.020, de 30 de março de 1995 (dispõe sobre a implantação, em caráter

CONSTITUIÇÃO FEDERAL (1988)   Arts. 134 e 135

> **Redação anterior:** vigente entre 05.10.1988 e 30.12.2004 (original):
>
> **Parágrafo único.** Lei complementar organizará a Defensoria Pública da União e do Distrito Federal e dos Territórios e prescreverá normas gerais para sua organização nos Estados, em cargos de carreira, providos, na classe inicial, mediante concurso público de provas e títulos, assegurada a seus integrantes a garantia da inamovibilidade e vedado o exercício da advocacia fora das atribuições institucionais.

§ 2° Às Defensorias Públicas Estaduais são asseguradas autonomia funcional e administrativa e a iniciativa de sua proposta orçamentária dentro dos limites estabelecidos na lei de diretrizes orçamentárias e subordinação ao disposto no art. 99, § 2°.[786]

§ 3° Aplica-se o disposto no § 2° às Defensorias Públicas da União e do Distrito Federal.[787]

§ 4° São princípios institucionais da Defensoria Pública a unidade, a indivisibilidade e a independência funcional, aplicando-se também, no que couber, o disposto no art. 93 e no inciso II do art. 96 desta Constituição Federal.[788]

Art. 135. Os servidores integrantes das carreiras disciplinadas nas Seções II e III deste Capítulo serão remunerados na forma do art. 39, § 4°.[789]

> **Redação anterior:** vigente entre 05.10.1988 e 04.06.1998 (original):
>
> **Art. 135.** Às carreiras disciplinadas neste título aplicam-se o princípio do art. 37, XII, e o art. 39, § 1°.

---

emergencial e provisório, da Defensoria Pública da União); Decreto n° 7.360, de 18 de novembro de 2010 (institui a carteira funcional dos membros da Defensoria Pública) e Lei n° 10.448, de 09 de maio de 2002 (institui o dia nacional da Defensoria Pública).

[786] Incluído pela EC n° 45, de 08/12/2004.Vide ADI 4.163, Rel. Min. Cezar Peluso, DJe 01/03/2013; ADI 4.056, Rel. Min. Ricardo Lewandowsk, DJe 01/08/2012; ADI 3.569, Rel. Min. Sepúlveda Pertence, DJ 11/05/2007.

[787] Incluído pela EC n° 74, de 06/08/2013. VIde ADI 5.296, Rel. Min. Rosa Weber, DJe 11/11/2016.

[788] Incluído pela EC n° 80, de 04/06/2014.

[789] Redação dada pela EC n° 19, de 4/6/1998; vide ADI 112, Rel. Min. Néri da Silveira, DJ 09/02/1996; ADI 761, Rel. Min. Néri da Silveira, DJ 01/07/1994 e ADI 171, Rel. Min. Sepúlveda Pertence, DJ 03/06/1994. Vide Lei no 13.412, de 29 de dezembro de 2016 (dispõe sobre a remuneração dos cargos de natureza especial de Defensor Público-Geral Federal e de Subdefensor Público-Geral Federal e sobre o subsídio dos membros da Defensoria Pública da União).

TÍTULO V
DA DEFESA DO ESTADO E DAS INSTITUIÇÕES DEMOCRÁTICAS

CAPÍTULO I - Do Estado de Defesa e Do Estado de Sítio

SEÇÃO I - Do Estado de Defesa

Art. 136. O Presidente da República pode, ouvidos o Conselho da República e o Conselho de Defesa Nacional, decretar estado de defesa para preservar ou prontamente restabelecer, em locais restritos e determinados, a ordem pública ou a paz social ameaçadas por grave e iminente instabilidade institucional ou atingidas por calamidades de grandes proporções na natureza.

§ 1º O decreto que instituir o estado de defesa determinará o tempo de sua duração, especificará as áreas a serem abrangidas e indicará, nos termos e limites da lei, as medidas coercitivas a vigorarem, dentre as seguintes:

I - restrições aos direitos de:

a) reunião, ainda que exercida no seio das associações;

b) sigilo de correspondência;

c) sigilo de comunicação telegráfica e telefônica;

II - ocupação e uso temporário de bens e serviços públicos, na hipótese de calamidade pública, respondendo a União pelos danos e custos decorrentes.

§ 2º O tempo de duração do estado de defesa não será superior a trinta dias, podendo ser prorrogado uma vez, por igual período, se persistirem as razões que justificaram a sua decretação.

§ 3º Na vigência do estado de defesa:

I - a prisão por crime contra o Estado, determinada pelo executor da medida, será por este comunicada imediatamente ao juiz competente, que a relaxará, se não for legal, facultado ao preso requerer exame de corpo de delito à autoridade policial;

II - a comunicação será acompanhada de declaração, pela autoridade, do estado físico e mental do detido no momento de sua autuação;

III - a prisão ou detenção de qualquer pessoa não poderá ser superior a dez dias, salvo quando autorizada pelo Poder Judiciário;

IV - é vedada a incomunicabilidade do preso.

§ 4º Decretado o estado de defesa ou sua prorrogação, o Presidente da República, dentro de vinte e quatro horas, submeterá o ato com a respectiva justificação ao Congresso Nacional, que decidirá por maioria absoluta.

§ 5º Se o Congresso Nacional estiver em recesso, será convocado, extraordinariamente, no prazo de cinco dias.

§ 6º O Congresso Nacional apreciará o decreto dentro de dez dias contados de seu recebimento, devendo continuar funcionando enquanto vigorar o estado de defesa.

§ 7º Rejeitado o decreto, cessa imediatamente o estado de defesa.

CONSTITUIÇÃO FEDERAL (1988) Arts. 137 a 139

SEÇÃO II - DO ESTADO DE SÍTIO

Art. 137. O Presidente da República pode, ouvidos o Conselho da República e o Conselho de Defesa Nacional, solicitar ao Congresso Nacional autorização para decretar o estado de sítio nos casos de:

I - comoção grave de repercussão nacional ou ocorrência de fatos que comprovem a ineficácia de medida tomada durante o estado de defesa;

II - declaração de estado de guerra ou resposta a agressão armada estrangeira.

Parágrafo único. O Presidente da República, ao solicitar autorização para decretar o estado de sítio ou sua prorrogação, relatará os motivos determinantes do pedido, devendo o Congresso Nacional decidir por maioria absoluta.

Art. 138. O decreto do estado de sítio indicará sua duração, as normas necessárias a sua execução e as garantias constitucionais que ficarão suspensas, e, depois de publicado, o Presidente da República designará o executor das medidas específicas e as áreas abrangidas.

§ 1º O estado de sítio, no caso do art. 137, I, não poderá ser decretado por mais de trinta dias, nem prorrogado, de cada vez, por prazo superior; no do inciso II, poderá ser decretado por todo o tempo que perdurar a guerra ou a agressão armada estrangeira.

§ 2º Solicitada autorização para decretar o estado de sítio durante o recesso parlamentar, o Presidente do Senado Federal, de imediato, convocará extraordinariamente o Congresso Nacional para se reunir dentro de cinco dias, a fim de apreciar o ato.

§ 3º O Congresso Nacional permanecerá em funcionamento até o término das medidas coercitivas.

Art. 139. Na vigência do estado de sítio decretado com fundamento no art. 137, I, só poderão ser tomadas contra as pessoas as seguintes medidas:

I - obrigação de permanência em localidade determinada;

II - detenção em edifício não destinado a acusados ou condenados por crimes comuns;

III - restrições relativas à inviolabilidade da correspondência, ao sigilo das comunicações, à prestação de informações e à liberdade de imprensa, radiodifusão e televisão, na forma da lei;[790]

IV - suspensão da liberdade de reunião;

V - busca e apreensão em domicílio;

VI - intervenção nas empresas de serviços públicos;

VII - requisição de bens.

Parágrafo único. Não se inclui nas restrições do inciso III a difusão de pronunciamentos de parlamentares efetuados em suas Casas Legislativas, desde que liberada pela respectiva Mesa.

---

[790] ADI 4.451, Rel. Min. Ayres Britto, DJe 24/08/2012.

SEÇÃO III - DISPOSIÇÕES GERAIS

Art. 140. A Mesa do Congresso Nacional, ouvidos os líderes partidários, designará Comissão composta de cinco de seus membros para acompanhar e fiscalizar a execução das medidas referentes ao estado de defesa e ao estado de sítio.

Art. 141. Cessado o estado de defesa ou o estado de sítio, cessarão também seus efeitos, sem prejuízo da responsabilidade pelos ilícitos cometidos por seus executores ou agentes.

Parágrafo único. Logo que cesse o estado de defesa ou o estado de sítio, as medidas aplicadas em sua vigência serão relatadas pelo Presidente da República, em mensagem ao Congresso Nacional, com especificação e justificação das providências adotadas, com relação nominal dos atingidos e indicação das restrições aplicadas.

CAPÍTULO II - DAS FORÇAS ARMADAS

Art. 142. As Forças Armadas, constituídas pela Marinha, pelo Exército e pela Aeronáutica, são instituições nacionais permanentes e regulares, organizadas com base na hierarquia e na disciplina, sob a autoridade suprema do Presidente da República, e destinam-se à defesa da Pátria, à garantia dos poderes constitucionais e, por iniciativa de qualquer destes, da lei e da ordem.

§ 1º Lei complementar estabelecerá as normas gerais a serem adotadas na organização, no preparo e no emprego das Forças Armadas.[791]

§ 2º Não caberá *habeas-corpus* em relação a punições disciplinares militares.

§ 3º Os membros das Forças Armadas são denominados militares, aplicando-se-lhes, além das que vierem a ser fixadas em lei, as seguintes disposições:[792]

I - as patentes, com prerrogativas, direitos e deveres a elas inerentes, são conferidas pelo Presidente da República e asseguradas em plenitude aos oficiais da ativa, da reserva ou reformados, sendo-lhes privativos os títulos e postos militares e, juntamente com os demais membros, o uso dos uniformes[793] das Forças Armadas;

II - o militar em atividade que tomar posse em cargo ou emprego público civil permanente, ressalvada a hipótese prevista no art. 37, inciso XVI, alínea "c", será transferido para a reserva, nos termos da lei;[794]

---

[791] Vide Lei Complementar nº 97, de 09 de junho de 1999 (criação do Ministério da Defesa e Organização, preparo e emprego das Forças Armadas); Lei nº 12.705, de 8 de agosto de 2012 (requisitos para ingresso nos cursos de formação de militares de carreira do Exército); Lei 12.464 de 04 de agosto de 2011 (ensino na Aeronáutica).

[792] § 3º e incisos de I a X incluídos pela EC nº 18, de 05/02/1998.

[793] Vide Lei nº 12.664, de 05 de junho de 2012 (venda de uniformes das Forças Armadas, dos órgãos de segurança pública, das guardas municipais e das empresas de segurança privada).

[794] Redação dada pela EC nº 77, de 11/02/2014; vide ADI 1.626-MC, Rel. Min. Sepúlveda Pertence, DJ 26/09/1997.

CONSTITUIÇÃO FEDERAL (1988)   Art. 142 e 143

III - o militar da ativa que, de acordo com a lei, tomar posse em cargo, emprego ou função pública civil temporária, não eletiva, ainda que da administração indireta, ressalvada a hipótese prevista no art. 37, inciso XVI, alínea "c", ficará agregado ao respectivo quadro e somente poderá, enquanto permanecer nessa situação, ser promovido por antigüidade, contando-se-lhe o tempo de serviço apenas para aquela promoção e transferência para a reserva, sendo depois de dois anos de afastamento, contínuos ou não, transferido para a reserva, nos termos da lei; [795]

IV - ao militar são proibidas a sindicalização e a greve;

V - o militar, enquanto em serviço ativo, não pode estar filiado a partidos políticos;

VI - o oficial só perderá o posto e a patente se for julgado indigno do oficialato ou com ele incompatível, por decisão de tribunal militar de caráter permanente, em tempo de paz, ou de tribunal especial, em tempo de guerra;

VII - o oficial condenado na justiça comum ou militar a pena privativa de liberdade superior a dois anos, por sentença transitada em julgado, será submetido ao julgamento previsto no inciso anterior;

VIII - aplica-se aos militares o disposto no art. 7°, incisos VIII, XII, XVII, XVIII, XIX e XXV e no art. 37, incisos XI, XIII, XIV, e XV , bem como, na forma da lei e com prevalência da atividade militar, no art. 37, inciso XVI, alínea "c";[796]

IX - (revogado)[797]

> **Redação anterior:** vigente entre 16.12.1998 e 30.12.2003 (EC n° 20/1998):
>
> IX - aplica-se aos militares e a seus pensionistas o disposto no art. 40, §§ 7° e 8°;
>
> **Redação anterior:** vigente entre 06.02.1998 e 15.12.1998 (EC n° 18/98 - original):
>
> IX - aplica-se aos militares e a seus pensionistas o disposto no art. 40, §§ 4°, 5° e 6°;

X - a lei disporá sobre o ingresso nas Forças Armadas, os limites de idade, a estabilidade e outras condições de transferência do militar para a inatividade, os direitos, os deveres, a remuneração, as prerrogativas e outras situações especiais dos militares, consideradas as peculiaridades de suas atividades, inclusive aquelas cumpridas por força de compromissos internacionais e de guerra.[798]

Art. 143. O serviço militar é obrigatório nos termos da lei.[799]

---

[795] Redação dada pela EC n° 77, de 11/02/2014.
[796] Redação dada pela EC n° 77, de 11/02/2014. Vide Súmula vinculante n° 6.
[797] Revogado pela EC n° 41, de 19/12/2003.
[798] Incluído pela EC n° 18, de 05/02/1998.
[799] Vide Súmula vinculante n° 6 e ADI 1.694-MC, Rel. Min. Néri da Silveira, DJ 15/12/2000; Lei n° 13.675, de 11 de junho de 2018 (disciplina a organização e o funcionamento dos órgãos responsáveis pela segurança pública); Lei n° 4.375, de 17 de agosto de 1964 (lei do serviço militar); Decreto n° 57.654, de 20 de janeiro de 1966 (regulamenta a Lei do serviço militar); Decreto n° 63.704, de 29 de novembro de 1968 (prestação de serviço militar pelos estudantes/profissionais de Medicina, Farmácia, Odontologia e Verterinária) e Portaria n° 153, de 25 de março de 1998, do Ministério do Exército (regula para o Exército, o Serviço Militar

Arts. 142 a 144 — J. U. JACOBY FERNANDES

§ 1º Às Forças Armadas compete, na forma da lei, atribuir serviço alternativo aos que, em tempo de paz, após alistados, alegarem imperativo de consciência, entendendo-se como tal o decorrente de crença religiosa e de convicção filosófica ou política, para se eximirem de atividades de caráter essencialmente militar.[800]

§ 2º As mulheres e os eclesiásticos ficam isentos do serviço militar obrigatório em tempo de paz, sujeitos, porém, a outros encargos que a lei lhes atribuir.[801]

CAPÍTULO III - DA SEGURANÇA PÚBLICA

Art. 144. A segurança pública, dever do Estado, direito e responsabilidade de todos, é exercida para a preservação da ordem pública e da incolumidade das pessoas e do patrimônio, através dos seguintes órgãos:[802]

I - polícia federal;

II - polícia rodoviária federal;[803]

III - polícia ferroviária federal;

IV - polícias civis;

V - polícias militares e corpos de bombeiros militares.

§ 1º A polícia federal, instituída por lei como órgão permanente, organizado e mantido pela União e estruturado em carreira, destina-se a:[804]

> **Redação anterior:** vigente entre 05.10.1988 e 04.06.1998 (original):
>
> § 1º A polícia federal, instituída por lei como órgão permanente, estruturado em carreira, destina-se a:

I - apurar infrações penais contra a ordem política e social ou em detrimento de bens, serviços e interesses da União ou de suas entidades

---

temporário em tempo de paz, para reservistas ou dispensados de incorporação e mulheres, que tenham habilitações profissionais de interesse do Exército).

[800] Vide Lei nº 8.239, de 04 de outubro de 1991 (prestação de serviço alternativo ao serviço militar obrigatório).

[801] Vide Lei nº 8.239, de 04 de outubro de 1991 (prestação de serviço alternativo ao serviço militar obrigatório).

[802] Vide ADI 2.827, Rel. Min. Gilmar Mendes, DJe 06/04/2011; ADI 1.182, voto do Min. Eros Grau, DJ 10/03/2006; ADI 2.819, Rel. Min. Eros Grau, DJ 02/12/2005; ADI 2.227-MC, Rel. Min. Octavio Gallotti, DJ 07/11/2003; ADI 146-MC-MC, Rel. Min. Maurício Corrêa, DJ 19/12/2001; ADI 236, Rel. Min. Octavio Gallotti, DJ 01/06/2001 e ADI 1.942-MC, Rel. Min. Moreira Alves, DJ 22/10/1999. Vide também Lei nº 11.530 de 24 de outubro de 2007 (institui o Programa Nacional de Segurança Pública com Cidadania – PRONASCI) Lei nº 13.060 de 22 dezembro de 2014 (uso dos instrumentos de menor potencial ofensivo pelos agentes de segurança pública, em todo o território nacional); Lei nº 12.681 de 04 de julho de 2012 (institui o Sistema Nacional de Informações de Segurança Pública, Prisionais e sobre Drogas – SINESP); Lei nº 12.462, de 04 de agosto de 2011 (Regime Diferenciado de Contratações Públicas – RDC) e o Decreto nº 7.581 de 11 de outubro de 2011 que o regulamenta.

[803] Vide Lei nº 13.712, de 24 de agosto de 2018 (institui indenização ao integrante da carreira de Polícia Rodoviária Federal).

[804] Redação dada pela EC nº 19, de 04/06/1998.

CONSTITUIÇÃO FEDERAL (1988) Art. 144

autárquicas e empresas públicas, assim como outras infrações cuja prática tenha repercussão interestadual ou internacional e exija repressão uniforme, segundo se dispuser em lei;[805]

II - prevenir e reprimir o tráfico ilícito de entorpecentes e drogas afins, o contrabando e o descaminho, sem prejuízo da ação fazendária e de outros órgãos públicos nas respectivas áreas de competência;

III - exercer as funções de polícia marítima, aeroportuária e de fronteiras;[806]

> **Redação anterior:** vigente entre 05.10.1988 e 04.06.1998 (original):
>
> III - exercer as funções de polícia marítima, aérea e de fronteiras;

IV - exercer, com exclusividade, as funções de polícia judiciária da União.

§ 2° A polícia rodoviária federal, órgão permanente, organizado e mantido pela União e estruturado em carreira, destina-se, na forma da lei, ao patrulhamento ostensivo das rodovias federais.[807]

> **Redação anterior:** vigente entre 05.10.1988 e 04.06.1998 (original):
>
> § 2° A polícia rodoviária federal, órgão permanente, estruturado em carreira, destina-se, na forma da lei, ao patrulhamento ostensivo das rodovias federais.

§ 3° A polícia ferroviária federal, órgão permanente, organizado e mantido pela União e estruturado em carreira, destina-se, na forma da lei, ao patrulhamento ostensivo das ferrovias federais.[808]

> **Redação anterior:** vigente entre 05.10.1988 e 04.06.1998 (original):
>
> § 3° A polícia ferroviária federal, órgão permanente, estruturado em carreira, destina-se, na forma da lei, ao patrulhamento ostensivo das ferrovias federais.

§ 4° Às polícias civis, dirigidas por delegados de polícia de carreira, incumbem, ressalvada a competência da União, as funções de polícia judiciária e a apuração de infrações penais, exceto as militares.[809]

---

[805] Vide ADI 1.489-MC, Rel. Min. Octavio Gallotti, DJ 07/12/2000.

[806] Redação dada pela EC n° 19, de 04/06/1998; vide ADI 132, Rel. Min. Sepúlveda Pertence, DJ 30/05/2003.

[807] Redação dada pela EC n° 19, de 04/06/1998; vide ADI 1.413-MC, Rel. Min. Marco Aurélio, DJ 25/05/2001; Lei n° 9.654, de 2 de junho de 1998 (cria a carreira de Policial Rodoviário Federal); Decreto n° 8.282, de 3 de julho de 2014 (regulamenta os critérios e procedimentos para a promoção/progressão na carreira de policial rodoviáro federal); Portaria n° 308, de 30 de junho de 1999, do Ministério da Justiça (Regimento Interno do Departamento de Polícia Rodoviária Federal), Decreto n° 1.655, de 03 de novembro de 1995 (competência da Polícia Rodoviária Federal); e Decreto n° 7.133, de 19 de março de 2010 (regulamenta os critérios e procedimentos gerais a serem observados para a realização das avaliações de desempenho individual e institucional e o pagamento das gratificações de desempenho da polícia rodoviária federal).

[808] Redação dada pela EC n° 19, de 4/6/1998.

[809] Vide Súmula n° 524; ADI 3.614, Rel. p/o ac. Cármen Lúcia, DJ 23/11/2007; ADI 3.441, Rel. Min. Ayres Britto, DJ 09/03/2007; ADI 3.077, Rel. Min. Cármen Lúcia, DJe 01/08/2017; ADI 3.062, Rel. Min. Gilmar Mendes, DJe 12/04/2011; ADI 2.427, Rel. Min. Eros Grau, DJ 10/11/2006; ADI 3.441, Rel. Min. Ayres Britto, Inf. 443 e ADI 132, Rel. Min. Sepúlveda Pertence, DJ 30/05/2003.

§ 5º Às polícias militares cabem a polícia ostensiva e a preservação da ordem pública; aos corpos de bombeiros militares, além das atribuições definidas em lei, incumbe a execução de atividades de defesa civil.[810]

§ 6º As polícias militares e corpos de bombeiros militares, forças auxiliares e reserva do Exército, subordinam-se, juntamente com as polícias civis, aos Governadores dos Estados, do Distrito Federal e dos Territórios.[811]

§ 7º A lei disciplinará a organização e o funcionamento dos órgãos responsáveis pela segurança pública, de maneira a garantir a eficiência de suas atividades.[812]

§ 8º Os Municípios poderão constituir guardas municipais destinadas à proteção de seus bens, serviços e instalações, conforme dispuser a lei.[813]

§ 9º A remuneração dos servidores policiais integrantes dos órgãos relacionados neste artigo será fixada na forma do § 4º do art. 39.[814]

§ 10. A segurança viária, exercida para a preservação da ordem pública e da incolumidade das pessoas e do seu patrimônio nas vias públicas:[815]

I - compreende a educação, engenharia e fiscalização de trânsito, além de outras atividades previstas em lei, que assegurem ao cidadão o direito à mobilidade urbana[816] eficiente; e

II - compete, no âmbito dos Estados, do Distrito Federal e dos Municípios, aos respectivos órgãos ou entidades executivos e seus agentes de trânsito, estruturados em Carreira, na forma da lei.

---

[810] Vide ADI 132, Rel. Min. Sepúlveda Pertence, DJ 30/05/2003.

[811] Vide ADI 5.103, Rel. Min. Alexandre de Moraes, DJe 25/04/2018; ADI 2.587, voto do Min. Ayres Britto, DJ 06/11/2006 e ADI 132, Rel. Min. Sepúlveda Pertence, DJ 30/05/2003.

[812] Vide ADI 2.314, rel. p/o ac. Min. Marco Aurélio, DJe 07/10/2015 e ainda: Decreto nº 2.169, de 04 de março de 1997 (Conselho Nacional de Segurança Pública - CONASP); Lei nº 11.473, de 10 de maio de 2007 (dispõe sobre cooperação federativa no âmbito da segurança pública à segurança pública) e Lei Complementar nº 89, de 18 de fevereiro de 1997 (fundo para aparelhamento e operacionalização das atividades-fins da Polícia Federal - Funapol) e Decreto nº 2.381, de 12 de novembro de 1997 (regulamenta o Funapol).

[813] Vide Lei nº 13.022, de 08 de agosto de 2014 (Estatuto Geral das Guardas Municipais).

[814] Incluído pela EC nº 19, de 04/06/1998.

[815] § 10 e incisos I e II incluídos pela EC nº 82, de 16/07/2014.

[816] Lei nº 12.587 de 03 de janeiro de 2012 (institui as diretrizes da Política Nacional de Mobilidade Urbana).

CONSTITUIÇÃO FEDERAL (1988)　　　　　　　　　　Arts. 145 e 146

TÍTULO VI
DA TRIBUTAÇÃO E DO ORÇAMENTO

CAPÍTULO I - DO SISTEMA TRIBUTÁRIO NACIONAL

SEÇÃO I - DOS PRINCÍPIOS GERAIS

Art. 145. A União, os Estados, o Distrito Federal e os Municípios poderão instituir os seguintes tributos:[817]

I - impostos;

II - taxas, em razão do exercício do poder de polícia ou pela utilização, efetiva ou potencial, de serviços públicos específicos e divisíveis, prestados ao contribuinte ou postos a sua disposição;[818]

III - contribuição de melhoria, decorrente de obras públicas.

§ 1° Sempre que possível, os impostos terão caráter pessoal e serão graduados segundo a capacidade econômica do contribuinte, facultado à administração tributária, especialmente para conferir efetividade a esses objetivos, identificar, respeitados os direitos individuais e nos termos da lei, o patrimônio, os rendimentos e as atividades econômicas do contribuinte.[819]

§ 2° As taxas não poderão ter base de cálculo própria de impostos.[820]

Art. 146. Cabe à lei complementar:

---

[817] Vide ADI-MC-QO 2.551, Rel. Min. Celso de Mello, DJ 20/04/2006 e ADI 447, voto do Min. Carlos Velloso, DJ 05/03/1993.

[818] Vide Súmulas vinculantes n⁰ˢ 19 e 41 e Súmulas n⁰ˢ 545, 665 e 670; ADI 3.260, Rel. Min. Eros Grau, DJ 29/06/2007; ADI 453, Rel. Min. Gilmar Mendes, Inf. 438; ADI 2.551-MC-QO, Rel. Min. Celso de Mello, DJ 20/04/2006; ADI 2.424, Rel. Min. Gilmar Mendes, DJ 18/06/2004; ADI 447, voto do Min. Carlos Velloso, DJ 05/03/1993; ADI 2.586, Rel. Min. Carlos Velloso, DJ 01/08/2003; ADI 2.247-MC, Rel. Min. Ilmar Galvão, DJ 10/11/2000; ADI 1.982-MC, Rel. Min. Maurício Corrêa, DJ 11/06/1999; ADI 1.926-MC, Rel. Min. Sepúlveda Pertence, DJ 10/09/1999; ADI 1.145, Rel. Min. Carlos Velloso, DJ 08/11/2002; ADI 948, Rel. Min. Francisco Rezek, DJ 17/03/2000; ADI 2.040-MC, Rel. Min. Maurício Corrêa, DJ 25/02/2000; ADI 3.151, Rel. Min. Ayres Britto, Inf. 391; ADI 1.707-MC, Rel. Min. Moreira Alves, DJ 16/10/1998; ADI 1.378-MC, Rel. Min. Celso de Mello, DJ 30/05/1997 e ADI 1.942-MC, Rel. Min. Moreira Alves, DJ 22/10/1999.

[819] Vide Súmulas n⁰ˢ 656, 668; ADI 3.105, Rel. p/ ac Min. Cezar Peluso, DJ 18/02/2005; Lei n° 8.021, de 12 de abril de 1990 (identificação dos contribuintes para fins fiscais); Lei n° 5.172, de 25 de outubro de 1966 (Código Tributário Nacional); Lei n° 8.137, de 27 de dezembro de 1990 (crimes contra a ordem tributária, econômica e contra as relações de consumo); Lei n° 8.176, de 8 de fevereiro de 1991 (crimes contra a ordem econômica); Lei n° 9.430, de 27 de dezembro de 1996 (dispõe sobre a legislação tributária federal) e Decreto n° 2.730, de 10 de agosto de 1998 (representação fiscal para os crimes contra a ordem tributária ao Ministério Público).

[820] Vide Súmula vinculante n° 29 e Súmulas n⁰ˢ 595 e 665 e ainda ADI 3.887, Rel. Min. Menezes Direito, DJe 19/12/2008; ADI 2.078, Rel. Min. Gilmar Mendes, DJe, 13/04/2011; ADI 2.040, Rel. Min. Maurício Corrêa, DJ 25/02/2000; ADI 1.926-MC, Rel. Min. Sepúlveda Pertence, DJ 10/09/1999; ADI 447, Rel. Min. Carlos Velloso, DJ 05/03/1993.

Art. 146   J. U. Jacoby Fernandes

I - dispor sobre conflitos de competência, em matéria tributária, entre a União, os Estados, o Distrito Federal e os Municípios;[821]

II - regular as limitações constitucionais ao poder de tributar;

III - estabelecer normas gerais em matéria de legislação tributária, especialmente sobre:[822]

a) definição de tributos e de suas espécies, bem como, em relação aos impostos discriminados nesta Constituição, a dos respectivos fatos geradores, bases de cálculo e contribuintes;

b) obrigação, lançamento, crédito, prescrição e decadência tributários;[823]

c) adequado tratamento tributário ao ato cooperativo praticado pelas sociedades cooperativas;[824]

d) definição de tratamento diferenciado e favorecido para as microempresas e para as empresas de pequeno porte, inclusive regimes especiais ou simplificados no caso do imposto previsto no art. 155, II, das contribuições previstas no art. 195, I e §§ 12 e 13, e da contribuição a que se refere o art. 239.[825]

Parágrafo único. A lei complementar de que trata o inciso III, "d", também poderá instituir um regime único de arrecadação dos impostos e contribuições da União, dos Estados, do Distrito Federal e dos Municípios, observado que:[826]

I - será opcional para o contribuinte;

II - poderão ser estabelecidas condições de enquadramento diferenciadas por Estado;

III - o recolhimento será unificado e centralizado e a distribuição da parcela de recursos pertencentes aos respectivos entes federados será imediata, vedada qualquer retenção ou condicionamento;

---

[821] Vide ADI 1.247-MC, Rel. Min. Celso de Mello, DJ 08/09/1995;

[822] Vide ADI 1.945, Rel. p/o ac. Min. Gilmar Mendes, DJe 14/03/2011; ADI 1.917, Rel. Min. Ricardo Lewandowski, DJ 24/08/2007; ADI 3.105, Rel. p/ ac. Min. Cezar Peluso, DJ 18/02/2005; Lei nº 13.496 de 24/10/2017 (institui o Programa Especial de Regularização Tributária – Pert – na Secretaria da Receita Federal do Brasil e na Procuradoria-Geral da Fazenda Nacional); Lei nº 13.494, de 24 de outubro de 2017 (institui o Programa de Regularização de Débitos não Tributários – PRD – nas autarquias e fundações públicas federais e na Procuradoria-Geral Federal).

[823] Vide Súmula vinculante nº 8 e ADI 2.405-MC, Rel. Min. Ayres Britto, DJ 17/02/2006 e ADI 124, rel. Min. Joaquim Barbosa, DJe e também Lei nº 12.099 de 27 de novembro de 2009 (transferência de depósitos judiciais e extrajudiciais de tributos e contribuições federais para a Caixa Econômica Federal).

[824] Vide ADI 429-MC, Rel. Min. Célio Borja, DJ 19/02/1993.

[825] Incluído pela EC nº 42, de 19/12/2003; vide ADI 4.033, Rel. Min. Joaquim Barbosa, DJe 07/02/2011 e ainda: Lei complementar nº 163, de 14/06/2018 (Programa Especial de Regularização Tributária das Mes e EPPs optantes pelo Simples Nacional) e Lei complementar nº 123, de 14 de dezembro de 2006 (Estatuto Nacional da Microempresa e da Empresa de Pequeno Porte) e Decreto nº 8.538, de 6 de outubro de 2015 (regulamenta o tratamento favorecido, diferenciado e simplificado para as MEEPP's).

[826] Parágrafo único e incisos I a IV incluídos pela EC nº 42, de 19/12/2003.

CONSTITUIÇÃO FEDERAL (1988)   Arts. 146-A a 149

IV - a arrecadação, a fiscalização e a cobrança poderão ser compartilhadas pelos entes federados, adotado cadastro nacional único de contribuintes.[827]

Art. 146-A. Lei complementar poderá estabelecer critérios especiais de tributação, com o objetivo de prevenir desequilíbrios da concorrência, sem prejuízo da competência de a União, por lei, estabelecer normas de igual objetivo.[828]

Art. 147. Competem à União, em Território Federal, os impostos estaduais e, se o Território não for dividido em Municípios, cumulativamente, os impostos municipais; ao Distrito Federal cabem os impostos municipais.

Art. 148. A União, mediante lei complementar, poderá instituir empréstimos compulsórios:[829]

I - para atender a despesas extraordinárias, decorrentes de calamidade pública, de guerra externa ou sua iminência;

II - no caso de investimento público de caráter urgente e de relevante interesse nacional, observado o disposto no art. 150, III, "b".

Parágrafo único. A aplicação dos recursos provenientes de empréstimo compulsório será vinculada à despesa que fundamentou sua instituição.

Art. 149. Compete exclusivamente à União instituir contribuições sociais, de intervenção no domínio econômico e de interesse das categorias profissionais ou econômicas, como instrumento de sua atuação nas respectivas áreas, observado o disposto nos arts. 146, III, e 150, I e III, e sem prejuízo do previsto no art. 195, § 6°, relativamente às contribuições a que alude o dispositivo.[830]

§ 1° Os Estados, o Distrito Federal e os Municípios instituirão contribuição, cobrada de seus servidores, para o custeio, em benefício destes, do regime previdenciário de que trata o art. 40, cuja alíquota não será inferior à da contribuição dos servidores titulares de cargos efetivos da União.[831]

Redação anterior: vigente entre 12.12.2001 e 30.12.2003 (EC n° 33/2001):

§ 1° Os Estados, o Distrito Federal e os Municípios poderão instituir contribuição, cobrada de seus servidores, para o custeio, em benefício destes, de sistemas de previdência e assistência social.

Redação anterior: vigente entre 05.10.1988 e 11.12.2001 (original):

---

[827] Vide Lei n° 13.202 de 18 de dezembro de 2015 (institui o Programa de Redução de Litígios Tributários – PRORELIT).

[828] Incluído pela EC n° 42, de 19/12/2003.

[829] Vide ADI 2.214, Rel. Min. Maurício Correa, DJ 19/04/2002; ADI 1.933, Rel. Min. Eros Grau, DJe 03/09/2010; ADI 613, Rel. Min. Celso de Mello, DJ 29/06/2001.

[830] Vide ADI 4.033, Rel. Min. Joaquim Barbosa, DJe 07/02/2011; ADI 3.105, Rel. Min. Cezar Peluso, DJ 18/02/2005; ADI 2.556-MC, Rel. Min. Moreira Alves, DJ 08/08/2003 e ADI 2.006-MC, Rel. Min. Maurício Corrêa, DJ 01/12/2000.

[831] Redação dada pela EC n° 41, de 19/12/2003 após ser renumerada pela EC n° 33 de 11/12/2001. Vide ADI 3.477, Rel. p/o ac. Min. Luiz Fux, DJe 04/05/2015; ADI 3.138, Rel. Min. Cármen Lúcia, DJe 13/02/2012; ADI 3.106, Rel. Min. Eros Grau, DJe 24/09/2010;

185

Arts. 149 a 150   J. U. JACOBY FERNANDES

> **Parágrafo único.** Os Estados, o Distrito Federal e os Municípios poderão instituir contribuição, cobrada de seus servidores, para o custeio, em benefício destes, de sistemas de previdência e assistência social.

§ 2° As contribuições sociais e de intervenção no domínio econômico de que trata o *caput* deste artigo:[832]

I - não incidirão sobre as receitas decorrentes de exportação;

II - incidirão também sobre a importação de produtos estrangeiros ou serviços;[833]

> **Redação anterior:** vigente entre 12.12.2001 e 30.12.2003 (EC n° 33/2001 - original):
>
> II - poderão incidir sobre a importação de petróleo e seus derivados, gás natural e seus derivados e álcool combustível;

III - poderão ter alíquotas:

a) *ad valorem*, tendo por base o faturamento, a receita bruta ou o valor da operação e, no caso de importação, o valor aduaneiro;

b) específica, tendo por base a unidade de medida adotada.

§ 3° A pessoa natural destinatária das operações de importação poderá ser equiparada a pessoa jurídica, na forma da lei.[834]

§ 4° A lei definirá as hipóteses em que as contribuições incidirão uma única vez.[835]

Art. 149-A. Os Municípios e o Distrito Federal poderão instituir contribuição, na forma das respectivas leis, para o custeio do serviço de iluminação pública, observado o disposto no art. 150, I e III.[836]

Parágrafo único. É facultada a cobrança da contribuição a que se refere o *caput*, na fatura de consumo de energia elétrica.

SEÇÃO II - DAS LIMITAÇÕES DO PODER DE TRIBUTAR

Art. 150. Sem prejuízo de outras garantias asseguradas ao contribuinte, é vedado à União, aos Estados, ao Distrito Federal e aos Municípios:[837]

---

[832] § 2° e incisos I a III e alíneas incluídos pela EC n° 33, de 11/12/2001.

[833] Redação dada pela EC n° 42, de 19/12/2003.

[834] Incluído pela EC n° 33, de 11/12/2001; vide Lei n° 5.172, de 25 de outubro de 1966 (Código Tributário Nacional); Lei n° 8.137, de 27 de dezembro de 1990 (crimes contra a ordem tributária, econômica e contra as relações de consumo); Lei n° 8.176, de 8 de fevereiro de 1991 (crimes contra a ordem econômica); Lei n° 10.336, de 19 de dezembro de 2001 (institui Contribuição de Intervenção no Domínio Econômico incidente sobre a importação e a comercialização de petróleo e seus derivados, gás natural e seus derivados, de álcool etílico combustível - Cide) e Decreto n° 5.987 de 19 de dezembro de 2006 (dispõe sobre a compensação da Cide-Combustíveis por pessoas jurídicas importadoras ou adquirentes de hidrocarbonetos líquidos não destinados à formulação de gasolina ou diesel).

[835] Incluído pela EC n° 33, de 11/12/2001.

[836] Artigo e parágrafo único incluídos pela EC n° 39, de 19/12/2002.

[837] Vide Súmula n° 583; ADI 712-MC, Rel. Min. Celso de Mello, DJ 19/02/1993; ADI 2.006-MC, Rel. Min. Maurício Corrêa, DJ 24/09/1999 e ADI 447, Rel. Min. Carlos Velloso, DJ 05/03/1993.

CONSTITUIÇÃO FEDERAL (1988) Art. 150

I - exigir ou aumentar tributo sem lei que o estabeleça;[838]

II - instituir tratamento desigual entre contribuintes que se encontrem em situação equivalente, proibida qualquer distinção em razão de ocupação profissional ou função por eles exercida, independentemente da denominação jurídica dos rendimentos, títulos ou direitos;[839]

III - cobrar tributos:[840]

a) em relação a fatos geradores ocorridos antes do início da vigência da lei que os houver instituído ou aumentado;[841]

b) no mesmo exercício financeiro em que haja sido publicada a lei que os instituiu ou aumentou;[842]

c) antes de decorridos noventa dias da data em que haja sido publicada a lei que os instituiu ou aumentou, observado o disposto na alínea "b";[843]

IV - utilizar tributo com efeito de confisco;[844]

V - estabelecer limitações ao tráfego de pessoas ou bens, por meio de tributos interestaduais ou intermunicipais, ressalvada a cobrança de pedágio pela utilização de vias conservadas pelo Poder Público;[845]

VI - instituir impostos sobre:[846]

---

[838] Vide ADI 3.105, Rel. Min. Cezar Peluso, DJ 18/02/2005; ADI 2.586, Rel. Min. Carlos Velloso, DJ 01/08/2003; ADI 1.444, Rel. Min. Sydney Sanches, DJ 11/04/2003; ADI 1.501-MC, Rel. Min. Marco Aurélio, DJ 13/02/2002; ADI 2.247-MC, Rel. Min. Ilmar Galvão, DJ 10/11/2000; ADI 1.709, Rel. Min. Maurício Corrêa, DJ 31/03/2000; ADI 1.823-MC, Rel. Min. Ilmar Galvão, DJ 16/10/1998; ADI 1.502-MC, Rel. Min. Ilmar Galvão, DJ 14/11/1996; ADI 1.417-MC, Rel. Min. Octavio Gallotti, DJ 24/05/1996 e ADI 567-MC, Rel. Min. Ilmar Galvão, DJ 04/10/1991.

[839] Vide ADI 4.276, Rel. Min. Luiz Fux, DJe 18/09/2014; ADI 3.334, Rel. Min. Ricardo Lewandowski, DJe 05/04/2011; ADI 3.260, Rel. Min. Eros Grau, DJ 29/06/2007; ADI 3.105, Rel. Min. Cezar Peluso, DJ 18/02/2005, no mesmo sentido: ADI 3.188, DJ 17/11/2006; ADI 453, Rel. Min. Gilmar Mendes, Inf. 438; ADI 1.600, Rel. Min. Sydney Sanches, DJ 20/06/2003; ADI 1.643, Rel. Min. Maurício Corrêa, DJ 14/03/2003 e ADI 1.276, Rel. Min. Ellen Gracie, DJ 29/11/2002; ADI 447, voto do Ministro Carlos Velloso, DJ 05/03/1993.

[840] Vide Súmula n° 239 e ADI 3.105, Rel. Min. Cezar Peluso, DJ 18/02/2005.

[841] Vide Súmula n° 584 e ADI 3.105, Rel. Min. Cezar Peluso, DJ 18/02/2005; ADI 605-MC, Rel. Min. Celso de Mello, DJ 05/03/1993; ADI 513, Rel. Min. Célio Borja, DJ 30/10/1992 e ADI 712-MC, Rel. Min.Celso de Mello, DJ 19/02/1993.

[842] Vide ADI 2.325, Rel. Min. Marco Aurélio, Inf. 362; ADI 2.556-MC, voto do Min. Moreira Alves, DJ 08/08/2003; ADI 939, Rel. Min. Sydney Sanches, DJ 18/03/1994 e ADI 513, Rel. Min. Célio Borja, DJ 30/10/1992.

[843] Incluído pela EC n° 42, de 19/12/2003; vide ADI 4.661, Rel. Min. Marco Aurélio, DJe 23/03/2012; ADI 3.694, Rel. Min. Sepúlveda Pertence, DJ 06/11/2006.

[844] Vide ADI 4.628, Rel. Min. Luiz Fux, DJe 24/11/2014; ADI 2.551, Rel. Min. Celso Mello, DJ 20/04/2006; ADI 2.214, Rel. Min. Maurício Correa, DJ 19/04/2002; ADI 2.087-MC, Rel. Min. Sepúlveda Pertence, DJ 19/09/2003; ADI 1.933, Rel. Min. Eros Grau, DJe 03/09/2010; ADI 551, Rel. Min. Ilmar Galvão, DJ 14/02/2003; ADI 2.078-MC, Rel. Min. Néri da Silveira, DJ 18/05/2001 e ADI 1.075-MC, Rel. Min. Celso de Mello, Inf. 115.

[845] Vide ADI 4.628, Rel. Min. Luiz Fux, DJe 24/11/2014; ADI 800, Rel. Min. Teori Zavascki, DJe 01/07/2014.

[846] Vide ADI 1.758, Rel. Min. Carlos Velloso, DJ 11/03/2005.

Art. 150   J. U. JACOBY FERNANDES

a) patrimônio, renda ou serviços, uns dos outros;[847]

b) templos de qualquer culto;

c) patrimônio, renda ou serviços dos partidos políticos, inclusive suas fundações, das entidades sindicais dos trabalhadores, das instituições de educação e de assistência social, sem fins lucrativos, atendidos os requisitos da lei;[848]

d) livros, jornais, periódicos e o papel destinado a sua impressão.[849]

e) fonogramas e videofonogramas musicais produzidos no Brasil contendo obras musicais ou literomusicais de autores brasileiros e/ou obras em geral interpretadas por artistas brasileiros bem como os suportes materiais ou arquivos digitais que os contenham, salvo na etapa de replicação industrial de mídias ópticas de leitura a laser.[850]

§ 1º A vedação do inciso III, "b", não se aplica aos tributos previstos nos arts. 148, I, 153, I, II, IV e V; e 154, II; e a vedação do inciso III, "c", não se aplica aos tributos previstos nos arts. 148, I, 153, I, II, III e V; e 154, II, nem à fixação da base de cálculo dos impostos previstos nos arts. 155, III, e 156, I.[851]

> **Redação anterior:** vigente entre 05.10.1988 e 30.12.2003 (original):
>
> § 1º A vedação do inciso III, "b", não se aplica aos impostos previstos nos arts. 153, I, II, IV e V, e 154, II.

§ 2º A vedação do inciso VI, "a", é extensiva às autarquias e às fundações instituídas e mantidas pelo Poder Público, no que se refere ao patrimônio, à renda e aos serviços, vinculados a suas finalidades essenciais ou às delas decorrentes.[852]

§ 3º As vedações do inciso VI, "a", e do parágrafo anterior não se aplicam ao patrimônio, à renda e aos serviços relacionados com exploração de atividades econômicas regidas pelas normas aplicáveis a empreendimentos privados, ou em que haja contraprestação ou pagamento de preços ou tarifas pelo usuário, nem exoneram o promitente comprador da obrigação de pagar imposto relativamente ao bem imóvel.[853]

---

[847] Vide ADI 2.024, Rel. Min. Sepúlveda Pertence, DJe 22/06/2007; ADI 457-MC, Rel. Min. Ayres Britto, DJ 11/02/2005; ADI 926-MC, Rel. Min. Sydney Sanches, DJ 06/05/1994 e ADI 939, Rel. Min. Sydney Sanches, DJ 18/03/1994.

[848] Vide Súmula vinculante nº 52 e Súmulas nᵒˢ 730, 724 e ADI 1.802-MC, Rel. Min. Sepúlveda Pertence, DJ 13/02/2004.

[849] Vide 657; ADI 773-MC, Rel. Min. Néri da Silveira, DJ 30/04/1993 e ainda Lei nº 13.696, de 12 de julho de 2018 (institui a Política Nacional de Leitura e Escrita).

[850] Incluído pela EC nº 75, de 15/10/2013.

[851] Redação dada pela EC nº 42, de 19/12/2003. Vide 4.016, Rel. Min. Gilmar Mendes, DJe 24/04/2009.

[852] Vide Súmula nº 583.

[853] Vide Súmulas nᵒˢ 545, 583 e ADI 447, voto do Ministro Carlos Velloso, DJ 05/03/1993.

CONSTITUIÇÃO FEDERAL (1988)   Arts. 150 e 151

§ 4° As vedações expressas no inciso VI, alíneas "b" e "c", compreendem somente o patrimônio, a renda e os serviços relacionados com as finalidades essenciais das entidades nelas mencionadas.

§ 5° A lei determinará medidas para que os consumidores sejam esclarecidos acerca dos impostos que incidam sobre mercadorias e serviços.[854]

§ 6° Qualquer subsídio ou isenção, redução de base de cálculo, concessão de crédito presumido, anistia ou remissão, relativas a impostos, taxas ou contribuições, só poderá ser concedido mediante lei específica, federal, estadual ou municipal, que regule exclusivamente as matérias acima enumeradas ou o correspondente tributo ou contribuição, sem prejuízo do disposto no artigo 155, § 2°, XII, "g".[855]

Redação anterior: vigente entre 05.10.1988 e 17.03.1993 (original):

§ 6° Qualquer anistia ou remissão, que envolva matéria tributária ou previdenciária, só poderá ser concedida através de lei específica, federal, estadual ou municipal.

---

§ 7° A lei poderá atribuir a sujeito passivo de obrigação tributária a condição de responsável pelo pagamento de impostos ou contribuição, cujo fato gerador deva ocorrer posteriormente, assegurada a imediata e preferencial restituição da quantia paga, caso não se realize o fato gerador presumido.[856]

Art. 151. É vedado à União:[857]

I - instituir tributo que não seja uniforme em todo o território nacional ou que implique distinção ou preferência em relação a Estado, ao Distrito Federal ou a Município, em detrimento de outro, admitida a concessão de incentivos

---

[854] Redação dada pela EC n° 3, de 17/03/1993; vide Súmula n° 565; ADI 4.976, Rel. Min. Ricardo Lewandoswi, DJe 30/10/2014; ADI 4.033, Rel. Min. Joaquim Barbosa, DJe 07/02/2011; ADI 2.522, Rel. Min. Eros Grau, Inf. 430; ADI 4.999, Rel. Marco Aurélio; ADI 2.688, Rel. Min. Joaquim Barbosa, DJe 26/08/2011; ADI 2.405, Rel. Min. Ayres Britto, DJ 17/02/2006; ADI 3.462-MC, Rel. Min. Ellen Gracie, Inf. 400; ADI 3.260, Rel. Min. Eros Grau, DJ 29/06/2007; ADI 1.978, Rel. Min. Nelson Jobim, DJ 03/12/2004; ADI 2.439, Rel. Min. Ilmar Galvão, DJ 21/02/2003; ADI 1.376-MC, Rel. Min. Ilmar Galvão, DJ 31/08/2001; ADI 2.155-MC, Rel. Min. Sydney Sanches, DJ 01/06/2001 e ADI 155, Rel. Min. Octavio Gallotti, DJ 08/09/2000. Vide também a Lei n° 12.741 de 08 de dezembro de 2012 (medidas de esclarecimento ao consumidor).

[855] Redação dada pela EC n° 3, de 17/03/1993; vide Súmula n° 565; ADI 4.976, Rel. Min. Ricardo Lewandoswi, DJe 30/10/2014; ADI 4.033, Rel. Min. Joaquim Barbosa, DJe 07/02/2011; ADI 2.522, Rel. Min. Eros Grau, Inf. 430; ADI 4.999, Rel. Marco Aurélio; ADI 2.688, Rel. Min. Joaquim Barbosa, DJe 26/08/2011; ADI 2.405, Rel. Min. Ayres Britto, DJ 17/02/2006; ADI 3.462-MC, Rel. Min. Ellen Gracie, Inf. 400; ADI 3.260, Rel. Min. Eros Grau, DJ 29/06/2007; ADI 1.978, Rel. Min. Nelson Jobim, DJ 03/12/2004; ADI 2.439, Rel. Min. Ilmar Galvão, DJ 21/02/2003; ADI 1.376-MC, Rel. Min. Ilmar Galvão, DJ 31/08/2001; ADI 2.155-MC, Rel. Min. Sydney Sanches, DJ 01/06/2001 e ADI 155, Rel. Min. Octavio Gallotti, DJ 08/09/2000.

[856] Incluído pela EC n° 3, de 17/03/1993; vide ADI 2.435-MC, Rel. Min. Ellen Gracie, DJ 31/10/2003; ADI 1.851, Rel. Min. Ilmar Galvão, DJ 22/11/2002 e ADI 2.044, Rel. Min. Octavio Gallotti, DJ 08/06/2001.

[857] Vide ADI 1.600, Rel. Min. Sydney Sanches, DJ 20/6/03.

Arts. 151 a 153 — J. U. Jacoby Fernandes

fiscais destinados a promover o equilíbrio do desenvolvimento sócio-econômico entre as diferentes regiões do País;

II - tributar a renda das obrigações da dívida pública dos Estados, do Distrito Federal e dos Municípios, bem como a remuneração e os proventos dos respectivos agentes públicos, em níveis superiores aos que fixar para suas obrigações e para seus agentes;

III - instituir isenções de tributos da competência dos Estados, do Distrito Federal ou dos Municípios.[858]

Art. 152. É vedado aos Estados, ao Distrito Federal e aos Municípios estabelecer diferença tributária entre bens e serviços, de qualquer natureza, em razão de sua procedência ou destino.[859]

SEÇÃO III - DOS IMPOSTOS DA UNIÃO

Art. 153. Compete à União instituir impostos sobre:

I - importação de produtos estrangeiros;

II - exportação, para o exterior, de produtos nacionais ou nacionalizados;[860]

III - renda e proventos de qualquer natureza;[861]

IV - produtos industrializados;

V - operações de crédito, câmbio e seguro, ou relativas a títulos ou valores mobiliários;[862]

VI - propriedade territorial rural;[863]

VII - grandes fortunas, nos termos de lei complementar.[864]

§ 1º É facultado ao Poder Executivo, atendidas as condições e os limites estabelecidos em lei, alterar as alíquotas dos impostos enumerados nos incisos I, II, IV e V.

§ 2º O imposto previsto no inciso III:

I - será informado pelos critérios da generalidade, da universalidade e da progressividade, na forma da lei;

II - ...[865]

---

[858] Vide Súmula nº 565.

[859] Vide ADI 3.673 e ADI 3.389-MC Rel. Min. Joaquim Barbosa, DJ 01/02/2008; ADI 3.410, Rel. Min. Joaquim Barbosa, DJ 08/06/2007; ADI 1.655, voto do Min. Maurício Corrêa, DJ 02/04/2004 e ADI 349-MC, Rel. Min. Marco Aurélio, DJ 26/10/1990.

[860] Vide ADI 2.588, rel. p/o ac. Min. Joaquim Barbosa, DJe 11/02/2014 e Lei nº 12.546 de 14 de dezembro de 2011 (Regime Especial de Reintegração de Valores Tributários para as Empresas Exportadoras - Reintegra); Lei nº 12.545 de 14 de dezembro de 2011 (Fundo de Financiamento à Exportação (FFEX).

[861] Vide ADI 2.588, rel. p/o ac. Min. Joaquim Barbosa, DJe 11/02/2014.

[862] Vide Súmula nº 664 e ADI 1.763, Rel. Min. Sepúlveda Pertence, DJ 26/09/2003 e ADI 1.648, Rel. Min. Gilmar Mendes, DJe 09/12/2011.

[863] Vide Súmula nº 595.

[864] Vide Lei nº 5.172, de 25 de outubro de 1966 (Código Tributário Nacional); Lei nº 8.137, de 27 de dezembro de 1990 (crimes contra a ordem tributária, econômica e contra as relações de consumo) e Lei nº 8.176, de 08 de fevereiro de 1991 (crimes contra a ordem econômica).

[865] Revogado pela EC nº 20, de 15/12/1998.

CONSTITUIÇÃO FEDERAL (1988)   Arts. 153 e 154

> **Redação anterior:** vigente entre 05.10.1988 e 15.12.1998 (original):
>
> II - não incidirá, nos termos e limites fixados em lei, sobre rendimentos provenientes de aposentadoria e pensão, pagos pela previdência social da União, dos Estados, do Distrito Federal e dos Municípios, a pessoa com idade superior a sessenta e cinco anos, cuja renda total seja constituída, exclusivamente, de rendimentos do trabalho.

§ 3º O imposto previsto no inciso IV:

I - será seletivo, em função da essencialidade do produto;

II - será não-cumulativo, compensando-se o que for devido em cada operação com o montante cobrado nas anteriores;

III - não incidirá sobre produtos industrializados destinados ao exterior;

IV - terá reduzido seu impacto sobre a aquisição de bens de capital pelo contribuinte do imposto, na forma da lei.[866]

§ 4º O imposto previsto no inciso VI do *caput*:[867]

> **Redação anterior:** vigente entre 05.10.1988 e 30.12.2003 (original):
>
> § 4º O imposto previsto no inciso VI terá suas alíquotas fixadas de forma a desestimular a manutenção de propriedades improdutivas e não incidirá sobre pequenas glebas rurais, definidas em lei, quando as explore, só ou com sua família, o proprietário que não possua outro imóvel.

I - será progressivo e terá suas alíquotas fixadas de forma a desestimular a manutenção de propriedades improdutivas;[868]

II - não incidirá sobre pequenas glebas rurais, definidas em lei, quando as explore o proprietário que não possua outro imóvel;[869]

III - será fiscalizado e cobrado pelos Municípios que assim optarem, na forma da lei, desde que não implique redução do imposto ou qualquer outra forma de renúncia fiscal.[870]

§ 5º O ouro, quando definido em lei como ativo financeiro ou instrumento cambial, sujeita-se exclusivamente à incidência do imposto de que trata o inciso V do *caput* deste artigo, devido na operação de origem; a alíquota mínima será de um por cento, assegurada a transferência do montante da arrecadação nos seguintes termos:[871]

I - trinta por cento para o Estado, o Distrito Federal ou o Território, conforme a origem;

II - setenta por cento para o Município de origem.

---

[866] Incluído pela EC nº 42, de 19/12/2003.

[867] Redação dada pela EC nº 42, de 19/12/2003, que incluiu os incidos I a III.

[868] Vide ADI 2.010-MC, Rel. Min. Celso de Mello, DJ 12/04/2002.

[869] Vide Lei nº 9.393, de 19 de dezembro de 1996 (Imposto sobre a Propriedade Territorial Rural - ITR) e Lei nº 8.629, de 25 de fevereiro de 1993 (regulamenta os dispositivos constitucionais relativos à reforma agrária).

[870] Vide Lei nº 11.250, de 27 de dezembro de 2005 (dispõe sobre a fiscalização, lançamento, Crédito Tributário, cobrança, Imposto Territorial Rural).

[871] Vide EC nº 3, de 17/03/1993.

Arts. 154 e 155 — J. U. Jacoby Fernandes

Art. 154. A União poderá instituir:

I - mediante lei complementar, impostos não previstos no artigo anterior, desde que sejam não-cumulativos e não tenham fato gerador ou base de cálculo próprios dos discriminados nesta Constituição;

II - na iminência ou no caso de guerra externa, impostos extraordinários, compreendidos ou não em sua competência tributária, os quais serão suprimidos, gradativamente, cessadas as causas de sua criação.

SEÇÃO IV - DOS IMPOSTOS DOS ESTADOS E DO DISTRITO FEDERAL

Art. 155. Compete aos Estados e ao Distrito Federal instituir impostos sobre:[872]

> **Redação anterior:** vigente entre 05.10.1988 e 17.03.1993 (original):
>
> **Art. 155.** Compete aos Estados e ao Distrito Federal instituir:

I - transmissão *causa mortis* e doação, de quaisquer bens ou direitos;[873]

> **Redação anterior:** vigente entre 05.10.1988 e 17.03.1993 (original):
>
> I - impostos sobre:
>
> a) transmissão causa mortis e doação, de quaisquer bens ou direitos;
>
> b) operações relativas à circulação de mercadorias e sobre prestações de serviços de transporte interestadual e intermunicipal e de comunicação, ainda que as operações e as prestações se iniciem no exterior;
>
> c) propriedade de veículos automotores;

II - operações relativas à circulação de mercadorias e sobre prestações de serviços de transporte interestadual e intermunicipal e de comunicação, ainda que as operações e as prestações se iniciem no exterior;[874]

> **Redação anterior:** vigente entre 5.10.1988 e 17.03.1993 (original):
>
> II - adicional de até cinco por cento do que for pago à União por pessoas físicas ou jurídicas domiciliadas nos respectivos territórios, a título do imposto previsto no art. 153, III, incidente sobre lucros, ganhos e rendimentos de capital.

III - propriedade de veículos automotores.[875]

§ 1º O imposto previsto no inciso I:[876]

---

[872] Redação dada pela EC n° 3, de 17/03/1993.Vide Súmula 331.

[873] Redação dada pela EC n° 3, de 17/03/1993; vide Súmulas n°s 113, 114, 115, 331 e ADI 2.040, Rel. Min. Maurício Corrêa, DJ 25/02/2000.

[874] Vide Súmula vinculante n° 32, Súmulas n°s 573, 574 e 662. e ADI 4.565, Rel. Min. Joaquim Barbosa, DJe 27/06/2011; ADI 4.389, Min. Joaquim Barbosa, DJe 25/05/2011; ADI 2.669, Rel. p/o ac. Min. Marco Aurélio, DJe 06/08/2014; ADI 1.945, Rel. p/o ac. Min. Gilmar Mendes, DJe 14/03/2011; ADI 1.648, Rel. Min. Gilmar Mendes, DJe 09/12/2011.

[875] Incluído pela EC n° 3, de 17/03/1993; vide ADI 2.298, Rel. Min. Celso de Mello, DJe 29/10/2013; ADI 1.655, Rel. Min. Maurício Corrêa, DJ 02/04/2004.

[876] Redação dada pela EC n° 3, de 17/03/1993.

CONSTITUIÇÃO FEDERAL (1988)   Art. 155

Redação anterior: vigente entre 5.10.1988 e 17.03.1993 (original):

§ 1º O imposto previsto no inciso I, a:

I - relativamente a bens imóveis e respectivos direitos, compete ao Estado da situação do bem, ou ao Distrito Federal;

II - relativamente a bens móveis, títulos e créditos, compete ao Estado onde se processar o inventário ou arrolamento, ou tiver domicílio o doador, ou ao Distrito Federal;

III - terá competência para sua instituição regulada por lei complementar:

a) se o doador tiver domicilio ou residência no exterior;

b) se o *de cujus* possuía bens, era residente ou domiciliado ou teve o seu inventário processado no exterior;

IV - terá suas alíquotas máximas fixadas pelo Senado Federal.

§ 2º O imposto previsto no inciso II atenderá ao seguinte:[877]

Redação anterior: vigente entre 05.10.1988 e 17.03.1993 (original):

§ 2º O imposto previsto no inciso I, "b", atenderá ao seguinte:

I - será não-cumulativo, compensando-se o que for devido em cada operação relativa à circulação de mercadorias ou prestação de serviços com o montante cobrado nas anteriores pelo mesmo ou outro Estado ou pelo Distrito Federal;[878]

II - a isenção ou não-incidência, salvo determinação em contrário da legislação:[879]

a) não implicará crédito para compensação com o montante devido nas operações ou prestações seguintes;

b) acarretará a anulação do crédito relativo às operações anteriores;[880]

III - poderá ser seletivo, em função da essencialidade das mercadorias e dos serviços;

IV - resolução do Senado Federal, de iniciativa do Presidente da República ou de um terço dos Senadores, aprovada pela maioria absoluta de seus membros, estabelecerá as alíquotas aplicáveis às operações e prestações, interestaduais e de exportação;[881]

V - é facultado ao Senado Federal:

a) estabelecer alíquotas mínimas nas operações internas, mediante resolução de iniciativa de um terço e aprovada pela maioria absoluta de seus membros;[882]

---

[877] Redação dada pela EC nº 3, de 17/03/1993. Vide ADI 2.663, Rel. Min. Luiz Fux, DJe 29/05/2017.

[878] Vide Súmulas nºˢ 546 e 571.

[879] Vide ADI 286, Rel. Min. Maurício Corrêa, DJ 30/08/2002.

[880] Vide ADI 2.320, Rel. Min. Eros Grau, Inf. 417.

[881] Vide ADI 4.705, Rel. Min, Joaquim Barbosa, DJe 19/06/2012; ADI 4.565, Rel. Min. Joaquim Barbosa, DJe 27/06/2011; ADI 3.312, Rel. Min. Eros Grau, Inf. 448.

[882] Vide ADI 3.936, Rel. Min. Gilmar Mendes, DJ 09/11/2007.

Art. 155
J. U. Jacoby Fernandes

b) fixar alíquotas máximas nas mesmas operações para resolver conflito específico que envolva interesse de Estados, mediante resolução de iniciativa da maioria absoluta e aprovada por dois terços de seus membros;[883]

VI - salvo deliberação em contrário dos Estados e do Distrito Federal, nos termos do disposto no inciso XII, "g", as alíquotas internas, nas operações relativas à circulação de mercadorias e nas prestações de serviços, não poderão ser inferiores às previstas para as operações interestaduais;

VII - nas operações e prestações que destinem bens e serviços a consumidor final, contribuinte ou não do imposto, localizado em outro Estado, adotar-se-á a alíquota interestadual e caberá ao Estado de localização do destinatário o imposto correspondente à diferença entre a alíquota interna do Estado destinatário e a alíquota interestadual;[884]

a) (revogada);

b) (revogada);

> **Redação anterior:** vigente entre 05.10.1988 e 16.04.2015 (original):
>
> **VII** - em relação às operações e prestações que destinem bens e serviços a consumidor final localizado em outro Estado, adotar-se-á:
>
> **a)** a alíquota interestadual, quando o destinatário for contribuinte do imposto;
>
> **b)** a alíquota interna, quando o destinatário não for contribuinte dele;

VIII - a responsabilidade pelo recolhimento do imposto correspondente à diferença entre a alíquota interna e a interestadual de que trata o inciso VII será atribuída:[885]

a) ao destinatário, quando este for contribuinte do imposto;

b) ao remetente, quando o destinatário não for contribuinte do imposto;

> **Redação anterior:** vigente entre 05.10.1988 e 16.04.2015 (original):
>
> **VIII** - na hipótese da alínea "a" do inciso anterior, caberá ao Estado da localização do destinatário o imposto correspondente à diferença entre a alíquota interna e a interestadual;

IX - incidirá também:

a) sobre a entrada de bem ou mercadoria importados do exterior por pessoa física ou jurídica, ainda que não seja contribuinte habitual do imposto, qualquer que seja a sua finalidade, assim como sobre o serviço prestado no exterior, cabendo o imposto ao Estado onde estiver situado o domicílio ou o estabelecimento do destinatário da mercadoria, bem ou serviço;[886]

> **Redação anterior:** vigente entre 05.10.1988 e 11.12.2001 (original):

---

[883] Vide ADI 1.601, Rel. p/o ac. Nelson Jobim, DJ 19/12/2001.

[884] Redação dada pela EC nº 87, de 16/04/2015, que revogou as alíneas "a" e "b". Vide art. 99 do ADCT.

[885] Redação do caput dada pela EC nº 87, de 16/4/2015, que incluiu as alíneas "a" e "b".

[886] Redação dada pela EC de Revisão nº 33, de 11/12/2001; vide Súmulas nºs 660 e 661.

CONSTITUIÇÃO FEDERAL (1988)   Art. 155

> **a)** sobre a entrada de mercadoria importada do exterior, ainda quando se tratar de bem destinado a consumo ou ativo fixo do estabelecimento, assim como sobre serviço prestado no exterior, cabendo o imposto ao Estado onde estiver situado o estabelecimento destinatário da mercadoria ou do serviço;

b) sobre o valor total da operação, quando mercadorias forem fornecidas com serviços não compreendidos na competência tributária dos Municípios;

X - não incidirá:[887]

a) sobre operações que destinem mercadorias para o exterior, nem sobre serviços prestados a destinatários no exterior, assegurada a manutenção e o aproveitamento do montante do imposto cobrado nas operações e prestações anteriores;[888]

> **Redação anterior:** vigente entre 05.10.1988 e 30.12.2003 (original):
>
> **a)** sobre operações que destinem ao exterior produtos industrializados, excluídos os semi-elaborados definidos em lei complementar;

b) sobre operações que destinem a outros Estados petróleo, inclusive lubrificantes, combustíveis líquidos e gasosos dele derivados, e energia elétrica;[889]

c) sobre o ouro, nas hipóteses definidas no art. 153, § 5º;

d) nas prestações de serviço de comunicação nas modalidades de radiodifusão sonora e de sons e imagens de recepção livre e gratuita;[890]

XI - não compreenderá, em sua base de cálculo, o montante do imposto sobre produtos industrializados, quando a operação, realizada entre contribuintes e relativa a produto destinado à industrialização ou à comercialização, configure fato gerador dos dois impostos;

XII - cabe à lei complementar:[891]

a) definir seus contribuintes;

b) dispor sobre substituição tributária;

c) disciplinar o regime de compensação do imposto;

d) fixar, para efeito de sua cobrança e definição do estabelecimento responsável, o local das operações relativas à circulação de mercadorias e das prestações de serviços;

e) excluir da incidência do imposto, nas exportações para o exterior, serviços e outros produtos além dos mencionados no inciso X, "a";

f) prever casos de manutenção de crédito, relativamente à remessa para outro Estado e exportação para o exterior, de serviços e de mercadorias;

g) regular a forma como, mediante deliberação dos Estados e do Distrito Federal, isenções, incentivos e benefícios fiscais serão concedidos e revogados;[892]

---

[887] Vide Súmula vinculante nº 32.
[888] Redação dada pela EC nº 42, de 19/12/2003.
[889] Vide ADI 3.103, Rel. Min. César Peluso, DJ 25/08/2006.
[890] Incluído pela EC nº 42, de 19/12/2003.
[891] Vide ADI 1.945, Rel. p/o ac. Min. Gilmar Mendes, DJe 14/03/2011.

Art. 155   J. U. Jacoby Fernandes

h) definir os combustíveis e lubrificantes sobre os quais o imposto incidirá uma única vez, qualquer que seja a sua finalidade, hipótese em que não se aplicará o disposto no inciso X, "b";[893]

i) fixar a base de cálculo, de modo que o montante do imposto a integre, também na importação do exterior de bem, mercadoria ou serviço.[894]

§ 3º À exceção dos impostos de que tratam o inciso II do *caput* deste artigo e o art. 153, I e II, nenhum outro imposto poderá incidir sobre operações relativas a energia elétrica, serviços de telecomunicações, derivados de petróleo, combustíveis e minerais do País.[895]

Redação anterior: vigente entre 18.03.1993 e 11.12.2001 (EC nº 3/93):

§ 3º À exceção dos impostos de que tratam o inciso II do caput deste artigo e o art. 153, I e II, nenhum outro tributo poderá incidir sobre operações relativas a energia elétrica, serviços de telecomunicações, derivados de petróleo, combustíveis e minerais do País.

Redação anterior: vigente entre 05.10.1988 e 17.03.1993 (original):

§ 3º À exceção dos impostos de que tratam o inciso I, b, do caput deste artigo e os arts. 153, I e II, e 156, III, nenhum outro tributo incidirá sobre operações relativas a energia elétrica, combustíveis líquidos e gasosos, lubrificantes e minerais do País.

---

§ 4º Na hipótese do inciso XII, "h", observar-se-á o seguinte:[896]

I - nas operações com os lubrificantes e combustíveis derivados de petróleo, o imposto caberá ao Estado onde ocorrer o consumo;

II - nas operações interestaduais, entre contribuintes, com gás natural e seus derivados, e lubrificantes e combustíveis não incluídos no inciso I deste parágrafo, o imposto será repartido entre os Estados de origem e de destino, mantendo-se a mesma proporcionalidade que ocorre nas operações com as demais mercadorias;

---

[892] Vide ADI 4.276, Rel. Min. Luiz Fux, DJe 18/09/2014; ADI 3.809, Rel. Min. Eros Grau, DJ 14/09/2007; ADI 3.794, Rel. Min. Roberto Barroso, DJe 25/02/2015; ADI 3.702, Rel. Min. Dias Toffoli, DJe 30/08/2011; ADI 3.421, Rel. Min. Marco Aurélio, 28/05/2010; ADI 3.312, Rel. Min. Eros Grau, Inf. 448; ADI 3.246, Rel. Min. Ayres Britto, DJ 01/09/2006; ADI 2.906, Rel. Min. Marco Aurélio, DJe 29/06/2011; ADI 2.529, rel. Min. Gilmar Mendes, DJ 06/09/2007; ADI 2.377-MC, Rel. Min. Sepúlveda Pertence, DJ 07/11/2003; ADI 1.247-MC, Rel. Min. Celso de Mello, DJ 08/09/1995; ADI 2.357-MC, Rel. Min. Ilmar Galvão, DJ 07/11/2003; ADI 2.056.Rel. Min. Gilmar Mendes, DJ 17/08/2007; ADI 286, Rel. Min. Maurício Corrêa, DJ 30/08/2002; ADI 2.376-MC, Rel. Min. Maurício Corrêa, DJ 04/05/2001 e ADI 310, rel. Min. Cármen Lúcia, DJe 09/09/2014.
[893] Incluída pela EC nº 33, de 11/12/2001.
[894] Incluída pela EC nº 33, de 11/12/2001.
[895] Redação dada pela EC nº 33, de 11/12/2001; vide Súmula nº 659. Vide Lei nº 13.586 de 28 de dezembro de 2017 (dispõe sobre o tratamento tributário das atividades de exploração e de desenvolvimento de campo de petróleo ou de gás natural; institui regime tributário especial para as atividades de exploração, de desenvolvimento e de produção de petróleo, de gás natural e de outros hidrocarbonetos fluídos).
[896] § 4º, incisos e alíneas incluído pela EC nº 33, de 11/12/2001.

CONSTITUIÇÃO FEDERAL (1988)   Arts. 155 e 156

III - nas operações interestaduais com gás natural e seus derivados, e lubrificantes e combustíveis não incluídos no inciso I deste parágrafo, destinadas a não contribuinte, o imposto caberá ao Estado de origem;

IV - as alíquotas do imposto serão definidas mediante deliberação dos Estados e Distrito Federal, nos termos do § 2°, XII, "g", observando-se o seguinte:

a) serão uniformes em todo o território nacional, podendo ser diferenciadas por produto;

b) poderão ser específicas, por unidade de medida adotada, ou *ad valorem*, incidindo sobre o valor da operação ou sobre o preço que o produto ou seu similar alcançaria em uma venda em condições de livre concorrência;

c) poderão ser reduzidas e restabelecidas, não se lhes aplicando o disposto no art. 150, III, "b".

§ 5° As regras necessárias à aplicação do disposto no § 4°, inclusive as relativas à apuração e à destinação do imposto, serão estabelecidas mediante deliberação dos Estados e do Distrito Federal, nos termos do § 2°, XII, "g".[897]

§ 6° O imposto previsto no inciso III:[898]

I - terá alíquotas mínimas fixadas pelo Senado Federal;

II - poderá ter alíquotas diferenciadas em função do tipo e utilização.

SEÇÃO V - DOS IMPOSTOS DOS MUNICÍPIOS

Art. 156. Compete aos Municípios instituir impostos sobre:

I - propriedade predial e territorial urbana;

II - transmissão *inter vivos*, a qualquer título, por ato oneroso, de bens imóveis, por natureza ou acessão física, e de direitos reais sobre imóveis, exceto os de garantia, bem como cessão de direitos a sua aquisição;[899]

III - serviços de qualquer natureza, não compreendidos no art. 155, II, definidos em lei complementar;[900]

> **Redação anterior:** vigente entre 05.10.1988 e 17.03.1993 (original):
>
> III - vendas a varejo de combustíveis líquidos e gasosos, exceto óleo diesel;

IV - (revogado)[901]

> **Redação anterior:** vigente entre 05.10.1988 e 17.03.1993 (original):
>
> IV - serviços de qualquer natureza, não compreendidos no art. 155, I, b, definidos em lei complementar.

---

[897] Incluído pela EC n° 33, de 11/12/2001. Vide ADI 4.171, Rel. p/o ac. Ricardo Lewandowski, DJe 21/08/2015.

[898] Incluído pela EC n° 42, de 19/12/2003.

[899] Vide Súmula n° 656.

[900] Redação dada pela EC n° 3, de 18/03/1993. Vide súmula vinculante 31 e ADI 4.389, Min. Joaquim Barbosa, DJe 25/05/2011 e ADI 3.089, Rel. p/o ac. Joaquim Barbosa, DJe 01/08/2008.

[901] Revogado pela EC n° 3, de 18/03/1993.

Art. 156 — J. U. Jacoby Fernandes

§ 1º Sem prejuízo da progressividade no tempo a que se refere o art. 182, § 4º, inciso II, o imposto previsto no inciso I poderá:[902]

> **Redação anterior:** vigente entre 05.10.1988 e 13.09.2000 (original):
>
> § 1º O imposto previsto no inciso I poderá ser progressivo, nos termos de lei municipal, de forma a assegurar o cumprimento da função social da propriedade.

I - ser progressivo em razão do valor do imóvel; e[903]

II - ter alíquotas diferentes de acordo com a localização e o uso do imóvel.[904]

§ 2º O imposto previsto no inciso II:

I - não incide sobre a transmissão de bens ou direitos incorporados ao patrimônio de pessoa jurídica em realização de capital, nem sobre a transmissão de bens ou direitos decorrente de fusão, incorporação, cisão ou extinção de pessoa jurídica, salvo se, nesses casos, a atividade preponderante do adquirente for a compra e venda desses bens ou direitos, locação de bens imóveis ou arrendamento mercantil;

II - compete ao Município da situação do bem.

§ 3º Em relação ao imposto previsto no inciso III do *caput* deste artigo, cabe à lei complementar:[905]

> **Redação anterior:** vigente entre 18.03.1993 e 13.06.2002 (EC nº 37/02):
>
> § 3º Em relação ao imposto previsto no inciso III, cabe à lei complementar:
>
> **Redação anterior:** vigente entre 05.10.1988 e 17.03.1993 (original):
>
> § 3º O imposto previsto no inciso III não exclui a incidência do imposto estadual previsto no art. 155, I, "b", sobre a mesma operação.

I - fixar as suas alíquotas máximas e mínimas;[906]

> **Redação anterior:** vigente entre 18.03.1993 e 13.6.2002 (EC nº 37/02):
>
> I - fixar as suas alíquotas máximas;

II - excluir da sua incidência exportações de serviços para o exterior;[907]

III - regular a forma e as condições como isenções, incentivos e benefícios fiscais serão concedidos e revogados.[908]

§ 4º (revogado)[909]

I – (revogado)

II – (revogado)

> **Redação anterior:** vigente entre 05.10.1988 e 17.03.1993 (original):

---

[902] Redação dada pela EC nº 29, de 13/9/2000.
[903] Incluído pela EC nº 29, de 13/9/2000; vide Súmula nº 668.
[904] Incluído pela EC nº 29, de 13/9/2000; vide Súmula nº 539.
[905] Redação dada pela EC nº 37, de 12/6/2002.
[906] Redação dada pela EC nº 37, de 12/6/2002.
[907] Incluído pela EC nº 3, de 17/03/1993.
[908] Incluído pela EC nº 3, de 17/03/1993.
[909] Revogado pela EC nº 3, de 18/3/1993.

CONSTITUIÇÃO FEDERAL (1988)   Arts. 156 a 159

§ 4° Cabe à lei complementar:

I - fixar as alíquotas máximas dos impostos previstos nos incisos III e IV;

II - excluir da incidência do imposto previsto no inciso IV exportações de serviços para o exterior.

SEÇÃO VI - DA REPARTIÇÃO DAS RECEITAS TRIBUTÁRIAS

Art. 157. Pertencem aos Estados e ao Distrito Federal:

I - o produto da arrecadação do imposto da União sobre renda e proventos de qualquer natureza, incidente na fonte sobre rendimentos pagos, a qualquer título, por eles, suas autarquias e pelas fundações que instituírem e mantiverem;

II - vinte por cento do produto da arrecadação do imposto que a União instituir no exercício da competência que lhe é atribuída pelo art. 154, I.

Art. 158. Pertencem aos Municípios:

I - o produto da arrecadação do imposto da União sobre renda e proventos de qualquer natureza, incidente na fonte sobre rendimentos pagos, a qualquer título, por eles, suas autarquias e pelas fundações que instituírem e mantiverem;

II - cinqüenta por cento do produto da arrecadação do imposto da União sobre a propriedade territorial rural, relativamente aos imóveis neles situados, cabendo a totalidade na hipótese da opção a que se refere o art. 153, § 4°, III;[910]

Redação anterior: vigente entre 05.10.1988 e 30.12.2003 (original):

II - cinqüenta por cento do produto da arrecadação do imposto da União sobre a propriedade territorial rural, relativamente aos imóveis neles situados;

III - cinqüenta por cento do produto da arrecadação do imposto do Estado sobre a propriedade de veículos automotores licenciados em seus territórios;[911]

IV - vinte e cinco por cento do produto da arrecadação do imposto do Estado sobre operações relativas à circulação de mercadorias e sobre prestações de serviços de transporte interestadual e intermunicipal e de comunicação.[912]

Parágrafo único. As parcelas de receita pertencentes aos Municípios, mencionadas no inciso IV, serão creditadas conforme os seguintes critérios:[913]

I - três quartos, no mínimo, na proporção do valor adicionado nas operações relativas à circulação de mercadorias e nas prestações de serviços, realizadas em seus territórios;[914]

II - até um quarto, de acordo com o que dispuser lei estadual ou, no caso dos Territórios, lei federal.

Art. 159. A União entregará:

---

[910] Redação dada pela EC n° 42, de 19/12/2003.
[911] Vide ADI 2.405-MC, Rel. Min. Ayres Britto, DJ 17/02/2006.
[912] Vide ADI 2.405-MC, Rel. Min. Ayres Britto, DJ 17/02/2006.
[913] Vide ADI 2.728-ED, Rel. Min. Marco Aurélio, Inf. STF 445 e ADI 2.405, Rel.p/o ac. Min. Sepúlveda Pertence, DJ 17/02/2006;.
[914] Vide ADI 95, Rel. Min. Ilmar Galvão, DJ 07/12/1995.

Art. 159

I - do produto da arrecadação dos impostos sobre renda e proventos de qualquer natureza e sobre produtos industrializados, 49% (quarenta e nove por cento) na seguinte forma:[915]

> **Redação anterior:** vigente entre 05.10.1988 e 02.12.2014 (original):
>
> I - do produto da arrecadação dos impostos sobre renda e proventos de qualquer natureza e sobre produtos industrializados, quarenta e sete por cento na seguinte forma:[916]

a) vinte e um inteiros e cinco décimos por cento ao Fundo de Participação dos Estados e do Distrito Federal;[917]

b) vinte e dois inteiros e cinco décimos por cento ao Fundo de Participação dos Municípios;

c) três por cento, para aplicação em programas de financiamento ao setor produtivo das Regiões Norte, Nordeste e Centro-Oeste, através de suas instituições financeiras de caráter regional, de acordo com os planos regionais de desenvolvimento, ficando assegurada ao semi-árido do Nordeste a metade dos recursos destinados à Região, na forma que a lei estabelecer;[918]

d) um por cento ao Fundo de Participação dos Municípios, que será entregue no primeiro decêndio do mês de dezembro de cada ano;[919]

e) 1% (um por cento) ao Fundo de Participação dos Municípios, que será entregue no primeiro decêndio do mês de julho de cada ano;[920]

---

[915] Alterado pela EC nº 84, de 2/12/2014.

[916] EC nº 53/2007: "Art. 2º No exercício de 2007, as alterações do art. 159 da Constituição Federal previstas nesta Emenda Constitucional somente se aplicam sobre a arrecadação dos impostos sobre renda e proventos de qualquer natureza e sobre produtos industrializados realizada a partir de 1º de setembro de 2007."

[917] Para as alíneas a, b e c, vide Lei Complementar nº 62, de 28 de dezembro de 1989 e Decreto nº 7.827, de 16 de outubro de 2012.

[918] Vide Decreto nº 7.827, de 27 de setembro de 1989 (fundos constitucionais de Financiamento); Lei Complementar nº 62/1989 (dispõe sobre normas para cálculo, entrega e controle de liberações dos recursos dos Fundos de Participação); Lei Complementar nº 63/1990 (critérios e prazos de crédito das parcelas do produto da arrecadação de impostos de competência dos Estados e de transferência por estes recebidas, pertencentes aos Municípios) e Lei Complementar nº 91, de 22 de dezembro de 1997 (dispõe sobre a fixação dos coeficientes do fundo de participação dos Municípios).

[919] Vide EC nº 55, de 20/09/2007.

[920] Incluído pela EC nº 84, de 02/12/2014, que estabeleceu ainda: "Art. 2º Para os fins do disposto na alínea "e" do inciso I do caput do art. 159 da Constituição Federal, a União entregará ao Fundo de Participação dos Municípios o percentual de 0,5% (cinco décimos por cento) do produto da arrecadação dos impostos sobre renda e proventos de qualquer natureza e sobre produtos industrializados no primeiro exercício em que esta Emenda Constitucional gerar efeitos financeiros, acrescentando-se 0,5% (cinco décimos por cento) a cada exercício, até que se alcance o percentual de 1% (um por cento). Art. 3º Esta Emenda Constitucional entra em vigor na data de sua publicação, com efeitos financeiros a partir de 1º de janeiro do exercício subsequente."

CONSTITUIÇÃO FEDERAL (1988)   Arts. 159 e 160

II - do produto da arrecadação do imposto sobre produtos industrializados, dez por cento aos Estados e ao Distrito Federal, proporcionalmente ao valor das respectivas exportações de produtos industrializados;

III - do produto da arrecadação da contribuição de intervenção no domínio econômico prevista no art. 177, § 4°, 29% (vinte e nove por cento) para os Estados e o Distrito Federal, distribuídos na forma da lei, observada a destinação a que se refere o inciso II, "c", do referido parágrafo.[921]

> **Redação anterior:** vigente entre 19.12.2003 e 1°.07.2004 (EC n° 42/2003 - original):
>
> **III** - do produto da arrecadação da contribuição de intervenção no domínio econômico prevista no art. 177, § 4°, vinte e cinco por cento para os Estados e o Distrito Federal, distribuídos na forma da lei, observada a destinação a que refere o inciso II, c, do referido parágrafo.

§ 1° Para efeito de cálculo da entrega a ser efetuada de acordo com o previsto no inciso I, excluir-se-á a parcela da arrecadação do imposto de renda e proventos de qualquer natureza pertencente aos Estados, ao Distrito Federal e aos Municípios, nos termos do disposto nos arts. 157, I, e 158, I.

§ 2° A nenhuma unidade federada poderá ser destinada parcela superior a vinte por cento do montante a que se refere o inciso II, devendo o eventual excedente ser distribuído entre os demais participantes, mantido, em relação a esses, o critério de partilha nele estabelecido.

§ 3° Os Estados entregarão aos respectivos Municípios vinte e cinco por cento dos recursos que receberem nos termos do inciso II, observados os critérios estabelecidos no art. 158, parágrafo único, I e II.

§ 4° Do montante de recursos de que trata o inciso III que cabe a cada Estado, vinte e cinco por cento serão destinados aos seus Municípios, na forma da lei a que se refere o mencionado inciso.[922]

Art. 160. É vedada a retenção ou qualquer restrição à entrega e ao emprego dos recursos atribuídos, nesta seção, aos Estados, ao Distrito Federal e aos Municípios, neles compreendidos adicionais e acréscimos relativos a impostos.[923]

Parágrafo único. A vedação prevista neste artigo não impede a União e os Estados de condicionarem a entrega de recursos:[924]

I - ao pagamento de seus créditos, inclusive de suas autarquias;

II - ao cumprimento do disposto no art. 198, § 2°, incisos II e III.

> **Redação anterior:** vigente entre 18.03.1993 e 13.09.2000 (EC n° 3/93):

---

[921] Redação dada pela EC n° 44, de 30/06/2004. Vide Lei n° 10.336 de 19 de dezembro de 2001 (institui a CIDE).

[922] Incluído pela EC n° 42, de 19/12/2003.

[923] Vide ADI 2.238-MC, Rel. Min. Ilmar Galvão, Inf. 267.

[924] Redação do caput dada pela EC n° 29, de 13/09/2000 que incluiu os incisos I e II; vide ADI 1.106, Rel. Min. Maurício Corrêa, DJ 13/12/2002.

Arts. 161 a 163 J. U. JACOBY FERNANDES

> **Parágrafo único.** A vedação prevista neste artigo não impede a União e os Estados de condicionarem a entrega de recursos ao pagamento de seus créditos, inclusive de suas autarquias.
>
> **Redação anterior:** vigente entre 05.10.1988 e 17.03.1993 (original):
>
> **Parágrafo único.** Essa vedação não impede a União de condicionar a entrega de recursos ao pagamento de seus créditos.

Art. 161. Cabe à lei complementar:

I - definir valor adicionado para fins do disposto no art. 158, parágrafo único, I;[925]

II - estabelecer normas sobre a entrega dos recursos de que trata o art. 159, especialmente sobre os critérios de rateio dos fundos previstos em seu inciso I, objetivando promover o equilíbrio sócio-econômico entre Estados e entre Municípios;[926]

III - dispor sobre o acompanhamento, pelos beneficiários, do cálculo das quotas e da liberação das participações previstas nos arts. 157, 158 e 159.

Parágrafo único. O Tribunal de Contas da União efetuará o cálculo das quotas referentes aos fundos de participação a que alude o inciso II.

Art. 162. A União, os Estados, o Distrito Federal e os Municípios divulgarão, até o último dia do mês subseqüente ao da arrecadação, os montantes de cada um dos tributos arrecadados, os recursos recebidos, os valores de origem tributária entregues e a entregar e a expressão numérica dos critérios de rateio.

Parágrafo único. Os dados divulgados pela União serão discriminados por Estado e por Município; os dos Estados, por Município.

CAPÍTULO II - DAS FINANÇAS PÚBLICAS

SEÇÃO I - NORMAS GERAIS

Art. 163. Lei complementar disporá sobre:[927]

I - finanças públicas;

II - dívida pública externa e interna, incluída a das autarquias, fundações e demais entidades controladas pelo Poder Público;[928]

III - concessão de garantias pelas entidades públicas;

IV - emissão e resgate de títulos da dívida pública;

V - fiscalização financeira da administração pública direta e indireta;[929]

> **Redação anterior:** vigente entre 05.10.1988 e 29.05.2003 (original):

---

[925] Vide ADI 3.262-MC, Rel. Min. Ayres Britto, DJ 04/03/2005; ADI 1.423, Rel. Min. Joaquim Barbosa, DJ 08/06/2007 e ADI 95, Rel. Min. Ilmar Galvão, DJ 07/12/1995.

[926] Vide ADIs 2.727, 1987 e 875, Rel. Min. Gilmar Mendes, DJe 30/04/2010.

[927] Vide ADI 2.238-MC, Rel. Min. Ilmar Galvão, Inf. 204.

[928] Vide ADI 686-MC, Rel. Min. Ilmar Galvão, DJ 06/04/2001.

[929] Redação dada pela EC n° 40, de 29/5/2003.

CONSTITUIÇÃO FEDERAL (1988)   Arts. 164 a 165

V - fiscalização das instituições financeiras;

VI - operações de câmbio realizadas por órgãos e entidades da União, dos Estados, do Distrito Federal e dos Municípios;

VII - compatibilização das funções das instituições oficiais de crédito da União, resguardadas as características e condições operacionais plenas das voltadas ao desenvolvimento regional.[930]

Art. 164. A competência da União para emitir moeda será exercida exclusivamente pelo Banco Central.

§ 1º É vedado ao Banco Central conceder, direta ou indiretamente, empréstimos ao Tesouro Nacional e a qualquer órgão ou entidade que não seja instituição financeira.

§ 2º O Banco Central poderá comprar e vender títulos de emissão do Tesouro Nacional, com o objetivo de regular a oferta de moeda ou a taxa de juros.

§ 3º As disponibilidades de caixa da União serão depositadas no Banco Central; as dos Estados, do Distrito Federal, dos Municípios e dos órgãos ou entidades do Poder Público e das empresas por ele controladas, em instituições financeiras oficiais, ressalvados os casos previstos em lei.[931]

SEÇÃO II - DOS ORÇAMENTOS

Art. 165. Leis de iniciativa do Poder Executivo estabelecerão:[932]

I - o plano plurianual;[933]

II - as diretrizes orçamentárias;[934]

III - os orçamentos anuais.[935]

§ 1º A lei que instituir o plano plurianual estabelecerá, de forma regionalizada, as diretrizes, objetivos e metas da administração pública federal para as despesas de capital e outras delas decorrentes e para as relativas aos programas de duração continuada.

---

[930] Vide Lei nº 11.887, de 24 de dezembro de 2008 (cria o Fundo Soberano do Brasil – FSB).

[931] Vide ADI 2.600-MC, Rel. Min. Ellen Gracie, DJ 25/10/2002; ADI 2.661, Rel. Min. Celso de Mello, DJ 23/08/2002; ADI 3.075-MC, Rel. Min. Gilmar Mendes, DJ 18/06/2004 e ADI 3.578-MC, Rel. Min. Sepúlveda Pertence, Inf. 401.

[932] Vide ADI 2.238, Rel. Min. Ayres Britto, DJe 12/09/2008; ADI 1.050-MC, Rel. Min. Celso de Mello, DJ 23/04/2004 e ADI 850-NA, Rel. Min. Celso de Mello.

[933] Vide ADI 1.759, Rel. Min. Néri da Silveira, DJ 06/04/2001 e ADI 748-MC, Rel. Min. Celso de Mello, DJ 06/11/1992.

[934] Vide ADI 2.464, Rel. Min. Ellen Gracie, DJ 28/06/2002 e ADI 724-MC, Rel. Min. Celso de Mello, DJ 27/04/2001.

[935] Vide ADI 4.180, Rel. Min. Gilmar Mendes, DJe, 07/10/2014; ADI 2.808, Rel. Min. Gilmar Mendes, DJ 17/11/2006; ADI 1.144, Rel. Min. Eros Grau, DJ 08/09/2006; ADI 882, Rel. Min. Maurício Corrêa, DJ 23/04/2004; ADI 2.072-MC, Rel. Min. Octavio Gallotti, DJ 19/09/2003; ADI 1.689, Rel. Min. Sydney Sanches, DJ 02/05/2003; ADI 2.345-MC, Rel. Min. Sydney Sanches, DJ 28/03/2003; ADI 1.166, Rel. Min. Ilmar Galvão, DJ 25/10/2002 e ADI 2.447-MC, voto do Min. Rel. Moreira Alves, DJ 02/08/2002; ADI 820, Rel. Min. Eros Grau; DJe 29/02/2008; ADI 584, Rel. Min. Dias Toffoli, DJe 09/04/2014.

Art. 165　　　　　　　　　　　　　　　J. U. Jacoby Fernandes

§ 2º A lei de diretrizes orçamentárias compreenderá as metas e prioridades da administração pública federal, incluindo as despesas de capital para o exercício financeiro subseqüente, orientará a elaboração da lei orçamentária anual, disporá sobre as alterações na legislação tributária e estabelecerá a política de aplicação das agências financeiras oficiais de fomento.[936]

§ 3º O Poder Executivo publicará, até trinta dias após o encerramento de cada bimestre, relatório resumido da execução orçamentária.[937]

§ 4º Os planos e programas nacionais, regionais e setoriais previstos nesta Constituição serão elaborados em consonância com o plano plurianual e apreciados pelo Congresso Nacional.[938]

§ 5º A lei orçamentária anual compreenderá:[939]

I - o orçamento fiscal referente aos Poderes da União, seus fundos, órgãos e entidades da administração direta e indireta, inclusive fundações instituídas e mantidas pelo Poder Público;[940]

II - o orçamento de investimento das empresas em que a União, direta ou indiretamente, detenha a maioria do capital social com direito a voto;[941]

III - o orçamento da seguridade social, abrangendo todas as entidades e órgãos a ela vinculados, da administração direta ou indireta, bem como os fundos e fundações instituídos e mantidos pelo Poder Público.[942]

§ 6º O projeto de lei orçamentária será acompanhado de demonstrativo regionalizado do efeito, sobre as receitas e despesas, decorrente de isenções, anistias, remissões, subsídios e benefícios de natureza financeira, tributária e creditícia.

§ 7º Os orçamentos previstos no § 5º, I e II, deste artigo, compatibilizados com o plano plurianual, terão entre suas funções a de reduzir desigualdades inter-regionais, segundo critério populacional.

§ 8º A lei orçamentária anual não conterá dispositivo estranho à previsão da receita e à fixação da despesa, não se incluindo na proibição a autorização para

---

[936] Vide Lei nº 13.473, de 08 de agost de 2017 (dispõe sobre as diretrizes para a elaboração e execução da Lei Orçamentária de 2018 e dá outras providências) e ainda: ADI 4.049, Rel. Min. Ayres Britto, DJe 08/05/2009; ADI 4.048, Rel. Min. Gilmar Mendes, DJ 22/08/2008; ADI 3.949, Rel. Min. Gilmar Mendes, DJe 07/08/2009; ADI 2.535-MC, Rel. Min. Sepúlveda Pertence, DJ 21/11/2003; ADI 2.484-MC, Rel. Min. Carlos Velloso, DJ 14/11/2003; ADI 1.716, Rel. Min. Sepúlveda Pertence, DJ 27/03/1998 e ADI 612-QO, Rel. Min. Celso de Mello, DJ 06/05/1994.

[937] Vide ADI 2.810-MC, Rel. Min. Moreira Alves, DJ 25/04/2003.

[938] Vide ADI 1.243-MC, Rel. Min. Sydney Sanches, DJ 27/10/1995 e ADI 224-QO, Rel. Min. Paulo Brossard, DJ 02/12/1994.

[939] Vide ADI 3.949, Rel. Min. Gilmar Mendes, DJe 07/08/2009. Lei nº 13.587, de 02 de janeiro de 2018 (estima a receita e fixa a despesa da União para o exercício financeiro de 2018).

[940] Vide ADI 1.726-MC, Rel. Min. Maurício Corrêa, DJ 30/04/2004.

[941] Vide ADI 1.599-MC, Rel. Min. Maurício Corrêa, DJ 18/05/2001 e ADI 1.417, Rel. Min. Octavio Gallotti, DJ 23/03/2001.

[942] Vide ADI 1.417, Rel. Min. Octávio Gallotti, DJ 23/03/2001; ADI 763, Rel. Min. Edson Fachin, DJe 04/12/2015.

CONSTITUIÇÃO FEDERAL (1988)   Arts. 165 e 166

abertura de créditos suplementares e contratação de operações de crédito, ainda que por antecipação de receita, nos termos da lei.[943]

§ 9° Cabe à lei complementar:[944]

I - dispor sobre o exercício financeiro, a vigência, os prazos, a elaboração e a organização do plano plurianual, da lei de diretrizes orçamentárias e da lei orçamentária anual;[945]

II - estabelecer normas de gestão financeira e patrimonial da administração direta e indireta, bem como condições para a instituição e funcionamento de fundos.[946]

III - dispor sobre critérios para a execução equitativa, além de procedimentos que serão adotados quando houver impedimentos legais e técnicos, cumprimento de restos a pagar e limitação das programações de caráter obrigatório, para a realização do disposto no § 11 do art. 166.[947]

Art. 166. Os projetos de lei relativos ao plano plurianual, às diretrizes orçamentárias, ao orçamento anual e aos créditos adicionais serão apreciados pelas duas Casas do Congresso Nacional, na forma do regimento comum.

§ 1° Caberá a uma Comissão mista permanente de Senadores e Deputados:

I - examinar e emitir parecer sobre os projetos referidos neste artigo e sobre as contas apresentadas anualmente pelo Presidente da República;[948]

II - examinar e emitir parecer sobre os planos e programas nacionais, regionais e setoriais previstos nesta Constituição e exercer o acompanhamento e a fiscalização orçamentária, sem prejuízo da atuação das demais comissões do Congresso Nacional e de suas Casas, criadas de acordo com o art. 58.

§ 2° As emendas serão apresentadas na Comissão mista, que sobre elas emitirá parecer, e apreciadas, na forma regimental, pelo Plenário das duas Casas do Congresso Nacional.

§ 3° As emendas ao projeto de lei do orçamento anual ou aos projetos que o modifiquem somente podem ser aprovadas caso:[949]

---

[943] Vide ADI 3.652, Rel. Min. Sepúlveda Pertence, DJ 16/03/2007; Lei n° 4.320/1964 (disciplina normas orçamentárias e financeiras para elaboração e controle dos orçamentos e balanços da União, dos Estados, dos Municípios e do Distrito Federal); Lei n° 13.707, de 14 de agosto de 2018 (dispõe sobre as diretrizes para a elaboração e execução da da Lei Orçamentária de 2019); Lei n° 10.180, de 06 de fevereiro de 2001 (controle interno do Poder Executivo Federal) e Lei Complementar n° 101/2000 (Lei de Responsabilidade Fiscal).

[944] Vide Lei Complementar n° 156/2016 (estabelece o Plano de Auxílio aos Esados e ao Distrito Federal e medidas de estímulo ao reequilíbrio fiscal).

[945] Vide ADI 4.081, Rel. Mn. Edson Fachin, DJe 04/12/2015.

[946] Vide ADI 2.909, Rel. Min. Ayres Britto, DJe 11/06/2010; ADI 2.855, Rel. Min. Marco Aurélio, DJe 17/09/2010; ADI 1.726-MC, Rel. Min. Maurício Corrêa, DJ 30/04/2004 e ADI 2.250-MC, Rel. Min. Ilmar Galvão, DJ 01/08/2003.

[947] Incluído pela EC n° 86, de 17/03/2015.

[948] ADI 5.468, Rel. Min. Luiz Fux, DJe de 02/08/2017.

[949] Vide ADI 1.050-MC, Rel. Min. Celso de Mello, DJ 23/04/2004; ADI 2.810-MC, Rel. Min. Moreira Alves, DJ 25/04/2003 e ADI 1.254-MC, Rel. Min. Celso de Mello, DJ 18/08/1995.

Art. 166
J. U. Jacoby Fernandes

I - sejam compatíveis com o plano plurianual e com a lei de diretrizes orçamentárias;[950]

II - indiquem os recursos necessários, admitidos apenas os provenientes de anulação de despesa, excluídas as que incidam sobre:

a) dotações para pessoal e seus encargos;

b) serviço da dívida;

c) transferências tributárias constitucionais para Estados, Municípios e Distrito Federal; ou

III - sejam relacionadas:

a) com a correção de erros ou omissões; ou

b) com os dispositivos do texto do projeto de lei.

§ 4º As emendas ao projeto de lei de diretrizes orçamentárias não poderão ser aprovadas quando incompatíveis com o plano plurianual.

§ 5º O Presidente da República poderá enviar mensagem ao Congresso Nacional para propor modificação nos projetos a que se refere este artigo enquanto não iniciada a votação, na Comissão mista, da parte cuja alteração é proposta.

§ 6º Os projetos de lei do plano plurianual, das diretrizes orçamentárias e do orçamento anual serão enviados pelo Presidente da República ao Congresso Nacional, nos termos da lei complementar a que se refere o art. 165, § 9º.

§ 7º Aplicam-se aos projetos mencionados neste artigo, no que não contrariar o disposto nesta seção, as demais normas relativas ao processo legislativo.

§ 8º Os recursos que, em decorrência de veto, emenda ou rejeição do projeto de lei orçamentária anual, ficarem sem despesas correspondentes poderão ser utilizados, conforme o caso, mediante créditos especiais ou suplementares, com prévia e específica autorização legislativa.[951]

§ 9º As emendas individuais ao projeto de lei orçamentária serão aprovadas no limite de 1,2% (um inteiro e dois décimos por cento) da receita corrente líquida prevista no projeto encaminhado pelo Poder Executivo, sendo que a metade deste percentual será destinada a ações e serviços públicos de saúde.[952]

§ 10. A execução do montante destinado a ações e serviços públicos de saúde previsto no § 9º, inclusive custeio, será computada para fins do cumprimento do inciso I do § 2º do art. 198, vedada a destinação para pagamento de pessoal ou encargos sociais.[953]

§ 11. É obrigatória a execução orçamentária e financeira das programações a que se refere o § 9º deste artigo, em montante correspondente a 1,2% (um inteiro e dois décimos por cento) da receita corrente líquida realizada no

---

[950] ADI 5.468, Rel. Min. Luiz Fux, DJe de 02/08/2017.

[951] Vide ADI 2.238-MC, Rel. Min. Ilmar Galvão, Inf. 267.

[952] Incluído pela EC nº 86, de 17/03/2015.

[953] Incluído pela EC nº 86, de 17/03/2015.

CONSTITUIÇÃO FEDERAL (1988)   Art. 166

exercício anterior, conforme os critérios para a execução equitativa da programação definidos na lei complementar prevista no § 9º do art. 165.[954]

§ 12. As programações orçamentárias previstas no § 9º deste artigo não serão de execução obrigatória nos casos dos impedimentos de ordem técnica.[955]

§ 13. Quando a transferência obrigatória da União, para a execução da programação prevista no §11 deste artigo, for destinada a Estados, ao Distrito Federal e a Municípios, independerá da adimplência do ente federativo destinatário e não integrará a base de cálculo da receita corrente líquida para fins de aplicação dos limites de despesa de pessoal de que trata o caput do art. 169.[956]

§ 14. No caso de impedimento de ordem técnica, no empenho de despesa que integre a programação, na forma do § 11 deste artigo, serão adotadas as seguintes medidas:[957]

I - até 120 (cento e vinte) dias após a publicação da lei orçamentária, o Poder Executivo, o Poder Legislativo, o Poder Judiciário, o Ministério Público e a Defensoria Pública enviarão ao Poder Legislativo as justificativas do impedimento;

II - até 30 (trinta) dias após o término do prazo previsto no inciso I, o Poder Legislativo indicará ao Poder Executivo o remanejamento da programação cujo impedimento seja insuperável;

III - até 30 de setembro ou até 30 (trinta) dias após o prazo previsto no inciso II, o Poder Executivo encaminhará projeto de lei sobre o remanejamento da programação cujo impedimento seja insuperável;

IV - se, até 20 de novembro ou até 30 (trinta) dias após o término do prazo previsto no inciso III, o Congresso Nacional não deliberar sobre o projeto, o remanejamento será implementado por ato do Poder Executivo, nos termos previstos na lei orçamentária.[958]

§ 15. Após o prazo previsto no inciso IV do § 14, as programações orçamentárias previstas no § 11 não serão de execução obrigatória nos casos dos impedimentos justificados na notificação prevista no inciso I do § 14.[959]

§ 16. Os restos a pagar poderão ser considerados para fins de cumprimento da execução financeira prevista no § 11 deste artigo, até o limite de 0,6% (seis décimos por cento) da receita corrente líquida realizada no exercício anterior.[960]

§ 17. Se for verificado que a reestimativa da receita e da despesa poderá resultar no não cumprimento da meta de resultado fiscal estabelecida na lei de diretrizes orçamentárias, o montante previsto no § 11 deste artigo poderá ser

---

[954] Incluído pela EC nº 86, de 17/03/2015.
[955] Incluído pela EC nº 86, de 17/03/2015.
[956] Incluído pela EC nº 86, de 17/03/2015.
[957] Incluído pela EC nº 86, de 17/03/2015.
[958] Incluído pela EC nº 86, de 17/03/2015.
[959] Incluído pela EC nº 86, de 17/03/2015.
[960] Incluído pela EC nº 86, de 17/03/2015.

Arts. 166 e 167 J. U. Jacoby Fernandes

reduzido em até a mesma proporção da limitação incidente sobre o conjunto das despesas discricionárias.[961]

§ 18. Considera-se equitativa a execução das programações de caráter obrigatório que atenda de forma igualitária e impessoal às emendas apresentadas, independentemente da autoria.[962]

Art. 167. São vedados:

I - o início de programas ou projetos não incluídos na lei orçamentária anual;

II - a realização de despesas ou a assunção de obrigações diretas que excedam os créditos orçamentários ou adicionais;[963]

III - a realização de operações de créditos que excedam o montante das despesas de capital, ressalvadas as autorizadas mediante créditos suplementares ou especiais com finalidade precisa, aprovados pelo Poder Legislativo por maioria absoluta;[964]

IV - a vinculação de receita de impostos a órgão, fundo ou despesa, ressalvadas a repartição do produto da arrecadação dos impostos a que se referem os arts. 158 e 159, a destinação de recursos para as ações e serviços públicos de saúde, para manutenção e desenvolvimento do ensino e para realização de atividades da administração tributária, como determinado, respectivamente, pelos arts. 198, § 2°, 212 e 37, XXII, e a prestação de garantias às operações de crédito por antecipação de receita, previstas no art. 165, § 8°, bem como o disposto no § 4° deste artigo;[965]

> **Redação anterior:** vigente entre 14.09.2000 e 19.12.2003 (EC n° 29/2000):
>
> **IV** - a vinculação de receita de impostos a órgão, fundo ou despesa, ressalvadas a repartição do produto da arrecadação dos impostos a que se referem os arts. 158 e 159, a destinação de recursos para as ações e serviços públicos de saúde e para manutenção e desenvolvimento do ensino, como determinado, respectivamente, pelos arts. 198, § 2°, e 212, e a prestação de garantias às operações de crédito por antecipação de receita, previstas no art. 165, § 8°, bem como o disposto no § 4° deste artigo;
>
> **Redação anterior:** vigente entre 18.03.1993 e 13.09.2000 (EC n° 3/93):

---

[961] Incluído pela EC n° 86, de 17/03/2015.
[962] Incluído pela EC n° 86, de 17/03/2015.
[963] Vide ADI 3.652, Rel. Min. Sepúlveda Pertence, DJ 16/03/2007; ADI 352-MC, Rel. Min. Celso de Mello, DJ 08/03/1991.
[964] Vide ADI 2.238-MC, Rel. Min. Ilmar Galvão, Inf. 297.
[965] Redação dada pela EC n° 42, de 19/12/2003; vide ADI 3.576, Rel. Min. Ellen Gracie, Inf. 449; ADI 2.722, Rel. Min. Gilmar Mendes, Inf. 449; ADI 2.568 e ADI 2.556, Rel. Min. Joaquim Barbosa, DJe 20/09/2012; ADI 2.529, rel. Min. Gilmar Mendes, DJ 06/09/2007; ADI 2.129, Rel. Min. Eros Grau, DJ 16/06/2006; ADI 2.059, Rel. Min. Eros Grau, DJ 09/06/2006; ADI 3.643, Rel. Min. Ayres Britto, Inf. 447; ADI 1.759-MC, Rel. Min. Gilmar Mendes, DJ 06/04/2001; ADI 1.750, Rel. Min. Eros Grau, DJ 13/10/2006; ADI 820, Rel. Min. Eros Grau; DJe 29/02/2008; ADI 584, Rel. Min. Dias Toffoli, DJe 09/04/2014.

CONSTITUIÇÃO FEDERAL (1988) Art. 167

IV - a vinculação de receita de impostos a órgão, fundo ou despesa, ressalvadas a repartição do produto da arrecadação dos impostos a que se referem os arts. 158 e 159, a destinação de recursos para manutenção e desenvolvimento do ensino, como determinado pelo art. 212, e a prestação de garantias às operações de crédito por antecipação de receita, previstas no art. 165, § 8º, bem assim o disposto no § 4º deste artigo;

Redação anterior: vigente entre 05.10.1988 e 17.03.1993 (original):

IV - a vinculação de receita de impostos a órgão, fundo ou despesa, ressalvadas a repartição do produto da arrecadação dos impostos a que se referem os arts. 158 e 159, a destinação de recursos para manutenção e desenvolvimento do ensino, como determinado pelo art. 212, e a prestação de garantias às operações de crédito por antecipação de receita, previstas no art. 165, § 8º;

V - a abertura de crédito suplementar ou especial sem prévia autorização legislativa e sem indicação dos recursos correspondentes;[966]

VI - a transposição, o remanejamento ou a transferência de recursos de uma categoria de programação para outra ou de um órgão para outro, sem prévia autorização legislativa;[967]

VII - a concessão ou utilização de créditos ilimitados;

VIII - a utilização, sem autorização legislativa específica, de recursos dos orçamentos fiscal e da seguridade social para suprir necessidade ou cobrir déficit de empresas, fundações e fundos, inclusive dos mencionados no art. 165, § 5º;

IX - a instituição de fundos de qualquer natureza, sem prévia autorização legislativa;[968]

X - a transferência voluntária de recursos e a concessão de empréstimos, inclusive por antecipação de receita, pelos Governos Federal e Estaduais e suas instituições financeiras, para pagamento de despesas com pessoal ativo, inativo e pensionista, dos Estados, do Distrito Federal e dos Municípios;[969]

XI - a utilização dos recursos provenientes das contribuições sociais de que trata o art. 195, I, "a", e II, para a realização de despesas distintas do pagamento de benefícios do regime geral de previdência social de que trata o art. 201.[970]

§ 1º Nenhum investimento cuja execução ultrapasse um exercício financeiro poderá ser iniciado sem prévia inclusão no plano plurianual, ou sem lei que autorize a inclusão, sob pena de crime de responsabilidade.

§ 2º Os créditos especiais e extraordinários terão vigência no exercício financeiro em que forem autorizados, salvo se o ato de autorização for promulgado nos últimos quatro meses daquele exercício, caso em que, reabertos

---

[966] Vide ADI 4.049, Rel. Min. Ayres Britto, DJe 08/05/2009; ADI 2.059, Rel. Min. Eros Grau, DJ 09/06/2006.
[967] Vide ADI 3.652, Rel. Min. Sepúlveda Pertence, DJ 16/03/2007; ADI 3.401-MC, Rel. Min. Gilmar Mendes, DJ 03/06/2005.
[968] Vide ADI 3.401-MC, Rel. Min. Gilmar Mendes, DJ 03/06/2005 e ADI 1.726-MC, Rel. Min. Maurício Corrêa, DJ 30/04/2004.
[969] Incluído pela EC nº 19, de 04/06/1998.
[970] Incluído pela EC nº 20, de 15/12/1998.

Arts. 167 a 169   J. U. JACOBY FERNANDES

nos limites de seus saldos, serão incorporados ao orçamento do exercício financeiro subseqüente.[971]

§ 3° A abertura de crédito extraordinário somente será admitida para atender a despesas imprevisíveis e urgentes, como as decorrentes de guerra, comoção interna ou calamidade pública, observado o disposto no art. 62.[972]

§ 4° É permitida a vinculação de receitas próprias geradas pelos impostos a que se referem os artigos 155 e 156, e dos recursos de que tratam os artigos 157, 158, 159, I, "a" e "b", e II, para prestação de garantia ou contragarantia à União e para pagamentos de débitos para com esta.[973]

§ 5° A transposição, o remanejamento ou a transferência de recursos de uma categoria de programação para outra poderão ser admitidos, no âmbito das atividades de ciência, tecnologia e inovação, com o objetivo de viabilizar os resultados de projetos restritos a essas funções, mediante ato do Poder Executivo, sem necessidade da prévia autorização legislativa prevista no inciso VI deste artigo.[974]

Art. 168. Os recursos correspondentes às dotações orçamentárias, compreendidos os créditos suplementares e especiais, destinados aos órgãos dos Poderes Legislativo e Judiciário, do Ministério Público e da Defensoria Pública, ser-lhes-ão entregues até o dia 20 de cada mês, em duodécimos, na forma da lei complementar a que se refere o art. 165, § 9°.[975]

> **Redação anterior:** vigente entre 05.10.1988 e 08.12.2004 (original):
>
> **Art. 168.** Os recursos correspondentes às dotações orçamentárias, compreendidos os créditos suplementares e especiais, destinados aos órgãos dos Poderes Legislativo e Judiciário e do Ministério Público, ser-lhes-ão entregues até o dia 20 de cada mês, na forma da lei complementar a que se refere o art. 165, § 9°.

Art. 169. A despesa com pessoal ativo e inativo da União, dos Estados, do Distrito Federal e dos Municípios não poderá exceder os limites estabelecidos em lei complementar.[976]

§ 1° A concessão de qualquer vantagem ou aumento de remuneração, a criação de cargos, empregos e funções ou alteração de estrutura de carreiras, bem como a admissão ou contratação de pessoal, a qualquer título, pelos órgãos

---

[971] ADI 4.049, Rel. Min. Ayres Britto, DJe 08/05/2009.

[972] Vide ADI 4.049, Rel. Min. Ayres Britto, DJe 08/05/2009; ADI n° 4.048, Rel. Min. Gilmar Mendes, DJ 22/08/2008.

[973] Incluído pela EC n° 3, de 17/03/1993.

[974] Incluído pela EC n° 85, de 26/2/2015.

[975] Redação dada pela EC n° 45, de 8/12/2004; vide ADI 3.401-MC, Rel. Min. Gilmar Mendes, DJ 03/06/2005.

[976] Vide ADI 5.449, Rel. Min. Teori Zavascki, DJe 22/04/2016; ADI 4.426, Rel. Min. Dias Toffoli, DJe 18/05/2011; ADI 3.756, Rel. Min. Ayres Britto, DJ 19/10/2007; ADI 2.238, Rel p/ o ac. Min. Ayres Brito, DJe, 12/09/2008; ADI 2.197,Rel. Min. Marco Aurélio; DJ de 02/04/2004; ADI 2.022-MC, Rel. Min. Ilmar Galvão, DJ 28/04/2000 .

CONSTITUIÇÃO FEDERAL (1988) Art. 169

e entidades da administração direta ou indireta, inclusive fundações instituídas e mantidas pelo poder público, só poderão ser feitas:[977]

> **Redação anterior:** vigente entre 05.10.1988 e 04.06.1998 (original):
>
> **Parágrafo único.** A concessão de qualquer vantagem ou aumento de remuneração, a criação de cargos ou alteração de estrutura de carreiras, bem como a admissão de pessoal, a qualquer título, pelos órgãos e entidades da administração direta ou indireta, inclusive fundações instituídas e mantidas pelo Poder Público, só poderão ser feitas:

I - se houver prévia dotação orçamentária suficiente para atender às projeções de despesa de pessoal e aos acréscimos dela decorrentes;[978]

II - se houver autorização específica na lei de diretrizes orçamentárias, ressalvadas as empresas públicas e as sociedades de economia mista.

§ 2º Decorrido o prazo estabelecido na lei complementar referida neste artigo para a adaptação aos parâmetros ali previstos, serão imediatamente suspensos todos os repasses de verbas federais ou estaduais aos Estados, ao Distrito Federal e aos Municípios que não observarem os referidos limites.[979]

§ 3º Para o cumprimento dos limites estabelecidos com base neste artigo, durante o prazo fixado na lei complementar referida no *caput*, a União, os Estados, o Distrito Federal e os Municípios adotarão as seguintes providências:[980]

I - redução em pelo menos vinte por cento das despesas com cargos em comissão e funções de confiança;

II - exoneração dos servidores não estáveis.

§ 4º Se as medidas adotadas com base no parágrafo anterior não forem suficientes para assegurar o cumprimento da determinação da lei complementar referida neste artigo, o servidor estável poderá perder o cargo, desde que ato normativo motivado de cada um dos Poderes especifique a atividade funcional, o órgão ou unidade administrativa objeto da redução de pessoal.[981]

§ 5º O servidor que perder o cargo na forma do parágrafo anterior fará *jus* a indenização correspondente a um mês de remuneração por ano de serviço.[982]

§ 6º O cargo objeto da redução prevista nos parágrafos anteriores será considerado extinto, vedada a criação de cargo, emprego ou função com atribuições iguais ou assemelhadas pelo prazo de quatro anos.[983]

§ 7º Lei federal disporá sobre as normas gerais a serem obedecidas na efetivação do disposto no § 4º.[984]

---

[977] Parágrafo único transformado em § 1º pela EC nº 19, de 4/6/1998. Vide ADI 3.853, Rel. Min. Cármen Lúcia, DJ 26/10/2007.

[978] Vide ADI 3.599, Rel. Min. Gilmar Mendes, DJ 14/09/2007.

[979] Incluído pela EC nº 19, de 04/06/1998.

[980] Incluído pela EC nº 19, de 04/06/1998.

[981] Incluído pela EC nº 19, de 04/06/1998.

[982] Incluído pela EC nº 19, de 04/06/1998.

[983] Incluído pela EC nº 19, de 04/06/1998.

TÍTULO VII
DA ORDEM ECONÔMICA E FINANCEIRA

CAPÍTULO I - Dos princípios gerais da atividade econômica

Art. 170. A ordem econômica, fundada na valorização do trabalho humano e na livre iniciativa, tem por fim assegurar a todos existência digna, conforme os ditames da justiça social, observados os seguintes princípios:[985]

I - soberania nacional;

II - propriedade privada;[986]

III - função social da propriedade;[987]

IV - livre concorrência;[988]

V - defesa do consumidor;[989]

VI - defesa do meio ambiente, inclusive mediante tratamento diferenciado conforme o impacto ambiental dos produtos e serviços e de seus processos de elaboração e prestação;[990]

> **Redação anterior:** vigente entre 05.10.1988 e 19.12.2003 (original):
>
> VI - defesa do meio ambiente;

VII - redução das desigualdades regionais e sociais;

VIII - busca do pleno emprego;[991]

IX - tratamento favorecido para as empresas de pequeno porte constituídas sob as leis brasileiras e que tenham sua sede e administração no País.[992]

---

[984] Incluído pela EC n° 19, de 04/06/1998.

[985] Vide ADI 2.649, Rel. Min. Cármen Lúcia, DJe 17/10/2008; ADI 1.950, Rel. Min. Eros Grau, DJ 02/06/2006, no mesmo sentido: ADI 3.512, DJ 23/06/2006; ADI 3.112, Rel. Min. Ricardo Lewandowski, DJ 26/10/2007; ADI 1.950, Rel. Min. Eros Grau, DJ 02/06/2006; ADI 1.646-MC, Rel. Min. Néri da Silveira, DJ 04/05/2001; ADI 845, Rel. Min. Eros Grau, DJe 07/03/2008 e ADI 319-QO, Rel. Min. Moreira Alves, DJ 30/04/1993.

[986] Vide Lei n° 13.240, de 30 de dezembro de 2015 (dispõe sobre a administração, a alienação, a transferência de gestão de imóveis da União e seu uso para a constituição de fundos).

[987] Vide ADI 3.934, Rel. Min. Ricardo Lewandowski, DJe 06/11/2009. Lei n° 13.647, de 09 de abril de 2018 (obrigatoriedade da instalação de equipamentos para evitar o desperdício de água em banheiros destinados ao público).

[988] Vide Súmula vinculante n° 49 e Lei n° 12.529 de 30 de novembro de 2011 (estrutura o Sistema Brasileiro de Defesa da Concorrência e dispõe sobre a prevenção e repressão às infrações contra a ordem econômica).

[989] Vide Lei n° 13.455, de 26 de junho de 2017 (dispõe sobre a diferenciação de preços de bens e serviços oferecidos ao público em função do prazo ou do instrumento de pagamento utilizado); ADI 3.731, rel. Min. Cezar Peluso, DJ 11/10/2007; ADI 2.832, Rel. Min. Ricardo Lewandowski, Dje 20/06/2008; ADI 2.818, Rel. Min. Dias Toffoli, DJ 01/08/2013; ADI 2.359, Rel. Min. Eros Grau, DJ 07/12/2006 e ADI 2.591, Rel. Min. Eros Grau, DJ 29/09/2006; ADI 1.980, Rel. Min. Sydney Sanches, DJ 25/02/2000.

[990] Redação dada pela EC n° 42, de 19/12/2003; vide ADI 3.540, Rel. Min. Celso de Mello, DJ 03/02/2006.

[991] Vide Lei n° 13.189 de 19 de novembro de 2015 (institui o Programa de Proteção ao Emprego – PPE).

CONSTITUIÇÃO FEDERAL (1988)   Arts. 170 a 173

> **Redação anterior:** vigente entre 05.10.1988 e 15.08.1995 (original):
>
> IX - tratamento favorecido para as empresas brasileiras de capital nacional de pequeno porte.

Parágrafo único. É assegurado a todos o livre exercício de qualquer atividade econômica, independentemente de autorização de órgãos públicos, salvo nos casos previstos em lei.[993]

Art. 171. (Revogado)[994]

> **Redação anterior:** vigente entre 05.10.1988 e 15.08.1995 (original):
>
> **Art. 171.** São consideradas:
>
> I - empresa brasileira a constituída sob as leis brasileiras e que tenha sua sede e administração no País;
>
> II - empresa brasileira de capital nacional aquela cujo controle efetivo esteja em caráter permanente sob a titularidade direta ou indireta de pessoas físicas domiciliadas e residentes no País ou de entidades de direito público interno, entendendo-se por controle efetivo da empresa a titularidade da maioria de seu capital votante e o exercício, de fato e de direito, do poder decisório para gerir suas atividades.
>
> § 1º A lei poderá, em relação à empresa brasileira de capital nacional:
>
> I - conceder proteção e benefícios especiais temporários para desenvolver atividades consideradas estratégicas para a defesa nacional ou imprescindíveis ao desenvolvimento do País;
>
> II - estabelecer, sempre que considerar um setor imprescindível ao desenvolvimento tecnológico nacional, entre outras condições e requisitos:
>
> a) a exigência de que o controle referido no inciso II do caput se estenda às atividades tecnológicas da empresa, assim entendido o exercício, de fato e de direito, do poder decisório para desenvolver ou absorver tecnologia;
>
> b) percentuais de participação, no capital, de pessoas físicas domiciliadas e residentes no País ou entidades de direito público interno.
>
> § 2º Na aquisição de bens e serviços, o Poder Público dará tratamento preferencial, nos termos da lei, à empresa brasileira de capital nacional.

Art. 172. A lei disciplinará, com base no interesse nacional, os investimentos de capital estrangeiro, incentivará os reinvestimentos e regulará a remessa de lucros.

Art. 173. Ressalvados os casos previstos nesta Constituição, a exploração direta de atividade econômica pelo Estado só será permitida quando necessária

---

[992] Redação dada pela EC nº 6, de 15/8/1995; vide Súmula nº 646 e ADI 4.033, Rel. Min. Joaquim Barbosa, DJe 07/02/2011.

[993] Vide Súmula 49; ADI 5.135, Rel. Min. Roberto Barroso, DJe 07/02/2018; ADI 1.454, Rel. Min. Ellen Grace, DJ 03/08/2007; ADI 394 e 173, Rel. Min. Joaquim Barbosa, DJe 20/03/2009.

[994] Caput, incisos I e II e parágrafos revogados pela EC nº 6, de 15/08/1995.

aos imperativos da segurança nacional ou a relevante interesse coletivo, conforme definidos em lei.[995]

§ 1º A lei estabelecerá o estatuto jurídico da empresa pública, da sociedade de economia mista e de suas subsidiárias que explorem atividade econômica de produção ou comercialização de bens ou de prestação de serviços, dispondo sobre:[996]

> **Redação anterior:** vigente entre 05.10.1988 e 04.06.1998 (original):
>
> § 1º A empresa pública, a sociedade de economia mista e outras entidades que explorem atividade econômica sujeitam-se ao regime jurídico próprio das empresas privadas, inclusive quanto às obrigações trabalhistas e tributárias.

I - sua função social e formas de fiscalização pelo Estado e pela sociedade;

II - a sujeição ao regime jurídico próprio das empresas privadas, inclusive quanto aos direitos e obrigações civis, comerciais, trabalhistas e tributários;[997]

III - licitação e contratação de obras, serviços, compras e alienações, observados os princípios da administração pública;

IV - a constituição e o funcionamento dos conselhos de administração e fiscal, com a participação de acionistas minoritários;[998]

V - os mandatos, a avaliação de desempenho e a responsabilidade dos administradores.

§ 2º As empresas públicas e as sociedades de economia mista não poderão gozar de privilégios fiscais não extensivos às do setor privado.[999]

§ 3º A lei regulamentará as relações da empresa pública com o Estado e a sociedade.

§ 4º A lei reprimirá o abuso do poder econômico que vise à dominação dos mercados, à eliminação da concorrência e ao aumento arbitrário dos lucros.[1000]

§ 5º A lei, sem prejuízo da responsabilidade individual dos dirigentes da pessoa jurídica, estabelecerá a responsabilidade desta, sujeitando-a às punições compatíveis com sua natureza, nos atos praticados contra a ordem econômica e financeira e contra a economia popular.[1001]

---

[995] Vide ADI 3.578, Rel. Min. Sepúlveda Pertence, DJ 24/02/2006 e ADI 234, Rel. Min. Néri da Silveira, DJ 15/09/1995.

[996] Redação dada pela EC nº 19, de 04/06/1998 que incluiu os incisos de I a V; Vide Lei nº 13.303, de 30 de junho de 2016. VIde ADI 1.642, Rel. Min. Eros Grau, DJe 19/09/2008.

[997] Vide Súmula nº 556; ADI 3.403, Rel. Min. Joaquim Barbosa, DJ 24/08/2007; ADI 1.998, Rel. Min. Maurício Corrêa, DJ 07/05/2004; ADI 1.515, Rel. Min. Sydney Sanches, DJ 11/04/2003 e ADI 1.552-MC, Rel. Min. Carlos Velloso, DJ 17/04/1998.

[998] Vide ADI 238, Rel. Min. Joaquim Barbosa, DJ 09/04/2010.

[999] Vide ADI 1.094-MC, Rel. Min. Carlos Velloso, DJ 20/04/2001.

[1000] Vide Lei nº 8.137, de 27 de dezembro de 1990 (crimes contra a ordem tributária, econômica e contra as relações de consumo); Lei nº 8.176, de 08 de fevereiro de 1991 (crimes contra a ordem econômica) e Lei nº 8.884, de 11 de junho de 1994 (Conselho Administrativo de Defesa Econômica - CEDE).

[1001] Vide Lei nº 12.846, de 1º de agosto de 2013 (Lei Anticorrupção); Lei Delegada nº 4, de 26 de julho de 1962 (intervenção no domínio econômico para assegurar a livre distribuição de produto

CONSTITUIÇÃO FEDERAL (1988) Arts. 174 e 175

Art. 174. Como agente normativo e regulador da atividade econômica, o Estado exercerá, na forma da lei, as funções de fiscalização, incentivo e planejamento, sendo este determinante para o setor público e indicativo para o setor privado.

§ 1º A lei estabelecerá as diretrizes e bases do planejamento do desenvolvimento nacional equilibrado, o qual incorporará e compatibilizará os planos nacionais e regionais de desenvolvimento.

§ 2º A lei apoiará e estimulará o cooperativismo e outras formas de associativismo.

§ 3º O Estado favorecerá a organização da atividade garimpeira em cooperativas, levando em conta a proteção do meio ambiente e a promoção econômico-social dos garimpeiros.[1002]

§ 4º As cooperativas a que se refere o parágrafo anterior terão prioridade na autorização ou concessão para pesquisa e lavra dos recursos e jazidas de minerais garimpáveis, nas áreas onde estejam atuando, e naquelas fixadas de acordo com o art. 21, XXV, na forma da lei.

Art. 175. Incumbe ao Poder Público, na forma da lei, diretamente ou sob regime de concessão ou permissão, sempre através de licitação, a prestação de serviços públicos.[1003]

Parágrafo único. A lei disporá sobre:

I - o regime das empresas concessionárias e permissionárias de serviços públicos, o caráter especial de seu contrato e de sua prorrogação, bem como as condições de caducidade, fiscalização e rescisão da concessão ou permissão;[1004]

II - os direitos dos usuários;

III - política tarifária;[1005]

IV - a obrigação de manter serviço adequado.[1006]

---

necessário ao consumo do povo) e Decreto nº 51.644-A, de 26 de novembro de 1962 (regulamenta a intervenção no domínio econômico).

[1002] Vide Lei nº 11.685, de 02 de junho de 2008 (institui o Estatuto do Garimpeiro).

[1003] Vide ADI 3.768, Rel. Min; Cármen Lúcia, DJ 26/10/2007; ADI 3.729, Re. Min. Gilmar Mendes, DJ 09/11/2007; ADI 3.521, Rel. Min. Eros Grau, Inf. 442; ADI 2.733, Rel. Min. Eros Grau, DJ 03/02/2006; ADI 2.299-MC, Rel. Min. Moreira Alves, DJ 29/08/2003; ADI 1.863, Rel. Min. Eros Grau, DJe 15/02/2008; ADI 1.582, Rel. Min. Carlos Velloso, DJ 06/09/2002; ADI 2.337-MC, Rel. Min. Celso de Mello, DJ 21/06/2002; ADI 1.723-MC, Rel. Min. Carlos Velloso, DJ 19/12/2001; Lei nº 8.987, de 13 de fevereiro de 1995 (regime de concessão e permissão da prestação de serviços públicos); Lei nº 9.074, de 7 de julho de 1995 (outorga e prorrogações das concessões e permissões de serviços públicos) e Lei nº 9.791, de 24 de março de 1999 (dispõe sobre a obrigatoriedade de as concessionárias de serviços públicos estabelecerem ao consumidor e ao usuário datas opcionais para o vencimento de seus débitos); Lei nº 12.007 de 29 de julho de 2018 (emissão de declaração de quitação anual de débitos pelas pessoas jurídicas prestadoras de serviços públicos ou privados); Lei nº 12.869, de 15 de outubro de 2013 (exercício da atividade e a remuneração do permissionário lotérico).

[1004] Vide ADI 1.746, Rel. Min. Marco Aurélio, DJe 13/11/2014.

[1005] Vide ADI 3.343, Rel. Min. Luiz Fux, DJe 22/11/2011; ADI 3.225, Rel. Min. Cezar Peluso, DJ 26/10/2007; ADI 447, voto do Min. Carlos Velloso, DJ 05/03/1993.

[1006] Vide ADI 3.944, Rel. Min. Ayres Britto, DJe 01/10/2010.

Arts. 176 e 177 — J. U. JACOBY FERNANDES

Art. 176. As jazidas, em lavra ou não, e demais recursos minerais e os potenciais de energia hidráulica constituem propriedade distinta da do solo, para efeito de exploração ou aproveitamento, e pertencem à União, garantida ao concessionário a propriedade do produto da lavra.[1007]

§ 1º A pesquisa e a lavra de recursos minerais e o aproveitamento dos potenciais a que se refere o *caput* deste artigo somente poderão ser efetuados mediante autorização ou concessão da União, no interesse nacional, por brasileiros ou empresa constituída sob as leis brasileiras e que tenha sua sede e administração no País, na forma da lei, que estabelecerá as condições específicas quando essas atividades se desenvolverem em faixa de fronteira ou terras indígenas.[1008]

> **Redação anterior:** vigente entre 05.10.1988 e 15.08.1995 (original):
>
> § 1º A pesquisa e a lavra de recursos minerais e o aproveitamento dos potenciais a que se refere o caput deste artigo somente poderão ser efetuados mediante autorização ou concessão da União, no interesse nacional, por brasileiros ou empresa brasileira de capital nacional, na forma da lei, que estabelecerá as condições específicas quando essas atividades se desenvolverem em faixa de fronteira ou terras indígenas.

§ 2º É assegurada participação ao proprietário do solo nos resultados da lavra, na forma e no valor que dispuser a lei.[1009]

§ 3º A autorização de pesquisa será sempre por prazo determinado, e as autorizações e concessões previstas neste artigo não poderão ser cedidas ou transferidas, total ou parcialmente, sem prévia anuência do Poder concedente.

§ 4º Não dependerá de autorização ou concessão o aproveitamento do potencial de energia renovável de capacidade reduzida.

Art. 177. Constituem monopólio da União:[1010]

I - a pesquisa e a lavra das jazidas de petróleo e gás natural e outros hidrocarbonetos fluidos;

II - a refinação do petróleo nacional ou estrangeiro;

[1007] Vide ADI 3.273 e ADI 3.366, Rel. p/ o ac. Min. Eros Grau, Inf. 380.

[1008] Redação dada pela EC nº 6, de 15/08/1995; vide ADI 3.273-MC, Rel. Min. Carlos Ayres Britto, DJ 23/08/2004; ADI 2.473-MC, voto do Min. Néri da Silveira, DJ 07/11/2003; ADI 2.586, voto do Min. Rel. Carlos Velloso, DJ 01/08/2003; ADI 3.273, Rel. Min. Eros Grau, DJ 28/03/2005; ADI 1.597, Rel. Min. Néri da Silveira, DJ 19/12/2002; Decreto-Lei nº 227, de 28 de fevereiro de 1967 (Código de Mineração), que dá nova redação ao Decreto-Lei nº 1.985/40; Lei nº 13.575, de 26 de dezembro de 2017 (cria a Agência Nacional de Mineração – ANM - e extingue o Departamento Nacional de Produção Mineral - DNPM); Lei nº 9.427, de 26 de dezembro de 1996 (institui a Agência Nacional de Energia Elétrica - ANEEL); Lei nº 9.648, de 27 de maio de 1998 (reestrutura a Eletrobrás Centrais Elétricas Brasileiras) e Decreto nº 2.655, de 02 de julho de 1998 (regulamenta o mercado atacadista de energia elétrica).

[1009] Vide Decreto-Lei nº 1985, de 29 de março de 1940 (Código de Minas) e Lei nº 8.901, de 30 de junho de 1994, que regulamenta esse dispositivo, alterando o Decreto-Lei nº 227, de 28 de fevereiro de 1967.

[1010] Vide ADI 3.273, Rel. Min. Eros Grau, DJ 28/03/2005.

CONSTITUIÇÃO FEDERAL (1988) Art. 177

III - a importação e exportação dos produtos e derivados básicos resultantes das atividades previstas nos incisos anteriores;

IV - o transporte marítimo do petróleo bruto de origem nacional ou de derivados básicos de petróleo produzidos no País, bem assim o transporte, por meio de conduto, de petróleo bruto, seus derivados e gás natural de qualquer origem;[1011]

V - a pesquisa, a lavra, o enriquecimento, o reprocessamento, a industrialização e o comércio de minérios e minerais nucleares e seus derivados, com exceção dos radioisótopos cuja produção, comercialização e utilização poderão ser autorizadas sob regime de permissão, conforme as alíneas "b" e "c" do inciso XXIII do caput do art. 21 desta Constituição Federal.[1012]

> **Redação anterior:** vigente entre 05.10.1988 e 09.02.2006 (original):
>
> V - a pesquisa, a lavra, o enriquecimento, o reprocessamento, a industrialização e o comércio de minérios e minerais nucleares e seus derivados.

§ 1º A União poderá contratar com empresas estatais ou privadas a realização das atividades previstas nos incisos I a IV deste artigo, observadas as condições estabelecidas em lei.[1013]

> **Redação anterior:** vigente entre 05.10.1988 e 09.11.1995 (original):
>
> § 1º O monopólio previsto neste artigo inclui os riscos e resultados decorrentes das atividades nele mencionadas, sendo vedado à União ceder ou conceder qualquer tipo de participação, em espécie ou em valor, na exploração de jazidas de petróleo ou gás natural, ressalvado o disposto no art. 20, § 1º.

§ 2º A lei a que se refere o § 1º disporá sobre:[1014]

[1011] Lei nº 11.099 de 04 de março de 2009 (atividades relativas ao transporte de gás natural, tratamento, processamento, estocagem, liquefação, regaseificação e comercialização de gás natural).

[1012] Redação dada pela EC nº 49, de 08/02/2006

[1013] Redação dada pela EC nº 9, de 09/11/1995; vide ADI 3.273 e ADI 3.366, Rel. p/ o ac. . Min. Eros Grau, DJ 02/03/2007; Lei nº 9.478, de 06 de agosto de 1997 (dispõe sobre a política energética nacional, as atividades relativas ao monopólio do petróleo, institui o Conselho Nacional de Política Energética e a Agência Nacional do Petróleo); Lei nº 9.847, de 26 de outubro de 1999 (dispõe sobre a fiscalização das atividades relativas ao abastecimento nacional de combustíveis, de que trata a Lei nº 9.478, de 6 de agosto de 1997, estabelece sanções administrativas); Lei nº 13.033, de 24 de setembro de 2014 (dispõe a adição obrigatória de biodiesel ao óleo diesel); Decreto nº 5.448, de 20 de maio de 2005 (regulamenta a introdução do biodiesel na matriz energética brasileira) e Lei nº 11.116, de 18 de maio de 2005 (dispõe sobre o Registro Especial, na Secretaria da Receita Federal do Ministério da Fazenda, de produtor ou importador de biodiesel e sobre a incidência da Contribuição para o PIS/PASEP e da COFINS sobre as receitas decorrentes da venda desse produto). Lei nº 12.859 de 10 de setembro de 2013 (institui crédito presumido da Contribuição para o PIS/Pasep e da Contribuição para o Financiamento da Seguridade Social - Cofins - na venda de álcool, inclusive para fins carburantes).

Arts. 177 a 178 — J. U. JACOBY FERNANDES

> **Redação anterior:** vigente entre 50.10.1988 e 09.11.1995 (original):
>
> § 2º A lei disporá sobre o transporte e a utilização de materiais radioativos no território nacional.

I - a garantia do fornecimento dos derivados de petróleo em todo o território nacional;

II - as condições de contratação;

III - a estrutura e atribuições do órgão regulador do monopólio da União.[1015]

§ 3º A lei disporá sobre o transporte e a utilização de materiais radioativos no território nacional.[1016]

§ 4º A lei que instituir contribuição de intervenção no domínio econômico relativa às atividades de importação ou comercialização de petróleo e seus derivados, gás natural e seus derivados e álcool combustível deverá atender aos seguintes requisitos:[1017]

I - a alíquota da contribuição poderá ser:

a) diferenciada por produto ou uso;

b) reduzida e restabelecida por ato do Poder Executivo, não se lhe aplicando o disposto no art. 150, III, "b";

II - os recursos arrecadados serão destinados:[1018]

a) ao pagamento de subsídios a preços ou transporte de álcool combustível, gás natural e seus derivados e derivados de petróleo;

b) ao financiamento de projetos ambientais relacionados com a indústria do petróleo e do gás;

c) ao financiamento de programas de infra-estrutura de transportes.

Art. 178. A lei disporá sobre a ordenação dos transportes aéreo, aquático e terrestre, devendo, quanto à ordenação do transporte internacional, observar os acordos firmados pela União, atendido o princípio da reciprocidade.[1019]

[1014] Parágrafo e incisos incluídos pela EC nº 9, de 09/11/1995; vide ADI 3.273, Rel. Min. Eros Grau, DJ 28/03/2005.

[1015] Vide ADI 1.949-MC, Rel. Min. Sepúlveda Pertence, DJ 25/11/2005 e ADI 3.273, Rel. Min. Eros Grau, DJ 28/03/2005.

[1016] § 2º renumerado pela EC nº 9, de 09/11/1995.

[1017] Parágrafo e incisos incluídos pela EC nº 33, de 11/12/2001.

[1018] Vide ADI 2.925, Rel. Min. Marco Aurélio, DJ 14/03/2005.

[1019] Redação dada pela EC nº 7, de 15/08/1995; vide Decreto nº 2.681, de 07 de dezembro de 1912 (responsabilidade civil das estradas de ferro); Lei nº 11.442 de 5 de janeiro de 2007 (transporte rodoviário de cargas); Lei nº 7.565, de 19 de dezembro de 1986 (Código Brasileiro de Aeronáutica); Lei nº 8.617, de 4 de janeiro de 1993 (dispõe sobre o mar territorial, a zona contígua, a zona econômica exclusiva e a plataforma continental brasileiros) e os decretos que a regulamentam; Lei nº 9.611, de 19 de fevereiro de 1998 (dispõe sobre o transporte multimodal de cargas) e o Decreto nº 3.411, de 12 de abril de 2000 que a regulamenta; Lei nº 9.503 de 23 de setembro de 1997 (Código de Trânsito Brasileiro); Lei nº 10.233, de 05 de junho de 2001 (dispõe sobre a reestruturação dos transportes aquaviário e terrestre, cria o Conselho Nacional de Integração de Políticas de Transporte, a Agência Nacional de Transportes Terrestres, a Agência Nacional de Transportes Aquaviário e o Departamento Nacional de Infra-estrutura de

CONSTITUIÇÃO FEDERAL (1988)   Arts. 178 a 181

Parágrafo único. Na ordenação do transporte aquático, a lei estabelecerá as condições em que o transporte de mercadorias na cabotagem e a navegação interior poderão ser feitos por embarcações estrangeiras.[1020]

Redação anterior: vigente entre 05.10.1988 e 15.08.1995 (original):

Art. 178. A lei disporá sobre:

I - a ordenação dos transportes aéreo, marítimo e terrestre;

II - a predominância dos armadores nacionais e navios de bandeira e registros brasileiros e do país exportador ou importador;

III - o transporte de granéis;

IV - a utilização de embarcações de pesca e outras.

§ 1º A ordenação do transporte internacional cumprirá os acordos firmados pela União, atendido o princípio da reciprocidade.

§ 2º Serão brasileiros os armadores, os proprietários, os comandantes e dois terços, pelo menos, dos tripulantes de embarcações nacionais.

§ 3º A navegação de cabotagem e a interior são privativas de embarcações nacionais, salvo caso de necessidade pública, segundo dispuser a lei.

Art. 179. A União, os Estados, o Distrito Federal e os Municípios dispensarão às microempresas e às empresas de pequeno porte, assim definidas em lei, tratamento jurídico diferenciado, visando a incentivá-las pela simplificação de suas obrigações administrativas, tributárias, previdenciárias e creditícias, ou pela eliminação ou redução destas por meio de lei.[1021]

Art. 180. A União, os Estados, o Distrito Federal e os Municípios promoverão e incentivarão o turismo como fator de desenvolvimento social e econômico.[1022]

Art. 181. O atendimento de requisição de documento ou informação de natureza comercial, feita por autoridade administrativa ou judiciária estrangeira, a pessoa física ou jurídica residente ou domiciliada no País dependerá de autorização do Poder competente.

Transportes) e Decretos nº 4.122, de 13 de fevereiro de 2002 (aprova o Regulamentlo da ANTAQ); nº 4.130, de 13 de fevereiro de 2002 (aprova o Regulamento da ANTT) e Decreto nº 4.244, de 22 de maio de 2002 (dispõe sobre o transporte aéreo, no País, de autoridade em aeronave do Comando da Aeronáutica); Lei nº 13.103, de 2 de março de 2015; Lei nº 12.619 de 30 de abril de 2012 (exercício da profissão de motorista) e Lei nº 13.703, de 08 de agosto de 2018 (institui a Política Nacional de Pisos Mínimos do transporte Rodoviário);

[1020] Incluído pela EC nº 7, de 15/8/1995.

[1021] Vide ADI 1.643, Rel. Min. Maurício Corrêa, DJ 14/03/2003; Lei complementar nº 123, de 14 de dezembro de 2006 (institui o Estatuto Nacional da Microempresa e da Empresa de Pequeno Porte) e Decreto nº 8.538, de 6 de outubro de 2015 (regulamenta o tratamento diferenciado).

[1022] Vide Lei nº 11.771, de 17 de setembro de 2008 (dispõe sobre a Política Nacional de Turismo); Lei nº 12.974 de 15 de maio de 2014 (Atividades das Agências de Turismo).

Arts. 182 a 183   J. U. JACOBY FERNANDES

CAPÍTULO II - DA POLÍTICA URBANA

Art. 182. A política de desenvolvimento urbano, executada pelo Poder Público municipal, conforme diretrizes gerais fixadas em lei, tem por objetivo ordenar o pleno desenvolvimento das funções sociais da cidade e garantir o bem-estar de seus habitantes.[1023]

§ 1º O plano diretor, aprovado pela Câmara Municipal, obrigatório para cidades com mais de vinte mil habitantes, é o instrumento básico da política de desenvolvimento e de expansão urbana.[1024]

§ 2º A propriedade urbana cumpre sua função social quando atende às exigências fundamentais de ordenação da cidade expressas no plano diretor.[1025]

§ 3º As desapropriações de imóveis urbanos serão feitas com prévia e justa indenização em dinheiro.[1026]

§ 4º É facultado ao Poder Público municipal, mediante lei específica para área incluída no plano diretor, exigir, nos termos da lei federal, do proprietário do solo urbano não edificado, subutilizado ou não utilizado, que promova seu adequado aproveitamento, sob pena, sucessivamente, de:

I - parcelamento ou edificação compulsórios;

II - imposto sobre a propriedade predial e territorial urbana progressivo no tempo;[1027]

III - desapropriação com pagamento mediante títulos da dívida pública de emissão previamente aprovada pelo Senado Federal, com prazo de resgate de até dez anos, em parcelas anuais, iguais e sucessivas, assegurados o valor real da indenização e os juros legais.

Art. 183. Aquele que possuir como sua área urbana de até duzentos e cinqüenta metros quadrados, por cinco anos, ininterruptamente e sem oposição, utilizando-a para sua moradia ou de sua família, adquirir-lhe-á o domínio, desde que não seja proprietário de outro imóvel urbano ou rural.[1028]

§ 1º O título de domínio e a concessão de uso serão conferidos ao homem ou à mulher, ou a ambos, independentemente do estado civil.

§ 2º Esse direito não será reconhecido ao mesmo possuidor mais de uma vez.

§ 3º Os imóveis públicos não serão adquiridos por usucapião.

[1023] Vide ADI 826, Rel. Min. Sydney Sanches, DJ 12/03/1999; Lei nº 10.257, de 10 de julho de 2001 (Estatuto da Cidade - regulamenta os artigos 182 e 183 da CF e estabelece diretrizes gerais da política urbana) e Decreto nº 13.311, de 11 de julho de 2016 (institui normas gerais de ocupação por quiosques, trailers, feira, bancas...); Lei nº 13. 089, de 12 de janeiro de 2015 (Estatuto da Metrópole); Lei nº 13.477, de 30 de agosto de 2017. (dispõe sobre a instalação de cerca eletrificada ou energizada em zonas urbana e rural).

[1024] Vide ADI 826, Rel. Min. Sydney Sanches, DJ 12/03/1999.

[1025] Vide Súmula nº 668.

[1026] Vide ADI 2.260-MC, Rel. Min. Moreira Alves, DJ 02/08/2002.

[1027] Vide Súmula nº 668.

[1028] Vide art. 9º e ss. da Lei nº 10.257, de 10 de julho de 2001 que regulamenta o usucapião especial urbano e coletivo.

CONSTITUIÇÃO FEDERAL (1988) Art. 184

CAPÍTULO III - DA POLÍTICA AGRÍCOLA E FUNDIÁRIA E DA REFORMA AGRÁRIA

Art. 184. Compete à União desapropriar por interesse social, para fins de reforma agrária, o imóvel rural que não esteja cumprindo sua função social, mediante prévia e justa indenização em títulos da dívida agrária, com cláusula de preservação do valor real, resgatáveis no prazo de até vinte anos, a partir do segundo ano de sua emissão, e cuja utilização será definida em lei.[1029]

§ 1º As benfeitorias úteis e necessárias serão indenizadas em dinheiro.

§ 2º O decreto que declarar o imóvel como de interesse social, para fins de reforma agrária, autoriza a União a propor a ação de desapropriação.

§ 3º Cabe à lei complementar estabelecer procedimento contraditório especial, de rito sumário, para o processo judicial de desapropriação.[1030]

§ 4º O orçamento fixará anualmente o volume total de títulos da dívida agrária, assim como o montante de recursos para atender ao programa de reforma agrária no exercício.

[1029] Vide Súmula nº 618; ADI 2.213-MC, Rel. Min. Celso de Mello, DJ 23/04/2004; ADI 2.332-MC, Rel. Min. Moreira Alves, DJ 02/04/2004; Lei nº 8.629, de 25 de fevereiro de 1993 (regulamenta os dispositivos constitucionais relativos à reforma agrária), art. 5º, § 3º (trata dos prazos de resgatabilidade dos TDA'S, levando em consideração o número dos módulos fiscais existentes na área desapropriada) e Decreto nº 9.738, de 3 maio de 2016 que a regulamenta; Lei nº 4.504, de 30 de novembro de 1964 (Estatuto da Terra); Decreto nº 3.993, de 30 de outubro de 2001 (regulamenta o programa de arrendamento rural para a agricultura familiar); Lei nº 8.171 de 17 de janeiro de 1991 (dispõe sobre a política agrícola); Lei nº 8.174, de 30 de janeiro de 1991 (princípios da política agrícola); Decreto nº 235, de 23 de outubro de 1991 (regulamenta o custerio de produto de consumo alimentar básico, previsto na Lei nº 8.174/ 1991); Lei Complementar nº 76, de 06 de julho de 1993 (procedimento contraditório especial para o processo de desapropriação de imóvel rural por interesse social); Lei nº 9.393, de 19 de dezembro de 1996 (dispõe sobre o Imposto sobre a Propriedade Territorial Rural - ITR -, sobre pagamento da dívida representada por Títulos da Dívida Agrária) e Decreto nº 4.382, de 19 de setembro de 2002, que a regulamenta e Lei nº 11.775, de 17 de setembro de 2008 (estimula à liquidação ou regularização de dívidas de operação de crédito rural e fundiário); Lei Complementar nº 93, de 04 de fevereiro de 1998 (fundo de terras e da Reforma Agrária); Decreto nº 4.892, de 25 de novembro de 2003 (regulamenta o Fundo de Terras e da Reforma Agrária); Lei nº 9.711, de 20 de novembro de 1998 (dispõe sobre a recuperação de haveres do Tesouro Nacional e do Instituto Nacional do Seguro Social - INSS, disciplinando a utilização de Títulos da Dívida Pública, de responsabilidade do Tesouro Nacional, na quitação de débitos com o INSS) e Lei nº 10.469, de 25 de junho de 2002 (institui o Dia Nacional de Luta pela Reforma Agrária).

[1030] Vide ADI 1.187, Rel. Min. Maurício Corrêa, DJ 30/05/1997; Lei Complementar nº 76, de 6 de julho de 1993 (dispõe sobre o procedimento contraditório especial, de rito sumário, para o processo de desapropriação de imóvel rural, por interesse social, para fins de reforma agrária, e regulamenta o disposto neste parágrafo); Lei Complementar nº 93, de 04 de fevereiro de 1998 (fundo de terras e da Reforma Agrária); Decreto nº 4.892, de 25 de novembro de 2003 (regulamenta o Fundo de Terras e da Reforma Agrária); Lei nº 9.393, de 19 de dezembro de 1996 (dispõe sobre o imposto sobre a Propriedade Territorial Rural - ITR e sobre o pagamento da Dívida representada por Títulos da Dívida Agrária); Lei nº 13.001 de 20 de junho de 2014 (dispõe sobre a liquidação de créditos concedidos aos assentados da reforma agrária).

Arts. 184 a 187 — J. U. Jacoby Fernandes

§ 5º São isentas de impostos federais, estaduais e municipais as operações de transferência de imóveis desapropriados para fins de reforma agrária.

Art. 185. São insuscetíveis de desapropriação para fins de reforma agrária:[1031]

I - a pequena e média propriedade rural, assim definida em lei, desde que seu proprietário não possua outra;

II - a propriedade produtiva.[1032]

Parágrafo único. A lei garantirá tratamento especial à propriedade produtiva e fixará normas para o cumprimento dos requisitos relativos a sua função social.

Art. 186. A função social[1033] é cumprida quando a propriedade rural atende, simultaneamente, segundo critérios e graus de exigência estabelecidos em lei, aos seguintes requisitos:

I - aproveitamento racional e adequado;

II - utilização adequada dos recursos naturais disponíveis e preservação do meio ambiente;

III - observância das disposições que regulam as relações de trabalho;

IV - exploração que favoreça o bem-estar dos proprietários e dos trabalhadores.

Art. 187. A política agrícola será planejada e executada na forma da lei, com a participação efetiva do setor de produção, envolvendo produtores e trabalhadores rurais, bem como dos setores de comercialização, de armazenamento e de transportes, levando em conta, especialmente:[1034]

I - os instrumentos creditícios e fiscais;

II - os preços compatíveis com os custos de produção e a garantia de comercialização;

III - o incentivo à pesquisa e à tecnologia;

IV - a assistência técnica e extensão rural;

V - o seguro agrícola;

VI - o cooperativismo;[1035]

VII - a eletrificação rural e irrigação;[1036]

[1031] Vide ADI 2.213-MC, Rel. Min. Celso de Mello, DJ 23/04/2004.

[1032] Vide ADI 2.213-MC, Rel. Min. Celso de Mello, DJ 23/04/2004.

[1033] Vide Lei nº 13.648, de 11 de abril de 2018 (dispõe sobre a produção de polpa e suco de frutas artesanais em estabelecimento familiar rural).

[1034] Vide ADI 244, Rel. Min. Sepúlveda Pertence, DJ 31/10/2002; ADI 1.330-MC, Rel. Min. Francisco Rezek, DJ 20/09/2002 e Lei nº 13.288, de 16 de maio de 2016 (contratos de integração, obrigações e responsabilidades nas relações contratuais entre produtores integrados e integradores); Lei nº 12.805 de 29 de abril de 2013 (institui a Política Nacional de Integração Lavoura-Pecuária-Floresta).

[1035] Vide Lei Complementar nº 130, de 17/04/2009 (Sistema Nacional de Crédito Cooperativo).

[1036] Vide Lei nº 13.477, de 30 de agosto de 2017. (instalação de cerca eletrificada ou energizada em zonas urbana e rural) e Lei nº 12.787, de 11 de janeiro de 2013 (Política Nacional de Irrigação).

CONSTITUIÇÃO FEDERAL (1988)   Arts. 187 a 192

VIII - a habitação para o trabalhador rural.

§ 1° Incluem-se no planejamento agrícola as atividades agroindustriais, agropecuárias, pesqueiras e florestais.

§ 2° Serão compatibilizadas as ações de política agrícola e de reforma agrária.

Art. 188. A destinação de terras públicas e devolutas será compatibilizada com a política agrícola e com o plano nacional de reforma agrária.

§ 1° A alienação ou a concessão, a qualquer título, de terras públicas com área superior a dois mil e quinhentos hectares a pessoa física ou jurídica, ainda que por interposta pessoa, dependerá de prévia aprovação do Congresso Nacional.

§ 2° Excetuam-se do disposto no parágrafo anterior as alienações ou as concessões de terras públicas para fins de reforma agrária.

Art. 189. Os beneficiários da distribuição de imóveis rurais pela reforma agrária receberão títulos de domínio ou de concessão de uso, inegociáveis pelo prazo de dez anos.

Parágrafo único. O título de domínio e a concessão de uso serão conferidos ao homem ou à mulher, ou a ambos, independentemente do estado civil, nos termos e condições previstos em lei.

Art. 190. A lei regulará e limitará a aquisição ou o arrendamento de propriedade rural por pessoa física ou jurídica estrangeira e estabelecerá os casos que dependerão de autorização do Congresso Nacional.[1037]

Art. 191. Aquele que, não sendo proprietário de imóvel rural ou urbano, possua como seu, por cinco anos ininterruptos, sem oposição, área de terra, em zona rural, não superior a cinqüenta hectares, tornando-a produtiva por seu trabalho ou de sua família, tendo nela sua moradia, adquirir-lhe-á a propriedade.

Parágrafo único. Os imóveis públicos não serão adquiridos por usucapião.

CAPÍTULO IV - DO SISTEMA FINANCEIRO NACIONAL

Art. 192. O sistema financeiro nacional, estruturado de forma a promover o desenvolvimento equilibrado do País e a servir aos interesses da coletividade, em todas as partes que o compõem, abrangendo as cooperativas de crédito, será regulado por leis complementares que disporão, inclusive, sobre a participação do capital estrangeiro nas instituições que o integram.[1038]

[1037] Vide Lei n° 5.709, de 7 de outubro de 1971 (regula a aquisição de imóvel rural por estrangeiro residente no país ou pessoa jurídica estrangeira autorizada a funcionar no Brasil) e Decreto n° 74.965, de 26 de novembro de 1974 que a regulamenta.

[1038] Redação dada pela EC n° 40, de 29/05/2003; vide Súmula vinculante 7 e Súmula n° 648; ADI 3.515, Rel. Min. Cezar Peluso, DJe, 29/09/2011; ADI 2.591, Rel. Min. Eros Grau, DJ 29/09/2006, ADI 449, Rel. Min. Carlos Velloso, DJ 22/11/1996; vide ainda: Lei Complementar n° 159, de 19/05/2017 (Regime de Recuperação Fiscal dos Esgtados e do DF); Lei 13.631, de 01 de março de 2018 (contratação, o aditamento, a repactuação e a renegociação de operações de crédito, a concessão de garantia pela União e a contratação com a União); Lei 13.294, de 06 de junho de 2016 (prazo para emissão de recibo de quitação integral de débitos de

Art. 192   J. U. JACOBY FERNANDES

Incisos I a VIII e §1° a § 1° 3° - (revogados)[1039]

> **Redação anterior:** vigente entre 05.10.1988 e 29.05.2003 (original):
>
> **Art. 192.** O sistema financeiro nacional, estruturado de forma a promover o desenvolvimento equilibrado do País e a servir aos interesses da coletividade, será regulado em lei complementar, que disporá, inclusive, sobre:
>
> I - a autorização para o funcionamento das instituições financeiras, assegurado às instituições bancárias oficiais e privadas acesso a todos os instrumentos do mercado financeiro bancário, sendo vedada a essas instituições a participação em atividades não previstas na autorização de que trata este inciso;
>
> II - autorização e funcionamento dos estabelecimentos de seguro, resseguro, previdência e capitalização, bem como do órgão oficial fiscalizador.
>
> III - as condições para a participação do capital estrangeiro nas instituições a que se referem os incisos anteriores, tendo em vista, especialmente:
>
> a) os interesses nacionais;
>
> b) os acordos internacionais;
>
> IV - a organização, o funcionamento e as atribuições do Banco Central e demais instituições financeiras públicas e privadas;
>
> V - os requisitos para a designação de membros da diretoria do Banco Central e demais instituições financeiras, bem como seus impedimentos após o exercício do cargo;
>
> VI - a criação de fundo ou seguro, com o objetivo de proteger a economia popular, garantindo créditos, aplicações e depósitos até determinado valor, vedada a participação de recursos da União;
>
> VII - os critérios restritivos da transferência de poupança de regiões com renda inferior à média nacional para outras de maior desenvolvimento;
>
> VIII - o funcionamento das cooperativas de crédito e os requisitos para que possam ter condições de operacionalidade e estruturação próprias das instituições financeiras.

qualquer natureza pelas instituições integrantes do Sistema Financeiro Nacional); Lei 13.043, de 13 dezembro de 2014 (dispõe sobre os fundos de índice de renda fixa, sobre a responsabilidade tributária); Lei Complementar n° Lei n° 4.595, de 31 de dezembro de 1964 (dispõe sobre a política e as instituições monetárias, bancárias e creditícias, cria o Conselho Monetário Nacional); Lei n° 9.710, de 19 de novembro de 1998 (dispõe sobre medidas de fortalecimento do Sistema Financeiro Nacional); Lei Complementar n° 101, de 4 de maio de 2000 (Lei de responsabilidade fiscal); Lei n° 6.024, de 13 de março de 1974 (dispõe sobre a intervenção e a liquidação extrajudicial de instituições financeiras); Lei n° 7.492, de 16 de junho de 1986 (dispõe sobre os crimes contra o sistema financeiro); Decreto n° 22.626, de 07 de abril de 1933 (lei de usura); Lei n° 9.613, de 3 de março de 1998 (dispõe sobre os crimes de "lavagem" ou ocultação de bens, direitos e valores, a prevenção da utilização do sistema financeiro para os ilícitos previstos e cria o Conselho de Controle de Atividades Financeiras - COAF, cujo Estatuto foi aprovado pelo Decreto n° 2.799, de 8 de outubro de 1998).

[1039] Revogados pela EC n° 40 de 29 de maio de 2003.

CONSTITUIÇÃO FEDERAL (1988)

Art. 192 e 194

§ 1° A autorização a que se referem os incisos I e II será inegociável e intransferível, permitida a transmissão do controle da pessoa jurídica titular, e concedida sem ônus, na forma da lei do sistema financeiro nacional, a pessoa jurídica cujos diretores tenham capacidade técnica e reputação ilibada, e que comprove capacidade econômica compatível com o empreendimento.

§ 2° Os recursos financeiros relativos a programas e projetos de caráter regional, de responsabilidade da União, serão depositados em suas instituições regionais de crédito e por elas aplicados.

§ 3° As taxas de juros reais, nelas incluídas comissões e quaisquer outras remunerações direta ou indiretamente referidas à concessão de crédito, não poderão ser superiores a doze por cento ao ano; a cobrança acima deste limite será conceituada como crime de usura, punido, em todas as suas modalidades, nos termos que a lei determinar.

Redação anterior: vigente entre 05.10.1988 e 21.08.1996 (original):

II - autorização e funcionamento dos estabelecimentos de seguro, previdência e capitalização, bem como do órgão oficial fiscalizador e do órgão oficial ressegurador;

TÍTULO VIII
DA ORDEM SOCIAL

CAPÍTULO I - DISPOSIÇÃO GERAL

Art. 193. A ordem social tem como base o primado do trabalho, e como objetivo o bem-estar e a justiça sociais.

CAPÍTULO II - DA SEGURIDADE SOCIAL

SEÇÃO I - DISPOSIÇÕES GERAIS

Art. 194. A seguridade social compreende um conjunto integrado de ações de iniciativa dos Poderes Públicos e da sociedade, destinadas a assegurar os direitos relativos à saúde, à previdência e à assistência social.[1040]

[1040] Vide Resolução/Senado n° 15, de 12 de setembro de 2017, baseada no RE n° 363.852-MG, Relator Min. Marco Aurélio; ADI 3.105, Rel. Min. Cezar Peluso, DJ 18/02/2005; Lei n° 7.689/1988 (contribuição social sobre o lucro das pessoas jurídicas); Lei n° 7.894/1989 (contribuição para Finsocial e PIS/PASEP) e Lei n° 13.097, de 19 de janeiro de 2015 (Reduz a zero as alíquotas da Contribuição para o PIS/PASEP, da COFINS, da Contribuição para o PIS/Pasep-Importação e da Cofins-Importação incidentes sobre a receita de vendas e na importação de partes utilizadas em aerogeradores); Lei n° 8.212, de 24 de julho de 1991 (dispõe sobre a Organização da Seguridade Social e institui o Plano de Custeio); Decreto n° 3.048, de 6 de maio de 1999 (aprova o Regulamento da Previdência Social); Lei Complementar n° 70/1991 (contribuição para financiamento da Seguridade Social); Decreto n° 4.524, de 17 de dezembro de 2002 (regulamenta a contribuição para o PIS/PASEP e a COFINS devidas pelas pessoas jurídicas em geral); Lei n° 8.213, de 24 de julho de 1991 (planos de benefícios da Previdência Social); Lei n° 9.876, de 26 de novembro de 1999 (dispõe sobre a contribuição previdenciária do

Arts. 194 e 195

Parágrafo único. Compete ao Poder Público, nos termos da lei, organizar a seguridade social, com base nos seguintes objetivos:

I - universalidade da cobertura e do atendimento;

II - uniformidade e equivalência dos benefícios e serviços às populações urbanas e rurais;

III - seletividade e distributividade na prestação dos benefícios e serviços;

IV - irredutibilidade do valor dos benefícios;

V - eqüidade na forma de participação no custeio;

VI - diversidade da base de financiamento;

VII - caráter democrático e descentralizado da administração, mediante gestão quadripartite, com participação dos trabalhadores, dos empregadores, dos aposentados e do Governo nos órgãos colegiados.[1041]

> **Redação anterior:** vigente entre 05.10.1988 e 15.12.1998 (original):
>
> VII - caráter democrático e descentralizado da gestão administrativa, com a participação da comunidade, em especial de trabalhadores, empresários e aposentados.

Art. 195. A seguridade social será financiada por toda a sociedade, de forma direta e indireta, nos termos da lei, mediante recursos provenientes dos orçamentos da União, dos Estados, do Distrito Federal e dos Municípios, e das seguintes contribuições sociais:[1042]

I - do empregador, da empresa e da entidade a ela equiparada na forma da lei, incidentes sobre:[1043]

> **Redação anterior:** vigente entre 05.101988 e 15.12.1998 (original):
>
> I - dos empregadores, incidente sobre a folha de salários, o faturamento e o lucro;

---

contribuinte individual, o cálculo do benefício); Lei n° 8.742, de 7 de dezembro de 1993 (Lei Orgânica da Assistência Social) e Decretos n° 7.788, de 15 de agosto de 2012 (regulamenta do Fundo Nacional de Assistência Social) e n° 6.214, de 26 de setembro de 2007 (regulamenta o benefício de prestação continuada da assistência social devido à pessoa com deficiência e ao idoso e Lei n° 11.162, de 5 de agosto de 2005 (institui o dia nacional da assistência social).

[1041] Redação dada pela EC n° 20, de 15/12/1998.

[1042] Vide ADI 3.768, Rel. Min; Cármen Lúcia, DJ 26/10/2007; ADI 3.105, Rel. Min. Cezar Peluso, DJ 18/02/2005; ADI 2.568 e ADI 2.556, Rel. Min. Joaquim Barbosa, DJe 20/09/2012; ADI 1.417, Rel. Min. Octávio Gallotti, DJ 23/03/2001; ADI 763, Rel. Min. Edson Fachin, DJe 04/12/2015 e ainda: e ainda: Lei Complementar n° 70, de 30 de dezembro de 1991 (institui contribuição para financiamento da Seguridade Social e eleva alíquota da contribuição social sobre o lucro das instituições financeiras); Decreto n° 4.524, de 17 de dezembro de 2002 (regulamenta a contribuição para o PIS/PASEP e a COFINS devidas pelas pessoas jurídicas em geral); Lei n° 9.477, de 24 de julho de 1997 (Fundo de Aposentadoria Programada Individual - FAPI); Lei n° 9.876, de 26 de novembro de 1999 (dispõe sobre a contribuição previdenciária do contribuinte individual, o cálculo do benefício).

[1043] Redação dada pela EC n° 20, de 15/12/1998 que incluiu as alíneas "a" a "c"; vide Súmulas n° 658 e 688.

CONSTITUIÇÃO FEDERAL (1988)   Art. 195

a) a folha de salários e demais rendimentos do trabalho pagos ou creditados, a qualquer título, à pessoa física que lhe preste serviço, mesmo sem vínculo empregatício;

b) a receita ou o faturamento;

c) o lucro;[1044]

II - do trabalhador e dos demais segurados da previdência social, não incidindo contribuição sobre aposentadoria e pensão concedidas pelo regime geral de previdência social de que trata o art. 201;[1045]

Redação anterior: vigente entre 05.10.1988 e 15.12.1998 (original):

II - dos trabalhadores;

III - sobre a receita de concursos de prognósticos;

IV - do importador de bens ou serviços do exterior, ou de quem a lei a ele equiparar.[1046]

§ 1º As receitas dos Estados, do Distrito Federal e dos Municípios destinadas à seguridade social constarão dos respectivos orçamentos, não integrando o orçamento da União.

§ 2º A proposta de orçamento da seguridade social será elaborada de forma integrada pelos órgãos responsáveis pela saúde, previdência social e assistência social, tendo em vista as metas e prioridades estabelecidas na lei de diretrizes orçamentárias, assegurada a cada área a gestão de seus recursos.[1047]

§ 3º A pessoa jurídica em débito com o sistema da seguridade social, como estabelecido em lei, não poderá contratar com o Poder Público nem dele receber benefícios ou incentivos fiscais ou creditícios.

§ 4º A lei poderá instituir outras fontes destinadas a garantir a manutenção ou expansão da seguridade social, obedecido o disposto no art. 154, I.[1048]

§ 5º Nenhum benefício ou serviço da seguridade social poderá ser criado, majorado ou estendido sem a correspondente fonte de custeio total.[1049]

§ 6º As contribuições sociais de que trata este artigo só poderão ser exigidas após decorridos noventa dias da data da publicação da lei que as houver

---

[1044] Vide ADI 15, Rel. Min. Sepúlveda Pertence, DJ 31/08/2007.

[1045] Redação dada pela EC nº 20, de 15/12/1998; vide ADI 3.105, Rel. Min. Cezar Peluso, DJ 18/02/2005; ADI 3.128, Rel. Min. Ellen Gracie, DJ 18/02/2005 e ADI 2.010-MC, Rel. Min. Celso de Mello, DJ 12/04/2002.

[1046] Incluído pela EC nº 42, de 19/12/2003.

[1047] Vide Lei nº 11.098, de 13 de janeiro de 2005 (atribui ao Ministério da Previdência Social competências relativas à arrecadação, fiscalização, lançamento e normatização de receitas previdenciárias, autoriza a criação da Secretaria da Receita Previdenciária no âmbito do referido Ministério).

[1048] Vide ADI 2.087-MC, Rel. Min. Sepúlveda Pertence, DJ 19/09/2003; ADI 1.103, Rel. Min. Néri da Silveira, DJ 25/04/1997 e ADI 1.417, Rel. Min. Octávio Gallotti, DJ 23/03/2001.

[1049] Vide ADI 3.853, Rel. Min. Cármen Lúcia, DJ 26/10/2007; ADI 3.205, Rel. Min. Sepúlveda Pertence, DJ 17/11/2006;

Art. 195

J. U. Jacoby Fernandes

instituído ou modificado, não se lhes aplicando o disposto no art. 150, III, "b".[1050]

§ 7° São isentas de contribuição para a seguridade social as entidades beneficentes de assistência social que atendam às exigências estabelecidas em lei.[1051]

§ 8° O produtor, o parceiro, o meeiro e o arrendatário rurais e o pescador artesanal, bem como os respectivos cônjuges, que exerçam suas atividades em regime de economia familiar, sem empregados permanentes, contribuirão para a seguridade social mediante a aplicação de uma alíquota sobre o resultado da comercialização da produção e farão jus aos benefícios nos termos da lei.[1052]

> **Redação anterior:** vigente entre 05.10.1988 e 15.12.1998 (original):
>
> § 8° O produtor, o parceiro, o meeiro e o arrendatário rurais, o garimpeiro e o pescador artesanal, bem como os respectivos cônjuges, que exerçam suas atividades em regime de economia familiar, sem empregados permanentes, contribuirão para a seguridade social mediante a aplicação de uma alíquota sobre o resultado da comercialização da produção e farão jus aos benefícios nos termos da lei.

§ 9° As contribuições sociais previstas no inciso I do *caput* deste artigo poderão ter alíquotas ou bases de cálculo diferenciadas, em razão da atividade econômica, da utilização intensiva de mão-de-obra, do porte da empresa ou da condição estrutural do mercado de trabalho.[1053]

> **Redação anterior:** vigente entre 16.12.1998 e 06.07.2005 (EC n° 20/1998 - original):
>
> § 9° As contribuições sociais previstas no inciso I deste artigo poderão ter alíquotas ou bases de cálculo diferenciadas, em razão da atividade econômica ou da utilização intensiva de mão-de-obra.

§ 10. A lei definirá os critérios de transferência de recursos para o sistema único de saúde e ações de assistência social da União para os Estados, o Distrito Federal e os Municípios, e dos Estados para os Municípios, observada a respectiva contrapartida de recursos.[1054]

§ 11. É vedada a concessão de remissão ou anistia das contribuições sociais de que tratam os incisos I, "a", e II deste artigo, para débitos em montante superior ao fixado em lei complementar.[1055]

§ 12. A lei definirá os setores de atividade econômica para os quais as contribuições incidentes na forma dos incisos I, "b"; e IV do *caput*, serão não-cumulativas.[1056]

[1050] Vide Súmula vinculante n° 50 e Súmula n° 669; ADI 3.105, Rel. Min. Cezar Peluso, DJ 18/02/2005 e ADI 1.135, Rel. Min. Sepúlveda Pertence, DJ 05/12/1997.

[1051] Vide ADI 2.545, Rel. Min. Cármen Lúcia, DJ 07/02/2003; ADI 2.028, Rel. Min. Rosa Weber, DJ 08/05/2017.

[1052] Redação dada pela EC n° 20, de 15/12/1998.

[1053] Redação dada pela EC n° 47, de 5/7/2005.Vide ADI 2.010-MC, Rel. Min. Celso de Mello, DJ 12/04/2002.

[1054] Incluído pela EC n° 20, de 15/12/1998.

[1055] Incluído pela EC n° 20, de 15/12/1998.

CONSTITUIÇÃO FEDERAL (1988)   Arts. 195 a 198

§ 13. Aplica-se o disposto no § 12 inclusive na hipótese de substituição gradual, total ou parcial, da contribuição incidente na forma do inciso I, "a", pela incidente sobre a receita ou o faturamento.[1057]

SEÇÃO II - DA SAÚDE

Art. 196. A saúde é direito de todos e dever do Estado, garantido mediante políticas sociais e econômicas que visem à redução do risco de doença e de outros agravos e ao acesso universal e igualitário às ações e serviços para sua promoção, proteção e recuperação.[1058]

Art. 197. São de relevância pública as ações e serviços de saúde, cabendo ao Poder Público dispor, nos termos da lei, sobre sua regulamentação, fiscalização e controle, devendo sua execução ser feita diretamente ou através de terceiros e, também, por pessoa física ou jurídica de direito privado.[1059]

Art. 198. As ações e serviços públicos de saúde integram uma rede regionalizada e hierarquizada e constituem um sistema único, organizado de acordo com as seguintes diretrizes:[1060]

I - descentralização, com direção única em cada esfera de governo;

II - atendimento integral, com prioridade para as atividades preventivas, sem prejuízo dos serviços assistenciais;

III - participação da comunidade.

§ 1º O sistema único de saúde será financiado, nos termos do art. 195, com recursos do orçamento da seguridade social, da União, dos Estados, do Distrito Federal e dos Municípios, além de outras fontes.[1061]

§ 2º A União, os Estados, o Distrito Federal e os Municípios aplicarão, anualmente, em ações e serviços públicos de saúde recursos mínimos derivados da aplicação de percentuais calculados sobre:[1062]

I - no caso da União, a receita corrente líquida do respectivo exercício financeiro, não podendo ser inferior a 15% (quinze por cento);[1063]

[1056] Incluído pela EC nº 42, de 19/12/2003.

[1057] Incluído pela EC nº 42, de 19/12/2003.

[1058] Vide ADI 5.501, Rel. Min. Marco Aurélio, DJe 01/08/2017; ADI 3.937, Rel. Min. Dias Toffoli, Inf. 874; ADI 3.406 e 3.470, Rel. Min. Rosa Weber, Inf. 886; ADI 3.430, Rel. Min. Ricardo Lewandowski, DJe 23/10/2009; ADI 1.931, Rel. Min. Marco Aurélio, Inf. 890. ADI 3.937, Rel. Min. Dias Toffoli, Inf. 874. Vide Lei nº 11.934, de 05 de maio de 2009 (limites à exposição humana a campos elétricos, magnéticos e eletromagnéticos;); Lei nº 12.732, de 22 de novembro de 2012 (dispõe sobre o tratamento de paciente com neoplasia maligna).

[1059] Vide ADI 1.931, Rel. Min. Marco Aurélio, Inf. 890.

[1060] Vide ADI 5.035 e 5.037, rel. p/ o ac. Alexandre Moraes, Inf. 886.

[1061] Parágrafo único renumerado para § 1º pela EC nº 29, de 13/09/2000.

[1062] § 2º e incisos I a III incluídos pela EC nº 29, de 13/09/2000.

[1063] Redação dada pela EC nº 86, de 17/03/2015; vide Lei nº 9.656, de 3 de junho de 1998 (dispõe sobre os planos e seguros privados de assistência à saúde); Lei nº 9.790, de 23 de março de 1999 (promoção gratuita da saúde por meio de organizações da sociedade civil de interesse público); Lei nº 9.797, de 06 de maio de 1999 (dispõe sobre a obrigatoriedade da cirurgia plástica

Art. 198 — J. U. JACOBY FERNANDES

II - no caso dos Estados e do Distrito Federal, o produto da arrecadação dos impostos a que se refere o art. 155 e dos recursos de que tratam os arts. 157 e 159, inciso I, alínea "a", e inciso II, deduzidas as parcelas que forem transferidas aos respectivos Municípios;

III - no caso dos Municípios e do Distrito Federal, o produto da arrecadação dos impostos a que se refere o art. 156 e dos recursos de que tratam os arts. 158 e 159, inciso I, alínea "b" e § 3º.

§ 3º Lei complementar, que será reavaliada pelo menos a cada cinco anos, estabelecerá:[1064]

I - os percentuais de que tratam os incisos II e III do § 2º;[1065]

> **Redação anterior:** vigente entre 14.09.2000 e 17.03.2015 (EC n° 29/2000 - original):
>
> I - os percentuais de que trata o § 2º;

II - os critérios de rateio dos recursos da União vinculados à saúde destinados aos Estados, ao Distrito Federal e aos Municípios, e dos Estados destinados a seus respectivos Municípios, objetivando a progressiva redução das disparidades regionais;[1066]

III - as normas de fiscalização, avaliação e controle das despesas com saúde nas esferas federal, estadual, distrital e municipal;

IV – (revogado)[1067]

> **Redação anterior:** vigente entre 14.09.2000 e 17.03.2015 (EC n° 29/2000 - original):
>
> IV - as normas de cálculo do montante a ser aplicado pela União;

§ 4º Os gestores locais do sistema único de saúde poderão admitir agentes comunitários de saúde e agentes de combate às endemias por meio de processo seletivo público, de acordo com a natureza e complexidade de suas atribuições e requisitos específicos para sua atuação.[1068]

§ 5º Lei federal disporá sobre o regime jurídico, o piso salarial profissional nacional, as diretrizes para os Planos de Carreira e a regulamentação das atividades de agente comunitário de saúde e agente de combate às endemias, competindo à União, nos termos da lei, prestar assistência financeira

---

reparadora da mama pela rede de unidade integrante do Sistema Único de Saúde - SUS, nos casos de mutilação decorrente de tratamento de câncer); .

[1064] § 3º e incisos I a IV incluídos pela EC n° 29, de 13/09/2000. Vide Lei n° 141, de 13 de janeiro de 2012 (dispõe sobre os valores mínimos a serem aplicados em ações e serviços de saúde e estabelece critérios de rateio dos recursos destinados à saúde) e Decreto n° 7.827 de 16 de outubro de 2012 (regulamenta procedimentos de transferência dos recursos destinados à saúde).

[1065] Alterado pela EC n° 86, de 17/03/2015.

[1066] Vide ADI 2.894-MC, Rel. Min. Sepúlveda Pertence, DJ 17/10/2003.

[1067] Revogado pela EC n° 86, de 17/03/2015.

[1068] Incluída pela EC n° 51, de 14/02/2006.

CONSTITUIÇÃO FEDERAL (1988)   Arts. 198 a 200

complementar aos Estados, ao Distrito Federal e aos Municípios, para o cumprimento do referido piso salarial.[1069]

§ 6º Além das hipóteses previstas no § 1º do art. 41 e no § 4º do art. 169 da Constituição Federal, o servidor que exerça funções equivalentes às de agente comunitário de saúde ou de agente de combate às endemias poderá perder o cargo em caso de descumprimento dos requisitos específicos, fixados em lei, para o seu exercício.[1070]

Art. 199. A assistência à saúde é livre à iniciativa privada.

§ 1º As instituições privadas poderão participar de forma complementar do sistema único de saúde, segundo diretrizes deste, mediante contrato de direito público ou convênio, tendo preferência as entidades filantrópicas[1071] e as sem fins lucrativos.

§ 2º É vedada a destinação de recursos públicos para auxílios ou subvenções às instituições privadas com fins lucrativos.

§ 3º É vedada a participação direta ou indireta de empresas ou capitais estrangeiros na assistência à saúde no País, salvo nos casos previstos em lei.

§ 4º A lei disporá sobre as condições e os requisitos que facilitem a remoção de órgãos, tecidos e substâncias humanas para fins de transplante, pesquisa e tratamento, bem como a coleta, processamento e transfusão de sangue e seus derivados, sendo vedado todo tipo de comercialização.[1072]

Art. 200. Ao sistema único de saúde compete, além de outras atribuições, nos termos da lei:[1073]

[1069] Incluído pela EC nº 51, de 14.02.2006 e alterado pela EC nº 63, de 04/02/2010; vide Lei nº 11.350, de 5 de outubro de 2006. (dispõe sobre o aproveitamento de pessoal, amparado pela EC nº 51, de 14/2 2006).

[1070] Incluído pela EC nº 51, de 14/02/2006.

[1071] Vide Lei nº 13.479, de 05 de setembro de 2017 (cria o Programa de Financiamento Preferencial às Instituições Filantrópicas e Sem Fins Lucrativos - Pro-Santas Casas - para atender instituições filantrópicas e sem fins lucrativos que participam de forma complementar do Sistema Único de Saúde - SUS).

[1072] Vide ADI 3.152, Rel. Min. Eros Grau, DJ 23/06/2006; ADI 3.510, Rel. Min. Ayres Britto, DJe 28/05/2010 e também: Lei nº 8.501, de 30 de novembro de 1992 (dispõe sobre a utilização de cadáver não reclamado, para fins de estudo ou pesquisas científicas); Lei nº 9.434, de 4 de fevereiro de 1997 (dispõe sobre a remoção de órgãos, tecidos e partes do corpo humano para fins de transplante e tratamento); Decreto nº 9.175, de 18 de outubro de 2017 (regulamenta a Lei nº 9.434, de 4 de fevereiro de 1997); Lei nº 10.185, de 12 de fevereiro de 2001 (dispõe sobre a especialização das sociedades seguradoras em planos privados de assistência à saúde); Lei nº 10.205, de 21 de março de 2001, que regulamenta o § 4º do art. 199 da Constituição Federal (regulamenta a coleta, o processamento, a estocagem, a distribuição e a aplicação do sangue, seus componentes e derivados, estabelece o ordenamento institucional indispensável à execução adequada dessas atividades) e Decreto nº 3.990, de 30 de outubro de 2001 (regulamenta a coleta, processamento, estocagem, distribuição e aplicação do sangue, seus componentes e derivados).

[1073] Vide Lei nº 8.080, de 19 de setembro de 1990 (Sistema Único de Saúde - SUS) e Decretos nº 7508, de 28 de junho de 2011 (regulamenta do SUS) e Decreto nº 1.651, de 28 de setembro de 1995 (regulamenta o Sistema Nacional de Auditoria no âmbito do SUS); Lei nº 8.142, de 28 de dezembro de 1990 (participação da comunidade na gestão do Sistema Único de Saúde - SUS); Lei nº 10.742, de 06 de outubro de 2003 (define normas de regulação para o setor farmacêutico, cria

Art. 200

I - controlar e fiscalizar procedimentos, produtos e substâncias de interesse para a saúde e participar da produção de medicamentos, equipamentos, imunobiológicos, hemoderivados e outros insumos;[1074]

II - executar as ações de vigilância sanitária e epidemiológica, bem como as de saúde do trabalhador;[1075]

III - ordenar a formação de recursos humanos na área de saúde;[1076]

IV - participar da formulação da política e da execução das ações de saneamento básico;

V - incrementar em sua área de atuação o desenvolvimento científico e tecnológico e a inovação ;[1077]

> **Redação anterior:** vigente entre 05.10.1988 e 17.03.2015 (EC n° 85/2015 - original):
> **IV** - incrementar em sua área de atuação o desenvolvimento científico e tecnológico;

VI - fiscalizar e inspecionar alimentos, compreendido o controle de seu teor nutricional, bem como bebidas e águas para consumo humano;

VII - participar do controle e fiscalização da produção, transporte, guarda e utilização de substâncias e produtos psicoativos, tóxicos e radioativos;

VIII - colaborar na proteção do meio ambiente, nele compreendido o do trabalho.

---

a câmara de regulação do mercado de medicamentos - CMED) e Decreto n° 4.937 de 29 de dezembro de 2003 (critérios de composição de fatores para o ajuste de preços de medicamentos).

[1074] Vide Lei n° 11.903 de 14 de janeiro de 2009 (rastreamento da produção e do consumo de medicamentos por meio de tecnologia de captura, armazenamento e transmissão eletrônica de dados); Lei n° 13.021, de 08 de agosto de 2014 (exercício e fiscalização das atividades farmacêuticas).

[1075] Vide Lei n° 6.360/1976 (vigilância a que ficam sujeitos os medicamentos, as drogas, os insumos farmacêuticos e correlatos, cosméticos, saneantes e outros produtos) e Decreto n° 8.077, de 14 de agosto de 2013 (regulamenta condições de funcionamento de empresas sujeitas ao licenciamento sanitário, registro, controle e monitoramento); Lei n° 6.437/77 (infrações relativas à legislação sanitária federal); Lei n° 9.782, de 26 de janeiro de 1999 (define o Sistema Nacional de Vigilância Sanitária e cria a Agência Nacional de Vigilância Sanitária) e Decreto n° 3.029, de 16 de abril de 1999 (aprova o regulamento da ANVISA); Lei n° 9.787, de 10 de fevereiro de 1999 (altera a Lei n° 6.360/76 e estabelece o medicamento genérico, além de dispor sobre a utilização de nomes genéricos em produtos farmacêuticos) e Decretos n°s 3.181, de 23 de setembro de 1999 e 3.675, de 28 de novembro de 2000 (dispõem sobre medidas especiais relacionadas com o registro de medicamentos genéricos); Lei n° 13.301, de 27 de junho de 2016 (medidas de vigilância em saúde quando verificada situação de iminente perigo à saúde pública pela presença do mosquito transmissor do vírus da dengue, do vírus chikungunya e do vírus da zika); Lei n° 12.097 de 24 de novembro de 2018 (conceito e a aplicação de rastreabilidade na cadeia produtiva das carnes de bovinos e de búfalos).

[1076] Vide Lei n° 12.871, de 22 de outubro de 2013 (institui o Progrma Mais Médicos).

[1077] Redação dada pela EC n° 85, de 26/02/2015.

CONSTITUIÇÃO FEDERAL (1988)   Art. 201

SEÇÃO III - DA PREVIDÊNCIA SOCIAL

Art. 201. A previdência social será organizada sob a forma de regime geral, de caráter contributivo e de filiação obrigatória, observados critérios que preservem o equilíbrio financeiro e atuarial, e atenderá, nos termos da lei, a:[1078]

> **Redação anterior:** vigente entre 05.10.1988 e 15.12.1998 (original):
>
> **Art. 201.** Os planos de previdência social, mediante contribuição, atenderão, nos termos da lei, a:

I - cobertura dos eventos de doença, invalidez, morte e idade avançada;[1079]

> **Redação anterior:** vigente entre 05.10.1988 e 15.12.1998 (original):
>
> I - cobertura dos eventos de doença, invalidez, morte, incluídos os resultantes de acidentes do trabalho, velhice e reclusão;

II - proteção à maternidade, especialmente à gestante;[1080]

> **Redação anterior:** vigente entre 05.10.1988 e 15.12.1998 (original):
>
> II - ajuda à manutenção dos dependentes dos segurados de baixa renda;

III - proteção ao trabalhador em situação de desemprego involuntário;[1081]

> **Redação anterior:** vigente entre 05.10.1988 e 15.12.1998 (original):
>
> III - proteção à maternidade, especialmente à gestante;

IV - salário-família e auxílio-reclusão para os dependentes dos segurados de baixa renda;[1082]

> **Redação anterior:** vigente entre 05.10.1988 e 15.12.1998 (original):
>
> IV - proteção ao trabalhador em situação de desemprego involuntário;

V - pensão por morte do segurado, homem ou mulher, ao cônjuge ou companheiro e dependentes, observado o disposto no § 2°.[1083]

[1078] Redação dada pela EC n° 20, de 15/12/1998; vide ADI 3.105, Rel. Min. Cezar Peluso, DJ 18/02/2005. Vide Lei n° 10.170, de 29 de dezembro de 2000 (dispensa das instituições religiosas do recolhimento da contribuição previdenciária incidente sobre o valor pago aos ministros de confissão religiosa, membros de instituto de vida consagrada, de congregação ou de ordem religiosa).

[1079] Redação dada pela EC n° 20, de 15/12/1998. Vide Lei n° 7.998, de 11 de janeiro de 1990 (Programa do Seguro-Desemprego, o Abono Salarial, e institui o Fundo de Amparo ao Trabalhador)

[1080] Vide Lei Complementar n° 146/2014 (estende a estabilidade provisória, em caso de morte da gestante, à quem detiver a guarda de seu filho); ADI 1.946, Rel. Min. Sydney Sanches, DJ 16/05/2003.

[1081] Redação dada pela EC n° 20, de 15/12/1998. Vide Lei n° 7.998, de 11 de janeiro de 1990 (regula o Programa do Seguro-Desemprego, o Abono Salarial, e institui o Fundo de Amparo ao Trabalhador)

[1082] Redação dada pela EC n° 20, de 15/12/1998.

[1083] Redação dada pela EC n° 20, de 15/12/1998; vide Decreto n° 3.048, de 6 de maio de 1999 (regulamento da Previdência Social);.

Art. 201   J. U. Jacoby Fernandes

> **Redação anterior:** vigente entre 05.10.1988 e 15.12.1998 (original):
>
> V - pensão por morte de segurado, homem ou mulher, ao cônjuge ou companheiro e dependentes, obedecido o disposto no § 5° e no art. 202.

§ 1° É vedada a adoção de requisitos e critérios diferenciados para a concessão de aposentadoria aos beneficiários do regime geral de previdência social, ressalvados os casos de atividades exercidas sob condições especiais que prejudiquem a saúde ou a integridade física e quando se tratar de segurados portadores de deficiência, nos termos definidos em lei complementar.[1084]

> **Redação anterior:** vigente entre 16.12.1998 e 05.07.2005 (EC n° 20/1998):
>
> § 1° É vedada a adoção de requisitos e critérios diferenciados para a concessão de aposentadoria aos beneficiários do regime geral de previdência social, ressalvados os casos de atividades exercidas sob condições especiais que prejudiquem a saúde ou a integridade física, definidos em lei complementar.
>
> **Redação anterior:** vigente entre 05.10.1988 e 15.12.1998 (original):
>
> § 1° Qualquer pessoa poderá participar dos benefícios da previdência social, mediante contribuição na forma dos planos previdenciários.

§ 2° Nenhum benefício que substitua o salário de contribuição ou o rendimento do trabalho do segurado terá valor mensal inferior ao salário mínimo.[1085]

> **Redação anterior:** vigente entre 05.10.1988 e 15.12.1998 (original):
>
> § 2° É assegurado o reajustamento dos benefícios para preservar-lhes, em caráter permanente, o valor real, conforme critérios definidos em lei.

§ 3° Todos os salários de contribuição considerados para o cálculo de benefício serão devidamente atualizados, na forma da lei.[1086]

> **Redação anterior:** vigente entre 05.10.1988 e 15.12.1998 (original):
>
> § 3° Todos os salários de contribuição considerados no cálculo de benefício serão corrigidos monetariamente.

§ 4° É assegurado o reajustamento dos benefícios para preservar-lhes, em caráter permanente, o valor real, conforme critérios definidos em lei.[1087]

> **Redação anterior:** vigente entre 5.10.1988 e 15.12.1998 (original):
>
> § 4° Os ganhos habituais do empregado, a qualquer título, serão incorporados ao salário para efeito de contribuição previdenciária e conseqüente repercussão em benefícios, nos casos e na forma da lei.

[1084] Redação dada pela EC n° 20, de 15/12/1998 e alterada pela EC n° 47, de 05/07/2005; vide Lei Complementar n° 142 de 08 de maio de 2013 (regulamenta a aposentadoria de pessoa com deficiência); Lei n° 8.213, de 24 de julho de 1991 (planos de benefícios da Previdência Social), arts. 57/58 e Decreto n° 3.048, de 6 de maio de 1999.
[1085] Redação dada pela EC n° 20, de 15/12/1998.
[1086] Redação dada pela EC n° 20, de 15/12/1998.
[1087] Vide Súmula n° 688.

CONSTITUIÇÃO FEDERAL (1988)   Art. 201

§ 5° É vedada a filiação ao regime geral de previdência social, na qualidade de segurado facultativo, de pessoa participante de regime próprio de previdência.[1088]

> **Redação anterior:** vigente entre 05.10.1988 e 15.12.1998 (original):
>
> § 5° Nenhum benefício que substitua o salário de contribuição ou o rendimento do trabalho do segurado terá valor mensal inferior ao salário mínimo.

§ 6° A gratificação natalina dos aposentados e pensionistas terá por base o valor dos proventos do mês de dezembro de cada ano.[1089]

> **Redação anterior:** vigente entre 05.10.1988 e 15.12.1998 (original):
>
> § 6° A gratificação natalina dos aposentados e pensionistas terá por base o valor dos proventos do mês de dezembro de cada ano.

§ 7° É assegurada aposentadoria no regime geral de previdência social, nos termos da lei, obedecidas as seguintes condições:[1090]

I - trinta e cinco anos de contribuição, se homem, e trinta anos de contribuição, se mulher;[1091]

II - sessenta e cinco anos de idade, se homem, e sessenta anos de idade, se mulher, reduzido em cinco anos o limite para os trabalhadores rurais de ambos os sexos e para os que exerçam suas atividades em regime de economia familiar, nestes incluídos o produtor rural, o garimpeiro e o pescador artesanal.[1092]

> **Redação anterior:** vigente entre 5.10.1988 e 15.12.1998 (original):
>
> § 7° A previdência social manterá seguro coletivo, de caráter complementar e facultativo, custeado por contribuições adicionais.

§ 8° Os requisitos a que se refere o inciso I do parágrafo anterior serão reduzidos em cinco anos, para o professor que comprove exclusivamente tempo de efetivo exercício das funções de magistério na educação infantil e no ensino fundamental e médio.[1093]

> **Redação anterior:** vigente entre 05.10.1988 e 15.12.1998 (original):
>
> § 8° É vedado subvenção ou auxílio do Poder Público às entidades de previdência privada com fins lucrativos.

[1088] Redação dada pela EC n° 20, de 15/12/1998.

[1089] Redação dada pela EC n° 20, de 15/12/1998.

[1090] Redação dada pela EC n° 20, de 15/12/1998; vide Decreto n° 3.048, de 6 de maio de 1999 (Regulamento da Previdência Social), art. 52 e ss.

[1091] Incluído pela EC n° 20, de 15/12/1998.

[1092] Redação dada pela EC n° 20, de 15/12/1998.

[1093] Redação dada pela EC n° 20, de 15/12/1998; vide ADI 3.772, Rel. p/o ac. Ricardo Lewandowski, DJe 29/10/2009; ADI 2.253, Rel. Min. Maurício Corrêa, DJ 07/05/2004; Lei n° 9.394, de 20 de dezembro de 1996 (estabelece as diretrizes e bases da educação nacional) e Lei n° 11.301, de 10 de maio de 2006 (altera o art. 67 da Lei n° 9.394, de 20 de dezembro de 1996, incluindo, para os efeitos do disposto no § 5° do art. 40 e no § 8° do art. 201 da Constituição Federal, definição de funções de magistério).

Arts. 201 a 202   J. U. JACOBY FERNANDES

§ 9° Para efeito de aposentadoria, é assegurada a contagem recíproca do tempo de contribuição na administração pública e na atividade privada, rural e urbana, hipótese em que os diversos regimes de previdência social se compensarão financeiramente, segundo critérios estabelecidos em lei.[1094]

§ 10. Lei disciplinará a cobertura do risco de acidente do trabalho, a ser atendida concorrentemente pelo regime geral de previdência social e pelo setor privado.[1095]

§ 11. Os ganhos habituais do empregado, a qualquer título, serão incorporados ao salário para efeito de contribuição previdenciária e conseqüente repercussão em benefícios, nos casos e na forma da lei.[1096]

§ 12. Lei disporá sobre sistema especial de inclusão previdenciária para atender a trabalhadores de baixa renda e àqueles sem renda própria que se dediquem exclusivamente ao trabalho doméstico no âmbito de sua residência, desde que pertencentes a famílias de baixa renda, garantindo-lhes acesso a benefícios de valor igual a um salário-mínimo.[1097]

> **Redação anterior:** vigente entre 31.12.2003 e 05.07.2005 (EC n° 41/2003):
>
> § 12. Lei disporá sobre sistema especial de inclusão previdenciária para trabalhadores de baixa renda, garantindo-lhes acesso a benefícios de valor igual a um salário-mínimo, exceto aposentadoria por tempo de contribuição.

§ 13. O sistema especial de inclusão previdenciária de que trata o § 12 deste artigo terá alíquotas e carências inferiores às vigentes para os demais segurados do regime geral de previdência social.[1098]

Art. 202. O regime de previdência privada, de caráter complementar e organizado de forma autônoma em relação ao regime geral de previdência social, será facultativo, baseado na constituição de reservas que garantam o benefício contratado, e regulado por lei complementar.[1099]

[1094] Incluído pela EC n° 20, de 15/12/1998; vide ADI 4.420, rel. p/o ac. Min. Roberto Barroso, DJe 01/08/2017; ADI 3.138, Rel. Min. Cármen Lúcia, DJe 13/02/2012; ADI 1.798-MC, Rel. Min. Néri da Silveira, DJ 29/11/1999 e ADI 1.400-MC, Rel. Min. Ilmar Galvão, DJ 31/05/1996.

[1095] Incluído pela EC n° 20, de 15/12/1998.

[1096] Incluído pela EC n° 20, de 15/12/1998; vide ADI 3.105/DF e ADI 3.128/DF, DJ 18/02/1999; Lei n° 8.213, de 24 de julho de 1991 (planos de benefícios da previdência social); Lei n° 9.796, de 05 de maio de 1999 (dispõe sobre a compensação financeira entre o Regime Geral de Previdência Social e os regimes de previdência dos servidores da União, dos Estados, do Distrito Federal e dos Municípios, nos casos de contagem recíproca de tempo de contribuição para efeito de aposentadoria) e Decreto n° 3.112, de 6 de julho de 1999, que a regulamenta.

[1097] Incluído pela EC n° 41, de 19/12/2003 e alterado pela EC n° 47, de 05/07/2005.

[1098] Incluído pela EC n° 47, de 05/07/2005.

[1099] Redação dada pela EC n° 20, de 15/12/1998; vide ADI 4.291, Rel. Min. Marco Aurélio, DJe 09/03/2012; Lei Complementar n° 109, de 29 de maio de 2001 (dispõe sobre o Regime de Previdência Complementar); Decreto n° 7.123, de 3 de março de 2010 (dispõe sobre o Conselho Nacional de Previdência Complementar - CNPC e sobre a Câmara de Recursos da Previdência Complementar - CRPC) e Decreto n° 4.942, de 30 de dezembro de 2003 (regulamenta o processo administrativo para apuração de responsabilidade por infração a legislação no âmbito do

CONSTITUIÇÃO FEDERAL (1988)   Art. 202

Redação anterior: vigente entre 05.10.1988 e 15.12.1998 (original):

Art. 202. É assegurada aposentadoria, nos termos da lei, calculando-se o benefício sobre a média dos trinta e seis últimos salários de contribuição, corrigidos monetariamente mês a mês, e comprovada a regularidade dos reajustes dos salários de contribuição de modo a preservar seus valores reais e obedecidas as seguintes condições:

I - aos sessenta e cinco anos de idade, para o homem, e aos sessenta, para a mulher, reduzido em cinco anos o limite de idade para os trabalhadores rurais de ambos os sexos e para os que exerçam suas atividades em regime de economia familiar, neste incluídos o produtor rural, o garimpeiro e o pescador artesanal;

II - após trinta e cinco anos de trabalho, ao homem, e, após trinta, à mulher, ou em tempo inferior, se sujeitos a trabalho sob condições especiais, que prejudiquem a saúde ou a integridade física, definidas em lei;

III - após trinta anos, ao professor, e após vinte e cinco, à professora, por efetivo exercício de função de magistério.

---

§ 1º A lei complementar de que trata este artigo assegurará ao participante de planos de benefícios de entidades de previdência privada o pleno acesso às informações relativas à gestão de seus respectivos planos.[1100]

Redação anterior: vigente entre 05.10.1988 e 15.12.1998 (original):

§ 1º É facultada aposentadoria proporcional, após trinta anos de trabalho, ao homem, e após vinte e cinco, à mulher.

---

§ 2º As contribuições do empregador, os benefícios e as condições contratuais previstas nos estatutos, regulamentos e planos de benefícios das entidades de previdência privada não integram o contrato de trabalho dos participantes, assim como, à exceção dos benefícios concedidos, não integram a remuneração dos participantes, nos termos da lei.[1101]

Redação anterior: vigente entre 05.10.1988 e 15.12.1998 (original):

§ 2º Para efeito de aposentadoria, é assegurada a contagem recíproca do tempo de contribuição na administração pública e na atividade privada, rural e urbana, hipótese em que os diversos sistemas de previdência social se compensarão financeiramente, segundo critérios estabelecidos em lei.

---

§ 3º É vedado o aporte de recursos a entidade de previdência privada pela União, Estados, Distrito Federal e Municípios, suas autarquias, fundações, empresas públicas, sociedades de economia mista e outras entidades públicas,

---

regime da previdência complementar, operado pelas entidades fechadas de previdência complementar, de que trata o artigo 66 da Lei Complementar nº 109, de 29 de maio de 2001, a aplicação das penalidades administrativas).

[1100] Redação dada pela EC nº 20, de 15/12/1998.
[1101] Redação dada pela EC nº 20, de 15/12/1998.

salvo na qualidade de patrocinador, situação na qual, em hipótese alguma, sua contribuição normal poderá exceder a do segurado.[1102]

§ 4° Lei complementar disciplinará a relação entre a União, Estados, Distrito Federal ou Municípios, inclusive suas autarquias, fundações, sociedades de economia mista e empresas controladas direta ou indiretamente, enquanto patrocinadoras de entidades fechadas de previdência privada, e suas respectivas entidades fechadas de previdência privada.[1103]

§ 5° A lei complementar de que trata o parágrafo anterior aplicar-se-á, no que couber, às empresas privadas permissionárias ou concessionárias de prestação de serviços públicos, quando patrocinadoras de entidades fechadas de previdência privada.[1104]

§ 6° A lei complementar a que se refere o § 4° deste artigo estabelecerá os requisitos para a designação dos membros das diretorias das entidades fechadas de previdência privada e disciplinará a inserção dos participantes nos colegiados e instâncias de decisão em que seus interesses sejam objeto de discussão e deliberação.[1105]

SEÇÃO IV - DA ASSISTÊNCIA SOCIAL

Art. 203. A assistência social será prestada a quem dela necessitar, independentemente de contribuição à seguridade social, e tem por objetivos:

I - a proteção à família, à maternidade, à infância, à adolescência e à velhice;

II - o amparo às crianças e adolescentes carentes;

III - a promoção da integração ao mercado de trabalho;

IV - a habilitação e reabilitação das pessoas portadoras de deficiência e a promoção de sua integração à vida comunitária;

V - a garantia de um salário mínimo de benefício mensal à pessoa portadora de deficiência e ao idoso que comprovem não possuir meios de prover à própria manutenção ou de tê-la provida por sua família, conforme dispuser a lei.[1106]

[1102] Incluído pela EC n° 20, de 15/12/1998.
[1103] Incluído pela EC n° 20, de 15/12/1998.
[1104] Incluído pela EC n° 20, de 15/12/1998.
[1105] Incluído pela EC n° 20, de 15/12/1998.
[1106] Vide ADI 1.232, Rel. Min. Nelson Jobim, DJ 01/06/2001; Lei n° 8.742, de 7 de dezembro de 1993 (Lei Orgânica da Assistência Social); Decretos n°s 6.214/2007 e 7.788/2012 (regulamentam o Fundo Nacional de Assistência Social, instituído pela Lei n° 8.742, de 7 de dezembro de 1993); Lei n° 8.909, de 6 de julho de 1994 (dispõe, em caráter emergencial, sobre a prestação de serviços por entidades de assistência social, entidades beneficentes de assistência social e entidades de fins filantrópicos e estabelece prazos e procedimentos para o recadastramento de entidades junto ao Conselho Nacional de Assistência Social) e Lei n° 9.790, de 23 de março de 1999 (dispõe sobre a promoção da assistência social pela organização da sociedade civil de interesse público) e Decreto n° 3.100, de 30 de junho de 1999 (qualificação de organizações da sociedade civil de interesse público).

CONSTITUIÇÃO FEDERAL (1988)   Arts. 204 e 205

Art. 204. As ações governamentais na área da assistência social serão realizadas com recursos do orçamento da seguridade social, previstos no art. 195, além de outras fontes, e organizadas com base nas seguintes diretrizes:

I - descentralização político-administrativa, cabendo a coordenação e as normas gerais à esfera federal e a coordenação e a execução dos respectivos programas às esferas estadual e municipal, bem como a entidades beneficentes e de assistência social;

II - participação da população, por meio de organizações representativas, na formulação das políticas e no controle das ações em todos os níveis.[1107]

Parágrafo único. É facultado aos Estados e ao Distrito Federal vincular a programa de apoio à inclusão e promoção social até cinco décimos por cento de sua receita tributária líquida, vedada a aplicação desses recursos no pagamento de:[1108]

I - despesas com pessoal e encargos sociais;

II - serviço da dívida;

III - qualquer outra despesa corrente não vinculada diretamente aos investimentos ou ações apoiados.

CAPÍTULO III - DA EDUCAÇÃO, DA CULTURA E DO DESPORTO

SEÇÃO I - DA EDUCAÇÃO

Art. 205. A educação, direito de todos e dever do Estado e da família, será promovida e incentivada com a colaboração da sociedade, visando ao pleno desenvolvimento da pessoa, seu preparo para o exercício da cidadania e sua qualificação para o trabalho.[1109]

Art. 206. O ensino será ministrado com base nos seguintes princípios:

I - igualdade de condições para o acesso e permanência na escola;[1110]

II - liberdade de aprender, ensinar, pesquisar e divulgar o pensamento, a arte e o saber;

III - pluralismo de idéias e de concepções pedagógicas, e coexistência de instituições públicas e privadas de ensino;

IV - gratuidade do ensino público em estabelecimentos oficiais;[1111]

[1107] Vide ADI 244, Rel. Min. Sepúlveda Pertence, DJ 31/10/2002.

[1108] Parágrafo único e incisos incluídos pela EC n° 42, de 19/12/2003.

[1109] Vide ADI 3.330, Rel. Min. Ayres Britto, 22/03/2013; ADI 1.864, Rel. p/oac. Joaquim Barbosa, DJe 02/05/2008; Lei n° 9.394, de 20 de dezembro de 1996 (estabelece as diretrizes e bases da educação nacional - LDB); Decreto n° 5.622, de 19 de dezembro de 2005 (regulamenta o art. 80 da Lei n° 9.394, de 20 de dezembro de 1996, que estabelece as diretrizes e bases da educação nacional) e Decreto n° 5.773, de 9 de maio de 2006 (dispõe sobre o exercício das funções de regulação, supervisão e avaliação de instituições de educação superior e cursos superiores de graduação e seqüenciais no sistema federal de ensino) e Lei n° 13.696, de 12 de julho de 2018 (institui a Política Nacional de Leitura e Escrita).

[1110] Vide ADI 3.324, Rel. Min. Marco Aurélio, DJ 05/08/2005.

[1111] Vide Súmula vinculante n° 12.

Arts. 206 e 207   J. U. JACOBY FERNANDES

V - valorização dos profissionais da educação escolar, garantidos, na forma da lei, planos de carreira, com ingresso exclusivamente por concurso público de provas e títulos, aos das redes públicas;[1112]

> **Redação anterior:** vigente entre 05.06.1998 e 20.12.2006 (EC n° 19/1998)
>
> **V** - valorização dos profissionais do ensino, garantidos, na forma da lei, planos de carreira para o magistério público, com piso salarial profissional e ingresso exclusivamente por concurso público de provas e títulos;
>
> **Redação anterior:** vigente entre 05.10.1988 e 04.06.1998 (original):
>
> **V** - valorização dos profissionais do ensino, garantido, na forma da lei, plano de carreira para o magistério público, com piso salarial profissional e ingresso exclusivamente por concurso público de provas e títulos, assegurado regime jurídico único para todas as instituições mantidas pela União;

VI - gestão democrática do ensino público, na forma da lei;[1113]

VII - garantia de padrão de qualidade;

VIII - piso salarial profissional nacional para os profissionais da educação escolar pública, nos termos de lei federal.[1114]

Parágrafo único. A lei disporá sobre as categorias de trabalhadores considerados profissionais da educação básica e sobre a fixação de prazo para a elaboração ou adequação de seus planos de carreira, no âmbito da União, dos Estados, do Distrito Federal e dos Municípios.[1115]

Art. 207. As universidades gozam de autonomia didático-científica, administrativa e de gestão financeira e patrimonial, e obedecerão ao princípio de indissociabilidade entre ensino, pesquisa e extensão.[1116]

§ 1° É facultado às universidades admitir professores, técnicos e cientistas estrangeiros, na forma da lei.[1117]

§ 2° O disposto neste artigo aplica-se às instituições de pesquisa científica e tecnológica.[1118]

[1112] Redação dada pela EC n° 53, de 19/12/2006; vide ADI 1.620, Rel. Min. Sepúlveda Pertence, DJ 15/08/1997.

[1113] Vide ADI 2.997, Rel. Min. Cezar Peluso, DJe 12/03/2010; ADI 2.643, Rel. Min. Carlos Velloso, DJ 26/09/2003; ADI 244, Rel. Min. Sepúlveda Pertence, DJ 31/10/2002; ADI 490, Rel. Min. Octavio Gallotti, DJ 20/06/1997 e ADI 606, Rel. Min. Sydney Sanches, DJ 28/05/1999.

[1114] Incluído pela EC n° 53, de 19/12/2006. Vide ADI 4.167, Rel.Min. Joaquim Barbosa, DJe 24/08/2011.

[1115] Incluído pela EC n° 53, de 19/12/2006.

[1116] Vide ADI 3.792, Rel. Min. Dias Toffoli, DJe 01/08/2017; ADI 3.330, Rel. Min. Ayres Britto, 22/03/2013; ADI 3.324, voto do Min. Marco Aurélio, DJ 05/08/2005; ADI 2.806, Rel. Min. Ilmar Galvão, DJ 27/06/2003; ADI 2.367-MC, Rel. Min. Maurício Corrêa, DJ 05/03/2004; ADI 2.643, Rel. Min. Carlos Velloso, DJ 26/09/2003; ADI 1.511-MC, Rel. Min. Carlos Velloso, DJ 06/06/2003 e ADI 1.599-MC, Rel. Min. Maurício Corrêa, DJ 18/05/2001; ADI 578, Rel. Min. Maurício Correa, DJ 18/05/2001; ADI 51, rel. Min. Paulo Brossard, DJ 17/09/1993;

[1117] Incluído pela EC n° 11, de 30/04/1996.

[1118] Incluído pela EC n° 11, de 30/04/1996.

CONSTITUIÇÃO FEDERAL (1988)   Art. 208

Art. 208. O dever do Estado com a educação será efetivado mediante a garantia de:[1119]

I - educação básica obrigatória e gratuita dos 4 (quatro) aos 17 (dezessete) anos de idade, assegurada inclusive sua oferta gratuita para todos os que a ela não tiveram acesso na idade própria;[1120]

> **Redação anterior:** vigente entre 01.01.1997 e 12.11.2009 (EC n° 14/1996):
>
> I - ensino fundamental, obrigatório e gratuito, assegurada, inclusive, sua oferta gratuita para todos os que a ele não tiveram acesso na idade própria;
>
> **Redação anterior:** vigente entre 05.10.1988 e 31.12.1996 (original):
>
> I - ensino fundamental, obrigatório e gratuito, inclusive para os que a ele não tiveram acesso na idade própria;

II - progressiva universalização do ensino médio gratuito;[1121]

> **Redação anterior:** vigente entre 05.10.1988 e 31.12.1996 (original):
>
> II - progressiva extensão da obrigatoriedade e gratuidade ao ensino médio;

III - atendimento educacional especializado aos portadores de deficiência, preferencialmente na rede regular de ensino;[1122]

IV - educação infantil, em creche e pré-escola, às crianças até 5 (cinco) anos de idade;[1123]

> **Redação anterior:** vigente entre 05.10.1988 e 19.12.2006 (original):
>
> IV - atendimento em creche e pré-escola às crianças de zero a seis anos de idade;

V - acesso aos níveis mais elevados do ensino, da pesquisa e da criação artística, segundo a capacidade de cada um;[1124]

[1119] Vide Lei n° 12.487, de 15 de setembro de 2011 (plano especial de recuperação da rede física escolar pública, com a finalidade de prestar assistência financeira para recuperação das redes físicas das escolas públicas estaduais, do Distrito Federal e municipais afetadas por desastres); Lei n° 12.101 de 27 de novembro de 2009 (certificação das entidades beneficentes de assistência social).

[1120] Redação dada pela EC n° 14, de 12/09/1996 e alterada pela EC n° 59 de 11 de novembro de 2009, que estabeleceu, no art. 6°, que o disposto no inc. I deveria se implementado progressivamente, até 2016, nos termos do Plano Nacional de Educação, com apoio técnico e financeiro da União; vide Lei n° 11.947 de 16 de junho de 2018 (atendimento da alimentação escolar e do Programa Dinheiro Direto na Escola aos alunos da educação básica); Lei n° 12.801, 24 de abril de 2013 (apoio técnico e financeiro aos entes federados no âmbito do Pacto Nacional pela Alfabetização na Idade Certa); Lei n° 12.796, de 04 de abril de 2013 (alterou a LDB, tornando obrigatória a matrícula na educação básica a partir dos quatro anos de idade).

[1121] Redação dada pela EC n° 14, de 12/09/1996.

[1122] ADI 5.357, Rel. Min. Edson Fachin, DJe 11/11/2016.

[1123] Redação dada pela EC n° 53, de 19/12/2006.

[1124] Vide ADI 3.324, voto do Min. Marco Aurélio, DJ 05/08/2005; e Lei n° 11.096, de 13 de janeiro de 2005 (institui o Programa Universidade para Todos - PROUNI, regula a atuação de entidades beneficentes de assistência social no ensino superior); Lei no. 12.711 de 29 de agosto de 2012 (cotas para alunos de escolas públicas nas IFESe); Lei n° 12.799, de 10 de abril de 2013 (isenção de taxas para inscrição em processos seletivos de ingresso nos cursos das IFES); Lei n°

Arts. 208 a 210 — J. U. JACOBY FERNANDES

VI - oferta de ensino noturno regular, adequado às condições do educando;

VII - atendimento ao educando, em todas as etapas da educação básica, por meio de programas suplementares de material didáticoescolar, transporte, alimentação e assistência à saúde.[1125]

> **Redação anterior:** vigente entre 05.10.1988 e 11.11.2009 (original):
>
> **VII** - atendimento ao educando, no ensino fundamental, através de programas suplementares de material didático-escolar, transporte, alimentação e assistência à saúde.

§ 1° O acesso ao ensino obrigatório e gratuito é direito público subjetivo.

§ 2° O não-oferecimento do ensino obrigatório pelo Poder Público, ou sua oferta irregular, importa responsabilidade da autoridade competente.

§ 3° Compete ao Poder Público recensear os educandos no ensino fundamental, fazer-lhes a chamada e zelar, junto aos pais ou responsáveis, pela freqüência à escola.

Art. 209. O ensino é livre à iniciativa privada, atendidas as seguintes condições:[1126]

I - cumprimento das normas gerais da educação nacional;[1127]

II - autorização e avaliação de qualidade pelo Poder Público.

Art. 210. Serão fixados conteúdos mínimos para o ensino fundamental, de maneira a assegurar formação básica comum e respeito aos valores culturais e artísticos, nacionais e regionais.

§ 1° O ensino religioso, de matrícula facultativa, constituirá disciplina dos horários normais das escolas públicas de ensino fundamental.[1128]

§ 2° O ensino fundamental regular será ministrado em língua portuguesa, assegurada às comunidades indígenas também a utilização de suas línguas maternas e processos próprios de aprendizagem.

12.260 de 12 de julho de 2001 (Fundo de Financiamento ao estudante do Ensino Superior - FIES); Lei n° 12.089 de 11 de novembro de 2009 (proíbe que uma mesma pessoa ocupe 2 (duas) vagas simultaneamente em instituições públicas de ensino superior.

[1125] Vide EC n° 59, de 11/11/2009. Vide Lei n° 10.753, de 30 de outubro de 2003 (institui a Política Nacional do Livro); Lei n° 12.695, de 25 de julho de 2012 (Apoio técnico ou financeiro da União no âmbito do Plano de Ações Articuladas); art. 6° e ss da Lei n° 12.249 de 11 de junho de 2010 (Regime Especial de Aquisição de Computadores para Uso Educacional - RECOM).

[1126] Vide ADI 1.266, Rel. Min. Eros Grau, DJ 23/09/2005 e também Lei n° 10.870, de 19 de maio de 2004 (institui a taxa de avaliação in loco das instituições de educação superior e dos cursos de graduação); Decreto n° 9.235, de 15 de dezembro de 2017 (dispõe sobre o exercício das funções de regulação, supervisão e avaliação das instituições de educação superior e dos cursos superiores de graduação e de pós-graduação no sistema federal de ensino); Lei n° 12.881 de 12 de novembro de 2018 (dispõe sobre a definição, qualificação, prerrogativas e finalidades das Instituições Comunitárias de Educação Superior - ICES e disciplina o Termo de Parceria).

[1127] Vide Lei n° 12.244, de 24 de maio de 2010 (universalização das bibliotecas nas instituições de ensino do País).

[1128] Vide ADI 4.439, Rel. Min. Alexandre de Moraes, Inf. 879.

CONSTITUIÇÃO FEDERAL (1988)   Arts. 211 e 212

Art. 211. A União, os Estados, o Distrito Federal e os Municípios organizarão em regime de colaboração seus sistemas de ensino.[1129]

§ 1º A União organizará o sistema federal de ensino e o dos Territórios, financiará as instituições de ensino públicas federais e exercerá, em matéria educacional, função redistributiva e supletiva, de forma a garantir equalização de oportunidades educacionais e padrão mínimo de qualidade do ensino mediante assistência técnica e financeira aos Estados, ao Distrito Federal e aos Municípios.[1130]

> **Redação anterior:** vigente entre 05.10.1988 e 31.12.1996 (original):
>
> § 1º A União organizará e financiará o sistema federal de ensino e o dos Territórios, e prestará assistência técnica e financeira aos Estados, ao Distrito Federal e aos Municípios para o desenvolvimento de seus sistemas de ensino e o atendimento prioritário à escolaridade obrigatória.

§ 2º Os Municípios atuarão prioritariamente no ensino fundamental e na educação infantil.[1131]

> **Redação anterior:** vigente entre 05.10.1988 e 31.12.1996 (original):
>
> § 2º Os Municípios atuarão prioritariamente no ensino fundamental e pré-escolar.

§ 3º Os Estados e o Distrito Federal atuarão prioritariamente no ensino fundamental e médio.[1132]

§ 4º Na organização de seus sistemas de ensino, a União, os Estados, o Distrito Federal e os Municípios definirão formas de colaboração, de modo a assegurar a universalização do ensino obrigatório.[1133]

> **Redação anterior:** vigente entre 01.01.1997 e 11.11.2009 (EC nº 14/1996):
>
> § 4º Na organização de seus sistemas de ensino, os Estados e os Municípios definirão formas de colaboração, de modo a assegurar a universalização do ensino obrigatório.

§ 5º A educação básica pública atenderá prioritariamente ao ensino regular.[1134]

Art. 212. A União aplicará, anualmente, nunca menos de dezoito, e os Estados, o Distrito Federal e os Municípios vinte e cinco por cento, no mínimo, da receita resultante de impostos, compreendida a proveniente de transferências, na manutenção e desenvolvimento do ensino.[1135]

[1129] ADI 4.167, Rel.Min. Joaquim Barbosa, DJe 24/08/2011.
[1130] Redação dada pela EC nº 14, de 13/09/1996; vide ADI 1.749, Rel. Min. Nelson Jobim, DJ 15/04/2005.
[1131] Redação dada pela EC nº 14, de 13/09/1996.
[1132] Incluído pela EC nº 14, de 13/09/1996.
[1133] Redação dada pela EC nº 59, de 11/11/2009.
[1134] Incluído pela EC nº 53, de 19/12/2006.
[1135] ADI 2.447, Rel. Min. Joaquim Barbosa, DJe 04/12/2009; ADI 1.689, Rel. Min. Sydney Sanches, DJ 02/05/2003.

Art. 212 — J. U. JACOBY FERNANDES

§ 1º A parcela da arrecadação de impostos transferida pela União aos Estados, ao Distrito Federal e aos Municípios, ou pelos Estados aos respectivos Municípios, não é considerada, para efeito do cálculo previsto neste artigo, receita do governo que a transferir.

§ 2º Para efeito do cumprimento do disposto no *caput* deste artigo, serão considerados os sistemas de ensino federal, estadual e municipal e os recursos aplicados na forma do art. 213.

§ 3º A distribuição dos recursos públicos assegurará prioridade ao atendimento das necessidades do ensino obrigatório, no que se refere a universalização, garantia de padrão de qualidade e equidade, nos termos do plano nacional de educação;[1136]

Redação anterior: vigente entre 05.10.1988 e 11.11.2009 (original):

§ 3º A distribuição dos recursos públicos assegurará prioridade ao atendimento das necessidades do ensino obrigatório, nos termos do plano nacional de educação.

---

§ 4º Os programas suplementares de alimentação e assistência à saúde previstos no art. 208, VII, serão financiados com recursos provenientes de contribuições sociais e outros recursos orçamentários.

§ 5º A educação básica pública terá como fonte adicional de financiamento a contribuição social do salário-educação, recolhida pelas empresas na forma da lei.[1137]

Redação anterior: vigente entre 01.01.1997 e 19.12.2006

§ 5º O ensino fundamental público terá como fonte adicional de financiamento a contribuição social do salário-educação, recolhida pelas empresas, na forma da lei.

Redação anterior: vigente entre 05.10.1988 e 31.12.1996 (original):

§ 5º O ensino fundamental público terá como fonte adicional de financiamento a contribuição social do salário-educação, recolhida, na forma da lei, pelas empresas, que dela poderão deduzir a aplicação realizada no ensino fundamental de seus empregados e dependentes.

---

§ 6º As cotas estaduais e municipais da arrecadação da contribuição social do salário-educação serão distribuídas proporcionalmente ao número de alunos matriculados na educação básica nas respectivas redes públicas de ensino.[1138]

[1136] Redação dada pela EC nº 59, de 11/11/2009. Vide Lei nº 13.005, de 25 de junho de 2014 (aprova o Plano Nacional de Educação - PNE).

[1137] Vide Súmula 732; ADI 780, Rel. Min. Carlos Velloso, DJ 16/04/1993 e também: Lei nº 9.424, de 24 de dezembro de 1996 (dispõe sobre o fundo de manutenção e desenvolvimento e valorização do magistério) e Lei nº 11.494, de 20 de junho de 2007 (regulamenta do FUNDEB) e Decreto nº 6.253, de 13 de novembro de 2007 que o regulamenta e Portaria Interministerial ME/MF no 10 de 28 de dezembro de 2017;e Decreto nº 6.003, de 28 de dezembro de 2006 (regulamenta a arrecadação, a fiscalização e a cobrança da contribuição social do salário-educação, a que se referem o art. 212, § 5º, da Constituição, e as Leis nºs 9.424/1996, e 9.766/1998).

[1138] Incluído pela EC nº 53, de 19/12/2006.

CONSTITUIÇÃO FEDERAL (1988)   Arts. 213 e 214

Art. 213. Os recursos públicos serão destinados às escolas públicas, podendo ser dirigidos a escolas comunitárias, confessionais ou filantrópicas, definidas em lei, que:[1139]

I - comprovem finalidade não-lucrativa e apliquem seus excedentes financeiros em educação;

II - assegurem a destinação de seu patrimônio a outra escola comunitária, filantrópica ou confessional, ou ao Poder Público, no caso de encerramento de suas atividades.

§ 1º Os recursos de que trata este artigo poderão ser destinados a bolsas de estudo para o ensino fundamental e médio, na forma da lei, para os que demonstrarem insuficiência de recursos, quando houver falta de vagas e cursos regulares da rede pública na localidade da residência do educando, ficando o Poder Público obrigado a investir prioritariamente na expansão de sua rede na localidade.

§ 2º As atividades de pesquisa, de extensão e de estímulo e fomento à inovação realizadas por universidades e/ou por instituições de educação profissional e tecnológica poderão receber apoio financeiro do Poder Público.[1140]

> **Redação anterior:** vigente entre 05.10.1988 e 26.02.2015 (original):
>
> § 5º O ensino fundamental público terá como fonte adicional de financiamento a contribuição social do salário-educação, recolhida, na forma da lei, pelas empresas, que dela poderão deduzir a aplicação realizada no ensino fundamental de seus empregados e dependentes.

Art. 214. A lei estabelecerá o plano nacional de educação, de duração decenal, com o objetivo de articular o sistema nacional de educação em regime de colaboração e definir diretrizes, objetivos, metas e estratégias de implementação para assegurar a manutenção e desenvolvimento do ensino em seus diversos níveis, etapas e modalidades por meio de ações integradas dos poderes públicos das diferentes esferas federativas que conduzam a:[1141]

> **Redação anterior:** vigente entre 05.10.1988 e 11.11.2009 (original):
>
> **Art. 214.** A lei estabelecerá o plano nacional de educação, de duração plurianual, visando à articulação e ao desenvolvimento do ensino em seus diversos níveis e à integração das ações do Poder Público que conduzam à:

[1139] Vide ADI 1.924, Rel. Min. Joaquim Barbosa, DJe 07/08/2009; ADI 1.370-MC, Rel. Min. Ilmar Galvão, DJ 30/08/1996.

[1140] Redação dada pela EC nº 85, de 26/2/2015. Vide Lei nº 11.892 de 29 de dezembro de 2008 (institui a Rede Federal de Educação Profissional, Científica e Tecnológica, cria os Institutos Federais de Educação, Ciência e Tecnologia).

[1141] Vide EC nº 59, de 11/11/2009 e ADI 5.035 e 5.037, rel. p/ o ac. Alexandre Moraes, Inf. 886. Vide Lei nº 12.858 de 09 e se setembro de 2013 (dispõe sobre a destinação para as áreas de educação e saúde de parcela da participação no resultado ou da compensação financeira pela exploração de petróleo e gás natural) e Lei nº 12.605, de 03 de abril de 2012 (determina o emprego obrigatório da flexão de gênero para nomear profissão ou grau em diplomas).

Arts. 214 e 215   J. U. Jacoby Fernandes

I - erradicação do analfabetismo;

II - universalização do atendimento escolar;

III - melhoria da qualidade do ensino;

IV - formação para o trabalho;[1142]

V - promoção humanística, científica e tecnológica do País;[1143]

VI - estabelecimento de meta de aplicação de recursos públicos em educação como proporção do produto interno bruto.[1144]

SEÇÃO II - DA CULTURA

Art. 215. O Estado garantirá a todos o pleno exercício dos direitos culturais e acesso às fontes da cultura nacional, e apoiará e incentivará a valorização e a difusão das manifestações culturais.[1145]

§ 1º O Estado protegerá as manifestações das culturas populares, indígenas e afro-brasileiras, e das de outros grupos participantes do processo civilizatório nacional.

[1142] Vide Lei nº 13.267 de 06 de abril de 2016 (disciplina a criação e a organização das associações denominadas empresas juniores, com funcionamento perante instituições de ensino superior).

[1143] Vide Lei nº 9.394, de 20 de dezembro de 1996 (Lei de Diretrizes e Bases da Educação Nacional); Lei nº 9.424, de 24 de dezembro de 1996 (dispõe sobre o fundo de manutenção e desenvolvimento e valorização do magistério); Decreto nº 6.253, de 13 de novembro de 2007 que o regulamenta e Portaria Interministerial ME/MF nº 10 de 28 de dezembro de 2017; Lei nº 9.766, de 18 de dezembro de 1998 (salário-educação) e o Decreto nº 6.003, de 28 de dezembro de 2006, que a regulamenta; Lei nº 9.790, de 23 de março de 1999 (dispõe sobre a promoção gratuita da educação através de organizações da sociedade civil de interesse público); Resolução nº 2, de 19 de abril de 1999, do Ministério da Educação (institui diretrizes curriculares nacionais para a formação de docentes da educação infantil e dos anos iniciais do ensino fundamental, em nível médio, na modalidade normal) e Lei nº 10.172, de 09 de janeiro de 2001 (Plano Nacional de Educação).

[1144] Incluído pela EC nº 59, de 11/11/2009.

[1145] Vide ADI 1.950, Rel. Min. Eros Grau, DJ 02/06/2006; ADI 1.856, Rel. Min. Celso de Mello, DJe 14/10/2011 e ADI 2.163-MC, Rel. Min. Nelson Jobim, DJ 12/12/2003. Vide Lei nº 3.924/61 (movimentos arqueológicos e pré-históricos); Lei nº 7.505, de 2 de julho de 1986 (dispõe sobre benefícios fiscais na área do Imposto sobre a Renda concedidos a operações de caráter cultural ou artístico); Lei nº 8.159, de 08 de janeiro de 1991 (sistema nacional de arquivos públicos e privados); Decreto nº 4.915, de 12 de dezembro de 2003 (dispõe sobre o sistema de gestão de documentos de arquivo - SIGA, da administração pública federal); Lei nº 8.313, de 23 de dezembro de 1991 (institui o Programa Nacional de Apoio à Cultura - PRONAC; Decreto nº 5.761 de 27 de abril de 2006 (regulamenta a sistemática de execução do PRONAC); Lei nº 8.394, de 30 de dezembro de 1991 (dispõe sobre a preservação, organização e proteção aos acervos documentais privados dos presidentes da República) e Decreto nº 4.344, de 26 de aosto de 2002, que o regulamenta; Lei nº 9.790, de 23 de março de 1999 (promoção da cultura por meio de organizações da sociedade civil de interesse público); Lei nº 13.179 de 22 de outubro de 2015 (Obriga a disponibilização de meia-entrada ao fornecedor de ingresso para evento cultural vendido pela internet); Lei nº 12.761, de 27 de dezembro de 2012 (Programa de Cultura do Trabalhador); Lei nº 12.343 de 02 de dezembro de 2010 (Plano Nacional de Cultura - PNC, cria o Sistema Nacional de Informações e Indicadores Culturais - SNIIC).

CONSTITUIÇÃO FEDERAL (1988)   Arts. 215 e 216

§ 2º A lei disporá sobre a fixação de datas comemorativas de alta significação para os diferentes segmentos étnicos nacionais.[1146]

§ 3º A lei estabelecerá o Plano Nacional de Cultura, de duração plurianual, visando ao desenvolvimento cultural do País e à integração das ações do poder público que conduzem à:[1147]

I - defesa e valorização do patrimônio cultural brasileiro;

II - produção, promoção e difusão de bens culturais;

III - formação de pessoal qualificado para a gestão da cultura em suas múltiplas dimensões;

IV - democratização do acesso aos bens de cultura;

V - valorização da diversidade étnica e regional.

Art. 216. Constituem patrimônio cultural brasileiro os bens de natureza material e imaterial, tomados individualmente ou em conjunto, portadores de referência à identidade, à ação, à memória dos diferentes grupos formadores da sociedade brasileira, nos quais se incluem:

I - as formas de expressão;[1148]

II - os modos de criar, fazer e viver;[1149]

III - as criações científicas, artísticas e tecnológicas;

IV - as obras, objetos, documentos, edificações e demais espaços destinados às manifestações artístico-culturais;

V - os conjuntos urbanos e sítios de valor histórico, paisagístico, artístico, arqueológico, paleontológico, ecológico e científico.[1150]

§ 1º O Poder Público, com a colaboração da comunidade, promoverá e protegerá o patrimônio cultural brasileiro, por meio de inventários, registros, vigilância, tombamento e desapropriação, e de outras formas de acautelamento e preservação.[1151]

§ 2º Cabem à administração pública, na forma da lei, a gestão da documentação governamental e as providências para franquear sua consulta a quantos dela necessitem.[1152]

[1146] Vide Lei nº 12.345 de 09 de dezembro de 2010 (Fixa critério para instituição de datas comemorativas);

[1147] § 3º e incisos incluídos pela EC nº 48, de 10/8/2005. Vide Lei nº 13.018 de 22 de julho de 2014 (institui a Política Nacional de Cultura Viva).

[1148] Vide Lei nº 13.364, de 29 de novembro de 2016 (Eleva o Rodeio, a Vaquejada, bem como as respectivas expressões artístico-culturais, à condição de manifestação cultural nacional e de patrimônio cultural immaterial).

[1149] Vide ADI 4.269, rel. Min. Edson Fachin, Inf. 882.

[1150] Vide ADI 3.525, Rel. Min. Gilmar Mendes, DJ 26/10/2007; ADI 2.544-MC, Rel. Min. Sepúlveda Pertence, DJ 08/11/2002.

[1151] Vide ADI ADI 1.706, Rel. Min. Eros Grau, DJe 12/09/2008.

[1152] Vide Lei nº 12.527, de 18 de novembro de 2011 e Decreto nº 7.724, de 16 de maio e 2012 que a regulamenta; Lei nº 8.394, de 30 de dezembro de 1991 (dispõe sobre a preservação, organização e proteção aos acervos documentais privados dos presidentes da República), Decreto nº 4.344 de 26 de agosto de 2002 que a regulamenta; Decreto nº 3.551, de 4 de agosto de 2000 (institui o registro de bens culturais de natureza imaterial que constituem patrimônio cultural

Arts. 216 e 216-A   J. U. JACOBY FERNANDES

§ 3° A lei estabelecerá incentivos para a produção e o conhecimento de bens e valores culturais.[1153]

§ 4° Os danos e ameaças ao patrimônio cultural serão punidos, na forma da lei.[1154]

§ 5° Ficam tombados todos os documentos e os sítios detentores de reminiscências históricas dos antigos quilombos.

§ 6° É facultado aos Estados e ao Distrito Federal vincular a fundo estadual de fomento à cultura até cinco décimos por cento de sua receita tributária líquida, para o financiamento de programas e projetos culturais, vedada a aplicação desses recursos no pagamento de:[1155]

I - despesas com pessoal e encargos sociais;

II - serviço da dívida;

III - qualquer outra despesa corrente não vinculada diretamente aos investimentos ou ações apoiados.

Art. 216-A. O Sistema Nacional de Cultura, organizado em regime de colaboração, de forma descentralizada e participativa, institui um processo de gestão e promoção conjunta de políticas públicas de cultura, democráticas e permanentes, pactuadas entre os entes da Federação e a sociedade, tendo por objetivo promover o desenvolvimento humano, social e econômico com pleno exercício dos direitos culturais.[1156]

§ 1° O Sistema Nacional de Cultura fundamenta-se na política nacional de cultura e nas suas diretrizes, estabelecidas no Plano Nacional de Cultura, e rege-se pelos seguintes princípios:

I - diversidade das expressões culturais;

II - universalização do acesso aos bens e serviços culturais;

III - fomento à produção, difusão e circulação de conhecimento e bens culturais;

---

brasileiro e cria o Programa Nacional do Patrimônio Imaterial); Lei n° 8.159, de 8 de janeiro de 1991 (política nacional de arquivos públicos e privados) e o Decreto n° 4.073, de 3 de janeiro de 2002 que a regulamenta e ainda o Decreto n° 7.845, de 14 de novembro de 2012 (regulamenta procedimentos para credenciamento de segurança e tratamento de informação classificada em qualquer grau de sigilo, e dispõe sobre o Núcleo de Segurança e Credenciamento).

[1153] Vide Leis n°s 7.505, de 02 de julho de 1986 (Lei Sarney) e 8.313, de 23 de dezembro de 1991 (Lei Rouanet), que dispõem sobre benefícios fiscais concedidos a operações de caráter cultural ou artístico e o Decreto n° 5.761, de 27 de abril de 2006, que a regulamenta o PRONAC.

[1154] Vide Decreto-Lei n° 2.848, de 7 de dezembro de 1940 (Código Penal), art. 163, parágrafo único, III e art. 165 (o dano em coisa de valor artístico, arqueológico ou histórico é crime); Lei n° 3.924, de 26 de julho de 1961 (tipifica como delito a destruição ou mutilação de monumentos arqueológicos ou pré-históricos); Lei n° 4.717, de 29 de junho de 1965 (disciplina a ação popular) e Lei n° 7.347, de 24 de julho de 1985 (disciplina a ação civil pública).

[1155] § 6° e incisos incluídos pela EC n° 42, de 19/12/2003.

[1156] Artigo, incisos e parágrafos incluídos pela EC n° 71, de 29/11/2012. Vide Lei n°11.904 de 14 de janeiro de 2009 (institui o Estatuto de Museus); Lei n° 11.906 de 20 de janeiro de 2009 (cria o Instituto Brasileiro de Museus – IBRAM).

CONSTITUIÇÃO FEDERAL (1988) Art. 216-A e 217

IV - cooperação entre os entes federados, os agentes públicos e privados atuantes na área cultural;

V - integração e interação na execução das políticas, programas, projetos e ações desenvolvidas;

VI - complementaridade nos papéis dos agentes culturais;

VII - transversalidade das políticas culturais;

VIII - autonomia dos entes federados e das instituições da sociedade civil;

IX - transparência e compartilhamento das informações;

X - democratização dos processos decisórios com participação e controle social;

XI - descentralização articulada e pactuada da gestão, dos recursos e das ações;

XII - ampliação progressiva dos recursos contidos nos orçamentos públicos para a cultura.

§ 2º Constitui a estrutura do Sistema Nacional de Cultura, nas respectivas esferas da Federação:

I - órgãos gestores da cultura;

II - conselhos de política cultural;

III - conferências de cultura;

IV - comissões intergestores;

V - planos de cultura;

VI - sistemas de financiamento à cultura;

VII - sistemas de informações e indicadores culturais;

VIII - programas de formação na área da cultura; e

IX - sistemas setoriais de cultura.

§ 3º Lei federal disporá sobre a regulamentação do Sistema Nacional de Cultura, bem como de sua articulação com os demais sistemas nacionais ou políticas setoriais de governo.

§ 4º Os Estados, o Distrito Federal e os Municípios organizarão seus respectivos sistemas de cultura em leis próprias.

SEÇÃO III - DO DESPORTO

Art. 217. É dever do Estado fomentar práticas desportivas formais e não-formais, como direito de cada um, observados:

I - a autonomia das entidades desportivas dirigentes e associações, quanto a sua organização e funcionamento;[1157]

II - a destinação de recursos públicos para a promoção prioritária do desporto educacional e, em casos específicos, para a do desporto de alto rendimento;[1158]

[1157] Vide ADI 2.937, Rel. Min. Cezar Peluso, DJe 29/05/2012. Vide Lei nº 13.155, de 04 de agosto de 2015 (Lei de Responsabilidade Fiscal d Esporte – LRFE).

[1158] Vide ADI 1.750-MC, Rel. Min. Nelson Jobim, DJ 14/06/2002. Vide Lei nº 13.307, de 06 de julho de 2016 (forma de divulgação das atividades, bens ou serviços resultantes de projetos

Arts. 217 e 218   J. U. JACOBY FERNANDES

III - o tratamento diferenciado para o desporto profissional e o não-profissional;

IV - a proteção e o incentivo às manifestações desportivas de criação nacional.[1159]

§ 1º O Poder Judiciário só admitirá ações relativas à disciplina e às competições desportivas após esgotarem-se as instâncias da justiça desportiva, regulada em lei.[1160]

§ 2º A justiça desportiva terá o prazo máximo de sessenta dias, contados da instauração do processo, para proferir decisão final.

§ 3º O Poder Público incentivará o lazer, como forma de promoção social.[1161]

CAPÍTULO IV - DA CIÊNCIA, TECNOLOGIA E INOVAÇÃO[1162]

Art. 218. O Estado promoverá e incentivará o desenvolvimento científico, a pesquisa, a capacitação científica e tecnológica e a inovação.[1163]

Redação anterior: vigente entre 05.10.1988 e 26.02.2015 (original):

Art. 218. O Estado promoverá e incentivará o desenvolvimento científico, a pesquisa e a capacitação tecnológicas.

---

§ 1º A pesquisa científica básica e tecnológica receberá tratamento prioritário do Estado, tendo em vista o bem público e o progresso da ciência, tecnologia e inovação.[1164]

Redação anterior: vigente entre 05.10.1988 e 26.02.2015 (original):

§ 1º A pesquisa científica básica receberá tratamento prioritário do Estado, tendo em vista o bem público e o progresso das ciências.

---

esportivos, paraesportivos e culturais e de produções audiovisuais e artísticas financiados com recursos públicos federais).

[1159] Vide ADI 4.976, Rel. Min. Ricardo Lewandoswi, DJe 30/10/2014.

[1160] ADI 2.139 e 2.160, Rel. p/ o ac. Min. Marco Aurélio, DJe 23/10/2009; Vide Lei nº 9.615, de 24 de março de 1998 (institui normas gerais sobre desporto) e Decreto nº 7.984, de 8 de abril de 2013, que a regulamenta.

[1161] Vide ADI 1.950, Rel. Min.Eros Grau, DJ 02/06/2006.

[1162] Redação do título do capítulo alterada pela EC nº 85, 26/2/2015. Anterior: Da Ciência e Tecnologia.

[1163] Redação dada pela EC nº 85, de 26/2/2015. Vide ADI 3.510, Rel. Min. Ayres Britto, DJe 28/05/2010 e também: Lei nº 13.243, de 11 de janeiro de 2016 (dispõe sobre estímulos ao desenvolvimento científico, à pesquisa, à capacitação científica e tecnológica e à inovação); Lei nº 11.196, de 21 de novembro de 2005 (institui o Regime Especial de Tributação para a Plataforma de Exportação de Serviços de Tecnologia da Informação - REPES, o Regime Especial de Aquisição de Bens de Capital para Empresas Exportadoras - RECAP e o Programa de Inclusão Digital; dispõe sobre incentivos fiscais para a inovação tecnológica) e Decreto nº 5.602, de 6 de dezembro de 2005 (regulamenta o Programa de Inclusão Digital);

[1164] Alterado pela EC nº 85, de 26/2/2015.

CONSTITUIÇÃO FEDERAL (1988)   Arts. 218 e 219

§ 2º A pesquisa tecnológica voltar-se-á preponderantemente para a solução dos problemas brasileiros e para o desenvolvimento do sistema produtivo nacional e regional.

§ 3º O Estado apoiará a formação de recursos humanos nas áreas de ciência, pesquisa, tecnologia e inovação, inclusive por meio do apoio às atividades de extensão tecnológica, e concederá aos que delas se ocupem meios e condições especiais de trabalho.[1165]

> **Redação anterior:** vigente entre 05.10.1988 e 26.02.2015 (original):
>
> § 3º O Estado apoiará a formação de recursos humanos nas áreas de ciência, pesquisa e tecnologia, e concederá aos que delas se ocupem meios e condições especiais de trabalho.

§ 4º A lei apoiará e estimulará as empresas que invistam em pesquisa, criação de tecnologia adequada ao País, formação e aperfeiçoamento de seus recursos humanos e que pratiquem sistemas de remuneração que assegurem ao empregado, desvinculada do salário, participação nos ganhos econômicos resultantes da produtividade de seu trabalho.

§ 5º É facultado aos Estados e ao Distrito Federal de entes públicos vincular parcela de sua receita orçamentária a entidades públicas de fomento ao ensino e à pesquisa científica e tecnológica.[1166]

§ 6º O Estado, na execução das atividades previstas no caput, estimulará a articulação entre entes, tanto públicos quanto privados, nas diversas esferas de governo.[1167]

§ 7º O Estado promoverá e incentivará a atuação no exterior das instituições públicas de ciência, tecnologia e inovação, com vistas à execução das atividades previstas no caput .[1168]

Art. 219. O mercado interno integra o patrimônio nacional e será incentivado de modo a viabilizar o desenvolvimento cultural e sócio-econômico, o bem-estar da população e a autonomia tecnológica do País, nos termos de lei federal.[1169]

Parágrafo único. O Estado estimulará a formação e o fortalecimento da inovação nas empresas, bem como nos demais entes, públicos ou privados, a constituição e a manutenção de parques e polos tecnológicos e de demais

---

[1165] Alterado pela EC nº 85, de 26/2/2015.
[1166] Vide ADI 550, Rel. Min. Ilmar Galvão, DJ 18/10/2002; ADI 336, Rel. Min. Eros Grau, DJe 17/09/2010.
[1167] Incluído pela EC nº 85, de 26/2/2015.
[1168] Incluído pela EC nº 85, de 26/2/2015.
[1169] Vide Lei nº 9.257, de 9 de janeiro de 1996 (Conselho Nacional de Ciência e Tecnologia) e Decreto nº 8.898, de 9 de novembro de 2016 que a regulamenta; Lei nº 8.248, de 23 de outubro de 1991 (dispõe sobre a capacitação e competitividade do setor de informática e automação); Lei nº 10.176, de 11 de janeiro de 2001 (capacitação e competitividade do setor de tecnologia da informação).

Arts. 219 a 220   J. U. JACOBY FERNANDES

ambientes promotores da inovação, a atuação dos inventores independentes e a criação, absorção, difusão e transferência de tecnologia.

Art. 219-A. A União, os Estados, o Distrito Federal e os Municípios poderão firmar instrumentos de cooperação com órgãos e entidades públicos e com entidades privadas, inclusive para o compartilhamento de recursos humanos especializados e capacidade instalada, para a execução de projetos de pesquisa, de desenvolvimento científico e tecnológico e de inovação, mediante contrapartida financeira ou não financeira assumida pelo ente beneficiário, na forma da lei.[1170]

Art. 219-B. O Sistema Nacional de Ciência, Tecnologia e Inovação (SNCTI) será organizado em regime de colaboração entre entes, tanto públicos quanto privados, com vistas a promover o desenvolvimento científico e tecnológico e a inovação.[1171]

§ 1º Lei federal disporá sobre as normas gerais do SNCTI.

§ 2º Os Estados, o Distrito Federal e os Municípios legislarão concorrentemente sobre suas peculiaridades.

CAPÍTULO V - DA COMUNICAÇÃO SOCIAL

Art. 220. A manifestação do pensamento, a criação, a expressão e a informação, sob qualquer forma, processo ou veículo não sofrerão qualquer restrição, observado o disposto nesta Constituição.[1172]

§ 1º Nenhuma lei conterá dispositivo que possa constituir embaraço à plena liberdade de informação jornalística em qualquer veículo de comunicação social, observado o disposto no art. 5º, IV, V, X, XIII e XIV.[1173]

§ 2º É vedada toda e qualquer censura de natureza política, ideológica e artística.[1174]

§ 3º Compete à lei federal:

I - regular as diversões e espetáculos públicos, cabendo ao Poder Público informar sobre a natureza deles, as faixas etárias a que não se recomendem, locais e horários em que sua apresentação se mostre inadequada;

II - estabelecer os meios legais que garantam à pessoa e à família a possibilidade de se defenderem de programas ou programações de rádio e televisão que contrariem o disposto no art. 221, bem como da propaganda de

---

[1170] Incluído pela EC nº 85, de 26/2/2015. Vide Lei nº 12.485 de 12 de setembro de 2018 (dispõe sobre a comunicação audiovisual de acesso condicionado).

[1171] Incluído pela EC nº 85, de 26/2/2015.

[1172] Vide ADI 869, rel. Min. Maurício Corrêa, DJ 04/06/2004 e Decreto-Lei nº 719 de 3 de julho de 1969 (cria o Fundo Nacional de Desenvolvimento Científico e Tecnológico).

[1173] Vide ADI 4.451, Rel. Min. Ayres Britto, DJe 24/08/2012; ADI 3.741, Rel. Min. Ricardo Lewandowski, Inf. 439.

[1174] Vide ADI 5.136, Rel. Min. Gilmar Mendes, DJe 30/10/2014; ADI 869, Rel. Min. Maurício Corrêa, DJ 04/06/2004.

CONSTITUIÇÃO FEDERAL (1988)   Arts. 220 a 222

produtos, práticas e serviços que possam ser nocivos à saúde e ao meio ambiente.[1175]

§ 4º A propaganda comercial de tabaco, bebidas alcoólicas, agrotóxicos, medicamentos e terapias estará sujeita a restrições legais, nos termos do inciso II do parágrafo anterior, e conterá, sempre que necessário, advertência sobre os malefícios decorrentes de seu uso.[1176]

§ 5º Os meios de comunicação social não podem, direta ou indiretamente, ser objeto de monopólio ou oligopólio.

§ 6º A publicação de veículo impresso de comunicação independe de licença de autoridade.[1177]

Art. 221. A produção e a programação das emissoras de rádio e televisão atenderão aos seguintes princípios:

I - preferência a finalidades educativas, artísticas, culturais e informativas;

II - promoção da cultura nacional e regional e estímulo à produção independente que objetive sua divulgação;

III - regionalização da produção cultural, artística e jornalística, conforme percentuais estabelecidos em lei;

IV - respeito aos valores éticos e sociais da pessoa e da família.

Art. 222. A propriedade de empresa jornalística e de radiodifusão sonora e de sons e imagens é privativa de brasileiros natos ou naturalizados há mais de dez anos, ou de pessoas jurídicas constituídas sob as leis brasileiras e que tenham sede no País.[1178]

> **Redação anterior:** vigente entre 05.10.1988 e 28.5.2002 (original):
>
> **Art. 222.** A propriedade de empresa jornalística e de radiodifusão sonora e de sons e imagens é privativa de brasileiros natos ou naturalizados há mais de dez anos, aos quais caberá a responsabilidade por sua administração e orientação intelectual.

§ 1º Em qualquer caso, pelo menos setenta por cento do capital total e do capital votante das empresas jornalísticas e de radiodifusão sonora e de sons e imagens deverá pertencer, direta ou indiretamente, a brasileiros natos ou naturalizados há mais de dez anos, que exercerão obrigatoriamente a gestão das atividades e estabelecerão o conteúdo da programação.[1179]

> **Redação anterior:** vigente entre 05.101988 e 28.5.2002 (original):
>
> § 1º É vedada a participação de pessoa jurídica no capital social de empresa jornalística ou de radiodifusão, exceto a de partido político e de sociedades cujo capital pertença exclusiva e nominalmente a brasileiros.

[1175] Vide ADI 2.404, Rel. Min. Dias Toffoli, DJe 01/08/2017..
[1176] Vide ADI 1.755, Rel. Min. Nelson Jobim, DJ 18/05/2001.
[1177] Vide ADI 4.451, Rel. Min. Ayres Britto, DJ 24/08/2012.
[1178] Redação dada pela EC n° 36, de 28/05/2002. Vide Lei n° 11.598, de 3 dedezembro de 2007 (estabelece diretrizes e procedimentos para a simplificação e integração do processo de registro e legalização de empresários e de pessoas jurídicas e cria a REDESIM).
[1179] Incluído pela EC nº 85, de 26/02/2015.

Arts. 222 a 223   J. U. Jacoby Fernandes

§ 2º A responsabilidade editorial e as atividades de seleção e direção da programação veiculada são privativas de brasileiros natos ou naturalizados há mais de dez anos, em qualquer meio de comunicação social.[1180]

> **Redação anterior:** vigente entre 05.10.1988 e 28.05.2002 (original):
>
> § 2º A participação referida no parágrafo anterior só se efetuará através de capital sem direito a voto e não poderá exceder a trinta por cento do capital social.

§ 3º Os meios de comunicação social eletrônica, independentemente da tecnologia utilizada para a prestação do serviço, deverão observar os princípios enunciados no art. 221, na forma de lei específica, que também garantirá a prioridade de profissionais brasileiros na execução de produções nacionais.[1181]

§ 4º Lei disciplinará a participação de capital estrangeiro nas empresas de que trata o § 1º.[1182]

§ 5º As alterações de controle societário das empresas de que trata o § 1º serão comunicadas ao Congresso Nacional.[1183]

Art. 223. Compete ao Poder Executivo outorgar e renovar concessão, permissão e autorização para o serviço de radiodifusão sonora e de sons e imagens, observado o princípio da complementaridade dos sistemas privado, público e estatal.[1184]

§ 1º O Congresso Nacional apreciará o ato no prazo do art. 64, §§ 2º e 4º, a contar do recebimento da mensagem.

§ 2º A não renovação da concessão ou permissão dependerá de aprovação de, no mínimo, dois quintos do Congresso Nacional, em votação nominal.

§ 3º O ato de outorga ou renovação somente produzirá efeitos legais após deliberação do Congresso Nacional, na forma dos parágrafos anteriores.

§ 4º O cancelamento da concessão ou permissão, antes de vencido o prazo, depende de decisão judicial.

§ 5º O prazo da concessão ou permissão será de dez anos para as emissoras de rádio e de quinze para as de televisão.

[1180] Incluído pela EC nº 85, de 26/02/2015.

[1181] Incluído pela EC nº 36, de 28/05/2002; vide Lei nº 4.117, de 27 de agosto de 1962 (Código Brasileiro de Telecomunicações) e decretos que a regulamentam; Lei nº 5.250, de 9 de fevereiro de 1967 (Lei de Imprensa); Lei nº 9.472, de 16 de julho de 1997 (organização dos serviços de telecomunicações) e Decreto nº 2.338 que a regulamenta; Decreto nº 7.512, de 30 de junho de 2011 (aprova o plano geral de metas para a universalização do serviço telefônico fixo comutado prestado no regime público - PGMU).

[1182] Incluído pela EC nº 36, de 28/05/2002.

[1183] Incluído pela EC nº 36, de 28/05/2002.

[1184] ADI 4.451, Rel. Min. Ayres Britto, DJe 24/08/2012;

CONSTITUIÇÃO FEDERAL (1988) Arts. 224 e 225

Art. 224. Para os efeitos do disposto neste capítulo, o Congresso Nacional instituirá, como seu órgão auxiliar, o Conselho de Comunicação Social, na forma da lei.[1185]

CAPÍTULO VI - DO MEIO AMBIENTE

Art. 225. Todos têm direito ao meio ambiente ecologicamente equilibrado, bem de uso comum do povo e essencial à sadia qualidade de vida, impondo-se ao Poder Público e à coletividade o dever de defendê-lo e preservá-lo para as presentes e futuras gerações.[1186]

§ 1° Para assegurar a efetividade desse direito, incumbe ao Poder Público:[1187]

I - preservar e restaurar os processos ecológicos essenciais e prover o manejo ecológico das espécies e ecossistemas;[1188]

[1185] Vide ADI 244, Rel. Min. Sepúlveda Pertence, DJ 31/10/2002; ADI 821-MC, Rel. Min. Octavio Gallotti, DJ 07/05/1993 e Lei n° 8.389, de 30 de dezembro de 1991 (institui o Conselho de Comunicação Social).

[1186] VideADI 3.937, Rel. Min. Dias Toffoli, Inf. 874; ADI 3.406 e 3.470, Rel. Min. Rosa Weber, Inf. 886; ADI 3.378, Rel. Min. Ayres Britto, DJe 20/06/2008; ADI 2.083-MC, voto do Min. Moreira Alves, DJ 09/02/2001 e ADI 2.007-MC, Rel. Min. Sepúlveda Pertence, DJ 24/09/1999. Vide Lei n° 13.233 de 29 de dezembro de 2015 (obriga, nas hipóteses que especifica, a veiculação de mensagem de advertência sobre o risco de escassez e de incentivo ao consumo moderado de água).

[1187] Vide ADI 4.029, Rel. Min. Luiz Fux, 27/06/2012; ADI 3.252-MC, Rel. Min. Gilmar Mendes, Inf. 382; ADI 1.505, Rel. Min. Eros Grau, DJ 04/03/2005.

[1188] Vide Lei n° 9.985, de 18 de julho de 2000 (institui o Sistema Nacional de Unidades de Conservação da Natureza), regulamenta esse inciso; Decreto n° 5.950, de 31 de outubro de 2006 (regulamenta o art. 57-A da Lei n° 9.985, de 18 de julho de 2000, para estabelecer os limites para o plantio de organismos geneticamente modificados nas áreas que circundam as unidades de conservação); Lei n° 12.651, de 25 de maio de 2012 (Código Florestal); Lei n° 12.512, de 14 de outubro de 2011 (Programa de Apoio à Conservação Ambiental e o Programa de Fomento às Atividades Produtivas Rurais); Lei n° 5.197, de 03 de janeiro de 1967 (Código de Caça); Decreto-Lei n° 221, de 28 de fevereiro de 1967 (Código de Pesca) e Decreto n° 64.618, de 2 de junho de 1969 que o regulamenta em relação ao trabalho a bordo de embarcações pesqueiras; Lei n° 6.938, de 31 de agosto de 1981 (Política Nacional do Meio Ambiente) e Decreto n° 99.274, de 6 de junho de 1990 (regulamenta a criação de estações ecológicas e áreas de proteção ambiental); Lei n° 11.959, de 29 de junho de 2009 (Política nacional do desenvolvimento sutentável da Aquicultura e da Pesca); Decreto n° 5.975, de 30 de novembro de 2006 (regulamenta a exploração de florestas); Lei n° 7.735, de 22 de fevereiro de 1989 (Instituto Brasileiro do Meio Ambiente e dos Recursos Naturais Renováveis); Lei n° 7.797, de 10 de julho de 1989 (Fundo Nacional do Meio Ambiente); Decreto n° 3.524, de 26 de junho de 2000 (regulamenta o fundo nacional do meio ambiente); Lei n° 7.802, de 11 de julho de 1989 (dispõe sobre a pesquisa, a experimentação, a produção, a embalagem e rotulagem, o transporte, o armazenamento, a comercialização, a propaganda comercial, a utilização, a importação, a exportação, o destino final dos resíduos e embalagens, o registro, a classificação, o controle, a inspeção e a fiscalização de agrotóxicos, seus componentes e afins) e Decreto n° 4.074, de 4 de janeiro de 2002, que a regulamenta); Decreto n° 6.660, de 21 de novembro de 2008 (dispõe sobre a utilização e proteção da da vegetação nativa do Bioma Mata Atlântica); Lei n° 9.605, de 12 de fevereiro de 1998 (Lei de Crimes Ambientais); Decreto n° 6.514, de 22 de julho de 2008 (dispõe sobre as infrações e

Art. 225   J. U. JACOBY FERNANDES

II - preservar a diversidade e a integridade do patrimônio genético do País e fiscalizar as entidades dedicadas à pesquisa e manipulação de material genético;[1189]

III - definir, em todas as unidades da Federação, espaços territoriais e seus componentes a serem especialmente protegidos, sendo a alteração e a supressão permitidas somente através de lei, vedada qualquer utilização que comprometa a integridade dos atributos que justifiquem sua proteção;[1190]

IV - exigir, na forma da lei, para instalação de obra ou atividade potencialmente causadora de significativa degradação do meio ambiente, estudo prévio de impacto ambiental, a que se dará publicidade;[1191]

---

sanções administrativas ao meio ambiente e estabelece o processo administrativo federal para apuração); Lei n° 9.649, de 27 de maio de 1998 (dispõe sobre a organização da Presidência da República e dos Ministérios), art. 14, inc. XII; Lei n° 9.790, de 23 de março de 1999 (defesa, preservação e conservação do meio ambiente e promoção do desenvolvimento sustentável por meio de organizações da sociedade civil de interesse público), art. 3°, inc. VI; Lei n° 8.723, de 28 de outubro de 1993 (redução de emissão de poluentes por veículos automotores); Lei n° 11.105, de 24 de março de 2005 (estabelece normas de segurança e mecanismos de fiscalização de atividades que envolvam organismos geneticamente modificados - OGM e seus derivados, cria o Conselho Nacional de Biossegurança - CNBS, reestrutura a Comissão Técnica Nacional de Biossegurança - CTNBio, dispõe sobre a Política Nacional de Biossegurança - PNB) e Decreto n° 5.591, de 22 de novembro de 2005 (regulamenta dispositivos da Lei n° 11.105, de 24 de março de 2005, que regulamenta os incisos II, IV e V do § 1° do art. 225 da Constituição Federal); Lei no 13.493, de 17 de outubro de 2017 (estabelece o Produto Interno Verde - PIV, em cujo cálculo será considerado o patrimônio ecológico nacional); Lei n° 13.153, de 30 de julho de 2015 (institui a Política Nacional de Combate à Desertificação e Mitigação dos Efeitos da Seca e seus instrumentos e prevê a criação da Comissão Nacional de Combate à Desertificação); Lei n° 12.854 de 26 de agosto de 2013 (fmenta e incentiva ações que promovam a recuperação florestal e a implantação de sistemas agroflorestais em áreas rurais desapropriadas e em áreas degradadas); Lei n° 12.484 de 08 de setembro de 2011 (Política Nacional de Incentivo ao Manejo Sustentado e ao Cultivo do Bambu).

[1189] Vide Lei n° 9.985, de 18 de julho de 2000 (institui o Sistema Nacional de Unidades de Conservação da Natureza, regulamenta esse inciso) e Decreto n° 4.519, de 13 de dezembro de 2002 (dispõe sobre o serviço voluntário em unidades de conservação federais); Decreto n° 5.950, de 31 de outubro de 2006 (regulamenta o art. 57-A da Lei n° 9.985, de 18 de julho de 2000, para estabelecer os limites para o plantio de organismos geneticamente modificados nas áreas que circundam as unidades de conservação); Lei n° 13.123, de 20 de maio de 2015 (dispõe sobre o acesso ao patrimônio genético, sobre a proteção e o acesso ao conhecimento tradicional associado e sobre a repartição de benefícios para conservação e uso sustentável da biodiversidade; Lei n° 11.105, de 24 de março de 2005 (lei de biossegurança) e Decreto n° 5.591, de 22 de novembro de 2005 (regulamenta a segurança e mecanismos de fiscalização sobre a construção, o cultivo, a produção, a manipulação, o transporte, a transferência, a importação, a exportação, o armazenamento, a pesquisa, a comercialização, o consumo, a liberação no meio ambiente e o descarte de organismos geneticamente modificados - OGM e seus derivados,).

[1190] Vide ADI 3.540-MC, Rel. Min. Celso de Mello, Inf. 399; Lei n° 9.985, de 18 de julho de 2000 (institui o Sistema Nacional de Unidades de Conservação da Natureza, regulamenta esse inciso) e Decreto n° 5.950, de 31 de outubro de 2006 (estabelece os limites para o plantio de organismos geneticamente modificados nas áreas que circundam as unidades de conservação).

[1191] Vide ADI 1.086-MC, Rel. Min. Ilmar Galvão, DJ 16/09/1994; Lei n° 6.938, de 31 de agosto de 1981 (Política Nacional do Meio Ambiente) e Decreto n° 99.274, de 6 de junho de 1990

CONSTITUIÇÃO FEDERAL (1988)   Art. 225

V - controlar a produção, a comercialização e o emprego de técnicas, métodos e substâncias que comportem risco para a vida, a qualidade de vida e o meio ambiente;[1192]

VI - promover a educação ambiental em todos os níveis de ensino e a conscientização pública para a preservação do meio ambiente;[1193]

VII - proteger a fauna e a flora, vedadas, na forma da lei, as práticas que coloquem em risco sua função ecológica, provoquem a extinção de espécies ou submetam os animais a crueldade.[1194]

§ 2° Aquele que explorar recursos minerais fica obrigado a recuperar o meio ambiente degradado, de acordo com solução técnica exigida pelo órgão público competente, na forma da lei.[1195]

§ 3° As condutas e atividades consideradas lesivas ao meio ambiente sujeitarão os infratores, pessoas físicas ou jurídicas, a sanções penais e

---

(regulamenta a criação de estações ecológicas e áreas de proteção ambiental); Decreto n° 5.975, de 30 de novembro de 2006 (regulamenta o exploração de floresta); Lei n° 11.105, de 24 de março de 2005 (estabelece normas de segurança e mecanismos de fiscalização de atividades que envolvam organismos geneticamente modificados - OGM e seus derivados, cria o Conselho Nacional de Biossegurança - CNBS, reestrutura a Comissão Técnica Nacional de Biossegurança - CTNBio, dispõe sobre a Política Nacional de Biossegurança - PNB) e Resolução n° 1/86 do Conselho Nacional do Meio Ambiente (Conama); Lei n° 12.187, de 29 de dezembro de 2009 (Política Nacional sobre Mudança do Clima); Lei n° 12.114 de 09 de dezembro de 2009 (Fundo Nacional sobre Mudança do Clima).

[1192] Vide ADI 4.066, Rel. Min. Rosa Weber, Inf. 874; Lei n° 11.105, de 24 de março de 2005 (estabelece normas de segurança e mecanismos de fiscalização de atividades que envolvam organismos geneticamente modificados - OGM e seus derivados, cria o Conselho Nacional de Biossegurança - CNBS, reestrutura a Comissão Técnica Nacional de Biossegurança - CTNBio, dispõe sobre a Política Nacional de Biossegurança - PNB).

[1193] Vide Lei n° 9.795, de 27 de abril de 1999 (institui a Política Nacional de Educação Ambiental) e Decreto n° 4.281, de 25 de junho de 2002 (regulamenta a a Política Nacional de Educação Ambiental).

[1194] Vide ADI 4.983, Rel. Min. Marco Aurélio, DJe 27/04/2017; ADI 3.776, Rel. Min. Cezar Peluso, DJ 29/06/2007; ADI 1.856-MC, Rel. Min. Carlos Velloso, DJ 22/09/2000; ADI 2.514, Inf. 394; ADI 1.952-MC, voto do Min. Moreira Alves, DJ 12/05/2000; Vide também Lei n° 11.794, de 08 de outubro de 2008 (regulamenta os procedimentos para o uso científico de animais); Lei n° 9.985, de 18 de julho de 2000 (institui o Sistema Nacional de Unidades de Conservação da Natureza, regulamenta esse inciso) e Decreto n° 4.519, de 13 de dezembro de 2002 (dispõe sobre o serviço voluntário em unidades de conservação federais); Decreto n° 5.950, de 31 de outubro de 2006 (estabelece os limites para o plantio de organismos geneticamente modificados nas áreas que circundam as unidades de conservação); Lei n° 12.651 de 25 de maio de 2012 (Código Florestal); Lei n° 5.197, de 03 janeiro 1967 (Código de Caça); Lei n° 11.959, de 29 de junho de 2009 (Política Nacional de Desenvolvimento Sustentável da Aquicultura e da Pesca) Decreto-Lei n° 221, de 28 de fevereiro de 1967 (Código de Pesca); Lei n° 9.605, de 12 de fevereiro de 1998 (crimes Ambientais); Lei n° 10.519/2002 (dispõe sobre a promoção e a fiscalização da defesa sanitária animal quando da realização de rodeio); Lei n° 13.426, de 30 de março de 2017 (dispõe sobre a política de controle da natalidade de cães e gatos). Vide 12.651, de 25 de maio de 2012 (dispõe sobre a proteção da vegetação nativa)

[1195] Decreto-Lei n° 1985, de 22 de março de 1940227, de 28 de fevereiro de 1967 (Código de Minas); Decreto-Lei n° 227, de 28 de fevereiro de 1967 (Código de Mineração) e Decreto n° 62.934, de 2 de julho de 1968 (regulamenta o Código de Mineração)

Art. 225
J. U. Jacoby Fernandes

administrativas, independentemente da obrigação de reparar os danos causados.[1196]

§ 4º A Floresta Amazônica brasileira, a Mata Atlântica, a Serra do Mar, o Pantanal Mato-Grossense e a Zona Costeira são patrimônio nacional, e sua utilização far-se-á, na forma da lei, dentro de condições que assegurem a preservação do meio ambiente, inclusive quanto ao uso dos recursos naturais.[1197]

§ 5º São indisponíveis as terras devolutas ou arrecadadas pelos Estados, por ações discriminatórias, necessárias à proteção dos ecossistemas naturais.

§ 6º As usinas que operem com reator nuclear deverão ter sua localização definida em lei federal, sem o que não poderão ser instaladas.[1198]

[1196] Vide Lei nº 9.605, de 12 de fevereiro de 1998 (dispõe sobre as sanções penais e administrativas derivadas de condutas e atividades lesivas ao meio ambiente), art. 3º e parágrafo único (responsabilidade das pessoas físicas e jurídicas) e Decreto nº 6.514, de 22 de julho de 2008 (dispõe sobre as infrações e sanções administrativas ao meio ambiente, estabelece o processo administrativo federal para apuração destas infrações, e dá outras providências).

[1197] Vide ADI 4.269, rel. Min. Edson Fachin, Inf. 882; ADI 4.277, Rel. Min. Ayres Britto, DJe 14/10/2011; ADI 1.516-MC, Rel. Min. Sydney Sanches, DJ 13/08/1999; Lei nº 6.938, de 31 de agosto de 1981 (Política Nacional do Meio Ambiente); Decreto nº 99.274, de 6 de junho de 1990 (criação de estações ecológicas e área de proteção ambiental); Decreto nº 5.975, de 30 de novembro de 2006 (dispõe sobre a exploração de florestas); Lei nº 6.902, de 27 de abril de 1981 (criação de Estações Ecológicas, Áreas de Proteção Ambiental) e Lei nº 7.347, de 24 de julho de 1985 (ação civil pública); Lei nº 7.661, de 16 de maio de 1988 (Plano Nacional de Gerenciamento Costeiro); Lei nº 11.952 de 25 de junho de 2018 (regularização fundiária das ocupações incidentes em terras situadas em áreas da União, no âmbito da Amazônia Legal); Decreto nº 8.975, de 24 de janeiro de 2017 (aprova a Estrutura Regimental e o Quadro Demonstrativo dos Cargos em Comissão e das Funções de Confiança do Ministério do Meio Ambiente); Lei nº 13.123, de 20 de maio de 2015 (dispõe sobre o acesso ao patrimônio genético, sobre a proteção e o acesso ao conhecimento tradicional associado e sobre a repartição de benefícios para conservação e uso sustentável da biodiversidade, regulamenta este parágrafo e Portaria nº 94, de 4 de março de 2002, do Ministério do Meio Ambiente (institui, no âmbito da União, o Licenciamento Ambiental em Propriedade Rural na Amazônia Legal); Alterado pela EC.nº 96, de 6/6/2017.

[1198] Vide Lei nº 12.731, de 21 de novembro de 2012 (institui o Sistema de Proteção ao Programa Nuclear Brasileiro – SIPRON), e Decreto nº 2.210, de 22 de abril de 1997 (regulamenta o SIPRON); Lei nº 7.802, de 11 de julho de 1989 (danos ao meio ambiente); Decreto nº 4.074, de 4 de janeiro de 2002 (regulamenta a pesquisa, a experimentação, a produção, a embalagem e rotulagem, o transporte, o armazenamento, a comercialização, a propaganda comercial, a utilização, a importação, a exportação, o destino final dos resíduos e embalagens, o registro, a classificação, o controle, a inspeção e a fiscalização de agrotóxicos); Decreto nº 98.826, de 11 de janeiro de 1990 (homologa a demarcação administrativa da terra indígena Carretão I, que menciona, no Estado de Goiás); Lei nº 9.605, de 12 de fevereiro de 1998 (Lei de Crimes Ambientais); Decreto nº 6.514, de 22 de julho de 2008 (dispõe sobre a especificação das sanções aplicáveis às condutas e atividades lesivas ao meio ambiente); Lei nº 9.649, de 27 de maio de 1998 (dispõe sobre o Ministério do Meio Ambiente, dos Recursos Hídricos e da Amazônia Legal no art. 14, inc. XII); Lei nº 9.790, de 23 de março de 1999 (defesa, preservação e conservação do meio ambiente e promoção do desenvolvimento sustentável por meio de organizações da sociedade civil de interesse público) e Lei nº 13.123, de 20 de maio de 2015 (dispõe sobre o acesso ao patrimônio genético, sobre a proteção e o acesso ao conhecimento tradicional associado e sobre a repartição de benefícios para conservação e uso sustentável da biodiversidade).

CONSTITUIÇÃO FEDERAL (1988)   Arts. 225 a 227

§ 7º Para fins do disposto na parte final do inciso VII do § 1º deste artigo, não se consideram cruéis as práticas desportivas que utilizem animais, desde que sejam manifestações culturais, conforme o § 1º do art. 215 desta Constituição Federal, registradas como bem de natureza imaterial integrante do patrimônio cultural brasileiro, devendo ser regulamentadas por lei específica que assegure o bem-estar dos animais envolvidos.[1199]

CAPÍTULO VII - DA FAMÍLIA, DA CRIANÇA, DO ADOLESCENTE, DO JOVEM E DO IDOSO[1200]

Art. 226. A família, base da sociedade, tem especial proteção do Estado.

§ 1º O casamento é civil e gratuita a celebração.[1201]

§ 2º O casamento religioso tem efeito civil, nos termos da lei.[1202]

§ 3º Para efeito da proteção do Estado, é reconhecida a união estável entre o homem e a mulher como entidade familiar, devendo a lei facilitar sua conversão em casamento.[1203]

§ 4º Entende-se, também, como entidade familiar a comunidade formada por qualquer dos pais e seus descendentes.

§ 5º Os direitos e deveres referentes à sociedade conjugal são exercidos igualmente pelo homem e pela mulher.

§ 6º O casamento civil pode ser dissolvido pelo divórcio.[1204]

§ 7º Fundado nos princípios da dignidade da pessoa humana e da paternidade responsável, o planejamento familiar é livre decisão do casal, competindo ao Estado propiciar recursos educacionais e científicos para o exercício desse direito, vedada qualquer forma coercitiva por parte de instituições oficiais ou privadas.[1205]

§ 8º O Estado assegurará a assistência à família na pessoa de cada um dos que a integram, criando mecanismos para coibir a violência no âmbito de suas relações.[1206]

Art. 227. É dever da família, da sociedade e do Estado assegurar à criança, ao adolescente e ao jovem, com absoluta prioridade, o direito à vida, à saúde, à

[1199] Incluído pela EC nº 96, de 06/06/2017.

[1200] Vide EC nº 65, de 13/07/2010.

[1201] Vide ADI 1.364-MC, Rel. Min. Néri da Silveira, DJ 11/04/1997.

[1202] Vide Lei nº 1.110, de 23 de maio de 1950, e arts. 71 a 75 da Lei nº 6.015, de 31 de dezembro de 1973 (dos efeitos civis do casamento religioso) e Lei nº 10.406, de 10 de janeiro de 2002 (Código Civil), art. 1515.

[1203] Vide Súmula nº 380; ADI 3.300, Rel. Min. Celso Mello, Inf. 414; Lei nº 9.278, de 10 de maio de 1996, regulamenta o disposto neste artigo (Lei da Convivência) e Lei nº 8.971, de 29 de dezembro de 1994 (regula os direitos dos companheiros a alimentos e à sucessão).

[1204] Redação dada pela EC nº 66, 13/07/2010. Vide Lei nº 6.515, de 26 de dezembro de 1977 (regula os casos de dissolução da sociedade conjugal e do casamento, seus efeitos e respectivos processos) e Lei nº 13.105, de 16 de março de 2015 (Código de Processo Civil), art. 731.

[1205] ADI 3.510, Rel. Min. Ayres Britto, DJe 28/05/2010.

[1206] Vide ADI 4.424, Rel. Min. Marco Aurélio, DJe 01/08/2014; Lei nº 11.133, de 14 de julho de 2005 (institui o dia nacional de luta da pessoa portadora de deficiência).

Arts. 227 · J. U. JACOBY FERNANDES

alimentação, à educação, ao lazer, à profissionalização, à cultura, à dignidade, ao respeito, à liberdade e à convivência familiar e comunitária, além de colocá-los a salvo de toda forma de negligência, discriminação, exploração, violência, crueldade e opressão.[1207]

§ 1º O Estado promoverá programas de assistência integral à saúde da criança, do adolescente e do jovem, admitida a participação de entidades não governamentais, mediante políticas específicas e obedecendo aos seguintes preceitos;[1208]

I - aplicação de percentual dos recursos públicos destinados à saúde na assistência materno-infantil;

II - criação de programas de prevenção e atendimento especializado para as pessoas portadoras de deficiência física, sensorial ou mental, bem como de integração social do adolescente e do jovem portador de deficiência, mediante o treinamento para o trabalho e a convivência, e a facilitação do acesso aos bens e serviços coletivos, com a eliminação de obstáculos arquitetônicos e de todas as formas de discriminação.[1209]

[1207] Redação dada pela EC nº 65, de 13/07/2010. Vide ADI 169, Rel. Min. Maurício Corrêa, DJ 04/06/2004. Vide Lei nº 13.257, de 08 de março de 2016 (dispõe sobre as políticas públicas para a primeira infância). Vide Lei nº 13.002, de 20 de junho de 2014 (Obriga a realização do Protocolo de Avaliação do Frênulo da Língua em Bebês); Lei nº 12.921 de 26 de dezembro de 2013 (Proíbe a fabricação, a comercialização, a distribuição e a propaganda de produtos nacionais e importados, de qualquer natureza, bem como embalagens, destinados ao público infantojuvenil, reproduzindo a forma de cigarros e similares); Lei 12.764, de 27 de dezembro de 2012. (Política Nacional de Proteção dos Direitos da Pessoa com Transtorno do Espectro Autista); Lei nº 12.318, de 26 de agosto de 2010 (dispõe sobre a alienação parental); Lei no 12.303, de 02 de agosto de 2010 (obrigatoriedade de realização do exame denominado Emissões Otoacústicas Evocadas); Lei nº 12.127 de 17 de dezembro de 2009 (Cadastro Nacional de Crianças e Adolescentes Desaparecidos); Lei no 12.003 de 29 de julho de 2018 (criação de número telefônico para uso exclusivo dos Conselhos Tutelares);

[1208] Redação dada pela EC nº 65, de 13/07/2010.

[1209] Redação dada pela EC nº 65, de 13/07/2010. Vide Lei nº 8.069, de 13 de julho de 1990 (Estatuto da Criança e do Adolescente), arts. 7º a 14 (Direito à vida e à saúde); Lei nº 8.642, de 31 de março de 1993 (dispõe sobre a instituição do Programa Nacional de Atenção Integral à Criança e ao Adolescente - Pronaica); Decreto nº 1.056, de 11 de fevereiro de 1994 (regulamenta a forma de atuação dos órgãos do Poder Executivo para execução do programa nacional de atenção integral a criança e ao adolescente); Lei nº 7.853, de 24 de outubro de 1989 (dispõe sobre o apoio às pessoas portadoras de deficiência, sua integração social, sobre a Coordenadoria Nacional para Integração da Pessoa Portadora de Deficiência - CORDE, institui a tutela jurisdicional de interesses coletivos ou difusos dessas pessoas, disciplina a atuação do Ministério Público, define crimes); Decreto nº 3.298, de 20 de dezembro de 1999 (consolida as normas de proteção à pessoa portadora de deficiência); Lei nº 9.970, de 17 de maio de 2000 (institui o dia 18 de maio como o dia nacional do combate ao abuso e a exploração sexual de criança e adolescentes); Lei nº 10.216, de 06 de abril de 2001 (dispõe sobre a proteção e os direitos das pessoas portadoras de transtornos mentais e redireciona o modelo assistencial em saúde mental); Lei nº 10.515, de 11 de julho de 2002. (institui o 12 de agosto como Dia Nacional da Juventude); Lei nº 11.692 de 10 de junho de 2008 (dispõe sobre o Programa Nacional de Inclusão de Jovens - Projovem);

CONSTITUIÇÃO FEDERAL (1988)   Art. 227

§ 2° A lei disporá sobre normas de construção dos logradouros e dos edifícios de uso público e de fabricação de veículos de transporte coletivo, a fim de garantir acesso adequado às pessoas portadoras de deficiência.[1210]

§ 3° O direito a proteção especial abrangerá os seguintes aspectos:

I - idade mínima de quatorze anos para admissão ao trabalho, observado o disposto no art. 7°, XXXIII;

II - garantia de direitos previdenciários e trabalhistas;

III - garantia de acesso do trabalhador adolescente e jovem à escola;[1211]

IV - garantia de pleno e formal conhecimento da atribuição de ato infracional, igualdade na relação processual e defesa técnica por profissional habilitado, segundo dispuser a legislação tutelar específica;

V - obediência aos princípios de brevidade, excepcionalidade e respeito à condição peculiar de pessoa em desenvolvimento, quando da aplicação de qualquer medida privativa da liberdade;[1212]

VI - estímulo do Poder Público, através de assistência jurídica, incentivos fiscais e subsídios, nos termos da lei, ao acolhimento, sob a forma de guarda, de criança ou adolescente órfão ou abandonado;[1213]

VII - programas de prevenção e atendimento especializado à criança, ao adolescente e ao jovem dependente de entorpecentes de entorpecentes e drogas afins.[1214]

§ 4° A lei punirá severamente o abuso, a violência e a exploração sexual da criança e do adolescente.[1215]

§ 5° A adoção será assistida pelo Poder Público, na forma da lei, que estabelecerá casos e condições de sua efetivação por parte de estrangeiros.[1216]

[1210] Vide ADI 903, Lei n° 7.853/1989 (disciplina a Rel. Min. Dias Toffoli DJe 07/02/2104; Coordenadoria Nacional para Integração da Pessoa Portadora de Deficiência e institui a tutela jurisdicional de interesses coletivos e difusos das pessoas portadoras de deficiência); Decreto n° 3.298, de 20 de dezembro de 1999 (, consolida as normas de proteção e integração da pessoa portadora de deficiência); Lei n° 10.098, de 19 de dezembro de 2000 (estabelece normas gerais e critérios básicos para a promoção da acessibilidade das pessoas portadoras de deficiência com mobilidade reduzida) e Decreto n° 5.296, de 2 de dezembro de 2004 (regulamenta a promoção da acessibilidade das pessoas com deficiência); Lei n° 10.436, de 24 de abril de 2002, que dispõe sobre a Língua Brasileira de Sinais - Libras,) e Decreto n° 5.626, de 22 de dezembro de 2005, que a regulamenta.

[1211] Redação dada pela EC n° 65, de 13/7/2010.

[1212] Vide Lei n° 12.594 de 18 de janeiro de 2012 (institui o Sistema Nacional de Atendimento Socioeducativo (Sinase), regulamenta a execução das medidas socioeducativas destinadas a adolescente que pratique ato infracional).

[1213] Vide Lei n° 8.069, de 13 de julho de 1990 (Estatuto da Criança e do Adolescente), arts. 33 a 35 (tratam da guarda).

[1214] Redação dada pela EC n° 65, de 13/07/2010.

[1215] Vide Lei no 12.845 de 02 de agosto de 2013 (atendimento obrigatório e integral de pessoas em situação de violência sexual); Lei n° 8.069, de 13 de julho de 1990 (Estatuto da Criança e do Adolescente), arts. 225 e ss. (crimes praticados contra as crianças) e Decreto-Lei n° 2.848, de 7 de dezembro de 1940 (Código Penal), arts. 217-A, 218, 218-A e 218-B.

Arts. 227 a 231   J. U. JACOBY FERNANDES

§ 6° Os filhos, havidos ou não da relação do casamento, ou por adoção, terão os mesmos direitos e qualificações, proibidas quaisquer designações discriminatórias relativas à filiação.

§ 7° No atendimento dos direitos da criança e do adolescente levar-se-á em consideração o disposto no art. 204.

§ 8° A lei estabelecerá:[1217]

I - o estatuto da juventude, destinado a regular os direitos dos jovens;[1218]

II - o plano nacional de juventude, de duração decenal, visando à articulação das várias esferas do poder público para a execução de políticas públicas.

Art. 228. São penalmente inimputáveis os menores de dezoito anos, sujeitos às normas da legislação especial.

Art. 229. Os pais têm o dever de assistir, criar e educar os filhos menores, e os filhos maiores têm o dever de ajudar e amparar os pais na velhice, carência ou enfermidade.

Art. 230. A família, a sociedade e o Estado têm o dever de amparar as pessoas idosas, assegurando sua participação na comunidade, defendendo sua dignidade e bem-estar e garantindo-lhes o direito à vida.[1219]

§ 1° Os programas de amparo aos idosos serão executados preferencialmente em seus lares.

§ 2° Aos maiores de sessenta e cinco anos é garantida a gratuidade dos transportes coletivos urbanos.[1220]

CAPÍTULO VIII - DOS ÍNDIOS

Art. 231. São reconhecidos aos índios sua organização social, costumes, línguas, crenças e tradições, e os direitos originários sobre as terras que tradicionalmente ocupam, competindo à União demarcá-las, proteger e fazer respeitar todos os seus bens.

[1216] Vide Lei n° 8.069, de 13 de julho de 1990 (Estatuto da Criança e do Adolescente), arts. 39 a 52; Lei n° 10.406, de 10 de janeiro de 2002 (Código Civil), art. 1.618 e 1.619.) e Decreto n° 3.087, de 21 de junho de 1999 (convenção relativa à proteção das crianças e à cooperação em matéria de adoção internacional, concluída em Haia, em 29 de maio de 1993); Lei n° 12.010, de 3 de agosto de 2009 e Lei n° 13.509, de 22 e novembro de 2017 (dispõem sobre adoção).

[1217] § 8° e incisos incluídos pela EC n° 65, de 13/07/2010. Vide Lei n° 13.431, de 04 de abril de 2017 (estabelece o sistema de garantia de direitos da criança e do adolescente vítima ou testemunha de violência).

[1218] Vide Lei n° 12.852, de 05 de agosto de 2013 (Estatuto da Juventude).

[1219] Vide ADI 2.435-MC, Rel. Min. Ellen Gracie, DJ 31/10/2003; ADI 3.096, Rel. min. Cármen Lúcia, DJe 03/09/2010; Lei n° 8.842 de 04 de janeiro de 1994 (política nacional do idoso); Lei n° 10.741, de 1° de outubro de 2003 (Estatuto do idoso); Lei n° 11.551, de 19 de novembro de 2017 (institui o Programa Disque Idoso); Lei n° 12.213, de 20 de janeiro de 2010 (institui o Fundo Nacional do Idoso e autoriza deduzir do imposto de renda devido pelas pessoas físicas e jurídicas as doações efetuadas aos Fundos Municipais, Estaduais e Nacional do Idoso).

[1220] Vide ADI 3.768, Rel. Min. Cármen Lúcia, DJe 26/10/2007.

CONSTITUIÇÃO FEDERAL (1988)   Art. 231

§ 1º São terras tradicionalmente ocupadas pelos índios as por eles habitadas em caráter permanente, as utilizadas para suas atividades produtivas, as imprescindíveis à preservação dos recursos ambientais necessários a seu bem-estar e as necessárias a sua reprodução física e cultural, segundo seus usos, costumes e tradições.

§ 2º As terras tradicionalmente ocupadas pelos índios destinam-se a sua posse permanente, cabendo-lhes o usufruto exclusivo das riquezas do solo, dos rios e dos lagos nelas existentes.

§ 3º O aproveitamento dos recursos hídricos, incluídos os potenciais energéticos, a pesquisa e a lavra das riquezas minerais em terras indígenas só podem ser efetivados com autorização do Congresso Nacional, ouvidas as comunidades afetadas, ficando-lhes assegurada participação nos resultados da lavra, na forma da lei.[1221]

§ 4º As terras de que trata este artigo são inalienáveis e indisponíveis, e os direitos sobre elas, imprescritíveis.

§ 5º É vedada a remoção dos grupos indígenas de suas terras, salvo, *ad referendum* do Congresso Nacional, em caso de catástrofe ou epidemia que ponha em risco sua população, ou no interesse da soberania do País, após deliberação do Congresso Nacional, garantido, em qualquer hipótese, o retorno imediato logo que cesse o risco.

§ 6º São nulos e extintos, não produzindo efeitos jurídicos, os atos que tenham por objeto a ocupação, o domínio e a posse das terras a que se refere este artigo, ou a exploração das riquezas naturais do solo, dos rios e dos lagos nelas existentes, ressalvado relevante interesse público da União, segundo o que dispuser lei complementar, não gerando a nulidade e a extinção direito a indenização ou a ações contra a União, salvo, na forma da lei, quanto às benfeitorias derivadas da ocupação de boa fé.[1222]

§ 7º Não se aplica às terras indígenas o disposto no art. 174, §§ 3º e 4º.

[1221] Vide ADI 3.352-MC, Rel. Min. Sepúlveda Pertence, DJ 15/04/2005; Decreto nº 1.775, de 08 de janeiro de 1996 (dispõe sobre o processo administrativo de demarcação das terras indígenas); Decreto nº 7.747, de 59 de junho de 2012 (Política Nacional de Gestão Territorial e Ambiental de Terras Indígenas - PNGATI); Decreto nº 26, de 04 de fevereiro de 1991 (dispõe sobre a educação indígena); Lei nº 6.001, de 19 de dezembro de 1973 (Estatuto do Índio); Decreto nº 22, de 4 de fevereiro de 1991 (dispõe sobre o processo administrativo de demarcação das terras indígenas) e Decreto nº 9.010, de 23 de março de 2017 (aprova o estatuto e o quadro demonstrativo dos cargos em comissão e das funções de confiança da Fundação Nacional do "indio(s):FUNAI).

[1222] Vide Decreto nº 1.775, de 8 de janeiro de 1996 (processo administrativo de demarcação das terras indígenas); Decreto nº 7.747, de 59 de junho de 2012 (Política Nacional de Gestão Territorial e Ambiental de Terras Indígenas - PNGATI; Decreto nº 26, de 4 de fevereiro de 1991 (educação indígena no Brasil); Lei nº 6.001, de 19 de dezembro de 1973 (estatuto do índio); Decreto nº 22, de 4 de fevereiro de 1991 (dispõe sobre o processo administrativo de demarcação das terras indígenas) e Decreto nº 9.010, de 23 de março de 2017 (aprova o estatuto e o quadro demonstrativo dos cargos em comissão e das funções de confiança da Fundação Nacional do "indio(s):FUNAI).

Arts. 232 a 235 — J. U. JACOBY FERNANDES

Art. 232. Os índios, suas comunidades e organizações são partes legítimas para ingressar em juízo em defesa de seus direitos e interesses, intervindo o Ministério Público em todos os atos do processo.

TÍTULO IX
DAS DISPOSIÇÕES CONSTITUCIONAIS GERAIS

Art. 233. (revogado)[1223]

Redação anterior: vigente entre 05.10.1988 e 25.05.2000 (original):

Art. 233. Para efeito do art. 7°, XXIX, o empregador rural comprovará, de cinco em cinco anos, perante a Justiça do Trabalho, o cumprimento das suas obrigações trabalhistas para com o empregado rural, na presença deste e de seu representante sindical.

§ 1° Uma vez comprovado o cumprimento das obrigações mencionadas neste artigo, fica o empregador isento de qualquer ônus decorrente daquelas obrigações no período respectivo. Caso o empregado e seu representante não concordem com a comprovação do empregador, caberá à Justiça do Trabalho a solução da controvérsia.

§ 2° Fica ressalvado ao empregado, em qualquer hipótese, o direito de postular, judicialmente, os créditos que entender existir, relativamente aos últimos cinco anos.

§ 3° A comprovação mencionada neste artigo poderá ser feita em prazo inferior a cinco anos, a critério do empregador.

Art. 234. É vedado à União, direta ou indiretamente, assumir, em decorrência da criação de Estado, encargos referentes a despesas com pessoal inativo e com encargos e amortizações da dívida interna ou externa da administração pública, inclusive da indireta.

Art. 235. Nos dez primeiros anos da criação de Estado, serão observadas as seguintes normas básicas:[1224]

I - a Assembléia Legislativa será composta de dezessete Deputados se a população do Estado for inferior a seiscentos mil habitantes, e de vinte e quatro, se igual ou superior a esse número, até um milhão e quinhentos mil;

II - o Governo terá no máximo dez Secretarias;

III - o Tribunal de Contas terá três membros, nomeados, pelo Governador eleito, dentre brasileiros de comprovada idoneidade e notório saber;[1225]

IV - o Tribunal de Justiça terá sete Desembargadores;

V - os primeiros Desembargadores serão nomeados pelo Governador eleito, escolhidos da seguinte forma:

a) cinco dentre os magistrados com mais de trinta e cinco anos de idade, em exercício na área do novo Estado ou do Estado originário;

[1223] Revogado pela EC n° 28, de 25/05/2000.
[1224] Vide ADI 1.921, Rel. Min. Carlos Velloso, DJ 20/08/2004; ADI 1.903-MC, Rel. Min. Néri da Silveira, DJ 08/09/2000.
[1225] Vide ADI 1.903-MC, Rel. Min. Néri da Silveira, DJ 08/09/2000; ADI 1.389-MC, Rel. Min. Maurício Corrêa, DJ 20/09/1996 e ADI 445, Rel. Min. Néri da Silveira, DJ 25/03/1994.

CONSTITUIÇÃO FEDERAL (1988)   Arts. 235 e 236

b) dois dentre promotores, nas mesmas condições, e advogados de comprovada idoneidade e saber jurídico, com dez anos, no mínimo, de exercício profissional, obedecido o procedimento fixado na Constituição;

VI - no caso de Estado proveniente de Território Federal, os cinco primeiros Desembargadores poderão ser escolhidos dentre juízes de direito de qualquer parte do País;

VII - em cada Comarca, o primeiro Juiz de Direito, o primeiro Promotor de Justiça e o primeiro Defensor Público serão nomeados pelo Governador eleito após concurso público de provas e títulos;

VIII - até a promulgação da Constituição Estadual, responderão pela Procuradoria-Geral, pela Advocacia-Geral e pela Defensoria-Geral do Estado advogados de notório saber, com trinta e cinco anos de idade, no mínimo, nomeados pelo Governador eleito e demissíveis *ad nutum*;

IX - se o novo Estado for resultado de transformação de Território Federal, a transferência de encargos financeiros da União para pagamento dos servidores optantes que pertenciam à Administração Federal ocorrerá da seguinte forma:

a) no sexto ano de instalação, o Estado assumirá vinte por cento dos encargos financeiros para fazer face ao pagamento dos servidores públicos, ficando ainda o restante sob a responsabilidade da União;

b) no sétimo ano, os encargos do Estado serão acrescidos de trinta por cento e, no oitavo, dos restantes cinqüenta por cento;

X - as nomeações que se seguirem às primeiras, para os cargos mencionados neste artigo, serão disciplinadas na Constituição Estadual;

XI - as despesas orçamentárias com pessoal não poderão ultrapassar cinqüenta por cento da receita do Estado.

Art. 236. Os serviços notariais e de registro são exercidos em caráter privado, por delegação do Poder Público.[1226]

§ 1º Lei regulará as atividades, disciplinará a responsabilidade civil e criminal dos notários, dos oficiais de registro e de seus prepostos, e definirá a fiscalização de seus atos pelo Poder Judiciário.[1227]

[1226] Vide ADI 4.140, Rel. Min. Ellen Gracie, DJe 20/09/2011; ADI 4.453, Rel. Min. Cármen Lúcia, DJe 24/08/2011; ADI 3.643, Rel. Min. Ayres Britto, Inf. 447; ADI 3.151, Rel. Min. Ayres Britto, DJ 28/04/2006; ADI 2.602-MC, Rel. Min. Moreira Alves, DJ 06/06/2003; ADI 2.069-MC, Rel. Min. Néri da Silveira , DJ 09/05/2003; ADI 1.800, Rel. p/o ac. Min. Ricardo Lewandowski, DJ 28/09/2007; ADI 2.151, Rel. Min. Marco Aurélio, DJ 22/11/2002; ADI 1.378-MC, Rel. Min. Celso de Mello, DJ 30/05/1997; ADI 2.415, Rel. Min. Ayres Britto; ADI 112, Rel. Min. Néri da Silveira, DJ 09/02/1996; ADI 865-MC, Rel. Min. Celso de Mello, DJ 08/04/1994; ADI 575, Rel. Min. Sepúlveda Pertence, DJ 25/06/1999; ADI 417, Rel. Min. Maurício Corrêa, DJ 08/05/1998. Vide também Lei nº 8.935, de 18 de novembro de 1994 (Lei dos cartórios).

[1227] Vide ADI 3.151, Rel. Min. Ayres Britto, DJ 28/04/2006; ADI 2.129, Rel. Min. Eros Grau, Inf. 424, no mesmo sentido: ADI 2.159, Rel. Min. Eros Grau; Lei nº 8.935, de 18 de novembro de 1994 (Lei dos cartórios) e Lei nº 13.286, de 10 de maio de 2016 (dispõe sobre a responsabilidade civil de notários e registradores).

Arts. 236 a 239 — J. U. Jacoby Fernandes

§ 2º Lei federal estabelecerá normas gerais para fixação de emolumentos relativos aos atos praticados pelos serviços notariais e de registro.[1228]

§ 3º O ingresso na atividade notarial e de registro depende de concurso público de provas e títulos, não se permitindo que qualquer serventia fique vaga, sem abertura de concurso de provimento ou de remoção, por mais de seis meses.[1229]

Art. 237. A fiscalização e o controle sobre o comércio exterior, essenciais à defesa dos interesses fazendários nacionais, serão exercidos pelo Ministério da Fazenda.

Art. 238. A lei ordenará a venda e revenda de combustíveis de petróleo, álcool carburante e outros combustíveis derivados de matérias-primas renováveis, respeitados os princípios desta Constituição.[1230]

Art. 239. A arrecadação decorrente das contribuições para o Programa de Integração Social, criado pela Lei Complementar nº 7, de 7 de setembro de 1970, e para o Programa de Formação do Patrimônio do Servidor Público, criado pela Lei Complementar nº 8, de 3 de dezembro de 1970, passa, a partir da promulgação desta Constituição, a financiar, nos termos que a lei dispuser, o programa do seguro-desemprego e o abono de que trata o § 3º deste artigo.[1231]

§ 1º Dos recursos mencionados no *caput* deste artigo, pelo menos quarenta por cento serão destinados a financiar programas de desenvolvimento econômico, através do Banco Nacional de Desenvolvimento Econômico e Social, com critérios de remuneração que lhes preservem o valor.

§ 2º Os patrimônios acumulados do Programa de Integração Social e do Programa de Formação do Patrimônio do Servidor Público são preservados, mantendo-se os critérios de saque nas situações previstas nas leis específicas, com exceção da retirada por motivo de casamento, ficando vedada a distribuição

---

[1228] Vide ADI 3.826, Rel. Min. Eros Grau, DJe, 20/08/2010; ADI 3.643, Rel. Min. Ayres Britto, Inf. 447; ADI 1800-MC e ADI 1.790-MC, Rel. Min. Sepúlveda Pertence, DJ 08/09/2000; ADI 1.378-MC, Rel. Min. Celso de Mello, DJ 30/05/1997 e Lei nº 10.169, de 29 de dezembro de 2000 (normas gerais para a fixação de emolumentos relativos aos atos praticados pelos serviços notariais e de registro).

[1229] Vide ADI 4.178, Rel. Min. Cezar Peluso, DJe 07/05/2010; ADI 4.140, Rel. Min. Ellen Gracie, DJe 20/09/2011; ADI 3.830, Rel. Min. Marco Aurélio, DJe 12/05/2011; ADI 3.580, Rel. Min. Gilmar Mendes, DJe 03/08/2015; ; ADI 3.522, Rel. Min. Marco Aurélio, DJ 12/05/2006; ADI 3.116, Rel. Min. Gilmar Mendes, Inf. 443; ADI 3.422, Rel. Min. Gilmar Mendes 10/03/2006; ADI 3.248, Rel. Min. Ricardo Lewandoswi, DJe 24/05/2011; ADI 3.016, Rel. Min. Gilmar Mendes, DJ 24/08/2007; ADI 1.855, Rel. Min. Nelson Jobim, DJ 19/12/2002; Rel. Min. Maurício Corrêa, DJ 08/05/1998; ADI 423, Rel. Min. Gilmar Mendes, DJ 24/08/2007; ADI 417, Rel. Min. Maurício Corrêa, DJ 08/05/1998, no mesmo sentido: ADI 3.519-MC, Rel. Min. Joaquim Barbosa, DJ 30/09/2005; ADI 363, Rel. Min. Sydney Sanches, DJ 03/05/1996.

[1230] Vide ADI 855, Rel.p/o ac. Min. Gilmar Mendes, DJe 27/03/2009.

[1231] Vide ADI 1.417, Rel. Min. Octavio Gallotti, DJ de 23/03/2001, Lei Complementar nº 150, de 1º de junho de 2015, Lei nº 7.998, de 11 de janeiro de 1990 (regula o Programa do Seguro Desemprego, o abono salarial e institui o FAT).

CONSTITUIÇÃO FEDERAL (1988)   Arts. 239 a 243

da arrecadação de que trata o *caput* deste artigo, para depósito nas contas individuais dos participantes.

§ 3º Aos empregados que percebam de empregadores que contribuem para o Programa de Integração Social ou para o Programa de Formação do Patrimônio do Servidor Público, até dois salários mínimos de remuneração mensal, é assegurado o pagamento de um salário mínimo anual, computado neste valor o rendimento das contas individuais, no caso daqueles que já participavam dos referidos programas, até a data da promulgação desta Constituição.

§ 4º O financiamento do seguro-desemprego receberá uma contribuição adicional da empresa cujo índice de rotatividade da força de trabalho superar o índice médio da rotatividade do setor, na forma estabelecida por lei.[1232]

Art. 240. Ficam ressalvadas do disposto no art. 195 as atuais contribuições compulsórias dos empregadores sobre a folha de salários, destinadas às entidades privadas de serviço social e de formação profissional vinculadas ao sistema sindical.[1233]

Art. 241. A União, os Estados, o Distrito Federal e os Municípios disciplinarão por meio de lei os consórcios públicos e os convênios de cooperação entre os entes federados, autorizando a gestão associada de serviços públicos, bem como a transferência total ou parcial de encargos, serviços, pessoal e bens essenciais à continuidade dos serviços transferidos.[1234]

Redação anterior: vigente entre 05.10.1988 e 04.06.1998 (original):

Art. 241. Aos delegados de polícia de carreira aplica-se o princípio do art. 39, § 1º, correspondente às carreiras disciplinadas no art. 135 desta Constituição.

Art. 242. O princípio do art. 206, IV, não se aplica às instituições educacionais oficiais criadas por lei estadual ou municipal e existentes na data da promulgação desta Constituição, que não sejam total ou preponderantemente mantidas com recursos públicos.

§ 1º O ensino da História do Brasil levará em conta as contribuições das diferentes culturas e etnias para a formação do povo brasileiro.

§ 2º O Colégio Pedro II, localizado na cidade do Rio de Janeiro, será mantido na órbita federal.

Art. 243. As propriedades rurais e urbanas de qualquer região do País onde forem localizadas culturas ilegais de plantas psicotrópicas ou a exploração de trabalho escravo na forma da lei serão expropriadas e destinadas à reforma agrária e a programas de habitação popular, sem qualquer indenização ao

---

[1232] Vide Lei nº 7.998, de 11 de janeiro de 1990 (regula o Programa do Seguro-Desemprego, o Abono Salarial, institui o Fundo de Amparo ao Trabalhador - FAT).
[1233] Vide ADI 1.924, Rel. p/o ac. Min. Joaquim Barbosa, DJe 07/08/2009.
[1234] Redação dada pela EC nº 19, de 04/06/1998; vide Lei nº 11.107, de 06 de abril de 2005 (dispõe sobre normas gerais de contratação de consórcios públicos) e Decreto nº 6.017, de 11 de janeiro de 2007 que a regulamenta.

Arts. 243 a 245   J. U. JACOBY FERNANDES

proprietário e sem prejuízo de outras sanções previstas em lei, observado, no que couber, o disposto no art. 5º.[1235]

Redação anterior: vigente entre 05.10.1988 e 05.06.2014 (original):

Art. 243. As glebas de qualquer região do País onde forem localizadas culturas ilegais de plantas psicotrópicas serão imediatamente expropriadas e especificamente destinadas ao assentamento de colonos, para o cultivo de produtos alimentícios e medicamentosos, sem qualquer indenização ao proprietário e sem prejuízo de outras sanções previstas em lei.

Parágrafo único. Todo e qualquer bem de valor econômico apreendido em decorrência do tráfico ilícito de entorpecentes e drogas afins e da exploração de trabalho escravo será confiscado e reverterá a fundo especial com destinação específica, na forma da lei.[1236]

Redação anterior: vigente entre 05.10.1988 e 05.06.2014 (original):

Parágrafo único. Todo e qualquer bem de valor econômico apreendido em decorrência do tráfico ilícito de entorpecentes e drogas afins será confiscado e reverterá em benefício de instituições e pessoal especializados no tratamento e recuperação de viciados e no aparelhamento e custeio de atividades de fiscalização, controle, prevenção e repressão do crime de tráfico dessas substâncias.

Art. 244. A lei disporá sobre a adaptação dos logradouros, dos edifícios de uso público e dos veículos de transporte coletivo atualmente existentes a fim de garantir acesso adequado às pessoas portadoras de deficiência, conforme o disposto no art. 227, § 2º.[1237]

Art. 245. A lei disporá sobre as hipóteses e condições em que o Poder Público dará assistência aos herdeiros e dependentes carentes de pessoas vitimadas por crime doloso, sem prejuízo da responsabilidade civil do autor do ilícito.[1238]

[1235] Alterado pela EC nº 81, de 05/06/2014. Vide Lei nº 8.257, de 26 de novembro de 1991 (expropriação das glebas nas quais se localizem culturas ilegais de plantas psicotrópicas).

[1236] Redação dada pela EC nº 81, de 05/09/2014. Vide Lei nº 11.343, de 23 de agosto de 2006 (institui o Sistema Nacional de Políticas sobre Drogas – Sisnad, prescreve medidas para prevenção do uso indevido, atenção e reinsercação social de usuários e dependentes de drogas; estabelece normas para repressão à produção não autorizada e ao tráfico ilícito de drogas, define crimes e dá outras providencias) e Decreto nº 5.912, de 27 de setembro de 2006 que a regulamenta.

[1237] Vide ADI 2.477-MC, Rel. Min. Ilmar Galvão, Inf. 265; ADI 903-MC, Rel. Min. Celso de Mello, DJ 24/10/1997; Lei nº 13.146, de 6 de julho de 2015 (Estatuto da Pessoa com Deficiência), Lei nº 10.098, de 19 de dezembro de 2000 (estabelece normas gerais e critérios básicos para a promoção da acessibilidade das pessoas portadoras de deficiência ou com mobilidade reduzida) e Decretos no 5.296, de 2 de dezembro de 2204 que a regulamenta; Lei nº 8.899, de 29 de junho de 1994 (concede passe livre às pessoas portadoras de deficiência, no sistema de transporte coletivo interestadual) e Decreto nº 3.691, de 19 de dezembro de 2000 que a regulamenta.

[1238] Vide ADI 1.358-MC, Rel. Min. Sydney Sanches, DJ 26/04/1996; Lei Complementar nº 79, de 7 de janeiro de 1994 (cria o Fundo Penitenciário Nacional - FUNPEN) e Decreto nº 1.093, de 23 de março de 1994 que a regulamenta.

CONSTITUIÇÃO FEDERAL (1988)   Arts. 246 a 250

Art. 246. É vedada a adoção de medida provisória na regulamentação de artigo da Constituição cuja redação tenha sido alterada por meio de emenda promulgada entre 1° de janeiro de 1995 até a promulgação desta emenda, inclusive.[1239]

> **Redação anterior:** vigente entre 16.8.1995 e 11.9.2001 (EC n° 6 e 7/95):
>
> **Art. 246.** É vedada a adoção de medida provisória na regulamentação de artigo da Constituição cuja redação tenha sido alterada por meio de emenda promulgada a partir de 1995.[1240]

Art. 247. As leis previstas no inciso III do § 1° do art. 41 e no § 7° do art. 169 estabelecerão critérios e garantias especiais para a perda do cargo pelo servidor público estável que, em decorrência das atribuições de seu cargo efetivo, desenvolva atividades exclusivas de Estado.[1241]

Parágrafo único. Na hipótese de insuficiência de desempenho, a perda do cargo somente ocorrerá mediante processo administrativo em que lhe sejam assegurados o contraditório e a ampla defesa.

Art. 248. Os benefícios pagos, a qualquer título, pelo órgão responsável pelo regime geral de previdência social, ainda que à conta do Tesouro Nacional, e os não sujeitos ao limite máximo de valor fixado para os benefícios concedidos por esse regime observarão os limites fixados no art. 37, XI.[1242]

Art. 249. Com o objetivo de assegurar recursos para o pagamento de proventos de aposentadoria e pensões concedidas aos respectivos servidores e seus dependentes, em adição aos recursos dos respectivos tesouros, a União, os Estados, o Distrito Federal e os Municípios poderão constituir fundos integrados pelos recursos provenientes de contribuições e por bens, direitos e ativos de qualquer natureza, mediante lei que disporá sobre a natureza e administração desses fundos.[1243]

Art. 250. Com o objetivo de assegurar recursos para o pagamento dos benefícios concedidos pelo regime geral de previdência social, em adição aos recursos de sua arrecadação, a União poderá constituir fundo integrado por bens, direitos e ativos de qualquer natureza, mediante lei que disporá sobre a natureza e administração desse fundo.[1244]

[1239] Redação dada pela EC n° 32, de 11/09/2001; vide ADI 3.090-MC e ADI 3.100-MC, Rel. Min. Gilmar Mendes, Inf. 444; ADI 2.473-MC, voto do Min. Néri da Silveira, DJ 07/11/2003; ADI 1.975-MC, Rel. Min. Sepúlveda Pertence, DJ 14/12/2001; ADI 1.597, Rel. Min. Néri da Silveira, DJ 19/12/2002 e ADI 1.518-MC, Rel. Min. Octávio Gallotti, DJ 25/04/1997.

[1240] Este texto já constava da redação da EC n° 6, de 15/8/1995, publicada no mesmo dia da EC n° 7, de 15/08/1995.

[1241] Incluído pela EC n° 19, de 04/06/1998; vide ADI 3.711, Rel. Min. Ilmar Galvão, DJ 17/12/1999; ADI 2.047, voto do Min. Ilmar Galvão, DJ 17/12/1999.

[1242] Incluído pela EC n° 20, de 15/12/1998.

[1243] Incluído pela EC n° 20, de 15/12/1998.

[1244] Incluído pela EC n° 20, de 15/12/1998; vide ADI 2.238-MC, Rel. Min. Ilmar Galvão, Inf. 297.

ATO DAS DISPOSIÇÕES CONSTITUCIONAIS TRANSITÓRIAS

Art. 1º O Presidente da República, o Presidente do Supremo Tribunal Federal e os membros do Congresso Nacional prestarão o compromisso de manter, defender e cumprir a Constituição, no ato e na data de sua promulgação.[1245]

Art. 2º No dia 7 de setembro de 1993 o eleitorado definirá, através de plebiscito, a forma[1246] e o sistema de governo[1247] que devem vigorar no País.[1248]

§ 1º Será assegurada gratuidade na livre divulgação dessas formas e sistemas, através dos meios de comunicação de massa cessionários de serviço público.

§ 2º O Tribunal Superior Eleitoral, promulgada a Constituição, expedirá as normas regulamentadoras deste artigo.[1249]

Art. 3º A revisão constitucional será realizada após cinco anos, contados da promulgação da Constituição, pelo voto da maioria absoluta dos membros do Congresso Nacional, em sessão unicameral.[1250]

Art. 4º O mandato do atual Presidente da República terminará em 15 de março de 1990.

§ 1º A primeira eleição para Presidente da República após a promulgação da Constituição será realizada no dia 15 de novembro de 1989, não se lhe aplicando o disposto no art. 16 da Constituição.

§ 2º É assegurada a irredutibilidade da atual representação dos Estados e do Distrito Federal na Câmara dos Deputados.

§ 3º Os mandatos dos Governadores e dos Vice-Governadores eleitos em 15 de novembro de 1986 terminarão em 15 de março de 1991.

§ 4º Os mandatos dos atuais Prefeitos, Vice-Prefeitos e Vereadores terminarão no dia 1º de janeiro de 1989, com a posse dos eleitos.

Art. 5º Não se aplicam às eleições previstas para 15 de novembro de 1988 o disposto no art. 16 e as regras do art. 77 da Constituição.

[1245] Vide ADI 644-MC, Rel. Min. Sepúlveda Pertence, DJ 21/02/1992.

[1246] República ou monarquia constitucional.

[1247] Parlamentarismo ou presidencialismo. ADI 839, Rel. Min. Celso deMello, DJ 24/11/2006.

[1248] Emenda Constitucional n° 2, de 25/08/1992: Artigo único. O plebiscito de que trata o art. 2º do Ato das Disposições Constitucionais Transitórias realizar-se-á no dia 21 de abril de 1993. § 1º A forma e o sistema de governo definidos pelo plebiscito terão vigência em 1º de janeiro de 1995. § 2º A lei poderá dispor sobre a realização do plebiscito, inclusive sobre a gratuidade da livre divulgação das formas e sistemas de governo, através dos meios de comunicação de massa concessionários ou permissionários de serviço público, assegurada igualdade de tempo e paridade de horários. § 3º A norma constante do parágrafo anterior não exclui a competência do Tribunal Superior Eleitoral para expedir instruções necessárias à realização da consulta plebiscitária; vide ADI 1.505/ES, DJ 04/03/2005.

[1249] Vide ADI 3.252-MC, Rel. Min. Gilmar Mendes, Inf. 382 e ADI 829, Rel. Min. Moreira Alves, DJ 16/09/1994;

[1250] Vide ADI 1.722-MC, Rel. Min. Marco Aurélio, DJ 19/09/2003 e ADI 981-MC, Rel. Min. Néri da Silveira, DJ 05/08/1994.

§ 1º Para as eleições de 15 de novembro de 1988 será exigido domicílio eleitoral na circunscrição pelo menos durante os quatro meses anteriores ao pleito, podendo os candidatos que preencham este requisito, atendidas as demais exigências da lei, ter seu registro efetivado pela Justiça Eleitoral após a promulgação da Constituição.

§ 2º Na ausência de norma legal específica, caberá ao Tribunal Superior Eleitoral editar as normas necessárias à realização das eleições de 1988, respeitada a legislação vigente.

§ 3º Os atuais parlamentares federais e estaduais eleitos Vice-Prefeitos, se convocados a exercer a função de Prefeito, não perderão o mandato parlamentar.

§ 4º O número de vereadores por município será fixado, para a representação a ser eleita em 1988, pelo respectivo Tribunal Regional Eleitoral, respeitados os limites estipulados no art. 29, IV, da Constituição.[1251]

§ 5º Para as eleições de 15 de novembro de 1988, ressalvados os que já exercem mandato eletivo, são inelegíveis para qualquer cargo, no território de jurisdição do titular, o cônjuge e os parentes por consangüinidade ou afinidade, até o segundo grau, ou por adoção, do Presidente da República, do Governador de Estado, do Governador do Distrito Federal e do Prefeito que tenham exercido mais da metade do mandato.

Art. 6º Nos seis meses posteriores à promulgação da Constituição, parlamentares federais, reunidos em número não inferior a trinta, poderão requerer ao Tribunal Superior Eleitoral o registro de novo partido político, juntando ao requerimento o manifesto, o estatuto e o programa devidamente assinados pelos requerentes.

§ 1º O registro provisório, que será concedido de plano pelo Tribunal Superior Eleitoral, nos termos deste artigo, defere ao novo partido todos os direitos, deveres e prerrogativas dos atuais, entre eles o de participar, sob legenda própria, das eleições que vierem a ser realizadas nos doze meses seguintes a sua formação.

§ 2º O novo partido perderá automaticamente seu registro provisório se, no prazo de vinte e quatro meses, contados de sua formação, não obtiver registro definitivo no Tribunal Superior Eleitoral, na forma que a lei dispuser.

Art. 7º O Brasil propugnará pela formação de um tribunal internacional dos direitos humanos.

Art. 8º É concedida anistia aos que, no período de 18 de setembro de 1946 até a data da promulgação da Constituição, foram atingidos, em decorrência de motivação exclusivamente política, por atos de exceção, institucionais ou complementares, aos que foram abrangidos pelo Decreto Legislativo nº 18, de 15 de dezembro de 1961, e aos atingidos pelo Decreto-Lei nº 864, de 12 de setembro de 1969, asseguradas as promoções, na inatividade, ao cargo, emprego,

---

[1251] Vide ADI 204-MC, Rel. Min. Sydney Sanches, DJ 27/04/1990.

ADCT (1988)   Arts. 8° e 9°

posto ou graduação a que teriam direito se estivessem em serviço ativo, obedecidos os prazos de permanência em atividade previstos nas leis e regulamentos vigentes, respeitadas as características e peculiaridades das carreiras dos servidores públicos civis e militares e observados os respectivos regimes jurídicos.[1252]

§ 1° O disposto neste artigo somente gerará efeitos financeiros a partir da promulgação da Constituição, vedada a remuneração de qualquer espécie em caráter retroativo.

§ 2° Ficam assegurados os benefícios estabelecidos neste artigo aos trabalhadores do setor privado, dirigentes e representantes sindicais que, por motivos exclusivamente políticos, tenham sido punidos, demitidos ou compelidos ao afastamento das atividades remuneradas que exerciam, bem como aos que foram impedidos de exercer atividades profissionais em virtude de pressões ostensivas ou expedientes oficiais sigilosos.

§ 3° Aos cidadãos que foram impedidos de exercer, na vida civil, atividade profissional específica, em decorrência das Portarias Reservadas do Ministério da Aeronáutica n° S-50-GM5, de 19 de junho de 1964, e n° S-285-GM5, será concedida reparação de natureza econômica, na forma que dispuser lei de iniciativa do Congresso Nacional e a entrar em vigor no prazo de doze meses a contar da promulgação da Constituição.

§ 4° Aos que, por força de atos institucionais, tenham exercido gratuitamente mandato eletivo de vereador serão computados, para efeito de aposentadoria no serviço público e previdência social, os respectivos períodos.

§ 5° A anistia concedida nos termos deste artigo aplica-se aos servidores públicos civis e aos empregados em todos os níveis de governo ou em suas fundações, empresas públicas ou empresas mistas sob controle estatal, exceto nos Ministérios militares, que tenham sido punidos ou demitidos por atividades profissionais interrompidas em virtude de decisão de seus trabalhadores, bem como em decorrência do Decreto-Lei n° 1.632, de 4 de agosto de 1978, ou por motivos exclusivamente políticos, assegurada a readmissão dos que foram atingidos a partir de 1979, observado o disposto no § 1°.

Art. 9° Os que, por motivos exclusivamente políticos, foram cassados ou tiveram seus direitos políticos suspensos no período de 15 de julho a 31 de dezembro de 1969, por ato do então Presidente da República, poderão requerer ao Supremo Tribunal Federal o reconhecimento dos direitos e vantagens interrompidos pelos atos punitivos, desde que comprovem terem sido estes eivados de vício grave.[1253]

[1252] Vide Súmula 674 e ADI 2.639, Rel. Min. Nelson Jobim, DJ 04/08/2006; ADI 104, Rel. Min. Sepúlveda Pertence, DJ 24/08/2007. Vide também: Lei n° 10.559, de 13 de novembro de 2002 (regulamenta este artigo) e Decreto n° 4.897, de 25 de novembro de 2003 (regulamenta o parágrafo único do art. 8° da Lei n° 10.559, de 13 de novembro de 2002); Lei n° 12.528, de 18 de novembro de 2011 (cria a Comissão Nacional da Verdade).
[1253] Vide ADI 2.639, Rel. Min. Nelson Jobim, DJ 04/08/2006.

ADCT, Arts. 9º a 11   J. U. Jacoby Fernandes

Parágrafo único. O Supremo Tribunal Federal proferirá a decisão no prazo de cento e vinte dias, a contar do pedido do interessado.

Art. 10. Até que seja promulgada a lei complementar a que se refere o art. 7º, I, da Constituição:[1254]

I - fica limitada a proteção nele referida ao aumento, para quatro vezes, da porcentagem prevista no art. 6º, *caput* e § 1º, da Lei nº 5.107, de 13 de setembro de 1966;[1255]

II - fica vedada a dispensa arbitrária ou sem justa causa:[1256]

a) do empregado eleito para cargo de direção de comissões internas de prevenção de acidentes, desde o registro de sua candidatura até um ano após o final de seu mandato;[1257]

b) da empregada gestante, desde a confirmação da gravidez até cinco meses após o parto.

§ 1º Até que a lei venha a disciplinar o disposto no art. 7º, XIX, da Constituição, o prazo da licença-paternidade a que se refere o inciso é de cinco dias.

§ 2º Até ulterior disposição legal, a cobrança das contribuições para o custeio das atividades dos sindicatos rurais será feita juntamente com a do imposto territorial rural, pelo mesmo órgão arrecadador.

§ 3º Na primeira comprovação do cumprimento das obrigações trabalhistas pelo empregador rural, na forma do art. 233, após a promulgação da Constituição, será certificada perante a Justiça do Trabalho a regularidade do contrato e das atualizações das obrigações trabalhistas de todo o período.[1258]

Art. 11. Cada Assembléia Legislativa, com poderes constituintes, elaborará a Constituição do Estado, no prazo de um ano, contado da promulgação da Constituição Federal, obedecidos os princípios desta.[1259]

[1254] Vide ADI 1.721-MC, Rel. Min. Ilmar Galvão, DJ 11/04/2003 e ADI 1.480-MC, Rel. Min. Celso de Mello, DJ 18/05/2001 e ADI 639, Rel. Min. Joaquim Barbosa, Inf. 390.

[1255] Vide ADI 2.568 e ADI2.556-MC, Rel. Min. Joaquim Barbosa,, DJ 20/09/2012 e ADI 414-MC, Rel. Min. Sepúlveda Pertence, DJ 02/04/1993.

[1256] Vide ADI 1.721, Rel. Min. Ayres Britto, Inf. 444 e ADI 639, Rel. Min. Joaquim Barbosa, Inf. 390.

[1257] Vide Súmula 676.

[1258] Vide Lei nº 13.171, de 22 e outubro de 2015 (dispõe sobre o empregador rural).

[1259] Vide ADI 1.689, Rel. Min. Sydney Sanches, DJ 02/05/2003; ADI 1.487, DJ 11/04/2003; ADI 952-MC, Rel. Min. Carlos Velloso, DJ 12/04/2002; ADI 826, Rel. Min. Sydney Sanches, DJ 12/03/1999; ADI 282-MC-MC, Rel. Min. Ilmar Galvão, DJ 29/11/1996; ADI 142, Rel. Min. Ilmar Galvão, DJ 06/09/1996; ADI 1.162-MC, Rel. Min. Sydney Sanches, DJ 15/09/1995; ADI 233, Rel. Min. Ilmar Galvão, DJ 19/05/1995; ADI 483, Rel. Min. Ilmar Galvão, DJ 29/06/2001; ADI 1.223, DJ 28/03/2003; ADI 1.440-MC, DJ 01/06/2001; ADI 152, DJ 24/04/1992; ADI 182, DJ 05/12/1997; ADI 89, DJ 20/08/1993; ADI 568-MC, Rel. Min. Celso de Mello, DJ 22/11/1991; ADI 18, Rel. Min. Marco Aurélio, DJ 19/04/1991 e ADI 214-MC, Rel. Min. Sydney Sanches, DJ 18/05/1990; ADI 104, Rel. Min. Sepúlveda Pertence, DJ 24/08/2007.

ADCT (1988)   Arts. 11 a 13

Parágrafo único. Promulgada a Constituição do Estado, caberá à Câmara Municipal, no prazo de seis meses, votar a Lei Orgânica respectiva, em dois turnos de discussão e votação, respeitado o disposto na Constituição Federal e na Constituição Estadual.

Art. 12. Será criada, dentro de noventa dias da promulgação da Constituição, Comissão de Estudos Territoriais, com dez membros indicados pelo Congresso Nacional e cinco pelo Poder Executivo, com a finalidade de apresentar estudos sobre o território nacional e anteprojetos relativos a novas unidades territoriais, notadamente na Amazônia Legal e em áreas pendentes de solução.

§ 1° No prazo de um ano, a Comissão submeterá ao Congresso Nacional os resultados de seus estudos para, nos termos da Constituição, serem apreciados nos doze meses subseqüentes, extinguindo-se logo após.

§ 2° Os Estados e os Municípios deverão, no prazo de três anos, a contar da promulgação da Constituição, promover, mediante acordo ou arbitramento, a demarcação de suas linhas divisórias atualmente litigiosas, podendo para isso fazer alterações e compensações de área que atendam aos acidentes naturais, critérios históricos, conveniências administrativas e comodidade das populações limítrofes.

§ 3° Havendo solicitação dos Estados e Municípios interessados, a União poderá encarregar-se dos trabalhos demarcatórios.

§ 4° Se, decorrido o prazo de três anos, a contar da promulgação da Constituição, os trabalhos demarcatórios não tiverem sido concluídos, caberá à União determinar os limites das áreas litigiosas.

§ 5° Ficam reconhecidos e homologados os atuais limites do Estado do Acre com os Estados do Amazonas e de Rondônia, conforme levantamentos cartográficos e geodésicos realizados pela Comissão Tripartite integrada por representantes dos Estados e dos serviços técnico-especializados do Instituto Brasileiro de Geografia e Estatística.

Art. 13. É criado o Estado do Tocantins, pelo desmembramento da área descrita neste artigo, dando-se sua instalação no quadragésimo sexto dia após a eleição prevista no § 3°, mas não antes de 1° de janeiro de 1989.[1260]

§ 1° O Estado do Tocantins integra a Região Norte e limita-se com o Estado de Goiás pelas divisas norte dos Municípios de São Miguel do Araguaia, Porangatu, Formoso, Minaçu, Cavalcante, Monte Alegre de Goiás e Campos Belos, conservando a leste, norte e oeste as divisas atuais de Goiás com os Estados da Bahia, Piauí, Maranhão, Pará e Mato Grosso.

§ 2° O Poder Executivo designará uma das cidades do Estado para sua Capital provisória até a aprovação da sede definitiva do governo pela Assembléia Constituinte.

[1260] Vide ADI 1.921, Rel. Min. Carlos Velloso, DJ 20/08/2004; ADI 1.109, Rel. Min. Cármen Lúcia, DJ 17/08/2007 e ADI 445, Rel. Min. Néri da Silveira, DJ 25/03/1994.

ADCT. Arts. 13 e 14

§ 3° O Governador, o Vice-Governador, os Senadores, os Deputados Federais e os Deputados Estaduais serão eleitos, em um único turno, até setenta e cinco dias após a promulgação da Constituição, mas não antes de 15 de novembro de 1988, a critério do Tribunal Superior Eleitoral, obedecidas, entre outras, as seguintes normas:

I - o prazo de filiação partidária dos candidatos será encerrado setenta e cinco dias antes da data das eleições;

II - as datas das convenções regionais partidárias destinadas a deliberar sobre coligações e escolha de candidatos, de apresentação de requerimento de registro dos candidatos escolhidos e dos demais procedimentos legais serão fixadas, em calendário especial, pela Justiça Eleitoral;

III - são inelegíveis os ocupantes de cargos estaduais ou municipais que não se tenham deles afastado, em caráter definitivo, setenta e cinco dias antes da data das eleições previstas neste parágrafo;

IV - ficam mantidos os atuais diretórios regionais dos partidos políticos do Estado de Goiás, cabendo às comissões executivas nacionais designar comissões provisórias no Estado do Tocantins, nos termos e para os fins previstos na lei.

§ 4° Os mandatos do Governador, do Vice-Governador, dos Deputados Federais e Estaduais eleitos na forma do parágrafo anterior extinguir-se-ão concomitantemente aos das demais unidades da Federação; o mandato do Senador eleito menos votado extinguir-se-á nessa mesma oportunidade, e os dos outros dois, juntamente com os dos Senadores eleitos em 1986 nos demais Estados.

§ 5° A Assembléia Estadual Constituinte será instalada no quadragésimo sexto dia da eleição de seus integrantes, mas não antes de 1° de janeiro de 1989, sob a presidência do Presidente do Tribunal Regional Eleitoral do Estado de Goiás, e dará posse, na mesma data, ao Governador e ao Vice-Governador eleitos.

§ 6° Aplicam-se à criação e instalação do Estado do Tocantins, no que couber, as normas legais disciplinadoras da divisão do Estado de Mato Grosso, observado o disposto no art. 234 da Constituição.[1261]

§ 7° Fica o Estado de Goiás liberado dos débitos e encargos decorrentes de empreendimentos no território do novo Estado, e autorizada a União, a seu critério, a assumir os referidos débitos.

Art. 14. Os Territórios Federais de Roraima e do Amapá são transformados em Estados Federados, mantidos seus atuais limites geográficos.

§ 1° A instalação dos Estados dar-se-á com a posse dos governadores eleitos em 1990.[1262]

§ 2° Aplicam-se à transformação e instalação dos Estados de Roraima e Amapá as normas e critérios seguidos na criação do Estado de Rondônia, respeitado o disposto na Constituição e neste Ato.[1263]

[1261] Vide ADI 1.109, Rel. Min. Cármen Lúcia, DJ 17/08/2007.
[1262] Vide ADI 1.903, Rel. Min. Ricardo Lewandowski, DJe 11/04/2008.

ADCT (1988)   Arts. 14 a 18

§ 3° O Presidente da República, até quarenta e cinco dias após a promulgação da Constituição, encaminhará à apreciação do Senado Federal os nomes dos governadores dos Estados de Roraima e do Amapá que exercerão o Poder Executivo até a instalação dos novos Estados com a posse dos governadores eleitos.

§ 4° Enquanto não concretizada a transformação em Estados, nos termos deste artigo, os Territórios Federais de Roraima e do Amapá serão beneficiados pela transferência de recursos prevista nos arts. 159, I, "a", da Constituição, e 34, § 2°, II, deste Ato.[1264]

Art. 15. Fica extinto o Território Federal de Fernando de Noronha, sendo sua área reincorporada ao Estado de Pernambuco.

Art. 16. Até que se efetive o disposto no art. 32, § 2°, da Constituição, caberá ao Presidente da República, com a aprovação do Senado Federal, indicar o Governador e o Vice-Governador do Distrito Federal.

§ 1° A competência da Câmara Legislativa do Distrito Federal, até que se instale, será exercida pelo Senado Federal.[1265]

§ 2° A fiscalização contábil, financeira, orçamentária, operacional e patrimonial do Distrito Federal, enquanto não for instalada a Câmara Legislativa, será exercida pelo Senado Federal, mediante controle externo, com o auxílio do Tribunal de Contas do Distrito Federal, observado o disposto no art. 72 da Constituição.

§ 3° Incluem-se entre os bens do Distrito Federal aqueles que lhe vierem a ser atribuídos pela União na forma da lei.

Art. 17. Os vencimentos, a remuneração, as vantagens e os adicionais, bem como os proventos de aposentadoria que estejam sendo percebidos em desacordo com a Constituição serão imediatamente reduzidos aos limites dela decorrentes, não se admitindo, neste caso, invocação de direito adquirido ou percepção de excesso a qualquer título.[1266]

§ 1° É assegurado o exercício cumulativo de dois cargos ou empregos privativos de médico que estejam sendo exercidos por médico militar na administração pública direta ou indireta.

§ 2° É assegurado o exercício cumulativo de dois cargos ou empregos privativos de profissionais de saúde que estejam sendo exercidos na administração pública direta ou indireta.

Art. 18. Ficam extintos os efeitos jurídicos de qualquer ato legislativo ou administrativo, lavrado a partir da instalação da Assembléia Nacional

---

[1263] Vide ADI 644-MC, Rel. Min. Sepúlveda Pertence, DJ 21/02/1992 e ADI 460-MC, Rel. Min. Sepúlveda Pertence, DJ 10/05/1991.

[1264] Vide ADI 1.903-MC, Rel. Min. Néri da Silveira, DJ 08/09/2000.

[1265] Vide ADI 209, Rel. Min. Sydney Sanches, DJ 11/09/1998 e ADI 548, voto do Min. Néri da Silveira, DJ 24/04/1992.

[1266] Vide ADI 1.590-MC, Rel. Min. Sepúlveda Pertence, DJ 15/08/1997. Vide art. 9º da EC nº 41, de 19 de dezembro de 2003.

ADCT. Arts. 18 a 22

Constituinte, que tenha por objeto a concessão de estabilidade a servidor admitido sem concurso público, da administração direta ou indireta, inclusive das fundações instituídas e mantidas pelo Poder Público.[1267]

Art. 19. Os servidores públicos civis da União, dos Estados, do Distrito Federal e dos Municípios, da administração direta, autárquica e das fundações públicas, em exercício na data da promulgação da Constituição, há pelo menos cinco anos continuados, e que não tenham sido admitidos na forma regulada no art. 37, da Constituição, são considerados estáveis no serviço público.[1268]

§ 1º O tempo de serviço dos servidores referidos neste artigo será contado como título quando se submeterem a concurso para fins de efetivação, na forma da lei.[1269]

§ 2º O disposto neste artigo não se aplica aos ocupantes de cargos, funções e empregos de confiança ou em comissão, nem aos que a lei declare de livre exoneração, cujo tempo de serviço não será computado para os fins do *caput* deste artigo, exceto se se tratar de servidor.

§ 3º O disposto neste artigo não se aplica aos professores de nível superior, nos termos da lei.

Art. 20. Dentro de cento e oitenta dias, proceder-se-á à revisão dos direitos dos servidores públicos inativos e pensionistas e à atualização dos proventos e pensões a eles devidos, a fim de ajustá-los ao disposto na Constituição.[1270]

Art. 21. Os juízes togados de investidura limitada no tempo, admitidos mediante concurso público de provas e títulos e que estejam em exercício na data da promulgação da Constituição, adquirem estabilidade, observado o estágio probatório, e passam a compor quadro em extinção, mantidas as competências, prerrogativas e restrições da legislação a que se achavam submetidos, salvo as inerentes à transitoriedade da investidura.

Parágrafo único. A aposentadoria dos juízes de que trata este artigo regular-se-á pelas normas fixadas para os demais juízes estaduais.

Art. 22. É assegurado aos defensores públicos investidos na função até a data de instalação da Assembléia Nacional Constituinte o direito de opção pela carreira, com a observância das garantias e vedações previstas no art. 134, parágrafo único, da Constituição.[1271]

[1267] Vide Súmula vinculante 43.

[1268] Vide ADI 2.689, DJ 21/11/2003; ADI 1.808, Rel. Min. Gimar Mendes, DJe 10/11/2014; ADI 982-MC, Rel. Min. Ilmar Galvão, DJ 06/05/1994; ADI 351, Rel. Min. Marco Aurélio, DJe 05/08/2014; ADI 289-MC, DJ 03/08/1990; ADI 180, Rel. Min. Nelson Jobim, DJ 27/06/2003; ADI 114, Rel. Min. Cármen Lúcia, DJe 03/10/2011; ADI 112, Rel. Min. Néri da Silveira, DJ 09/02/1996; ADI 100, Rel. Min. Ellen Gracie, DJ 01/10/2004; ADI 88, DJ 08/09/2000; .

[1269] Vide ADI 114, Rel. Min. Cármen Lúcia, DJe 03/10/2011.

[1270] Vide ADI 297-MC, Rel. Min. Octavio Gallotti, DJ 08/11/1996.

[1271] Vide ADI 3.819, Rel. Min.Eros Grau, DJe 28/03/2008; Adi 3.720, Rel. Min. Marco Aurélio, DJe 28/03/2008; ADI 112, Rel. Min. Néri da Silveira, DJ 09/02/1996; ADI 1.267-MC, Rel. Min. Maurício Corrêa, DJ 10/10/1995 e ADI 175, Rel. Min. Octavio Gallotti, DJ 08/10/1993.

ADCT (1988) — Arts. 23 a 26

Art. 23. Até que se edite a regulamentação do art. 21, XVI, da Constituição, os atuais ocupantes do cargo de censor federal continuarão exercendo funções com este compatíveis, no Departamento de Polícia Federal, observadas as disposições constitucionais.

Parágrafo único. A lei referida disporá sobre o aproveitamento dos Censores Federais, nos termos deste artigo.[1272]

Art. 24. A União, os Estados, o Distrito Federal e os Municípios editarão leis que estabeleçam critérios para a compatibilização de seus quadros de pessoal ao disposto no art. 39 da Constituição e à reforma administrativa dela decorrente, no prazo de dezoito meses, contados da sua promulgação.

Art. 25. Ficam revogados, a partir de cento e oitenta dias da promulgação da Constituição, sujeito este prazo a prorrogação por lei, todos os dispositivos legais que atribuam ou deleguem a órgão do Poder Executivo competência assinalada pela Constituição ao Congresso Nacional, especialmente no que tange a:

I - ação normativa;

II - alocação ou transferência de recursos de qualquer espécie.

§ 1º Os decretos-leis em tramitação no Congresso Nacional e por este não apreciados até a promulgação da Constituição terão seus efeitos regulados da seguinte forma:

I - se editados até 2 de setembro de 1988, serão apreciados pelo Congresso Nacional no prazo de até cento e oitenta dias a contar da promulgação da Constituição, não computado o recesso parlamentar;

II - decorrido o prazo definido no inciso anterior, e não havendo apreciação, os decretos-leis ali mencionados serão considerados rejeitados;

III - nas hipóteses definidas nos incisos I e II, terão plena validade os atos praticados na vigência dos respectivos decretos-leis, podendo o Congresso Nacional, se necessário, legislar sobre os efeitos deles remanescentes.

§ 2º Os decretos-leis editados entre 3 de setembro de 1988 e a promulgação da Constituição serão convertidos, nesta data, em medidas provisórias, aplicando-se-lhes as regras estabelecidas no art. 62, parágrafo único.

Art. 26. No prazo de um ano a contar da promulgação da Constituição, o Congresso Nacional promoverá, através de Comissão mista, exame analítico e pericial dos atos e fatos geradores do endividamento externo brasileiro.

§ 1º A Comissão terá a força legal de Comissão parlamentar de inquérito para os fins de requisição e convocação, e atuará com o auxílio do Tribunal de Contas da União.

§ 2º Apurada irregularidade, o Congresso Nacional proporá ao Poder Executivo a declaração de nulidade do ato e encaminhará o processo ao Ministério Público Federal, que formalizará, no prazo de sessenta dias, a ação cabível.

[1272] Vide ADI 889, Rel. Min. Marco Aurélio, DJ 22/04/1994.

ADCT. Art. 27

Art. 27. O Superior Tribunal de Justiça será instalado sob a Presidência do Supremo Tribunal Federal.

§ 1° Até que se instale o Superior Tribunal de Justiça, o Supremo Tribunal Federal exercerá as atribuições e competências definidas na ordem constitucional precedente.

§ 2° A composição inicial do Superior Tribunal de Justiça far-se-á:

I - pelo aproveitamento dos Ministros do Tribunal Federal de Recursos;

II - pela nomeação dos Ministros que sejam necessários para completar o número estabelecido na Constituição.

§ 3° Para os efeitos do disposto na Constituição, os atuais Ministros do Tribunal Federal de Recursos serão considerados pertencentes à classe de que provieram, quando de sua nomeação.

§ 4° Instalado o Tribunal, os Ministros aposentados do Tribunal Federal de Recursos tornar-se-ão, automaticamente, Ministros aposentados do Superior Tribunal de Justiça.

§ 5° Os Ministros a que se refere o § 2°, II, serão indicados em lista tríplice pelo Tribunal Federal de Recursos, observado o disposto no art. 104, parágrafo único, da Constituição.

§ 6° Ficam criados cinco Tribunais Regionais Federais, a serem instalados no prazo de seis meses a contar da promulgação da Constituição, com a jurisdição e sede que lhes fixar o Tribunal Federal de Recursos, tendo em conta o número de processos e sua localização geográfica.

§ 7° Até que se instalem os Tribunais Regionais Federais, o Tribunal Federal de Recursos exercerá a competência a eles atribuída em todo o território nacional, cabendo-lhe promover sua instalação e indicar os candidatos a todos os cargos da composição inicial, mediante lista tríplice, podendo desta constar juízes federais de qualquer região, observado o disposto no § 9°.[1273]

§ 8° É vedado, a partir da promulgação da Constituição, o provimento de vagas de Ministros do Tribunal Federal de Recursos.

§ 9° Quando não houver juiz federal que conte o tempo mínimo previsto no art. 107, II, da Constituição, a promoção poderá contemplar juiz com menos de cinco anos no exercício do cargo.

§ 10. Compete à Justiça Federal julgar as ações nela propostas até a data da promulgação da Constituição, e aos Tribunais Regionais Federais bem como ao Superior Tribunal de Justiça julgar as ações rescisórias das decisões até então proferidas pela Justiça Federal, inclusive daquelas cuja matéria tenha passado à competência de outro ramo do Judiciário.

§ 11. São criados, ainda, os seguintes Tribunais Regionais Federais: o da 6ª Região, com sede em Curitiba, Estado do Paraná, e jurisdição nos Estados do Paraná, Santa Catarina e Mato Grosso do Sul; o da 7ª Região, com sede em Belo Horizonte, Estado de Minas Gerais, e jurisdição no Estado de Minas

---

[1273] Vide ADI 25, Rel. Min. Célio Borja, DJ 08/06/1990.

ADCT (1988) Arts. 27 a 29

Gerais; o da 8ª Região, com sede em Salvador, Estado da Bahia, e jurisdição nos Estados da Bahia e Sergipe; e o da 9ª Região, com sede em Manaus, Estado do Amazonas, e jurisdição nos Estados do Amazonas, Acre, Rondônia e Roraima.[1274]

Art. 28. Os juízes federais de que trata o art. 123, § 2º, da Constituição de 1967, com a redação dada pela Emenda Constitucional nº 7, de 1977, ficam investidos na titularidade de varas na Seção Judiciária para a qual tenham sido nomeados ou designados; na inexistência de vagas, proceder-se-á ao desdobramento das varas existentes.

Parágrafo único. Para efeito de promoção por antiguidade, o tempo de serviço desses juízes será computado a partir do dia de sua posse.

Art. 29. Enquanto não aprovadas as leis complementares relativas ao Ministério Público e à Advocacia-Geral da União, o Ministério Público Federal, a Procuradoria-Geral da Fazenda Nacional, as Consultorias Jurídicas dos Ministérios, as Procuradorias e Departamentos Jurídicos de autarquias federais com representação própria e os membros das Procuradorias das Universidades fundacionais públicas continuarão a exercer suas atividades na área das respectivas atribuições.[1275]

§ 1º O Presidente da República, no prazo de cento e vinte dias, encaminhará ao Congresso Nacional projeto de lei complementar dispondo sobre a organização e o funcionamento da Advocacia-Geral da União.

§ 2º Aos atuais Procuradores da República, nos termos da lei complementar, será facultada a opção, de forma irretratável, entre as carreiras do Ministério Público Federal e da Advocacia-Geral da União.[1276]

§ 3º Poderá optar pelo regime anterior, no que respeita às garantias e vantagens, o membro do Ministério Público admitido antes da promulgação da Constituição, observando-se, quanto às vedações, a situação jurídica na data desta.[1277]

§ 4º Os atuais integrantes do quadro suplementar dos Ministérios Públicos do Trabalho e Militar que tenham adquirido estabilidade nessas funções passam a integrar o quadro da respectiva carreira.

§ 5º Cabe à atual Procuradoria-Geral da Fazenda Nacional, diretamente ou por delegação, que pode ser ao Ministério Público Estadual, representar judicialmente a União nas causas de natureza fiscal, na área da respectiva competência, até a promulgação das leis complementares previstas neste artigo.

[1274] Incluído pela EC nº 73, de 06/06/2013, que estabeleceu na forma do art. 2º que "Os Tribunais Regionais Federais da 6ª, 7ª, 8ª e 9ª Regiões deverão ser instalados no prazo de 6 (seis) meses, a contar da promulgação desta Emenda Constitucional". Vide ADI 5.017, Rel. Min. Luiz Fux. DJe 01/08/2013.

[1275] Vide 2.836, Rel. Min. Eros Grau, DJ 09/12/2005.

[1276] Vide Lei Complementar nº 75, de 20 de maio de 1993 (organização, atribuições e Estatuto do Ministério Público da União) e Lei Complementar nº 73, de 10 de fevereiro de 1993 (Lei Orgânica da Advocacia-Geral da União).

[1277] Vide ADI 2.836, Rel. Min. Eros Grau, DJ 09/12/2005.

Art. 30. A legislação que criar a justiça de paz manterá os atuais juízes de paz até a posse dos novos titulares, assegurando-lhes os direitos e atribuições conferidos a estes, e designará o dia para a eleição prevista no art. 98, II, da Constituição.

Art. 31. Serão estatizadas as serventias do foro judicial, assim definidas em lei, respeitados os direitos dos atuais titulares.[1278]

Art. 32. O disposto no art. 236 não se aplica aos serviços notariais e de registro que já tenham sido oficializados pelo Poder Público, respeitando-se o direito de seus servidores.[1279]

Art. 33. Ressalvados os créditos de natureza alimentar, o valor dos precatórios judiciais pendentes de pagamento na data da promulgação da Constituição, incluído o remanescente de juros e correção monetária, poderá ser pago em moeda corrente, com atualização, em prestações anuais, iguais e sucessivas, no prazo máximo de oito anos, a partir de 1º de julho de 1989, por decisão editada pelo Poder Executivo até cento e oitenta dias da promulgação da Constituição.

Parágrafo único. Poderão as entidades devedoras, para o cumprimento do disposto neste artigo, emitir, em cada ano, no exato montante do dispêndio, títulos de dívida pública não computáveis para efeito do limite global de endividamento.[1280]

Art. 34. O sistema tributário nacional entrará em vigor a partir do primeiro dia do quinto mês seguinte ao da promulgação da Constituição, mantido, até então, o da Constituição de 1967, com a redação dada pela Emenda nº 1, de 1969, e pelas posteriores.

§ 1º Entrarão em vigor com a promulgação da Constituição os arts. 148, 149, 150, 154, I, 156, III, e 159, I, "c", revogadas as disposições em contrário da Constituição de 1967 e das Emendas que a modificaram, especialmente de seu art. 25, III.

§ 2º O Fundo de Participação dos Estados e do Distrito Federal e o Fundo de Participação dos Municípios obedecerão às seguintes determinações:

I - a partir da promulgação da Constituição, os percentuais serão, respectivamente, de dezoito por cento e de vinte por cento, calculados sobre o produto da arrecadação dos impostos referidos no art. 153, III e IV, mantidos os atuais critérios de rateio até a entrada em vigor da lei complementar a que se refere o art. 161, II;

II - o percentual relativo ao Fundo de Participação dos Estados e do Distrito Federal será acrescido de um ponto percentual no exercício financeiro de 1989

[1278] Vide ADI 1.498, Rel. Min. Ilmar Galvão, DJ 13/12/2002; Lei nº 8.935, de 18 de novembro de 19 94 (Lei dos cartórios).

[1279] Vide ADI 1.047-MC, Rel. Min. Sepúlveda Pertence, DJ 06/05/1994 e ADI 126, Rel. Min. Octavio Gallotti, DJ 05/06/1992.

[1280] Vide ADI 1.593, Rel. Min. Menezes Direito, DJe 02/05/2008.

ADCT (1988) Art. 34

e, a partir de 1990, inclusive, à razão de meio ponto por exercício, até 1992, inclusive, atingindo em 1993 o percentual estabelecido no art. 159, I, "a";

III - o percentual relativo ao Fundo de Participação dos Municípios, a partir de 1989, inclusive, será elevado à razão de meio ponto percentual por exercício financeiro, até atingir o estabelecido no art. 159, I, "b".

§ 3° Promulgada a Constituição, a União, os Estados, o Distrito Federal e os Municípios poderão editar as leis necessárias à aplicação do sistema tributário nacional nela previsto.

§ 4° As leis editadas nos termos do parágrafo anterior produzirão efeitos a partir da entrada em vigor do sistema tributário nacional previsto na Constituição.

§ 5° Vigente o novo sistema tributário nacional, fica assegurada a aplicação da legislação anterior, no que não seja incompatível com ele e com a legislação referida nos §§ 3° e 4°.

§ 6° Até 31 de dezembro de 1989, o disposto no art. 150, III, "b", não se aplica aos impostos de que tratam os arts. 155, I, "a" e "b",[1281] e 156, II e III, que podem ser cobrados trinta dias após a publicação da lei que os tenha instituído ou aumentado.

§ 7° Até que sejam fixadas em lei complementar, as alíquotas máximas do imposto municipal sobre vendas a varejo de combustíveis líquidos e gasosos não excederão a três por cento.

§ 8° Se, no prazo de sessenta dias contados da promulgação da Constituição, não for editada a lei complementar necessária à instituição do imposto de que trata o art. 155, I, "b",[1282] os Estados e o Distrito Federal, mediante convênio celebrado nos termos da Lei Complementar n° 24, de 7 de janeiro de 1975, fixarão normas para regular provisoriamente a matéria.[1283]

§ 9° Até que lei complementar disponha sobre a matéria, as empresas distribuidoras de energia elétrica, na condição de contribuintes ou de substitutos tributários, serão as responsáveis, por ocasião da saída do produto de seus estabelecimentos, ainda que destinado a outra unidade da Federação, pelo pagamento do imposto sobre operações relativas à circulação de mercadorias incidente sobre energia elétrica, desde a produção ou importação até a última operação, calculado o imposto sobre o preço então praticado na operação final e assegurado seu recolhimento ao Estado ou ao Distrito Federal, conforme o local onde deva ocorrer essa operação.

§ 10. Enquanto não entrar em vigor a lei prevista no art. 159, I, "c", cuja promulgação se fará até 31 de dezembro de 1989, é assegurada a aplicação dos recursos previstos naquele dispositivo da seguinte maneira:

[1281] Em virtude da Emenda Constitucional n° 3, de 17/03/1993, a referência ao art. 155, I, "a" e "b", passou a ser o art. 155, I e II.

[1282] Em virtude da Emenda Constitucional n° 3, de 17/03/1993, a referência ao art. 155, I, "b", passou a ser o art. 155, II.

[1283] Vide ADI 2.345-MC, Rel. Min. Sydney Sanches, DJ 28/03/2003.

ADCT. Arts. 34 a 36

I - seis décimos por cento na Região Norte, através do Banco da Amazônia S.A.;

II - um inteiro e oito décimos por cento na Região Nordeste, através do Banco do Nordeste do Brasil S.A.;

III - seis décimos por cento na Região Centro-Oeste, através do Banco do Brasil S.A.

§ **11.** Fica criado, nos termos da lei, o Banco de Desenvolvimento do Centro-Oeste, para dar cumprimento, na referida região, ao que determinam os arts. 159, I, "c", e 192, § 2°, da Constituição.

§ **12.** A urgência prevista no art. 148, II, não prejudica a cobrança do empréstimo compulsório instituído, em benefício das Centrais Elétricas Brasileiras S.A. (Eletrobrás), pela Lei n° 4.156, de 28 de novembro de 1962, com as alterações posteriores.

Art. 35. O disposto no art. 165, § 7°, será cumprido de forma progressiva, no prazo de até dez anos, distribuindo-se os recursos entre as regiões macroeconômicas em razão proporcional à população, a partir da situação verificada no biênio 1986-87.

§ **1°** Para aplicação dos critérios de que trata este artigo, excluem-se das despesas totais as relativas:

I - aos projetos considerados prioritários no plano plurianual;[1284]

II - à segurança e defesa nacional;

III - à manutenção dos órgãos federais no Distrito Federal;

IV - ao Congresso Nacional, ao Tribunal de Contas da União e ao Poder Judiciário;

V - ao serviço da dívida da administração direta e indireta da União, inclusive fundações instituídas e mantidas pelo Poder Público federal.

§ **2°** Até a entrada em vigor da lei complementar a que se refere o art. 165, § 9°, I e II, serão obedecidas as seguintes normas:

I - o projeto do plano plurianual, para vigência até o final do primeiro exercício financeiro do mandato presidencial subseqüente, será encaminhado até quatro meses antes do encerramento do primeiro exercício financeiro e devolvido para sanção até o encerramento da sessão legislativa;

II - o projeto de lei de diretrizes orçamentárias será encaminhado até oito meses e meio antes do encerramento do exercício financeiro e devolvido para sanção até o encerramento do primeiro período da sessão legislativa;

III - o projeto de lei orçamentária da União será encaminhado até quatro meses antes do encerramento do exercício financeiro e devolvido para sanção até o encerramento da sessão legislativa.

Art. 36. Os fundos existentes na data da promulgação da Constituição, excetuados os resultantes de isenções fiscais que passem a integrar patrimônio

---

[1284] Vide Lei n° 13.249, de 13 de janeiro de 2016 (institui o Plano Plurianual da União para o período de 2016 a 2019).

ADCT (1988)   Arts. 36 a 42

privado e os que interessem à defesa nacional, extinguir-se-ão, se não forem ratificados pelo Congresso Nacional no prazo de dois anos.

Art. 37. A adaptação ao que estabelece o art. 167, III, deverá processar-se no prazo de cinco anos, reduzindo-se o excesso à base de, pelo menos, um quinto por ano.

Art. 38. Até a promulgação da lei complementar referida no art. 169, a União, os Estados, o Distrito Federal e os Municípios não poderão despender com pessoal mais do que sessenta e cinco por cento do valor das respectivas receitas correntes.[1285]

Parágrafo único. A União, os Estados, o Distrito Federal e os Municípios, quando a respectiva despesa de pessoal exceder o limite previsto neste artigo, deverão retornar àquele limite, reduzindo o percentual excedente à razão de um quinto por ano.

Art. 39. Para efeito do cumprimento das disposições constitucionais que impliquem variações de despesas e receitas da União, após a promulgação da Constituição, o Poder Executivo deverá elaborar e o Poder Legislativo apreciar projeto de revisão da lei orçamentária referente ao exercício financeiro de 1989.

Parágrafo único. O Congresso Nacional deverá votar no prazo de doze meses a lei complementar prevista no art. 161, II.

Art. 40. É mantida a Zona Franca de Manaus, com suas características de área livre de comércio, de exportação e importação, e de incentivos fiscais, pelo prazo de vinte e cinco anos, a partir da promulgação da Constituição.[1286]

Parágrafo único. Somente por lei federal podem ser modificados os critérios que disciplinaram ou venham a disciplinar a aprovação dos projetos na Zona Franca de Manaus.

Art. 41. Os Poderes Executivos da União, dos Estados, do Distrito Federal e dos Municípios reavaliarão todos os incentivos fiscais de natureza setorial ora em vigor, propondo aos Poderes Legislativos respectivos as medidas cabíveis.

§ 1° Considerar-se-ão revogados após dois anos, a partir da data da promulgação da Constituição, os incentivos que não forem confirmados por lei.

§ 2° A revogação não prejudicará os direitos que já tiverem sido adquiridos, àquela data, em relação a incentivos concedidos sob condição e com prazo certo.

§ 3° Os incentivos concedidos por convênio entre Estados, celebrados nos termos do art. 23, § 6°, da Constituição de 1967, com a redação da Emenda n° 1, de 17 de outubro de 1969, também deverão ser reavaliados e reconfirmados nos prazos deste artigo.

Art. 42. Durante 40 (quarenta) anos, a União aplicará, dos recursos destinados à irrigação:[1287]

[1285] Vide ADI 603, Rel. Min. voto do Min. Eros Grau, DJ 06/10/2006.
[1286] Vide ADI 2.348-MC, Rel. Min. Marco Aurélio, DJ 07/11/2003 e ADI 310, rel. Min. Cármen Lúcia, DJe 09/09/2014.
[1287] Redação dada pela EC n° 43, de 15/04/2004 e alterado pela EC n° 89, de 15/09/2015.

285

ADCT. Arts. 42 a 44

> Redação anterior: vigente entre 16.4.2004 e 15.09.2015 (EC nº 43/2004)
>
> **Art. 42.** Durante 25 (vinte e cinco) anos, a União aplicará, dos recursos destinados à irrigação:
>
> **Redação anterior:** vigente entre 05.10.1988 e 15.4.2004 (original):
>
> **Art. 42.** Durante quinze anos, a União aplicará, dos recursos destinados à irrigação:

I - 20% (vinte por cento) na Região Centro-Oeste;[1288]

II - 50% (cinquenta por cento) na Região Nordeste, preferencialmente no Semiárido.[1289]

> **Redação anterior:** vigente entre 05.10.1988 e 15.09.2016 (original):
>
> I - vinte por cento na Região Centro-Oeste;
>
> II - cinqüenta por cento na Região Nordeste, preferencialmente no semi-árido.

Parágrafo único. Dos percentuais previstos nos incisos I e II do caput, no mínimo 50% (cinquenta por cento) serão destinados a projetos de irrigação que beneficiem agricultores familiares que atendam aos requisitos previstos em legislação específica.[1290]

Art. 43. Na data da promulgação da lei que disciplinar a pesquisa e a lavra de recursos e jazidas minerais, ou no prazo de um ano, a contar da promulgação da Constituição, tornar-se-ão sem efeito as autorizações, concessões e demais títulos atributivos de direitos minerários, caso os trabalhos de pesquisa ou de lavra não hajam sido comprovadamente iniciados nos prazos legais ou estejam inativos.[1291]

Art. 44. As atuais empresas brasileiras titulares de autorização de pesquisa, concessão de lavra de recursos minerais e de aproveitamento dos potenciais de energia hidráulica em vigor terão quatro anos, a partir da promulgação da Constituição, para cumprir os requisitos do art. 176, § 1º.

§ 1º Ressalvadas as disposições de interesse nacional previstas no texto constitucional, as empresas brasileiras ficarão dispensadas do cumprimento do disposto no art. 176, § 1º, desde que, no prazo de até quatro anos da data da promulgação da Constituição, tenham o produto de sua lavra e beneficiamento destinado a industrialização no território nacional, em seus próprios estabelecimentos ou em empresa industrial controladora ou controlada.

§ 2º Ficarão também dispensadas do cumprimento do disposto no art. 176, § 1º, as empresas brasileiras titulares de concessão de energia hidráulica para uso em seu processo de industrialização.

§ 3º As empresas brasileiras referidas no § 1º somente poderão ter autorizações de pesquisa e concessões de lavra ou potenciais de energia

---

[1288] Redação da pela EC nº 89, de 15/09/2015.
[1289] Redação da pela EC nº 89, de 15/09/2015.
[1290] Incluído pela EC nº 89, de 15/09/2015.
[1291] Vide Lei nº 7.886, e 20 de novembro de 1989. (regulamenta esse art. 43).

ADCT (1988)   Arts. 45 a 47

hidráulica, desde que a energia e o produto da lavra sejam utilizados nos respectivos processos industriais.

Art. 45. Ficam excluídas do monopólio estabelecido pelo art. 177, II, da Constituição as refinarias em funcionamento no País amparadas pelo art. 43 e nas condições do art. 45 da Lei n° 2.004, de 3 de outubro de 1953.

Parágrafo único. Ficam ressalvados da vedação do art. 177, § 1°, os contratos de risco feitos com a Petróleo Brasileiro S.A. (Petrobrás), para pesquisa de petróleo, que estejam em vigor na data da promulgação da Constituição.

Art. 46. São sujeitos à correção monetária desde o vencimento, até seu efetivo pagamento, sem interrupção ou suspensão, os créditos junto a entidades submetidas aos regimes de intervenção ou liquidação extrajudicial, mesmo quando esses regimes sejam convertidos em falência.

Parágrafo único. O disposto neste artigo aplica-se também:

I - às operações realizadas posteriormente à decretação dos regimes referidos no *caput* deste artigo;

II - às operações de empréstimo, financiamento, refinanciamento, assistência financeira de liquidez, cessão ou sub-rogação de créditos ou cédulas hipotecárias, efetivação de garantia de depósitos do público ou de compra de obrigações passivas, inclusive as realizadas com recursos de fundos que tenham essas destinações;

III - aos créditos anteriores à promulgação da Constituição;

IV - aos créditos das entidades da administração pública anteriores à promulgação da Constituição, não liquidados até 1 de janeiro de 1988.

Art. 47. Na liquidação dos débitos, inclusive suas renegociações e composições posteriores, ainda que ajuizados, decorrentes de quaisquer empréstimos concedidos por bancos e por instituições financeiras, não existirá correção monetária desde que o empréstimo tenha sido concedido:

I - aos micro e pequenos empresários ou seus estabelecimentos no período de 28 de fevereiro de 1986 a 28 de fevereiro de 1987;

II - aos mini, pequenos e médios produtores rurais no período de 28 de fevereiro de 1986 a 31 de dezembro de 1987, desde que relativos a crédito rural.

§ 1° Consideram-se, para efeito deste artigo, microempresas as pessoas jurídicas e as firmas individuais com receitas anuais de até dez mil obrigações do Tesouro Nacional, e pequenas empresas as pessoas jurídicas e as firmas individuais com receita anual de até vinte e cinco mil obrigações do Tesouro Nacional.

§ 2° A classificação de mini, pequeno e médio produtor rural será feita obedecendo-se às normas de crédito rural vigentes à época do contrato.

§ 3° A isenção da correção monetária a que se refere este artigo só será concedida nos seguintes casos:

I - se a liquidação do débito inicial, acrescido de juros legais e taxas judiciais, vier a ser efetivada no prazo de noventa dias, a contar da data da promulgação da Constituição;

ADCT, Arts. 47 a 50

II - se a aplicação dos recursos não contrariar a finalidade do financiamento, cabendo o ônus da prova à instituição credora;

III - se não for demonstrado pela instituição credora que o mutuário dispõe de meios para o pagamento de seu débito, excluído desta demonstração seu estabelecimento, a casa de moradia e os instrumentos de trabalho e produção;

IV - se o financiamento inicial não ultrapassar o limite de cinco mil obrigações do Tesouro Nacional;

V - se o beneficiário não for proprietário de mais de cinco módulos rurais.

§ 4° Os benefícios de que trata este artigo não se estendem aos débitos já quitados e aos devedores que sejam constituintes.

§ 5° No caso de operações com prazos de vencimento posteriores à data-limite de liquidação da dívida, havendo interesse do mutuário, os bancos e as instituições financeiras promoverão, por instrumento próprio, alteração nas condições contratuais originais de forma a ajustá-las ao presente benefício.

§ 6° A concessão do presente benefício por bancos comerciais privados em nenhuma hipótese acarretará ônus para o Poder Público, ainda que através de refinanciamento e repasse de recursos pelo Banco Central.

§ 7° No caso de repasse a agentes financeiros oficiais ou cooperativas de crédito, o ônus recairá sobre a fonte de recursos originária.

Art. 48. O Congresso Nacional, dentro de cento e vinte dias da promulgação da Constituição, elaborará código de defesa do consumidor.[1292]

Art. 49. A lei disporá sobre o instituto da enfiteuse em imóveis urbanos, sendo facultada aos foreiros, no caso de sua extinção, a remição dos aforamentos mediante aquisição do domínio direto, na conformidade do que dispuserem os respectivos contratos.[1293]

§ 1° Quando não existir cláusula contratual, serão adotados os critérios e bases hoje vigentes na legislação especial dos imóveis da União.

§ 2° Os direitos dos atuais ocupantes inscritos ficam assegurados pela aplicação de outra modalidade de contrato.

§ 3° A enfiteuse continuará sendo aplicada aos terrenos de marinha e seus acrescidos, situados na faixa de segurança, a partir da orla marítima.

§ 4° Remido o foro, o antigo titular do domínio direto deverá, no prazo de noventa dias, sob pena de responsabilidade, confiar à guarda do registro de imóveis competente toda a documentação a ele relativa.

Art. 50. Lei agrícola a ser promulgada no prazo de um ano disporá, nos termos da Constituição, sobre os objetivos e instrumentos de política agrícola,

---

[1292] Vide Lei n° 8.078, de 11 de setembro de 1990 (Código de Proteção e Defesa do Consumidor); Lei n° 12.291 de 20 de julho de 2010 (Torna obrigatória a manutenção de exemplar do Código de Defesa do Consumidor nos estabelecimentos comerciais e de prestação de serviços).

[1293] Vide Lei n° 10.406, de 10 de janeiro de 2002 (o Código Civil), arts. 2.038 e Lei n° 9.636, de 15 de maio de 1998 (dispõe sobre a regularização, administração, aforamento e alienação de bens imóveis de domínio da União).

ADCT (1988)   Arts. 50 a 53

prioridades, planejamento de safras, comercialização, abastecimento interno, mercado externo e instituição de crédito fundiário.

Art. 51. Serão revistos pelo Congresso Nacional, através de Comissão mista, nos três anos a contar da data da promulgação da Constituição, todas as doações, vendas e concessões de terras públicas com área superior a três mil hectares, realizadas no período de 1º de janeiro de 1962 a 31 de dezembro de 1987.

§ 1º No tocante às vendas, a revisão será feita com base exclusivamente no critério de legalidade da operação.

§ 2º No caso de concessões e doações, a revisão obedecerá aos critérios de legalidade e de conveniência do interesse público.

§ 3º Nas hipóteses previstas nos parágrafos anteriores, comprovada a ilegalidade, ou havendo interesse público, as terras reverterão ao patrimônio da União, dos Estados, do Distrito Federal ou dos Municípios.

Art. 52. Até que sejam fixadas as condições do art. 192, são vedados:[1294]

> Redação anterior: vigente entre 05.10.1988 e 29.05.2003 (original):
>
> **Art. 52.** Até que sejam fixadas as condições a que se refere o art. 192, III, são vedados:

I - a instalação, no País, de novas agências de instituições financeiras domiciliadas no exterior;

II - o aumento do percentual de participação, no capital de instituições financeiras com sede no País, de pessoas físicas ou jurídicas residentes ou domiciliadas no exterior.

Parágrafo único. A vedação a que se refere este artigo não se aplica às autorizações resultantes de acordos internacionais, de reciprocidade, ou de interesse do Governo brasileiro.

Art. 53. Ao ex-combatente que tenha efetivamente participado de operações bélicas durante a Segunda Guerra Mundial, nos termos da Lei nº 5.315, de 12 de setembro de 1967, serão assegurados os seguintes direitos:

I - aproveitamento no serviço público, sem a exigência de concurso, com estabilidade;[1295]

II - pensão especial correspondente à deixada por segundo-tenente das Forças Armadas, que poderá ser requerida a qualquer tempo, sendo inacumulável com quaisquer rendimentos recebidos dos cofres públicos, exceto os benefícios previdenciários, ressalvado o direito de opção;[1296]

III - em caso de morte, pensão à viúva ou companheira ou dependente, de forma proporcional, de valor igual à do inciso anterior;

IV - assistência médica, hospitalar e educacional gratuita, extensiva aos dependentes;

[1294] Redação dada pela EC nº 40, de 29/05/2003.
[1295] Vide ADI 229, Rel. Min. Nelson Jobim, DJ 13/06/2003.
[1296] Vide ADI 974, Rel. Min. Néri da Silveira, DJ 21/09/2001.

ADCT, Arts. 53 a 56 — J. U. Jacoby Fernandes

V - aposentadoria com proventos integrais aos vinte e cinco anos de serviço efetivo, em qualquer regime jurídico;

VI - prioridade na aquisição da casa própria, para os que não a possuam ou para suas viúvas ou companheiras.

Parágrafo único. A concessão da pensão especial do inciso II substitui, para todos os efeitos legais, qualquer outra pensão já concedida ao ex-combatente.

Art. 54. Os seringueiros recrutados nos termos do Decreto-Lei n° 5.813, de 14 de setembro de 1943, e amparados pelo Decreto-Lei n° 9.882, de 16 de setembro de 1946, receberão, quando carentes, pensão mensal vitalícia no valor de dois salários mínimos.[1297]

§ 1° O benefício é estendido aos seringueiros que, atendendo a apelo do Governo brasileiro, contribuíram para o esforço de guerra, trabalhando na produção de borracha, na Região Amazônica, durante a Segunda Guerra Mundial.

§ 2° Os benefícios estabelecidos neste artigo são transferíveis aos dependentes reconhecidamente carentes.

§ 3° A concessão do benefício far-se-á conforme lei a ser proposta pelo Poder Executivo dentro de cento e cinqüenta dias da promulgação da Constituição.[1298]

Art. 54-A. Os seringueiros de que trata o art. 54 deste Ato das Disposições Constitucionais Transitórias receberão indenização, em parcela única, no valor de R$ 25.000,00 (vinte e cinco mil reais).[1299]

Art. 55. Até que seja aprovada a lei de diretrizes orçamentárias, trinta por cento, no mínimo, do orçamento da seguridade social, excluído o seguro-desemprego, serão destinados ao setor de saúde.

Art. 56. Até que a lei disponha sobre o art. 195, I, a arrecadação decorrente de, no mínimo, cinco dos seis décimos percentuais correspondentes à alíquota da contribuição de que trata o Decreto-Lei n° 1.940, de 25 de maio de 1982, alterada pelo Decreto-Lei n° 2.049, de 1° de agosto de 1983, pelo Decreto n° 91.236, de 8 de maio de 1985, e pela Lei n° 7.611, de 8 de julho de 1987, passa a integrar a receita da seguridade social, ressalvados, exclusivamente no exercício de 1988, os compromissos assumidos com programas e projetos em andamento.[1300]

[1297] Vide ADI 2.555, Rel. Min. Ellen Gracie, DJ 02/05/2003.

[1298] Vide Lei n° 7.986, de 28 de dezembro de 1989 (regulamenta a concessão do benefício previsto no art. 54 do ADCT).

[1299] Incluído pela EC n° 78, de 14/05/2014, que estabeleceu no seu art. 2° que "A indenização de que trata o art. 54-A do Ato das Disposições Constitucionais Transitórias somente se estende aos dependentes dos seringueiros que, na data de entrada em vigor desta Emenda Constitucional, detenham a condição de dependentes na forma do § 2° do art. 54 do Ato das Disposições Constitucionais Transitórias, devendo o valor de R$ 25.000,00 (vinte e cinco mil reais) ser rateado entre os pensionistas na proporção de sua cota-parte na pensão.

[1300] Vide Súmula 658 e ADI 15, Rel. Min. Sepúlveda Pertence, DJ 31/08/2007.

ADCT (1988)   Arts. 57 a 60

Art. 57. Os débitos dos Estados e dos Municípios relativos às contribuições previdenciárias até 30 de junho de 1988 serão liquidados, com correção monetária, em cento e vinte parcelas mensais, dispensados os juros e multas sobre eles incidentes, desde que os devedores requeiram o parcelamento e iniciem seu pagamento no prazo de cento e oitenta dias a contar da promulgação da Constituição.[1301]

§ 1° O montante a ser pago em cada um dos dois primeiros anos não será inferior a cinco por cento do total do débito consolidado e atualizado, sendo o restante dividido em parcelas mensais de igual valor.

§ 2° A liquidação poderá incluir pagamentos na forma de cessão de bens e prestação de serviços, nos termos da Lei n° 7.578, de 23 de dezembro de 1986.

§ 3° Em garantia do cumprimento do parcelamento, os Estados e os Municípios consignarão, anualmente, nos respectivos orçamentos as dotações necessárias ao pagamento de seus débitos.

§ 4° Descumprida qualquer das condições estabelecidas para concessão do parcelamento, o débito será considerado vencido em sua totalidade, sobre ele incidindo juros de mora; nesta hipótese, parcela dos recursos correspondentes aos Fundos de Participação, destinada aos Estados e Municípios devedores, será bloqueada e repassada à previdência social para pagamento de seus débitos.

Art. 58. Os benefícios de prestação continuada, mantidos pela previdência social na data da promulgação da Constituição, terão seus valores revistos, a fim de que seja restabelecido o poder aquisitivo, expresso em número de salários mínimos, que tinham na data de sua concessão, obedecendo-se a esse critério de atualização até a implantação do plano de custeio e benefícios referidos no artigo seguinte.

Parágrafo único. As prestações mensais dos benefícios atualizadas de acordo com este artigo serão devidas e pagas a partir do sétimo mês a contar da promulgação da Constituição.

Art. 59. Os projetos de lei relativos à organização da seguridade social e aos planos de custeio e de benefício serão apresentados no prazo máximo de seis meses da promulgação da Constituição ao Congresso Nacional, que terá seis meses para apreciá-los.

Parágrafo único. Aprovados pelo Congresso Nacional, os planos serão implantados progressivamente nos dezoito meses seguintes.

Art. 60. Até o 14° (décimo quarto) ano a partir da promulgação desta Emenda Constitucional, os Estados, o Distrito Federal e os Municípios destinarão parte dos recursos a que se refere o *caput* do art. 212 da Constituição

---

[1301] Vide Lei n° 13.485, de 02 de outubro de 2017 (parcelamento de débitos com a Fazenda Nacional relativos às contribuições previdenciárias de responsabilidade dos Estados, do Distrito Federal e dos Municípios, e revisão da dívida previdenciária dos Municípios pelo Poder Executivo federal).

ADCT, Art. 60

Federal à manutenção e desenvolvimento da educação básica e à remuneração condigna dos trabalhadores da educação, respeitadas as seguintes disposições:[1302]

> **Redação anterior:** vigente entre 01.01.1997 e 19.12.2006 (EC nº 14/1996):
>
> **Art. 60.** Nos dez primeiros anos da promulgação desta Emenda, os Estados, o Distrito Federal e os Municípios destinarão não menos de sessenta por cento dos recursos a que se refere o caput do art. 212 da Constituição Federal, à manutenção e ao desenvolvimento do ensino fundamental, com o objetivo de assegurar a universalização de seu atendimento e a remuneração condigna do magistério.
>
> **Redação anterior:** vigente entre 05.10.1988 e 31.12.1996 (original):
>
> **Art. 60.** Nos dez primeiros anos da promulgação da Constituição, o Poder Público desenvolverá esforços, com a mobilização de todos os setores organizados da sociedade e com a aplicação de, pelo menos, cinqüenta por cento dos recursos a que se refere o art. 212 da Constituição, para eliminar o analfabetismo e universalizar o ensino fundamental.
>
> **Parágrafo único.** Em igual prazo, as universidades públicas descentralizarão suas atividades, de modo a estender suas unidades de ensino superior às cidades de maior densidade populacional.

I - a distribuição dos recursos e de responsabilidades entre o Distrito Federal, os Estados e seus Municípios é assegurada mediante a criação, no âmbito de cada Estado e do Distrito Federal, de um Fundo de Manutenção e Desenvolvimento da Educação Básica e de Valorização dos Profissionais da Educação - FUNDEB, de natureza contábil;

> **Redação anterior:** vigente entre 01.01.1997 e 19.12.2006 (EC nº 14/1996
>
> § 1º A distribuição de responsabilidades e recursos entre os Estados e seus Municípios a ser concretizada com parte dos recursos definidos neste artigo, na forma do disposto no art. 211 da Constituição Federal, é assegurada mediante a criação, no âmbito de cada Estado e do Distrito Federal, de um Fundo de Manutenção e Desenvolvimento do Ensino Fundamental e de Valorização do Magistério, de natureza contábil.

II - os Fundos referidos no inciso I do *caput* deste artigo serão constituídos por 20% (vinte por cento) dos recursos a que se referem os incisos I, II e III do art. 155; o inciso II do *caput* do art. 157; os incisos II, III e IV do *caput* do art. 158; e as alíneas "a" e "b" do inciso I e o inciso II do *caput* do art. 159, todos da Constituição Federal, e distribuídos entre cada Estado e seus Municípios, proporcionalmente ao número de alunos das diversas etapas e modalidades da educação básica presencial, matriculados nas respectivas redes, nos respectivos

---

[1302] Redação do caput, inclusão dos incisos I a XII e redação dos parágrafos 1º a 5º dada pela EC nº 53, publicada no DOU em 20/12/2006, data em que entrou em vigor. "Mantidos os efeitos do art. 60 do Ato das Disposições Constitucionais Transitórias, conforme estabelecido pela Emenda Constitucional nº 14, de 12 de setembro de 1996, até o início da vigência dos fundos, nos termos desta Emenda Constitucional", conf. Art. 3º. Vide ADI 1.749, Rel. Min. Nelson Jobim, DJ 15/04/2005.

ADCT (1988)   Art. 60

âmbitos de atuação prioritária estabelecidos nos §§ 2° e 3° do art. 211 da Constituição Federal;

> **Redação anterior:** vigente entre 01.01.1997 e 19.12.2006 (EC n° 14/1996)
>
> § 2° O Fundo referido no parágrafo anterior será constituído por, pelo menos, quinze por cento dos recursos a que se referem os arts. 155, inciso II; 158, inciso IV; e 159, inciso I, alíneas "a" e "b"; e inciso II, da Constituição Federal, e será distribuído entre cada Estado e seus Municípios, proporcionalmente ao número de alunos nas respectivas redes de ensino fundamental.

III - observadas as garantias estabelecidas nos incisos I, II, III e IV do *caput* do art. 208 da Constituição Federal e as metas de universalização da educação básica estabelecidas no Plano Nacional de Educação, a lei disporá sobre:

a) a organização dos Fundos, a distribuição proporcional de seus recursos, as diferenças e as ponderações quanto ao valor anual por aluno entre etapas e modalidades da educação básica e tipos de estabelecimento de ensino;

> **Redação anterior:** vigente entre entre 13.09.1996 e 20.12.2006 (EC n° 15, de 12.09.1996):
>
> § 6° A União aplicará na erradicação do analfabetismo e na manutenção e no desenvolvimento do ensino fundamental, inclusive na complementação a que se refere o § 3°, nunca menos que o equivalente a trinta por cento dos recursos a que se refere o caput do art. 212 da Constituição Federal.

b) a forma de cálculo do valor anual mínimo por aluno;

c) os percentuais máximos de apropriação dos recursos dos Fundos pelas diversas etapas e modalidades da educação básica, observados os arts. 208 e 214 da Constituição Federal, bem como as metas do Plano Nacional de Educação;

d) a fiscalização e o controle dos Fundos;

> **Redação anterior:** vigente entre 01.01.1997 e 19.12.2006 (EC n° 14/1996)
>
> § 7° A lei disporá sobre a organização dos Fundos, a distribuição proporcional de seus recursos, sua fiscalização e controle, bem como sobre a forma de cálculo do valor mínimo nacional por aluno.

e) prazo para fixar, em lei específica, piso salarial profissional nacional para os profissionais do magistério público da educação básica;[1303]

IV - os recursos recebidos à conta dos Fundos instituídos nos termos do inciso I do *caput* deste artigo serão aplicados pelos Estados e Municípios exclusivamente nos respectivos âmbitos de atuação prioritária, conforme estabelecido nos §§ 2° e 3° do art. 211 da Constituição Federal;

V - a União complementará os recursos dos Fundos a que se refere o inciso II do *caput* deste artigo sempre que, no Distrito Federal e em cada Estado, o valor por aluno não alcançar o mínimo definido nacionalmente, fixado em

---

[1303] Vide ADI 4.167, Rel. Min. Joaquim Barbosa, DJe 24/08/2011 e Lei n° 11.738 de 16 de julho de 2008 (instituir o piso salarial profissional nacional para os profissionais do magistério público da educação básica).

ADCT. Art. 60

observância ao disposto no inciso VII do *caput* deste artigo, vedada a utilização dos recursos a que se refere o § 5° do art. 212 da Constituição Federal;

> **Redação anterior:** vigente entre 01.01.1997 e 19.12.2006 (EC n° 14/1996)
>
> § 3° A União complementará os recursos dos Fundos a que se refere o § 1°, sempre que, em cada Estado e no Distrito Federal, seu valor por aluno não alcançar o mínimo definido nacionalmente.

VI - até 10% (dez por cento) da complementação da União prevista no inciso V do *caput* deste artigo poderá ser distribuída para os Fundos por meio de programas direcionados para a melhoria da qualidade da educação, na forma da lei a que se refere o inciso III do *caput* deste artigo;

VII - a complementação da União de que trata o inciso V do *caput* deste artigo será de, no mínimo:

a) R$ 2.000.000.000,00 (dois bilhões de reais), no primeiro ano de vigência dos Fundos;

b) R$ 3.000.000.000,00 (três bilhões de reais), no segundo ano de vigência dos Fundos;

c) R$ 4.500.000.000,00 (quatro bilhões e quinhentos milhões de reais), no terceiro ano de vigência dos Fundos;

d) 10% (dez por cento) do total dos recursos a que se refere o inciso II do *caput* deste artigo, a partir do quarto ano de vigência dos Fundos;

VIII - a vinculação de recursos à manutenção e desenvolvimento do ensino estabelecida no art. 212 da Constituição Federal suportará, no máximo, 30% (trinta por cento) da complementação da União, considerando-se para os fins deste inciso os valores previstos no inciso VII do *caput* deste artigo;

IX - os valores a que se referem as alíneas "a", "b", e "c" do inciso VII do *caput* deste artigo serão atualizados, anualmente, a partir da promulgação desta Emenda Constitucional, de forma a preservar, em caráter permanente, o valor real da complementação da União;

X - aplica-se à complementação da União o disposto no art. 160 da Constituição Federal;

XI - o não-cumprimento do disposto nos incisos V e VII do *caput* deste artigo importará crime de responsabilidade da autoridade competente;

XII - proporção não inferior a 60% (sessenta por cento) de cada Fundo referido no inciso I do *caput* deste artigo será destinada ao pagamento dos profissionais do magistério da educação básica em efetivo exercício.[1304]

> **Redação anterior:** vigente entre 01.01.1997 e 19.12.2006 (EC n° 14/1996)
>
> § 5° Uma proporção não inferior a sessenta por cento dos recursos de cada Fundo referido no § 1° será destinada ao pagamento dos professores do ensino fundamental em efetivo exercício no magistério.

[1304] Redação dada pela EC n° 53, de 19/12/2006; vide ADI 1.749, Rel. Min. Nelson Jobim, DJ 15/04/2005.

ADCT (1988) Art. 60

§ 1° A União, os Estados, o Distrito Federal e os Municípios deverão assegurar, no financiamento da educação básica, a melhoria da qualidade de ensino, de forma a garantir padrão mínimo definido nacionalmente.[1305]

> **Redação anterior:** vigente entre 01.01.1997 e 19.12.2006 (EC n° 14/1996)
>
> § 4° A União, os Estados, o Distrito Federal e os Municípios ajustarão progressivamente, em um prazo de cinco anos, suas contribuições ao Fundo, de forma a garantir um valor por aluno correspondente a um padrão mínimo de qualidade de ensino, definido nacionalmente.

§ 2° O valor por aluno do ensino fundamental, no Fundo de cada Estado e do Distrito Federal, não poderá ser inferior ao praticado no âmbito do Fundo de Manutenção e Desenvolvimento do Ensino Fundamental e de Valorização do Magistério - FUNDEF, no ano anterior à vigência desta Emenda Constitucional.[1306]

§ 3° O valor anual mínimo por aluno do ensino fundamental, no âmbito do Fundo de Manutenção e Desenvolvimento da Educação Básica e de Valorização dos Profissionais da Educação - FUNDEB, não poderá ser inferior ao valor mínimo fixado nacionalmente no ano anterior ao da vigência desta Emenda Constitucional.[1307]

§ 4° Para efeito de distribuição de recursos dos Fundos a que se refere o inciso I do *caput* deste artigo, levar-se-á em conta a totalidade das matrículas no ensino fundamental e considerar-se-á para a educação infantil, para o ensino médio e para a educação de jovens e adultos 1/3 (um terço) das matrículas no primeiro ano, 2/3 (dois terços) no segundo ano e sua totalidade a partir do terceiro ano.[1308]

§ 5° A porcentagem dos recursos de constituição dos Fundos, conforme o inciso II do *caput* deste artigo, será alcançada gradativamente nos primeiros 3 (três) anos de vigência dos Fundos, da seguinte forma:[1309]

I - no caso dos impostos e transferências constantes do inciso II do *caput* do art. 155; do inciso IV do *caput* do art. 158; e das alíneas "a" e "b" do inciso I e do inciso II do *caput* do art. 159 da Constituição Federal:

a) 16,66% (dezesseis inteiros e sessenta e seis centésimos por cento), no primeiro ano;

b) 18,33% (dezoito inteiros e trinta e três centésimos por cento), no segundo ano;

c) 20% (vinte por cento), a partir do terceiro ano;

[1305] Redação dada pela EC n° 53, de 19/12/2006.
[1306] Redação dada pela EC n° 53, de 19/12/2006.
[1307] Redação dada pela EC n° 53, de 19/12/2006.
[1308] Redação dada pela EC n° 53, de 19/12/2006.
[1309] Redação dada pela EC n° 53, de 19/12/2006.

ADCT. Arts. 60 a 64

II - no caso dos impostos e transferências constantes dos incisos I e III do *caput* do art. 155; do inciso II do *caput* do art. 157; e dos incisos II e III do *caput* do art. 158 da Constituição Federal:

a) 6,66% (seis inteiros e sessenta e seis centésimos por cento), no primeiro ano;

b) 13,33% (treze inteiros e trinta e três centésimos por cento), no segundo ano;

c) 20% (vinte por cento), a partir do terceiro ano.

§ 6° (Revogado)[1310]

§ 7° (Revogado)[1311]

Art. 61. As entidades educacionais a que se refere o art. 213, bem como as fundações de ensino e pesquisa cuja criação tenha sido autorizada por lei, que preencham os requisitos dos incisos I e II do referido artigo e que, nos últimos três anos, tenham recebido recursos públicos, poderão continuar a recebê-los, salvo disposição legal em contrário.

Art. 62. A lei criará o Serviço Nacional de Aprendizagem Rural (SENAR) nos moldes da legislação relativa ao Serviço Nacional de Aprendizagem Industrial (SENAI) e ao Serviço Nacional de Aprendizagem do Comércio (SENAC), sem prejuízo das atribuições dos órgãos públicos que atuam na área.[1312]

Art. 63. É criada uma Comissão composta de nove membros, sendo três do Poder Legislativo, três do Poder Judiciário e três do Poder Executivo, para promover as comemorações do centenário da proclamação da República e da promulgação da primeira Constituição republicana do País, podendo, a seu critério, desdobrar-se em tantas subcomissões quantas forem necessárias.

Parágrafo único. No desenvolvimento de suas atribuições, a Comissão promoverá estudos, debates e avaliações sobre a evolução política, social, econômica e cultural do País, podendo articular-se com os governos estaduais e municipais e com instituições públicas e privadas que desejem participar dos eventos.

Art. 64. A Imprensa Nacional e demais gráficas da União, dos Estados, do Distrito Federal e dos Municípios, da administração direta ou indireta, inclusive fundações instituídas e mantidas pelo Poder Público, promoverão edição popular do texto integral da Constituição, que será posta à disposição das escolas e dos cartórios, dos sindicatos, dos quartéis, das igrejas e de outras instituições representativas da comunidade, gratuitamente, de modo que cada

---

[1310] Redação dada pela EC n° 53, de 19/12/2006.

[1311] Redação dada pela EC n° 53, de 19/12/2006; vide Lei n° 9.424, de 24 de dezembro de 1996 (dispõe sobre o Fundo de Manutenção e Desenvolvimento do Ensino Fundamental e de Valorização do Magistério), Lei n° 11.494, de 20 de junho de 2007 (regulamenta o FUNDEB) e Decreto n° 6.253, de 13 de novembro de 2007 que o regulamenta e Portaria Interministerial ME/MF n° 10 de 28 de dezembro de 2017.

[1312] Vide Lei n° 8.315, de 23 de dezembro de 1991 (dispõe sobre a criação do Serviço Nacional de Aprendizagem Rural - SENAR).

ADCT (1988)   Arts. 64 a 71

cidadão brasileiro possa receber do Estado um exemplar da Constituição do Brasil.

Art. 65. O Poder Legislativo regulamentará, no prazo de doze meses, o art. 220, § 4º.

Art. 66. São mantidas as concessões de serviços públicos de telecomunicações atualmente em vigor, nos termos da lei.[1313]

Art. 67. A União concluirá a demarcação das terras indígenas no prazo de cinco anos a partir da promulgação da Constituição.

Art. 68. Aos remanescentes das comunidades dos quilombos que estejam ocupando suas terras é reconhecida a propriedade definitiva, devendo o Estado emitir-lhes os títulos respectivos.[1314]

Art. 69. Será permitido aos Estados manter consultorias jurídicas separadas de suas Procuradorias-Gerais ou Advocacias-Gerais, desde que, na data da promulgação da Constituição, tenham órgãos distintos para as respectivas funções.[1315]

Art. 70. Fica mantida atual competência dos tribunais estaduais até que a mesma seja definida na Constituição do Estado, nos termos do art. 125, § 1º, da Constituição.

Art. 71. É instituído, nos exercícios financeiros de 1994 e 1995, bem assim nos períodos de 01/01/1996 a 30/06/1997 e 01/07/1997 a 31/12/1999, o Fundo Social de Emergência, com o objetivo de saneamento financeiro da Fazenda Pública Federal e de estabilização econômica, cujos recursos serão aplicados prioritariamente no custeio das ações dos sistemas de saúde e educação, incluindo a complementação de recursos de que trata o § 3º do art. 60 do Ato das Disposições Constitucionais Transitórias, benefícios previdenciários e auxílios assistenciais de prestação continuada, inclusive liquidação de passivo previdenciário, e despesas orçamentárias associadas a programas de relevante interesse econômico social.[1316]

> **Redação anterior:** vigente entre 07/03/1996 e 24/11/1997 (EC nº 10/96):
>
> **Art. 71.** Fica instituído, nos exercícios financeiros de 1994 e 1995, bem assim no período de 1º de janeiro de 1996 a 30 de junho de 1997, o Fundo Social de Emergência, com o objetivo de saneamento financeiro da Fazenda Pública Federal e de estabilização econômica, cujos recursos serão aplicados prioritariamente no

---

[1313] Lei nº 9.472, de 16 de julho de 1997 (dispõe sobre a organização dos serviços de telecomunicações, a criação e o funcionamento de um órgão regulador) e Decreto nº 7.512, de 30 de junho de 2011 (aprova o plano geral de metas para a universalização do serviço telefônico fixo comutado prestado no regime público - PGMU); Lei nº 13.116 de 20 de abril de 2015 (estabelece normas gerais para implantação e compartilhamento da infraestrutura de telecomunicações).

[1314] Vide ADI 4.269, rel. Min. Edson Fachin, Inf. 882; ADI 3.239, Rel. p/o ac. Rosa Weber, Inf. 890.

[1315] Vide ADI 1.679, Rel. Min. Gilmar Mendes, DJ 21/11/2003; ADI 484, Rel. p/o ac. Min. Ricardo Lewandowski, DJe 01/02/2012;

[1316] Redação dada pela EC nº 17, de 22/11/1997; vide ADI 1.420-MC, Rel. Min. Néri da Silveira, DJ 19/12/1997.

ADCT. Arts 71 e 72 — J. U. JACOBY FERNANDES

custeio das ações dos sistemas de saúde e educação, benefícios previdenciários e auxílios assistenciais de prestação continuada, inclusive liquidação de passivo previdenciário, e despesas orçamentárias associadas a programas de relevante interesse econômico e social.

Redação anterior: vigente entre 02.03.1994 e 06.03.1996 (EC de revisão n° 1/94):

Art. 71. Fica instituído, nos exercícios financeiros de 1994 e 1995, o Fundo Social de Emergência, com o objetivo de saneamento financeiro da Fazenda Pública Federal e de estabilização econômica, cujos recursos serão aplicados no custeio das ações dos sistemas de saúde e educação, benefícios previdenciários e auxílios assistenciais de prestação continuada, inclusive liquidação de passivo previdenciário, e outros programas de relevante interesse econômico e social.

§ 1° Ao Fundo criado por este artigo não se aplica o disposto na parte final do inciso II do § 9° do art. 165 da Constituição.[1317]

Redação anterior: vigente entre 02.03.1994 e 06.03.1996 (EC de revisão n° 1/94):

Parágrafo único. Ao Fundo criado por este artigo não se aplica, no exercício financeiro de 1994, o disposto na parte final do inciso II do § 9° do art. 165 da Constituição.

§ 2° O Fundo criado por este artigo passa a ser denominado Fundo de Estabilização Fiscal a partir do início do exercício financeiro de 1996.[1318]

§ 3° O Poder Executivo publicará demonstrativo da execução orçamentária, de periodicidade bimestral, no qual se discriminarão as fontes e usos do Fundo criado por este artigo.[1319]

Art. 72. Integram o Fundo Social de Emergência:[1320]

I - o produto da arrecadação do imposto sobre renda e proventos de qualquer natureza incidente na fonte sobre pagamentos efetuados, a qualquer título, pela União, inclusive suas autarquias e fundações;

II - a parcela do produto da arrecadação do imposto sobre renda e proventos de qualquer natureza e do imposto sobre operações de crédito, câmbio e seguro, ou relativas a títulos e valores mobiliários, decorrente das alterações produzidas pela Lei n° 8.894, de 21 de junho de 1994, e pelas Leis n°s 8.849 e 8.848, ambas de 28 de janeiro de 1994, e modificações posteriores;[1321]

Redação anterior: vigente entre 02.03.1994 e 06.03.1996 (EC de revisão n° 1/94):

II - a parcela do produto da arrecadação do imposto sobre propriedade territorial rural, do imposto sobre renda e proventos de qualquer natureza e do imposto sobre operações de crédito, câmbio e seguro, ou relativas a títulos ou valores mobiliários, decorrente das alterações produzidas pela Medida Provisória n° 419 e pelas Leis n°s

---

[1317] Parágrafo único transformado em § 1° pela EC n° 10, de 4/3/1996.

[1318] Incluído pela EC n° 10, de 4/3/1996.

[1319] Incluído pela EC n° 10, de 4/3/1996.

[1320] Incluído pela EC de Revisão n° 1, de 01/03/1994.

[1321] Incluído pela EC de Revisão n° 1, de março de 1994 e modificada pela EC n° 10, de 04/03/1996.

ADCT (1988) Art. 72

> 8.847, 8.849 e 8.848, todas de 28 de janeiro de 1994, estendendo-se a vigência da última delas até 31 de dezembro de 1995;

III - a parcela do produto da arrecadação resultante da elevação da alíquota da contribuição social sobre o lucro dos contribuintes a que se refere o § 1º do art. 22 da Lei nº 8.212, de 24 de julho de 1991, a qual, nos exercícios financeiros de 1994 e 1995, bem assim no período de 1º de janeiro de 1996 a 30 de junho de 1997, passa a ser de trinta por cento, sujeita a alteração por lei ordinária, mantidas as demais normas da Lei nº 7.689, de 15 de dezembro de 1988;[1322]

> **Redação anterior:** vigente entre 02.03.1994 e 06.03.1996 (EC de revisão nº 1/94):
>
> III - a parcela do produto da arrecadação resultante da elevação da alíquota da contribuição social sobre o lucro dos contribuintes a que se refere o § 1º do art. 22 da Lei nº 8.212, de 24 de julho de 1991, a qual, nos exercícios financeiros de 1994 e 1995, passa a ser de trinta por cento, mantidas as demais normas da Lei nº 7.689, de 15 de dezembro de 1988;

IV - vinte por cento do produto da arrecadação de todos os impostos e contribuições da União, já instituídos ou a serem criados, excetuado o previsto nos incisos I, II e III, observado o disposto nos §§ 3º e 4º;[1323]

> **Redação anterior:** vigente entre 02.03.1994 e 06.03.1996 (EC de revisão nº 1/94):
>
> IV - vinte por cento do produto da arrecadação de todos os impostos e contribuições da União, excetuado o previsto nos incisos I, II e III;

V - a parcela do produto da arrecadação da contribuição de que trata a Lei Complementar nº 7, de 7 de setembro de 1970, devida pelas pessoas jurídicas a que se refere o inciso III deste artigo, a qual será calculada, nos exercícios financeiros de 1994 a 1995, bem assim nos períodos de 1º de janeiro de 1996 a 30 de junho de 1997 e de 1º de julho de 1997 a 31 de dezembro de 1999, mediante a aplicação da alíquota de setenta e cinco centésimos por cento, sujeita a alteração por lei ordinária posterior, sobre a receita bruta operacional, como definida na legislação do imposto sobre renda e proventos de qualquer natureza;[1324]

> **Redação anterior:** vigente entre 07.03.1996 e 24.11.97 (EC de revisão nº 1/94 - original):
>
> V - a parcela do produto da arrecadação da contribuição de que trata a Lei Complementar nº 7, de 7 de setembro de 1970, devida pelas pessoas jurídicas a que se refere o inciso III deste artigo, a qual será calculada, nos exercícios financeiros de 1994 e 1995, bem assim no período de 1º de janeiro de 1996 a 30 de junho de 1997,

---

[1322] Incluído pela EC de Revisão nº 1, de março de 1994 e redação modificada pela EC nº 10, de 04/03/1996.

[1323] Incluído pela EC de Revisão nº 1, de março de 1994 e redação modificada pela EC nº 10, de 04/03/1996.

[1324] Incluído pela EC de Revisão nº 1, de março de 1994 e redação modificada pela EC nº 10, de 04/03/1996 e pela EC nº 17, de 22/11/1997.

ADCT. Art. 72

mediante a aplicação da alíquota de setenta e cinco centésimos por cento, sujeita a alteração por lei ordinária, sobre a receita bruta operacional, como definida na legislação do imposto sobre renda e proventos de qualquer natureza; e

Redação anterior: vigente entre 02.03.1994 e 06.03.1996 (EC de revisão n° 1/94):

V - a parcela do produto da arrecadação da contribuição de que trata a Lei Complementar n° 7, de 7 de setembro de 1970, devida pelas pessoas jurídicas a que se refere o inciso III deste artigo, a qual será calculada, nos exercícios financeiros de 1994 e 1995, mediante a aplicação da alíquota de setenta e cinco centésimos por cento sobre a receita bruta operacional, como definida na legislação do imposto sobre renda e proventos de qualquer natureza;

VI - outras receitas previstas em lei específica.

§ 1° As alíquotas e a base de cálculo previstas nos incisos III e V aplicar-se-ão a partir do primeiro dia do mês seguinte aos noventa dias posteriores à promulgação desta emenda.

§ 2° As parcelas de que tratam os incisos I, II, III e V serão previamente deduzidas da base de cálculo de qualquer vinculação ou participação constitucional ou legal, não se lhes aplicando o disposto nos arts. 159, 212 e 239 da Constituição.[1325]

Redação anterior: vigente entre 02.03.1994 e 06.03.1996 (EC de revisão n° 1/94 - original):

§ 2° As parcelas de que tratam os incisos I, II, III e V serão previamente deduzidas da base de cálculo de qualquer vinculação ou participação constitucional ou legal, não se lhes aplicando o disposto nos arts. 158, II, 159, 212 e 239 da Constituição.

§ 3° A parcela de que trata o inciso IV será previamente deduzida da base de cálculo das vinculações ou participações constitucionais previstas nos arts. 153, § 5°, 157, II, 212 e 239 da Constituição.[1326]

Redação anterior: vigente entre 02.03.1994 e 06.03.1996 (EC de revisão n° 1/94):

§ 3° A parcela de que trata o inciso IV será previamente deduzida da base de cálculo das vinculações ou participações constitucionais previstas nos arts. 153, § 5°, 157, II, 158, II, 212 e 239 da Constituição.

§ 4° O disposto no parágrafo anterior não se aplica aos recursos previstos nos arts. 158, II e 159 da Constituição.[1327]

Redação anterior: vigente entre 02.03.1994 e 06.03.1996 (EC de revisão n° 1/94 - original):

§ 4° O disposto no parágrafo anterior não se aplica aos recursos previstos no art. 159 da Constituição.

[1325] Redação dada pela EC n° 10, de 04/03/1996.
[1326] Redação dada pela EC n° 10, de 04/03/1996.
[1327] Redação dada pela EC n° 10, de 04/03/1996.

ADCT (1988)

Arts. 72 a 75

§ 5° A parcela dos recursos provenientes do imposto sobre renda e proventos de qualquer natureza, destinada ao Fundo Social de Emergência, nos termos do inciso II deste artigo, não poderá exceder a cinco inteiros e seis décimos por cento do total do produto da sua arrecadação.[1328]

Redação anterior: vigente entre 02.03.1994 e 06.03.1996 (EC de revisão n° 1/94 - original):

§ 5° A parcela dos recursos provenientes do imposto sobre propriedade territorial rural e do imposto sobre renda e proventos de qualquer natureza, destinada ao Fundo Social de Emergência, nos termos do inciso II deste artigo, não poderá exceder:

I - no caso do imposto sobre propriedade territorial rural, a oitenta e seis inteiros e dois décimos por cento do total do produto da sua arrecadação;

II - no caso do imposto sobre renda e proventos de qualquer natureza, a cinco inteiros e seis décimos por cento do total do produto da sua arrecadação.

Art. 73. Na regulação do Fundo Social de emergência não poderá ser utilizado instrumento previsto no inciso V do art. 59 da Constituição.[1329]

Art. 74. A União poderá instituir contribuição provisória sobre movimentação ou transmissão de valores e de créditos e direitos de natureza financeira.[1330]

§ 1° A alíquota da contribuição de que trata este artigo não excederá a vinte e cinco centésimos por cento, facultado ao Poder Executivo reduzi-la ou restabelecê-la, total ou parcialmente, nas condições e limites fixados em lei.[1331]

§ 2° À contribuição de que trata este artigo não se aplica o disposto nos arts. 153, § 5°, e 154, I, da Constituição.[1332]

§ 3° O produto da arrecadação da contribuição de que trata este artigo será destinado integralmente ao Fundo Nacional de Saúde, para financiamento das ações e serviços de saúde.[1333]

§ 4° A contribuição de que trata este artigo terá sua exigibilidade subordinada ao disposto no art. 195, § 6°, da Constituição, e não poderá ser cobrada por prazo superior a dois anos.[1334]

Art. 75. É prorrogada, por trinta e seis meses, a cobrança da contribuição provisória sobre movimentação ou transmissão de valores e de créditos e direitos de natureza financeira de que trata o art. 74, instituída pela Lei n° 9.311, de 24

[1328] Redação dada pela EC n° 10, de 04/03/1996.
[1329] Incluído pela EC de Revisão n° 1, de 01/03/1994.
[1330] Incluído pela EC n° 12, de 15/08/1996.
[1331] Incluído pela EC n° 12, de 15/08/1996; vide Lei n° 7.766, de 11 de maio de 1989 (dispõe sobre o ouro, ativo financeiro e sobre seu tratamento tributário).
[1332] Incluído pela EC n° 12, de 15/08/1996.
[1333] Incluído pela EC n° 12, de 15/08/1996.
[1334] Incluído pela EC n° 12, de 15/08/1996.

ADCT. Arts. 75 e 76   J. U. JACOBY FERNANDES

de outubro de 1996, modificada pela Lei n° 9.539, de 12 de dezembro de 1997, cuja vigência é também prorrogada por idêntico prazo.[1335]

§ 1° Observado o disposto no § 6° do art. 195 da Constituição Federal, a alíquota da contribuição será de trinta e oito centésimos por cento, nos primeiros doze meses, e de trinta centésimos, nos meses subseqüentes, facultado ao Poder Executivo reduzi-la total ou parcialmente, nos limites aqui definidos.[1336]

§ 2° O resultado do aumento da arrecadação, decorrente da alteração da alíquota, nos exercícios financeiros de 1999, 2000 e 2001, será destinado ao custeio da previdência social.[1337]

§ 3° É a União autorizada a emitir títulos da dívida pública interna, cujos recursos serão destinados ao custeio da saúde e da previdência social, em montante equivalente ao produto da arrecadação da contribuição, prevista e não realizada em 1999.[1338]

Art. 76. São desvinculados de órgão, fundo ou despesa, até 31 de dezembro de 2023, ,30% (trinta por cento) da arrecadação da União relativa às contribuições sociais, sem prejuízo do pagamento das despesas do Regime Geral da Previdência Social, às contribuições de intervenção no domínio econômico e às taxas, já instituídas ou que vierem a ser criadas até a referida data.[1339]

Redação anterior: vigente entre 22.12.2011 e 31.12.2015 (EC n° 68/2011):

Art. 76. São desvinculados de órgão, fundo ou despesa, até 31 de dezembro de 2015, 20% (vinte por cento) da arrecadação da União de impostos, contribuições sociais e de intervenção no domínio econômico, já instituídos ou que vierem a ser criados até a referida data, seus adicionais e respectivos acréscimos legais.

Redação anterior: vigente entre 21.12.2007 e 21.12.2011 (EC n° 56/2007):

Art. 76. É desvinculado de órgão, fundo ou despesa, até 31 de dezembro de 2011, 20% (vinte por cento) da arrecadação da União de impostos, contribuições sociais e de intervenção no domínio econômico, já instituídos ou que vierem a ser criados até a referida data, seus adicionais e respectivos acréscimos legais.

Redação anterior: vigente entre 31.12.2003 e 20.12.2007 (EC n° 42/2003):

Art. 76. É desvinculado de órgão, fundo ou despesa, no período de 2003 a 2007, vinte por cento da arrecadação da União de impostos, contribuições sociais e de intervenção no domínio econômico, já instituídos ou que vierem a ser criados no referido período, seus adicionais e respectivos acréscimos legais

Redação anterior: vigente entre 22.3.2000 e 30.12.2003 (EC n° 27/2000 - original):

[1335] Incluído pela EC n° 21, de 18/03/1999. Vide ADI 2.031, Rel. Min. Ellen Gracie, DJ 17/10/2003.
[1336] Incluído pela EC n° 21, de 18/03/1999.
[1337] Incluído pela EC n° 21, de 18/03/1999.
[1338] Vide ADI 2.031, Rel. Min. Ellen Gracie, DJ 17/10/2003.
[1339] Incluído pela EC n° 27, de 21/03/2000, alterado pelas EC n° 42, de 19/12/2003, EC n° 56, de 20/12/2007, EC n° 68, de 21/12/2011 e EC n° 93, de 08/09/2016.

ADCT (1988) Art. 76

Art. 76. É desvinculado de órgão, fundo ou despesa, no período de 2000 a 2003, vinte por cento da arrecadação de impostos e contribuições sociais da União, já instituídos ou que vierem a ser criados no referido período, seus adicionais e respectivos acréscimos legais.

§ 1º.[1340]

Redação anterior: vigente entre 31.12.2003 e 22.12.2011 (EC nº 68/2011):

§ 1º O disposto no caput não reduzirá a base de cálculo das transferências a Estados, Distrito Federal e Municípios, na forma do § 5º do art. 153, do inciso I do art. 157, dos incisos I e II do art. 158e das alíneas a, b e d do inciso I e do inciso II do art. 159 da Constituição Federal, nem a base de cálculo das destinações a que se refere a alínea c do inciso I do art. 159 da Constituição Federal.

Redação anterior: vigente entre 31.12.2003 e 30.12.2003 (EC nº 42/2003):

§ 1º O disposto no caput deste artigo não reduzirá a base de cálculo das transferências a Estados, Distrito Federal e Municípios na forma dos arts. 153, § 5º; 157, I; 158, I e II; e 159, I, a e b; e II, da Constituição, bem como a base de cálculo das destinações a que se refere o art. 159, I, c, da Constituição.

Redação anterior: vigente entre 22.03.2000 e 30.12.2003 (EC nº 27/2000):

§ 1º O disposto no caput deste artigo não reduzirá a base de cálculo das transferências a Estados, Distrito Federal e Municípios na forma dos arts. 153, § 5º; 157, I; 158, I e II; e 159, I, "a" e "b", e II, da Constituição, bem como a base de cálculo das aplicações em programas de financiamento ao setor produtivo das regiões Norte, Nordeste e Centro-Oeste a que se refere o art. 159, I, "c", da Constituição.

§ 2º Excetua-se da desvinculação de que trata o caput a arrecadação da contribuição social do salário-educação a que se refere o § 5º do art. 212 da Constituição Federal.[1341]

Redação anterior: vigente entre 22.03.2000 e 30.12.2003 (EC nº 27/2000):

§ 2º Excetua-se da desvinculação de que trata o caput deste artigo a arrecadação da contribuição social do salário-educação a que se refere o art. 212, § 5º, da Constituição.

§ 3º [1342]

Redação anterior: vigente entre 22.12.2011 e 31.12.2015 (EC nº 68/2011):

§ 3º Para efeito do cálculo dos recursos para manutenção e desenvolvimento do ensino de que trata o art. 212 da Constituição Federal, o percentual referido no caput será nulo.

Redação anterior: vigente entre 12.11.2009 e 21.12.2011 (EC nº 59/2009):

[1340] Incluído pela EC no 27 de 21 de março de 2000, alterado pelas EC nº 42, de 19/12/2003, EC nº 68, de 21/12/2011 e Revogado pela EC nº 93, de 8/9/2016.
[1341] Inserido pela EC nº 27 de de 21/03/2000 e alterado pela EC nº 68, de 21/12/2011.
[1342] Inserido pela EC nº 59 de 11/11/2009, alterado pela EC nº 68, de 21/12/2011; Revogado pela EC nº 93, de 08/09/2016.

ADCT. Arts. 76-A a 76-B

> § 3º Para efeito do cálculo dos recursos para manutenção e desenvolvimento do ensino de que trata o art. 212 da Constituição, o percentual referido no caput deste artigo será de 12,5 % (doze inteiros e cinco décimos por cento) no exercício de 2009, 5% (cinco por cento) no exercício de 2010, e nulo no exercício de 2011.
>
> **Neste caso específico, o organizador recomenda a consulta aos artigos que dispõe sobre a vigência das Emendas para melhor esclarecimentos.**

Art. 76-A. São desvinculados de órgão, fundo ou despesa, até 31 de dezembro de 2023, 30% (trinta por cento) das receitas dos Estados e do Distrito Federal relativas a impostos, taxas e multas, já instituídos ou que vierem a ser criados até a referida data, seus adicionais e respectivos acréscimos legais, e outras receitas correntes.[1343]

Parágrafo único. Excetuam-se da desvinculação de que trata o caput:

I - recursos destinados ao financiamento das ações e serviços públicos de saúde e à manutenção e desenvolvimento do ensino de que tratam, respectivamente, os incisos II e III do § 2º do art. 198 e o art. 212 da Constituição Federal;

II - receitas que pertencem aos Municípios decorrentes de transferências previstas na Constituição Federal;

III - receitas de contribuições previdenciárias e de assistência à saúde dos servidores;

IV - demais transferências obrigatórias e voluntárias entre entes da Federação com destinação especificada em lei;

V - fundos instituídos pelo Poder Judiciário, pelos Tribunais de Contas, pelo Ministério Público, pelas Defensorias Públicas e pelas Procuradorias-Gerais dos Estados e do Distrito Federal.

Art. 76-B. São desvinculados de órgão, fundo ou despesa, até 31 de dezembro de 2023, 30% (trinta por cento) das receitas dos Municípios relativas a impostos, taxas e multas, já instituídos ou que vierem a ser criados até a referida data, seus adicionais e respectivos acréscimos legais, e outras receitas correntes.[1344]

Parágrafo único. Excetuam-se da desvinculação de que trata o caput:

I - recursos destinados ao financiamento das ações e serviços públicos de saúde e à manutenção e desenvolvimento do ensino de que tratam, respectivamente, os incisos II e III do § 2º do art. 198 e o art. 212 da Constituição Federal;

II - receitas de contribuições previdenciárias e de assistência à saúde dos servidores;

III - transferências obrigatórias e voluntárias entre entes da Federação com destinação especificada em lei;

IV - fundos instituídos pelo Tribunal de Contas do Município.

[1343] Incluído pela EC nº 93, de 08/09/2016, produzindo efeitos desde 1º janeiro de 2016
[1344] Incluído pela EC nº 93, de 8/9/2016.

ADCT (1988)   Arts. 77 e 78

Art. 77. Até o exercício financeiro de 2004, os recursos mínimos aplicados nas ações e serviços públicos de saúde serão equivalentes:[1345]

I - no caso da União:

a) no ano 2000, o montante empenhado em ações e serviços públicos de saúde no exercício financeiro de 1999 acrescido de, no mínimo, cinco por cento;

b) do ano 2001 ao ano 2004, o valor apurado no ano anterior, corrigido pela variação nominal do Produto Interno Bruto - PIB;

II - no caso dos Estados e do Distrito Federal, doze por cento do produto da arrecadação dos impostos a que se refere o art. 155 e dos recursos de que tratam os arts. 157 e 159, inciso I, alínea "a", e inciso II, deduzidas as parcelas que forem transferidas aos respectivos Municípios; e

III - no caso dos Municípios e do Distrito Federal, quinze por cento do produto da arrecadação dos impostos a que se refere o art. 156 e dos recursos de que tratam os arts. 158 e 159, inciso I, alínea "b" e § 3°.

§ 1° Os Estados, o Distrito Federal e os Municípios que apliquem percentuais inferiores aos fixados nos incisos II e III deverão elevá-los gradualmente, até o exercício financeiro de 2004, reduzida a diferença à razão de, pelo menos, um quinto por ano, sendo que, a partir de 2000, a aplicação será de pelo menos sete por cento.

§ 2° Dos recursos da União apurados nos termos deste artigo, quinze por cento, no mínimo, serão aplicados nos Municípios, segundo o critério populacional, em ações e serviços básicos de saúde, na forma da lei.

§ 3° Os recursos dos Estados, do Distrito Federal e dos Municípios destinados às ações e serviços públicos de saúde e os transferidos pela União para a mesma finalidade serão aplicados por meio de Fundo de Saúde que será acompanhado e fiscalizado por Conselho de Saúde, sem prejuízo do disposto no art. 74 da Constituição Federal.

§ 4° Na ausência da lei complementar a que se refere o art. 198, § 3°, a partir do exercício financeiro de 2005, aplicar-se-á à União, aos Estados, ao Distrito Federal e aos Municípios o disposto neste artigo.

Art. 78. Ressalvados os créditos definidos em lei como de pequeno valor, os de natureza alimentícia, os de que trata o art. 33 deste Ato das Disposições Constitucionais Transitórias e suas complementações e os que já tiverem os seus respectivos recursos liberados ou depositados em juízo, os precatórios pendentes na data de promulgação desta Emenda e os que decorram de ações iniciais ajuizadas até 31 de dezembro de 1999 serão liquidados pelo seu valor real, em moeda corrente, acrescido de juros legais, em prestações anuais, iguais e sucessivas, no prazo máximo de dez anos, permitida a cessão dos créditos.[1346]

[1345] Incluído pela EC n° 29, de 13/09/2000.
[1346] Incluído pela EC n° 30, de 13/9/2000; vide EC n° 62 de 09/12/2009 e também: ADI 2.362, rel. p/ o ac. Min. Ayres Britto, DJe 19/05/2011; ADI 2.535-MC, Rel. Min. Sepúlveda Pertence, DJ 21/11/2003.

Arts. 78 a 80   J. U. Jacoby Fernandes

§ 1º É permitida a decomposição de parcelas, a critério do credor.

§ 2º As prestações anuais a que se refere o *caput* deste artigo terão, se não liquidadas até o final do exercício a que se referem, poder liberatório do pagamento de tributos da entidade devedora.

§ 3º O prazo referido no *caput* deste artigo fica reduzido para dois anos, nos casos de precatórios judiciais originários de desapropriação de imóvel residencial do credor, desde que comprovadamente único à época da imissão na posse.

§ 4º O Presidente do Tribunal competente deverá, vencido o prazo ou em caso de omissão no orçamento, ou preterição ao direito de precedência, a requerimento do credor, requisitar ou determinar o seqüestro de recursos financeiros da entidade executada, suficientes à satisfação da prestação.

Art. 79. É instituído, para vigorar até o ano de 2010, no âmbito do Poder Executivo Federal, o Fundo de Combate a Erradicação da Pobreza, a ser regulado por lei complementar com o objetivo de viabilizar a todos os brasileiros acesso a níveis dignos de subsistência, cujos recursos serão aplicados em ações suplementares de nutrição, habitação, educação, saúde, reforço de renda familiar e outros programas de relevante interesse social voltados para melhoria da qualidade de vida.[1347]

Parágrafo único. O Fundo previsto neste artigo terá Conselho Consultivo e de Acompanhamento que conte com a participação de representantes da sociedade civil, nos termos da lei.[1348]

Art. 80. Compõem o Fundo de Combate e Erradicação da Pobreza:[1349]

I - a parcela do produto da arrecadação correspondente a um adicional de oito centésimos por cento, aplicável de 18 de junho de 2000 a 17 de junho de 2002, na alíquota da contribuição social de que trata o art. 75 do Ato das Disposições Constitucionais Transitórias;

II - a parcela do produto da arrecadação correspondente a um adicional de cinco pontos percentuais na alíquota do Imposto sobre Produtos Industrializados - IPI, ou do imposto que vier a substituí-lo, incidente sobre produtos supérfluos e aplicável até a extinção do Fundo;

III - o produto da arrecadação do imposto de que trata o art. 153, inciso VII, da Constituição;

IV - dotações orçamentárias;

[1347] Incluído pela EC n° 31, de 14/12/2000; vide art. 4º da EC n° 42 de 19/12/2003 e EC n° 67, de 22/12/2010, que prorrogou o prazo por tempo indeterminado; Vide, també, Lei Complementar n° 111, de 06 de julho de 2001 (dispõe sobre o Fundo de Combate e Erradicação da Pobreza, na forma prevista nos artigos 79, 80 e 81 do ADCT) e Decreto n° 5.997, de 21 de dezembro de 2006 (dispõe sobre o percentual máximo do Fundo de Combate e Erradicação da Pobreza a ser destinado às despesas administrativas para o exercício de 2006);.

[1348] Incluído pela EC no 31, de 14/12/2000; vide Decreto n° 4.564, de 01 de janeiro de 2003 (define o órgão gestor do Fundo de Combate e Erradicação da Pobreza e o funcionamento do seu conselho consultivo e de acompanhamento, dispõe sobre doações de pessoas físicas ou jurídicas, nacionais ou estrangeiras, para o Fundo de Combate e Erradicação da Pobreza.

[1349] Incluído pela EC n° 31, de 14/12/2000; Vide EC n° 67, de 22/12/2010.

ADCT (1988)   Arts. 80 a 82

V - doações, de qualquer natureza, de pessoas físicas ou jurídicas do País ou do exterior;

VI - outras receitas, a serem definidas na regulamentação do referido Fundo.

§ 1º Aos recursos integrantes do Fundo de que trata este artigo não se aplica o disposto nos arts. 159 e 167, inciso IV, da Constituição, assim como qualquer desvinculação de recursos orçamentários.

§ 2º A arrecadação decorrente do disposto no inciso I deste artigo, no período compreendido entre 18 de junho de 2000 e o início da vigência da lei complementar a que se refere a art. 79, será integralmente repassada ao Fundo, preservado o seu valor real, em títulos públicos federais, progressivamente resgatáveis após 18 de junho de 2002, na forma da lei.[1350]

Art. 81. É instituído Fundo constituído pelos recursos recebidos pela União em decorrência da desestatização de sociedades de economia mista ou empresas públicas por ela controladas, direta ou indiretamente, quando a operação envolver a alienação do respectivo controle acionário a pessoa ou entidade não integrante da Administração Pública, ou de participação societária remanescente após a alienação, cujos rendimentos, gerados a partir de 18 de junho de 2002, reverterão ao Fundo de Combate e Erradicação de Pobreza.[1351]

§ 1º Caso o montante anual previsto nos rendimentos transferidos ao Fundo de Combate e Erradicação da Pobreza, na forma deste artigo, não alcance o valor de quatro bilhões de reais. far-se-á complementação na forma do art. 80, inciso IV, do Ato das disposições Constitucionais Transitórias.

§ 2º Sem prejuízo do disposto no § 1º, o Poder Executivo poderá destinar ao Fundo a que se refere este artigo outras receitas decorrentes da alienação de bens da União.

§ 3º A constituição do Fundo a que se refere o *caput*, a transferência de recursos ao Fundo de Combate e Erradicação da Pobreza e as demais disposições referentes ao § 1º deste artigo serão disciplinadas em lei, não se aplicando o disposto no art. 165, § 9º, inciso II, da Constituição.[1352]

Art. 82. Os Estados, o Distrito Federal e os Municípios devem instituir Fundos de Combate à Pobreza, com os recursos de que trata este artigo e outros que vierem a destinar, devendo os referidos Fundos ser geridos por entidades que contem com a participação da sociedade civil.[1353]

§ 1º Para o financiamento dos Fundos Estaduais e Distrital, poderá ser criado adicional de até dois pontos percentuais na alíquota do Imposto sobre Circulação de Mercadorias e Serviços - ICMS, sobre os produtos e serviços

---

[1350] Vide Decreto nº 6.140, de 3 de julho de 2007 (regulamenta a Contribuição Provisória sobre a Movimentação ou Transmissão de Valores e de Créditos e Direitos de Natureza Financeira - CPMF).".

[1351] Incluído pela EC nº 31, de 14/12/2000, com prazo alterado pela EC nº 67, de 22/12/2010.

[1352] Lei nº 9.491 de 09 de setembro de 1997 (Programa Nacional de Desestatização).

[1353] Incluído pela EC nº 31, de 14/12/2000;

ADCT. Arts. 82 a 84 — J. U. JACOBY FERNANDES

supérfluos e nas condições definidas na lei complementar de que trata o art. 155, § 2°, XII, da Constituição, não se aplicando, sobre este percentual, o disposto no art. 158, IV, da Constituição.[1354]

> **Redação anterior:** vigente entre 18.12.2000 e 30.12.2003 (EC n° 31/2000):
>
> § 1° Para o financiamento dos Fundos Estaduais e Distrital, poderá ser criado adicional de até dois pontos percentuais na alíquota do Imposto sobre Circulação de Mercadorias e Serviços - ICMS, ou do imposto que vier a substituí-lo, sobre os produtos e serviços supérfluos, não se aplicando, sobre este adicional, o disposto no art. 158, inciso IV, da Constituição.

§ 2° Para o financiamento dos Fundos Municipais, poderá ser criado adicional de até meio ponto percentual na alíquota do imposto sobre serviços ou do imposto que vier a substituí-lo, sobre serviços supérfluos.[1355]

Art. 83. Lei federal definirá os produtos e serviços supérfluos a que se referem os arts. 80, II, e 82, § 2°.[1356]

> **Redação anterior:** vigente entre 18.12.2000 e 30.12.2003 (EC n° 31/2000):
>
> **Art. 83.** Lei federal definirá os produtos e serviços supérfluos a que se referem os arts. 80, inciso II, e 82, §§ 1° e 2°.

Art. 84. A contribuição provisória sobre movimentação ou transmissão de valores e de créditos e direitos de natureza financeira, prevista nos arts. 74, 75 e 80, I, deste Ato das Disposições Constitucionais Transitórias, será cobrada até 31 de dezembro de 2004.[1357]

§ 1° Fica prorrogada, até a data referida no *caput* deste artigo, a vigência da Lei n° 9.311, de 24 de outubro de 1996, e suas alterações.

§ 2° Do produto da arrecadação da contribuição social de que trata este artigo será destinada a parcela correspondente à alíquota de:

I - vinte centésimos por cento ao Fundo Nacional de Saúde, para financiamento das ações e serviços de saúde;

II - dez centésimos por cento ao custeio da previdência social;

III - oito centésimos por cento ao Fundo de Combate e Erradicação da Pobreza, de que tratam os arts. 80 e 81 deste Ato das Disposições Constitucionais Transitórias.

§ 3° A alíquota da contribuição de que trata este artigo será de:

I - trinta e oito centésimos por cento, nos exercícios financeiros de 2002 e 2003;

II - (revogado)[1358]

> **Redação anterior:** vigente entre 13.6.02 e 30.12.03 (EC n° 37/02 - original):

[1354] Incluído pela EC n° 31, de 14/12/2000 e alterado pela EC n° 42, de 19/12/2003.

[1355] Incluído pela EC n° 31, de 14/12/2000; Vide Lei Complementar n° 116, de 31/07/2003.

[1356] Incluído pela EC n° 31, de 14/12/2000 e alterado pela EC n° 42, de 19/12/2003.

[1357] Incluído pela EC n° 37, de 12/6/2002; vide ADI 2.666, Rel. Min. Ellen Gracie, DJ 06/12/2002.

[1358] Incluído pela EC n° 37, de 12/6/2002 e revogado pela EC n° 42, de 19/12/2003.

ADCT (1988)   Arts. 85 e 86

> II - oito centésimos por cento, no exercício financeiro de 2004, quando será integralmente destinada ao Fundo de Combate e Erradicação da Pobreza, de que tratam os arts. 80 e 81 deste Ato das Disposições Constitucionais Transitórias.

Art. 85. A contribuição a que se refere o art. 84 deste Ato das Disposições Constitucionais Transitórias não incidirá, a partir do trigésimo dia da data de publicação desta Emenda Constitucional, nos lançamentos:[1359]

I - em contas correntes de depósito especialmente abertas e exclusivamente utilizadas para operações de:

a) câmaras e prestadoras de serviços de compensação e de liquidação de que trata o parágrafo único do art. 2º da Lei nº 10.214, de 27 de março de 2001;

b) companhias securitizadoras de que trata a Lei nº 9.514, de 20 de novembro de 1997;

c) sociedades anônimas que tenham por objeto exclusivo a aquisição de créditos oriundos de operações praticadas no mercado financeiro;

II - em contas correntes de depósito, relativos a:

a) operações de compra e venda de ações, realizadas em recintos ou sistemas de negociação de bolsas de valores e no mercado de balcão organizado;

b) contratos referenciados em ações ou índices de ações, em suas diversas modalidades, negociados em bolsas de valores, de mercadorias e de futuros;

III - em contas de investidores estrangeiros, relativos a entradas no País e a remessas para o exterior de recursos financeiros empregados, exclusivamente, em operações e contratos referidos no inciso II deste artigo.

§ 1º O Poder Executivo disciplinará o disposto neste artigo no prazo de trinta dias da data de publicação desta Emenda Constitucional.

§ 2º O disposto no inciso I deste artigo aplica-se somente às operações relacionadas em ato do Poder Executivo, dentre aquelas que constituam o objeto social das referidas entidades.

§ 3º O disposto no inciso II deste artigo aplica-se somente a operações e contratos efetuados por intermédio de instituições financeiras, sociedades corretoras de títulos e valores mobiliários, sociedades distribuidoras de títulos e valores mobiliários e sociedades corretoras de mercadorias.

Art. 86. Serão pagos conforme disposto no art. 100 da Constituição Federal, não se lhes aplicando a regra de parcelamento estabelecida no *caput* do art. 78 deste Ato das Disposições Constitucionais Transitórias, os débitos da Fazenda Federal, Estadual, Distrital ou Municipal oriundos de sentenças transitadas em julgado, que preencham, cumulativamente, as seguintes condições:[1360]

I - ter sido objeto de emissão de precatórios judiciários;

[1359] Incluído pela EC nº 37, de 12/6/2002; vide ADI 2.666, Rel. Min. Ellen Gracie, DJ 06/12/2002. Vide art. 2º, § 3º da Lei nº 10.982, de 13/07/2004.
[1360] Incluído pela EC nº 37, de 12/06/2002.

ADCT. Arts. 86 a 89 — J. U. JACOBY FERNANDES

II - ter sido definidos como de pequeno valor pela lei de que trata o § 3° do art. 100 da Constituição Federal ou pelo art. 87 deste Ato das Disposições Constitucionais Transitórias;

III - estar, total ou parcialmente, pendentes de pagamento na data da publicação desta Emenda Constitucional.

§ 1° Os débitos a que se refere o *caput* deste artigo, ou os respectivos saldos, serão pagos na ordem cronológica de apresentação dos respectivos precatórios, com precedência sobre os de maior valor.

§ 2° Os débitos a que se refere o *caput* deste artigo, se ainda não tiverem sido objeto de pagamento parcial, nos termos do art. 78 deste Ato das Disposições Constitucionais Transitórias, poderão ser pagos em duas parcelas anuais, se assim dispuser a lei.

§ 3° Observada a ordem cronológica de sua apresentação, os débitos de natureza alimentícia previstos neste artigo terão precedência para pagamento sobre todos os demais.

Art. 87. Para efeito do que dispõem o § 3° do art. 100 da Constituição Federal e o art. 78 deste Ato das Disposições Constitucionais Transitórias serão considerados de pequeno valor, até que se dê a publicação oficial das respectivas leis definidoras pelos entes da Federação, observado o disposto no § 4° do art. 100 da Constituição Federal, os débitos ou obrigações consignados em precatório judiciário, que tenham valor igual ou inferior a:[1361]

I - quarenta salários-mínimos, perante a Fazenda dos Estados e do Distrito Federal;

II - trinta salários-mínimos, perante a Fazenda dos Municípios.

Parágrafo único. Se o valor da execução ultrapassar o estabelecido neste artigo, o pagamento far-se-á, sempre, por meio de precatório, sendo facultada à parte exeqüente a renúncia ao crédito do valor excedente, para que possa optar pelo pagamento do saldo sem o precatório, da forma prevista no § 3° do art. 100.

Art. 88. Enquanto lei complementar não disciplinar o disposto nos incisos I e III do § 3° do art. 156 da Constituição Federal, o imposto a que se refere o inciso III do *caput* do mesmo artigo:[1362]

I - terá alíquota mínima de dois por cento, exceto para os serviços a que se referem os itens 32, 33 e 34 da Lista de Serviços anexa ao Decreto-Lei n° 406, de 31 de dezembro de 1968;

II - não será objeto de concessão de isenções, incentivos e benefícios fiscais, que resulte, direta ou indiretamente, na redução da alíquota mínima estabelecida no inciso I.

Art. 89. Os integrantes da carreira policial militar e os servidores municipais do ex-Território Federal de Rondônia, que, comprovadamente, se

---

[1361] Incluído pela EC n° 37, de 12/06/2002; vide ADI 2.868, Rel. p/ ac. Min. Joaquim Barbosa, DJ 12/11/2004.
[1362] Incluído pela EC n° 37, de 12/06/2002.

ADCT (1988)   Arts. 89 a 90

encontravam no exercício regular de suas funções prestando serviço àquele ex-Território na data em que foi transformado em Estado, bem como os servidores e os policiais militares alcançados pelo disposto no art. 36 da Lei Complementar nº 41, de 22 de dezembro de 1981, e aqueles admitidos regularmente nos quadros do Estado de Rondônia até a data de posse do primeiro Governador eleito, em 15 de março de 1987, constituirão, mediante opção, quadro em extinção da administração federal, assegurados os direitos e as vantagens a eles inerentes, vedado o pagamento, a qualquer título, de diferenças remuneratórias.[1363]

> **Redação anterior:** vigente entre 13.06.2002 e 11.11.2009 (EC nº 38/02):
>
> **Art. 89.** Os integrantes da carreira policial militar do ex-Território Federal de Rondônia, que comprovadamente se encontravam no exercício regular de suas funções prestando serviços àquele ex-Território na data em que foi transformado em Estado, bem como os Policiais Militares admitidos por força de lei federal, custeados pela União, constituirão quadro em extinção da administração federal, assegurados os direitos e vantagens a eles inerentes, vedado o pagamento, a qualquer título, de diferenças remuneratórias, bem como ressarcimentos ou indenizações de qualquer espécie, anteriores à promulgação desta Emenda.

§ 1º Os membros da Polícia Militar continuarão prestando serviços ao Estado de Rondônia, na condição de cedidos, submetidos às corporações da Polícia Militar, observadas as atribuições de função compatíveis com o grau hierárquico;[1364]

> **Redação anterior:** vigente entre 13.06.2002 e 11.11.2009 (EC nº 38/02):
>
> **Parágrafo único.** Os servidores da carreira policial militar continuarão prestando serviços ao Estado de Rondônia na condição de cedidos, submetidos às disposições legais e regulamentares a que estão sujeitas as corporações da respectiva Polícia Militar, observadas as atribuições de função compatíveis com seu grau hierárquico.

§ 2º Os servidores a que se refere o *caput* continuarão prestando serviços ao Estado de Rondônia na condição de cedidos, até seu aproveitamento em órgão ou entidade da administração federal direta, autárquica ou fundacional.[1365]

Art. 90. O prazo previsto no *caput* do art. 84 deste Ato das Disposições Constitucionais Transitórias fica prorrogado até 31 de dezembro de 2007.[1366]

§ 1º Fica prorrogada, até a data referida no *caput* deste artigo, a vigência da Lei nº 9.311, de 24 de outubro de 1996, e suas alterações.[1367]

[1363] Incluído pela EC nº 38, de 12/6/2002 e alterado pela EC nº 60, de 11/11/2009; vide EC nº 79, de 27/05/2014 que alterou o art. 31 da EC nº 19, de 4/6/1998 e Lei nº 13.681, de 18/06/2018 (disciplina o disposto nas Emendas Constitucionais nºˢ 60, 79 e 98 e dispõe sobre as tabelas de salários, vencimentos, soldos e demais vantagens aplicáveis aos servidores civis, aos militares e aos empregados dos ex-Territórios Federais, integrantes do quadro em extinção).
[1364] Incluído pela EC nº 60, de 11/11/2009.
[1365] Incluído pela EC nº 60, de 11/11/2009.
[1366] Incluído pela EC nº 42, de 19/12/2003.
[1367] Incluído pela EC nº 42, de 19/12/2003.

ADCT. Arts. 90 a 94   J. U. JACOBY FERNANDES

§ 2° Até a data referida no *caput* deste artigo, a alíquota da contribuição de que trata o art. 84 deste Ato das Disposições Constitucionais Transitórias será de trinta e oito centésimos por cento.[1368]

Art. 91. A União entregará aos Estados e ao Distrito Federal o montante definido em lei complementar, de acordo com critérios, prazos e condições nela determinados, podendo considerar as exportações para o exterior de produtos primários e semi-elaborados, a relação entre as exportações e as importações, os créditos decorrentes de aquisições destinadas ao ativo permanente e a efetiva manutenção e aproveitamento do crédito do imposto a que se refere o art. 155, § 2°, X, "a".[1369]

§ 1° Do montante de recursos que cabe a cada Estado, setenta e cinco por cento pertencem ao próprio Estado, e vinte e cinco por cento, aos seus Municípios, distribuídos segundo os critérios a que se refere o art. 158, parágrafo único, da Constituição.

§ 2° A entrega de recursos prevista neste artigo perdurará, conforme definido em lei complementar, até que o imposto a que se refere o art. 155, II, tenha o produto de sua arrecadação destinado predominantemente, em proporção não inferior a oitenta por cento, ao Estado onde ocorrer o consumo das mercadorias, bens ou serviços.

§ 3° Enquanto não for editada a lei complementar de que trata o *caput*, em substituição ao sistema de entrega de recursos nele previsto, permanecerá vigente o sistema de entrega de recursos previsto no art. 31 e Anexo da Lei Complementar n° 87, de 13 de setembro de 1996, com a redação dada pela Lei Complementar n° 115, de 26 de dezembro de 2002.

§ 4° Os Estados e o Distrito Federal deverão apresentar à União, nos termos das instruções baixadas pelo Ministério da Fazenda, as informações relativas ao imposto de que trata o art. 155, II, declaradas pelos contribuintes que realizarem operações ou prestações com destino ao exterior.

Art. 92. São acrescidos dez anos ao prazo fixado no art. 40 deste Ato das Disposições Constitucionais Transitórias.[1370]

Art. 92-A. São acrescidos 50 (cinquenta) anos ao prazo fixado pelo art. 92 deste Ato das Disposições Constitucionais Transitórias.[1371]

Art. 93. A vigência do disposto no art. 159, III, e § 4°, iniciará somente após a edição da lei de que trata o referido inciso III.[1372]

Art. 94. Os regimes especiais de tributação para microempresas e empresas de pequeno porte próprios da União, dos Estados, do Distrito Federal e dos

---

[1368] Incluído pela EC n° 42, de 19/12/2003.
[1369] Incluído pela EC n° 42, de 19/12/2003.
[1370] Incluído pela EC n° 42, de 19/12/2003. Vide art. 94 do Decreto n° 7.212, de 15/06/2010;
[1371] Incluído pela EC n° 83, de 05/08/2014.
[1372] Incluído pela EC n° 42, de 19/12/2003.

ADCT (1988)   Arts. 94 e 97

Municípios cessarão a partir da entrada em vigor do regime previsto no art. 146, III, "d", da Constituição.[1373]

Art. 95. Os nascidos no estrangeiro entre 7 de junho de 1994 e a data da promulgação desta Emenda Constitucional, filhos de pai brasileiro ou mãe brasileira, poderão ser registrados em repartição diplomática ou consular brasileira competente ou em ofício de registro, se vierem a residir na República Federativa do Brasil[1374]

Art. 96. Ficam convalidados os atos de criação, fusão, incorporação e desmembramento de Municípios, cuja lei tenha sido publicada até 31 de dezembro de 2006, atendidos os requisitos estabelecidos na legislação do respectivo Estado à época de sua criação.[1375]

Art. 97. Até que seja editada a lei complementar de que trata o § 15 do art. 100 da Constituição Federal, os Estados, o Distrito Federal e os Municípios que, na data de publicação desta Emenda Constitucional, estejam em mora na quitação de precatórios vencidos, relativos às suas administrações direta e indireta, inclusive os emitidos durante o período de vigência do regime especial instituído por este artigo, farão esses pagamentos de acordo com as normas a seguir estabelecidas, sendo inaplicável o disposto no art. 100 desta Constituição Federal, exceto em seus §§ 2º, 3º, 9º, 10, 11, 12, 13 e 14, e sem prejuízo dos acordos de juízos conciliatórios já formalizados na data de promulgação desta Emenda Constitucional.[1376]

§ 1º Os Estados, o Distrito Federal e os Municípios sujeitos ao regime especial de que trata este artigo optarão, por meio de ato do Poder Executivo:

I - pelo depósito em conta especial do valor referido pelo § 2º deste artigo; ou

II - pela adoção do regime especial pelo prazo de até 15 (quinze) anos, caso em que o percentual a ser depositado na conta especial a que se refere o § 2º deste artigo corresponderá, anualmente, ao saldo total dos precatórios devidos, acrescido do índice oficial de remuneração básica da caderneta de poupança e de juros simples no mesmo percentual de juros incidentes sobre a caderneta de poupança para fins de compensação da mora, excluída a incidência de juros compensatórios, diminuído das amortizações e dividido pelo número de anos restantes no regime especial de pagamento.[1377]

§ 2º Para saldar os precatórios, vencidos e a vencer, pelo regime especial, os Estados, o Distrito Federal e os Municípios devedores depositarão mensalmente, em conta especial criada para tal fim, 1/12 (um doze avos) do valor calculado percentualmente sobre as respectivas receitas correntes líquidas, apuradas no

---

[1373] Incluído pela EC nº 42, de 19/12/2003.
[1374] Vide EC nº 54, de 20/09/2007
[1375] Vide EC nº 57, de 18/12/2008 e ADI 2.381-MC, Rel. Min. Sepúlveda Pertence, DJ 14/12/2001;
[1376] Vide EC nº 62, de 09/12/2009 e ADI 4.425, Rel. p/ o ac. Min. Luiz Fux, DJe 19/12/2013.
[1377] Vide EC nº 62, de 09/12/2009 e ADI 4.425, Rel. p/ o ac. Min. Luiz Fux, DJe 19/12/2013;

ADCT. Art. 97 — J. U. Jacoby Fernandes

segundo mês anterior ao mês de pagamento, sendo que esse percentual, calculado no momento de opção pelo regime e mantido fixo até o final do prazo a que se refere o § 14 deste artigo, será:

I - para os Estados e para o Distrito Federal:

a) de, no mínimo, 1,5% (um inteiro e cinco décimos por cento), para os Estados das regiões Norte, Nordeste e Centro-Oeste, além do Distrito Federal, ou cujo estoque de precatórios pendentes das suas administrações direta e indireta corresponder a até 35% (trinta e cinco por cento) do total da receita corrente líquida;

b) de, no mínimo, 2% (dois por cento), para os Estados das regiões Sul e Sudeste, cujo estoque de precatórios pendentes das suas administrações direta e indireta corresponder a mais de 35% (trinta e cinco por cento) da receita corrente líquida;

II - para Municípios:

a) de, no mínimo, 1% (um por cento), para Municípios das regiões Norte, Nordeste e Centro-Oeste, ou cujo estoque de precatórios pendentes das suas administrações direta e indireta corresponder a até 35% (trinta e cinco por cento) da receita corrente líquida;

b) de, no mínimo, 1,5% (um inteiro e cinco décimos por cento), para Municípios das regiões Sul e Sudeste, cujo estoque de precatórios pendentes das suas administrações direta e indireta corresponder a mais de 35 % (trinta e cinco por cento) da receita corrente líquida.

§ 3º Entende-se como receita corrente líquida, para os fins de que trata este artigo, o somatório das receitas tributárias, patrimoniais, industriais, agropecuárias, de contribuições e de serviços, transferências correntes e outras receitas correntes, incluindo as oriundas do § 1º do art. 20 da Constituição Federal, verificado no período compreendido pelo mês de referência e os 11 (onze) meses anteriores, excluídas as duplicidades, e deduzidas:

I - nos Estados, as parcelas entregues aos Municípios por determinação constitucional;

II - nos Estados, no Distrito Federal e nos Municípios, a contribuição dos servidores para custeio do seu sistema de previdência e assistência social e as receitas provenientes da compensação financeira referida no § 9º do art. 201 da Constituição Federal.

§ 4º As contas especiais de que tratam os §§ 1º e 2º serão administradas pelo Tribunal de Justiça local, para pagamento de precatórios expedidos pelos tribunais.

§ 5º Os recursos depositados nas contas especiais de que tratam os §§ 1º e 2º deste artigo não poderão retornar para Estados, Distrito Federal e Municípios devedores.

§ 6º Pelo menos 50% (cinquenta por cento) dos recursos de que tratam os §§ 1º e 2º deste artigo serão utilizados para pagamento de precatórios em ordem cronológica de apresentação, respeitadas as preferências definidas no § 1º, para

ADCT (1988)   Art. 97

os requisitórios do mesmo ano e no § 2º do art. 100, para requisitórios de todos os anos.

§ 7º Nos casos em que não se possa estabelecer a precedência cronológica entre 2 (dois) precatórios, pagar-se-á primeiramente o precatório de menor valor.

§ 8º A aplicação dos recursos restantes dependerá de opção a ser exercida por Estados, Distrito Federal e Municípios devedores, por ato do Poder Executivo, obedecendo à seguinte forma, que poderá ser aplicada isoladamente ou simultaneamente:[1378]

I - destinados ao pagamento dos precatórios por meio do leilão;

II - destinados a pagamento a vista de precatórios não quitados na forma do § 6º e do inciso I, em ordem única e crescente de valor por precatório;

III - destinados a pagamento por acordo direto com os credores, na forma estabelecida por lei própria da entidade devedora, que poderá prever criação e forma de funcionamento de câmara de conciliação.

§ 9º Os leilões de que trata o inciso I do § 8º deste artigo:

I - serão realizados por meio de sistema eletrônico administrado por entidade autorizada pela Comissão de Valores Mobiliários ou pelo Banco Central do Brasil;

II - admitirão a habilitação de precatórios, ou parcela de cada precatório indicada pelo seu detentor, em relação aos quais não esteja pendente, no âmbito do Poder Judiciário, recurso ou impugnação de qualquer natureza, permitida por iniciativa do Poder Executivo a compensação com débitos líquidos e certos, inscritos ou não em dívida ativa e constituídos contra devedor originário pela Fazenda Pública devedora até a data da expedição do precatório, ressalvados aqueles cuja exigibilidade esteja suspensa nos termos da legislação, ou que já tenham sido objeto de abatimento nos termos do § 9º do art. 100 da Constituição Federal;

III - ocorrerão por meio de oferta pública a todos os credores habilitados pelo respectivo ente federativo devedor;

IV - considerarão automaticamente habilitado o credor que satisfaça o que consta no inciso II;

V - serão realizados tantas vezes quanto necessário em função do valor disponível;

VI - a competição por parcela do valor total ocorrerá a critério do credor, com deságio sobre o valor desta;

VII - ocorrerão na modalidade deságio, associado ao maior volume ofertado cumulado ou não com o maior percentual de deságio, pelo maior percentual de deságio, podendo ser fixado valor máximo por credor, ou por outro critério a ser definido em edital;

VIII - o mecanismo de formação de preço constará nos editais publicados para cada leilão;

[1378] Vide ADI 4.425, Rel. p/ o ac. Min. Luiz Fux, DJe 19/12/2013.

IX - a quitação parcial dos precatórios será homologada pelo respectivo Tribunal que o expediu.

§ 10. No caso de não liberação tempestiva dos recursos de que tratam o inciso II do § 1º e os §§ 2º e 6º deste artigo:[1379]

I - haverá o sequestro de quantia nas contas de Estados, Distrito Federal e Municípios devedores, por ordem do Presidente do Tribunal referido no § 4º, até o limite do valor não liberado;

II - constituir-se-á, alternativamente, por ordem do Presidente do Tribunal requerido, em favor dos credores de precatórios, contra Estados, Distrito Federal e Municípios devedores, direito líquido e certo, autoaplicável e independentemente de regulamentação, à compensação automática com débitos líquidos lançados por esta contra aqueles, e, havendo saldo em favor do credor, o valor terá automaticamente poder liberatório do pagamento de tributos de Estados, Distrito Federal e Municípios devedores, até onde se compensarem;

III - o chefe do Poder Executivo responderá na forma da legislação de responsabilidade fiscal e de improbidade administrativa;

IV - enquanto perdurar a omissão, a entidade devedora:

a) não poderá contrair empréstimo externo ou interno;

b) ficará impedida de receber transferências voluntárias;

V - a União reterá os repasses relativos ao Fundo de Participação dos Estados e do Distrito Federal e ao Fundo de Participação dos Municípios, e os depositará nas contas especiais referidas no § 1º, devendo sua utilização obedecer ao que prescreve o § 5º, ambos deste artigo.

§ 11. No caso de precatórios relativos a diversos credores, em litisconsórcio, admite-se o desmembramento do valor, realizado pelo Tribunal de origem do precatório, por credor, e, por este, a habilitação do valor total a que tem direito, não se aplicando, neste caso, a regra do § 3º do art. 100 da Constituição Federal.

§ 12. Se a lei a que se refere o § 4º do art. 100 não estiver publicada em até 180 (cento e oitenta) dias, contados da data de publicação desta Emenda Constitucional, será considerado, para os fins referidos, em relação a Estados, Distrito Federal e Municípios devedores, omissos na regulamentação, o valor de:

I - 40 (quarenta) salários mínimos para Estados e para o Distrito Federal;[1380]

II - 30 (trinta) salários mínimos para Municípios.[1381]

§ 13. Enquanto Estados, Distrito Federal e Municípios devedores estiverem realizando pagamentos de precatórios pelo regime especial, não poderão sofrer sequestro de valores, exceto no caso de não liberação tempestiva dos recursos de que tratam o inciso II do § 1º e o § 2º deste artigo.[1382]

[1379] Vide ADI 4.425, Rel. p/ o ac. Min. Luiz Fux, DJe 19/12/2013.

[1380] Vide EC nº 62, de 09/12/2009.

[1381] Vide EC nº 62, de 09/12/2009.

[1382] Vide EC nº 62, de 09/12/2009.

ADCT (1988)   Arts. 97 a 99

§ 14. O regime especial de pagamento de precatório previsto no inciso I do § 1º vigorará enquanto o valor dos precatórios devidos for superior ao valor dos recursos vinculados, nos termos do § 2º, ambos deste artigo, ou pelo prazo fixo de até 15 (quinze) anos, no caso da opção prevista no inciso II do § 1º.[1383]

§ 15. Os precatórios parcelados na forma do art. 33 ou do art. 78 deste Ato das Disposições Constitucionais Transitórias e ainda pendentes de pagamento ingressarão no regime especial com o valor atualizado das parcelas não pagas relativas a cada precatório, bem como o saldo dos acordos judiciais e extrajudiciais.[1384]

§ 16. A partir da promulgação desta Emenda Constitucional, a atualização de valores de requisitórios, até o efetivo pagamento, independentemente de sua natureza, será feita pelo índice oficial de remuneração básica da caderneta de poupança, e, para fins de compensação da mora, incidirão juros simples no mesmo percentual de juros incidentes sobre a caderneta de poupança, ficando excluída a incidência de juros compensatórios.[1385]

§ 17. O valor que exceder o limite previsto no § 2º do art. 100 da Constituição Federal será pago, durante a vigência do regime especial, na forma prevista nos §§ 6º e 7º ou nos incisos I, II e III do § 8º deste artigo, devendo os valores dispendidos para o atendimento do disposto no § 2º do art. 100 da Constituição Federal serem computados para efeito do § 6º deste artigo.[1386]

§ 18. Durante a vigência do regime especial a que se refere este artigo, gozarão também da preferência a que se refere o § 6º os titulares originais de precatórios que tenham completado 60 (sessenta) anos de idade até a data da promulgação desta Emenda Constitucional.[1387]

Art. 98. O número de defensores públicos na unidade jurisdicional será proporcional à efetiva demanda pelo serviço da Defensoria Pública e à respectiva população.[1388]

§ 1º No prazo de 8 (oito) anos, a União, os Estados e o Distrito Federal deverão contar com defensores públicos em todas as unidades jurisdicionais, observado o disposto no caput deste artigo.

§ 2º Durante o decurso do prazo previsto no § 1º deste artigo, a lotação dos defensores públicos ocorrerá, prioritariamente, atendendo as regiões com maiores índices de exclusão social e adensamento populacional.

Art. 99. Para efeito do disposto no inciso VII do § 2º do art. 155, no caso de operações e prestações que destinem bens e serviços a consumidor final não contribuinte localizado em outro Estado, o imposto correspondente à diferença

---

[1383] Vide EC nº 62, de 09/12/2009.
[1384] Vide EC nº 62, de 09/12/2009.
[1385] Vide EC nº 62, de 09/12/2009 e ADI 4.425, Rel. p/ o ac. Min. Luiz Fux, DJe 19/12/2013.
[1386] Vide EC nº 62, de 09/12/2009.
[1387] Vide EC nº 62, de 09/12/2009.
[1388] Incluído pela EC nº 80, de 04/06/2014.

Arts. 99 a 101   J. U. JACOBY FERNANDES

entre a alíquota interna e a interestadual será partilhado entre os Estados de origem e de destino, na seguinte proporção:[1389]

I - para o ano de 2015: 20% (vinte por cento) para o Estado de destino e 80% (oitenta por cento) para o Estado de origem;

II - para o ano de 2016: 40% (quarenta por cento) para o Estado de destino e 60% (sessenta por cento) para o Estado de origem;

III - para o ano de 2017: 60% (sessenta por cento) para o Estado de destino e 40% (quarenta por cento) para o Estado de origem;

IV - para o ano de 2018: 80% (oitenta por cento) para o Estado de destino e 20% (vinte por cento) para o Estado de origem;

V - a partir do ano de 2019: 100% (cem por cento) para o Estado de destino.

Art. 100. Até que entre em vigor a lei complementar de que trata o inciso II do § 1º do art. 40 da Constituição Federal, os Ministros do Supremo Tribunal Federal, dos Tribunais Superiores e do Tribunal de Contas da União aposentar-se-ão, compulsoriamente, aos 75 (setenta e cinco) anos de idade, nas condições do art. 52 da Constituição Federal.[1390]

Art. 101. Os Estados, o Distrito Federal e os Municípios que, em 25 de março de 2015, se encontravam em mora no pagamento de seus precatórios quitarão, até 31 de dezembro de 2024, seus débitos vencidos e os que vencerão dentro desse período, atualizados pelo Índice Nacional de Preços ao Consumidor Amplo Especial (IPCA-E), ou por outro índice que venha a substituí-lo, depositando mensalmente em conta especial do Tribunal de Justiça local, sob única e exclusiva administração deste, 1/12 (um doze avos) do valor calculado percentualmente sobre suas receitas correntes líquidas apuradas no segundo mês anterior ao mês de pagamento, em percentual suficiente para a quitação de seus débitos e, ainda que variável, nunca inferior, em cada exercício, ao percentual praticado na data da entrada em vigor do regime especial a que se refere este artigo, em conformidade com plano de pagamento a ser anualmente apresentado ao Tribunal de Justiça local.[1391]

> **Redação anterior:** vigente entre 15.12.2016 e 14.12.2017 (EC nº 94/2016):
>
> **Art. 101.** Os Estados, o Distrito Federal e os Municípios que, em 25 de março de 2015, estiverem em mora com o pagamento de seus precatórios quitarão até 31 de dezembro de 2020 seus débitos vencidos e os que vencerão dentro desse período, depositando, mensalmente, em conta especial do Tribunal de Justiça local, sob única e exclusiva administração desse, 1/12 (um doze avos) do valor calculado percentualmente sobre as respectivas receitas correntes líquidas, apuradas no segundo mês anterior ao mês de pagamento, em percentual suficiente para a quitação de seus débitos e, ainda que variável, nunca inferior, em cada exercício, à média do

---

[1389] Incluído pela EC nº 88, de 07/05/2015.

[1390] Incluído pela EC nº 88, de 07/05/2015. Vide ADI 5.316, Rel. Min. Uiz Fux, DJe 06/08/2015.

[1391] Incluído pela EC nº 94, de 15/12/2016 e alterado pela EC nº 99 de 14/12/2017.

ADCT (1988)   Art. 101

> comprometimento percentual da receita corrente líquida no período de 2012 a 2014, em conformidade com plano de pagamento a ser anualmente apresentado ao Tribunal de Justiça local.

§ 1º Entende-se como receita corrente líquida, para os fins de que trata este artigo, o somatório das receitas tributárias, patrimoniais, industriais, agropecuárias, de contribuições e de serviços, de transferências correntes e outras receitas correntes, incluindo as oriundas do § 1º do art. 20 da Constituição Federal, verificado no período compreendido pelo segundo mês imediatamente anterior ao de referência e os 11 (onze) meses precedentes, excluídas as duplicidades, e deduzidas:[1392]

I - nos Estados, as parcelas entregues aos Municípios por determinação constitucional;

II - nos Estados, no Distrito Federal e nos Municípios, a contribuição dos servidores para custeio de seu sistema de previdência e assistência social e as receitas provenientes da compensação financeira referida no § 9º do art. 201 da Constituição Federal.

§ 2º O débito de precatórios será pago com recursos orçamentários próprios provenientes das fontes de receita corrente líquida referidas no § 1º deste artigo e, adicionalmente, poderão ser utilizados recursos dos seguintes instrumentos:[1393]

> **Redação anterior:** vigente entre 15.12.2016 e 14.12.2017 (EC nº 94/2016):
>
> § 2º O débito de precatórios poderá ser pago mediante a utilização de recursos orçamentários próprios e dos seguintes instrumentos:

I - até 75% (setenta e cinco por cento) dos depósitos judiciais e dos depósitos administrativos em dinheiro referentes a processos judiciais ou administrativos, tributários ou não tributários, nos quais sejam parte os Estados, o Distrito Federal ou os Municípios, e as respectivas autarquias, fundações e empresas estatais dependentes, mediante a instituição de fundo garantidor em montante equivalente a 1/3 (um terço) dos recursos levantados, constituído pela parcela restante dos depósitos judiciais e remunerado pela taxa referencial do Sistema Especial de Liquidação e de Custódia (Selic) para títulos federais, nunca inferior aos índices e critérios aplicados aos depósitos levantados;[1394]

> **Redação anterior:** vigente entre 15.12.2016 e 14.12.2017 (EC nº 94/2016):
>
> I - até 75% (setenta e cinco por cento) do montante dos depósitos judiciais e dos depósitos administrativos em dinheiro referentes a processos judiciais ou administrativos, tributários ou não tributários, nos quais o Estado, o Distrito Federal ou os Municípios, ou suas autarquias, fundações e empresas estatais dependentes, sejam parte;

[1392] Incluído pela EC nº 94, de 15/12/2016.
[1393] Incluído pela EC nº 94, de 15/12/2016 e alterado pela EC nº 99 de 14/12/2017.
[1394] Incluído pela EC nº 94, de 15/12/2016 e alterado pela EC nº 99 de 14/12/2017.

ADCT, Art. 101 — J. U. Jacoby Fernandes

II - até 30% (trinta por cento) dos demais depósitos judiciais da localidade sob jurisdição do respectivo Tribunal de Justiça, mediante a instituição de fundo garantidor em montante equivalente aos recursos levantados, constituído pela parcela restante dos depósitos judiciais e remunerado pela taxa referencial do Sistema Especial de Liquidação e de Custódia (Selic) para títulos federais, nunca inferior aos índices e critérios aplicados aos depósitos levantados, destinando-se:[1395]

> **Redação anterior:** vigente entre 15.12.2016 e 14.12.2017 (EC n° 94/2016):
>
> **II** - até 20% (vinte por cento) dos demais depósitos judiciais da localidade, sob jurisdição do respectivo Tribunal de Justiça, excetuados os destinados à quitação de créditos de natureza alimentícia, mediante instituição de fundo garantidor composto pela parcela restante dos depósitos judiciais, destinando-se:

a) no caso do Distrito Federal, 100% (cem por cento) desses recursos ao próprio Distrito Federal;[1396]

b) no caso dos Estados, 50% (cinquenta por cento) desses recursos ao próprio Estado e 50% (cinquenta por cento) aos respectivos Municípios, conforme a circunscrição judiciária onde estão depositados os recursos, e, se houver mais de um Município na mesma circunscrição judiciária, os recursos serão rateados entre os Municípios concorrentes, proporcionalmente às respectivas populações, utilizado como referência o último levantamento censitário ou a mais recente estimativa populacional da Fundação Instituto Brasileiro de Geografia e Estatística (IBGE);[1397]

> **Redação anterior:** vigente entre 15.12.2016 e 14.12.2017 (EC n° 94/2016):
>
> **b)** no caso dos Estados, 50% (cinquenta por cento) desses recursos ao próprio Estado e 50% (cinquenta por cento) a seus Municípios;

III - empréstimos, excetuados para esse fim os limites de endividamento de que tratam os incisos VI e VII do caput do art. 52 da Constituição Federal e quaisquer outros limites de endividamento previstos em lei, não se aplicando a esses empréstimos a vedação de vinculação de receita prevista no inciso IV do caput do art. 167 da Constituição Federal;[1398]

> **Redação anterior:** vigente entre 15.12.2016 e 14.12.2017 (EC n° 94/2016):
>
> **III** - contratação de empréstimo, excetuado dos limites de endividamento de que tratam os incisos VI e VII do art. 52 da Constituição Federal e de quaisquer outros limites de endividamento previstos, não se aplicando a esse empréstimo a vedação de vinculação de receita prevista no inciso IV do art. 167 da Constituição Federal.

IV - a totalidade dos depósitos em precatórios e requisições diretas de pagamento de obrigações de pequeno valor efetuados até 31 de dezembro de

---

[1395] Incluído pela EC n° 94, de 15/12/2016 e alterado pela EC n° 99 de 14/12/2017.
[1396] Incluído pela EC n° 94, de 15/12/2016.
[1397] Incluído pela EC n° 94, de 15/12/2016 e alterado pela EC n° 99 de 14/12/2017.
[1398] Incluído pela EC n° 94, de 15/12/2016 e alterado pela EC n° 99 de 14/12/2017.

ADCT (1988)   Arts. 101 e 102

2009 e ainda não levantados, com o cancelamento dos respectivos requisitórios e a baixa das obrigações, assegurada a revalidação dos requisitórios pelos juízos dos processos perante os Tribunais, a requerimento dos credores e após a oitiva da entidade devedora, mantidas a posição de ordem cronológica original e a remuneração de todo o período.[1399]

§ 3º Os recursos adicionais previstos nos incisos I, II e IV do § 2º deste artigo serão transferidos diretamente pela instituição financeira depositária para a conta especial referida no caput deste artigo, sob única e exclusiva administração do Tribunal de Justiça local, e essa transferência deverá ser realizada em até sessenta dias contados a partir da entrada em vigor deste parágrafo, sob pena de responsabilização pessoal do dirigente da instituição financeira por improbidade.[1400]

§ 4º No prazo de até seis meses contados da entrada em vigor do regime especial a que se refere este artigo, a União, diretamente, ou por intermédio das instituições financeiras oficiais sob seu controle, disponibilizará aos Estados, ao Distrito Federal e aos Municípios, bem como às respectivas autarquias, fundações e empresas estatais dependentes, linha de crédito especial para pagamento dos precatórios submetidos ao regime especial de pagamento de que trata este artigo, observadas as seguintes condições:[1401]

I - no financiamento dos saldos remanescentes de precatórios a pagar a que se refere este parágrafo serão adotados os índices e critérios de atualização que incidem sobre o pagamento de precatórios, nos termos do § 12 do art. 100 da Constituição Federal;

II - o financiamento dos saldos remanescentes de precatórios a pagar a que se refere este parágrafo será feito em parcelas mensais suficientes à satisfação da dívida assim constituída;

III - o valor de cada parcela a que se refere o inciso II deste parágrafo será calculado percentualmente sobre a receita corrente líquida, respectivamente, do Estado, do Distrito Federal e do Município, no segundo mês anterior ao pagamento, em percentual equivalente à média do comprometimento percentual mensal de 2012 até o final do período referido no caput deste artigo, considerados para esse fim somente os recursos próprios de cada ente da Federação aplicados no pagamento de precatórios;

IV - nos empréstimos a que se refere este parágrafo não se aplicam os limites de endividamento de que tratam os incisos VI e VII do caput do art. 52 da Constituição Federal e quaisquer outros limites de endividamento previstos em lei.

Art. 102. Enquanto viger o regime especial previsto nesta Emenda Constitucional, pelo menos 50% (cinquenta por cento) dos recursos que, nos termos do art. 101 deste Ato das Disposições Constitucionais Transitórias,

---

[1399] Incluído pela EC nº 99 de 14/12/2017.
[1400] Incluído pela EC nº 99 de 14/12/2017.
[1401] Incluído pela EC nº 99 de 14/12/2017.

ADCT. Arts. 102 e 103

forem destinados ao pagamento dos precatórios em mora serão utilizados no pagamento segundo a ordem cronológica de apresentação, respeitadas as preferências dos créditos alimentares, e, nessas, as relativas à idade, ao estado de saúde e à deficiência, nos termos do § 2º do art. 100 da Constituição Federal, sobre todos os demais créditos de todos os anos.[1402]

§ 1º A aplicação dos recursos remanescentes, por opção a ser exercida por Estados, Distrito Federal e Municípios, por ato do respectivo Poder Executivo, observada a ordem de preferência dos credores, poderá ser destinada ao pagamento mediante acordos diretos, perante Juízos Auxiliares de Conciliação de Precatórios, com redução máxima de 40% (quarenta por cento) do valor do crédito atualizado, desde que em relação ao crédito não penda recurso ou defesa judicial e que sejam observados os requisitos definidos na regulamentação editada pelo ente federado.[1403]

> **Redação anterior:** vigente entre 15.12.2016 e 14.12.2017 (EC nº 94/2016):
>
> **Parágrafo único.** A aplicação dos recursos remanescentes, por opção a ser exercida por Estados, Distrito Federal e Municípios, por ato do respectivo Poder Executivo, observada a ordem de preferência dos credores, poderá ser destinada ao pagamento mediante acordos diretos, perante Juízos Auxiliares de Conciliação de Precatórios, com redução máxima de 40% (quarenta por cento) do valor do crédito atualizado, desde que em relação ao crédito não penda recurso ou defesa judicial e que sejam observados os requisitos definidos na regulamentação editada pelo ente federado

§ 2º Na vigência do regime especial previsto no art. 101 deste Ato das Disposições Constitucionais Transitórias, as preferências relativas à idade, ao estado de saúde e à deficiência serão atendidas até o valor equivalente ao quíntuplo fixado em lei para os fins do disposto no § 3º do art. 100 da Constituição Federal, admitido o fracionamento para essa finalidade, e o restante será pago em ordem cronológica de apresentação do precatório.[1404]

Art. 103. Enquanto os Estados, o Distrito Federal e os Municípios estiverem efetuando o pagamento da parcela mensal devida como previsto no caput do art. 101 deste Ato das Disposições Constitucionais Transitórias, nem eles, nem as respectivas autarquias, fundações e empresas estatais dependentes poderão sofrer sequestro de valores, exceto no caso de não liberação tempestiva dos recursos.[1405]

Parágrafo único. Na vigência do regime especial previsto no art. 101 deste Ato das Disposições Constitucionais Transitórias, ficam vedadas desapropriações pelos Estados, pelo Distrito Federal e pelos Municípios, cujos estoques de precatórios ainda pendentes de pagamento, incluídos os precatórios a pagar de suas entidades da administração indireta, sejam superiores a 70% (setenta por cento) das respectivas receitas correntes líquidas, excetuadas as

---

[1402] Incluído pela EC nº 94, de 15/12/2016.
[1403] Renumerado do parágrafo único pela EC nº 99 de 14/12/2017.
[1404] Incluído pela EC nº 99 de 14/12/2017.
[1405] Incluído pela EC nº 94, de 15/12/2016.

ADCT (1988)
Arts. 103 a 105

desapropriações para fins de necessidade pública nas áreas de saúde, educação, segurança pública, transporte público, saneamento básico e habitação de interesse social.[1406]

Art. 104. Se os recursos referidos no art. 101 deste Ato das Disposições Constitucionais Transitórias para o pagamento de precatórios não forem tempestivamente liberados, no todo ou em parte:[1407]

I - o Presidente do Tribunal de Justiça local determinará o sequestro, até o limite do valor não liberado, das contas do ente federado inadimplente;

II - o chefe do Poder Executivo do ente federado inadimplente responderá, na forma da legislação de responsabilidade fiscal e de improbidade administrativa;

III - a União reterá os recursos referentes aos repasses ao Fundo de Participação dos Estados e do Distrito Federal e ao Fundo de Participação dos Municípios e os depositará na conta especial referida no art. 101 deste Ato das Disposições Constitucionais Transitórias, para utilização como nele previsto;

IV - os Estados reterão os repasses previstos no parágrafo único do art. 158 da Constituição Federal e os depositarão na conta especial referida no art. 101 deste Ato das Disposições Constitucionais Transitórias, para utilização como nele previsto.

Parágrafo único. Enquanto perdurar a omissão, o ente federado não poderá contrair empréstimo externo ou interno, exceto para os fins previstos no § 2º do art. 101 deste Ato das Disposições Constitucionais Transitórias, e ficará impedido de receber transferências voluntárias.[1408]

Art. 105. Enquanto viger o regime de pagamento de precatórios previsto no art. 101 deste Ato das Disposições Constitucionais Transitórias, é facultada aos credores de precatórios, próprios ou de terceiros, a compensação com débitos de natureza tributária ou de outra natureza que até 25 de março de 2015 tenham sido inscritos na dívida ativa dos Estados, do Distrito Federal ou dos Municípios, observados os requisitos definidos em lei própria do ente federado.[1409]

§ 1º Não se aplica às compensações referidas no caput deste artigo qualquer tipo de vinculação, como as transferências a outros entes e as destinadas à educação, à saúde e a outras finalidades.[1410]

> **Redação anterior:** vigente entre 15.12.2016 e 14.12.2017 (EC nº 94/2016):
>
> **Parágrafo único.** Não se aplica às compensações referidas no caput deste artigo qualquer tipo de vinculação, como as transferências a outros entes e as destinadas à educação, à saúde e a outras finalidades.

[1406] Incluído pela EC nº 99 de 14/12/2017.
[1407] Incluído pela EC nº 94, de 15/12/2016.
[1408] Incluído pela EC nº 94, de 15/12/2016.
[1409] Incluído pela EC nº 94, de 15/12/2016
[1410] Incluído pela EC nº 94, de 15/12/2016 e renumerado pela EC nº 99 de 14/12/2017.

§ 2º Os Estados, o Distrito Federal e os Municípios regulamentarão nas respectivas leis o disposto no caput deste artigo em até cento e vinte dias a partir de 1º de janeiro de 2018. [1411]

§ 3º Decorrido o prazo estabelecido no § 2º deste artigo sem a regulamentação nele prevista, ficam os credores de precatórios autorizados a exercer a faculdade a que se refere o caput deste artigo.

Art. 106. Fica instituído o Novo Regime Fiscal no âmbito dos Orçamentos Fiscal e da Seguridade Social da União, que vigorará por vinte exercícios financeiros, nos termos dos arts. 107 a 114 deste Ato das Disposições Constitucionais Transitórias. [1412]

Art. 107. Ficam estabelecidos, para cada exercício, limites individualizados para as despesas primárias: [1413]

I - do Poder Executivo;

II - do Supremo Tribunal Federal, do Superior Tribunal de Justiça, do Conselho Nacional de Justiça, da Justiça do Trabalho, da Justiça Federal, da Justiça Militar da União, da Justiça Eleitoral e da Justiça do Distrito Federal e Territórios, no âmbito do Poder Judiciário;

III - do Senado Federal, da Câmara dos Deputados e do Tribunal de Contas da União, no âmbito do Poder Legislativo;

IV - do Ministério Público da União e do Conselho Nacional do Ministério Público; e

V - da Defensoria Pública da União.

§ 1º Cada um dos limites a que se refere o caput deste artigo equivalerá:

I - para o exercício de 2017, à despesa primária paga no exercício de 2016, incluídos os restos a pagar pagos e demais operações que afetam o resultado primário, corrigida em 7,2% (sete inteiros e dois décimos por cento); e

II - para os exercícios posteriores, ao valor do limite referente ao exercício imediatamente anterior, corrigido pela variação do Índice Nacional de Preços ao Consumidor Amplo - IPCA, publicado pelo Instituto Brasileiro de Geografia e Estatística, ou de outro índice que vier a substituí-lo, para o período de doze meses encerrado em junho do exercício anterior a que se refere a lei orçamentária.

§ 2º Os limites estabelecidos na forma do inciso IV do caput do art. 51, do inciso XIII do caput do art. 52, do § 1º do art. 99, do § 3º do art. 127 e do § 3º do art. 134 da Constituição Federal não poderão ser superiores aos estabelecidos nos termos deste artigo.

§ 3º A mensagem que encaminhar o projeto de lei orçamentária demonstrará os valores máximos de programação compatíveis com os limites individualizados calculados na forma do § 1º deste artigo, observados os §§ 7º a 9º deste artigo.

[1411] Incluído pela EC nº 99 de 14/12/2017.
[1412] Incluído pela EC nº 95, de 15/12/2016.
[1413] Incluído pela EC nº 95, de 15/12/2016.

ADCT (1988)   Arts. 107 e 108

§ 4º As despesas primárias autorizadas na lei orçamentária anual sujeitas aos limites de que trata este artigo não poderão exceder os valores máximos demonstrados nos termos do § 3º deste artigo.

§ 5º É vedada a abertura de crédito suplementar ou especial que amplie o montante total autorizado de despesa primária sujeita aos limites de que trata este artigo.

§ 6º Não se incluem na base de cálculo e nos limites estabelecidos neste artigo:

I - transferências constitucionais estabelecidas no § 1º do art. 20, no inciso III do parágrafo único do art. 146, no § 5º do art. 153, no art. 157, nos incisos I e II do art. 158, no art. 159 e no § 6º do art. 212, as despesas referentes ao inciso XIV do caput do art. 21, todos da Constituição Federal, e as complementações de que tratam os incisos V e VII do caput do art. 60, deste Ato das Disposições Constitucionais Transitórias;

II - créditos extraordinários a que se refere o § 3º do art. 167 da Constituição Federal;

III - despesas não recorrentes da Justiça Eleitoral com a realização de eleições; e

IV - despesas com aumento de capital de empresas estatais não dependentes.

§ 7º Nos três primeiros exercícios financeiros da vigência do Novo Regime Fiscal, o Poder Executivo poderá compensar com redução equivalente na sua despesa primária, consoante os valores estabelecidos no projeto de lei orçamentária encaminhado pelo Poder Executivo no respectivo exercício, o excesso de despesas primárias em relação aos limites de que tratam os incisos II a V do caput deste artigo.

§ 8º A compensação de que trata o § 7º deste artigo não excederá a 0,25% (vinte e cinco centésimos por cento) do limite do Poder Executivo.

§ 9º Respeitado o somatório em cada um dos incisos de II a IV do caput deste artigo, a lei de diretrizes orçamentárias poderá dispor sobre a compensação entre os limites individualizados dos órgãos elencados em cada inciso.

§ 10. Para fins de verificação do cumprimento dos limites de que trata este artigo, serão consideradas as despesas primárias pagas, incluídos os restos a pagar pagos e demais operações que afetam o resultado primário no exercício.

§ 11. O pagamento de restos a pagar inscritos até 31 de dezembro de 2015 poderá ser excluído da verificação do cumprimento dos limites de que trata este artigo, até o excesso de resultado primário dos Orçamentos Fiscal e da Seguridade Social do exercício em relação à meta fixada na lei de diretrizes orçamentárias.[1414]

Art. 108. O Presidente da República poderá propor, a partir do décimo exercício da vigência do Novo Regime Fiscal, projeto de lei complementar para

---

[1414] Incluído pela EC nº 95, de 15/12/2016.

ADCT. Arts. 108 e 109   J. U. JACOBY FERNANDES

alteração do método de correção dos limites a que se refere o inciso II do § 1º do art. 107 deste Ato das Disposições Constitucionais Transitórias.[1415]

Parágrafo único. Será admitida apenas uma alteração do método de correção dos limites por mandato presidencial.

Art. 109. No caso de descumprimento de limite individualizado, aplicam-se, até o final do exercício de retorno das despesas aos respectivos limites, ao Poder Executivo ou a órgão elencado nos incisos II a V do caput do art. 107 deste Ato das Disposições Constitucionais Transitórias que o descumpriu, sem prejuízo de outras medidas, as seguintes vedações:[1416]

I - concessão, a qualquer título, de vantagem, aumento, reajuste ou adequação de remuneração de membros de Poder ou de órgão, de servidores e empregados públicos e militares, exceto dos derivados de sentença judicial transitada em julgado ou de determinação legal decorrente de atos anteriores à entrada em vigor desta Emenda Constitucional;

II - criação de cargo, emprego ou função que implique aumento de despesa;

III - alteração de estrutura de carreira que implique aumento de despesa;

IV - admissão ou contratação de pessoal, a qualquer título, ressalvadas as reposições de cargos de chefia e de direção que não acarretem aumento de despesa e aquelas decorrentes de vacâncias de cargos efetivos ou vitalícios;

V - realização de concurso público, exceto para as reposições de vacâncias previstas no inciso IV;

VI - criação ou majoração de auxílios, vantagens, bônus, abonos, verbas de representação ou benefícios de qualquer natureza em favor de membros de Poder, do Ministério Público ou da Defensoria Pública e de servidores e empregados públicos e militares;

VII - criação de despesa obrigatória; e

VIII - adoção de medida que implique reajuste de despesa obrigatória acima da variação da inflação, observada a preservação do poder aquisitivo referida no inciso IV do caput do art. 7º da Constituição Federal.

§ 1º As vedações previstas nos incisos I, III e VI do caput, quando descumprido qualquer dos limites individualizados dos órgãos elencados nos incisos II, III e IV do caput do art. 107 deste Ato das Disposições Constitucionais Transitórias, aplicam-se ao conjunto dos órgãos referidos em cada inciso.

§ 2º Adicionalmente ao disposto no caput, no caso de descumprimento do limite de que trata o inciso I do caput do art. 107 deste Ato das Disposições Constitucionais Transitórias, ficam vedadas:

I - a criação ou expansão de programas e linhas de financiamento, bem como a remissão, renegociação ou refinanciamento de dívidas que impliquem ampliação das despesas com subsídios e subvenções; e

---

[1415] Incluído pela EC nº 95, de 15/12/2016.
[1416] Incluído pela EC nº 95, de 15/12/2016.

ADCT (1988)   Arts. 109 a 114

II - a concessão ou a ampliação de incentivo ou benefício de natureza tributária.

§ 3º No caso de descumprimento de qualquer dos limites individualizados de que trata o caput do art. 107 deste Ato das Disposições Constitucionais Transitórias, fica vedada a concessão da revisão geral prevista no inciso X do caput do art. 37 da Constituição Federal.

§ 4º As vedações previstas neste artigo aplicam-se também a proposições legislativas.

Art. 110. Na vigência do Novo Regime Fiscal, as aplicações mínimas em ações e serviços públicos de saúde e em manutenção e desenvolvimento do ensino equivalerão:[1417]

I - no exercício de 2017, às aplicações mínimas calculadas nos termos do inciso I do § 2º do art. 198 e do caput do art. 212, da Constituição Federal; e

II - nos exercícios posteriores, aos valores calculados para as aplicações mínimas do exercício imediatamente anterior, corrigidos na forma estabelecida pelo inciso II do § 1º do art. 107 deste Ato das Disposições Constitucionais Transitórias.

Art. 111. A partir do exercício financeiro de 2018, até o último exercício de vigência do Novo Regime Fiscal, a aprovação e a execução previstas nos §§ 9º e 11 do art. 166 da Constituição Federal corresponderão ao montante de execução obrigatória para o exercício de 2017, corrigido na forma estabelecida pelo inciso II do § 1º do art. 107 deste Ato das Disposições Constitucionais Transitórias.[1418]

Art. 112. As disposições introduzidas pelo Novo Regime Fiscal:[1419]

I - não constituirão obrigação de pagamento futuro pela União ou direitos de outrem sobre o erário; e

II - não revogam, dispensam ou suspendem o cumprimento de dispositivos constitucionais e legais que disponham sobre metas fiscais ou limites máximos de despesas.

Art. 113. A proposição legislativa que crie ou altere despesa obrigatória ou renúncia de receita deverá ser acompanhada da estimativa do seu impacto orçamentário e financeiro.[1420]

Art. 114. A tramitação de proposição elencada no caput do art. 59 da Constituição Federal, ressalvada a referida no seu inciso V, quando acarretar aumento de despesa ou renúncia de receita, será suspensa por até vinte dias, a requerimento de um quinto dos membros da Casa, nos termos regimentais, para análise de sua compatibilidade com o Novo Regime Fiscal.[1421]

[1417] Incluído pela EC nº 95, de 15/12/2016.
[1418] Incluído pela EC nº 95, de 15/12/2016.
[1419] Incluído pela EC nº 95, de 15/12/2016.
[1420] Incluído pela EC nº 95, de 15/12/2016.
[1421] Incluído pela EC nº 95, de 15/12/2016.

EMENDA CONSTITUCIONAL Nº 2, DE 25 DE AGOSTO DE 1992[1422]

Dispõe sobre o plebiscito previsto no art. 2º do Ato das Disposições Constitucionais Transitórias.

As Mesas da Câmara dos Deputados e do Senado Federal, nos termos do § 3º do art. 60 da Constituição Federal, promulgam a seguinte Emenda ao texto constitucional:

Artigo único. O plebiscito de que trata o art. 2º do Ato das Disposições Constitucionais Transitórias realizar-se-á no dia 21 de abril de 1993.

§ 1º A forma e o sistema de governo definidos pelo plebiscito terão vigência em 1º de janeiro de 1995.

§ 2º A lei poderá dispor sobre a realização do plebiscito, inclusive sobre a gratuidade da livre divulgação das formas e sistemas de governo, através dos meios de comunicação de massa concessionários ou permissionários de serviço público, assegurada igualdade de tempo e paridade de horários.

§ 3.º A norma constante do parágrafo anterior não exclui a competência do Tribunal Superior Eleitoral para expedir instruções necessárias à realização da consulta plebiscitária.

Brasília, 25 de agosto de 1992.

[1422] Publicada no DOU de 01/09/1992.

EMENDA CONSTITUCIONAL Nº 3, DE 17 DE MARÇO DE 1993

Altera os arts. 40, 42, 102, 103, 155, 156, 160, 167 da Constituição Federal.

As Mesas da Câmara dos Deputados e do Senado Federal, nos termos do § 3.º do art. 60 da Constituição Federal, promulgam a seguinte emenda ao texto constitucional:

[...][1423]

Art. 2.º (*) A União poderá instituir, nos termos de lei complementar, com vigência até 31 de dezembro de 1994, imposto sobre movimentação ou transmissão de valores e de créditos e direitos de natureza financeira.

§ 1.º A alíquota do imposto de que trata este artigo não excederá a vinte e cinco centésimos por cento, facultado ao Poder Executivo reduzi-la ou restabelecê-la, total ou parcialmente, nas condições e limites fixados em lei.

§ 2.º Ao imposto de que trata este artigo não se aplica o art. 150, III, b, e VI,nem o disposto no § 5.º do art. 153 da Constituição.

§ 3.º O produto da arrecadação do imposto de que trata este artigo não se encontra sujeito a qualquer modalidade de repartição com outra entidade federada.

§ 4.º Do produto da arrecadação do imposto de que trata este artigo serão destinados vinte por cento para custeio de programas de habitação popular. (Revogado pela ECR nº 1, de 01/03/94)

Art. 3.º A eliminação do adicional ao imposto de renda, de competência dos Estados, decorrente desta Emenda Constitucional, somente produzirá efeitos a partir de 1.º de janeiro de 1996, reduzindo-se a correspondente alíquota, pelo menos, a dois e meio por cento no exercício financeiro de 1995.

Art. 4.º A eliminação do imposto sobre vendas a varejo de combustíveis líquidos e gasosos, de competência dos Municípios, decorrente desta Emenda Constitucional, somente produzirá efeitos a partir de 1.º de janeiro de 1996, reduzindo-se a correspondente alíquota, pelo menos, a um e meio por cento no exercício financeiro de 1995.

Art. 5.º Até 31 de dezembro de 1999, os Estados, o Distrito Federal e os Municípios somente poderão emitir títulos da dívida pública no montante necessário ao refinanciamento do principal devidamente atualizado de suas obrigações, representadas por essa espécie de títulos, ressalvado o disposto no art. 33, parágrafo único, do Ato das Disposições Constitucionais Transitórias.

[1423] Texto publicado no DOU de 18/03/1993 e alterações já incluídas no texto constitucional.

Art. 6.º Revogam-se o inciso IV e o § 4.º do art. 156 da Constituição Federal.

Brasília, 17 de março de 1993.

EMENDA CONSTITUCIONAL Nº 8, DE 15 DE AGOSTO DE 1995

Altera o inciso XI e a alínea "a" do inciso XII do art. 21 da Constituição Federal.

As Mesas da Câmara dos Deputados e do Senado Federal, nos termos do § 3º do art. 60 da Constituição Federal, promulgam a seguinte emenda ao texto constitucional:

[...][1424]

Art. 2º É vedada a adoção de medida provisória para regulamentar o disposto no inciso XI do art. 21 com a redação dada por esta emenda constitucional.

Brasília, 15 de agosto de 1995.

[1424] Alterações já incluídas no texto constitucional. Publicada no DOU de 16/08/1995.

EMENDA CONSTITUCIONAL Nº 9, DE 09 DE NOVEMBRO DE 1995

Dá nova redação ao art. 177 da Constituição Federal, alterando e inserindo parágrafos.

As Mesas da Câmara dos Deputados e do Senado Federal, nos termos do art. 60, § 3º, da Constituição Federal, promulgam a seguinte emenda ao texto constitucional:

[...][1425]

Art. 3º É vedada a adoção de medida provisória para a regulamentação da matéria prevista nos incisos I a IV e dos §§ 1º e 2º do art. 177 da Constituição Federal.

Brasília, 9 de novembro de 1995.

[1425] Alterações já incluídas no texto constitucional. Publicada no DOU de 10/11/1995.

EMENDA CONSTITUCIONAL Nº 17, DE 22 DE NOVEMBRO DE 1997

Altera dispositivos dos arts. 71 e 72 do Ato das Disposições Constitucionais Transitórias, introduzidos pela Emenda Constitucional de Revisão nº 1, de 1994.

As mesas da Câmara dos Deputados e do Senado Federal, nos termos do par. 3. do art. 60 da Constituição Federal, promulgam a seguinte emenda ao Texto Constitucional:

[...][1426]

Art. 3º A União repassará aos Municípios, do produto da arrecadação do Imposto sobre a Renda e Proventos de qualquer natureza, tal como considerado na constituição dos fundos de que trata o art. 159, I, da Constituição, excluída a parcela referida no art. 72, I, do Ato das Disposições Constitucionais Transitórias, os seguintes percentuais:

I - um inteiro e cinqüenta e seis centésimos por cento, no período de 01/07/1997 a 31/12/1997;

II - um inteiro e oitocentos e setenta e cinco milésimos por cento, no período de 01/01/1998 a 31/12/1998;

III - dois inteiros e cinco décimos por cento, no período de 01/01/1999 a 31/12/1999.

Parágrafo único. O repasse dos recursos de que trata este artigo obedecerá a mesma periodicidade e aos mesmos critérios de repartição e normas adotadas no Fundo de Participação dos Municípios, observado o disposto no art. 160 da Constituição.

Art. 4º Os efeitos do disposto nos arts. 71 e 72 do Ato das Disposições Constitucionais Transitórias, com a redação dada pelos arts. 1º e 2º desta emenda, são retroativos a 01/07/1997.

Parágrafo único. As parcelas de recursos destinados ao Fundo de Estabilização Fiscal e entregues na forma do art. 159, I, da Constituição, no período compreendido entre 01/07/1997 e a data de promulgação desta emenda, serão deduzidas das cotas subseqüentes, limitada a dedução a um décimo do valor total entregue em cada mês.

Art. 5º Observado o disposto no artigo anterior, a União aplicará as disposições do art. 3º desta emenda retroativamente a 01/07/1997.

Art. 6º Esta Emenda Constitucional entra em vigor na data de sua publicação.

Brasília, 22 de novembro de 1997.

[1426] Alterações já incluídas no texto constitucional. Publicado no DOU de 25/11/1997.

EMENDA CONSTITUCIONAL Nº 19, DE 04 DE JUNHO DE 1998

> *Modifica o regime e dispõe sobre princípios e normas da Administração Pública, servidores e agentes políticos, controle de despesas e finanças públicas e custeio de atividades a cargo do Distrito Federal, e dá outras providências.*

As Mesas da Câmara dos Deputados e do Senado Federal, nos termos do § 3º do art. 60 da Constituição Federal, promulgam esta Emenda ao texto constitucional:

[...][1427]

Art. 25. Até a instituição do fundo a que se refere o inciso XIV do art. 21 da Constituição Federal, compete à União manter os atuais compromissos financeiros com a prestação de serviços públicos do Distrito Federal.

Art. 26. No prazo de dois anos da promulgação desta Emenda, as entidades da administração indireta terão seus estatutos revistos quanto à respectiva natureza jurídica, tendo em conta a finalidade e as competências efetivamente executadas.

Art. 27. O Congresso Nacional, dentro de cento e vinte dias da promulgação desta Emenda, elaborará lei de defesa do usuário de serviços públicos.

Art. 28. É assegurado o prazo de dois anos de efetivo exercício para aquisição da estabilidade aos atuais servidores em estágio probatório, sem prejuízo da avaliação a que se refere o § 4º do art. 41 da Constituição Federal.

Art. 29. Os subsídios, vencimentos, remuneração, proventos da aposentadoria e pensões e quaisquer outras espécies remuneratórias adequar-se-ão, a partir da promulgação desta Emenda, aos limites decorrentes da Constituição Federal, não se admitindo a percepção de excesso a qualquer título.

Art. 30. O projeto de lei complementar a que se refere o art. 163 da Constituição Federal será apresentado pelo Poder Executivo ao Congresso Nacional no prazo máximo de cento e oitenta dias da promulgação desta Emenda.

Art. 31. A pessoa que revestiu a condição de servidor público federal da administração direta, autárquica ou fundacional, de servidor municipal ou de integrante da carreira de policial, civil ou militar, dos ex-Territórios Federais do Amapá e de Roraima e que, comprovadamente, encontrava-se no exercício de suas funções, prestando serviço à administração pública dos ex-Territórios ou de prefeituras neles localizadas, na data em que foram transformados em Estado, ou a condição de servidor ou de policial, civil ou militar, admitido pelos Estados

---

[1427] Alterações já incluídas no texto constitucional. Publicado no DOU de 05/06/1998.

EMENDAS CONSTITUCIONAIS

do Amapá e de Roraima, entre a data de sua transformação em Estado e outubro de 1993, bem como a pessoa que comprove ter mantido, nesse período, relação ou vínculo funcional, de caráter efetivo ou não, ou relação ou vínculo empregatício, estatutário ou de trabalho com a administração pública dos ex-Territórios, dos Estados ou das prefeituras neles localizadas ou com empresa pública ou sociedade de economia mista que haja sido constituída pelo ex-Território ou pela União para atuar no âmbito do ex-Território Federal, inclusive as extintas, poderão integrar, mediante opção, quadro em extinção da administração pública federal.[1428]

Redação anterior: vigente entre 28.05.2014 a 10.12.2017 (EC nº 79/2014)

Art. 31. Os servidores públicos federais da administração direta e indireta, os servidores municipais e os integrantes da carreira policial militar dos ex-Territórios Federais do Amapá e de Roraima que comprovadamente encontravam-se no exercício regular de suas funções prestando serviços àqueles ex-Territórios na data em que foram transformados em Estados, os servidores e os policiais militares admitidos regularmente pelos governos dos Estados do Amapá e de Roraima no período entre a transformação e a efetiva instalação desses Estados em outubro de 1993 e, ainda, os servidores nesses Estados com vínculo funcional já reconhecido pela União integrarão, mediante opção, quadro em extinção da administração federal

Redação anterior: vigente entre 05.06.1998 a 27.05.2014 (EC nº 19/1998)

Art. 31. Os servidores públicos federais da administração direta e indireta, os servidores municipais e os integrantes da carreira policial militar dos ex-Territórios Federais do Amapá e de Roraima, que comprovadamente encontravam-se no exercício regular de suas funções prestando serviços àqueles ex-Territórios na data em que foram transformados em Estados; os policiais militares que tenham sido admitidos por força de lei federal, custeados pela União; e, ainda, os servidores civis nesses Estados com vínculo funcional já reconhecido pela União, constituirão quadro em extinção da administração federal, assegurados os direitos e vantagens inerentes aos seus servidores, vedado o pagamento, a qualquer título, de diferenças remuneratórias.

---

§ 1º O enquadramento referido no caput deste artigo, para os servidores, para os policiais, civis ou militares, e para as pessoas que tenham revestido essa condição, entre a transformação e a instalação dos Estados em outubro de 1993, dar-se-á no cargo em que foram originariamente admitidos ou em cargo equivalente. [1429]

Redação anterior: vigente entre 28.05.2014 a 10.12.2017 (EC nº 79/2014)

§ 1º O enquadramento referido no caput para os servidores ou para os policiais militares admitidos regularmente entre a transformação e a instalação dos Estados em outubro de 1993 deverá dar-se no cargo em que foram originariamente admitidos ou em cargo equivalente

Redação anterior: vigente entre 05.06.1998 a 27.05.2014 (EC nº 19/1998)

[1428] Redação dada pela Emenda Constitucional nº 98, de 2017.
[1429] Redação dada pela Emenda Constitucional nº 98, de 2017.

> § 1º Os servidores da carreira policial militar continuarão prestando serviços aos respectivos Estados, na condição de cedidos, submetidos às disposições legais e regulamentares a que estão sujeitas as corporações das respectivas Polícias Militares, observadas as atribuições de função compatíveis com seu grau hierárquico.

§ 2º Os integrantes da carreira policial militar a que se refere o caput continuarão prestando serviços aos respectivos Estados, na condição de cedidos, submetidos às disposições estatutárias a que estão sujeitas as corporações das respectivas Polícias Militares, observados as atribuições de função compatíveis com seu grau hierárquico e o direito às devidas promoções.[1430]

> **Redação anterior:** vigente entre 05.06.1998 a 27.05.2014 (EC nº 19/1998)
>
> § 2º Os servidores civis continuarão prestando serviços aos respectivos Estados, na condição de cedidos, até seu aproveitamento em órgão da administração federal.

§ 3º As pessoas a que se referem este artigo prestarão serviços aos respectivos Estados ou a seus Municípios, na condição de servidores cedidos, sem ônus para o cessionário, até seu aproveitamento em órgão ou entidade da administração federal direta, autárquica ou fundacional, podendo os Estados, por conta e delegação da União, adotar os procedimentos necessários à cessão de servidores a seus Municípios.[1431]

> **Redação anterior:** vigente entre 28.05.2014 a 10.12.2017 (EC nº 79/2014)
>
> § 3º Os servidores a que se refere o caput continuarão prestando serviços aos respectivos Estados e a seus Municípios, na condição de cedidos, até seu aproveitamento em órgão ou entidade da administração federal direta, autárquica ou fundacional.

§ 4º Para fins do disposto no caput deste artigo, são meios probatórios de relação ou vínculo funcional, empregatício, estatutário ou de trabalho, independentemente da existência de vínculo atual, além dos admitidos em lei: (Incluído pela Emenda Constitucional nº 98, de 2017)

I - o contrato, o convênio, o ajuste ou o ato administrativo por meio do qual a pessoa tenha revestido a condição de profissional, empregado, servidor público, prestador de serviço ou trabalhador e tenha atuado ou desenvolvido atividade laboral diretamente com o ex-Território, o Estado ou a prefeitura neles localizada, inclusive mediante a interveniência de cooperativa; (Incluído pela Emenda Constitucional nº 98, de 2017)

II - a retribuição, a remuneração ou o pagamento documentado ou formalizado, à época, mediante depósito em conta-corrente bancária ou emissão de ordem de pagamento, de recibo, de nota de empenho ou de ordem bancária em que se identifique a administração pública do ex-Território, do Estado ou de prefeitura neles localizada como fonte pagadora ou origem direta dos recursos, assim como aquele realizado à conta de recursos oriundos de fundo de

---

[1430] Redação dada pela Emenda Constitucional nº 79, de 2014.
[1431] Redação dada pela Emenda Constitucional nº 98, de 2017.

EMENDAS CONSTITUCIONAIS

participação ou de fundo especial, inclusive em proveito do pessoal integrante das tabelas especiais. (Incluído pela Emenda Constitucional nº 98, de 2017)

§ 5º Além dos meios probatórios de que trata o § 4º deste artigo, sem prejuízo daqueles admitidos em lei, o enquadramento referido no caput deste artigo dependerá de a pessoa ter mantido relação ou vínculo funcional, empregatício, estatutário ou de trabalho com o ex-Território ou o Estado que o tenha sucedido por, pelo menos, noventa dias. (Incluído pela Emenda Constitucional nº 98, de 2017)

§ 6º As pessoas a que se referem este artigo, para efeito de exercício em órgão ou entidade da administração pública estadual ou municipal dos Estados do Amapá e de Roraima, farão jus à percepção de todas as gratificações e dos demais valores que componham a estrutura remuneratória dos cargos em que tenham sido enquadradas, vedando-se reduzi-los ou suprimi-los por motivo de cessão ao Estado ou a seu Município. (Incluído pela Emenda Constitucional nº 98, de 2017)

[...]

Art. 33. Consideram-se servidores não estáveis, para os fins do art. 169, § 3º, II, da Constituição Federal aqueles admitidos na administração direta, autárquica e fundacional sem concurso público de provas ou de provas e títulos após o dia 5 de outubro de 1983.

[...]

Brasília, 4 de junho de 1998

EMENDA CONSTITUCIONAL Nº 20, DE 15 DE DEZEMBRO DE 1998

Modifica o sistema de previdência social, estabelece normas de transição e dá outras providências

As Mesas da Câmara dos Deputados e do Senado Federal, nos termos do § 3º do art. 60 da Constituição Federal, promulgam a seguinte emenda ao texto constitucional:

[...][1432]

Art. 3º - É assegurada a concessão de aposentadoria e pensão, a qualquer tempo, aos servidores públicos e aos segurados do regime geral de previdência social, bem como aos seus dependentes, que, até a data da publicação desta Emenda, tenham cumprido os requisitos para a obtenção destes benefícios, com base nos critérios da legislação então vigente.

§ 1º - O servidor de que trata este artigo, que tenha completado as exigências para aposentadoria integral e que opte por permanecer em atividade fará jus à isenção da contribuição previdenciária até completar as exigências para aposentadoria contidas no art. 40, § 1º, III, "a", da Constituição Federal.

§ 2º - Os proventos da aposentadoria a ser concedida aos servidores públicos referidos no "caput", em termos integrais ou proporcionais ao tempo de serviço já exercido até a data de publicação desta Emenda, bem como as pensões de seus dependentes, serão calculados de acordo com a legislação em vigor à época em que foram atendidas as prescrições nela estabelecidas para a concessão destes benefícios ou nas condições da legislação vigente.

§ 3º - São mantidos todos os direitos e garantias assegurados nas disposições constitucionais vigentes à data de publicação desta Emenda aos servidores e militares, inativos e pensionistas, aos anistiados e aos ex-combatentes, assim como àqueles que já cumpriram, até aquela data, os requisitos para usufruírem tais direitos, observado o disposto no art. 37, XI, da Constituição Federal.

Art. 4º - Observado o disposto no art. 40, § 10, da Constituição Federal, o tempo de serviço considerado pela legislação vigente para efeito de aposentadoria, cumprido até que a lei discipline a matéria, será contado como tempo de contribuição.

Art. 5º - O disposto no art. 202, § 3º, da Constituição Federal, quanto à exigência de paridade entre a contribuição da patrocinadora e a contribuição do segurado, terá vigência no prazo de dois anos a partir da publicação desta Emenda, ou, caso ocorra antes, na data de publicação da lei complementar a que se refere o § 4º do mesmo artigo.

Art. 6º - As entidades fechadas de previdência privada patrocinadas por entidades públicas, inclusive empresas públicas e sociedades de economia mista,

---

[1432] Alterações já incluídas no texto constitucional. Publicada no DOU de 16/12/1998.

EMENDAS CONSTITUCIONAIS

deverão rever, no prazo de dois anos, a contar da publicação desta Emenda, seus planos de benefícios e serviços, de modo a ajustá-los atuarialmente a seus ativos, sob pena de intervenção, sendo seus dirigentes e os de suas respectivas patrocinadoras responsáveis civil e criminalmente pelo descumprimento do disposto neste artigo.

Art. 7º - Os projetos das leis complementares previstas no art. 202 da Constituição Federal deverão ser apresentados ao Congresso Nacional no prazo máximo de noventa dias após a publicação desta Emenda.

Art. 8º - Revogado. [1433]

Redação anterior: vigente entre 16/12/1998 a 30/12/2003 (EC nº 20/1998)

Art. 8º - Observado o disposto no art. 4º desta Emenda e ressalvado o direito de opção a aposentadoria pelas normas por ela estabelecidas, é assegurado o direito à aposentadoria voluntária com proventos calculados de acordo com o art. 40, § 3º, da Constituição Federal, àquele que tenha ingressado regularmente em cargo efetivo na Administração Pública, direta, autárquica e fundacional, até a data de publicação desta Emenda, quando o servidor, cumulativamente:

I - tiver cinqüenta e três anos de idade, se homem, e quarenta e oito anos de idade, se mulher;

II - tiver cinco anos de efetivo exercício no cargo em que se dará a aposentadoria;

III - contar tempo de contribuição igual, no mínimo, à soma de:

a) trinta e cinco anos, se homem, e trinta anos, se mulher; e

b) um período adicional de contribuição equivalente a vinte por cento do tempo que, na data da publicação desta Emenda, faltaria para atingir o limite de tempo constante da alínea anterior.

§ 1º - O servidor de que trata este artigo, desde que atendido o disposto em seus incisos I e II, e observado o disposto no art. 4º desta Emenda, pode aposentar-se com proventos proporcionais ao tempo de contribuição, quando atendidas as seguintes condições:

I - contar tempo de contribuição igual, no mínimo, à soma de:

a) trinta anos, se homem, e vinte e cinco anos, se mulher; e

b) um período adicional de contribuição equivalente a quarenta por cento do tempo que, na data da publicação desta Emenda, faltaria para atingir o limite de tempo constante da alínea anterior;

II - os proventos da aposentadoria proporcional serão equivalentes a setenta por cento do valor máximo que o servidor poderia obter de acordo com o "caput", acrescido de cinco por cento por ano de contribuição que supere a soma a que se refere o inciso anterior, até o limite de cem por cento.

§ 2º - Aplica-se ao magistrado e ao membro do Ministério Público e de Tribunal de Contas o disposto neste artigo.

[1433] Revogado pela EC nº 41 de 19 de dezembro de 2003.

> § 3º - Na aplicação do disposto no parágrafo anterior, o magistrado ou o membro do Ministério Público ou de Tribunal de Contas, se homem, terá o tempo de serviço exercido até a publicação desta Emenda contado com o acréscimo de dezessete por cento.(Revogado pela Emenda Constitucional nº 41, de 19.12.2003)
>
> § 4º - O professor, servidor da União, dos Estados, do Distrito Federal e dos Municípios, incluídas suas autarquias e fundações, que, até a data da publicação desta Emenda, tenha ingressado, regularmente, em cargo efetivo de magistério e que opte por aposentar-se na forma do disposto no "caput", terá o tempo de serviço exercido até a publicação desta Emenda contado com o acréscimo de dezessete por cento, se homem, e de vinte por cento, se mulher, desde que se aposente, exclusivamente, com tempo de efetivo exercício das funções de magistério.(Revogado pela Emenda Constitucional nº 41, de 19.12.2003)
>
> § 5º - O servidor de que trata este artigo, que, após completar as exigências para aposentadoria estabelecidas no "caput", permanecer em atividade, fará jus à isenção da contribuição previdenciária até completar as exigências para aposentadoria contidas no art. 40, § 1º, III, "a", da Constituição Federal.(Revogado pela Emenda Constitucional nº 41, de 19.12.2003)

Art. 9º - Observado o disposto no art. 4º desta Emenda e ressalvado o direito de opção a aposentadoria pelas normas por ela estabelecidas para o regime geral de previdência social, é assegurado o direito à aposentadoria ao segurado que se tenha filiado ao regime geral de previdência social, até a data de publicação desta Emenda, quando, cumulativamente, atender aos seguintes requisitos:

I - contar com cinqüenta e três anos de idade, se homem, e quarenta e oito anos de idade, se mulher; e

II - contar tempo de contribuição igual, no mínimo, à soma de:

a) trinta e cinco anos, se homem, e trinta anos, se mulher; e

b) um período adicional de contribuição equivalente a vinte por cento do tempo que, na data da publicação desta Emenda, faltaria para atingir o limite de tempo constante da alínea anterior.

§ 1º - O segurado de que trata este artigo, desde que atendido o disposto no inciso I do "caput", e observado o disposto no art. 4º desta Emenda, pode aposentar-se com valores proporcionais ao tempo de contribuição, quando atendidas as seguintes condições:

I - contar tempo de contribuição igual, no mínimo, à soma de:

a) trinta anos, se homem, e vinte e cinco anos, se mulher; e

b) um período adicional de contribuição equivalente a quarenta por cento do tempo que, na data da publicação desta Emenda, faltaria para atingir o limite de tempo constante da alínea anterior;

II - o valor da aposentadoria proporcional será equivalente a setenta por cento do valor da aposentadoria a que se refere o "caput", acrescido de cinco por cento por ano de contribuição que supere a soma a que se refere o inciso anterior, até o limite de cem por cento.

EMENDAS CONSTITUCIONAIS

§ 2º - O professor que, até a data da publicação desta Emenda, tenha exercido atividade de magistério e que opte por aposentar-se na forma do disposto no "caput", terá o tempo de serviço exercido até a publicação desta Emenda contado com o acréscimo de dezessete por cento, se homem, e de vinte por cento, se mulher, desde que se aposente, exclusivamente, com tempo de efetivo exercício de atividade de magistério.

Redação anterior: vigente entre 16/12/1998 a 30/12/2003 (EC nº 20/1998)

Art. 10º - O regime de previdência complementar de que trata o art. 40, §§ 14, 15 e 16, da Constituição Federal, somente poderá ser instituído após a publicação da lei complementar prevista no § 15 do mesmo artigo.

Art. 11 - A vedação prevista no art. 37, § 10, da Constituição Federal, não se aplica aos membros de poder e aos inativos, servidores e militares, que, até a publicação desta Emenda, tenham ingressado novamente no serviço público por concurso público de provas ou de provas e títulos, e pelas demais formas previstas na Constituição Federal, sendo-lhes proibida a percepção de mais de uma aposentadoria pelo regime de previdência a que se refere o art. 40 da Constituição Federal, aplicando-se-lhes, em qualquer hipótese, o limite de que trata o § 11 deste mesmo artigo.

Art. 12 - Até que produzam efeitos as leis que irão dispor sobre as contribuições de que trata o art. 195 da Constituição Federal, são exigíveis as estabelecidas em lei, destinadas ao custeio da seguridade social e dos diversos regimes previdenciários.

Art. 13 - Até que a lei discipline o acesso ao salário-família e auxílio-reclusão para os servidores, segurados e seus dependentes, esses benefícios serão concedidos apenas àqueles que tenham renda bruta mensal igual ou inferior a R$ 360,00 (trezentos e sessenta reais), que, até a publicação da lei, serão corrigidos pelos mesmos índices aplicados aos benefícios do regime geral de previdência social.

Art. 14 - O limite máximo para o valor dos benefícios do regime geral de previdência social de que trata o art. 201 da Constituição Federal é fixado em R$ 1.200,00 (um mil e duzentos reais), devendo, a partir da data da publicação desta Emenda, ser reajustado de forma a preservar, em caráter permanente, seu valor real, atualizado pelos mesmos índices aplicados aos benefícios do regime geral de previdência social.

Art. 15 - Até que a lei complementar a que se refere o art. 201, § 1º, da Constituição Federal, seja publicada, permanece em vigor o disposto nos arts. 57 e 58 da Lei nº 8213, de 24 de julho de 1991, na redação vigente à data da publicação desta Emenda.

EMENDA CONSTITUCIONAL Nº 24, DE 9 DE DEZEMBRO DE 1999

Altera dispositivos da Constituição Federal pertinentes à representação classistas na Justiça do Trabalho.

As Mesas da Câmara dos Deputados e do Senado Federal, nos termos do § 3º do art. 60 da Constituição Federal, promulgam a seguinte Emenda ao texto constitucional:

[...][1434]

Art. 2º É assegurado o cumprimento dos mandatos dos atuais ministros classistas temporários do Tribunal Superior do Trabalho e dos atuais juizes classistas temporários dos Tribunais Regionais do Trabalho e das Juntas de Conciliação e Julgamento.

[...]

Brasília, em 9 de dezembro de 1999

[1434] Alterações já incluídas no texto constitucional. Publicada no DOU de 10/12/1999.

EMENDA CONSTITUCIONAL Nº 32, DE 11 DE SETEMBRO DE 2001

Altera dispositivos dos arts. 48, 57, 61, 62, 64, 66, 84, 88 e 246 da Constituição Federal, e dá outras providências.

As Mesas da Câmara dos Deputados e do Senado Federal, nos termos do § 3º do art. 60 da Constituição Federal, promulgam a seguinte Emenda ao texto constitucional:

[...][1435]

Art. 2º As medidas provisórias editadas em data anterior à da publicação desta emenda continuam em vigor até que medida provisória ulterior as revogue explicitamente ou até deliberação definitiva do Congresso Nacional.

[...]

Brasília, 11 de setembro de 2001

[1435] Alterações já incluídas no texto constitucional. Publicada no DOU de 12/09/2001.

EMENDA CONSTITUCIONAL Nº 33, DE 11 DE DEZEMBRO DE 2001

Altera os arts. 149, 155 e 177 da Constituição Federal.

As Mesas da Câmara dos Deputados e do Senado Federal, nos termos do § 3º do art. 60 da Constituição Federal, promulgam a seguinte Emenda ao texto constitucional:

[...][1436]

Art. 4º Enquanto não entrar em vigor a lei complementar de que trata o art. 155, § 2º, XII, h, da Constituição Federal, os Estados e o Distrito Federal, mediante convênio celebrado nos termos do § 2º, XII, g, do mesmo artigo, fixarão normas para regular provisoriamente a matéria.

[...]

Brasília, 11 de dezembro de 2001

[1436] Alterações já incluídas no texto constitucional. Publicada no DOU de 12/12/2001.

EMENDA CONSTITUCIONAL Nº 41, DE 19 DE DEZEMBRO DE 2003

Modifica os arts. 37, 40, 42, 48, 96, 149 e 201 da Constituição Federal, revoga o inciso IX do § 3 do art. 142 da Constituição Federal e dispositivos da Emenda Constitucional nº 20, de 15 de dezembro de 1998, e dá outras providências.

As MESAS da CÂMARA DOS DEPUTADOS e do SENADO FEDERAL, nos termos do § 3 do art. 60 da Constituição Federal, promulgam a seguinte Emenda ao texto constitucional:

[...][1437]

Art. 2º Observado o disposto no art. 4º da Emenda Constitucional nº 20, de 15 de dezembro de 1998, é assegurado o direito de opção pela aposentadoria voluntária com proventos calculados de acordo com o art. 40, §§ 3º e 17, da Constituição Federal, àquele que tenha ingressado regularmente em cargo efetivo na Administração Pública direta, autárquica e fundacional, até a data de publicação daquela Emenda, quando o servidor, cumulativamente:

I - tiver cinqüenta e três anos de idade, se homem, e quarenta e oito anos de idade, se mulher;

II - tiver cinco anos de efetivo exercício no cargo em que se der a aposentadoria;

III - contar tempo de contribuição igual, no mínimo, à soma de:

a) trinta e cinco anos, se homem, e trinta anos, se mulher; e

b) um período adicional de contribuição equivalente a vinte por cento do tempo que, na data de publicação daquela Emenda, faltaria para atingir o limite de tempo constante da alínea a deste inciso.

§ 1º O servidor de que trata este artigo que cumprir as exigências para aposentadoria na forma do caput terá os seus proventos de inatividade reduzidos para cada ano antecipado em relação aos limites de idade estabelecidos pelo art. 40, § 1º, III, a, e § 5º da Constituição Federal, na seguinte proporção:

I - três inteiros e cinco décimos por cento, para aquele que completar as exigências para aposentadoria na forma do caput até 31 de dezembro de 2005;

II - cinco por cento, para aquele que completar as exigências para aposentadoria na forma do caput a partir de 1º de janeiro de 2006.

[1437] Alterações já incluídas no texto constitucional. Publicada no DOU de 31/12/2003. Vide Lei nº 10.887, de 18 de junho de 2004. (dispõe sobre o cálculo dos proventos de aposentadoria dos servidores titulares de cargo efetivo de qualquer dos poderes, previsto neste parágrafo).

J. U. JACOBY FERNANDES

§ 2º Aplica-se ao magistrado e ao membro do Ministério Público e de Tribunal de Contas o disposto neste artigo.

§ 3º Na aplicação do disposto no § 2º deste artigo, o magistrado ou o membro do Ministério Público ou de Tribunal de Contas, se homem, terá o tempo de serviço exercido até a data de publicação da Emenda Constitucional nº 20, de 15 de dezembro de 1998, contado com acréscimo de dezessete por cento, observado o disposto no § 1º deste artigo.

§ 4º O professor, servidor da União, dos Estados, do Distrito Federal e dos Municípios, incluídas suas autarquias e fundações, que, até a data de publicação da Emenda Constitucional nº 20, de 15 de dezembro de 1998, tenha ingressado, regularmente, em cargo efetivo de magistério e que opte por aposentar-se na forma do disposto no caput, terá o tempo de serviço exercido até a publicação daquela Emenda contado com o acréscimo de dezessete por cento, se homem, e de vinte por cento, se mulher, desde que se aposente, exclusivamente, com tempo de efetivo exercício nas funções de magistério, observado o disposto no § 1º.

§ 5º O servidor de que trata este artigo, que tenha completado as exigências para aposentadoria voluntária estabelecidas no caput, e que opte por permanecer em atividade, fará jus a um abono de permanência equivalente ao valor da sua contribuição previdenciária até completar as exigências para aposentadoria compulsória contidas no art. 40, § 1º, II, da Constituição Federal.

§ 6º Às aposentadorias concedidas de acordo com este artigo aplica-se o disposto no art. 40, § 8º, da Constituição Federal.

Art. 3º É assegurada a concessão, a qualquer tempo, de aposentadoria aos servidores públicos, bem como pensão aos seus dependentes, que, até a data de publicação desta Emenda, tenham cumprido todos os requisitos para obtenção desses benefícios, com base nos critérios da legislação então vigente.

§ 1º O servidor de que trata este artigo que opte por permanecer em atividade tendo completado as exigências para aposentadoria voluntária e que conte com, no mínimo, vinte e cinco anos de contribuição, se mulher, ou trinta anos de contribuição, se homem, fará jus a um abono de permanência equivalente ao valor da sua contribuição previdenciária até completar as exigências para aposentadoria compulsória contidas no art. 40, § 1º, II, da Constituição Federal.

§ 2º Os proventos da aposentadoria a ser concedida aos servidores públicos referidos no caput, em termos integrais ou proporcionais ao tempo de contribuição já exercido até a data de publicação desta Emenda, bem como as pensões de seus dependentes, serão calculados de acordo com a legislação em vigor à época em que foram atendidos os requisitos nela estabelecidos para a concessão desses benefícios ou nas condições da legislação vigente.

Art. 4º Os servidores inativos e os pensionistas da União, dos Estados, do Distrito Federal e dos Municípios, incluídas suas autarquias e fundações, em gozo de benefícios na data de publicação desta Emenda, bem como os

EMENDAS CONSTITUCIONAIS

alcançados pelo disposto no seu art. 3º, contribuirão para o custeio do regime de que trata o art. 40 da Constituição Federal com percentual igual ao estabelecido para os servidores titulares de cargos efetivos. (Vide ADI nº 3105)

Parágrafo único. A contribuição previdenciária a que se refere o caput incidirá apenas sobre a parcela dos proventos e das pensões que supere:

I - cinqüenta por cento do limite máximo estabelecido para os benefícios do regime geral de previdência social de que trata o art. 201 da Constituição Federal, para os servidores inativos e os pensionistas dos Estados, do Distrito Federal e dos Municípios;

II - sessenta por cento do limite máximo estabelecido para os benefícios do regime geral de previdência social de que trata o art. 201 da Constituição Federal, para os servidores inativos e os pensionistas da União.

Art. 5º O limite máximo para o valor dos benefícios do regime geral de previdência social de que trata o art. 201 da Constituição Federal é fixado em R$ 2.400,00 (dois mil e quatrocentos reais), devendo, a partir da data de publicação desta Emenda, ser reajustado de forma a preservar, em caráter permanente, seu valor real, atualizado pelos mesmos índices aplicados aos benefícios do regime geral de previdência social.

Art. 6º Ressalvado o direito de opção à aposentadoria pelas normas estabelecidas pelo art. 40 da Constituição Federal ou pelas regras estabelecidas pelo art. 2º desta Emenda, o servidor da União, dos Estados, do Distrito Federal e dos Municípios, incluídas suas autarquias e fundações, que tenha ingressado no serviço público até a data de publicação desta Emenda poderá aposentar-se com proventos integrais, que corresponderão à totalidade da remuneração do servidor no cargo efetivo em que se der a aposentadoria, na forma da lei, quando, observadas as reduções de idade e tempo de contribuição contidas no § 5º do art. 40 da Constituição Federal, vier a preencher, cumulativamente, as seguintes condições:

I - sessenta anos de idade, se homem, e cinqüenta e cinco anos de idade, se mulher;

II - trinta e cinco anos de contribuição, se homem, e trinta anos de contribuição, se mulher;

III - vinte anos de efetivo exercício no serviço público; e

IV - dez anos de carreira e cinco anos de efetivo exercício no cargo em que se der a aposentadoria.

Parágrafo único. Os proventos das aposentadorias concedidas conforme este artigo serão revistos na mesma proporção e na mesma data, sempre que se modificar a remuneração dos servidores em atividade, na forma da lei, observado o disposto no art. 37, XI, da Constituição Federal. (Revogado pela Emenda Constitucional nº 47, de 2005)

Art. 6º-A. O servidor da União, dos Estados, do Distrito Federal e dos Municípios, incluídas suas autarquias e fundações, que tenha ingressado no serviço público até a data de publicação desta Emenda Constitucional e que tenha se aposentado ou venha a se aposentar por invalidez permanente, com

J. U. Jacoby Fernandes

fundamento no inciso I do § 1º do art. 40 da Constituição Federal, tem direito a proventos de aposentadoria calculados com base na remuneração do cargo efetivo em que se der a aposentadoria, na forma da lei, não sendo aplicáveis as disposições constantes dos §§ 3º, 8º e 17 do art. 40 da Constituição Federal. (Incluído pela Emenda Constitucional nº 70, de 2012)

Parágrafo único. Aplica-se ao valor dos proventos de aposentadorias concedidas com base no caput o disposto no art. 7º desta Emenda Constitucional, observando-se igual critério de revisão às pensões derivadas dos proventos desses servidores. (Incluído pela Emenda Constitucional nº 70, de 2012)

Art. 7º Observado o disposto no art. 37, XI, da Constituição Federal, os proventos de aposentadoria dos servidores públicos titulares de cargo efetivo e as pensões dos seus dependentes pagos pela União, Estados, Distrito Federal e Municípios, incluídas suas autarquias e fundações, em fruição na data de publicação desta Emenda, bem como os proventos de aposentadoria dos servidores e as pensões dos dependentes abrangidos pelo art. 3º desta Emenda, serão revistos na mesma proporção e na mesma data, sempre que se modificar a remuneração dos servidores em atividade, sendo também estendidos aos aposentados e pensionistas quaisquer benefícios ou vantagens posteriormente concedidos aos servidores em atividade, inclusive quando decorrentes da transformação ou reclassificação do cargo ou função em que se deu a aposentadoria ou que serviu de referência para a concessão da pensão, na forma da lei.

Art. 8º Até que seja fixado o valor do subsídio de que trata o art. 37, XI, da Constituição Federal, será considerado, para os fins do limite fixado naquele inciso, o valor da maior remuneração atribuída por lei na data de publicação desta Emenda a Ministro do Supremo Tribunal Federal, a título de vencimento, de representação mensal e da parcela recebida em razão de tempo de serviço, aplicando-se como limite, nos Municípios, o subsídio do Prefeito, e nos Estados e no Distrito Federal, o subsídio mensal do Governador no âmbito do Poder Executivo, o subsídio dos Deputados Estaduais e Distritais no âmbito do Poder Legislativo e o subsídio dos Desembargadores do Tribunal de Justiça, limitado a noventa inteiros e vinte e cinco centésimos por cento da maior remuneração mensal de Ministro do Supremo Tribunal Federal a que se refere este artigo, no âmbito do Poder Judiciário, aplicável este limite aos membros do Ministério Público, aos Procuradores e aos Defensores Públicos.

Art. 9º Aplica-se o disposto no art. 17 do Ato das Disposições Constitucionais Transitórias aos vencimentos, remunerações e subsídios dos ocupantes de cargos, funções e empregos públicos da administração direta, autárquica e fundacional, dos membros de qualquer dos Poderes da União, dos Estados, do Distrito Federal e dos Municípios, dos detentores de mandato eletivo e dos demais agentes políticos e os proventos, pensões ou outra espécie remuneratória percebidos cumulativamente ou não, incluídas as vantagens pessoais ou de qualquer outra natureza.

EMENDAS CONSTITUCIONAIS

Art. 10. Revogam-se o inciso IX do § 3º do art. 142 da Constituição Federal, bem como os arts. 8º e 10 da Emenda Constitucional nº 20, de 15 de dezembro de 1998.

[...]

Brasília, em 19 de dezembro de 2003.

EMENDA CONSTITUCIONAL Nº 42, DE 19 DE DEZEMBRO DE 2003

Altera o Sistema Tributário Nacional e dá outras providências.

As MESAS da CÂMARA DOS DEPUTADOS e do SENADO FEDERAL, nos termos do § 3º do art. 60 da Constituição Federal, promulgam a seguinte Emenda ao texto constitucional:

[...][1438]

Art. 4º Os adicionais criados pelos Estados e pelo Distrito Federal até a data da promulgação desta Emenda, naquilo em que estiverem em desacordo com o previsto nesta Emenda, na Emenda Constitucional nº 31, de 14 de dezembro de 2000, ou na lei complementar de que trata o art. 155, § 2º, XII, da Constituição, terão vigência, no máximo, até o prazo previsto no art. 79 do Ato das Disposições Constitucionais Transitórias.

Art. 5º O Poder Executivo, em até sessenta dias contados da data da promulgação desta Emenda, encaminhará ao Congresso Nacional projeto de lei, sob o regime de urgência constitucional, que disciplinará os benefícios fiscais para a capacitação do setor de tecnologia da informação, que vigerão até 2019 nas condições que estiverem em vigor no ato da aprovação desta Emenda.

[...]

Brasília, em 19 de dezembro de 2003.

[1438] Alterações já incluídas no texto constitucional. Publicada no DOU de 31/12/2003.

EMENDA CONSTITUCIONAL Nº 45, DE 30 DE DEZEMBRO DE 2004

> *Altera dispositivos dos arts. 5º, 36, 52, 92, 93, 95, 98, 99, 102, 103, 104, 105, 107, 109, 111, 112, 114, 115, 125, 126, 127, 128, 129, 134 e 168 da Constituição Federal, e acrescenta os arts. 103-A, 103B, 111-A e 130-A, e dá outras providências.*

AS MESAS DA CÂMARA DOS DEPUTADOS E DO SENADO FEDERAL, nos termos do § 3º do art. 60 da Constituição Federal, promulgam a seguinte Emenda ao texto constitucional:

[...][1439]

Art. 4º Ficam extintos os tribunais de Alçada, onde houver, passando os seus membros a integrar os Tribunais de Justiça dos respectivos Estados, respeitadas a antigüidade e classe de origem.

Parágrafo único. No prazo de cento e oitenta dias, contado da promulgação desta Emenda, os Tribunais de Justiça, por ato administrativo, promoverão a integração dos membros dos tribunais extintos em seus quadros, fixando-lhes a competência e remetendo, em igual prazo, ao Poder Legislativo, proposta de alteração da organização e da divisão judiciária correspondentes, assegurados os direitos dos inativos e pensionistas e o aproveitamento dos servidores no Poder Judiciário estadual.

Art. 5º O Conselho Nacional de Justiça e o Conselho Nacional do Ministério Público serão instalados no prazo de cento e oitenta dias a contar da promulgação desta Emenda, devendo a indicação ou escolha de seus membros ser efetuada até trinta dias antes do termo final.

§ 1º Não efetuadas as indicações e escolha dos nomes para os Conselhos Nacional de Justiça e do Ministério Público dentro do prazo fixado no caput deste artigo, caberá, respectivamente, ao Supremo Tribunal Federal e ao Ministério Público da União realizá-las.

§ 2º Até que entre em vigor o Estatuto da Magistratura, o Conselho Nacional de Justiça, mediante resolução, disciplinará seu funcionamento e definirá as atribuições do Ministro-Corregedor.

Art. 6º O Conselho Superior da Justiça do Trabalho será instalado no prazo de cento e oitenta dias, cabendo ao Tribunal Superior do Trabalho regulamentar seu funcionamento por resolução, enquanto não promulgada a lei a que se refere o art. 111-A, § 2º, II.

Art. 7º O Congresso Nacional instalará, imediatamente após a promulgação desta Emenda Constitucional, comissão especial mista, destinada a elaborar, em

---

[1439] Alterações já incluídas no texto constitucional. Publicada no DOU de 31/12/2004.

cento e oitenta dias, os projetos de lei necessários à regulamentação da matéria nela tratada, bem como promover alterações na legislação federal objetivando tornar mais amplo o acesso à Justiça e mais célere a prestação jurisdicional.

Art. 8º As atuais súmulas do Supremo Tribunal Federal somente produzirão efeito vinculante após sua confirmação por dois terços de seus integrantes e publicação na imprensa oficial.

[...]

Brasília, em 30 de dezembro de 2004

EMENDA CONSTITUCIONAL Nº 47, DE 5 DE JULHO DE 2005

Altera os arts. 37, 40, 195 e 201 da Constituição Federal, para dispor sobre a previdência social, e dá outras providências

AS MESAS DA CÂMARA DOS DEPUTADOS E DO SENADO FEDERAL, nos termos do § 3º do art. 60 da Constituição Federal, promulgam a seguinte Emenda ao texto constitucional:

[...][1440]

Art. 2º Aplica-se aos proventos de aposentadorias dos servidores públicos que se aposentarem na forma do caput do art. 6º da Emenda Constitucional nº 41, de 2003, o disposto no art. 7º da mesma Emenda.

Art. 3º Ressalvado o direito de opção à aposentadoria pelas normas estabelecidas pelo art. 40 da Constituição Federal ou pelas regras estabelecidas pelos arts. 2º e 6º da Emenda Constitucional nº 41, de 2003, o servidor da União, dos Estados, do Distrito Federal e dos Municípios, incluídas suas autarquias e fundações, que tenha ingressado no serviço público até 16 de dezembro de 1998 poderá aposentar-se com proventos integrais, desde que preencha, cumulativamente, as seguintes condições:

I - trinta e cinco anos de contribuição, se homem, e trinta anos de contribuição, se mulher;

II - vinte e cinco anos de efetivo exercício no serviço público, quinze anos de carreira e cinco anos no cargo em que se der a aposentadoria;

III - idade mínima resultante da redução, relativamente aos limites do art. 40, § 1º, inciso III, alínea "a", da Constituição Federal, de um ano de idade para cada ano de contribuição que exceder a condição prevista no inciso I do caput deste artigo.

Parágrafo único. Aplica-se ao valor dos proventos de aposentadorias concedidas com base neste artigo o disposto no art. 7º da Emenda Constitucional nº 41, de 2003, observando-se igual critério de revisão às pensões derivadas dos proventos de servidores falecidos que tenham se aposentado em conformidade com este artigo.

Art. 4º Enquanto não editada a lei a que se refere o § 11 do art. 37 da Constituição Federal, não será computada, para efeito dos limites remuneratórios de que trata o inciso XI do caput do mesmo artigo, qualquer parcela de caráter indenizatório, assim definida pela legislação em vigor na data de publicação da Emenda Constitucional nº 41, de 2003.

Art. 5º Revoga-se o parágrafo único do art. 6º da Emenda Constitucional nº 41, de 19 de dezembro de 2003.

[1440] Alterações já incluídas no texto constitucional. Publicada no DOU em 06/07/2005, com efeitos retroativos a 31/12/2003, data de vigência da EC nº 41/2003.

J. U. Jacoby Fernandes

Art. 6º Esta Emenda Constitucional entra em vigor na data de sua publicação, com efeitos retroativos à data de vigência da Emenda Constitucional nº 41, de 2003.

Brasília, em 5 de julho de 2005

EMENDA CONSTITUCIONAL Nº 51, DE 14 DE FEVEREIRO DE 2006

Acrescenta os §§ 4º, 5º e 6º ao art. 198 da Constituição Federal

As Mesas da Câmara dos Deputados e do Senado Federal, nos termos do art. 60 da Constituição Federal, promulgam a seguinte Emenda ao texto constitucional:

[...][1441]

Art 2º Após a promulgação da presente Emenda Constitucional, os agentes comunitários de saúde e os agentes de combate às endemias somente poderão ser contratados diretamente pelos Estados, pelo Distrito Federal ou pelos Municípios na forma do § 4º do art. 198 da Constituição Federal, observado o limite de gasto estabelecido na Lei Complementar de que trata o art. 169 da Constituição Federal.

Parágrafo único. Os profissionais que, na data de promulgação desta Emenda e a qualquer título, desempenharem as atividades de agente comunitário de saúde ou de agente de combate às endemias, na forma da lei, ficam dispensados de se submeter ao processo seletivo público a que se refere o § 4º do art. 198 da Constituição Federal, desde que tenham sido contratados a partir de anterior processo de Seleção Pública efetuado por órgãos ou entes da administração direta ou indireta de Estado, Distrito Federal ou Município ou por outras instituições com a efetiva supervisão e autorização da administração direta dos entes da federação.

[...]

Brasília, em 14 de fevereiro de 2006

[1441] Alterações já incluídas no texto constitucional. Publicado no DOU de 15/12/2006.

EMENDA CONSTITUCIONAL Nº 62, DE 9 DE DEZEMBRO DE 2009

Altera o art. 100 da Constituição Federal e acrescenta o art. 97 ao Ato das Disposições Constitucionais Transitórias, instituindo regime especial de pagamento de precatórios pelos Estados, Distrito Federal e Municípios.

As Mesas da Câmara dos Deputados e do Senado Federal, nos termos do § 3º do art. 60 da Constituição Federal, promulgam a seguinte Emenda ao texto constitucional:

[...][1442]

Art. 3º A implantação do regime de pagamento criado pelo art. 97 do Ato das Disposições Constitucionais Transitórias deverá ocorrer no prazo de até 90 (noventa dias), contados da data da publicação desta Emenda Constitucional.

Art. 4º A entidade federativa voltará a observar somente o disposto no art. 100 da Constituição Federal:

I - no caso de opção pelo sistema previsto no inciso I do § 1º do art. 97 do Ato das Disposições Constitucionais Transitórias, quando o valor dos precatórios devidos for inferior ao dos recursos destinados ao seu pagamento;

II - no caso de opção pelo sistema previsto no inciso II do § 1º do art. 97 do Ato das Disposições Constitucionais Transitórias, ao final do prazo.

Art. 5º Ficam convalidadas todas as cessões de precatórios efetuadas antes da promulgação desta Emenda Constitucional, independentemente da concordância da entidade devedora.

Art. 6º Ficam também convalidadas todas as compensações de precatórios com tributos vencidos até 31 de outubro de 2009 da entidade devedora, efetuadas na forma do disposto no § 2º do art. 78 do ADCT, realizadas antes da promulgação desta Emenda Constitucional.

[...]

Brasília, em 9 de dezembro de 2009.

[1442] Alterações já incluídas no texto constitucional. Publicado no DOU de 10/12/2009.

EMENDA CONSTITUCIONAL Nº 69, DE 29 DE MARÇO DE 2012

Altera os arts. 21, 22 e 48 da Constituição Federal, para transferir da União para o Distrito Federal as atribuições de organizar e manter a Defensoria Pública do Distrito Federal

As Mesas da Câmara dos Deputados e do Senado Federal, nos termos do art. 60 da Constituição Federal, promulgam a seguinte Emenda ao texto constitucional:

[...][1443]

Art. 2º Sem prejuízo dos preceitos estabelecidos na Lei Orgânica do Distrito Federal, aplicam-se à Defensoria Pública do Distrito Federal os mesmos princípios e regras que, nos termos da Constituição Federal, regem as Defensorias Públicas dos Estados.

Art. 3º O Congresso Nacional e a Câmara Legislativa do Distrito Federal, imediatamente após a promulgação desta Emenda Constitucional e de acordo com suas competências, instalarão comissões especiais destinadas a elaborar, em 60 (sessenta) dias, os projetos de lei necessários à adequação da legislação infraconstitucional à matéria nela tratada.

Art. 4º Esta Emenda Constitucional entra em vigor na data de sua publicação, produzindo efeitos quanto ao disposto no art. 1º após decorridos 120 (cento e vinte) dias de sua publicação oficial.

Brasília, 29 de março de 2012.

[1443] Alterações já incluídas no texto constitucional. Publicada no DOU de 30/03/2012, "produzindo efeitos quanto ao disposto no art. 1º após decorridos 120 (cento e vinte) dias de sua publicação oficial", na forma do seu art. 4º.

EMENDA CONSTITUCIONAL Nº 70, DE 29 DE MARÇO DE 2012

> *Acrescenta art. 6º-A à Emenda Constitucional nº 41, de 2003, para estabelecer critérios para o cálculo e a correção dos proventos da aposentadoria por invalidez dos servidores públicos que ingressaram no serviço público até a data da publicação daquela Emenda Constitucional.*

As Mesas da Câmara dos Deputados e do Senado Federal, nos termos do § 3º do art. 60 da Constituição Federal, promulgam a seguinte Emenda ao texto constitucional:

[...][1444]

Art. 2º A União, os Estados, o Distrito Federal e os Municípios, assim como as respectivas autarquias e fundações, procederão, no prazo de 180 (cento e oitenta) dias da entrada em vigor desta Emenda Constitucional, à revisão das aposentadorias, e das pensões delas decorrentes, concedidas a partir de 1º de janeiro de 2004, com base na redação dada ao § 1º do art. 40 da Constituição Federal pela Emenda Constitucional nº 20, de 15 de dezembro de 1998, com efeitos financeiros a partir da data de promulgação desta Emenda Constitucional.

[...]

Brasília, 29 de março de 2012.

[1444] Alterações já incluídas no texto constitucional. Publicada no DOU de 30/03/2012.

EMENDA CONSTITUCIONAL Nº 91, DE 18 DE FEVEREIRO DE 2016[1445]

Altera a Constituição Federal para estabelecer a possibilidade, excepcional e em período determinado, de desfiliação partidária, sem prejuízo do mandato.

As Mesas da Câmara dos Deputados e do Senado Federal, nos termos do § 3º do art. 60 da Constituição Federal, promulgam a seguinte Emenda ao texto constitucional:

Art. 1º É facultado ao detentor de mandato eletivo desligar-se do partido pelo qual foi eleito nos trinta dias seguintes à promulgação desta Emenda Constitucional, sem prejuízo do mandato, não sendo essa desfiliação considerada para fins de distribuição dos recursos do Fundo Partidário e de acesso gratuito ao tempo de rádio e televisão.

Art. 2º Esta Emenda Constitucional entra em vigor na data de sua publicação.

Brasília, em 18 de fevereiro de 2016.

[1445] Publicada no DOU de 19/02/2016.

EMENDA CONSTITUCIONAL Nº 97, DE 4 DE OUTUBRO DE 2017

Altera a Constituição Federal para vedar as coligações partidárias nas eleições proporcionais, estabelecer normas sobre acesso dos partidos políticos aos recursos do fundo partidário e ao tempo de propaganda gratuito no rádio e na televisão e dispor sobre regras de transição.

As Mesas da Câmara dos Deputados e do Senado Federal, nos termos do § 3º do art. 60 da Constituição Federal, promulgam a seguinte Emenda ao texto constitucional:

[...][1446]

Art. 2º A vedação à celebração de coligações nas eleições proporcionais, prevista no § 1º do art. 17 da Constituição Federal, aplicar-se-á a partir das eleições de 2020.

Art. 3º O disposto no § 3º do art. 17 da Constituição Federal quanto ao acesso dos partidos políticos aos recursos do fundo partidário e à propaganda gratuita no rádio e na televisão aplicar-se-á a partir das eleições de 2030.

Parágrafo único. Terão acesso aos recursos do fundo partidário e à propaganda gratuita no rádio e na televisão os partidos políticos que:

I - na legislatura seguinte às eleições de 2018:

a) obtiverem, nas eleições para a Câmara dos Deputados, no mínimo, 1,5% (um e meio por cento) dos votos válidos, distribuídos em pelo menos um terço das unidades da Federação, com um mínimo de 1% (um por cento) dos votos válidos em cada uma delas; ou

b) tiverem elegido pelo menos nove Deputados Federais distribuídos em pelo menos um terço das unidades da Federação;

II - na legislatura seguinte às eleições de 2022:

a) obtiverem, nas eleições para a Câmara dos Deputados, no mínimo, 2% (dois por cento) dos votos válidos, distribuídos em pelo menos um terço das unidades da Federação, com um mínimo de 1% (um por cento) dos votos válidos em cada uma delas; ou

b) tiverem elegido pelo menos onze Deputados Federais distribuídos em pelo menos um terço das unidades da Federação;

III - na legislatura seguinte às eleições de 2026:

a) obtiverem, nas eleições para a Câmara dos Deputados, no mínimo, 2,5% (dois e meio por cento) dos votos válidos, distribuídos em pelo menos um terço das unidades da Federação, com um mínimo de 1,5% (um e meio por cento) dos votos válidos em cada uma delas; ou

---

[1446] Alterações já incluídas no texto constitucional. Publicada no DOU de 05/10/2017.

EMENDAS CONSTITUCIONAIS

b) tiverem elegido pelo menos treze Deputados Federais distribuídos em pelo menos um terço das unidades da Federação.

Art. 4º Esta Emenda Constitucional entra em vigor na data de sua publicação.

Brasília, em 4 de outubro de 2017.

EMENDA CONSTITUCIONAL Nº 98, DE 6 DE DEZEMBRO DE 2017

Altera o art. 31 da Emenda Constitucional nº 19, de 4 de junho de 1998, para prever a inclusão, em quadro em extinção da administração pública federal, de servidor público, de integrante da carreira de policial, civil ou militar, e de pessoa que haja mantido relação ou vínculo funcional, empregatício, estatutário ou de trabalho com a administração pública dos ex-Territórios ou dos Estados do Amapá ou de Roraima, inclusive suas prefeituras, na fase de instalação dessas unidades federadas, e dá outras providências.

As Mesas da Câmara dos Deputados e do Senado Federal, nos termos do § 3º do art. 60 da Constituição Federal, promulgam a seguinte Emenda ao texto constitucional:

[...][1447]

Art. 2º Cabe à União, no prazo máximo de noventa dias, contado a partir da data de publicação desta Emenda Constitucional, regulamentar o disposto no art. 31 da Emenda Constitucional nº 19, de 4 de junho de 1998, a fim de que se exerça o direito de opção nele previsto.

§ 1º Descumprido o prazo de que trata o caput deste artigo, a pessoa a quem assista o direito de opção fará jus ao pagamento de eventuais acréscimos remuneratórios, desde a data de encerramento desse prazo, caso se confirme o seu enquadramento.

§ 2º É vedado o pagamento, a qualquer título, de acréscimo remuneratório, ressarcimento, auxílio, salário, retribuição ou valor em virtude de ato ou fato anterior à data de enquadramento da pessoa optante, ressalvado o pagamento de que trata o § 1º deste artigo.

Art. 3º O direito à opção, nos termos previstos no art. 31 da Emenda Constitucional nº 19, de 4 de junho de 1998, deverá ser exercido no prazo de até trinta dias, contado a partir da data de regulamentação desta Emenda Constitucional.

§ 1º São convalidados todos os direitos já exercidos até a data de regulamentação desta Emenda Constitucional, inclusive nos casos em que, feita a opção, o enquadramento ainda não houver sido efetivado, aplicando-se-lhes,

---

[1447] Alterações já incluídas no texto constitucional. Publicada no DOU de 11/12/2017. Vide Lei nº 13.681 de 18/06/2018 (disciplina o disposto nas Emendas Constitucionais nºˢ 60, de 11 de novembro de 2009, 79, de 27 de maio de 2014, e 98, de 6 de dezembro de 2017; dispõe sobre as tabelas de salários, vencimentos, soldos e demais vantagens aplicáveis aos servidores civis, aos militares e aos empregados dos ex-Territórios Federais, integrantes do quadro em extinção de que trata o art. 89 do Ato das Disposições Constitucionais Transitórias e o art. 31 da Emenda Constitucional nº 19, de 4 de junho de 1998; e dá outras providências.)

EMENDAS CONSTITUCIONAIS

para todos os fins, inclusive o de enquadramento, a legislação vigente à época em que houver sido feita a opção ou, sendo mais benéficas ou favoráveis ao optante, as normas previstas nesta Emenda Constitucional e em seu regulamento.

§ 2º Entre a data de promulgação desta Emenda Constitucional e a de publicação de seu regulamento, o exercício do direito de opção será feito com base nas disposições contidas na Emenda Constitucional nº 79, de 27 de maio de 2014, e em suas normas regulamentares, sem prejuízo do disposto no § 1º deste artigo.

Art. 4º É reconhecido o vínculo funcional com a União dos servidores do ex-Território do Amapá, a que se refere a Portaria nº 4.481, de 19 de dezembro de 1995, do Ministério da Administração Federal e Reforma do Estado, publicada no Diário Oficial da União de 21 de dezembro de 1995, convalidando-se os atos de gestão, de admissão, aposentadoria, pensão, progressão, movimentação e redistribuição relativos a esses servidores, desde que não tenham sido excluídos dos quadros da União por decisão do Tribunal de Contas da União, da qual não caiba mais recurso judicial.

Art. 5º O disposto no art. 7º da Emenda Constitucional nº 79, de 27 de maio de 2014, aplica-se aos servidores que, em iguais condições, hajam sido admitidos pelos Estados de Rondônia até 1987, e do Amapá e de Roraima até outubro de 1993.

Art. 6º O disposto no art. 6º da Emenda Constitucional nº 79, de 27 de maio de 2014, aplica-se aos servidores que, admitidos e lotados pelas Secretarias de Segurança Pública dos Estados de Rondônia até 1987, e do Amapá e de Roraima até outubro de 1993, exerciam função policial.

Art. 7º As disposições desta Emenda Constitucional aplicam-se aos aposentados e pensionistas, civis e militares, vinculados aos respectivos regimes próprios de previdência, vedado o pagamento, a qualquer título, de valores referentes a períodos anteriores à sua publicação.

Parágrafo único. Haverá compensação financeira entre os regimes próprios de previdência por ocasião da aposentação ou da inclusão de aposentados e pensionistas em quadro em extinção da União, observado o disposto no § 9º do art. 201 da Constituição Federal.

Art. 8º Esta Emenda Constitucional entra em vigor na data de sua publicação.

SÚMULAS DO SUPREMO TRIBUNAL FEDERAL

Súmulas Vinculantes

Súmula Vinculante nº 1 - Publicação em: 06/06/2007

Ofende a garantia constitucional do ato jurídico perfeito a decisão que, sem ponderar as circunstâncias do caso concreto, desconsidera a validez e a eficácia de acordo constante de termo de adesão instituído pela Lei Complementar nº 110/2001.

Súmula Vinculante nº 2 - Publicação em: 06/06/2007

É inconstitucional a lei ou ato normativo estadual ou distrital que disponha sobre sistemas de consórcios e sorteios, inclusive bingos e loterias.

Súmula Vinculante nº 3 - Publicação em: 06/06/2007

Nos processos perante o Tribunal de Contas da União asseguram-se o contraditório e a ampla defesa quando da decisão puder resultar anulação ou revogação de ato administrativo que beneficie o interessado, excetuada a apreciação da legalidade do ato de concessão inicial de aposentadoria, reforma e pensão.

Súmula Vinculante nº 4 - Publicação em: 09/05/2008

Salvo nos casos previstos na Constituição, o salário mínimo não pode ser usado como indexador de base de cálculo de vantagem de servidor público ou de empregado, nem ser substituído por decisão judicial.

Súmula Vinculante nº 5 - Publicação em: 16/05/2008

A falta de defesa técnica por advogado no processo administrativo disciplinar não ofende a Constituição.

Súmula Vinculante nº 6 - Publicação em: 16/05/2008

Não viola a Constituição o estabelecimento de remuneração inferior ao salário mínimo para as praças prestadoras de serviço militar inicial.

Súmula Vinculante nº 7 - Publicação em: 20/06/2008

A norma do §3º do artigo 192 da Constituição, revogada pela Emenda Constitucional nº 40/2003, que limitava a taxa de juros reais a 12% ao ano, tinha sua aplicação condicionada à edição de lei complementar.

SÚMULAS VINCULANTES

Súmula Vinculante n° 8 - Publicação em: 20/06/2008

São inconstitucionais o parágrafo único do artigo 5° do Decreto-Lei n° 1.569/1977 e os artigos 45 e 46 da Lei n° 8.212/1991, que tratam de prescrição e decadência de crédito tributário.

Súmula Vinculante n° 9 - Publicação em: 20/06/2008

O disposto no artigo 127 da Lei n° 7.210/1984 (Lei de Execução Penal) foi recebido pela ordem constitucional vigente, e não se lhe aplica o limite temporal previsto no caput do artigo 58.

Súmula Vinculante n° 10 - Publicação em: 27/06/2008

Viola a cláusula de reserva de plenário (CF, artigo 97) a decisão de órgão fracionário de tribunal que, embora não declare expressamente a inconstitucionalidade de lei ou ato normativo do poder público, afasta sua incidência, no todo ou em parte.

Súmula Vinculante n° 11 - Publicação em: 22/08/2008

Só é lícito o uso de algemas em casos de resistência e de fundado receio de fuga ou de perigo à integridade física própria ou alheia, por parte do preso ou de terceiros, justificada a excepcionalidade por escrito, sob pena de responsabilidade disciplinar, civil e penal do agente ou da autoridade e de nulidade da prisão ou do ato processual a que se refere, sem prejuízo da responsabilidade civil do estado.

Súmula Vinculante n° 12 - Publicação em: 22/08/2008

A cobrança de taxa de matrícula nas universidades públicas viola o disposto no art. 206, IV, da Constituição Federal.

Súmula Vinculante n° 13 - Publicação em: 29/08/2008

A nomeação de cônjuge, companheiro ou parente em linha reta, colateral ou por afinidade, até o terceiro grau, inclusive, da autoridade nomeante ou de servidor da mesma pessoa jurídica investido em cargo de direção, chefia ou assessoramento, para o exercício de cargo em comissão ou de confiança ou, ainda, de função gratificada na Administração Pública direta e indireta em qualquer dos poderes da união, dos estados, do distrito federal e dos municípios, compreendido o ajuste mediante designações recíprocas, viola a Constituição Federal.

Súmula Vinculante n° 14 - Publicação em: 09/02/2009

É direito do defensor, no interesse do representado, ter acesso amplo aos elementos de prova que, já documentados em procedimento investigatório realizado por órgão com competência de polícia judiciária, digam respeito ao exercício do direito de defesa.

Súmula Vinculante nº 15 - Publicação em: 01/07/2009

O cálculo de gratificações e outras vantagens do servidor público não incide sobre o abono utilizado para se atingir o salário mínimo.

Súmula Vinculante nº 16 - Publicação em: 01/07/2009

Os artigos 7º, IV, e 39, § 3º (redação da EC 19/98), da Constituição, referem-se ao total da remuneração percebida pelo servidor público.

Súmula Vinculante nº 17 - Publicação em: 10/11/2009

Durante o período previsto no parágrafo 1º do artigo 100 da Constituição, não incidem juros de mora sobre os precatórios que nele sejam pagos.

Súmula Vinculante nº 18 - Publicação em: 10/11/2009

A dissolução da sociedade ou do vínculo conjugal, no curso do mandato, não afasta a inelegibilidade prevista no § 7º do artigo 14 da Constituição Federal.

Súmula Vinculante nº 19 - Publicação em: 10/11/2009

A taxa cobrada exclusivamente em razão dos serviços públicos de coleta, remoção e tratamento ou destinação de lixo ou resíduos provenientes de imóveis, não viola o artigo 145, II, da Constituição Federal.

Súmula Vinculante nº 20 - Publicação em: 10/11/2009

A Gratificação de Desempenho de Atividade Técnico-Administrativa - GDATA, instituída pela Lei nº 10.404/2002, deve ser deferida aos inativos nos valores correspondentes a 37,5 (trinta e sete vírgula cinco) pontos no período de fevereiro a maio de 2002 e, nos termos do artigo 5º, parágrafo único, da Lei nº 10.404/2002, no período de junho de 2002 até a conclusão dos efeitos do último ciclo de avaliação a que se refere o artigo 1º da Medida Provisória nº 198/2004, a partir da qual passa a ser de 60 (sessenta) pontos.

Súmula Vinculante nº 21 - Publicação em: 10/11/2009

É inconstitucional a exigência de depósito ou arrolamento prévios de dinheiro ou bens para admissibilidade de recurso administrativo.

Súmula Vinculante nº 22 - Publicação em: 11/12/2009

A Justiça do Trabalho é competente para processar e julgar as ações de indenização por danos morais e patrimoniais decorrentes de acidente de trabalho propostas por empregado contra empregador, inclusive aquelas que ainda não possuíam sentença de mérito em primeiro grau quando da promulgação da Emenda Constitucional nº 45/04.

SÚMULAS VINCULANTES

Súmula Vinculante nº 23 - Publicação em: 11/12/2009

A Justiça do Trabalho é competente para processar e julgar ação possessória ajuizada em decorrência do exercício do direito de greve pelos trabalhadores da iniciativa privada.

Súmula Vinculante nº 24 - Publicação em: 11/12/2009

Não se tipifica crime material contra a ordem tributária, previsto no art. 1º, incisos I a IV, da Lei nº 8.137/90, antes do lançamento definitivo do tributo.

Súmula Vinculante nº 25 - Publicação em: 23/12/2009

É ilícita a prisão civil de depositário infiel, qualquer que seja a modalidade do depósito.

Súmula Vinculante nº 26 - Publicação em: 23/12/2009

Para efeito de progressão de regime no cumprimento de pena por crime hediondo, ou equiparado, o juízo da execução observará a inconstitucionalidade do art. 2º da Lei n. 8.072, de 25 de julho de 1990, sem prejuízo de avaliar se o condenado preenche, ou não, os requisitos objetivos e subjetivos do benefício, podendo determinar, para tal fim, de modo fundamentado, a realização de exame criminológico.

Súmula Vinculante nº 27 - Publicação em: 23/12/2009

Compete à Justiça estadual julgar causas entre consumidor e concessionária de serviço público de telefonia, quando a ANATEL não seja litisconsorte passiva necessária, assistente, nem opoente.

Súmula Vinculante nº 28 - Publicação em: 17/02/2010

É inconstitucional a exigência de depósito prévio como requisito de admissibilidade de ação judicial na qual se pretenda discutir a exigibilidade de crédito tributário.

Súmula Vinculante nº 29 - Publicação em: 17/02/2010

É constitucional a adoção, no cálculo do valor de taxa, de um ou mais elementos da base de cálculo própria de determinado imposto, desde que não haja integral identidade entre uma base e outra.

Súmula Vinculante nº 30

(A Súmula Vinculante 30 está pendente de publicação)

Súmula Vinculante nº 31 - Publicação em: 17/02/2010

É inconstitucional a incidência do Imposto sobre Serviços de Qualquer Natureza – ISS sobre operações de locação de bens móveis.

Súmula Vinculante nº 32 - Publicação em: 24/02/2011

O ICMS não incide sobre alienação de salvados de sinistro pelas seguradoras.

Súmula Vinculante nº 33 - Publicação em: 24/04/2014

Aplicam-se ao servidor público, no que couber, as regras do regime geral da previdência social sobre aposentadoria especial de que trata o artigo 40, § 4º, inciso III da Constituição Federal, até a edição de lei complementar específica.

Súmula Vinculante nº 34 - Publicação em: 24/10/2014

A Gratificação de Desempenho de Atividade de Seguridade Social e do Trabalho – GDASST, instituída pela Lei 10.483/2002, deve ser estendida aos inativos no valor correspondente a 60 (sessenta) pontos, desde o advento da Medida Provisória 198/2004, convertida na Lei 10.971/2004, quando tais inativos façam *jus* à paridade constitucional (EC 20/1998, 41/2003 e 47/2005).

Súmula Vinculante nº 35 - Publicação em: 24/10/2014

A homologação da transação penal prevista no artigo 76 da Lei 9.099/1995 não faz coisa julgada material e, descumpridas suas cláusulas, retoma-se a situação anterior, possibilitando-se ao Ministério Público a continuidade da persecução penal mediante oferecimento de denúncia ou requisição de inquérito policial.

Súmula Vinculante nº 36 - Publicação em: 24/10/2014

Compete à Justiça Federal comum processar e julgar civil denunciado pelos crimes de falsificação e de uso de documento falso quando se tratar de falsificação da Caderneta de Inscrição e Registro (CIR) ou de Carteira de Habilitação de Amador (CHA), ainda que expedidas pela Marinha do Brasil.

Súmula Vinculante nº 37 - Publicação em: 24/10/2014

Não cabe ao Poder Judiciário, que não tem função legislativa, aumentar vencimentos de servidores públicos sob o fundamento de isonomia.

Súmula Vinculante nº 38 - Publicação em: 20/03/2015

É competente o Município para fixar o horário de funcionamento de estabelecimento comercial.

Súmula Vinculante nº 39 - Publicação em: 20/03/2015

Compete privativamente à União legislar sobre vencimentos dos membros das polícias civil e militar e do corpo de bombeiros militar do Distrito Federal..

Súmula Vinculante nº 40 - Publicação em: 20/03/2015

A contribuição confederativa de que trata o art. 8º, IV, da Constituição Federal, só é exigível dos filiados ao sindicato respectivo.

Súmulas Vinculantes

Súmula Vinculante nº 41 - Publicação em: 20/03/2015

O serviço de iluminação pública não pode ser remunerado mediante taxa.

Súmula Vinculante nº 42 - Publicação em: 20/03/2015

É inconstitucional a vinculação do reajuste de vencimentos de servidores estaduais ou municipais a índices federais de correção monetária.

Súmula Vinculante nº 43 - Publicação em: 17/04/2015

É inconstitucional toda modalidade de provimento que propicie ao servidor investir-se, sem prévia aprovação em concurso público destinado ao seu provimento, em cargo que não integra a carreira na qual anteriormente investido.

Súmula Vinculante nº 44 - Publicação em: 17/04/2015

Só por lei se pode sujeitar a exame psicotécnico a habilitação de candidato a cargo público.

Súmula Vinculante nº 45 - Publicação em: 17/04/2015

A competência constitucional do Tribunal do Júri prevalece sobre o foro por prerrogativa de função estabelecido exclusivamente pela constituição estadual.

Súmula Vinculante nº 46 - Publicação em: 17/04/2015

A definição dos crimes de responsabilidade e o estabelecimento das respectivas normas de processo e julgamento são da competência legislativa privativa da União.

Súmula Vinculante nº 47 - Publicação em: 02/06/2015

Os honorários advocatícios incluídos na condenação ou destacados do montante principal devido ao credor consubstanciam verba de natureza alimentar cuja satisfação ocorrerá com a expedição de precatório ou requisição de pequeno valor, observada ordem especial restrita aos créditos dessa natureza.

Súmula Vinculante nº 48 - Publicação em: 02/06/2015

Na entrada de mercadoria importada do exterior, é legítima a cobrança do ICMS por ocasião do desembaraço aduaneiro.

Súmula Vinculante nº 49 - Publicação em: 23/06/2015

Ofende o princípio da livre concorrência lei municipal que impede a instalação de estabelecimentos comerciais do mesmo ramo em determinada área.

Súmula Vinculante nº 50 - Publicação em: 23/06/2015

Norma legal que altera o prazo de recolhimento de obrigação tributária não se sujeita ao princípio da anterioridade.

Súmula Vinculante nº 51 - Publicação em: 23/06/2015

O reajuste de 28,86%, concedido aos servidores militares pelas Leis 8622/1993 e 8627/1993, estende-se aos servidores civis do poder executivo, observadas as eventuais compensações decorrentes dos reajustes diferenciados concedidos pelos mesmos diplomas legais.

Súmula Vinculante nº 52 - Publicação em: 23/06/2015

Ainda quando alugado a terceiros, permanece imune ao IPTU o imóvel pertencente a qualquer das entidades referidas pelo art. 150, VI, "c", da Constituição Federal, desde que o valor dos aluguéis seja aplicado nas atividades para as quais tais entidades foram constituídas.

Súmula Vinculante nº 53 - Publicação em: 23/06/2015

A competência da Justiça do Trabalho prevista no art. 114, VIII, da Constituição Federal alcança a execução de ofício das contribuições previdenciárias relativas ao objeto da condenação constante das sentenças que proferir e acordos por ela homologados.

Súmula Vinculante nº 54 - Publicação em: 28/03/2016

A medida provisória não apreciada pelo congresso nacional podia, até a Emenda Constitucional 32/2001, ser reeditada dentro do seu prazo de eficácia de trinta dias, mantidos os efeitos de lei desde a primeira edição.

Súmula Vinculante nº 55 - Publicação em: 28/03/2016

O direito ao auxílio-alimentação não se estende aos servidores inativos.

Súmula Vinculante nº 56 - Publicação em: 08/08/2016

A falta de estabelecimento penal adequado não autoriza a manutenção do condenado em regime prisional mais gravoso, devendo-se observar, nessa hipótese, os parâmetros fixados no RE 641.320/RS.

Súmulas da Jurisprudência predominante do STF

Súmula n° 1 - Aprovação em: 13/12/1963

É vedada a expulsão de estrangeiro casado com brasileira, ou que tenha filho brasileiro, dependente da economia paterna.

Súmula n° 2 - Aprovação em: 13/12/1963

Concede-se liberdade vigiada ao extraditando que estiver preso por prazo superior a sessenta dias.[1448]

Súmula n° 3 - Aprovação em: 13/12/1963 (Superada)

A imunidade concedida a deputados estaduais é restrita à justiça do Estado.[1449]

Súmula n° 4 - Aprovação em: 13/12/1963 (Cancelada)

Não perde a imunidade parlamentar o congressista nomeado Ministro de Estado.[1450]

Súmula n° 5 - Aprovação em: 13/12/1963

A sanção do Projeto supre a falta de iniciativa do Poder Executivo.[1451]

Súmula n° 6 - Aprovação em: 13/12/1963

A revogação ou anulação, pelo Poder Executivo, de aposentadoria, ou qualquer outro ato aprovado pelo Tribunal de Contas, não produz efeitos antes de aprovada por aquele Tribunal, ressalvada a competência revisora do Judiciário.

Súmula n° 7 - Aprovação em: 13/12/1963

Sem prejuízo de recurso para o Congresso, não e exeqüível contrato administrativo a que o Tribunal de Contas houver negado registro.

[1448] Pela leitura do acórdão do HC 47663 (DJ de 27/11/1970), do Tribunal Pleno do STF, verifica-se que a aplicação da Súmula n° 2 está obstada pelo art. 95, § 1°, do Decreto-Lei n° 941/1969. Em decisão monocrática exarada na Ext 890 (DJ de 29/8/2003), o Ministro Relator entendeu que a Súmula n° 2 não mais prevalece em nosso sistema de direito positivo, desde a revogação, pelo Decreto-Lei 941/1969 (art. 95, § 1°), do art. 9° do Decreto-Lei n° 394/1938, sob cuja égide foi editada a formulação sumular em questão; no mesmo sentido são as seguintes decisões monocráticas: Ext 766 (DJ de 29/11/1999) e Ext 870 (DJ de 8/10/2003). Vide Regimento Interno do Supremo Tribunal Federal de 1980, art. 213.

[1449] A Súmula 3 foi declarada superada no julgamento do RE 456679 (DJ de 07/04/2006).

[1450] Súmula cancelada no julgamento pelo STF do Inq. 104 (RTJ 99/477).

[1451] No julgamento do RE 91742 (RTJ 93/911) a Primeira Turma, conhecendo e dando provimento ao recurso, entendeu que a Súmula n° 552 está superada com o advento da Lei n° 6.367, de 19 de outubro de 1976. Nesse sentido veja RE 87160 (RTJ 98/1107).

Súmula n° 8 - Aprovação em: 13/12/1963

Diretor de Sociedade de Economia Mista pode ser destituído no curso do mandato.

Súmula n° 9 - Aprovação em: 13/12/1963

Para o acesso de Auditores ao Superior Tribunal Militar só concorrem os de segunda entrância.

Súmula n° 10 - Aprovação em: 13/12/1963

Tempo de serviço militar conta-se para efeito de disponibilidade e aposentadoria do Servidor Público Estadual.

Súmula n° 11 - Aprovação em: 13/12/1963

A vitaliciedade não impede a extinção do cargo, ficando o funcionário em disponibilidade, com todos os vencimentos.

Súmula n° 12 - Aprovação em: 13/12/1963

A vitaliciedade do professor catedrático não impede o desdobramento da cátedra.

Súmula n° 13 - Aprovação em: 13/12/1963

A equiparação de extranumerário a funcionário efetivo, determinada pela Lei 2.284, de 9/8/1954,[1452] não envolve reestruturação, não compreendendo, portanto, os vencimentos.

Súmula n° 14 - Aprovação em: 13/12/1963

Não é admissível, por ato administrativo, restringir, em razão da idade, inscrição em concurso para cargo público.[1453]

Súmula n° 15 - Aprovação em: 13/12/1963

Dentro do prazo de validade do concurso, o candidato aprovado tem o direito a nomeação, quando o cargo for preenchido sem observância da classificação.

Súmula n° 16 - Aprovação em: 13/12/1963

Funcionário nomeado por concurso tem direito à posse.

[1452] Vide Lei n° 2.284, de 09 de agosto de 1954 (regula a estabilidade do pessoal extranumerário mensalista da União e das Autarquias)

[1453] Vide Súmula 683. No julgamento do RE 74355 (RTJ 70/147), em sessão plenária, foi proposta a revisão da Súmula n° 14 no voto-vista do Senhor Ministro Thompson Flores. Constata-se na leitura dos acórdãos referentes ao RE 74486 (RTJ 68/463) e ao RE 88968 (RTJ 93/1207) que a mencionada Súmula foi cancelada. Vide Lei n° 6.334, de 31 de maio de 1976 (parâmetros etários para inscrição em concurso público).

SÚMULAS

Súmula n° 17 - Aprovação em: 13/12/1963

A nomeação de funcionário sem concurso pode ser desfeita antes da posse.

Súmula n° 18 - Aprovação em: 13/12/1963

Pela falta residual, não compreendida na absolvição pelo juízo criminal, é admissível a punição administrativa do servidor público.

Súmula n° 19 - Aprovação em: 13/12/1963

É inadmissível segunda punição de servidor público, baseada no mesmo processo em que se fundou a primeira.

Súmula n° 20 - Aprovação em: 13/12/1963

É necessário processo administrativo com ampla defesa, para demissão de funcionário admitido por concurso.

Súmula n° 21 - Aprovação em: 13/12/1963

Funcionário em estágio probatório não pode ser exonerado nem demitido sem inquérito ou sem as formalidades legais de apuração de sua capacidade.

Súmula n° 22 - Aprovação em: 13/12/1963

O estágio probatório não protege o funcionário contra a extinção do cargo.

Súmula n° 23 - Aprovação em: 13/12/1963

Verificados os pressupostos legais para o licenciamento da obra, não o impede a declaração de utilidade publica para desapropriação do imóvel, mas o valor da obra não se incluirá na indenização, quando a desapropriação for efetivada.

Súmula n° 24 - Aprovação em: 13/12/1963

Funcionário interino substituto é demissível, mesmo antes de cessar a causa da substituição.

Súmula n° 25 - Aprovação em: 13/12/1963

A nomeação a termo não impede a livre demissão, pelo Presidente da República, de ocupante de cargo dirigente de autarquia.

Súmula n° 26 - Aprovação em: 13/12/1963

Os servidores do instituto de aposentadoria e pensões dos industriários não podem acumular a sua gratificação bienal com o adicional de tempo de serviço previsto no estatuto dos funcionários civis da União.

Súmula n° 27 - Aprovação em: 13/12/1963

Os servidores públicos não têm vencimentos irredutíveis, prerrogativa dos membros do Poder Judiciário e dos que lhes são equiparados.

Súmula n° 28 - Aprovação em: 13/12/1963

O estabelecimento bancário é responsável pelo pagamento de cheque falso, ressalvadas as hipóteses de culpa exclusiva ou concorrente do correntista.

Súmula n° 29 - Aprovação em: 13/12/1963

Gratificação devida a servidores do "Sistema Fazendário" não se estende aos dos Tribunais de Contas.

Súmula n° 30 - Aprovação em: 13/12/1963

Servidores de coletorias não têm direito à percentagem pela cobrança de contribuições destinadas à Petrobrás.

Súmula n° 31 - Aprovação em: 13/12/1963

Para aplicação da Lei 1.741, de 22/11/1952,[1454] soma-se o tempo de serviço ininterrupto em mais de um cargo em comissão.

Súmula n° 32 - Aprovação em: 13/12/1963

Para aplicação da Lei 1741, de 22/11/1952,[1455] soma-se o tempo de serviço ininterrupto em cargo em comissão e em função gratificada.

Súmula n° 33 - Aprovação em: 13/12/1963

A Lei 1741, de 22/11/1952,1456 é aplicável às autarquias federais.

Súmula n° 34 - Aprovação em: 13/12/1963

No Estado de São Paulo, funcionário eleito vereador fica licenciado por toda a duração do mandato.

Súmula n° 35 - Aprovação em: 13/12/1963

Em caso de acidente do trabalho ou de transporte, a concubina tem direito de ser indenizada pela morte do amásio, se entre eles não havia impedimento para o matrimônio.

Súmula n° 36 - Aprovação em: 13/12/1963

Servidor vitalício está sujeito à aposentadoria compulsória, em razão da idade.

Súmula n° 37 - Aprovação em: 13/12/1963

Não tem direito de se aposentar pelo Tesouro Nacional o servidor que não satisfizer as condições estabelecidas na legislação do serviço público federal,

---

[1454] Vide Lei n° 1.741, de 22 de novembro de 1952 (assegura ao ocupante de cargo de caráter permanente e de provimento em comissão, o direito de continuar a perceber o vencimento do mesmo cargo).
[1455] Vide Lei n° 1.741, de 22 de novembro de 1952.
[1456] Vide Lei n° 1.741, de 22 de novembro de 1952.

SÚMULAS

ainda que aposentado pela respectiva instituição previdenciária, com direito, em tese, a duas aposentadorias.

Súmula n° 38 - Aprovação em: 13/12/1963

Reclassificação posterior à aposentadoria não aproveita ao servidor aposentado.

Súmula n° 39 - Aprovação em: 13/12/1963

À falta de lei, funcionário em disponibilidade não pode exigir, judicialmente, o seu aproveitamento, que fica subordinado ao critério de conveniência da administração.

Súmula n° 40 - Aprovação em: 13/12/1963

A elevação da entrância da Comarca não promove automaticamente o juiz, mas não interrompe o exercício de suas funções na mesma Comarca.

Súmula n° 41 - Aprovação em: 13/12/1963

Juizes preparadores ou substitutos não têm direito aos vencimentos da atividade fora dos períodos de exercício.

Súmula n° 42 - Aprovação em: 13/12/1963

É legítima a equiparação de juízes do Tribunal de Contas, em direitos e garantias, aos membros do Poder Judiciário.

Súmula n° 43 - Aprovação em: 13/12/1963

Não contraria a Constituição Federal o art. 61 da Constituição de São Paulo, que equiparou os vencimentos do Ministério Público aos da Magistratura.

Súmula n° 44 - Aprovação em: 13/12/1963

O exercício do cargo pelo prazo determinado na Lei 1341, de 30/1/1951,[1457] art. 91, dá preferência para a nomeação interina de Procurador da República.

Súmula n° 45 - Aprovação em: 13/12/1963

A estabilidade dos substitutos do Ministério Público Militar não confere direito aos vencimentos da atividade fora dos períodos de exercício.

Súmula n° 46 - Aprovação em: 13/12/1963

Desmembramento de serventia de justiça não viola o principio de vitaliciedade do serventuário.

[1457] Vide Lei n° 1.341, de 30 de janeiro de 1951 (Lei Orgânica do Ministério Público da União). Obs.: esta lei foi revogada pela Lei Complementar n° 75, de 20 de maio de 1993 (dispõe sobre a organização, as atribuições e o estatuto do Ministério Público da União).

Súmula n° 47 - Aprovação em: 13/12/1963

Reitor de universidade não é livremente demissível pelo Presidente da República durante o prazo de sua investidura.

Súmula n° 48 - Aprovação em: 13/12/1963

É legítimo o rodízio de docentes livres na substituição do professor catedrático.

Súmula n° 49 - Aprovação em: 13/12/1963

A cláusula de inalienabilidade inclui a incomunicabilidade dos bens.

Súmula n° 50 - Aprovação em: 13/12/1963

A lei pode estabelecer condições para a demissão de extranumerário.

Súmula n° 51 - Aprovação em: 13/12/1963

Militar não tem direito a mais de duas promoções na passagem para a inatividade, ainda que por motivos diversos.

Súmula n° 52 - Aprovação em: 13/12/1963

A promoção de militar, vinculada à inatividade, pode ser feita, quando couber, a posto inexistente no quadro.

Súmula n° 53 - Aprovação em: 13/12/1963

A promoção de professor militar, vinculada à sua reforma, pode ser feita, quando couber, a posto inexistente no quadro.

Súmula n° 54 - Aprovação em: 13/12/1963

A reserva ativa do magistério militar não confere vantagens vinculadas à efetiva passagem para a inatividade.

Súmula n° 55 - Aprovação em: 13/12/1963

Militar da reserva está sujeito à pena disciplinar.

Súmula n° 56 - Aprovação em: 13/12/1963

Militar reformado não está sujeito à pena disciplinar.

Súmula n° 57 - Aprovação em: 13/12/1963

Militar inativo não tem direito ao uso do uniforme fora dos casos previstos em lei ou regulamento.

Súmula n° 58 - Aprovação em: 13/12/1963

É válida a exigência de média superior a quatro para aprovação em estabelecimento de ensino superior, consoante o respectivo Regimento.

SÚMULAS

Súmula n° 59 - Aprovação em: 13/12/1963

Imigrante pode trazer, sem licença prévia, automóvel que lhe pertença desde mais de seis meses antes do seu embarque para o Brasil.

Súmula n° 60 - Aprovação em: 13/12/1963

Não pode o estrangeiro trazer automóvel, quando não comprovada a transferência definitiva de sua residência para o Brasil.

Súmula n° 61 - Aprovação em: 13/12/1963

Brasileiro domiciliado no estrangeiro, que se transfere definitivamente para o Brasil, pode trazer automóvel licenciado em seu nome há mais de seis meses.

Súmula n° 62 - Aprovação em: 13/12/1963

Não basta a simples estada no estrangeiro por mais de seis meses, para dar direito à trazida de automóvel com fundamento em transferência de residência.

Súmula n° 63 - Aprovação em: 13/12/1963

É indispensável, para trazida de automóvel, a prova do licenciamento há mais de seis meses no país de origem.

Súmula n° 64 - Aprovação em: 13/12/1963

É permitido trazer do estrangeiro, como bagagem, objetos de uso pessoal e doméstico, desde que, por sua quantidade e natureza, não induzam finalidade comercial.

Súmula n° 65 - Aprovação em: 13/12/1963

A cláusula de aluguel progressivo anterior a Lei 3494, de 19/12/1958, continua em vigor em caso de prorrogação legal ou convencional da locação.

Súmula n° 66 - Aprovação em: 13/12/1963

É legítima a cobrança do tributo que houver sido aumentado após o orçamento, mas antes do início do respectivo exercício financeiro.

Súmula n° 67 - Aprovação em: 13/12/1963

É inconstitucional a cobrança do tributo que houver sido criado ou aumentado no mesmo exercício financeiro.

Súmula n° 68 - Aprovação em: 13/12/1963

É legítima a cobrança, pelos municípios, no exercício de 1961, de tributo estadual, regularmente criado ou aumentado, e que lhes foi transferido pela Emenda Constitucional 5, de 21/11/1961.

J. U. Jacoby Fernandes

Súmula n° 69 - Aprovação em: 13/12/1963

A Constituição Estadual não pode estabelecer limite para o aumento de tributos municipais.

Súmula n° 70 - Aprovação em: 13/12/1963

É inadmissível a interdição de estabelecimento como meio coercitivo para cobrança de tributo.

Súmula n° 71 - Aprovação em: 13/12/1963

Embora pago indevidamente, não cabe restituição de tributo indireto.

Súmula n° 72 - Aprovação em: 13/12/1963

No julgamento de questão constitucional, vinculada a decisão do Tribunal Superior Eleitoral, não estão impedidos os Ministros do Supremo Tribunal Federal que ali tenham funcionado no mesmo processo, ou no processo originário.

Súmula n° 73 - Aprovação em: 13/12/1963

A imunidade das autarquias, implicitamente contida no art. 31, V, "a", da Constituição Federal,[1458] abrange tributos estaduais e municipais.

Súmula n° 74 - Aprovação em: 13/12/1963

O imóvel transcrito em nome de autarquia, embora objeto de promessa de venda a particulares, continua imune de impostos locais.[1459]

Súmula n° 75 - Aprovação em: 13/12/1963

Sendo vendedora uma autarquia, a sua imunidade fiscal não compreende o imposto de transmissão inter vivos, que é encargo do comprador.

Súmula n° 76 - Aprovação em: 13/12/1963

As sociedades de economia mista não estão protegidas pela imunidade fiscal do art. 31, V, "a", Constituição Federal.[1460]

Súmula n° 77 - Aprovação em: 13/12/1963

Está isenta de impostos federais a aquisição de bens pela Rede Ferroviária Federal.

[1458] Refere-se à Constituição Federal de 1946.
[1459] Verifica-se na leitura da ementa do acórdão do RE 69781 (RTJ 56/462), do Tribunal Pleno, que "não mais vigora a Súmula n° 74"; vide Súmulas n°s 73 e 583.
[1460] Refere-se à Constituição Federal de 1946.

SÚMULAS

Súmula nº 78 - Aprovação em: 13/12/1963

Estão isentas de impostos locais as Empresas de Energia Elétrica, no que respeita às suas atividades específicas.

Súmula nº 79 - Aprovação em: 13/12/1963

O Banco do Brasil não tem isenção de tributos locais.

Súmula nº 80 - Aprovação em: 13/12/1963

Para a retomada de prédio situado fora do domicílio do locador exige-se a prova da necessidade.[1461]

Súmula nº 81 - Aprovação em: 13/12/1963

As cooperativas não gozam de isenção de impostos locais, com fundamento na Constituição[1462] e nas leis federais.

Súmula nº 82 - Aprovação em: 13/12/1963

São inconstitucionais o imposto de cessão e a taxa sobre inscrição de promessa de venda de imóvel, substitutivos do imposto de transmissão, por incidirem sobre ato que não transfere o domínio.

Súmula nº 83 - Aprovação em: 13/12/1963

Os ágios de importação incluem-se no valor dos artigos importados para incidência do imposto de consumo.

Súmula nº 84 - Aprovação em: 13/12/1963

Não estão isentos do imposto de consumo os produtos importados pelas cooperativas.

Súmula nº 85 - Aprovação em: 13/12/1963

Não estão sujeitos ao imposto de consumo os bens de uso pessoal e doméstico trazidos, como bagagem, do exterior.

Súmula nº 86 - Aprovação em: 13/12/1963

Não está sujeito ao imposto de consumo automóvel usado, trazido do exterior pelo proprietário.

Súmula nº 87 - Aprovação em: 13/12/1963

Somente no que não colidirem com a Lei 3244, de 14/8/1957, são aplicáveis acordos tarifários anteriores.[1463]

[1461] Vide Súmula nº 483.
[1462] Refere-se à Constituição Federal de 1946.
[1463] Vide Súmula 88 e Lei nº 3.244, de 14 de agosto de 1957 (dispõe sobre a reforma da tarifa das alfândegas).

Súmula n° 88 - Aprovação em: 13/12/1963

É válida a majoração da tarifa alfandegária, resultante da Lei 3244, de 14/8/57, que modificou o Acordo Geral sobre Tarifas Aduaneiras e Comércio (GATT), aprovado pela Lei 313, de 30/7/1948.[1464]

Súmula n° 89 - Aprovação em: 13/12/1963

Estão isentas do imposto de importação frutas importadas da Argentina, do Chile, da Espanha e de Portugal, enquanto vigentes os respectivos acordos comerciais.

Súmula n° 90 - Aprovação em: 13/12/1963

É legítima a lei local que faça incidir o imposto de indústrias e profissões com base no movimento econômico do contribuinte.

Súmula n° 91 - Aprovação em: 13/12/1963

A incidência do imposto único não isenta o comerciante de combustíveis do imposto de indústrias e profissões.

Súmula n° 92 - Aprovação em: 13/12/1963

É constitucional o art. 100, II, da Lei 4563, de 20/2/1957, do Município de Recife, que faz variar o imposto de licença em função do aumento do capital do contribuinte.

Súmula n° 93 - Aprovação em: 13/12/1963

Não está isenta do imposto de renda a atividade profissional do Arquiteto.

Súmula n° 94 - Aprovação em: 13/12/1963

É competente a autoridade alfandegária para o desconto, na fonte, do imposto de renda correspondente às comissões dos despachantes aduaneiros.

Súmula n° 95 - Aprovação em: 13/12/1963

Para cálculo do imposto de lucro extraordinário, incluem-se no capital as reservas do ano-base, apuradas em balanço.

Súmula n° 96 - Aprovação em: 13/12/1963

O imposto de lucro imobiliário incide sobre a venda de imóvel da meação do cônjuge sobrevivente, ainda que aberta a sucessão antes da vigência da Lei 3470, de 28/11/1958.[1465]

[1464] Vide Lei n° 313, de 30 de julho de 1948 (autoriza o Poder Executivo a aplicar, provisoriamente, o Acôrdo Geral sobre Tarifas Aduaneiras e Comércio; reajusta a Tarifa das Alfândega).

[1465] Vide Lei n° 3.470, de 28 de novembro de 1958 (altera a legislação do Imposto de Renda).

SÚMULAS

Súmula n° 97 - Aprovação em: 13/12/1963

É devida a alíquota anterior do imposto de lucro imobiliário, quando a promessa de venda houver sido celebrada antes da vigência da lei que a tiver elevado.[1466]

Súmula n° 98 - Aprovação em: 13/12/1963

Sendo o imóvel alienado na vigência da Lei 3470, de 28/11/1958,[1467] ainda que adquirido por herança, usucapião ou a titulo gratuito, é devido o imposto de lucro imobiliário.

Súmula n° 99 - Aprovação em: 13/12/1963

Não é devido o imposto de lucro imobiliário quando a alienação de imóvel, adquirido por herança, ou a título gratuito, tiver sido anterior a vigência da Lei 3470, de 28/11/1958.[1468]

Súmula n° 100 - Aprovação em: 13/12/1963

Não é devido o imposto de lucro imobiliário quando a alienação de imóvel, adquirido por usucapião, tiver sido anterior a vigência da Lei 3470, de 28/11/1958.[1469]

Súmula n° 101 - Aprovação em: 13/12/1963

O Mandado de Segurança não substitui a Ação Popular.

Súmula n° 102 - Aprovação em: 13/12/1963

É devido o imposto federal do selo pela incorporação de reservas, em reavaliação de ativo, ainda que realizada antes da vigência da Lei 3.519, de 30/12/1958.[1470]

Súmula n° 103 - Aprovação em: 13/12/1963

É devido o imposto federal do selo na simples reavaliação de ativo realizada posteriormente à vigência da Lei 3.519, de 30/12/1958.[1471]

Súmula n° 104 - Aprovação em: 13/12/1963

Não é devido o imposto federal do selo na simples reavaliação de ativo anterior a vigência da Lei 3.519, de 30/12/1958.[1472]

[1466] Vide súmula 112.

[1467] Vide Lei n° 3.470, de 28 de novembro de 1958 (altera a legislação do Imposto de Renda).

[1468] Vide Lei n° 3.470, de 28 de novembro de 1958.

[1469] Vide Lei n° 3.470, de 28 de novembro de 1958.

[1470] Vide Lei n° 3.519, de 30 de dezembro de 1958 (modifica a Consolidação das Leis do Imposto do Selo, baixada com o Decreto n° 32.392, de 9 de março de 1953).

[1471] Vide Lei n° 3.519, de 30 de dezembro de 1958.

[1472] Vide Lei n° 3.519, de 30 de dezembro de 1958.

Súmula n° 105 - Aprovação em: 13/12/1963

Salvo se tiver havido premeditação, o suicídio do segurado no período contratual de carência não exime o segurador do pagamento do seguro.

Súmula n° 106 - Aprovação em: 13/12/1963

É legítima a cobrança de selo sobre registro de automóveis, na conformidade da legislação estadual.

Súmula n° 107 - Aprovação em: 13/12/1963

É inconstitucional o imposto de selo de 3%, *ad valorem*, do Paraná, quanto aos produtos remetidos para fora do estado.

Súmula n° 108 - Aprovação em: 13/12/1963

É legítima a incidência do imposto de transmissão *inter vivos* sobre o valor do imóvel ao tempo da alienação, e não da promessa, na conformidade da legislação local.

Súmula n° 109 - Aprovação em: 13/12/1963

É devida a multa prevista no art. 15, § 6°, da Lei 1.300, de 28/12/1950, ainda que a desocupação do imóvel tenha resultado da notificação e não haja sido proposta Ação de Despejo.

Súmula n° 110 - Aprovação em: 13/12/1963

O imposto de transmissão *inter vivos* não incide sobre a construção, ou parte dela, realizada pelo adquirente, mas sobre o que tiver sido construído ao tempo da alienação do terreno.

Súmula n° 111 - Aprovação em: 13/12/1963

É legítima a incidência do imposto de transmissão *inter vivos* sobre a restituição, ao antigo proprietário, de imóvel que deixou de servir a finalidade da sua desapropriação.

Súmula n° 112 - Aprovação em: 13/12/1963

O imposto de transmissão *causa mortis* é devido pela alíquota vigente ao tempo da abertura da sucessão.

Súmula n° 113 - Aprovação em: 13/12/1963

O imposto de transmissão *causa mortis* é calculado sobre o valor dos bens na data da avaliação.[1473]

[1473] Ver súmula 590.

SÚMULAS

Súmula n° 114 - Aprovação em: 13/12/1963

O imposto de transmissão *causa mortis* não é exigível antes da homologação do cálculo.

Súmula n° 115 - Aprovação em: 13/12/1963

Sobre os honorários do advogado contratado pelo inventariante, com a homologação do juiz, não incide o imposto de transmissão *causa mortis*.

Súmula n° 116 - Aprovação em: 13/12/1963

Em desquite ou inventário, é legítima a cobrança do chamado imposto de reposição, quando houver desigualdade nos valores partilhados.

Súmula n° 117 - Aprovação em: 13/12/1963

A lei estadual pode fazer variar a alíquota do imposto de vendas e consignações em razão da espécie do produto.

Súmula n° 118 - Aprovação em: 13/12/1963

Estão sujeitas ao imposto de vendas e consignações as transações sobre minerais, que ainda não estão compreendidos na legislação federal sobre o imposto único.[1474]

Súmula n° 119 - Aprovação em: 13/12/1963

É devido o imposto de vendas e consignações sobre a venda de cafés ao Instituto Brasileiro do Café, embora o lote, originariamente, se destinasse a exportação.

Súmula n° 120 - Aprovação em: 13/12/1963

Parede de tijolos de vidro translúcido pode ser levantada a menos de metro e meio do prédio vizinho, não importando servidão sobre ele.

Súmula n° 121 - Aprovação em: 13/12/1963

É vedada a capitalização de juros, ainda que expressamente convencionada.

Súmula n° 122 - Aprovação em: 13/12/1963

O enfiteuta pode purgar a mora enquanto não decretado o comisso por sentença.[1475]

Súmula n° 123 - Aprovação em: 13/12/1963

Sendo a locação regida pelo D. 24.150, de 20/4/1934,[1476] o locatário não tem direito à purgação da mora, prevista na Lei 1.300, de 28/12/1950.

[1474] Ver RE 70138 (RTJ 55/590) e Código Tributário Nacional de 1966, arts. 74 e 75.
[1475] Vide Súmula 169.
[1476] Vide Decreto n° 24.150, de 20 de abril de 1934 (regula as condições e processo de renovação dos contratos de locação de imóveis destinados a fins comerciais ou industriais).

Súmula nº 124 - Aprovação em: 13/12/1963

É inconstitucional o adicional do imposto de vendas e consignações cobrado pelo Estado do Espírito Santo sobre cafés da cota de expurgo entregues ao Instituto Brasileiro do Café.

Súmula nº 125 - Aprovação em: 13/12/1963

Não é devido o imposto de vendas e consignações sobre a parcela do imposto de consumo que onera a primeira venda realizada pelo produtor.

Súmula nº 126 - Aprovação em: 13/12/1963

É inconstitucional a chamada taxa de aguardente, do Instituto do Açúcar e do Álcool.

Súmula nº 127 - Aprovação em: 13/12/1963

É indevida a taxa de armazenagem, posteriormente aos primeiros trinta dias, quando não exigível o imposto de consumo, cuja cobrança tenha motivado a retenção da mercadoria.

Súmula nº 128 - Aprovação em: 13/12/1963

É indevida a taxa de assistência médica hospitalar das instituições de Previdência Social.

Súmula nº 129 - Aprovação em: 13/12/1963

Na conformidade da legislação local, é legitima a cobrança de taxa de calçamento.

Súmula nº 130 - Aprovação em: 13/12/1963

A taxa de despacho aduaneiro (art. 66 da Lei 3.244, de 14/8/1957)[1477] continua a ser exigível após o Decreto Legislativo 14, de 25/8/1960, que aprovou alterações introduzidas no Acordo Geral sobre Tarifas Aduaneiras e Comércio (GATT).[1478]

Súmula nº 131 - Aprovação em: 13/12/1963

A taxa de despacho aduaneiro (art. 66 da Lei 3.244, de 14/8/1957)[1479] continua a ser exigível após o Decreto Legislativo nº 14, de 25/8/1960, mesmo para as

---

[1477] Vide Lei nº 3.244, de 14 de agosto de 1957 (dispõe sobre a reforma da tarifa das alfândegas).
[1478] Vide Súmulas nºs 131 e 308; no julgamento do RE 69234 (DJ de 5/3/1971) foi proposta, pelo Ministro Aliomar Baleeiro, em sessão plenária, a revisão da Súmula nºs 130 e 131. Vide Lei nº 3.244, de 14 de agosto de 1957, art. 66 e Decreto Legislativo 14/1960.
[1479] Vide Lei nº 3.244, de 14 de agosto de 1957 (dispõe sobre a reforma da tarifa das alfândegas).

SÚMULAS

mercadorias incluídas na vigente Lista III do Acordo Geral sobre Tarifas Aduaneiras e Comércio (GATT).[1480]

Súmula n° 132 - Aprovação em: 13/12/1963

Não é devida a taxa de previdência social na importação de amianto bruto ou em fibra.

Súmula n° 133 - Aprovação em: 13/12/1963

Não é devida a taxa de despacho aduaneiro na importação de fertilizantes e inseticidas.

Súmula n° 134 - Aprovação em: 13/12/1963

A isenção fiscal para a importação de frutas da Argentina compreende a taxa de despacho aduaneiro e a taxa de previdência social.

Súmula n° 135 - Aprovação em: 13/12/1963

É inconstitucional a taxa de eletrificação de Pernambuco.

Súmula n° 136 - Aprovação em: 13/12/1963

É constitucional a taxa de estatística da Bahia.

Súmula n° 137 - Aprovação em: 13/12/1963

A taxa de fiscalização da exportação incide sobre a bonificação cambial concedida ao exportador.

Súmula n° 138 - Aprovação em: 13/12/1963

É inconstitucional a taxa contra fogo, do Estado de Minas Gerais, incidente sobre prêmio de seguro contra fogo.

Súmula n° 139 - Aprovação em: 13/12/1963

É indevida a cobrança do imposto de transação a que se refere a Lei 899, de 1957, art. 58, IV, "e", do antigo Distrito Federal.

Súmula n° 140 - Aprovação em: 13/12/1963

Na importação de lubrificantes é devida a taxa de previdência social.

Súmula n° 141 - Aprovação em: 13/12/1963

Não incide a taxa de previdência social sobre combustíveis.

[1480] Vide Súmula n°ˢ 130 e 308; no julgamento do RE 69234 (DJ de 5/3/1971) foi proposta, pelo Ministro Aliomar Baleeiro, em sessão plenária, a revisão da Súmulas n°ˢ 130 e 131; vide Lei n° 3.244, de 04 de agosto de 1957, art. 66 e Decreto Legislativo 14/1960.

Súmula n° 142 - Aprovação em: 13/12/1963

Não é devida a taxa de previdência social sobre mercadorias isentas do imposto de importação.

Súmula n° 143 - Aprovação em: 13/12/1963

Na forma da lei estadual, é devido o imposto de vendas e consignações na exportação de café pelo Estado da Guanabara, embora proveniente de outro Estado.

Súmula n° 144 - Aprovação em: 13/12/1963

É inconstitucional a incidência da Taxa de Recuperação Econômica de Minas Gerais sobre contrato sujeito ao imposto federal do selo.

Súmula n° 145 - Aprovação em: 06/12/1963

Não há crime, quando a preparação do flagrante pela polícia torna impossível a sua consumação.

Súmula n° 146 - Aprovação em: 06/12/1963

A prescrição da ação penal regula-se pela pena concretizada na sentença, quando não há recurso da acusação.

Súmula n° 147 - Aprovação em: 06/12/1963

A prescrição de crime falimentar começa a correr da data em que deveria estar encerrada a falência ou do trânsito em julgado da sentença que a encerrar ou que julgar cumprida a concordata.

Súmula n° 148 - Aprovação em: 06/12/1963

É legítimo o aumento de tarifas portuárias por ato do Ministro da Viação e Obras Públicas.

Súmula n° 149 - Aprovação em: 06/12/1963

É imprescritível a ação de investigação de paternidade, mas não o é a de petição de herança.

Súmula n° 150 - Aprovação em: 06/12/1963

Prescreve a execução no mesmo prazo de prescrição da ação.

Súmula n° 151 - Aprovação em: 06/12/1963

Prescreve em um ano a ação do segurador sub-rogado para haver indenização por extravio ou perda de carga transportada por navio.

SÚMULAS

Súmula n° 152 - Aprovação em: 06/12/1963 (revogada)

A ação para anular venda de ascendente a descendente, sem consentimento dos demais, prescreve em quatro anos, a contar da abertura da sucessão.[1481]

Súmula n° 153 - Aprovação em: 06/12/1963

Simples protesto cambiário não interrompe a prescrição.

Súmula n° 154 - Aprovação em: 06/12/1963

Simples vistoria não interrompe a prescrição.

Súmula n° 155 - Aprovação em: 06/12/1963

É relativa a nulidade do processo criminal por falta de intimação da expedição de precatória para inquirição de testemunha.

Súmula n° 156 - Aprovação em: 06/12/1963

É absoluta a nulidade do julgamento, pelo júri, por falta de quesito obrigatório.

Súmula n° 157 - Aprovação em: 06/12/1963

É necessária prévia autorização do Presidente da República para desapropriação, pelos Estados, de empresa de energia elétrica.

Súmula n° 158 - Aprovação em: 06/12/1963

Salvo estipulação contratual averbada no registro imobiliário, não responde o adquirente pelas benfeitorias do locatário.

Súmula n° 159 - Aprovação em: 06/12/1963

Cobrança excessiva, mas de boa fé, não dá lugar às sanções do art. 1531 do Código Civil.[1482]

Súmula n° 160 - Aprovação em: 06/12/1963

É nula a decisão do Tribunal que acolhe, contra o réu, nulidade não argüida no recurso da acusação, ressalvados os casos de recurso de ofício.

Súmula n° 161 - Aprovação em: 06/12/1963

Em contrato de transporte, é inoperante a cláusula de não indenizar.

[1481] Revogada pela Súmula n° 494.

[1482] Refere-se ao Código Civil de 1916; vide art. 940 (Aquele que demandar por dívida já paga, no todo ou em parte, sem ressalvar as quantias recebidas ou pedir mais do que for devido, ficará obrigado a pagar ao devedor, no primeiro caso, o dobro do que houver cobrado e, no segundo, o equivalente do que dele exigir, salvo se houver prescrição) da Lei n° 10.406, de 10 de janeiro de 2002 (institui o Código Civil).

J. U. Jacoby Fernandes

Súmula n° 162 - Aprovação em: 06/12/1963
É absoluta a nulidade do julgamento pelo júri, quando os quesitos da defesa não precedem aos das circunstâncias agravantes.

Súmula n° 163 - Aprovação em: 06/12/1963
Salvo contra a Fazenda Pública, sendo a obrigação ilíqüida, contam-se os juros moratórios desde a citação inicial para a ação.[1483]

Súmula n° 164 - Aprovação em: 06/12/1963
No processo de desapropriação, são devidos juros compensatórios desde a antecipada imissão de posse, ordenada pelo juiz, por motivo de urgência.

Súmula n° 165 - Aprovação em: 06/12/1963
A venda realizada diretamente pelo mandante ao mandatário não é atingida pela nulidade do art. 1.133, II, do Código Civil.[1484]

Súmula n° 166 - Aprovação em: 06/12/1963
É inadmissível o arrependimento no compromisso de compra e venda sujeito ao regime do Decreto-Lei 58, de 10/12/1937.[1485]

Súmula n° 167 - Aprovação em: 06/12/1963
Não se aplica o regime do Decreto-Lei 58, de 10/12/1937,[1486] ao compromisso de compra e venda não inscrito no registro imobiliário, salvo se o promitente vendedor se obrigou a efetuar o registro.

Súmula n° 168 - Aprovação em: 06/12/1963
Para os efeitos do Decreto-Lei 58, de 10/12/1937,[1487] admite-se a inscrição imobiliária do compromisso de compra e venda no curso da ação.

[1483] Verifica-se na leitura do acórdão do RE 109156 (DJ de 7/8/1987), da Segunda Turma, que a primeira parte da Súmula n° 163 está superada com a vigência da Lei n° 4.414, de 29 de setembro de 1964.

[1484] Refere-se ao Código Civil de 1916; vide art. 497 (Sob pena de nulidade, não podem ser comprados, ainda que em hasta pública: I - pelos tutores, curadores, testamenteiros e administradores, os bens confiados à sua guarda ou administração; II - pelos servidores públicos, em geral, os bens ou direitos da pessoa jurídica a que servirem, ou que estejam sob sua administração direta ou indireta; III - pelos juízes, secretários de tribunais, arbitradores, peritos e outros serventuários ou auxiliares da justiça, os bens ou direitos sobre que se litigar em tribunal, juízo ou conselho, no lugar onde servirem, ou a que se estender a sua autoridade; IV - pelos leiloeiros e seus prepostos, os bens de cuja venda estejam encarregados. Parágrafo único. As proibições deste artigo estendem-se à cessão de crédito) da Lei n° 10.406, de 10 de janeiro de 2002 (institui o Código Civil).

[1485] Vide Decreto-Lei n° 58, de 10 de dezembro de 1937 (dispõe sobre o loteamento e a venda de terrenos para pagamento em prestações).

[1486] Vide Decreto-Lei n° 58, de 10 de dezembro de 1937.

[1487] Vide Decreto-Lei n° 58, de 10 de dezembro de 1937.

SÚMULAS

Súmula nº 169 - Aprovação em: 06/12/1963

Depende de sentença a aplicação da pena de comisso.[1488]

Súmula nº 170 - Aprovação em: 13/12/1963

É resgatável a enfiteuse instituída anteriormente à vigência do Código Civil.[1489]

Súmula nº 171 - Aprovação em: 13/12/1963

Não se admite, na locação em curso, de prazo determinado, a majoração de encargos a que se refere a Lei 3.844, de 15/12/1960.

Súmula nº 172 - Aprovação em: 13/12/1963

Não se admite, na locação em curso, de prazo determinado, o reajustamento de aluguel a que se refere a Lei 3.085, de 29/12/1956.

Súmula nº 173 - Aprovação em: 13/12/1963

Em caso de obstáculo judicial admite-se a purga da mora, pelo locatário, além do prazo legal.

Súmula nº 174 - Aprovação em: 13/12/1963

Para a retomada do imóvel alugado, não é necessária a comprovação dos requisitos legais na notificação prévia.

Súmula nº 175 - Aprovação em: 13/12/1963

Admite-se a retomada de imóvel alugado para uso de filho que vai contrair matrimônio.

Súmula nº 176 - Aprovação em: 13/12/1963

O promitente comprador, nas condições previstas na Lei 1.300, de 28/12/1950, pode retomar o imóvel locado.

Súmula nº 177 - Aprovação em: 13/12/1963

O cessionário do promitente comprador, nas mesmas condições deste, pode retomar o imóvel locado.

Súmula nº 178 - Aprovação em: 13/12/1963

Não excederá de cinco anos a renovação judicial de contrato de locação fundada no Decreto 24.150, de 20/4/1934.[1490]

[1488] Vide Súmula 122.

[1489] Refere-se ao Código Civil de 1916. Vide art. 2.038.

[1490] Vide o Decreto nº 24.150, de 20 de abril de 1934 (regula as condições e processo de renovamento dos contratos de locação de imóveis destinados a fins comerciais ou industriais), que foi revogado pela Lei nº 8.245, de 18 de outubro de 1991.

J. U. Jacoby Fernandes

Súmula n° 179 - Aprovação em: 13/12/1963

O aluguel arbitrado judicialmente nos termos da Lei 3.085, de 29/12/1956, art. 6°, vigora a partir da data do laudo pericial.

Súmula n° 180 - Aprovação em: 13/12/1963

Na ação revisional do art. 31 do Decreto 24.150, de 20/4/1934,[1491] o aluguel arbitrado vigora a partir do laudo pericial.

Súmula n° 181 - Aprovação em: 16/12/1969[1492]

Na retomada, para construção mais útil, de imóvel sujeito ao Decreto 24.150, de 20/4/1934,[1493] é sempre devida indenização para despesas de mudança do locatário.

Súmula n° 182 - Aprovação em: 13/12/1963

Não impede o reajustamento do débito pecuário, nos termos da Lei 1.002, de 24/12/1949,[1494] a falta de cancelamento da renúncia à moratória da Lei 209, de 02/1/1948.[1495]

Súmula n° 183 - Aprovação em: 13/12/1963

Não se incluem no reajustamento pecuário dívidas estranhas à atividade agropecuária.

Súmula n° 184 - Aprovação em: 13/12/1963

Não se incluem no reajustamento pecuário dívidas contraídas posteriormente a 19/12/1946.

Súmula n° 185 - Aprovação em: 13/12/1963

Em processo de reajustamento pecuário, não responde a União pelos honorários do advogado do credor ou do devedor.

[1491] Vide o Decreto n° 24.150, de 20 de abril de 1934 (regula as condições e processo de renovamento dos contratos de locação de imóveis destinados a fins comerciais ou industriais), que foi revogado pela Lei n°8.245, de 18 de outubro de 1991.

[1492] Registramos que embora a data de aprovação esteja indicando 16/12/1969, a fonte de publicação é: Edição: Imprensa Nacional, 1964, p. 94.

[1493] Vide o Decreto n° 24.150, de 20 de abril de 1934 (regula as condições e processo de renovamento dos contratos de locação de imóveis destinados a fins comerciais ou industriais), que foi revogado pela Lei n°8.245, de 18 de outubro de 1991.

[1494] Vide Lei n° 1.002, de 24 de dezembro de 1949 (dispõe sobre o pagamento dos débitos dos criadores e recriadores de gado bovino).

[1495] Vide Lei n° 209, de 02 de janeiro de 1948 (dispõe sobre a forma de pagamento dos débitos civis e comerciais de criadores e recriadores de gado bovino).

SÚMULAS

Súmula n° 186 - Aprovação em: 13/12/1963

Não infringe a lei a tolerância da quebra de 1% no transporte por estrada de ferro, prevista no regulamento de transportes.

Súmula n° 187 - Aprovação em: 13/12/1963

A responsabilidade contratual do transportador, pelo acidente com o passageiro, não é elidida por culpa de terceiro, contra o qual tem ação regressiva.

Súmula n° 188 - Aprovação em: 13/12/1963

O segurador tem ação regressiva contra o causador do dano, pelo que efetivamente pagou, até ao limite previsto no contrato de seguro.

Súmula n° 189 - Aprovação em: 13/12/1963

Avais em branco e superpostos consideram-se simultâneos e não sucessivos.

Súmula n° 190 - Aprovação em: 13/12/1963

O não pagamento de título vencido há mais de trinta dias, sem protesto, não impede a concordata preventiva.

Súmula n° 191 - Aprovação em: 13/12/1963

Inclui-se no crédito habilitado em falência a multa fiscal simplesmente moratória.

Súmula n° 192 - Aprovação em: 13/12/1963

Não se inclui no crédito habilitado em falência a multa fiscal com efeito de pena administrativa.[1496]

Súmula n° 193 - Aprovação em: 13/12/1963

Para a restituição prevista no art. 76,[1497] § 2°, da Lei de Falências,[1498] conta-se o prazo de quinze dias da entrega da coisa e não da sua remessa.[1499]

Súmula n° 194 - Aprovação em: 13/12/1963

É competente o Ministro do Trabalho para a especificação das atividades insalubres.

[1496] Vide Súmulas n⁰ˢ 191 e 565.

[1497] Vide art. 85, p.ú., da Lei n° 11.101 de 9 de fevereiro de 2005, nova Lei de Falências, citada abaixo.

[1498] Vide Decreto-Lei n° 7.661, de 21 de junho de 1945 (lei de falências). Obs.: este decreto-lei foi revogado pela Lei n° 11.101, de 9 de fevereiro de 2005 (regula a recuperação judicial, a extrajudicial e a falência do empresário e da sociedade empresária).

[1499] Vide Súmulas n⁰ˢ 417 e 495.

Súmula n° 195 - Aprovação em: 13/12/1963

Contrato de trabalho para obra certa, ou de prazo determinado, transforma-se em contrato de prazo indeterminado, quando prorrogado por mais de quatro anos.

Súmula n° 196 - Aprovação em: 13/12/1963

Ainda que exerça atividade rural, o empregado de empresa industrial ou comercial é classificado de acordo com a categoria do empregador.

Súmula n° 197 - Aprovação em: 13/12/1963

O empregado com representação sindical só pode ser despedido mediante inquérito em que se apure falta grave.

Súmula n° 198 - Aprovação em: 13/12/1963

As ausências motivadas por acidente do trabalho não são descontáveis do período aquisitivo das férias.

Súmula n° 199 - Aprovação em: 13/12/1963

O salário das férias do empregado horista corresponde à média do período aquisitivo, não podendo ser inferior ao mínimo.

Súmula n° 200 - Aprovação em: 13/12/1963

Não é inconstitucional a Lei 1.530, de 26/12/1951,[1500] que manda incluir na indenização por despedida injusta parcela correspondente a férias proporcionais.

Súmula n° 201 - Aprovação em: 13/12/1963

O vendedor pracista, remunerado mediante comissão, não tem direito ao repouso semanal remunerado.

Súmula n° 202 - Aprovação em: 13/12/1963

Na equiparação de salário, em caso de trabalho igual, toma-se em conta o tempo de serviço na função, e não no emprego.

Súmula n° 203 - Aprovação em: 13/12/1963

Não está sujeita à vacância de sessenta dias a vigência de novos níveis de salário-mínimo.

[1500] Vide Lei n° 1.530, de 26 de dezembro de 1951. Altera os artigos 132, 142, 486, 487 e 654, do Decreto-Lei n° 5.452, de 1 de maio de 1943 (Consolidação das Leis do Trabalho).

SÚMULAS

Súmula n° 204 - Aprovação em: 13/12/1963

Tem direito o trabalhador substituto, ou de reserva, ao salário-mínimo no dia em que fica à disposição do empregador sem ser aproveitado na função específica; se aproveitado, recebe o salário contratual.

Súmula n° 205 - Aprovação em: 13/12/1963

Tem direito a salário integral o menor não sujeito a aprendizagem metódica.

Súmula n° 206 - Aprovação em: 13/12/1963

É nulo o julgamento ulterior pelo júri com a participação de jurado que funcionou em julgamento anterior do mesmo processo.

Súmula n° 207 - Aprovação em: 13/12/1963

As gratificações habituais, inclusive a de natal, consideram-se tacitamente convencionadas, integrando o salário.

Súmula n° 208 - Aprovação em: 13/12/1963

O assistente do Ministério Público não pode recorrer, extraordinariamente, de decisão concessiva de *habeas-corpus*.[1501]

Súmula n° 209 - Aprovação em: 13/12/1963

O salário-produção, como outras modalidades de salário-prêmio, é devido, desde que verificada a condição a que estiver subordinado, e não pode ser suprimido unilateralmente pelo empregador, quando pago com habitualidade.

Súmula n° 210 - Aprovação em: 13/12/1963

O assistente do Ministério Público pode recorrer, inclusive extraordinariamente, na ação penal, nos casos dos arts. 584, § 1° e 598 do Código de Processo Penal.[1502]

Súmula n° 211 - Aprovação em: 13/12/1963

Contra a decisão proferida sobre o agravo no auto do processo, por ocasião do julgamento da apelação, não se admitem embargos infringentes ou de nulidade.

Súmula n° 212 - Aprovação em: 13/12/1963

Tem direito ao adicional de serviço perigoso o empregado de posto de revenda de combustível líquido.

[1501] Vide Súmula 210.
[1502] Vide Súmula 208 e Decreto-Lei n° 3.689, de 3 de outubro de 1941 (Código de Processo Penal).

Súmula n° 213 - Aprovação em: 13/12/1963

É devido o adicional de serviço noturno, ainda que sujeito o empregado ao regime de revezamento.

Súmula n° 214 - Aprovação em: 13/12/1963

A duração legal da hora de serviço noturno (52 minutos e 30 segundos) constitui vantagem suplementar que não dispensa o salário adicional.

Súmula n° 215 - Aprovação em: 13/12/1963

Conta-se a favor de empregado readmitido o tempo de serviço anterior, salvo se houver sido despedido por falta grave ou tiver recebido a indenização legal.

Súmula n° 216 - Aprovação em: 13/12/1963

Para decretação da absolvição de instância pela paralisação do processo por mais de trinta dias, é necessário que o autor, previamente intimado, não promova o andamento da causa.

Súmula n° 217 - Aprovação em: 13/12/1963

Tem direito de retornar ao emprego, ou ser indenizado em caso de recusa do empregador, o aposentado que recupera a capacidade de trabalho dentro de cinco anos, a contar da aposentadoria, que se torna definitiva após esse prazo.

Súmula n° 218 - Aprovação em: 13/12/1963

É competente o juízo da Fazenda Nacional da capital do estado, e não o da situação da coisa, para a desapropriação promovida por empresa de energia elétrica, se a União Federal intervém como assistente.

Súmula n° 219 - Aprovação em: 13/12/1963

Para a indenização devida a empregado que tinha direito a ser readmitido, e não foi, levam-se em conta as vantagens advindas a sua categoria no período do afastamento.

Súmula n° 220 - Aprovação em: 13/12/1963

A indenização devida a empregado estável, que não é readmitido ao cessar sua aposentadoria, deve ser paga em dobro.

Súmula n° 221 - Aprovação em: 13/12/1963

A transferência de estabelecimento, ou a sua extinção parcial, por motivo que não seja de força maior, não justifica a transferência de empregado estável.

Súmula n° 222 - Aprovação em: 13/12/1963

O princípio da identidade física do juiz não é aplicável às Juntas de Conciliação e Julgamento da Justiça do Trabalho.

SÚMULAS

Súmula n° 223 - Aprovação em: 13/12/1963

Concedida isenção de custas ao empregado, por elas não responde o sindicato que o representa em juízo.

Súmula n° 224 - Aprovação em: 13/12/1963

Os juros da mora, nas reclamações trabalhistas, são contados desde a notificação inicial.

Súmula n° 225 - Aprovação em: 13/12/1963

Não é absoluto o valor probatório das anotações da carteira profissional.

Súmula n° 226 - Aprovação em: 13/12/1963

Na ação de desquite, os alimentos são devidos desde a inicial e não da data da decisão que os concede.

Súmula n° 227 - Aprovação em: 13/12/1963

A concordata do empregador não impede a execução de crédito nem a reclamação de empregado na Justiça do Trabalho.

Súmula n° 228 - Aprovação em: 13/12/1963

Não é provisória a execução na pendência de recurso extraordinário, ou de agravo destinado a fazê-lo admitir.[1503]

Súmula n° 229 - Aprovação em: 13/12/1963

A indenização acidentária não exclui a do direito comum, em caso de dolo ou culpa grave do empregador.

Súmula n° 230 - Aprovação em: 13/12/1963

A prescrição da ação de acidente do trabalho conta-se do exame pericial que comprovar a enfermidade ou verificar a natureza da incapacidade.

Súmula n° 231 - Aprovação em: 13/12/1963

O revel, em processo civil, pode produzir provas, desde que compareça em tempo oportuno.

[1503] No julgamento do RE 84334 (RTJ 78/638), em sessão plenária, o Senhor Ministro Relator entendeu que, em face do Código de Processo Civil de 1973, é provisória a execução de sentença enquanto pende o julgamento do recurso extraordinário. Nesse sentido veja RE 82902 (RTJ 78/274), RE 82926 (RTJ 83/158) e RE 85761 (DJ de 25/4/1977). Com o advento do novo Código de Processo Civil (Lei n° 13.105, de 16 de março de 2015) e o disposto no art. 995, "os recursos não impedem a eficácia da decisão, salvo disposição legal ou decisão judicial em sentido diverso".

Súmula n° 232 - Aprovação em: 13/12/1963

Em caso de acidente do trabalho, são devidas diárias até doze meses, as quais não se confundem com a indenização acidentária, nem com o auxílio-enfermidade.

Súmula n° 233 - Aprovação em: 13/12/1963

Salvo em caso de divergência qualificada (Lei 623, de 1949),[1504] não cabe recurso de embargos contra decisão que nega provimento a agravo ou não conhece de recurso extraordinário, ainda que por maioria de votos.

Súmula n° 234 - Aprovação em: 13/12/1963

São devidos honorários de advogado em ação de acidente do trabalho julgada procedente.

Súmula n° 235 - Aprovação em: 13/12/1963

É competente para a ação de acidente do trabalho a Justiça cível comum, inclusive em segunda instância, ainda que seja parte autarquia seguradora.[1505]

Súmula n° 236 - Aprovação em: 13/12/1963

Em ação de acidente do trabalho, a autarquia seguradora não tem isenção de custas.

Súmula n° 237 - Aprovação em: 13/12/1963

O usucapião pode ser argüido em defesa.

Súmula n° 238 - Aprovação em: 13/12/1963

Em caso de acidente do trabalho, a multa pelo retardamento da liquidação é exigível do segurador sub-rogado, ainda que autarquia.

Súmula n° 239 - Aprovação em: 13/12/1963

Decisão que declara indevida a cobrança do imposto em determinado exercício não faz coisa julgada em relação aos posteriores.

Súmula n° 240 - Aprovação em: 13/12/1963

O depósito para recorrer, em ação de acidente do trabalho, é exigível do segurador sub-rogado, ainda que autarquia.

[1504] a) Vide Súmula 599 (cancelada) e art. 1.043 do atual Código de Processo Civil.

b) Lei n° 623, de 19 de fevereiro de 1949 (torna embargáveis as decisões das turmas do Supremo Tribunal Federal quando divirjam entre si, ou de decisão tomada pelo Tribunal Pleno), que alterou o art. 833 do CPC de 1939.

[1505] Vide Súmula n° 501. No julgamento do CC 7204 o STF, em sessão plenária, definiu a competência da justiça trabalhista, a partir da Emenda Constitucional n° 45/2004, para julgamento das ações de indenização por danos morais e patrimoniais decorrentes de acidente do trabalho.

SÚMULAS

Súmula n° 241 - Aprovação em: 13/12/1963

A contribuição previdenciária incide sobre o abono incorporado ao salário.

Súmula n° 242 - Aprovação em: 13/12/1963

O agravo no auto do processo deve ser apreciado, no julgamento da apelação, ainda que o agravante não tenha apelado.

Súmula n° 243 - Aprovação em: 13/12/1963

Em caso de dupla aposentadoria, os proventos a cargo do IAPFESP não são equiparáveis aos pagos pelo tesouro nacional, mas calculados à base da média salarial nos últimos doze meses de serviço.

Súmula n° 244 - Aprovação em: 13/12/1963

A importação de máquinas de costura está isenta do imposto de consumo.

Súmula n° 245 - Aprovação em: 13/12/1963

A imunidade parlamentar não se estende ao co-réu sem essa prerrogativa.

Súmula n° 246 - Aprovação em: 13/12/1963

Comprovado não ter havido fraude, não se configura o crime de emissão de cheque sem fundos.

Súmula n° 247 - Aprovação em: 13/12/1963

O relator não admitirá os embargos da Lei 623, de 19/2/1949,[1506] nem deles conhecerá o Supremo Tribunal Federal, quando houver jurisprudência firme do Plenário no mesmo sentido da decisão embargada.

Súmula n° 248 - Aprovação em: 13/12/1963

É competente, originariamente, o Supremo Tribunal Federal, para Mandado de Segurança contra ato do Tribunal de Contas da União.

Súmula n° 249 - Aprovação em: 16/12/19691507

É competente o Supremo Tribunal Federal para a ação rescisória quando, embora não tendo conhecido do recurso extraordinário, ou havendo negado provimento ao agravo, tiver apreciado a questão federal controvertida.

[1506] a) Lei n° 623, de 19 de fevereiro de 1949 (torna embargáveis as decisões das turmas do Supremo Tribunal Federal quando divirjam entre si, ou de decisão tomada pelo Tribunal Pleno), que alterou o art. 833 do CPC de 1939.

b) Vide Súmula 599 (cancelada) e art. 1.043 do atual Código de Processo Civil.

[1507] Registramos que embora a data de aprovação esteja indicando 16/12/1969, a fonte de publicação é: Edição: Imprensa Nacional, 1964, p. 117.

Súmula n° 250 - Aprovação em: 13/12/1963

A intervenção da União desloca o processo do juízo cível comum para o fazendário.

Súmula n° 251 - Aprovação em: 13/12/1963

Responde a Rede Ferroviária Federal S.A. perante o foro comum e não perante o juízo especial da Fazenda Nacional, a menos que a União intervenha na causa.

Súmula n° 252 - Aprovação em: 13/12/1963

Na ação rescisória, não estão impedidos juízes que participaram do julgamento rescindendo.

Súmula n° 253 - Aprovação em: 13/12/1963

Nos embargos da Lei 623, de 19/2/1949,[1508] no Supremo Tribunal Federal, a divergência somente será acolhida, se tiver sido indicada na petição de recurso extraordinário.

Súmula n° 254 - Aprovação em: 13/12/1963

Incluem-se os juros moratórios na liquidação, embora omisso o pedido inicial ou a condenação.

Súmula n° 255 - Aprovação em: 13/12/1963

Sendo líquida a obrigação, os juros moratórios, contra a Fazenda Pública, incluídas as autarquias, são contados do trânsito em julgado da sentença de liquidação.[1509]

Súmula n° 256 - Aprovação em: 13/12/1963

É dispensável pedido expresso para condenação do réu em honorários, com fundamento nos arts. 63 ou 64 do Código de Processo Civil.[1510]

Súmula n° 257 - Aprovação em: 13/12/1963

São cabíveis honorários de advogado na ação regressiva do segurador contra o causador do dano.

Súmula n° 258 - Aprovação em: 13/12/1963

É admissível reconvenção em ação declaratória.

[1508] a) Vide Lei n° 623, de 19 de fevereiro de 1949 (torna embargáveis as decisões das turmas do Supremo Tribunal Federal quando divirjam entre si, ou de decisão tomada pelo Tribunal Pleno), que alterou o art. 833 do CPC de 1939.

b) Vide Súmula 599 (cancelada) e art. 1.043 do atual Código de Processo Civil (2015).

[1509] No julgamento dos RE 74244 embargos (DJ de 12/1/1974), em sessão plenária, o Senhor Ministro Relator não conheceu do recurso e propôs o cancelamento da Súmula n° 255, tendo em vista a promulgação da Lei n° 4.414, de 24 de setembro de 1964.

[1510] Referia-se ao CPC de 1939. Vide no CPC de 2015, o art. 81 e seguintes.

SÚMULAS

Súmula n° 259 - Aprovação em: 13/12/1963

Para produzir efeito em juízo não é necessária a inscrição, no registro público, de documentos de procedência estrangeira, autenticados por via consular.

Súmula n° 260 - Aprovação em: 13/12/1963

O exame de livros comerciais, em ação judicial, fica limitado às transações entre os litigantes.

Súmula n° 261 - Aprovação em: 13/12/1963

Para a ação de indenização, em caso de avaria, é dispensável que a vistoria se faça judicialmente.

Súmula n° 262 - Aprovação em: 13/12/1963

Não cabe medida possessória liminar para liberação alfandegária de automóvel.

Súmula n° 263 - Aprovação em: 13/12/1963

O possuidor deve ser citado, pessoalmente, para a ação de usucapião.

Súmula n° 264 - Aprovação em: 13/12/1963

Verifica-se a prescrição intercorrente pela paralisação da ação rescisória por mais de cinco anos.

Súmula n° 265 - Aprovação em: 13/12/1963

Na apuração de haveres, não prevalece o balanço não aprovado pelo sócio falecido, excluído ou que se retirou.

Súmula n° 266 - Aprovação em: 13/12/1963

Não cabe Mandado de Segurança contra lei em tese.

Súmula n° 267 - Aprovação em: 13/12/1963

Não cabe Mandado de Segurança contra ato judicial passível de recurso ou correição.

Súmula n° 268 - Aprovação em: 13/12/1963

Não cabe Mandado de Segurança contra decisão judicial com trânsito em julgado.

Súmula n° 269 - Aprovação em: 13/12/1963

O Mandado de Segurança não é substitutivo de ação de cobrança.

Súmula n° 270 - Aprovação em: 13/12/1963

Não cabe Mandado de Segurança para impugnar enquadramento da Lei 3.780, de 12/7/1960,[1511] que envolva exame de prova ou de situação funcional complexa.

Súmula n° 271 - Aprovação em: 13/12/1963

Concessão de Mandado de Segurança não produz efeitos patrimoniais, em relação a período pretérito, os quais devem ser reclamados administrativamente ou pela via judicial própria.

Súmula n° 272 - Aprovação em: 13/12/1963

Não se admite como Ordinário, Recurso Extraordinário de decisão denegatória de Mandado de Segurança.

Súmula n° 273 - Aprovação em: 13/12/1963

Nos embargos da Lei 623, de 19/2/1949,[1512] a divergência sobre questão prejudicial ou preliminar, suscitada após a interposição do Recurso Extraordinário, ou do agravo, somente será acolhida se o acórdão-padrão for anterior à decisão embargada.

Súmula n° 274 - Aprovação em: 13/12/1963 (revogada)

É inconstitucional a taxa de serviço contra fogo cobrada pelo Estado de Pernambuco.[1513]

Súmula n° 275 - Aprovação em: 13/12/1963

Está sujeita a recurso *ex officio* sentença concessiva de reajustamento pecuário anterior a vigência da Lei 2.804, de 25/6/1956.[1514]

Súmula n° 276 - Aprovação em: 13/12/1963

Não cabe recurso de revista em ação executiva fiscal.

Súmula n° 277 - Aprovação em: 13/12/1963

São cabíveis embargos, em favor da Fazenda Pública, em ação executiva fiscal, não sendo unânime a decisão.

[1511] Vide Lei n° 3.780, de 12 de julho de 1960 (dispõe sobre a classificação de cargos do serviço civil do Poder Executivo, estabelece os vencimentos correspondentes).

[1512] Vide Lei n° 623, de 19 de fevereiro de 1949 (torna embargáveis as decisões das turmas do Supremo Tribunal Federal quando divirjam entre si, ou de decisão tomada pelo Tribunal Pleno), que alterou o art. 833 do CPC de 1939. Vide também Súmula 598 e art. 1.043 do atual Código de Processo Civil (2015).

[1513] Revogada pela Súmula 549; vide Lei do Estado de Pernambuco n° 2.617/1956, arts. 786 e 790.

[1514] Vide Lei n° 2.804, de 25 de junho de 1956 (dispõe sobre normas processuais para o reajuste de dívidas dos pecuaristas).

SÚMULAS

Súmula n° 278 - Aprovação em: 13/12/1963

São cabíveis embargos em ação executiva fiscal contra decisão reformatória de primeira instância, ainda que unânime.

Súmula n° 279 - Aprovação em: 13/12/1963

Para simples reexame de prova não cabe recurso extraordinário.

Súmula n° 280 - Aprovação em: 13/12/1963

Por ofensa a direito local não cabe recurso extraordinário.

Súmula n° 281 - Aprovação em: 13/12/1963

É inadmissível o recurso extraordinário, quando couber, na justiça de origem, recurso ordinário da decisão impugnada.

Súmula n° 282 - Aprovação em: 13/12/1963

É inadmissível o recurso extraordinário, quando não ventilada, na decisão recorrida, a questão federal suscitada.

Súmula n° 283 - Aprovação em: 13/12/1963

É inadmissível o recurso extraordinário, quando a decisão recorrida assenta em mais de um fundamento suficiente e o recurso não abrange todos eles.

Súmula n° 284 - Aprovação em: 13/12/1963

É inadmissível o recurso extraordinário, quando a deficiência na sua fundamentação não permitir a exata compreensão da controvérsia.

Súmula n° 285 - Aprovação em: 13/12/1963

Não sendo razoável a argüição de inconstitucionalidade, não se conhece do recurso extraordinário fundado na letra "c" do art. 101, III, da Constituição Federal.[1515]

Súmula n° 286 - Aprovação em: 13/12/1963

Não se conhece do recurso extraordinário fundado em divergência jurisprudencial, quando a orientação do Plenário do Supremo Tribunal Federal já se firmou no mesmo sentido da decisão recorrida.

Súmula n° 287 - Aprovação em: 13/12/1963

Nega-se provimento do agravo quando a deficiência na sua fundamentação, ou na do recurso extraordinário, não permitir a exata compreensão da controvérsia.

[1515] Refere-se à Constituição Federal de 1946.

Súmula nº 288 - Aprovação em: 13/12/1963

Nega-se provimento a agravo para subida de recurso extraordinário, quando faltar no traslado o despacho agravado, a decisão recorrida, a petição de recurso extraordinário ou qualquer peça essencial à compreensão da controvérsia.[1516]

Súmula nº 289 - Aprovação em: 13/12/1963

O provimento do agravo, por uma das turmas do Supremo Tribunal Federal, ainda que sem ressalva, não prejudica a questão do cabimento do recurso extraordinário.[1517]

Súmula nº 290 - Aprovação em: 13/12/1963

Nos embargos da Lei 623, de 19/2/1949,[1518] a prova de divergência far-se-á por certidão, ou mediante indicação do Diário da Justiça ou de repertório de jurisprudência autorizado, que a tenha publicado, com a transcrição do trecho que configure a divergência, mencionadas as circunstâncias que identifiquem ou assemelhem os casos confrontados.

Súmula nº 291 - Aprovação em: 13/12/1963

No recurso extraordinário pela letra "d" do art. 101, III, da Constituição,[1519] a prova do dissídio jurisprudencial far-se-á por certidão, ou mediante indicação do Diário da Justiça ou de repertório de jurisprudência autorizado, com a transcrição do trecho que configure a divergência, mencionadas as circunstâncias que identifiquem ou assemelhem os casos confrontados.

Súmula nº 292 - Aprovação em: 13/12/1963

Interposto o recurso extraordinário por mais de um dos fundamentos indicados no art. 101, III, da Constituição,[1520] a admissão apenas por um deles não prejudica o seu conhecimento por qualquer dos outros.

Súmula nº 293 - Aprovação em: 13/12/1963

São inadmissíveis embargos infringentes contra decisão em matéria constitucional submetida ao Plenário dos Tribunais.

Súmula nº 294 - Aprovação em: 13/12/1963

São inadmissíveis embargos infringentes contra decisão do Supremo Tribunal Federal em Mandado de Segurança.

[1516] Vide Sumula 639.

[1517] Vide Sumula 300.

[1518] Vide Lei nº 623, de 19 de fevereiro de 1949 (torna embargáveis as decisões das turmas do Supremo Tribunal Federal quando divirjam entre si, ou de decisão tomada pelo Tribunal Pleno), que alterou o art. 833 do CPC de 1939. Vide também Súmula 598 e art. 1.043 do atual Código de Processo Civil (2015).

[1519] Refere-se à Constituição Federal de 1946.

[1520] Ibidem citatum supra.

SÚMULAS

Súmula n° 295 - Aprovação em: 13/12/1963

São inadmissíveis embargos infringentes contra decisão unânime do Supremo Tribunal Federal em ação rescisória.

Súmula n° 296 - Aprovação em: 13/12/1963

São inadmissíveis embargos infringentes sobre matéria não ventilada, pela Turma, no julgamento do recurso extraordinário.

Súmula n° 297 - Aprovação em: 13/12/1963

Oficiais e praças das milícias dos Estados no exercício de função policial civil não são considerados militares para efeitos penais, sendo competente a justiça comum para julgar os crimes cometidos por ou contra eles.[1521]

Súmula n° 298 - Aprovação em: 13/12/1963

O legislador ordinário só pode sujeitar civis à Justiça Militar, em tempo de paz, nos crimes contra a segurança externa do país ou as instituições militares.

Súmula n° 299 - Aprovação em: 13/12/1963

O recurso ordinário e o extraordinário interpostos no mesmo processo de Mandado de Segurança, ou de *habeas-corpus*, serão julgados conjuntamente pelo Tribunal Pleno.

Súmula n° 300 - Aprovação em: 13/12/1963

São cabíveis os embargos da Lei 623, de 19/2/1949,[1522] contra provimento de agravo para subida de recurso extraordinário.

Súmula n° 301 - Aprovação em: 13/12/1963 (cancelada)

Por crime de responsabilidade, o procedimento penal contra prefeito municipal fica condicionado ao seu afastamento do cargo por *impeachment*, ou a cessação do exercício por outro motivo.[1523]

Súmula n° 302 - Aprovação em: 13/12/1963

Está isenta da taxa de previdência social a importação de petróleo bruto.

[1521] No julgamento, pelo STF, do RHC 56049 (RTJ 87/47), em sessão plenária, considerando a vigência da Emenda Constitucional 7, de 13 de abril de 1977, foi acolhida a proposta de reformulação da Súmula 297, encaminhando-se a decisão à Comissão de Revisão da Súmula, para efeito de nova redação. Nesse sentido veja HC 82142 (RTJ 187/670), cuja ementa expressa estar superada a Súmula 297. Código de Processo Penal Militar de 1969, Título VIII, arts. 82 e 84.

[1522] Vide Lei n° 623, de 19 de fevereiro de 1949 (torna embargáveis as decisões das Turmas do Supremo Tribunal Federal, quando divirjam entre si, ou de decisão tomada pelo Tribunal Pleno), que alterou o art. 833 do CPC de 1939. Vide também Súmula 598 e art. 1.043 do atual Código de Processo Civil (2015).

[1523] Cancelada pelo Tribunal Pleno do STF no julgamento do RHC 49038 (RTJ 61/619).

J. U. Jacoby Fernandes

Súmula n° 303 - Aprovação em: 13/12/1963

Não é devido o imposto federal de selo em contrato firmado com autarquia anteriormente a vigência da Emenda Constitucional 5, de 21/11/1961.[1524]

Súmula n° 304 - Aprovação em: 13/12/1963

Decisão denegatória de Mandado de Segurança, não fazendo coisa julgada contra o impetrante, não impede o uso da ação própria.

Súmula n° 305 - Aprovação em: 13/12/1963

Acordo de desquite ratificado por ambos os cônjuges não é retratável unilateralmente.

Súmula n° 306 - Aprovação em: 13/12/1963

As taxas de recuperação econômica e de assistência hospitalar de Minas Gerais são legítimas, quando incidem sobre matéria tributável pelo Estado.

Súmula n° 307 - Aprovação em: 13/12/1963

É devido o adicional de serviço insalubre, calculado à base do salário mínimo da região, ainda que a remuneração contratual seja superior ao salário mínimo acrescido da taxa de insalubridade.

Súmula n° 308 - Aprovação em: 13/12/1963

A taxa de despacho aduaneiro, sendo adicional do imposto de importação, não incide sobre borracha importada com isenção daquele imposto.[1525]

Súmula n° 309 - Aprovação em: 13/12/1963

A taxa de despacho aduaneiro, sendo adicional do imposto de importação, não está compreendida na isenção do imposto de consumo para automóvel usado trazido do exterior pelo proprietário.[1526]

Súmula n° 310 - Aprovação em: 13/12/1963

Quando a intimação tiver lugar na sexta-feira, ou a publicação com efeito de intimação for feita nesse dia, o prazo judicial terá início na segunda-feira imediata, salvo se não houver expediente, caso em que começará no primeiro dia útil que se seguir.

Súmula n° 311 - Aprovação em: 13/12/1963

No típico acidente do trabalho, a existência de ação judicial não exclui a multa pelo retardamento da liquidação.

[1524] Vide Súmula n° 468.
[1525] Vide Súmulas 130 e 131.
[1526] Vide Súmula 86.

SÚMULAS

Súmula n° 312 - Aprovação em: 13/12/1963

Músico integrante de orquestra da empresa, com atuação permanente e vínculo de subordinação, está sujeito a legislação geral do trabalho, e não à especial dos artistas.

Súmula n° 313 - Aprovação em: 13/12/1963

Provada a identidade entre o trabalho diurno e o noturno, é devido o adicional, quanto a este, sem a limitação do art. 73, § 3°, da Consolidação das Leis do Trabalho[1527] independentemente da natureza da atividade do empregador.

Súmula n° 314 - Aprovação em: 13/12/1963

Na composição do dano por acidente do trabalho, ou de transporte, não é contrário à lei tomar para base da indenização o salário do tempo da perícia ou da sentença.

Súmula n° 315 - Aprovação em: 13/12/1963

Indispensável o traslado das razões da revista, para julgamento, pelo Tribunal Superior do Trabalho, do agravo para sua admissão.

Súmula n° 316 - Aprovação em: 13/12/1963

A simples adesão a greve não constitui falta grave.

Súmula n° 317 - Aprovação em: 13/12/1963

São improcedentes os embargos declaratórios, quando não pedida a declaração do julgado anterior, em que se verificou a omissão.

Súmula n° 318 - Aprovação em: 13/12/1963

É legítima a cobrança, em 1962, pela municipalidade de São Paulo, do imposto de indústrias e profissões, consoante as Leis 5.917 e 5.919, de 1961 (aumento anterior à vigência do orçamento e incidência do tributo sobre o movimento econômico do contribuinte).

Súmula n° 319 - Aprovação em: 13/12/1963

O prazo do recurso ordinário para o Supremo Tribunal Federal, em *habeas-corpus* ou Mandado de Segurança, é de cinco dias.

Súmula n° 320 - Aprovação em: 13/12/1963

A apelação despachada pelo juiz no prazo legal não fica prejudicada pela demora da juntada, por culpa do cartório.

[1527] Vide Decreto-Lei n° 5.452, de 1° de maio de 1943 (aprova a Consolidação das Leis do Trabalho).

Súmula n° 321 - Aprovação em: 13/12/1963

A Constituição Estadual pode estabelecer a irredutibilidade dos vencimentos do Ministério Público.[1528]

Súmula n° 322 - Aprovação em: 13/12/1963

Não terá seguimento pedido ou recurso dirigido ao Supremo Tribunal Federal, quando manifestamente incabível, ou apresentando fora do prazo, ou quando for evidente a incompetência do Tribunal.

Súmula n° 323 - Aprovação em: 13/12/1963

É inadmissível a apreensão de mercadorias como meio coercitivo para pagamento de tributos.

Súmula n° 324 - Aprovação em: 13/12/1963

A imunidade do art. 31, V, da Constituição Federal[1529] não compreende as taxas.

Súmula n° 325 - Aprovação em: 13/12/1963

As emendas ao regimento do Supremo Tribunal Federal, sobre julgamento de questão constitucional, aplicam-se aos pedidos ajuizados e aos recursos interpostos anteriormente a sua aprovação.

Súmula n° 326 - Aprovação em: 13/12/1963

É legítima a incidência do imposto de transmissão inter vivos sobre a transferência do domínio útil.

Súmula n° 327 - Aprovação em: 13/12/1963

O direito trabalhista admite a prescrição intercorrente.

Súmula n° 328 - Aprovação em: 13/12/1963

É legítima a incidência do imposto de transmissão *inter vivos* sobre a doação de imóvel.

Súmula n° 329 - Aprovação em: 13/12/1963

O imposto de transmissão *inter vivos* não incide sobre a transferência de ações de sociedade imobiliária.

Súmula n° 330 - Aprovação em: 13/12/1963

O Supremo Tribunal Federal não é competente para conhecer de Mandado de Segurança contra atos dos Tribunais de Justiça dos Estados.

[1528] Verifica-se na leitura da ementa do acórdão da Rp 1428 (RTJ 128/565) que o Tribunal Pleno considerou revogada a Súmula n° 321.

[1529] Refere-se à Constituição Federal de 1946.

SÚMULAS

Súmula n° 331 - Aprovação em: 13/12/1963

É legítima a incidência do imposto de transmissão *causa mortis* no inventário por morte presumida.

Súmula n° 332 - Aprovação em: 13/12/1963

É legítima a incidência do imposto de vendas e consignações sobre a parcela do preço correspondente aos ágios cambiais.

Súmula n° 333 - Aprovação em: 16/12/1967[1530]

Está sujeita ao imposto de vendas e consignações a venda realizada por invernista não qualificado como pequeno produtor.

Súmula n° 334 - Aprovação em: 13/12/1963

É legítima a cobrança, ao empreiteiro, do imposto de vendas e consignações, sobre o valor dos materiais empregados, quando a empreitada não for apenas de lavor.[1531]

Súmula n° 335 - Aprovação em: 13/12/1963

É válida a cláusula de eleição do foro para os processos oriundos do contrato.

Súmula n° 336 - Aprovação em: 13/12/1963

A imunidade da autarquia financiadora, quanto ao contrato de financiamento, não se estende à compra e venda entre particulares, embora constantes os dois atos de um só instrumento.

Súmula n° 337 - Aprovação em: 13/12/1963

A controvérsia entre o empregador e o segurador não suspende o pagamento devido ao empregado por acidente do trabalho.

Súmula n° 338 - Aprovação em: 13/12/1963

Não cabe ação rescisória no âmbito da Justiça do Trabalho.

Súmula n° 339 - Aprovação em: 13/12/1963

Não cabe ao Poder Judiciário, que não tem função legislativa, aumentar vencimentos de servidores públicos sob fundamento de isonomia.[1532]

[1530] Registramos que embora a data de aprovação esteja indicando 16/12/1967, a fonte de publicação é: Edição: Imprensa Nacional, 1964, p. 146.

[1531] O Imposto de Vendas e Consignações (IVC) foi extinto com a EC 18/1965; vide Decreto-Lei n° 406/1968; Decreto-Lei n° 834, de 08 de setembro de 1969; Lei n° 5.474, de 18 de julho de 1968 e Lei n° 6.458, de 1 de novembro de 1977.

[1532] Vide Súmula 37.

Súmula n° 340 - Aprovação em: 13/12/1963

Desde a vigência do Código Civil,[1533] os bens dominicais, como os demais bens públicos, não podem ser adquiridos por usucapião.

Súmula n° 341 - Aprovação em: 13/12/1963

É presumida a culpa do patrão ou comitente pelo ato culposo do empregado ou preposto.

Súmula n° 342 - Aprovação em: 13/12/1963

Cabe agravo no auto do processo, e não agravo de petição, do despacho que não admite a reconvenção.

Súmula n° 343 - Aprovação em: 13/12/1963

Não cabe ação rescisória por ofensa a literal disposição de lei, quando a decisão rescindenda se tiver baseado em texto legal de interpretação controvertida nos tribunais.

Súmula n° 344 - Aprovação em: 13/12/1963

Sentença de primeira instância concessiva de *habeas-corpus*, em caso de crime praticado em detrimento de bens, serviços ou interesses da União, está sujeita a recurso *ex officio*.

Súmula n° 345 - Aprovação em: 13/12/1963

Na chamada desapropriação indireta, os juros compensatórios são devidos a partir da perícia, desde que tenha atribuído valor atual ao imóvel.[1534]

Súmula n° 346 - Aprovação em: 13/12/1963

A Administração Pública pode declarar a nulidade dos seus próprios atos.[1535]

Súmula n° 347 - Aprovação em: 13/12/1963

O Tribunal de Contas, no exercício de suas atribuições, pode apreciar a constitucionalidade das leis e dos atos do poder público.

Súmula n° 348 - Aprovação em: 13/12/1963

É constitucional a criação de Taxa de Construção, Conservação e Melhoramento de Estradas.

[1533] Refere-se ao Código Civil de 1916; vide art. 102 (Os bens públicos não estão sujeitos a usucapião) da Lei n° 10.406, de 10 de janeiro de 2002 (institui o Código Civil).

[1534] Verifica-se na leitura do Acórdão do RE 74803 (RTJ 80/525), da Primeira Turma - STF, que não mais prevalece a Súmula n° 345. Nesse sentido veja RE 47934 embargos (DJ de 30/5/1969), RE 48540 (RTJ 54/349) e RE 52441 embargos (RTJ 53/295), todos do Tribunal Pleno - STF; vide também Súmulas n°s 164 e 618, bem como ACO 297 (RTJ 114/926).

[1535] Vide Súmulas n°s 6 e 473.

Súmula n° 349 - Aprovação em: 13/12/1963

A prescrição atinge somente as prestações de mais de dois anos, reclamadas com fundamento em decisão normativa da Justiça do Trabalho, ou em Convenção Coletiva de Trabalho, quando não estiver em causa a própria validade de tais atos.[1536]

Súmula n° 350 - Aprovação em: 13/12/1963

O imposto de indústrias e profissões não é exigível de empregado, por falta de autonomia na sua atividade profissional.[1537]

Súmula n° 351 - Aprovação em: 13/12/1963

É nula a citação por edital de réu preso na mesma unidade da federação em que o juiz exerce a sua jurisdição.[1538]

Súmula n° 352 - Aprovação em: 13/12/1963

Não é nulo o processo penal por falta de nomeação de curador ao réu menor que teve a assistência de defensor dativo.[1539]

Súmula n° 353 - Aprovação em: 13/12/1963

São incabíveis os embargos da Lei 623, de 19/2/1949,[1540] com fundamento em divergência entre decisões da mesma turma do Supremo Tribunal Federal.[1541]

Súmula n° 354 - Aprovação em: 13/12/1963

Em caso de embargos infringentes parciais, é definitiva a parte da decisão embargada em que não houve divergência na votação.

Súmula n° 355 - Aprovação em: 13/12/1963

Em caso de embargos infringentes parciais, é tardio o recurso extraordinário interposto após o julgamento dos embargos, quanto à parte da decisão embargada que não fora por eles abrangida.[1542]

[1536] Vide Código Civil de 2002, art. 206 e Consolidação das Leis do Trabalho de 1943, arts. 8° e 11; 611; 616; 868 e 869.

[1537] Vide Dec.-Lei n° 406, de 31 de dezembro de 1968 e Dec.-Lei n° 834, de 08 de setembro de 1969.

[1538] Vide Código de Processo Penal de 1941, arts. 360 e 361.

[1539] Código de Processo Penal de 1941, art. 564, III, "c"; art. 566.

[1540] Vide Lei n° 623, de 19 de fevereiro de 1949 (torna embargáveis as decisões das Turmas do Supremo Tribunal Federal, quando divirjam entre si, ou de decisão tomada pelo Tribunal Pleno), que alterou o art. 833 do CPC de 1939. Vide também Súmula 598 e art. 1.043 do atual Código de Processo Civil (2015).

[1541] Vide Regimento Interno do Supremo Tribunal Federal, de 1940, art. 1°, Título III, Capítulo XII-A. No atual Regimento Interno (2017), o tema é tratado a partir do art. 330.

[1542] Vide, no Código de Processo Civil de 2015 o art. 942.

Súmula n° 356 - Aprovação em: 13/12/1963

O ponto omisso da decisão, sobre o qual não foram opostos embargos declaratórios, não pode ser objeto de recurso extraordinário, por faltar o requisito do prequestionamento.

Súmula n° 357 - Aprovação em: 13/12/1963

É lícita a convenção pela qual o locador renuncia, durante a vigência do contrato, à ação revisional do art. 31 do Decreto 24.150, de 20/4/1934.[1543]

Súmula n° 358 - Aprovação em: 13/12/1963

O servidor público em disponibilidade tem direito aos vencimentos integrais do cargo.

Súmula n° 359 - Aprovação em: 13/12/1963

Ressalvada a revisão prevista em lei, os proventos da inatividade regulam-se pela lei vigente ao tempo em que o militar, ou o servidor civil, reuniu os requisitos necessários.[1544]

Súmula n° 360 - Aprovação em: 13/12/1963

Não há prazo de decadência para a representação de inconstitucionalidade prevista no art. 8°, parágrafo único, da Constituição Federal.[1545]

Súmula n° 361 - Aprovação em: 13/12/1963

No processo penal, é nulo o exame realizado por um só perito, considerando-se impedido o que tiver funcionado, anteriormente, na diligência de apreensão.

Súmula n° 362 - Aprovação em: 13/12/1963

A condição de ter o clube sede própria para a prática de jogo lícito não o obriga a ser proprietário do imóvel em que tem sede.

Súmula n° 363 - Aprovação em: 13/12/1963

A pessoa jurídica de direito privado pode ser demandada no domicílio da agência, ou estabelecimento, em que se praticou o ato.

[1543] Vide o Decreto n° 24.150, de 20 de abril de 1934 (regula as condições e processo de renovação dos contratos de locação de imóveis destinados a fins comerciais ou industriais) que foi revogado pela Lei n° 8.245, de 18/10/1991.

[1544] No julgamento dos RE 72509 embargos (RTJ 64/408) o Tribunal Pleno, resolvendo questão de ordem, alterou a Súmula n° 359, suprimindo-se a expressão "inclusive a apresentação do requerimento, quando a inatividade for voluntária".

[1545] Refere-se à Constituição Federal de 1946.

SÚMULAS

Súmula n° 364 - Aprovação em: 13/12/1963

Enquanto o Estado da Guanabara não tiver Tribunal Militar de segunda instância, o Tribunal de Justiça é competente para julgar os recursos das decisões da auditoria da polícia militar.[1546]

Súmula n° 365 - Aprovação em: 13/12/1963

Pessoa jurídica não tem legitimidade para propor ação popular.

Súmula n° 366 - Aprovação em: 13/12/1963

Não é nula a citação por edital que indica o dispositivo da lei penal, embora não transcreva a denúncia ou queixa, ou não resuma os fatos em que se baseia.

Súmula n° 367 - Aprovação em: 13/12/1963

Concede-se liberdade ao extraditando que não for retirado do país no prazo do art. 16 do Decreto-Lei 394, de 28/4/1938.[1547]

Súmula n° 368 - Aprovação em: 13/12/1963

Não há embargos infringentes no processo de reclamação.

Súmula n° 369 - Aprovação em: 13/12/1963

Julgados do mesmo tribunal não servem para fundamentar o recurso extraordinário por divergência jurisprudencial.

Súmula n° 370 - Aprovação em: 13/12/1963

Julgada improcedente a ação renovatória da locação, terá o locatário, para desocupar o imóvel, o prazo de seis meses, acrescido de tantos meses quantos forem os anos da ocupação, até o limite total de dezoito meses.[1548]

Súmula n° 371 - Aprovação em: 3/4/1964

Ferroviário, que foi admitido como servidor autárquico, não tem direito a dupla aposentadoria.

Súmula n° 372 - Aprovação em: 3/4/1964

A Lei 2.752, de 10/4/1956,[1549] sobre dupla aposentadoria, aproveita, quando couber, a servidores aposentados antes de sua publicação.

[1546] Vide Lei Complementar 20, de 1 de julho de 1974, arts. 11 e 17 e Lei n° 3.752 de 14 de abril de 1960.

[1547] Vide Decreto-Lei n° 394, de 28 de abril de 1938 (regula a extradição).

[1548] Verifica-se na leitura do acórdão do RE 65137 (RTJ 51/511), da Segunda Turma, que a Súmula n° 370 não é mais aplicada. Vide Lei n° 8.245, de 18 de outubro de 1991.

[1549] Vide Lei n° 2.752, de 10 de abril de 1956 (dispõe sobre a percepção cumulativa de aposentadoria pensão ou quaisquer outros benefícios devidos pelas instituições de previdência e assistência social dos funcionários e servidores públicos civis e militares com os proventos de aposentadoria ou reforma).

Súmula n° 373 - Aprovação em: 3/4/1964

Servidor nomeado após aprovação no curso de capacitação policial, instituído na polícia do Distrito Federal, em 1941, preenche o requisito da nomeação por concurso a que se referem as Leis 705, de 16/5/1949,[1550] e 1639, de 14/7/1952.[1551]

Súmula n° 374 - Aprovação em: 3/4/1964

Na retomada para construção mais útil, não é necessário que a obra tenha sido ordenada pela autoridade pública.

Súmula n° 375 - Aprovação em: 3/4/1964

Não renovada a locação regida pelo Decreto 24.150, de 20/4/1934,[1552] aplica-se o direito comum e não a legislação especial do inquilinato.

Súmula n° 376 - Aprovação em: 3/4/1964

Na renovação de locação, regida pelo Decreto 24.150 de 20/4/1934,[1553] o prazo do novo contrato conta-se da transcrição da decisão exeqüenda no registro de títulos e documentos; começa, porém, da terminação do contrato anterior, se esta tiver ocorrido antes do registro.

Súmula n° 377 - Aprovação em: 3/4/1964

No regime de separação legal de bens, comunicam-se os adquiridos na constância do casamento.

Súmula n° 378 - Aprovação em: 3/4/1964

Na indenização por desapropriação incluem-se honorários do advogado do expropriado.[1554]

Súmula n° 379 - Aprovação em: 3/4/1964

No acordo de desquite não se admite renúncia aos alimentos, que poderão ser pleiteados ulteriormente, verificados os pressupostos legais.

[1550] Vide Lei n° 705, de 16 de maio de 1949 (dispõe sobre o provimento de cargos da carreira de comissário de polícia do quadro permanente do Ministério da Justiça e Negócios Interiores).

[1551] Vide Lei n° 1.639, de 14 de julho de 1952 (altera a carreira de comissário de polícia do quadro permanente do Ministério da Justiça e Negócios Interiores).

[1552] O Decreto n° 24.150, de 20 de abril de 1934 (regula as condições e processo de renovamento dos contratos de locação de imóveis destinados a fins comerciais ou industriais) foi revogado pela Lei n° 8.245, de 18/10/1991.

[1553] Ibi O Decreto n° 24.150, de 20 de abril de 1934 (regula as condições e processo de renovamento dos contratos de locação de imóveis destinados a fins comerciais ou industriais) foi revogado pela Lei n° 8.245, de 18/10/1991.

[1554] Constituição Federal de 1946, art. 141, § 16.

SÚMULAS

Súmula n° 380 - Aprovação em: 3/4/1964

Comprovada a existência de sociedade de fato entre os concubinos, é cabível a sua dissolução judicial, com a partilha do patrimônio adquirido pelo esforço comum.

Súmula n° 381 - Aprovação em: 3/4/1964

Não se homologa sentença de divórcio obtida, por procuração, em país de que os cônjuges não eram nacionais.

Súmula n° 382 - Aprovação em: 3/4/1964

A vida em comum sob o mesmo teto *more uxorio*, não é indispensável à caracterização do concubinato.

Súmula n° 383 - Aprovação em: 3/4/1964

A prescrição em favor da fazenda pública recomeça a correr, por dois anos e meio, a partir do ato interruptivo, mas não fica reduzida aquem de cinco anos, embora o titular do direito a interrompa durante a primeira metade do prazo.

Súmula n° 384 - Aprovação em: 3/4/1964

A demissão de extranumerário do serviço público federal, equiparado a funcionário de provimento efetivo para efeito de estabilidade, é da competência do Presidente da República.

Súmula n° 385 - Aprovação em: 3/4/1964

Oficial das Forças Armadas só pode ser reformado, em tempo de paz, por decisão de Tribunal Militar permanente, ressalvada a situação especial dos atingidos pelo art. 177 da Constituição de 1937.

Súmula n° 386 - Aprovação em: 3/4/1964

Pela execução de obra musical por artistas remunerados é devido direito autoral, não exigível quando a orquestra for de amadores.

Súmula n° 387 - Aprovação em: 3/4/1964

A cambial emitida ou aceita com omissões, ou em branco, pode ser completada pelo credor de boa-fé antes da cobrança ou do protesto.

Súmula n° 388 - Aprovação em: 3/4/1964 (revogada)

O casamento da ofendida com quem não seja o ofensor faz cessar a qualidade do seu representante legal, e a ação penal só pode prosseguir por iniciativa da própria ofendida, observados os prazos legais de decadência e perempção.[1555]

[1555] Revogada pelo Tribunal Pleno do STF no julgamento do HC 53777 (RTJ 83/735).

Súmula nº 389 - Aprovação em: 3/4/1964

Salvo limite legal, a fixação de honorários de advogado, em complemento da condenação, depende das circunstâncias da causa, não dando lugar a recurso extraordinário.[1556]

Súmula nº 390 - Aprovação em: 3/4/1964

A exibição judicial de livros comerciais pode ser requerida como medida preventiva.

Súmula nº 391 - Aprovação em: 3/4/1964

O confinante certo deve ser citado pessoalmente para a ação de usucapião.

Súmula nº 392 - Aprovação em: 3/4/1964

O prazo para recorrer de acórdão concessivo de segurança conta-se da publicação oficial de suas conclusões, e não da anterior ciência à autoridade para cumprimento da decisão.[1557]

Súmula nº 393 - Aprovação em: 3/4/1964

Para requerer revisão criminal, o condenado não é obrigado a recolher-se à prisão.

Súmula nº 394 - Aprovação em: 3/4/1964 (cancelada)

Cometido o crime durante o exercício funcional, prevalece a competência especial por prerrogativa de função, ainda que o inquérito ou a ação penal sejam iniciados após a cessação daquele exercício.[1558]

Súmula nº 395 - Aprovação em: 3/4/1964

Não se conhece de recurso de *habeas corpus* cujo objeto seja resolver sobre o ônus das custas, por não estar mais em causa a liberdade de locomoção.

Súmula nº 396 - Aprovação em: 3/4/1964

Para a ação penal por ofensa à honra, sendo admissível a exceção da verdade quanto ao desempenho de função pública, prevalece a competência especial por

---

[1556] Vide Código de Processo Civil de 1939, arts. 3º, 63, 64 e 76; Lei nº 1.060, de 5 de fevereiro de 1950 (estabelece normas para a concessão de assistência judiciária aos necessitados), art. 11, § 1º (revogado pela Lei n º 13.105, de 16 de março de 2015); Código de Processo Civil de 1973, art. 20 e Súmula 279.

[1557] Vide Súmula 310.

[1558] Na sessão plenária/STF de 25/8/1999 a Súmula nº 394 foi cancelada, com efeito *ex nunc*, nos seguintes julgamentos: Inq 687 QO (RTJ 179/912), AP 315 QO (RTJ 180/11), AP 319 QO (DJ de 31/10/2001), Inq 656 QO (DJ de 31/10/2001), Inq 881 QO (RTJ 179/440) e AP 313 QO (RTJ 171/745); vide Súmula nº 451.

SÚMULAS

prerrogativa de função, ainda que já tenha cessado o exercício funcional do ofendido.[1559]

Súmula n° 397 - Aprovação em: 3/4/1964

O poder de polícia da Câmara dos Deputados e do Senado Federal, em caso de crime cometido nas suas dependências, compreende, consoante o regimento, a prisão em flagrante do acusado e a realização do inquérito.

Súmula n° 398 - Aprovação em: 3/4/1964

O Supremo Tribunal Federal não é competente para processar e julgar, originariamente, Deputado ou Senador acusado de crime.[1560]

Súmula n° 399 - Aprovação em: 3/4/1964

Não cabe recurso extraordinário, por violação de Lei federal, quando a ofensa alegada for a regimento de tribunal.

Súmula n° 400 - Aprovação em: 3/4/1964

Decisão que deu razoável interpretação à lei, ainda que não seja a melhor, não autoriza recurso extraordinário pela letra "a" do art. 101, III, da Constituição Federal.[1561]

Súmula n° 401 - Aprovação em: 3/4/1964

Não se conhece do recurso de revista, nem dos embargos de divergência, do processo trabalhista, quando houver jurisprudência firme do Tribunal Superior do Trabalho no mesmo sentido da decisão impugnada, salvo se houver colisão com a jurisprudência do Supremo Tribunal Federal.[1562]

Súmula n° 402 - Aprovação em: 3/4/1964

Vigia noturno tem direito a salário adicional.[1563]

[1559] **Nota do Organizador:** em julgamento específico sobre efeitos intertemporais do foro por prerrogativa de função, o STF decidiu por cancelar a Sumula 394. Parece correto que deveria ter sido também cancelada a súmula 396. Para melhor compreensão, eis a ementa do Acórdão: "Ação Penal. Questão de ordem sobre a competência desta Corte para prosseguir o processamento dela. Cancelamento da Súmula 394. Depois de cessado o exercício da função, não deve manter-se o foro por prerrogativa de função, porque cessada a investidura a que essa prerrogativa é inerente, deve esta cessar por não tê-la estendido mais além a própria **Constituição**.", conf. AP 315 QO, Rel. Min. Moreira Alves, DJ de 31/10/2001.Vide Decreto-Lei n° 201, de fevereiro de 1967, com a alteração da Lei n° 5.589/1971.

[1560] No Inquérito 2.245 QO-QO, em que haviam 40 pessoas denunciadas, dentre as quais apenas 6 com foro ainda privilegiado, o Plenário decidiu manter íntegro o inquérito, sem desmembramento.

[1561] Refere-se à Constituição Federal de 1946.

[1562] Vide Súmulas 247 e 286.

[1563] Vide Súmulas 213, 214 e 313.

J. U. JACOBY FERNANDES

Súmula n° 403 - Aprovação em: 3/4/1964

É de decadência o prazo de trinta dias para instauração do inquérito judicial, a contar da suspensão, por falta grave, de empregado estável.

Súmula n° 404 - Aprovação em: 3/4/1964

Não contrariam a Constituição[1564] os arts. 3°, 22 e 27 da Lei 3.244, de 14/8/1957,[1565] que definem as atribuições do Conselho de Política Aduaneira quanto à tarifa flexível.

Súmula n° 405 - Aprovação em: 1°/6/1964

Denegado o mandado de segurança pela sentença, ou no julgamento do agravo, dela interposto, fica sem efeito a liminar concedida, retroagindo os efeitos da decisão contrária.

Súmula n° 406 - Aprovação em: 1°/6/1964

O estudante ou professor bolsista e o servidor público em missão de estudo satisfazem a condição da mudança de residência para o efeito de trazer automóvel do exterior, atendidos os demais requisitos legais.

Súmula n° 407 - Aprovação em: 1°/6/1964

Não tem direito ao terço de campanha o militar que não participou de operações de guerra, embora servisse na "zona de guerra".

Súmula n° 408 - Aprovação em: 1°/6/1964

Os servidores fazendários não têm direito a percentagem pela arrecadação de Receita Federal destinada ao Banco Nacional de Desenvolvimento Econômico.[1566]

Súmula n° 409 - Aprovação em: 1°/6/1964

Ao retomante, que tenha mais de um prédio alugado, cabe optar entre eles, salvo abuso de direito.

Súmula n° 410 - Aprovação em: 1°/6/1964

Se o locador, utilizando prédio próprio para residência ou atividade comercial, pede o imóvel locado para uso próprio, diverso do que tem o por ele ocupado, não está obrigado a provar a necessidade, que se presume.

Súmula n° 411 - Aprovação em: 1°/6/1964

O locatário autorizado a ceder a locação pode sublocar o imóvel.

[1564] Refere-se à Constituição Federal de 1946.
[1565] Vide Lei n° 3.244, de 14 de agosto de 1957 (dispõe sobre a reforma da tarifa das alfândegas).
[1566] Vide Súmula 30.

SÚMULAS

Súmula n° 412 - Aprovação em: 1°/6/1964

No compromisso de compra e venda com cláusula de arrependimento, a devolução do sinal, por quem o deu, ou a sua restituição em dobro, por quem o recebeu, exclui indenização maior, a título de perdas e danos, salvo os juros moratórios e os encargos do processo.

Súmula n° 413 - Aprovação em: 1°/6/1964

O compromisso de compra e venda de imóveis, ainda que não loteados, dá direito à execução compulsória, quando reunidos os requisitos legais.

Súmula n° 414 - Aprovação em: 1°/6/1964

Não se distingue a visão direta da oblíqua na proibição de abrir janela, ou fazer terraço, eirado, ou varanda, a menos de metro e meio do prédio de outrem.

Súmula n° 415 - Aprovação em: 1°/6/1964

Servidão de trânsito não titulada, mas tornada permanente, sobretudo pela natureza das obras realizadas, considera-se aparente, conferindo direito a proteção possessória.

Súmula n° 416 - Aprovação em: 1°/6/1964

Pela demora no pagamento do preço da desapropriação não cabe indenização complementar além dos juros.

Súmula n° 417 - Aprovação em: 1°/6/1964

Pode ser objeto de restituição, na falência, dinheiro em poder do falido, recebido em nome de outrem, ou do qual, por lei ou contrato, não tivesse ele a disponibilidade.[1567]

Súmula n° 418 - Aprovação em: 1°/6/1964

O empréstimo compulsório não é tributo, e sua arrecadação não está sujeita à exigência constitucional da prévia autorização orçamentária.[1568]

Súmula n° 419 - Aprovação em: 1°/6/1964

Os municípios têm competência para regular o horário do comércio local, desde que não infrinjam leis estaduais ou federais válidas.[1569]

[1567] Vide Súmulas n°s 193 e 495.
[1568] Verifica-se no acórdão do RE 111954 (RTJ 126/330), cujo julgamento ocorreu em sessão plenária realizada em 1°/6/1988, que a Súmula n° 418 perdeu a validade em face dos arts. 18, § 3° e 21, § 2°, II da Constituição Federal de 1967 (redação da Emenda Constitucional 1/1969).
[1569] Vide Súmulas n°s 38 e 645.

Súmula n° 420 - Aprovação em: 1°/6/1964

Não se homologa sentença proferida no estrangeiro sem prova do trânsito em julgado.

Súmula n° 421 - Aprovação em: 1°/6/1964

Não impede a extradição a circunstância de ser o extraditando casado com brasileira ou ter filho brasileiro.

Súmula n° 422 - Aprovação em: 1°/6/1964

A absolvição criminal não prejudica a medida de segurança, quando couber, ainda que importe privação da liberdade.

Súmula n° 423 - Aprovação em: 1°/6/1964

Não transita em julgado a sentença por haver omitido o recurso ex-officio, que se considera interposto ex-lege.

Súmula n° 424 - Aprovação em: 1°/6/1964

Transita em julgado o despacho saneador de que não houve recurso, excluídas as questões deixadas, explicita ou implicitamente, para a sentença.[1570]

Súmula n° 425 - Aprovação em: 1°/6/1964

O agravo despachado no prazo legal não fica prejudicado pela demora da juntada, por culpa do cartório; nem o agravo entregue em cartório no prazo legal, embora despachado tardiamente.[1571]

Súmula n° 426 - Aprovação em: 1°/6/1964

A falta do termo específico não prejudica o agravo no auto do processo, quando oportuna a interposição por petição ou no termo da audiência.[1572]

Súmula n° 427 - Aprovação em: 1°/6/1964

A falta de petição de interposição não prejudica o agravo no auto do processo tomado por termo.[1573]

Súmula n° 428 - Aprovação em: 1°/6/1964

Não fica prejudicada a apelação entregue em cartório no prazo legal, embora despachada tardiamente.

[1570] No acórdão do RE 104469 (RTJ 113/1377), da Primeira Turma do STF, verifica-se que a Súmula n° 424 não é aplicável às hipóteses previstas no art. 267, § 3° do Código de Processo Civil de 1973; vide CPC, arts. 267 e 331, arts. 522 e seguintes.

[1571] Vide Súmulas n°s 320 e 428.

[1572] Vide Súmula n° 427.

[1573] No julgamento do RE 66447 (DJ de 20/2/1970), em sessão plenária, o Senhor Ministro Relator conheceu do recurso para cancelar a Súmula n° 427; vide Súmula 426.

SÚMULAS

Súmula n° 429 - Aprovação em: 1°/6/1964

A existência de recurso administrativo com efeito suspensivo não impede o uso do Mandado de Segurança contra omissão da autoridade.

Súmula n° 430 - Aprovação em: 1°/6/1964

Pedido de reconsideração na via administrativa não interrompe o prazo para o mandado de segurança.

Súmula n° 431 - Aprovação em: 1°/6/1964

É nulo o julgamento de recurso criminal, na segunda instância, sem prévia intimação, ou publicação da pauta, salvo em *habeas-corpus*.

Súmula n° 432 - Aprovação em: 1°/6/1964

Não cabe recurso extraordinário com fundamento no art. 101, III, "d", da Constituição Federal,[1574] quando a divergência alegada for entre decisões da Justiça do Trabalho.

Súmula n° 433 - Aprovação em: 1°/6/1964

É competente o Tribunal Regional do Trabalho para julgar mandado de segurança contra ato de seu Presidente em execução de sentença trabalhista.

Súmula n° 434 - Aprovação em: 1°/6/1964

A controvérsia entre seguradores indicados pelo empregador na ação de acidente do trabalho não suspende o pagamento devido ao acidentado.[1575]

Súmula n° 435 - Aprovação em: 1°/6/1964

O imposto de transmissão *causa mortis* pela transferência de ações é devido ao Estado em que tem sede a companhia.

Súmula n° 436 - Aprovação em: 1°/6/1964

É válida a Lei 4.093, de 24/10/1959, do Paraná, que revogou a isenção concedida às cooperativas por lei anterior.[1576]

Súmula n° 437 - Aprovação em: 1°/6/1964

Está isenta da taxa de despacho aduaneiro a importação de equipamento para a indústria automobilística, segundo plano aprovado, no prazo legal, pelo órgão competente.

[1574] Refere-se à Constituição Federal de 1946.
[1575] Vide Súmula n° 337.
[1576] Vide Súmulas n°s 81 e 84.

Súmula n° 438 - Aprovação em: 1°/6/1964

É ilegítima a cobrança, em 1962, da taxa de educação e saúde, de Santa Catarina, adicional do imposto de vendas e consignações.[1577]

Súmula n° 439 - Aprovação em: 1°/10/1964

Estão sujeitos à fiscalização tributária ou previdenciária quaisquer livros comerciais, limitado o exame aos pontos objeto da investigação.

Súmula n° 440 - Aprovação em: 1°/10/1964

Os benefícios da legislação federal de serviços de guerra não são exigíveis dos Estados, sem que a lei estadual assim disponha.

Súmula n° 441 - Aprovação em: 1°/10/1964

O militar, que passa à inatividade com proventos integrais, não tem direito as cotas trigésimas a que se refere o Código de Vencimentos e Vantagens dos militares.

Súmula n° 442 - Aprovação em: 1°/10/1964

A inscrição do contrato de locação no registro de imóveis, para a validade da cláusula de vigência contra o adquirente do imóvel, ou perante terceiros, dispensa a transcrição no registro de títulos e documentos.

Súmula n° 443 - Aprovação em: 1°/10/1964

A prescrição das prestações anteriores ao período previsto em lei não ocorre, quando não tiver sido negado, antes daquele prazo, o próprio direito reclamado, ou a situação jurídica de que ele resulta.[1578]

Súmula n° 444 - Aprovação em: 1°/10/1964

Na retomada para construção mais útil, de imóvel sujeito ao Decreto 24.150, de 20/4/1934,[1579] a indenização se limita às despesas de mudança.

Súmula n° 445 - Aprovação em: 1°/10/1964

A Lei 2.437, de 7/3/1955,[1580] que reduz prazo prescricional, é aplicável às prescrições em curso na data de sua vigência (1°/1/1956), salvo quanto aos processos então pendentes.

[1577] Vide Súmula n° 67.
[1578] Vide Súmulas n°s 349.
[1579] Vide o Decreto n° 24.150, de 20 de abril de 1934 (regula as condições e processo de renovamento dos contratos de locação de imóveis destinados a fins comerciais ou industriais), que foi revogado pela Lei n° 8.245, de 18/10/1991.
[1580] Vide Lei n° 2.437, de 07 de março de 1955 (dá nova redação a dispositivos do Código Civil).

SÚMULAS

Súmula n° 446 - Aprovação em: 1°/10/1964

Contrato de exploração de jazida ou pedreira não está sujeito ao Decreto 24.150, de 20/4/1934.[1581]

Súmula n° 447 - Aprovação em: 1°/10/1964

É válida a disposição testamentária em favor de filho adulterino do testador com sua concubina.

Súmula n° 448 - Aprovação em: 1°/10/1964

O prazo para o assistente recorrer, supletivamente, começa a correr imediatamente após o transcurso do prazo do Ministério Público.[1582]

Súmula n° 449 - Aprovação em: 1°/10/1964

O valor da causa, na consignatória de aluguel, corresponde a uma anuidade.

Súmula n° 450 - Aprovação em: 1°/10/1964

São devidos honorários de advogado sempre que vencedor o beneficiário de justiça gratuita.

Súmula n° 451 - Aprovação em: 1°/10/1964

A competência especial por prerrogativa de função não se estende ao crime cometido após a cessação definitiva do exercício funcional.[1583]

Súmula n° 452 - Aprovação em: 1°/10/1964

Oficiais e praças do Corpo de Bombeiros do Estado da Guanabara respondem perante a justiça comum por crime anterior à Lei 427, de 11/10/1948.[1584]

Súmula n° 453 - Aprovação em: 1°/10/1964

Não se aplicam à segunda instância o art. 384 e parágrafo único do Código de Processo Penal,[1585] que possibilitam dar nova definição jurídica ao fato

---

[1581] Vide o Decreto n° 24.150, de 20 de abril de 1934 (regula as condições e processo de renovamento dos contratos de locação de imóveis destinados a fins comerciais ou industriais) que foi revogado pela Lei n° 8.245, de 18/10/1991.

[1582] No julgamento do HC 50417 (RTJ 68/604), o Tribunal Pleno, por maioria de votos, resolvendo questão de ordem, decidiu pela revisão preliminar da redação da Súmula n° 448.

[1583] Vide Súmula n° 394.

[1584] Vide Lei n° 427, de 11 de outubro de 1948 (equipara o Corpo de Bombeiros do Distrito Federal às polícias militares e estabelece o foro a que ficarão sujeitos os seus componentes).

[1585] Vide Decreto-Lei n° 3.689, de 3 de outubro de 1941 (Código de Processo Penal), art. 384 (Encerrada a instrução probatória, se entender cabível nova definição jurídica do fato, em conseqüência de prova existente nos autos de elemento ou circunstância da infração penal não contida na acusação, o Ministério Público deverá aditar a denúncia ou queixa, no prazo de 5 (cinco) dias, se em virtude desta houver sido instaurado o processo em crime de ação pública, reduzindo-se a termo o aditamento, quando feito oralmente) e parágrafos, com redação da Lei n° 11.719, de 20/06/2008.

delituoso, em virtude de circunstância elementar não contida, explicita ou implicitamente, na denúncia ou queixa.

Súmula n° 454 - Aprovação em: 1°/10/1964

Simples interpretação de cláusulas contratuais não dá lugar a recurso extraordinário.[1586]

Súmula n° 455 - Aprovação em: 1°/10/1964

Da decisão que se seguir ao julgamento de constitucionalidade pelo Tribunal Pleno, são inadmissíveis embargos infringentes quanto à matéria constitucional.[1587]

Súmula n° 456 - Aprovação em: 1°/10/1964

O Supremo Tribunal Federal, conhecendo do recurso extraordinário, julgará a causa, aplicando o direito à espécie.

Súmula n° 457 - Aprovação em: 1°/10/1964

O Tribunal Superior do Trabalho, conhecendo da revista, julgará a causa, aplicando o direito à espécie.

Súmula n° 458 - Aprovação em: 1°/10/1964

O processo da execução trabalhista não exclui a remição pelo executado.

Súmula n° 459 - Aprovação em: 1°/10/1964

No cálculo da indenização por despedida injusta, incluem-se os adicionais, ou gratificações, que, pela habitualidade, se tenham incorporado ao salário.

Súmula n° 460 - Aprovação em: 1°/10/1964

Para efeito do adicional de insalubridade, a perícia judicial, em reclamação trabalhista, não dispensa o enquadramento da atividade entre as insalubres, que é ato da competência do Ministro do Trabalho e Previdência Social.1588

Súmula n° 461 - Aprovação em: 1°/10/1964

É duplo, e não triplo, o pagamento do salário nos dias destinados a descanso.

Súmula n° 462 - Aprovação em: 1°/10/1964

No cálculo da indenização por despedida injusta inclui-se, quando devido, o repouso semanal remunerado.[1589]

[1586] Vide Súmula n° 279.
[1587] Vide Súmula n° 293.
[1588] Vide Súmula no 194.
[1589] Vide Súmula n° 207, 213, 214 e 313.

SÚMULAS

Súmula n° 463 - Aprovação em: 1°/10/1964

Para efeito de indenização e estabilidade, conta-se o tempo em que o empregado esteve afastado, em serviço militar obrigatório, mesmo anteriormente à Lei 4.072, de 1°6/1962.[1590]

Súmula n° 464 - Aprovação em: 1°/10/1964

No cálculo da indenização por acidente do trabalho inclui-se, quando devido, o repouso semanal remunerado.

Súmula n° 465 - Aprovação em: 1°/10/1964

O regime de manutenção de salário, aplicável ao (IAPM) e ao (IAPETC), exclui a indenização tarifada na lei de acidentes do trabalho, mas não o benefício previdenciário.

Súmula n° 466 - Aprovação em: 1°/10/1964

Não é inconstitucional a inclusão de sócios e administradores de sociedades e titulares de firmas individuais como contribuintes obrigatórios da previdência social.

Súmula n° 467 - Aprovação em: 1°/10/1964

A base do cálculo das contribuições previdenciárias, anteriormente a vigência da lei orgânica da previdência social, é o salário-mínimo mensal, observados os limites da Lei 2.755 de 1956.[1591]

Súmula n° 468 - Aprovação em: 1°/10/1964

Após a Emenda Constitucional n° 5, de 21/11/1961, em contrato firmado com a União, Estado, Município ou Autarquia, é devido o imposto federal de selo pelo contratante não protegido pela imunidade, ainda que haja repercussão do ônus tributário sobre o patrimônio daquelas entidades.[1592]

Súmula n° 469 - Aprovação em: 1°/10/1964

A multa de cem por cento, para o caso de mercadoria importada irregularmente, é calculada à base do custo de câmbio da categoria correspondente.

[1590] Vide Lei n° 4.072, de 01 de junho de 1962 (acrescenta parágrafo único ao artigo 4 da Consolidação das Leis do Trabalho aprovada pelo Decreto-Lei n° 5.452, de 1 de maio de 1943).
[1591] Vide Lei n° 2.755, de 16 de abril de 1956 (dispõe sobre a contribuição de segurados aos institutos de previdência).
[1592] Vide Súmula n° 303.

Súmula n° 470 - Aprovação em: 1°/10/1964

O imposto de transmissão *inter vivos* não incide sobre a construção, ou parte dela, realizada, inequivocamente, pelo promitente comprador, mas sobre o valor do que tiver sido construído antes da promessa de venda.[1593]

Súmula n° 471 - Aprovação em: 1°/10/1964

As empresas aeroviárias não estão isentas do imposto de indústrias e profissões.

Súmula n° 472 - Aprovação em: 1°/10/1964

A condenação do autor em honorários de advogado, com fundamento no art. 64 do CPC, depende de reconvenção.

Súmula n° 473 - Aprovação em: 3/10/1969

A administração pode anular seus próprios atos, quando eivados de vícios que os tornam ilegais, porque deles não se originam direitos; ou revogá-los, por motivo de conveniência ou oportunidade, respeitados os direitos adquiridos, e ressalvada, em todos os casos, a apreciação judicial.

Súmula n° 474 - Aprovação em: 3/10/1969

Não há direito líquido e certo, amparado pelo mandado de segurança, quando se escuda em lei cujos efeitos foram anulados por outra, declarada constitucional pelo Supremo Tribunal Federal.

Súmula n° 475 - Aprovação em: 3/10/1969

A Lei 4.686, de 21/6/1965,[1594] tem aplicação imediata aos processos em curso, inclusive em grau de recurso extraordinário.

Súmula n° 476 - Aprovação em: 3/12/1969

Desapropriadas as ações de uma sociedade, o poder desapropriante, imitido na posse, pode exercer, desde logo, todos os direitos inerentes aos respectivos títulos.

Súmula n° 477 - Aprovação em: 3/12/1969

As concessões de terras devolutas situadas na faixa de fronteira, feitas pelos Estados, autorizam, apenas, o uso, permanecendo o domínio com a União, ainda que se mantenha inerte ou tolerante, em relação aos possuidores.

[1593] Vide Súmula n° 110.
[1594] Vide Lei n° 4.686, de 21 de junho de 1965 (acrescenta parágrafo ao artigo 26 do Decreto-Lei n° 3.365, de 21 de junho de 1941 - Lei de desapropriação por utilidade pública).

SÚMULAS

Súmula n° 478 - Aprovação em: 3/12/1969

O provimento em cargos de juízes substitutos do trabalho, deve ser feito independentemente de lista tríplice, na ordem de classificação dos candidatos.[1595]

Súmula n° 479 - Aprovação em: 3/12/1969

As margens dos rios navegáveis são de domínio público, insuscetíveis de expropriação e, por isso mesmo, excluídas de indenização.

Súmula n° 480 - Aprovação em: 3/12/1969

Pertencem ao domínio e administração da União, nos termos dos artigos 4°, IV, e 186, da Constituição Federal de 1967, as terras ocupadas por silvícolas.

Súmula n° 481 - Aprovação em: 3/12/1969

Se a locação compreende, além do imóvel, fundo de comércio, com instalações e pertences, como no caso de teatros, cinemas e hotéis, não se aplicam ao retomante as restrições do art. 8°, "e", parágrafo único, do Decreto 24.150, de 20/4/1934.[1596]

Súmula n° 482 - Aprovação em: 3/12/1969

O locatário, que não for sucessor ou cessionário do que o precedeu na locação, não pode somar os prazos concedidos a este, para pedir a renovação do contrato, nos termos do Decreto 24.150.[1597]

Súmula n° 483 - Aprovação em: 3/12/1969

É dispensável a prova da necessidade, na retomada do prédio situado em localidade para onde o proprietário pretende transferir residência, salvo se mantiver, também, a anterior, quando dita prova será exigida.[1598]

Súmula n° 484 - Aprovação em: 3/12/1969

Pode, legitimamente, o proprietário pedir o prédio para a residência de filho, ainda que solteiro, de acordo com o art. 11, III, da Lei 4494, de 25/11/1964.

[1595] Vide Lei n° 5.584, de junho de 1970 (dispõe sobre normas de Direito Processual do Trabalho, altera dispositivos da Consolidação das Leis do Trabalho, disciplina a concessão e prestação de assistência judiciária na Justiça do Trabalho), art. 654, § 3°, com a redação da Lei 6.087 de 16 de julho de 1974.

[1596] Vide o Decreto n° 24.150, de 20 de abril de 1934 (regula as condições e processo de renovamento dos contratos de locação de imóveis destinados a fins comerciais ou industriais), que foi revogado pela Lei n° 8.245, de 18/10/1991.

[1597] Vide o Decreto n° 24.150, de 20 de abril de 1934.

[1598] Vide Súmula n° 80.

Súmula n° 485 - Aprovação em: 3/12/1969

Nas locações regidas pelo Decreto 24.150, de 20/4/1934,[1599] a presunção de sinceridade do retomante é relativa, podendo ser ilidida pelo locatário.

Súmula n° 486 - Aprovação em: 3/12/1969

Admite-se a retomada para sociedade da qual o locador, ou seu cônjuge, seja sócio, com participação predominante no capital social.[1600]

Súmula n° 487 - Aprovação em: 3/12/1969

Será deferida a posse a quem, evidentemente, tiver o domínio, se com base neste for ela disputada.

Súmula n° 488 - Aprovação em: 3/12/1969

A preferência a que se refere o art. 9° da Lei 3.912, de 3/7/1961, constitui direito pessoal. Sua violação resolve-se em perdas e danos.

Súmula n° 489 - Aprovação em: 3/12/1969

A compra e venda de automóvel não prevalece contra terceiros, de boa-fé, se o contrato não foi transcrito no registro de títulos e documentos.

Súmula n° 490 - Aprovação em: 3/12/1969

A pensão correspondente à indenização oriunda de responsabilidade civil deve ser calculada com base no salário-mínimo vigente ao tempo da sentença e ajustar-se-á às variações ulteriores.[1601]

Súmula n° 491 - Aprovação em: 3/12/1969

É indenizável o acidente que cause a morte de filho menor, ainda que não exerça trabalho remunerado.[1602]

Súmula n° 492 - Aprovação em: 3/12/1969

A empresa locadora de veículos responde, civil e solidariamente com o locatário, pelos danos por este causados a terceiro, no uso do carro locado.

[1599] Vide o Decreto n° 24.150, de 20 de abril de 1934 (regula as condições e processo de renovamento dos contratos de locação de imóveis destinados a fins comerciais ou industriais, com a alteração da Lei n° 6.014, de 27 de dezembro de 1973), art. 8°, alínea "e".), que foi revogado pela Lei n° 8.245, de 18/10/1991.

[1600] Vide o Decreto n° 24.150/1934, op. cit. supra, art. 8°, alínea "a", que foi revogado pela Lei n° 8.245, de 18/10/1991.

[1601] Os arts. 603 e seguintes do Código de Processo Civil, que tratavam da liquidação da sentença, foram revogados pela Lei n° 11.232, de 23 de dezembro de 2005. Ver arts. 509 e ss. da Lei n° 13.105 de 16 de março de 2015 (Código de Processo Civil).

[1602] Os arts. 606 e 607 do Código de Processo Civil, que tratavam da liquidação da sentença, foram revogados pela Lei n° 11.232, de 23 de dezembro de 2005. Ver arts. 509 e ss. da Lei n° 13.105 de 16 de março de 2015 (Código de Processo Civil).

Súmula n° 493 - Aprovação em: 3/12/1969

O valor da indenização, se consistente em prestações periódicas e sucessivas, compreenderá, para que se mantenha inalterável na sua fixação, parcelas compensatórias do imposto de renda, incidente sobre os juros do capital gravado ou caucionado, nos termos dos artigos 911 e 912 do Código de Processo Civil.[1603]

Súmula n° 494 - Aprovação em: 3/12/1969

A ação para anular venda de ascendente a descendente, sem consentimento dos demais, prescreve em vinte anos, contados da data do ato, revogada a Súmula 152.

Súmula n° 495 - Aprovação em: 3/12/1969

A restituição em dinheiro da coisa vendida a crédito, entregue nos quinze dias anteriores ao pedido de falência ou de concordata, cabe, quando, ainda que consumida ou transformada, não faça o devedor prova de haver sido alienada a terceiro.[1604]

Súmula n° 496 - Aprovação em: 3/10/1969

São válidos, porque salvaguardados pelas Disposições Constitucionais Transitórias da Constituição Federal de 1967, os Decretos-Leis expedidos entre 24 de janeiro e 15 de março de 1967.

Súmula n° 497 - Aprovação em: 3/12/1969

Quando se tratar de crime continuado, a prescrição regula-se pela pena imposta na sentença, não se computando o acréscimo decorrente da continuação.

Súmula n° 498 - Aprovação em: 3/12/1969

Compete à justiça dos Estados, em ambas as instâncias, o processo e o julgamento dos crimes contra a economia popular.

Súmula n° 499 - Aprovação em: 3/12/1969

Não obsta à concessão do "sursis" condenação anterior à pena de multa.

Súmula n° 500 - Aprovação em: 3/12/1969

Não cabe a ação cominatória para compelir-se o réu a cumprir obrigação de dar.

[1603] Os arts. 606 e 607 do Código de Processo Civil, que tratavam da liquidação da sentença, foram revogados pela Lei n° 11.232, de 23 de dezembro de 2005. Ver arts. 509 e ss. da Lei n° 13.105 de 16 de março de 2015 (Código de Processo Civil).

[1604] Vide Súmulas n°s 193 e 417.

Súmula n° 501 - Aprovação em: 3/12/1969

Compete a justiça ordinária estadual o processo e o julgamento, em ambas as instâncias, das causas de acidente do trabalho, ainda que promovidas contra a União, suas autarquias, empresas públicas ou sociedades de economia mista.

Súmula n° 502 - Aprovação em: 3/12/1969

Na aplicação do artigo 839 do Código de Processo Civil, com a redação da Lei 4.290, de 5/12/1963, a relação do valor da causa e salário-mínimo vigente na capital do Estado, ou do Território, para o efeito de alçada, deve ser considerada na data do ajuizamento do pedido.

Súmula n° 503 - Aprovação em: 3/12/1969

A dúvida, suscitada por particular, sobre o direito de tributar, manifestado por dois Estados, não configura litígio da competência originária do Supremo Tribunal Federal.

Súmula n° 504 - Aprovação em: 3/12/1969

Compete à Justiça Federal, em ambas as instâncias, o processo e o julgamento das causas fundadas em contrato de seguro marítimo.

Súmula n° 505 - Aprovação em: 3/12/1969

Salvo quando contrariarem a Constituição,[1605] não cabe recurso para o Supremo Tribunal Federal, de quaisquer decisões da Justiça do Trabalho, inclusive dos Presidentes de seus Tribunais.

Súmula n° 506 - Aprovação em: 3/12/1969

O agravo a que se refere o art. 4° da Lei n° 4.348, de 26/6/1964, cabe, somente, do despacho do Presidente do Supremo Tribunal Federal que defere a suspensão da liminar, em mandado de segurança; não do que a "denega".[1606]

Súmula n° 507 - Aprovação em: 3/12/1969

A ampliação dos prazos a que se refere o artigo 32 do Código de Processo Civil aplica-se aos executivos fiscais.

Súmula n° 508 - Aprovação em: 3/12/1969

Compete à Justiça Estadual, em ambas as instâncias, processar e julgar as causas em que for parte o Banco do Brasil S.A.

[1605] Refere-se à Constituição Federal de 1967.
[1606] Na leitura do acórdão da SS 1945 AgR-AgR-AgR-QO (RTJ 186/112), do Tribunal Pleno, especialmente na ementa, verifica-se que a Súmula n° 506 foi considerada revogada.

SÚMULAS

Súmula n° 509 - Aprovação em: 3/12/1969

A Lei 4.632, de 18/5/1965, que alterou o art. 64 do Código de Processo Civil, aplica-se aos processos em andamento, nas instâncias ordinárias.

Súmula n° 510 - Aprovação em: 3/12/1969

Praticado o ato por autoridade, no exercício de competência delegada, contra ela cabe o Mandado de Segurança ou a medida judicial.

Súmula n° 511 - Aprovação em: 3/12/1969

Compete à Justiça Federal, em ambas as instâncias, processar e julgar as causas entre autarquias federais e entidades públicas locais, inclusive mandados de segurança, ressalvada a ação fiscal, nos termos da Constituição Federal de 1967, art. 119, § 3°.

Súmula n° 512 - Aprovação em: 3/12/1969

Não cabe condenação em honorários de advogado na ação de mandado de segurança.

Súmula n° 513 - Aprovação em: 3/12/1969

A decisão que enseja a interposição de recurso ordinário ou extraordinário não é a do Plenário, que resolve o incidente de inconstitucionalidade, mas a do órgão (câmaras, grupos ou turmas) que completa o julgamento do feito.

Súmula n° 514 - Aprovação em: 3/12/1969

Admite-se ação rescisória contra sentença transitada em julgado, ainda que contra ela não se tenham esgotado todos os recursos.

Súmula n° 515 - Aprovação em: 3/12/1969

A competência para a ação rescisória não é do Supremo Tribunal Federal, quando a questão federal, apreciada no recurso extraordinário ou no agravo de instrumento, seja diversa da que foi suscitada no pedido rescisório.

Súmula n° 516 - Aprovação em: 3/12/1969

O serviço social da indústria (SESI) está sujeito à jurisdição da Justiça Estadual.

Súmula n° 517 - Aprovação em: 3/12/1969

As sociedades de economia mista só têm foro na Justiça Federal, quando a União intervem como assistente ou opoente.

Súmula n° 518 - Aprovação em: 3/12/1969

A intervenção da União, em feito já julgado pela segunda instância e pendente de embargos, não desloca o processo para o Tribunal Federal de Recursos.

Súmula n° 519 - Aprovação em: 3/12/1969

Aplica-se aos executivos fiscais o princípio da sucumbência a que se refere o art. 64 do Código de Processo Civil.

Súmula n° 520 - Aprovação em: 3/12/1969

Não exige a lei que, para requerer o exame a que se refere o art. 777 do Código de Processo Penal,[1607] tenha o sentenciado cumprido mais de metade do prazo da medida de segurança imposta.

Súmula n° 521 - Aprovação em: 3/12/1969

O foro competente para o processo e julgamento dos crimes de estelionato, sob a modalidade da emissão dolosa de cheque sem provisão de fundos, é o do local onde se deu a recusa do pagamento pelo sacado.

Súmula n° 522 - Aprovação em: 3/12/1969

Salvo ocorrência de tráfico com o exterior, quando, então, a competência será da Justiça Federal, compete à Justiça dos Estados o processo e o julgamento dos crimes relativos a entorpecentes.

Súmula n° 523 - Aprovação em: 3/12/1969

No Processo Penal, a falta da defesa constitui nulidade absoluta, mas a sua deficiência só o anulará se houver prova de prejuízo para o réu.

Súmula n° 524 - Aprovação em: 3/12/1969

Arquivado o inquérito policial, por despacho do juiz, a requerimento do promotor de justiça, não pode a ação penal ser iniciada, sem novas provas.

Súmula n° 525 - Aprovação em: 3/12/1969

A medida de segurança não será aplicada em segunda instância, quando só o réu tenha recorrido.

Súmula n° 526 - Aprovação em: 3/12/1969

Subsiste a competência do Supremo Tribunal Federal para conhecer e julgar a apelação, nos crimes da lei de segurança nacional, se houve sentença antes da vigência do Ato Institucional 2.

Súmula n° 527 - Aprovação em: 3/12/1969

Após a vigência do Ato Institucional 6, que deu nova redação ao art. 114, III, da Constituição Federal de 1967, não cabe recurso extraordinário das decisões do juiz singular.[1608]

[1607] Vide Decreto-Lei n° 3.689, de 3 de outubro de 1941 (Código de Processo Penal).
[1608] Vide Súmula 640.

SÚMULAS

Súmula nº 528 - Aprovação em: 3/12/1969

Se a decisão contiver partes autônomas, a admissão parcial, pelo presidente do tribunal *a quo*, de recurso extraordinário que, sobre qualquer delas se manifestar, não limitará a apreciação de todas pelo Supremo Tribunal Federal, independentemente de interposição de agravo de instrumento.[1609]

Súmula nº 529 - Aprovação em: 3/12/1969

Subsiste a responsabilidade do empregador pela indenização decorrente de acidente do trabalho, quando o segurador, por haver entrado em liquidação, ou por outro motivo, não se encontrar em condições financeiras, de efetuar, na forma da lei, o pagamento que o seguro obrigatório visava garantir.

Súmula nº 530 - Aprovação em: 3/12/1969

Na legislação anterior ao art. 4º da Lei nº 4.749, de 12/8/1965,[1610] a contribuição para a previdência social não estava sujeita ao limite estabelecido no art. 69 da Lei 3.807, de 26/8/1960,[1611] sobre o 13º salário a que se refere o art. 3º da Lei 4.281, de 8/11/1963.[1612]

Súmula nº 531 - Aprovação em: 3/12/1969

É inconstitucional o Decreto nº 51.668, de 17/1/1963,[1613] que estabeleceu salário profissional para trabalhadores de transportes marítimos, fluviais e lacustres.

Súmula nº 532 - Aprovação em: 3/12/1969

É constitucional a Lei 5.043, de 21/6/1966, que concedeu remissão das dívidas fiscais oriundas da falta de oportuno pagamento de selo nos contratos particulares com a Caixa Econômica e outras entidades autárquicas.

Súmula nº 533 - Aprovação em: 3/12/1969

Nas operações denominadas "crediários", com emissão de vales ou certificados para compras e nas quais, pelo financiamento, se cobram, em separado, juros, selos e outras despesas, incluir-se-á tudo no custo da mercadoria e sobre esse preço global calcular-se-á o imposto de vendas e consignações.

[1609] Veja acórdão do RE 83278 (RTJ 78/958).

[1610] Vide Lei nº 4.749, de 12 de agosto de 1965 (dispõe sobre o Pagamento da Gratificação Prevista na Lei n º 4.090, de 13 de julho de 1962).

[1611] Vide Lei nº 3.807, de 26 de agosto de 1960 (dispõe sobre a Lei Orgânica da Previdência Social).

[1612] Vide Lei nº 4.281, de 08 de novembro de 1963 (institui abono especial em caráter permanente para aposentados de institutos de previdência).

[1613] Vide Decreto nº 51.668, de 17 de janeiro de 1963 (dispõe sobre a hierarquia salarial do pessoal das empresas de navegação marítima, fluvial e lacustre). Obs.: este decreto foi revogado pelo Decreto sem número de 15 de fevereiro de 1991, publicado no D.O.U., de 18 fev. 1991.

J. U. Jacoby Fernandes

Súmula n° 534 - Aprovação em: 3/12/1969

O imposto de importação sobre o extrato alcoólico de malte, como matéria-prima para fabricação de whisky, incide a base de 60%, desde que desembarcado antes do Decreto-Lei n° 398, de 30/12/1968.[1614]

Súmula n° 535 - Aprovação em: 3/12/1969

Na importação, a granel, de combustíveis líquidos é admissível a diferença de peso, para mais, ate 4%, motivada pelas variações previstas no Decreto-Lei n° 1028, de 4/1/1939,[1615] art. 1°.

Súmula n° 536 - Aprovação em: 3/12/1969

São objetivamente imunes ao imposto sobre circulação de mercadorias os "produtos industrializados", em geral, destinados à exportação, além de outros, com a mesma destinação, cuja isenção a lei determinar.

Súmula n° 537 - Aprovação em: 3/12/1969

É inconstitucional a exigência de imposto estadual do selo, quando feita nos atos e instrumentos tributados ou regulados por lei federal, ressalvado o disposto no art. 15, § 5° da Constituição Federal de 1946.

Súmula n° 538 - Aprovação em: 3/12/1969

A avaliação judicial para o efeito do cálculo das benfeitorias dedutíveis do imposto sobre lucro imobiliário independe do limite a que se refere a Lei n° 3.470, de 28/11/1958,[1616] art. 8°, parágrafo único.

Súmula n° 539 - Aprovação em: 3/12/1969

É constitucional a lei do município que reduz o imposto predial urbano sobre imóvel ocupado pela residência do proprietário, que não possua outro.

Súmula n° 540 - Aprovação em: 3/12/1969

No preço da mercadoria sujeita ao imposto de vendas e consignações, não se incluem as despesas de frete e carreto.

Súmula n° 541 - Aprovação em: 3/12/1969

O imposto sobre vendas e consignações não incide sobre a venda ocasional de veículos e equipamentos usados, que não se insere na atividade profissional do

---

[1614] Vide Decreto-Lei n° 398, de 30 de dezembro de 1968 (dispõe sobre acréscimo as alíquotas da tarifa das alfândegas incidentes nos produtos que enumera).

[1615] Vide Decreto-Lei n° 1.028, de 04 de janeiro de 1939 (modifica a tarifa das alfândegas mandada executar pelo Decreto n° 24.343, de 5 de junho de 1934).

[1616] Vide Lei n° 3.470, de 28 de novembro de 1958 (altera a legislação do Imposto de Renda).

SÚMULAS

vendedor, e não é realizada com o fim de lucro, sem caráter, pois, de comercialidade.[1617]

Súmula n° 542 - Aprovação em: 3/12/1969

Não é inconstitucional a multa instituída pelo Estado-membro, como sanção pelo retardamento do início ou da ultimação do inventário.

Súmula n° 543 - Aprovação em: 3/12/1969

A Lei 2.975, de 27/11/1965,[1618] revogou, apenas, as isenções de caráter geral, relativas ao imposto único sobre combustíveis, não as especiais, por outras leis concedidas.

Súmula n° 544 - Aprovação em: 3/12/1969

Isenções tributárias concedidas, sob condição onerosa, não podem ser livremente suprimidas.

Súmula n° 545 - Aprovação em: 3/12/1969

Preços de serviços públicos e taxas não se confundem, porque estas, diferentemente daqueles, são compulsórias e têm sua cobrança condicionada à prévia autorização orçamentária, em relação à lei que as instituiu.

Súmula n° 546 - Aprovação em: 3/12/1969

Cabe a restituição do tributo pago indevidamente, quando reconhecido por decisão, que o contribuinte *de jure* não recuperou do contribuinte *de facto* o *quantum* respectivo.[1619]

Súmula n° 547 - Aprovação em: 3/12/1969

Não é lícito à autoridade proibir que o contribuinte em débito adquira estampilhas, despache mercadorias nas alfândegas e exerça suas atividades profissionais.

Súmula n° 548 - Aprovação em: 3/12/1969

É inconstitucional o Decreto-Lei n° 643, de 19/6/1947, art. 4°, do Paraná, na parte que exige selo proporcional sobre atos e instrumentos regulados por lei federal.

Súmula n° 549 - Aprovação em: 3/12/1969

A taxa de bombeiros do Estado de Pernambuco é constitucional, revogada a Súmula 274.

[1617] Vide Súmula Vinculante n° 32.
[1618] Vide Lei n° 2.975, de 27 de novembro de 1956 (altera a legislação do Imposto Único sobre combustíveis e lubrificantes líquidos e gasosos).
[1619] Vide Súmula 71.

J. U. Jacoby Fernandes

Súmula n° 550 - Aprovação em: 3/12/1969

A isenção concedida pelo art. 2° da Lei n° 1.815/1953,[1620] às empresas de navegação aérea não compreende a taxa de melhoramento de portos, instituída pela Lei n° 3421/1958.[1621]

Súmula n° 551 - Aprovação em: 3/12/1969

É inconstitucional a taxa de urbanização da Lei n° 2.320, de 20/12/1961, instituída pelo Município de Porto Alegre, porque seu fato gerador é o mesmo da transmissão imobiliária.

Súmula n° 552 - Aprovação em: 15/12/76

Com a regulamentação do art. 15, da Lei 5.316/1967,[1622] pelo Decreto 71.037/1972, tornou-se exeqüível a exigência da exaustão da via administrativa antes do início da ação de acidente do trabalho.[1623]

Súmula n° 553 - Aprovação em: 15/12/76

O Adicional ao Frete para Renovação da Marinha Mercante (AFRMM) é contribuição parafiscal, não sendo abrangido pela imunidade prevista na letra "d", inciso III, do art. 19, da Constituição Federal.[1624]

Súmula n° 554 - Aprovação em: 15/12/76

O pagamento de cheque emitido sem provisão de fundos, após o recebimento da denúncia, não obsta ao prosseguimento da ação penal.

Súmula n° 555 - Aprovação em: 15/12/76

É competente o Tribunal de Justiça para julgar conflito de jurisdição entre juiz de direito do Estado e a justiça militar local.[1625]

[1620] Vide Lei n° 1.815, de 18 de fevereiro de 1953 (beneficia as empresas nacionais concessionárias de linhas regulares de navegação aérea; revoga o item 9 do artigo 12 da Lei n° 300, de 24 de fevereiro de 1938).

[1621] Vide Lei n° 3.421, de 10 de julho de 1958 (cria o Fundo Portuário Nacional a Taxa de Melhoramentos dos portos).

[1622] Vide Lei n° 6.367, de 19 de outubro de 1976 (dispõe sobre o seguro de acidentes do trabalho a cargo do INPS).

[1623] No julgamento do RE 91742 (RTJ 93/911) a Primeira Turma, conhecendo e dando provimento ao recurso, entendeu que a Súmula n° 552 está superada com o advento da Lei n° 6.367 de 19 de outubro de 1976. Nesse sentido veja RE 87160 (RTJ 98/1107).

[1624] Refere-se à Constituição Federal de 1967.

[1625] No julgamento do CJ 6155 (RTJ 90/20), em sessão plenária, o Senhor Ministro Relator propôs revisão da Súmula n° 555. Da leitura do acórdão referente ao CJ 6195 (RTJ 94/1034), proferido em sessão plenária, verifica-se que, em face da Emenda Constitucional 7/77, passou esta Corte a entender que não mais vigora o princípio contido na Súmula n° 555, quando haja, no Estado-Membro, Tribunal Militar de segundo grau, caso em que cabe ao Tribunal Federal de Recursos (atualmente Superior Tribunal de Justiça) julgar conflitos de jurisdição entre juiz de

SÚMULAS

Súmula n° 556 - Aprovação em: 15/12/76

É competente a justiça comum para julgar as causas em que é parte sociedade de economia mista.

Súmula n° 557 - Aprovação em: 15/12/76

É competente a Justiça Federal para julgar as causas em que são partes a COBAL e a CIBRAZEM.

Súmula n° 558 - Aprovação em: 15/12/76

É constitucional o art. 27, do Decreto-Lei n° 898, de 29/9/1969.[1626]

Súmula n° 559 - Aprovação em: 15/12/76

O Decreto-Lei n° 730, de 5/8/1969,[1627] revogou a exigência de homologação, pelo Ministro da Fazenda, das resoluções do Conselho de Política Aduaneira.

Súmula n° 560 - Aprovação em: 15/12/76

A extinção de punibilidade, pelo pagamento do tributo devido, estende-se ao crime de contrabando ou descaminho, por força do art. 18, § 2°, do Decreto-Lei n° 157/1967.[1628]

Súmula n° 561 - Aprovação em: 15/12/76

Em desapropriação, é devida a correção monetária até a data do efetivo pagamento da indenização, devendo proceder-se a atualização do cálculo, ainda que por mais de uma vez.

Súmula n° 562 - Aprovação em: 15/12/76

Na indenização de danos materiais decorrentes de ato ilícito cabe a atualização de seu valor, utilizando-se, para esse fim, dentre outros critérios, dos índices de correção monetária.

Súmula n° 563 - Aprovação em: 15/12/76

O concurso de preferência a que se refere o parágrafo único, do art. 187, do Código Tributário Nacional,[1629] é compatível com o disposto no art. 9°, I, da Constituição Federal.[1630]

---

direito e auditor da Justiça Militar local. Sobre conflito de competência veja Constituição Federal de 1988, art. 102, I, "o"; art. 105, I, "d" e art. 108, I, "e".

[1626] Vide Decreto-Lei n° 898, de 29 de setembro de 1969 (define os crimes contra a segurança nacional, a ordem política e social, estabelece seu processo e julgamento). Obs.: este decreto-lei foi revogado pela Lei n° 7.170, de 14 de dezembro de 1983 (define os crimes contra a segurança nacional, a ordem política e social, estabelece seu processo e julgamento).

[1627] Vide Decreto-Lei n° 730, de 5 de agosto de 1969 (dispõe sobre o Conselho de Política Aduaneira).

[1628] Vide Decreto-Lei n° 157, de 10 de fevereiro de 1967 (concede estímulos fiscais a capitalização das empresas; reforça os incentivos a compras de ações e facilita o pagamento de débitos fiscais).

Súmula n° 564 - Aprovação em: 15/12/76

A ausência de fundamentação do despacho de recebimento de denúncia por crime falimentar enseja nulidade processual, salvo se já houver sentença condenatória.

Súmula n° 565 - Aprovação em: 15/12/76

A multa fiscal moratória constitui pena administrativa, não se incluindo no crédito habilitado em falência.[1631]

Súmula n° 566 - Aprovação em: 15/12/76

Enquanto pendente, o pedido de readaptação fundado em desvio funcional não gera direitos para o servidor, relativamente ao cargo pleiteado.

Súmula n° 567 - Aprovação em: 15/12/76

A Constituição,[1632] ao assegurar, no § 3°, do art. 102, a contagem integral do tempo de serviço público federal, estadual ou municipal para os efeitos de aposentadoria e disponibilidade não proíbe à União, aos Estados e aos Municípios mandarem contar, mediante lei, para efeito diverso, tempo de serviço prestado a outra pessoa de direito público interno.

Súmula n° 568 - Aprovação em: 15/12/76

A identificação criminal não constitui constrangimento ilegal, ainda que o indiciado já tenha sido identificado civilmente.[1633]

Súmula n° 569 - Aprovação em: 15/12/76

É inconstitucional a discriminação de alíquotas do imposto de circulação de mercadorias nas operações interestaduais, em razão de o destinatário ser, ou não, contribuinte.

Súmula n° 570 - Aprovação em: 15/12/76

O imposto de circulação de mercadorias não incide sobre a importação de bens de capital.

[1629] Vide Lei n° 5.172, de 25 de outubro de 1966 (dispõe sobre o Sistema Tributário Nacional e institui normas gerais de direito tributário aplicáveis à União, Estados e Municípios - Código Tributário Nacional).

[1630] Refere-se à Constituição Federal de 1967.

[1631] Vide Súmulas n° 191 e 192.

[1632] Refere-se à Emenda Constitucional 1/1969, que alterou a CF/1967.

[1633] A Súmula n° 568 está superada, considerando que a Constituição Federal de 1988, em seu art. 5°, LVIII, determina que o civilmente identificado não será submetido à identificação criminal, salvo nas hipóteses previstas em lei. Nesse sentido veja RHC 66881 (RTJ 127/588), da Primeira Turma.

SÚMULAS

Súmula nº 571 - Aprovação em: 15/12/76

O comprador de café ao IBC, ainda que sem expedição de nota fiscal, habilita-se, quando da comercialização do produto, ao crédito do ICM que incidiu sobre a operação anterior.

Súmula nº 572 - Aprovação em: 15/12/76

No cálculo do imposto de circulação de mercadorias devido na saída de mercadorias para o exterior, não se incluem fretes pagos a terceiros, seguros e despesas de embarque.

Súmula nº 573 - Aprovação em: 15/12/76

Não constitui fato gerador do imposto de circulação de mercadorias a saída física de máquinas, utensílios e implementos a título de comodato.

Súmula nº 574 - Aprovação em: 15/12/76

Sem lei estadual que a estabeleça, é ilegítima a cobrança do imposto de circulação de mercadorias sobre o fornecimento de alimentação e bebidas em restaurante ou estabelecimento similar.

Súmula nº 575 - Aprovação em: 15/12/76

À mercadoria importada de país signatário do GATT, ou membro da ALALC, estende-se a isenção do imposto sobre circulação de mercadorias concedida a similar nacional.

Súmula nº 576 - Aprovação em: 15/12/76

É lícita a cobrança do imposto de circulação de mercadorias sobre produtos importados sob o regime da alíquota "zero".

Súmula nº 577 - Aprovação em: 15/12/76

Na importação de mercadorias do exterior, o fato gerador do imposto de circulação de mercadorias ocorre no momento de sua entrada no estabelecimento do importador.

Súmula nº 578 - Aprovação em: 15/12/76

Não podem os Estados, a título de ressarcimento de despesas, reduzir a parcela de 20% do produto da arrecadação do imposto de circulação de mercadorias, atribuídas aos municípios pelo art. 23, § 8º, da Constituição Federal.[1634]

Súmula nº 579 - Aprovação em: 15/12/76

A cal virgem e a hidratada estão sujeitas ao imposto de circulação de mercadorias.

[1634] Refere-se à Emenda Constitucional 1/1969, que alterou a CF/1967.

J. U. JACOBY FERNANDES

Súmula n° 580 - Aprovação em: 15/12/76

A isenção prevista no art. 13, parágrafo único, do Decreto-Lei 43/1966,[1635] restringe-se aos filmes cinematográficos.

Súmula n° 581 - Aprovação em: 15/12/76

A exigência de transporte em navio de bandeira brasileira, para efeito de isenção tributária, legitimou-se com o advento do Decreto-Lei n° 666, de 2/7/1969.[1636]

Súmula n° 582 - Aprovação em: 15/12/76

É constitucional a Resolução 640/1969, do Conselho de Política Aduaneira, que reduziu a alíquota do imposto de importação para a soda cáustica, destinada a zonas de difícil distribuição e abastecimento.

Súmula n° 583 - Aprovação em: 15/12/76

Promitente comprador de imóvel residencial transcrito em nome de autarquia é contribuinte do imposto predial territorial urbano.

Súmula n° 584 - Aprovação em: 15/12/76

Ao imposto de renda calculado sobre os rendimentos do ano-base, aplica-se a lei vigente no exercício financeiro em que deve ser apresentada a declaração.

Súmula n° 585 - Aprovação em: 15/12/76

Não incide o imposto de renda sobre a remessa de divisas para pagamento de serviços prestados no exterior, por empresa que não opera no Brasil.[1637]

Súmula n° 586 - Aprovação em: 15/12/76

Incide imposto de renda sobre os juros remetidos para o exterior, com base em contrato de mútuo.

Súmula n° 587 - Aprovação em: 15/12/76

Incide imposto de renda sobre o pagamento de serviços técnicos contratados no exterior e prestados no Brasil.

[1635] Vide Decreto-Lei n° 43 de 18 de novembro de 1966 (cria o Instituto Nacional do Cinema, torna da exclusiva competência da União a censura de filmes, estende aos pagamentos do exterior de filmes adquiridos a preços fixos o disposto no artigo 45 da Lei n° 4.131, de 03 de setembro de 1962, prorroga por 6 meses dispositivos de legislação sobre a exibição de filmes nacionais).

[1636] Vide Decreto-Lei n° 666, de 02 de julho de 1969 (institui a obrigatoriedade de transporte em navio de bandeira brasileira).

[1637] No julgamento do RE 101066 (DJ de 19/10/1965) o Tribunal Pleno do STF, por unanimidade, não conheceu do recurso, entendendo inaplicável a Súmula n° 585 após a vigência do Decreto-Lei n° 1418, de 3 de setembro de 1975. Nesse sentido veja RE 104225 (DJ de 22/11/1985), RE 100275 (RTJ 113/267) e RE 103566 (RTJ 112/1380).

SÚMULAS

Súmula n° 588 - Aprovação em: 15/12/76

O imposto sobre serviços não incide sobre os depósitos, as comissões e taxas de desconto, cobrados pelos estabelecimentos bancários.

Súmula n° 589 - Aprovação em: 15/12/76

É inconstitucional a fixação de adicional progressivo do imposto predial e territorial urbano em função do número de imóveis do contribuinte.

Súmula n° 590 - Aprovação em: 15/12/76

Calcula-se o imposto de transmissão *causa mortis* sobre o saldo credor da promessa de compra e venda de imóvel, no momento da abertura da sucessão do promitente vendedor.

Súmula n° 591 - Aprovação em: 15/12/76

A imunidade ou a isenção tributária do comprador não se estende ao produtor, contribuinte do imposto sobre produtos industrializados.

Súmula n° 592 - Aprovação em: 15/12/76

Nos crimes falimentares, aplicam-se as causas interruptivas da prescrição, previstas no Código Penal.

Súmula n° 593 - Aprovação em: 15/12/76

Incide o percentual do fundo de garantia do tempo de serviço (FGTS) sobre a parcela da remuneração correspondente a horas extraordinárias de trabalho.

Súmula n° 594 - Aprovação em: 15/12/76

Os direitos de queixa e de representação podem ser exercidos, independentemente, pelo ofendido ou por seu representante legal.

Súmula n° 595 - Aprovação em: 15/12/76

É inconstitucional a taxa municipal de conservação de estradas de rodagem cuja base de cálculo seja idêntica a do imposto territorial rural.

Súmula n° 596 - Aprovação em: 15/12/76

As disposições do Decreto n° 22.626/1933[1638] não se aplicam às taxas de juros e aos outros encargos cobrados nas operações realizadas por instituições públicas ou privadas, que integram o Sistema Financeiro Nacional.

Súmula n° 597 - Aprovação em: 15/12/76

Não cabem embargos infringentes de acórdão que, em mandado de segurança decidiu, por maioria de votos, a apelação.

[1638] Vide Decreto n° 22.626 de 7 de abril de 1933 (dispõe sobre os juros dos contratos).

J. U. Jacoby Fernandes

Súmula n° 598 - Aprovação em: 15/12/76

Nos embargos de divergência não servem como padrão de discordância os mesmos paradigmas invocados para demonstrá-la mas repelidos como não dissidentes no julgamento do recurso extraordinário.

Súmula n° 599 - Aprovação em: 15/12/76 (Cancelada)

São incabíveis embargos de divergência de decisão de turma, em agravo regimental.[1639]

Súmula n° 600 - Aprovação em: 15/12/76

Cabe ação executiva contra o emitente e seus avalistas, ainda que não apresentado o cheque ao sacado no prazo legal, desde que não prescrita a ação cambiária.

Súmula n° 601 - Aprovação em: 17/10/84

Os arts. 3°, II e 55 da Lei Complementar n° 40/1981 (Lei Orgânica do Ministério Público) não revogaram a legislação anterior que atribui a iniciativa para a ação penal pública, no processo sumário, ao juiz ou à autoridade policial, mediante portaria ou auto de prisão em flagrante.

Súmula n° 602 - Aprovação em: 17/10/84

Nas causas criminais, o prazo de interposição de recurso extraordinário é de 10 (dez) dias.

Súmula n° 603 - Aprovação em: 17/10/84

A competência para o processo e julgamento de latrocínio é do juiz singular e não do tribunal do júri.

Súmula n° 604- Aprovação em: 17/10/84

A prescrição pela pena em concreto é somente da pretensão executória da pena privativa de liberdade.

Súmula n° 605 - Aprovação em: 17/10/84

Não se admite continuidade delitiva nos crimes contra a vida.

Súmula n° 606 - Aprovação em: 17/10/84

Não cabe habeas-corpus originário para o Tribunal Pleno de decisão de Turma, ou do Plenário, proferida em habeas-corpus ou no respectivo recurso.

[1639] Cancelada nos julgamentos dos RE n° 356069 AgR-EDv-AgR (DJe n° 55 de 28/03/2008), RE 285093 AgR-ED-EDv-AgR (DJe n° 55 de 28/03/2008) e RE 283240 AgR-ED-EDv-AgR (DJe n° 47 de 14/03/2008).

SÚMULAS

Súmula n° 607 - Aprovação em: 17/10/84

Na ação penal regida pela Lei n° 4.611/1965,[1640] a denúncia, como substitutivo da portaria, não interrompe a prescrição.

Súmula n° 608 - Aprovação em: 17/10/84

No crime de estupro, praticado mediante violência real, a ação penal é pública incondicionada.

Súmula n° 609 - Aprovação em: 17/10/84

É pública incondicionada a ação penal por crime de sonegação fiscal.

Súmula n° 610 - Aprovação em: 17/10/84

Há crime de latrocínio, quando o homicídio se consuma, ainda que não realize o agente a subtração de bens da vítima.

Súmula n° 611 - Aprovação em: 17/10/84

Transitada em julgado a sentença condenatória, compete ao juízo das execuções a aplicação de lei mais benigna.

Súmula n° 612 - Aprovação em: 17/10/84

Ao trabalhador rural não se aplicam, por analogia, os benefícios previstos na Lei n° 6.367, de 19/10/1976.[1641]

Súmula n° 613 - Aprovação em: 17/10/84

Os dependentes de trabalhador rural não têm direito à pensão previdenciária, se o óbito ocorreu anteriormente à vigência da Lei Complementar n° 11/1971.[1642]

Súmula n° 614 - Aprovação em: 17/10/84

Somente o Procurador-Geral da Justiça tem legitimidade para propor ação direta interventiva por inconstitucionalidade de lei municipal.

Súmula n° 615 - Aprovação em: 17/10/84

O princípio constitucional da anualidade (§ 29 do art. 150 da CF)[1643] não se aplica à revogação de isenção do ICM.

[1640] Vide Lei n° 9.099, de 26 de setembro de 1995 (dispõe sobre os Juizados Especiais Cíveis e Criminais).

[1641] Vide Lei n° 6.367, de 19 de outubro de 1976 (dispõe sobre o seguro de acidentes do trabalho a cargo do INPS).

[1642] Lei Complementar n° 11, de 25 de maio de 1971 (institui o Programa de Assistência ao Trabalhador Rural).

[1643] Refere-se à Constituição Federal de 1967. Vide Súmula n° 544.

Súmula n° 616 - Aprovação em: 17/10/84

É permitida a cumulação da multa contratual com os honorários de advogado, após o advento do Código de Processo Civil vigente.

Súmula n° 617 - Aprovação em: 17/10/84

A base de cálculo dos honorários de advogado em desapropriação é a diferença entre a oferta e a indenização, corrigidas ambas monetariamente.

Súmula n° 618 - Aprovação em: 17/10/84

Na desapropriação, direta ou indireta, a taxa dos juros compensatórios e de 12% (doze por cento) ao ano.

Súmula n° 619 - Aprovação em: 17/10/84 (Revogada)

A prisão do depositário judicial pode ser decretada no próprio processo em que se constitui o encargo, independentemente da propositura de ação de depósito.[1644]

Súmula n° 620 - Aprovação em: 17/10/84

A sentença proferida contra autarquias não está sujeita a reexame necessário, salvo quando sucumbente em execução de dívida ativa.

Súmula n° 621 - Aprovação em: 17/10/84

Não enseja embargos de terceiro à penhora a promessa de compra e venda não inscrita no registro de imóveis.

Súmula n° 622 - Aprovação em: 24/09/2003

Não cabe agravo regimental contra decisão do relator que concede ou indefere liminar em Mandado de Segurança.

Súmula n° 623 - Aprovação em: 24/09/2003

Não gera por si só a competência originária do Supremo Tribunal Federal para conhecer do mandado de segurança com base no art. 102, I, "n", da Constituição,[1645] dirigir-se o pedido contra deliberação administrativa do Tribunal de origem, da qual haja participado a maioria ou a totalidade de seus membros.

Súmula n° 624 - Aprovação em: 24/09/2003

Não compete ao Supremo Tribunal Federal conhecer originariamente de mandado de segurança contra atos de outros tribunais.

[1644] A Súmula foi revogada no julgamento do HC 92566 (DJe n° 104 de 05/06/2009).
[1645] Refere-se à Constituição Federal de 1988.

SÚMULAS

Súmula n° 625 - Aprovação em: 24/09/2003

Controvérsia sobre matéria de direito não impede concessão de Mandado de Segurança.

Súmula n° 626 - Aprovação em: 24/09/2003

A suspensão da liminar em mandado de segurança, salvo determinação em contrário da decisão que a deferir, vigorará até o trânsito em julgado da decisão definitiva de concessão da segurança ou, havendo recurso, até a sua manutenção pelo Supremo Tribunal Federal, desde que o objeto da liminar deferida coincida, total ou parcialmente, com o da impetração.

Súmula n° 627 - Aprovação em: 24/09/2003

No mandado de segurança contra a nomeação de magistrado da competência do Presidente da República, este é considerado autoridade coatora, ainda que o fundamento da impetração seja nulidade ocorrida em fase anterior do procedimento.

Súmula n° 628 - Aprovação em: 24/09/2003

Integrante de lista de candidatos a determinada vaga da composição de Tribunal é parte legítima para impugnar a validade da nomeação de concorrente.

Súmula n° 629 - Aprovação em: 24/09/2003

A impetração de Mandado de Segurança coletivo por entidade de classe em favor dos associados independe da autorização destes.

Súmula n° 630 - Aprovação em: 24/09/2003

A entidade de classe tem legitimação para o mandado de segurança ainda quando a pretensão veiculada interesse apenas a uma parte da respectiva categoria.

Súmula n° 631 - Aprovação em: 24/09/2003

Extingue-se o processo de Mandado de Segurança se o impetrante não promove, no prazo assinado, a citação do litisconsorte passivo necessário.

Súmula n° 632 - Aprovação em: 24/09/2003

É constitucional lei que fixa o prazo de decadência para a impetração de mandado de segurança.

Súmula n° 633 - Aprovação em: 24/09/2003

É incabível a condenação em verba honorária nos recursos extraordinários interpostos em processo trabalhista, exceto nas hipóteses previstas na Lei 5.584/1970.[1646]

Súmula n° 634 - Aprovação em: 24/09/2003

Não compete ao Supremo Tribunal Federal conceder medida cautelar para dar efeito suspensivo a recurso extraordinário que ainda não foi objeto de juízo de admissibilidade na origem.

Súmula n° 635 - Aprovação em: 24/09/2003

Cabe ao presidente do Tribunal de origem decidir o pedido de medida cautelar em recurso extraordinário ainda pendente do seu juízo de admissibilidade.

Súmula n° 636 - Aprovação em: 24/09/2003

Não cabe recurso extraordinário por contrariedade ao princípio constitucional da legalidade, quando a sua verificação pressuponha rever a interpretação dada a normas infraconstitucionais pela decisão recorrida.

Súmula n° 637 - Aprovação em: 24/09/2003

Não cabe recurso extraordinário contra acórdão de Tribunal de Justiça que defere pedido de intervenção estadual em Município.

Súmula n° 638 - Aprovação em: 24/09/2003

A controvérsia sobre a incidência, ou não, de correção monetária em operações de crédito rural é de natureza infraconstitucional, não viabilizando recurso extraordinário.

Súmula n° 639 - Aprovação em: 24/09/2003

Aplica-se a Súmula 288 quando não constarem do traslado do agravo de instrumento as cópias das peças necessárias à verificação da tempestividade do recurso extraordinário não admitido pela decisão agravada.[1647]

Súmula n° 640 - Aprovação em: 24/09/2003

É cabível recurso extraordinário contra decisão proferida por juiz de primeiro grau nas causas de alçada, ou por turma recursal de juizado especial cível e criminal.

[1646] Vide Lei n° 5.584, de junho de 1970 (dispõe sobre normas de Direito Processual do Trabalho, altera dispositivos da Consolidação das Leis do Trabalho, disciplina a concessão e prestação de assistência judiciária na Justiça do Trabalho).

[1647] Vide Súmula n° 288.

SÚMULAS

Súmula n° 641 - Aprovação em: 24/09/2003

Não se conta em dobro o prazo para recorrer, quando só um dos litisconsortes haja sucumbido.

Súmula n° 642 - Aprovação em: 24/09/2003

Não cabe ação direta de inconstitucionalidade de lei do Distrito Federal derivada da sua competência legislativa municipal.

Súmula n° 643 - Aprovação em: 24/09/2003

O Ministério Público tem legitimidade para promover ação civil pública cujo fundamento seja a ilegalidade de reajuste de mensalidades escolares.

Súmula n° 644 - Aprovação em: 24/09/2003

Ao titular do cargo de procurador de autarquia não se exige a apresentação de instrumento de mandato para representá-la em juízo.

Súmula n° 645 - Aprovação em: 24/09/2003

É competente o município para fixar o horário de funcionamento de estabelecimento comercial.[1648]

Súmula n° 646 - Aprovação em: 24/09/2003

Ofende o princípio da livre concorrência lei municipal que impede a instalação de estabelecimentos comerciais do mesmo ramo em determinada área.[1649]

Súmula n° 647 - Aprovação em: 24/09/2003

Compete privativamente à União legislar sobre vencimentos dos membros das polícias civil e militar do distrito federal.

Súmula n° 648 - Aprovação em: 24/09/2003

A norma do § 3° do art. 192 da Constituição,[1650] revogada pela EC 40/2003, que limitava a taxa de juros reais a 12% ao ano, tinha sua aplicabilidade condicionada à edição de lei complementar.[1651]

Súmula n° 649 - Aprovação em: 24/09/2003

É inconstitucional a criação, por Constituição Estadual, de órgão de controle administrativo do poder judiciário do qual participem representantes de outros poderes ou entidades.

[1648] Vide Súmulas n°s 38 e 419.
[1649] Vide Súmula n° 49.
[1650] Refere-se à Constituição Federal de 1988.
[1651] Vide Súmula Vinculante n° 7.

J. U. Jacoby Fernandes

Súmula n° 650 - Aprovação em: 24/09/2003

Os incisos I e XI do art. 20 da CF não alcançam terras de aldeamentos extintos, ainda que ocupadas por indígenas em passado remoto.

Súmula n° 651 - Aprovação em: 24/09/2003

A Medida Provisória não apreciada pelo Congresso Nacional podia, até a EC 32/2001, ser reeditada dentro do seu prazo de eficácia de trinta dias, mantidos os efeitos de lei desde a primeira edição.[1652]

Súmula n° 652 - Aprovação em: 24/09/2003

Não contraria a Constituição o art. 15, § 1°, do Decreto-Lei 3365/1941 (Lei da desapropriação por utilidade pública).

Súmula n° 653 - Aprovação em: 24/09/2003

No Tribunal de Contas Estadual, composto por sete Conselheiros, quatro devem ser escolhidos pela Assembléia Legislativa e três pelo chefe do Poder Executivo Estadual, cabendo a este indicar um dentre auditores e outro dentre membros do Ministério Público, e um terceiro à sua livre escolha.

Súmula n° 654 - Aprovação em: 24/09/2003

A garantia da irretroatividade da lei, prevista no art. 5°, XXXVI, da Constituição da República, não é invocável pela entidade estatal que a tenha editado.

Súmula n° 655 - Aprovação em: 24/09/2003

A exceção prevista no art. 100, *caput*, da Constituição, em favor dos créditos de natureza alimentícia, não dispensa a expedição de precatório, limitando-se a isentá-los da observância da ordem cronológica dos precatórios decorrentes de condenações de outra natureza.

Súmula n° 656 - Aprovação em: 24/09/2003

É inconstitucional a lei que estabelece alíquotas progressivas para o imposto de transmissão *inter vivos* de bens imóveis - ITBI com base no valor venal do imóvel.

Súmula n° 657 - Aprovação em: 24/09/2003

A imunidade prevista no art. 150, VI, "d", da Constituição Federal abrange os filmes e papéis fotográficos necessários à publicação de jornais e periódicos.

Súmula n° 658 - Aprovação em: 24/09/2003

São constitucionais os arts. 7° da Lei 7.787/1989 e 1° da Lei 7.894/1989 e da Lei 8.147/1990, que majoraram a alíquota do Finsocial, quando devida a contribuição por empresas dedicadas exclusivamente à prestação de serviços.

[1652] Vide Súmula Vinculante n° 54.

SÚMULAS

Súmula n° 659 - Aprovação em: 24/09/2003

É legítima a cobrança da COFINS, do PIS e do FINSOCIAL sobre as operações relativas a energia elétrica, serviços de telecomunicações, derivados de petróleo, combustíveis e minerais do país.

Súmula n° 660 - Aprovação em: 24/09/2003

Não incide ICMS na importação de bens por pessoa física ou jurídica que não seja contribuinte do imposto.[1653]

Súmula n° 661 - Aprovação em: 24/09/2003

Na entrada de mercadoria importada do exterior, é legítima a cobrança do ICMS por ocasião do desembaraço aduaneiro.[1654]

Súmula n° 662 - Aprovação em: 24/09/2003

É legítima a incidência do ICMS na comercialização de exemplares de obras cinematográficas, gravados em fitas de videocassete.

Súmula n° 663 - Aprovação em: 24/09/2003

Os §§ 1° e 3° do art. 9° do Decreto-Lei 406/1968[1655] foram recebidos pela Constituição.

Súmula n° 664 - Aprovação em: 24/09/2003

É inconstitucional o inciso V do art. 1° da Lei 8.033/1990,[1656] que instituiu a incidência do imposto nas operações de crédito, câmbio e seguros - IOF sobre saques efetuados em caderneta de poupança.

Súmula n° 665 - Aprovação em: 24/09/2003

É constitucional a taxa de fiscalização dos mercados de títulos e valores mobiliários instituída pela Lei 7.940/1989.[1657]

[1653] Considerando que o Supremo Tribunal Federal, na Sessão Plenária de 26/11/2003, recusou a proposta de alteração da Súmula n° 660, constante do Adendo n° 7, foi republicado o respectivo enunciado nos Diários da Justiça de 28/3/2006, 29/3/2006 e 30/3/2006, com o teor aprovado na Sessão Plenária de 24/9/2003: "Não incide ICMS na importação de bens por pessoa física ou jurídica que não seja contribuinte do imposto".

[1654] Vide Súmula Vinculante n° 48.

[1655] Vide Decreto-Lei n° 406, de 31 de dezembro de 1968 (estabelece normas gerais de direito financeiro, aplicáveis aos impostos sobre operações relativas à circulação de mercadorias e sobre serviços de qualquer natureza).

[1656] Vide Lei n° 8.033, de 12 de abril de 1990 (altera, mediante conversão em lei das medidas provisórias 160, de 15 de março de 1990, e 171, de 17 de março de 1990, a legislação do Imposto sobre Operações Financeiras, instituindo incidências de caráter transitório sobre os atos que menciona).

[1657] Vide Lei n° 7.940, de 20 de dezembro de 1989 (institui a taxa de fiscalização dos mercados de títulos e valores mobiliários).

Súmula n° 666 - Aprovação em: 24/09/2003

A contribuição confederativa de que trata o art. 8°, IV, da Constituição, só é exigível dos filiados ao sindicato respectivo.[1658]

Súmula n° 667 - Aprovação em: 24/09/2003

Viola a garantia constitucional de acesso à jurisdição a taxa judiciária calculada sem limite sobre o valor da causa.

Súmula n° 668 - Aprovação em: 24/09/2003

É inconstitucional a lei municipal que tenha estabelecido, antes da Emenda Constitucional 29/2000, alíquotas progressivas para o IPTU, salvo se destinada a assegurar o cumprimento da função social da propriedade urbana.

Súmula n° 669 - Aprovação em: 24/09/2003

Norma legal que altera o prazo de recolhimento da obrigação tributária não se sujeita ao princípio da anterioridade.

Súmula n° 670 - Aprovação em: 24/09/2003

O serviço de iluminação pública não pode ser remunerado mediante taxa.[1659]

Súmula n° 671 - Aprovação em: 24/09/2003

Os servidores públicos e os trabalhadores em geral têm direito, no que concerne à URP de abril/maio de 1988, apenas ao valor correspondente a 7/30 de 16,19% sobre os vencimentos e salários pertinentes aos meses de abril e maio de 1988, não cumulativamente, devidamente corrigido até o efetivo pagamento.

Súmula n° 672 - Aprovação em: 24/09/2003

O reajuste de 28,86%, concedido aos servidores militares pelas Leis 8.662/1993 e 8.627/1993, estende-se aos servidores civis do Poder Executivo, observadas as eventuais compensações decorrentes dos reajustes diferenciados concedidos pelos mesmos diplomas legais.[1660]

Súmula n° 673 - Aprovação em: 24/09/2003

O art. 125, § 4°, da Constituição, não impede a perda da graduação de militar mediante procedimento administrativo.

Súmula n° 674 - Aprovação em: 24/09/2003

A anistia prevista no art. 8° do Ato das Disposições Constitucionais Transitórias não alcança os militares expulsos com base em legislação disciplinar ordinária, ainda que em razão de atos praticados por motivação política.

[1658] Vide Súmula Vinculante n° 40.
[1659] Vide Súmula Vinculante n° 41.
[1660] Vide Súmula Vinculante n° 51.

SÚMULAS

Súmula nº 675 - Aprovação em: 24/09/2003

Os intervalos fixados para descanso e alimentação durante a jornada de seis horas não descaracterizam o sistema de turnos ininterruptos de revezamento para o efeito do art. 7º, XIV, da Constituição.

Súmula nº 676 - Aprovação em: 24/09/2003

A garantia da estabilidade provisória prevista no art. 10, II, "a", do Ato das Disposições Constitucionais Transitórias, também se aplica ao suplente do cargo de direção de comissões internas de prevenção de acidentes (CIPA).

Súmula nº 677 - Aprovação em: 24/09/2003

Até que lei venha a dispor a respeito, incumbe ao Ministério do Trabalho proceder ao registro das entidades sindicais e zelar pela observância do princípio da unicidade.

Súmula nº 678 - Aprovação em: 24/09/2003

São inconstitucionais os incisos I e III do art. 7º da Lei 8.162/1991,[1661] que afastam, para efeito de anuênio e de licença-prêmio, a contagem do tempo de serviço regido pela Consolidação das Leis do Trabalho dos servidores que passaram a submeter-se ao regime jurídico único.

Súmula nº 679 - Aprovação em: 24/09/2003

A fixação de vencimentos dos servidores públicos não pode ser objeto de convenção coletiva.

Súmula nº 680 - Aprovação em: 24/09/2003

O direito ao auxílio-alimentação não se estende aos servidores inativos.[1662]

Súmula nº 681 - Aprovação em: 24/09/2003

É inconstitucional a vinculação do reajuste de vencimentos de servidores estaduais ou municipais a índices federais de correção monetária.[1663]

Súmula nº 682 - Aprovação em: 24/09/2003

Não ofende a Constituição a correção monetária no pagamento com atraso dos vencimentos de servidores públicos.

[1661] Vide Lei nº 8.162, de 8 de janeiro de 1991 (dispõe sobre a revisão dos vencimentos, salários, proventos e demais retribuições dos servidores civis e a fixação dos soldos dos militares do Poder Executivo, na administração direta, autárquica e fundacional).
[1662] Vide Súmula Vinculante nº 55.
[1663] Vide Súmula Vinculante nº 42.

J. U. Jacoby Fernandes

Súmula n° 683 - Aprovação em: 24/09/2003

O limite de idade para a inscrição em concurso público só se legítima em face do art. 7°, XXX, da Constituição, quando possa ser justificado pela natureza das atribuições do cargo a ser preenchido.[1664]

Súmula n° 684 - Aprovação em: 24/09/2003

É inconstitucional o veto não motivado à participação de candidato a concurso público.

Súmula n° 685 - Aprovação em: 24/09/2003

É inconstitucional toda modalidade de provimento que propicie ao servidor investir-se, sem prévia aprovação em concurso público destinado ao seu provimento, em cargo que não integra a carreira na qual anteriormente investido.[1665]

Súmula n° 686 - Aprovação em: 24/09/2003

Só por lei se pode sujeitar a exame psicotécnico a habilitação de candidato a cargo público.[1666]

Súmula n° 687 - Aprovação em: 24/09/2003

A revisão de que trata o art. 58 do Ato das Disposições Constitucionais Transitórias não se aplica aos benefícios previdenciários concedidos após a promulgação da Constituição de 1988.

Súmula n° 688 - Aprovação em: 24/09/2003

É legítima a incidência da contribuição previdenciária sobre o 13° salário.

Súmula n° 689 - Aprovação em: 24/09/2003

O segurado pode ajuizar ação contra a instituição previdenciária perante o juízo federal do seu domicílio ou nas varas federais da capital do Estado-membro.

Súmula n° 690 - Aprovação em: 24/09/2003

Compete originariamente ao Supremo Tribunal Federal o julgamento de *habeas-corpus* contra decisão de turma recursal de juizados especiais criminais.[1667]

Súmula n° 691 - Aprovação em: 24/09/2003

Não compete ao Supremo Tribunal Federal conhecer de *habeas-corpus* impetrado contra decisão do relator que, em *habeas-corpus* requerido a Tribunal Superior, indefere a liminar.[1668]

[1664] Vide Súmula Vinculante n° 14.
[1665] Vide Súmula Vinculante n° 43.
[1666] Vide Súmula Vinculante n° 44.
[1667] No julgamento do HC 86834. (DJ de 09/03/2007).

SÚMULAS

Súmula n° 692 - Aprovação em: 24/09/2003

Não se conhece de habeas-corpus contra omissão de relator de extradição, se fundado em fato ou direito estrangeiro cuja prova não constava dos autos, nem foi ele provocado a respeito.

Súmula n° 693 - Aprovação em: 24/09/2003

Não cabe *habeas-corpus* contra decisão condenatória a pena de multa, ou relativo a processo em curso por infração penal a que a pena pecuniária seja a única cominada.

Súmula n° 694 - Aprovação em: 24/09/2003

Não cabe *habeas-corpus* contra a imposição da pena de exclusão de militar ou de perda de patente ou de função pública.

Súmula n° 695 - Aprovação em: 24/09/2003

Não cabe *habeas-corpus* quando já extinta a pena privativa de liberdade.

Súmula n° 696 - Aprovação em: 24/09/2003

Reunidos os pressupostos legais permissivos da suspensão condicional do processo, mas se recusando o Promotor de Justiça a propô-la, o juiz, dissentindo, remeterá a questão ao Procurador-Geral, aplicando-se por analogia o art. 28 do Código de Processo Penal.[1669]

Súmula n° 697 - Aprovação em: 24/09/2003

A proibição de liberdade provisória nos processos por crimes hediondos não veda o relaxamento da prisão processual por excesso de prazo.

Súmula n° 698 - Aprovação em: 24/09/2003

Não se estende aos demais crimes hediondos a admissibilidade de progressão no regime de execução da pena aplicada ao crime de tortura.[1670]

Súmula n° 699 - Aprovação em: 24/09/2003

O prazo para interposição de agravo, em processo penal, é de cinco dias, de acordo com a Lei 8.038/1990,[1671] não se aplicando o disposto a respeito nas alterações da Lei 8.950/1994 ao Código de Processo Civil.

[1668] No julgamento do HC 85185 o STF rejeitou a proposta de cancelamento da Súmula 691. (DJ de 01/09/2006) Vide também HC 86864 MC (DJ de 16/12/2005) que a mesma for rediscutida.

[1669] Vide Decreto-Lei n° 3.689, de 3 de outubro de 1941 (Código de Processo Penal).

[1670] Embora não tenha se referido a à Súmula 698, no julgamento do HC 82959 o STF declarou, *incidenter tantum*, a inconstitucionalkidade do §1o do art. 2° da Lei n° 8.072, de 25/07/1990.

[1671] Vide Lei n° 8.038, de 28 de maio de 1990 (institui normas procedimentais para os processos que especifica, perante o Superior Tribunal de Justiça e o Supremo Tribunal Federal).

Súmula n° 700 - Aprovação em: 24/09/2003

É de cinco dias o prazo para interposição de agravo contra decisão do juiz da execução penal.

Súmula n° 701 - Aprovação em: 24/09/2003

No mandado de segurança impetrado pelo Ministério Público contra decisão proferida em processo penal, é obrigatória a citação do réu como litisconsorte passivo.

Súmula n° 702 - Aprovação em: 24/09/2003

A competência do Tribunal de Justiça para julgar prefeitos restringe-se aos crimes de competência da Justiça Comum Estadual; nos demais casos, a competência originária caberá ao respectivo Tribunal de segundo grau.

Súmula n° 703 - Aprovação em: 24/09/2003

A extinção do mandato do Prefeito não impede a instauração de processo pela prática dos crimes previstos no art. 1° do Decreto-Lei 201/1967.[1672]

Súmula n° 704 - Aprovação em: 24/09/2003

Não viola as garantias do juiz natural, da ampla defesa e do devido processo legal a atração por continência ou conexão do processo do co-réu ao foro por prerrogativa de função de um dos denunciados.

Súmula n° 705 - Aprovação em: 24/09/2003

A renúncia do réu ao direito de apelação, manifestada sem a assistência do defensor, não impede o conhecimento da apelação por este interposta.

Súmula n° 706 - Aprovação em: 24/09/2003

É relativa a nulidade decorrente da inobservância da competência penal por prevenção.

Súmula n° 707 - Aprovação em: 24/09/2003

Constitui nulidade a falta de intimação do denunciado para oferecer contra-razões ao recurso interposto da rejeição da denúncia, não a suprindo a nomeação de defensor dativo.

Súmula n° 708 - Aprovação em: 24/09/2003

É nulo o julgamento da apelação se, após a manifestação nos autos da renúncia do único defensor, o réu não foi previamente intimado para constituir outro.

[1672] Vide Decreto-Lei n° 201, de 17 de fevereiro de 1967 (dispõe sobre a responsabilidade dos Prefeitos e Vereadores).

SÚMULAS

Súmula n° 709 - Aprovação em: 24/09/2003

Salvo quando nula a decisão de primeiro grau, o acórdão que provê o recurso contra a rejeição da denúncia vale, desde logo, pelo recebimento dela.

Súmula n° 710 - Aprovação em: 24/09/2003

No processo penal, contam-se os prazos da data da intimação, e não da juntada aos autos do mandado ou da carta precatória ou de ordem.

Súmula n° 711 - Aprovação em: 24/09/2003

A lei penal mais grave aplica-se ao crime continuado ou ao crime permanente, se a sua vigência é anterior à cessação da continuidade ou da permanência.

Súmula n° 712 - Aprovação em: 24/09/2003

É nula a decisão que determina o desaforamento de processo da competência do júri sem audiência da defesa.

Súmula n° 713 - Aprovação em: 24/09/2003

O efeito devolutivo da apelação contra decisões do júri é adstrito aos fundamentos da sua interposição.

Súmula n° 714 - Aprovação em: 24/09/2003

É concorrente a legitimidade do ofendido, mediante queixa, e do Ministério Público, condicionada à representação do ofendido, para a ação penal por crime contra a honra de servidor público em razão do exercício de suas funções.

Súmula n° 715 - Aprovação em: 24/09/2003

A pena unificada para atender ao limite de trinta anos de cumprimento, determinado pelo art. 75 do Código Penal,[1673] não é considerada para a concessão de outros benefícios, como o livramento condicional ou regime mais favorável de execução.

Súmula n° 716 - Aprovação em: 24/09/2003

Admite-se a progressão de regime de cumprimento da pena ou a aplicação imediata de regime menos severo nela determinada, antes do trânsito em julgado da sentença condenatória.[1674]

Súmula n° 717 - Aprovação em: 24/09/2003

Não impede a progressão de regime de execução da pena, fixada em sentença não transitada em julgado, o fato de o réu se encontrar em prisão especial.

[1673] Vide Decreto-Lei n° 2.848, de 7 de dezembro de 1940 (Código Penal).
[1674] No HC 84078 (DJe n° 35 de 26/02/2010), o STF não faz referência a essa súmula. Decidiu pela inconstitucionalidade da chamada execção antecipadada da pena.

Súmula nº 718 - Aprovação em: 24/09/2003

A opinião do julgador sobre a gravidade em abstrato do crime não constitui motivação idônea para a imposição de regime mais severo do que o permitido segundo a pena aplicada.

Súmula nº 719 - Aprovação em: 24/09/2003

A imposição do regime de cumprimento mais severo do que a pena aplicada permitir exige motivação idônea.

Súmula nº 720 - Aprovação em: 24/09/2003

O art. 309 do Código de Trânsito Brasileiro,[1675] que reclama decorra do fato perigo de dano, derrogou o art. 32 da Lei das Contravenções Penais[1676] no tocante à direção sem habilitação em vias terrestres.

Súmula nº 721 - Aprovação em: 24/09/2003

A competência constitucional do Tribunal do Júri prevalece sobre o foro por prerrogativa de função estabelecido exclusivamente pela Constituição estadual.[1677]

Súmula nº 722 - Aprovação em: 26/11/2003

São da competência legislativa da União a definição dos crimes de responsabilidade e o estabelecimento das respectivas normas de processo e julgamento.[1678]

Súmula nº 723 - Aprovação em: 26/11/2003

Não se admite a suspensão condicional do processo por crime continuado, se a soma da pena mínima da infração mais grave com o aumento mínimo de um sexto for superior a um ano.

Súmula nº 724 - Aprovação em: 26/11/2003

Ainda quando alugado a terceiros, permanece imune ao IPTU o imóvel pertencente a qualquer das entidades referidas pelo art. 150, VI, "c", da Constituição, desde que o valor dos aluguéis seja aplicado nas atividades essenciais de tais entidades.[1679]

[1675] Vide Lei nº 9.503, de 23 de setembro de 1997 (institui o Código de Trânsito Brasileiro).

[1676] Vide Decreto-Lei nº 3.688, de 03 de outubro de 1941 (Lei das Contravenções Penais).

[1677] Vide Súmula Vinculante nº 45.

[1678] Vide Súmula Vinculante nº 46.

[1679] Vide Súmula Vinculante nº 52.

SÚMULAS

Súmula n° 725 - Aprovação em: 26/11/2003

É constitucional o § 2° do art. 6° da Lei 8.024/1990,[1680] resultante da conversão da Medida Provisória 168/1990, que fixou o BTN fiscal como índice de correção monetária aplicável aos depósitos bloqueados pelo plano Collor I.

Súmula n° 726 - Aprovação em: 26/11/2003

Para efeito de aposentadoria especial de professores, não se computa o tempo de serviço prestado fora da sala de aula.[1681]

Súmula n° 727 - Aprovação em: 26/11/2003

Não pode o magistrado deixar de encaminhar ao Supremo Tribunal Federal o agravo de instrumento interposto da decisão que não admite recurso extraordinário, ainda que referente a causa instaurada no âmbito dos Juizados Especiais.

Súmula n° 728 - Aprovação em: 26/11/2003

É de três dias o prazo para a interposição de Recurso Extraordinário contra decisão do Tribunal Superior Eleitoral, contado, quando for o caso, a partir da publicação do acórdão, na própria sessão de julgamento, nos termos do art. 12 da Lei 6.055/1974,[1682] que não foi revogado pela Lei 8.950/1994.[1683]

Súmula n°729 - Aprovação em: 26/11/2003

A decisão na Ação Direta de Constitucionalidade - 4 não se aplica à antecipação de tutela em causa de natureza previdenciária.

Súmula n° 730 - Aprovação em: 26/11/2003

A imunidade tributária conferida a instituições de assistência social sem fins lucrativos pelo art. 150, VI, "c", da Constituição, somente alcança as entidades fechadas de previdência social privada se não houver contribuição dos beneficiários.

[1680] Vide Lei n° 8.024 de 12 de abril de 1990 (institui o cruzeiro, dispõe sobre a liquidez dos ativos financeiros).

[1681] Na ADI 3772 (DJe n° 59 de 27/03/2009), o STF decidiu pela exclusão apenas dos especialistas em educação, mantendo o direito ao regime especial de aposentadoria a todos os professores de carreira, mesmo que exerçam função de direção, coordenação e assessoramente pedagógico, desde que exercidos em estabelecimento de ensino básico.

[1682] Vide Lei n° 6.055, de 17 de junho de 1974 (estabelece normas sobre a realização de eleições em 1974).

[1683] Vide Lei n°8.950, de 13 dez. 1994 (altera dispositivos do Código de Processo Civil, relativos aos recursos).

J. U. Jacoby Fernandes

Súmula nº 731 - Aprovação em: 26/11/2003

Para fim da competência originária do Supremo Tribunal Federal, é de interesse geral da Magistratura a questão de saber se, em face da Lei Orgânica da Magistratura Nacional,[1684] os juízes têm direito à licença-prêmio.

Súmula nº 732 - Aprovação em: 26/11/2003

É constitucional a cobrança da contribuição do salário-educação, seja sob a carta de 1969, seja sob a Constituição Federal de 1988, e no regime da Lei 9.424/1996.[1685]

Súmula nº 733 - Aprovação em: 26/11/2003

Não cabe Recurso Extraordinário contra decisão proferida no processamento de precatórios.

Súmula nº 734 - Aprovação em: 26/11/2003

Não cabe reclamação quando já houver transitado em julgado o ato judicial que se alega tenha desrespeitado decisão do Supremo Tribunal Federal.

Súmula nº 735 - Aprovação em: 26/11/2003

Não cabe Recurso Extraordinário contra Acórdão que defere Medida Liminar.

Súmula nº 736 - Aprovação em: 26/11/2003

Compete à Justiça do Trabalho julgar as ações que tenham como causa de pedir o descumprimento de normas trabalhistas relativas à segurança, higiene e saúde dos trabalhadores.

[1684] Vide Lei Complementar nº 35, de 14 de março de 1979 (dispõe sobre a Lei Orgânica da Magistratura Nacional).

[1685] Vide Lei nº 9.424, de 24 de dezembro de 1996 (dispõe sobre o fundo de manutenção e desenvolvimento do ensino fundamental e de valorização do magistério, na forma prevista no artigo 60, parágrafo 7, do Ato das Disposições Constitucionais Transitórias).

ÍNDICE DE ASSUNTOS[1686]

Abastecimento
alimentar - competência para organização, art. 23, VIII, 58
Abertura. ....v. também janela
da sessão legislativa - mensagem Presidencial, art. 84, XI, 123
da sessão legislativa, art. 57, § 3°, I, 105
janela - distância mínima do prédio de outrem, S414, 417
Abono
de permanência - professor, EC41, art. 3º, § 1º, 346
Absolvição
de instância - processo paralizado por mais de 30 dias, S216, 394
Abuso
de autoridade. v. também habeas corpus, habeas data e mandado de
segurança
de poder - econômico - vedação, art. 173, § 4°, 214
de poder - eleições, art. 14, § 9°, 42
de poder - *habeas-corpus* - concessão, art. 5°, LXVIII, 31
de poder - *habeas-data* - concessão, art. 5° LXXII, 31
de poder - mandado de segurança - concessão, art. 5° LXIX, 31
de prerrogativas - por Deputado e Senador, art. 55, § 1°, 104
Ação. ....v. também acidente de trabalho, execução fiscal,
processo, Juiz, tribunal e Ministério Público
anulatória de venda - ascendente à descentente - prazo - prescrição, S494,
427
Banco do Brasil - processo e julgamento - competência, S508, 428
civil pública - Ministério Público - legitimidade, S643, 445
civil pública, promoção, art. 129, III, 169
contra a instituição previdenciária - foro competente, S689, 450
contra deputado ou senador - andamento pode ser sustado, art. 53, § 3°.,
103
crédito tributário - depósito prévio, admissibilidade - inconstitucionalidade,
SV28, 367
da Rede Ferroviária Federal S.A. - foro competente - ressalva, S251, 398
de cobrança - substituição por mandado de segurança - descabimento, S269,
399
de consignação - aluguel - valor da causa - anuidade, S449, 421
de *habeas-corpus* - gratuidade, art. 5°, LXXVII, 32
de *habeas-data* - gratuidade, art. 5°, LXXVII, 32
de improbidade administrativa, art. 37, § 4°, 81

[1686] As remissões às Súmulas do STF, no corpo deste índice, estão representadas por **S**.
Quando for indicado artigo (art.) entenda-se que se faz remissão à Constituição Federal.

J. U. Jacoby Fernandes

Ação

de indenização - avaria - vistoria judicial - dispensa, S261, 399

de indenização - segurador sub-rogado - navio - carga extraviada - prescrição, S151, 386

de indenização - segurador sub-rogado - navio - carga perdida - prescrição, S151, 386

de investigação de paternidade - imprescritibilidade, S149, 386

de petição de herança - prescritibilidade, S149, 386

de sociedade - desapropriação - imissão na posse - direitos - exercício, S476, 424

de sociedade imobiliária - transferência - imposto de transmissão inter vivos - incidência - impossibilidade, S329, 406

de usucapião - citação - confinante certo - obrigatoriedade, S391, 414

de usucapião - possuidor - citação pessoal - obrigatoriedade, S263, 399

declaratória - reconvenção - admissibilidade, S258, 398

declaratória de constitucionalidade. ....v. também ADC

direta de inconstitucionalidade. ....v. também ADI

direta interventiva - inconstitucionalidade de lei municipal - legitimidade, S614, 441

específica - possibilidade - decisão denegatória em mandado de segurança, S304, 404

executiva - cheque - contra o emitente e seus avalistas - cabimento, S600, 440

livros comerciais - exame - limites, S260, 399

mandado de segurança - honorários advocatícios - não cabimento, S512, 429

para compelir o réu a cumprir obrigação de dar, S500, 427

penal - denúncia - prescrição - continuação, S607, 441

penal - estupro - violência real - tipo, S608, 441

penal - ofensa a honra - prerrogativa de função - competência especial, S396, 414

penal - prescrição - regulamentação, S146, 386

penal - sonegação fiscal - tipo, S609, 441

penal pública - processo sumário - iniciativa, S601, 440

pessoa jurídica de direito privado - agência - foro, S363, 410

pessoa jurídica de direito privado - estabelecimento - foro, S363, 410

popular - proposição - pessoa jurídica - ilegitimidade, S365, 411

popular - proposição, art. 5º, LXXIII, 31

posse - deferimento - titular do domínio, S487, 426

privada - nos crimes de ação pública, art. 5º, LIX, 30

pública - crimes - admissão de ação privada, art. 5º, LIX, 30

pública - penal e civil, Ministério Público - competência privativa, art. 129, I, III e § 1º, 169

regressiva - contra o causador do dano - segurador - possibilidade - limites, S188, 391

ÍNDICE REMISSIVO

Ação

regressiva - segurador x causador do dano - honorários advocatícios - cabimento, S257, 398

regressiva da Administração contra seus agentes, art. 37, § 5º, 81

renovatória - de locação - improcedência - desocupação do imóvel - prazo, S370, 411

rescisória - cabimento, S514, 429

rescisória - competência, S515, 429

rescisória - dispositivo de lei - interpretação controvertida - descabimento, S343, 408

rescisória - juízes do julgamento rescindendo - impedimento - inexistência, S252, 398

rescisória - Justiça do Trabalho - descabimento, S338, 407

rescisória - paralização por mais de 5 anos - prescrição intercorrente, S264, 399

rescisória - processo e julgamento, competência - ADCT, art. 27, §10, 280

rescisória - processo e julgamento, competência, art. 102, I, j, 144

rescisória - processo e julgamento, competência, art. 105, I, 152

rescisória - processo e julgamento, competência, art. 108, I, b, 155

rescisória - questão federal controvertida apreciada pelo STF - competência, S249, 397

revisional - renúncia - contrato de locação - lei de luvas - legalidade, S357, 410

revisional de aluguel - lei de luvas - arbitramento - vigência - termo inicial, S180, 390

seguro marítimo - processo e julgamento - competência, S504, 428

trabalhista - prescrição - prazo, art. 7º, XXIX, 36

Acidente

com passageiro - transportador - culpa de terceiro - ação regressiva, S187, 391

com passageiro - transportador - responsabilidade contratual - permanência, S187, 391

do trabalho - ausências - não são descontáveis, S198, 392

do trabalho - autarquia seguradora - custas, S236, 396

do trabalho - controvérsia entre empregador e segurador - pagamento - suspensão - impossibilidade, S337, 407

do trabalho - controvérsia entre seguradores - pagamento ao acidentado - manutenção, S434, 419

do trabalho - depósito para recorrer - exigibilidade, S240, 396

do trabalho - diárias, S232, 396

do trabalho - honorários advocatícios, S234, 396

do trabalho - indenização - cálculo - repouso semanal remunerado - inclusão, S464, 423

do trabalho - indenização - responsabilidade - empregador, S529, 431

do trabalho - indenização - segurador - impossibilidade financeira, S529, 431

Acidente

do trabalho - juízo competente, S235, 396

do trabalho - multa pelo retardamento da liquidação, S238, 396

do trabalho - multa pelo retardamento da liquidação, S311, 404

do trabalho - ou de transporte - base da indenização, S314, 405

do trabalho - prescrição, S230, 395

do trabalho - processo e julgamento - competência, S501, 428

do trabalho - processo e julgamento da ação - competência, S501, 428

do trabalho - regime geral de previdência social, art. 201, § 10, 236

filho menor - morte - indenização - obrigatoriedade, S491, 426

indenização - dolo ou culpa grave do empregador, S229, 395

Acórdão

concessivo de segurança - recurso - prazo - contagem - início, S392, 414

provimento de recurso contra a rejeição da denúncia - validade, S709, 453

que defere medida liminar - recurso extraordinário - não cabimento, S735, 456

título executivo – TCU, art. 71, VIII, 117

Acordo(s). ....v. também tratados

Atos internacionais - Congresso Nacional, referendo, art. 49, I, 97

coletivos de trabalho - reconhecimento, art. 7º, XXVI, 36

tarifários - aplicação, S87, 379

Acre. ....v. também *também Estado*

limites, homologação, conforme serviços do IBGE - ADCT, art. 12, § 5º, 275

Acusado(s)

contraditório e ampla defesa, art. 5º, LV, 29

privação de liberdade e bens - direito ao processo legal, art. 5º LIV, 29

processo e sentença, art. 5º, LIII, 29

ADC

ação declaratória de constitucionalidade, art. 102, I, *a*, 142

legitimidade, art. 103, 146

ADI

Advogado-Geral da União, citação, art. 103, § 3º, 148

confederação sindical, art. 103, IX, 147

Conselho Federal da OAB, art. 103, VII, 147

entidade de classe de âmbito nacional, art. 103, IX, 147

Governador de Estado, art. 103, V, 147

Governador do DF, art. 103, V, 147

legitimidade, art. 103, 146

legitimidade, art. 129, IV, 169

lei distrital - cabimento, S642, 445

Mesa - da Assembléia Legislativa, art. 103, IV, 147

Mesa - da Câmara de Deputados, art. 103, III, 146

Mesa - da Câmara Legislativa do DF, art. 103, IV, 147

Mesa - do Senado Federal, art. 103, II, 146

ÍNDICE REMISSIVO

ADI

partido político, art. 103, VIII, 147

Presidente da República, art. 103, I, 146

Procurador-Geral da República deve ser ouvido, art. 103, § 1°, 148

Procurador-Geral da República, art. 103, VI e § 1°, 147

Adicional. ....**v. também décimo terceiro salário, Remuneração, Salário, Subsídio e Vencimento**

ao Frete para Renovação da Marinha Mercante...ver AFRMM

de insalubridade - cobrança judicial - enquadramento da atividade - necessidade, S460, 422

de insalubridade - pagamento - base de cálculo, S307, 404

de periculosidade - empregado de posto de revenda de combustível líquido, S212, 393

inclusão no cálculo de indenização por despedida injusta, S459, 422

noturno - é devido em caso de identidade entre o trabalho diurno e o noturno, S313, 405

noturno - empregado em regime de revezamento, S213, 394

percebido em desacordo com a Constituição, redução - ADCT, art. 17, 277

Administração

indireta - revisão do estatuto quanto a natureza jurídica, prazo - União, EC19, art. 26, 334

pública. ....v. também poder público

pública - cargos - empregos e funções, art. 61, § 1°, II, *a*, 110

pública - federal - Ministro de Estado - competência, art. 87, p.ú., 125

pública - Ministérios e outros órgãos - criação, estruturação e atribuições, art. 61, § 1°, II, 110

pública - ação de improbidade, art. 37, § 4°, 81

pública - atos - fiscalização e controle, art. 49, X, 98

pública - atos - ilícitos contra o erário - prescrição, art. 37, § 5°, 81

pública - atos - nulidade - declaração - possibilidade, S346, 408

pública - cargos - em comissão e funções de confiança, art. 37, V e XVII, 74

pública - cargos - empregos e funções, art. 37, I, 73

pública - cargos - empregos e funções, art. 37, II, 73

pública - cargos - empregos e funções, art. 37, IV, 74

pública - cargos - ou empregos - acumulação - ADCT, art. 17, § 1°e 2°, 277

pública - cargos - ou empregos - acumulação, art. 37, XVI, c, 78

pública - contas - fiscalização - controle externo, art. 71, 116

pública - contratação e licitação, art. 22, XXVII, 56

pública - contratação e licitação, art. 37, XXI, 79

pública - créditos orçamentários ou adicionais - despesas excedentes, art. 167, II, 208

pública - despesas - aumento, art. 63, I, 113

pública - despesas - com pessoal - ADCT, art. 38, p.ú., 285

J. U. Jacoby Fernandes

Administração

pública - despesas - com pessoal, art. 169, 210

pública - entidades sob intervenção ou liquidação extrajudicial, créditos - correção monetária - ADCT art. 46, 287

pública - fazendária, áreas de ação, art. 144, §1°, II, 181

pública - fazendária, áreas de ação, art. 37, XVIII, 79

pública - federal - metas e prioridade, art. 165, § 2°, 203

pública - federal - organização e funcionamento - competência privativa do Presidente da República, art. 84, VI, 122

pública - federal - plano plurianual, diretrizes, objetivos e metas, art. 165, § 1°, 203

pública - finanças, legislação, art. 163, I, 202

pública - fiscalização - controle externo e interno, art. 70, 116

pública - gestão - consulta da documentação governamental, art. 216, § 2°, 247

pública - gestão - financeira e patrimonial, normas - ADCT, art. 35, § 2°, 284

pública - gestão - financeira e patrimonial, normas, art. 165, § 9°, 205

pública - improbidade, art. 37, § 4°, 81

pública - informações privilegiadas, art. 37, § 7°, 81

pública - inspeções e auditorias - Tribunal de Contas da União, art. 71, IV, 117

pública - investimento, plano plurianual, inclusão, art. 167, § 1°, 209

pública - licitação e contratação, art. 22, XXVII, 56

pública - licitação e contratação, art. 37, XXI, 79

pública - médico militar - cumulação de cargos - ADCT, art. 17, § 1°, 277

pública - Ministérios e outros órgãos - criação, estruturação e atribuições, art. 48, X, 96

pública - Ministérios e outros órgãos - criação, estruturação e atribuições, art. 84, VI, 122

pública - moralidade - ação popular, art. 5°, LXXIII, 31

pública - orçamento fiscal, investimento e seguridade social, art. 165, §5°, 204

pública - orçamento fiscal, investimento e seguridade social, art. 167, VIII, 209

pública - pessoal - disponibilidade - aproveitamento - critérios, S39, 375

pública - pessoal, atos - apreciação da legalidade - ADCT, art. 19, 278

pública - pessoal, atos - apreciação da legalidade, art. 71, III, 117

pública - poder de anular os próprios atos, S473, 424

pública - prestação de contas - pessoa física ou entidade pública, art. 70, p.ú., 116

pública - princípios e disposições gerais, art. 37, 72, 82

pública - profissionais de saúde, exercício acumulativo de cargo ou função - ADCT, art. 17, § 2°, 277

pública - publicidade dos atos, art. 37, § 1°, 80

ÍNDICE REMISSIVO

Administração
pública - reforma administrativa - regime e planos de carreira - ADCT, art. 24, 279
pública - reforma administrativa - regime e planos de carreira, art. 39, 83
pública - remuneração de qualquer espécie, limites - União, EC19, art. 29, 334
pública - serviços públicos - licitação, art. 175, 215
pública - serviços públicos - remuneração e subsídio, art. 37, XI, 75
pública - serviços públicos - taxas, art. 145, II, 183
pública - servidor não estável - União, EC19, art. 33, 337
pública - servidor, estágio probatório, prazo e estabilidade - União, EC19, art. 28, 334
pública - sistema de controle interno, finalidade, art. 74, 119
pública direta, autárquica e fundacional, servidor público - aposentadoria voluntária, cargo efetivo, diretrizes - previdência social, EC41, art. 2º, 345
pública federal - servidor cedido, ex-território - serviço prestado sem ônus ao cessionário - União, EC19, art. 31, § 3º, 336
pública federal - servidor, ex-território - meios probatórios ou vínculo funcional, diretrizes - União, EC19, art. 31, § 4º, 336
pública federal - servidor, ex-território, integração, opção - União, EC19, art. 31, 335
pública federal - servidor, policial civil ou militar, ex-território - cargo originário ou equivalente - União, EC19, art. 31, § 1º, 335
pública federal - servidor, policial militar, ex-território - serviço prestado por cedência - União, EC19, art. 31, § 2º, 336
pública, ex-territórios e dos estados do Amapá ou Roraima, União - inclusão de quadro em extinção de servidor público policial civil ou militar - descumprimento do prazo, EC98, art. 2º, § 1º, 362
pública, ex-territórios e dos estados do Amapá ou Roraima, União - inclusão de quadro em extinção de servidor público policial civil ou militar - direito e prazo, EC98, art. 3º, 362
pública, ex-territórios e dos estados do Amapá ou Roraima, União - inclusão de quadro em extinção de servidor público policial civil ou militar - prazo, EC98, art. 2º, 362
pública, ex-territórios e dos estados do Amapá ou Roraima, União - inclusão de quadro em extinção de servidor público policial civil ou militar - regime próprio de previdência, EC98, art. 7º, 363
pública, ex-territórios e dos estados do Amapá ou Roraima, União - inclusão de quadro em extinção de servidor público policial civil ou militar - vedação do pagamento, EC98, art. 2º, § 2º, 362
pública, ex-territórios e dos estados do Amapá ou Roraima, União - inclusão de quadro em extinção de servidor público policial civil ou militar - vínculo funcional, EC98, art. 4º, 363

J. U. Jacoby Fernandes

Administração tributária
recursos prioritários, art. 37, XXII, 80
União, Estados e Municípios - atuação integrada, art. 37, XXII, 80
Admissibilidade
depósito prévio - ação judicial, crédito tributário - inconstitucionalidade,
SV28, 367
Adoção
assistência pelo Poder Público, art. 227, § 5°, 261
estrangeiros, art. 227, § 5°, 261
filhos adotivos, igualdade de direitos, art. 227, §6°, 261
Adolescência
abandonados, estímulo à guarda pelo Poder Público, art. 227, § 3°, VI, 261
abuso sexual, punição, art. 227, § 4°, 261
amparo, art. 203, II, 238
assistência social, art. 203, I e II, 238
assistência social, art. 227, § 7°, 261
autores de infrações penais - garantias, art. 227, § 3°, IV, 261
autores de infrações penais - medida privativa de liberdade, aplicação, art.
227, § 3°, V, 261
dependentes de drogas, prevenção e atendimento, art. 227, § 3°, VII, 261
direitos - alimentação, art. 227, 259
direitos - convivência - comunitária, art. 227, 259
direitos - convivência - familiar, art. 227, 259
direitos - cultura, art. 227, 259
direitos - dignidade, art. 227, 259
direitos - educação, art. 227, 259
direitos - lazer, art. 227, 259
direitos - liberdade, art. 227, 259
direitos - profissionalização, art. 227, 259
direitos - proteção especial, art. 227, § 3°, 261
direitos - respeito, art. 227, 259
direitos - saúde, art. 227, *caput* e § 1°, 259
direitos - vida, art. 227, 259
exploração sexual, punição, art. 227, § 4°, 261
menor, imputabilidade penal, art. 228, 262
órfãos, estímulo à guarda pelo Poder Público, art. 227, § 3°, VI, 261
proteção - competência legislativa, art. 24, XV, 59
proteção - contra - crueldade, art. 227, 259
proteção - contra - discriminação, art. 227, 259
proteção - contra - exploração, art. 227, 259
proteção - contra - negligência, art. 227, 259
proteção - contra - opressão, art. 227, 259
proteção - contra - violência, art. 227, 259
proteção, art. 203, I, 238

ÍNDICE REMISSIVO

violência sexual, punição, art. 227, § 4°, 261

Adquirente

responsabilidade pelas benfeitorias do locatário, S158, 387

Aduana. ....v. também administração tributária

desembaraço, ICMS - mercadoria importada, SV48, 369

Advocacia. ....v. também advogado

Defensoria Pública - indispensável à administração da justiça, art. 133, 174

Defensoria Pública - remuneração, arts. 134, p.ú. e 135, 174

exercício - Juízes, proibição, art. 95, p.ú., V, 133

Geral - consultoria jurídica - ADCT, art. 69, 297

Geral da União, 297

honorários - natureza alimentar, precatório ou requisição de pequeno valor, SV47, 369

Pública - atividade, organização e funcionamento - ADCT, art. 29, *caput* e § 1°, 281

Pública - ato impugnado, defesa prévia, art. 103, § 3°, 148

Pública - carreira, ingresso, 131, § 2°, 173

Pública - chefe, nomeação, art. 131, § 1°, 173

Pública - crime de responsabilidade - processo e julgamento, art. 52, II e p.ú., 100

Pública - definição e competência, art. 131, 172

Pública - dívida ativa tributária - representação, art. 131, § 3°, 173

Pública - estabilidade, art. 132, p.ú., 173

Pública - nomeação pelo Presidente da República, art. 131, § 1°, 173

Pública - nomeação pelo Presidente da República, art. 84, XVI, 123

Pública - Procuradores da República, opção de carreira - ADCT, art. 29 *caput* e § 2°, 281

Pública - representação judicial e consultoria dos Estados e do Distrito Federal, exercício, Procurador, art. 132, 173

Advocacia-Geral da União

lei complementar - atribuições - ADCT, art. 29, 281

Advogado. ....v. também Advocacia e OAB

falta de defesa técnica - não ofende CF, SV5, 364

função - indispensável à administração da justiça, art. 133, 174

Geral da União. ....v. também AGU, advocacia pública e PGFN

honorários - complemento da condenação - fixação, S389, 414

inviolabilidade, art. 133, 174

Superior Tribunal de Justiça, composição, art. 104, p.ú., II, 152

Tribunal de Alçada, composição, art. 94, 132

Tribunal de Justiça, composição, art. 94, 132

Tribunal Regional do Trabalho, composição, art. 115, I, 161

Tribunal Regional Federal, composição, art. 107, I, 155

Tribunal Superior do Trabalho, composição, art. 111, §§ 1° e 2°, 157

vencimentos e vantagens, art. 135, 175

Aeronave(s). ....**v. também transporte**

crimes a bordo - processo e julgamento, art. 109, IX, 156

Aeroporto

infra-estrutura, exploração - competência da União, art. 21, XII, c, 51

AFRMM

contribuição parafiscal, S553, 434

Agência

financeira oficial de fomento - política de aplicação, art. 165, § 2°, 204

Nacional de Telecomunicações......................................v. ANATEL

pessoa jurídica de direito privado - demanda judicial - foro, S363, 410

Agente(s)

comunitários – perda do cargo, art. 198, § 5°, 231

comunitários - processo seletivo público, , art. 198, § 4°, 230

comunitários – regime jurídico, piso, art. 198, § 5°, 230

de combate às endemias – perda do cargo, art. 198, § 5°, 231

de combate às endemias - processo seletivo público, , art. 198, § 4°, 230

de combate às endemias -- regime jurídico, piso, art. 198, § 5°, 230

de saúde, profissional - contratação direta, dispensa do processo seletivo, EC51, art. 2°, p.ú., 355

de saúde, profissional - contratação direta, limite de gasto, EC51, art. 2°, 355

Ágio(s)

cambiais - parcela do preço - imposto de vendas e consignações - incidência - legitimidade, S332, 407

Agravo

de instrumento - causa no âmbito dos Juizados Especiais - encaminhamento ao STF - dever do juiz, S727, 455

de instrumento - peças - cópias - traslado incompleto - recurso extraordinário - inadmissão, S639, 444

de petição - despacho que não admite a reconvenção - descabimento, S342, 408

entrega tempestiva - juntada tardia pelo cartório - prejudicialidade - ausência, S425, 418

entrega tempestiva no cartório - despacho tardio - prejudicialidade - ausência, S425, 418

execução penal - prazo para interposição, S700, 452

fundamentação deficiente - controvérsia - incompreensão - provimento - impossibilidade, S287, 401

interposição em processo penal - prazo, S699, 451

no auto do processo - despacho que não admite a reconvenção - cabimento, S342, 408

no auto do processo - momento da apreciação, S242, 397

para subida de recurso extraordinário - peças essenciais - ausência - provimento - impossibilidade, S288, 402

ÍNDICE REMISSIVO

Agravo
petição de interposição - ausência - prejudicialidade - inexistência, S427, 418
Presidente do STF - suspensão de liminar - cabimento, S506, 428
provimento - recurso extraordinário - cabimento, S289, 402
recurso extraordinário - fundamentação deficiente - controvérsia - incompreensão - provimento - impossibilidade, S287, 401
regimental - decisão de turma - embargos de divergência - descabimento, S599, 440
termo específico - ausência - prejudicialidade - inexistência, S426, 418

Agropecuária
fomento - competência comum da União, Estados, Distrito Federal e Municípios, art. 23, VIII, 58

Agrotóxico(s)
propaganda comercial - regulamentação - competência - ADCT, art. 65, 297
propaganda comercial, art. 220, § 4°, 252

AGU
ação de inconstitucionalidade, citação, art. 103, § 3°, 148
carreira, art. 131, § 2°, 173
crimes de responsabilidade - processo e julgamento, art. 52, II e p.ú., 100
nomeação, art. 131, § 1°, 173
nomeação, art. 84, XVI, 123
organização e funcionamento - ADCT, art. 29, § 1°, 281
procuradores atuais - opção - ADCT, art. 29, § 2°, 281
requisitos, art. 131, § 1°, 173

Água(s)
competência para legislar, art. 22, IV, 54
subterrâneas - bens estaduais, art. 26, I, 61
superficiais - bens estaduais, art. 26, I, 61

Alçada
relação entre o valor da causa e salário-mínimo vigente - momento, S502, 428

Álcool. ....v. também combustível
carburante - venda e revenda, art. 238, 266

Algema(s). ....v. também preso(s)
uso, SV11, 365

Alienação(ões)
públicas - licitações, art. 37, XXI, 79

Alimento(s)
abastecimento, organização - competência comum da União, Estados, Distrito Federal e Municípios, art. 23, VIII, 58
bebidas e águas - fiscalização, art. 200, VI, 232
desquite - obrigação de pagar, S226, 395
precatórios - ordem cronológica - isenção, S655, 446
programa, educando, art. 212, § 4°, 244

467

J. U. JACOBY FERNANDES

renúncia - acordo de desquite - inadmissibilidade, S379, 412

Alíquota

do imposto, limite - Poder Executivo - União, EC3, art. 2º, § 1º, 329

ICM - discriminação - inconstitucionalidade, S569, 436

redução, competência - imposto de combustível - União, EC3, art. 4º, 329

redução, competência - imposto de renda, adicional - União, EC3, art. 3º, 329

Alistamento eleitoral

condição de elegibilidade, art. 14, § 3º, III, 41

inalistáveis, art. 14, § 2º, 41

obrigatório ou facultativo, art. 14, § 1º, I e II, 41

Aluguel. ....v. também locação

ação de consignação - valor da causa - anuidade, S449, 421

arbitramento judicial - vigência - termo inicial, S179, 390

imóvel, IPTU, imunidade - atividade da entidade, SV52, 370

lei de luvas - ação revisional - arbitramento - vigência - termo inicial, S180, 390

progressivo - cláusula - legalidade, S65, 377

Aluno(s). ....v. também escola, ensino e aprendiz

ensino fundamental - valor mínimo, ADCT, art. 60, § 2º, 295

valor por - constituição dos fundos, ADCT, art. 60, I, a e b, 293

Amamentação

dos filhos, pelas presidiárias, art. 5º, L, 28

Amapá

Governador - indicação - ADCT, art. 14, § 3º, 277

instalação do Estado - ADCT, art. 14, § 1º, 276

recursos antes da transformação em Estado - ADCT, art. 14, § 4º, 277

servidor público policial ou militar - vedação do pagamento, EC98, art. 2º, § 2º, 362

transformação em Estado - ADCT, art. 14, 276

transformação em Estado - normas e critérios - ADCT, art. 14, § 2º, 276

Amazônia. ....v. também floresta(s) - amazônica

Legal - estudos territoriais - comissão - ADCT, art. 12, 275

Ambiente. ....v. também meio ambiente

Ameaça

de direito - apreciação, art. 5º, XXXV, 26

Ampla defesa

art. 5º, LV, 29

garantido no TCU, SV3, 364

perda de mandato eletivo, art. 55, § 2º, 104

Analfabeto

analfabetismo, erradicação - ADCT, art. 60, 291; art. 214, I, 245

inelegibilidade, art. 14, § 4º, 41

voto facultativo, art. 14, § 1º, II, a, 41

468

Índice Remissivo

ANATEL
> litisconsorte - serviço público de telefonia, concessionária - Justiça estadual, SV27, 367

Animal(is)
> bem estar, art. 225, § 7°, 258
> prática desportiva, art. 225, § 7°, 258

Anistia
> alcance, S674, 448
> aplicação - ADCT, art. 8°, § 5°, 273
> concessão - atribuição do Congresso Nacional, art. 48, VIII, 96
> concessão - competência da União, art. 21, XVII, 51
> concessão - efeitos financeiros - ADCT, art. 8°, § 1°, 273
> dirigentes e representantes sindicais - ADCT, art. 8°, § 2°, 273
> disposições - ADCT, art. 8°, 272
> fiscal, art. 150, § 6°, 189
> previdenciária, art. 150, § 6°, 189
> reparação econômica - atividade profissional específica - ADCT, art. 8°, § 3°, 273
> servidores públicos civis - ADCT, art. 8°, § 5°, 273
> Supremo Tribunal Federal - ADCT, art. 9°, 273
> trabalhadores do setor privado - ADCT, art. 8°, § 2°, 273
> Vereador, exercício gratuito do mandato - ADCT, art. 8°, § 4°, 273

Anonimato
> proibição, art. 5°, IV, 19

Antecipação
> de tutela - causa de natureza previdenciária - não aplicação da decisão na ADC-4, S729, 455

Anulação. ....v. também nulidade
> de aposentadoria - competência revisora do Judiciário, S6, 371
> de aposentadoria - depende de aprovação pelo Tribunal de Contas, S6, 371
> de atos - pode ser feita pela Administração, S473, 424

Apelação
> contra decisões do júri - efeito devolutivo - limites, S713, 453
> despachada no prazo legal - demora da juntada, por culpa do cartório, não prejudica, S320, 405
> entrega tempestiva no cartório - despacho tardio - prejudicialidade - ausência, S428, 418
> julgamento nulo - falta de prévia intimação ao réu para constituir novo defensor, S708, 452
> mandado de segurança - decisão não unânime - embargos infringentes - descabimento, S597, 439
> renúncia pelo réu - não impede o conhecimento da interposta pelo defensor, S705, 452

Aposentado

recuperação da capacidade - retorno ao emprego - direito, S217, 394

Aposentadoria. ....v. também inatividade

anulação pelo Poder Executivo - competência revisora do Judiciário, S6, 371

anulação pelo Poder Executivo - depende de aprovação pelo Tribunal de Contas, S6, 371

anulação/revogação - ampla defesa, SV3, 364

aposentados e pensionistas, gratificação natalina, art. 201, § 6°, 235

compulsória - ministros dos tribunais superiores e TCU - ADCT, art. 100, 318

compulsória - servidor vitalício, S36, 374

concessão - requisitos e critérios diferenciados - excessão, art. 201, § 1°, 234

concessão - requisitos e critérios diferenciados - vedação, art. 201, § 1°, 234

concessão - requisitos e critérios diferenciados, art. 40, § 4°, 87

contagem de tempo, mandato gratuito. ....v. também vereador - ADCT, art. 8°, § 4°

dupla - base para cálculo, S243, 397

dupla - servidor - exigências, S37, 374

dupla - servidor autárquico - ferroviário - impossibilidade, S371, 411

dupla - servidores aposentados anteriormente - aproveitamento, S372, 411

especial - professores - tempo de serviço prestado fora da sala de aula - não se computa, S726, 455

especial, previdência social - servidor público, SV33, 368

ex-combatente, proventos integrais - ADCT, art. 53, V, 290

invalidez permanente - servidor público, art. 40, § 1°, I, 86

juízes togados, normas - ADCT, art. 21, p.ú., 278

limites - ADCT, art. 17, 277

magistrados, art. 93, VI e VIII, 130

professores - tempo de serviço - redução, art. 201, § 8°, 235

professores - tempo de serviço, art. 40, § 5°, 88

proventos - subsídios, limites - exceções, art. 37, § 11, 82

proventos percebidos em desacordo com a Constituição, redução - ADCT, art. 17, 277

regime de previdência complementar - servidores - limites, art. 40, § 14, 90

regime geral de previdência social - condições, art. 201, § 7°, 235

regime geral de previdência social – contagem do tempo, art. 201, § 9°, 236

revogação - competência revisora do Judiciário, S6, 371

revogação - depende de aprovação pelo Tribunal de Contas, S6, 371

serviço público - contagem de tempo - diversidade - permissão, S567, 436

servidor - limites - acumulação de cargo, art. 40, § 11, 89

servidor - reclassificação posterior - impedimento, S38, 375

servidor - tempo de serviço, art. 40, § 9°, 89

servidor público - parâmetro de remuneração, art 40, § 2°, 87

ÍNDICE REMISSIVO

Aposentadoria

servidor público estadual - contagem de tempo - inclui-se serviço militar, S10, 372

servidor público, art. 40, 85

trabalhadores urbanos e rurais, art. 7°, XXIV, 36

vedação - percepção simultânea de proventos, art. 37, § 10, 82

vereador, exercício gratuito do mandato - cômputo - ADCT, art. 8°, § 4°, 273

voluntária - servidor público, permanência em atividade - abono, art. 40, § 19, 91

Aprendiz

trabalho noturno, art. 7°, XXXIII, 37

Apuração de haveres

balanço não aprovado pelo sócio excluído - ineficácia, S265, 399

balanço não aprovado pelo sócio falecido - ineficácia, S265, 399

balanço não aprovado pelo sócio retirante - ineficácia, S265, 399

Arguição

de descumprimento de preceito fundamental - apreciação pelo STF, art. 102, § 1°, 146

de nulidade contra o réu - acolhimento - recurso da acusação - ausência - decisão do Tribunal - nula - ressalva, S160, 387

Arma(s)

do escudo da República Federativa do Brasil – símbolo nacional, art. 13, §1°, 40

nacionais - símbolo, art. 13, §1°, 40

Arquiteto. ....v. também obra

imposto de renda - incidência, S93, 380

Arrecadação. ....v. também receita

produto - imposto - modalidade, entidade federada - União, EC3, art. 2°, § 3°, 329

produto - imposto - porcentagem, custeio para programa de habitação - União, EC3, art. 2°, § 4°, 329

produto - imposto, renda e proventos - União, repasse, EC17, art. 3°, 333

Arte(s). ....v. também cultura e obra(s)

criações artísticas, patrimônio cultural brasileiro, art. 216, I a V, 247

liberdade de expressão, art. 5°, IX, 20

reprodução de imagem e voz humana, art. 5°, XXXVIII, 24

Ascendente(s)

venda à descentente - ação anulatória - prazo - prescrição, S494, 427

Asilo

político - concessão - princípio, art. 4°, X, 18

Assalariado. ....v. também trabalhador

471

Assembleia

Estadual Constituinte - ADCT, art. 11, 274

Estadual Constituinte - Estado de Tocantins - capital provisória - ADCT, art. 13, § 2°, 275

Estadual Constituinte - Estado de Tocantins - criação, art. 13, §§ 2° e 5°, 275

Estadual Constituinte - Estado de Tocantins - instalação - ADCT, art. 13, § 5°, 276

Legislativa. ....v. também Câmara Municipal, Câmara Legislativa, Deputado Estadual, Poder Judiciário e Senado Federal

Legislativa - ação de inconstitucionalidade, legitimidade, art. 103, IV, 147

Legislativa - cargos - provimento, art. 27, § 3°, 62

Legislativa - competência, art. 27, § 3°, 62

Legislativa - composição - criação de Estado, art. 235, I, 264

Legislativa - composição, art. 27, 61

Legislativa - Constituição Estadual - elaboração - ADCT, art. 11, 274

Legislativa - emendas à Constituição, art. 60, III, 109

Legislativa - Estado - desmembramento, art. 48, VI, 96

Legislativa - Estado - incorporação, art. 48, VI, 96

Legislativa - Estado - subdivisão, art. 48, VI, 96

Legislativa - intervenção estadual - apreciação, art. 36, §§ 1°, 2° e 3°, 72

Legislativa - polícia, art. 27, § 4°, 62

Legislativa - processo legislativo - iniciativa popular, art. 27, § 4°, 62

Legislativa - provimento de cargos, art. 27, § 3°, 62

Legislativa - Regimento Interno, art. 27, § 3°, 62

Legislativa - secretaria - serviços administrativos, art. 27, § 3°, 62

Assistência

educacional - ex-combatentes, gratuidade - ADCT, art. 53, IV, 289

familiar - ao preso, art. 5°, LXIII, 30

gratuita - a filhos e dependentes, art. 7°, XXV, 36

gratuita - dever do Estado, art. 5° LXXIV, 31

hospitalar - ex-combatentes, gratuidade - ADCT, art. 53, IV, 289

jurídica - competência legislativa concorrente, art. 5° LXXIV, 31

jurídica - guarda do menor, art. 227, §, VI, 261

jurídica - habeas-corpus e habeas-data - gratuidade, art. 5° LXXVII, 32

jurídica - legislação corrente - competência da União, Estados e Distrito Federal, art. 24, XIII, 59

médica - ex-combatentes, gratuidade - ADCT, art. 53, IV, 289

pública - competência comum da União, Estados, Distrito Federal e Municípios, art. 23, II, 57

pública - herdeiros e dependentes de pessoas vitimadas por crime doloso, art. 245, 268

religiosa - assegurada, art. 5°, VII, 20

social - ação governamental - diretrizes, art. 204, 239

social - ação governamental - recursos, art. 204, 239

Índice Remissivo

Assistência
social - adolescência - proteção, art. 203, I e II, 238
social - adolescência, direitos, art. 227, §4°, 261
social - deficiente físico - benefício, art. 203, V, 238
social - deficiente físico - habilitação, reabilitação e integração, art. 203, IV, 238
social - descentralização administrativa, art. 204, I, 239
social - Distrito Federal, contribuição, art. 149, §§ 1° a 4°, 185
social - Estado, contribuição, art. 149, §§ 1° a 4° I, 185
social - família - proteção - 203, I, 238
social - infância - direitos, art. 227, § 7°, 259
social - infância - proteção, art. 203, I e II, 238
social - instituições sem fins lucrativos, limitações ao poder de tributar, art. 150, VI, c, § 4°, 188
social - maternidade, proteção, art. 203, I, 238
social - mercado de trabalho, integração, art. 203, III, 238
social - Município, contribuição, art. 149, §§ 1° a 4°, 185
social - objetivos, art. 203, 238
social - população, formulação de políticas e controle de ações, art. 204, II, 239
social - prestação, art. 203, 238
social - programas, coordenação e execução, art. 204, I, 239
social - velhice - benefício, art. 203, V, 238
social - velhice - proteção, art. 203, I, 238

Assistente
recurso supletivo - apresentação - prazo, S448, 421

Associação
atividade garimpeira, art. 174, § 3°, 215
colônias de pescadores, art. 8°, p.ú., 38
criação, art. 5°, XVIII, 22
desportiva, autonomia, art. 217, I, 249
dissolução compulsória ou suspensão das atividades, art. 5°, XIX, 23
funcionamento - interferência governamental, art. 5°, XVIII, 22
lei, apoio e estímulo, art. 174, §2°, 215
liberdade, art. 5°, XVII, 22
mandado de segurança coletivo, art. 5°, LXX, b, 31
representação - aproveitamento econômico, art. 5°, XXVIII, b, 24
representação - fiscalização, art. 5°, XXVIII, b, 24
representação - obras, art. 5°, XXVIII, b, 24
representação, art. 5°, XXI, 23
sindical, servidor público, art. 37, VI, 75

Associado(s)
entidade de classe - mandado de segurança coletivo - independe da autorização, S629, 443

Associativismo
art. 174, §2°, 215
Atestado(s). ....v. também *certidão*
Atividade(s)
artística, art. 5°, IX, 20
científica, art. 5°, IX, 20
de comunicação, art. 5°, IX, 20
de magistério, servidor público, professor - aposentadoria, direito de opção, requisitos - previdência social, regime geral, EC20, art. 9°, § 2°, 341
econômica - exploração direta pelo Estado, art. 173, 213
econômica - livre exercício, art. 170, p.ú., 213
econômica - princípios gerais, art. 170 a 181, 212
entidade - imóvel aluguel, imunidade, SV52, 370
essencial - definição por lei, art. 9°, § 1°, 38
garimpeira - organização, art. 174, § 3°, 215
insalubre - especificação - competência - Ministro do Trabalho, S194, 391
insalubre, art. 7°, XXIII, 35
intelectual, art. 5°, IX, 20
nociva ao interesse nacional - cancelamento da naturalização, art. 12, § 4°, I, 40
nuclear - Congresso Nacional - aprovação de iniciativa do Poder Executivo, art. 49, XIV, 98
nuclear - Congresso Nacional - aprovação de serviços e instalações nucleares, art. 21, XXIII, *a*, 52
nuclear - danos - responsabilidade civil, art. 21, XXIII, c, 52
nuclear - Poder Executivo - iniciativa, art. 49, XIV, 98
nuclear - serviços e instalações - comercialização de radioisótopos, art. 21 XXIII, *b*, 52
nuclear - serviços e instalações - exploração pela União, art. 21, XXIII, 52
nuclear - serviços e instalações - fins pacíficos, art. 21, XXIII, *a*, 52
nuclear - serviços e instalações - utilização de radioisótopos, art. 21 XXIII, *b*, 52
nuclear - usina nuclear, localização e definição legal, art. 225, § 6°, 258
penosa, art. 7°, XXIII, 35
perigosa, art. 7°, XXIII, 35
político-partidária - Juízes, proibição, art. 95, p.ú., III, 133
ramo, comércio - livre concorrência, princípio, SV49, 369
Ato(s)
administrativo - Adm. Pública - declaração da nulidade - possibilidade, S346, 408
administrativo - contrário à sumúla - nulidade art. 103-A, § 3°, 149
de execução - anistia, concessão - ADCT, art. 8°, 273
de execução - cassação ou suspensão de direitos políticos, requerimento de revisão - ADCT, art. 9°, 273

ÍNDICE REMISSIVO

Ato(s)

de remoção do juiz art. 93, VIII, 131

institucional. ....v. também AI

institucional - vereadores - ADCT, art. 8°, § 4°, 273

Institucional n° 6, S527, 430

internacionais. ....v. também estado estrangeiro

internacionais - Congresso Nacional - referendo, art. 48, VIII, 96

internacionais - Congresso Nacional, referendo, art. 49, I, 97

internacionais - Presidente da República - celebração, art. 84, VIII, 123

internacionais - transporte internacional - acordo, art. 178, p.ú., 219

internacionais - tratados - ou convenções, crimes, processo e julgamento, art. 109, V, 156

internacionais - tratados - respeito aos direitos e garantias nele previstos, art. 5°, § 2°, 32

judicial - reclamação - após trânsito em julgado - não cabimento, S734, 456

judicial passível de correição - mandado de segurança contra - descabimento, S267, 399

judicial passível de recurso - mandado de segurança contra - descabimento, S267, 399

jurídico perfeito - ofensa - termo de adesão - LC110/2001, SV1, 364

jurídico perfeito - proteção, art. 5°, XXXVI, 26

normativo estadual - ADIn - processo e julgamento, art. 102, I, *a*, 142

normativo federal - ADC - processo e julgamento, art. 102, I, *a*, 142

normativo federal - ADIn - processo e julgamento, art. 102, I, *a*, 142

processual - publicidade, restrição, art. 5°, LX, 30

Atraso(s)

pagamento - indenização por desapropriação - correção monetária - obrigatoriedade, S561, 435

Atualização. ....v. também *também correção monetária*

monetária - benefício previdenciário, art. ADCT, art. 58, 291

monetária - benefício, art. 201, § 4°, 234

monetária – débitos dos estados, ADCT, art. 57, § 1°, 291

monetária - precatórios, ADCT, art. 33, 282

monetária – proventos e pensãoes, ADCT, art. 20, 278

monetária - salário de contribuição, art. 201, § 3°, 234

monetária - valores de contribuição da União - Educação, ADCT, art. 60, IX, 294

obrigações trabalhistas, ADCT, art. 10, § 3°, 274

Auditor(es)

acesso ao Superior Tribunal Militar, S9, 372

Auditoria(s)

competência do Tribunal de Contas da União, art. 71, IV e VII, 117

Aumento(s)

de despesa - inadmissibilidade, art. 63, 113

Ausências

por acidente do trabalho - não são descontáveis, S198, 392

Autarquia(s). ....v. também Administração direta

criação - de subsidiária - autorização legislativa, art. 37, XX, 79

criação, art. 37, XIX, 79

dirigente - demissão pelo Presidente da República, S25, 373

exploração de atividade econômica, estatuto jurídico, art. 173, § 1°, 214

federal - Lei n° 1.741/1952 - aplicação, S33, 374

federal e entidade pública local - litígio - processo e julgamento - competência - ressalva, S511, 429

financiadora - imunidade quanto ao contrato de financiamento - extensão - limites, S336, 407

imóvel - imposto de transmissão inter vivos - encargo do comprador, S75, 378

imóvel - impostos - imunidade, S74, 378

imunidade tributária - abrangência, S73, 378

sentença contra - reexame - hipótese, S620, 442

Autenticação

consular - documentos estrangeiros - efeito judicial - inscrição no registro público - desnecessidade, S259, 399

Autodeterminação

dos povos, art. 4°, III, 18

Automação. ....v. também tecnologia

proteção em face da, art. 7°, XXVII, 36

Automóvel. ....v. veículo(s)

compra e venda - registro - transcrição - necessidade, S489, 426

compra e venda - terceiro de boa-fé - validade - condição, S489, 426

de brasileiro em regresso - embarque no Brasil, S61, 377

de estrangeiro - embarque no Brasil, S60, 377

de imigrante - embarque no Brasil, S59, 377

direito a ingresso no Brasil - exigências, S63, 377

direito a ingresso no Brasil - limitações, S62, 377

importação - estudante bolsista - missão de estudo, S406, 416

importação - professor bolsista - missão de estudo, S406, 416

importação - servidor público - missão de estudo, S406, 416

liberação alfandegária - medida possessória liminar - descabimento, S262, 399

usado - vindo do exterior - imposto de consumo - isenção, S86, 379

usado - vindo do exterior - taxa de despacho aduaneiro - incidência, S309, 404

Autor(es)

condenação em honorários advocatícios - reconvenção - necessidade, S472, 424

direitos sobre sua obra, art. 5°, XXVII, 24

ÍNDICE REMISSIVO

Auxílio. ....v. também remuneração, adicional e subsídio
alimentação - servidor público, inativo, SV55, 370
alimentação - servidores públicos inativos, S680, 449
Juízes, recebimento, proibição, art. 95, p.ú., IV, 133

Aval(is)
controle, art. 74, III, 119
em branco e superpostos - simultâneos, S189, 391

Avaliação(ões)
de desempenho - critérios - previsão legal, art. 37, § 8°, 82
judicial - dedução de benfeitorias - imposto sobre lucro imobiliário, S538, 432

Avaria(s)
ação de indenização - vistoria judicial - dispensa, S261, 399

Avião. ....v. também aeronaves

Aviso prévio
art. 7°, XXI, 35

Bagagem
do estrangeiro - objetos permitidos, S64, 377

Balanço
não aprovado pelo sócio falecido - ineficácia, S265, 399
não aprovado pelo sócio retirante - ineficácia, S265, 399

Banco. ....v. também instituição financeira
empréstimo concedidos, liquidação de débitos - ADCT, art. 47, 287

Banco Central do Brasil
compra e venda de títulos do Tesouro Nacional, art. 164, § 2°, 203
emissão da moeda, competência da União, art. 164, 203
empréstimos - à instituição financeira, art. 164, § 1°, 203
empréstimos - ao Tesouro Nacional, vedação, art. 164, § 1°, 203
Presidente e Diretores - aprovação pelo Senado -Federal, arts. 52, III, *d*, 84, XIV, 100
Presidente e Diretores - nomeação pelo Presidente da República, art. 84, XIV, 123
União, depósito de disponibilidade de caixa, art. 164, § 3°, 203

Banco de Desenvolvimento do Centro-Oeste
criação - ADCT, art. 34, § 11, 284

Banco do Brasil
causas - processo e julgamento - competência, S508, 428
tributos locais - contribuinte, S79, 379

Banco Nacional do Desenv. Econômico e Social
financiamento - programa de formação do patrimônio do servidor, art. 239, § 1°, 266
percentagem de Receita Federal - servidores fazendários não têm direito, S408, 416

Bandeira
brasileira - transporte em navio - obrigatoriedade - isenção tributária - legitimação, S581, 438

nacional - símbolo, art. 13, §1º, 40

símbolo da República Federativa do Brasil, art. 13, §1º, 40

Banimento
art. 5º, XLVII, d, 28

Barco(s). ....v. também embarcações

Bebida(s)
alcoólicas - propaganda comercial - regulamentação - competência - ADCT, art. 65, 297

alcoólicas - propaganda comercial, art. 220, § 4º, 252

inspeção, art. 200, VI, 232

Bem(ns)
aquisição - Rede Ferroviária Federal - impostos federais - imunidade, S77, 378

aquisição na constância do casamento - regime de separação legal - comunicabilidade, S377, 412

artísticos - dano - competência legislativa, art. 24, VIII, 59

cláusula de inalienabilidade - inclui a incomunicabilidade, S49, 376

confisco,tráfico de drogas, art. 243, p.ú., 268

da União - cavidades naturais - subterrâneas, art. 20, X, 48

da União - crime - sentença concessiva de habeas-corpus em primeira instância - recurso ex officio - sujeição, S344, 408

da União - energia hidráulica, art. 20, VIII, 48

da União - faixa de fronteira, art. 20, § 2º, 48

da União - ilhas - fluviais, art. 20, IV, 47

da União - ilhas - lacustres, art. 20, IV, 47

da União - ilhas - oceânicas, art. 20, IV, 47

da União - lagos, art. 20, III, 47

da União - limites, art. 48, V, 96

da União - mar territorial, art. 20, VI, 47

da União - plataforma continental, art. 20, V, 47

da União - praias - marítimas, art. 20, IV, 47

da União - praias marítimas, art. 20, IV, 47

da União - propriedade, art. 20, I, 47

da União - recursos minerais - subsolo, art. 20, X, 48

da União - recursos rios, art. 20, III, 47

da União - sítios - arqueológicos, art. 20, X, 48

da União - sítios - pré-históricos, art. 20, X, 48

da União - terras - devolutas, art. 20, II, 47

da União - terras - ocupadas, art. 20, XI, 48

da União - terras de aldeamentos extintos - não alcançam, S650, 446

da União - terrenos de marinha, art. 20, VII, 47

ÍNDICE REMISSIVO

Bem(ns)

da União - zona econômica exclusiva, art. 20, V, 47

da União, art. 176, 216

da União, art. 20, I a XI, 47

de capital - importação - ICM - não incidência, S570, 436

de todos - promover é dever fundamental da República, art. 3°, IV, 18

de todos - proteção, art. 3°, IV, 18

de uso pessoal e doméstico - trazidos do exterior - imposto de consumo - isenção, S85, 379

Distrito Federal - ADCT, art. 16, § 3°, 277

dominicais - usucapião - sujeição - impossibilidade, S340, 408

domínio da União - disposição - competência do Congresso Nacional, art. 48, V, 96

Estado-Membro - águas, art. 26, I, 61

Estado-Membro - ilhas, art. 26, I, 61

Estado-Membro - terras devolutas, art. 26, IV, 61

Estado-Membro, art. 26, 61

estrangeiros situados no Brasil - sucessão, art. 5°, XXXI, 25

imóveis - imposto de transmissão inter vivos - alíquotas progressivas - inconstitucionalidade, S656, 446

imóveis - impostos, art. 155, § 1°, II, 193

imóveis, imposto sobre transmissão *inter vivos* - ADCT, art. 34, § 6°, 283

imóveis, imposto sobre transmissão *inter vivos*, art. 156, II, § 2°, 197

importação - ICMS - incidência, S660, 447

impostos sobre transmissão *causa mortis* e doação - ADCT, art. 34, § 6°, 283

impostos sobre transmissão *causa mortis* e doação, art. 155, I e § 1°, 192

inalienabilidade, S49, 376

incomunicabilidade, S49, 376

indisponibilidade - improbidade administrativa, art. 37, § 4°, 81

limitação por meio de tributos - ADCT, art. 34, § 1°, 282

limitação por meio de tributos, art. 150, V, 187

móveis - imposto, ISS - inconstitucionalidade, SV31, 367

móveis - impostos, art. 155, § 1°, II, 193

ocupações e uso temporário, calamidade pública, art. 136, § 1°, II, 176

perdimento, art. 5°, XLV, 28

perdimento, art. 5°, XLVI, 28

privação, art. 5°, LIV, 29

públicos - usucapião - sujeição - impossibilidade, S340, 408

recurso administrativo - depósito ou dinheiro - inconstitucionalidade, SV21, 366

requisição na vigência do estado de sítio, art. 139, VII, 177

sociedade - partilha - dissolução judicial - sociedade de fato entre concubinos - cabimento, S380, 413

Bem(ns)

valor - data-base para cálculo do imposto de transmissão causa mortis, S113, 382

valor artístico, cultural e histórico - proteção, art. 23, III e IV, 57

Bem-estar

animais - lei assegurará, art. 225, § 7º, 258

equilíbrio - cooperação entre União, Estados e Municípios, art. 23, p.ú., 58

princípio - Preâmbulo, 15

valor supremo - Preâmbulo, 15

Benefício(s). ....v. também aposentadoria, pensão, remuneração e subsídio

de prestação continuada - revisão - aplicabilidade - limite temporal, S687, 450

e serviços, prazo, entidade fechada - servidor público - previdência privada, EC20, art. 6º, 338

fiscais adicionais, prazo e vigência - STN, EC42, art. 4º, 350

fiscais, projeto de lei, prazo e vigência - STN, EC42, art. 5º, 350

Lei n° 6.367/76 - não aplicação ao trabalhador rural, S612, 441

previdenciário. ....v. também previdência - social

previdenciário – atualização, art. 201, § 4º, 234

previdenciário – valor mínimo, art. 201, § 2°, 234

previdenciário - não cabimento em regime de manutenção salário - IAPM e IAPETC, S465, 423

previdenciário - vereador, art. 38, V, 83

requisitos - aposentadoria e pensão, servidor público - previdência social, EC20, art. 3º, 338

valor, limite máximo - servidor público - previdência social, regime geral, EC20, art. 14, 341

Benfeitoria(s)

do locatário - responsabilidade do adquirente - ausência - ressalva, S158, 387

BNDES. ....v. Banco Nac. do Desenv. Econ. e Social

Bombeiro(s). v. também corpo de bombeiros e militar

Bônus do Tesouro Nacional

fiscal - índice de correção monetária aplicável aos depósitos bloqueados pelo plano Collor I - constitucionalidade, S725, 455

Borracha. ....v. também seringueiros

importada - taxa de despacho aduaneiro - insenção, S308, 404

produção - Segunda Guerra Mundial - ADCT, art. 54, 290

Brasileiro(s). ....v. também cidadania, nacionalidade e povo

adoção por estrangeiros, art. 227, § 5°, 261

art. 12, 39

cargos, empregos e funções públicos - acesso, art. 37, I, II e IV, 73

Conselho da República - participação, art. 89, VII, 126

ÍNDICE REMISSIVO

Brasileiro(s)
direito à liberdade, art. 5º, 19
direito à propriedade, art. 5º, 19
direito à segurança, art. 5º, 19
direito à vida, art. 5º, 19
distinção - vedação, art. 19, III, 47
domiciliado no estrangeiro - regresso com automóvel, S61, 377
empresas jornalísticas e de radiodifusão, propriedade privativa, art. 222, 253
energia hidráulica - aproveitamento dos potenciais, art. 176, § 1º, 216
extradição, art. 5º, LI, 28
nato - cargos privativos, art. 12, § 3º, 40
nato - cargos privativos, art. 87, 125
nato - cargos privativos, art. 89, VII, 126
nato - equiparação a brasileiro naturalizado, art. 12, § 2º, 40
nato - meio de comunicação social, atividades de seleção e direção, art. 222, § 2º, 253
nato, art. 12, I, 39
naturalizado - equiparação a brasileiro nato, art. 12, § 2º, 40
naturalizado - extradição, art. 5º, LI, 29
naturalizado - meio de comunicação social, atividades de seleção e direção, art. 222, § 2º, 253
naturalizado, art. 12, II, 39
recursos minerais - pesquisa e lavra, art. 176, § 1º, 216
Brasília. ....v. também também **Distrito Federal e capital**
capital federal, art. 18, § 1º, 46
BTN. ....v. também **Bônus do Tesouro Nacional**
Café
comprador - comercialização - crédito do ICM - habilitação, S571, 437
Calamidade
defesa permanente - planejamento - competência da União, art. 21, XVIII, 52
despesas extraordinárias, empréstimo compulsório - ADCT, art. 34, § 1º, 282
despesas extraordinárias, empréstimo compulsório, art. 148, I, 185
Cálculo(s)
de indenização por despedida injusta - adicionais - inclusão, S459, 422
de indenização por despedida injusta - gratificações - inclusão, S459, 422
de indenização por despedida injusta - repouso semanal remunerado - inclusão, S462, 422
Câmara dos Deputados. ....v. também **Congresso Nacional**
comissão - atribuições, art. 58, § 2º, 107
comissão - parlamentar de inquérito, criação e competência, art. 58, § 3º, 108
comissão - permanente, composição e competência, art. 58, 107

Câmara dos Deputados

comissão - representação proporcional dos partidos, art. 58, § 1°, 107
comissão - temporária, composição e competência, art. 58, 107
competência - privativa - vedação de delegação, art. 68, § 1°, 116
competência - privativa, art. 51, 99
composição - atual, art. 45, § 1°, 95
composição, art. 45, § 2°, 95
Congresso Nacional - convocação extraordinária por seu Presidente, art. 57, § 6°, 106
Conselho da República - eleição de seus membros, art. 51, V, 100
Conselho da República - líderes partidários, art. 89, IV, 126
crime cometido nas dependências - poder de polícia - abrangência, S397, 415
crimes - comuns do Presidente da República, admissibilidade da acusação, art. 86, 125
crimes - de responsabilidade do Presidente da República, admissibilidade da acusação, art. 86, 125
deliberações, quórum, art. 47, 96
despesa pública - projeto sobre serviços administrativos, art. 63, II, 114
Distrito Federal, irredutibilidade de sua representação - ADCT, art. 4°, § 2°, 271
emendas à Constituição, art. 60, I, 108
emendas do Senado, art. 60, § 3°, 114
estado de sítio, suspensão da imunidade parlamentar, art. 53, § 7°, 103
Estado-membro, irredutibilidade de sua representação - ADCT, art. 4°, § 2°, 271
funcionamento, art. 51, IV, 99
iniciativa - legislativa popular, art. 61, § 2°, 111
iniciativa - leis complementares e ordinárias, art. 61, 109
irredutibilidade da representação - ADCT, art. 4°, § 2°, 271
legislatura, art. 44, p.ú., 95
mesa - ação de inconstitucionalidade, art. 103, III, 146
mesa - *habeas-data*, art. 102, I, *d*, 144
mesa - mandado de injunção, art. 102, II, *a*, 145
mesa - mandado de segurança, art. 102, I, *d*, 144
mesa - pedido de informação a Ministro de Estado, art. 50, § 2°, 99
mesa - representação proporcional dos partidos, art. 58, § 1°, 107
Ministro de Estado - comparecimento, art. 50, § 1°, 99
Ministro de Estado - convocação, art. 50, 98
Ministro de Estado - pedido de informação, art. 50, § 2°, 99
organização, art. 51, IV, 99
órgão do Congresso Nacional, art. 44, 95
polícia, art. 51, IV, 99
Presidente - cargo privativo de brasileiro nato, art. 12, § 3°, II, 40
Presidente - exercício da Presidência da República, art. 80, 121

ÍNDICE REMISSIVO

Câmara dos Deputados
Presidente - Membro do Conselho da República, art. 89, II, 126
Presidente - Membro nato do Conselho de Defesa Naional, art. 91, II, 126
sessão conjunta, art. 57, § 3°, 105
sistema eleitoral, art. 45, 95

Câmara Legislativa. ....v. também Assembléia Legislativa, **Câmara Municipal, Poder Legislativo e Senado Federal**
do Distrito Federal. ....v. também deputado distrital e Distrito Federal
do Distrito Federal - ação de inconstitucionalidade, legitimidade, art. 103, IV, 147
do Distrito Federal - composição, art. 32, 69
do Distrito Fedral - competência antes de sua instalação - ADCT, art. 16, § 1°, 277

Câmara Municipal. ....v. também Assembléia Legislativa, **Câmara Legislativa, Poder Legislativo, Senado Federal e Vereador**
aprovação do Plano Diretor da Política de Desenvolvimento e Expansão Urbana, art. 182, § 1°, 220
competência - subsídios, art. 29, V, 65
composição, art. 29, IV, 63
fiscalização das contas do Município - controle externo, art. 31, §§ 1° e 2° IV, 68
fiscalização financeira e orçamentária dos Municípios, art. 31, 68
funções legislativas e fiscalizadoras, art. 29, XI, 66
lei orgânica - Município - ADCT, art. 11, p.ú., 275
lei orgânica - Município, art. 29, 63
limites de gasto, art. 29, A, § 1°, 67
política de desenvolvimento urbano, plano diretor, aprovação, art. 182, § 1°, 220
subsídios - Prefeito, fixação, art. 29, V, 65
subsídios - Secretários Municipais, fixação, art. 29, V, 65
subsídios - Vereadores, art. 29, VI, 65
subsídios - Vice-Prefeito, fixação, art. 29, V, 65
Vereadores - número - ADCT, art. 5°, § 4°, 272
Vereadores - número, art. 29, IV, 63

Cambial. ....v. também moeda estrangeira
aceita com omissões - credor - complementação - possibilidade, S387, 413
aceita em branco - credor - complementação - possibilidade, S387, 413
emitida com omissões - credor - complementação - possibilidade, S387, 413
emitida em branco - credor - complementação - possibilidade, S387, 413

Câmbio
administração e fiscalização - competência da União, art. 21, VIII, 49
disposições - competência do Congresso Nacional, art. 48, XIII, 97
operações, disposições, art. 163, VI, 202

política - legislação - competência privativa da União, art. 22, VII, 54

Campanha. ....v. também eleição

percentagem - inexistência - militar ausente em operações de guerra, S407, 416

Candidato. ....v. concurso

Capital

estrangeiro - investimentos, reinvestimento, lucros, art. 172, 213

estrangeiro - participação, empresa jornalística e de radiodifusão, art. 222, § 4°, 254

estrangeiro - saúde, vedação art. 199, § 3°, 231

Federal - Brasília, art. 18, § 1°, 46

total e votante, empresas jornalísticas e de radiodifusão, brasileiros natos ou naturalizados, art. 222, § 1°, 253

Capitalização

de juros - vedação, S121, 383

fiscalização das operações - competência da União, art. 21, VIII, 49

Carga(s)

transportada por navio - extravio - segurador sub-rogado - ação de indenização - prescrição - prazo, S151, 386

transportada por navio - perda - segurador sub-rogado - ação de indenização - prescrição - prazo, S151, 386

Cargo(s). ....v. também sevidor, remuneação, aposentadoria e pensão

de direção - de CIPA - suplente - estabilidade provisória, S676, 449

efetivo e pensões dos dependentes, reajuste - servidor público - previdência social, regime geral, EC41, art. 7°, 348

efetivo, diretrizes, aposentadoria voluntária - servidor público, administração pública direta, autárquica e fundacional - previdência social, EC41, art. 2°, 345

efetivo, servidor público - aposentadoria por invalidez, cálculo e valor - previdência social, regime geral, EC41, art. 6°-A, 348

efetivo, servidor público - proventos integrais, condições cumulativas - previdência social, regime geral, EC41, art. 6°, 347

em comissão - nomeações que violam a CF/1988, SV13, 365

em comissão - tempo de serviço ininterrupto - Lei n° 1.741/1952 - aplicação, S31, 374

originário ou equivalente - servidor, policial civil ou militar, ex-território - administração pública federal - União, EC19, art. 31, § 1°, 335

público - acesso e investidura, art. 37, § 2°, 80

público - acesso e investidura, art. 37, I, 73

público - acesso e investidura, art. 37, IV, 74

público - acumulação - ADCT, art. 17, § 1°, 277

público - acumulação - ADCT, art. 17, § 2°, 277

público - acumulação, art. 37, XVI, 78

Índice Remissivo

Cargo(s)

público - acumulação, art. 37, XVII, 78

público - cargos em comissão e funções de confiança - ADCT, art. 19, § 2°, 278

público - cargos em comissão e funções de confiança, art. 37, V, 74

público - contratação por tempo determinado, art. 37, IX, 75

público - criação, extinção e remuneração, art. 96, II, *b*, 134

público - criação, transformação e extinção, art. 48, X, 96

público - deficiente, reserva, art. 37, VIII, 75

público - estabilidade - avaliação de desempenho, art. 41, § 4°, 92

público - estabilidade - disponibilidade, art. 41, §§ 2° e 3°, 92

público - estabilidade - extinção, art. 41, § 3°, 92

público - estabilidade - perda, art. 41, § 1°, 91

público - estabilidade - reintegração, art. 41, § 2°, 92

público - estabilidade, art. 41, 91

público - Estado - criação, provimento, art. 235, 264

público - extinção - competência, art. 84, XXV, 124

público - extinção - estágio probatório, S22, 373

público - extinção - redução de despesa, art. 169, §6°, 211

público - habilitação, exame psicoténico, SV44, 369

público - investidura sem aprovação em concurso público - inconstitucionalidade, S685, 450

público - juiz do trabalho substituto - provimento - ordem de classificação, S478, 425

público - nulidade dos atos de nomeação, art. 37, § 2°, 80

público - perda - garantias especiais, efetivo, art. 247, 269

público - perda - insuficiência de desempenho, art. 247, p.ú., 269

público - Poder Judiciário, provimento, art. 96, I, *c* e *e*, 134

público - preenchimento sem observância da classificação - concurso público - candidato aprovado - direito a nomeação, S15, 372

público - provimento - competência, art. 84, XXV, 124

público - remuneração - fixação, art. 37, X, 75

público - remuneração - fixação, art. 37, XI, 76

público - remuneração - revisão, art. 37, X, 75

público - remuneração, art. 37, XVI, 78

público - subsídio - fixação, art. 37, X, 75

público - subsídio - fixação, art. 37, XI, 76

público - subsídio - revisão, art. 37, X, 75

público - subsídios, art. 37, XVI, 78

público -acesso e investidura, art. 37, II, 73

público criação e remuneração - lei - iniciativa, art. 61, II, *a*, 110

servidor público, inconstitucionalidade - concurso público, SV43, 369

vitalício - aposentadoria compulsória, S36, 374

vitalício - ministro militar, art. 123, 164

Cargo(s

vitalício – professor, S12, 372

vitalício, ADCT, art. 109, IV, 326

Carreira. ....v. também Cargo

diplomática - privativa de brasileiro nato, art. 12, § 3°, V, 40

Carta(s). ....v. também serviço postal

rogatória. ....v. também *Exequatur*

rogatória - concessão - competência, art. 105, I, *i*, 153

rogatória - concessão de *exequatur* - competência originária - Superior Tribunal de Justiça, art. 105, I, *i*, 153

rogatória - execução, art. 109, 156

Carteira de Trabalho e Previdência Social. ....v. também CTPS

Cartel

vedação, art. 173, § 4°, 214

Cartografia

legislação, competência privativa da União, art. 22, XVIII, 55

organização e manutenção de serviços oficiais - competência, art. 21, XV, 51

Cartório. ....v. também notários e serviço notarial e de registro

Casa. ....v. também asilo e domicílio

inviolabilidade, art. 5°, XI, 21

Casamento

celebração gratuita, art. 226, § 1°, 259

dissolução, art. 226, § 6°, 259

regime de separação legal - bens adquiridos na constância - comunicabilidade, S377, 412

religioso, efeito civil, art. 226, § 2°, 259

sociedade conjugal, igualdade de direitos entre o homem e a mulher, art. 226, § 5°, 259

união estável, art. 226, § 3°, 259

Cassação

de direitos políticos - vedada, art. 15, 43

de direitos políticos, requerimento de revisão - ADCT, art. 9°, 273

reconhecimento dos direitos - prazo - ADCT, art. 9°, p.ú., 274

Catamarã. ....v. também embarcações

Cátedra

desdobramento - professor catedrático vitalício - possibilidade, S12, 372

Causa judicial. ....v. também ação

criminal - recurso extraordinario - prazo de interposição, S602, 440

parte - sociedade de economia mista - julgamento - competência, S556, 435

partes - Cobal e Cibrazem - julgamento - competência, S557, 435

Cavidade(s)

naturais. ....v. também bem(ns), cultura e União

naturais - bens da União, art. 20, X, 48

Índice Remissivo

Cedência

serviço prestado - servidor, policial militar, ex-território - administração
pública federal - União, EC19, art. 31, § 2º, 336

servidor, ex-território - serviço prestado sem ônus ao cessionário -
administração pública federal - União, EC19, art. 31, § 2º, 336

Censo

escolar, art. 208, §§ 2º e 3º, 242

Censor Federal. ....v. também censura

Departamento de Polícia Federal - atuais ocupantes de cargo, exercício das
funções - ADCT, art. 23, 279

ocupantes de cargo, aproveitamento - ADCT, art. 23, p.ú., 279

Censura. ....v. também liberdade

atividade artística, art. 5º, IX, 20

atividade científica, art. 5º, IX, 20

atividade de comunicação, art. 5º, IX, 20

atividade intelectual, art. 5º, IX, 20

natureza política e ideológica, art. 220, § 2º, 252

Centenário

proclamação da República - comemorações - ADCT, art. 63 e p.ú., 296

proclamação da República - comissão para - ADCT, art. 63 e p.ú., 296

promulgação da 1ª Constituição republicana - comemorações - ADCT, art.
63 e p.ú., 296

promulgação da 1ª Constituição republicana - comissão para - ADCT, art. 63
e p.ú., 296

Certidão(ões)

de óbito - gratuidade, art. 5º, LXXVI, b, 32

de repartição pública - obtenção, art. 5º, XXXIV, b, 26

Cessionário

do promitente comprador - imóvel alugado - retomada - possibilidade, S177,
389

Chefe(s)

de missão diplomática de caráter permanente - Supremo Tribunal Federal -
processo e julgamento - crimes de responsabilidade, art. 102, I, c, 144

Cheque(s)

ação executiva contra o emitente e seus avalistas - cabimento, S600, 440

falso - pagamento - responsabilidade, S28, 374

sem fundos - emissão - fraude - ausência - crime - inexistência, S246, 397

sem fundos - emissão dolosa - estelionato - processo e julgamento - foro
competente, S521, 430

sem fundos - pagamento posterior à denúncia - ação penal - continuidade,
S554, 434

Cidadania. ....v. também brasileiro, nacionalidade e povo

direitos e deveres individuais e coletivos - gratuidade dos atos aos pobres, art. 5º, XXXIV, 26

fundamento, art. 1º, II, 17

legislação, art. 22, XIII, 55

legislação, art. 68, § 1º, II, 116

prerrogativas - mandado de injunção, art. 5º, LXXI, 31

Cidadão

iniciativa das leis complementares e ordinárias, art. 61, 109

Ciência

e tecnologia - acesso à ciência - meios, competência, art. 23, V, 57

e tecnologia - acesso à inovação - meios, competência, art. 23, V, 57

e tecnologia - acesso à pesquisa - meios, competência, art. 23, V, 57

e tecnologia - acesso à tecnologia - meios, competência, art. 23, V, 57

e tecnologia - autonomia tecnológica - regulamentação nos termos de lei federal, art. 219, 251

e tecnologia - capacitação tecnológica, promoção do Estado, art. 218, 250

e tecnologia - criações - patrimônio cultural brasileiro, art. 216, III, 247

e tecnologia - desenvolvimento científico, promoção do Estado, art. 218, 250

e tecnologia - empresas - investimento, incentivo e proteção, art. 218, § 4º, 251

e tecnologia - pesquisa tecnológica, promoção do Estado, art. 218, 250

e tecnologia - pesquisa, fomento, art. 218, § 5º, 251

e tecnologia - política agrícola - incentivo à pesquisa e à tecnologia, art. 187, III, 222

e tecnologia - recursos humanos, formação, art. 218, §§ 3º e 4º, 251

e tecnologia - Sistema Único de Saúde - incremento, art. 200, V, 232

legislação, art. 24, IX, 59

Cientista(s)

estrangeiros - admissão nas universidades, art. 207, §§ 1º e 2º, 240

CIPA. ....v. Comissão Int. de Prev. de Acidentes

Citação. ....v. também intimação

confinante certo - ação de usucapião - obrigatoriedade, S391, 414

pessoal - do possuidor na ação de usucapião - obrigatoriedade, S263, 399

por edital - indicação de dispositivo da lei penal - ausência de resumo dos fatos - validade, S366, 411

por edital - réu preso - mesma unidade federativa - nulidade, S351, 409

Civil

prisão, ilícita - depositário infiel, modalidade, SV25, 367

sujeição à Justiça Militar - tempo de paz - impossibilidade - ressalva, S298, 403

ÍNDICE REMISSIVO

Classificação
empregado de empresa industrial ou comercial - exercendo atividade rural, S196, 392

Cláusula
aluguel progressivo - legalidade, S65, 377
contratuais - simples interpretação - recurso extraordinário - descabimento, S454, 422
de benefício - testamento - filho ilegítimo - validade, S447, 421
de eleição do foro - para processos oriundos do contrato - validade, S335, 407
de inalienabilidade - inclui a incomunicabilidade dos bens, S49, 376
não indenizatória - contrato de transporte - ineficácia, S161, 387

Clube
jogo lícito - sede própria - imóvel - propriedade - inexigibilidade, S362, 410

Cobrança
contribuição do salário-educação - constitucionalidade, S732, 456
excessiva - boa fé - sanções legais - ausência, S159, 387
judicial - crédito tributário - concurso de preferência - CTN x CF/67 - compatibilidade, S563, 435
tributo - coação - vedação, S70, 378

Código(s)
Civil - 1916 - art. 1.133, II, S165, 388
Civil - 1916 - art. 1.531, S159, 387
Civil - 1916, S170, 389
Civil - 2002, art. 497, 388
Civil - 2002, art. 940, 387
de Defesa do Consumidor. ....v. também consumidor e defesa - do consumidor
de Defesa do Consumidor - elaboração - prazo - ADCT, art. 48, 288
de Processo Civil - arts. 63 e 64, S256, 398
de Processo Penal - art. 384 - inaplicabilidade à 2ª intância, S453, 421
prazo para apreciação, art. 64, § 4°, 114
Tributário Nacional. ....v. também Lei n° 5.172/66

Coerção
falta de pagamento de tributos - apreensão de mercadorias - inadmissibilidade, S323, 406

COFINS. ....**v. Contribuição p/ o Financiamento da Seguridade Social**

Coisa julgada
proteção, art. 5°, XXXVI, 26

Colégio. ....**v. também ensino, escola e estudante**
Pedro II-RJ - manutenção, art. 242, § 2°, 267

Coletoria(s). ....**v. fazenda pública**
servidor - percentagem, S30, 374

Coligação

partidária - partido político - recurso do fundo partidário e à propaganda, diretrizes, EC91, art. 3º, p.ú., 360

Colônia(s)

de pescadores, art. 8º, p.ú., 38

Comandante(s)

da Marinha, do Exército e da Aeronáutica - crimes - conexos, julgamento pelo Senado Federal, art. 52, I, 100

da Marinha, do Exército e da Aeronáutica - crimes - de responsabilidade, processo e julgamento, art. 102, I, c, 143

Comandante(s)

da Marinha, do Exército e da Aeronáutica - *habeas-corpus*, julgamento pelo STJ, art. 105, I, b e c, 152

da Marinha, do Exército e da Aeronáutica - *habeas-data*, julgamento pelo STJ, art. 105, I, b e c, 152

da Marinha, do Exército e da Aeronáutica - mandado de segurança, julgamento pelo STJ, art. 105, I, b e c, 152

da Marinha, do Exército e da Aeronáutica - membros natos do Conselho de Defesa Nacional, art. 91, VIII, 127

Comarca(s). ....v. fazenda pública

elevação da entrância - juiz - situação, S40, 375

Combustíveis. ....v. álcool

COFINS - cobrança - legitimidade, S659, 447

FINSOCIAL - cobrança - legitimidade, S659, 447

líquidos - importação, a granel - diferença de peso - percentual de admissibilidade, S535, 432

líquidos e gasosos - imposto, instituição e normas - ADCT, art. 34, § 7º, 283

líquidos e gasosos - imposto, instituição e normas, art. 155, X, b, XII, h e §§ 3º e 4º, 195

líquidos e gasosos - incidência de tributos, art. 155, § 3º, 196

PIS - cobrança - legitimidade, S659, 447

taxa de previdência social - isenção, S141, 385

venda e revenda, regulamentação, art. 238, 266

Comerciante. ....v. empresa, ME e EPP

de combustíveis - impostos - cumulação, S91, 380

Comércio. ....v. também mercadoria e vendedor

estabelecimento comercial, fixar horário - município, competência, SV38, 368

exterior - fiscalização e controle pelo Ministério da Fazenda, art. 237, 266

exterior - legislação, competência privativa da União, art. 22, VIII, 54

horário de trabalho - regulamentação - municípios, S419, 417

importação e exportação - petróleo e gás natural, monopólio da União, art. 177, § 4º, 218

ÍNDICE REMISSIVO

Comércio
importação e exportação - petróleo e gás natural, monopólio da União, art. 177, III, 217
importação e exportação - Zona Franca de Manaus - ADCT, art. 40, 285
interestadual - legislação, competência privativa da União, art. 22, VIII, 54
minérios e minerais nucleares, monopólio da União, art. 177, V, 217
órgãos humanos, sangue e derivados - proibição, art. 199, § 4°, 231
política agrícola - preços e garantia de comercialização, art. 187, II, 222
ramo de atividade - livre concorrência, princípio, SV49, 369

Comissão
especial - elaboração de projeto de lei, prazo - Defensoria Pública dos Distrito Federal, EC69, art. 3°, 357

Comissão
estudos territoriais - criação, composição e finalidade - ADCT, art. 12, 275
interna de prevenção de acidentes. ....v. também CIPA
mista do Congresso Nacional - atuação - ADCT, art. 26, 279
mista do Congresso Nacional - competência - ADCT, art. 26, §§ 1° e 2°, 279
mista do Congresso Nacional - despesas não autorizadas, art. 72, 118
mista do Congresso Nacional - terras públicas - ADCT, art. 51, 289
parlamentar de inquérito - criação e competência, art. 28, § 3°, 108
parlamentar de inquérito - inspeções e auditorias, Tribunal de Contas da União, art. 71, IV, 117
promoção das comemorações do centenário da - proclamação da República - ADCT, art. 63, 296
promoção das comemorações do centenário da - promulgação da 1ª Constituição republicana - ADCT, art. 63, 296

Comissão Interna de Prevenção de Acidentes
empregado diretor - estabilidade - ADCT, art. 10, II, *a*, 274
suplente do cargo de direção - estabilidade provisória, S676, 449

Comitente
culpa presumida pelo ato culposo do preposto, S341, 408

Compensação
de horários, art. 7°, XIII, 35

Competência. ....v. também jurisdição
Assembléia Legislativa, art. 27, § 3°, 62
Câmara dos Deputados - privativa, art. 51, 99
comum - União, Estados, DF e Municípios, art. 23, 57
concorrente - União, Estados e DF, art. 24, 58
Conselho da República, art. 90, 126
Conselho de Defesa Nacional, art. 91, § 1°, 127
Conselho Nacional de Justiça, art. 103-B, § 4°, 150
Conselho Nacional do Ministério Público, art. 130-A, § 2°, 171
delegada - ato praticado - mandado de segurança, S510, 429
delegada - ato praticado - medida judicial, S510, 429

Competência

Distrito Federal - comum com União, Estados e Municípios, art. 23, 57

Distrito Federal - concorrente com União e Estados, art. 24, 58

Distrito Federal - tributária, art. 155, 192

encaminhamento da proposta orçamentária do Judiciário, art. 99, § 2°, 136

Estado - tributária, art. 155, 192

Estados - comum com União, DF e Municípios, art. 23, 57

Estados - concorrente com União e DF, art. 24, 58

Juiz Federal, art. 106, II, 155

juízes de direito do juízo militar, art. 125, § 5°, 165

julgamento - causa judicial - parte - sociedade de economia mista, S556, 435

julgamento - causa judicial - partes - Cobal e Cibrazem, S557, 435

julgamento - conflito de jurisdição - juiz de direito x justiça militar, S555, 434

Justiça do Trabalho, art. 114, 160

Justiça Federal - ADCT, art. 27, § 10, 280

Justiça Militar estadual, art. 125, § 4°, 165

medida cautelar em recurso extraordinário pendente de juízo de admissibilidade - Presidente do Tribunal de origem, S635, 444

Ministro de Estado, art. 87, p.ú., 125

município - tributária, art. 156, I, 197

município, art. 30, 67

Municípios - comum com União, DF e Estados, art. 23, 57

originária - STF - licença-prêmio - juízes - direito, S731, 456

originária - STF - mandado de segurança - decisão administrativa - tribunal de origem - ausência, S623, 442

para julgamento - Justiça do Trabalho, S736, 456

para julgar Prefeitos, S702, 452

penal por prevenção - inobservância - nulidade relativa, S706, 452

Presidente da República - privativa, art. 84, 122

processo e julgamento - crime contra a economia popular, S498, 427

Senado Federal - privativa, art. 52, 100

STF - até a instalação do STJ - ADCT, art. 27, § 1°, 280

STF - privativa, art. 96, II, 134

STF - privativa, art. 96, 133

STF, art. 102, 142

STJ - anterior à sua legislação - ADCT, art. 27, § 1°, 280

STJ - originária, art. 105, I, 152

STJ - privativa, art. 95, I, 132

STJ - privativa, art. 96, I, 133

STJ - privativa, art. 96, II, 134

STJ, art. 105, 152

STM - privativa, art. 96, I, 133

STM - privativa, art. 96, II, 134

Índice Remissivo

Competência
STM, art. 124, 164
TRF's - ADCT, art. 27, § 10, 280
TRF's, art. 108, 155
Tribunais - privativa, art. 96, I, 133
Tribunais de alçada - privativa, art. 96, I, 133
Tribunais superiores - privativa, art. 96, II, 134
Tribunal de alçada - ADCT, art. 70, 297
Tribunal de Contas da União, art. 71, 116
Tribunal de Justiça - ADCT, art. 70, 297
Tribunal de Justiça - privativa, art. 96, II, 134
União - comum com Estados, DF e Municípios, art. 23, 57
União - concorrente com Estados e DF, art. 24, 58
União - exclusiva, art. 149, 185
União - privativa, art. 22, 53
União - tributária, art. 153, 190
União, art. 147, 185
União, art. 21, 48

Competições
desportivas. ....v. também desporto
desportivas - recursos, art. 217, § 1°, 250

Compra(s). ....v. alienação e venda
e venda - automóvel - registro - transcrição - necessidade, S489, 426
e venda - automóvel - terceiro de boa-fé - validade - condição, S489, 426
e venda - compromisso - arrependimento - inadmissibilidade, S166, 388
e venda - compromisso - registro imobiliário - inexistência - DL 58/1937 -
inaplicabilidade - ressalva, S167, 388
e venda - inscrição imobiliária - curso da ação - admissibilidade, S168, 388
públicas - licitação, art. 37, XXI, 79

Comprador. ....v. também adquirente
cessionário do promitente - imóvel alugado - retomada - possibilidade, S177,
389
promitente - imóvel alugado - retomada - possibilidade, S176, 389

Compromisso
de compra e venda - arrependimento - inadmissibilidade, S166, 388
de compra e venda - cláusula de arrependimento - sinal - devolução - exclui
indenização, S412, 417
de compra e venda - cláusula de arrependimento - sinal - restituição - exclui
indenização, S412, 417
de compra e venda - imóveis não loteados - execução compulsória -
possibilidade, S413, 417
de compra e venda - registro imobiliário - inexistência - DL 58/1937 -
inaplicabilidade - ressalva, S167, 388

493

Compromisso
de compra e venda -inscrição imobiliária - curso da ação - admissibilidade, S168, 388

membros do Congresso Nacional - ADCT, art. 1°, 271

Presidente da República - ADCT, art. 1°, 271

Presidente do STF - ADCT, art. 1°, 271

Comunicação
bens adquiridos na constância do casamento - regime de separação legal de bens - possibilidade, S377, 412

censura, vedação, art. 220, § 2°, 252

criação, sem restrição, art. 220, *caput* e §§ 1° e 2°, 252

de dados e correspondência - restrições, art. 136, § 1°, I, *b*, 176

de dados e correspondência- sigilo, inviolabilidade, art. 5°, XII, 21

diversões e espetáculos públicos - regulação, art. 220, § 3°, I, 252

empresa jornalística e de radiodifusão - alterações de controle societário, art. 222, § 5°, 254

empresa jornalística e de radiodifusão - sonora e de sons e imagens, propriedade, art. 222, 253

expressão, sem restrição, art. 220, *caput* e §§ 1° e 2°, 252

imprensa, liberdade, restrições, art. 139, III, 177

informação jornalística - liberdade, art. 220, § 1°, 252

informação jornalística - vedação legal a restrições, art. 220, §§ 1° e 2°, 252

liberdade, art. 220, 252

manifestação do pensamento, sem restrição, art. 220, *caput* e §§ 1° e 2°, 252

meio de comunicação social - monopólio ou oligopólio, proibição, art. 220, § 5°, 253

meios, serviço público, permissão - forma, sistema de governo - plebiscito, EC2, art. único, § 2°, 328

monopólio ou oligopólio, vedação, art. 220, § 5°, 253

plebiscito, divulgação gratuita - ADCT, art. 2°, § 1°, 271

programas comerciais - regulamentação - ADCT, art. 65, 297

programas comerciais - restrições legais, art. 220, § 4°, 253

propaganda comercial - regulamentação - ADCT, art. 65, 297

propaganda comercial - restrições legais, art. 220, § 4°, 252

publicação impressa, autorização, art. 220, § 6°, 253

radiodifusão, liberdade, restrições, art. 139, III, 177

serviços - impostos - ADCT, art. 34, §§ 6° e 8°, 283

serviços - impostos, art. 155, § 2°, 193

serviços - impostos, art. 155, II, 192

serviços - radiodifusão sonora, concessão, permissão e autorização, art. 223, 254

serviços - sons e imagens, concessão, permissão e autorização, art. 223, 254

sigilo, restrições, art. 139, III, 177

social eletrônica - empresa jornalística e de radiodifusão, art. 222, § 3°, 254

ÍNDICE REMISSIVO

Comunicação
telefônica - restrições, art. 136, § 1°, I, c, 176
telefônica - sigilo, inviolabilidade, art. 5°, XII, 21
telegráfica - restrições, art. 136, § 1°, I, c, 176
telegráfica - sigilo, inviolabilidade, art. 5°, XII, 21
televisão, liberdade, restrições, art. 139, III, 177

Comunidade(s)
indígena. ....v. também índio
indígena - capacidade processual, art. 232, 263
indígena - processo, participação do Ministério Público, art. 232, 263
latino-americana de nações - formação, art. 4°, p.ú., 19

Concessão. ....v. também extraditando e liberdade
de asilo político, art. 4°, X, 18
de mandado de segurança - efeitos patrimoniais pretéritos - inexistência - meios cabíveis, S271, 400
liberdade vigiada - extraditando - preso por prazo superior a 60 dias, S2, 371
mandado de segurança - controvérsia, S625, 443
terras devolutas - faixa de fronteira - feita pelos Estados - direito de uso, S477, 424
terras devolutas - faixa de fronteira - feita pelos Estados - domínio - União, S477, 424

Concessionária
serviço público de telefonia - ANATEL, litisconsorte - Justiça estadual, SV27, 367

Concordata
direitos do empregado, S227, 395
preventiva - não pagamento de título vencido e não protestado no prazo mensal - possibilidade, S190, 391

Concorrência
livre, princípio - ramo de atividade, comércio, SV49, 369

Concubina. ....v. também família e morte
indenização por morte - direito, S35, 374

Concubinato
caracterização - vida em comum - mesmo teto more uxorio - necessidade, S382, 413
sociedade de fato - dissolução judicial - partilha dos bens - cabimento, S380, 413

Concurso
de preferência - cobrança judicial de crédito tributário - CTN x CF/67 - compatibilidade, S563, 435

Concurso público. ....v. também servidor, cargo e posse
ausência - nomeação pode ser desfeita, S17, 373
candidato aprovado - direito a nomeação, S15, 372
cargo público - acesso e investidura, art. 37, II, III, IV e § 2°, 73

Concurso público

cargo público - justiça, provimento, art. 96, I, *e*, 134

cargo, servidor público, inconstitucionalidade, SV43, 369

curso de capacitação policial - aprovação - equivalência, S373, 412

funcionário nomeado - direito a posse, S16, 372

idade - restrição - ato administrativo - inadmissibilidade, S14, 372

ingresso, magistério público, art. 206, V, 240

inscrição - limite de idade - legitimidade - justificativa - exigência, S683, 450

juiz togado, estabilidade - ADCT, art. 21, 278

não aprovação - investudra em cargo - inconstitucionalidade, S685, 450

participação - veto não motivado - inconstitucionalidade, S684, 450

serviço notarial e de registro, art. 236, § 3°, 265

Condecoração

quem pode conferir, art. 84, XXI, 124

Condenação. ....v. também **preso e ampla defesa**

crime de multa - irrelevância - sursis - concessão - possibilidade, S499, 427

criminal - efeito, art. 15, III, 43

penal - estrangeiros naturalizados, art. 12, II, b, 39

Condenado

solto - revisão criminal - requerimento - possibilidade, S393, 414

Confederação

sindical - ação de inconstitucionalidade, art. 103, IX, 147

Confinante

certo - ação de usucapião - citação - obrigatoriedade, S391, 414

Conflito(s)

de atribuições - processo e julgamento pelo STJ, art. 105, I, *g*, 153

de competência - matéria tributária, art. 146, 184

de competência - processo e julgamento - Tribunais Regionais Federais, art. 108, I, *e*, 155

de competência - processo e julgamento pelo STJ, art. 105, I, *d*, 153

de interesse - ocupação de carto, art. 37, § 7°, 81

de jurisdição - entre Tribunais, processo e julgamento, art. 105, I, *d*, 153

de jurisdição - juiz de direito x justiça militar - julgamento - competência, S555, 434

de jurisdição - juízes federais vinculados ao Tribunal Regional Federal, processo e julgamento, art. 108, I, *e*, 155

de jurisdição, processo e julgamento, art. 102, I, *o*, 145

fundiários, art. 126, p.ú., 166

solução pacífica - princípio, art. 4°, VI, 18

Congresso Nacional. ....v. também **Poder Legislativo**

apreciação do estado de sítio, art. 138, §§ 1° a 3°, 177

apresentação de estudos territoriais - ADCT, art. 12, 275

arts. 44 a 47, 95

ÍNDICE REMISSIVO

Congresso Nacional
atribuições, arts. 48 a 50, 96
comissão de estudos territoriais - indicação - ADCT, art. 12, 275
competência exclusiva, art. 49, 97
composição, art. 44, 95
concessão - terras públicas - revisão - ADCT, art. 51, 289
convocação de plebiscito, art. 49, XV, 98
convocação extraordinária, art. 57, §§ 6° e 7°, 106
decreto-lei, promulgação da Constituição - ADCT, art. 25, § 1°, 279
delegação legislativa - dispositivos legais à época da promulgação da
  Constituição - ADCT, art. 25, 279
doação - terras públicas - revisão - ADCT, art. 51, 289
duração da legislatura, art. 44, p.ú., 95
elaboração do código de defesa do consumidor - prazo - ADCT, art. 48, 288
endividamento externo brasileiro - declaração de nulidade do ato - ADCT,
  art. 26, § 2°, 279
endividamento externo brasileiro - fatos geradores - exame analítico e pericial
  - ADCT, art. 26, § 2°, 279
estado de defesa - acompanhamento e fiscalização, art. 140, 178
estado de sítio - acompanhamento e fiscalização, art. 140, 178
exercício do Poder Legislativo, art. 44, 95
funcionamento, art. 57, 105
fundos públicos, extinsão ou ratificação - ADCT, art. 36, 284
Lei Complementar prevista no art. 161, II - votação - ADCT, art. 39, p.ú.,
  285
matérias sobre as quais poderá dispor, art. 48, 96
medida provisória, prazo, reeditada, SV54, 370
membros - comprimisso - ADCT, art. 1°, 271
o que cabe a ele, art. 48, 96
prazo - elaboração de lei, serviço público - União, EC19, art. 27, 334
presidência da mesa, art. 57, § 5°, 106
reuniões, art. 57, §§ 1° a 8°, 105
revisão constitucional - ADCT, art. 3°, 271
seguridade social - aprovação de planos - ADCT, art. 59, 291
venda - terras públicas - revisão - ADCT, art. 51, 289

Cônjuge(s). ....**v. também família e mulher**
casos de inelegibilidade, art. 14, § 7°, 42

Consciência
liberdade, art. 5°, VI, 20

Conselheiro. ....**v. também tribunal de contas**
crimes de responsabilidade - processo e julgamento, art. 105, I, *a*, 152
do Tribunal de Contas x membro do Poder Judiciário - equiparação, S42,
  375
Tribunais de Contas Estaduais - composição, art. 75, p.ú., 120

Tribunal de Contas Estadual - escolha, S653, 446
Conselho(s)
da Justiça Federal - competência, art. 105, p.ú., II, 154
da Justiça Federal - funcionamento, art. 105, p.ú., II, 154
da República - cargo privativo de brasileiro nato, art. 89, VII, 126
da República - competência para eleger, art. 52, XIV, 101
da República - competência, art. 90, 126
da República - convocação e presidência, art. 84, XVIII, 123
da República - estado de defesa, art. 136, 176
da República - estado de defesa, art. 90, I, 126
da República - estado de sítio, art. 137, 177
da República - estado de sítio, art. 90, I, 126
da República - instituições democráticas, estabilidade, art. 90, II, 126
da República - intervenção federal, art. 90, I, 126
da República - membro, eleição pela Câmara dos Deputados, art. 51, V, 100
da República - membros - eleição pela Câmara dos Deputados, art. 51, V, 100
da República - membros, art. 89, 126
da República - Ministros de Estado - convocação pelo Presidente da República, art. 90, § 1°, 126
da República - organização, art. 89, 126
de comunicação - composição, art. 224, 254
de comunicação - Congresso nacional, instituição, art. 224, 254
de comunicação - órgão auxiliar, art. 224, 254
de contas dos municípios - fiscalização, art. 75, 120
de contas dos municípios - organização, art. 75, 120
de defesa nacional - área de segurança nacional, art. 91, § 1°, III, 127
de defesa nacional - competência, art. 91, § 1°, 127
de defesa nacional - convocação e presidência, competência, art. 84, XVIII, 123
de defesa nacional - estado de defesa, art. 91, § 1°, II, 127
de defesa nacional - estado de sítio, art. 137, 177
de defesa nacional - estado de sítio, art. 91, § 1°, II, 127
de defesa nacional - Estado democrático, art. 91, § 1°, IV, 127
de defesa nacional - guerra, art. 91, § 1°, I, 127
de defesa nacional - independência nacional, art. 91, § 1°, IV, 127
de defesa nacional - intervenção federal, art. 91, § 1°, II, 127
de defesa nacional - membros, art. 91, 126
de defesa nacional - organização e funcionamento, art. 91, § 2°, 127
de defesa nacional - órgão de consulta do Presidente da República, art. 91, 126
de defesa nacional - paz, art. 91, § 1°, I, 127
de política aduaneira - resolução - homologação por ministro - inexigência, S559, 435

ÍNDICE REMISSIVO

Conselho(s)

de política aduaneira - tarifa flexível - atribuições, S404, 416

Nacional - comissão especial mista - instalação, prazo, EC45, art. 7°, 351

Nacional da Justiça do Trabalho - instalação, prazo, EC45, art. 6°, 351

Nacional de Justiça - ação contra - processo e julgamento - competência originária - STF, art. 102, I, *r*, 145

Nacional de Justiça - competência, art. 103-B, § 4°, 150

Nacional de Justiça - composição, art. 103-B, 149

Nacional de Justiça - membros - crimes de responsabilidade, processo e julgamento, competência privativa do Senado Federal, art. 52, II, 100

Nacional de Justiça - membros - nomeação, art. 103-B, § 2°, 150

Nacional de Justiça - órgão do Poder Judiciário, art. 92, I-A, 127

Nacional de Justiça - presidência, art. 103-B, § 1°, 150

Nacional de Justiça - sede, art. 92, § 1°, 128

Nacional de Justiça e do Ministério Público - instalação e membros, prazo, EC45, art. 5°, 351

Nacional do Ministério Público - ação contra - processo e julgamento - competência originária - STF, art. 102, I, *r*, 145

Nacional do Ministério Público - competência, art. 130-A, § 2°, 171

Nacional do Ministério Público - composição, art. 130-A, 171

Nacional do Ministério Público - membros - crimes de responsabilidade, processo e julgamento, competência privativa do Senado Federal, art. 52, II, 100

Nacional do Ministério Público - Presidente do Conselho Federal da OAB - integra, art. 130-A, § 4°, 172

Superior da Justiça do Trabalho - objetivo, art. 111-A, § 2°, II, 159

Superior da Justiça do Trabalho - TST - funcionamento, art. 111-A, § 2°, II, 159

Conservação

da natureza. ....v. também caça, meio ambiente, fauna, florestas, natureza, poluição e solo

da natureza - competência legislativa concorrente, art. 24, VI, 59

Consórcio(s)

Lei estadual/municipal é inconstitucional, SV2, 364

União, competência legislativa, art. 22, XX, 55

Constitucionalidade

ação declaratória de, legitimidade, art. 103, 146

ação direta, art. 102, I, *a*, 142

alíquota - FINSOCIAL - majoração, S658, 446

apreciada pelo Tribunal Pleno - embargos infringentes de julgamento posterior - descabimento, S455, 422

art. 61 da CE/SP - Ministério Público x Magistratura - vencimentos - equiparação, S43, 375

da cobrança da contribuição do salário-educação, S732, 456

499

Constitucionalidade

da variação do imposto de licença, S92, 380
das leis - apreciação pelo Tribunal de Contas - possibilidade, S347, 408
desapropriação por utilidade pública, S652, 446
DL3365/41, S652, 446
julgamento - Ministro do STF - caso de não impedimento, S72, 378
Lei nº 1.530/1951 - despedida - indenização, S200, 392
multa sanção imposta por Estado-membro - atraso no prazo do final de
    inventário, S542, 433
multa sanção imposta por Estado-membro - atraso no prazo do início de
    inventário, S542, 433
redução do IPTU - residência - imóvel único, S539, 432
remissão de débito fiscal por lei federal, S532, 431
servidores públicos - vencimentos atrasados pagos com correção monetária,
    S682, 449
taxa de bombeiros - Estado de Pernambuco, S549, 433
taxa de construção, conservação e melhoramento de estradas, S348, 408
taxa de eletrificação de Pernambuco, S135, 385
taxa de estatística da Bahia, S136, 385
taxa de fiscalização de mercados de títulos e valores mobiliários, S665, 447
taxa, valor - imposto, base de cálculo, SV29, 367

Constituição Estadual

Assembléia legislativa, elaboração, prazo - ADCT, art. 11, 274
criação órgão de controle administrativo do Poder Judiciário -
    inconstitucionalidade, S649, 445
de São Paulo - art. 61, S43, 375
de São Paulo - vencimentos do Ministério Público x Magistratura -
    equiparação - constitucionalidade, S43, 375
disposição sobre os Tribunais de Contas Estaduais, art. 75, p.ú., 120
provimento de cargos, nomeação, criação de Estado, art. 235, X, 265
tributo municipal - imposição de limite - vedação, S69, 378

Constituição Federal

1937 - art. 177, S385, 413
1946 - art. 31, V, I, a, S76, 378
1946 - art. 101, III, a, S400, 415
1946 - art. 101, III, c, S285, 401
1946 - art. 101, III, d, S291, 402
1946 - art. 101, III, d, S432, 419
1946 - art. 101, III, S292, 402
1946 - art. 15, § 5º, S537, 432
1946 - art. 31, V, I, a, S73, 378
1946 - art. 31, V, S324, 406
1946 - art. 8º, p.ú., S360, 410
1967 - art. 102, § 3º, S567, 436

Índice Remissivo

Constituição Federal
1967 - art. 114, III, S527, 430
1967 - art. 119, § 3°, S511, 429
1967 - art. 19, I, d, S553, 434
1967 - art. 23, § 8°, S578, 437
1967 - art. 9°, I - compatível com o CTN - art. 187, p.ú., S563, 435
1967, S496, 427
1969, S732, 456

Constituição Federal/1988. ....v. também
constitucionalidade e inconstitucionalidade
ADCT - art. 58, S687, 450
art.   7°, XXX, S683, 450
art. 100, caput, S655, 446
art. 102, I, n, S623, 442
art. 125, § 4°, S673, 448
art. 150, VI, c, S724, 454
art. 150, VI, c, S730, 455
art. 192, § 3°, S648, 445
art. 5°, XXXVI, S654, 446
art. 8°, IV, S666, 448
cumprimento - ADCT, art. 1°, 271
defesa - ADCT, art. 1°, 271
edição popular - ADCT, art. 64, 296
emendas - processo legislativo, elaboração, art. 59, I, 108
emendas - processo legislativo, elaboração, art. 60, 108
emendas - proibição, art. 60, § 1°, 109
emendas - promulgação, art. 60, § 3°, 109
emendas - proposta - iniciativa, deliberação e tramitação, art. 60, §§ 2° e 4°, 109
emendas - proposta - iniciativa, deliberação e tramitação, art. 60, I a III, 108
emendas - proposta - rejeitada ou prejudicada, art. 60, § 5°, 109
Estados - organização e administração, observação dos princípios, art. 25, 60
guarda - competência comum da União, Estados, Distrito Federal e
    Municípios, art. 23, 57
guarda - Supremo Tribunal Federal, art. 102, 142
guarda, art. 23, I, 57
manutenção - ADCT, art. 1°, 271
promulgação - ADCT, art. 1°, 271
promulgação - decreto-lei em tramitação ou não apreciado pelo Congresso
    Nacional - ADCT, art. 25, § 1°, 279
promulgação - delegação legislativa - ADCT, art. 25, 279
promulgação - medidas provisórias - ADCT, art. 25, § 2°, 279
revisão - ADCT, art. 3°, 271
S732, 456

Construção. ....v. também obra(s)

de eirado a menos de metro e meio do prédio de outrem - proibição - visão direta ou oblíqua - não distinção, S414, 417

de terraço a menos de metro e meio do prédio de outrem - proibição - visão direta ou oblíqua - não distinção, S414, 417

de varanda a menos de metro e meio do prédio de outrem - proibição - visão direta ou oblíqua - não distinção, S414, 417

imposto de transmissão inter vivos - não incidência, S110, 382

Consulado

autenticação de documentos estrangeiros - efeito judicial - inscrição no registro público - desnecessidade, S259, 399

Consumidor. ....v. também código de defesa do **consumidor e defesa - do consumidor**

código de defesa, elaboração - ADCT, art. 48, 288

dano, competência legislativa concorrente, art. 24, VIII, 59

defesa, art. 170, V, 212

defesa, art. 5°, XXXII, 25

mercadorias e serviços, incidência de impostos, art. 150, § 5°, 189

Consumo

competência para legislar sobre, art. 24, V, 58

Continuidade

delitiva - crimes contra a vida - inadmissão, S605, 440

Contrabando. ....v. aduana

prevenção e repressão, polícia federal, art. 144, § 1°, II, 181

Contraditório

art. 5°, LV, 29

garantido no TCU, SV3, 364

Contratação

compras e serviços, art. 37, XXI, 79

direta, dispensa do processo seletivo - profissional, agentes de saúde, EC51, art. 2°, p.ú., 355

direta, limite de gasto - profissional, agentes de saúde, EC51, art. 2°, 355

e licitação, art. 22, XXVII, 56

Contrato. ....v. também obrigação

administrativo - e licitação, art. 37, XXI, 79

administrativo - registro negado pelo Tribunal de Contas - inexeqüibilidade, S7, 371

de financiamento - autarquia financiadora - imunidade - extensão - limites, S336, 407

de locação - ação renovatória - improcedência - desocupação do imóvel - prazo, S370, 411

de locação - benfeitorias - responsabilidade do adquirente, S158, 387

de locação - de veículo - responsabilidade civil com o locatário, S492, 426

ÍNDICE REMISSIVO

Contrato

de locação - de veículo - responsabilidade solidária com o locatário, S492, 426

de locação - dispensa de transcrição no registro de títulos e documentos, S442, 420

de locação - fundo de comércio - restrições, S481, 425

de locação - indenização - construção mais útil, S181, 390

de locação - indenização - construção mais útil, S444, 420

de locação - lei de luvas - ação revisional - renúncia - legalidade, S357, 410

de locação - lei de luvas - purgação da mora - locatário - impossibilidade, S123, 383

de locação - lei de luvas - renovação - ausência - direito comum - aplicabilidade, S375, 412

de locação - lei de luvas - renovação - prazo - início - contagem, S376, 412

de locação - lei de luvas - renovação judicial - prazo qüinqüenal - excesso - impossibilidade, S178, 389

de locação - não cessionário - renovação - adição de prazo - impossibilidade, S482, 425

de locação - não sucessor - renovação - adição de prazo - impossibilidade, S482, 425

de locação - prazo determinado - majoração de encargos, S171, 389

de locação - prazo determinado - reajustamento de aluguel, S172, 389

de locação - preferência na aquisição do imóvel - direito pessoal, S488, 426

de locação - preferência na aquisição do imóvel - violação - perdas e danos, S488, 426

de locação - proprietário - presunção de sinceridade - relatividade, S485, 426

de locação - purga da mora além do prazo legal - obstáculo judicial - admissão, S173, 389

de locação - purgação da mora - locatário - impossibilidade - S123, 383

de locação - reajuste - prazo determinado - inadmissibilidade, S172, 389

de locação - renovação - ausência de direito comum, S375, 412

de locação - renovação - locatário não cessionário, S482, 425

de locação - renovação - locatário não sucessor, S482, 425

de locação - renovação - prazo - início, S376, 412

de locação - retomada - cessionário do promitente comprador - possibilidade, S177, 389

de locação - retomada - construção mais útil - indenização - limite, S444, 420

de locação - retomada - construção mais útil - indenização, S181, 390

de locação - retomada - construção mais útil, S374, 412

de locação - retomada - filho - matrimônio - admissão, S175, 389

de locação - retomada - notificação prévia, S174, 389

de locação - retomada - promitente comprador - possibilidade, S176, 389

de locação - retomada - prova da necessidade - inexigência - ressalva, S483, 425

J. U. Jacoby Fernandes

Contrato
de locação - retomada - residência de filho - legitimidade, S484, 425
de locação - retomada - sociedade comercial - locador ou cônjuge, S486, 426
de locação - retomada do prédio - prova da necessidade, S80, 379
de locação - retomada para uso próprio - prova de necessidade - exceção, S410, 416
de locação - sublocação do imóvel - possibilidade, S411, 416
de trabalho - contribuições para previdência privada não integram, art. 202, § 2º, 237
de trabalho - obra certa - transformação em contrato de prazo indeterminado, S195, 392
de trabalho - prazo determinado - transformação em contrato de prazo indeterminado, S195, 392
de transporte - cláusula não indenizatória - ineficácia, S161, 387
processos oriundos - cláusula de eleição do foro - validade, S335, 407
sujeito ao Imposto Federal do Selo - taxa de recuperação econômica - Minas Gerais - inconstitucionalidade, S144, 386
sustação, art. 71, §§ 1º e 2º, 118

Contribuição. ....v. também tributos
compulsória - destinada às entidades de serviço social, art. 240, 267
confederativa - exigibilidade, S666, 448
de melhoria, competência tributária, art. 145, *caput* e III, 183
do salário-educação - cobrança - constitucionalidade, S732, 456
federativa, exigível - filiação, sindicato, SV40, 368
iluminação pública, cobrança custeio do serviço - cobrança na fatura de consumo de energia elétrica, art. 149-A, 186
iluminação pública, cobrança custeio do serviço - competência dos Municípios e Distrito Federal, art. 149-A, 186
incidência sobre a parcela dos proventos e pensões - servidor público, inativo e pensionista - previdência social, EC41, art. 4º, p.ú., 347
intervenção sobre o domínio econômico, art. 177, § 4º, 218
Juízes, recebimento, proibição, art. 95, p.ú., IV, 133
parafiscal - adicional ao frete para renovação da marinha mercante, S553, 434
previdência social, filiação obrigatória, art. 201, 233
previdenciária - abono incorporado ao salário - incidência, S241, 397
previdenciária - incidência sobre o 13º salário - legitimidade, S688, 450
previdênciária - limite - 13º salário, S530, 431
previdenciária, objeto da condenação - Justiça do Trabalho, SV53, 370
provisória sobre movimentação de natureza financeira - alíquota - ADCT, art. 84, § 3º, 308
provisória sobre movimentação de natureza financeira - não incidência - ADCT, art. 85, 309

ÍNDICE REMISSIVO

Contribuição
provisória sobre movimentação de natureza financeira - produto da arrecadação, destinação - ADCT, art. 84, § 2°, 308
provisória sobre movimentação de natureza financeira - prorrogação - ADCT, art. 84, § 1°, 308
provisória sobre movimentação de natureza financeira - regulamentação, Poder Executivo - ADCT, art. 85, § 1°, 309
social - ADCT, art. 34, § 1°, 282
social, art. 149, 185
social, art. 195, 226
vigência, prazo e publicação - servidor público - previdência social, EC20, art. 5°, 338

Contribuição p/ o Financiamento da Seguridade Social
sobre combustíveis - legitimidade, S659, 447
sobre derivados do petróleo - legitimidade, S659, 447
sobre energia elétrica - legitimidade, S659, 447
sobre minerais - legitimidade, S659, 447
sobre serviços de telecomunicações - legitimidade, S659, 447

Contribuinte
contas do Município, exame e apreciação, art. 31, § 3°, 69
definição, art. 155, § 2°, II, *a*, 195
em débito fiscal - atividades profissionais - restrições - ilicitude, S547, 433
impostos - características, art. 145, § 1°, 183
taxas - utilização de serviços públicos, art. 145, II, 183
tratamento desigual, vedação - ADCT, art. 34, § 1°, 282
tratamento desigual, vedação, art. 150, II, 187

Controle. ....**v. também tribunal de contas**
externo - apoio pelo controle interno, art. 74, IV, 119
externo - Câmara Municipal, art. 31, § 1°, 68
externo - fiscalização do Município, art. 31, 68
externo - Tribunal de Contas da União, competência, art. 71, 116
interno - exercício integrado pelos Poderes Executivo, Legislativo e Judiciário - finalidades, art. 74, 119
interno - fiscalização do Município, art. 31, 68
interno - ilegalidade - ciência ao Tribunal de Contas da União, art. 74, § 1°, 119
interno - ilegalidade - denúncia ao Tribunal de Contas da União, art. 74, § 2°, 120
interno - irregularidade - ciência ao Tribunal de Contas da União, art. 74, § 1°, 119
interno - irregularidade - denúncia ao Tribunal de Contas da União, art. 74, § 2°, 120

J. U. JACOBY FERNANDES

Convenção(ões)
coletivos de trabalho - reconhecimento, art. 7°, XXVI, 36
internacionais - Congresso Nacional, referendo, art. 49, I, 97
internacionais - Congresso Nacional, referendo, art. 84, VIII, 123
internacionais - equivalência às emendas constitucionais - condições, art. 5°, § 3°, 32
internacionais - Presidente da República, celebração, art. 84, VIII, 123
Convênio(s)
de cooperação - consórcios públicos - entes federados, gestão de serviços públicos, art. 241, 267
Convicção
filosófica - direito, art. 5°, VIII, 20
política - direito, art. 5°, VIII, 20
Convivência. ....v. também família
mesmo teto more uxorio - concubinato - caracterização - necessidade, S382, 413
Cooperação
entre os povos, art. 4°, IX, 18
Cooperativa
atividade garimpeira, art. 174, §§ 3° e 4°, 215
atividade garimpeira, art. 21, XXV, 53
criação e funcionamento, art. 5°, XVIII, 22
de crédito - funcionamento e requisitos, art. 192, 223
do Paraná - isenção - revogação - legalidade, S436, 419
impostos locais - contribuintes, S81, 379
produtos importados - imposto de consumo - incidência, S84, 379
Cooperativismo
apoio e estímulo, art. 174, § 2°, 215
política agrícola, art. 187, VI, 222
Cópia(s)
ausência - peças necessárias à verificação da tempestividade do recurso extraordinário, S639, 444
Cor. ....v.raça
discriminação, condenação, art. 3°, IV, 18
Corpo de Bombeiros. ....v. militar
militar - competência - legislativa da União, art. 22, XXI, 56
militar - competência - organização, manutenção no Distrito Federal - União, art. 21, XIV, 51
militar - competência, art. 144, § 5°, 182
militar - do Distrito Federal - organização e manutenção, União, art. 21, XIV, 51
militar - órgãos, art. 144, V, 180
militar do estado e DF, art. 42, 92
oficiais e praças - crime - competência - justiça comum, S452, 421

Índice Remissivo

taxa - Estado de Pernambuco - constitucionalidade, S549, 433

Correção

monetária. ....v. também atualização

Correção monetária

atraso - pagamento - indenização por desapropriação - obrigatoriedade, S561, 435

casos de incidência - ADCT, art. 46, 287

depósitos bloqueados pelo plano Collor I - índice aplicável - BTN fiscal - constitucionalidade, S725, 455

micro e pequenos empresários - isenção, condições - ADCT, art. 47, I, 287

mini, pequenos e médios produtores rurais - isenção, condições - ADCT, art. 47, II, 287

pagamento - indenização - danos materiais - cabimento, S562, 435

Correio(s). ....v. também carta

Aéreo Nacional - manutenção, competência da União, art. 21, X, 49

Corrente(s)

de água - bens da União, art. 20, III, 47

Correspondência

restrições, estado de sítio, art. 139, III, 177

sigilo, art. 136, § 1º, I, b, 176

sigilo, art. 5º, XII, 21

Corréu

atração do processo ao foro por continência ou conexão - não viola garantias processuais, S704, 452

sem prerrogativa - imunidade parlamentar - inexistência, S245, 397

Corrupção. ....v. também dano

Cota(s)

alunos de escolas públicas – universidades, L12711., 241

alunos negros – universidades, L12711., 74

ausência de direito subjetivo ao recebimento por militar inativo com proventos integrais- S441, 420

dedução - União, repasse, parcela dos recursos, EC17, art. 4º, p.ú., 333

Creche(s)

assistência gratuita aos filhos e dependentes, art. 7º, XXV, 36

Crediário(s)

imposto de vendas e consignações - base de cálculo, S533, 431

Crédito(s). ....v. orçamento e receita

adicionais - projetos de lei - apreciação, art. 166, 205

alimentícios - precatórios - ordem cronológica - isenção, S655, 446

direitos financeiros, imposto e valores - União, EC3, art. 2º, 329

entidades em regime de intervenção ou liquidação extrajudicial - correção monetária - ADCT, art. 46, 287

especiais - abertura e vigência, art. 167, V e § 2º, 209

especiais - utilização e transposição, art. 166, § 8º, 206

Crédito(s)

especiais - utilização e transposição, art. 168, 210

externo e interno - disposição, competência privativa do Senado Federal, art. 52, VII e VIII, 101

extraordinários - abertura e vigência, art. 167, §§ 2º e 3º, 209

fiscalização de operações, competência da União, art. 21, VIII, 49

habilitado em falência - multa fiscal com efeito de pena administrativa - impossibilidade, S192, 391

habilitado em falência - multa fiscal moratória - inclusão, S191, 391

ilimitados, proibição, art. 167, VII, 209

instituições oficiais da União, disposições, art. 163, VII, 202

instrumentos creditícios e fiscais, política agrícola, art. 187, I, 222

operações - contratação, critérios, art. 165, § 8º, 204

operações - contratação, critérios, art. 167, IV, 208

operações - despesas de capital excedentes - ADCT, art. 37, 285

operações - despesas de capital excedentes, art. 167, III, 208

operações - sistema de controle interno, finalidade, art. 74, III, 119

política, legislação, competência privativa da União, art. 22, VII, 54

rural - mini, pequenos e médios produtores - débitos, isenção da correção monetária - ADCT, art. 47, 287

rural - produtores rurais, classificação - ADCT, art. 47, § 2º, 287

suplementar - abertura, critérios, art. 165, § 8º, 204

suplementar - abertura, critérios, art. 167, V, 209

suplementar - utilização e transposição, art. 166, § 8º, 206

suplementar - utilização e transposição, art. 168, 210

tributário - cobrança judicial - concurso de preferência - CTN x CF/67 - compatibilidade, S563, 435

tributário - decadência, SV8, 365

tributário - prescrição, SV8, 365

Crença(s)

liberdade, art. 5º, VI, 20

religiosa - exceção, art. 5º, VIII, 20

religiosa - garantia de direito, art. 5º, VIII, 20

religiosa - serviço militar obrigatório, art. 143, § 1º, 180

Criação

de Estado - normas básicas, art. 235, 264

de Estado - o que é vedado, art. 234, 264

de partido político, art. 17, 43

indústrial - proteção, art. 5º, XXIX, 25

Criança. ....v. também **infância e adolescência**

Crime(s). ....v. também **marginalização**

absolvição - medida de segurança - possibilidade, S422, 418

ação pública - admissão de ação privada, art. 5º, LIX, 30

ação rescisória, processo e julgamento - competência, art. 102, I, *j*, 144

ÍNDICE REMISSIVO

Crime(s)
ação rescisória, processo e julgamento - competência, art. 105, I, *e*, 153
ação rescisória, processo e julgamento - competência, art. 108, I, *b*, 155
cometido nas dependências da Câmara dos Deputados - poder de polícia - abrangência, S397, 415
cometido nas dependências do Senado Federal - poder de polícia - abrangência, S397, 415
cometidos a bordo de navio ou aeronave - processo e julgamento, art. 109, IX, 156
comum - Conselheiros dos Tribunais de Contas - Distrito Federal, processo e julgamento, art. 105, I, *a*, 152
comum - Conselheiros dos Tribunais de Contas - Estados, processo e julgamento, art. 105, I, *a*, 152
comum - Conselheiros dos Tribunais de Contas - Municípios, processo e julgamento, art. 105, I, *a*, 152
comum - Deputado Federal, processo e julgamento, art. 53, § 3°, 102
comum - Desembargadores dos Tribunais - de Justiça - Distrito Federal, processo e julgamento, art. 105, I, *a*, 152
comum - Desembargadores dos Tribunais - de Justiça - Estados, processo e julgamento, art. 105, I, *a*, 152
comum - Desembargadores dos Tribunais - Regionais Federais, processo e julgamento, art. 105, I, *a*, 152
comum - Governador - Distrito Federal, processo e julgamento, art. 105, I, *a*, 152
comum - Governador - Estado, processo e julgamento, art. 105, I, *a*, 152
comum - Juízes - Tribunais - do Trabalho, processo e julgamento, art. 105, I, *a*, 152
comum - Juízes - Tribunais - Regionais - Eleitorais, processo e julgamento, art. 105, I, *a*, 152
comum - Juízes - Tribunais - Regionais - Federais, processo e julgamento, art. 105, I, *a*, 152
comum - Ministério Público da União, membro, processo e julgamento, art. 105, I, *a*, 152
comum - Ministério Público da União, membro, processo e julgamento, art. 108, I, *a*, 155
comum - Presidente da República - suspensão de funções, art. 86, § 1°, 125
comum - Presidente da República, art. 86, 125
comum - Senador, processo e julgamento, art. 53, § 3°, 102
consumação impossível - flagrante preparado pela polícia - inexistência, S145, 386
continuado - lei penal mais grave - aplicação, S711, 453
continuado - prescrição - regulação - pena - sentença judicial, S497, 427
continuado - suspensão condicional do processo - não admissão, S723, 454

509

Crime(s)

contra - Estado Democrático, inafiançável e imprescritível, art. 5°, XLIV, 28

contra - Estado, vigência, estado de defesa, art. 136, § 3°, I, 176

contra - ordem constitucional, inafiançável e imprescritível, art. 5°, XLIV, 28

contra a economia popular - processo e julgamento - competência, S498, 427

contra a honra de servidor público - ofendido x Ministério Público - legitimidade concorrente - condições, S714, 453

contra a ordem econômico-financeira - processo e julgamento, art. 109, VI, 156

contra a vida - continuidade delitiva - inadmissão, S605, 440

contra o sistema financeiro - processo e julgamento, art. 109, VI, 156

contra segurança nacional - apelação - julgamento - competência, S526, 430

de emissão de cheque sem fundos - ausência de fraude - inexistência, S246, 397

de estelionato - emissão dolosa de cheque sem provisão de fundos - processo e julgamento - foro competente, S521, 430

de multa - condenação anterior - irrelevância - sursis - concessão - possibilidade, S499, 427

de responsabilidade - Advogado-Geral da União, processo e julgamento, art. 52, II, 100

de responsabilidade - ausência de justificação à convocação da Câmara, Senado ou Comissão, art. 50, 99

de responsabilidade - Comandantes da Marinha, Exército e Aeronáutica, processo e julgamento, art. 52, I, 100

de responsabilidade - Conselheiros dos Tribunais de Contas - Distrito Federal, processo e julgamento, art. 105, I, *a*, 152

de responsabilidade - Conselheiros dos Tribunais de Contas - Estados, processo e julgamento, art. 105, I, *a*, 152

de responsabilidade - definição e estabelecimento de normas de processo e julgamento - competência legislativa da União, S722, 454

de responsabilidade - Desembargadores dos Tribunais de Justiça - Distrito Federal, processo e julgamento, art. 105, I, *a*, 152

de responsabilidade - Desembargadores dos Tribunais de Justiça - Estados, processo e julgamento, art. 105, I, *a*, 152

de responsabilidade - Juízes - Tribunais - do Trabalho, processo e julgamento, art. 105, I, *a*, 152

de responsabilidade - Juízes - Tribunais - Regionais - Eleitorais, processo e julgamento, art. 105, I, *a*, 152

de responsabilidade - Juízes - Tribunais - Regionais - Federais, processo e julgamento, art. 105, I, *a*, 152

de responsabilidade - Juízes Federais, processo e julgamento, art. 108, I, *a*, 155

ÍNDICE REMISSIVO

Crime(s)
- de responsabilidade - membros do Conselho Nacional de Justiça, processo e julgamento, art. 52, II, 100
- de responsabilidade - membros do Conselho Nacional do Ministério Público, processo e julgamento, art. 52, II, 100
- de responsabilidade - Ministério Público da União, processo e julgamento, art. 105, I, a, 152
- de responsabilidade - Ministério Público da União, processo e julgamento, art. 108, I, a, 155
- de responsabilidade - Ministro de Estado, art. 50, 99
- de responsabilidade - Ministros - de Estado - processo e julgamento, art. 52, I, 100
- de responsabilidade - Ministros - de Estado, art. 50, § 2°, 99
- de responsabilidade - Ministros - do Supremo Tribunal Federal, processo e julgamento, art. 52, II, 100
- de responsabilidade – não destinação de recursos à educação, ADCT, art. 60, XI, 294
- de responsabilidade - Prefeito - procedimento penal, S301, 403
- de responsabilidade - Prefeito Municipal, art. 29-A, § 2°, 67
- de responsabilidade - Prefeitos - extinção do mandato, S703, 452
- de responsabilidade - Presidente da Câmara Municipal, art. 29-A, § 3°, 67
- de responsabilidade - Presidente da República - processo e julgamento, art. 52, I, 100
- de responsabilidade - Presidente da República - processo e julgamento, art. 86, 125
- de responsabilidade - Presidente da República - suspensão de funções, art. 86, § 1°, II, 125
- de responsabilidade - Presidente da República - tipicidade, art. 85, p.ú., 124
- de responsabilidade - Presidente da República, art. 85, 124
- de responsabilidade - Presidente de tribual - liquidação irregula de precatório, art. 100, § 7°, 139
- de responsabilidade - Presidente do Tribunal, retardar ou frustrar liquidação de precatório, art. 100, § 6°, 139
- de responsabilidade - Procurador-Geral da República, processo e julgamento, art. 52, II, 100
- de responsabilidade - Vice-Presidente da República, processo e julgamento, art. 52, I, 100
- de tortura - progressão da pena - admissibilidade, S698, 451
- Deputado - acusação - processo e julgamento - STF - incompetência, S398, 415
- do colarinho branco - processo e julgamento, art. 109, VI, 156
- estrangeiro - ingresso irregular, processo e julgamento, art. 109, IX, 156
- estrangeiro - permanência irregular, processo e julgamento, art. 109, IX, 156

Crime(s)

falimentar - denúncia - despacho de recebimento - ausência de fundamentação - nulidade, S564, 436

falimentar - prescrição - causas interruptivas - Código Penal - aplicabilidade, S592, 439

falimentar - prescrição - termo inicial, S147, 386

hediondo - relaxamento da prisão - excesso de prazo, S697, 451

hediondo ou equiparado - progressão de regime - inconstitucionalidade, SV26, 367

hediondo, inafiançável e insuscetível de graça, art. 5º, XLIII, 27

latrocínio - consumação, S610, 441

material - lançamento do tributo, SV24, 367

militar propriamente, prisão, art. 5º, LXI, 30

oficiais e praças do Corpo de Bombeiros - competência - justiça comum, S452, 421

opinião, extradição, estrangeiro, impossibilidade, art. 5º, LII, 29

permanente - lei penal mais grave - aplicação, S711, 453

político - estrangeiro, extradição, impossibilidade, art. 5º, LII, 29

político - processo e julgamento, art. 109, IV, 156

político - recurso ordinário, art. 102, II, *b*, 145

processo e julgamento - União, competência, SV46, 369

racismo, inafiançável e imprescritível, art. 5º, XLII, 27

relativos a entorpecentes - processo e julgamento - foro competente, S522, 430

revisão criminal, processo e julgamento - competência, art. 102, I, *j*, 144

revisão criminal, processo e julgamento - competência, art. 105, I, *e*, 153

revisão criminal, processo e julgamento - competência, art. 108, I, *b*, 155

salário - retenção dolosa, art. 7º, X, 34

Senador - acusação - processo e julgamento - STF - incompetência, S398, 415

sonegação fiscal - ação penal - tipo, S609, 441

terrorismo, inafiançável e insuscetível de graça, art. 5º, XLIII, 27

tortura, inafiançável e insuscetível de graça, art. 5º, XLIII, 27

tráfico ilícito de entorpecentes e drogas afins, inafiançável e insuscetível de graça, art. 5º, XLIII, 27

Critério(s)

de repartição e periodicidade - União, repasse dos recuros, EC17, art. 3º, p.ú., 333

CTN. ....v. também Lei nº 5.172/66

CTPS

carteira de trabalho - anotações - valor probatório, S225, 395

Culpa. ....v. *também dolo e preso*

presumida - do comitente pelo ato culposo do preposto, S341, 408

presumida - do patrão pelo ato culposo do empregado, S341, 408

ÍNDICE REMISSIVO

Culpado
declaração, art. 5°, LVII, 29

Culto religioso. ....v. também liberdade
interferência governamental, art. 19, I, 46
liberdade, art. 5°, VI, 20
templos, proibição de impostos - ADCT, art. 34, § 1°, 282
templos, proibição de impostos, art. 150, § 4°, 188
templos, proibição de impostos, art. 150, VI, *b*, 188

Cultura
acesso, art. 23, V, 57
bens e valores culturais, incentivos, art. 216, § 3°, 248
cavidades naturais, art. 20, X, 48
direitos, art. 215, 246

Cultura
fundo estadual de fumento à - financiamento, art. 216, § 6°, 248
garantias, art. 215, 246
legislação, art. 24, IX, 59
manifestação das culturas - afro-brasileiras, art. 215, § 1°, 246
manifestação das culturas - indígenas, art. 215, § 1°, 246
manifestação das culturas - populares, art. 215, § 1°, 246
patrimônio - cultural - ato lesivo, ação popular, art. 5°, LXXIII, 31
patrimônio - cultural - danos e ameaças, punição, art. 216, § 4°, 248
patrimônio - cultural - promoção e proteção pelo Poder Público, art. 216, §
1°, 247
patrimônio - cultural - proteção ou responsabilidade por dano, art. 24, VII,
VIII e IX, 59
patrimônio - cultural - proteção, competência, art. 23, III e IV, 57
patrimônio - cultural - quilombos, tombamento, art. 216, § 5°, 248
patrimônio - histórico-cultural, proteção pelo Município, art. 30, IX, 68
patrimônio - nacional - encargos ou compromissos gravosos, competência,
art. 49, I, 97
patrimônio - nacional - Floresta Amazônica nacional, art. 225, § 4°, 257
patrimônio - nacional - mercado interno, desenvolvimento cultural e sócio-
econômico, art. 219, 251
patrimônio - nacional - Pantanal Mato-Grossense, art. 225, § 4°, 257
patrimônio - nacional - Serra do Mar, art. 225, § 4°, 257
patrimônio - nacional - Zona Costeira, art. 225, § 4°, 257
patrimônio - público - conservação, competência, art. 23, I, 57
patrimônio - público - e social, instauração de inquérito, art. 129, III, 169
plano nacional - duração, art. 215, § 3°, 247
plano nacional - objetivo, art. 215, § 3°, 247
sítios arqueológicos, art. 20, X, 48

Curso(s)

de capacitação policial - aprovação - servidor nomeado por concurso - equivalência - possibilidade, S373, 412

Custa(s)

judiciais - ação popular, isenção, art. 5°, LXXIII, 31

judiciais - destinação, art. 98, § 2°, 135

judiciais - isenção - empregado representado por sindicato - alcance, S223, 395

judiciais - Juízes, recebimento, proibição, art. 95, p.ú., II, 133

judiciais - serviços forenses, art. 24, IV, 58

Custeio. ....v. *despesa e orçamento*

para programa de habitação, porcentagem - produto de arrecadação, imposto - União, EC3, art. 2°, § 4°, 329

Dano(s)

à imagem, indenização, art. 5°, V, 20

agentes públicos, responsabilidade, Administração Pública - direito de regresso, art. 37, § 6°, 81

agentes públicos, responsabilidade, Administração Pública - teoria da imputação, art. 37, § 6°, 81

material - indenização - pagamento - correção monetária - cabimento, S562, 435

material, indenização, art. 5°, V, 20

material, indenização, art. 5°, X, 20

meio ambiente, reparação, art. 225, § 3°, 257

moral, indenização, art. 5°, V, 20

moral, indenização, art. 5°, X, 20

nuclear, responsabilidade civil, art. 21, XXIII, c, 52

patrimônio cultural, punição, art. 216, § 4°, 248

reparação econômica - cidadãos atingidos pelas Portarias Reservadas do Ministério da Aeronáutica - ADCT, art. 8°, § 3°, 273

reparação, art. 5°, XLV, c, 28

Data(s)

comemorativas - disposição legal, art. 215, § 2°, 246

Débito(s)

Fazenda - Distrital - ordem de pagamento - ADCT, art. 86, §§ 1° a 3°, 310

Fazenda - Distrital - oriundos de sentença, pagamento, condições - ADCT, art. 86, 309

Fazenda - Estadual - ordem de pagamento - ADCT, art. 86, §§ 1° a 3°, 310

Fazenda - Estadual - oriundos de sentença, pagamento, condições - ADCT, art. 86, 309

Fazenda - Federal - ordem de pagamento - ADCT, art. 86, §§ 1° a 3°, 310

Fazenda - Federal - oriundos de sentença, pagamento, condições - ADCT, art. 86, 309

Fazenda - Municipal - ordem de pagamento - ADCT, art. 86, §§ 1° a 3°, 310

ÍNDICE REMISSIVO

Débito(s)

Fazenda - Municipal - oriundos de sentença, pagamento, condições - ADCT, art. 86, 309

fiscal - remissão - lei federal - constitucionalidade, S532, 431

liquidação - empréstimos concedidos por bancos e instituições financeiras - ADCT, art. 47, 287

natureza alimentícia, art. 100, § 1°, 137

pecuário - reajustamento - dívidas estranhas - exclusão, S183, 390

pecuário - reajustamento - dívidas posteriores a 19/12/46 - exclusão, S184, 390

pecuário - reajustamento - falta de cancelamento de renúncia à moratória - possibilidade, S182, 390

pecuário - reajustamento - honorários advocatícios - União - responsabilidade - ausência, S185, 390

pecuário - reajustamento - sentença concessiva - recurso ex officio - sujeição, S275, 400

seguridade social, pessoa jurídica, conseqüência, art. 195, § 3°, 227

Decadência. ....**v. prescrição**

crédito tributário, SV8, 365

prazo - representação de inconstitucionalidade - inexistência, S360, 410

Décimo terceiro salário. ....**v. também adicional, remuneração e salário**

aposentados e pensionistas, art. 201, § 6°, 235

direito social, art. 7°, VIII, 34

incidência de contribuição previdenciária - legitimidade, S688, 450

Decisão. ....**v. também sentença, acórdão e ato**

denegatória de mandado de segurança - recurso extraordinário - admissão como ordinário - impossibilidade, S272, 400

embargos infringentes parciais - trecho sem divergência - defitivo, S354, 409

judicial. ....**v. também acórdão e sentença**

judicial - culpa, sentença penal condenatória, exigência, art. 5°, LVII, 29

judicial - do júri - apelação contra - efeito devolutivo - limites, S713, 453

judicial - na ADC-4 - não aplicação à antecipação de tutela em causa de natureza previdenciária, S729, 455

judicial - partes autônomas - recurso extraordinário - admissão parcial - futura apreciação total pelo STF - possibilidade, S528, 431

judicial - recusa de execução, intervenção, art. 34, VI, 70

judicial - recusa de execução, intervenção, art. 35, IV, 71

judicial - recusa de execução, intervenção, art. 36, § 3°, 72

judicial - recusa de execução, intervenção, art. 36, II, 71

judicial - sentença, autoridade competente, art. 5°, LIII, 29

judicial com trânsito em julgado - mandado de segurança contra - descabimento, S268, 399

Decisão

múltiplos fundamentos - recurso extraordinário - integralidade - ausência - inadmissibilidade, S283, 401

ponto omisso - prequestionamento - ausência - recurso extraordinário - inadmissibilidade, S356, 410

Declaração

perda de mandato eletivo, art. 55, § 3°, 105

Decoro

parlamentar, art. 55, II e § 1°, 104

Decreto

estado de defesa, art. 136, § 1°, 176

estado de sítio, art. 138, 177

estadual - regulação - matéria de competência federal - inconstitucionalidade, S548, 433

expedição, art. 84, IV, 122

Decreto

legislativo, processo e elaboração, art. 59, VI, 108

Decreto n° 24.150/1934

art. 30 - Lei de Luvas, S180, 390

Lei de Luvas, S123, 383

Lei de Luvas, S178, 389

Lei de Luvas, S181, 390

Lei de Luvas, S357, 410

Lei de Luvas, S375, 412

Lei de Luvas, S376, 412

Lei de Luvas, S446, 421

Lei de Luvas, S481, 425

Lei de Luvas, S482, 425

Lei de Luvas, S485, 426

locação de imóvel, S444, 420

Decreto-Legislativo n° 14/1960

art. 66, S130, 384

taxa de despacho aduaneiro, art. 66, S131, 384

Decreto-Lei

apreciação, rejeição, prazo - ADCT, art. 25, §§ 1° e 2°, 279

atos praticados na vigência - validade - ADCT, art. 25, § 1°, II, 279

em tramitação no Congresso Nacional - ADCT, art. 25, § 1°, 279

expedição - validade, S496, 427

medidas provisórias - ADCT, art. 25, § 2°, 279

rejeitado - ADCT, art. 25, § 1°, II, 279

Decreto-Lei n° 58/1937

compromisso de compra e venda, S166, 388

compromisso de compra e venda, S167, 388

compromisso de compra e venda, S168, 388

ÍNDICE REMISSIVO

Decreto-Lei n° 394/1938
S367, 411
Decreto-Lei n° 406/1968
§§ 1° e 3° do art. 9° - recepcionados pela CF/88, S663, 447
Decreto-Lei n° 3.365/1941
constitucionalidade, S652, 446
Decreto-Lei n° 7.661/1945
restituição de coisa , art. 76, S193, 391
Defensor. ....v. também advogado
público - opção pela carreira - ADCT, art. 22, 278
público - opção pela carreira, art. 135, 175
público - proporcionalidade - numero - ADCT, art. 98, 317
renúncia - falta de prévia intimação ao réu - nulidade do julgamento da
apelação, S708, 452
Defensoria Pública. ....v. também advoacia
competência legislativa concorrente, art. 24, XIII, 59
definição, atribuição e organização, art. 134, 174
Distrito Federal, organização, art. 134, § 1°, 174
Distrito Federal, organização, art. 21, XIII, 51
Distrito Federal, organização, art. 22, XVII, 55
do Distrito Federal - elaboração de projeto de lei, prazo, comissão especial,
EC69, art. 3º, 357
Estados - autonomia administrativa, art. 134, § 2°, 175
Estados - autonomia funcional, art. 134, § 2°, 175
Estados - proposta orçamentária - iniciativa, art. 134, § 2°, 175
Estados, organização, art. 134, § 1°, 174
Estados, organização, art. 61, § 1°, II, d, 110
isonomia salarial, art. 135, 175
legislação concorrente, competência, art. 24, XIII, 59
majoração de auxílio - vedação - ADCT, art. 109, VI, 326
organização - administrativa, competência, art. 48, IX, 96
organização - judiciária, competência, art. 48, IX, 96
princípios institucionais, art. 134, § 4°, 175
Territórios, organização, art. 134, § 1°, 174
Territórios, organização, art. 21, XIII, 51
Territórios, organização, art. 22, XVII, 55
Territórios, organização, art. 48, IX, 96
Territórios, organização, art. 61, § 1°, II, d, 110
União, organização, art. 134, § 1°, 174
União, organização, art. 48, IX, 96
União, organização, art. 61, § 1°, II, d, 110
vantagens, art. 135, 175
vencimentos, art. 135, 175

517

J. U. Jacoby Fernandes

Defesa. ....v. advogado e ampla defesa
aeroespacial, legislação, competência, art. 22, XXVIII, 57
ampla, litigantes e acusados, garantia, art. 5°, LV, 29
civil, competência dos corpos de bombeiros, art. 144, § 5°, 182
civil, legislação, competência, art. 22, XXVIII, 57
direitos - certidão, art. 5°, XXXIV, b, 26
direitos - instrumentos, art. 5°, LXVIII a LXXIII, 31
direitos - petição, art. 5°, XXXIV, a, 26
do consumidor. ....v. também código de defesa do
consumidor e consumidor
do consumidor - código - elaboração - prazo - ADCT, art. 48, 288
em processo penal - deficiência - anulação em caso de prejuízo para o réu,
S523, 430
em processo penal - falta - nulidade adsoluta, S523, 430
marítima, legislação, competência, art. 22, XXVIII, 57
Ministro de Estado da Defesa, cargos, art. 12, VII, 40
nacional, art. 21, III, 49
Pátria - competência das Forças Armadas, art. 142, 178
técnica - por advogado - falta não ofende CF, SV5, 364
territorial, legislação, competência, art. 22, XXVIII, 57

Deficiente
adaptação dos logradouros e edifícios de uso público, art. 244, 268
aposentadoria - concessão - requisitos e critérios diferenciados, art. 40, § 4°,
I, 87
assistência social, art. 203, IV e V, 238
ensino especializado, art. 208, III, 241
igualdade de direitos no trabalho, art. 7°, XXXI, 37
integração social, art. 24, XIV, 59
locomoção e acesso, facilidade, normas, art. 227, § 2°, 260
locomoção e acesso, facilidade, normas, art. 244, 268
prevenção, atendimento especializado e integração, art. 227, § 1°, II, 260
proteção, art. 23, II, 57
proteção, art. 24, XIV, 59
servidor público, art. 37, VIII, 75

Delegação legislativa
cidadania, vedação, art. 68, § 1°, II, 116
Congresso Nacional, resoluções, art. 68, *caput* e §§ 2° e 3°, 115
direitos - eleitorais, vedação, art. 68, § 1°, II, 116
direitos - individuais, vedação, art. 68, § 1°, II, 116
direitos - políticos, vedação, art. 68, § 1°, II, 116
diretrizes orçamentárias, vedação, art. 68, § 1°, III, 116
Ministério Público, vedação, art. 68, § 1°, I, 116
nacionalidade, vedação, art. 68, § 1°, II, 116
orçamento, vedação, art. 68, § 1°, III, 116

518

ÍNDICE REMISSIVO

Delegação legislativa
plano plurianual, vedação, art. 68, § 1º, III, 116
Poder Judiciário, vedação, art. 68, § 1º, I, 116
Resolução do Congresso Nacional - Presidente da República, art. 68, § 2º, 116
Resolução do Congresso Nacional, art. 68, § 3º, 116
vedação, art. 68, § 1º, 115

Demarcação
de terras - Acre - limites - reconhecimento e homologação - ADCT, art. 12, § 5º, 275
de terras - áreas em litígio - estados e municípios - ADCT, art. 12, § 2º, 275
de terras - áreas em litígio - estados e municípios - limites - competência - ADCT, art. 12, § 4º, 275
de terras - áreas em litígio - estados e municípios - solicitação à União dos trabalhos - ADCT, art. 12, § 3º, 275

Demissão. ....v. também exoneração
de extranumerário - condição legal - S50, 376
dirigente de autarquia - Presidente da República, S25, 373
extranumerário estável - serviço público federal - competência - Presidente da República, S384, 413
funcionário concursado - procedimento, S20, 373
funcionário concursado em estágio probatório - inquérito administrativo, S21, 373
funcionário interino substituto - demissão, S24, 373
Reitor de Universidade - pelo Presidente da República - limitações, S47, 376

Denegação
de mandado de segurança - recurso extraordinário - admissão como ordinário - impossibilidade, S272, 400

Denúncia
ação penal - prescrição - continuação, S607, 441
contra membro do Judiciario, art. 103-B, § 7º, 152
crime falimentar - despacho de recebimento - ausência de fundamentação - nulidade, S564, 436
irregularidade - cidadão ao Tribunal de Contas da União - art. 74, § 2º, 120
ou inquérito policial, Ministério Público - homologação, transação penal, SV35, 368
recurso contra a rejeição - acórdão - validade, S709, 453
rejeição - falta de intimação do denunciado para oferecer contra-razões ao recurso - constitui nulidade, S707, 452

Denunciado
falta de intimação para oferecer contra-razões ao recurso - constitui nulidade, S707, 452

Departamento de Polícia Federal

censor federal - atuais ocupantes de cargo, exercício das funções - ADCT, art. 23, 279

Departamentos Jurídicos

lei complementar - atribuições - ADCT, art. 29, 281

Dependente(s)

de seringueiros - pensão mensal vitalícia - ADCT, art. 54, § 2o, 290

trabalhador rural - pensão previdenciária - LC n° 11/71, S613, 441

Depositário

infiel - prisão civil, inadimplência, art. 5°, LXVII, 30

infiel, modalidade - prisão civil, ilítita, SV25, 367

judicial - prisão - decretação, S619, 442

Depósito

para recorrer - ação de acidente do trabalho - exigibilidade, S240, 396

Deputado. ....v. também Estado, imunidade e mandato eletivo

acusado de crime - processo e julgamento - STF - incompetência, S398, 415

Deputado

Distrital. ....v. também Câmara Legislativa do Distrito Federal

Distrital - elegibilidade, idade mínima, art. 14, § 3°, VI, c, 41

Distrital - eleição, art. 32, § 2°, 69

Distrital - mandato eletivo, duração, art. 32, § 2°, 69

Distrital - número, art. 32, § 3°, 69

Estadual. ....v. também assembléia legislativa

Estadual - elegibilidade, idade mínima, art. 14, § 3°, VI, c, 41

Estadual - estado de sítio, pronunciamento, difusão, art. 139, p.ú., 177

Estadual - Estado de Tocantins - eleição - ADCT, art. 13, § 3°, 276

Estadual - Estado de Tocantins - mandato - ADCT, art. 13, § 4°, 276

Estadual - impedimentos, art. 27, § 1°, 61

Estadual - imunidade - restrita à justiça do Estado, S3, 371

Estadual - imunidades, art. 27, § 1°, 61

Estadual - incorporação às Forças Armadas, art. 27, § 1°, 61

Estadual - inviolabilidade, art. 27, § 1°, 61

Estadual - licença, art. 27, § 1°, 61

Estadual - mandato, perda, art. 27, § 1°, 61

Estadual - número, art. 27, 61

Estadual - Prefeito, exercício das funções - ADCT, art. 5°, § 3°, 272

Estadual - remuneração, art. 27, § 1°, 61

Estadual - servidor público civil, art. 38, I, 82

Estadual - sistema eleitoral, art. 27, § 1°, 61

Estadual - subsídio, art. 27, § 2°, 61

Federal. ....v. também Câmara dos Deputados e Congresso Nacional

Índice Remissivo

Deputado
Federal - crimes inafiançáveis, art. 53, § 2°, 102
Federal - decoro parlamentar, art. 55, II e § 1°, 104
Federal - elegibilidade, idade mínima, art. 14, § 3°, VI, c, 41
Federal - estado de sítio - pronunciamento, difusão, art. 139, p.ú., 177
Federal - estado de sítio - suspensão da imunidade parlamentar, art. 53, § 8°, 103
Federal - Estado de Tocantins - eleição - ADCT, art. 13, § 3°, 276
Federal - Estado de Tocantins - mandato - ADCT, art. 13, § 4°, 276
Federal - exercício de funções executivas, art. 56, I e § 3°, 105
Federal - flagrante de crime inafiançável, art. 53, § 2°, 102
Federal - *habeas-corpus*, paciente, art. 102, I, *d*, 144
Federal - impedimentos, art. 54, 104
Federal - impostos, art. 49, VII, 98
Federal - imunidades - estado de sítio, art. 53, § 8°, 103
Federal - imunidades, art. 53, 102
Federal - incorporação às Forças Armadas, art. 53, § 7°, 103
Federal - infrações penais comuns, processo e julgamento, art. 102, I, *b*, 143
Federal - inviolabilidade, art. 53, 102
Federal - legislatura, duração, art. 44, p.ú., 95
Federal - licença, art. 56, II, 105
Federal - mandado, perda - condenação criminal, art. 55, VI, 104
Federal - mandado, perda, art. 56, 105
Federal - mandato, perda, art. 55, 104
Federal - Prefeito, exercício das funções - ADCT, art. 5°, § 3°, 272
Federal - servidor público civil, art. 38, I, 82
Federal - sessão legislativa, ausência, art. 55, III, 104
Federal - sistema eleitoral, art. 45, 95
Federal - subsídio, art. 49, VII, 98
Federal - suplência, art. 56, § 1°, 105
Federal - testemunho, art. 53, § 6°, 103
Federal - vacância, art. 56, § 2°, 105
foro privilegiado, art. 53, §1°, 102

Derivados do petróleo
COFINS - cobrança - legitimidade, S659, 447
FINSOCIAL - cobrança - legitimidade, S659, 447
PIS - cobrança - legitimidade, S659, 447

Desaforamento
de processo da competência do júri, sem audiência da defesa - nulidade da decisão, S712, 453

Desapropriação. ....**v. também reforma agrária**
ações de sociedade - imissão na posse - direitos - exercício, S476, 424
demora no pagamento - indenização complementar - não cabimento, S416, 417

Desapropriação

demora no pagamento - juros - cabimento, S416, 417

honorários advocatícios - base de cálculo, S617, 442

imóvel - destinado às culturas ilegais de plantas psicotrópicas, art. 243, 267

imóvel – exploração de trabalho escravo, art. 243, 267

imóvel - rural - reforma agrária - ação, propositura, art. 184, § 2°, 221

imóvel - rural - reforma agrária - declaração do interesse social, decreto, art. 184, § 2°, 221

imóvel - rural - reforma agrária - indenização, títulos da dívida agrária, art. 184, 221

imóvel - rural - reforma agrária - pequeno e médio, vedação, art. 185, I, 222

imóvel - rural - reforma agrária - processo e procedimento, art. 184, § 3°, 221

imóvel - rural - reforma agrária - propriedade produtiva, vedação, art. 185, II, 222

imóvel - urbano - indenização, pagamento - dinheiro, art. 182, § 3°, 220

imóvel - urbano - indenização, pagamento - títulos da dívida pública, art. 182, § 4°, III, 220

indenização - expropriado - honorários advocatícios - obrigatoriedade, S378, 412

indenização - pagamento - atraso - correção monetária - obrigatoriedade, S561, 435

juros - Súmula n° 618, 442

margens de rios navegáveis - impossibilidade - domínio público, S479, 425

obra licenciada - indenização - valor, S23, 373

pelos Estados - de empresa de energia elétrica - Presidente da República - autorização prévia - obrigatoriedade, S157, 387

por utilidade pública - constitucionalidade, S652, 446

processo - juros compensatórios - exigibilidade - termo inicial, S164, 388

promovida por empresa de energia elétrica - juízo competente, S218, 394

União - competência legislativa, art. 22, II, 53

utilidade pública - lei federal - aplicação - processo judicial pendente, S475, 424

utilidade pública ou interesse social, procedimento, art. 5°, XXIV, 23

Desastre

violabilidade da casa, art. 5°, XI, 21

Desembaraço

aduaneiro, ICMS - mercadoria importada, SV48, 369

Desembargador. ....v. também juiz, Justiça Eleitoral, Justiça **Estadual, magistratura, ministro, Poder Judiciário e processo**

nomeação - impugnação - legitimidade, S628, 443

Desenvolvimento

científico e tecnológico - empresas, concessão de incentivos, art. 218, § 4°, 251

científico e tecnológico - Estado, art. 218, 250

Índice Remissivo

Desenvolvimento

científico e tecnológico - mercado interno, art. 219, 251

científico e tecnológico - recursos humanos - condições especiais de trabalho, art. 218, § 3º, 251

científico e tecnológico - recursos humanos - formação pelo Estado, art. 218, § 3º, 251

científico e tecnológico - recursos humanos - formação, aperfeiçoamento e remuneração, art. 218, § 4º, 251

científico e tecnologócio - SNCTI, art. 219-A, 252

do sistema produtivo nacional e regional - pesquisa, art. 218, § 2º, 250

equilíbrio com bem-estar - cooperação entre União, Estados e Municípios, art. 23, p.ú., 58

legislação, art. 24, IX, 59

nacional - garantia, art. 3º, II, 18

nacional - planejamento, diretrizes e bases, art. 174, § 1º, 215

nacional e regional - planos - e programas, art. 48, IV, 96

nacional e regional - planos - e programas, art. 58, § 2º, VI, 107

nacional e regional - planos - elaboração e execução, competência, art. 21, IX, 49

regional - incentivos fiscais, concessão, art. 151, I, 189

regional - irrigação, recursos da União - ADCT, art. 42, 285

regional - planos e incentivos, art. 43, §§ 1º e 2º, 94

regional - programas e projetos, recursos financeiros, art. 192, 223

regional - redução das desigualdades, ação da União, art. 43, 94

regional, art. 43, 94

urbano - diretrizes, competências, art. 21, XX, 52

valor supremo - Preâmbulo, 15

Desestatização

Fundo Nacional - constituição - ADCT, art. 81, 307

Desigualdade(s)

redução - articulação de ações - União, art. 43, 94

regionais – redução – orçamento, art. 165, § 7º, 204

sociais e regionais - redução, art. 3º, III, 18

Despachantes aduaneiros

imposto de renda - desconto na fonte - competência, S94, 380

Despacho

saneador - ausência de recurso - trânsito em julgado - possibilidade, S424, 418

Despedida

arbitrária, art. 7º, I, 33

empregado - representação sindical, S197, 392

injusta - cálculo - indenização - adicionais - inclusão, S459, 422

injusta - cálculo - indenização - gratificações - inclusão, S459, 422 injusta - cálculo - indenização - repouso semanal remunerado - inclusão, S462, 422

Despesa(s)

irregular – TCU, art. 72, § 2°, 118

obrigatória - Reajuste - vedação - ADCT, art. 109, VIII, 326

primárias - autorizadas - limites ADCT , art. 107, § 4º, 325

primárias - base de cálculo - exceções - ADCT , art. 107, § 6º, 325

primárias - crédito suplementar vedado - ADCT , art. 107, § 5º, 325

primárias - critério para definição - ADCT , art. 107, § 1º, 324

primárias - limites individualizados por exercício - ADCT , art. 107, 324

públicas. ....v. também custeio

públicas - autorização, comissão mista permanente, procedimentos, art. 72, 118

públicas - ilegalidade, procedimentos do Tribunal de Contas da União, art. 71, VIII a XI e §§ 1° a 3°, 117

públicas - aumento, projeto de lei, inadmissibilidade, art. 63, 113

públicas - concessão de empréstimos, pagamento de pessoal, art. 167, X, 209

públicas - criação de cargos, concessão de vantagens, art. 169, § 1°, 210

públicas - extraordinárias, empréstimo compulsório - ADCT, art. 34, § 1°, 282

públicas - extraordinárias, empréstimo compulsório, art. 148, I, 185

públicas - pessoal - ADCT, art. 38, 285

públicas - pessoal - redução, cargos em comissão, exoneração, art. 169, § 3°, 211

públicas - pessoal, art. 169, 210

públicas - Poder Legislativo Municipal, art. 29-A, 67

públicas - repasse de verbas, suspensão, entes federais, art. 169, § 2°, 211

públicas - transferências voluntárias de recursos, pagamento de despesas com pessoal, art. 167, X, 209

públicas - União - projeto de revisão da lei orçamentária - exercício 1989 - ADCT, art. 39, 285

Desportivo. ....v. também desporto

Desporto. ....v. também competições - desportivas

atividades, reprodução da imagem e voz humanas, art. 5°, XXVIII, a, 24

competições, ações relativas, art. 217, § 1°, 250

dever do Estado, art. 217, 249

direito, art. 217, 249

disciplina, ações relativas, art. 217, § 1°, 250

legislação, art. 24, IX, 59

princípios, art. 217, 249

Desquite. ....v. também separação judicial e divórcio

acordo - renúncia aos alimentos - inadmissibilidade, S379, 412

acordo comum - retratabilidade unilateral - impossibilidade, S305, 404

alimentos - obrigação de pagar, S226, 395

ÍNDICE REMISSIVO

Desvinculação
das receitas orçamentárias - Estados/DF - ADCT, art. 76-A, 304
das receitas orçamentárias - Municípios - ADCT, art. 76-B, 304
das receitas orçamentárias (DRU) - disposições - ADCT, art. 76, 302

Determinação
judicial. ....v. *acórdão e sentença*
judicial - invasão de casa, art. 5°, XI, 21

Deus
proteção - Preâmbulo, 15

Dever. ....v. **também obrigação e direitos e deveres**

Diária(s)
acidente do trabalho, S232, 396

Diferença(s)
tributária. ....v. também tributos
tributária - estabelecimento vedado, art. 152, 190

Dignidade
da pessoa humana - preso, art. 1°, III, 17
da pessoa humana, art. 1°, III, 17

Diplomata. ....v. **também embaixador e missão diplomática**
cargo privativo de brasileiro nato, art. 12, § 3°, V, 40
chefe de missão diplomata, aprovação prévia, competência, art. 52, IV, 101
crimes de responsabilidade, processo e julgamento, art. 102, I, c, 143
infração penal comum, processo e julgamento, art. 102, I, c, 143

Direito(s)
a salário adicional - vigia noturno, S402, 415
adquirido - deve ser preservado na anulação e revogação de atos, S473, 424
adquirido, proteção, art. 5°, XXXVI, 26
aeronáutico, União, competência legislativa, art. 22, I, 53
agrário, União, competência legislativa, art. 22, I, 53
associação, garantia, art. 5°, XVII a XXI, 22
autorais - aproveitamento econômico, fiscalização, art. 5°, XXVIII, b, 24
autorais - assegurados, art. 5°, XXVII e XXVIII, 24
autorais - autores, direito exclusivo, art. 5°, XXVII, 24
autorais - imagem e voz humanas, reprodução, art. 5°, XXVIII, a, 24
autorais - obras coletivas, participação, art. 5°, XXVIII, a, 24
autoral - execução - obra musical - artistas remunerados - exigibilidade, S386, 413
autoral - execução - obra musical - orquestra de amadores - inexigibilidade, S386, 413
civil, União, competência legislativa, art. 22, I, 53
comercial, União, competência legislativa, art. 22, I, 53
constitucional, zelo e garantias, art. 129, II, 169
consumidor. ....v. também consumidor

525

Direito(s)

criança. ....v. também infância

de opção, aposentaria, requisitos - servidor público - previdência social, regime geral, EC20, art. 9º, 340

de opção, aposentaria, requisitos - servidor público, professor, atividade de magistério - previdência social, regime geral, EC20, art. 9º, § 2º, 341

de preferência na aquisição do imóvel - locatário - direito pessoal, S488, 426

de preferência na aquisição do imóvel - locatário - violação - perdas e danos, S488, 426

de tributar - litígio - configuração, S503, 428

do defensor, acesso amplo aos elementos de prova - investigação, SV14, 365

do preso - dignidade da pessoa humana, art. 1º, III, 17

do preso – integridade física e moral, art. 5º, XLIX, 28

e deveres individuais e coletivos - ação - declaratória de constitucionalidade, art. 103, 146

e deveres individuais e coletivos - ação - grupos armados, crime inafiançável e imprescritível, art. 5º, XLIV, 28

e deveres individuais e coletivos - ação - inconstitucionalidade, art. 103, 146

e deveres individuais e coletivos - ação - penal - privada, art. 5º, LIX, 30

e deveres individuais e coletivos - ação - penal - pública, art. 5º, LIX, 30

e deveres individuais e coletivos - ação - popular, art. 5º, LXXIII, 31

e deveres individuais e coletivos - acesso a informações - pessoais, art. 5º, XXXIII, 25

e deveres individuais e coletivos - ameaça, apreciação do Poder Judiciário, art. 5º, XXXV, 26

e deveres individuais e coletivos - anterioridade da lei penal, art. 5º, XL, 27

e deveres individuais e coletivos - aplicação imediata, art. 5º, § 1º, 32

e deveres individuais e coletivos - assistência - judiciária, art. 5º, LXXIV, 31

e deveres individuais e coletivos - assistência religiosa, art. 5º, VII, 20

e deveres individuais e coletivos - ato jurídico perfeito, art. 5º, XXXVI, 26

e deveres individuais e coletivos - atos processuais, publicidade, art. 5º, LX, 30

e deveres individuais e coletivos - banimento, art. 5º, XLVII, *d*, 28

e deveres individuais e coletivos - bens de estrangeiros, sucessão, art. 5º, XXXI, 25

e deveres individuais e coletivos - certidão, art. 5º, XXXIV, b, 26

e deveres individuais e coletivos - cidadania, gratuidade dos atos aos pobres, art. 5º, LXXVI, 31

e deveres individuais e coletivos - coisa julgada, art. 5º, XXXVI, 26

e deveres individuais e coletivos - crimes hediondos, art. 5º, XLIII, 27

e deveres individuais e coletivos - defesa do consumidor, art. 5º, XXXII, 25

e deveres individuais e coletivos - desapropriação, art. 5º, XXIV, 23

e deveres individuais e coletivos - direito - presidiárias, art. 5º, L, 28

e deveres individuais e coletivos - direito - presos, art. 5º, LXIII, 30

Índice Remissivo

Direito(s)
- e deveres individuais e coletivos - direito - presos, art. 5°, LXIV, 30
- e deveres individuais e coletivos - direito - presos, art. 5°, XLIX, 28
- e deveres individuais e coletivos - direito - presos, art. 5°, XLVIII, 28
- e deveres individuais e coletivos - direito à igualdade, art. 5°, 19
- e deveres individuais e coletivos - direito à liberdade, art. 5°, 19
- e deveres individuais e coletivos - direito a prática de culto religioso, art. 5°, VI, 20
- e deveres individuais e coletivos - direito à propriedade, art. 5°, 19
- e deveres individuais e coletivos - direito à vida, art. 5°, 19
- e deveres individuais e coletivos - direito adquirido, art. 5°, XXXVI, 26
- e deveres individuais e coletivos - direito de resposta, art. 5°, V, 20
- e deveres individuais e coletivos - direitos autorais, art. 5°, XXVII a XXIX, 24
- e deveres individuais e coletivos - discriminação atentatória, art. 5°, XLI, 27
- e deveres individuais e coletivos - erro judiciário, art. 5°, LXXV, 31
- e deveres individuais e coletivos - extradição - brasileiro, art. 5°, LI, 28
- e deveres individuais e coletivos - extradição - estrangeiro, art. 5°, LII, 29
- e deveres individuais e coletivos - garantias, art. 5°, 19
- e deveres individuais e coletivos - *habeas-corpus*, art. 5°, LXVIII, 31
- e deveres individuais e coletivos - *habeas-corpus*, art. 5°, LXXVII, 32
- e deveres individuais e coletivos - *habeas-data*, art. 5°, LXXII, 31
- e deveres individuais e coletivos - *habeas-data*, art. 5°, LXXVII, 32
- e deveres individuais e coletivos - herança, art. 5°, XXX, 25
- e deveres individuais e coletivos - honra pessoal, art. 5°, X, 20
- e deveres individuais e coletivos - identificação criminal, art. 5°, LVIII, 29
- e deveres individuais e coletivos - igualdade - homens e mulheres, direitos e obrigações, art. 5°, I, 19
- e deveres individuais e coletivos - igualdade - perante a lei, art. 5°, 19
- e deveres individuais e coletivos - imagem pessoal, art. 5°, X, 20
- e deveres individuais e coletivos - intimidade, art. 5°, X, 20
- e deveres individuais e coletivos - inviolabilidade - comunicações - de dados, art. 5°, XII, 21
- e deveres individuais e coletivos - inviolabilidade - comunicações - telefônicas, art. 136, § 1°, I, c, 176
- e deveres individuais e coletivos - inviolabilidade - comunicações - telefônicas, art. 5°, XII, 21
- e deveres individuais e coletivos - inviolabilidade - comunicações - telegráficas, art. 136, § 1°, I, c, 176
- e deveres individuais e coletivos - inviolabilidade - comunicações - telegráficas, art. 5°, XII, 21
- e deveres individuais e coletivos - inviolabilidade - sigilo de correspondência, art. 136, § 1°, I, b, 176

J. U. JACOBY FERNANDES

Direito(s)

e deveres individuais e coletivos - inviolabilidade - sigilo de correspondência, art. 5°, XII, 21

e deveres individuais e coletivos - inviolabilidade do domicílio, art. 5°, XI, 21

e deveres individuais e coletivos - irretroatividade da lei penal, art. 5°, XL, 27

e deveres individuais e coletivos - juízo ou tribunal de exceção, art. 5°, XXXVII, 26

e deveres individuais e coletivos - júri, art. 5°, XXXVII, 26

e deveres individuais e coletivos - lesão, apreciação do Poder Judiciário, art. 5°, XXXV, 26

e deveres individuais e coletivos - liberdade - associação, art. 5°, XVIII a XX, 22

e deveres individuais e coletivos - liberdade - locomoção, art. 5°, XV, 22

e deveres individuais e coletivos - liberdade - ofício, art. 5°, XIII, 21

e deveres individuais e coletivos - liberdade - profissão, art. 5°, XIII, 21

e deveres individuais e coletivos - liberdade - provisória, art. 5°, LXVI, 30

e deveres individuais e coletivos - liberdade - reunião, art. 5°, XVI, 22

e deveres individuais e coletivos - liberdade - trabalho, art. 5°, XIII, 21

e deveres individuais e coletivos - liberdade de comunicação, art. 5°, IX, 20

e deveres individuais e coletivos - liberdade de consciência, art. 5°, VI, 20

e deveres individuais e coletivos - liberdade de expressão artística, art. 5°, IX, 20

e deveres individuais e coletivos - liberdade de expressão científica, art. 5°, IX, 20

e deveres individuais e coletivos - liberdade de expressão intelectual, art. 5°, IX, 20

e deveres individuais e coletivos - liberdade de manifestação - convicções filosóficas, art. 5°, VIII, 20

e deveres individuais e coletivos - liberdade de manifestação - convicções políticas, art. 5°, VIII, 20

e deveres individuais e coletivos - liberdade de manifestação - crença religiosa, art. 5°, VI, 20

e deveres individuais e coletivos - liberdade de manifestação - crença religiosa, art. 5°, VIII, 20

e deveres individuais e coletivos - liberdade de manifestação do pensamento, art. 5°, IV, 19

e deveres individuais e coletivos - mandado - de injunção, art. 5°, LXXI, 31

e deveres individuais e coletivos - mandado - de segurança - coletivo, art. 5°, LXX, 31

e deveres individuais e coletivos - mandado - de segurança, art. 5°, LXIX, 31

e deveres individuais e coletivos - marcas e patentes, art. 5°, XXIX, 25

e deveres individuais e coletivos - ocupação temporária da propriedade, art. 5°, XXV, 23

e deveres individuais e coletivos - pena - cruéis, art. 5°, XLVII, *e*, 28

ÍNDICE REMISSIVO

Direito(s)
e deveres individuais e coletivos - pena - cumprimento em excesso, art. 5°, LXXV, 31
e deveres individuais e coletivos - pena - individualização, art. 5°, XLVI, 28
e deveres individuais e coletivos - pena - interdição de direitos, art. 5°, XLVI, *e*, 28
e deveres individuais e coletivos - pena - morte, art. 5°, XLVII, *a*, 28
e deveres individuais e coletivos - pena - multa, art. 5°, XLVI, *c*, 28
e deveres individuais e coletivos - pena - perda de bens, art. 5°, XLVI, *b*, 28
e deveres individuais e coletivos - pena - prestação social alternativa, art. 5°, XLVI, *d*, 28
e deveres individuais e coletivos - pena - privação de liberdade, art. 5°, XLVI, *a*, 28
e deveres individuais e coletivos - pena - restrição de liberdade, art. 5°, XLVI, *a*, 28
e deveres individuais e coletivos - pena - suspensão de direitos, art. 5°, XLVI, *e*, 28
e deveres individuais e coletivos - pena - trabalhos forçados, art. 5°, XLVII, *c*, 28
e deveres individuais e coletivos - pena, art. 5°, XLV, 28
e deveres individuais e coletivos - petição, art. 5°, XXXIV, a, 26
e deveres individuais e coletivos - presunção de inocência, art. 5°, LVII, 29
e deveres individuais e coletivos - princípio da reserva legal, art. 5°, II, 19
e deveres individuais e coletivos - princípio da reserva legal, art. 5°, XXXIX, 27
e deveres individuais e coletivos - prisão - civil por dívida, art. 5°, LXVII, 30
e deveres individuais e coletivos - prisão - comunicação, art. 5°, LXII, 30
e deveres individuais e coletivos - prisão - ilegal, art. 5°, LXV, 30
e deveres individuais e coletivos - prisão - perpétua, art. 5°, XLVII, *b*, 28
e deveres individuais e coletivos - prisão, art. 5°, LXI, 30
e deveres individuais e coletivos - prisão, art. 5°, LXVI, 30
e deveres individuais e coletivos - processo - administrativo, art. 5°, LV, 29
e deveres individuais e coletivos - processo - autoridade competente, art. 5°, LIII, 29
e deveres individuais e coletivos - processo - celeridade na tramitação, art. 5°, LXXVIII, 32
e deveres individuais e coletivos - processo - judicial - civil, contraditório, art. 5°, LV, 29
e deveres individuais e coletivos - processo - judicial - penal, contraditório, art. 5°, LV, 29
e deveres individuais e coletivos - processo – judicial, art. 5°, LV, 29
e deveres individuais e coletivos - processo - legal - perdimento de bens, art. 5°, LIV, 29

J. U. Jacoby Fernandes

Direito(s)

    e deveres individuais e coletivos - processo - legal - privação de liberdade, art. 5°, LIV, 29

    e deveres individuais e coletivos - processo - prova, meios ilícitos, art. 5°, LVI, 29

    e deveres individuais e coletivos - propriedade - função social, art. 5°, XXIII, 23

    e deveres individuais e coletivos - propriedade - rural, vedação da penhora, art. 5°, XXVI, 23

    e deveres individuais e coletivos - propriedade territorial rural, art. 5°, XXVI, 23

    e deveres individuais e coletivos - propriedade, art. 5°, XXII, 23

    e deveres individuais e coletivos - racismo, crime inafiançável, art. 5°, XLII, 27

    e deveres individuais e coletivos - razoável duração do processo, art. 5°, LXXVIII, 32

    e deveres individuais e coletivos - reunião, art. 5°, XVI, 22

    e deveres individuais e coletivos - sentença, autoridade competente, art. 5°, LIII, 29

    e deveres individuais e coletivos - terrorismo, art. 5°, XLIII, 27

    e deveres individuais e coletivos - tortura, art. 5°, III, 19

    e deveres individuais e coletivos - tráfico de drogas, art. 5°, LI, 29

    e deveres individuais e coletivos - tráfico de drogas, art. 5°, XLIII, 27

    e deveres individuais e coletivos - Tratados Internacionais, art. 5°, § 2°, 32

    e deveres individuais e coletivos - tratamento degradante, art. 5°, III, 19

    e deveres individuais e coletivos - tratamento desumano, art. 5°, III, 19

    e deveres individuais e coletivos - vida privada, art. 5°, X, 20

    e deveres individuais e coletivos- acesso à informação, art. 5°, XIV, 22

    e deveres individuais e coletivos- acesso a informações - gerais, art. 5°, XXXIII, 25

    e garantias fundamentais - aplicação imediata das normas, art. 5°, § 1°, 32

    e garantias fundamentais - direitos - e deveres individuais e coletivos, art. 5°, 19

    e garantias fundamentais - direitos - políticos, arts. 14 a 16, 40

    e garantias fundamentais - direitos - sociais, arts. 6° a 11, 32

    e garantias fundamentais - nacionalidade, arts. 12 e 13, 39

    e garantias fundamentais - partidos políticos, arts. 17, 43

    e garantias fundamentais, arts. 5° a 17, 19

    e liberdades constitucionais - mandado de injunção, arts. 5°, LXXI, 31

    e prazo - inclusão de quadro em extinção de servidor público policial civil ou militar - administração pública, ex-territórios e dos estados do Amapá ou Roraima, União, EC98, art. 3°, 362

    econômico, competência legislativa concorrente, art. 24, I, 58

    eleitoral, delegação legislativa, vedação, art. 68, § 1°, II, 116

Índice Remissivo

Direito(s)
eleitoral, União, competência legislativa, art. 22, I, 53
empregador - participação, interesses - previdenciários, art. 10, 38
empregador - participação, interesses - profissionais, art. 10, 38
espacial, União, competência legislativa, art. 22, I, 53
financeiro, competência legislativa concorrente, art. 24, I, 58
financeitos, crédito, imposto e valores - União, EC3, art. 2º, 329
greve - abusos, art. 9º, § 2º, 38
greve - garantia, art. 9º, § 2º, 38
greve - necessidades inadiáveis da comunidade, atendimento, art. 9º, § 1º, 38
greve - serviços essenciais à comunidade, art. 9º, § 1º, 38
greve - serviços públicos civis, art. 37, VII, 75
greve - serviços públicos civis, art. 9º, 38
humanos - grave violação - deslocamento de competência - inquérito ou
   processo - possibilidade, art. 109, § 5º, 157
humanos - prevalência, art. 4º, II, 18
humanos - Tribunal Internacional - ADCT, art. 7º, 272
individuais - delegação legislativa, vedação, art. 68, § 1º, II, 116
individuais - dignidade da pessoa humana, art. 1º, III, 17
individuais - lesão ou ameaça, art. 5º, XXXV, 26
individuais - tráfego, limitação por meio de tributos - ADCT, art. 34, § 1º,
   282
individuais - tráfego, limitação por meio de tributos, art. 150, V, 187
interdição, art. 5º, XLVI, *e*, 28
líquido e certo - mandado de segurança fundamentado em lei anulada -
   ausência, S474, 424
local - ofensa - recurso extraordinário - descabimento, S280, 401
marítimo, União, competência legislativa, art. 22, I, 53
menor. ....v. também infância
penal, União, competência legislativa, art. 22, I, 53
penitenciário, competência legislativa concorrente, art. 24, I, 58
políticos. ....v. também inelegibilidade
políticos - assegurado, art. 15, 43
políticos - cassação, vedação, art. 15, 43
políticos - delegação legislativa, vedação, art. 68, § 1º, II, 116
políticos - perda, art. 15, 43
políticos - soberania popular, exercício, art. 14, I a III, 40
políticos - suspensão - restabelecimento de direitos, art. 14, § 9º, 42
políticos - suspensão, art. 15, 43
políticos - suspensão, art. 37, § 4º, 81
processual, União, competência legislativa, art. 22, I, 53
propriedade - garantia, art. 5º, XXII, 23
propriedade - quilombos - ADCT, art. 68, 297
resposta, garantia, art. 5º, V, 20

Direito(s)

reunião, garantia, art. 136, § 1°, I, *a*, 176

reunião, garantia, art. 5°, XVI, 22

servidores públicos inativos - revisão - ADCT, art. 20, 278

sociais - alimentação, art. 6°, 32

sociais - assistência aos desamparados, art. 6°, 33

sociais - disposições transitórias - ADCT, art. 10, 274

sociais - educação, art. 6°, 32

sociais - infância, proteção, art. 6°, 33

sociais - lazer, art. 6°, 32

sociais - lei - ADCT, art. 55, 290

sociais - lei, art. 165, II e § 2°, 204

sociais - licença-paternidade, art. 7°, XIX, 35

sociais - maternidade, proteção, art. 6°, 33

sociais - moradia, art. 6°, 32

sociais - previdência social, art. 6°, 32

sociais - projeto de lei - apreciação - comissão mista permanente de Senadores e Deputados, art. 166, § 1°, I, 205

sociais - projeto de lei - apreciação - Congresso Nacional, art. 166, 205

sociais - projeto de lei - apreciação - de emendas - Congresso Nacional, art. 166, § 2°, 205

sociais - projeto de lei - aprovação de emendas, art. 166, § 4°, 206

sociais - projeto de lei - modificação, art. 166, § 5°, 206

sociais - projeto de lei - processo legislativo, art. 166, § 7°, 206

sociais - regulamentação, art. 165, § 9°, 205

sociais - saúde, art. 6°, 32

sociais - segurança, art. 6°, 32

sociais - trabalho, art. 6°, 32

sociais - transporte, art. 6°, 32

suspensão, art. 5°, XLVI, *e*, 28

trabalhador - participação, interesses - previdenciários, art. 10, 38

trabalhador - participação, interesses - profissionais, art. 10, 38

trabalhador - representante dos empregados junto às empresas, art. 11, 38

trabalhista - prescrição intercorrente - admissibilidade, S327, 406

trabalho, União, competência legislativa, art. 22, I, 53

tributário, competência legislativa concorrente, art. 24, I, 58

urbanístico, competência legislativa concorrente, art. 24, I, 58

Diretor

sociedade de economia mista - destituição no curso do mandato, S8, 372

Diretrizes

orçamentárias. ....v. também orçamento

orçamentárias - projeto de lei - prazo - encaminhamento - ADCT, art. 35, § 2°, II, 284

orçamentárias - seguridade social, art. 195, § 2°, 227

ÍNDICE REMISSIVO

Dirigir
sem habilitação em vias terrestres - art. 32 da Lei das Contravenções Penais - derrogado pelo art. 309 do Código de Trânsito Brasileiro, S720, 454

Discriminação
condenação, art. 3°, IV, 18

Dispensa
do processo seletivo, contratação direta - profissional, agentes de saúde, EC51, art. 2°, p.ú., 355

Disponibilidade
servidor público estadual - contagem de tempo - inclui-se serviço militar, S10, 372

Disposições constitucionais
gerais - arts. 234 a 250, 264
transitórias - arts. 1° a 89, 271

Dispositivos legais
revogação - ADCT, art. 25, 279

Dissídio
coletivo - conciliação e julgamento, art. 114, §§ 1° a 3°, 160
individual - conciliação e julgamento, art. 114, §§ 1° a 3°, 160
jurisprudencial - decisões da Justiça do Trabalho - recurso extraordinário - descabimento, S432, 419

Dissolução
sociedade ou vínculo conjugal - inelegibilidade, SV18, 366

Distinções
entre brasileiros, art. 19, III, 47
honoríficas - quem pode conferir, art. 84, XXI, 124
igualdade perante a lei, art. 5°, 19

Distrito. ....v. também município
criação, art. 30, IV, 68
organização, art. 30, IV, 68
supressão, art. 30, IV, 68

Distrito Federal
Administração Pública, princípios, art. 37, 72
assistência social, contribuição para o custeio do sistema, art. 149, §§ 1° a 4°, 185
autarquias instituídas e mantidas pelo Poder Público, limitações ao poder de tributar, art. 150, §§ 2° e 3°, 188
autonomia - administrativa, art. 18, 45
autonomia - financeira, art. 18, 45
autonomia - legislativa, art. 32, 69
autonomia - política, art. 18, 45
bens - ADCT, art. 16, § 3°, 277
bens - e serviços - diferença tributária, vedação, art. 152, 190

J. U. JACOBY FERNANDES

Distrito Federal
bens - e serviços - limitações ao poder de tributar, art. 152, 190
brasileiro, vedação de distinção, art. 19, III, 47
Câmara - dos Deputados, irredutibilidade de sua representação - ADCT, art. 4°, § 2°, 271
Câmara - Legislativa - exercício de competência antes de sua instalação - ADCT, art. 16, § 1°, 277
Câmara - Legislativa, art. 32, caput e § 1°, 69
causas e conflitos - Estados e entidades da administração indireta, processo e julgamento, art. 102, I, f, 144
causas e conflitos - União e entidades da administração indireta, processo e julgamento, art. 102, I, f, 144
competência - legislativa - concorrente, polícia civil, art. 24, XVI, 59
competência - legislativa, art. 32, § 1°, 69
competência - tributária - vedação ao limite de tráfego, art. 150, V, 187
competência - tributária, art. 145, 183
competência - tributária, art. 155, 192
competência comum com União, Estados e Municípios - agropecuária - fomento, art. 23, VIII, 58
competência comum com União, Estados e Municípios - alimentação - abastecimento - organização, art. 23, VIII, 58
competência comum com União, Estados e Municípios - assistência pública, art. 23, II, 57
competência comum com União, Estados e Municípios, art. 23, 57
competência concorrente com União e Estados - assistência jurídica, art. 24, XIII, 59
competência concorrente com União e Estados, art. 24, 58
consultoria jurídica, art. 132, 173
Corpo de Bombeiros Militar, utilização, art. 32, § 4°, 69
crédito - externo, disposições sobre limites globais pelo Senado Federal, art. 52, VII, 101
crédito - interno, disposições sobre limites globais pelo Senado Federal, art. 52, VII, 101
despesas - com pessoal - ADCT, art. 38, 285
despesas - com pessoal - ADCT, art. 38, p.ú., 285
despesas - com pessoal, art. 169, 210
disponibilidades de caixa - depósito em instituições financeiras oficiais, art. 164, § 3°, 203
dívida - mobiliária - limites globais, fixação pelo Senado Federal, art. 52, IX, 101
dívida - pública - limites globais, fixação pelo Senado Federal, art. 52, VI, 101
divisão em Municípios, vedação, art. 32, 69
documento público, recusa de fé, vedação, art. 19, II, 47
empresa de pequeno porte, tratamento jurídico diferenciado, art. 179, 219

ÍNDICE REMISSIVO

Distrito Federal
ensino - aplicação de receita de impostos, art. 212, 243
ensino - destinação de receita orçamentária, art. 218, § 5°, 251
fiscalização - financeira - ADCT, art. 16, § 2°, 277
fiscalização - financeira, art. 75, 120
fiscalização - operacional - ADCT, art. 16, § 2°, 277
fiscalização - operacional, art. 75, 120
fiscalização - orçamentária - ADCT, art. 16, § 2°, 277
fiscalização - orçamentária, art. 75, 120
fiscalização - patrimonial - ADCT, art. 16, § 2°, 277
fiscalização - patrimonial, art. 75, 120
fundações instituídas e mantidas pelo Poder Público, limitações ao poder de
    tributar, art. 150, §§ 2° e 3°, 188
fundo de participação, determinação - ADCT, art. 34, § 2°, 282
Governador - e Vice-Governador, eleição, art. 32, § 2°, 69
Governador - indicação e aprovação - ADCT, art. 16, 277
impostos - da União, arrecadação - ADCT, art. 34, § 2°, 282
impostos - da União, arrecadação, art. 153, § 5°, I, 191
impostos - da União, arrecadação, art. 157, 199
impostos - da União, arrecadação, art. 159, §§ 1° e 2°, 201
impostos - da União, arrecadação, art. 159, I e II, 200
impostos - da União, arrecadação, art. 161, 202
impostos - instituição de normas, art. 155, 192
impostos - municipais, art. 147, 185
impostos - vedada a retenção, art. 160, 201
incentivos fiscais, reavaliação - ADCT, art. 41, 285
instituições de assistência social sem fins lucrativos, limitações ao poder de
    tributar, art. 150, VI, *c* e § 4°, 188
instituições de educação sem fins lucrativos, limitações ao poder de tributar,
    art. 150, VI, *c* e § 4°, 188
intervenção da União, art. 34, 70
lei orgânica, art. 32, 69
limitações ao poder de tributar - autarquias instituídas e mantidas pelo Poder
    Público, art. 150, §§ 2° e 3°, 188
limitações ao poder de tributar - bens e serviços, diferença tributária,
    vedação, art. 152, 190
limitações ao poder de tributar - fundações instituídas e mantidas pelo Poder
    Público, art. 150, §§ 2° e 3°, 188
limitações ao poder de tributar - instituições de assistência social sem fins
    lucrativos, art. 150, VI, *c* e § 4°, 188
limitações ao poder de tributar - instituições de educação sem fins lucrativos,
    art. 150, VI, *c* e § 4°, 188
limitações ao poder de tributar - partidos políticos, art. 150, VI, *c* e § 4°, 188

Distrito Federal

limitações ao poder de tributar - patrimônio de entes públicos, art. 150, VI, a, 187

limitações ao poder de tributar - renda de entes públicos, art. 150, VI, a, 187

limitações ao poder de tributar - serviços de entes públicos, art. 150, VI, a, 187

limitações ao poder de tributar - sindicatos, art. 150, VI, c, § 4°, 188

limitações ao poder de tributar - templos de qualquer culto, art. 150, VI, b e § 4°, 188

limitações ao poder de tributar, art. 150, 186

limites globais - dívida - mobiliária, fixação pelo Senado Federal, art. 52, IX, 101

limites globais - dívida - pública, fixação pelo Senado Federal, art. 52, VI, 101

litígio - Estado estrangeiro, processo e julgamento, art. 102, I, e, 144

litígio - Organismo Internacional, processo e julgamento, art. 102, I, e, 144

microempresa - tratamento jurídico diferenciado, art. 179, 219

Ministério Público, organização e legislação, art. 22, XVII, 55

Ministério Público, organização e legislação, art. 48, IX, 96

orçamento, recursos para a assistência social, art. 204, 239

organização - administrativa, art. 22, XVII, 55

organização – judiciária, art. 22, XVII, 55

partidos políticos, limitações ao poder de tributar, art. 150, VI, c e § 4°, 188

patrimônio de entes públicos, limitações ao poder de tributar, art. 150, VI, a, 187

pesquisa científica e tecnológica, destinação de receita orçamentária, art. 218, § 5°, 251

pessoal, despesas - ADCT, art. 38, 285

pessoal, despesas, art. 169, 210

plataforma continental - exploração - compensação financeira, art. 20, § 1°, 48

plataforma continental - exploração - participação no resultado, art. 20, § 1°, 48

polícia - civil - competência legislativa concorrente, art. 24, XVI, 59

polícia - civil - e militar, utilização, art. 32, § 4°, 69

previdência social, contribuição para o custeio do sistema, art. 149, §§ 2° a 4°, 186

Procurador-Geral do Distrito Federal, nomeação e destituição, art. 128, §§ 3° e 4°, 167

quadro de pessoal, compatibilização - ADCT, art. 24, 279

receita - orçamentária - ensino, destinação, art. 218, § 5°, 251

receita - orçamentária - pesquisa científica e tecnológica, destinação, art. 218, § 5°, 251

receita - tributária - da União, repartição - ADCT, art. 34, § 2°, 282

ÍNDICE REMISSIVO

Distrito Federal
receita - tributária - da União, repartição, art. 153, § 5°, I, 191
receita - tributária - da União, repartição, art. 157, 199
receita - tributária - da União, repartição, art. 159, §§ 1° e 2°, 201
receita - tributária - da União, repartição, art. 159, I e II, 200
receita - tributária - da União, repartição, art. 161, 202
receita - tributária - repartição, art. 157, 199
receita - tributária - repartição, art. 162, 202
recursos - hídricos - exploração - compensação financeira, art. 20, § 1°, 48
recursos - hídricos - exploração - participação no resultado, art. 20, § 1°, 48
recursos - minerais - exploração - compensação financeira, art. 20, § 1°, 48
recursos - minerais - exploração - participação no resultado, art. 20, § 1°, 48
reforma administrativa, art. 24, 279
religião, vedações, art. 19, I, 46
renda de entes públicos, limitações ao poder de tributar, art. 150, VI, *a*, 187
repartição das receitas tributárias, retenção ou restrição, vedação, art. 160, 201
representação judicial, art. 132, 173
serviços de entes públicos, limitações ao poder de tributar, art. 150, VI, *a*, 187
símbolos, art. 13, § 2°, 40
sindicatos, limitações ao poder de tributar, art. 150, VI, *c*, § 4°, 188
sistema de ensino, art. 211, 242
sistema tributário nacional - aplicação da legislação anterior - ADCT, art. 34, § 5°, 283
sistema tributário nacional, edição de leis - ADCT, art. 34, § 3°, 283
sistema tributário nacional, leis necessárias à aplicação - ADCT, art. 34, § 4°, 283
Sistema Único de Saúde. ....v. também Distrito Federal - SUS
SUS - financiamento, art. 198, § 1°, 229
templos, limitações ao poder de tributar, art. 150, VI, *b* e § 4°, 188
tributação, limites, art. 150, 186
turismo, promoção e incentivo, art. 180, 219
Vice-Governador, indicação e aprovação, art. 16, 277
Divergência
jurisprudencial - recurso extraordinário - fundamento - julgados do mesmo tribunal - inadmissibilidade, S369, 411
qualificada - embargos - acolhimento pelo STF - condição, S253, 398
qualificada - embargos - após agravo - acolhimento, S273, 400
qualificada - embargos - após recurso extraordinário - acolhimento, S273, 400
qualificada - embargos - decisões da mesma turma - descabimento, S353, 409
qualificada - embargos - inadmissibilidade, S247, 397

537

Divergência
   qualificada - embargos - prova, S290, 402
   qualificada - embargos - provimento de agravo - subida de recurso
      extraordinário - cabimento, S300, 403
Diversões públicas
   classificação, competência, art. 21, XVI, 51
   regulamentação e informação, art. 220, § 3°, I, 252
Dívida. ....v. também despesa
   agrária - imóvel rural - título, indenização, art. 84, *caput* e §4°, 221
   ativa - abatimento – precatórios, art. 100, § 9°, 139
   externa - brasileira, Congresso Nacional, Comissão Mista - ADCT, art. 26,
      279
   fixação pelo Senado Federal, art. 52, IX, 101
   mobiliária - Distrito Federal - limitação pelo Senado Federal, art. 52, IX, 101
   mobiliária - Estados - limitação pelo Senado Federal, art. 52, IX, 101
   mobiliária - Municípios - limitação pelo Senado Federal, art. 52, IX, 101
   pública - agentes públicos, remuneração e proventos, tributação, art. 151, II,
      190
   pública - consolidada, fixação, competência, art. 52, VI, 101
   pública - disposição, competência, art. 48, II, 96
   pública - Distrito Federal - renda, tributação, limites, art. 151, II, 190
   pública - Distrito Federal - suspensão do pagamento, intervenção, art. 34, V,
      a, 70
   pública - Distrito Federal - suspensão do pagamento, intervenção, art. 35, I,
      71
   pública - Distrito Federal, Senado Federal, fixação de limites globais, art. 52,
      IX, 101
   pública - Estados - renda, tributação, limites, art. 151, II, 190
   pública - Estados - suspensão do pagamento, intervenção, art. 34, V, a, 70
   pública - Estados - suspensão do pagamento, intervenção, art. 35, I, 71
   pública - estadual, Senado Federal, fixação de limites globais, art. 52, IX, 101
   pública - externa - e interna - ADCT, art. 13, § 6°, 276
   pública - externa - e interna - disposição, art. 163, II, 202
   pública - externa - e interna, art. 234, 264
   pública - federal, Senado Federal, fixação de limites globais, art. 52, IX, 101
   pública - limites globais, fixação, Senado Federal, art. 52, IX, 101
   pública - municipal, Senado Federal, fixação de limites globais, art. 52, IX,
      101
   pública - Municípios - renda, tributação, limites, art. 151, II, 190
   pública - Municípios - suspensão do pagamento, intervenção, art. 34, V, a, 70
   pública - Municípios - suspensão do pagamento, intervenção, art. 35, I, 71
   pública - títulos, emissão e resgate, disposição, art. 163, IV, 202

ÍNDICE REMISSIVO

Divórcio. ....**v. também casamento e família**
requisitos, art. 226, § 6°, 259
sentença - procuração - país estrangeiro - homologação - impossibilidade, S381, 413
Doação
imposto sobre, art. 155, I, 192
Docentes livres
rodízio, S48, 376
Documento(s). ....**v. *também informação***
comercial, requisição por autoridade estrangeira, autorização, art. 181, 219
estrangeiros - autenticados no consulado - efeito judicial - inscrição no registro público - desnecessidade, S259, 399
falsos, processar e julgar - Justiça Federal, competência, SV36, 368
proteção, competência, art. 23, III, 57
públicos, art. 19, II, 47
Doméstico. ....**v. também trabalhador - doméstico**
direitos do trabalhador, art. 7°, p.ú., 37
Domicílio
busca e apreensão, estado de sítio, art. 139, V, 177
casa, asilo inviolável do indivíduo, art. 5°, XI, 21
eleitoral - ADCT, art. 5°, § 1°, 272
eleitoral, art. 14, § 3°, IV, 41
Domínio
útil - transferência - imposto de transmissão inter vivos - incidência - legitimidade, S326, 406
Dotações
orçamentárias - entrega dos recursos - prazo, art. 168, 210
Drogas. ....**v. também entorpecentes**
confisco de bens decorrentes, art. 243, p.ú., 268
extradição, art. 5°, LI, 29
tráfico ilícito, art. 5°, XLIII, 27
Duração
do trabalho, art. 7°, XIII, 35
Eclesiástico(s). ....**v. *também culto Religioso***
serviço militar, art. 143, § 2°, 180
Ecologia. ....**v. também meio ambiente**
Economia
popular - atos contra, responsabilidade, art. 173, § 5°, 214
Educação. ....**v. também ensino**
acesso, competência, art. 23, V, 57
ambiental, art. 225, § 1°, VI, 257
analfabetismo, eliminação - ADCT, art. 60, 291
analfabetismo, eliminação, art. 214, I, 245

J. U. Jacoby Fernandes

Educação

atividades de pesquisa, de extensão e de estímulo e fomento, apoio financeiro do Poder Público, art. 213, § 2°, 245

básica – priorizará o ensino regular, art. 211, § 5°, 243

básica - salário-educação, art. 212, § 5°, 244

bolsas de estudo, art. 213, § 1°, 245

creches - assistência, art. 7°, XXV, 36

creches - garantia, art. 208, IV, 241

deficiente, atendimento especializado, art. 208, III, 241

destinação de recursos - escolas - públicas, art. 213, 244

dever do Estado, art. 205, 239

dever do Estado, art. 208, 241

direito de todos, art. 205, 239

direito social, art. 6°, 32

diretrizes e bases, legislação, art. 22, XXIV, 56

escolas - comunitárias - ADCT, art. 61, 296

escolas - comunitárias, art. 213, 244

escolas - confessionais - ADCT, art. 61, 296

escolas - confessionais, art. 213, 244

escolas - filantrópicas - ADCT, art. 61, 296

escolas - filantrópicas, art. 213, 244

ex-combatentes, gratuidade - ADCT, art. 53, IV, 289

garantias, art. 208, 241

infantil - programas, art. 30, VI, 68

instituições - oficiais, recursos, art. 242, 267

instituições - sem fins lucrativos, limitações ao poder de tributar, art. 150, § 4°, 188

instituições - sem fins lucrativos, limitações ao poder de tributar, art. 150, VI, c, 188

legislação, art. 24, IX, 59

Novo Regime Fiscal - aplicações mínimas - ADCT, art. 110, 327

para o trânsito - competência comum, art. 23, XII, 58

pré-escola - assistência, art. 7°, XXV, 36

pré-escola - garantia, art. 208, IV, 241

pré-escola - programas, art. 211, § 2°, 243

recursos públicos - destinação - ADCT, art. 60, 291

recursos públicos - destinação - ADCT, art. 61, 296

recursos públicos - destinação, art. 212, 243

recursos públicos - destinação, art. 213, 244

Serviço Nacional de Aprendizagem Rural - ADCT, art. 62, 296

sistema de ensino - organização, art. 211, *caput* e § 1°, 242

trabalhador adolescente e jovem - acesso, art. 227, § 3°, III, 261

trabalhadores - remuneração condigna - ADCT, art. 60, 291

universalização, art. 212, § 3°, 244

Índice Remissivo

universidade - autonomia, art. 207, 240

Efeito vinculante

decisões do STF, art. 102, § 2º, 146

Eficiência

administração pública, art. 37, 72

princípio da administração pública, art. 37, 72

Eirado

construção a menos de metro e meio do prédio de outrem - proibição - visão direta ou oblíqua - não distinção, S414, 417

Elegibilidade. ....v. *também eleição e respectivos cargos eletivos*

condições, art. 14, § 3º, 41

Eleição. ....v. também Justiça Eleitoral, partido político, sufrágio e voto

abuso do exercício de função, cargo ou emprego público, art. 14, § 9º, 42

alistamento - condições, art. 14, § 2º, 41

alistamento - facultativo, art. 14, § 1º, II, 41

alistamento - obrigatório, art. 14, § 1º, I, 41

Câmara Territorial - territórios com mais de cem mil habitantes, art. 33, § 3º, 70

Deputado Distrital, art. 32, § 2º, 69

Deputado Federal, art. 45, 95

Deputados Estaduais - ADCT, art. 13, § 3º, 276

Deputados Federais - ADCT, art. 13, § 3º, 276

elegibilidade - condições - ADCT, art. 5º, § 5º, 272

elegibilidade - condições, art. 14, §§ 3º a 8º, 41

exigibilidade - ADCT, art. 5º, § 1º, 272

Governador - ADCT, art. 13, § 3º, 276

Governador do Distrito Federal, art. 32, § 2º, 69

inalistabilidade, art. 14, §§ 2º e 4º, 41

inaplicabilidade - ADCT, art. 5º, 271

normas específicas - 15 de novembro - ADCT, art. 5º, 271

poder econômico - influência, art. 14, § 9º, 42

Prefeito, art. 29, I e II, 63

Presidente da República - normas - ADCT, art. 4º, § 1º, 271

Presidente da República - normas, art. 77, 120

processo - alteração, art. 16, 43

Senador, art. 46, 96

Senadores - ADCT, art. 13, § 3º, 276

Vereador, art. 29, I, 63

Vice-Governador - ADCT, art. 13, § 3º, 276

Vice-Governador do Distrito Federal, art. 32, § 2º, 69

Vice-Prefeito, art. 29, I e II, 63

Vice-Presidente da República - normas, art. 77, 120

Eleitor(es)
alistamento eleitoral, art. 14, § 1°, 41
condições de elegibilidade, art. 14, § 3°, 41
inalistáveis, art. 14, § 2°, 41
militar - elegibilidade, art. 14, § 8°, 42
Embarcação(ões). ....v. também navegação, navios, portos e transporte
disposição, art. 178, 218
Embargo(s)
contra a fazenda pública - cabimento - ação executiva fiscal com decisão parcial, S277, 400
contra decisão reformatória de 1ª instância em ação executiva fiscal - cabimento, S278, 401
de divergência - descabimento - decisão de turma - agravo regimental, S599, 440
de divergência - processo trabalhista - jurisprudência do TST no mesmo sentido da decisão - descabimento - ressalva, S401, 415
de divergência - utilização de argumentos já repelidos no julgamento do RE - impossibilidade, S598, 440
de nulidade - inadmissão, S211, 393
de terceiro - à penhora - impossibilidade, S621, 442
declaratórios - improcedência, S317, 405
declaratórios - improcedência, S318, 405
divergência qualificada - acolhimento pelo STF - condição, S253, 398
divergência qualificada - após agravo - acolhimento, S273, 400
divergência qualificada - após recurso extraordinário - acolhimento, S273, 400
divergência qualificada - decisões da mesma turma - descabimento, S353, 409
divergência qualificada - inadmissibilidade, S247, 397
divergência qualificada - prova, S290, 402
divergência qualificada - provimento de agravo - subida de recurso extraordinário - cabimento, S300, 403
infringentes - constitucionalidade apreciada pelo Tribunal Pleno - julgamento posterior - descabimento, S455, 422
infringentes - contra decisão do STF em mandado de segurança - inadmissibilidade, S294, 402
infringentes - contra decisão em matéria constitucional apreciada pelo Plenário - inadmissibilidade, S293, 402
infringentes - contra decisão unânime do STF em ação rescisória - inadmissibilidade, S295, 403
infringentes - em processo de reclamação - inexistência, S368, 411
infringentes - inadmissão, S211, 393

ÍNDICE REMISSIVO

Embargo(s)
infringentes - parciais - decisão embargada - trecho sem divergência - defitivo, S354, 409
infringentes - prequestionamento - ausência - inadmissibilidade, S296, 403
infringentes parciais - julgamento - trecho sem divergência - recurso extraordinário posterior - ineficácia, S355, 409

Emenda(s)
à Constituição - aprovação, art. 60, § 2°, 109
à Constituição - Assembléias Legislativas dos Estados - proposição, art. 60, III, 109
à Constituição - Câmara dos Deputados - proposição, art. 60, I, 108
à Constituição - direitos e garantias individuais - vedação, art. 60, § 4°, IV, 109
à Constituição - elaboração - possibilidade, art. 59, I, 108
à Constituição - elaboração - possibilidade, art. 60, 108
à Constituição - estado de defesa - vedação, art. 60, § 1°, 109
à Constituição - estado de sítio - vedação, art. 60, § 1°, 109
à Constituição - federação - vedação, art. 60, § 4°, I, 109
à Constituição - intervenção federal - vedação, art. 60, § 1°, 109
à Constituição - Presidente da República - proposição, art. 60, II, 108
à Constituição - promulgação, art. 60, § 3°, 109
à Constituição - rejeição, art. 60, § 5°, 109
à Constituição - Senado Federal - proposição, art. 60, I, 108
à Constituição - separação dos Poderes - vedação, art. 60, 4°, III, 109
à Constituição - sistema eleitoral - vedação, art. 60, 4°, II, 109
à Constituição - vedação, art. 60, § 4°, 109
ao regimento do STF - questão constitucional - aplicabilidade retroativa, S325, 406

Emigração
competência privativa da União, art. 22, XV, 55

Emissão
de cheque sem fundos - fraude - ausência - crime - inexistência, S246, 397
de curso forçado - Congresso Nacional, art. 48, II, 96

Emissora
de rádio - concessão e permissão, prazo, art. 223, § 5°, 254
de televisão. ....v. também televisão
de televisão - concessão e permissão, prazo, art. 223, § 5°, 254

Emolumentos judiciais
destinação, art. 98, § 2°, 135

Empregada doméstica. ....v. também trabalhador doméstico

Empregado. ....v. também trabalhador

ato culposo - patrão - culpa presumida, S341, 408

contra empregador - justiça do trabalho, competência - processar e julgar, SV22, 366

empresa industrial ou comercial - exercendo atividade rural - classificação, S196, 392

estável - falta grave - suspensão - inquérito judicial - prazo decadencial, S403, 416

estável - indenização - pagamento em dobro, S220, 394

estável - transferência - justificação, S221, 394

horista - salário das férias - cálculo, S199, 392

imposto de indústrias e profissões - exigibilidade - ausência, S350, 409

que tinha direito a ser readmitido - indenização - cálculo, S219, 394

readmitido - tempo de serviço anterior - contagem a favor, S215, 394

representação sindical - despedida, S197, 392

representado por sindicato - isenção de custas - alcance, S223, 395

Empregador

concordata - empregado - direitos, S227, 395

empregado contra - justiça do trabalho, competência - processar e julgar, SV22, 366

rural - obrigações trabalhistas - ADCT, art. 10, § 3°, 274

x segurador - controvérsia - pagamento - acidente do trabalho - suspensão - impossibilidade, S337, 407

Emprego(s)

gestante - ADCT, art. 10, II, *b*, 274

gestante, art. 7°, XVIII, 35

plano de acesso - princípio da ordem econômica, art. 170, VIII, 212

proteção, lei complementar - ADCT, art. 10, 274

proteção, lei complementar, **art. 7°, I**, 33

público - acesso, art. 37, I, II, IV e § 2°, 73

público - acumulação - ADCT, art. 17, §§ 1° e 2°, 277

público - acumulação, art. 37, XVII, 78

público - criação, iniciativa da lei, art. 61, § 1°, II, *a*, 110

público - remuneração, iniciativa da lei, art. 61, § 1°, II, *a*, 110

sistema nacional - organização, competência, art. 22, XVI, 55

Empreiteiro

imposto de vendas e consignações - cobrança - legitimidade - ressalva, S334, 407

Empresa. ....v. firma individual

brasileira - de capital nacional - energia hidráulica, art. 176, § 1°, 216

brasileira - de capital nacional - jazidas, art. 176, § 1°, 216

brasileira - exploração de - energia hidráulica, requisitos, prazo - ADCT, art. 44, 286

Índice Remissivo

Empresa

brasileira - exploração de - recursos minerais, requisitos, prazo - ADCT, art. 44, 286

concessionárias de serviços públicos, art. 175, 215

concessionárias de serviços públicos, art. 21, XI e XII, 49

controle pelo Poder Público - disponibilidade de caixa - depósito em instituições financeiras oficiais, art. 164, § 3°, 203

de energia elétrica - desapropriação pelos Estados - Presidente da República - autorização prévia - obrigatoriedade, S157, 387

de energia elétrica - impostos locais - imunidade, S78, 379

de navegação aérea - isenção - taxa de melhoramento de portos - exclusão, S550, 434

estatal. ....v. SEM, ...v. também empresa pública e SEM

estatal - anistia - ADCT, art. 8°, § 5°, 273

estatal - licitação e contratação, competência, art. 22, XXVII, 56

estatal - orçamento - ADCT, art. 35, § 1°, 284

estatal - orçamento, art. 165, §§ 5° e 7°, 204

estatal - serviço de gás canalizado, exploração, art. 25, § 2°, 60

gestão, participação do trabalhador, **art.** 7°, XI, 34

investimento em pesquisa e tecnologia, art. 218, § 4°, 251

jornalística, propriedade, art. 222, 253

micro e pequena - débitos, isenção de correção monetária - ADCT, art. 47, I, 287

micro e pequenas empresas - definição - ADCT, art. 47, § 1°, 287

micro e pequenas empresas - tratamento diferenciado, art. 170, IX, 212

micro e pequenas empresas - tratamento diferenciado, art. 179, 219

participação nos lucros, art. 7°, XI, 34

permissionárias de serviços públicos, art. 175, 215

permissionárias de serviços públicos, art. 21, XI e XII, 49

PIS/PASEP, contribuições, art. 239, 266

privada - greve, trabalhador - justiça do trabalho, competência - processar e julgar, SV23, 367

pública. ....v. SEM, ...v. também empresa estatal e SEM

pública - acumulação de empregos e funções - ADCT, art. 17, §§ 1° e 2°, 277

pública - acumulação de empregos e funções, art. 37, XVII, 78

pública - apuração de infrações, art. 144, § 1°, I, 181

pública - causas, juízes federais, processo e julgamento, art. 109, I, 155

pública - criação e autorização, art. 37, XIX, 79

pública - despesa com pessoal - ADCT, art. 38, 285

pública - despesa com pessoal, art. 169, § 1°, I, 211

pública - exploração de atividade econômica, art. 173, 213

Empresa

pública - exploração de atividade econômica, estatuto jurídico, art. 173, § 1°, 214

pública - metas de desempenho, art. 37, § 9°, 82

pública - servidor ou empregado, anistia - ADCT, art. 8°, § 5°, 273

pública - subsidiárias, autorização legislativas, art. 37, XX, 79

radiodifusão sonora e de sons e imagens - propriedade, art. 222, 253

representação de empregados, art. 11, 38

sindicatos - serviços sociais e formação de profissional - contribuições compulsórias, art. 240, 267

supranacionais - fiscalização das contas nacionais, competência, art. 71, V, 117

Empréstimo(s)

Bancário - débitos, isenção de correção monetária - ADCT, art. 47, 287

compulsório - aplicação dos recursos, art. 148, p.ú., 185

compulsório - em benefício da Eletrobrás, art. 34, § 12, 284

compulsório – não é tributo – S418, 417

compulsório - vigência imediata, art. 34, § 1°, 282

Encargos

majoração - locação em curso por prazo determinado - inadmissibilidade, S171, 389

Energia

atividades nucleares, legislação, competência, art. 22, XXVI, 56

elétrica - COFINS - cobrança - legitimidade, S659, 447

elétrica - exploração - autorização, art. 21, XII, b, 50

elétrica - exploração - concessão, art. 21, XII, b, 50

elétrica - exploração - permissão. art. 21, XII, b, 50

elétrica - FINSOCIAL - cobrança - legitimidade, S659, 447

elétrica - imposto sobre circulação de mercadorias, responsabilidade pelo pagamento - ADCT, art. 34, § 9°, 283

elétrica - incidência de tributos, art. 155, § 3°, 196

elétrica - participação - Distrito Federal, art. 20, § 1°, 48

elétrica - participação - Estados, art. 20, § 1°, 48

elétrica - participação - Municípios, art. 20, § 1°, 48

elétrica - PIS - cobrança - legitimidade, S659, 447

hidráulica - aproveitamento industrial, art. 176, 216

hidráulica - autorização, brasileiro e empresa de capital nacional, art. 176, § 1°, 216

hidráulica - concessão, brasileiro e empresa de capital nacional, art. 176, § 1°, 216

hidráulica - empresas brasileiras exploradoras - ADCT, art. 44, 286

hidráulica - exploração, art. 176, 216

hidráulica - exploração, brasileiro e empresa de capital nacional, art. 176, § 1°, 216

ÍNDICE REMISSIVO

Energia

  nuclear. ....v. também instalações - nucleares

  nuclear - iniciativas do Poder Executivo, aprovação, competência, art. 49, XIV, 98

  potenciais energéticos, terras indígenas, exploração, autorização, art. 231, § 3º, 262

  terras indígenas, exploração dos potenciais energéticos, autorização, art. 231, § 3º, 262

  União, competência para legislar, art. 22, IV, 54

  usina nuclear, localização, art. 225, § 6º, 258

ENFAM

  competência, art. 105, p.ú., I, 154

  escola Nacional de form. E aperf. de Magistrados - funcionamento, art. 105, p.ú., I, 154

ENFAMT

  Esc. Nac. de Form. e Aperf. de Magistrados do Trabalho - TST - funcionamento, art. 111-A, § 2º, I, 159

  objetivo, art. 111-A, § 2º,, 159

Enfiteuse

  direitos dos ocupantes - ADCT, art. 49, § 2º, 288

  extinção, procedimentos - ADCT, art. 49, § 4º, 288

  imóveis urbanos, extensão - ADCT, art. 49, § 2º, 288

  resgate - possibilidade, S170, 389

  terrenos de marinha e seus acrescidos - ADCT, art. 49, § 3º, 288

Engenheiro. ....v. também obra

Ensino. ....v. também educação

  acesso - princípio, art. 206, I, 239

  acesso, art. 208, V, 241

  aplicação de recursos, art. 212, 243

  colégio Pedro II-RJ, art. 242, § 2º, 267

  comunidades indígenas, art. 210, § 2º, 242

  conteúdo mínimo, art. 210, 242

  direitos e deveres, art. 205, 239

  Distrito Federal, receitas orçamentárias, destinação, art. 218, § 5º, 251

  educação básica, art. 208, I, 241

  educação básico, art. 208, VII, 242

  estabelecimento superior - aprovação, S58, 376

  Estados-membros, receitas orçamentárias, destinação, art. 218, § 5º, 251

  fomento, art. 218, § 5º, 251

  fundamental - ADCT, art. 60, 291

  fundamental - assistência à saúde, financiamento, art. 212, § 4º, 244

  fundamental - programa de alimentação, financiamento, art. 212, § 4º, 244

  fundamental - programas, art. 30, VI, 68

  fundamental, art. 208, §§ 2º e 3º, 242

Ensino

garantia de padrão de qualidade - princípio, art. 206, VII, 240

gestão democrática - princípio, art. 206, VI, 240

gratuidade - princípio art. 206, IV, 239

história do Brasil, art. 242, § 1º, 267

legislação, art. 24, IX, 59

médio e fundamental – prioridade dos Estados e DF, art. 211, § 3º, 243

médio, gratuidade, art. 208, II, 241

noturno regular, art. 208, VI, 242

Novo Regime Fiscal - aplicações mínimas - ADCT, art. 110, 327

obrigatório – acesso gratuito, art. 206, § 1º, 242

obrigatório – colaboração entre União, Estados e DF para universalização, art. 211, § 4º, 243

obrigatório, não oferecimento, art. 208, § 2º, 242

permanência na escola - princípio, art. 206, I, 239

piso salarial nacional - princípio, art. 206, VIII, 240

pluralismo de ideias princípio, art. 206, III, 239

português, art. 210, § 2º, 242

princípios, art. 206, 239

privado, condições, art. 209, 242

profissional da educação, art. 206, p.ú., 240

público, gratuidade, exclusão, art. 242, 267

qualidade, art. 206, V, 240

qualidade, art. 214, II, 245

receitas orçamentárias, destinação, art. 218, § 5º, 251

regular - educação básica priorizará, art. 211, § 5º, 243

religioso - escolas públicas, art. 210, § 1º, 242

religioso - matrícula facultativa, art. 210, § 1º, 242

sistema, organização, art. 211, 242

valorização dos profissionais da educação - princípio, art. 206, V, 240

Entidade(s). ....v. também pessoa jurídica

associativas - representação de seus filiados, art. 5º, XXI, 23

de classe - mandado de segurança - legitimação, S630, 443

de classe - mandado de segurança coletivo - associados - independe da autorização, S629, 443

educacional. ....v. também educação

educacional - recursos públicos - ADCT, art. 61, 296

familiar – qualquer dos pais e descendentes, art. 226, §4º, 259

fechada, prazo para plano de benefícios e serviços - servidor público - previdência privada, EC20, art. 6º, 338

fechadas de previdência social privada - imunidade tributária - alcance, S730, 455

federada, modalidade - produto de arrecadação, imposto - União, EC3, art. 2º, § 3º, 329

Índice Remissivo

Entidade(s)
pública local e autarquia federal - litígio - processo e julgamento - competência - ressalva, S511, 429
sindical - princípio da unicidade - observância - Ministério do Trabalho, S677, 449
sindical - registro - Ministério do Trabalho, S677, 449
sindical dos trabalhadores - imóvel - IPTU - imunidade, S724, 454

Entorpecente(s)
crimes relativos a - processo e julgamento - foro competente, S522, 430
e drogas afins - confisco de bens e rendimentos decorrentes, art. 243, p.ú., 268
e drogas afins - dependentes menores, art. 227, § 3°, VII, 261
e drogas afins - plantas psicotrópicas, cultura, expropriação das terras, art. 243, 267
e drogas afins - tráfico - ilícito - extradição, art. 5°, LI, 29
e drogas afins - tráfico - ilícito - prevenção, art. 144, § 1°, II, 181
e drogas afins - tráfico - ilícito - repressão, art. 144, § 1°, II, 181
e drogas afins - tráfico ilícito - crime inafiançável, art. 5°, XLIII, 27

Equiparação salarial
função - tempo de serviço, S202, 392

Erro Judiciário
indenização, art. 5°, LXXV, 31

Escola Nacional de Formação e Aperfeiçoamento de Magistrados.
..............................v. também ENFAM

Escola Nacional de Formação e Aperfeiçoamento de Magistrados do Trabalho.
..............................v. também ENFAMT

Escola(s)
comunitárias, art. 213, §§ 1° e 2°, 245
confessionais, art. 213, §§ 1° e 2°, 245
filantrópicas, art. 213, §§ 1° e 2°, 245

Espaço
aéreo - limites, art. 48, V, 96
marítimo - limites, art. 48, V, 96

Espetáculo(s)
públicos - regulamentação e informação, art. 220, § 3°, I, 252

Esporte. ....v. também desporto

Estabelecimento. ....v. empresa
comercial - horário de funcionamento - competência, S645, 445
comercial - mesmo ramo - princípio da livre concorrência, S646, 445
de ensino superior - aprovação, S58, 376
penal, carência - regime prisional, SV56, 370
pessoa jurídica de direito privado - demanda judicial - foro, S363, 410

Estabilidade
cálculo - empregado em serviço militar obrigatório - contagem, S463, 423

Estabilidade

e prazo, servidor, estágio probatório - União - administração pública, EC19, art. 28, 334

inaplicabilidade - ADCT, art. 19, 278

juiz togado - ADCT, art. 21, 278

membros do Ministério Público do Trabalho e Militar - ADCT, art. 29, § 4°, 281

professores de nível superior - ADCT, art. 29, § 3°, 278

servidor sem concurso - extinção dos efeitos jurídicos - ADCT, arts. 18, 277

Estado(s). ....**v. também deputado, governador e imunidade**

Acre, limites, homologação - ADCT, art. 12, § 5°, 275

Administração Pública, princípios, art. 37, 72

Advogado-Geral, nomeação e destituição, art. 235, VIII, 265

agente - normativo da atividade econômica, funções, art. 174, 215

agente - regulador da atividade econômica, funções, art. 174, 215

Amapá, transformação - ADCT, art. 14, 276

anexação, art. 18, § 3°, 46

áreas - desmembramento, art. 18, § 3°, 46

áreas - ecológicas, definição e proteção, art. 225, § 1°, III, 256

áreas - incorporação, art. 18, § 3°, 46

áreas - subdivisão, art. 18, § 3°, 46

assistência social, contribuição para o custeio do sistema, art. 149, § 1°, 185

autarquias instituídas e mantidas pelo Poder Público, limitações ao poder de tributar, art. 150, §§ 1° e 2°, 188

autonomia, art. 18, 45

bens - e serviços - diferença tributária, vedação, art. 152, 190

bens - e serviços - limitações ao poder de tributar, art. 152, 190

bens, art. 26, 61

brasileiro, vedação de distinção, art. 19, III, 47

Câmara dos Deputados, irredutibilidade de representação - ADCT, art. 4°, § 2°, 271

causas e conflitos - Distrito Federal e entidades da administração indireta, processo e julgamento, art. 102, I, f, 144

causas e conflitos - União e entidades da administração indireta, processo e julgamento, art. 102, I, f, 144

competência - Juizados Especiais, criação, art. 98, I, 135

competência - Justiça de Paz, criação, art. 98, II, 135

competência - legislativa - concorrente, polícia civil, art. 24, XVI, 59

competência - tributária - imposto sobre - prestação de serviços de transporte interestadual e intermunicipal, art. 155, II e § 3°, 192

competência - tributária - imposto sobre - serviços de telecomunicações, art. 155, § 3°, 196

competência - tributária - imposto sobre - venda de combustíveis líquidos e gasosos, art. 155, § 3°, 196

Índice Remissivo

Estado(s)

competência - tributária - vedação ao limite de tráfego, art. 150, V, 187

competência comum com União, DF e Municípios, art. 23, 57

competência comum com União, Distrito Federal e Municípios - agropecuária - fomento, art. 23, VIII, 58

competência comum com União, Distrito Federal e Municípios - alimentação - abastecimento - organização, art. 23, VIII, 58

competência comum com União, Distrito Federal e Municípios - assistência pública, art. 23, II, 57

competência concorrente com União e DF, art. 24, 58

competência concorrente com União e Distrito Federal - assistência jurídica, art. 24, XIII, 59

competência, art. 25, § 1°, 60

competência, art. 98, 135

competências - legislativa supletiva, art. 24, § 2°, 60

competências - supletiva, art. 22, p.ú., 57

competências - tributária, art. 145, 183

competências - tributária, art. 155, 192

concessão - terras devolutas - faixa de fronteira - direito de uso, S477, 424

concessão - terras devolutas - faixa de fronteira - domínio - União, S477, 424

consultoria jurídica - ADCT, art. 69, 297

consultoria jurídica, art. 132, 173

contribuições previdenciárias, débitos - ADCT, art. 56, 290

contribuições previdenciárias, débitos - ADCT, art. 57, 291

contribuições previdenciárias, débitos - consignação - ADCT, art. 57, § 3°, 291

contribuições previdenciárias, débitos - liquidação - ADCT, art. 57, § 2°, 291

contribuições previdenciárias, débitos - parcelamento - ADCT, art. 57, § 1°, 291

crédito - externo, disposições sobre limites globais pelo Senado Federal, art. 52, VII, 101

crédito - interno, disposições sobre limites globais pelo Senado Federal, art. 52, VII, 101

criação, art. 18, § 3°, 46

criação, art. 234, 264

criação, art. 235, 264

da Guanabara - exportação de café - imposto de vendas e consignações - incidência, S143, 386

da Guanabara - recursos das decisões da auditoria da polícia militar - julgamento - Tribunal competente - ressalva, S364, 411

de defesa - apreciação, competência, art. 136, §§ 4° e 6°, 176

de defesa - apreciação, competência, art. 141, p.ú., 178

de defesa - aprovação, competência, art. 49, IV, 97

de defesa - áreas, especificação, art. 136, § 1°, 176

Estado(s)

de defesa - calamidade pública, restrições, art. 136, § 1°, II, 176

de defesa - cessação - apreciação pelo Congresso Nacional do relato, art. 141, p.ú., 178

de defesa - cessação - relato - apreciação pelo Congresso Nacional, art. 141, p.ú., 178

de defesa - cessação - relato - das medidas pelo Presidente da República, art. 141, p.ú., 178

de defesa - cessação, art. 141, 178

de defesa - Conselho - da República, art. 136, 176

de defesa - Conselho - da República, art. 90, I, 126

de defesa - Conselho - de Defesa Nacional, art. 136, 176

de defesa - Conselho - de Defesa Nacional, art. 91, § 1°, 127

de defesa - decretação - ou prorrogação, Congresso Nacional, envio, prazo, art. 136, § 4°, 176

de defesa - decretação - ou prorrogação, Presidente da República, art. 136, *caput* e §§ 2° e 4°, 176

de defesa - decretação - Presidente da República, art. 84, IX, 123

de defesa - decretação, art. 136, 176

de defesa - decretação, art. 21, V, 49

de defesa - decretação, art. 84, IX, 123

de defesa - decreto, art. 136, § 1°, 176

de defesa - designação de Comissão, art. 140, 178

de defesa - direito de - associação, restrições, art. 136, § 1°, I, *a*, 176

de defesa - direito de - reunião, restrições, art. 136, § 1°, I, *a*, 176

de defesa - duração, art. 136, §§ 1° e 2°, 176

de defesa - emendas à Constituição, vedações, art. 60, § 1°, 109

de defesa - estado de sítio, art. 137, I, 177

de defesa - estado de sítio, art. 139, 177

de defesa - executor, art. 136, § 3°, I, 176

de defesa - executor, art. 141, 178

de defesa - finalidade, art. 136, 176

de defesa - fundamentos, art. 136, 176

de defesa - inviolabilidade - comunicação - telefônica, restrições, art. 136, § 1°, I, c, 176

de defesa - inviolabilidade - comunicação - telegráfica, restrições, art. 136, § 1°, I, c, 176

de defesa - inviolabilidade - sigilo de correspondência, restrições, art. 136, § 1°, I, b, 176

de defesa - medidas coercitivas, art. 136, § 1°, 176

de defesa - medidas coercitivas, art. 136, § 3°, 176

de defesa - medidas coercitivas, art. 140, 178

de defesa - ocupação de bens e serviços - privados, art. 136, § 1°, II, 176

ÍNDICE REMISSIVO

Estado(s)

de defesa - ocupação de bens e serviços - públicos, art. 136, § 1°, II, 176

de defesa - prisão, art. 136, § 3°, 176

de defesa – prorrogação, art. 136, §§ 2° e 4°, 176

de defesa – recesso, art. 136, § 5°, 176

de defesa - rejeição, art. 136, § 7°, 176

de defesa - responsabilidade da União, art. 136, § 1°, II, 176

de defesa - responsabilidade dos - Agentes, art. 141, 178

de defesa - responsabilidade dos - Executores, art. 141, 178

de defesa - suspensão, art. 49, IV, 97

de defesa - uso de bens e serviços - privados, art. 136, § 1°, II, 176

de defesa - uso de bens e serviços - públicos, art. 136, § 1°, II, 176

de emergência. ....v. também estado de defesa

de Minas Gerais - taxa contra fogo - inconstitucionalidade, S138, 385

de Pernambuco - taxa de bombeiros - constitucionalidade, S549, 433

de São Paulo - funcionário eleito Vereador - licença, S34, 374

de sítio - agressão armada estrangeira, art. 137, II, 177

de sítio - cessação, art. 141, 178

de sítio - comoção grave, art. 137, I, 177

de sítio - comoção grave, art. 139, 177

de sítio - Congresso Nacional - acompanhamento e fiscalização, art. 140, 178

de sítio - Congresso Nacional - apreciação, art. 137, p.ú., 177

de sítio - Congresso Nacional - apreciação, art. 138, § 2°, 177

de sítio - Congresso Nacional - apreciação, art. 141, p.ú., 178

de sítio - Congresso Nacional - aprovação, art. 49, IV, 97

de sítio - Congresso Nacional - comissão, art. 140, 178

de sítio - Congresso Nacional - designação de Comissão, art. 140, 178

de sítio - Congresso Nacional - funcionamento, art. 138, § 3°, 177

de sítio - Congresso Nacional - recesso, art. 138, § 2°, 177

de sítio - Congresso Nacional - suspensão, art. 49, IV, 97

de sítio - Conselho - da República, art. 137, 177

de sítio - Conselho - da República, art. 90, I, 126

de sítio - Conselho - de Defesa Nacional, art. 137, 177

de sítio - Conselho - de Defesa Nacional, art. 91, § 1°, II, 127

de sítio - decretação - ou prorrogação, art. 137, *caput* e p.ú., 177

de sítio - decretação - ou prorrogação, art. 84, IX, 123

de sítio - decretação, art. 137, 177

de sítio - decretação, art. 138, § 2°, 177

de sítio - decretação, art. 21, V, 49

de sítio - decretação, art. 84, IX, 123

de sítio - decreto, art. 138, 177

de sítio - duração, art. 138, *caput* e § 1°, 177

de sítio - emendas à Constituição, vedação, art. 60, § 1°, 109

de sítio - estado de defesa, art. 137, I, 177

553

J. U. Jacoby Fernandes

Estado(s)

de sítio - estado de defesa, art. 139, 177
de sítio - executor, art. 138, 177
de sítio - fundamentos, art. 137, 177
de sítio - garantias constitucionais, suspensão, art. 138, 177
de sítio - guerra, art. 137, II, 177
de sítio - medidas coercitivas, art. 139, 177
de sítio - medidas coercitivas, art. 140, 178
de sítio - Parlamentares - imunidade, suspensão, art. 53, § 8°, 103
de sítio - Parlamentares - inviolabilidade, art. 139, p.ú., 177
de sítio - Parlamentares - pronunciamento, difusão, art. 139, p.ú., 177
de sítio - prorrogação, art. 137, p.ú., 177
Defensor-Geral, nomeação e destituição, art. 235, VIII, 265
demarcação das terras - linhas divisórias - solicitação à União - ADCT, art. 12, § 3°, 275
democrático - assegura o exercício dos direitos - Preâmbulo, 15
Democrático de Direito, art. 1°, 17
Deputados - imunidade - restrita à justiça do Estado, S3, 371
desmembramento, art. 18, § 3°, 46
desmembramento, art. 48, VI, 96
despesas - com pessoal - ADCT, art. 38, p.ú., 285
despesas - com pessoal, art. 169, 210
disponibilidades de caixa - depósito em instituições financeiras oficiais, art. 164, § 3°, 203
dívida - mobiliária - limites globais, fixação pelo Senado Federal, art. 52, IX, 101
dívida - pública - limites globais, fixação pelo Senado Federal, art. 52, VI, 101
do Paraná - imposto de selo - inconstitucionalidade, S107, 382
documento público, recusa de fé, vedação, art. 19, II, 47
empresa de pequeno porte, tratamento jurídico diferenciado, art. 179, 219
ensino - aplicação de receita de impostos, art. 212, 243
ensino - destinação de receita orçamentária, art. 218, § 5°, 251
estrangeiro - causas com - Município, julgamento, art. 105, II, c, 154
estrangeiro - causas com - Município, julgamento, art. 109, II, 156
estrangeiro - causas com - pessoa residente ou domiciliada no País, julgamento, art. 105, II, c, 154
estrangeiro - causas com - pessoa residente ou domiciliada no País, julgamento, art. 109, II, 156
estrangeiro - causas com - União, processo e julgamento, art. 109, III, 156
estrangeiro - extradição, processo e julgamento, art. 102, I, g, 144
estrangeiro - litígio, processo e julgamento, art. 102, I, e, 144
estrangeiro - relações - e participação de organizações internacionais, competência da União, art. 21, I, 49

Índice Remissivo

Estado(s)

estrangeiro - relações - manutenção, competência privativa do Presidente da República, art. 84, VII, 123

exploração direta de atividade econômica, art. 173, 213

Fazenda Pública, precatório, art. 100, 136

fiscalização - financeira, art. 75, 120

fiscalização - operacional, art. 75, 120

fiscalização - orçamentária, art. 75, 120

fiscalização - patrimonial, art. 75, 120

fundações instituídas e mantidas pelo Poder Público, limitações ao poder de tributar, art. 150, §§ 1° e 2°, 188

fundo de participação, determinação - ADCT, art. 34, § 2°, 282

gás canalizado, serviços públicos locais, art. 25, § 2°, 60

ICM - 20% - destinação - município - redução - impossibilidade, S578, 437

impostos - arrecadação, distribuição aos Municípios, art. 158, III, IV e p.ú., 199

impostos - arrecadação, distribuição aos Municípios, art. 159, § 3°, 201

impostos - arrecadação, distribuição aos Municípios, art. 160, 201

impostos - da União, arrecadação, art. 153, § 5°, I, 191

impostos - da União, arrecadação, art. 157, 199

impostos - da União, arrecadação, art. 159, §§ 1° e 2°, 201

impostos - da União, arrecadação, art. 159, I e II, 200

impostos - da União, arrecadação, art. 161, 202

impostos - da União, arrecadação, art. 34, § 2°, 282

impostos - instituição de normas, art. 155, 192

impostos - vedada a retenção, art. 160, 201

incentivos fiscais, reavaliação - ADCT, art. 41, 285

incorporação, art. 18, § 3°, 46

incorporação, art. 48, VI, 96

instituição de - aglomerações urbanas, art. 25, § 3°, 61

instituição de - assistência social sem fins lucrativos, limitações ao poder de tributar, art. 150, VI, c e § 4°, 188

instituição de - educação sem fins lucrativos, limitações ao poder de tributar, art. 150, VI, c e § 4°, 188

instituição de - microrregiões, art. 25, § 3°, 61

instituição de - regiões metropolitanas, art. 25, § 3°, 61

intervenção - Municípios, art. 35, 71

intervenção - União, art. 35, 71

lei - estadual, suspensão da eficácia, art. 24, § 4°, 60

lei - federal, superveniência, normas gerais - Lei Estadual, suspensão, no que for contrário, art. 24, § 4°, 60

limitações ao poder de tributar - autarquias instituídas e mantidas pelo Poder Público, art. 150, §§ 1° e 2°, 188

Estado(s)

limitações ao poder de tributar - bens e serviços, diferença tributária, vedação, art. 152, 190

limitações ao poder de tributar - fundações instituídas e mantidas pelo Poder Público, art. 150, §§ 1° e 2°, 188

limitações ao poder de tributar - instituições de assistência social sem fins lucrativos, art. 150, VI, c e § 4°, 188

limitações ao poder de tributar - instituições de educação sem fins lucrativos, art. 150, VI, c e § 4°, 188

limitações ao poder de tributar - partidos políticos, art. 150, VI, c e § 4°, 188

limitações ao poder de tributar - patrimônio de entes públicos, art. 150, VI, a, 187

limitações ao poder de tributar - renda de entes públicos, art. 150, VI, a, 187

limitações ao poder de tributar - serviços de entes públicos, art. 150, VI, a, 187

limites globais - dívida - mobiliária, fixação pelo Senado Federal, art. 52, IX, 101

limites globais - dívida - pública, fixação pelo Senado Federal, art. 52, VI, 101

litígio - Estado estrangeiro, processo e julgamento, art. 102, I, e, 144

litígio - Organismo Internacional, processo e julgamento, art. 102, I, e, 144

mar territorial - exploração - compensação financeira, art. 20, § 1°, 48

mar territorial - exploração - participação no resultado, art. 20, § 1°, 48

microempresa - tratamento jurídico diferenciado, art. 179, 219

multa sanção - atraso no prazo do final de inventário - constitucionalidade, S542, 433

multa sanção - atraso no prazo do início de inventário - constitucionalidade, S542, 433

Municípios, demarcação das terras em litígio - ADCT, art. 12, § 2°, 275

objetivos fundamentais, art. 3°, 18

orçamento, recursos para a assistência social, art. 204, 239

organização, art. 25, 60

partidos políticos, limitações ao poder de tributar, art. 150, VI, c e § 4°, 188

patrimônio de entes públicos, limitações ao poder de tributar, art. 150, VI, a, 187

pesquisa científica e tecnológica, destinação de receita orçamentária, art. 218, § 5°, 251

pessoal, despesas - ADCT, art. 38, 285

pessoal, despesas, art. 169, 210

plataforma continental - exploração - compensação financeira, art. 20, § 1°, 48

plataforma continental - exploração - participação no resultado, art. 20, § 1°, 48

polícia - civil - competência legislativa concorrente, art. 24, XVI, 59

ÍNDICE REMISSIVO

Estado(s)
previdência social, contribuição para o custeio do sistema, art. 149, §§ 2° a 4°, 186
processo legislativo, iniciativa popular, art. 27, § 4°, 62
Procurador-Geral - nomeação e destituição, art. 128, §§ 3° e 4°, 167
Procurador-Geral - nomeação e destituição, art. 235, VIII, 265
quadro de pessoal, compatibilização - ADCT, art. 24, 279
receita tributária, repartição, art. 157, 199
receita tributária, repartição, art. 162, 202
recursos - hídricos - exploração - compensação financeira, art. 20, § 1°, 48
recursos - hídricos - exploração - participação no resultado, art. 20, § 1°, 48
recursos - minerais - exploração - compensação financeira, art. 20, § 1°, 48
recursos - minerais - exploração - participação no resultado, art. 20, § 1°, 48
reforma administrativa, art. 24, 279
reintegração de Território, art. 18, § 2°, 46
renda de entes públicos, limitações ao poder de tributar, art. 150, VI, *a*, 187
Roraima, transformação - ADCT, art. 14, 276
serviços de entes públicos, limitações ao poder de tributar, art. 150, VI, *a*, 187
símbolos, art. 13, § 2°, 40
sistema de ensino, art. 211, 242
sistema tributário nacional - aplicação da legislação anterior - ADCT, art. 34, § 5°, 283
sistema tributário nacional, edição de leis - ADCT, art. 34, § 3°, 283
sistema tributário nacional, leis necessárias à aplicação - ADCT, art. 34, § 4°, 283
Sistema Único de Saúde. ....v. também Estado - SUS
sociedade de economia mista, autorização legislativa para criação de subsidiária, art. 37, XX, 79
subdivisão, art. 18, § 3°, 46
subdivisão, art. 48, VI, 96
SUS - financiamento, art. 198, § 1°, 229
território, reintegração, art. 18, § 2°, 46
Tocantins, criação e procedimentos - ADCT, art. 13, 275
tributação, limites, art. 150, 186
turismo, promoção e incentivo, art. 180, 219

Estágio
probatório - extinção do cargo, S22, 373
probatório - funcionário concursado - demissão, S21, 373
probatório - funcionário concursado - exoneração, S21, 373

Estatística
organização e manutenção de serviços, competência da União, art. 21, XV, 51

sistema estatístico nacional, legislação, competência privativa da União, art. 22, XVIII, 55

Estatuto
  da juventude - regula direitos dos jovens, art. 227, § 8º, I, 262
  da Magistratura - Lei complementar, iniciativa, Supremo Tribunal Federal, art. 93, 128
  da Magistratura - princípios, art. 93, 128
  jurídico - empresa pública, art. 173, § 1º, 214
  jurídico - sociedade de econonomia mista, art. 173, § 1º, 214
  revisão, quanto a natureza jurídica, prazo - administração indireta - União, EC19, art. 26, 334

Estrada. ....v. também obra(s) e transporte

Estrangeiro(s)
  adoção de brasileiros, art. 227, § 5º, 261
  bagagem - objetos permitidos, S64, 377
  bens, sucessão, art. 5º, XXXI, 25
  casado com brasileira - expulsão - vedação, S1, 371
  embarque com automóvel, S60, 377
  emigração, legislação e competência, art. 22, XV, 55
  entrada, legislação e competência, art. 22, XV, 55
  expulsão, legislação e competência, art. 22, XV, 55
  extradição - crime - opinião, art. 5º, LII, 29
  extradição - crime – político, art. 5º, LII, 29
  extradição, legislação e competência, art. 22, XV, 55
  filho brasileiro - dependente economicamente - vedação, S1, 371
  imigração, legislação e competência, art. 22, XV, 55
  inalistável, art. 14, § 2º, 41
  ingresso irregular, processo e julgamento, art. 109, X, 156
  nacionalidade, processo e julgamento, art. 109, X, 156
  nascido no, art. 12, I, 39
  nascidos no - até 1988 - registro - ADCT, art. 95, 313
  naturalização - processo e julgamento, art. 109, X, 156
  naturalização, art. 12, II, b, 39
  naturalização, art. 22, XIII, 55
  pais, art. 12, I, 39
  permanência irregular, processo e julgamento, art. 109, X, 156
  pessoa - física - aquisição de propriedade rural, art. 190, 223
  pessoa - física - arrendamento de propriedade rural, art. 190, 223
  pessoa - jurídica - aquisição de propriedade rural, art. 190, 223
  pessoa - jurídica - arrendamento de propriedade rural, art. 190, 223
  propriedade rural, Congresso Nacional, autorização para aquisição ou arrendamento, art. 190, 223
  residente no país - direito à liberdade, art. 5º, 19
  residente no país - direito à propriedade, art. 5º, 19

ÍNDICE REMISSIVO

residente no país - direito à segurança, art. 5°, 19
residente no país- direito à vida, art. 5°, 19

Estudante
bolsista - missão de estudo - importação de automóvel - requisitos - satisfação - ressalva, S406, 416
ver Ensino e Aprendiz, 416

Estupro
violência real - ação penal - tipo, S608, 441

Evasão
obras de arte, competência comum, art. 23, IV, 57

Exame. ....v. também concurso
cessação da periculosidade - qualquer tempo, S520, 430
de livros comerciais em ação judicial - limites, S260, 399

Ex-combatente
aposentadoria - ADCT, art. 53, V, 290
assistência - educacional - ADCT, art. 53, IV, 289
assistência - hospitalar - ADCT, art. 53, IV, 289
assistência - médica - ADCT, art. 53, IV, 289
casa própria - ADCT, art. 53, IV, 290
direitos assegurados - ADCT, art. 53, 289
pensão - companheira - ADCT, art. 53, III, 289
pensão - dependente - ADCT, art. 53, III, 289
pensão - viúva - ADCT, art. 53, III, 289
pensão especial - ADCT, art. 53, II, 289
pensão especial - substituição a concessão anterior - ADCT, art. 53, p.ú., 290
serviço público - estabilidade - ADCT, art. 53, I, 289

Execução
compulsória - compromisso de compra e venda de imóvel não loteado - possibilidade. S413, 417
definitiva, S228, 395
fiscal. ....v. também multa
fiscal - ampliação dos prazos - aplicação, S507, 428
fiscal - contra decisão reformatória de 1ª instância - embargos - cabimento, S278, 401
fiscal - decisão parcial - embargos contra a fazenda pública - cabimento, S277, 400
fiscal - princípio da sucumbência - aplicação, S519, 430
fiscal - processo e julgamento - competência, S511, 429
fiscal - recurso de revista - descabimento, S276, 400
orçamentária - limites - respeito, art. 127, § 6°, 167
orçamentária - publicação de relatório, art. 165, § 3°, 204
penal - agravo - prazo para interposição, S700, 452
Penal, SV9, 365
prescrição - prazo, S150, 386

processo trabalhista - remissão pelo executado - possibilidade, S458, 422

Exequatur

cartas rogatórias - concessão - competência originária - Superior Tribunal de Justiça, art. 105, I, *i*, 153

Exercício

profissional - informação - direito, art. 5°, XIV, 22

Exoneração. ....v. também demissão

funcionário concursado em estágio probatório - inquérito administrativo, S21, 373

servidores não estáveis, art. 169, § 3°, II, 211

Exploração

de jazida - contrato - lei de luvas - sujeição - exclusão, S446, 421

de pedreira - contrato - lei de luvas - sujeição - exclusão, S446, 421

Exportação

de café - estado da Guanabara - imposto de vendas e consignações - incidência, S143, 386

instituição, art. 153, II, 190

Expressão, 186

Expulsão

legislação sobre, art. 22, XV, 55

Extinção

de partido político, art. 17, 43

de servidor público policial civil ou militar, inclusão de quadro em extinção - descumprimento do prazo - administração pública, ex-territórios e dos estados do Amapá ou Roraima, União, EC98, art. 2°, § 1°, 362

de servidor público policial civil ou militar, inclusão de quadro em extinção - direito e prazo - administração pública, ex-territórios e dos estados do Amapá ou Roraima, União, EC98, art. 3°, 362

de servidor público policial civil ou militar, inclusão de quadro em extinção - prazo - administração pública, ex-territórios e dos estados do Amapá ou Roraima, União, EC98, art. 2°, 362

de servidor público policial civil ou militar, inclusão de quadro em extinção - regime próprio de previdência - administração pública, ex-territórios e dos estados do Amapá ou Roraima, União, EC98, art. 7°, 363

de servidor público policial civil ou militar, inclusão de quadro em extinção - vedação do pagamento - administração pública, ex-territórios e dos estados do Amapá ou Roraima, União, EC98, art. 2°, § 2°, 362

de servidor público policial civil ou militar, inclusão de quadro em extinção - vínculo funcional - administração pública, ex-territórios e dos estados do Amapá ou Roraima, União, EC98, art. 4°, 363

do cargo x vitaliciedade - possibilidade, S11, 372

dos tribunais de alçada - prazo e integração dos membros - TJ, EC45, art. 4°, p.ú., 351

dos tribunais de alçada - TJ, EC45, art. 4°, 351

Índice Remissivo

Extradição
brasileiro, art. 5º, LI, 28
casamento com brasileira - irrelevância, S421, 418
Estado estrangeiro, requisição, processo e julgamento, art. 102, I, g, 144
estrangeiro, art. 5º, LII, 29
filho brasileiro - irrelevância, S421, 418

Extraditando. ....v. também concessão e liberdade
preso por prazo superior a 60 dias - liberdade vigiada - concessão, S2, 371
retirada do país no prazo legal - ausência - liberdade - concessão, S367, 411

Extranumerário
demissão - condição legal - S50, 376
estável - serviço público federal - demissão - competência - Presidente da
República, S384, 413
funcionário efetivo - equiparação - não compreende os vencimentos, S13,
372

Extravio
de carga transportada por navio - segurador sub-rogado - ação de indenização
- prescrição - prazo, S151, 386

Faixa de fronteira
terras devolutas - concessão pelos Estados - direito de uso, S477, 424
terras devolutas - concessão pelos Estados - domínio - União, S477, 424

Falecimento. ....v. também concubina, morte, óbito e
pensão

Falência
coisas vendidas a crédito - restituição - prazo - termo inicial, S193, 391
coisas vendidas a crédito - restituição em dinheiro - cabimento. S495, 427
crédito habilitado - multa fiscal com efeito de pena administrativa -
impossibilidade, S192, 391
crédito habilitado - multa fiscal moratória - inclusão, S191, 391
dinheiro - restituição, S417, 417

Falta(s)
grave - empregado estável - suspensão - inquérito judicial - prazo decadencial,
S403, 416
residual - servidor público - punição administrativa - admissibilidade, S18,
373

Família. ....v. também casamento, concubina e inventário
assistência social, art. 203, I, 238
entidade familiar, art. 226, §§ 3º e 4º, 259
Estado, proteção, art. 226, *caput* e §§ 3º e 8º, 259
filhos - maiores, amparo, art. 229, 262
filhos - menores, assistência, art. 229, 262
filiação, direitos, art. 227, § 6º, 261
planejamento familiar, art. 226, § 7º, 259
violência, vedação, art. 226, § 8º, 259

561

Fauna. ....v. também meio ambiente
competência legislativa concorrente, art. 24, VI, 59
preservação, art. 23, VII, 58
proteção, art. 225, § 1°, VII, 257
Fazenda pública. ....v. também administração tributária e aduana
embargos contra - cabimento - ação executiva fiscal com decisão parcial, S277, 400
estadual, pagamento - precatórios pendentes, art. 100, 136
juros moratórios contra - obrigação líquida - termo inicial, S255, 398
municipal, pagamento - precatórios pendentes, art. 100, 136
nacional - lei complementar - ADCT, art. 29, 281
nacional - pagamento - precatórios pendentes - ADCT, art. 33, 282
nacional, débitos - oriundos de sentenças transitadas em julgado - pagamento, condições, art. 86, 309
nacional, débitos - pagamento - ordem cronológica - ADCT, art. 86, §§ 1° a 3°, 310
nacional, pagamento - precatórios pendentes, art. 100, 136
prescrição em favor - ato interruptivo - reinício - termo inicial, S383, 413
Fé. ....v. culto religioso
dos documentos públicos, art. 19, II, 47
Féria(s)
empregado horista - cálculo, S199, 392
servidores públicos, art. 39, § 3°, 84
trabalhadores, art. 7°, XVII, 35
Fernando de Noronha
território federal - extinção - ADCT, art. 15, 277
Ferroviário
servidor autárquico - dupla aposentadoria - impossibilidade, S371, 411
FGTS
horas extras - parcela remuneratória - incidência, S593, 439
trabalhadores, art. 7°, III, 34
Fiança
liberdade - provisória, art. 5°, LXVI, 30
Filho(s). ....v. também adolescência, família e infância
direitos e qualificações, art. 227, § 6°, 261
Filiação
partidária - militares, art. 142, § 3°, V, 179
sindicato - contribuição federativa, exigível, SV40, 368
Finanças Públicas. ....v. também fazenda pública, receita e despesa
gestão - ADCT, art. 35, § 2°, 284
gestão, art. 165, § 9°, II, 205
normas gerais, art. 163, 202

Índice Remissivo

Finanças Públicas
normas gerias, art. 164, 203
vedações, art. 167, 208

FINSOCIAL
Fundo de Investimento Social - alíquota - majoração - constitucionalidade, S658, 446
sobre combustíveis - legitimidade, S659, 447
sobre derivados do petróleo - legitimidade, S659, 447
sobre energia elétrica - legitimidade, S659, 447
sobre minerais - legitimidade, S659, 447
sobre serviços de telecomunicações - legitimidade, S659, 447

Firma individual. ....v. também **Empresa**
titular - previdência social - contribuição obrigatória - constitucionalidade, S466, 423

Fiscalização. ....v. também **controle e tribunal de contas**
contábil - controle externo, art. 71 e §§ 1º a 4º, 116
contábil - exercício, art. 70 e p.ú., 116
empresa pública, art. 173, § 1º, I, 214
financeira - controle externo, art. 71 e §§ 1º a 4º, 116
financeira - exercício, art. 70 e p.ú., 116
orçamentária - controle externo, art. 71 e §§ 1º a 4º, 116
orçamentária - exercício, art. 70 e p.ú., 116
previdenciária - livros comerciais - sujeição - limites, S439, 420
sociedade de econonomia mista, art. 173, § 1º, I, 214
tributária - livros comerciais - sujeição - limites, S439, 420

Fisco. ....v. também **fazenda pública, incentivos fiscais e controle**

Flagrante
delito - prisão, art. 5º, LXI, 30
delito - violabilidade da casa, art. 5º, XI, 21
preparação pela polícia - consumação - impossibilidade - crime - inexistência, S145, 386

Flora. ....v. *também meio ambiente*
preservação, art. 23, VII, 58
proteção, art. 225, § 1º, VII, 257

Floresta(s). ....v. *Flora e Meio Ambiente*
Amazônica, patrimônio nacional, art. 225, § 4º, 257
competência legislativa concorrente, art. 24, VI, 59
Mata Atlântica, patrimônio nacional, art. 225, § 4º, 257
preservação, art. 23, VII, 58

Fogo
Taxa de serviço contra – S274, 400

Folha de pagamento
limites de gasto - Câmara Municipal, 67

Fome. ....v. também pobreza

Força(s) armada(s)

Comandante - Aeronáutica, nomeação pelo Presidente da República, art. 84, XIII, 123

Comandante - Exército, nomeação pelo Presidente da República, art. 84, XIII, 123

Comandante - Marinha, nomeação pelo Presidente da República, art. 84, XIII, 123

comando superior, art. 142, 178

comando superior, art. 84, XIII, 123

composição, art. 142, 178

Deputado - Estadual, incorporação, art. 27, § 1°, 61

Deputado - Federal, incorporação, art. 53, § 7°, 103

destinação, art. 142, 178

efetivo - fixação e modificação, art. 48, 96

efetivo - legislação, art. 61, § 1°, I, 110

emprego, art. 142, § 1°, 178

funções, art. 142, 178

habeas-corpus, punições disciplinares militares, art. 142, § 2°, 178

Oficiais, cargo privativo de brasileiro nato, art. 12, § 3°, VI, 40

oficial - reforma - tempo de paz, S385, 413

organização, art. 142, § 1°, 178

preparo, art. 142, § 1°, 178

princípios, art. 142, 178

Senador, incorporação, art. 53, § 7°, 103

Força(s) estrangeira(s)

agressão armada, decretação de estado de sítio, art. 137, II, 177

permanência temporária no território nacional, art. 21, IV, 49

permanência temporária no território nacional, art. 49, II, 97

permanência temporária no território nacional, art. 84, XXII, 124

permanência temporária no território nacional,, art. 21, IV, 282

trânsito temporário no território nacional, art. 21, IV, 49

trânsito temporário no território nacional, art. 49, II, 97

trânsito temporário no território nacional, art. 84, XXII, 124

Forma

de governo, plebiscito - ADCT, art. 2°, 271

de governo, plebiscito - livre divulgação - ADCT, art. 2°, § 1°, 271

de governo, plebiscito - TSE - normas regulamentadoras - ADCT, art. 2°, § 2°, 271

Foro

competente para ações da Rede Ferroviária Federal S.A. - ressalva, S251, 398

judicial - serventias, estatização - ADCT, art. 31, 282

priveliado - deputados e senadores, art, 53, §1°, 102

Índice Remissivo

Fronteira(s). ....v. também *também estrangeiro*
   energia hidráulica, aproveitamento, art. 176, § 1°, 216
   nacionais, serviços de transporte, exploração, competência da União, art. 21, XII, d, 51
   ocupação, art. 20, § 2°, 48
   ocupação, art. 91, § 1°, III, 127
   recursos minerais - lavra, art. 176, § 1°, 216
   recursos minerais - pesquisa, art. 176, § 1°, 216
   utilização, art. 20, § 2°, 48
   utilização, art. 91, § 1°, III, 127

Função. ....v. também *também cargo e servidor*
   essencial à justiça - advocacia geral da União, arts. 131 e 132, 172
   essencial à justiça - advocacia, art. 133, 174
   essencial à justiça - defensoria pública, art. 133, 174
   essencial à justiça - Ministério Público, arts. 127 a 130, 166
   essencial à justiça, arts. 127 a 135, 166
   extensão da competência por prerrogativa - término do exercício funcional - impossibilidade, S451, 421
   gratificada - tempo de serviço ininterrupto - Lei n° 1.741/1952 - aplicação, S32, 374
   prerrogativa - tribunal do Júri, competência, SV45, 369
   pública - perda, art. 37, § 4°, 81
   social - empresa pública, art. 173, § 1°, I, 214
   social - imóvel rural, desapropriação, art. 184, 221
   social - política urbana, art. 182, 220
   social - propriedade - atendimento, art. 5°, XXIII, 23
   social - propriedade - produtiva, normas, art. 185, p.ú., 222
   social - propriedade - urbana, cumprimento, art. 182, § 2°, 220
   social - sociedade de econonomia mista, art. 173, § 1°, I, 214

Funcionário. ....v. também servidor público
   concursado - demissão - procedimento, S20, 373
   concursado - estágio probatório - demissão, S21, 373
   concursado - estágio probatório - exoneração, S21, 373
   em disponibilidade - aproveitamento - Administração Pública - critérios, S39, 375
   estatal - eleito Vereador - licença, S34, 374
   interino substituto - demissão, S24, 373
   público. ....v. servidor público

Fundação. ....v. também *Administração direta*
   contas - admissão de pessoal, art. 71, III, 117
   contas - auditorias, art. 71, IV, 117
   contas - inspeções, art. 71, IV, 117
   contratação, legislação, competência, art. 22, XXVII, 56
   criação - autorização, art. 37, XIX, 79

Fundação
criação - subsidiária, autorização legislativa, art. 37, XX, 79
despesa com pessoal - ADCT, art. 38, 285
despesa com pessoal, art. 169, § 1º, 210
dívida pública - externa, disposição, art. 163, II, 202
dívida pública - interna, disposição, art. 163, II, 202
educacional - recursos públicos - ADCT, art. 61, 296
impostos sobre - patrimônio, proibição, art. 150, § 2º, 188
impostos sobre - renda, proibição, art. 150, § 2º, 188
impostos sobre - serviço, proibição, art. 150, § 2º, 188
licitação, legislação, competência, art. 22, XXVII, 56
servidor - anistia - ADCT, art. 8º, § 5º, 273
servidor - estabilidade - ADCT, arts. 18 e 19, 277
subsidiárias, art. 37, XX, 79

FUNDEB
aplicação dos recursos - ADCT, art. 60, IV, 293
constituição do fundo, ADCT, art. 60, § 5º, 295
criação - ADCT, art. 60, I, 292
distribuição dos recursos - ADCT, art. 60, I, 293
distribuição dos recursos, ADCT, art. 60, § 4º, 295
recursos - ADCT, art. 60, II, 292
recursos - complementação pela União - ADCT, art. 60, V, 293
valor mínimo por aluno, ADCT, art. 60, § 2º, 295

FUNDEF
constituição do fundo, ADCT, art. 60, § 5º, 295
distribuição dos recursos, ADCT, art. 60, § 4º, 295
valor mínimo por aluno, ADCT, art. 60, § 2º, 295

Fundo(s)
de Combate à Pobreza - estados e DF - financiamento - ADCT, art. 82, § 1º, 307
de Combate à Pobreza - estados, DF e município - criação - ADCT, art. 82, 307
de Combate à Pobreza - município - financiamento - ADCT, art. 82, § 2º, 308
de combate e erradicação da pobreza - composição - receitas - ADCT, art. 80, 306
de combate e erradicação da pobreza - instituição - ADCT, arts. 79 a 83, 306
de combate e erradicação da pobreza - prazo identerminado - ADCT, art. 79 e EC 67/2010, 306
de combate e erradicação da pobreza - rendimentos do FND - ADCT, art. 81, 307
de estabilização econômica - disposições - ADCT, arts. 71 a 73, 297
de Estabilização Fiscal - demonstrativo bimestral - ADCT, art. 71, § 3º, 298
de Estabilização Fiscal - limitações - ADCT, art. 73, 301

Fundo(s)

de Estabilização Fiscal - recursos que o integram - ADCT, art. 72, 298

de Estabilização Fiscal antigo FSM - ADCT, art. 71, § 2°, 298

de garantia do tempo de serviço, 34

de investimento social, 34

de Investimento Social. ....v. FINSOCIAL

de Participação dos Estados e do Distrito Federal, ADCT, art. 34, § 2°, II, 282

de Participação dos Municípios, ADCT, art. 34, § 2°, III, 283

desvinculação de 30% da arrecadação Estados e DF, período até 31 de dezembro de 2023 - ADCT, art. 76-A, 304

educação – mínimo - pagamento de profissionais da educação - ADCT, art. 60, XII, 294

estadual de fomento à cultura - financiamento, art 216, § 6°, 248

funcionamento - ADCT, art. 35, § 2°, 284

funcionamento, art. 165, § 9°, II, 205

instituição - ADCT, art. 35, § 2°, 284

instituição, art. 165, § 9°, II, 205

instituição, art. 167, IX, 209

municipais - desvinculação de 30% da arrecadação - período até 31 de dezembro de 2023 - ADCT, art. 76-B, 304

orçamento anual, art. 165, § 5°, I e III, 204

participação - Distrito Federal - ADCT, art. 34, § 2°, 282

participação - Distrito Federal - ADCT, art. 39, p.ú., 285

participação - Distrito Federal, art. 159, I, *a* e *b*, 200

participação - Distrito Federal, art. 161, II, III e p.ú., 202

participação - Estados - ADCT, art. 34, § 2°, 282

participação - Estados - ADCT, art. 39, p.ú., 285

participação - Estados, art. 159, I, *a* e *b*, 200

participação - Estados, art. 161, II, III e p.ú., 202

participação - Municípios - ADCT, art. 34, § 2°, 282

participação - Municípios - ADCT, art. 39, p.ú., 285

participação - Municípios, art. 159, I, *a* e *b*, 200

participação - Municípios, art. 161, II, III e p.ú., 202

participação - Territórios - ADCT, art. 34, § 2°, 282

participação - Territórios - ADCT, art. 39, p.ú., 285

participação - Territórios, art. 159, I, *a* e *b*, 200

participação - Territórios, art. 161, II, III e p.ú., 202

partidário - recursos - acesso, art. 17, § 3°, 44

ratificação pelo Congresso nacional - ADCT, art. 36, 285

social de emergência - é o Fundo de Estabilização Fiscal - ADCT, art. 71, § 2°, 298

social de emergência - instituição - ADCT, art. 71, 297

Fusão

de partido político, art. 17, 43

Ganho

de capital - venda de imóveis - meação, S96, 380

Garantia(s)

concessão pelas entidades públicas, art. 163, III, 202

controle, art. 74, III, 119

da União - disposição pelo Senado Federal, art. 52, VIII, 101

dos magistrados, art. 95, *caput* e incisos, 132

fundamental - aplicação imediata das normas, art. 5°, § 1°, 32

processuais - não são violadas pela atração do processo do corréu ao foro por continência ou conexão, S704, 452

Garimpeiro

autorização - lavra, art. 174, §§ 3° e 4°, 215

autorização - pesquisa, art. 174, §§ 3° e 4°, 215

concessão - lavra, art. 174, §§ 3° e 4°, 215

concessão - pesquisa, art. 174, §§ 3° e 4°, 215

promoção econômico-social, art. 174, §§ 3° e 4°, 215

Garimpo. ....v. também recursos minerais

organização em cooperativas, art. 174, §§ 3° e 4°, 215

Gás natural

canalizado. ....v. também serviços públicos

exportação, monopólio da União, art. 177, III, 217

importação, monopólio da União, art. 177, III, 217

lavra, monopólio da União, art. 177, I, 216

monopólio da União, art. 177, I, III e IV, 216

pesquisa, monopólio da União, art. 177, I, 216

transporte por meio de condutos, monopólio da União, art. 177, IV, 217

GDASST. ....v. Gratificação de Desempenho de Atividade de Seguridade Social e do Trabalho

gratificação - inativo, valor correspondente, SV34, 368

GDATA. ....v. também gratificação de desempenho de atividade técnico-administrativa

gratificação de desempenho técnico-administrativa - valor inativo, SV20, 366

Geografia

manutenção de serviços oficiais, competência da União, art. 21, XV, 51

organização de serviços oficiais, competência da União, art. 21, XV, 51

Geologia

manutenção de serviços oficiais, competência da União, art. 21, XV, 51

organização de serviços oficiais, competência da União, art. 21, XV, 51

sistema nacional, legislação, competência privativa da União, art. 22, XVIII, 55

Gestante. ....v. também amamentação e maternidade

empregada - dispensa - arbitrária - vedação - ADCT, art. 10, II, *b*, 274

ÍNDICE REMISSIVO

Gestante
    empregada - dispensa - sem justa causa - vedação - ADCT, art. 10, II, *b*, 274
    empregada - estabilidade temporária - ADCT, art. 10, II, *b*, 274
    plano de previdência social, art. 201, II, 233
Gestão
    de serviço público - entes públicos, convênios de cooperação, art. 241, 267
    democrática - princípio do Ensino, art. 206, VI, 240
Ginástica. ....v. também desporto
Governador. ....v. também Estado, mandato eletivo e vice-
    governador
    ação de inconstitucionalidade, art. 103, V, 147
    Amapá, eleição e posse - ADCT, art. 14, §§ 1° e 3°, 276
    cônjuge, inelegibilidade - ADCT, art. 5°, § 5°, 272
    cônjuge, inelegibilidade, art. 14, § 7°, 42
    crimes comuns, processo e julgamento, art. 105, I, *a*, 152
    de Território - escolha, aprovação pelo Senado Federal, art. 52, III, *c*, 100
    de Território - escolha, aprovação pelo Senado Federal, art. 84, XIV, 123
    de Território - nomeação, competência privativa do Presidente da República,
        art. 84, XIV, 123
    Distrito Federal - aprovação - ADCT, art. 16, 277
    Distrito Federal - indicação - ADCT, art. 16, 277
    Estado de Tocantins - eleição - ADCT, art. 13, § 3°, 276
    Estado, art. 28, 62
    habeas-corpus, processo e julgamento, art. 105, I, *c*, 153
    idade mínima, art. 14, § 3°, VI, b, 41
    mandato eletivo - ADCT, art. 4°, § 3°, 271
    mandato eletivo - duração, art. 28, 62
    mandato eletivo - servidor público, art. 28, § 1°, 62
    mandato eletivo - servidor público, art. 38, I, IV e V, 82
    parentes até 2° grau, inelegibilidade - ADCT, art. 5°, § 5°, 272
    parentes até 2° grau, inelegibilidade, art. 14, § 7°, 42
    perda de mandato, art. 28, § 1°, 62
    posse, art. 28, 62
    reeleição, vedação, art. 14, § 5°, 42
    Roraima, eleição e posse - ADCT, art. 14, §§ 1° e 3°, 276
    servidor público, art. 38, I, 82
    sufrágio universal, art. 28, 62
    Tocantins - mandato - ADCT, art. 13, § 4°, 276
    Tocantins - posse - ADCT, art. 13, § 5°, 276
    voto secreto, art. 28, 62
Governo
    sistema, forma - meios de comunicação, serviço público, permissão -
        plebiscito, EC2, art. único, § 2°, 328
    sistema, forma - vigência - plebiscito, EC2, art. único, § 1°, 328

Graduação

de militares - perda por procedimento administrativo - possibilidade, S673, 448

Gratificação(ões)

acúmulo - vedação - servidor do instituto de aposentadorias e pensões dos industriários, S26, 373

cálculo - salário mínimo, SV15, 366

de desempenho de Ativ. de Seguridade Social e do Trabalho - inativo, valor correspondente, SV34, 368

GDATA - valor inativo, SV20, 366

habitual - integra o salário, S207, 393

inclusão no cálculo de indenização por despedida injusta, S459, 422

natalina, 34

servidor - Sistema Fazendário x Tribunais de Contas, S29, 374

Greve. ....v. também **direito - greve**

abuso, art. 9°, § 2°, 38

garantia, art. 9°, 38

lesão – Justiça do Trabalho, art. 114, § 3°, 161

lesão do interesse público, art. 114, § 3°, 161

serviços - essenciais à comunidade, art. 9°, § 1°, 38

serviços - públicos civis, art. 37, VII, 75

serviços - públicos civis, art. 9°, 38

simples adesão - não constitui falta grave, S316, 405

trabalhador - empresa privada - justiça do trabalho, competência - processar e julgar, SV23, 367

Grupos armados

ação - crime inafiançável e imprescritível, art. 5°, XLIV, 28

Guardas

municipais - constituição, art. 144, § 8°, 182

Guerra

autorização para declaração, competência exclusiva do Congresso Nacional, art. 49, II, 97

declaração - competência da União, art. 21, II, 49

declaração - Conselho de Defesa Nacional, opinião, art. 91, § 1°, 127

estado de sítio, art. 137, II, 177

fiscal - ADCT, art. 99, 317

impostos extraordinários, competência tributária da União, art. 154, II, 192

pena de morte, art. 5°, XLVII, *a*, 28

requisições - civis, legislação, competência privativa da União, art. 22, III, 54

requisições - militares, legislação, competência privativa da União, art. 22, III, 54

serviços - benefício de lei federal - inexigibilidade do Estado, S440, 420

Habeas corpus

concessão, art. 5°, LXVIII, 31

Índice Remissivo

Habeas corpus

contra decisão condenatória a pena de multa - não cabimento, S693, 451

contra omissão de relator de extradição - não conhecimento, S692, 451

contra pena de exclusão de militar - não cabimento, S694 - STF, 451

contra pena de perda de função pública - não cabimento, S694, 451

contra pena de perda de patente - não cabimento, S694 -, 451

contra processo em curso por infração penal - não cabimento, S693, 451

contra turma recursal de juizados especiais criminais - julgamento - competência originária, S690, 450

gratuidade, art. 5°, LXXVII, 32

mandado de segurança, direito não amparado, art. 5°, LXIX, 31

ônus das custas - liberdade de locomoção - questão - inexistência - descabimento, S395, 414

originário - tribunal pleno - hipótese de não cabimento, S606, 440

primeira instância - sentença concessiva - crime - bens da União - recurso ex officio - sujeição, S344, 408

primeira instância - sentença concessiva - crime - interesses da União - recurso ex officio - sujeição, S344, 408

primeira instância - sentença concessiva - crime - serviços da União - recurso ex officio - sujeição, S344, 408

processo e julgamento - competência - Juízes Federais, art. 108, I, *d*, 155

processo e julgamento - competência - Juízes Federais, art. 109, VII, 156

processo e julgamento - competência - Superior Tribunal de Justiça, art. 105, I, *c*, 153

processo e julgamento - competência - Supremo Tribunal Federal, art. 102, I, *d*, 144

processo e julgamento - competência - Supremo Tribunal Federal, art. 102, I, *i*, 144

processo e julgamento - competência - Tribunais Regionais Federais, art. 108, I, *d*, 155

processo e julgamento - competência - Tribunais Regionais Federais, art. 109, VII, 156

punições disciplinares militares - não cabimento, art. 142, § 2°, 178

recurso ordinário - prazo, S319, 405

recurso ordinário e extraordinário no mesmo processo - julgamento conjunto, S299, 403

recurso ordinário, julgamento, competência do Supremo Tribunal Federal, art. 102, II, *a*, 145

STF - conhecimento contra decisão de relator - incompetência, S691, 450

Tribunal Regional Eleitoral, recursos de suas decisões, art. 121, § 4°, V, 164

Tribunal Superior Eleitoral, recursos de suas decisões, art. 121, § 3°, 163

Habeas data

concessão, art. 5°, LXXII, 31

gratuidade, art. 5°, LXXVII, 32

Habeas data

mandado de segurança, direito não amparado, art. 5°, LXIX, 31

processo e julgamento - competência - Juízes Federais, art. 108, I, c, 155

processo e julgamento - competência - Juízes Federais, art. 109, VIII, 156

processo e julgamento - competência - Superior Tribunal de Justiça, art. 105, I, b, 152

processo e julgamento - competência - Supremo Tribunal Federal, art. 102, I, d, 144

processo e julgamento - competência - Tribunais Regionais Federais, art. 108, I, c, 155

processo e julgamento - competência - Tribunais Regionais Federais, art. 109, VIII, 156

recurso ordinário, julgamento, competência do Supremo Tribunal Federal, art. 102, II, a, 145

Tribunal Regional Eleitoral, recursos de suas decisões, art. 121, § 4°, V, 164

Habilitação

dirigir sem, em vias terrestres - art. 32 da Lei das Contravenções Penais - derrogado pelo art. 309 do Código de Trânsito Brasileiro, S720, 454

exame psicotécnico - cargo público, SV44, 369

Habitação. ....v. também domicílio

custeio para programa, porcentagem - produto de arrecadação, imposto - União, EC3, art. 2°, § 4°, 329

diretrizes, competência da União, art. 21, XX, 52

ex-combatente, aquisição - ADCT, art. 53, VI, 290

programas, competência, art. 23, IX, 58

trabalhador rural, art. 187, VII, 222

Harmonia social

princípio - Preâmbulo, 15

Haveres

apuração - balanço não aprovado pelo sócio excluído - ineficácia, S265, 399

Herança

ação – prescritibilidade, S149, 386

bens de estrangeiros, situados no Brasil, art. 5°, XXXI, 25

direito assegurado, art. 5°, XXVII, 24

direito assegurado, art. 5°, XXX, 25

Herdeiro(s)

assistência do Poder Público, art. 245, 268

de autores, art. 5°, XXVII, 24

Hidrocarbonetos fluidos

monopólio da União, art. 177, I, 216

Higiene do trabalho

direito assegurado aos trabalhadores, art. 7°, XXII, 35

Hino

nacional - símbolo, art. 13, §1°, 40

ÍNDICE REMISSIVO

símbolo da República Federativa do Brasil, art. 13, §1°, 40

História

do Brasil - ensino, art. 242, § 1°, 267

Homologação

sentença judicial estrangeira, S420, 418

transação penal - Ministério Público, denúncia ou inquérito policial, SV35, 368

Honorário(s)

advocatícios - ação de acidente do trabalho, S234, 396

advocatícios - ação regressiva do segurador contra o causador do dano - cabimento, S257, 398

advocatícios - autor - condenação - nomeação a autoria - reconvenção - necessidade, S472, 424

advocatícios - beneficiário da justiça gratuita - vencedor - obrigatoriedade, S450, 421

advocatícios - complemento da condenação - fixação - depedência - ressalva, S389, 414

advocatícios - condenação - recursos extraordinários interpostos em processo trabalhista - não cabimento - exceções, S633, 444

advocatícios - da sucumbência - L4632/65 - aplicação, S509, 429

advocatícios - em desapropriação - base de cálculo, S617, 442

advocatícios - imposto de transmissão causa mortis - não incidência, S115, 383

advocatícios - mandado de segurança - não cabimento, S512, 429

advocatícios - natureza alimentar, precatório ou requisição de pequeno valor, SV47, 369

advocatícios - obrigatoriedade - advogado do expropriado em indenização por desapropriação, S378, 412

advocatícios - reajustamento de débito pecuário - União - responsabilidade - ausência, S185, 390

advocatícios - réu - condenação - pedido expresso - dispensa, S256, 398

advocatícios x multa contratual - cumulação - permissão, S616, 442

Honra

inviolabilidade, art. 5°, X, 20

ofensa - ação penal - prerrogativa de função - competência especial, S396, 414

Hora

extra - remuneração, art. 7°, XVI, 35

noturna - duração - vantagem suplementar, S214, 394

Horário. ....v. também duração

compatibilidade - mandato de vereador, art. 38, III, 83

funcionamento comecial, S419, 417

funcionamento comecial, S645, 445

funcionamento de estabelecimento, SV38, 368

573

IAPI
   servidor - acúmulo de gratifição - vedação, S26, 373
IBGE
   Acre - limites - homologação - ADCT, art. 12, § 5°, 275
ICM. ....v. também **Imposto sobre Circulação de Mercadoria e Serviços e ICMS**
   alimentação, 437
   alíquotas, 436
   café, 437
   cal, 437
   cobrança, 437
   Estado, 437
   importação, 436
   isenção, 437
   mercadoria, 437
   mercadorias, 437
   princípio, 441
ICMS - Imposto sobre Circulação de Mercadoria e Serviços
   bem ou mercadoria importados, entrada, art. 155, § 2°, IX, a, 194
   bem ou mercadoria importados, entrada, art. 155, § 2°, XII, i, 196
   condições, art. 155, § 2°, 193
   derivados de petróleo, art. 155, § 2°, XII, h, 196
   derivados de petróleo, art. 155, §§ 3° a 5°, 196
   desembaraço aduaneiro - mercadoria importada, SV48, 369
   diferença entre a alíquota interna e a interestadual - ADCT, art. 99, 318
   energia elétrica, art. 155, § 3°, 196
   importação de bens - incidência, S660, 447
   importação de mercadoria - incidência, S661, 447
   instituição e normas - ADCT, art. 34, §§ 6°, 8° e 9°, 283
   não incidência - seguradora, sinistro, SV32, 368
   obras cinematográficas gravadas em fitas de videocassete - incidência, S662, 447
   operações que destinem mercadorias para o exterior, não incidência, art. 155, § 2°, X, a, 195
   prestação de serviços - comunicação na modalidade - radiodifusão sonora de recepção livre e gratuita, não incidência, art. 155, § 2°, X, d, 195
   prestação de serviços - comunicação na modalidade - sons e imagens de recepção livre e gratuita, não incidência, art. 155, § 2°, X, d, 195
   prestação de serviços - destinatários no exterior, não incidência, art. 155, § 2°, X, a, 195
   telecomunicações, art. 155, § 3°, 196
   valor adicionado, definição, art. 161, I, 202
   instituição e normas, art. 155, II e § 2°, 192

ÍNDICE REMISSIVO

Idade. ....v. também **idoso**
concurso público - restrição - ato administrativo - inadmissibilidade, S14, 372
discriminação, condenação, art. 3°, IV, 18
limite para inscrição em concurso público - legitimidade - justificativa - exigência, S683, 450
maiores de 16 anos - voto facultativo, art. 14, § 1°, c, 41
maiores de 65 anos - transporte gratuito, garantia, art. 230, § 2°, 262
menor - réu - sem curador - assistido por defensor dativo - processo penal - validade, S352, 409
menor - salário integral - direito, S205, 393
menor de 14 anos - trabalho noturno, art. 7°, XXXIII, 37
menor de 18 anos - inimputabilidade, art. 228, 262
menor de 18 anos - trabalho noturno, art. 7°, XXXIII, 37
menor de 18 anos - voto, art. 14, § 1°, c, 41

Identificação criminal
hipóteses previstas em lei, art. 5°, LVIII, 29

Idioma. ....v. também **língua nacional**

Idoso. ....v. também **velhice**
alistamento eleitoral facultativo, art. 14, § 1°, b, 41
amparo, programas, art. 230, § 1°, 262
assistência, art. 203, I, 238
assistência, art. 229, 262
assistência, art. 230, 262
transporte urbano gratuito, garantia, art. 230, § 2°, 262
voto facultativo, art. 14, § 1°, b, 41

Igreja(s). ....v. *também culto religioso*
a quem é vedado o estabelecimento, art. 19, I, 46

Igualdade
entre os Estados - princípio, art. 4°, V, 18
homens e mulheres, direitos e obrigações, art. 5°, I, 19
perante a lei, direito assegurado, art. 5°, 19
regional, art. 170, VII, 212
regional, art. 3°, III, 18
regional, art. 43, 94
social, art. 170, VII, 212
social, art. 3°, III, 18
social, art. 43, 94
trabalhadores, direitos, art. 7°, XXX, XXXI, XXXII e XXXIV, 36
valor supremo - Preâmbulo, 15

Ilha(s)
bens - da União, art. 20, IV, 47
bens - Estados, art. 26, II e III, 61

Ilícita
prisão civil - depositário infiel, modalidade, SV25, 367

Iluminação
pública - contribuição - Distrito Federal, cobrança na fatura de consumo de energia elétrica, art. 149-A, 186
pública - contribuição - Municípios, cobrança na fatura de consumo de energia elétrica, art. 149-A, 186

Imagem
das pessoas - inviolabilidade, art. 5º, X, 20
humana – reprodução, art. 5º, XXVIII, a, 24

Imigração
competência privativa da União, art. 22, XV, 55

Imigrante
embarque com automóvel, S59, 377

Imóvel(is). ....v. também casa, locação, posse e propriedade
alienado antes da Lei 3.470/58 - imposto de lucro imobiliário - isenção, S100, 381

alienado antes da Lei 3.470/58 - imposto de lucro imobiliário - isenção, S99, 381

alienado na vigência da Lei 3.470/58 - imposto de lucro imobiliário - incidência, S98, 381

alugado - lei de luvas - retomada - construção mais útil - indenização - obrigatoriedade, S181, 390

alugado - retomada - cessionário do promitente comprador - possibilidade, S177, 389

alugado - retomada - construção mais útil - indenização - limite, S444, 420

alugado - retomada - construção mais útil - obra ordenada pela autoridade pública - desnecessidade, S374, 412

alugado - retomada - filho - matrimônio - admissão, S175, 389

alugado - retomada - notificação prévia - comprovação - desnecessidade, S174, 389

alugado - retomada - promitente comprador - possibilidade, S176, 389

aluguel, IPTU, imunidade - atividade da entidade, SV52, 370

de autarquia - imposto de transmissão inter vivos - encargo do comprador, S75, 378

de autarquias - impostos - imunidade, S74, 378

doação - imposto de transmissão inter vivos - incidência - legitimidade, S328, 406

locado - retormada para uso próprio - prova de necessidade - exceção, S410, 416

não loteado - compromisso de compra e venda - execução compulsória - possibilidade, S413, 417

pedido de desocupação - motivos legais - não atendimento - multa, S109, 382

público – compra com precatórios, art. 100, § 11, 140

ÍNDICE REMISSIVO

Imóvel(is)

público - usucapião - vedação, art. 183, § 3°, 220

residencial. ....v. também casa

residencial - autarquia - promitente comprador - IPTU - contribuinte, S583, 438

restituição ao antigo proprietário - imposto de transmissão inter vivos - incidência, S111, 382

rural - desapropriação, art. 184, §§ 1° a 5°, 221

rural - distribuição - beneficiários - títulos, art. 189, 223

rural - distribuição - beneficiários, art. 189, p.ú., 223

sublocação pelo locatário - possibilidade, S411, 416

urbano - enfiteuse - direitos dos atuais ocupantes - ADCT, art. 49, § 2°, 288

urbano - enfiteuse - legislação - ADCT, art. 49, 288

urbano - enfiteuse - sem cláusula contratual - ADCT, art. 49, § 1°, 288

Impedimento

atuação do juíz do julgamento rescindindo na ação rescisória - inexistência, S252, 398

de perito - em processo penal - impedimento, S361, 410

Impessoalidade

princípio da administração pública, art. 37, 72

Importação

a granel - combustíveis líquidos - diferença de peso - percentual de admissibilidade, S535, 432

ágios - imposto de consumo - incidência, S83, 379

bens de capital - ICM - não incidência, S570, 436

de amianto - taxa de previdência social, S132, 385

de automóvel - estudante bolsista - missão de estudo - requisitos, S406, 416

de automóvel - professor bolsista - missão de estudo - requisitos, S406, 416

de automóvel - servidor público - missão de estudo - requisitos, S406, 416

de bens - ICMS - incidência, S660, 447

de equipamentos - indústria automobilística - taxa de despacho aduaneiro - isenção, S437, 419

de fertilizantes e inseticidas - taxa de despacho aduaneiro, S133, 385

de frutas da Argentina - taxa de despacho aduaneiro, S134, 385

de frutas da Argentina - taxa de previdência social, S134, 385

de lubrificantes - taxa de previdência social, S140, 385

de mercadoria - ICMS - incidência, S661, 447

de petróleo bruto - taxa de previdência social - isenção, S302, 403

irregular - mercadoria - multa - base de cálculo, S469, 423

mercadoria - ICMS, desembaraço aduaneiro, SV48, 369

produtos estrangeiros, imposto, art. 150, § 1°, 188

produtos estrangeiros, imposto, art. 153, I, 190

Imposto de Transmissão de Bens Imóveis

alíquota progressiva - inconsticional, S656, 446

J. U. Jacoby Fernandes

Imposto sobre Produtos Industrializados
    imunidade tributária - comprador - não se estende ao produtor, S591, 439
    isenção tributária - comprador - não se estende ao produtor, S591, 439
Imposto(s). ....v. também alíquota, IPI, IPTU e tributação
    aplicação de recursos, condições - ADCT, art. 34, § 10, 283
    base de cálculo - taxa, valor - constitucionalidade, SV29, 367
    capacidade econômica do contribuinte, art. 145, § 1°, 183
    características, art. 145, § 1°, 183
    cobrança - declarada indevida - decisão não faz coisa julgada, S239, 396
    COFINS - sobre combustíveis - legitimidade, S659, 447
    COFINS - sobre derivados do petróleo - legitimidade, S659, 447
    COFINS - sobre energia elétrica - legitimidade, S659, 447
    COFINS - sobre minerais - legitimidade, S659, 447
    COFINS - sobre serviços de telecomunicações - legitimidade, S659, 447
    combustíveis - gasosos, incidência, limite, art. 155, § 3°, 196
    combustíveis - líquidos, incidência, limite, art. 155, § 3°, 196
    combustíveis líquidos e gasosos - instituição e normas - ADCT, art. 34, § 7°, 283
    competência tributária - Distrito Federal, art. 155, 192
    competência tributária - Estados, art. 155, 192
    competência tributária - Municípios, art. 156, 197
    competência tributária - União, art. 153, 190
    competência tributária - União, art. 154, 191
    de cessão - caso de inconstitucionalidade, S82, 379
    de combustível - redução da alíquota, competência - União, EC3, art. 4°, 329
    de consumo - automóvel usado - trazido do exterior - isenção, S86, 379
    de consumo - bens de uso pessoal e doméstico - trazidos do exterior - isenção, - S85, 379
    de consumo - incidência nos ágios de importação, S83, 379
    de consumo - máquinas de costura - isenção, S244, 397
    de consumo - produtos importados por cooperativas - incidência, S84, 379
    de importação - extrato alcoólico de malte - base de cálculo - percentual, S534, 432
    de importação - frutas importadas - da Argentina - isenção, S89, 380
    de importação - frutas importadas - da Espanha - isenção, S89, 380
    de importação - frutas importadas - de Portugal - isenção, S89, 380
    de importação - frutas importadas - do Chile - isenção, S89, 380
    de importação - isenção - taxa de despacho aduaneiro - restrição - filme cinematográfico, S580, 438
    de importação - soda cáustica - alíquota - redução - constitucionalidade, S582, 438
    de indústrias e profissões - cobrança a empregado - impossibilidade, S350, 409

ÍNDICE REMISSIVO

Imposto(s)
de industrias e profissões - comerciante de combustíveis - cumulação c/ imposto único, S91, 380
de indústrias e profissões - empresas aeroviárias - incidência, S471, 424
de industrias e profissões - incidência - lei local, S90, 380
de licença - variação - constitucionalidade, S92, 380
de lucro extraordinário - cálculo, S95, 380
de lucro imobiliário - imóvel alienado antes da vigência da Lei 3.470/58 - isenção, S100, 381
de lucro imobiliário - imóvel alienado antes da vigência da Lei 3.470/58 - isenção, S99, 381
de lucro imobiliário - imóvel alienado na vigência da Lei 3.470/58 - incidência, S98, 381
de lucro imobiliário - incidência da alíquota anterior, S97, 381
de lucro imobiliário - incidência, S96, 380
de renda - arquiteto - incidência, S93, 380
de renda - despachantes aduaneiros - desconto na fonte - competência, S94, 380
de renda - juros - contrato de mútuo - exterior - incidência, S586, 438
de renda - pagamento - serviços técnicos - exterior - incidência, S587, 438
de renda - remessa de divisas - serviços prestados no exterior - não incidência, S585, 438
de renda - rendimentos - ano-base - cálculo - legislação aplicável, S584, 438
de renda, adicional - redução da alíquota, competência - União, EC3, art. 3º, 329
de reposição - desquite - incidência, S116, 383
de reposição - inventário - incidência, S116, 383
de selo - Estado do Paraná - inconstitucionalidade, S107, 382
de transação - antigo Distrito Federal - isenção, S139, 385
de transmissão causa mortis - cálculo alíquota, S112, 382
de transmissão causa mortis - cálculo - momento, S590, 439
de transmissão causa mortis - cálculo - valor dos bens - data-base, S113, 382
de transmissão causa mortis - honorários advocatícios - não incidência, S115, 383
de transmissão causa mortis - incidência no inventário por morte presumida - legitimidade, S331, 407
de transmissão causa mortis - inexigibilidade, S114, 383
de transmissão inter vivos - construção - não incidência, S110, 382
de transmissão inter vivos - hipótese de não incidência, S470, 424
de transmissão inter vivos - imóvel de autarquia - encargo do comprador, S75, 378
de transmissão inter vivos - incidência sobre doação de imóvel - legitimidade, S328, 406

Imposto(s)

de transmissão inter vivos - incidência sobre tranferência de domínio útil - legitimidade, S326, 406

de transmissão inter vivos - incidência sobre transferência de ações de sociedade imobiliária - impossibilidade, S329, 406

de transmissão inter vivos - restituição de imóvel - incidência, S111, 382

de transmissão inter vivos - tempo da incidência, S108, 382

de vendas e consignações - café - adicional - inconstitucionalidade, S124, 384

de vendas e consignações - café - incidência, S119, 383

de vendas e consignações - cobrança ao empreiteiro - legitimidade - ressalva, S334, 407

de vendas e consignações - crediários - base de cálculo, S533, 431

de vendas e consignações - equipamentos usados - venda ocasional - não incidência, S541, 432

de vendas e consignações - exportação de café - Estado da Guanabara, S143, 386

de vendas e consignações - incidência sobre a parcela do preço dos ágios cambiais - legitimidade, S332, 407

de vendas e consignações - invernista não qualificado como pequeno produtor - sujeição, S333, 407

de vendas e consignações - minerais - incidência, S118, 383

de vendas e consignações - parcela do imposto de consumo - não incidência, S125, 384

de vendas e consignações - preço - base de cálculo - despesas excluídas, S540, 432

de vendas e consignações - variação - lei estadual. S117, 383

de vendas e consignações - veículo automotor - venda ocasional - não incidência, S541, 432

desenvolvimento regional, aplicação de recursos, condições - ADCT, art. 34, § 10, 283

desvinculação de 30% da arrecadação União, período até 31 de dezembro de 2023 - ADCT, art. 76, 302

Distrito Federal - competência tributária, art. 155, 192

Distrito Federal, art. 155, §§ 1° a 3°, 192

energia elétrica, exceção, art. 155, § 3°, 196

Estados - arrecadação e distribuição aos Municípios, art. 158, III, IV e p.ú., 199

Estados - arrecadação e distribuição aos Municípios, art. 159, § 3°, 201

Estados - arrecadação e distribuição aos Municípios, art. 161, I, 202

Estados - competência - Território Federal, art. 147, 185

Estados - competência - tributária, art. 155, 192

Estados - competência - União, art. 147, 185

Estados, art. 155, §§ 1° a 3°, 192

estadual do selo - exigência - inconstitucionalidade - ressalva, S537, 432

ÍNDICE REMISSIVO

Imposto(s)
exportação - alíquota, alteração, art. 153, § 1°, 190
exportação - instituição e cobrança, art. 150, § 1°, 188
exportação - instituição e cobrança, art. 153, II, 190
extraordinários, instituições, art. 154, II, 192
federal - bens adquiridos - Rede Ferroviária Federal - imunidade, S77, 378
federal de selo - contrato com autarquia - isenção, S303, 404
federal do selo - caso de incidência, S102, 381
federal do selo - caso de incidência, S103, 381
federal do selo - caso de incidência, S468, 423
federal do selo - caso de não incidência, S104, 381
FINSOCIAL. ....v. também FINSOCIAL
grandes fortunas - instituição, art. 153, VII, 190
ICMS. ....v. também ICMS
imóvel de autarquias - imunidade, S74, 378
importação - alíquota, alteração, art. 153, § 1°, 190
importação - instituição e cobrança, art. 150, § 1°, 188
importação - instituição e cobrança, art. 153, I, 190
imunidade - CF art. 150, VI, d - abrange filmes e papéis fotográficos, S657, 446
instituição e cobrança - ADCT, art. 34, § 1°, 282
instituição e cobrança, art. 150, VI e § 1°, 187
instituição e cobrança, art. 153, 190
instituição e cobrança, art. 154, 191
instituição, art. 145, 183
IPTU. ....v. também IPTU
ISS – locação de bens móveis - inconstitucionalidade, SV31, 367
jornais, vedação - ADCT, art. 34, § 1°, 282
jornais, vedação, art. 150, VI, d, 188
limite da alíquota - Poder Executivo - União, EC3, art. 2°, § 1°, 329
livros, vedação - ADCT, art. 34, § 1°, 282
livros, vedação, art. 150, VI, d, 188
local - cooperativas - contribuintes, S81, 379
local - empresas de energia elétrica - imunidade, S78, 379
lubrificantes, exceção, art. 155, § 3°, 196
mercadorias, incidência, consumidor, art. 150, § 5°, 189
minerais - incidência, limite, art. 155, § 3°, 196
minerais, exceção, art. 155, § 3°, 196
Municípios - competência - Distrito Federal, art. 147, 185
Municípios - competência - tributária, art. 156, 197
Municípios - competência - União, art. 147, 185
Municípios - instituição e normas - ADCT, art. 34, § 6°, 283
Municípios - instituição e normas, art. 156, 197
operações - câmbio - alíquotas, alterações, art. 153, § 1°, 190

Imposto(s)

operações - câmbio - instituição, cobrança e repartição - ADCT, art. 34, § 1°, 282

operações - câmbio - instituição, cobrança e repartição, art. 150, § 1°, 188

operações - câmbio - instituição, cobrança e repartição, art. 153, V e § 5°, 190

operações - crédito - alíquotas, alterações, art. 153, § 1°, 190

operações - crédito - instituição, cobrança e repartição - ADCT, art. 34, § 1°, 282

operações - crédito - instituição, cobrança e repartição, art. 150, § 1°, 188

operações - crédito - instituição, cobrança e repartição, art. 153, V e § 5°, 190

operações - relativa - títulos mobiliários, alíquotas, alterações, art. 153, § 1°, 190

operações - relativa - títulos mobiliários, instituição, cobrança e repartição - ADCT, art. 34, § 1°, 282

operações - relativa - títulos mobiliários, instituição, cobrança e repartição, art. 150, § 1°, 188

operações - relativa - títulos mobiliários, instituição, cobrança e repartição, art. 153, V e § 5°, 190

operações - relativa - valores mobiliários, alíquotas, alterações, art. 153, § 1°, 190

operações - relativa - valores mobiliários, instituição, cobrança e repartição - ADCT, art. 34, § 1°, 282

operações - relativa - valores mobiliários, instituição, cobrança e repartição, art. 150, § 1°, 188

operações - relativa - valores mobiliários, instituição, cobrança e repartição, art. 153, V e § 5°, 190

operações - seguro - alíquotas, alterações, art. 153, § 1°, 190

operações - seguro - instituição, cobrança e repartição - ADCT, art. 34, § 1°, 282

operações - seguro - instituição, cobrança e repartição, art. 150, § 1°, 188

operações - seguro - instituição, cobrança e repartição, art. 153, V e § 5°, 190

ouro - ativo financeiro, art. 153, § 5°, 191

ouro - ativo financeiro, art. 155, § 2°, X, c, 195

ouro - instrumento cambial, art. 153, § 5°, 191

ouro - instrumento cambial, art. 155, § 2°, X, c, 195

papel, vedação - ADCT, art. 34, § 1°, 282

papel, vedação, art. 150, VI, d, 188

patrimônio, vedação e exceções - ADCT, art. 34, § 1°, 282

patrimônio, vedação e exceções, art. 150, §§ 2° a 4°, 188

patrimônio, vedação e exceções, art. 150, VI, a e e, 187

periódicos, vedação - ADCT, art. 34, § 1°, 282

periódicos, vedação, art. 150, VI, d, 188

PIS. ....v. também PIS

ÍNDICE REMISSIVO

Imposto(s)

prestação de serviços - instituição, art. 155, II, 192

produto de arrecadação - modalidade, entidade federada - União, EC3, art. 2º, § 3º, 329

produto de arrecadação - porcentagem, custeio para programa de habitação - União, EC3, art. 2º, § 4º, 329

produtos industrializados - alíquotas, alteração, art. 153, § 1º, 190

produtos industrializados - aquisição de bens de capital, impacto reduzido, art. 153, § 3º, IV, 191

produtos industrializados - instituição e normas - ADCT, art. 34, §§ 1º e 2º, I, 282

produtos industrializados - instituição e normas, art. 150, § 1º, 188

produtos industrializados - instituição e normas, art. 153, IV e § 3º, 190

produtos industrializados - União, distribuição, art. 159, §§ 1º a 3º, 201

produtos industrializados - União, distribuição, art. 159, I e II, 200

propriedade - predial urbana, instituição e normas, art. 156, I e § 1º, 197

propriedade - territorial - rural - fiscalização e cobrança, art. 153, § 4º, III, 191

propriedade - territorial - rural - instituição e normas, art. 153, VI e § 4º, 190

propriedade - territorial - rural - não incidência, art. 153, § 4º, II, 191

propriedade - territorial - rural - progressividade, art. 153, § 4º, I, 191

propriedade - territorial - rural, instituição e normas - ADCT, art. 10, § 2º, 274

propriedade - territorial - urbana, instituição e normas, art. 156, I e § 1º, 197

propriedade - veículos automotores - alíquotas - diferenciadas, art. 155, § 6º, II, 197

propriedade - veículos automotores - alíquotas - fixação pelo Senado Federal, art. 155, § 6º, I, 197

propriedade - veículos automotores - instituição, art. 155, III, 192

recursos, desenvolvimento regional, condições - ADCT, art. 34, § 10, 283

reforma agrária, isenção, art. 184, § 5º, 222

renda - e proventos de qualquer natureza - favorecidos, art. 157, I, 199

renda - e proventos de qualquer natureza - favorecidos, art. 158, I, 199

renda - e proventos de qualquer natureza - instituição e normas, art. 153, III e § 2º, 190

renda - e proventos de qualquer natureza - União, distribuição, art. 159, I e § 1º, 199

renda - e proventos, instituição e normas - ADCT, art. 34, § 2º, I, 282

renda - vedação e exceções - ADCT, art. 34, § 1º, 282

renda - vedação e exceções, art. 150, §§ 2º a 4º, 188

renda - vedação e exceções, art. 150, VI, *a* e *e*, 187

renda e proventos - produto da arrecadação - União, repasse, EC17, art. 3º, 333

responsabilidade pelo pagamento - ADCT, art. 34, § 9º, 283

Imposto(s)

serviços - de comunicação, instituição e normas - ADCT, art. 34, §§ 6° e 8°, 283

serviços - de comunicação, instituição e normas, art. 155, II e § 2°, 192

serviços - de qualquer natureza - instituição e competência, art. 156, III, 197

serviços - de transporte, instituição e normas - ADCT, art. 34, §§ 6° e 8°, 283

serviços - de transporte, instituição e normas, art. 155, II e § 2°, 192

serviços - incidência, consumidor, art. 150, § 5°, 189

serviços - vedação e exceções - ADCT, art. 34, § 1°, 282

serviços - vedação e exceções, art. 150, §§ 2° a 4°, 188

serviços - vedação e exceções, art. 150, VI, *a* e *e*, 187

serviços supérfluos - Fundo Municipal de Combate à Pobreza - ADCT, art. 83, 308

sobre circulação de mercadorias. ....v. também ICM e ICMS

sobre circulação de mercadorias - imunidade - produtos industrializados e outros - destinados à exportação, S536, 432

sobre circulação de mercadorias e serviços. ....v. também ICMS

sobre lucro imobiliário - dedução de benfeitorias - avaliação judicial - limite, S538, 432

sobre serviços - comissões - estabelecimentos bancários - não incidência, S588, 439

sobre serviços - depósitos - estabelecimentos bancários - não incidência, S588, 439

sobre serviços - taxas de desconto - estabelecimentos bancários - não incidência, S588, 439

solo urbano, aproveitamento inadequado, art. 182, § 4°, II, 220

templos, vedação - ADCT, art. 34, § 1°, 282

templos, vedação, art. 150, VI, *b* e § 4°, 188

transmissão *causa mortis* - alíquotas, fixação, art. 155, § 1°, IV, 193

transmissão causa mortis - credor, S435, 419

transmissão *causa mortis* - instituição - competência, art. 155, § 1°, III, 193

transmissão *causa mortis* - instituição - normas - ADCT, art. 34, § 6°, 283

transmissão *causa mortis* - instituição - normas, art. 155, I e § 1°, 192

transmissão inter vivos - bens imóveis - alíquotas progressivas - inconstitucionalidade, S656, 446

transmissão *inter vivos* - instituição e normas - ADCT, art. 34, § 6°, 283

transmissão *inter vivos* - instituição e normas, art. 156, II e § 2°, 197

União - arrecadação e distribuição - ADCT, art. 34, § 2°, 282

União - arrecadação e distribuição - ADCT, art. 39, p.ú., 285

União - arrecadação e distribuição, art. 153, § 5°, 191

União - arrecadação e distribuição, art. 157, I e II, 199

ÍNDICE REMISSIVO

Imposto(s)
União - arrecadação e distribuição, art. 158, I e II, 199
União - arrecadação e distribuição, art. 159, 199
União - arrecadação e distribuição, art. 160, 201
União - competência tributária, art. 153, 190
União - competência tributária, art. 154, 191
União - desvinculação de 30% da arrecadação, período até 31 de dezembro de 2023 - ADCT, art. 76, 302
único - comerciante de combustíveis - cumulação c/ imposto de industrias e profissões, S91, 380
único sobre combustíveis - isenção - revogação - ressalva - legislação especial, S543, 433
valores, créditos e direitos financeiros - União, EC3, art. 2º, 329

Imprensa. ....v. também comunicação, jornal e rádio
comunicação social - atividades de seleção e direção, art. 222, § 2º, 253
lei específica - atendimento, art. 222, § 3º, 254
liberdade de comunicação, art. 139, III, 177
nacional - edição popular da Constituiçao Federal - ADCT, art. 64, 296
oficial - edição popular da Constituiçao Federal - ADCT, art. 64, 296
oficial - súmulas de efeito vinculante, art. 103-A, 148
princípios - atendimento, art. 221, 253
propriedade de empresa de radiodifusão sonora e de sons e imagens, art. 222, 253

Imprescritibilidade. ....v. também prescrição
da ação de investigação de paternidade, S149, 386
da ação de ressarcimento por danos ao erário, art. 37, § 5°, 81
de crime contra a ordem constitucional, art. 5°, XLIV, 28
de crime contra o Estado Democrático, art. 5°, XLIV, 28
do crime de racismo, art. 5°, XLII, 27
dos direitos sobre terras tradicionalmente ocupadas pelos índios, art. 231, § 4°, 263

Improbidade
administrativa - art. 37, § 4°, 81
administrativa - efeito, art. 15, V, 43
administrativa - não pagamento de precatório - ADCT art. 100, § 10º, III., 316

Impugnação
ação de - mandato eletivo - segredo de justiça, art. 14, § 11, 43
de ato - decreto suspensivo, art. 36, § 3º, 72
de ato - sustação - TCU, art. 71, X, 117
de decisão - admissibilidade de recurso e embargos - jurisprudência do STF, S401, 415
de decisão - recurso ordinário e extraordinário, S281, 401
de nomeação de membro de Tribunal - legitimidade, S628, 443

585

Impugnação
de texto ou ato - inconstitucionalidade - defesa - AGU, art. 103, § 3°, 148
mandato - juiz de paz, art. 98, II, 135
mandato eletivo, art. 14, 43
precatório - habilitação em leilão - ADCT art. 100, § 9º, II, 315
validade da nomeação de concorrente - vaga de tribunal., S628, 443
Imunidade. ....v. também isenção, ...v. também deputado e Estado
Deputados Estaduais - restrita à justiça do Estado. S3, 371
fiscal - CF art. 150, VI, d - abrange filmes e papéis fotográficos, S657, 446
fiscal - imóvel de autarquias, S74, 378
imóvel aluguel, IPTU - atividade da entidade, SV52, 370
impostos federais - bens adquiridos - Rede Ferroviária Federal - S77, 378
impostos locais - empresas de energia elétrica, S78, 379
IPTU - imóvel - entidades sindicais dos trabalhadores, S724, 454
IPTU - imóvel - instituições de assistência social sem fins lucrativos, S724, 454
IPTU - imóvel - instituições de educação sem fins lucrativos, S724, 454
IPTU - imóvel - partidos políticos, S724, 454
Ministro, S4, 371
parlamentar - corréu sem essa prerrogativa - inexistência, S245, 397
parlamentar, art. 53, 102
tributária - entidades fechadas de previdência social privada - alcance, S730, 455
Inalienabilidade
dos bens, S49, 376
Inalistáveis
inelegibilidade, art. 14, § 4°, 41
Inamovibilidade
membro do Ministério Público, art. 128, § 5°, I, b, 168
Inatividade. ....v. também aposentadoria
militar - promoções - limites, S51, 376
militar - proventos - regulamentação, S359, 410
servidor civil - proventos - regulamentação, S359, 410
Inativo
valor correspondente - gratificação, GDASST, SV34, 368
Incentivo. ....v. também benefício
Incentivo(s)
fiscais - convênios entre Estados, reavaliação e reconfirmação - ADCT, art. 41, § 3°, 285
fiscais - desenvolvimento sócio-econômico regional, art. 151, I, 189
fiscais - quanto aos direitos adquiridos - ADCT, art. 41, § 2°, 285
fiscais - revogação, direitos adquiridos, manutenção - ADCT, art. 41, §§ 1° e 2°, 285

ÍNDICE REMISSIVO

Incentivo(s)
   fiscais - setoriais, reavaliação - ADCT, art. 41, 285
   fiscais - zona franca de Manaus - ADCT, art. 40, 285
   regionais - atividades prioritárias, juros favorecido, art. 43, § 2°, II, 95
   regionais - igualdade - fretes, art. 43, § 2°, I, 95
   regionais - igualdade - seguros, art. 43, § 2°, I, 95
   regionais - igualdade - tarifas, art. 43, § 2°, I, 95
   regionais - tributos federais - diferimento temporário, art. 43, § 2°, III, 95
   regionais - tributos federais - isenções, art. 43, § 2°, III, 95
   regionais - tributos federais - reduções, art. 43, § 2°, III, 95
Inclusão
   e promoção social - receita tributária líquida - Estados e DF - vedações, art.
      204, p.ú., 239
   previdenciária - sistema especial - alíquotas inferiores, art. 202, § 13, 236
   previdenciária - sistema especial - carências inferiores, art. 202, § 13, 236
   previdenciária - sistema especial, art. 202, § 12, 236
Incomunicabilidade
   dos bens - S49, 376
**Inconstitucionalidade. ....v. também ação - direta de
inconstitucionalidade e Constituição Federal**
   ação, legitimidade, art. 103, 146
   ação, legitimidade, art. 129, IV, 169
   alíquotas progressivas para imposto de transmissão inter vivos de bens
      imóveis, S656, 446
   argüição - razoável interpretação da lei - recurso extraordinário -
      descabimento, S400, 415
   argüição não razoável - recurso extraordinário - não conhecimento, S285,
      401
   cargo, servidor público - concurso público, SV43, 369
   crime hediondo ou equiparado - progressão de regime, SV26, 367
   decisões da Justiça do Trabalho - recurso para o STF - cabimento, S505, 428
   decreto estadual - regulação - matéria de competência federal, S548, 433
   depósito ou dinheiro - recurso administrativo, bens, SV21, 366
   depósito prévio, admissibilidade - ação judicial, crédito tributário, SV28, 367
   discriminação - alíquotas - ICM, S569, 436
   Estado do Paraná - imposto de selo, S107, 382
   exigência de imposto estadual do selo - ressalva, S537, 432
   imposto de vendas e consignações - adicional sobre os cafés, S124, 384
   investidura em cargo sem prévio concurso público, S685, 450
   ISS – locação de bens móveis, SV31, 367
   julgamento, recurso extraordinário, art. 102, III, 145
   L8033/90 - inc. V do art. 1°, S664, 447
   lei - ou ato normativo - declaração pelos Tribunais, art. 97, 135

J. U. Jacoby Fernandes

Inconstitucionalidade
lei - ou ato normativo - Estadual - representação, competência dos Estados, art. 125, § 2°, 165
lei - ou ato normativo - Municipal - representação, competência dos Estados, art. 125, § 2°, 165
lei - ou ato normativo - processo e julgamento, art. 102, I, *a*, 142
lei - suspensão da execução, Senado Federal, competência privativa, art. 52, X, 101
lei municipal - ação direta interventiva - legitimidade para propor, S614, 441
órgão de controle administrativo do Poder Judiciário - criação por Constituição Estadual, S649, 445
reajustes de servidores públicos estaduais ou municipais - vinculação a índices federais de correção monetária, S681, 449
representação judicial - decadência - prazo - inexistência, S360, 410
representação, art. 125, § 2°, 165
taxa contra fogo - Minas Gerais, S138, 385
taxa de aguardente, S126, 384
taxa de conservação de estradas de rodagem municipal - base de cálculo - idêntica ao ITR, S595, 439
taxa de urbanização - município de Porto Alegre - fato gerador - bitributação, S551, 434
transporte fluvial - fixação de salário profissional, S531, 431
transporte lacustre - fixação de salário profissional, S531, 431
transporte marítimo - fixação de salário profissional, S531, 431
veto não motivado à participação em concurso público, S684, 450
vinculação do reajuste - remuneração, servidor estadual e municipal, SV42, 369

Incorporação
de partidos políticos, arts. 17, 43

Indenização
ação em caso de avaria - vistoria judicial - dispensa, S261, 399
ação por extravio de carga transportada por navio - prescrição - prazo, S151, 386
ação por perda de carga transportada por navio - prescrição - prazo, S151, 386
acidente - dolo ou culpa grave do empregador, S229, 395
acidente - filho menor - morte - obrigatoriedade, S491, 426
acidente de trabalho - repouso semanal remunerado - inclusão, S464, 423
acidente de trabalho - responsabilidade - empregador, S529, 431
acidente de trabalho - segurador - impossibilidade financeira, S529, 431
acidente de trabalho, art. 7°, XXVII, 36
cálculo - empregado em serviço militar obrigatório - contagem, S463, 423
cláusula de impedimento - contrato de transporte - ineficácia, S161, 387

Índice Remissivo

Indenização

complementar - pela demora no pagamento da desapropriação - não cabimento, S416, 417

dano à imagem, art. 5°, V e X, 20

dano ao erário - imprescritível, art. 37, § 5°, 81

dano material, art. 5°, V e X, 20

dano moral, art. 5°, V e X, 20

danos materiais - pagamento - correção monetária - cabimento, S562, 435

desapropriação - expropriado - honorários advocatícios - obrigatoriedade, S378, 412

desapropriação - obra licenciada, S23, 373

despedida - arbitrária, art. 7°, I, 33

despedida - sem justa causa, art. 7°, I, 33

empregado estável - pagamento em dobro, S220, 394

empregado que tinha direito a ser readmitido - cálculo, S219, 394

erro judiciário, art. 5°, LXXV, 31

imóvel alugado - lei de luvas - retomada - construção mais útil - obrigatoriedade, S181, 390

imóvel rural - desapropriação - benfeitorias, pagamento em dinheiro, art. 184, § 1°, 221

imóvel rural - desapropriação - pagamento em títulos da dívida agrária, art. 184, 221

imóvel urbano - desapropriação - pagamento - dinheiro, art. 182, § 3°, 220

imóvel urbano - desapropriação - pagamento - título da dívida pública, art. 182, § 4°, III, 220

margens de rios navegáveis - exclusão - domínio público, S479, 425

na retomada de imóvel alugado p/ construção mais útil - limite, S444, 420

por morte - concubina - direito, S35, 374

por sessão legislativa

extraordinária - vedação ao pagamento, art. 57, § 7°, 106

prestações periódicas e sucessivas - valor - atualização, S493, 427

propriedade privada, uso por autoridade, danos, art. 5°, XXV, 23

seringueiro - parcela única, ADCT, art. 54-A, 290

tarifada - não cabimento em regime de manutenção salário - IAPM e IAPETC, S465, 423

Independência

nacional, art. 4°, I, 18

Independência dos países. ....v. também autodeterminação dos povos

Indexador

salário mínimo - vedação, SV4, 364

Indígena. ....v. também índio

J. U. Jacoby Fernandes

Índio(s). ....**v. também silvícolas**
bens - da União, terras ocupadas, art. 20, XI, 48
bens, art. 231, 262
capacidade processual, art. 232, 263
costumes, reconhecimento, art. 231, 262
crenças, reconhecimento, art. 231, 262
direitos - lavra, participação no resultado, art. 231, § 3°, 263
direitos - originários, reconhecimento, art. 231, 262
direitos - processo e julgamento, art. 109, XI, 156
ensino, art. 210, § 2°, 242
exploração - recursos hídricos - potenciais energéticos de terra indígena -
    autorização do Congresso Nacional, art. 231, § 3°, 262
exploração - recursos hídricos - potenciais energéticos de terra indígena -
    manifestação das comunidades afetadas, art. 231, § 3°, 263
exploração - recursos hídricos - riquezas minerais de terra indígena -
    autorização do Congresso Nacional, art. 231, § 3°, 262
exploração - recursos hídricos - riquezas minerais de terra indígena -
    manifestação das comunidades afetadas, art. 231, § 3°, 263
exploração - solo, riquezas naturais - extinção, art. 231, § 6°, 263
exploração - solo, riquezas naturais - nulidade, art. 231, § 6°, 263
garimpagem em terra indígena, art. 231, § 7°, 263
língua, reconhecimento, art. 231, 262
Ministério Público - defesa das populações indígenas, art. 129, V, 169
Ministério Público - intervenção em processo, art. 232, 263
organização social, reconhecimento, art. 231, 262
terra indígena - domínio - extinção de atos - efeitos, art. 231, § 6°, 263
terra indígena - domínio - extinção de atos - exceção, art. 231, § 6°, 263
terra indígena - domínio - nulidade de atos - efeitos, art. 231, § 6°, 263
terra indígena - domínio - nulidade de atos - exceção, art. 231, § 6°, 263
terra indígena - ocupação - extinção de atos - efeitos, art. 231, § 6°, 263
terra indígena - ocupação - extinção de atos - exceção, art. 231, § 6°, 263
terra indígena - ocupação - nulidade de atos - efeitos, art. 231, § 6°, 263
terra indígena - ocupação - nulidade de atos - exceção, art. 231, § 6°, 263
terra indígena - posse - extinção de atos - efeitos, art. 231, § 6°, 263
terra indígena - posse - extinção de atos - exceção, art. 231, § 6°, 263
terra indígena - posse - nulidade de atos - efeitos, art. 231, § 6°, 263
terra indígena - posse - nulidade de atos - exceção, art. 231, § 6°, 263
terras - administração, S480, 425
terras - demarcação, art. 231, 262
terras - proteção, art. 231, 262
terras - tradicionalmente ocupadas - conceito, art. 231, § 1°, 262
terras - tradicionalmente ocupadas - imprescritibilidade, art. 231, § 4°, 263
terras - tradicionalmente ocupadas - inalienabilidade, art. 231, § 4°, 263
terras - tradicionalmente ocupadas - indisponibilidade, art. 231, § 4°, 263

ÍNDICE REMISSIVO

Índio(s).
terras - tradicionalmente ocupadas - remoção - deliberação pelo Congresso Nacional, art. 231, § 5°, 263
terras - tradicionalmente ocupadas - remoção - vedação, art. 231, § 5°, 263
terras - tradicionalmente ocupadas - usufruto exclusivo das riquezas - lagos, art. 231, § 2°, 262
terras - tradicionalmente ocupadas - usufruto exclusivo das riquezas - rios, art. 231, § 2°, 262
terras - tradicionalmente ocupadas - usufruto exclusivo das riquezas - solo, art. 231, § 2°, 262
tradições, reconhecimento, art. 231, 262

Individualização
da pena, art. 5°, XLVI, 28

Indulto
concessão, competência privativa do Presidente da República, art. 84, XII, 123

Indústria. ....v. também marcas
automobilística - importação de equipamentos - taxa de despacho aduaneiro - isenção, S437, 419

Inelegibilidade. ....v. também eleição

Inexeqüibilidade
contrato administrativo - registro negado pelo Tribunal de Contas, S7, 371

Infância. ....v. também adolescência e menor
abandonados, estímulo à guarda pelo Poder Público, art. 227, § 3°, VI, 261
abuso sexual, punição, art. 227, § 4°, 261
amparo, art. 203, II, 238
assistência social, art. 203, I e II, 238
assistência social, art. 227, § 7°, 261
autores de infrações penais - garantias, art. 227, § 3°, IV, 261
autores de infrações penais - medida privativa de liberdade, aplicação, art. 227, § 3°, V, 261
dependentes de drogas, prevenção e atendimento -, art. 227, § 3°, VII, 261
direitos - alimentação, art. 227, 259
direitos - convivência - comunitária, art. 227, 259
direitos - convivência - familiar, art. 227, 259
direitos - cultura, art. 227, 259
direitos - dignidade, art. 227, 259
direitos - educação, art. 227, 259
direitos - lazer, art. 227, 259
direitos - liberdade, art. 227, 259
direitos - profissionalização, art. 227, 259
direitos - proteção especial, art. 227, § 3°, 261
direitos - respeito, art. 227, 259
direitos - saúde, art. 227, *caput* e § 1°, 259

J. U. Jacoby Fernandes

Infância
  direitos - sociais, art. 6º, 33
  direitos - vida, art. 227, 259
  exploração sexual, punição, art. 227, § 4º, 261
  menor, imputabilidade penal, art. 228, 262
  órfãos, estímulo à guarda pelo Poder Público, art. 227, § 3º, VI, 261
  proteção - competência legislativa, art. 24, XV, 59
  proteção - contra - crueldade, art. 227, 259
  proteção - contra - discriminação, art. 227, 259
  proteção - contra - exploração, art. 227, 259
  proteção - contra - negligência, art. 227, 259
  proteção - contra - opressão, art. 227, 259
  proteção - contra - violência, art. 227, 259
  proteção, art. 203, I, 238
  violência sexual, punição, art. 227, § 4º, 261
Informação(ões). ....**v. também comunicação e habeas-data**
  de gestão – previdência privada pleno acesso, art. 202, § 1º, 237
  direitos às, art. 5º, XIV, 22
  fiscais - compartilhamento, art, 37, XXII, 80
  fonte, sigilo, art. 5º, XIV, 22
  forma, irrestrita, art. 220, *caput* e § 1º, 252
  pessoais - banco de dados, acesso ao registro, art. 5º, LXXII, 31
  pessoais - direito a retificação, art. 5º, LXXII, 31
  prestação - estado de sítio, restrições, art. 139, III, 177
  prestação - sobre - fiscalização - contábil, art. 71, VII, 117
  prestação - sobre - fiscalização - financeira, art. 71, VII, 117
  prestação - sobre - fiscalização - operacional, art. 71, VII, 117
  prestação - sobre - fiscalização - orçamentária, art. 71, VII, 117
  prestação - sobre - fiscalização - patrimonial, art. 71, VII, 117
  prestação - sobre - resultados - auditorias realizadas, art. 71, VII, 117
  prestação - sobre - resultados - inspeções realizadas, art. 71, VII, 117
  processo, irrestrito, art. 220, *caput* e § 1º, 252
  requisição por autoridade estrangeira, autorização, art. 181, 219
  serviço, entidades de direito privado, art. 21, XI, 49
  veiculação, irrestrita, art. 220, *caput* e § 1º, 252
Informática. ....**v. também tecnologia**
  União - competência para legislar, art. 22, IV, 54
Infração penal
  apuração, art. 144, §§ 1º, I e § 4º, 180
  comum, processo e julgamento, art. 102, *b* e *c*, 143
  comum, processo e julgamento, art. 86, § 1º, I, 125
  processo e julgamento, competência dos juízes federais, art. 109, IV, 156
Iniciativa popular
  projetos de lei, art. 29, XIII, 66

ÍNDICE REMISSIVO

Inovação
capacitação - promoção do Estado, art. 218, 250
desenvolvimento - recursos humanos - condições especiais de trabalho, art. 218, § 3°, 251
direitos - marcas e patentes, art. 5°, XXIX, 25
legislação, art. 24, IX, 59
nas empresas - Estado estimulará, art. 218, p. ú., 251
Sistema Único de Saúde - incremento, art. 200, V, 232

Inquérito. ....v. também processo
administrativo. ....v. também processo - disciplinar
civil, promoção, art. 129, III, 169
Comissão parlamentar - endividamenteo externo, ADCT, art. 26, § 1°, 279
comissão parlamentar de - inspeção contábil, financeira, operacional e patrimonial, art. 71, IV, 117
Comissão parlmentar de, art. 58, § 3°, 108
demissão - empregado - representação sindical, S197, 392
demissão - funcionário - estágio probatório, S21, 373
foro privilegiado, S394, 414
íntegro - foro privilegiado parcial, S398, 415
judicial - suspensão de empregado estável por falta grave - prazo decadencial, S403, 416
poder de polícia - Câmara dos Deputados, S397, 415
policial - arquivamento por despacho judicial - ação penal - novas provas - necessidade, S524, 430
policial arquivado - ação penal - inviabilidade, S524, 430
policial ou denúncia, Ministério Público - homologação, transação penal, SV35, 368
policial, instauração, art. 129, VIII, 170
prazo p/ instauração – empregado estábel, S403, 416
requisição de instauração - MP, art. 129, VII, 170
violação de direitos humanos - deslocamento de competência, art. 109, § 5°, 157

Insalubridade
adicional - cobrança judicial - enquadramento da atividade - necessidade, S460, 422
adicional, art. 7°, XXIII, 35
enquadramento - competência, S460, 422
perícia judicial - não dispensa o enquadramento, S460, 422

Inspeção
do trabalho - competência, art. 21, XXIV, 52

Instabilidade
institucional - estado de defesa, decretação, art. 136, 176

Instalações
nucleares - serviços e instalações - exploração pela União, art. 21, XXIII, 52

J. U. Jacoby Fernandes

Instância. ....v. também processo e juiz
absolvição - processo paralizado por mais de 30 dias - decretação, S216, 394
Instituição(ões). ....v. também *também entidade e pessoa jurídica*
de assistência social sem fins lucrativos - imóvel - IPTU - imunidade, S724, 454
de assistência social sem fins lucrativos - imunidade tributária - alcance, S730, 455
de educação sem fins lucrativos - imóvel - IPTU - imunidade, S724, 454
democráticas - estabilidade, Conselho da República, pronunciamento, art. 90, II, 126
democráticas - guarda, competência comum - Distrito Federal, art. 23, I, 57
democráticas - guarda, competência comum - Estados, art. 23, I, 57
democráticas - guarda, competência comum - Municípios, art. 23, I, 57
democráticas - guarda, competência comum - União, art. 23, I, 57
financeira. ....v. também banco
financeiras. ....v. também banco
financeiras - agências financeiras oficiais de fomento, lei de diretrizes orçamentárias, política de aplicação, art. 165, § 2°, 204
financeiras - atribuições, reguladas por lei complementar, art. 192, 223
financeiras - disposição, competência do Congresso Nacional, art. 48, XIII, 97
financeiras - domiciliadas no exterior, instalação no País, vedação - ADCT, art. 52, I e p.ú., 289
financeiras - empréstimos concedidos, liquidação dos débitos - ADCT, art. 47, 287
financeiras - fiscalização, disposições, art. 163, V, 202
financeiras - funcionamento, regulado por lei complementar, art. 192, 223
financeiras - oficiais, disponibilidade de caixa, agente depositário, art. 164, § 3°, 203
financeiras - organização, regulada por lei complementar, art. 192, 223
financeiras - pessoas - físicas residentes no exterior, vedação - ADCT, art. 52, II, 289
financeiras - pessoas - jurídicas residentes no exterior, vedação - ADCT, art. 52, II, 289
privadas - assistência à saúde, recursos públicos, vedação, art. 199, § 2°, 231
privadas - sistema único de saúde, participação, art. 199, § 1°, 231
Instituto Brasileiro de Geografia e Estatística. ....v. também IBGE
Instituto de Aposentadorias e Pensões dos Industriários. ....v. também IAPI
Instrução
processual penal, art. 5°, XII, 21

ÍNDICE REMISSIVO

Instrumento(s)
de cooperação - entes públicos e privados - execução de projetos de pesquisa, art. 219-A, 251

Integração
cultural, povos da América Latina, art. 4°, p.ú., 19
e prazo dos membros - extinção dos tribunais de alçada - TJ, EC45, art. 4°, p.ú., 351
econômica, povos da América Latina, art. 4°, p.ú., 19
política, povos da América Latina, art. 4°, p.ú., 19
social - setores desfavorecidos, competência comum - Distrito Federal, art. 23, X, 58
social - setores desfavorecidos, competência comum - Estados, art. 23, X, 58
social - setores desfavorecidos, competência comum - Municípios, art. 23, X, 58
social - setores desfavorecidos, competência comum – União, art. 23, X, 58
social, povos da América Latina, art. 4°, p.ú., 19

Integridade
física e moral do preso, art. 5°, XLIX, 28

Interdição
de direitos, art. 5°, XLVI, *e*, 28

Interesses. ....v. também competência
da União - crime - sentença concessiva de habeas-corpus em primeira instância - recurso ex officio - sujeição, S344, 408

Intérpretes
art. 5°, XXVIII, b, 24

Interrogatório
policial, art. 5°, LXIV, 30

Intervenção
da União no processo - deslocamento do juízo cível comum para o fazendário, S250, 398
domínio econômico, Estado, art. 173, 213
domínio econômico, Estado, art. 177, § 4°, 218
domínio econômico, Estado, art. 198, 229
empresas de serviços públicos, art. 139, VI, 177
Estadual - nos Municípios, causas, art. 35, 71
internacional - vedação, art. 4°, IV, 18
por recusa de execução de lei, art. 35, IV, 71
por recusa de execução de ordem ou decisão judicial, art. 35, IV, 71
por recusa de observância de princípios constitucionais, art. 35, IV, 71

Intervenção federal
apreciação do decreto, art. 36, §§ 1° ao 3°, 72
aprovação pelo Congresso Nacional, art. 49, IV, 97
causas, art. 34, 70
cessação, art. 36, § 4°, 72

Intervenção federal
Conselho da República, art. 90, I, 126
Conselho de Defesa Nacional, art. 91, § 1°, II, 127
decisão judicial, execução, art. 34, VI, 70
decretação, art. 21, V, 49
decretação, art. 36, 71
decretação, art. 84, X, 123
emendas à Constituição, vedação, art. 60, § 1°, 109
Estado-membro, reorganização das finanças, art. 34, V, 70
integridade nacional, manutenção, art. 34, I, 70
invasão - de um Estado em outro, art. 34, II, 70
invasão - estrangeira, art. 34, II, 70
lei federal, execução, art. 34, VI, 70
no Distrito Federal, art. 34, 70
no Distrito Federal, art. 36, 71
nos Estados, art. 34, 70
nos Estados, art. 36, 71
ordem - judicial, execução, art. 34, VI, 70
ordem - pública, manutenção, art. 34, III, 70
poderes do Estado, livre exercício, art. 34, IV, 70
princípios constitucionais, observação, art. 34, VII, 70
suspensão pelo Congresso Nacional, art. 49, IV, 97
Intimação. ....v. também citação
da expedição de precatória - ausência - processo criminal - nulidade relativa, S155, 387
data de início para contagem do prazo judicial, S310, 404
Intimidade
inviolabilidade, art. 5°, X, 20
Inundações
planejamento e defesa - competência da União, art. 21, XVIII, 52
Inventário. ....v. também família
por morte presumida - imposto de transmissão causa mortis - incidência - legitimidade, S331, 407
prazo do final - atraso - multa sanção - constitucionalidade, S542, 433
prazo do início - atraso - multa sanção - constitucionalidade, S542, 433
Invento(s)
industriais - privilégios, art. 5°, XXIX, 25
Inventor(es)
independentes - Estado estimulará - art. 218, p. ú., 251
Invernista
não qualificado como pequeno produtor - imposto de vendas e consignações - sujeição, S333, 407
Investigação
criminal, art. 5°, XII, 21

Índice Remissivo

de paternidade – ação – imprescritibilidade, S149, 386

Investimento(s)

de capital estrangeiro, art. 172, 213

Inviolabilidade. ....v. também sigilo

advogados, art. 133, 174

comunicações - de dados, art. 136, § 1º, I, *b* e *c*, 176

comunicações - de dados, art. 139, III, 177

comunicações - telefônicas, art. 136, § 1º, I, *b* e *c*, 176

comunicações - telefônicas, art. 139, III, 177

comunicações - telegráficas, art. 136, § 1º, I, *b* e *c*, 176

comunicações - telegráficas, art. 139, III, 177

comunicações de dados, art. 5º, XII, 21

comunicações telefônicas, art. 5º, XII, 21

comunicações telegráficas, art. 5º, XII, 21

correspondências, art. 136, § 1º, I, *b* e *c*, 176

correspondências, art. 139, III, 177

correspondências, art. 5º, XII, 21

deputados, art. 53, 102

domicílio, art. 5º, XI, 21

honra, art. 5º, X, 20

imagem, art. 5º, X, 20

intimidade, art. 5º, X, 20

senadores, art. 53, 102

vereadores, art. 29, VIII, 66

vida privada, art. 5º, X, 20

IPI. ....v. Imposto sobre Produtos Industrializados

IPTU. ....v. também Imposto sobre Propriedade **Territorial Urbana e imunidade**

adicional progressivo - inconstitucionalidade, S589, 439

alíquotas progressivas - inconstitucionalidade, S668, 448

imóvel aluguel, imunidade - atividade da entidade, SV52, 370

imóvel residencial - autarquia - promitente comprador - contribuinte, S583, 438

imunidade - imóvel - entidades sindicais dos trabalhadores, S724, 454

imunidade - imóvel - instituições de assistência social sem fins lucrativos, S724, 454

imunidade - imóvel - instituições de educação sem fins lucrativos, S724, 454

imunidade - imóvel - partidos políticos, S724, 454

redução - residência - imóvel único - constitucionalidade, S539, 432

Irredutibilidade

de salário ou vencimento, art. 7º, VI, 34

de subsídio - membro do Ministério Público, art. 128, § 5º, I, *c*, 168

representação do Distrito Federal - Câmara dos Deputados - ADCT, art. 4º, § 2º, 271 representação dos Estados - Câmara dos Deputados - ADCT, art. 4°, § 2°, 271

Irrigação

aplicação de recursos da União, distribuição - ADCT, art. 42, 285

aplicação de recursos da União, prazo - ADCT, art. 42, I e II, 286

política agrícola, art. 187, VIII, 222

Isenção. ....v. também imunidade

imposto de importação - taxa de despacho aduaneiro - restrição - filme cinematográfico, S580, 438

Isonomia. ....v. também igualdade

ISS. ....v. Imposto sobre Serviços de Qualquer Natureza

ISS - Imposto sobre Serviços de Qualquer Natureza

locação de bens móveis - inconstitucionalidade, SV31, 367

ITBI. ....v. Imposto sobre Transmissão de Bens Imóveis

Janela

abertura - distância mínima do prédio de outrem, S414, 417

abertura a menos de metro e meio do prédio de outrem - proibição - visão direta ou oblíqua - não distinção, S414, 417

Jangada. ....v. também embarcações

Jazida(s). ....v. também lavra, metais e recursos minerais

aproveitamento industrial, art. 176, 216

autorização - à data da promulgação da Constituição - ADCT, art. 43, 286

autorização - brasileiro, art. 176, § 1°, 216

autorização - empresa brasileira de capital nacional, art. 176, § 1°, 216

concessão - à data da promulgação da Constituição - ADCT, art. 43, 286

concessão - brasileiro, art. 176, § 1°, 216

concessão - empresa brasileira de capital nacional, art. 176, § 1°, 216

concessionário ou autorizado, propriedade do produto da lavra, direito, art. 176, 216

concessionário, direito à propriedade do produto da lavra, art. 176, § 3°, 216

contribuição sobre o domínio econômico, art. 177, § 4°, 218

de petróleo - União, monopólio, art. 177, I, 216

exploração - à data da promulgação da Constituição - ADCT, art. 43, 286

exploração - brasileiro, art. 176, § 1°, 216

exploração - contrato - lei de luvas - sujeição - exclusão, S446, 421

exploração - empresa brasileira - ADCT- art. 44, 286

exploração - empresa brasileira - de capital nacional, art. 176, § 1°, 216

exploração, art. 176, 216

minerais - pesquisa e lavra - autorização - efeito - ADCT- art. 44, 286

proprietário do solo, participação nos resultados, direito, art. 176, § 2°, 216

Jogo(s). ....v. também desporto

lícito - clube - sede própria - imóvel - propriedade - inexigibilidade, S362, 410

Índice Remissivo

Jornada
de 6 horas - intervalos - existência - turnos ininterruptos de revezamento - descaracterização - ausência, S675, 449
de trabalho - em turnos, art. 7°, XIV, 35
de trabalho - redução, art. 7°, XIII, 35
Jornal(is). ....v. também imprensa
imposto sobre, art. 150, VI, *d*, 188
Jornalismo
informação - embaraço, art. 220, § 1°, 252
Jovem
dependentes de drogas, prevenção e atendimento -, art. 227, § 3°, VII, 261
Juiz. ....v. também Desembargador, julgador, justiça, magistratura, Ministro, Poder Judiciário e processo
1° grau - decisão - recurso extraordinário - cabimento, S640, 444
aperfeiçoamento, cursos oficiais, art. 93, IV, 130
aposentadoria, art. 40, 85
aposentadoria, art. 93, VI e VIII, 130
ato de remoção, art. 93, VIII, 131
carreira - ingresso, concurso público, Ordem dos Advogados do Brasil, participação, art. 93, I, 128
carreira - ingresso, concurso público, três anos de atividade jurídica, exigência, art. 93, I, 128
carreira - provimento de cargo, art. 96, I, *e*, 134
crimes - comuns, julgamento, competência do Tribunal de Justiça, art. 96, III, 135
crimes - de responsabilidade, julgamento, competência do Tribunal de Justiça, art. 96, III, 135
de Direito. ....v. também Justiça Estadual
de Direito - atribuição de jurisdição na falta de Varas do Trabalho, art. 112, 159
de Direito, art. 92, VII, 128
de entrância especial para questões agrárias - deslocamento até o local dos conflitos fundiários, art. 126, p.ú., 166
de exceção, art. 5°, XXXVII, 26
de Paz. ....v. também justiça - de paz
de Paz - quem pode eleger-se, art. 14, § 3°, VI, c, 41
disponibilidade, art. 93, VIII, 131
do julgamento rescindendo - atuação na ação rescisória - impedimento - inexistência, S252, 398
do Trabalho. ....v. também Justiça do Trabalho
do Trabalho - competência, art. 113, 159
do Trabalho - garantias e condição do exercício, art. 113, 159
do Trabalho - investidura, art. 113, 159

Juiz

do Trabalho - jurisdição - exercício, Varas do Trabalho, um Juiz singular, art. 116, 162

do Trabalho - jurisdição, art. 113, 159

do Trabalho - órgão do Poder Judiciário, art. 92, IV, 128

do trabalho substituto - cargo público - provimento - ordem de classificação, S478, 425

do Trabalho, art. 111, III, 157

do Tribunal de Contas x membro do Poder Judiciário - equiparação, S42, 375

Eleitoral. ....v. também Justiça Eleitoral

Eleitoral - garantias, art. 121, § 1º, 163

Eleitoral – inamovibilidade, art. 121, § 1º, 163

Eleitoral - órgão do Poder Judiciário, art. 92, V, 128

Eleitoral, art. 118, III, 162

elevação da entrância - situação na Comarca, S40, 375

escolha, aprovação prévia, competência privativa do Senado Federal, art. 52, III, *a*, 100

Federal - atribuições, art. 110, p.ú., 157

Federal - competência, art. 106, II, 155

Federal - jurisdição, art. 110, p.ú., 157

Federal - órgão - da Justiça Federal, art. 106, II, 154

Federal - órgão - do Poder Judiciário, art. 92, III, 127

Federal - processo e julgamento, art. 109, *caput* e incisos, 155

Federal - promoção - ADCT, art. 27, § 9º, 280

Federal - substituto, titularidade de vagas - ADCT, art. 28, 281

Federal - território, art. 110, p.ú., 157

Federal - titularidade - ADCT, art. 28, 281

Federal - Tribunal - competência, art. 109, *caput* e incisos, 155

Federal - Tribunal - Regional Federal - composição - ADCT, art. 27, §§ 7º e 9º, 280

Federal - Tribunal - Regional Federal - composição, art. 107, 154

Federal - Tribunal - Regional Federal - nomeação, art. 107, § 1º, 155

Federal - Tribunal - Regional Federal - permuta, art. 107, § 1º, 155

Federal - Tribunal - Regional Federal - remoção, art. 107, § 1º, 155

garantias, art. 95, *caput* e incisos, 132

inamovibilidade, art. 95, II, 133

licença-prêmio - direito - competência originária do STF, S731, 456

membros da magistratura, ações de interesse, processo e julgamento, competência do STF, art. 102, I, *n*, 145

Militar - órgão - da Justiça Militar, art. 122, II, 164

Militar - órgão - do Poder Judiciário, art. 92, VI, 128

nomeação, competência privativa do Presidente da República, art. 84, XVI, 123

ÍNDICE REMISSIVO

Juiz

número - proporcionalidade, art. 93, XIII, 132

preparação, cursos oficiais, art. 93, IV, 130

preparador - vencimentos - recebimento, S41, 375

processo de vitaliciamento - aperfeiçoamento em cursos oficiais - etapa obrigatória, art. 93, IV, 130

promoção - antiguidade, art. 93, II, d, 129

promoção - merecimento, art. 93, II, a a c, 129

promoções, art. 93, II, 129

remoção, art. 93, VIII, 131

residência, titular, art. 93, VII, 130

singular - decisões - recurso extraordinário - descabimento, S527, 430

subsídios, art. 93, V, 130

subsídios, art. 95, III, 133

substituto - vencimentos - recebimento, S41, 375

Territórios Federais - atribuições, art. 110, p.ú., 157

Territórios Federais - jurisdição, art. 110, p.ú., 157

titular, residência, art. 93, VII, 130

togado - aposentadoria - ADCT, art. 21, 278

togado - estabilidade - ADCT, art. 21, 278

togado - quadro em extinção - ADCT, art. 21, 278

Tribunais, acesso, art. 93, III, 129

vedações, art. 95, p.ú., 133

vitaliciedade, art. 95, I, 132

Juizados

especiais, criação, art. 98, I, 135

pequenas causas - criação, art. 24, X, 59

pequenas causas - funcionamento, art. 24, X, 59

pequenas causas - processo, art. 24, X, 59

turmas recursais - recurso extraordinário - cabimento, S640, 444

Julgador. ....v. também juiz

imposição de regime de cumprimento mais severo de pena - opinião pessoal - não constitui motivação idônea, S718, 454

Julgamento

causa judicial - parte - sociedade de economia mista - competência, S556, 435

causa judicial - partes - Cobal e Cibrazem - competência, S557, 435

competência - Justiça do Trabalho, S736, 456

conflito de jurisdição - juiz de direito x justiça militar - competência, S555, 434

júri - quesito obrigatório - ausência - nulidade absoluta, S156, 387

júri - quesitos da defesa posteriores aos das circunstâncias agravantes - nulidade absoluta, S162, 388

novo júri - mesmo jurado - nulidade, S206, 393

processo e crime - União, competência, SV46, 369

J. U. JACOBY FERNANDES

rescindendo - atuação do juíz na ação rescisória - impedimento - inexistência, S252, 398

Juntas Comerciais
legislação concorrente - competência - Distrito Federal, art. 24, X, 58
legislação concorrente - competência - Estados, art. 24, X, 58
legislação concorrente - competência - União, art. 24, X, 58

Júri
apelação contra decisões - efeito devolutivo - limites, S713, 453
instituição, reconhecimento, art. 5°, XXXVIII, 26
julgamento - quesito obrigatório - ausência - nulidade absoluta, S156, 387
julgamento - quesitos da defesa posteriores aos das circunstâncias agravantes - nulidade absoluta, S162, 388
novo julgamento - mesmo jurado - nulidade, S206, 393
processo da competência - desaforamento sem audiência da defesa - nulidade da decisão, S712, 453
Tribunal - competência constitucional - prevalência sobre o foro por prerrogativa de função, S721, 454
tribunal, competência - prerrogativa de função, SV45, 369

Jurisdição. ....v. também competência
acesso - garantia constitucional - violação, S667, 448

Juro(s)
12% ao ano - aplicabilidade - revogação - preceito, S648, 445
12% ao ano, SV7, 364
art. 192, 223
capitalização - vedação, S121, 383
compensatórios - processo de desapropriação - exigibilidade - termo inicial, S164, 388
de mora - precatórios, SV16, 366
desapropriação - Súmula n° 618, 442
desenvolvimento regional, atividades prioritárias, financiamento, art. 43, § 2°, II, 95
moratórios - contra a fazenda pública - obrigação líquida - termo inicial, S255, 398
moratórios - inclusão na liquidação - obrigatoriedade, S254, 398
moratórios - obrigação ilíquida - contagem - termo inicial - ressalva, S163, 388
na desapropriação indireta, S345, 408
pela demora no pagamento da desapropriação - cabimento, S416, 417
taxa, controle, art. 164, § 2°, 203
valores de requisitórios, art. 100, § 12, 140

Justiça. ....v. também juiz, Poder Judiciário e processo
comum - crime de oficiais e praças do Corpo de Bombeiros - competência, S452, 421
de Paz - competência, art. 98, II, 135

Índice Remissivo

Justiça

de Paz - criação, art. 98, II, 135

de Paz - juízes - direitos e atribuições - ADCT, art. 30, 282

de Paz - juízes - elegibilidade, idade mínima, art. 14, § 3°, VI, c, 41

de Paz - legislação - requisitos - ADCT, art. 30, 282

desportiva. ....v. também desporto

desportiva - competições, ações, julgamento, art. 217, § 1°, 250

do Trabalho. ....v. também Tribunal Regional do Trabalho, Tribunal Superior do Trabalho e Ministro do Tribunal Superior do Trabalho

do Trabalho - ação rescisória - descabimento, S338, 407

do Trabalho - competência para julgamento, S736, 456

do Trabalho - competência, art. 114, 160

do Trabalho - conflitos de competência - processo e julgamento, art. 114, V, 160

do Trabalho - contribuição previdenciária, objeto da condenação, SV53, 370

do Trabalho - contribuições sociais - execução, de ofício - processo e julgamento, art. 114, VII, 160

do Trabalho - direito de greve - processo e julgamento, art. 114, II, 160

do Trabalho - dissídio jurisprudencial - recursos extraordinário - descabimento, S432, 419

do Trabalho - dissídios - coletivos - processo e julgamento, art. 114, III, 160

do Trabalho - dissídios - coletivos, art. 114, § 2°, 160

do Trabalho - dissídios - individuais - processo e julgamento, art. 114, VI, 160

do Trabalho - empregador rural - obrigações trabalhistas - ADCT, art. 10, § 3°, 274

do Trabalho - *habeas-corpus* - processo e julgamento, art. 114, IV, 160

do Trabalho - *habeas-data* - processo e julgamento, art. 114, IV, 160

do Trabalho - Juiz - togado de estabilidade limitada no tempo - aposentadoria - ADCT, art. 21, p.ú., 278

do Trabalho - Juiz - togado de estabilidade limitada no tempo - estabilidade - ADCT, art. 21, 278

do Trabalho - Juiz - Tribunal Regional do Trabalho - crimes - comuns, art. 105, I, *a*, 152

do Trabalho - Juiz - Tribunal Regional do Trabalho - crimes - de responsabilidade, art. 105, I, *a*, 152

do Trabalho - Juiz - Tribunal Regional do Trabalho - nomeação pelo Presidente da República, art. 115, II, 161

do Trabalho - Juiz - Tribunal Regional do Trabalho - requisitos, art. 115, II, 161

do Trabalho - Juiz - Tribunal Regional do Trabalho, art. 115, II, 161

do Trabalho - mandado de segurança - processo e julgamento, art. 114, IV, 160

Justiça

do Trabalho - órgãos, art. 111, 157

do Trabalho - penalidades administrativas - processo e julgamento, art. 114, VII, 160

do Trabalho - recurso para o STF - descabimento - ressalva, S505, 428

do Trabalho - varas - instituição, art. 112, 159

do trabalho, competência - processar e julgar - empregado contra empregador, SV22, 366

do trabalho, competência - processar e julgar - greve, trabalhador - empresa privada, SV23, 367

eleitoral. ....v. também Desembargador, eleição, Juiz, Justiça Estadual, magistratura, Ministro, Poder Judiciário, sufrágio, Tribunal Regional Eleitoral, Tribunal Superior Eleitoral e voto

Eleitoral - competência, art. 121, 163

Eleitoral - crimes - comuns, julgamento, art. 96, III, 135

Eleitoral - crimes - de responsabilidade, julgamento, art. 96, III, 135

Eleitoral - Juiz - Junta Eleitoral, art. 121, § 1°, 163

Eleitoral - Juiz - Tribunal Regional Eleitoral - crimes - comuns, art. 105, I, *a*, 152

Eleitoral - Juiz - Tribunal Regional Eleitoral - crimes - de responsabilidade, art. 105, I, *a*, 152

Eleitoral - Juiz - Tribunal Regional Eleitoral - duração de mandato, art. 121, § 2°, 163

Eleitoral - Juiz - Tribunal Regional Eleitoral - eleição, art. 120, § 1°, I, 163

Eleitoral - Juiz - Tribunal Regional Eleitoral - escolha pelo Tribunal Regional Federal, art. 120, § 1°, II, 163

Eleitoral - Juiz - Tribunal Regional Eleitoral - garantias, art. 121, § 1°, 163

Eleitoral - Juiz - Tribunal Regional Eleitoral - inamovibilidade, art. 121, § 2°, 163

Eleitoral - Juiz - Tribunal Regional Eleitoral - nomeação pelo Presidente da República, art. 120, § 1°, III, 163

Eleitoral - Juiz - Tribunal Regional Eleitoral - substitutos, art. 121, § 2°, 163

Eleitoral - Juiz - Tribunal Superior Eleitoral - eleição, art. 119, I, 162

Eleitoral - junta eleitoral, art. 118, IV, 162

Eleitoral - Ministro do Tribunal Superior Eleitoral, art. 102, I, *c*, 144

Eleitoral - organismo internacional - causas com - Municípios, processo e julgamento, art. 109, II, 156

Eleitoral - organismo internacional - causas com - pessoas residentes ou domiciliada no País, processo e julgamento, art. 109, II, 156

Eleitoral - organização, art. 121, 163

Eleitoral - órgãos, art. 118, 162

Eleitoral - remuneração, art. 93, V, 130

Eleitoral - subsídios, art. 93, V, 130

Eleitoral - Tribunal Eleitoral, órgão do Poder Judiciário, art. 92, V, 128

ÍNDICE REMISSIVO

Justiça

Estadual. ....v. também desembargador, juiz, Justiça Eleitoral, magistratura, ministro e Poder Judiciário

Estadual - causas - instituição de previdência social e segurado, partes, processo e julgamento, art. 109, § 3°, 156

Estadual - causas - União, parte autora, processo e julgamento, art. 109, § 1°, 156

Estadual - crimes - comuns - Desembargador, art. 105, I, *a*, 152

Estadual - crimes - comuns - Juízes de Direito, processo e julgamento, art. 93, III, 135

Estadual - crimes - de responsabilidade – Desembargador, art. 105, I, *a*, 152

Estadual - crimes - de responsabilidade - Juízes de Direito, processo e julgamento, art. 93, III, 135

Estadual - de Paz - situação dos atuais juízes - ADCT, art. 30, 282

Estadual - de Paz, art. 98, II, 135

Estadual - Juizado - de Pequenas Causas - competência legislativa concorrente, art. 24, X, 59

Estadual - Juizado - de Pequenas Causas, art. 98, I, 135

Estadual - Juizado - Especial, art. 98, I, 135

Estadual - Magistrados, acesso ao Tribunal de Justiça, art. 93, III, 129

Estadual - organização, art. 125, 164

Estadual - seção judiciária, constituição, art. 110, 157

estadual - serviço público de telefonia, concessionária - ANATEL, litisconsorte, SV27, 367

Estadual - varas, localização, art. 110, 157

Federal - ação rescisória dos julgados - Juízes Federais da Região, processo e julgamento, art. 108, I, *b*, 155

Federal - ação rescisória dos julgados - Tribunal Regional Federal, processo e julgamento, art. 108, I, *b*, 155

Federal - causas - fundadas em - contrato da União com - Estado estrangeiro, processo e julgamento, art. 109, III, 156

Federal - causas - fundadas em - contrato da União com - organismo federal, processo e julgamento, art. 109, III, 156

Federal - causas - fundadas em - tratado da União com - Estado estrangeiro, processo e julgamento, art. 109, III, 156

Federal - causas - fundadas em - tratado da União com - organismo internacional, processo e julgamento, art. 109, III, 156

Federal - causas - parte - empresa pública, processo e julgamento, art. 109, I, 155

Federal - causas - parte - entidade autárquica, processo e julgamento, art. 109, I, 155

Federal - causas - parte - Estado estrangeiro e - Municípios, processo e julgamento, art. 105, II, *c*, 154

Justiça

Federal - causas - parte - Estado estrangeiro e - Municípios, processo e julgamento, art. 109, II, 156

Federal - causas - parte - Estado estrangeiro e - pessoa residente ou domiciliada no País, processo e julgamento, art. 109, II, 156

Federal - causas - parte - organismo internacional e - Municípios, processo e julgamento, art. 109, II, 156

Federal - causas - parte - organismo internacional e - pessoa residente ou domiciliada no País, processo e julgamento, art. 109, II, 156

Federal - causas - parte - União, processo e julgamento, art. 109, I, 155

Federal - causas - referentes à - nacionalidade, processo e julgamento, art. 109, X, 156

Federal - causas - referentes à - naturalização, processo e julgamento, art. 109, X, 156

Federal - causas relativas a direitos humanos, processo e julgamento, art. 109, V-A, 156

Federal - competência - processo e julgamento - causas fundadas em contrato de seguro marítimo, S504, 428

Federal - competência, ações propostas até a promulgação da Constituição - ADCT, art. 27, § 10, 280

Federal - conflito de jurisdição - juízes federais vinculados ao Tribunal Regional Federal, processo e julgamento, art. 108, I, *e*, 155

Federal - crimes - a bordo de navios e aeronaves - processo e julgamento, art. 109, IX, 156

Federal - crimes - comuns - juízes federais, processo e julgamento, art. 108, I, *a*, 155

Federal - crimes - comuns - membros do Ministério Público da União, processo e julgamento, art. 108, I, *a*, 155

Federal - crimes - contra - ordem econômica financeira, processo e julgamento, art. 109, VI, 156

Federal - crimes - contra - organização do trabalho, foro competente, art. 109, VI, 156

Federal - crimes - contra - sistema financeiro, processo e julgamento, art. 109, VI, 156

Federal - crimes - de responsabilidade - Juízes Federais, processo e julgamento, art. 108, I, *a*, 155

Federal - crimes - de responsabilidade - membros do Ministério Público da União, processo e julgamento, art. 108, I, *a*, 155

Federal - crimes - ingresso irregular de estrangeiros, processo e julgamento, art. 109, X, 156

Federal - crimes - permanência irregular de estrangeiros, processo e julgamento, art. 109, X, 156

Federal - crimes - políticos, processo e julgamento, art. 109, IV, 156

Índice Remissivo

Justiça

Federal - crimes - previstos em - convenção internacional, processo e julgamento, art. 109, V, 156

Federal - crimes - previstos em - tratado, processo e julgamento, art. 109, V, 156

Federal - execução de - carta rogatória, processo e julgamento, art. 109, X, 156

Federal - execução de - sentença estrangeira após a homologação, art. 109, X, 156

Federal - *habeas-corpus* - Juiz Federal, autoridade coatora, processo e julgamento, art. 108, I, *d*, 155

Federal - *habeas-corpus* - matéria criminal, processo e julgamento, art. 109, VII, 156

Federal - *habeas-data* - contra ato - autoridade federal, processo e julgamento, art. 109, VII, 156

Federal - *habeas-data* - contra ato - Juiz Federal, processo e julgamento, art. 108, I, *c*, 155

Federal - *habeas-data* - contra ato - Tribunal Regional Federal, processo e julgamento, art. 108, I, *c*, 155

Federal - índio, processo e julgamento, art. 109, XI, 156

Federal - infrações penais de interesse - autarquias federais, processo e julgamento, art. 109, IV, 156

Federal - infrações penais de interesse - empresa pública federal, processo e julgamento, art. 109, IV, 156

Federal - infrações penais de interesse - União, processo e julgamento, art. 109, IV, 156

Federal - mandado de segurança contra ato de - autoridade federal, processo e julgamento, art. 109, VIII, 156

Federal - mandado de segurança contra ato de - Juiz Federal, processo e julgamento, art. 108, I, *c*, 155

Federal - mandado de segurança contra ato de - Tribunal Regional Federal, processo e julgamento, art. 108, I, *c*, 155

Federal - órgãos, art. 106, 154

Federal - processo e julgamento - causas entre autarquias federais e entidades públicas locais - competência - ressalva, S511, 429

Federal - revisão criminal dos julgados - Juízes Federais da Região, processo e julgamento, art. 108, I, *b*, 155

Federal - revisão criminal dos julgados - Tribunal Regional Federal, processo e julgamento, art. 108, I, *b*, 155

Federal - Tribunal Federal - nomeação dos Juízes pelo Presidente da República, art. 84, XVI, 123

Federal - Tribunal Federal de Recursos - Ministro - aposentado - ADCT, art. 27, § 4°, 280

Justiça

Federal - Tribunal Federal de Recursos - Ministro - do Superior Tribunal de Justiça - ADCT, art. 27, § 2°, 280

Federal - Tribunal Federal de Recursos - Ministro - indicação - ADCT, art. 27, § 5°, 280

Federal - Tribunal Federal de Recursos - provimento de vagas de Ministros - ADCT, art. 27, § 8°, 280

Federal, competência - processar e julgar, documentos falsos, SV36, 368

gratuita - beneficiário - vencedor - honorários advocatícios - obrigatoriedade, S450, 421

gratuita, art. 5°, LXXIV, 31

Militar. ....v. também militar, STM e Tribunal Militar

Militar - competência, art. 124, 164

Militar - estadual - competência, art. 125, § 4°, 165

Militar - estadual - conselhos de justiça estadual, art. 125, § 3°, 165

Militar - estadual - criação, art. 125, § 3°, 165

Militar - estadual - funcionamento - descentralizado, art. 125, § 6°, 165

Militar - estadual - iniciativa de lei pelo Tribunal de Justiça, art. 125, § 1°, 164

Militar - estadual - justiça itinerante, art. 125, § 7°, 166

Militar - juízes de direito - competência, art. 125, § 5°, 165

Militar - Ministro Civil do Superior Tribunal Militar - aprovação, art. 123, 164

Militar - Ministro Civil do Superior Tribunal Militar - aprovação, art. 123, p.ú., 164

Militar - Ministro Civil do Superior Tribunal Militar - escolha, art. 123, p.ú., 164

Militar - Ministro Civil do Superior Tribunal Militar - nomeação, art. 123, 164

Militar - Ministro Civil do Superior Tribunal Militar - vitaliciedade, art. 123, 164

Militar - Ministro Civil do Superior Tribunal Militar, art. 123, 164

Militar - Ministro do Superior Tribunal Militar - aprovação, art. 123, 164

Militar - Ministro do Superior Tribunal Militar - crimes de responsabilidade, art. 102, I, c, 143

Militar - Ministro do Superior Tribunal Militar - infrações penais comuns, art. 102, I, c, 143

Militar - Ministro do Superior Tribunal Militar - nomeação, art. 123, 164

Militar - órgãos, art. 122, 164

Militar - sujeição de civil - tempo de paz - impossibilidade - ressalva, S298, 403

serventia - desmembramento - serventuário - princípio de vitaliciedade, S46, 375

valor supremo - Preâmbulo, 15

ÍNDICE REMISSIVO

Juventude. ....v. também adolescência e infância

Lagos
bens da União, art. 20, III, 47

Latrocínio
crime - consumação, S610, 441

Lavra. ....v. também jazidas e recursos minerais

Lazer
direitos sociais, art. 6°, 32
direitos sociais, art. 7°, IV, 34
promoção social, art. 217, § 3°, 250

LDO
instituição, art. 165, § 2°, 203
instituição, art. 165, II, 203

Legalidade
princípio da administração pública, art. 37, 72

Legislação
Estadual - suplementação, art. 30, II, 68
Federal - suplementação, art. 30, II, 68

Legitimidade
concorrente - ofendido x Ministério Público - crime contra a honra de
servidor público - condições, S714, 453
para impugnação de nomeação de membro de Tribunal, S628, 443

Lei Complementar. ....v. também LC
n° 11/71 - pensão previdenciária - dependentes - trabalhador rural, S613,
441
n° 40/81 - ação penal pública - iniciativa, arts. 3, 11 e 55, S601, 440
processo legislativo - art. 59, II, 108

Lei de Diretrizes Orçamentárias. ....v. também LDO

Lei estadual n° 4.093/1959
Paraná - isenção, S436, 419

Lei municipal n° 4.563/57
Recife - art. 100, II, S92, 380

Lei n° 209/1948
débito pecuário - reajuste, S182, 390

Lei n° 313/1948
GATT, S88, 380

Lei n° 623/1949
embargos - divergência, S253, 398
embargos – prova de divergência, S290, 402
embargos, S273, 400
S233, 396
S247, 397

Lei n° 899/1957
art. 58, IV, e, S139, 385

Lei nº 1.002/1949
débito pecuário - reajuste, S182, 390
Lei nº 1.300/1950
art. 15, § 6º, S109, 382
locação, S123, 383
S176, 389
Lei nº 1.341/1951
procurador da República – preferência, art. 91 - S44, 375
Lei nº 1.530/1951
constitucionalidade - despedida - indenização, S200, 392
Lei nº 1.741/1952
aplicação - autarquia federal, S33, 374
tempo de serviço ininterrupto - cargo em comissão, S31, 374
tempo de serviço ininterrupto - função gratificada, S32, 374
Lei nº 2.284/1954
vencimentos - reestruturação, S13, 372
Lei nº 2.437/1955
redução de prazo prescricional - aplicabilidade - ressalva, S445, 420
Lei nº 2.752/1956
dupla aposentadoria, S372, 411
Lei nº 2.804/1956
débito pecuário - reajuste, S275, 400
Lei nº 3.085/1956
art. 6º, S179, 390
S172, 389
Lei nº 3.244/1957
constitucionalidade, art. 3º, S404, 416
constitucionalidade, art. 22, S404, 416
constitucionalidade, art. 27, S404, 416
GATT, S88, 380
S87, 379
taxa de despacho aduaneiro, art. 66, S130, 384
taxa de despacho aduaneiro, art. 66, S131, 384
Lei nº 3.470/1958
ganho de capital - meação, S96, 380
imóvel alienado antes da vigência - imposto de lucro imobiliário - isenção, S100, 381
imóvel alienado antes da vigência - imposto de lucro imobiliário - isenção, S99, 381
imóvel alienado na vigência - imposto de lucro imobiliário - incidência, S98, 381
Lei nº 3.494/1958
aluguel professivo, S65, 377

ÍNDICE REMISSIVO

Lei n° 3.519/1958
imposto federal do selo, S102, 381
imposto federal do selo, S103, 381
S104, 381
Lei n° 3.780/1960
MS - enquadramento, S270, 400
Lei n° 3.844/1960
S171, 389
Lei n° 3.912/1961
preferência - locação, S488, 426
Lei n° 4.494/1964
locação - residência de filho, S484, 425
Lei n° 4.611/1965
ação penal, S607, 441
Lei n° 4.632/1965
honorários da sucumbência - aplicação, S509, 429
Lei n° 5.172/1966
art. 187, p.ú. - concurso de preferência em cobrança judicial de crédito
tributário - compatibilidade com a CF/67, S563, 435
Lei n° 6.367/1976
benefícios - não aplicação ao trabalhador rural, S612, 441
Lei n° 7.940/1989
S665, 447
Lei n° 8.033/1990
IOF - inc. V do art. 1° - inconstitucionalidade, S664, 447
Lei n° 9.424/1996
contriguição – salário-educação, S732, 456
Lei Orçamentária
anual. ....v. também LOA
emendas individuais ao projeto- limites, art. 166, § 9°, 206
projeto - o que acompanha, art. 165, § 5°, 204
vedações, art. 165, § 8°, 204
Lei(s)
agrícola - disposições gerais - ADCT, art. 50, 288
alteração, art. 59, p.ú., 108
apreciação da constitucionalidade pelo Tribunal de Contas - possibilidade,
S347, 408
arts. 61 a 69, 109
complementares - *quórum*, art. 69, 116
complementares e ordinárias - iniciativa, art. 61, 109
consolidação, art. 59, p.ú., 108
da usura - encargos - instituições financeiras integrantes do SFN -
inaplicabilidade, S596, 439
de imprensa. ....v. também imprensa

611

Lei(s)

de luvas - contrato de locação - ação revisional - renúncia - legalidade, S357, 410

de luvas - contrato de locação - renovação - ausência - direito comum - aplicabilidade, S375, 412

de luvas - contrato de locação - renovação - prazo - início - contagem, S376, 412

de luvas - contrato de locação - renovação judicial - prazo qüinqüenal - excesso - impossibilidade, S178, 389

de luvas - imóvel alugado - retomada - construção mais útil - indenização - obrigatoriedade, S181, 390

de luvas - locação - fundo de comércio - restrições - inaplicabilidade, S481, 425

de luvas - locação - proprietário - presunção de sinceridade - relatividade, S485, 426

de luvas - locação - purgação da mora - locatário - impossibilidade. S123, 383

declaração de inconstitucionalidade, art. 97, 135

delegação legislativa, vedação, art. 68, § 1°, 115

delegada - processo - de elaboração, art. 68, 115

delegada - processo - legislativo, art. 59, IV, 108

distrital - ADIn - cabimento, S642, 445

elaboração, art. 59, p.ú., 108

em tese - mandado de segurança contra - descabimento, S266, 399

estadual - ADIn, processo e julgamento, art. 102, I, *a*, 142

federal - ADC, processo e julgamento, art. 102, I, *a*, 142

federal - ADIn, processo e julgamento, art. 102, I, *a*, 142

federal - violação - ofensa - regimento de Tribunal - recurso extraordinário - descabimento, S399, 415

guarda, art. 23, I, 57

irretroatividade - invocação - limite, S654, 446

julgamento de insconstitucionalidade, art. 102, I, *a*, 142

mais benigna - aplicação - competência, S611, 441

municipal - inconstitucionalidade - ação direta interventiva - legitimidade para propor, S614, 441

municipal - iniciativa popular - quórum, art. 29, XIII, 66

ordinária - processo legislativo - art. 59, III, 108

orgânica - Distrito Federal - aprovação, art. 32, 69

orgânica - Distrito Federal, art. 32, §§ 1° a 4°, 69

orgânica - municípios - aprovação, art. 29, 63

orgânica - Municípios - elaboração - ADCT, art. 11, p.ú., 275

orgânica - municípios - votação pela Câmara Municipal - ADCT, art. 11, p.ú., 275

penal - anterioridade, art. 5°, XXXIX, 27

penal - mais grave - crime continuado - aplicação, S711, 453

ÍNDICE REMISSIVO

Lei(s)

penal - mais grave - crime permanente - aplicação, S711, 453

penal - retroatividade, art. 5º, XL, 27

promulgação - pelo Presidente do Senado Federal, art. 66, § 7º, 115

promulgação, art. 66, § 5º, 115

promulgação, art. 84, IV, 122

publicação, art. 84, IV, 122

razoável interpretação - argüição de inconstitucionalidade - recurso
  extraordinário - descabimento, S400, 415

redação, art. 59, p.ú., 108

sanção, art. 84, IV, 122

zelo pelas - competência, art. 23, I, 57

Lesão

ou ameaça a direito - apreciação, art. 5º, XXXV, 26

Liberdade. ....v. também concessão, direitos e extraditando

ação, art. 5º, II, 19

acesso à informação, art. 5º, XIV, 22

artística, art. 206, II, 239

artística, art. 5º, IX, 20

associação, art. 5º, XVII e XX, 22

científica, art. 206, II, 239

científica, art. 5º, IX, 20

consciência de crença, art. 5º, VI, 20

culto religioso, art. 5º, VI, 20

de comunicação, art. 206, II, 239

de comunicação, art. 5º, IX, 20

imprensa, art. 139, III, 177

iniciativa, art. 1º, IV, 17

intelectual, art. 206, II, 239

intelectual, art. 5º, IX, 20

locomoção, restrições, art. 139, I, 177

locomoção, restrições, art. 5º, XV e LXVIII, 22

manifestação do pensamento, art. 206, II, 239

manifestação do pensamento, art. 5º, IV, 19

ofício, exercício, art. 5º, XIII, 21

privação, art. 5º, XLVI, *a* e LIV, 28

profissão, exercício, art. 5º, XIII, 21

provisória, admissão, art. 5º, LXV, 30

punição a discriminação aos direitos e liberdades fundamentais, art. 5º, XLI,
  27

radiodifusão, art. 139, III, 177

reunião, suspensão e restrições, art. 136, § 1º, I, *a*, 176

reunião, suspensão e restrições, art. 139, IV, 177

reunião, suspensão e restrições, art. 5º, XVI, 22

Liberdade
    sindical, condições, art. 8°, 37
    televisão, art. 139, III, 177
    trabalho, exercício, art. 5°, XIII, 21
    valor supremo - Preâmbulo, 15
    vigiada - concessão - extraditando preso por prazo superior a 60 dias, S2, 371
Licença
    funcionário estatal - eleito Vereador, S34, 374
    gestante, art. 39, § 3°, 84
    gestante, art. 7°, XVIII, 35
    paternidade - prazo provisório - ADCT, art. 10, § 1°, 274
    paternidade, art. 39, § 3°, 84
    paternidade, art. 7°, XIX, 35
    prêmio - juízes - direito - competência originária do STF, S731, 456
Licitação
    alienações públicas, art. 37, XXI, 79
    compras, art. 37, XXI, 79
    e contratação, art. 22, XXVII, 56
    e contrato, art. 175, 215
    e contrato, art. 37, XXI, 79
    empresa pública, art. 173, § 1°, III, 214
    obras, art. 37, XXI, 79
    serviços, art. 37, XXI, 79
    sociedade de econonomia mista, art. 173, § 1°, III, 214
Liminar
    acórdão - recurso extraordinário - não cabimento, S735, 456
    em mandado de segurança - suspensão - vigência, S626, 443
    mandado de segurança improcedente - efeito - cessação - decisão contrária - efeitos - retroação, S405, 416
Limitação(ões)
    ao poder de tributar - inaplicabilidade - casos - prazo, art. 34, § 6°, 283
    ao poder de tributar - vigência imediata, art. 34, § 1°, 282
    ao poder de tributar, arts. 150 a 152, 186
Limite(s)
    com outros países - ilhas - fluviais, bens da União, art. 20, IV, 47
    com outros países - ilhas - lacustres, bens da União, art. 20, IV, 47
    com outros países - lagos, bens da União, art. 20, III, 47
    com outros países - rios, bens da União, art. 20, III, 47
    da alíquota do imposto - Poder Executivo - União, EC3, art. 2°, § 1°, 329
    de gasto, contratação direta - profissional, agentes de saúde, EC51, art. 2°, 355
    de idade para inscrição em concurso público - legitimidade - justificativa - exigência, S683, 450
    demarcações, linhas divisórias litigiosas - Estados - ADCT, art. 12, § 2°, 275

ÍNDICE REMISSIVO

Limite(s)

demarcações, linhas divisórias litigiosas - Municípios - ADCT, art. 12, § 2°, 275

Estado do Acre - ADCT, art. 12, § 5°, 275

Estado do Tocantins - ADCT, art. 13, § 1°, 275

maior remuneração - servidor público - previdência social, regime geral, EC41, art. 8°, 348

máximo e reajuste - servidor público - previdência social, regime geral, EC41, art. 5°, 347

máximo, valor do benefício - servidor público - previdência social, regime geral, EC20, art. 14, 341

remuneração de qualquer espécie - administração pública - União, EC19, art. 29, 334

território nacional, competência do Congresso nacional, art. 48, V, 96

Língua

nacional - português, art. 13, 40

portuguesa - ministração no ensino fundamental, art. 210, § 2°, 242

Liquidação

inclusão dos juros moratórios - obrigatoriedade, S254, 398

Litigante

ampla defesa, art. 5°, LV, 29

contraditório, art. 5°, LV, 29

Litisconsorte

ANATEL - serviço público de telefonia, concessionária - Justiça estadual, SV27, 367

passivo em mandado de segurança - réu, S701, 452

passivo necessário - não citação pelo impetrante em mandado de segurança - extinção do processo, S631, 443

Liturgias

proteção, art. 5°, VI, 20

Livre

iniciativa, art. 1°, IV, 17

Livro(s)

comerciais - exame em ação judicial - limites, S260, 399

comerciais - exibição judicial - possibilidade - medida preventiva, S390, 414

comerciais - fiscalização previdenciária - sujeição - limites, S439, 420

comerciais - fiscalização tributária - sujeição - limites, S439, 420

imposto sobre, art. 150, VI, d, 188

Lixo

taxa - constitucionalidade, SV19, 366

LOA

administração - dívida ativa - exclusão de despesas - critérios - ADCT, art. 35, § 1°, V, 284

615

LOA

    Congresso Nacional - exclusão de despesas - critérios - ADCT, art. 35, § 1°, IV, 284

    cumprimento - exclusões - ADCT, art. 35, § 1°, 284

    cumprimento - prazo - ADCT, art. 35, 284

    defesa nacional - exclusão de despesas - critérios - ADCT, art. 35, § 1°, II, 284

    instituição, art. 165, III, 203

    órgãos do DF - manutenção - exclusão de despesas - critérios - ADCT, art. 35, § 1°, III, 284

    Poder Judiciário - exclusão de despesas - critérios - ADCT, art. 35, § 1°, IV, 284

    PPA - projetos - exclusão de despesas - critérios - ADCT, art. 35, § 1°, I, 284

    projeto - prazo - encaminhamento - ADCT, art. 35, § 2°, III, 284

    projeto deve demonstrar valores máximos, , art. 107, § 2º, 324

    revisão do projeto - exercício 1989 - ADCT, art. 39, 285

    segurança nacional - exclusão de despesas - critérios - ADCT, art. 35, § 1°, II, 284

    Tribunal de Contas - exclusão de despesas - critérios - ADCT, art. 35, § 1°, IV, 284

Locação. ....v. também **aluguel, contrato - de locação e imóvel**

    ação renovatória - improcedência - desocupação do imóvel - prazo, S370, 411

    benfeitorias - responsabilidade do adquirente, S158, 387

    contrato - inscrição no registro de imóveis - dispensa de transcrição no registro de títulos e documentos, S442, 420

    contrato - lei de luvas - ação revisional - renúncia - legalidade, S357, 410

    contrato - lei de luvas - renovação - ausência - direito comum - aplicabilidade, S375, 412

    contrato - lei de luvas - renovação - prazo - início - contagem, S376, 412

    contrato - lei de luvas - renovação judicial - prazo qüinqüenal - excesso - impossibilidade, S178, 389

    de veículo - responsabilidade civil com o locatário, S492, 426

    de veículo - responsabilidade solidária com o locatário, S492, 426

    em curso - prazo determinado - majoração de encargos - inadmissibilidade, S171, 389

    em curso - prazo determinado - reajustamento de aluguel - inadmissibilidade, S172, 389

    fundo de comércio - restrições - lei de luvas - inaplicabilidade, S481, 425

    lei de luvas - purgação da mora - locatário - impossibilidade, S123, 383

    lei de luvas - retomada - construção mais útil - indenização - obrigatoriedade, S181, 390

    não cessionário - renovação - adição de prazo - impossibilidade, S482, 425

    não sucessor - renovação - adição de prazo - impossibilidade, S482, 425

Índice Remissivo

Locação
    preferência na aquisição do imóvel - direito pessoal, S488, 426
    preferência na aquisição do imóvel - violação - perdas e danos, S488, 426
    purga da mora além do prazo legal - obstáculo judicial - admissão, S173, 389
    reajuste - locação em curso por prazo determinado - inadmissibilidade, S172, 389
    regência - lei de luvas - proprietário - presunção de sinceridade - relatividade, S485, 426
    renovação - locatário não cessionário - adição de prazo - impossibilidade, S482, 425
    renovação - locatário não sucessor - adição de prazo - impossibilidade, S482, 425
    retomada - cessionário do promitente comprador - possibilidade, S177, 389
    retomada - construção mais útil - indenização - limite, S444, 420
    retomada - construção mais útil - obra ordenada pela autoridade pública - desnecessidade, S374, 412
    retomada - filho - matrimônio - admissão, S175, 389
    retomada - notificação prévia - comprovação - desnecessidade, S174, 389
    retomada - promitente comprador - possibilidade, S176, 389
    retomada - prova da necessidade - inexigência - ressalva, S483, 425
    retomada - residência de filho - legitimidade, S484, 425
    retomada - sociedade comercial - locador ou cônjuge - admissibilidade, S486, 426
    retomada do prédio - prova da necessidade, S80, 379
    retomada para uso próprio - prova de necessidade - exceção, S410, 416
    sublocação do imóvel - possibilidade, S411, 416

Locador. ....v. também locação

Locatário. ....v. também locação

Locomoção. ....v. também transporte
    liberdade de, art. 5°, XV, 22

Lubrificantes
    imposto - limite, art. 155, §§ 3° a 5º, 196

Lucros
    participação do trabalhador, art. 7°, XI, 34

Luvas. ....v. também lei de luvas

Magistério. ....v. também juiz, militar, Ministério Público e professor
    militar - reserva ativa x inatividade, S54, 376

Magistrado
    agravo de instrumento - causa instaurada no âmbito dos Juizados Especiais - encaminhamento ao STF - obrigatoriedade, S727, 455
    nomeação - mandado de segurança contra - autoridade coatora, S627, 443

Magistratura. ....v. também desembargador, Juiz, Justiça Eleitoral, justiça Estadual, Ministro e Poder Judiciário

Magistratura
estatuto - iniciativa do Supremo Tribunal Federal, art. 93, 128
estatuto, art. 93, 128
Maiores
de 16 anos - voto facultativo, art. 14, § 1°, c, 41
de 65 anos. ....v. também idoso
de 65 anos - transporte gratuito, garantia, art. 230, § 2°, 262
Mandado de Injunção
autoridade federal, norma regulamentadora, atribuição, art. 105, I, h, 153
concessão, art. 5°, LXXI, 31
norma regulamentadora, atribuição - Congresso Nacional, art. 102, I, q, 145
norma regulamentadora, atribuição - mesa - câmara dos deputados, art. 102, I, q, 145
norma regulamentadora, atribuição - mesa - senado federal, art. 102, I, q, 145
norma regulamentadora, atribuição - Presidente da República, art. 102, I, q, 145
norma regulamentadora, atribuição - Supremo Tribunal Federal, art. 102, I, q, 145
norma regulamentadora, atribuição - Tribunais Superiores, art. 102, I, q, 145
norma regulamentadora, atribuição - Tribunal de Contas da União, art. 102, I, q, 145
processo e julgamento - Superior Tribunal de Justiça, art. 105, I, h, 153
processo e julgamento - Supremo Tribunal Federal, art. 102, I, q, 145
recurso ordinário, julgamento, competência do Supremo Tribunal Federal, art. 102, II, a, 145
Tribunal Regional Eleitoral, recurso de suas decisões, art. 121, § 4°, V, 164
Mandado de Segurança
acórdão concessivo - recurso - prazo - contagem - início, S392, 414
apelação - decisão não unânime - embargos infringentes - descabimento, S597, 439
coletivo - entidade de classe - associados - independe da autorização, S629, 443
coletivo, art. 5°, LXX, 31
concessão - efeitos patrimoniais pretéritos - inexistência - meios cabíveis, S271, 400
concessão, art. 5°, LXIX, 31
contra - Câmara dos Deputados, processo e julgamento, art. 102, I, d, 144
contra - Comandante - Aeronáutica, processo e julgamento, art. 105, I, b, 152
contra - Comandante - Exército, processo e julgamento, art. 105, I, b, 152
contra - Comandante - Marinha, processo e julgamento, art. 105, I, b, 152
contra - Mesa - Câmara dos Deputados, processo e julgamento, art. 102, I, d, 144

Índice Remissivo

Mandado de Segurança

contra - Mesa - Senado Federal, processo e julgamento, art. 102, I, *d*, 144

contra - Ministro de Estado, processo e julgamento, art. 105, I, *b*, 152

contra - Presidente da República, processo e julgamento, art. 102, I, *d*, 144

contra - Procurador-Geral da República, processo e julgamento, art. 102, I, *d*, 144

contra - Supremo Tribunal Federal, processo e julgamento, art. 102, I, *d*, 144

contra - Tribunal de Contas da União, processo e julgamento, art. 102, I, *d*, 144

contra ato de competência delegada - cabimento, S510, 429

contra ato judicial passível de correição - descabimento, S267, 399

contra ato judicial passível de recurso - descabimento, S267, 399

contra atos dos Tribunais de Justiça dos Estados - STF - conhecimento - incompetência, S330, 406

contra decisão judicial com trânsito em julgado - descabimento, S268, 399

contra lei em tese - descabimento, S266, 399

contra nomeação de magistrado - autoridade coatora, S627, 443

contra presidente de TRT - julgamento - competência, S433, 419

contra TCU - competência originária, STF, S248, 397

controvérsia - concessão, S625, 443

decisão administrativa - tribunal de origem - competência originária do STF - ausência, S623, 442

decisão denegatória - uso da ação própria - possibilidade, S304, 404

denegação - recurso extraordinário - admissão como ordinário - impossibilidade, S272, 400

em substituição a ação de cobrança - descabimento, S269, 399

entidade de classe - legitimação, S630, 443

fundamentação - lei anulada - direito líquido e certo - ausência, S474, 424

honorários advocatícios - não cabimento, S512, 429

impetração - possibilidade, S429, 419

improcedência - liminar - efeito - cessação - decisão contrária - efeitos - retroação, S405, 416

litisconsorte passivo necessário - não citação pelo impetrante - extinção do processo, S631, 443

não substitui a ação popular, S101, 381

outros tribunais - STF - conhecimento originário - incompetência, S624, 442

para enquadramento de servidor público - descabimento, S270, 400

prazo - interrupção - não caracterização, S430, 419

processo e julgamento - autoridade federal, art. 109, VIII, 156

processo e julgamento - competência - Juízes Federais, art. 108, I, *c*, 155

processo e julgamento - competência - Juízes Federais, art. 109, VIII, 156

processo e julgamento - competência - Superior Tribunal de Justiça, art. 105, I, *b*, 152

J. U. Jacoby Fernandes

Mandado de Segurança
processo e julgamento - competência - Supremo Tribunal Federal, art. 102, I, d, 144
processo e julgamento - competência - Tribunais Regionais Federais, art. 108, I, c, 155
processo e julgamento - competência - Tribunais Regionais Federais, art. 109, VIII, 156
processo e julgamento - juízes federais, art. 108, I, c, 155
processo e julgamento - Supremo Tribunal Federal, art. 102, I, d, 144
recurso ordinário - prazo, S319, 405
recurso ordinário e extraordinário no mesmo processo - julgamento conjunto, S299, 403
recurso ordinário, julgamento, competência do Superior Tribunal de Justiça, art. 105, II, b, 153
recurso ordinário, julgamento, competência do Supremo Tribunal Federal, art. 102, II, a, 145
réu como litisconsorte passivo, S701, 452
suspensão da liminar - vigência, S626, 443
Tribunal Regional Eleitoral, recursos de suas decisões, art. 121, § 4°, V, 164
Tribunal Superior Eleitoral, recursos de suas decisões, art. 121, § 3°, 163
Mandante(s)
de crime, art. 5°, XLIII, 27
Mandato
cumprimento, representação classista temporário - TST, EC24, art. 2°, 342
procurador, 445
Mandato eletivo. ....v. também deputado, governador, **prefeito, presidente da República, senador e vereador**
Deputado - Distrital, art. 32, §§ 2° e 3°, 69
Deputado - Estadual, duração e perda, art. 27, § 1°, 61
Deputado - Federal, art. 44, p.ú., 95
dissolução da sociedade conjugal, SV18, 366
Governador - duração - ADCT, art. 4°, § 3°, 271
Governador e Vice-Governador, duração, art. 28, 62
impugnação, art. 14, §§ 10 e 11, 43
Justiça Eleitoral, art. 14, §§ 10 e 11, 43
parlamentar - investidura em outros cargos, compatibilidade, art. 56, I, 105
parlamentar - licenciado, art. 56, II, 105
parlamentar no exercício de função de Prefeito - ADCT, art. 5°, § 3°, 272
partido político - prazo para desligamento, facultativo, EC91, art. 1°, 359
perda - ampla defesa, art. 55, § 2°, 104
perda - condenação criminal, art. 55, VI, 104
perda - declaração, art. 55, § 3°, 105
perda - parlamentar, art. 55, 104

ÍNDICE REMISSIVO

Mandato eletivo
perda - procedimento, art. 55, § 3°, 105
Prefeito - ADCT, art. 4°, § 4°, 271
Prefeito - perda, art. 29, XIV, 66
Prefeito - servidor público, art. 38, II e III, 83
Prefeito, art. 29, I e II, 63
Presidente da República - promulgação da CF/88 - ADCT, art. 4°, 271
Presidente da República, art. 82, 121
Senador, exercício gratuito - ADCT, art. 8°, § 4°, 273
suspensão da prescrição, art. 53, § 5°., 103
Tocantins - Deputados - Estaduais - ADCT, art. 13, § 4°, 276
Tocantins - Deputados - Federais - ADCT, art. 13, § 4°, 276
Tocantins - Governador - ADCT, art. 13, § 4°, 276
Tocantins - Senadores - ADCT, art. 13, § 4°, 276
Tocantins - Vice-Governador - ADCT, art. 13, § 4°, 276
Vereador - ADCT, art. 4°, § 4°, 271
Vereador - servidor público, art. 38, II e III, 83
Vereador, art. 29, I e II, 63
Vereador, exercício gratuito - ADCT, art. 8°, § 4°, 273
Vice-Governador - duração - ADCT, art. 4°, § 3°, 271
Vice-Prefeito - ADCT, art. 4°, § 4°, 271
Vice-Prefeito, art. 29, I e II, 63

Manifestação
do pensamento - liberdade de, art. 220 e §§ 1° a 6°, 252
do pensamento, art. 5°, IV, 19

Máquina(s)
de costura - imposto de consumo - isenção, S244, 397

Mar territorial
bem da União, art. 20, VI, 47

Marca(s). ....v. também indústria
indústria, garantia de propriedade, art. 5°, XXIX, 25

Marginalização. ....v. também crime
combate, art. 23, X, 58
erradicação, art. 3°, III, 18

Mata Atlântica. ....v. também meio ambiente
patrimônio nacional, art. 225, § 4°, 257

Material
bélico - comércio, autorização e fiscalização, competência da União, art. 21, VI, 49
bélico - legislação, competência privativa da União, art. 22, XXI, 56
bélico - produção, autorização e fiscalização, competência da União, art. 21, VI, 49
crime - lançamento do tributo, SV24, 367
radioativo - transporte e utilização, art. 177, § 3°, 218

Maternidade

direito social, art. 6º, 33

previdência social, art. 201, II, 233

proteção, art. 203, I, 238

Medicamento(s)

produção, art. 200, I, 232

programas comerciais - regulamentação - ADCT, art. 65, 297

propaganda comercial, art. 220, § 4º, 252

Médico

militar - cumulação de cargos - ADCT, art. 17, § 1º, 277

Medida

liminar. ....v. também liminar

Medida possessória. ....v. também posse

liminar - para liberação alfandegária de automóvel - descabimento, S262, 399

Medida provisória. ....v. também emenda constitucional nº 32/2001

apreciação - regime de urgência, art. 62, § 6º, 113

apreciação por comissão mista, art. 62, § 9º, 113

Câmara dos Deputados, inicia votação, art. 62, § 8º, 113

Congresso Nacional, apreciação - prorrogação, art. 62, §§ 7º a 9º, 113

Congresso Nacional, apreciação, art. 57, §§ 7º e 8º, 107

decreto não editado - relações jurídicas, art. 62, § 11, 113

decretos-leis, edição entre 3 de setembro de 1988 e a promulgação da Constituição - ADCT, art. 25, § 2º, 279

eficácia, art. 62, §§ 3º e 4º, 112

impostos, art. 62, § 2º, 112

lei, art. 62, §§ 3º e 4º, 112

mérito, art. 62, § 5º, 113

parecer da comissã mista, art. 62, § 9º, 113

prazo, reeditada - Congresso Nacional, SV54, 370

prazos, art. 62, §§ 3º, 4º, 6º, 7º e 11, 112

Presidente da República, edição, art. 62, 111

Presidente da República, edição, art. 84, XXVI, 124

projeto de lei de conversão, aprovação, art. 62, § 12, 113

reedição - prazo, S651, 446

reedição - vedações, art. 62, § 10º, 113

vedação à edição - temas, art. 62, §§ 1º a 10, 112

vedação, art. 246, 268

vedado regulamentar art. 177, Ia IV e §§ 1º e 2º, EC9, art. 3º, 332

vedado regulamentar art. 21, X, EC8, art. 2º, 331

vigência, EC32, art. 2º, 343

Medida(s)

cautelar - ADIns - pedido - processo e julgamento, art. 102, I, *p*, 145

de segurança - segunda instância - aplicabilidade - exceção, S525, 430

Índice Remissivo

judicial - contra ato de competência delegada - cabimento, S510, 429

Meio Ambiente. ....v. também obra e mata atlântica

caça, competência legislativa concorrente, art. 24, VI, 59

condutas e atividades lesivas - reparação do dano, art. 225, § 3°, 257

condutas e atividades lesivas - sanções - administrativas, art. 225, § 3°, 257

condutas e atividades lesivas - sanções - penais, art. 225, § 3°, 257

dano, competência legislação, art. 24, VIII, 59

defesa - e preservação - dever - da coletividade, art. 225, 254

defesa - e preservação - dever - do Poder Público, art. 225, 254

defesa - e preservação - dever - do Poder Público, art. 225, § 1°, 255

defesa, art. 170, VI, 212

equilíbrio ecológico, direito de todos, art. 225, 254

fauna - competência legislativa concorrente, art. 24, VI, 59

fauna - preservação pela União, art. 23, VII, 58

flora - preservação pela União, art. 23, VII, 58

floresta - Amazônica, art. 225, § 4°, 257

floresta - preservação pela União, art. 23, VII, 58

florestas - competência legislativa concorrente, art. 24, VI, 59

Mata Atlântica, art. 225, § 4°, 257

natureza, competência legislativa concorrente, art. 24, VI, 59

Pantanal Mato-Grossente, art. 225, § 4°, 257

pesca, competência legislativa concorrente, art. 24, VI, 59

propaganda comercial nociva, vedação, art. 220, § 3°, II, 252

proteção - competência legislativa concorrente, art. 24, VI, 59

qualidade de vida, melhoria, art. 225, 254

recursos minerais, art. 225, § 2°, 257

recursos naturais, competência legislativa concorrente, art. 24, VI, 59

Serra do Mar, art. 225, § 4°, 257

solo, competência legislativa concorrente, art. 24, VI, 59

terras devolutas, art. 225, § 5°, 258

usinas nucleares, localização, art. 225, § 6°, 258

zona costeira, art. 225, § 4°, 257

Membro. ....v. também Conselheiro, Deputado, Juiz, **Ministro, Senador e Vereador**

Menor. ....v. também infância e adolescência

de 14 anos - trabalho noturno, art. 7°, XXXIII, 37

de 18 anos - inimputabilidade, art. 228, 262

de 18 anos - trabalho noturno, art. 7°, XXXIII, 37

de 18 anos - voto, art. 14, § 1°, c, 41

réu - sem curador - assistido por defensor dativo - processo penal - validade, S352, 409

salário integral - direito, S205, 393

Mensagem Presidencial

Congresso Nacional - estado de - defesa, art. 141, p.ú., 178

Congresso Nacional - estado de - sítio, art. 141, p.ú., 178

remessa ao Congresso Nacional, art. 84, XI, 123

Mercado

de títulos e valores mobiliários - taxa de fiscalização - constitucionalidade, S665, 447

interno - incentivo, art. 219, 251

Mercadoria

importação - ICMS - incidência, S661, 447

importação irregular - multa - base de cálculo, S469, 423

importada - ICMS, desembaraço aduaneiro, SV48, 369

Merecimento

aferição - promoção de juízes, art. 93, II, c, 129

promoção de juízes, art. 93, II, b, 129

Metais. ....v. também jazida e recursos minerais

legislação, competência, art. 22, XII, 55

título e garantia, competência, art. 22, VI, 54

Metalurgia

legislação sobre, art. 22, XII, 55

Metas de desempenho

contrato firmado com a Administração, art. 37, § 8°., 81

contrato firmado com a empresa pública, art. 37, § 9°., 82

contrato firmado com a Sociedade de Economia Mista, art. 37, § 9°., 82

Método

correção dos limites - alteração ADCT, art. 108, p.ú -, 326

Microempresa(s). ....v. também firma individual

débitos, isenção de correção monetária - ADCT, art. 47, I, 287

definição - ADCT, art. 47, § 1°, 287

instituição, art. 25, § 3°, 61

ratamento jurídico diferenciado, art. 179, 219

regime especial de tributação - fim - ADCT, art. 94, 312

Militar. ....v. também inatividade, Justiça militar, **magistério e reforma**

aposentadorias, art. 40, §§ 7° e 8°, 88

condenação por Tribunal Militar, art. 142, § 3°, VI, 179

da ativa - posse em cargo, função ou emprego público - prazo – reserva, art. 142, § 3°, III, 179

elegibilidade, condições, art. 14, § 8°, 42

garantias, art. 142, § 3°, I, 178

garantias, art. 42, § 1°, 93

greve, vedação, art. 142, § 3°, IV, 179

hierarquia, disciplina, art. 42, 178

inatividade - promoção - possibilidades, S52, 376

inatividade - proventos integrais - cotas - ausência de direito subjetivo ao recebimento, S441, 420

Índice Remissivo

Militar

inativo - uniforme, S57, 376

indigno, julgado, art. 142, § 3º, VI, 179

iniciativa de lei sobre - estabilidade, competência privativa do Presidente da República, art. 61, § 1º, II, *f*, 111

iniciativa de lei sobre - forças armadas, competência privativa do Presidente da República, art. 61, § 1º, II, *f*, 111

iniciativa de lei sobre - promoções, competência privativa do Presidente da República, art. 61, § 1º, II, *f*, 111

iniciativa de lei sobre - provimento dec cargos, competência privativa do Presidente da República, art. 61, § 1º, II, *f*, 111

iniciativa de lei sobre - reforma, competência privativa do Presidente da República, art. 61, § 1º, II, *f*, 111

iniciativa de lei sobre - regime jurídico, competência privativa do Presidente da República, art. 61, § 1º, II, *f*, 111

iniciativa de lei sobre - remuneração, competência privativa do Presidente da República, art. 61, § 1º, II, *f*, 111

iniciativa de lei sobre - transferência para a reserva, competência privativa do Presidente da República, art. 61, § 1º, II, *f*, 111

integrantes da carreira policial do ex-Território Federal de Rondônia - ADCT, art. 89, 310

magistério - reserva ativa x inatividade, S54, 376

operações de guerra - ausência - terço de campanha - inexistência, S407, 416

partidos políticos, filiação, art. 142, § 3º, V, 179

passagem para a inatividade - promoções - limites, S51, 376

patentes - perda, art. 142, § 3º, VI, 179

patentes, art. 142, § 3º, I, 178

patentes, art. 42, § 1º, 93

pensões, art. 40, §§ 7º e 8º, 88

pensões, art. 42, § 2º, 94

perda da graduação por procedimento administrativo - possibilidade, S673, 448

posto, perda, art. 142, § 3º, VI, 179

professor - reforma - promoção - possibilidades, S53, 376

proventos, art. 40, §§ 7º e 8º, 88

reajuste - extensão aos civis, S672, 448

reformado - pena disciplinar, S56, 376

remuneração, subsídio, art. 144, § 9º, 182

remuneração, subsídio, art. 39, § 4º, 84

reserva - pena disciplinar, S55, 376

reserva, art. 142, § 3º, II, 178

sindicalização, vedação, art. 142, § 3º, IV, 179

Minas. ....v. também jazidas e recursos minerais

Minerais. ....v. também jazidas e recursos minerais
    COFINS - cobrança - legitimidade, S659, 447
    FINSOCIAL - cobrança - legitimidade, S659, 447
    imposto - limite, art. 155, § 3º, 196
    nucleares - comércio - monopólio da União, art. 177, V, 217
    nucleares - enriquecimento - monopólio da União, art. 177, V, 217
    nucleares - exploração, art. 21, XXIII, 52
    nucleares - industrialização - monopólio da União, art. 177, V, 217
    nucleares - lavra - monopólio da União, art. 177, V, 217
    nucleares - pesquisa - monopólio da União, art. 177, V, 217
    nucleares - reprocessamento - monopólio da União, art. 177, V, 217
    pesquisa e exploração - competência, art. 23, XI, 58
    PIS - cobrança - legitimidade, S659, 447

Ministério
    criação e extinção, art. 48, XI, 97
    criação e extinção, art. 61, § 1º, II, *e*, 111
    criação e extinção, art. 88, 125
    da Defesa - cargo privativo de brasileiro nato, art. 12, VII, 40
    da Defesa - comando supremo - competência privativa do Presidente da
        República, art. 84, XIII, 123
    do Trabalho - observância do princípio da unicidade das entidades sindicais,
        S677, 449
    do Trabalho - registro das entidades sindicais - competência, S677, 449

Ministério Público. ....v. também promotor
    ação - civil - legitimação, art. 129, § 1º, 170
    ação - civil - promoção, art. 129, III, 169
    ação - de inconstitucionalidade, promoção, art. 129, IV, 169
    ação - penal pública, promoção, art. 129, I, 169
    ação civil pública - legitimidade, S643, 445
    ação pública penal e civil - competência privativa, art. 129, I, III e § 1º, 169
    atividade policial, controle externo, art. 129, VII, 169
    autonomia - administrativa, art. 127, § 2º, 166
    autonomia - funcional, art. 127, § 2º, 166
    comissões parlamentares de inquérito, recebimento das conclusões, art. 58, §
        3º, 108
    composição - Superior Tribunal de Justiça, art. 104, p.ú., II, 152
    composição - Tribunal - de alçada, art. 94, 132
    composição - Tribunal - de Justiça, art. 94, 132
    composição - Tribunal - Regional Federal, art. 107, I, 155
    composição - Tribunal - Regional Federal, art. 94, 132
    concurso público para provimento de - cargos, art. 127, § 2º, 166
    concurso público para provimento de - serviços auxiliares, art. 127, § 2º, 166
    Conselho Nacional - competência, art. 130-A, § 2º, 171
    Conselho Nacional - composição, art. 130-A, 171

ÍNDICE REMISSIVO

Ministério Público

Conselho Nacional - Presidente do Conselho Federal da OAB - integra, art. 130-A, § 4°, 172

crimes - comuns, processo e julgamento, art. 96, III, 135

crimes - de responsabilidade, processo e julgamento, art. 96, III, 135

da União - crimes - comuns - de membros que oficiem perante Tribunais, processo e julgamento, art. 105, I, *a*, 152

da União - crimes - comuns - processo e julgamento, art. 108, I, *a*, 155

da União - crimes - de responsabilidade - de membros que oficiem perante Tribunais, processo e julgamento, art. 105, I, *a*, 152

da União - crimes - de responsabilidade - processo e julgamento, art. 108, I, *a*, 155

da União - *habeas-corpus*, processo e julgamento, art. 105, I, *c*, 153

da União - organização, art. 48, IX, 96

da União - organização, art. 61, § 1°, II, *d*, 110

da União - órgãos, art. 128, I, 167

da União - Procurador-Geral da República - nomeação - aprovação prévia pelo Senado Federal, art. 128, § 1°, 167

da União - Procurador-Geral da República - nomeação - Presidente da República, art. 128, § 1°, 167

delegação legislativa, vedação, art. 68, § 1°, I, 116

denúncia ou inquérito policial - homologação, transação penal, SV35, 368

despesa pública, projeto sobre serviços administrativos, art. 63, II, 114

direitos constitucionais, zelo, função institucional, art. 129, II, 169

do Distrito Federal - atribuições, art. 128, § 5°, 168

do Distrito Federal - estatuto, art. 128, § 5°, 168

do Distrito Federal - organização - e manutenção, art. 21, XIII, 51

do Distrito Federal - organização - legislação, art. 21, XVII, 55

do Distrito Federal - organização, art. 48, IX, 96

do Distrito Federal - organização, art. 61, § 1°, II, *d*, 110

do Distrito Federal - órgão do Ministério Público da União, art. 128, I, *d*, 167

do Distrito Federal - Procurador-Geral - destituição, art. 128, § 4°, 168

do Distrito Federal - Procurador-Geral - escolha, art. 128, § 3°, 167

do Distrito Federal - Procurador-Geral - nomeação, pelo Presidente da República, art. 128, § 3°, 167

do Trabalho - atribuições, art. 128, § 5°, 168

do Trabalho - estatuto, art. 128, § 5°, 168

do Trabalho - membros, estabilidade - ADCT, art. 29, § 4°, 281

do Trabalho - órgão do Ministério Público da União, art. 128, I, *b*, 167

do Trabalho - Tribunal - Regional do Trabalho, composição, art. 115, I, 161

dos Estados - atribuições, art. 128, § 5°, 168

dos Estados - estatuto, art. 128, § 5°, 168

Ministério Público
    dos Estados - organização, art. 61, § 1°, II, *d*, 110
    dos Estados - órgão do Ministério Público, art. 128, II, 167
    dos Estados - Procurador-Geral do Estado - destituição, art. 128, § 4°, 168
    dos Estados - Procurador-Geral do Estado - escolha, art. 128, § 3°, 167
    dos Estados - Procurador-Geral do Estado - nomeação pelo Governador, art. 128, § 3°, 167
    dos Estados - Tribunal de Contas dos Estados, atuação, art. 130, 171
    dos Territórios - atribuições, art. 128, § 5°, 168
    dos Territórios - estatuto, art. 128, § 5°, 168
    dos Territórios - organização - e manutenção, art. 21, XIII, 51
    dos Territórios - organização - legislação, art. 22, XVII, 55
    dos Territórios - organização, art. 48, IX, 96
    dos Territórios - organização, art. 61, § 1°, II, *d*, 110
    dos Territórios - órgão do Ministério Público da União, art. 128, I, *d*, 167
    dos Territórios - Procurador-Geral - destituição, art. 128, § 4°, 168
    dos Territórios - Procurador-Geral, art. 128, § 3°, 167
    federal - atribuições, art. 128, § 5°, 168
    federal - estatuto, art. 128, § 5°, 168
    federal - órgão do Ministério Público da União, art. 128, I, *a*, 167
    federal - Procurador da República, opção de carreira - ADCT, art. 29, § 2°, 281
    federal - Tribunal de Contas da União, atuação, art. 130, 171
    finalidade, art. 127, 166
    função institucional, requisição de - diligências investigatórias, art. 129, VIII, 170
    função institucional, requisição de - instauração de inquérito policial, art. 129, VIII, 170
    funcionamento, art. 127, § 2°, 166
    funções - exercício, art. 129, § 2°, 170
    funções - institucionais, art. 129, 169
    funções, art. 129, IX, 170
    garantias, art. 128, § 5°, I, 168
    índio - população indígena, defesa, art. 129, V, 169
    ingresso à carreira, requisitos, art. 129, § 3°, 170
    inquérito civil, promoção, art. 129, III, 169
    interesses difusos e coletivos, proteção, art. 129, III, 169
    irredutibilidade dos vencimentos - Constituição Estadual, S321, 406
    junto aos Tribunais de Contas, art. 31, 68
    lei complementar - atribuições - ADCT, art. 29, 281
    majoração de auxílio - vedação - ADCT, art. 109, VI, 326
    manifestações processuais, fundamentação, art. 129, VIII, 170
    membro - opção pelo regime anterior - ADCT, art. 29, § 3°, 281
    membro - residência, art. 129, § 2°, 170

ÍNDICE REMISSIVO

Ministério Público
  Militar - atribuições, art. 128, § 5°, 168
  Militar - estatuto, art. 128, § 5°, 168
  Militar - membros substitutos - vencimentos, S45, 375
  Militar - membros, estabilidade - ADCT, art. 29, § 4°, 281
  ofendido - crime contra a honra de servidor público - legitimidade concorrente - condições, S714, 453
  organização, art. 127, § 2°, 166
  órgãos, art. 128, 167
  ouvidoria - criação, art. 130-A, § 5°, 172
  princípios institucionais, art. 127, § 1°, 166
  proposta orçamentária, elaboração, art. 127, § 3°, 167
  proposta orçamentária, em desacordo - ajusgtes, art. 127, § 5°, 167
  proposta orçamentária, prazo, art. 127, § 4°, 167
  representação para intervenção - dos Estados nos Municípios, art. 129, IV, 169
  representação para intervenção - federal nos Estados, art. 129, IV, 169
  vedações, art. 128, § 5°, II, 168
  vedações, art. 129, IX, 170
  vencimentos, subsídios, irredutibilidade, art. 128, § 5°, I, c, 168
  x Magistratura - vencimentos - equiparação - constitucionalidade, S43, 375

Ministro. ....v. também desembargador, juiz, Justiça Eleitoral, Justiça Estadual, magistratura e Poder Judiciário
  civil do Superior Tribunal Militar. ....v. também Justiça Militar
  da Justiça - Conselho da República, membro, art. 89, VI, 126
  de Estado - auxílio ao Presidente da República no exercício do Poder Executivo, art. 84, II, 122
  de Estado - competência, art. 87, p.ú., 125
  de Estado - Conselho da República, convocação pelo Presidente da República, art. 90, § 1°, 126
  de Estado - crimes de responsabilidade - conexos com os do Presidente e Vice-Presidente da República, julgamento, art. 52, I, 100
  de Estado - crimes de responsabilidade - processo e julgamento, art. 102, I, c, 144
  de Estado - da Defesa - cargo privativo de brasileiro nato, art. 12, § 3°, VII, 40
  de Estado - da Defesa - Conselho de Defesa Nacional, membro nato, art. 91, V, 127
  de Estado - decretos, execução, art. 87, p.ú., II, 125
  de Estado - entidades da administração federal - coordenação, art. 87, p.ú., I, 125
  de Estado - entidades da administração federal - orientação, art. 87, p.ú., I, 125

Ministro

de Estado - entidades da administração federal - supervisão, art. 87, p.ú., I, 125

de Estado - escolha, art. 87, 125

de Estado - exoneração, art. 84, I, 122

de Estado - *habeas-corpus*, processo e julgamento, art. 102, I, *d*, 144

de Estado - *habeas-data*, processo e julgamento, art. 105, I, *b*, 152

de Estado - infrações penais comuns, processo e julgamento, art. 102, I, *b*, 143

de Estado - leis, execução, art. 87, p.ú., II, 125

de Estado - mandado de injunção, processo e julgamento, art. 105, I, *h*, 153

de Estado - mandado de segurança, processo e julgamento, art. 105, I, *b*, 152

de Estado - nomeação, art. 84, I, 122

de Estado - pedidos de informação - Câmara dos Deputados, art. 50, 98

de Estado - pedidos de informação - Senado Federal, art. 50, 98

de Estado - Poder Executivo, auxílio ao Presidente da República, art. 76, 120

de Estado - Presidente da República - delegação de atribuições, art. 84, p.ú., 124

de Estado - Presidente da República - referendo de atos e decretos, art. 87, p.ú., I, 125

de Estado - Presidente da República - relatório anual, art. 87, p.ú., III, 125

de Estado - processo contra, instauração, autorização, competência, art. 51, I, 99

de Estado - regulamentos, execução, art. 87, p.ú., II, 125

de Estado - remuneração, subsídios, fixação, competência, art. 49, VIII, 98

de Estado - Senado Federal, comparecimento, art. 50, 98

do Superior Tribunal Militar. ....v. também Justiça Militar

do Supremo Tribunal Federal. ....v. também STF

do Supremo Tribunal Federal - julgamento de questão constitucional - caso de não impedimento, S72, 378

do Trabalho - competente para especificação das atividades insalubres, S194, 391

do Tribunal Superior do Trabalho. ....v. também Justiça do Trabalho e TST

do Tribunal Superior Eleitoral. ....v. também Justiça Eleitoral

nomeação - impugnação - legitimidade, S628, 443

STJ. ....v. também STJ

STJ - aposentado do Tribunal Federal de Recursos - ADCT, art. 27, § 4º, 280

STJ - aproveitamento - Tribunal Federal de Recursos - ADCT, art. 27, § 2º, I, 280

STJ - classe - ADCT, art. 27, § 3º, 280

STJ - indicação em lista tríplice - ADCT, art. 27, § 5º, 280

STJ - nomeação - ADCT, art. 27, § 2º, II, 280

Índice Remissivo

Missão
de caráter permanente - chefes - crimes - comuns, art. 102, I, c, 144
diplomática. ....v. também diplomata
diplomática de caráter permanente - chefes - aprovação pelo Senado Federal, art. 52, IV, 101
diplomática de caráter permanente - chefes - crimes - de responsabilidade, art. 102, I, c, 144

Mobilização Nacional
Congresso Nacional, referendo, art. 84, XIX, 123
Presidente da República, decretação, art. 84, XIX, 123

Modalidade
depositário infiel - prisão civil, ilítita, SV25, 367
entidade federada - produto de arrecadação, imposto - União, EC3, art. 2º, § 3º, 329

Moeda
emissão - competência da União, art. 164, 203
emissão, art. 48, XIV, 97

Monopólio. ....v. também União
estatal - minérios nucleares e seus derivados, art. 21, *caput* e XXIII, 52
União - comércio de gás natural, art. 177, III, 217
União - comércio de minérios e minerais nucleares e seus derivados, art. 177, V, 217
União - comércio de petróleo, art. 177, III, 217
União - enriquecimento de minérios e minerais nucleares e seus derivados, art. 177, V, 217
União - exportação de petróleo, art. 177, III, 217
União - gás natural, art. 177, I, 216
União - importação de petróleo, art. 177, III, 217
União - industrialização de minérios e minerais nucleares e seus derivados, art. 177, V, 217
União - jazidas de petróleo, art. 177, I, 216
União - lavra de minérios e minerais nucleares e seus derivados, art. 177, V, 217
União - pesquisa de minérios e minerais nucleares e seus derivados, art. 177, V, 217
União - refinação de petróleo, art. 177, II, 216
União - reprocessamento de minérios e minerais nucleares e seus derivados, art. 177, V, 217
União - transporte de gás natural, art. 177, IV, 217
União - transporte de petróleo, art. 177, IV, 217
União, art. 177, 216
vedação, art. 173, § 4º, 214

Monumentos
proteção, competência, art. 23, III, 57

Mora

purgação - locação - lei de luvas - impossibilidade, S123, 383

purgação - possibilidade, S122, 383

Moradia. ....v. também habitação

direito social, arts. 6°, 32

Moralidade

administrativa - ação popular, art. 5°, LXXIII, 31

princípio da administração pública, art. 37, 72

Moratória

renúncia - falta de cancelamento - débito pecuário - reajustamento - possibilidade, S182, 390

Morte. ....v. também concubina, óbito, pensão e proventos

candidato à Presidência, art. 77, § 4°, 121

presumida - inventário - imposto de transmissão causa mortis - incidência - legitimidade, S331, 407

Mulher(es)

presa - direito a amamentar, art. 5°, L, 28

serviço militar, art. 143, § 2°, 180

Multa(s). ....v. também execução fiscal

contratual x honorários advocatícios - cumulação - permissão, S616, 442

fiscal - caracterização - pena administrativa - exclusão - crédito em falência, S565, 436

fiscal com efeito de pena administrativa - inclusão em crédito habilitado em falência, S192, 391

fiscal moratória - inclusão em crédito habilitado em falência, S191, 391

pedido de desocupação de imóvel - motivos legais - não atendimento, S109, 382

pelo retardamento da liquidação - acidente do trabalho, S238, 396

pelo retardamento da liquidação - acidente do trabalho, S311, 404

por importação irregular de mercadoria - base de cálculo, S469, 423

Município(s). ....v. também Poder Executivo, Poder Legislativo, prefeito e prefeitura

Administração Pública, princípios, art. 37, 72

autonomia, art. 18, 45

bens - e serviços - diferença tributária, vedação, art. 152, 190

bens - e serviços - limitações ao poder de tributar, art. 152, 190

brasileiro, vedação de distinção, art. 19, III, 47

Câmara Municipal - competência, art. 29, V, 65

Câmara Municipal - composição, art. 29, IV, 63

Câmara Municipal - fiscalização - financeira pelo Tribunal de Contas dos Estados ou Municípios, art. 31, § 1°, 68

Câmara Municipal - fiscalização - financeira pelos Municípios, art. 31, 68

Câmara Municipal - fiscalização - orçamentária pelo Tribunal de Contas dos Estados ou Municípios, art. 31, § 1°, 68

ÍNDICE REMISSIVO

Município(s)
Câmara Municipal - fiscalização - orçamentária pelos Municípios, art. 31, 68
Câmara Municipal - função - fiscalizadora, art. 29, XI, 66
Câmara Municipal - função - legislativa, art. 29, XI, 66
competência - estabelecimento comercial, fixar horário, SV38, 368
competência - tributária - imposto sobre - propriedade predial e territorial
  urbana, art. 156, I, 197
competência - tributária - imposto sobre - serviços de qualquer natureza, lei
  complementar - benefícios fiscais - ADCT, art. 88, 310
competência - tributária - imposto sobre - serviços de qualquer natureza, lei
  complementar - benefícios fiscais, art. 156, § 3°, III, 198
competência - tributária - imposto sobre - serviços de qualquer natureza, lei
  complementar - fixação de alíquotas máximas e mínimas - ADCT, art. 88,
  310
competência - tributária - imposto sobre - serviços de qualquer natureza, lei
  complementar - fixação de alíquotas máximas e mínimas, art. 156, § 3°, I,
  198
competência - tributária - imposto sobre - serviços de qualquer natureza, lei
  complementar - incentivos - ADCT, art. 88, 310
competência - tributária - imposto sobre - serviços de qualquer natureza, lei
  complementar - incentivos, art. 156, § 3°, III, 198
competência - tributária - imposto sobre - serviços de qualquer natureza, lei
  complementar - isenções - ADCT, art. 88, 310
competência - tributária - imposto sobre - serviços de qualquer natureza, lei
  complementar - isenções, art. 156, § 3°, III, 198
competência - tributária - imposto sobre - transmissão *inter vivos*, art. 156, II e
  § 2°, 197
competência - tributária - vedação ao limite de tráfego, art. 150, V, 187
competência - tributária, art. 145, 183
competência - tributária, art. 30, III, 68
competência comum com União, DF e Estados, art. 23, 57
competência comum com União, Estados e Distrito Federal - agropecuária -
  fomento, art. 23, VIII, 58
competência comum com União, Estados e Distrito Federal - alimentação -
  abastecimento - organização, art. 23, VIII, 58
competência comum com União, Estados e Distrito Federal - assistência
  pública, art. 23, II, 57
competência, art. 30, 67
Conselho de Contas, vedação de criação, art. 31, § 4°, 69
contas, art. 31, § 3°, 69
contribuições previdenciárias, débitos - ADCT, art. 57, 291
contribuições previdenciárias, débitos - consignação - ADCT, art. 57, § 3°,
  291

633

Município(s)

crédito - externo, disposições sobre limites globais pelo Senado Federal, art. 52, VII, 101

crédito - interno, disposições sobre limites globais pelo Senado Federal, art. 52, VII, 101

criação, art. 18, § 4º, 46

criação, fusão, incorporação e desmembramento - ADCT, art. 96, 313

demarcação das terras - linhas divisórias - solicitação à União - ADCT, art. 12, § 3º, 275

demarcação de terras - áreas em litígio - limites - competência - ADCT, art. 12, § 4º, 275

desmembramento, art. 18, § 4º, 46

despesas - com pessoal - ADCT, art. 38, p.ú., 285

despesas - com pessoal, art. 169, 210

desvinculação de 30% da arrecadação, período até 31 de dezembro de 2023 - ADCT, art. 76-A, 304

disponibilidades de caixa - depósito em instituições financeiras oficiais, art. 164, § 3º, 203

Distrito - criação, art. 30, IV, 68

Distrito - Federal - vedação de divisão, art. 32, 69

Distrito - organização, art. 30, IV, 68

Distrito - supressão, art. 30, IV, 68

dívida - mobiliária - limites globais, fixação pelo Senado Federal, art. 52, IX, 101

dívida - pública - limites globais, fixação pelo Senado Federal, art. 52, VI, 101

documento público, recusa de fé, vedação, art. 19, II, 47

educação infantil, programas, art. 30, VI, 68

empresa de pequeno porte, tratamento jurídico diferenciado, art. 179, 219

ensino - aplicação de receita de impostos, art. 212, 243

ensino fundamental, programas, art. 30, VI, 68

estabelecimento comercial do mesmo ramo - princípio da livre concorrência, S646, 445

Estado-Membro, demarcação das terras em litígio - ADCT, art. 12, § 2º, 275

Fazenda Pública, precatório, art. 100, 136

fiscalização - contábil - exibição das contas aos contribuintes, art. 31, § 3º, 69

fiscalização - contábil, art. 75, 120

fiscalização - financeira - exibição das contas aos contribuintes, art. 31, § 3º, 69

fiscalização - financeira, art. 31, 68

fiscalização - financeira, art. 75, 120

fiscalização - orçamentária - exibição das contas aos contribuintes, art. 31, § 3º, 69

fiscalização - orçamentária, art. 31, 68

fiscalização - orçamentária, art. 75, 120

ÍNDICE REMISSIVO

Município(s)
fundo de participação, determinação - ADCT, art. 34, § 2°, 282
fusão, art. 18, § 4°, 46
guardas municipais, art. 144, § 8°, 182
horário de funcionamento de estabelecimento comercial - competência, S645, 445
ICM - 20% - recebimento - redução pelo Estado - impossibilidade, S578, 437
imposto sobre - propriedade predial e territorial urbana, função social da propriedade, art. 156, § 1°, 197
imposto sobre - transmissão *inter vivos*, isenção, art. 156, § 2°, I, 198
incentivos fiscais, reavaliação - ADCT, art. 41, 285
incorporação, art. 18, § 4°, 46
iniciativa de lei, população, art. 29, XIII, 66
instituição de - assistência social sem fins lucrativos, limitações ao poder de tributar, art. 150, VI, c e § 4°, 188
instituição de - educação sem fins lucrativos, limitações ao poder de tributar, art. 150, VI, c e § 4°, 188
jornais, limitações ao poder de tributar, art. 150, VI, *d*, 188
legislação - assunto de interesse local, art. 30, I, 68
legislação - Federal, suplementação, art. 30, II, 68
lei orgânica - ADCT, art. 11, p.ú., 275
lei orgânica, art. 29, 63
limitações ao poder de tributar - autarquias mantidas pelo Poder Público, art. 150, §§ 2° e 3°, 188
limitações ao poder de tributar - bens e serviços, diferença tributária, vedação, art. 152, 190
limitações ao poder de tributar - fundações mantidas pelo Poder Público, art. 150, §§ 2° e 3°, 188
limitações ao poder de tributar - instituição de - assistência social sem fins lucrativos, art. 150, VI, c e § 4°, 188
limitações ao poder de tributar - instituição de - educação sem fins lucrativos, art. 150, VI, c e § 4°, 188
limitações ao poder de tributar - jornais, art. 150, VI, *d*, 188
limitações ao poder de tributar - livros, art. 150, VI, *d*, 188
limitações ao poder de tributar - partidos políticos, art. 150, VI, c e § 4°, 188
limitações ao poder de tributar - patrimônio de entes públicos, art. 150, VI, *a*, 187
limitações ao poder de tributar - periódicos, art. 150, VI, *d*, 188
limitações ao poder de tributar - renda de entes públicos, art. 150, VI, *a*, 187
limitações ao poder de tributar - serviço de entes públicos, art. 150, VI, *a*, 187
limitações ao poder de tributar - sindicatos, art. 150, VI, c e § 4°, 188

Município(s)

limitações ao poder de tributar - templos de qualquer culto, art. 150, VI, *b* e § 4°, 188

limites globais - dívida - mobiliária, fixação pelo Senado Federal, art. 52, IX, 101

limites globais - dívida - pública, fixação pelo Senado Federal, art. 52, VI, 101

livros, limitações ao poder de tributar, art. 150, VI, *d*, 188

mar territorial - exploração - compensação financeira, art. 20, § 1°, 48

mar territorial - exploração - participação no resultado, art. 20, § 1°, 48

microempresa - tratamento jurídico diferenciado, art. 179, 219

orçamento, recursos para a assistência social, art. 204, 239

órgãos de Contas, vedação de criação, art. 31, § 4°, 69

partidos políticos, limitações ao poder de tributar, art. 150, VI, *c* e § 4°, 188

patrimônio - de entes públicos, limitações ao poder de tributar, art. 150, VI, *a*, 187

patrimônio - histórico-cultural, proteção, art. 30, IX, 68

periódicos, limitações ao poder de tributar, art. 150, VI, *d*, 188

pessoal, despesas - ADCT, art. 38, 285

pessoal, despesas, art. 169, 210

planejamento, cooperação das associações representativas de bairro, art. 29, XII, 66

plataforma continental, direito de - compensação financeira por sua exploração, art. 20, § 1°, 48

plataforma continental, direito de - participação por sua exploração, art. 20, § 1°, 48

prestação de contas, art. 30, III, 68

quadro de pessoal, compatibilização - ADCT, art. 24, 279

reforma administrativa, art. 24, 279

regulamentação - horário de trabalho - comércio, S419, 417

religião, vedações, art. 19, I, 46

renda - de entes públicos, limitações ao poder de tributar, art. 150, VI, *a*, 187

repartição das receitas tributárias, retenção ou restrição, vedação, art. 160, 201

saúde, serviços de atendimento, art. 30, VII, 68

serviço - de entes públicos, limitações ao poder de tributar, art. 150, VI, *a*, 187

serviço - público de interesse local - organização, art. 30, V, 68

serviço - público de interesse local - prestação, art. 30, V, 68

serviço - público de interesse local - suplementação, art. 30, II, 68

símbolos, art. 13, § 2°, 40

sindicatos, limitações ao poder de tributar, art. 150, VI, *c* e § 4°, 188

sistema de ensino, art. 211, *caput* e § 2°, 242

Índice Remissivo

Município(s)
sistema tributário nacional - aplicação da legislação anterior - ADCT, art. 34, § 5°, 283
sistema tributário nacional, edição de leis - ADCT, art. 34, § 3°, 283
sistema tributário nacional, leis necessárias à aplicação - ADCT, art. 34, § 4°, 283
Sistema Único de Saúde. Município(s):SUS
solo urbano - controle, art. 30, VIII, 68
solo urbano - ocupação, art. 30, VIII, 68
solo urbano - parcelamento, art. 30, VIII, 68
solo urbano - planejamento, art. 30, VIII, 68
SUS - financiamento, art. 198, § 1°, 229
taxa de conservação de estradas de rodagem - base de cálculo - idêntica ao ITR - inconstitucionalidade, S595, 439
templos, limitações ao poder de tributar, art. 150, VI, *b* e § 4°, 188
transporte coletivo, caráter essencial, art. 30, V, 68
Tribunais de Contas, vedação de criação, art. 31, § 4°, 69
tributação, limites, art. 150, 186
tributos - arrecadação, art. 30, III, 68
tributos - instituição, art. 30, III, 68
turismo, promoção e incentivo, art. 180, 219

Músico
orquestra da empresa - legislação a que está sujeito, S312, 405

Nacionalidade. ....v. também **brasileiro, cidadania e povo**
delegação legislativa, vedação, art. 68, § 1°, II, 116
foro competente, art. 109, X, 156
opção, art. 12, I, c, 39
perda, art. 12, § 4°, 40

Nascimento
gratuidade do registro civil, art. 5°, LXXVI, a, 31

Naturalização
foro competente, art. 109, X, 156
imposta a brasileiros, art. 12, 4°, II, 40

Naturalizado(s)
brasileiros, art. 12, II, 39

Natureza. ....v. também **meio ambiente**
conservação, competência legislativa concorrente, art. 24, VI, 59

Navegação. ....v. também **embarcações, portos e transporte**
aérea, competência para legislar, art. 22, X, 54
aeroespacial - competência para legislar, art. 22, X, 54
aeroespacial - União - exploração - autorização, art. 21, XII, c, 51
aeroespacial - União - exploração - concessão, art. 21, XII, c, 51
aeroespacial - União - exploração - permissão, art. 21, XII, c, 51
de cabotagem - embarcações nacionais, art. 178, 218

Navegação
de interior - embarcações nacionais, art. 178, 218
fluvial, competência para legislar, art. 22, X, 54
lacustre, competência para legislar, art. 22, X, 54
marítima, competência para legislar, art. 22, X, 54
Navio. ....v. também **embarcação**
bandeira brasileira - transporte - obrigatoriedade - isenção tributária -
legitimação, S581, 438
Negro. ....v. *também raça*
remanescente dos quilombos, propriedade definitiva das terras - ADCT, art.
68, 297
Nomeação(ões)
candidato aprovado - direito, S15, 372
cargos em comissão - violação à CF/1988, SV13, 365
desfazimento - possibilidade, S17, 373
funcionário aprovado por concurso público - direito a posse, S16, 372
interina - Procurador da República, S44, 375
membro de Tribunal - impugnação - legitimidade, S628, 443
Normas gerais. ....v. também **União**
da educação nacional, art. 209, I, 242
finanças públicas, art. 163, 202
forças armadas - lei complementar, art. 142, § 1º, 178
legislação concorrente - competência da União, art. 24, § 1º, 60
legislação concorrente - competência dos Estados, art. 24, § 2º, 60
legislação tributária - lei complementar, art. 146, III, 184
licitações e contratos - competência legislativa da União, art. 22, XXVII, 56
polícia militar - competência legislativa da União, art. 22, XXI, 56
serviços notariais e de registro - fixação de emolumentos, art. 236, § 2º, 265
Notário(s). ....v. também **serviço notarial e tabelião**
concurso público, art. 236, § 3º, 265
Poder Judiciário, fiscalização de seus atos, art. 236, § 1º, 265
responsabilidade - civil, art. 236, § 1º, 265
responsabilidade - criminal, art. 236, § 1º, 265
Notificação. ....v. também **citação e intimação**
Novo Regime Fiscal
alteração - condições - ADCT, art. 108, 325
aplicações mínimas em saúde e educação - ADCT, art. 110, 327
exceções - ADCT, art. 112, 327
suspensão de proposição legislativa - verificação de compatibilidade - ADCT,
art. 114, 327
vigência - ADCT, art. 106, 324

ÍNDICE REMISSIVO

Nulidade(s). ....**v. também anulação**
absoluta - julgamento pelo júri - quesito obrigatório - ausência, S156, 387
absoluta - julgamento pelo júri - quesitos da defesa posteriores aos das
circunstâncias agravantes, S162, 388
atos administrativos - declaração pela Administração Pública - possibilidade,
S346, 408
citação por edital - réu preso - mesma unidade federativa, S351, 409
contra o réu - argüição - acolhimento - recurso da acusação - ausência -
decisão do Tribunal - nula - ressalva, S160, 387
da venda realizada diretamente pelo mandante ao mandatário - ausência,
S165, 388
decisão que determina o desaforamento de processo da competência do júri
sem audiência da defesa, S712, 453
falta de intimação do denunciado para oferecer contra-razões ao recurso,
S707, 452
julgamento - recurso criminal - ausência de intimação, S431, 419
novo julgamento - mesmo jurado, S206, 393
relativa - inobservância da competência penal por prevenção, S706, 452
relativa - processo criminal - ausência de intimação da expedição de
precatória, S155, 387
um só perito em processo penal, S361, 410
OAB. ....**v. também advogado**
ação de inconstitucionalidade, legitimidade, art. 103, VII, 147
Óbito
gratuidade da certidão, art. 5°, LXXVI, b, 32
Objeto
da condenação, contribuição previdenciária - Justiça do Trabalho, SV53, 370
Obra(s). ....**v. também arquiteto, engenheiro, meio
ambiente e patrimônio**
autor, direitos, art. 5°, XXVII, 24
coletivas, participação individual, art. 5°, XXVIII, a, 24
criadores, aproveitamento econômico, fiscalização, art. 5°, XXVIII, b, 24
de arte - evasão - competência comum, art. 23, IV, 57
herdeiros, direitos, art. 5°, XXVII, 24
intérpretes, aproveitamento econômico, fiscalização, art. 5°, XXVIII, b, 24
licenciada - desapropriação - indenização - valor, S23, 373
meio ambiente, degradação, estudo prévio, art. 225, § 1°, IV, 256
patrimônio cultural brasileiro, art. 216, IV, 247
públicas - licitação, art. 37, XXI, 79
valor - artístico, proteção, art. 23, III e IV, 57
valor - cultural, proteção, art. 23, III e IV, 57
valor - histórico, proteção, art. 23, III e IV, 57

Obrigação. ....v. também contrato
alimentícia - prisão civil por dívida, art. 5°, LXVII, 30
de dar - não cumprimento pelo réu - ação cabível, S500, 427
ilíqüida - juros moratórios - contagem - termo inicial - ressalva, S163, 388
líquida - juros moratórios contra a fazenda pública - termo inicial, S255, 398
tributária - prazo de recolhimento - alteração - princípio da anterioridade - não sujeição, S669, 448

Oficial
das forças armadas - reforma em tempo de paz, S385, 413
de registro - concurso público, art. 236, § 3°, 265
de registro - Poder Judiciário, fiscalização dos atos, art. 236, § 1°, 265
de registro - responsabilidade - civil, art. 236, § 1°, 265
de registro - responsabilidade - criminal, art. 236, § 1°, 265
general - promoção e nomeação, art. 84, XIII, 123

Ofício
liberdade de exercício, art. 5°, XIII, 21

Olimpíadas. ....v. também desporto

Operação
de crédito - Congresso Nacional, art. 48, II, 96
de crédito - despesas de capital excedentes - ADCT, art. 37, 285
de guerra - militar - ausência - terço de campanha - inexistência, S407, 416

Orçamento
Congresso Nacional, art. 48, II, 96
créditos - especiais, art. 167, § 2°, 209
créditos - extraordinários, art. 167, §§ 2° e 3°, 209
delegação legislativa, vedação, art. 68, § 1°, III, 116
lei anual - ADCT, art. 35, 284
plano plurianual. ....v. também PPA
Poder Executivo, iniciativa de lei, art. 165, III, 203
Público - títulos da dívida agrária, art. 184, § 4°, 221
vedações - ADCT, art. 37, 285
vedações, art. 167, 208

Ordem
conômica e financeira - pessoa - jurídica, responsabilidade, art. 173, § 5°, 214
econômica - direito ao exercício de todas as atividades econômicas, art. 170, p.ú., 213
econômica - documento de natureza comercial, requisição por autoridade estrangeira, art. 181, 219
econômica - empresa - de pequeno porte, tratamento jurídico diferenciado, art. 179, 219
econômica - empresa - nacional de pequeno porte, tratamento jurídico diferenciado, art. 170, IX, 212
econômica - empresa pública, relação com - Estado, regulamentação, art. 173, § 3°, 214

Índice Remissivo

Ordem

econômica - empresa pública, relação com - sociedade, regulamentação, art. 173, § 3°, 214

econômica - fundamentos, art. 170, 212

econômica - informação de natureza comercial, requisição por autoridade estrangeira, art. 181, 219

econômica - livre concorrência, art. 170, IV, 212

econômica - pleno emprego, art. 170, VIII, 212

econômica - princípios, art. 170, 212

econômica e financeira - pessoa - física, responsabilidade, art. 173, § 5°, 214

judicial. ....v. também acórdão e sentença

judicial - violabilidade das comunicações telefônicas, art. 5°, XII, 21

social - fundamentos, art. 193, 225

social - objetivo, art. 193, 225

Ordem dos Advogados do Brasil. ....v. também OAB

Organismo(s)

regionais - atribuições, art. 43, § 1°, II, 94

regionais - composição, art. 43, § 1°, II, 94

Organização

indígena - capacidade processual, art. 232, 263

indígena - processo, participação do Ministério Público, art. 232, 263

judiciária - União, competência legislativa, art. 22, XVII, 55

Órgão(s)

Estados e DF - desvinculação de 30% da arrecadação, período até 31 de dezembro de 2023 - ADCT, art. 76-A, 304

públicos - disponibilidade de caixa, depósito em instituições financeiras oficiais, art. 164, § 3°, 203

públicos atos, art. 37, § 1°, 80

públicos campanhas, art. 37, § 1°, 80

públicos inspeções e auditorias, art. 71, IV, 117

públicos obras, art. 37, § 1°, 80

públicos programas, art. 37, § 1°, 80

públicos serviços, art. 37, § 1°, 80

Origem

discriminação, condenação, art. 3°, IV, 18

Ouro. ....v. também lavra e minério

ativo financeiro, impostos, normas, art. 153, § 5°, 191

instrumento cambial, impostos, normas, art. 153, § 5°, 191

Ouvidoria(s)

de justiça, art. 103-B, § 7°, 151

Pagamento

acidente do trabalho - suspensão por controvérsia entre empregador e segurador - impossibilidade, S337, 407

cheque falso - responsabilidade, S28, 374

Pagamento
de desapropriação - demora - indenização complementar - não cabimento, S416, 417
de desapropriação - demora - juros - cabimento, S416, 417
indenização - danos materiais - correção monetária - cabimento, S562, 435
indenização por desapropriação - atraso - correção monetária - obrigatoriedade, S561, 435
precatório - convalidação do recurso devido, EC62, art. 5º, 356
precatório - valor inferior ao recurso devido, EC62, art. 4º, I, 356
precatórios judiciais - forma - ADCT, art. 33, 282
seguro - suicídio, S105, 382
tributo indireto - restituição - vedação, S71, 378
vedação - inclusão de quadro em extinção de servidor público policial civil ou militar - administração pública, ex-territórios e dos estados do Amapá ou Roraima, União, EC98, art. 2º, § 2º, 362

País
estrangeiro - sentença de divórcio obtida por procuração - homologação - impossibilidade, S381, 413

Pantanal mato-grossense
patrimônio nacional, art. 225, § 4º, 258

Papel
destinado à impressão - imposto, art. 150, VI, d, 188

Parecer prévio
contas do Prefeito, , art. 31, § 2, 69

Parentes
consangüíneos - caso de inelegibilidade, art. 14, § 7º, 42

Parlamentarismo
plebiscito - ADCT, art. 2º, 271

Participação popular. ....v. também denúncia, povo e processo legislativo

Partido político. ....v. também eleição
ação de inconstitucionalidade, art. 103, VIII, 147
acesso gratuito - rádio, art. 17, § 3º, 44
acesso gratuito - televisão, art. 17, § 3º, 44
autonomia, art. 17, § 1º, 44
caráter nacional, art. 17, I, 43
criação - ADCT, art. 6º, 272
criação, art. 17, 43
direitos fundamentais da pessoa humana, art. 17, 43
estatuto - ADCT, art. 6º, 272
estatuto, art. 17, § 1º, 44
extinção, incorporação, art. 17, 43
funcionamento parlamentar, art. 17, IV, 44
funcionamento, art. 17, § 1º, 44

ÍNDICE REMISSIVO

Partido político
fusão, art. 17, 43
imóvel - IPTU - imunidade, S724, 454
incorporação, art. 17, 43
limitações ao poder de tributar, art. 150, VI, c e § 4°, 188
manifesto - ADCT, art. 6°, 272
organização, art. 17, § 1°, 44
personalidade jurídica, art. 17, § 2°, 44
pluripartidarismo, art. 17, 43
prazo para desligamento, facultativo - mandato eletivo, EC91, art. 1°, 359
prestação de contas, art. 17, III, 44
programa - ADCT, art. 6°, 272
recurso do fundo partidário e à propaganda, diretrizes - coligação partidária, EC91, art. 3°, p.ú., 360
recursos, art. 17, § 3°, 44
regime democrático, art. 17, 43
registro - ADCT, art. 60, 108
registro - provisório - concessão pelo Tribunal Superior Eleitoral - ADCT, art. 6°, § 1°, 272
registro - provisório - perda - ADCT, art. 6°, § 2°, 272
registro, art. 17, § 2°, 44
requisitos, art. 17, 43
soberania nacional, art. 17, 43
Tribunal Superior Eleitoral - ADCT, art. 6°, 272
vedação de - subordinação à entidade ou governo também no estrangeiro, art. 17, II, 44
vedação de - utilização de organização paramilitar, art. 17, § 4°, 45
verticalização, art. 17, § 1°, 44
Partilha
tributária, art. 157, 199
Paternidade
licença, art. 7°, XIX, 35
Patrão. ....v. também empregador
culpa presumida pelo ato culposo do empregado, S341, 408
Patrimônio. ....v. também obra
nacional - atos gravosos, art. 49, I, 97
nacional - floresta amazônica, art. 225, § 4°, 258
nacional - mata atlântica, art. 225, § 4°, 258
nacional - mercado interno - desenvolvimento - cultural, art. 219, 251
nacional - mercado interno - desenvolvimento - sócio-econômico, art. 219, 251
nacional - pantanal mato-grossense, art. 225, § 4°, 258
nacional - serra do mar, art. 225, § 4°, 258
nacional - zona costeira, art. 225, § 4°, 258

J. U. Jacoby Fernandes

Patrocínio
  públicos - previdência privada, art. 202, § 3°, 238
Paz
  celebração, art. 21, II, 49
  celebração, art. 49, II, 97
  celebração, art. 84, XX, 124
  celebração, art. 91, § 1°, 127
  Conselho de Defesa Nacional, art. 91, § 1°, I, 127
  defesa, art. 4°, VI, 18
  estado de defesa para garantir, art. 136, 176
Pedreira
  exploração - contrato - lei de luvas - sujeição - exclusão, S446, 421
Pena(s). ....v. também punição
  aplicação imediata de regime menos severo - admissão, S716, 453
  comutação, competência, art. 84, XII, 123
  cumprimento, estabelecimento, art. 5°, XLVIII, 28
  de comisso - aplicação - sentença - exigência, S169, 389
  de morte - direitos e deveres individuais e coletivos, art. 5°, XLVII, *a*, 28
  disciplinar - militar da reserva, S55, 376
  disciplinar - militar reformado, S56, 376
  em concreto - prescrição - abrangência, S604, 440
  imposição de regime de cumprimento mais severo - exige motivação idônea, S719, 454
  imposição de regime de cumprimento mais severo - opinião pessoal do julgador - não constitui motivação idônea, S718, 454
  individualização, regulamentação, art. 5°, XLVI e XLVII, 28
  progressão de regime de cumprimento - admissão, S716, 453
  progressão de regime de execução - réu em prisão especial - não impede, S717, 453
  racismo, reclusão, art. 5°, XLII, 27
  tipos, art. 5°, XLVI, 28
  unificada - limite de 30 anos - não é considerada para a concessão de outros benefícios, S715, 453
Penhora
  embargos de terceiro - impossibilidade, S621, 442
Pensão. ....v. também morte, pensionista e proventos
  anulação/revogação - ampla defesa, SV3, 364
  aos dependentes, concessão, aposentadoria - servidor público - previdência social, EC41, art. 3°, 346
  aos dependentes, concessão, aposentadoria, cálculo do provento - servidor público - previdência social, EC41, art. 3°, § 2°, 346
  especial - ex-combatente da segunda guerra mundial- ADCT, art. 53, p.ú., 290
  mensal vitalícia - seringueiros - concessão - prazo - ADCT, art. 54, § 3°, 290

ÍNDICE REMISSIVO

Pensão
mensal vitalícia - seringueiros recrutados - ADCT, art. 54, 290
origem - indenização por responsabilidade civil - base de cálculo, S490, 426
por morte – valor mínimo, art. 201, § 2°, 234
por morte ao cônjuge ou companheiro, art. 201, V, 233
previdenciária - dependentes - trabalhador rural - LC n° 11/71, S613, 441
regime de previdência complementar - servidores - limites, art. 40, § 14, 90
seringueiros - benefícios transferíveis aos dependentes carentes - ADCT, art. 54, § 2°, 290
seringueiros da região amazônica - Segunda Guerra Mundial - ADCT, art. 54, § 1°, 290
subsídios, limites - exceções, art. 37, § 11, 82
Pensionista(s). ....v. também servidor público
revisão dos direitos - ADCT, art. 20, 278
Percentagem
servidor - coletoria, S30, 374
Perda. ....v. também dano
da nacionalidade - brasileiro, art. 12, § 4°, 40
de bens, art. 5°, XLVI, 28
de carga transportada por navio - segurador sub-rogado - ação de indenização - prescrição - prazo, S151, 386
Perícia
judicial - não dispensa o enquadramento da atividade como insalubre- S460, 422
Periculosidade
adicional, art. 7°, XXIII, 35
exame para cessação - qualquer tempo, S520, 430
Periódicos
imposto sobre, art. 150, VI, *d*, 188
Perito
em processo penal - impedimento, S361, 410
em processo penal - só um - nulidade, S361, 410
Permissão
serviço público, meios de comunicação - forma, sistema de governo - plebiscito, EC2, art. único, § 2°, 328
Pescadores
colônias, art. 8°, p.ú., 38
Pesquisa
científica - receita dos Estados e do DF, art. 218, § 5°, 251
científica básica e tecnológica – prioridade do Estado art. 218, § 1°, 250
desenvolvimento - recursos humanos - condições especiais de trabalho, art. 218, § 3°, 251
legislação, art. 24, IX, 59
tecnológica – objetivo – problemas brasileiros, art. 218, § 2°, 250

J. U. Jacoby Fernandes

Pessoa jurídica. ....v. *também entidade*

de direito privado - demanda judicial - agência - foro do domicílio - competência, S363, 410

de direito privado - demanda judicial - estabelecimento - foro do domicílio - competência, S363, 410

ilegitimidade para propor ação popular, S365, 411

Petição de herança. ....v. também herança - ação

Petrobrás

contratos de risco - ADCT, art. 45, p.ú., 287

Petróleo. ....v. também derivados do petróleo

exportação, monopólio da União, art. 177, III, 217

importação, monopólio da União, art. 177, III, 217

monopólio, exclusão - ADCT, art. 45, 287

refinação, monopólio da União, art. 177, II, 216

transporte - marítimo, monopólio da União, art. 177, IV, 217

transporte - por meio de conduto, monopólio da União, art. 177, IV, 217

PIS

abono, art. 239, 266

PASEP - arrecadação, aplicação, art. 239, 266

seguro-desemprego, art. 239, 266

sobre combustíveis - legitimidade, S659, 447

sobre derivados do petróleo - legitimidade, S659, 447

sobre energia elétrica - legitimidade, S659, 447

sobre minerais - legitimidade, S659, 447

sobre serviços de telecomunicações - legitimidade, S659, 447

Piso

salaria nacional - escola pública - princípio do Ensino, art. 206, VIII, 240

Planejamento

do desenvolvimento nacional - bases, art. 174, § 1°, 215

do desenvolvimento nacional - diretrizes, art. 174, § 1°, 215

familiar, art. 226, § 7°, 259

Plano Plurianual. ....v. também PPA

Plano(s)

Collor I - índice de correção monetária aplicável aos depósitos bloqueados - BTN fiscal - constitucionalidade, S725, 455

de custeio e de benefícios - seguridade social - apreciação - prazo - ADCT, art. 59, 291

de custeio e de benefícios - seguridade social - implantação - prazo - ADCT, art. 59, 291

Nacional - de desenvolvimento, art. 48, IV, 96

Nacional - de juventude, art. 227, § 8°, II, 262

Nacional de Cultura, art. 215, § 3°, 247

Nacional de desenvolvimento - econômico e social, art. 43, § 1°, II, 94

Nacional de educação - duração decenal, art. 214, 245

ÍNDICE REMISSIVO

Plano(s)
Nacional de educação - objetivos, art. 214, 245
Nacional de educação, art. 205, 239
Nacional de educação, art. 212, § 3°, 244

Plebiscito
autorização, art. 49, XV, 98
exercício da soberania, art. 14, I, 41
forma, sistema de governo - meios de comunicação, serviço público, permissão, EC2, art. único, § 2°, 328
forma, sistema de governo - vigência, EC2, art. único, § 1°, 328
revisão constitucional, livre divulgação - ADCT, art. 2°, § 1°, 271
revisão constitucional, prazo - ADCT, art. 2°, 271
TSE, normas regulamentadoras - ADCT, art. 2°, § 2°, 271

Pluralismo
de ideias - princípio do Ensino, art. 206, III, 239
político, art. 1°, V, 17

POA
emendas ao projeto de lei, condições para aprovação,, art. 166, § 3°, 205

Pobreza
combate às causas, art. 23, X, 58
erradicação, art. 3°, III, 18
fundo de combate e erradicação - ADCT, arts. 79 a 83, 306

Poder
de polícia - da Câmara dos Deputados - abrangência - crime cometido nas dependências, S397, 415
de polícia - do Senado Federal - abrangência - crime cometido nas dependências, S397, 415

Poder Executivo. ....v. também mensagem presidencial, presidente da República e projeto de lei
alteração de alíquotas, competência tributária, art. 153, § 1°, 190
anulação de aposentadoria pelo Poder Executivo - competência revisora do Judiciário, S6, 371
anulação de aposentadoria pelo Poder Executivo - depende de aprovação pelo Tribunal de Contas, S6, 371
art. 2°, 17
atividades nucleares, iniciativa, art. 49, XIV, 98
atos - controle, art. 49, X, 98
atos - fiscalização, art. 49, X, 98
atos - normativos, sustação pelo Congresso Nacional, art. 49, V, 97
comissão de estudos territoriais - indicação - ADCT, art. 12, 275
controle interno - fiscalização - contábil - da União - finalidade, art. 74, 119
controle interno - fiscalização - contábil - da União - prestação de contas, art. 70, p.ú., 116
controle interno - fiscalização - contábil - da União, art. 70, 116

647

J. U. Jacoby Fernandes

Poder Executivo

controle interno - fiscalização - financeira - da União - finalidade, art. 74, 119

controle interno - fiscalização - financeira - da União - prestação de contas, art. 70, p.ú., 116

controle interno - fiscalização - financeira - da União, art. 70, 116

controle interno - fiscalização - orçamentária - da União - finalidade, art. 74, 119

controle interno - fiscalização - orçamentária - da União - prestação de contas, art. 70, p.ú., 116

controle interno - fiscalização - orçamentária - da União, art. 70, 116

delegação legislativa, revogação - ADCT, art. 25, 279

incentivos fiscais, reavaliação - ADCT, art. 41, 285

limite da alíquota do imposto - União, EC3, art. 2º, § 1º, 329

membros, vencimentos, art. 37, XII, 77

membros, vencimentos, art. 39, § 1º, 83

Presidente da República, auxílio dos Ministros de Estado, art. 76, 120

Projeto de Lei - falta de iniciativa - sanção supre a falta, S5, 371

projeto de revisão da lei orçamentária - exercício 1989 - elaboração - ADCT, art. 39, 285

radiodifusão sonora e de sons e imagens - autorização, art. 223, 254

radiodifusão sonora e de sons e imagens - concessão, art. 223, 254

radiodifusão sonora e de sons e imagens - outorga, art. 223, 254

radiodifusão sonora e de sons e imagens - permissão, art. 223, 254

revogação de aposentadoria - competência revisora do Judiciário, S6, 371

revogação de aposentadoria - depende de aprovação pelo Tribunal de Contas, S6, 371

Poder Judiciário. ....v. também desembargador, juiz, Justiça Eleitoral, Justiça Estadual, magistratura, ministro e processo,

aposentadoria - anulação pelo Poder Executivo - competência revisora, S6, 371

aposentadoria - revogação pelo Poder Executivo - competência revisora, S6, 371

art. 2º, 17

aumento de vencimentos - servidores públicos - descabimento, S339, 407

autonomia - administrativa, art. 99, 136

autonomia - financeira, art. 99, 136

controle interno - fiscalização - contábil - da União - finalidade, art. 74, 119

controle interno - fiscalização - contábil - da União - prestação de contas, art. 70, p.ú., 116

controle interno - fiscalização - contábil - da União, art. 70, 116

controle interno - fiscalização - financeira - da União - finalidade, art. 74, 119

controle interno - fiscalização - financeira - da União - prestação de contas, art. 70, p.ú., 116

controle interno - fiscalização - financeira - da União, art. 70, 116

Índice Remissivo

Poder Judiciário

controle interno - fiscalização - orçamentária - da União - finalidade, art. 74, 119

controle interno - fiscalização - orçamentária - da União - prestação de contas, art. 70, p.ú., 116

controle interno - fiscalização - orçamentária - da União, art. 70, 116

delegação legislativa, vedação, art. 68, § 1º, 115

desporto - ações relativas - à disciplina, art. 217, § 1º, 250

desporto - ações relativas - às competências, art. 217, § 1º, 250

fiscalização dos atos notariais, art. 236, § 1º, 265

membro - equiparação - juiz do Tribunal de Contas, S42, 375

membros, vencimentos, art. 37, XII, 77

membros, vencimentos, art. 39, § 1º, 83

não competência - remuneração servidor público, aumento, SV37, 368

órgão de controle administrativo - criação, S649, 445

órgãos - dotação orçamentária, art. 169, 210

órgãos - sessões e julgamentos, publicidade, art. 93, IX, 131

órgãos, art. 92, 127

radiodifusão sonora e de sons e imagens, cancelamento de - concessão, art. 223, § 4º, 254

radiodifusão sonora e de sons e imagens, cancelamento de - permissão, art. 223, § 4º, 254

Poder Legislativo. ....v. também Assembléia Legislativa, Câmara Municipal, Câmara Legislativa, Senado Federal e processo legislativo

administração pública - atos - controle, art. 49, X, 98

administração pública - atos - fiscalização, art. 49, X, 98

administração pública - órgãos - atribuições, art. 48, XI, 97

administração pública - órgãos - criação, art. 48, XI, 97

administração pública - órgãos - estruturação, art. 48, XI, 97

Advocacia-Geral da União - apreciação - ADCT, art. 29, § 1º, 281

anistia, concessão, art. 48, VIII, 96

art. 2º, 17

atividades nucleares, aprovação de iniciativas do Poder Executivo, art. 49, XIV, 98

atos - internacionais, referendo, art. 49, I, 97

atos - internacionais, referendo, art. 84, VIII, 123

atos - normativos, sustação, art. 49, V, 97

atribuições, art. 48, 96

bens da União, limites, art. 48, V, 96

comissão - atribuições, art. 58, § 2º, 107

comissão - de estudos territoriais, apreciação dos estudos - ADCT, art. 12, § 1º, 275

comissão - mista, dívida externa brasileira - ADCT, art. 26, 279

649

Poder Legislativo

comissão - permanente, art. 58, 107

comissão - representação proporcional dos partidos, art. 58, § 1°, 107

comissão - representativa, art. 58, § 4°, 108

comissão - temporária, art. 58, 107

competência - exclusiva - vedação de delegação, art. 68, § 1°, 115

competência - exclusiva, art. 49, 97

competência - legislativa, art. 49, XI, 98

competência - tributária residual da União, art. 154, I, 192

composição, art. 44, 95

concessão de emissoras de - rádio, apreciação, art. 49, XII, 98

concessão de emissoras de - televisão, apreciação, art. 49, XII, 98

Conselho de Comunicação Social, art. 224, 254

convenções - internacionais, referendo, art. 49, I, 97

convenções - internacionais, referendo, art. 84, VIII, 123

convocação extraordinária, art. 136, § 5°, 176

convocação extraordinária, art. 57, § 6°, 106

convocação extraordinária, art. 58, § 4°, 108

convocação extraordinária, art. 62, 111

decreto-lei, promulgação da Constituição - ADCT, art. 25, § 1°, 279

delegação legislativa - dispositivos legais à época da promulgação da Constituição - ADCT, art. 25, 279

delegação legislativa - resoluções, art. 68, § 2°, 116

Deputado Federal, fixação de remuneração, subsídios, art. 49, VII, 98

diretrizes orçamentárias - apreciação - de emendas ao projeto de lei, art. 166, § 2°, 205

diretrizes orçamentárias - apreciação - pela comissão mista permanente de Senadores e Deputados, art. 166, § 1°, 205

diretrizes orçamentárias - apreciação, art. 166, 205

dívida - externa brasileira, exame - ADCT, art. 26, 279

dívida - mobiliária federal, art. 48, XIV, 97

dívida - pública, art. 48, II, 96

emissão de curso forçado, art. 48, II, 96

espaço - aéreo, limites, art. 48, V, 96

espaço - marítimo, art. 48, V, 96

estado - de defesa - apreciação, art. 136, §§ 4° e 6°, 176

estado - de defesa - apreciação, art. 141, p.ú., 178

estado - de defesa - aprovação, art. 49, IV, 97

estado - de defesa - comissão, art. 140, 178

estado - de defesa - convocação extraordinária, art. 136, § 5°, 176

estado - de defesa - prazo para envio da - decretação, art. 136, § 4°, 176

estado - de defesa - prazo para envio da - prorrogação, art. 136, § 4°, 176

estado - de defesa - rejeição, art. 136, § 7°, 176

estado - de sítio - apreciação, art. 137, p.ú., 177

ÍNDICE REMISSIVO

Poder Legislativo
  estado - de sítio - apreciação, art. 138, § 2º, 177
  estado - de sítio - apreciação, art. 141, p.ú., 178
  estado - de sítio - aprovação, art. 49, IV, 97
  estado - de sítio - comissão, art. 140, 178
  estado - de sítio - convocação extraordinária pelo Presidente do Senado, art.
    138, § 2º, 177
  estado - de sítio - funcionamento, art. 138, § 3º, 177
  Estado-membro - desmembramento, aprovação, art. 48, VI, 96
  Estado-membro - incorporação, aprovação, art. 48, VI, 96
  Estado-membro - subdivisão, aprovação, art. 48, VI, 96
  estrangeiro - propriedade rural - aquisição, autorização, art. 190, 223
  estrangeiro - propriedade rural - arrendamento, autorização, art. 190, 223
  exercício, art. 44, 95
  fiscalização - contábil - da União - finalidade, art. 74, 119
  fiscalização - contábil - da União - prestação de contas, arts. 70 e 71, 116
  fiscalização - contábil - da União, art. 70, 116
  fiscalização - financeira - da União - comissão mista permanente de
    Senadores e Deputados, art. 72, 118
  fiscalização - financeira - da União - finalidade, art. 74, 119
  fiscalização - financeira - da União - prestação de contas, arts. 70 e 71, 116
  fiscalização - financeira - da União, art. 70, 116
  fiscalização - operacional - da União - comissão mista permanente de
    Senadores e Deputados, art. 72, 118
  fiscalização - orçamentária - da União - comissão mista permanente de
    Senadores e Deputados, art. 72, 118
  fiscalização - orçamentária - da União - finalidade, art. 74, 119
  fiscalização - orçamentária - da União - prestação de contas, arts. 70 e 71, 116
  fiscalização - orçamentária - da União, art. 70, 116
  fiscalização - patrimonial - da União - comissão mista permanente de
    Senadores e Deputados, art. 72, 118
  Forças Armadas, art. 48, III, 96
  funcionamento, art. 57, 105
  fundos públicos, extinção ou ratificação - ADCT, art. 36, 284
  Governo Federal, transferência temporária da sede, art. 48, VII, 96
  incentivos fiscais, reavaliação - medidas cabíveis - ADCT, art. 41, 285
  intervenção federal, aprovação, art. 49, IV, 97
  Juizados de Pequenas Causas, criação, art. 98, I, 135
  leis delegadas, art. 68, 115
  medidas provisórias, apreciação, art. 57, §§ 7º e 8º, 107
  medidas provisórias, apreciação, art. 62, 111
  membros, vencimento, art. 37, XII, 77
  membros, vencimento, art. 39, § 8º, 85
  Mesa - representação proporcional dos partidos, art. 58, § 1º, 107

651

Poder Legislativo
    Mesa, art. 57, § 5°, 106
    Ministério Público - da União, organização, art. 48, IX, 96
    Ministério Público - do Distrito Federal, organização, art. 48, IX, 96
    Ministério Público - dos Municípios, organização, art. 48, IX, 96
    Ministérios - atribuições, art. 48, XI, 97
    Ministérios - criação, art. 48, XI, 97
    Ministérios - estruturação, art. 48, XI, 97
    Ministro de Estado, fixação de remuneração, subsídios, art. 49, VIII, 98
    mobilização nacional - autorização, art. 84, XIX, 123
    mobilização nacional - referendo, art. 84, XIX, 123
    municipal - despesas públicas - total, art. 29-A, 67
    operações de crédito, art. 48, II, 96
    orçamento - anual - acompanhamento e fiscalização, art. 166, § 1°, II, 205
    orçamento - anual - apreciação - de emendas ao projeto de lei, art. 166, § 2°, 205
    orçamento - anual - apreciação - de projeto de lei pela comissão mista permanente, art. 166, § 1°, 205
    orçamento - anual - apreciação, art. 166, 205
    orçamento - anual - envio de projeto de lei, art. 166, § 6°, 206
    orçamento - anual, art. 48, II, 96
    orçamento, art. 48, II, 96
    órgãos, dotação orçamentária, art. 169, 210
    plano - nacional de desenvolvimento, art. 48, IV, 96
    plano - plurianual - apreciação - de emendas ao projeto de lei, art. 166, § 2°, 205
    plano - plurianual - apreciação - de projeto de lei pela comissão mista permanente de Senadores e Deputados, art. 166, § 1°, 205
    plano - plurianual - apreciação, art. 166, 205
    plano - plurianual, art. 48, II, 96
    planos e programas - nacionais, previstos na Constituição, apreciação, art. 165, § 4°, 204
    planos e programas - regionais, previstos na Constituição, apreciação, art. 165, § 4°, 204
    planos e programas - setoriais, previstos na Constituição, apreciação, art. 165, § 4°, 204
    plebiscito, autorização, art. 49, XV, 98
    Poder Executivo - atos - controle, art. 49, X, 98
    Poder Executivo - atos - fiscalização, art. 49, X, 98
    Poder Executivo - atos - normativos, sustação, art. 49, V, 97
    Presidente da República - autorização para ausentar-se do país, art. 49, III, 97
    Presidente da República - autorização para ausentar-se do país, art. 83, 122
    Presidente da República - remuneração, fixação, art. 49, VIII, 98
    Presidente da República - subsídios, fixação, art. 49, VIII, 98

Índice Remissivo

Poder Legislativo

programa - nacional de desenvolvimento, art. 48, IV, 96

programa - regional de desenvolvimento, art. 48, IV, 96

programa - setorial de desenvolvimento, art. 48, IV, 96

projeto de revisão da lei orçamentária - exercício 1989 - apreciação - ADCT, art. 39, 285

propaganda comercial específica - regulamentação - prazo - ADCT, art. 65, 297

propriedade rural - estrangeiro - aquisição, autorização, art. 190, 223

propriedade rural - estrangeiro - arrendamento, autorização, art. 190, 223

radiodifusão sonora e de sons e imagens - concessão, renovação, art. 223, §§ 2° e 3°, 254

radiodifusão sonora e de sons e imagens - permissão, renovação, art. 223, §§ 2° e 3°, 254

radiodifusão sonora e de sons e imagens - Poder Executivo, apreciação dos atos, art. 223, § 1°, 254

recesso, art. 58, § 4°, 108

referendo, autorização, art. 49, XV, 98

regimento interno, art. 57, § 3°, I, 106

remoção de índios das terras tradicionalmente ocupadas, deliberação, art. 231, § 5°, 263

rendas - arrecadação, art. 48, I, 96

rendas - distribuição, art. 48, I, 96

revisão constitucional - ADCT, art. 3°, 271

sede, transferência temporária, art. 49, VI, 97

seguridade social, aprovação de planos - ADCT, art. 5°, 271

Senadores, fixação de remuneração, subsídios, art. 49, VII, 98

serviços e instalações nucleares, aprovação, art. 21, XXIII, *a*, 52

sessão - extraordinária, matéria, art. 57, §§ 7° e 8°, 107

sessão - legislativa, interrupção, art. 57, § 2°, 105

sistema tributário, atribuições, art. 48, I, 96

telecomunicações, art. 48, XII, 97

terras - indígenas - autorização para exploração - aproveitamento de recursos hídricos, art. 49, XVI, 98

terras - indígenas - autorização para exploração - potenciais energéticos, art. 231, § 3°, 262

terras - indígenas - autorização para exploração - recursos hídricos, art. 231, § 3°, 262

terras - indígenas - autorização para exploração - riquezas minerais, art. 231, § 3°, 262

terras - indígenas - autorização para exploração - riquezas minerais, art. 49, XVI, 98

terras - públicas - alienação, aprovação prévia, art. 188, § 1°, 223

terras - públicas - alienação, aprovação prévia, art. 49, XVII, 98

Poder Legislativo

terras - públicas - concessão - aprovação prévia, art. 188, § 1º, 223
terras - públicas - concessão - aprovação prévia, art. 49, XVII, 98
terras - públicas - concessão - revisão - ADCT, art. 51, 289
terras - públicas - doação, revisão - ADCT, art. 51, 289
terras - públicas - venda, revisão - ADCT, art. 51, 289
Território - desmembramento de áreas, aprovação, art. 48, VI, 96
Território - incorporação de áreas, aprovação, art. 48, VI, 96
Território - nacional, limites, art. 48, V, 96
Território - prestação de contas, art. 33, § 2º, 70
Território - subdivisão de áreas, aprovação, art. 48, VI, 96
tratados - internacionais, referendo, art. 49, I, 97
tratados - internacionais, referendo, art. 84, VIII, 123
Tribunais Superiores - projeto de lei de sua iniciativa - discussão, art. 64, 114
Tribunais Superiores - projeto de lei de sua iniciativa - votação, art. 64, 114
Tribunal de Contas da União - escolha - membros, art. 49, XIII, 98
Tribunal de Contas da União - escolha - Ministros, art. 73, § 2º, 118
Tribunal de Contas da União - prestação de informações, art. 71, VII, 117
Vice-Presidente da República - autorização para ausentar-se do país, art. 49, III, 97
Vice-Presidente da República - autorização para ausentar-se do país, art. 83, 122
Vice-Presidente da República - remuneração, fixação, art. 49, VIII, 98
Vice-Presidente da República - subsídios, fixação, art. 49, VIII, 98

Poder público. ....v. também **Administração Pública**

imissão na posse - ações de sociedade - desapropriação - direitos - exercício, S476, 424
vítimas de crime doloso - dependentes, assistência, art. 245, 268
vítimas de crime doloso - herdeiros, assistência, art. 245, 268

Polícia. ....v. também *habeas-corpus*, mandado de segurança e tortura

aérea, art. 144, § 1º, III, 181
aérea, art. 21, XXII, 52
civil - competência - legislativa - Distrito Federal, art. 24, XVI, 59
civil - competência - legislativa - Estados, art. 24, XVI, 59
civil - competência - legislativa - União, art. 24, XVI, 59
civil - competência, art. 144, § 4º, 181
civil - Distrito Federal - manutenção, art. 21, XIV, 51
civil - Distrito Federal - organização, art. 21, XIV, 51
civil - órgãos, art. 144, IV, 180
de fronteira, art. 144, § 1º, III, 181
de fronteiras, art. 21, XXII, 52
federal - competência - legislativa, art. 22, XII, 55
federal - competência, art. 144, § 1º, 180

ÍNDICE REMISSIVO

Polícia
    federal - contrabando - prevenção e repressão, art. 144, § 1º, II, 181
    federal - manutenção, art. 21, XIV, 51
    federal - organização, art. 21, XIV, 51
    federal, art. 144, I, 180
    ferroviária federal, art. 144, § 3º, 181
    flagrante preparado - consumação impossível - crime inexistente, S145, 386
    marítima, art. 144, § 1º, III, 181
    marítima, art. 21, XXII, 52
    militar - competência - legislativa da União, art. 22, XXI, 56
    militar - competência, art. 144, § 5º, 181
    militar - Distrito Federal - manutenção, art. 21, XIV, 51
    militar - Distrito Federal - organização, art. 21, XIV, 51
    militar - ex-Território Federal de Rondônia - ADCT, art. 89, 310
    militar - órgãos, art. 144, V, 180
    militar - recursos das decisões da auditoria no Estado da Guanabara -
        julgamento - Tribunal competente - ressalva, S364, 411
    rodoviária federal - competência - legislativa da União, art. 22, XXII, 56
    rodoviária federal - competência, art. 144, § 2º, 181
    rodoviária federal, art. 144, II, 180

Política
    agrícola - abastecimento alimentar, competência, art. 23, VIII, 58
    agrícola - assistência técnica, art. 187, IV, 222
    agrícola - atividades - agroindustriais, art. 187, § 1º, 223
    agrícola - atividades - agropecuárias, art. 187, § 1º, 223
    agrícola - atividades - florestais, art. 187, § 1º, 223
    agrícola - atividades - pesqueiras, art. 187, § 1º, 223
    agrícola - compatibilização com a reforma agrária, art. 187, § 2º, 223
    agrícola - execução, art. 187, 222
    agrícola - extensão rural, art. 187, IV, 222
    agrícola - instrumentos - ADCT, art. 50, 288
    agrícola - objetivos - ADCT, art. 50, 288
    agrícola - ocupação produtiva de imóvel rural, art. 191, 223
    agrícola - planejamento, art. 187, 222
    agrícola - produção agropecuária, competência, art. 23, VIII, 58
    agrícola - reforma agrária - compatibilização, art. 187, § 2º, 223
    agrícola - reforma agrária - desapropriação - arts. 184 a 186, 221
    agrícola - reforma agrária - imóveis rurais, distribuição, art. 189, 223
    agrícola - regulamentação legal - ADCT, art. 50, 288
    agrícola - terras - devolutas, destinação, art. 188, 223
    agrícola - terras - públicas, destinação, art. 188, 223
    de Desenvolvimento Urbano - diretrizes, art. 182, 220
    de Desenvolvimento Urbano - execução, Poder Municipal, art. 182, 220
    de Desenvolvimento Urbano - objetivos, art. 182, 220

Política

de Desenvolvimento Urbano - plano diretor - aprovação pela Câmara Municipal, art. 182, § 1°, 220

de Desenvolvimento Urbano - plano diretor - instrumentos básicos, art. 182, § 1°, 220

de educação e segurança no trânsito - competência comum, art. 23, XII, 58

fiscal. ....v. também incentivos - fiscais

Poluição. ....v. também meio ambiente

combate, art. 23, VI, 58

controle, competência legislativa concorrente, art. 24, VI, 59

Portos. ....v. também embarcações, navegação e União

fluviais - exploração - permissão, art. 21, XII, f, 51

lacustres - exploração - permissão, art. 21, XII, f, 51

marítimos - exploração - permissão, art. 21, XII, f, 51

regime - legislação, art. 22, X, 54

Portugueses

direitos, art. 12, § 1°, 39

Posse. ....v. também concurso, imóvel e medida possessória

ação judicial - deferimento - titular do domínio, S487, 426

funcionário nomeado por concurso público - direito, S16, 372

proteção - servidão de trânsito não titulada mas permanente - direito, S415, 417

Possuidor

ação de usucapião - citação pessoal - obrigatoriedade, S263, 399

Poupança

captação e garantia, art. 22, XIX, 55

combate, art. 23, VI, 55

União, competência legislativa, art. 22, XIX, 55

Povo. ....v. também brasileiro, cidadania e nacionalidade

poder, art. 1°, p.ú., 17

PPA

deve ser compatibilizado com o orçamento, art. 165, § 7°, 204

disposições sobre o, art. 165, § 9°, 205

instituição, art. 165, § 1°, 203

instituição, art. 165, I, 203

lei orçamentária - projetos - exclusão de despesas - critérios - ADCT, art. 35, § 1°, I, 284

orçamento - adequação, art. 165, § 4°, 204

orçamento - ausência de prévia inclusão, crime de responsabilidade, art. 167, § 1°, 209

orçamento - Congresso Nacional, art. 48, II, 96

orçamento - delegação legislativa, vedação, art. 68, § 1°, III, 116

orçamento - lei, art. 165, § 1°, 203

ÍNDICE REMISSIVO

PPA

orçamento - Presidente da República, envio ao Congresso Nacional, art. 84, XXIII, 124

orçamento - projeto de lei - apreciação - de emendas pelo Congresso Nacional, art. 166, § 2°, 205

orçamento - projeto de lei - apreciação - pela comissão mista permanente de Senadores e Deputados, art. 166, § 1°, 205

orçamento - projeto de lei - apresentação de emendas à comissão mista, art. 166, § 2°, 205

orçamento - projeto de lei - modificação, art. 166, § 5°, 206

orçamento - projeto de lei - processo legislativo, art. 166, § 7°, 206

orçamento - projeto de lei, apreciação - pelo Congresso Nacional, art. 166, 205

orçamento - regulamentação, art. 165, § 9°, 205

projetos - encaminhamento - ADCT, art. 35, § 2°, I, 284

projetos de lei relativos a, art. 166, §§ 1° a 8°, 205

remessa ao Congresso Nacional, art. 84, XXIII, 124

Praça(s)

salário mínimo inferior - possibilidade, SV6, 364

Prazo(s)

Advocacia-Geral da União - funcionamento - projeto de lei complementar, art. 29, § 1°, 281

ampliação - executivos fiscais - aplicação, S507, 428

apreciação pelo STF de requerimento de cassados políticos - ADCT, art. 9°, p.ú., 274

comissão de estudos territoriais - criação - ADCT, art. 12, 275

concessão de benefício - pensão mensal vitalícia aos seringueiros - ADCT, art. 54, § 3°, 290

concessão de terras públicas - revisão pelo Congresso Nacional - ADCT, art. 51, 289

Congresso Nacional - elaboração de lei, serviço público - União, EC19, art. 27, 334

de decadência - representação de inconstitucionalidade - inexistência, S360, 410

de interposição - recurso extraordinario - causas criminais, S602, 440

de prescrição da execução, S150, 386

de recolhimento de obrigação tributária - alteração - princípio da anterioridade - não sujeição, S669, 448

descumprimento - inclusão de quadro em extinção de servidor público policial civil ou militar - administração pública, ex-territórios e dos estados do Amapá ou Roraima, União, EC98, art. 2°, § 1°, 362

determinado - locação em curso - majoração de encargos - inadmissibilidade, S171, 389

Prazo(s)

determinado - locação em curso - reajustamento de aluguel - inadmissibilidade, S172, 389

doação de terras públicas - revisão pelo Congresso Nacional - ADCT, art. 51, 289

e direito - inclusão de quadro em extinção de servidor público policial civil ou militar - administração pública, ex-territórios e dos estados do Amapá ou Roraima, União, EC98, art. 3º, 362

e estabilidade, servidor, estágio probatório - União - administração pública, EC19, art. 28, 334

e integração dos membros - extinção dos tribunais de alçada - TJ, EC45, art. 4º, p.ú., 351

e revisão, proventos da aposentadoria e pensões - servidor público, EC70, art. 3º, 358

e vigência, benefícios fiscais adicionais - STN, EC42, art. 4º, 350

e vigência, benefícios fiscais, projeto de lei - STN, EC42, art. 5º, 350

elaboração de constituição estadual pela Assembléia legislativa - ADCT, art. 11, 274

elaboração do código de defesa do consumidor pelo Congresso Nacional - ADCT, art. 48, 288

estudos territoriais - apresentação dos resultados - ADCT, art. 12, § 1º, 275

excesso - possibilidade de relaxamento de prisão - crimes hediondos - relaxamento por excesso de prazo, S697, 451

inclusão de quadro em extinção de servidor público policial civil ou militar - administração pública, ex-territórios e dos estados do Amapá ou Roraima, União -, EC98, art. 2º, 362

indicação do governador de Roraima - ADCT, art. 14, § 3º, 277

indicação do governador do Amapá - ADCT, art. 14, § 3º, 277

instalação - CNJT, EC45, art. 6º, 351

instalação - comissão especial mista - CN, EC45, art. 7º, 351

instalação e membros - CNJ e CNMP, EC45, art. 5º, 351

irrigação - aplicação de recursos - ADCT, art. 42, I e II, 286

judicial - início da contagem a partir da intimação, S310, 404

lei orçamentária anual - cumprimento - ADCT, art. 35, 284

licença-paternidade - provisório - ADCT, art. 10, § 1º, 274

mandado de segurança - interrupção, S430, 419

medida provisória, reeditada - Congresso Nacional, SV54, 370

obrigação tributária - princípio da anterioridade, SV50, 369

para desligamento, facultativo - partido político - mandato eletivo, EC91, art. 1º, 359

para desocupação do imóvel objeto de ação renovatória de locação improcedente, S370, 411

para interposição de agravo contra decisão do juiz da execução penal, S700, 452

ÍNDICE REMISSIVO

Prazo(s)
    para interposição de agravo em processo penal, S699, 451
    para plano de benefícios e serviços, entidade fechada - servidor público - previdência privada, EC20, art. 6º, 338
    para recurso de acórdão concessivo de segurança - contagem - início, S392, 414
    prescricional - ação anulatória - venda de ascendente à descentente, S494, 427
    prescricional - redução - lei - aplicabilidade - ressalva, S445, 420
    processo penal - contagem, S710, 453
    projeto de lei complementar - servidor público - previdência social, EC20, art. 7º, 339
    projeto de lei, elaboração, comissão especial - Defensoria Pública dos Distrito Federal, EC69, art. 3º, 357
    qüinqüenal - renovação judicial de contrato de locação - lei de luvas - excesso - impossibilidade, S178, 389
    recurso, S641, 445
    reedição de Medida Provisória - prazo, S651, 446
    revisão constitucional - realização - ADCT, art. 3º, 271
    revisão do estatuto quanto a natureza jurídica - administração indireta - União, EC19, art. 26, 334
    sistema tributário nacional - vigência - ADCT, art. 34, 282
    sistema tributário nacional - vigência imediata - ADCT, art. 34, § 1º, 282
    venda de terras públicas - revisão pelo Congresso Nacional - ADCT, art. 51, 289
    vigência e publicação, contribuição - servidor público - previdência social, EC20, art. 5º, 338
    votação pela câmara municipal - lei orgânica - ADCT, art. 11, p.ú., 275

Precatório(s)
    aferição mensal, art. 100, § 17, 140
    atualização, art. 100, § 12, 140
    ausência de regulamentação - consequência - ADCT art. 100, § 12, 316
    cessão - efeitos, art. 100, § 14, 140
    cessão, art. 100, § 13, 140
    compensação com débito tributário - ADCT, art. 105, 323
    complementar, vedação, art. 100, § 4º, 139
    compra de imóvel público, art. 100, § 11, 140
    cotas especiais - ADCT art. 100, § 4º, 314
    credores em litisconsório - ADCT art. 100, § 11, 316
    dos estados, DF e Municípios – União pode assumir, art. 100, § 16, 140
    Estados, DF e Municípios - aplicação de recursos remaescentes - ADCT, art. 100, § 1º, 322
    Estados, DF e Municípios - atualização - IPCA - ADCT, art. 100, 318

J. U. Jacoby Fernandes

Precatório(s)

Estados, DF e Municípios - desapropriações vedadas - ADCT, art. 103, p.ú, 322

Estados, DF e Municípios - financiamento - ADCT, art. 100, § 4º, 321

Estados, DF e Municípios - ordem de pagamento - ADCT, art. 102, 321

Estados, DF e Municípios - receitas - ADCT, art. 100, 318

Estados, DF e Municípios - recursos não liberados - consequências - ADCT, art. 104, 323

Estados, DF e Municípios - recursos próprios - ADCT, art. 100, § 2º, 319

Estados, DF e Municípios - regime de pagamento - ADCT, art. 105, 323

Estados, DF e Municípios - sequestro vedado - depósito em dia - ADCT, art. 103, 322

expedição – manifestação da Fazenda pública –, art. 100, § 10, 139

financiamento - condições, art. 100, § 19, 141

fraude - crime de responsabilidade, art. 100, § 4º, 139

judiciais - entidades devedoras - emissão de títulos da dívida pública - ADCT, art. 33, p.ú., 282

judiciais - pendentes - forma de pagamento - ADCT, art. 33, 282

judiciais - pendentes - forma de pagamento - ADCT, art. 78, 305

judiciais - pendentes - forma de pagamento - ADCT, art. 86, 309

juros, SV16, 366

liquidação pelo seu valor real, ações iniciais ajuizadas até 31 de dezembro de 1999 - ADCT, art. 78, 305

obrigações de pequeno valor - ADCT, art. 87, 310

obrigações de pequeno valor, art. 100, § 3º, 138

ordem cronológica - alimentos - isenção, S655, 446

ordem de pagamento - ADCT art. 100, § 6º, 314

ordem de pagamento - ADCT art. 100, § 8º, 315

pagamento - abatimento de dívida ativa –, art. 100, § 9º, 139

pagamento - convalidação do recurso devido, EC62, art. 5º, 356

pagamento - valor inferior ao recurso devido, EC62, art. 4º, I, 356

parcelamento - condições, art. 100, § 20, 141

precedência cronológica - impossibilidade - ADCT art. 100, § 7º, 315

preferência - ADCT art. 100, § 18, 317

quitação parcial - ADCT art. 100, § 9º, IX, 316

requisição de pequeno valor, natureza alimentar - honorários advocatícios, SV47, 369

valor da execução - fracionamento, art. 100, § 4º, 139

valor da execução - pagamento, art. 100, § 4º, 139

valor da execução - quebra, art. 100, § 4º, 139

vencidos - ADCT art. 100, 313

vencidos - regime especial - ADCT art. 100, 313

vencidos - regime especial para saldar - ADCT art. 100, 313

Índice Remissivo

Preço(s)
serviço público x taxa - diferenciação - compulsividade - autorização
orçamentária, S545, 433
Prédio. ....v. também edificação, imóvel e IPTU
retomada - locador - prova da necessidade - inexigência - ressalva, S483, 425
retomada - locador - prova da necessidade, S80, 379
retomada - locador - residência de filho - legitimidade, S484, 425
Prefeito Municipal, 41
competência para julgar, S702, 452
cônjuge, elegibilidade - ADCT, art. 5°, § 5°, 272
crime de responsabilidade - procedimento penal, S301, 403
crime de responsabilidade, art. 29-A, § 2°, 67
crimes de responsabilidade - extinção do mandato, S703, 452
Deputado - Estadual, exercício da função - ADCT, art. 5°, § 3°, 272
Deputado - Federal, exercício da função - ADCT, art. 5°, § 3°, 272
eleição - 2° turno, desistência, art. 29, II e III, 63
eleição - direta, art. 29, I a III, 63
eleição, art. 29, II e III, 63
idade mínima, art. 14, § 3°, VI, c, 41
imposto, art. 29, V, 65
inelegibilidade - cônjuge, art. 14, § 7°, 42
inelegibilidade - parentes até o segundo grau, art. 14, § 7°, 42
julgamento, art. 29, X, 66
mandato - eletivo - duração, art. 29, II e III, 63
mandato - eletivo - servidor público, art. 28, 62
mandato - eletivo - servidor público, art. 38, 82
mandato - perda, art. 28, 1°, 62
mandato - término para o eleito em 15 de novembro de 1984, art. 4°, § 4°,
271
parecer prévio - contas, art. 31, § 2, 69
parentes, elegibilidade - ADCT, art. 5°, § 5°, 272
posse, art. 29, III, 63
reeleição, art. 14, § 5°, 42
remuneração, art. 29, V, 65
subsídios, art. 29, V, 65, 121
sufrágio universal, art. 29, II e III, 63
voto, art. 29, II e III, 63
Preferência
de pagamento – débitos, art. 100, § 2°, 137
na aquisição do imóvel - locatário - direito pessoal, S488, 426
na aquisição do imóvel - locatário - violação - perdas e danos, S488, 426
Preposto
ato culposo - comitente - culpa presumida, S341, 408

Prequestionamento

ausência - recurso extraordinário - inadmissibilidade, S282, 401

ausência - recurso extraordinário de trecho sem divergência posterior ao julgamento de embargos infringentes parciais - ineficácia, S355, 409

sobre ponto omisso da decisão - ausência - recurso extraordinário - inadmissibilidade, S356, 410

Prescrição. ....v. também imprescritibilidade

ação anulatória - venda de ascendente à descentente - prazo, S494, 427

ação de acidente do trabalho, S230, 395

ação de indenização - segurador sub-rogado - navio - carga extraviada, S151, 386

ação de indenização - segurador sub-rogado - navio - carga perdida, S151, 386

ação de investigação de paternidade, S149, 386

ação de petição de herança, S149, 386

ação penal - continuação, S607, 441

ação penal - regulamentação, S146, 386

ato ilícito - agente público, art. 37, § 5°, 81

causas interruptivas - Código Penal - crime falimentar - aplicabilidade, S592, 439

crédito tributário, SV8, 365

crime continuado - regulação - pena - sentença judicial, S497, 427

crime falimentar - termo inicial, S147, 386

da execução - prazo, S150, 386

em favor da fazenda pública - ato interruptivo - reinício - termo inicial, S383, 413

intercorrente - no direito trabalhista - admissibilidade, S327, 406

intercorrente - paralização da ação rescisória por mais de 5 anos - ocorrência, S264, 399

interrupção por simples protesto cambiário - impossibilidade, S153, 387

interrupção por simples vistoria,- impossibilidade, S154, 387

pena em concreto - abrangência, S604, 440

prestações fundamentadas em decisão normativa da Justiça do Trabalho - termo inicial, S349, 409

previsão legal - prestação anterior - inocorrência, S442, 420

redução de prazo - lei - aplicabilidade - ressalva, S445, 420

suspensão - sustanção de andamento - ação contra deputado ou senador, art. 53, § 5°., 103

suspensão enquanto durar mandato, art. 53, § 5°., 103

Presidência da República

projeto de lei - sobrestamento de deliberações legislativas, art. 64, § 2°, 114

Presidencialismo

prazo - ADCT, art. 20, 278

Presidente da Câmara Municipal

crime de responsabilidade, art. 29-A, § 3°, 67

Índice Remissivo

Presidente da República. ....v. também **mandato eletivo**
ação de inconstitucionalidade, art. 103, I, 146
Administração Federal - direta, art. 84, II, 122
Administração Federal - organização e funcionamento, mediante decreto, art. 84, VI, *a* e *b*, 122
Advocacia-Geral da União - funcionamento, art. 29, § 1°, 281
Advocacia-Geral da União - organização, art. 29, § 1°, 281
Advogado-Geral da União - nomeação, art. 131, § 1°, 173
afastamento, cessação, art. 86, § 2°, 125
atos - estranhos a suas funções, responsabilidade, art. 86, § 4°, 125
atos - internacionais, celebração, art. 84, VIII, 123
atribuições, art. 84, XXVII, 124
ausência do País - autorização, competência, art. 49, III, 97
ausência do País - licença do Congresso Nacional, art. 83, 122
ausência do País - perda do cargo, art. 83, 122
autoridade coatora em mandado de segurança, S627, 443
autorização prévia para desapropriação pelos Estados de empresa de energia elétrica - obrigatoriedade, S157, 387
Banco Central do Brasil, nomeação - diretores, art. 84, XIV, 123
Banco Central do Brasil, nomeação - presidente, art. 84, XIV, 123
cargo - privativo de brasileiro nato, art. 12, § 3°, I, 40
cargo - vacância - eleição, art. 81, 121
cargo - vacância - exercício - Presidente - Câmara dos Deputados, art. 80, 121
cargo - vacância - exercício - Presidente - Senado Federal, art. 80, 121
cargo - vacância - exercício - Presidente - Supremo Tribunal Federal, art. 80, 121
cargo - vacância - Vice-Presidente, sucessão, art. 79, 121
cargo - vacância, art. 78, p.ú., 121
cargos públicos federais - extinção, art. 84, XXV, 124
cargos públicos federais - preenchimento, art. 84, XXV, 124
competência - demissão de extranumerário estável do serviço público federal, S384, 413
competência privativa, art. 84, 122
compromisso - disposições constitucionais transitórias - ADCT, art. 1°, 271
condecoração honorífica, concessão, art. 84, XXI, 124
Conselho - da República - composição, art. 89, 126
Conselho - da República - convocação, art. 84, XVIII, 123
Conselho - de defesa - convocação, art. 84, XVIII, 123
Conselho - de defesa - Nacional, órgão de consulta, art. 91, 126
Constituição - cumprimento - ADCT, art. 1°, 271
Constituição - defesa - ADCT, art. 1°, 271
convenções internacionais, celebração, art. 84, VIII, 123
crimes de responsabilidade - admissibilidade da acusação, art. 86, 125
crimes de responsabilidade - decretos, expedição, art. 84, IV, 122

Presidente da República

crimes de responsabilidade - defensoria pública, legislação, art. 61, § 1°, II, d, 110

crimes de responsabilidade - despesa pública, projeto de iniciativa exclusiva, art. 63, I, 113

crimes de responsabilidade - julgamento - e processo, art. 52, I e p.ú., 100

crimes de responsabilidade - julgamento - pelo Presidente do Supremo Tribunal Federal, art. 52, p.ú., 102

crimes de responsabilidade - julgamento, art. 86, 125

crimes de responsabilidade - pena, art. 52, p.ú., 102

crimes de responsabilidade - resolução do Congresso Nacional, art. 68, § 2°, 116

crimes de responsabilidade - suspensão de funções, art. 86, § 1°, II, 125

crimes de responsabilidade - tipicidade, art. 85, p.ú., 124

crimes de responsabilidade, art. 85, 124

demissão - dirigente de autarquia, S25, 373

demissão - Reitor de Universidade - limitações, S47, 376

distinção honorífica, concessão, art. 84, XXI, 124

Distrito Federal - indicação de Governador e vice - ADCT, art. 16, 277

efetivo das Forças Armadas, legislação, art. 61, 1°, I, 110

elegibilidade - cônjuge - ADCT, art. 5°, § 5°, 272

elegibilidade - parentes - ADCT, art. 5°, § 5°, 272

eleição - ADCT, art. 4°, § 1°, 271

eleição – maioria absoluta, art. 77, § 2°, 121

eleição, normas, art. 77, 120

emendas à Constituição, art. 60, II, 108

estado - de defesa - cessação, relato das medidas ao Congresso Nacional, art. 141, p.ú., 178

estado - de defesa - decretação, art. 136, 176

estado - de defesa - decretação, art. 136, § 4°, 176

estado - de defesa - decretação, art. 84, IX, 123

estado - de defesa - prorrogação, art. 136, § 4°, 176

estado - de sítio - cessação, relato das medidas ao Congresso Nacional, art. 141, p.ú., 178

estado - de sítio - decretação, art. 137, 177

estado - de sítio - decretação, art. 137, p.ú., 177

estado - de sítio - decretação, art. 84, IX, 123

estado - de sítio - executor, art. 138, 177

estado - de sítio - prorrogação, art. 137, p.ú., 177

forças - armadas - comando supremo, art. 84, XIII, 123

forças - armadas - nomeação - comandantes - Aeronáutica, art. 84, XIII, 123

forças - armadas - nomeação - comandantes - Exército, art. 84, XIII, 123

forças - armadas - nomeação - comandantes - Marinha, art. 84, XIII, 123

ÍNDICE REMISSIVO

Presidente da República

forças - estrangeiras - permanência temporária no território nacional, art. 84, XXII, 124

forças - estrangeiras - trânsito temporário no território nacional, art. 84, XXII, 124

Governador de Território, nomeação, art. 84, XIV, 124

guerra, declaração, art. 84, XIX, 123

habeas-corpus, processo e julgamento, art. 102, I, *d*, 144

idade mínima, art. 14, § 3°, VI, a, 41

impedimento - exercício - Presidente - Câmara dos Deputados, art. 80, 121

impedimento - exercício - Presidente - Senado Federal, art. 80, 121

impedimento - exercício - Presidente - Supremo Tribunal Federal, art. 80, 121

impedimento - Vice-Presidente, substituição, art. 79, 121

indicação dos governadores do Amapá e Roraima - ADCT, art. 14, § 3°, 277

indulto, concessão, art. 84, XII, 123

inelegibilidade, art. 14, § 7°, 42

infração penal comum - julgamento - e processo, art. 102, I, *b*, 143

infrações penais comuns - admissibilidade da acusação, art. 86, 125

infrações penais comuns - julgamento, art. 86, 125

infrações penais comuns - suspensão de funções, art. 86, § 1°, I, 125

iniciativa de leis - discussão, art. 64, 114

iniciativa de leis - votação, art. 64, 114

intervenção federal, decretação, art. 84, X, 123

Juízes dos Tribunais Federais, nomeação, art. 84, XVI, 123

leis - complementares, iniciativa, art. 61, 109

leis - diretrizes orçamentárias - iniciativa privativa, art. 165, II, 203

leis - diretrizes orçamentárias - modificação do projeto, art. 166, § 5°, 206

leis - expedição, art. 84, IV, 122

leis - iniciativa - privativa, art. 61, § 1°, II, 110

leis - iniciativa - privativa, art. 84, III, 122

leis - iniciativa, art. 84, III, 122

leis - promulgação, art. 84, IV, 122

leis - sanção, art. 84, IV, 122

mandado - de injunção, processo e julgamento de seus atos, art. 102, I, *q*, 145

mandado - de segurança, processo e julgamento de seus atos, art. 102, I, *d*, 144

mandato - término - ADCT, art. 4°, 271

mandato eletivo - duração, art. 82, 121

mandato eletivo - início, art. 82, 121

medidas provisórias - adoção, art. 62, 111

medidas provisórias - edição, art. 84, XXVI, 124

mobilização nacional, decretação, art. 84, XIX, 123

Presidente da República

nova eleição – maioria dos votos, art. 77, § 3°, 121
nova eleição – mesma votação – mais idoso, art. 77, § 5°, 121
oficiais-generais das três armas, promoção, art. 84, XIII, 123
paz, celebração, art. 84, XX, 124
pena, comutação, art. 84, XII, 123
plano - de governo, envio, art. 84, XI, 123
plano - plurianual - envio, art. 84, XXIII, 124
plano - plurianual - modificação do projeto de lei, art. 166, § 5°, 206
Poder Executivo, exercício, art. 76, 120
posse - compromisso, art. 57, § 3°, III e § 6°, I, 106
posse - compromisso, art. 78, 121
prestação de contas - ao Congresso Nacional, art. 84, XXIV, 124
prestação de contas - apreciação pela comissão mista permanente de
    Senadores e Deputados, art. 166, § 1°, I, 205
prestação de contas - julgamento, art. 49, IX, 98
prestação de contas, art. 51, II, 99
prestação de contas, art. 71, I, 117
prisão, art. 86, § 3°, 125
processo contra, instauração, autorização, competência, art. 51, I, 99
projeto de lei - de diretrizes orçamentárias, envio, art. 84, XXIII, 124
projeto de lei - solicitação de urgência, art. 64, § 1°, 114
projeto de lei - veto - parcial, art. 84, V, 122
projeto de lei - veto - total, art. 84, V, 122
projeto de lei, art. 66, § 1°, 114
promulgação da lei, art. 66, §§ 5° e 7°, 115
propostas de orçamento, envio ao Congresso Nacional, art. 84, XXIII, 124
reeleição, art. 14, § 5°, 42
reeleição, art. 82, 121
regulamento, expedição, art. 84, IV, 122
relações internacionais, manutenção, art. 84, VII, 123
remuneração, subsídios, fixação, competência, art. 49, VIII, 98
representante diplomático estrangeiro, credenciamento, art. 84, VII, 123
sanção - tácita, art. 66, § 3°, 115
sanção, art. 48, 96
sanção, art. 66, 114
servidor público - aumento da remuneração, art. 61, § 1°, II, a, 110
servidor público - civil, art. 38, I, 82
servidor público - criação - cargo, art. 61, § 1°, II, a, 110
servidor público - criação - emprego, art. 61, § 1°, II, a, 110
servidor público - criação - função, art. 61, § 1°, II, a, 110
servidor público - da União - legislação, art. 61, § 1°, II, c, 110
servidor público - dos Territórios - legislação, art. 61, § 1°, II, c, 110

ÍNDICE REMISSIVO

Presidente da República
Superior Tribunal Militar - aprovação de Ministros, art. 123, 164
Superior Tribunal Militar - escolha de Ministros Civis, art. 123, p.ú., 164
Supremo Tribunal Federal - nomeação dos Ministros, art. 101, p.ú., 141
suspensão de funções, art. 86, § 1º, 125
Territórios, organização, art. 61, § 1º, II, *b*, 110
tratados internacionais, celebração, art. 84, VIII, 123
Tribunal Regional - do Trabalho - nomeação de Juízes, art. 115, 161
Tribunal Regional - Eleitoral - nomeação de Juízes, art. 120, III, 163
Tribunal Regional - Federal - nomeação de Juízes, art. 107, 154
veto parcial, art. 66, § 2º, 114
Vice-Presidente da República - convocação para missões especiais, art. 79, p.ú., 121
Vice-Presidente da República - eleição e registro conjunto, art. 77, § 1º, 120

Preso(a). ....v. também algema(s)
citação por edital - mesma unidade federativa - nulidade, S351, 409
dignidade da pessoa humana, art. 1º, III, 17
direito a amamentar, art. 5º, L, 28
extraditando - liberdade vigiada - concessão, S2, 371
integridade física, art. 5º, XLIX, 28

Prestação de contas
partido político, art. 17, III, 44

Previdência. ....v. também seguridade social
contribuição - limite - 13º salário, S530, 431
contribuição, objeto da condenação - Justiça do Trabalho, SV53, 370
prestações mensais - atualização - pagamento - início - ADCT, art. 58, p.ú., 291
privada - complementar, regime facultativo, art. 202, 236
privada - servidor público - entidade fechada, prazo para plano de benefícios e serviços, EC20, art. 6º, 338
regime próprio - inclusão de quadro em extinção de servidor público policial civil ou militar - administração pública, ex-territórios e dos estados do Amapá ou Roraima, União, EC98, art. 7º, 363
sistema especial de inclusão previdenciária - alíquotas inferiores, art. 202, § 13, 236
sistema especial de inclusão previdenciária - carências inferiores, art. 202, § 13, 236
sistema especial de inclusão previdenciária, art. 202, § 12, 236
social - anistia, art. 150, § 6º, 189
social - anistia, art. 195, § 11, 228
social - aposentadoria - concessão - requisitos e critérios diferenciados - excessão, art. 201, § 1º, 234
social - aposentadoria - concessão - requisitos e critérios diferenciados - vedação, art. 201, § 1º, 234

J. U. Jacoby Fernandes

Previdência
social - aposentadoria e pensão, servidor público - cálculo dos proventos, EC20, art. 3º, § 2º, 338
social - aposentadoria e pensão, servidor público - requisitos dos benefícios, EC20, art. 3º, 338
social - aposentadoria, art. 201, 233
social - arts. 201 e 202, 236
social - base de cálculo - anteriormente a Lei Orgânica, S467, 423
social - benefícios - arts. 248 a 250, 269
social - benefícios - reavaliação - ADCT, art. 58, 291
social - benefícios de prestação continuada - revisão - aplicabilidade - limite temporal, S687, 450
social - benefícios, art. 201, 233
social - cobertura, art. 201, I, 233
social - competência legislativa concorrente, art. 24, XII, 59
social - contribuição - ganhos habituais do empregado, art. 201, § 11, 236
social - contribuição, art. 201, 233
social - direito social, art. 6º, 32
social - Distrito Federal, contribuição, art. 149, p.ú., 185
social - Estado-Membro, débito das contribuições previdenciárias - ADCT, art. 57, 291
social - firma individual - titular - contribuição obrigatória - constitucionalidade, S466, 423
social - gestante, art. 201, II, 233
social - instituições - taxa de assistência médica hospitalar - indevida, S128, 384
social - maternidade, art. 201, II, 233
social - Município - débitos de contribuições previdenciárias - ADCT, art. 57, 291
social - pensão, gratificação natalina, art. 201, § 6º, 235
social - pescador artesanal, art. 195, § 8º, 228
social - privada - entidades fechadas - imunidade tributária - alcance, S730, 455
social - produtor rural, art. 195, § 8º, 228
social - recursos - arts. 248 a 250, 269
social - segurados - de baixa renda, manutenção de dependente, art. 201, V, 233
social - segurados - pensão por morte ao cônjuge ou companheiro, art. 201, V, 233
social - servidor público - aposentadoria, concessão da pensão aos dependentes, cálculo do provento, EC41, art. 3º, § 2º, 346
social - servidor público - aposentadoria, concessão da pensão aos dependentes, EC41, art. 3º, 346

Índice Remissivo

Previdência

social - servidor público - contribuição, vigência, prazo e publicação, EC20, art. 5º, 338

social - servidor público - projeto de lei complementar, prazo, EC20, art. 7º, 339

social - servidor público - provento integral, condições cumulativas, EC47, art. 3º, 353

social - servidor público - provento integral, revisão às pensões, EC47, art. 3º, p.ú., 353

social - servidor público - tempo de serviço, EC20, art. 4º, 338

social - servidor público e militares - aposentadoria, proibição aos membros de poder e inativos, EC20, art. 11, 341

social - servidor público, administração pública direta, autárquica e fundacional - aposentadoria voluntária, cargo efetivo, diretrizes, EC41, art. 2º, 345

social - servidor público, inativo e pensionista - contribuição, incidência sobre a parcela dos proventos e pensões, EC41, art. 4º, p.ú., 347

social - sociedade - sócios e administradores - contribuição obrigatória - constitucionalidade, S466, 423

social - trabalhador, proteção ao desemprego involuntário, art. 201, III, 233

social, aposentadoria especial - servidor público, SV33, 368

social, regime geral - servidor público - aposentadoria, direito de opção, requisitos, EC20, art. 9º, 340

social, regime geral - servidor público - limite máximo e reajuste, EC41, art. 5º, 347

social, regime geral - servidor público - maior remuneração, limite, EC41, art. 8º, 348

social, regime geral - servidor público - reajuste, cargo efetivo e pensões dos dependentes, EC41, art. 7º, 348

social, regime geral - servidor público - valor do benefício, limite máximo, EC20, art. 14, 341

social, regime geral - servidor público, cargo efetivo - aposentadoria por invalidez, cálculo e valor, EC41, art. 6º-A, 348

social, regime geral - servidor público, cargo efetivo - proventos integrais, condições cumulativas, EC41, art. 6º, 347

social, regime geral - servidor público, professor, atividade de magistério - aposentadoria, direito de opção, requisitos, EC20, art. 9º, § 2º, 341

Previdência privada

aportes públicos - vedações, art. 202, § 3º, 237

contribuições não integram contrato de trabalho, art. 202, § 2º, 237

entidades de - diretoria, art. 202, § 6º, 238

entidades fechadas – permissionárias e concessionárias, art. 202, § 5º, 238

patrocínio público - possibilidade, art. 202, § 3º, 237

segurado - pleno acesso às informações de gestão, art. 202, § 1º, 237

Princípio(s)

adotados pela CF - direitos e garantias individuais e coletivos, art. 5°, § 2°, 32

anterioridade - alteração do prazo de recolhimento de obrigação tributária - não sujeição, S669, 448

constitucionais - ação pública de saúde, art. 34, VII, e, 70

constitucionais - autonomia municipal, art. 34, VII, c, 70

constitucionais - desenvolvimento do ensino, art. 34, VII, e, 70

constitucionais - direitos da pessoa humana, art. 34, VII, b, 70

constitucionais - forma republicana, art. 34, VII, a, 70

constitucionais - manutenção do ensino, art. 34, VII, e, 70

constitucionais - prestação de contas, art. 34, VII, d, 70

constitucionais - regime democrático, art. 34, VII, a, 70

constitucionais - serviços públicos de saúde, art. 34, VII, e, 70

constitucionais - sistema representativo, art. 34, VII, a, 70

constitucionais, art. 34, VII, 70

Constituição Estadual - observância obrigatória, art. 35, IV, 71

Constituição Federal/88 - observância pelos Estados, art. 25, 60

da administração pública - eficiência, art. 37, 72

da administração pública - impessoalidade, art. 37, 72

da administração pública - legalidade, art. 37, 72

da administração pública - moralidade, art. 37, 72

da administração pública - publicidade, art. 37, 72

da anterioridade - obrigação tributária, SV50, 369

da anualidade - ICM - não aplicação, S615, 441

da autodeterminação dos povos, art. 4°, III, 18

da concessão de asilo político, art. 4°, X, 18

da cooperação entre os povos, art. 4°, IX, 18

da defesa da paz, art. 4°, VI, 18

da identidade física do juiz - aplicabilidade, S222, 394

da igualdade entre os Estados, art. 4°, V, 18

da independência nacional, art. 4°, I, 18

da não intervenção internacional - vedação, art. 4°, IV, 18

da prevalência dos direitos humanos, art. 4°, I, 18

da reserva legal - direito individual e coletivo, art. 5°, II, 19

da reserva legal - direito individual e coletivo, art. 5°, XXXIX, 27

da solução pacífica dos conflitos, art. 4°, VI, 18

de repúdio ao racismo, art. 4°, VIII, 18

de repúdio ao terrorismo, art. 4°, VIII, 18

de vitaliciedade - serventuário - desmembramento de serventia - STF, S46, 375

Estatuto da Magistratura - observância, art. 93, 128

indissociabilidade entre ensino-pesquisa-extensão, art. 207, 240

institucionais da Defensoria Pública, art. 134, § 4°, 175

ÍNDICE REMISSIVO

Princípio(s)
legalidade - contrariedade - recurso extraordinário - caso de não cabimento, S636, 444
livre concorrência - estabelecimento comercial do mesmo ramo, S646, 445
livre concorrência - ramo de atividade, comércio, SV49, 369
República Federativa do Brasil - relações internacionais, art. 4°, 18
sindicais - aplicação rural e urbana, art. 8°, 37
Sistema Nacional de Cultura, art. 216-A, § 1°, 248
sistema nacional de viação - competência para estabelecer, art. 21, XXI, 52
sucumbência - executivos fiscais - aplicação, S519, 430

Prisão
civil, ilícita - depositário infiel, modalidade, SV25, 367
crimes hediondos - relaxamento por excesso de prazo, S697, 451
depositário judicial - decretação, S619, 442
deputados e senadores - procedimento, art. 53, § 2°, 102

Probatório
meios ou vínculo funcional, diretrizes - servidor, ex-território - administração pública federal - União, EC19, art. 31, § 4°, 336

Procedimento. ....v. *também processo*
demissão - funcionário concursado, S20, 373

Processo(s). ....v. também inquérito, juiz, justiça e Poder Judiciário
celeridade na tramitação, art. 5°, LXXVIII, 32
crime e julgamento - União, competência, SV46, 369
criminal - intimação da expedição de precatória - ausência - nulidade relativa, S155, 387
da competência do júri - desaforamento sem audiência da defesa - nulidade da decisão, S712, 453
de desapropriação - juros compensatórios - exigibilidade - termo inicial, S164, 388
de reclamação - embargos infringentes - inexistência, S368, 411
disciplinar - demissão - funcionário concursado em estágio probatório, S21, 373
disciplinar - exoneração - funcionário concursado em estágio probatório, S21, 373
distribuição - imediata, art. 93, XV, 132
distribuição - Ministério público, art. 129, § 5°, 171
duração razoável, art. 5°, LXXVIII, 32
e julgamento - Deputado acusado de crime - STF - incompetência, S398, 415
e julgamento - Senador acusado de crime - STF - incompetência, S398, 415
eleitoral - lei, vigência, art. 16, 43
intervenção da União - deslocamento do juízo cível comum para o fazendário, S250, 398
legislativo. ....v. também Poder Legislativo

Processo(s)

legislativo - elaboração, art. 59, 108

legislativo - iniciativa do Presidente da República, art. 84, III, 122

oriundo do contrato - cláusula de eleição do foro - validade, S335, 407

paralização por mais de 30 dias - absolvição de instância - decretação, S216, 394

penal - contagem dos prazos, S710, 453

penal - deficiência na defesa - anulação em caso de prejuízo para o réu, S523, 430

penal - falta da defesa - nulidade absoluta, S523, 430

penal - interposição de agravo - prazo, S699, 451

penal - réu menor sem curador - assistido por defensor dativo - validade, S352, 409

penal - um só perito - impedimento, S361, 410

penal - um só perito - nulidade, S361, 410

por crime continuado - suspensão condicional - não admissão, S723, 454

seletivo, dispensa, contratação direta - profissional, agentes de saúde, EC51, art. 2°, p.ú., 355

trabalhista - embargos de divergência - jurisprudência do TST no mesmo sentido da decisão - descabimento - ressalva, S401, 415

trabalhista - execução - remissão pelo executado - possibilidade, S458, 422

trabalhista - recurso de revista - jurisprudência do TST no mesmo sentido da decisão - descabimento - ressalva, S401, 415

trabalhista - recurso extraordinário - condenação em verba honorária - não cabimento - exceções, S633, 444

Procurador. ....v. também Ministério Público e promotor

da República - nomeação interina, S44, 375

de autarquia - mandato, S644, 445

Procurador-Geral

da Fazenda Nacional - execução da dívida ativa, representação, art. 131, § 3°, 173

da Fazenda Nacional - União, representação judicial na área fiscal - ADCT, art. 29, § 5°, 281

da República - ação de inconstitucionalidade, art. 103, VI e § 1°, 147

da República - aprovação - pelo Senado Federal, art. 84, XIV, 123

da República - aprovação, art. 52, III, *e*, 100

da República - crimes de responsabilidade, processo e julgamento, competência privativa do Senado Federal, art. 52, II, 100

da República - destituição, art. 128, § 2°, 167

da República - deve ser ouvido nas ADIs, art. 103, § 1°, 148

da República - exoneração de ofício, art. 52, XI, 101

da República - *habeas-corpus*, processo e julgamento, art. 102, I, *d*, 144

da República - *habeas-data*, processo e julgamento, art. 102, I, *d*, 144

ÍNDICE REMISSIVO

Procurador-Geral

da República - infrações penais comuns, processo e julgamento, art. 102, I, *b*, 143

da República - mandado de segurança, processo e julgamento de seus atos, art. 102, I, *d*, 144

da República - mandato e nomeação, aprovação prévia pelo Senado Federal, art. 128, § 1°, 167

da República - nomeação e destituição, Presidência da República, art. 128, §§ 1° e 2°, 167

da República - nomeação e destituição, Presidência da República, art. 84, XIV, 123

da República - opção de carreira - ADCT, art. 29, § 2°, 281

da República - Presidente da República, delegação de atribuições, art. 84, p.ú., 124

da República - recondução, art. 128, § 1°, 167

do Distrito Federal e dos Estados - destituição, art. 128, § 4°, 168

do Distrito Federal e dos Estados - estabilidade, avaliação de desempenho, art. 132, p.ú., 173

do Distrito Federal e dos Estados - organização em carreira, art. 132, 173

Procuradoria(s)

geral - consultoria jurídica - ADCT, art. 69, 297

lei complementar - atribuições - ADCT, art. 29, 281

Produção

competência para legislar sobre, art. 24, V, 58

Produtividade

prêmio - servidores, art. 39, § 7°, 85

Produto

da arrecadação - imposto, renda e proventos - União, repasse, EC17, art. 3°, 333

de arrecadação, imposto - modalidade, entidade federada - União, EC3, art. 2°, § 3°, 329

de arrecadação, imposto - porcentagem, custeio para programa de habitação - União, EC3, art. 2°, § 4°, 329

Produtor

rural - classificação - ADCT, art. 47, § 2°, 287

rural - mini, pequeno e médio - débitos, isenção da correção monetária - ADCT, art. 47, 287

Professor. ....v. também **magistério**

abono de permanência, EC41, art. 3°, § 1°, 346

aposentadoria especial - tempo de serviço prestado fora da sala de aula - não se computa, S726, 455

aposentadoria voluntária, EC41, art. 2°, § 4°, 346

bolsista - missão de estudo - importação de automóvel - requisitos - satisfação - ressalva, S406, 416

Professor

catedrático - substituição - rodízio de docentes livres,- S48, 376

catedrático - vitalício - desdobramento da catédra - possibilidade, S12, 372

de nível superior - estabilidade - inaplicabilidade - ADCT, art. 29, § 3º, 278

militar - reforma - promoção - possibilidades, S53, 376

Profissional

agentes de saúde - contratação direta, dispensa do processo seletivo, EC51, art. 2º, p.ú., 355

agentes de saúde - contratação direta, limite de gasto, EC51, art. 2º, 355

educação básica, art. 206, p.ú, 240

Programa

de desenvolvimento - nacional, art. 48, IV, 96

de desenvolvimento - regional, art. 48, IV, 96

de desenvolvimento - setorial, art. 48, IV, 96

de formação do patrimônio do servidor público. ....v.
também servidor público

de formação do patrimônio do servidor público - abono, art. 239, 266

de formação do patrimônio do servidor público - seguro-desemprego, art. 239, 266

de integração social. ....v. também PIS

Progressão

regime - crime hediondo ou equiparado - inconstitucionalidade, SV26, 367

Projeto de lei. ....v. também Poder Executivo

complementar, prazo - servidor público - previdência social, EC20, art. 7º, 339

de diretrizes orçamentárias - Presidente da República, envio, art. 84, XXIII, 124

disposição, art. 65, 114

elaboração, prazo, comissão especial - Defensoria Pública dos Distrito Federal, EC69, art. 3º, 357

emenda, art. 65, p.ú., 114

rejeição, novo projeto, art. 67, 115

sanção - falta de iniciativa do Poder Executivo - suprimento, S5, 371

sanção - tácita, art. 66, § 3º, 115

sanção, art. 65, 114

sanção, art. 66, 114

veto, art. 66, 114

veto, art. 84, V, 122

votação, art. 65, 114

votação, art. 66, *caput* e §§ 4º e 6º, 114

Promitente comprador

cessionário do - imóvel alugado - retomada - possibilidade, S177, 389

imóvel alugado - retomada - possibilidade, S176, 389

ÍNDICE REMISSIVO

Promoção
ineficiência impede - juízes, art. 93, II, e, 129
manter autos além do prazo legal – impedimento - juiz, art. 93, II, e, 129
militar - inatividade - possibilidades, S52, 376
militar - passagem para a inatividade - limites, S51, 376
militar - professor - reforma - possibilidades, S53, 376
por merecimento - juízes, art. 93, II, b, 129

Promotor. ....v. também **Ministério Público**

Proposta
de orçamento - Presidente da República, envio, art. 84, XXIII, 124
orçamentária - tribunais - encaminhamento, art. 99, § 2°, 136
orçamentária - Ministério Público, art. 127, § 3°, 167

Propriedade
do imóvel sede própria de clube que pratica jogo lícito - inexigibilidade, S362, 410
função social, art. 170, III, 212
ocupação temporária, art. 5°, XXV, 23
predial e territorial urbana - fixação de impostos, art. 156, I, 197
privada, art. 170, II, 212
rural - desapropriação para fins de reforma agrária - exclusões, art. 185, I e II, 222
rural - desapropriação para fins de reforma agrária - procedimento, art. 184, § 3°, 221
rural - desapropriação para fins de reforma agrária - processo, art. 184, § 3°, 221
rural - desapropriação para fins de reforma agrária - rito, art. 184, § 3°, 221
rural - estrangeiro - aquisição, art. 190, 223
rural - estrangeiro - arrendamento, art. 190, 223
rural - função social - arts. 184 e 186, 221
rural - interesse social, declaração, art. 184, § 2°, 221
rural - penhora, vedação, art. 5°, XXVI, 23
rural - usucapião, art. 191, 223
urbana - aproveitamento, exigência do Poder Público Municipal, art. 182, § 4°, 220
urbana - concessão de uso, art. 183, § 1°, 220
urbana - desapropriação, pagamento da indenização em títulos da dívida pública, art. 182, § 4°, III, 220
urbana - edificação compulsória, art. 182, § 4°, I, 220
urbana - função social, art. 182, § 2°, 220
urbana - imposto progressivo, art. 182, § 4°, II, 220
urbana - parcelamento compulsório, art. 182, § 4°, I, 220
urbana - título de domínio, art. 183, § 1°, 220
urbana - usucapião, art. 183, 220

Proprietário(s)

pequenos e médios - cooperação da União para acesso a fonte de água, art 43, § 3°, 95

Proteção

possessória - servidão de trânsito não titulada mas permanente - direito, S415, 417

Protesto

ausência - título vencido no prazo mensal - não pagamento - concordata preventiva - possibilidade, S190, 391

cambiário - prescrição - interrupção - impossibilidade, S153, 387

Prova

acesso amplo aos elementos de - direito do defensor - investigação. SV14, 365

reexame - recurso extraordinário - descabimento, S279, 401

Provento(s). ....v. também pensão, ...v. também morte e pensão

cálculo - aposentadoria e pensão, servidor público - previdência social, EC20, art. 3°, § 2°, 338

cáluculo, aposentadoria, concessão da pensão aos dependentes - servidor público - previdência social, EC41, art. 3°, § 2°, 346

da aposentadoria e pensões, revisão e prazo - servidor público, EC70, art. 3°, 358

da inatividade - militar - regulamentação, S359, 410

da inatividade - servidor civil - regulamentação,, S359, 410

e pensões, contribuição, incidência sobre a parcela - servidor público, inativo e pensionista - previdência social, EC41, art. 4°, p.ú., 347

integrais - militar inativo - cotas - ausência de direito subjetivo ao recebimento, S441, 420

integrais, condições cumulativas - servidor público, cargo efetivo - previdência social, regime geral, EC41, art. 6°, 347

integral, condições cumulativas - servidor público - previdência social, EC47, art. 3°, 353

integral, revisão às pensões - servidor público - previdência social, EC47, art. 3°, p.ú., 353

Provimento

cargo público - juiz do trabalho substituto - ordem de classificação, S478, 425

Publicidade. ....v. *documentos, informação e divulgação*

princípio da administração pública, art. 37, 72

Punibilidade

extinção - pagamento - tributo - extensão - crimes de contrabando e descaminho, S560, 435

Punição. ....v. também pena

dupla - inadmissibilidade, S19, 373

ÍNDICE REMISSIVO

Qualidade
ensino - funcionamento, ADCT, art. 60, § 1°, 295
garantia de padrão de - princípio do Ensino, art. 206, VII, 240

Queixa
exercício do direito - ofendido ou representante legal - possibilidade, S594, 439

Quesitos
da defesa posteriores ao das circunstâncias agravantes - julgamento pelo júri - nulidade absoluta, S162, 388
obrigatórios - ausência - julgamento pelo júri - nulidade absoluta, S156, 387

Questão federal
controvertida - apreciação pelo STF - ação rescisória - competência, S249, 397

Quilombo
ADCT, art. 68, 297

Quinto constitucional...............v. também advogado
TRF, art. 94, 132

Raça
discriminação, condenação, art. 3°, IV, 18

Racismo
crime - imprescritível, art. 5°, XLII, 27
crime - inafiançável, art. 5°, XLII, 27
repúdio, art. 4°, VIII, 18

Rádio. ....v. *também imprensa e comunicação*
concessão, apreciação pelo Congresso Nacional, art. 49, XII, 98
finalidades, art. 221, 253
princípios, art. 221, 253

Radiodifusão
sonora e de sons e imagens - concessão, cancelamento, decisão judicial, art. 223, § 4°, 254
sonora e de sons e imagens - Congresso Nacional, apreciação dos atos do Poder Executivo, art. 223, § 1°, 254
sonora e de sons e imagens - outorga, Poder Executivo, art. 223, 254
sonora e de sons e imagens - permissão, cancelamento, decisão judicial, art. 223, § 4°, 254
sonora e de sons e imagens - propriedade, art. 222, 253
sonora e de sons e imagens - renovação de - autorização, Poder Executivo, art. 223, 254
sonora e de sons e imagens - renovação de - concessão, Poder Executivo com aprovação do Congresso Nacional, art. 223, *caput* e §§ 2° e 3°, 254
sonora e de sons e imagens - renovação de - permissão, Poder Executivo com aprovação do Congresso Nacional, art. 223, *caput* e §§ 2° e 3°, 254
União - competência para legislar, art. 22, IV, 54

Readaptação

pedido - pendência - servidor - cargo pleiteado - direitos - ausência, S566, 436

Reajustamento

de débito pecuário - dívidas estranhas - exclusão, S183, 390

de débito pecuário - dívidas posteriores a 19 12 46 - exclusão, S184, 390

de débito pecuário - falta de cancelamento de renúncia à moratória - possibilidade, S182, 390

de débito pecuário - honorários advocatícios - União - responsabilidade - ausência, S185, 390

de débito pecuário - sentença concessiva - recurso ex officio - sujeição, S275, 400

Reajuste

cargo efetivo e pensões dos dependentes - servidor público - previdência social, regime geral, EC41, art. 7º, 348

de despesa obrigatória - vedação - ADCT, art. 109, VIII, 326

de servidores públicos estaduais ou municipais - vinculação a índices federais de correção monetária - inconstitucionalidade, S681, 449

remuneração - vedações - ADCT, art.109, 326

servidores militares - extensão aos civis, S672, 448

vinculação, inconstitucionalidade - remuneração, servidor estadual e municipal, SV42, 369

Receita Federal

percentagem do BNDE - servidores fazendários não têm direito, S408, 416

Receita(s). ....v. *também arrecadação*

corrente líquida - o que é, art. 100, § 18, 140

da União - projeto de revisão da lei orçamentária - exercício 1989 - ADCT, art. 39, 285

de órgão, fundos - desvinculação até 2023 - ADCT, art. 76-A, 304

desvinculação de 30% da arrecadação Estados e DF, período até 31 de dezembro de 2023 - ADCT, art. 76-A, 304

desvinculação de 30% da arrecadação Municípios - período até 31 de dezembro de 2023 - ADCT, art. 76-B, 304

tributária líquida - Estados e DF - 0,5% - inclusão e promoção social, , art. 204, p.ú., 239

tributárias. ....v. também tributos

tributárias - repartição - Distrito Federal, art. 157, 199

tributárias - repartição - divulgação, art. 162, 202

tributárias - repartição - Estados, art. 157, 199

tributárias - repartição - Municípios, art. 158, 199

tributárias - repartição - regulamentação, art. 161, I, 202

tributárias - repartição - União - ADCT, art. 34, § 1º, 282

tributárias - repartição - União, art. 159, 199

ÍNDICE REMISSIVO

Reclamação
após trânsito em julgado do ato judicial - não cabimento, S734, 456
prestações - convenção coletiva de trabalho - fundamento - prescrição - termo inicial, S349, 409
prestações - decisão normativa da Justiça do Trabalho - fundamento - prescrição - termo inicial, S349, 409
trabalhista - juros de mora - contagem, S224, 395

Reclassificação
servidor aposentado - impedimento, S38, 375

Reclusão. ....v. também prisão

Reconvenção
despacho - inadmissibilidade - agravo de petição - descabimento, S342, 408
despacho - inadmissibilidade - agravo no auto do processo - cabimento, S342, 408
em ação declaratória - admissibilidade, S258, 398

Recurso(s)
acórdão concessivo de segurança - prazo - contagem - início, S392, 414
administrativo - efeito suspensivo - mandado de segurança - possibilidade, S429, 419
administrativo, bens - depósito ou dinheiro - inconstitucionalidade, SV21, 366
criminal - julgamento - ausência de intimação - nulidade, S431, 419
da educação - destinação às escolas, art. 213, 244
das decisões da auditoria da polícia militar no Estado da Guanabara - julgamento - Tribunal competente - ressalva, S364, 411
de despacho saneador - ausência - trânsito em julgado - possibilidade, S424, 418
de embargos - não cabimento, S233, 396
de revista - conhecimento pelo TST - julgamento da causa, S457, 422
de revista - em ação executiva fiscal - descabimento, S276, 400
de revista - processo trabalhista - jurisprudência do TST no mesmo sentido da decisão - descabimento - ressalva, S401, 415
destinados à saúde - rateio, art. 198, § 3º, I, 230
devido, convalidação - precatório, pagamento, EC62, art. 5º, 356
devido, valor inferior - precatório, pagamento, EC62, art. 4º, I, 356
dirigido ao STF - andamento - impossibilidade, S322, 406
do fundo partidário e à propaganda, diretrizes - partido político - coligação partidária, EC91, art. 3º, p.ú., 360
educação - fundos - ADCT, art. 60, VI e VII, 294
extraordinário - 1º grau - cabimento, S640, 444
extraordinário - admissibilidade, art. 102, § 3º, 146
extraordinário - após provimento do agravo - cabimento, S289, 402
extraordinário - argüição de inconstitucionalidade - não conhecimento, S285, 401

679

Recurso(s)

extraordinário - argüição de inconstitucionalidade - razoável interpretação da lei - descabimento, S400, 415

extraordinário - assistente do Ministério Público - possibilidade, S210, 393

extraordinário - assistente do Ministério Público - vedação, S208, 393

extraordinário - ausência da integralidade dos fundamentos da decisão - inadmissibilidade, S283, 401

extraordinário - ausência de prequestionamento sobre ponto omisso da decisão - inadmissibilidade, S356, 410

extraordinario - causas criminais - prazo de interposição, S602, 440

extraordinário - conhecimento pelo STF - julgamento da causa, S456, 422

extraordinário - contra acórdão que defere medida liminar - não cabimento, S735, 456

extraordinário - contra decisão do TSE - prazo, S728, 455

extraordinário - de decisão denegatória de mandado de segurança - admissão como ordinário - impossibilidade, S272, 400

extraordinário - de trecho sem divergência posterior ao julgamento de embargos infringentes parciais - ineficácia, S355, 409

extraordinário - decisões do juiz singular - descabimento, S527, 430

extraordinário - descabimento - lei federal - violação - ofensa - regimento de Tribunal, S399, 415

extraordinário - dissídio jurisprudencial - decisões da Justiça do Trabalho - descabimento, S432, 419

extraordinário - dissídio jurisprudencial - prova, S291, 402

extraordinário - divergência jurisprudencial - fundamento - julgados do mesmo tribunal - inadmissibilidade, S369, 411

extraordinário - fundamentação deficiente - controvérsia - incompreensão - agravo - provimento - impossibilidade, S287, 401

extraordinário - fundamentação deficiente - controvérsia - incompreensão - inadmissibilidade, S284, 401

extraordinário - fundamento - divergência jurisprudencial - STF - orientação plenária favorável à decisão recorrida - inadmissibilidade, S286, 401

extraordinário - inadmitido - traslado incompleto do agravo, S639, 444

extraordinário - interposição - decisão que enseja, S513, 429

extraordinário - interpostos em processo trabalhista - condenação em verba honorária - não cabimento - exceções, S633, 444

extraordinário - intervenção estadual em Município - caso de não cabimento, S637, 444

extraordinário - juizado - cabimento, S640, 444

extraordinário - mais de um fundamento - procedimento judicial, S292, 402

extraordinário - para reexame de prova - descabimento, S279, 401

extraordinário - pendente de juízo de admissibilidade - efeito suspensivo - Supremo Tribunal Federal - incompetência, S634, 444

ÍNDICE REMISSIVO

Recurso(s)

extraordinário - pendente de juízo de admissibilidade - medida cautelar - Presidente do Tribunal de origem - competência, S635, 444

extraordinário - por contrariedade ao princípio da legalidade - caso de não cabimento, S636, 444

extraordinário - por ofensa a direito local - descabimento, S280, 401

extraordinário - por simples interpretação de cláusulas contratuais - descabimento, S454, 422

extraordinário - prequestionamento - ausência - inadmissibilidade, S282, 401

extraordinário - quando cabe recurso ordinário na justiça de origem - inadmissibilidade, S281, 401

extraordinário - repercussão geral - condição, art. 102, § 3º, 146

extraordinário e ordinário - mesmo processo - julgamento conjunto, S299, 403

hídricos - bens dos Estados, art. 26, I, 61

hídricos - consumo, fiscalização, art. 200, VI, 232

hídricos - União - competência para legislar, art. 22, IV, 54

minerais. ....v. também minério

minerais - defesa, competência legislativa concorrente, art. 24, VI, 59

minerais - empresa brasileira - exploração - autorizações - ADCT, art. 44, § 3º, 286

minerais - empresa brasileira - exploração - autorizações sem efeito - ADCT, art. 44, 286

minerais - empresa brasileira - exploração - dispensa do cumprimento dos requisitos do art. 176, § 1º, da Constituição Federal - ADCT, art. 44, § 1º, 286

minerais - empresa brasileira - exploração - prazo para cumprimento dos requisitos do art. 176, § 1º, da Constituição Federal - ADCT, art. 44, § 1º, 286

minerais - exploração de aproveitamento industrial, art. 176, 216

minerais - meio ambiente, art. 225, § 2º, 257

mínimos a serem aplicados – saúde – Estados e DF, art. 198, § 2º, II, 230

mínimos a serem aplicados – saúde – Municípios e DF, art. 198, § 2º, III, 230

mínimos a serem aplicados – saúde - União, art. 198, § 2º, I, 229

não liberação para pagamento de precatórios - consequências - ADCT art. 100, § 10º, 316

ordinário - habeas-corpus ou mandado de segurança - prazo, S319, 405

ordinário - interposição - decisão que enseja, S513, 429

ordinário e extraordinário - mesmo processo - julgamento conjunto, S299, 403

para o STF - decisões da Justiça do Trabalho - descabimento - ressalva, S505, 428

parcela, repasse, União- dedução de cotas, EC17, art. 4º, p.ú., 333

681

Recurso(s)
   prazo em dobro, S641, 445
   repasse, União - periodicidade e critérios de repartição, EC17, art. 3º, p.ú., 333
   supletivo - assistente - apresentação - prazo, S448, 421
Rede Ferroviária Federal
   ações - foro competente - ressalva, S251, 398
   bens adquiridos - impostos federais - imunidade, - S77, 378
Reedição
   Medida Provisória - prazo, S651, 446
Reeleição
   art. 14, § 5º, 42
Reexame
   de sentença contra autarquias - hipótese, S620, 442
Referendo
   autorização, art. 14, II, 41
   autorização, art. 49, XV, 98
Refinaria(s)
   em funcionamento - monopólio, exclusão - ADCT, art. 45, 287
Reforma
   administrativa - disposição - ADCT, art. 24, 279
   agrária - beneficiários, art. 189, 223
   agrária - compatibilização com a política agrícola, art. 187, § 2º, 223
   agrária - imóveis desapropriados, isenção tributária, art. 184, § 5º, 222
   agrária - médios imóveis rurais, vedação, art. 185, I, 222
   agrária - orçamento público, títulos da dívida agrária, art. 184, § 4º, 221
   agrária - pequenos imóveis rurais, vedação, art. 185, I, 222
   agrária - propriedade produtiva, vedação, art. 185, II, 222
   agrária - terras públicas - alienação, art. 188, § 1º, 223
   agrária - terras públicas - concessão, art. 188, § 1º, 223
   agrária - terras públicas, art. 188, § 1º, 223
   agrária - títulos da dívida agrária, art. 184, § 4º, 221
   militar. ....v. também inatividade
   professor - militar - promoção - possibilidades, S53, 376
Regime
   de previdência complementar - servidores - limites para aposentadoria e pensões, art. 40, § 14, 90
   de previdência complementar - servidores adere, art. 40, § 16, 90
   de previdência dos servidores - aplicação subsidiária dos critérios da previdência social, art 40, § 12, 89
   de urgência - medida provisória, art. 62, § 6º, 113
   especial - precatórios vencidos - ADCT art. 100, 313
   geral de previdência social - aposentadoria - condições, art. 201, § 7º, 235

ÍNDICE REMISSIVO

Regime
geral de previdência social - vedado a participante de regime próprio de prvidência, art. 201, § 5°, 235
geral, previdência social - servidor público - limite máximo e reajuste, EC41, art. 5°, 347
geral, previdência social - servidor público - maior remuneração, limite, EC41, art. 8°, 348
geral, previdência social - servidor público - reajuste, cargo efetivo e pensões dos dependentes, EC41, art. 7°, 348
geral, previdência social - servidor público, cargo efetivo - aposentadoria por invalidez, cálculo e valor, EC41, art. 6°-A, 348
geral, previdência social - servidor público, cargo efetivo - proventos integrais, condições cumulativas, EC41, art. 6°, 347
geral, previdência social, regime geral - servidor público - aposentadoria, direito de opção, requisitos, EC20, art. 9°, 340
geral, previdência social, regime geral - servidor público, professor, atividade de magistério - aposentadoria, direito de opção, requisitos, EC20, art. 9°, § 2°, 341
prisional - estabelecimento penal, carência, SV56, 370
progressão - crime hediondo ou equiparado - Inconstitucionalidade, SV26, 367
próprio de previdência - inclusão de quadro em extinção de servidor público policial civil ou militar - administração pública, ex-territórios e dos estados do Amapá ou Roraima, União, EC98, art. 7°, 363
único de arrecadação, art. 146, p.ú., 184

Regiões
em desenvolvimento - integração, art. 43, § 1°, I, 94
metropolitanas - instituição, art. 25, § 3°, 61

Registro
de automóvel - cobrança de selo, S106, 382
de nascimento - gratuidade, art. 5°, LXXVI, a, 31
imobiliário - compromisso de compra e venda - curso da ação - admissibilidade, S168, 388
imobiliário - compromisso de compra e venda - inexistência - DL 58/1937 - inaplicabilidade - ressalva, S167, 388
público - inscrição de documentos estrangeiros autenticados no consulado para produção de efeito judicial - desnecessidade, S259, 399

Regulamentação
horário de trabalho - municípios - comércio, S419, 417
prescrição da ação penal - S146, 386

Regulamento(s)
expedição, art. 84, IV, 122

Reitor de Universidade
demissão pelo Presidente da República - limitações, S47, 376

683

Religião. ....v. também culto religioso e liberdade
Remissão
   débito fiscal - lei federal - constitucionalidade, S532, 431
Remuneração. ....v. também adicional, décimo terceiro
   salário, salário, servidor público e vencimento
   com vereador - total de despesa, art. 29, VII, 66
   de qualquer espécie, limites - administração pública - União, EC19, art. 29, 334
   maior, limite - servidor público - previdência social, regime geral, EC41, art. 8º, 348
   percebida em desacordo com a Constituição, redução - ADCT, art. 17, 277
   reajuste - servidor público, militar e civil, SV51, 370
   servidor estadual e municipal - vinculação do reajuste, inconstitucionalidade, SV42, 369
   servidor público, aumento - Poder Judiciário, não competência, SV37, 368
   servidor público, SV15, 366
   taxa - serviço de iluminação pública, SV41, 369
   União - competência, SV39, 368
Renovação
   locação - locatário não cessionário - adição de prazo - impossibilidade, S482, 425
   locação - locatário não sucessor - adição de prazo - impossibilidade, S482, 425
Repasse
   dos recursos, União - periodicidade e critérios de repartição, EC17, art. 3º, p.ú., 333
   parcela dos recursos, União- dedução de cotas, EC17, art. 4º, p.ú., 333
   união - produto da arrecadação - imposto, renda e proventos, EC17, art. 3º, 333
Repercussão geral
   condição para o recurso extraordinário, art. 102, § 3º, 146
Repouso
   semanal remunerado - cálculo da indenização por acidente de trabalho - inclusão, S464, 423
   semanal remunerado - inclusão no cálculo de indenização por despedida injusta, S462, 422
   semanal remunerado - vendedor pracista, S201, 392
Representação
   exercício do direito - ofendido ou representante legal - possibilidade, S594, 439
Representantes
   diplomáticos estrangeiros – credenciamento, art. 84, VII, 123
República
   Federativa do Brasil - objetivos fundamentais, art. 3º, 18

Índice Remissivo

República
Federativa do Brasil - organização político-administrativa, art. 18, 45
Federativa do Brasil - relações internacionais, princípios, art. 4°, 18
Federativa do Brasil, art. 1°, 17
plebiscito - ADCT, art. 2°, 271
proclamação, criação de comissão para comemorar seu centenário - ADCT, art. 63, 296

Requisitos
dos benefícios - aposentadoria e pensão, servidor público - previdência social, EC20, art. 3º, 338

Reserva. ....v. também inatividade e militar
de plenário - violação, SV10, 365
militar da ativa - posse em cargo, função ou emprego público - prazo, art. 142, § 3°, III, 179

Resolução(ões)
conselho de políticas aduaneiras - homologação por ministro - inexigência, S559, 435
processo legislativo, art. 59, VI, 108

Responsabilidade
civil - atividades nucleares - danos, art. 21, XXIII, c, 52
civil - dano nuclear, art. 21, XXIII, c, 52
civil - do Estado, art. 37, § 6°, 81
civil - locadora de veículo, S492, 426
civil - originária de pensão - base de cálculo, S490, 426
contratual do transportador - acidente com o passageiro - culpa de terceiro - ação regressiva, S187, 391
contratual do transportador - acidente com o passageiro - permanência, S187, 391
disciplinar - agente - algemas, SV11, 365
fiscal - não pagamento de precatório - ADCT art. 100, § 10º, III., 316
solidária - locadora de veículo, S492, 426

Restituição
coisas vendidas a crédito para o falido - prazo - termo inicial, S193, 391
dinheiro - falência, S417, 417
em dinheiro - coisas vendidas a crédito para o falido - cabimento, S495, 427
tributo indireto - vedação, S71, 378
tributo pago indevidamente - cabimento, S546, 433

Restos a pagar
execução orçamentária - limites, art. 166, §16, 207

Retomante
mais de um prédio alugado - direito de opção - ressalva, S409, 416

Réu
condenação em honorários - pedido expresso - dispensa, S256, 398

Réu

em prisão especial - não impede a progressão de regime de execução da pena, S717, 453

falta de prévia intimação para constituir novo defensor - nulidade do julgamento da apelação, S708, 452

litisconsorte passivo em mandado de segurança, S701, 452

menor - sem curador - assistido por defensor dativo - processo penal - validade, S352, 409

não cumprimento de obrigação de dar - ação cabível, S500, 427

preso - citação por edital - mesma unidade federativa - nulidade, S351, 409

renúncia ao direito de apelação - não impede o conhecimento da interposta pelo defensor, S705, 452

Revel

produção de provas - possibilidade, S231, 395

Revezamento

turnos - intervalos - art. 7°, XIV, S675, 449

Revisão

às pensões, provento integral - servidor público - previdência social, EC47, art. 3°, p.ú., 353

constitucional - Congresso Nacional - ADCT, art. 3°, 271

constitucional - plebiscito, prazo - ADCT, art. 2°, 271

constitucional - realização - ADCT, art. 3°, 271

constitucional - Tribunal Superior Eleitoral - ADCT, art. 2°, § 2°, 271

criminal - requerimento por condenado solto - possibilidade, S393, 414

e prazo, proventos da aposentadoria e pensões - servidor público, EC70, art. 3°, 358

Revogação

de aposentadoria pelo Poder Executivo - competência revisora do Judiciário, S6, 371

de aposentadoria pelo Poder Executivo - depende de aprovação pelo Tribunal de Contas, S6, 371

de ato - pode ser feita pela Administração, S473, 424

de ato - quando deve ser feita pela Administração, S473, 424

Rios.....................................v. também águas

navegáveis - margens - domínio público - desaproriação - impossibilidade, S479, 425

navegáveis - margens - domínio público - indenização - exclusão, S479, 425

Rodovias. ....v. também transporte

Roraima

governador - indicação - ADCT, art. 14, § 3°, 277

instalação do Estado - ADCT, art. 14, § 1°, 276

recursos antes da transformação em Estado - ADCT, art. 14, § 4°, 277

servidor público policial ou militar - vedação do pagamento, EC98, art. 2°, § 2°, 362

ÍNDICE REMISSIVO

transformação em Estado - ADCT, art. 14, 276

transformação em Estado - normas e critérios - ADCT, art. 14, § 2°, 276

Safra

lei agrícola - planejamento - ADCT, art. 50, 288

Salário(s). ....v. também adicional, décimo terceiro salário, remuneração e vencimentos

adicional - vigia noturno - direito, S402, 415

de contribuição - atualização - cálculo do benefício , art. 201, § 3°, 234

educação - contribuição - cobrança - constitucionalidade, S732, 456

educação - contribuição social - ADCT, art. 76, § 2°, 303

educação - distribuição - critérios, art. 212, § 6°, 244

família, art. 7°, XII, 34

gratificações habituais - integram, S207, 393

integral - menor - direito, S205, 393

mínimo - indexador - vedação, SV4, 364

mínimo - inferior - praças, SV6, 364

mínimo - vigência - vacância, S203, 392

mínimo x salário contratual - trabalhador de reserva, S204, 393

mínimo x salário contratual - trabalhador substituto, S204, 393

produção -condições de pagamento e supressão, S209, 393

regime de manutenção - IAPM e IAPETC - exclui indenização tarifada, S465, 423

regime de manutenção - IAPM e IAPETC - não exclui benefício previdenciário, S465, 423

Sanção

legal - em cobrança excessiva de boa fé - ausência, S159, 387

Saneamento básico. ....v. também meio ambiente

diretrizes, competência da União, art. 21, XX, 52

Sangue. ....v. também saúde

comércio, vedação, art. 199, § 4°, 231

Saúde. ....v. também SUS

assistência, liberdade à iniciativa privada, art. 199, 231

dever do Estado, art. 196, 229

direito - da criança e do adolescente, art. 227, § 1°, 260

direito - de todos, art. 196, 229

direito - social, art. 6°, 32

do Trabalho - direito assegurado aos trabalhadores, art. 7°, XXII, 35

ex-combatentes, gratuidade - ADCT, art. 53, IV, 289

exploração - direta - capital estrangeiro, vedação, art. 199, § 3°, 231

exploração - direta - empresas estrangeiras, vedação, art. 199, § 3°, 231

exploração - indireta - capital estrangeiro, vedação, art. 199, § 3°, 231

exploração - indireta - empresas estrangeiras, vedação, art. 199, § 3°, 231

fiscalização das despesas, art. 198, § 2°, III, 230

Saúde

impedimento de execução da programação orçamentária – justificativa, art. 166, § 14, 207

instituições privadas com fins lucrativos, vedação de recursos públicos, art. 199, § 2°, 231

Novo Regime Fiscal - aplicações mínimas - ADCT, art. 110, 327

orçamento - ADCT, art. 55, 290

órgãos humanos, comércio, art. 199, § 4°, 231

pessoa - física de direito privado, execução, art. 197, 229

pessoa - jurídica de direito privado, execução, art. 197, 229

Poder Público - controle, art. 197, 229

Poder Público - execução, art. 197, 229

Poder Público - fiscalização, art. 197, 229

Poder Público - regulamentação, art. 197, 229

programação orçamentária – impedimento de ordem técnica, art. 166, § 12 e 14, 207

propaganda comercial nociva, vedação, art. 220, § 3°, II, 252

proteção e defesa, concorrente, art. 24, XII, 59

rateio de recursos, art. 198, § 3°, II, 230

receita de impostos - estaduais, aplicação do mínimo exigido - ADCT, art. 77, 305

receita de impostos - estaduais, aplicação do mínimo exigido, art. 34, VII, e, 70

receita de impostos - estaduais, aplicação do mínimo exigido, art. 35, III, 71

receita de impostos - municipais, aplicação do mínimo exigido - ADCT, art. 77, 305

receita de impostos - municipais, aplicação do mínimo exigido, art. 34, VII, e, 70

receita de impostos - municipais, aplicação do mínimo exigido, art. 35, III, 71

recursos - montante, art. 166, § 11, 206

recursos – transferência da União – independe da adimplência do ente federativo, art. 166, § 10°, 207

recursos destinados não podem custear pagamento de pessoal, art. 166, § 10°, 206

recursos mínimos a serem aplicados, art. 198, § 2°, 229

sangue - coleta, art. 199, § 4°, 231

sangue - comércio, art. 199, § 4°, 231

sangue - processamento, art. 199, § 4°, 231

sangue - transfusão, art. 199, § 4°, 231

serviços de atendimentos municipais, art. 30, VII, 68

transplante - órgãos, art. 199, § 4°, 231

transplante - substâncias humanas, art. 199, § 4°, 231

transplante - tecidos, art. 199, § 4°, 231

ÍNDICE REMISSIVO

União, competência, art. 23, II, 57
SEBRAE. ....v. também microempresa
Seca
planejamento e defesa - competência da União, art. 21, XVIII, 52
Segurado
ação contra a instituição previdenciária - foro competente, S689, 450
Segurador
ação regressiva contra o causador do dano - honorários advocatícios -
cabimento, S257, 398
ação regressiva contra o causador do dano - possibilidade - limites, S188, 391
sub-rogado - ação de indenização - carga transportada por navio - extravio -
prescrição - prazo, S151, 386
sub-rogado - ação de indenização - carga transportada por navio - perda -
prescrição - prazo, S151, 386
x empregador - controvérsia - pagamento - acidente do trabalho - suspensão -
impossibilidade, S337, 407
Seguradora
sinistro - ICMS, não incidência, SV32, 368
Segurança
direito social, art. 6°, 32
do trabalho - direito assegurado aos trabalhadores, art. 7°, XXII, 35
nacional - crime contra - apelação - julgamento - competência, S526, 430
nacional - crimes, S558, 435
pública - atribuições, art. 144, incisos e §§ 1° ao 5°, 180
pública - finalidade, art. 144, 180
pública - forças auxiliares e reserva - Exército, art. 144, § 6°, 182
pública - forças auxiliares e reserva Exército, submissão ao Governador -
Distrito Federal, art. 144, § 6°, 182
pública - forças auxiliares e reserva Exército, submissão ao Governador -
Estado, art. 144, § 6°, 182
pública - forças auxiliares e reserva Exército, submissão ao Governador -
Território, art. 144, § 6°, 182
pública - funcionamento, art. 144, § 7°, 182
pública - guardas municipais, art. 144, § 8°, 182
pública - organização, art. 144, § 7°, 182
pública - órgãos - funcionamento, art. 144, § 7°, 182
pública - órgãos - organização, art. 144, § 7°, 182
valor supremo - Preâmbulo, 15
Seguridade social. ....v. também previdência
arrecadação - ADCT, art. 56, 290
arts. 194 a 204, 225
benefícios - distributividade, art. 194, p.ú., III, 226
benefícios - fontes de custeio, art. 195, § 5°, 227
benefícios - irredutibilidade do valor, art. 194, p.ú., IV, 226

689

J. U. JACOBY FERNANDES

Seguridade social

benefícios - populações - rurais, uniformidade e equivalência, art. 194, p.ú., II, 226

benefícios - populações - urbanas, uniformidade e equivalência, art. 194, p.ú., II, 226

benefícios - seletividade, art. 194, p.ú., III, 226

concessão - anistia, vedação, art. 195, § 11, 228

concessão - remissão, vedação, art. 195, § 11, 228

Congresso Nacional, aprovação de planos - ADCT, art. 59, 291

contribuição - alíquotas diferenciadas em razão da atividade econômica, art. 195, § 9°, 228

contribuição - isenção, art. 195, § 7°, 228

contribuição - social - importador de bens ou serviços do exterior, art. 195, IV, 227

contribuição, art. 195, § 6°, 227

custeio, art. 194, p.ú., V, 226

definição, art. 194, 225

finalidade, art. 194, 225

financiamento - contribuições sociais - alíquotas diferenciadas, art. 195, § 9°, 228

financiamento - contribuições sociais - bases de cálculo diferenciadas, art. 195, § 9°, 228

financiamento - contribuições sociais, art. 195, I a III, 226

financiamento - outras fontes, art. 195, § 4°, 227

financiamento - receitas - Distrito Federal, art. 195, § 1°, 227

financiamento - receitas - Estados, art. 195, § 1°, 227

financiamento - receitas - Municípios, art. 195, § 1°, 227

financiamento - recursos provenientes do orçamento - Distrito Federal, art. 195, 226

financiamento - recursos provenientes do orçamento - Estados, art. 195, 226

financiamento - recursos provenientes do orçamento - Municípios, art. 195, 226

financiamento - recursos provenientes do orçamento - União, art. 195, 226

financiamento - ressalva, art. 240, 267

financiamento, art. 194, p.ú., VI, 226

gestão - administrativa, participação, art. 194, p.ú., VII, 226

gestão - quadripartite, participação, art. 194, p.ú., VII, 226

legislação, art. 22, XXIII, 56

limites, benefícios, art. 248, 269

objetivos, art. 194, p.ú., 226

orçamento - destinação à saúde - ADCT, art. 55, 290

orçamento - recursos para a assistência social, art. 204, 239

orçamento, art. 195, § 2°, 227

organização - regulamentação legal - ADCT, art. 59, 291

ÍNDICE REMISSIVO

Seguridade social
organização, art. 194, p.ú., 226
pessoa jurídica em débito, conseqüência, art. 195, § 3°, 227
planos - benefício, regulamentação legal - ADCT, art. 59, 291
planos - custeio, regulamentação legal - ADCT, art. 59, 291
recursos - arts. 249 e 250, 269
recursos - utilização para realização de despesas distintas do pagamento de benefícios, vedação, art. 167, XI, 209
serviços - distributividade, art. 194, p.ú., III, 226
serviços - fontes de custeio, art. 195, § 5°, 227
serviços - populações - rurais, uniformidade e equivalência, art. 194, p.ú., II, 226
serviços - populações - urbanas, uniformidade e equivalência, art. 194, p.ú., II, 226
serviços - seletividade, art. 194, p.ú., III, 226
transferência de recursos, art. 195, § 10, 228
universalidade - atendimento, art. 194, p.ú., I, 226
universalidade - cobertura, art. 194, p.ú., I, 226

Seguro
marítimo - causas - processo e julgamento - competência, S504, 428
suicídio - pagamento, S105, 382

Selo
nacional - símbolo, art. 13, §1°, 40
registro de automóvel - cobrança, S106, 382
símbolo da República Federativa do Brasil, art. 13, §1°, 40

SEM. ....v. também empresa estatal, empresa pública e sociedade de economia mista
contribuição fiscal, S76, 378
criação de subsidiária, autorização legislativa, art. 37, XX, 79
criação, art. 37, XIX, 79
diretor - destituição no curso do mandato, S8, 372
exploração de atividade econômica, estatuto jurídico, art. 173, § 1°, 214
foro, S517, 429
metas de desempenho, art. 37, § 9°, 82
privilégios fiscais, art. 173, § 2°, 214

SENAC
criação – modelagem - SENAR - ADCT, art. 62, 296

Senado Federal. ....v. também Assembléia Legislativa, Câmara Municipal e Câmara Legislativa
Banco Central do Brasil, aprovação de - diretores, art. 52, III, d, 100
Banco Central do Brasil, aprovação de - diretores, art. 84, XIV, 123
Banco Central do Brasil, aprovação de - Presidente, art. 52, III, d, 100
Banco Central do Brasil, aprovação de - Presidente, art. 84, XIV, 123
cargos - criação, art. 52, XIII, 101

Senado Federal
 cargos - extinção, art. 52, XIII, 101
 cargos - remuneração, art. 52, XIII, 101
 cargos - transformação, art. 52, XIII, 101
 comissões - atribuições, art. 58, § 2°, 107
 comissões - parlamentares de inquérito, art. 58, § 3°, 108
 comissões - permanente, composição e competência, art. 58, 107
 comissões - representação proporcional dos partidos, art. 58, § 1°, 107
 comissões - temporária, composição e competência, art. 58, 107
 competência - privativa - inconstitucionalidade de lei, suspensão da execução, art. 52, X, 101
 competência privativa - vedação de delegação, art. 68, § 1°, 116
 competência privativa, art. 52, 100
 composição, art. 46, 96
 Congresso Nacional, convocação extraordinária, art. 57, § 6°, I e II, 106
 Conselho da República - líderes, art. 89, V, 126
 Conselho da República - presidente, art. 89, III, 126
 crédito - externo - concessão de garantia - condições, art. 52, VIII, 101
 crédito - externo - concessão de garantia - limites, art. 52, VIII, 101
 crédito - externo - disposições sobre limites globais, art. 52, VII, 101
 crédito - interno - concessão de garantia - condições, art. 52, VIII, 101
 crédito - interno - concessão de garantia - limites, art. 52, VIII, 101
 crédito - interno - disposições sobre limites globais, art. 52, VII, 101
 crime cometido nas dependências - poder de polícia - abrangência, S397, 415
 crimes de responsabilidade, julgamento, art. 86, 125
 deliberações, quórum, art. 47, 96
 despesa pública, projeto sobre serviços administrativos, art. 63, II, 114
 dívida - mobiliária - Distrito Federal, fixação de limites globais, art. 52, IX, 101
 dívida - mobiliária - Estados, fixação de limites globais, art. 52, IX, 101
 dívida - mobiliária - Municípios, fixação de limites globais, art. 52, IX, 101
 dívida - pública, fixação de limites globais, art. 52, VI, 101
 emendas - à Constituição, art. 60, I, 108
 emendas - apreciação pela Câmara dos Deputados, art. 64, § 3°, 114
 emprego - criação, art. 52, XIII, 101
 emprego - extinção, art. 52, XIII, 101
 emprego - remuneração, art. 52, XIII, 101
 emprego - transformação, art. 52, XIII, 101
 estado de sítio - convocação extraordinária do Congresso Nacional pelo Presidente, art. 138, § 2°, 177
 estado de sítio - suspensão da imunidade parlamentar, art. 53, § 8°, 103
 Governador de Território, aprovação, art. 52, III, c, 100
 Governador de Território, aprovação, art. 84, XIV, 123
 impostos, alíquota, fixação, art. 155, § 1°, IV e § 2°, V, 193

ÍNDICE REMISSIVO

Senado Federal
    inconstitucionalidade de lei, suspensão de execução, art. 103, § 3°, 148
    inconstitucionalidade de lei, suspensão de execução, art. 52, X, 101
    legislatura, duração, art. 44, p.ú., 95
    leis - complementares, iniciativa, art. 61, 109
    leis - ordinárias, iniciativa, art. 61, 109
    magistrados, aprovação, art. 52, III, *a*, 100
    Mesa - ação de inconstitucionalidade, art. 103, II, 146
    Mesa - *habeas-data*, art. 102, I, *d*, 144
    Mesa - mandado - de injunção, art. 102, I, *q*, 145
    Mesa - mandado - de segurança, art. 102, I, *d*, 144
    Mesa - pedidos de informação a Ministro de Estado, art. 50, § 2°, 99
    Mesa - representação proporcional dos partidos, art. 58, § 1°, 107
    Ministro de Estado - comparecimento, art. 50, § 2°, 99
    Ministro de Estado - convocação, art. 50, 98
    Ministro de Estado - informação, art. 50, § 2°, 99
    missão diplomática de caráter permanente, aprovação dos chefes, art. 52, IV, 101
    operações externas de natureza financeira, autorização, art. 52, V, 101
    organização, art. 52, XIII, 101
    órgão do Congresso Nacional, art. 44, 95
    Presidente - cargo privativo de brasileiro nato, art. 12, § 3°, 40
    Presidente - exercício da Presidência da República, art. 80, 121
    Presidente - membro - Conselho da República, art. 89, III, 126
    Presidente - membro - nato do Conselho de Defesa Nacional, art. 91, III, 126
    Presidente - promulgação das leis, art. 66, § 7°, 115
    Regimento Interno, art. 52, XII, 101
    sessão conjunta, art. 57, § 3°, 105
    sistema eleitoral, art. 46, 96
Senador(es). ....**v. também mandato eletivo**
    acusado de crime - processo e julgamento - STF - incompetência, S398, 415
    decoro parlamentar, art. 55, II e § 1°, 104
    estado de sítio - suspensão da imunidade parlamentar, art. 53, § 8°, 103
    estado de sítio, pronunciamento, difusão, art. 139, p.ú., 177
    Estado de Tocantins, eleição - ADCT, art. 13, § 3°, 276
    exercício de funções executivas, art. 56, I e § 3°, 105
    flagrante de crime inafiançável, art. 53, § 2°, 102
    foro privilegiado, art, 53, §1°, 102
    habeas-corpus, processo e julgamento, art. 102, I, *d*, 144
    idade mínima, art. 14, § 3°, VI, a, 41
    impedimentos, art. 54, 104
    impostos, art. 49, VII, 98
    imunidades - estado de sítio, art. 53, § 8°, 104

J. U. Jacoby Fernandes

Senador(es)
imunidades, art. 53, 102
incorporação às Forças Armadas, art. 53, § 8°, 104
infrações penais comuns, processo e julgamento, art. 102, I, *b*, 143
inviolabilidade, art. 53, 102
legislatura, duração, art. 44, p.ú., 95
licença, art. 56, II, 105
mandado, perda, art. 56, 105
mandato eletivo - alternância na renovação, art. 46, § 2°, 96
mandato eletivo - duração, art. 46, § 1°, 96
mandato, perda, art. 55, 104
sessão legislativa, ausência, art. 55, III, 104
sistema eleitoral, art. 46, 96
subsídio, art. 49, VII, 98
suplência, art. 46, § 3°, 96
suplência, art. 56, § 1°, 105
testemunho, art. 53, § 6°, 103
vacância, art. 56, § 2°, 105
SENAI
legislação - ADCT, art. 62, 296
SENAR
criação, ADCT, art. 62, 296
Sentença
autoridade competente, art. 5°, LIII, 29
concessiva de habeas-corpus em primeira instância - crime - bens da União - recurso ex officio - sujeição, S344, 408
concessiva de habeas-corpus em primeira instância - crime - interesses da União - recurso ex officio - sujeição, S344, 408
concessiva de habeas-corpus em primeira instância - crime - serviços da União - recurso ex officio - sujeição, S344, 408
concessiva de reajustamento de débito pecuário - recurso ex officio - sujeição, S275, 400
contra autarquias - reexame - hipótese, S620, 442
de divórcio - procuração - país estrangeiro - homologação - impossibilidade, S381, 413
emendas à Constituição, art. 60, § 4°, III, 109
estrangeira - homologação - competência originária - Superior Tribunal de Justiça, art. 105, I, *i*, 153
execução, processo e julgamento, art. 102, I, *m*, 145
exigência para aplicação de pena de comisso, S169, 389
judicial - trânsito em julgado - ausência, S423, 418
judicial estrangeira - homologação, S420, 418
judicial, servidor público civil - cargo - perda, art. 41, § 1°, 91
judicial, servidor público civil - cargo - reintegração, art. 41, § 2°, 92

Índice Remissivo

penal condenatória, art. 5°, LVII, 29
transitada em julgado - ação rescisória - cabimento, S514, 429

Separação
de fato - divórcio, art. 226, § 6°, 259
judicial. ....v. *Desquite*
judicial - divórcio, art. 226, § 6°, 259

Sequestro
quantia para quitação de débitos, art. 100, § 6°, 139

Seringueiro(s). ....v. também borracha
indenização - parcela única, ADCT, art. 54-A, 290
pensão mensal vitalícia - ADCT, art. 54, 290

Serra do mar
patrimônio nacional, art. 225, § 4°, 258

Serventia
desmembramento - serventuário - princípio de vitaliciedade, S46, 375
foro judicial - estatização - ADCT, art. 31, 282

Serventuário
desmembramento de serventia - princípio de vitaliciedade - STF, S46, 375

Serviço
da União - crime - sentença concessiva de habeas-corpus em primeira
    instância - recurso ex officio - sujeição, S344, 408
de guerra - benefício de lei federal - inexigibilidade do Estado, S440, 420
de iluminação pública - taxa - ilegalidade, S670, 448
de radiodifusão sonora - autorização, art. 21, XII, a, 50
de radiodifusão sonora - concessão, art. 21, XII, a, 50
de radiodifusão sonora - exploração direta, art. 21, XII, a, 50
de radiodifusão sonora - permissão, art. 21, XII, a, 50
de som e imagem - autorização, art. 21, XII, a, 50
de som e imagem - concessão, art. 21, XII, a, 50
de som e imagem - exploração direta, art. 21, XII, a, 50
de som e imagem - permissão, art. 21, XII, a, 50
de telecomunicação, 297
de telecomunicação - autorização, art. 21, XI, 49
de telecomunicação - COFINS - cobrança - legitimidade, S659, 447
de telecomunicação - concessão, art. 21, XI, 49
de telecomunicação - exploração direta, art. 21, XI, 49
de telecomunicação - FINSOCIAL - cobrança - legitimidade, S659, 447
de telecomunicação - permissão, art. 21, XI, 49
de telecomunicação - PIS - cobrança - legitimidade, S659, 447
e benefícios, prazo, entidade fechada - servidor público - previdência privada,
    EC20, art. 6°, 338
iluminação pública - remuneração, taxa, SV41, 369
militar obrigatório - condições, art. 143, 179

695

Serviço

militar obrigatório - contagem de tempo para disponibilidade e
aposentadoria - servidor público estadual, S10, 372

militar obrigatório - direito de eximir-se, imperativo de consciência, art. 143,
§ 1°, 180

militar obrigatório - eclesiásticos, art. 143, § 2°, 180

militar obrigatório - empregado - contagem p/ efeito de estabilidade, S463,
423

militar obrigatório - empregado - contagem p/ efeito de indenização, S463,
423

militar obrigatório - isenção, art. 143, § 2°, 180

militar obrigatório - mulheres, art. 143, § 2°, 180

militar obrigatório - tempo de paz, art. 143, § 2°, 180

notarial. ....v. também notário e tabelião

notarial e de registro - concurso público, ingresso, art. 236, § 3°, 265

notarial e de registro - emolumentos, fixação, art. 236, § 2°, 265

notarial e de registro - oficializados pelo Poder Público, não aplicação das
normas - ADCT, art. 32, 282

notarial e de registro - responsabilidade - civil, art. 236, § 1°, 265

notarial e de registro - responsabilidade - criminal, art. 236, § 1°, 265

postal, art. 21, X, 49

prestado por cedência - servidor, policial militar, ex-território - administração
pública federal - União, EC19, art. 31, § 2º, 336

prestado sem ônus ao cessionário - servidor cedido, ex-território -
administração pública federal - União, EC19, art. 31, § 2º, 336

público - concessão, art. 175, 215

público - de interesse local - concessão, art. 21, XI, 49

público - de interesse local - exploração direta, art. 21, XI, 49

público - direitos dos usuários, art. 175, p.ú., II, 215

público - empresas - concessionárias, regime, art. 175, p.ú., I, 215

público - empresas - permissionárias, regime, art. 175, p.ú., I, 215

público - licitação, art. 37, XXI, 79

público - manutenção, art. 175, p.ú., IV, 215

público - ordenação legal, art. 175, p.ú., 215

público - organização, art. 30, V, 68

público - permissão, art. 175, 215

público - política tarifária, art. 175, p.ú., III, 215

público - prestação - de serviços, art. 30, V, 68

público - prestação - reclamações, art. 37, § 3°, 80

público - prestação, art. 175, 215

público de telefonia, concessionária - ANATEL, litisconsorte - Justiça
estadual, SV27, 367

público x taxa - diferença, S545, 433

ÍNDICE REMISSIVO

Serviço

público x taxa - preço - diferenciação - compulsividade - autorização orçamentária, S545, 433

público, compromisso fianceiro - União, competência, EC19, art. 25, 334

público, elaboração de lei - Congresso Nacional, prazo - União, EC19, art. 27, 334

público, permissão, meios de comunicação - forma, sistema de governo - plebiscito, EC2, art. único, § 2º, 328

tempo - servidor público - previdência social, EC20, art. 4º, 338

Serviço Nacional de Aprendizagem do Comércio (SENAC).
..............................*v. também SENAC*

criação - modelagem, ADCT, art. 62.

Serviço Nacional de Aprendizagem Industrial (SENAI).
..............................*v. também SENAI*

criação – modelagem, ADCT, art. 62.

Serviço Nacional de Aprendizagem Rural ....*v. também SENAR*

Serviço registral. ....*v. também serviço - notarial e de registro*

Servidão

de trânsito - não titulada mas permanente - considera-se aparente, S415, 417

parede de tijolos de vidro translúcido - não configuração, S120, 383

Servidor

aprovação - curso de capacitação policial - nomeação por concurso - equivalência - possibilidade, S373, 412

autárquico - ferroviário - dupla aposentadoria - impossibilidade, S371, 411

cedido, ex-território - serviço prestado sem ônus ao cessionário - administração pública federal - União, EC19, art. 31, § 3º, 336

estágio probatório, prazo e estabilidade - União - administração pública, EC19, art. 28, 334

ex-território - meios probatórios ou vínculo funcional, diretrizes - administração pública federal - União, EC19, art. 31, § 4º, 336

ex-território, integração, opção - administração pública federal - União, EC19, art. 31, 335

fazendário - Receita Federal - percentagem do BNDE - não tem direito, S408, 416

não estável - administração pública - União, EC19, art. 33, 337

pedido de readaptação - pendência - cargo pleiteado - direitos - ausência, S566, 436

policial civil ou militar, ex-território - cargo originário ou equivalente - administração pública federal - União, EC19, art. 31, § 1º, 335

policial militar, ex-território - serviço prestado por cedência - administração pública federal - União, EC19, art. 31, § 2º, 336

Servidor

público - admissão, art. 71, III, 117

público - dupla punição - inadmissibilidade, S19, 373

público - estabilidade - vedação para admissões sem concurso - ADCT, art. 18, 45

público - estadual - disponibilidade e aposentadoria - contagem de tempo - inclui-se serviço militar, S10, 372

público - extinção - cargo, art. 41, § 3°, 92

público - falta residual - punição administrativa - admissibilidade, S18, 373

público - instituto de aposentadorias e pensões dos industriários - acúmulo de gratifição - vedação, S26, 373

público - vencimentos - irredutibilidade - ausência de prerrogativa, S27, 373

público - acesso, art. 37, I, 73

público - acréscimos pecuniários, art. 37, XIV, 77

público - acumulação remunerada de - cargo, vedação, art. 37, XVI e XVII, 78

público - acumulação remunerada de - emprego, vedação, art. 37, XVI e XVII, 78

público - acumulação remunerada de - função pública, vedação, art. 37, XVI e XVII, 78

público - adicionais percebidos em desacordo com a Constituição, redução - ADCT, art. 17, 277

público - administração fazendária, precedência sobre os demais setores administrativos, art. 37, XVIII, 79

público - anistia - ADCT, art. 8°, § 5°, 273

público - aposentado - reclassificação - impedimento, S38, 375

público - aposentadoria - atualização de proventos - ADCT, art. 20, 278

público - aposentadoria - cálculo dos proventos, art. 40, § 3°, 87

público - aposentadoria - compulsória, art. 40, § 1°, II, 86

público - aposentadoria - contagem de tempo - diversidade - permissão, S567, 436

público - aposentadoria - contribuição sobre os proventos, beneficiário, art. 40, § 21, 91

público - aposentadoria - contribuição sobre os proventos, incidência, art. 40, § 18, 90

público - aposentadoria - invalidez permanente, art. 40, § 1°, I, 86

público - aposentadoria - parâmetro de remuneração, art 40, § 2°, 87

público - aposentadoria - redução de proventos percebidos em desacordo com a Constituição - ADCT, art. 17, 277

público - aposentadoria - voluntária, art. 40, § 1°, III, 86

público - aposentadoria - voluntária, permanência em atividade, abono, art. 40, § 19, 91

público - aposentadoria, art. 40, 85

Índice Remissivo

Servidor
público - aposentadoria, concessão da pensão aos dependentes - previdência social, EC41, art. 3º, 346
público - aposentadoria, concessão da pensão aos dependentes, cálculo do provento - previdência social, EC41, art. 3º, § 2º, 346
público - aposentadoria, direito de opção, requisitos - previdência social, regime geral, EC20, art. 9º, 340
público - ato - de improbidade administrativa, art. 37, § 4º, 81
público - ato - ilícito, prescrição, art. 37, § 5º, 81
público - aumento de remuneração, art. 61, § 1º, II, *a*, 110
público - autarquias, vedação de acumulação remunerada, art. 37, XVI e XVII, 78
público - avaliação especial de desempenho, art. 41, § 4º, 92
público - cargo - criação, competência, art. 48, X, 96
público - cargo - criação, competência, art. 61, § 1º, II, *a*, 110
público - cargo - em comissão - preenchimento, art. 37, V, 74
público - cargo - em comissão, art. 37, II, 73
público - cargo - temporário, aposentadoria, art. 40, § 13, 90
público - cargo - transformação, competência, art. 48, X, 96
público - civil - inatividade - proventos - regulamentação, S359, 410
público - coletorias - percentagem, S30, 374
público - concurso público - convocação, art. 37, IV, 74
público - concurso público - prioridade na contratação, art. 37, IV, 74
público - concurso público - validade, art. 37, III, 74
público - concurso público, art. 37, II, 73
público - contribuição, vigência, prazo e publicação - previdência social, EC20, art. 5º, 338
público - crime contra a honra - ofendido x Ministério Público - legitimidade concorrente - condições, S714, 453
público - deficiente, art. 37, VIII, 75
público - desnecessidade de cargo, art. 41, § 3º, 92
público - direito - à livre associação sindical, art. 37, VI, 75
público - direito - à livre associação sindical, art. 8º, 37
público - direito - de greve, art. 9º, 38
público - direitos, art. 39, § 3º, 84
público - disponibilidade - vencimentos - integralidade - direito, S358, 410
público - disponibilidade com remuneração proporcional, art. 41, § 3º, 92
público - Distrital - remuneração - subsídios, limites máximos e mínimos - fixação - faculdade, art. 37, § 11, 82
público - duas aposentadorias - exigências, S37, 374
público - emprego - criação, competência, art. 48, X, 96
público - emprego - criação, competência, art. 61, § 1º, II, *a*, 110
público - emprego - público, vedação de acumulação remunerada, art. 37, XVI e XVII, 78

Servidor

público - emprego - temporário, aposentadoria, art. 40, § 13, 90

público - emprego - transformação, competência, art. 48, X, 96

público - enquadramento - mandado de segurança - descabimento, S270, 400

público - entidade fechada, prazo para plano de benefícios e serviços - previdência privada, EC20, art. 6º, 338

público - equiparações, vedação, art. 37, XIII, 77

público - escolas de governo, aperfeiçoamento, art. 39, § 2º, 84

público - estabilidade - ADCT, art. 19, 278

público - estabilidade - perda de cargo, art. 41, § 1º, 285

público - estabilidade, art. 41, 91

público - estaduais ou municipais - reajuste - vinculação a índices federais de correção monetária - inconstitucionalidade, S681, 449

público - Estadual - remuneração - subsídios, limites máximos e mínimos - fixação - faculdade, art. 37, § 11, 82

público - estável - efetivação - tempo de serviço conta como título - ADCT, art. 19, § 1º, 278

público - extinção - cargo, art. 48, X, 96

público - extinção - emprego, art. 48, X, 96

público - extinção - função, art. 48, X, 96

público - férias, art. 39, § 3º, 84

público - função - criação, competência, art. 48, X, 96

público - função - criação, competência, art. 61, § 1º, II, *a*, 110

público - função - de confiança, preenchimento, art. 37, V, 74

público - função - pública, vedação de acumulação remunerada, art. 37, XVI e XVII, 78

público - função - transformação, competência, art. 48, X, 96

público - inativos - auxílio-alimentação, S680, 449

público - investidura, art. 37, II, 73

público - jornada de trabalho, art. 32, § 2º, 69

público - limite máximo e reajuste - previdência social, regime geral, EC41, art. 5º, 347

público - maior remuneração, limite - previdência social, regime geral, EC41, art. 8º, 348

público - mandato eletivo, art. 38, 82

público - médico, exercício cumulativo de cargo ou função - ADCT, art. 17, § 1º, 277

público - médico, exercício cumulativo de cargo ou função, art. 37, XVI, c, 78

público - militar - inatividade - proventos - regulamentação, S359, 410

público - missão de estudo - importação de automóvel - requisitos - satisfação - ressalva, S406, 416

público - nomeação sem concurso público, efeitos, art. 37, § 2º, 80

público - padrão de vencimentos, art. 37, XII, 77

ÍNDICE REMISSIVO

Servidor

público - padrão de vencimentos, art. 39, § 1º, 83

público - pensão - contribuição sobre os proventos, beneficiário, art. 40, § 21, 91

público - pensão por morte - limite máximo, art. 40, § 7º, I, 89

público - pensão por morte, art. 40, § 7º, 88

público - pensão, contribuição sobre proventos, incidência, art. 40, § 18, 90

público - pensionistas, atualização de pensões - ADCT, art. 20, 278

público - previdência social, aposentadoria especial, SV33, 368

público - profissionais de saúde, exercício acumulativo de cargo ou função - ADCT, art. 17, § 2º, 277

público - programas de qualidade, art. 39, § 7º, 85

público - projeto de lei complementar, prazo - previdência social, EC20, art. 7º, 339

público - provento integral, condições cumulativas - previdência social, EC47, art. 3º, 353

público - provento integral, revisão às pensões - previdência social, EC47, art. 3º, p.ú., 353

público - proventos da aposentadoria e pensões, revisão e prazo, EC70, art. 3º, 358

público - proventos da inatividade, revisão, art. 40, § 8º, 89

público - quadro de pessoal, compatibilização - ADCT, art. 24, 279

público - reajustamento de benefícios, preservação do valor real, art. 40, § 8º, 89

público - reajuste, cargo efetivo e pensões dos dependentes - previdência social, regime geral, EC41, art. 7º, 348

público - regime de previdência complementar, art. 40, § 15, 90

público - regime de previdência, art. 40, 85

público - regime previdenciário, contribuição instituída pelos Estados, Distrito Federal e Municípios, art. 149, §1º, 185

público - regime próprio de previdência social, multiplicidade, vedação, art. 40, § 20, 91

público - reintegração, art. 41, § 2º, 92

público - remuneração - percebida em desacordo com a Constituição, redução - ADCT, art. 17, 277

público - remuneração - publicação, art. 39, § 6º, 84

público - remuneração - subsídios, limites máximos e mínimos - exceções, art. 37, § 11, 82

público - remuneração - subsídios, limites máximos e mínimos, art. 37, XI, 76

público - remuneração - subsídios, revisão, art. 37, X, 75

público - remuneração - subsídios, vencimentos, irredutibilidade, art. 37, XV, 78

Servidor

público - remuneração - subsídios, vencimentos, irredutibilidade, art. 39, § 4°, 84

público - remuneração, SV15, 366

público - repouso semanal remunerado, art. 39, § 3°, 84

público - responsabilidade civil, art. 37, § 6°, 81

público - salário do trabalho noturno, art. 39, § 3°, 84

público - salário fixo, art. 39, § 3°, 84

público - salário mínimo, art. 39, § 3°, 84

público - salário-família, art. 39, § 3°, 84

público - serviço extraordinário, art. 39, § 3°, 84

público - Sistema Fazendário x Tribunais de Contas - gratificação, S29, 374

público - sociedade de economia mista, vedação de acumulação remunerada, art. 37, XVI e XVII, 78

público - tempo de serviço - previdência social, EC20, art. 4°, 338

público - URP - abril/maio de 1988 - direitos, S671, 448

público - valor do benefício, limite máximo - previdência social, regime geral, EC20, art. 14, 341

público - vantagen e gratificações - cálculo, SV15, 366

público - vantagens percebidas em desacordo com a Constituição, redução - ADCT, art. 17, 277

público - vedação à diferenciação, art. 39, § 3°, 83

público - vedação de acumulação remunerada, art. 37, XVI e XVII, 78

público - vencimentos - atraso - pgto com correção monetária - constitucionalidade, S682, 449

público - vencimentos - convenção coletiva, S679, 449

público - vencimentos percebidos em desacordo com a Constituição, redução - ADCT, art. 17, 277

público - vinculações, vedação, art. 37, XIII, 77

público - vitalício - aposentadoria compulsória, S36, 374

público e militares - aposentadoria, proibição aos membros de poder e inativos - previdência social, EC20, art. 11, 341

público, administração pública direta, autárquica e fundacional - aposentadoria voluntária, cargo efetivo, diretrizes - previdência social, EC41, art. 2°, 345

público, aposentadoria e pensão - cálculo dos proventos - previdência social, EC20, art. 3°, § 2°, 338

público, aposentadoria e pensão - requisitos dos benefícios - previdência social, EC20, art. 3°, 338

público, cargo efetivo - aposentadoria por invalidez, cálculo e valor - previdência social, regime geral, EC41, art. 6°-A, 348

público, cargo efetivo - proventos integrais, condições cumulativas - previdência social, regime geral, EC41, art. 6°, 347

público, cargo, inconstitucionalidade - concurso público, SV43, 369

ÍNDICE REMISSIVO

Servidor
público, inativo - auxílio-alimentação, SV55, 370
público, inativo e pensionista - contribuição, incidência sobre a parcela dos
proventos e pensões - previdência social, EC41, art. 4º, p.ú., 347
público, militar e civil - remuneração, reajuste, SV51, 370
público, professor, atividade de magistério - aposentadoria, direito de opção,
requisitos - previdência social, regime geral, EC20, art. 9º, § 2º, 341
público, remuneração, aumento - Poder Judiciário, não competência, SV37,
368

SESI
jurisdição, S516, 429

Sessão
legislativa - abertura,art. 57, § 1°, 105
legislativa extraordinária - vedação ao pagamento de indenização, art. 57, §
7°, 106
preparatória das Casas do Congresso Nacional, art. 57, § 4°, 106

Sexo
discriminação, condenação, art. 3°, IV, 18

Sigilo. ....v. também inviolabilidade
de correspondência - inviolabilidade, art. 136,§1°, I, b, 176
de correspondência - inviolabilidade, art. 5°, XII, 21

Silvícola(s). ....v. índio(s), ...v. também
índio

Símbolo(s)
da República. ....v. bandeira, hino nacional, armas e selo
nacionais
municipais, estaduais e distritais, art. 13, § 2°, 40
nacionais, art. 13, §1°, 40

Sindicato
aposentado, art. 8°, VII, 38
categoria - profissional, art. 8°, II, 37
categoria econômica, art. 5°, II, 19
contribuição sindical, art. 8°, IV, 38
direção ou representação sindical, garantias, art. 8°, VIII, 38
direitos e interesses da categoria, art. 5°, III, 19
filiação - contribuição federativa, exigível, SV40, 368
filiação, art. 8°, V, 38
fundação, autorização legal, art. 8°, I, 37
interferência ou intervenção, art. 5°, I, 19
limitações ao poder de tributar, art. 150, § 4°, 188
limitações ao poder de tributar, art. 150, VI, c, 188
negociação coletiva, art. 8°, VI, 38
rural - aplicação de princípios do sindicato urbano, art. 8°, 37
rural - aplicação de princípios do sindicato urbano, art. 8°, p.ú., 38

703

rural - contribuições - ADCT, art. 10, § 2°, 274

Sinistro

seguradora - ICMS, não incidência, SV32, 368

Sistema, 282

de Cultura - estadual e municipal – lei própria, art. 216-A, § 1°, 249

de governo, plebiscito - ADCT, art. 2°, 271

Financeiro Nacional - instituições financeiras, vedação de aumento de participação de capital estrangeiro - ADCT, art. 52, II, 289

Financeiro Nacional - instituições financeiras, vedação de instalação de novas agências - ADCT, art. 52, I, 289

Financeiro Nacional, art. 192, 223

forma, de governo - meios de comunicação, serviço público, permissão - plebiscito, EC2, art. único, § 2°, 328

forma, de governo - vigência - plebiscito, EC2, art. único, § 1°, 328

majoritário, art. 46, 96

Nacional de Ciência, Tecnologia e Inovação - regime de colaboração - art. 219-B, 252

Nacional de Cultura - estrutura, art. 216-A, § 2°, 249

Nacional de Cultura - organização e objetivos, art. 216-A, 248

Nacional de Cultura - princípios, art. 216-A, § 1°, 248

Nacional de Viação - diretrizes, competência da União, art. 21, XXI, 52

proporcional - Deputado Federal, art. 45, 95

Tributário Nacional. ....v. também tributos

Tributário Nacional - aplicação da legislação anterior - ADCT, art. 34, § 5°, 283

Tributário Nacional - avaliação periódica de funcionalidade, art. 52, XV, 102

Tributário Nacional - Banco de Desenvolvimento do Centro-Oeste - criação - ADCT, art. 34, § 11, 284

Tributário Nacional - benefícios fiscais adicionais, vigência e prazo, EC42, art. 4°, 350

Tributário Nacional - benefícios fiscais, projeto de lei, prazo e vigência, EC42, art. 5°, 350

Tributário Nacional - empréstimo compulsório - Eletrobrás, art. 34, § 12, 284

Tributário Nacional - leis necessárias à aplicação - ADCT, art. 34, § 3°, 283

Tributário Nacional - leis necessárias à aplicação - efeitos - vigência - ADCT, art. 34, § 4°, 283

Tributário Nacional - limitações ao poder de tributar - inaplicabilidade - casos - prazo, art. 34, § 6°, 283

Tributário Nacional - normas provisórias, art. 34, § 8°, 283

Único de Saúde. ....v. também SUS

Sistema Único de Saúde. ....v. também União - SUS

Soberania

art. 1°, I, 17

ÍNDICE REMISSIVO

nacional – princípio da ordem econômica, art. 170, I, 212

popular, exercício, art. 14, 40

Sociedade

de fato - concubinos - dissolução judicial - partilha dos bens - cabimento, S380, 413

fraterna - princípio - Preâmbulo, 15

sem preconceito - princípio - preâmbulo, 15

sócios e administradores - previdência social - contribuição obrigatória - constitucionalidade, S466, 423

Sociedade de Economia Mista. ....v. também SEM

Soda cáustica

imposto de importação - alíquota - redução - constitucionalidade, S582, 438

Solo. ....v. *também terras*

defesa, competência legislativa concorrente, art. 24, VI, 59

impostos, art. 182, , § 4º, II, 220

urbano, controle, ocupação, parcelamento e planejamento, art. 30, VIII, 68

Solução pacífica

princípio - Preâmbulo, 15

Sonegação fiscal

ação penal - tipo, S609, 441

Sorteio(s)

Lei estadual/municipal é inconstitucional, SV2, 364

União, competência legislativa, art. 22, XX, 55

STF

ação contra o Conselho Nacional de Justiça - competência originária, art. 102, I, r, 145

ação contra o Conselho Nacional do Ministério Público - competência originária, art. 102, I, r, 145

ação direta de inconstitucionalidade, medida cautelar, art. 102, I, q, 145

ação originária, art. 102, I, 142

ação rescisória de seus julgados, processo e julgamento, art. 102, I, j, 144

anistia - ADCT,, art. 9º, 273

argüição de descumprimento de preceito fundamental, art. 102, § 1º, 146

ato de governo que contrarie a Constituição, julgamento de recurso extraordinário, art. 102, III, c, 145

causas e conflitos entre a União, os Estados, o Distrito Federal e respectivas entidades da administração indireta, processo e julgamento, art. 102, I, f, 144

competência - originária, execução de sentença, art. 102, I, m, 145

competência - privativa de propostas ao legislativo, art. 96, II, 134

competência - privativa, art. 96, 133

competência, art. 102, 142

composição, art. 101, 141

705

STF

conflitos de jurisdição, processo e julgamento, art. 102, I, *o*, 145

Constituição - julgamento de recurso extraordinário de disposição contrária, art. 102, III, *a*, 145

crimes comuns, processo e julgamento de Ministros do Tribunal Superior do Trabalho, art. 102, I, *c*, 143

crimes de responsabilidade - de seus Ministros, art. 52, p.ú., 102

crimes de responsabilidade - de seus Ministros, julgamento pelo Presidente, art. 52, p.ú., 102

crimes de responsabilidade, processo e julgamento, art. 102, I, *c*, 143

crimes políticos, julgamento de recurso ordinário, art. 102, II, *b*, 145

deciões nas ADIs e ADC - efeito vinculante, art. 102, § 2º, 146

decisões administrativas, motivação, art. 93, X, 131

decisões administrativas, publicidade, art. 93, X, 131

despesa pública, projetos sobre serviços administrativos, art. 63, II, 114

Estatuto da Magistratura, iniciativa, art. 93, 128

extradição requisitada por Estado estrangeiro, processo e julgamento, art. 102, I, *g*, 144

habeas-corpus - chefes de missão diplomática de caráter permanente, art. 102, I, *d*, 144

habeas-corpus - Deputado Federal, art. 102, I, *d*, 144

habeas-corpus - julgamento de recurso ordinário do ato denegado em única instância pelos Tribunais Superiores, art. 102, II, *a*, 145

habeas-corpus - julgamento em recurso ordinário, art. 102, II, *a*, 145

habeas-corpus - Ministros e Presidente da República, art. 102, I, *d*, 144

habeas-corpus - processo e julgamento de Tribunal Superior, autoridade ou funcionário sob sua jurisdição, art. 102, I, *i*, 144

habeas-corpus - Procurador-Geral da República, art. 102, I, *d*, 144

habeas-corpus - Senador, art. 102, I, *d*, 144

habeas-data - julgamento de recurso ordinário do ato denegado em única instância pelos Tribunais Superiores, art. 102, II, *a*, 145

habeas-data - processo e julgamento de seus atos, art. 102, I, *d*, 144

habeas-data, art. 102, I, *d*, 144

impedimento ou interesse, membros do Tribunal de origem, processo e julgamento, art. 102, I, *n*, 145

inconstitucionalidade - de ato normativo estadual e federal, processo e julgamento, art. 102, I, *a*, 142

inconstitucionalidade - de lei estadual, processo e julgamento, art. 102, I, *a*, 142

inconstitucionalidade - de lei federal, julgamento de recurso extraordinário, art. 102, III, *b*, 145

inconstitucionalidade - de tratado ou lei federal, julgamento de recurso extraordinário,- art. 102, III, *b*, 145

ÍNDICE REMISSIVO

STF

inconstitucionalidade - em tese, art. 103, § 3°, 148

inconstitucionalidade - por omissão de medida para tornar efetiva norma constitucional, art. 103, § 2°, 148

infrações penais comuns - processo e julgamento de chefes de missão diplomática de caráter permanente, art. 102, I, c, 143

infrações penais comuns - processo e julgamento de Deputados Federais, art. 102, I, b, 143

infrações penais comuns - processo e julgamento de Ministro de Estado, art. 102, I, c, 143

infrações penais comuns - processo e julgamento de Ministros do Supremo Tribunal Federal, Senadores, Procuradores-Gerais da República, art. 102, I, b, 143

infrações penais comuns - processo e julgamento dos membros dos Tribunais Superiores, art. 102, I, c, 143

infrações penais comuns - processo e julgamento dos Ministros do Superior Tribunal Militar, Ministros dos Tribunais de Contas da União, art. 102, I, c, 143

jurisdição, art. 92, § 2°, 128

lei local contestada em face de lei federal, julgamento de recurso extraordinário, art. 102, III, c, 145

lei local, julgamento de recurso extraordinário, art. 102, III, c, 145

leis complementares e ordinárias, iniciativa, art. 61, 109

leis, discussão e votação, art. 64, 114

licença, férias e afastamentos, concessão, art. 96, I, f, 134

litígio - Estado estrangeiro e - Distrito Federal, processo e julgamento, art. 102, I, e, 144

litígio - Estado estrangeiro e - Estado, processo e julgamento, art. 102, I, e, 144

litígio - Estado estrangeiro e - Território, processo e julgamento, art. 102, I, e, 144

litígio - Estado estrangeiro e - União, processo e julgamento, art. 102, I, e, 144

litígio - organismo internacioal e - Território, processo e julgamento, art. 102, I, e, 144

litígio - organismo internacional e - Distrito Federal, processo e julgamento, art. 102, I, e, 144

litígio - organismo internacional e - Estado, processo e julgamento, art. 102, I, e, 144

litígio - organismo internacional e - União, processo e julgamento, art. 102, I, e, 144

mandado de injunção, art. 102, I, q, 145

STF

mandado de injunção, julgamento de recurso ordinário do ato denegado em única instância pelos Tribunais Superiores, art. 102, II a, 145

mandado de segurança, art. 102, I, *d*, 144

mandado de segurança, julgamento de recurso ordinário do ato denegado em única instância pelos Tribunais Superiores, art. 102, II a, 145

membros da magistratura, processo e julgamento, art. 102, I, *n*, 145

Ministro - cargo privativo de brasileiro nato, art. 12, § 3°, IV, 40

Ministro - crimes de responsabilidade, art. 52, II, 100

Ministro - nomeação pelo Presidente da República, art. 84, XIV, 123

Ministro - nomeação, art. 101, p.ú., 141

Ministro - requisitos, art. 101, 141

Ministro - Senado Federal, aprovação, art. 101, p.ú., 141

Ministro - Senado Federal, aprovação, art. 84, XIV, 123

órgão do Poder Judiciário, art. 92, I, 127

órgãos diretivos, eleição, art. 96, I, *a*, 133

órgãos jurisdicionais e administrativos, funcionamento, art. 96, I, *a*, 133

Presidente, compromisso de manter, defender e cumprir a Constituição - ADCT- art. 1°, 271

Presidente, exercício da Presidência da República, art. 80, 121

propostas orçamentárias, art. 99, § 1° e 2°, 136

provimento de cargos necessários à administração da Justiça, art. 96, I, *e*, 134

reclamações, garantia de autoridade de suas decisões, preservação da sua competência, processo e julgamento,- art. 102, I, l, 145

recurso extraordinário, art. 102, III, 145

recurso ordinário, art. 102, II, 145

Regimento Interno, elaboração, art. 96, I, *a*, 133

revisão criminal de seus julgados, processo e julgamento,- art. 102, I, *j*, 144

secretaria e serviços auxiliares, organização, art. 96, I, *b*, 134

sede, art. 92, § 1°, 128

súmulas - aprovação, art. 103-A, 148

súmulas - cancelamento, art. 103-A, 148

súmulas - efeito vinculante, art. 103-A, 148

súmulas - revisão, art. 103-A, 148

Superior Tribunal de Justiça - exercício da competência, art. 27, § 1°, 61

Superior Tribunal de Justiça - instalação, art. 27, 61

sustação de andamento de ação contra deputado/senador, art. 53, § 3°, 102

Tribunal Superior, autoridade ou funcionário cujos atos estejam sob sua jurisdição direta, processo e julgamento, art. 102, I, i, 144

STJ

ação rescisória de seus julgados, foro competente, art. 105, I, *e*, 153

ato de governo local contestado em face de lei federal, processo e julgamento de recurso, art. 105, III, *b*, 154

ÍNDICE REMISSIVO

STJ

competência - anterior à sua legislação - ADCT, art. 27, § 1°, 280

competência - originária, art. 105, I, 152

competência - privativa de propostas ao Legislativo, art. 96, II, 134

competência - privativa, art. 95, I, 132

competência - privativa, art. 96, I, 133

competência, art. 105, 152

composição, art. 104, 152

conflitos - de atribuições - entre autoridades - administrativas - de um Estado e autoridades judiciárias do Distrito Federal, art. 105, I, g, 153

conflitos - de atribuições - entre autoridades - administrativas - do Distrito Federal e autoridades administrativas da União, art. 105, I, g, 153

conflitos - de atribuições - entre autoridades - administrativas - e judiciárias da União, processo e julgamento, art. 105, I, g, 153

conflitos - de atribuições - entre autoridades judiciárias - de um Estado e autoridades administrativas de outro, processo e julgamento, art. 105, I, g, 153

conflitos - de atribuições - entre autoridades judiciárias - de um Estado e autoridades administrativas do Distrito Federal, processo e julgamento, art. 105, I, g, 153

conflitos - de jurisdição entre Tribunais, processo e julgamento, art. 105, I, d, 153

Conselho da Justiça Federal, art. 105, p.ú., II, 154

crimes comuns, conselheiros dos Tribunais de Contas, desembargadores, Governadores, juízes, membros do Ministério Público, processo e julgamento, art. 105, I, a, 152

crimes de responsabilidade, juízes, conselheiros dos Tribunais de Contas, desembargadores, membros do Ministério Público, processo e julgamento, art. 105, I, a, 152

despesa pública nos projetos sobre serviços administrativos, art. 63, II, 114

discussão e votação da iniciativa das leis, art. 64, 114

dissídio jurisprudencial, processo e julgamento, art. 105, III, c, 154

elaboração do Regimento Interno, art. 96, I, a, 133

eleição de órgãos diretivos, art. 96, I, a, 133

Escola Nacional de Formação e Aperfeiçoamento de Magistrados, art. 105, p.ú., I, 154

habeas-corpus - processo e julgamento, art. 105, I, c, 153

habeas-corpus - processo e julgamento, art. 105, II, a, 153

habeas-data - processo e julgamento, art. 102, I, d, 144

habeas-data - processo e julgamento, art. 105, I, b, 152

instalação - ADCT, art. 27, § 1°, 280

jurisdição, art. 92, § 2°, 128

STJ

lei federal, processo e julgamento de recursos de decisão que contrarie ou negue vigência, art. 105, III, a, 154

leis complementares e ordinárias, iniciativa, art. 61, 109

licença, férias e afastamento, art. 96, I, f, 134

mandado de injunção, processo e julgamento, art. 105, I, h, 153

mandado de segurança, processo e julgamento, art. 102, I, d, 144

mandado de segurança, processo e julgamento, art. 105, II, b, 153

Ministro - ADCT, art. 27, § 2°, 280

Ministro - aposentadoria - ADCT, art. 27, § 4°, 280

Ministro - aprovação de nomeação pelo Senado Federal, art. 84, XIV, 123

Ministro - crimes de responsabilidade, art. 102, I, c, 143

Ministro - habeas-corpus, art. 102, I, d, 144

Ministro - infrações penais comuns, art. 102, I, c, 143

Ministro - infrações penais de responsabilidade, art. 102, I, c, 143

Ministro - nomeação pelo Presidente da República, art. 84, XIV, 123

Ministro - requisitos, art. 104, p.ú., 152

Ministro - terço - de desembargadores do Tribunal de Justiça, art. 104, p.ú., I, 152

Ministro - terço - em partes iguais dentre advogados e membros do Ministério Público, art. 104, p.ú., II, 152

Ministro - Tribunal Federal de Recursos - ADCT, art. 27, § 2°, 280

Ministro, aprovação de nomeação pelo Presidente da República, art. 104, p.ú., 152

Ministro, art. 119, p.ú., 163

Ministro, indicação - ADCT, 27, § 5°, 280

motivação das decisões administrativas, art. 93, X, 131

organização da secretaria e dos serviços auxiliares, art. 96, I, b, 134

órgão do Poder Judiciário, art. 92, II, 127

órgãos diretivos, eleição, art. 96, I, a, 133

órgãos jurisdicionais e administrativos, art. 96, I, a, 133

processo e julgamento, causa, art. 105, II, c, 154

propostas orçamentárias, art. 99, §§ 1° e 2°, 136

provimentos de cargos necessários à administração da Justiça, art. 96, I, e, 134

publicidade das decisões administrativas, art. 93, X, 131

reclamação - para preservação de sua competência, processo e julgamento, art. 105, I, f, 153

reclamação para garantia da autoridade de suas decisões, processo e julgamento, art. 105, I, f, 153

recurso especial, processo e julgamento, art. 105, III, 154

recurso ordinário, processo e julgamento, art. 105, II, 153

revisão criminal de seus julgados, processo e julgamento, art. 105, I, e, 153

ÍNDICE REMISSIVO

STM

sede, art. 92, § 1°, 128

tratado ou lei federal, processo e julgamento de recurso de decisão que contrarie ou negue vigência, art. 105, III, a, 154

Tribunal Federal de Recursos, Ministros - ADCT, art. 27, § 2°, 280

art. 122, I, 164

auditores – acesso, S9, 372

competência - privativa - de propostas ao Legislativo, art. 96, II, 134

competência - privativa, art. 96, I, 133

competência, art. 124, 164

composição, art. 123, 164

despesa pública nos projetos sobre serviços administrativos, art. 63, II, 114

discussão e votação da iniciativa de leis, art. 64, 114

funcionamento, art. 124, p.ú., 164

jurisdição, art. 92, § 2°, 128

leis complementares e ordinárias, iniciativa, art. 61, 109

licença, férias e afastamento, art. 96, I, f, 134

Ministro - aprovação pelo Senado Federal, art. 123, 164

Ministro - aprovação pelo Senado Federal, art. 84, XIV, 123

Ministro, art. 126, 164

motivação das decisões administrativas, art. 93, X, 131

nomeação de Ministro pelo Presidente da República, art. 84, XIV, 123

organização da secretaria e serviços auxiliares, art. 96, I, b, 134

organização, art. 124, p.ú., 164

órgão diretivo, eleição, art. 96, I, a, 133

órgãos jurisdicionais e administrativos, art. 96, I, a, 133

propostas orçamentárias, art. 99, 136

provimento de cargos necessários à administração da Justiça, art. 96, I, e, 134

publicidade das decisões administrativas, art. 93, X, 131

Regimento Interno, elaboração, art. 96, I, a, 133

sede, art. 92, § 1°, 128

Subsídio(s)

advogado, art. 135, 175

defensoria pública, art. 135, 175

Deputado Estadual, art. 27, §2°, 61

Governador,- art. 28, § 2°, 62

juiz - irredutibilidade, art. 95, III, 133

membro de mandato eletivo, art. 39, § 4°, 84

membro de Poder, art. 39, § 4°, 84

militares, art. 39, § 4°, 84

Ministro de Estado, art. 39, § 4°, 84

Ministros dos Tribunais Superiores, art. 93, V, 130

Prefeito, art. 29, V, 65

Subsídio(s)

Secretário de Estado, art. 28, § 2°, 62

Secretário Municipal, art. 29, V, 65

secretários estaduais, art. 39, § 4°, 84

secretários municipais, art. 39, § 4°, 84

servidor público, art. 37, XI, 75

servidor público, art. 37, XII, 76

Vereadores, art. 29, VI, 65

Vice-Governador, art. 28, § 2°, 62

Vice-Prefeito, art. 29, V, 65

Sucumbência

executivos fiscais - aplicação, S519, 430

honorários da - L4632/65 - aplicação, S509, 429

Sufrágio Universal. ....v. também eleição, Justiça Eleitoral e voto

soberania nacional, art. 14, 40

Suicídio

seguro - pagamento, S105, 382

Súmula n° 1

estrangeiro - expulsão - vedação, 371

Súmula n° 2

extraditando - preso por prazo superior a 60 dias - liberdade vigiada - concessão, 371

Súmula n° 3

Deputados Estaduais - imunidade - restrição, 371

Súmula n° 4

imunidade parlamentar - Ministro, 371

Súmula n° 5

Projeto de Lei - sanção - falta de iniciativa do Poder Executivo - suprimento, 371

Súmula n° 6

aposentadoria - anulação ou revogação, 371

Súmula n° 7

contrato administrativo - inexeqüibilidade, 371

Súmula n° 8

sociedade de economia mista - diretor - destituição no curso do mandato, 372

Súmula n° 9

auditores - acesso ao Superior Tribunal Militar, 372

Súmula n° 10

disponibilidade e aposentadoria - servidor público estadual - contagem de tempo - inclui-se serviço militar, 372

Súmula n° 11

vitaliciedade x extinção do cargo - possibilidade, 372

Índice Remissivo

Súmula n° 12
vitaliciedade - professor catedrático - desdobramento da cátedra - possibilidade, 372

Súmula n° 13
funcionário efetivo - equiparação de extranumerário - não compreende os vencimentos, 372

Súmula n° 14
concurso público - idade - restrição - ato administrativo - inadmissibilidade, 372

Súmula n° 15
concurso público - candidato aprovado - direito a nomeação, 372

Súmula n° 16
concurso público - funcionário nomeado - direito a posse, 372

Súmula n° 17
concurso público - ausência - nomeação pode ser desfeita, 373

Súmula n° 18
falta residual - servidor público - punição administrativa - admissibilidade, 373

Súmula n° 19
servidor - dupla punição - inadmissibilidade, 373

Súmula n° 20
demissão - funcionário concursado - procedimento, 373

Súmula n° 21
- funcionário concursado em estágio probatório - demissão, 373
funcionário concursado em estágio probatório - exoneração, 373

Súmula n° 22
estágio probatório - extinção do cargo, 373

Súmula n° 23
desapropriação - obra licenciada - indenização - valor, 373

Súmula n° 24
funcionário interino substituto - demissão, 373

Súmula n° 25
dirigente de autarquia - demissão pelo Presidente da República, 373

Súmula n° 26
instituto de aposentadorias e pensões dos industriários - servidor - acúmulo de gratifição - vedação, 373

Súmula n° 27
servidor - vencimentos - irredutibilidade - ausência de prerrogativa, 373

Súmula n° 28
cheque falso - pagamento - responsabilidade, 374

Súmula n° 29
gratificação - servidor - Sistema Fazendário x Tribunais de Contas, 374

Súmula n° 30
percentagem - servidor - coletorias, 374

J. U. Jacoby Fernandes

Súmula nº 31
Lei nº 1.741/1952 - tempo de serviço ininterrupto - cargo em comissão, 374
Súmula nº 32
Lei nº 1.741/1952 - tempo de serviço ininterrupto - função gratificada, 374
Súmula nº 33
Lei nº 1.741/1952 - aplicação - autarquias federais, 374
Súmula nº 34
funcionário estatal - eleito Vereador - licença, 374
Súmula nº 35
concubina - indenização por morte - direito, 374
Súmula nº 36
servidor vitalício - aposentadoria compulsória, 374
Súmula nº 37
servidor - duas aposentadorias - exigências, 374
Súmula nº 38
servidor aposentado - reclassificação - impedimento, 375
Súmula nº 39
Administração Pública - funcionário em disponibilidade - aproveitamento - critérios, 375
Súmula nº 40
Comarca - elevação da entrância - juiz - situação, 375
Súmula nº 41
juiz - preparador - vencimentos - recebimento, 375
juiz - substituto - vencimentos - recebimento, 375
Súmula nº 42
juiz do Tribunal de Contas x membro do Poder Judiciário - equiparação, 375
Súmula nº 43
Ministério Público x Magistratura - vencimentos - equiparação - constitucionalidade, 375
Súmula nº 44
Procurador da República - nomeação interina, 375
Súmula nº 45
Ministério Público Militar - membros substitutos - vencimentos, 375
Súmula nº 46
serventia - desmembramento - serventuário - princípio de vitaliciedade, 375
Súmula nº 47
Reitor de Universidade - demissão pelo Presidente da República - limitações, 376
Súmula nº 48
docentes livres - rodízio, 376
Súmula nº 49
bens - cláusula de inalienabilidade - inclui a incomunicabilidade, 376
Súmula nº 50
demissão de extranumerário - condição legal, 376

Índice Remissivo

Súmula n° 51
militar - passagem para a inatividade - promoções - limites, 376
Súmula n° 52
militar - inatividade - promoção - possibilidades, 376
Súmula n° 53
militar - professor - reforma - promoção - possibilidades, 376
Súmula n° 54
militar - magistério - reserva ativa x inatividade, 376
Súmula n° 55
militar - reserva - pena disciplinar, 376
Súmula n° 56
militar - reformado - pena disciplinar, 376
Súmula n° 57
militar - inativo - uniforme, 376
Súmula n° 58
estabelecimento de ensino superior - aprovação, 376
Súmula n° 59
imigrante - embarque com automóvel, 377
Súmula n° 60
estrangeiro - embarque com automóvel, 377
Súmula n° 61
brasileiro domiciliado no estrangeiro - regresso com automóvel, 377
Súmula n° 62
automóvel - direito a trazida para o Brasil - limitações, 377
Súmula n° 63
automóvel - direito a trazida para o Brasil - exigências, 377
Súmula n° 64
estrangeiro - bagagem - objetos permitidos, 377
Súmula n° 65
cláusula de aluguel progressivo - legalidade, 377
Súmula n° 66
tributo - aumento - cobrança - possibilidade, 377
Súmula n° 67
tributo - cobrança - possibilidade, 377
Súmula n° 68
tributo estadual - cobrança pelos municípios - possibilidade, 377
Súmula n° 69
tributo municipal - Constituição Estadual - limite para o aumento - vedação, 378
Súmula n° 70
tributo - meio de cobrança - coação - vedação, 378
Súmula n° 71
tributo indireto - restituição - vedação, 378

Súmula n° 72
Ministro - julgamento de questão constitucional - caso de não impedimento, 378

Súmula n° 73
tributo - autarquias - imunidade - abrangência, 378

Súmula n° 74. ....v. também Súmulas n°s 73 e 583
imóvel - de autarquias - impostos - imunidade, 378

Súmula n° 75
imóvel - de autarquia - imposto de transmissão inter vivos - encargo do comprador, 378

Súmula n° 76
sociedade de economia mista - contribuição fiscal, 378

Súmula n° 77
bens - aquisição - Rede Ferroviária Federal - impostos federais - imunidade, 378

Súmula n° 78
empresas de energia elétrica - impostos locais - imunidade, 379

Súmula n° 79
Banco do Brasil - tributos locais - contribuinte, 379

Súmula n° 80. ....v. também Súmula n° 483
retomada de prédio - locador - prova da necessidade, 379

Súmula n° 81
cooperativas - impostos locais - contribuintes, 379

Súmula n° 82
imposto de cessão - caso de inconstitucionalidade, 379
taxa sobre inscrição de promessa de venda de imóvel - caso de inconstitucionalidade, 379

Súmula n° 83
ágios de importação - imposto de consumo - incidência, 379

Súmula n° 84
cooperativas - produtos importados - imposto de consumo - incidência, 379

Súmula n° 85
bens de uso pessoal e doméstico - trazidos do exterior - imposto de consumo - isenção, 379

Súmula n° 86
automóvel usado - trazido do exterior - imposto de consumo - isenção, 379

Súmula n° 87
acordos tarifários - aplicação, 379

Súmula n° 88
tarifa alfandegária - majoração - validade, 380

Súmula n° 89
frutas importadas - da Argentina - imposto de importação - isenção, 380
frutas importadas - da Espanha - imposto de importação - isenção, 380
frutas importadas - de Portugal - imposto de importação - isenção, 380

Índice Remissivo

frutas importadas - do Chile - imposto de importação - isenção, 380

Súmula n° 90
imposto de industrias e profissões - incidência - lei local, 380

Súmula n° 91
comerciante de combustíveis - impostos - cumulação, 380

Súmula n° 92
imposto de licença - variação - constitucionalidade, 380

Súmula n° 93
arquiteto - imposto de renda - incidência, 380

Súmula n° 94
despachantes aduaneiros - imposto de renda - desconto na fonte - competência, 380

Súmula n° 95
imposto de lucro extraordinário - cálculo, 380

Súmula n° 96
imposto de lucro imobiliário - incidência, 380

Súmula n° 97
imposto de lucro imobiliário - incidência da alíquota anterior, 381

Súmula n° 98
imposto de lucro imobiliário - imóvel alienado na vigência da Lei 3.470/58 - incidência, 381

Súmula n° 99
imposto de lucro imobiliário - imóvel alienado antes da vigência da Lei 3.470/58 - isenção, 381

Súmula n° 100
imposto de lucro imobiliário - imóvel alienado antes da vigência da Lei 3.470/58 - isenção, 381

Súmula n° 101
mandado de segurança - não substitui a ação popular, 381

Súmula n° 102
imposto federal do selo - caso de incidência, 381

Súmula n° 103
imposto federal do selo - caso de incidência, 381

Súmula n° 104
imposto federal do selo - caso de não incidência, 381

Súmula n° 105
seguro - suicídio - pagamento, 382

Súmula n° 106
selo - registro de automóvel - cobrança, 382

Súmula n° 107
imposto de selo - Estado do Paraná - inconstitucionalidade, 382

Súmula n° 108
imposto de transmissão inter vivos - tempo da incidência, 382

J. U. Jacoby Fernandes

Súmula nº 109
multa - pedido de desocupação de imóvel - motivos legais - não atendimento, 382

Súmula nº 110
imposto de transmissão inter vivos - construção - não incidência, 382

Súmula nº 111
imposto de transmissão inter vivos - restituição de imóvel - incidência, 382

Súmula nº 112
imposto de transmissão causa mortis - cálculo - alíquota, 382

Súmula nº 113
imposto de transmissão causa mortis - cálculo - valor dos bens - data-base, 382

Súmula nº 114
imposto de transmissão causa mortis - inexigibilidade, 383

Súmula nº 115
imposto de transmissão causa mortis - honorários advocatícios - não incidência, 383

Súmula nº 116
imposto de reposição - desquite - incidência, 383
imposto de reposição - inventário - incidência, 383

Súmula nº 117
imposto de vendas e consignações - variação - lei estadual, 383

Súmula nº 118
imposto de vendas e consignações - minerais - incidência, 383

Súmula nº 119
imposto de vendas e consignações - café - incidência, 383

Súmula nº 120
servidão - parede de tijolos de vidro translúcido - não configuração, 383

Súmula nº 121
juros - capitalização - vedação, 383

Súmula nº 122
mora - purgação - possibilidade, 383

Súmula nº 123
locação - lei de luvas - mora - purgação - impossibilidade, 383

Súmula nº 124
imposto de vendas e consignações - café - adicional - inconstitucionalidade, 384

Súmula nº 125
imposto de vendas e consignações - parcela do imposto de consumo - não incidência, 384

Súmula nº 126
taxa de aguardente - inconstitucionalidade, 384

Súmula nº 127
taxa de armazenagem - posterior aos 1ºs 30 dias - indevida, 384

Índice Remissivo

Súmula nº 128
taxa de assistência médica hospitalar - instituições de previdência social - indevida, 384
Súmula nº 129
taxa de calçamento - cobrança - legitimidade, 384
Súmula nº 130. ....v. também Súmulas nºs 131 e 308
taxa de despacho aduaneiro - exigibilidade, 384
Súmula nº 131. ....v. também Súmulas nºs 130 e 308
taxa de despacho aduaneiro - exigibilidade, 384
Súmula nº 132
taxa de previdência social - importação de amianto, 385
Súmula nº 133
taxa de despacho aduaneiro - importação de fertilizantes e inseticidas, 385
Súmula nº 134
taxa de despacho aduaneiro - importação de frutas da Argentina, 385
taxa de previdência social - importação de frutas da Argentina, 385
Súmula nº 135
taxa de eletrificação de Pernambuco - constitucionalidade, 385
Súmula nº 136
taxa de estatística da Bahia - constitucionalidade, 385
Súmula nº 137
taxa de fiscalização da exportação - incidência, 385
Súmula nº 138
taxa contra fogo - Minas Gerais - inconstitucionalidade, 385
Súmula nº 139
imposto de transação - antigo Distrito Federal - isenção, 385
Súmula nº 140
taxa de previdência social - importação de lubrificantes, 385
Súmula nº 141
taxa de previdência social - combustíveis - isenção, 385
Súmula nº 142
taxa de previdência social - isenção, 386
Súmula nº 143
imposto de vendas e consignações - exportação de café - estado da Guanabara, 386
Súmula nº 144
taxa de recuperação econômica - Minas Gerais - contrato sujeito ao Imposto Federal do Selo - inconstitucionalidade, 386
Súmula nº 145
flagrante - preparação pela polícia - consumação - impossibilidade - crime - inexistência, 386
Súmula nº 146
ação penal - prescrição - regulamentação, 386

J. U. Jacoby Fernandes

Súmula n° 147
crime falimentar - prescrição - termo inicial, 386
Súmula n° 148
tarifas portuárias - aumento - legitimidade, 386
Súmula n° 149
ação de investigação de paternidade - imprescritibilidade, 386
ação de petição de herança - prescritibilidade, 386
Súmula n° 150
execução - prescrição - prazo, 386
Súmula n° 151
ação de indenização - segurador sub-rogado - carga transportada por navio - extravio - prescrição - prazo, 386
ação de indenização - segurador sub-rogado - carga transportada por navio - perda - prescrição - prazo, 386
Súmula n° 152. ....v. também Súmula n° 494
Súmula n° 153
protesto cambiário - prescrição - interrupção - impossibilidade, 387
Súmula n° 154
vistoria - prescrição - interrupção - impossibilidade, 387
Súmula n° 155
processo criminal - intimação da expedição de precatória - ausência - nulidade relativa, 387
Súmula n° 156
julgamento - júri - quesito obrigatório - ausência - nulidade absoluta, 387
Súmula n° 157
empresa de energia elétrica - desapropriação pelos Estados - Presidente da República - autorização prévia - obrigatoriedade, 387
Súmula n° 158
benfeitorias - do locatário - responsabilidade do adquirente - ausência - ressalva, 387
Súmula n° 159
cobrança excessiva - boa fé - sanções legais - ausência, 387
Súmula n° 160
agüição de nulidade contra o réu - acolhimento - recurso da acusação - ausência - decisão do Tribunal - nula - ressalva, 387
Súmula n° 161
contrato de transporte - cláusula não indenizatória - ineficácia, 387
Súmula n° 162
julgamento - júri - quesitos da defesa posteriores aos das circunstâncias agravantes - nulidade absoluta, 388
Súmula n° 163
obrigação ilíquida - juros moratórios - contagem - termo inicial - ressalva, 388

ÍNDICE REMISSIVO

Súmula n° 164
desapropriação - processo - juros compensatórios - exigibilidade - termo inicial, 388

Súmula n° 165
venda - mandante ao mandatário - nulidade - ausência, 388

Súmula n° 166
compromisso de compra e venda - arrependimento - inadmissibilidade, 388

Súmula n° 167
compromisso de compra e venda - registro imobiliário - inexistência - DL 58/1937 - inaplicabilidade - ressalva, 388

Súmula n° 168
compromisso de compra e venda - inscrição imobiliária - curso da ação - admissibilidade, 388

Súmula n° 169
pena de comisso - aplicação - sentença - exigência, 389

Súmula n° 170
enfiteuse - resgate - possibilidade, 389

Súmula n° 171
locação em curso - prazo determinado - majoração de encargos - inadmissibilidade, 389

Súmula n° 172
locação em curso - prazo determinado - reajustamento de aluguel - inadmissibilidade, 389

Súmula n° 173
locatário - obstáculo judicial - purga da mora além do prazo legal - admissão, 389

Súmula n° 174
imóvel alugado - retomada - notificação prévia - comprovação - desnecessidade, 389

Súmula n° 175
imóvel alugado - retomada - filho - matrimônio - admissão, 389

Súmula n° 176
imóvel alugado - retomada - promitente comprador - possibilidade, 389

Súmula n° 177
imóvel alugado - retomada - cessionário do promitente comprador - possibilidade, 389

Súmula n° 178
contrato de locação - lei de luvas - renovação judicial - prazo qüinqüenal - excesso - impossibilidade, 389

Súmula n° 179
aluguel - arbitramento judicial - vigência - termo inicial, 390

Súmula n° 180
aluguel - lei de luvas - ação revisional - arbitramento - vigência - termo inicial, 390

J. U. Jacoby Fernandes

Súmula n° 181
imóvel alugado - lei de luvas - retomada - construção mais útil - indenização - obrigatoriedade, 390

Súmula n° 182
moratória - renúncia - falta de cancelamento - débito pecuário - reajustamento - possibilidade, 390

Súmula n° 183
débito pecuário - reajustamento - dívidas estranhas - exclusão, 390

Súmula n° 184
débito pecuário - reajustamento - dívidas posteriores a 19 12 46 - exclusão, 390

Súmula n° 185
débito pecuário - reajustamento - honorários advocatícios - União - responsabilidade - ausência, 390

Súmula n° 186
transporte por estrada de ferro - quebra de 1% - tolerância - legalidade, 391

Súmula n° 187
transportador - acidente com o passageiro - culpa de terceiro - ação regressiva, 391

transportador - acidente com o passageiro - responsabilidade contratual - permanência, 391

Súmula n° 188
segurador - ação regressiva contra o causador do dano - possibilidade - limites, 391

Súmula n° 189
avais - em branco e superpostos - simultâneos, 391

Súmula n° 190
título vencido e não protestado no prazo mensal - não pagamento - concordata preventiva - possibilidade, 391

Súmula n° 191
falência - crédito habilitado - multa fiscal moratória - inclusão, 391

Súmula n° 192
falência - crédito habilitado - multa fiscal com efeito de pena administrativa - impossibilidade, 391

Súmula n° 193. v. também Súmulas n°s 417 e 495
falência - coisas vendidas a crédito - restituição - prazo - termo inicial, 391

Súmula n° 194
atividades insalubres - especificação - competência - Ministro do Trabalho, 391

Súmula n° 195
contrato de trabalho - obra certa - transformação em contrato de prazo indeterminado, 392

contrato de trabalho - prazo determinado - transformação em contrato de prazo indeterminado, 392

ÍNDICE REMISSIVO

Súmula n° 196
empregado - empresa industrial ou comercial - exercendo atividade rural - classificação, 392

Súmula n° 197
empregado - representação sindical - despedida, 392

Súmula n° 198
acidente do trabalho - ausências - não são descontáveis, 392

Súmula n° 199
empregado horísta - salário das férias - cálculo, 392

Súmula n° 200
Lei n° 1.530/1951 - constitucionalidade - despedida - indenização, 392

Súmula n° 201
repouso semanal remunerado - vendedor pracista, 392

Súmula n° 202
equiparação salarial - função - tempo de serviço, 392

Súmula n° 203
salário-mínimo - vigência - vacância, 392

Súmula n° 204
trabalhador de reserva - salário-mínimo x salário contratual, 393
trabalhador substituto - salário-mínimo x salário contratual, 393

Súmula n° 205
menor - salário integral - direito, 393

Súmula n° 206
júri - novo julgamento - mesmo jurado - nulidade, 393

Súmula n° 207
gratificações habituais - integram o salário, 393

Súmula n° 208
recurso extraordinário - assistente do Ministério Público - vedação, 393

Súmula n° 209
salário-produção -condições de pagamento e supressão, 393

Súmula n° 210
recurso extraordinário - assistente do Ministério Público - possibilidade, 393

Súmula n° 211
embargos de nulidade - inadmissão, 393
embargos infringentes - inadmissão, 393

Súmula n° 212
adicional de periculosidade - empregado de posto de revenda de combustível líquido, 393

Súmula n° 213
adicional noturno - empregado em regime de revezamento, 394

Súmula n° 214
hora noturna - duração - vantagem suplementar, 394

Súmula n° 215
empregado readmitido - tempo de serviço anterior - contagem a favor, 394

Súmula n° 216

processo - paralização por mais de 30 dias - absolvição de instância - decretação, 394

Súmula n° 217

aposentado - recuperação da capacidade - retorno ao emprego - direito, 394

Súmula n° 218

desapropriação - promovida por empresa de energia elétrica - juízo competente, 394

Súmula n° 219

indenização - empregado que tinha direito a ser readmitido - cálculo, 394

Súmula n° 220

indenização - empregado estável - pagamento em dobro, 394

Súmula n° 221

empregado estável - transferência - justificação, 394

Súmula n° 222

princípio da identidade física do juiz - aplicabilidade, 394

Súmula n° 223

empregado representado por sindicato - isenção de custas - alcance, 395

Súmula n° 224

reclamação trabalhista - juros de mora - contagem, 395

Súmula n° 225

CTPS - anotações - valor probatório, 395

Súmula n° 226

desquite - alimentos - obrigação de pagar, 395

Súmula n° 227

concordata - direitos do empregado, 395

Súmula n° 228

execução - definitiva, 395

Súmula n° 229

acidente - indenização - dolo ou culpa grave do empregador, 395

Súmula n° 230

ação de acidente do trabalho - prescrição, 395

Súmula n° 231

revel - produção de provas - possibilidade, 395

Súmula n° 232

acidente do trabalho - diárias, 396

Súmula n° 233

recurso de embargos - não cabimento, 396

Súmula n° 234

honorários advocatícios - ação de acidente do trabalho, 396

Súmula n° 235

ação de acidente do trabalho - juízo competente, 396

Súmula n° 236

ação de acidente do trabalho - autarquia seguradora - custas, 396

Índice Remissivo

Súmula n° 237
usucapião - argüição, 396

Súmula n° 238
acidente do trabalho - multa pelo retardamento da liquidação, 396

Súmula n° 239
imposto - cobrança - declarada indevida - decisão não faz coisa julgada, 396

Súmula n° 240
ação de acidente do trabalho - depósito para recorrer - exigibilidade, 396

Súmula n° 241
contribuição previdenciária - abono incorporado ao salário - incidência, 397

Súmula n° 242
agravo no auto do processo - momento da apreciação, 397

Súmula n° 243
dupla aposentadoria - base para cálculo, 397

Súmula n° 244
máquinas de costura - imposto de consumo - isenção, 397

Súmula n° 245
imunidade parlamentar - corréu sem essa prerrogativa - inexistência, 397

Súmula n° 246
cheque sem fundos - emissão - fraude - ausência - crime - inexistência, 397

Súmula n° 247
divergência qualificada - embargos - inadmissibilidade, 397

Súmula n° 248
mandado de segurança - contra TCU - competência originária, 397

Súmula n° 249
STF - apreciação da questão federal controvertida - ação rescisória - competência, 397

Súmula n° 250
processo - intervenção da União - deslocamento do juízo cível comum para o fazendário, 398

Súmula n° 251
Rede Ferroviária Federal S.A. - ações - foro competente - ressalva, 398

Súmula n° 252
ação rescisória - juízes do julgamento rescindendo - impedimento - inexistência, 398

Súmula n° 253
divergência qualificada - embargos - acolhimento pelo STF - condição, 398

Súmula n° 254
juros moratórios - inclusão na liquidação - obrigatoriedade, 398

Súmula n° 255
juros moratórios - contra a fazenda pública - obrigação líquida - termo inicial, 398

Súmula n° 256
réu - condenação em honorários - pedido expresso - dispensa, 398

J. U. Jacoby Fernandes

Súmula n° 257
ação regressiva - segurador contra o causador do dano - honorários advocatícios - cabimento, 398
Súmula n° 258
ação declaratória - reconvenção - admissibilidade, 398
Súmula n° 259
documentos estrangeiros - autenticados no consulado - efeito judicial - inscrição no registro público - desnecessidade, 399
Súmula n° 260
ação judicial - livros comerciais - exame - limites, 399
Súmula n° 261
ação de indenização - avaria - vistoria judicial - dispensa, 399
Súmula n° 262
automóvel - liberação alfandegária - medida possessória liminar - descabimento, 399
Súmula n° 263
ação de usucapião - possuidor - citação pessoal - obrigatoriedade, 399
Súmula n° 264
ação rescisória - paralização por mais de 5 anos - prescrição intercorrente - ocorrência, 399
Súmula n° 265
apuração de haveres - balanço não aprovado pelo sócio excluído - ineficácia, 399

apuração de haveres - balanço não aprovado pelo sócio falecido - ineficácia, 399

apuração de haveres - balanço não aprovado pelo sócio retirante - ineficácia, 399
Súmula n° 266
mandado de segurança - contra lei em tese - descabimento, 399
Súmula n° 267
mandado de segurança - contra ato judicial passível de correição - descabimento, 399

mandado de segurança - contra ato judicial passível de recurso - descabimento, 399
Súmula n° 268
mandado de segurança - contra decisão judicial com trânsito em julgado - descabimento, 399
Súmula n° 269
mandado de segurança - em substituição a ação de cobrança - descabimento, 399
Súmula n° 270
servidor público - enquadramento - mandado de segurança - descabimento, 400

Índice Remissivo

Súmula nº 271

mandado de segurança - concessão - efeitos patrimoniais pretéritos - inexistência - meios cabíveis, 400

Súmula nº 272

mandado de segurança - denegação - recurso extraordinário - admissão como ordinário - impossibilidade, 400

Súmula nº 273

divergência qualificada - embargos - após agravo - acolhimento, 400

divergência qualificada - embargos - após recurso extraordinário - acolhimento, 400

Súmula nº 274. ....v. também Súmula nº 549

taxa de serviço contra fogo, 400

Súmula nº 275

reajustamento - débito pecuário - sentença concessiva - recurso ex officio - sujeição, 400

Súmula nº 276

ação executiva fiscal - recurso de revista - descabimento, 400

Súmula nº 277

ação executiva fiscal - decisão parcial - embargos contra a fazenda pública - cabimento, 400

Súmula nº 278

ação executiva fiscal - contra decisão reformatória de 1ª instância - embargos - cabimento, 401

Súmula nº 279

recurso extraordinário - para reexame de prova - descabimento, 401

Súmula nº 280

recurso extraordinário - por ofensa a direito local - descabimento, 401

Súmula nº 281

recurso extraordinário - quando cabe recurso ordinário na justiça de origem - inadmissibilidade, 401

Súmula nº 282

recurso extraordinário - prequestionamento - ausência - inadmissibilidade, 401

Súmula nº 283

decisão - múltiplos fundamentos - recurso extraordinário - integralidade - ausência - inadmissibilidade, 401

Súmula nº 284

recurso extraordinário - fundamentação deficiente - controvérsia - incompreensão - inadmissibilidade, 401

Súmula nº 285

recurso extraordinário - argüição de inconstitucionalidade - não conhecimento, 401

J. U. Jacoby Fernandes

Súmula nº 286

recurso extraordinário - fundamento - divergência jurisprudencial - orientação plenária favorável à decisão recorrida - inadmissibilidade, 401

Súmula nº 287

agravo - fundamentação deficiente - controvérsia - incomprensão - provimento - impossibilidade, 401

agravo - recurso extraordinário - fundamentação deficiente - controvérsia - incomprensão - provimento - impossibilidade, 401

Súmula nº 288

agravo - para subida de recurso extraordinário - peças essenciais - ausência - provimento - impossibilidade, 402

Súmula nº 289

agravo - provimento - recurso extraordinário - cabimento, 402

Súmula nº 291

recurso extraordinário - dissídio jurisprudencial - prova, 402

Súmula nº 292

recurso extraordinário - mais de um fundamento - procedimento judicial, 402

Súmula nº 293

embargos infringentes - contra decisão em matéria constitucional apreciada pelo Plenário - inadmissibilidade, 402

Súmula nº 294

embargos infringentes - contra decisão do STF em mandado de segurança - inadmissibilidade, 402

Súmula nº 295

embargos infringentes - contra decisão unânime do STF em ação rescisória - inadmissibilidade, 403

Súmula nº 296

embargos infringentes - prequestionamento - ausência - inadmissibilidade, 403

Súmula nº 298

civil - sujeição à Justiça Militar - tempo de paz - impossibilidade - ressalva, 403

Súmula nº 299

recurso ordinário e extraordinário - mesmo processo - julgamento conjunto, 403

Súmula nº 300

embargos - divergência qualificada - provimento de agravo - subida de recurso extraordinário - cabimento, 403

Súmula nº 301

Prefeito - crime de responsabilidade - procedimento penal, 403

Súmula nº 302

taxa de previdência social - importação de petróleo bruto - isenção, 403

Súmula nº 303. ....v. também Súmula nº 468

imposto federal de selo - contrato com autarquia - isenção, 404

Índice Remissivo

Súmula n° 304

Mandado de Segurança - decisão denegatória - uso da ação própria - possibilidade, 404

Súmula n° 305

desquite - acordo comum - retratabilidade unilateral - impossibilidade, 404

Súmula n° 306

taxa de assistência hospitalar - estadual - legitimidade, 404

taxa de recuperação econômica - estadual - legitimidade, 404

Súmula n° 307

adicional de insalubridade - pagamento - base de cálculo, 404

Súmula n° 308

taxa de despacho aduaneiro - borracha importada - insenção, 404

Súmula n° 309

taxa de despacho aduaneiro - automóvel usado trazido do exterior - incidência, 404

Súmula n° 310

intimação - data de início para contagem do prazo judicial, 404

Súmula n° 311

acidente do trabalho - multa pelo retardamento da liquidação, 404

Súmula n° 312

músico - orquestra da empresa - legislação a que está sujeito, 405

Súmula n° 313

adicional noturno - é devido em caso de identidade entre o trabalho diurno e o noturno, 405

Súmula n° 314

acidente do trabalho, ou de transporte - composição do dano - base da indenização, 405

Súmula n° 315

Tribunal Superior do Trabalho - julgamento do agravo - traslado das razões da revista - necessidade, 405

Súmula n° 316

adesão à greve - não constitui falta grave, 405

Súmula n° 317

embargos declaratórios - improcedência, 405

Súmula n° 318

embargos declaratórios - improcedência, 405

Súmula n° 319

recurso ordinário - habeas-corpus ou mandado de segurança - prazo, 405

Súmula n° 320

apelação - despachada no prazo legal - demora da juntada, por culpa do cartório, não prejudica, 405

Súmula n° 321

Ministério Público - irredutibilidade dos vencimentos - Constituição Estadual, 406

J. U. Jacoby Fernandes

Súmula n° 322
recurso - dirigido ao STF - andamento - impossibilidade, 406

Súmula n° 323
tributos - falta de pagamento - apreensão de mercadorias - coerção - inadmissibilidade, 406

Súmula n° 324
imunidade tributária - taxa - exclusão, 406

Súmula n° 325
emendas - regimento do STF - questão constitucional - aplicabilidade retroativa, 406

Súmula n° 326
domínio útil - transferência - imposto de transmissão inter vivos - incidência - legitimidade, 406

Súmula n° 327
prescrição intercorrente - no direito trabalhista - admissibilidade, 406

Súmula n° 328
imóvel - doação - imposto de transmissão inter vivos - incidência - legitimidade, 406

Súmula n° 329
ações de sociedade imobiliária - transferência - imposto de transmissão inter vivos - incidência - impossibilidade, 406

Súmula n° 330
mandado de segurança - contra atos dos Tribunais de Justiça dos Estados - STF - conhecimento - incompetência, 406

Súmula n° 331
morte presumida - inventário - imposto de transmissão causa mortis - incidência - legitimidade, 407

Súmula n° 332
ágios cambiais - parcela do preço - imposto de vendas e consignações - incidência - legitimidade, 407

Súmula n° 333
invernista - não qualificado como pequeno produtor - imposto de vendas e consignações - sujeição, 407

Súmula n° 334
empreiteiro - imposto de vendas e consignações - cobrança - legitimidade - ressalva, 407

Súmula n° 335
contrato - processos oriundos - cláusula de eleição do foro - validade, 407

Súmula n° 336
autarquia financiadora - imunidade quanto ao contrato de financiamento - extensão - limites, 407

Súmula n° 337
acidente do trabalho - controvérsia entre empregador e segurador - pagamento - suspensão - impossibilidade, 407

ÍNDICE REMISSIVO

Súmula n° 338
ação rescisória - Justiça do Trabalho - descabimento, 407
Súmula n° 339
Poder Judiciário - aumento de vencimentos - servidores públicos - descabimento, 407
Súmula n° 340
bens dominicais - usucapião - sujeição - impossibilidade, 408
usucapião – bens domunicais - impossibilidade, 408
Súmula n° 341
empregado - ato culposo - patrão - culpa presumida, 408
preposto - ato culposo - comitente - culpa presumida, 408
Súmula n° 342
reconvenção - despacho - inadmissibilidade - agravo de petição - descabimento, 408
reconvenção - despacho - inadmissibilidade - agravo no auto do processo - cabimento, 408
Súmula n° 343
ação rescisória - ofensa a literal dispositivo de lei - interpretação controvertida - descabimento, 408
Súmula n° 344
habeas-corpus - primeira instância - sentença concessiva - crime - bens da União - recurso ex officio - sujeição, 408
habeas-corpus - primeira instância - sentença concessiva - crime - interesses da União - recurso ex officio - sujeição, 408
habeas-corpus - primeira instância - sentença concessiva - crime - serviços da União - recurso ex officio - sujeição, 408
Súmula n° 346
Administração Pública - atos - nulidade - declaração - possibilidade, 408
Súmula n° 347
Tribunal de Contas - constitucionalidade das leis - apreciação - possibilidade, 408
Súmula n° 348
taxa de construção, conservação e melhoramento de estradas - criação - constitucionalidade, 408
Súmula n° 349
reclamação - prestações - convenção coletiva de trabalho - fundamento - prescrição - termo inicial, 409
reclamação - prestações - decisão normativa da Justiça do Trabalho - fundamento - prescrição - termo inicial, 409
Súmula n° 350
empregado - imposto de indústrias e profissões - exigibilidade - ausência, 409
Súmula n° 351
réu preso - citação por edital - mesma unidade federativa - nulidade, 409

Súmula n° 352
réu menor sem curador - assistido por defensor dativo - processo penal - validade, 409

Súmula n° 353
embargos - divergência qualificada - decisões da mesma turma - descabimento, 409

Súmula n° 354
embargos infringentes parciais - decisão embargada - trecho sem divergência - defitivo, 409

Súmula n° 355
embargos infringentes parciais - julgamento - trecho sem divergência - recurso extraordinário posterior - ineficácia, 409

Súmula n° 356
decisão - ponto omisso - prequestionamento - ausência - recurso extraordinário - inadmissibilidade, 410

Súmula n° 357
contrato de locação - lei de luvas - ação revisional - renúncia - legalidade, 410

Súmula n° 358
servidor público - disponibilidade - vencimentos - integralidade - direito, 410

Súmula n° 359
inatividade - militar - proventos - regulamentação, 410
inatividade - servidor civil - proventos - regulamentação, 410

Súmula n° 360
representação de inconstitucionalidade - decadência - prazo - inexistência, 410

Súmula n° 361
processo penal - um só perito - impedimento, 410
processo penal - um só perito - nulidade, 410

Súmula n° 362
clube - jogo lícito - sede própria - imóvel - propriedade - inexigibilidade, 410

Súmula n° 363
pessoa jurídica de direito privado - demanda judicial - agência - foro do domicílio - competência, 410
pessoa jurídica de direito privado - demanda judicial - estabelecimento - foro do domicílio - competência, 410

Súmula n° 364
Estado da Guanabara - recursos das decisões da auditoria da polícia militar - julgamento - Tribunal competente - ressalva, 411

Súmula n° 365
ação popular - proposição - pessoa jurídica - ilegitimidade, 411

Súmula n° 366
citação por edital - indicação de dispositivo da lei penal - ausência de resumo dos fatos - validade, 411

ÍNDICE REMISSIVO

Súmula n° 367
extraditando - retirada do país no prazo legal - ausência - liberdade - concessão, 411

Súmula n° 368
processo de reclamação - embargos infringentes - inexistência, 411

Súmula n° 369
divergência jurisprudencial - recurso extraordinário - fundamento - julgados do mesmo tribunal - inadmissibilidade, 411

Súmula n° 370
locação - ação renovatória - improcedência - desocupação do imóvel - prazo, 411

Súmula n° 371
ferroviário - servidor autárquico - dupla aposentadoria - impossibilidade, 411

Súmula n° 372
dupla aposentadoria - servidores aposentados anteriormente - aproveitamento, 411

Súmula n° 373
servidor - aprovação - curso de capacitação policial - nomeação por concurso - equivalência - possibilidade, 412

Súmula n° 374
imóvel alugado - retomada - construção mais útil - obra ordenada pela autoridade pública - desnecessidade, 412

Súmula n° 375
contrato de locação - lei de luvas - renovação - ausência - direito comum - aplicabilidade, 412

Súmula n° 376
contrato de locação - lei de luvas - renovação - prazo - início - contagem, 412

Súmula n° 377
casamento - regime de separação legal de bens - bens adquiridos na constância - comunicabilidade, 412

Súmula n° 378
desapropriação - indenização - expropriado - honorários advocatícios - obrigatoriedade, 412

Súmula n° 379
desquite - acordo - renúncia aos alimentos - inadmissibilidade, 412

Súmula n° 380
concubinos - sociedade de fato - dissolução judicial - partilha dos bens - cabimento, 413

Súmula n° 381
sentença de divórcio - procuração - país estrangeiro - homologação - impossibilidade, 413

Súmula n° 382
concubinato - caracterização - vida em comum - mesmo teto more uxorio - necessidade, 413

J. U. Jacoby Fernandes

Súmula n° 383
fazenda pública - prescrição em favor - ato interruptivo - reinício - termo inicial, 413

Súmula n° 384
extranumerário estável - serviço público federal - demissão - competência - Presidente da República, 413

Súmula n° 385
forças armadas - oficial - reforma - tempo de paz, 413

Súmula n° 386
direito autoral - execução - obra musical - artistas remunerados - exigibilidade, 413

direito autoral - execução - obra musical - orquestra de amadores - inexigibilidade, 413

Súmula n° 387
nota cambial - aceita com omissões - credor - complementação - possibilidade, 413

nota cambial - aceita em branco - credor - complementação - possibilidade, 413

nota cambial - emitida com omissões - credor - complementação - possibilidade, 413

nota cambial - emitida em branco - credor - complementação - possibilidade, 413

Súmula n° 389. ....v. também Súmula n° 279
honorários advocatícios - complemento da condenação - fixação - depedência - ressalva, 414

Súmula n° 390
livros comerciais - exibição judicial - possibilidade - medida preventiva, 414

Súmula n° 391
usucapião - ação - citação - confinante certo - obrigatoriedade, 414

Súmula n° 392
mandado de segurança - acórdão concessivo - recurso - prazo - contagem - início, 414

Súmula n° 393
condenado - solto - revisão criminal - requerimento - possibilidade, 414

Súmula n° 395
habeas-corpus - ônus das custas - liberdade de locomoção - questão - inexistência - descabimento, 414

Súmula n° 396
ofensa a honra - ação penal - prerrogativa de função - competência especial, 414

Súmula n° 397
Câmara dos Deputados - crime cometido nas dependências - poder de polícia - abrangência, 415

Índice Remissivo

Senado Federal - crime cometido nas dependências - poder de polícia - abrangência, 415

Súmula nº 398

Deputado - acusado de crime - processo e julgamento - STF - incompetência, 415

Senador - acusado de crime - processo e julgamento - STF - incompetência, 415

Súmula nº 399

lei federal - violação - ofensa - regimento de Tribunal - recurso extraordinário - descabimento, 415

Súmula nº 400

recurso extraordinário - argüição de inconstitucionalidade - razoável interpretação da lei - descabimento, 415

Súmula nº 401

processo trabalhista - embargos de divergência - jurisprudência do TST no mesmo sentido da decisão - descabimento - ressalva, 415

processo trabalhista - recurso de revista - jurisprudência do TST no mesmo sentido da decisão - descabimento - ressalva, 415

Súmula nº 402

vigia noturno - salário adicional - direito, 415

Súmula nº 403

empregado estável - falta grave - suspensão - inquérito judicial - prazo decadencial, 416

Súmula nº 404

Conselho de Política Aduaneira - tarifa flexível - atribuições, 416

Súmula nº 405

mandado de segurança - improcedência - liminar - efeito - cessação - decisão contrária - efeitos - retroação, 416

Súmula nº 406

automóvel - importação - estudante bolsista - missão de estudo - requisitos - satisfação - ressalva, 416

automóvel - importação - professor bolsista - missão de estudo - requisitos - satisfação - ressalva, 416

automóvel - importação - servidor público - missão de estudo - requisitos - satisfação - ressalva, 416

Súmula nº 407

militar - operações de guerra - ausência - terço de campanha - inexistência, 416

Súmula nº 408

BNDE - percentagem de Receita Federal - servidores fazendários não têm direito, 416

Súmula nº 409

retomante - mais de um prédio alugado - direito de opção - ressalva, 416

J. U. Jacoby Fernandes

Súmula n° 410
locador - retomada de imóvel para uso próprio - prova de necessidade - exceção, 416
Súmula n° 411
locatário - sublocação do imóvel - possibilidade, 416
Súmula n° 412
compromisso de compra e venda - cláusula de arrependimento - sinal - devolução - exclui indenização, 417
compromisso de compra e venda - cláusula de arrependimento - sinal - restituição - exclui indenização, 417
Súmula n° 413
compromisso de compra e venda - imóveis não loteados - execução compulsória - possibilidade, 417
Súmula n° 414
eirado - abertura a menos de metro e meio do prédio de outrem - proibição - visão direta ou oblíqua - não distinção, 417
janela - abertura a menos de metro e meio do prédio de outrem - proibição - visão direta ou oblíqua - não distinção, 417
terraço - construção a menos de metro e meio do prédio de outrem - proibição - visão direta ou oblíqua - não distinção, 417
varanda - abertura a menos de metro e meio do prédio de outrem - proibição - visão direta ou oblíqua - não distinção, 417
Súmula n° 415
servidão de trânsito - não titulada mas permanente - considera-se aparente, 417
Súmula n° 416
desapropriação - demora no pagamento - indenização complementar - não cabimento, 417
desapropriação - demora no pagamento - juros - cabimento, 417
Súmula n° 417. ....v. também Súmulas n°s 193 e 495
empréstimo compulsório – não é tributo, 417
falência - dinheiro - restituição, 417
Súmula n° 419
municípios - regulamentação - horário de trabalho - comércio, 417
Súmula n° 420
sentença judicial estrangeira - homologação, 418
Súmula n° 421
extradição - casamento com brasileira - irrelevância, 418
extradição - filho brasileiro - irrelevância, 418
Súmula n° 422
absolvição - crime - medida de segurança - possibilidade, 418
Súmula n° 423
despacho saneador - ausência de recurso - trânsito em julgado - possibilidade, 418

Índice Remissivo

sentença judicial - trânsito em julgado - ausência, 418

Súmula n° 425.   **v. também Súmulas n°s 320 e 428**

agravo - entrega tempestiva - juntada tardia pelo cartório - prejudicialidade - ausência, 418

agravo - entrega tempestiva no cartório - despacho tardio - prejudicialidade - ausência, 418

Súmula n° 426.   **v. também Súmulas n° 427**

agravo - termo específico - ausência - prejudicialidade - inexistência, 418

Súmula n° 427. ....**v. também Súmula n° 426**

petição de interposição - agravo, 418

Súmula n° 428

apelação - entrega tempestiva no cartório - despacho tardio - prejudicialidade - ausência, 418

Súmula n° 429

recurso administrativo - efeito suspensivo - mandado de segurança - possibilidade, 419

Súmula n° 430

mandado de segurança - prazo - interrupção - não caracterização, 419

Súmula n° 431

recurso criminal - julgamento - ausência de intimação - nulidade, 419

Súmula n° 432

recurso extraordinário - dissídio jurisprudencial - decisões da Justiça do Trabalho - descabimento, 419

Súmula n° 433

mandado de segurança - contra presidente de TRT - julgamento - competência, 419

Súmula n° 434. ....**v. também Súmulas n° 337**

acidente de trabalho - controvérsia entre seguradores - pagamento ao acidentado - manutenção, 419

Súmula n° 435

imposto - transmissão causa mortis - credor, 419

Súmula n° 436. ....**v. também Súmulas n°s 81 e 84**

cooperativas do Paraná - isenção - revogação - legalidade, 419

Súmula n° 437

indústria automobilística - importação de equipamentos - taxa de despacho aduaneiro - isenção, 419

Súmula n° 438. ....**v. também Súmula n° 67**

taxa de educação e saúde - adicional - Santa Catarina - ano-base - ilegitimidade, 420

Súmula n° 439

livros comerciais - fiscalização previdenciária - sujeição - limites, 420

livros comerciais - fiscalização tributária - sujeição - limites, 420

Súmula n° 440

serviços de guerra - benefício de lei federal - inexigibilidade do Estado, 420

J. U. Jacoby Fernandes

Súmula nº 441
militar - inatividade - proventos integrais - cotas - ausência de direito
subjetivo ao recebimento, 420
Súmula nº 442
contrato de locação - inscrição no registro de imóveis - dispensa de
transcrição no registro de títulos e documentos, 420
Súmula nº 443. ....v. também Súmula nº 349
prescrição - previsão legal - prestação anterior - inocorrência, 420
Súmula nº 444
imóvel alugado - retomada - construção mais útil - indenização - limite, 420
Súmula nº 445
prazo prescricional - redução - lei - aplicabilidade - ressalva, 420
Súmula nº 446
exploração de jazida - contrato - lei de luvas - sujeição - exclusão, 421
exploração de pedreira - contrato - lei de luvas - sujeição - exclusão, 421
Súmula nº 447
testamento - cláusula de benefício - filho ilegítimo - validade, 421
Súmula nº 448
assistente - recurso supletivo - apresentação - prazo, 421
Súmula nº 449
ação de consignação - aluguel - valor da causa - anuidade, 421
Súmula nº 450
justiça gratuita - beneficiário - vencedor - honorários advocatícios -
obrigatoriedade, 421
Súmula nº 451. ....v. também Súmula nº 394,
....................v. também foro privilegiado
prerrogativa de função - extensão da competência - término do exercício
funcional - impossibilidade, 421
Súmula nº 452
Corpo de Bombeiros - oficiais e praças - crime - competência - justiça
comum, 421
Súmula nº 453
Código de Processo Penal - art. 384 - inaplicabilidade à 2ª intância, 421
Súmula nº 454. ....v. também Súmula nº 279
cláusulas contratuais - simples interpretação - recurso extraordinário -
descabimento, 422
Súmula nº 455. ....v. também Súmula nº 293
embargos infringentes - constitucionalidade apreciada pelo Tribunal Pleno -
julgamento posterior - descabimento, 422
Súmula nº 456
recurso extraordinário - conhecimento pelo STF - julgamento da causa, 422
Súmula nº 457
recurso de revista - conhecimento pelo TST - julgamento da causa, 422

Índice Remissivo

Súmula n° 458
execução - processo trabalhista - remissão pelo executado - possibilidade, 422
Súmula n° 459
despedida injusta - cálculo - indenização - adicionais - inclusão, 422
despedida injusta - cálculo - indenização - gratificações - inclusão, 422
Súmula n° 460
adicional de insalubridade - cobrança judicial - enquadramento da atividade -
necessidade, 422
atividade insalubre - enquadramento - competência, 422
atividade insalubre - perícia judicial - não dispensa o enquadramento, 422
Súmula n° 461
trabalho extra - dias de descanso - pagamento duplo, 422
Súmula n° 462
despedida injusta - cálculo - indenização - repouso semanal remunerado -
inclusão, 422
Súmula n° 463
estabilidade - cálculo - empregado em serviço militar obrigatório - contagem,
423
indenização - cálculo - empregado em serviço militar obrigatório - contagem,
423
Súmula n° 464
acidente de trabalho - indenização - cálculo - repouso semanal remunerado -
inclusão, 423
Súmula n° 465
salário - regime de manutenção - IAPM e IAPETC - exclui indenização
tarifada, 423
salário - regime de manutenção - IAPM e IAPETC - não exclui benefício
previdenciário, 423
Súmula n° 466
firma individual - titular - previdência social - contribuição obrigatória -
constitucionalidade, 423
sociedade - sócios e administradores - previdência social - contribuição
obrigatória - constitucionalidade, 423
Súmula n° 467
previdência social - base de cálculo - anteriormente a Lei Orgânica, 423
Súmula n° 468. v. também Súmula n° 303
imposto federal do selo - caso de incidência, 423
Súmula n° 469
mercadoria - importação irregular - multa - base de cálculo, 423
Súmula n° 470
imposto de transmissão inter vivos - hipótese de não incidência, 424
Súmula n° 471
imposto de indústrias e profissões - empresas aeroviárias - incidência, 424

J. U. JACOBY FERNANDES

Súmula n° 472
honorários advocatícios - autor - condenação - nomeação a autoria - reconvenção - necessidade, 424

Súmula n° 473
administração - pode anular seus próprios atos, 424

Súmula n° 474
mandado de segurança - fundamentação - lei anulada - direito líquido e certo - ausência, 424

Súmula n° 475
desapropriação - utilidade pública - lei federal - aplicação - processo judicial pendente, 424

Súmula n° 476
desapropriação - ações de sociedade - imissão na posse - direitos - exercício, 424

Súmula n° 477
terras devolutas - faixa de fronteira - concessão pelos Estados - direito de uso, 424

terras devolutas - faixa de fronteira - concessão pelos Estados - domínio - União, 424

Súmula n° 478
juiz do trabalho substituto - cargo público - provimento - ordem de classificação, 425

Súmula n° 479
rios navegáveis - margens - domínio público - desaproriação - impossibilidade, 425

rios navegáveis - margens - domínio público - indenização - exclusão, 425

Súmula n° 480
terras indígenas - administração, 425

Súmula n° 481
locação - fundo de comércio - restrições - lei de luvas - inaplicabilidade, 425

Súmula n° 482
locatário - não cessionário - renovação - adição de prazo - impossibilidade, 425

locatário - não sucessor - renovação - adição de prazo - impossibilidade, 425

Súmula n° 483. ....v. também Súmula n° 80
retomada de prédio - locador - prova da necessidade - inexigência - ressalva, 425

Súmula n° 484
retomada de prédio - locador - residência de filho - legitimidade, 425

Súmula n° 485
locação - regência - lei de luvas - proprietário - presunção de sinceridade - relatividade, 426

ÍNDICE REMISSIVO

Súmula n° 486
locação - retomada - sociedade comercial - locador ou cônjuge - admissibilidade, 426

Súmula n° 487
posse - ação judicial - deferimento - titular do domínio, 426

Súmula n° 488
locatário - preferência na aquisição do imóvel - direito pessoal, 426
locatário - preferência na aquisição do imóvel - violação - perdas e danos, 426

Súmula n° 489
automóvel - compra e venda - registro - transcrição - necessidade, 426
automóvel - compra e venda - terceiro de boa-fé - validade - condição, 426

Súmula n° 490
pensão - origem - indenização por responsabilidade civil - base de cálculo, 426

Súmula n° 491
acidente - filho menor - morte - indenização - obrigatoriedade, 426

Súmula n° 492
veículo locado - locadora - responsabilidade civil, 426
veículo locado - locadora - responsabilidade solidária, 426

Súmula n° 493
indenização - prestações periódicas e sucessivas - valor - atualização, 427

Súmula n° 494
venda - ascendente à descentente - ação anulatória - prazo - prescrição, 427

Súmula n° 495. v. também Súmulas n°s 193 e 417
falência - coisas vendidas a crédito - restituição em dinheiro - cabimento, 427

Súmula n° 496
Decretos-Leis - expedição - validade, 427

Súmula n° 497
crime continuado - prescrição - regulação - pena - sentença judicial, 427

Súmula n° 498
crime - contra a economia popular - processo e julgamento - competência, 427

Súmula n° 499
sursis - concessão - condenação anterior - crime de multa - irrelevância, 427

Súmula n° 500
obrigação de dar - não cumprimento pelo réu - ação cabível, 427

Súmula n° 501
ação por acidente do trabalho - processo e julgamento - competência, 428

Súmula n° 502
alçada - relação entre o valor da causa e salário-mínimo vigente - momento, 428

Súmula n° 503
direito de tributar - litígio - configuração, 428

Súmula n° 504

seguro marítimo - causas - processo e julgamento - competência, 428

Súmula n° 505

Justiça do Trabalho - recurso para o STF - descabimento - ressalva, 428

Súmula n° 506

agravo - Presidente do STF - suspensão de liminar - cabimento, 428

Súmula n° 507

executivos fiscais - ampliação dos prazos - aplicação, 428

Súmula n° 508

Banco do Brasil - causas - processo e julgamento - competência, 428

Súmula n° 509

L4632/65 - honorários da sucumbência - aplicação, 429

Súmula n° 510

competência delegada - ato praticado - mandado de segurança, 429

Súmula n° 511

autarquias federais e entidades públicas locais - litígio - processo e julgamento - competência - ressalva, 429

Súmula n° 512

mandado de segurança - honorários advocatícios - não cabimento, 429

Súmula n° 513

recurso ordinário - interposição - decisão que enseja, 429

Súmula n° 514

ação rescisória - cabimento, 429

Súmula n° 515

ação rescisória - competência, 429

Súmula n° 516

SESI - jurisdição, 429

Súmula n° 517

sociedades de economia mista - foro, 429

Súmula n° 518

União - intervenção em feito - deslocamento do processo - casos, 429

Súmula n° 519

executivos fiscais - princípio da sucumbência - aplicação, 430

Súmula n° 520

cessação da periculosidade - exame - qualquer tempo, 430

Súmula n° 521

crimes de estelionato - emissão dolosa de cheque sem provisão de fundos - processo e julgamento - foro competente, 430

Súmula n° 522

crimes relativos a entorpecentes - processo e julgamento - foro competente, 430

Súmula n° 523

processo penal - deficiência na defesa - anulação em caso de prejuízo para o réu, 430

Índice Remissivo

processo penal - falta da defesa - nulidade absoluta, 430

Súmula n° 524
inquérito policial - arquivamento por despacho judicial - ação penal - novas provas - necessidade, 430

Súmula n° 525
medida de segurança - segunda instância - aplicabilidade - exceção, 430

Súmula n° 526
crime - segurança nacional - apelação - julgamento - competência, 430

Súmula n° 527
recurso extraordinário - decisões do juiz singular - descabimento, 430

Súmula n° 528
decisão judicial - partes autônomas - recurso extraordinário - admissão parcial - futura apreciação total pelo STF - possibilidade, 431

Súmula n° 529
acidente de trabalho - indenização - responsabilidade - empregador, 431
acidente de trabalho - indenização - segurador - impossibilidade financeira, 431

Súmula n° 530
contribuição previdenciária - limite - 13° salário, 431

Súmula n° 531
trabalhador - transporte fluvial - salário profissional - fixação - inconstitucionalidade, 431
trabalhador - transporte lacustre - salário profissional - fixação - inconstitucionalidade, 431
trabalhador - transporte marítimo - salário profissional - fixação - inconstitucionalidade, 431

Súmula n° 532
dívida fiscal - remissão - lei federal - constitucionalidade, 431

Súmula n° 533
imposto de vendas e consignações - crediários - base de cálculo, 431

Súmula n° 534
imposto de importação - extrato alcoólico de malte - base de cálculo - percentual, 432

Súmula n° 535
combustíveis líquidos - importação, a granel - diferença de peso - percentual de admissibilidade, 432

Súmula n° 536
imposto sobre circulação de mercadorias - imunidade - produtos industrializados e outros - destinados à exportação, 432

Súmula n° 537
imposto estadual do selo - exigência - inconstitucionalidade - ressalva, 432

Súmula n° 538
imposto sobre lucro imobiliário - dedução de benfeitorias - avaliação judicial - limite, 432

J. U. Jacoby Fernandes

Súmula n° 539

IPTU - redução - residência - imóvel único - constitucionalidade, 432

Súmula n° 540

imposto de vendas e consignações - preço - base de cálculo - despesas excluídas, 432

Súmula n° 541

imposto de vendas e consignações - equipamentos usados - venda ocasional - não incidência, 432

imposto de vendas e consignações - veículo automotor - venda ocasional - não incidência, 432

Súmula n° 542

inventário - prazo do final - atraso - multa sanção - constitucionalidade, 433

inventário - prazo do início - atraso - multa sanção - constitucionalidade, 433

Súmula n° 543

imposto único sobre combustíveis - isenção - revogação - ressalva - legislação especial, 433

Súmula n° 544

tributo - isenção - condição onerosa - supressão - restrição, 433

Súmula n° 545

preço - serviço público x taxa - diferenciação - compulsividade - autorização orçamentária, 433

taxa x serviço público - diferença, 433

Súmula n° 546

tributo - pagamento indevido - restituição - cabimento, 433

Súmula n° 547

contribuinte em débito fiscal - atividades profissionais - restrições - ilicitude, 433

Súmula n° 548

decreto estadual - regulação - matéria de competência federal - inconstitucionalidade, 433

Súmula n° 549

taxa de bombeiros - Estado de Pernambuco - constitucionalidade, 433

Súmula n° 550

empresas de navegação aérea - isenção - taxa de melhoramento de portos - exclusão, 434

Súmula n° 551

taxa de urbanização - município de Porto Alegre - fato gerador - bitributação - inconstitucionalidade, 434

Súmula n° 552

acidente de trabalho - acidente da via administrativa, 434

Súmula n° 553

adicional ao frete para renovação da marinha mercante - contribuição parafiscal, 434

ÍNDICE REMISSIVO

Súmula n° 554
cheque sem fundos - pagamento posterior à denúncia - ação penal - continuidade, 434

Súmula n° 555
conflito de jurisdição - juiz de direito x justiça militar - julgamento - competência, 434

Súmula n° 556
causa judicial - parte - sociedade de economia mista - julgamento - competência, 435

Súmula n° 557
causa judicial - partes - Cobal e Cibrazem - julgamento - competência, 435

Súmula n° 558
crimes contra a segurança nacional, 435

Súmula n° 559
resolução - conselho de políticas aduaneiras - homologação por ministro - inexigência, 435

Súmula n° 560
extinção de punibilidade - pagamento - tributo - extensão - crimes de contrabando e descaminho, 435

Súmula n° 561
desapropriação - indenização - pagamento - atraso - correção monetária - obrigatoriedade, 435

Súmula n° 562
danos materiais - indenização - pagamento - correção monetária - cabimento, 435

Súmula n° 563
crédito tributário - cobrança judicial - concurso de preferência - CTN x CF/67 - compatibilidade, 435

Súmula n° 564
denúncia - crime falimentar - despacho de recebimento - ausência de fundamentação - nulidade, 436

Súmula n° 565
multa fiscal - caracterização - pena administrativa - exclusão - crédito em falência, 436

Súmula n° 566
pedido de readaptação - pendência - servidor - cargo pleiteado - direitos - ausência, 436

Súmula n° 567
aposentadoria - serviço público - contagem de tempo - diversidade - permissão, 436

Súmula n° 569
ICM - alíquotas - discriminação - inconstitucionalidade, 436

Súmula n° 570
bens de capital - importação - ICM - não incidência, 436

Súmula n° 571
café - comprador - comercialização - crédito do ICM - habilitação, 437
Súmula n° 572
ICM - mercadorias - exterior - cálculo - exclusões, 437
Súmula n° 573
mercadorias - saída física p/ comodato - ICM - fato gerador - não caracterização, 437
Súmula n° 574
ICM - alimentação - lei estadual - não regulação - cobrança - ilegitimidade, 437
Súmula n° 575
ICM - isenção - mercadoria importada - cabimento, 437
Súmula n° 576
ICM - cobrança - mercadoria importada - alíquota zero - cabimento, 437
Súmula n° 577
ICM - mercadoria importada - fato gerador - ocorrência, 437
Súmula n° 578
Estado - ICM - 20% - destinação - município - redução - impossibilidade, 437
Súmula n° 579
ICM - cal virgem e hidratada - incidência, 437
Súmula n° 580
isenção - imposto de importação - taxa de despacho aduaneiro - restrição - filme cinematográfico, 438
Súmula n° 581
navio - bandeira brasileira - transporte - obrigatoriedade - isenção tributária - legitimação, 438
Súmula n° 582
soda cáustica - imposto de importação - alíquota - redução - constitucionalidade, 438
Súmula n° 583
IPTU - imóvel residencial - autarquia - promitente comprador - contribuinte, 438
Súmula n° 584
imposto de renda - rendimentos - ano-base - cálculo - legislação aplicável, 438
Súmula n° 585
imposto de renda - remessa de divisas - serviços prestados no exterior - não incidência, 438
Súmula n° 586
imposto de renda - juros - contrato de mútuo - exterior - incidência, 438
Súmula n° 587
imposto de renda - pagamento - serviços técnicos - exterior - incidência, 438
Súmula n° 588
imposto sobre serviços - comissões - estabelecimentos bancários - não incidência, 439

Índice Remissivo

imposto sobre serviços - depósitos - estabelecimentos bancários - não incidência, 439

imposto sobre serviços - taxas de desconto - estabelecimentos bancários - não incidência, 439

Súmula n° 589

IPTU - adicional progressivo - inconstitucionalidade, 439

Súmula n° 590

imposto de transmissão causa mortis - cálculo - momento, 439

Súmula n° 591

IPI - imunidade tributária - comprador - não se estende ao produtor, 439

IPI - isenção tributária - comprador - não se estende ao produtor, 439

Súmula n° 592

crimes falimentares - prescrição - causas interruptivas - Código Penal - aplicabilidade, 439

Súmula n° 593

FGTS - horas extras - parcela remuneratória - incidência, 439

Súmula n° 594

queixa - exercício do direito - ofendido ou representante legal - possibilidade, 439

representação - exercício do direito - ofendido ou representante legal - possibilidade, 439

Súmula n° 595

município - taxa de conservação de estradas de rodagem - base de cálculo - idêntica ao ITR - inconstitucionalidade, 439

Súmula n° 596

lei da usura - encargos - instituições financeiras integrantes do SFN - inaplicabilidade, 439

Súmula n° 597

apelação - mandado de segurança - decisão não unânime - embargos infringentes - descabimento, 439

Súmula n° 598

embargos de divergência - utilização de argumentos já repelidos no julgamento do RE - impossibilidade, 440

Súmula n° 599

agravo regimental - decisão de turma - embargos de divergência - descabimento, 440

Súmula n° 600

cheque - ação executiva contra o emitente e seus avalistas - cabimento, 440

Súmula n° 601

ação penal pública - processo sumário - iniciativa, 440

Súmula n° 602

recurso extraordinario - causas criminais - prazo de interposição, 440

Súmula n° 604

prescrição - pena em concreto - abrangência, 440

Súmula n° 605
crimes contra a vida - continuidade delitiva - inadmissão, 440
Súmula n° 606
habeas-corpus originário - tribunal pleno - hipótese de não cabimento, 440
Súmula n° 607
ação penal - denúncia - prescrição - continuação, 441
Súmula n° 608
estupro - violência real - ação penal - tipo, 441
Súmula n° 609
sonegação fiscal - ação penal - tipo, 441
Súmula n° 610
latrocínio - crime - consumação, 441
Súmula n° 611
lei mais benigna - aplicação - competência, 441
Súmula n° 612
trabalhador rural - benefícios - Lei n° 6.367/76 - não aplicação, 441
Súmula n° 613
trabalhador rural - dependentes - pensão previdenciária - LC n° 11/71, 441
Súmula n° 614
lei municipal - inconstitucionalidade - ação direta interventiva - legitimidade para propor, 441
Súmula n° 615
princípio da anualidade - ICM - não aplicação, 441
Súmula n° 616
multa x honorários - cumulação - permissão, 442
Súmula n° 617
honorários advocatícios - em desapropriação - base de cálculo, 442
Súmula n° 618
desapropriação - juros, 442
Súmula n° 619
depositário judicial - prisão - decretação, 442
Súmula n° 620
autarquias - sentença contra - reexame - hipótese, 442
Súmula n° 621
penhora - embargos de terceiro - impossibilidade, 442
Súmula n° 622
agravo regimental - MS - impossibilidade, 442
Súmula n° 623
Supremo Tribunal Federal - mandado de segurança - decisão administrativa - tribunal de origem - competência originária - ausência, 442
Súmula n° 624
Supremo Tribunal Federal - conhecimento originário - mandado de segurança - outros tribunais - incompetência, 442

ÍNDICE REMISSIVO

Súmula n° 625
mandado de segurança - controvérsia - concessão, 443

Súmula n° 626
mandado de segurança - suspensão da liminar - vigência, 443

Súmula n° 627
mandado de segurança - contra nomeação de magistrado - autoridade coatora, 443

Súmula n° 628
membro de Tribunal - nomeação - impugnação - legitimidade, 443

Súmula n° 629
mandado de segurança coletivo - entidade de classe - associados - independe da autorização, 443

Súmula n° 630
mandado de segurança - entidade de classe - legitimação, 443

Súmula n° 631
mandado de segurança - litisconsorte passivo necessário - não citação pelo impetrante - extinção do processo, 443

Súmula n° 633
honorários - condenação - recursos extraordinários interpostos em processo trabalhista - não cabimento - exceções, 444
mandado de segurança - prazo - decadência, 443

Súmula n° 634
recurso extraordinário - pendente de juízo de admissibilidade - efeito suspensivo - Supremo Tribunal Federal - incompetência, 444

Súmula n° 635
recurso extraordinário - pendente de juízo de admissibilidade - medida cautelar - Presidente do Tribunal de origem - competência, 444

Súmula n° 636
recurso extraordinário - por contrariedade ao princípio da legalidade - caso de não cabimento, 444

Súmula n° 637
recurso extraordinário - intervenção estadual em Município - caso de não cabimento, 444

Súmula n° 638
crédito rural- correção monetária – não cabe RE, 444

Súmula n° 639
recurso extraordinário - inadmitido - traslado incompleto do agravo, 444

Súmula n° 640
recurso extraordinário - 1ª grau - cabimento, 444

Súmula n° 641
recurso - prazo em dobro, 445

Súmula n° 642
lei distrital - ADIn - cabimento, 445

Súmula n° 643

ação civil pública - Ministério Público - legitimidade, 445

Súmula n° 644

procurador de autarquia - mandato, 445

Súmula n° 645

estabelecimento comercial - horário de funcionamento - competência, 445

Súmula n° 646

estabelecimento comercial - mesmo ramo - princípio da livre concorrência, 445

Súmula n° 648

juros 12% ao ano - aplicabilidade - revogação - preceito -, 445

Súmula n° 649

Poder Judiciário - órgão de controle administrativo - criação, 445

Súmula n° 65

desapropriação por utilidade pública - constitucionalidade, 446

Súmula n° 650

bens da União - terras de aldeamentos extintos - não alcançam, 446

Súmula n° 651

Medida Provisória - reedição - prazo, 446

Súmula n° 652

DL3365/41 - constitucionalidade, 446

Súmula n° 653

Conselheiros - Tribunal de Contas Estadual - escolha, 446

Súmula n° 654

irretroatividade da lei - invocação - limite, 446

Súmula n° 655

alimentos - precatórios - ordem cronológica - isenção, 446

Súmula n° 656

bens imóveis - imposto de transmissão inter vivos - alíquotas progressivas - inconstitucionalidade, 446

Súmula n° 657

imunidade fiscal - CF art. 150, VI, d - abrange filmes e papéis fotográficos, 446

Súmula n° 658

FINSOCIAL - alíquota - majoração - constitucionalidade, 446

Súmula n° 659

COFINS - sobre combustíveis - legitimidade, 447

COFINS - sobre derivados do petróleo - legitimidade, 447

COFINS - sobre energia elétrica - legitimidade, 447

COFINS - sobre minerais - legitimidade, 447

COFINS - sobre serviços de telecomunicações - legitimidade, 447

FINSOCIAL - sobre combustíveis - legitimidade, 447

FINSOCIAL - sobre derivados do petróleo - legitimidade, 447

FINSOCIAL - sobre energia elétrica - legitimidade, 447

Índice Remissivo

Súmula n° 659
FINSOCIAL - sobre minerais - legitimidade, 447
FINSOCIAL - sobre serviços de telecomunicações - legitimidade, 447
PIS - sobre combustíveis - legitimidade, 447
PIS - sobre derivados do petróleo - legitimidade, 447
PIS - sobre energia elétrica - legitimidade, 447
PIS - sobre minerais - legitimidade, 447
PIS - sobre serviços de telecomunicações - legitimidade, 447

Súmula n° 660
ICMS - importação de bens - incidência, 447

Súmula n° 661
ICMS - importação de mercadoria - incidência, 447

Súmula n° 662
ICMS - obras cinematográficas gravadas em fitas de videocassete - incidência, 447

Súmula n° 663
DL406/68 - §§ 1° e 3° do art. 9° - recepcionados pela CF/88, 447

Súmula n° 664
L8033/90 - inc. V do art. 1° - inconstitucionalidade, 447

Súmula n° 665
mercados de títulos e valores mobiliários - taxa de fiscalização - constitucionalidade, 447

Súmula n° 666
contribuição confederativa - exigibilidade, 448

Súmula n° 667
acesso à jurisdição - garantia constitucional - violação, 448

Súmula n° 668
IPTU - alíquotas progressivas - inconstitucionalidade, 448

Súmula n° 669
obrigação tributária - prazo de recolhimento - alteração - princípio da anterioridade - não sujeição, 448

Súmula n° 670
taxa - serviço de iluminação pública - ilegalidade, 448

Súmula n° 671
URP - abril/maio de 1988 - servidores públicos - direitos, 448
URP - abril/maio de 1988 - trabalhadores em geral - direitos, 448

Súmula n° 672
reajustes - servidores militares - extensão aos civis, 448

Súmula n° 673
militares - perda da graduação por procedimento administrativo - possibilidade, 448

Súmula n° 674
anistia - alcance, 448

Súmula n° 675

jornada de 6 horas - intervalos - existência - turnos ininterruptos de revezamento - descaracterização - ausência, 449

Súmula n° 676

suplente do cargo de direção de CIPA - estabilidade provisória, 449

Súmula n° 677

entidades sindicais - princípio da unicidade - observância - Ministério do Trabalho, 449

entidades sindicais - registro - Ministério do Trabalho, 449

Súmula n° 679

servidores públicos - vencimentos - convenção coletiva, 449

Súmula n° 680

servidores públicos - inativos - auxílio-alimentação, 449

Súmula n° 681

servidores públicos - estaduais ou municipais - reajuste - vinculação a índices federais de correção monetária - inconstitucionalidade, 449

Súmula n° 682

servidores públicos - vencimentos - atraso - pgto com correção monetária - constitucionalidade, 449

Súmula n° 683

concurso público - inscrição - limite de idade - legitimidade - justificativa - exigência, 450

Súmula n° 684

concurso público - participação - veto não motivado - inconstitucionalidade, 450

Súmula n° 685

cargo - investidura sem aprovação em concurso público - inconstitucionalidade, 450

Súmula n° 687

benefícios de prestação continuada - revisão - aplicabilidade - limite temporal, 450

Súmula n° 688

contribuição previdenciária - 13° salário - incidência, 450

Súmula n° 689

segurado - ação contra a instituição previdenciária - foro competente, 450

Súmula n° 690

julgamento de habeas-corpus contra turma recursal de juizados especiais criminais - competência originária, 450

Súmula n° 691

habeas-corpus - contra decisão de relator - conhecimento - incompetência, 450

Súmula n° 692

habeas-corpus - contra omissão de relator de extradição - não conhecimento, 451

ÍNDICE REMISSIVO

Súmula nº 693
habeas-corpus - contra decisão condenatória a pena de multa - não cabimento, 451
habeas-corpus - contra processo em curso por infração penal - não cabimento, 451

Súmula nº 694
habeas-corpus - contra pena de exclusão de militar - não cabimento, 451
habeas-corpus - contra pena de perda de função pública - não cabimento, 451
habeas-corpus - contra pena de perda de patente - não cabimento, 451

Súmula nº 696
suspensão condicional do processo - propositura, 451

Súmula nº 697
crimes hediondos - relaxamento da prisão - excesso de prazo, 451

Súmula nº 698
crime de tortura - progressão da pena - admissibilidade, 451

Súmula nº 699
processo penal - interposição de agravo - prazo, 451

Súmula nº 700
agravo - execução penal - prazo para interposição, 452

Súmula nº 701
réu - litisconsorte passivo em mandado de segurança, 452

Súmula nº 702
Prefeitos - competência para julgar, 452

Súmula nº 703
Prefeitos - crimes de responsabilidade - extinção do mandato, 452

Súmula nº 704
corréu - atração do processo ao foro por continência ou conexão - não viola garantias processuais, 452

Súmula nº 705
apelação - renúncia pelo réu - não impede o conhecimento da interposta pelo defensor, 452

Súmula nº 706
competência penal por prevenção - inobservância - nulidade relativa, 452

Súmula nº 707
denunciado - falta de intimação para oferecer contra-razões ao recurso - constitui nulidade, 452

Súmula nº 708
defensor - renúncia - falta de prévia intimação ao réu - nulidade do julgamento da apelação, 452

Súmula nº 709
acórdão - provimento de recurso contra a rejeição da denúncia - validade, 453

Súmula nº 710
processo penal - contagem dos prazos, 453

J. U. JACOBY FERNANDES

Súmula n° 711

lei penal mais grave - crime continuado - aplicação, 453
lei penal mais grave - crime permanente - aplicação, 453

Súmula n° 712

processo da competência do júri - desaforamento sem audiência da defesa - nulidade da decisão, 453

Súmula n° 713

apelação contra decisões do júri - efeito devolutivo - limites, 453

Súmula n° 714

crime contra a honra de servidor público - ofendido x Ministério Público - legitimidade concorrente - condições, 453

Súmula n° 715

pena unificada - limite de 30 anos - não é considerada para a concessão de outros benefícios, 453

Súmula n° 716

aplicação imediata de regime menos severo da pena - admissão, 453
progressão de regime de cumprimento da pena - admissão, 453

Súmula n° 717

progressão de regime de execução da pena - réu em prisão especial - não impede, 453

Súmula n° 718

julgador - imposição de regime de cumprimento mais severo de pena - opinião pessoal - não constitui motivação idônea, 454

Súmula n° 719

imposição de regime de cumprimento mais severo de pena - exige motivação idônea, 454

Súmula n° 720

direção sem habilitação em vias terrestres - art. 32 da Lei das Contravenções Penais - derrogado pelo art. 309 do Código de Trânsito Brasileiro, 454

Súmula n° 721

Tribunal do Júri - competência constitucional - prevalência sobre o foro por prerrogativa de função, 454

Súmula n° 722

crimes de responsabilidade - definição e estabelecimento de normas de processo e julgamento - competência legislativa da União, 454

Súmula n° 723

crime continuado - suspensão condicional do processo - não admissão, 454

Súmula n° 724

IPTU - imunidade - imóvel - entidades sindicais dos trabalhadores, 454
IPTU - imunidade - imóvel - instituições de assistência social sem fins lucrativos, 454
IPTU - imunidade - imóvel - instituições de educação sem fins lucrativos, 454
IPTU - imunidade - imóvel - partidos políticos, 454

ÍNDICE REMISSIVO

Súmula n° 725
BTN fiscal - índice de correção monetária aplicável aos depósitos bloqueados pelo plano Collor I - constitucionalidade, 455

Súmula n° 726
professores - aposentadoria especial - tempo de serviço prestado fora da sala de aula - não se computa, 455

Súmula n° 727
agravo de instrumento - causa instaurada no âmbito dos Juizados Especiais - encaminhamento ao Supremo Tribunal Federal - dever do magistrado, 455

Súmula n° 728
recurso extraordinário - contra decisão do TSE - prazo, 455

Súmula n° 729
antecipação de tutela - causa de natureza previdenciária - não aplicação da decisão na ADC-4, 455

Súmula n° 730
entidades fechadas de previdência social privada - imunidade tributária - alcance, 455

Súmula n° 731
juízes - licença-prêmio - direito - competência originária do STF, 456

Súmula n° 732
contribuição do salário-educação - cobrança - constitucionalidade, 456

Súmula n° 734
reclamação - após trânsito em julgado do ato judicial - não cabimento, 456

Súmula n° 735
recurso extraordinário - contra acórdão que defere medida liminar - não cabimento, 456

Súmula n° 736
Justiça do Trabalho - competência para julgamento, 456

Súmula n° 345
juros - desapropriação indireta, 408

Súmula(s) ....v. p. 364 e ss.
aprovação - STF, art. 103-A, 148
ato administrativo contrário - nulidade art. 103-A, § 3°, 149
cancelamento - STF, art. 103-A, 148
efeito vinculante, art. 103-A, 148
finalidade, art. 103-A, § 1°, 149
provocação - STF, art. 103-A, § 2°, 149
revisão - STF, art. 103-A, 148

Superior Tribunal de Justiça. ....v. também STJ
Superior Tribunal Militar. ....v. também STM
Sursi
concessão - condenação anterior - crime de multa - irrelevância, S499, 427

SUS

atividades preventivas, art. 198, II, 229

atribuições, art. 200, 231

controle e fiscalização de procedimentos, produtos e substâncias, art. 200, I, 232

direção única em cada nível de governo, art. 198, I, 229

diretrizes, art. 198, 229

entidades filantrópicas e sem fins lucrativos, art. 199, § 1°, 231

Suspensão

condicional do processo - propositura, S696, 451

de direitos políticos, requerimento de revisão - ADCT, art. 9°, 273

de empregado estável por falta grave - inquérito judicial - prazo decadencial, S403, 416

Sustação

de contrato, art. 71, §§ 1° e 2°, 118

Tabaco

propaganda comercial - regulamentação - competência - ADCT, art. 65, 297

propaganda comercial, art. 220, § 4°, 252

Tabelião. ....v. também notários e serviço notarial

Tarifa(s)

alfandegária - majoração - validade, S88, 380

flexível - atribuições do Conselho de Política Aduaneira, S404, 416

portuária - aumento - legitimidade, S148, 386

Taxa(s)

art. 145, 183

base de cálculo, art. 145, § 2°, 183

contra fogo - Minas Gerais - inconstitucionalidade, S138, 385

de aguardente - inconstitucionalidade, S126, 384

de armazenagem - posterior aos 1°s 30 dias - indevida, S127, 384

de assistência hospitalar - estadual - legitimidade, S306, 404

de assistência médica hospitalar - instituições de previdência social - indevida, S128, 384

de bombeiros - Estado de Pernambuco - constitucionalidade, S549, 433

de calçamento - cobrança - legitimidade, S129, 384

de conservação de estradas de rodagem - município - base de cálculo - idêntica ao ITR - inconstitucionalidade, S595, 439

de construção, conservação e melhoramento de estradas - criação - constitucionalidade, S348, 408

de despacho aduaneiro - automóvel usado trazido do exterior - incidência, S309, 404

de despacho aduaneiro - borracha importada - insenção, S308, 404

de despacho aduaneiro - exigibilidade, S130, 384

de despacho aduaneiro - exigibilidade, S131, 384

ÍNDICE REMISSIVO

Taxa(s)

de despacho aduaneiro - importação de equipamentos - indústria automobilística - isenção, S437, 419

de despacho aduaneiro - importação de fertilizantes e inseticidas, S133, 385

de despacho aduaneiro - importação de frutas da Argentina, S134, 385

de educação e saúde - Santa Catarina - ano-base - adicional - ilegitimidade, S438, 420

de eletrificação de Pernambuco - constitucionalidade, S135, 385

de estatística da Bahia - constitucionalidade, S136, 385

de fiscalização - mercados de títulos e valores mobiliários - constitucionalidade, S665, 447

de fiscalização da exportação - incidência, S137, 385

de previdência social - combustíveis - isenção, S141, 385

de previdência social - importação de amianto, S132, 385

de previdência social - importação de frutas da Argentina, S134, 385

de previdência social - importação de lubrificantes, S140, 385

de previdência social - importação de petróleo bruto - isenção, S302, 403

de previdência social - isenção, S142, 386

de recuperação econômica - estadual - legitimidade, S306, 404

de recuperação econômica - Minas Gerais - contrato sujeito ao Imposto Federal do Selo - inconstitucionalidade, S144, 386

de urbanização - município de Porto Alegre - fato gerador - bitributação - inconstitucionalidade, S551, 434

imunidade tributária - exclusão, S324, 406

juridiciária - cálculo sem limite - violação a garantia constitucional, S667, 448

remuneração - serviço de iluminação pública, SV41, 369

serviço de iluminação pública - ilegalidade, S670, 448

sobre inscrição de promessa de venda de imóvel - caso de inconstitucionalidade, S82, 379

valor - imposto, base de cálculo - constitucionalidade, SV29, 367

vide também Tributos, 183

x serviço público - diferença, S545, 433

x serviço público - preço - diferenciação - compulsividade - autorização orçamentária, S545, 433

Tecnologia. ....v. automação

autonomia tecnológica - regulamentação nos termos de lei federal, art. 219, 251

capacitação - promoção do Estado, art. 218, 250

criação - patrimônio cultural brasileiro, art. 216, III, 247

desenvolvimento - empresas, concessão de incentivos, art. 218, § 4°, 251

desenvolvimento - promoção do Estado, art. 218, 250

desenvolvimento - recursos humanos - condições especiais de trabalho, art. 218, § 3°, 251

Tecnologia

desenvolvimento - recursos humanos - formação pelo Estado, art. 218, § 3°, 251

desenvolvimento - recursos humanos - formação, aperfeiçoamento e remuneração, art. 218, § 4°, 251

empresa - investimento, art. 218, § 4°, 251

empresas - investimento, incentivo e proteção, art. 218, § 4°, 251

legislação, art. 24, IX, 59

pesquisa - promoção do Estado, art. 218, 250

pesquisa, fomento, art. 218, § 5°, 251

política agrícola - incentivo, art. 187, III, 222

recursos humanos, formação, art. 218, §§ 3° e 4°, 251

Sistema Único de Saúde - incremento, art. 200, V, 232

transferência - Estado estimulará, art. 218, p. ú., 251

Telecomunicações. ....v. também ANATEL, comunicação, rádio e televisão

concessão - ADCT, art. 66, 297

disposição, competência do Congresso Nacional, art. 48, XII, 97

legislação, competência privativa da União, art. 22, IV, 54

liberdade, art. 139, III, 177

programas de rádio e televisão, classificação, competência, art. 21, XVI, 51

rádio e televisão - concessão e renovação, art. 49, XII, 98

rádio e televisão - produção e programação, princípios, art. 220, § 3°,II, 252

rádio e televisão - produção e programação, princípios, art. 221, 253

rádio e televisão, concessão e renovação, art. 223, § 5°, 254

serviços, exploração, competência da União, art. 21, XI, 49

União - competência para legislar, art. 22, IV, 54

Televisão. ....v. também comunicação e emissora de televisão

concessão, apreciação pelo Congresso Nacional, art. 49, XII, 98

finalidades, art. 221, 253

princípios, art. 221, 253

Tempestividade

agravo entregue ao cartório - despacho tardio - prejudicialidade - ausência, S425, 418

agravo entregue ao cartório - juntada tardia - prejudicialidade - ausência, S425, 418

apelação entregue ao cartório - despacho tardio - prejudicialidade - ausência, S428, 418

Templo(s). ....v. culto religioso e Igreja

limitações ao poder de tributar, art. 150, § 4°, 188

Tempo de serviço

anterior - empregado readmitido - contagem a favor, S215, 394

aposentadoria - servidor, art. 40, § 9°, 89

ÍNDICE REMISSIVO

Tempo de serviço
contagem - aposentadoria de servidor público - diversidade - permissão, S567, 436
fictício - vedação - aposentadoria - servidor, art. 40, § 9°, 89
ininterrupto - cargo em comissão - Lei n° 1.741/1952 - aplicação, S31, 374
ininterrupto - função gratificada - Lei n° 1.741/1952 - aplicação, S32, 374
na função - equiparação salarial, S202, 392
prestado fora da sala de aula - não se computa para efeito de aposentadoria especial de professores, S726, 455

Terapia(s). ....v. também saúde
propaganda comercial - regulamentação - competência - ADCT, art. 65, 297

Termo(s)
específico - agravo - ausência - prejudicialidade - inexistência, S426, 418

Terra(s)
áridas - recuperação, art 43, § 3°, 95
de aldeamentos extintos - não são bens da União, S650, 446
devolutas - bens - da União, art. 20, II, 47
devolutas - bens - dos Estados, 26, IV, 61
devolutas - destinação, compatibilização com a política agrícola e com a reforma agrária, art. 188, 223
devolutas - faixa de fronteira - concessão pelos Estados - direito de uso, S477, 424
devolutas - faixa de fronteira - concessão pelos Estados - domínio - União, S477, 424
devolutas - meio ambiente, art. 225, § 5°, 258
devolutas - proteção dos ecossistemas naturais, art. 225, § 5°, 258
indígenas - demarcação - ADCT, art. 67, 297
indígenas - riquezas minerais, autorização para exploração, art. 49, XVI, 98
ocupadas pelos índios, art. 20, XI, 48
públicas - alienação, aprovação prévia do Congresso Nacional, art. 188, § 1°, 223
públicas - alienação, aprovação prévia do Congresso Nacional, art. 49, XVII, 98
públicas - concessão, aprovação prévia do Congresso Nacional, art. 188, § 1°, 223
públicas - concessão, aprovação prévia do Congresso Nacional, art. 49, XVII, 98
públicas - concessão, revisão pelo Congresso Nacional - ADCT, art. 51, 289
públicas - destinação, compatibilização - política agrícola, art. 188, 223
públicas - destinação, compatibilização - reforma agrária, art. 188, 223
públicas - doação, revisão pelo Congresso Nacional - ADCT, art. 51, 289
públicas - ocupação pelo quilombos - ADCT, art. 68, 297
públicas - reforma agrária, concessão, art. 188, §§ 1° e 2°, 223

J. U. Jacoby Fernandes

Terra(s)
   públicas - reversão ao patrimônio - Distrito Federal - ADCT, art. 51, § 3°, 289
   públicas - reversão ao patrimônio - Estados - ADCT, art. 51, § 3°, 289
   públicas - reversão ao patrimônio - Municípios - ADCT, art. 51, § 3°, 289
   públicas - reversão ao patrimônio - União - ADCT, art. 51, § 3°, 289
   públicas - venda, revisão pelo Congresso Nacional - ADCT, art. 51, 289

Terraço
   construção a menos de metro e meio do prédio de outrem - proibição - visão direta ou oblíqua - não distinção, S414, 417

Terreno(s)
   de marinha - enfiteuse - ADCT, art. 49, § 3°, 288

Território(s)
   Amapá - recursos antes da transformação em Estado - ADCT, art. 14, § 4°, 277
   Amapá - transformação em Estado - ADCT, art. 14, § 4°, 277
   competência tributária - imposto sobre operações relativas à circulação de mercadorias incidente sobre a energia elétrica - ADCT, art. 34, § 9°, 283
   criação, art. 18, §§ 2° e 3°, 46
   defensoria pública, art. 33, § 3°, 70
   desmembramento, art. 48, VI, 96
   divisão em Municípios, art. 33, § 1°, 70
   eleição de Deputados, art. 45, § 2°, 95
   Fernando de Noronha - reincorporação ao Estado de Pernambuco - ADCT, art. 15, 277
   Governador, art. 33, § 3°, 70
   impostos - estaduais, art. 147, 185
   impostos - municipais, art. 147, 185
   incorporação, art. 48, VI, 96
   litígio - Estado estrangeiro, processo e julgamento, art. 102, I, *e*, 144
   litígio - Organismo Internacional, processo e julgamento, art. 102, I, *e*, 144
   matéria - orçamentária, art. 61, § 1°, II, *b*, 110
   matéria - tributária, art. 61, § 1°, II, *b*, 110
   Ministério Público, art. 33, § 3°, 70
   nacional - comissão de estudos territoriais - ADCT, art. 12, 275
   nacional - limites, art. 48, VI, 96
   orçamento, recursos para a assistência social, art. 204, 239
   organização - administrativa - legislação, art. 22, XVII, 55
   organização - administrativa - matéria - tributária, art. 61, § 1°, II, *b*, 110
   organização - administrativa, art. 33, 70
   organização - judiciária - matéria - tributária, art. 61, § 1°, II, *b*, 110
   organização - judiciária, art. 33, 70
   pessoal administrativo, art. 61, § 1°, II, *b*, 110

ÍNDICE REMISSIVO

Território(s)
prestação de contas, art. 33, § 2°, 70
reintegração ao Estado de origem, art. 18, § 2°, 46
Roraima - recursos antes da transformação em Estado - ADCT, art. 14, § 4°, 277
Roraima - transformação em Estado - ADCT, art. 14, § 4°, 277
serviços públicos, art. 61, § 1°, II, *b*, 110
servidor público, art. 61, § 1°, II, *c*, 110
sistema de ensino, art. 211, § 1°, 243
subdivisão, art. 48, VI, 96
transformação em Estado, art. 18, § 2°, 46

Terrorismo
direitos e deveres individuais e coletivo, art. 5°, XLIII, 27
repúdio, art. 4°, VIII, 18

Tesouro Nacional
emissão de títulos - Banco Central do Brasil - compra, art. 164, § 2°, 203
emissão de títulos - Banco Central do Brasil - venda, art. 164, § 2°, 203
empréstimo do Banco Central do Brasil, vedação, art. 164, § 1°, 203

Testamento
cláusula de benefício - filho ilegítimo - validade, S447, 421

Título
de crédito. ....v. *também cheque*

Título(s)
da dívida agrária - emissão, art. 184, 221
da dívida agrária - orçamento público, art. 184, 221
da dívida agrária - propriedade urbana, desapropriação, art. 182, § 4°, III, 220
da dívida agrária - resgate, art. 184, 221
da dívida pública interna - emissão - saúde e previdência - ADCT, art. 75, §3°, 302
de domínio - área urbana, posse, art. 183, *caput* e § 1°, 220
de domínio - imóvel rural, art. 189, 223
vencido e não protestado no prazo mensal - não pagamento - concordata preventiva - possibilidade, S190, 391

TLP
constitucionalidade, SV19, 366

Tocantins
criação e procedimentos - ADCT, art. 13, 275

Tortura
direitos e deveres individuais e coletivos, art. 5°, III, 19

Trabalhador(es). ....v. **também assalariado**
de reserva - salário-mínimo x salário contratual, S204, 393
doméstico - aposentadoria, art. 7°, p.ú., 37
doméstico - aviso prévio, art. 7°, p.ú., 37

Trabalhador(es)

doméstico - décimo terceiro salário, art. 7°, p.ú., 37

doméstico - férias, art. 7°, p.ú., 37

doméstico - irredutibilidade de salário ou vencimento, art. 7°, p.ú., 37

doméstico - previdência social, art. 7°, p.ú., 37

doméstico - repouso semanal remunerado, art. 7°, p.ú., 37

doméstico - salário mínimo, art. 7°, p.ú., 37

em geral - URP - abril/maio de 1988 - direitos, S671, 448

rural - acordos coletivos de trabalho, art. 7°, XXVI, 36

rural - adicional de remuneração, art. 7°, XXIII, 35

rural - admissão, proibição de diferenças de critério, art. 7°, XXX, 36

rural - aposentadoria, art. 7°, XXIV, 36

rural - assistência gratuita aos filhos e dependentes, art. 7°, XXV, 36

rural - automação, proteção, art. 7°, XXVII, 36

rural - aviso prévio, art. 7°, XXI, 35

rural - benefícios - Lei n° 6.367/76 - não aplicação, S612, 441

rural - com vínculo permanente, igualdade com trabalhador avulso, art. 7°, XXXIV, 37

rural - condição social, art. 7°, 33

rural - contrato de trabalho, prescrição, art. 7°, XXIX, 36

rural - convenções coletivas de trabalho, art. 7°, XXVI, 36

rural - décimo terceiro salário, art. 7°, VIII, 34

rural - deficiente físico, art. 7°, XXXI, 37

rural - dependentes - pensão previdenciária - LC n° 11/71, S613, 441

rural - direitos, art. 7°, 33

rural - empregador, cumprimento das obrigações trabalhistas - ADCT, art. 10, § 3°, 274

rural - férias, art. 7°, XVII, 35

rural - fundo de garantia do tempo de serviço, art. 7°, III, 34

rural - garantia de salário, art. 7°, VII, 34

rural - irredutibilidade de salário ou vencimento, art. 7°, VI, 34

rural - jornada - de trabalho, art. 7°, XIII, 35

rural - jornada - máxima de trabalho, art. 7°, XIV, 35

rural - licença - maternidade, remunerada, art. 7°, XVIII, 35

rural - licença - paternidade - ADCT, art. 10, § 1°, 274

rural - licença - paternidade, art. 7°, XIX, 35

rural - menor - aprendiz, art. 7°, XXXIII, 37

rural - menor - trabalho - insalubre, art. 7°, XXXIII, 37

rural - menor - trabalho - noturno, art. 7°, XXXIII, 37

rural - menor - trabalho - perigoso, art. 7°, XXXIII, 37

rural - mulher, proteção ao mercado de trabalho, art. 7°, XX, 35

rural - participação nos lucros, art. 7°, XI, 34

rural - piso salarial, art. 7°, V, 34

rural - relação de emprego, proteção - ADCT, art. 10, 274

Índice Remissivo

Trabalhador(es)
- rural - relação de emprego, proteção, art. 7°, I, 33
- rural - repouso semanal remunerado, art. 7°, XV, 35
- rural - riscos ao trabalho, redução, art. 7°, XXII, 35
- rural - salário - família, art. 7°, XII, 34
- rural - salário - mínimo, art. 7°, IV, 34
- rural - salário - proibição de diferença, art. 7°, XXX, 36
- rural - salário - proteção, art. 7°, X, 34
- rural - seguro - contra acidentes de trabalho, art. 7°, XXVIII, 36
- rural - seguro - desemprego, art. 7°, II, 33
- rural - serviço extraordinário, art. 7°, XVI, 35
- rural - trabalho - intelectual, proibição de distinção, art. 7°, XXXII, 37
- rural - trabalho - manual, proibição de distinção, art. 7°, XXXII, 37
- rural - trabalho - noturno, remuneração, art. 7°, IX, 34
- rural - trabalho - técnico, proibição de distinção, art. 7°, XXXII, 37
- substituto - salário-mínimo x salário contratual, S204, 393
- transporte fluvial - salário profissional - fixação - inconstitucionalidade, S531, 431
- transporte lacustre - salário profissional - fixação - inconstitucionalidade, S531, 431
- transporte marítimo - salário profissional - fixação - inconstitucionalidade, S531, 431
- urbano - acordos coletivos de trabalho, art. 7°, XXVI, 36
- urbano - aposentadoria, art. 7°, XXIV, 36
- urbano - assistência gratuita aos filhos e dependentes, art. 7°, XXV, 36
- urbano - automação, proteção, art. 7°, XXVII, 36
- urbano - aviso prévio, art. 7°, XXI, 35
- urbano - com vínculo permanente, igualdade com trabalhador avulso,- art. 7°, XXXIV, 37
- urbano - condição social, art. 7°, 33
- urbano - contrato de trabalho, prescrição, art. 7°, XXIX, 36
- urbano - convenções coletivas de trabalho, art. 7°, XXVI, 36
- urbano - décimo terceiro salário, art. 7°, VIII, 34
- urbano - deficiente físico, art. 7°, XXXI, 37
- urbano - direitos, art. 7°, 33
- urbano - férias, art. 7°, XVII, 35
- urbano - fundo de garantia do tempo de serviço, art. 7°, III, 34
- urbano - garantia de salário, art. 7°, VII, 34
- urbano - irredutibilidade de salário ou vencimento, art. 7°, VI, 34
- urbano - jornada - de trabalho,art. 7°, XIII, 35
- urbano - jornada - máxima de trabalho, art. 7°, XIV, 35
- urbano - licença - maternidade, remunerada, art. 7°, XVIII, 35
- urbano - licença - paternidade - ADCT, art. 10, § 1°, 274
- urbano - licença - paternidade, art. 7°, XIX, 35

Trabalhador(es)

urbano - menor - aprendiz, art. 7º, XXXIII, 37

urbano - menor - trabalho - insalubre, art. 7º, XXXIII, 37

urbano - menor - trabalho - noturno, art. 7º, XXXIII, 37

urbano - menor - trabalho - perigoso, art. 7º, XXXIII, 37

urbano - mulher, proteção ao mercado de trabalho, art. 7º, XX, 35

urbano - participação nos lucros, art. 7º, XI, 34

urbano - piso salarial, art. 7º, V, 34

urbano - relação de emprego, proteção - ADCT, art. 10, 274

urbano - relação de emprego, proteção, art. 7º, I, 33

urbano - repouso semanal remunerado, art. 7º, XV, 35

urbano - riscos ao trabalho, redução, art. 7º, XXII, 35

urbano - salário - família, art. 7º, XII, 34

urbano - salário - mínimo, art. 7º, IV, 34

urbano - salário - proibição de diferença, art. 7º, XXX, 36

urbano - salário - proteção, art. 7º, X, 34

urbano - seguro - contra acidentes de trabalho, art. 7º, XXVIII, 36

urbano - seguro - desemprego, art. 7º, II, 33

urbano - serviço extraordinário, art. 7º, XVI, 35

urbano - trabalho - intelectual, proibição de distinção, art. 7º, XXXII, 37

urbano - trabalho - manual, proibição de distinção, art. 7º, XXXII, 37

urbano - trabalho - noturno, remuneração, art. 7º, IX, 34

urbano - trabalho - técnico, proibição de distinção, art. 7º, XXXII, 37

Trabalho

direitos sociais, art. 6º, 32

diurno e o noturno - identidade - adicional noturno é devido, S313, 405

extra - dias de descanso - pagamento duplo, S461, 422

forçado - vedação, direitos e deveres individuais e coletivos, art. 5º, XLVII, c, 28

inspeção - execução, art. 21, XXIV, 52

inspeção - manutenção, art. 21, XXIV, 52

inspeção - organização, art. 21, XXIV, 52

valores sociais, art. 1º, IV, 17

Tráfico de drogas

crime, direitos e deveres individuais e coletivos, art. 5º, XLIII, 27

Transferência

de empregado estável - justificação, S221, 394

Transportador

acidente com o passageiro - culpa de terceiro - ação regressiva, S187, 391

acidente com o passageiro - responsabilidade contratual - permanência, S187, 391

Transporte. ....v. também aeronaves, embarcações, navegação, rodovias e viação

aéreo, ordenação legal, art. 178, 218

ÍNDICE REMISSIVO

Transporte
aquaviário - serviços, exploração, competência, art. 21, XII, d, 51
coletivo - deficiente, acesso adequado, art. 227, § 2°, 260
coletivo - deficiente, acesso adequado, art. 244, 268
coletivo - serviço público de caráter essencial, art. 30, V, 68
coletivo - urbano - concessão, art. 30, V, 68
coletivo - urbano - permissão, art. 30, V, 68
ferroviário - serviços, exploração, competência, art. 21, XII, d, 51
fluvial - salário profissional - fixação - inconstitucionalidade, S531, 431
interestadual - impostos, instituição e normas - ADCT, art. 34, §§ 6° e 8°,
283
interestadual - impostos, instituição e normas, art. 155, II e § 2°, 192
intermunicipal - impostos, instituição e normas - ADCT, art. 34, §§ 6° e 8°,
283
intermunicipal - impostos, instituição e normas, art. 155, II e § 2°, 192
lacustre - salário profissional - fixação - inconstitucionalidade, S531, 431
legislação, competência privativa da União, art. 22, XI, 54
marítimo - salário profissional - fixação - inconstitucionalidade, S531, 431
marítimo, ordenação legal, art. 178, 218
petróleo e gás natural, monopólio da União, art. 177, IV, 217
política nacional - diretrizes, legislação, competência, art. 22, XI, 54
por estrada de ferro - quebra de 1% - tolerância - legalidade, S186, 391
rodoviário de passageiros, exploração, competência, art. 21 XII, e, 51
sistema nacional de viação, princípios e diretrizes, competência, art. 21, XXI,
52
terrestre, ordenação legal, art. 178, 218
urbano - diretrizes, competência da União, art. 21, XX, 52
urbano - diretrizes, competência, art. 21, XX, 52
urbano - gratuidade, idosos, art. 230, § 2°, 262

Tratados
internacionais - Congresso Nacional, referendo, art. 49, I, 97
internacionais - direitos e deveres individuais e coletivos, art. 5°, § 2°, 32
internacionais - equivalência às emendas constitucionais - condições, art. 5°,
§ 3°, 32
internacionais - Presidente da República, celebração, art. 84, VIII, 123

Tribunal de Alçada
afastamento, art. 96, I, f, 134
cargos, provimento, art. 96, I, e, 134
competência - ADCT, art. 70, 297
competência - privativa, art. 96, I, 133
decisões administrativas, motivação, art. 93, X, 131
decisões administrativas, motivação, art. 96, 133
decisões administrativas, publicidade, art. 93, X, 131
férias, art. 96, I, f, 134

765

Tribunal de Alçada
 licença, art. 96, I, *f*, 134
 órgãos - administrativos, art. 96, I, *a*, 133
 órgãos - diretivos, eleição, art. 96, I, *a*, 133
 órgãos - jurisdicionais, art. 96, I, *a*, 133
 quinto de - advogado, art. 94, 132
 quinto de - Ministério Público, art. 94, 132
 Regimento Interno, elaboração, art. 96, I, *a*, 133
 secretaria, organização, art. 96, I, *b*, 134
 serviços auxiliares, organização, art. 96, I, *b*, 134

Tribunal de Contas. ....v. também controle e fiscalização
 constitucionalidade das leis - apreciação - possibilidade, S347, 408
 contrato administrativo - negativa de registro - inexeqüibilidade, S7, 371
 da União - administrador público, prestação de contas, art. 71, II, 117
 da União - auditores, art. 73, § 4°, 119
 da União - competência, art. 71, 116
 da União - competência, art. 73, 118
 da União - competência, art. 96, 133
 da União - composição, art. 73, 118
 da União - convênio federal, art. 71, VI, 117
 da União - decisões, título executivo, art. 71, § 3°, 118
 da União - exato cumprimento da lei, fixação de prazo para adoção de
   providências, art. 71, 1)IX, 117
 da União - fiscalização - contábil, art. 71, 116
 da União - fiscalização - financeira, art. 71, 116
 da União - fiscalização - orçamentária, art. 71, 116
 da União - *habeas-data*, processo e julgamento, art. 102, I, *d*, 144
 da União - jurisdição, art. 73, 118
 da União - mandado de injunção, processo e julgamento, art. 102, I, *q*, 145
 da União - mandado de segurança contra - competência originária - STF,
   S248, 397
 da União - mandado de segurança, processo e julgamento, art. 102, I, *d*, 144
 da União - membros, escolha, art. 49, XIII, 98
 da União - Ministro - aposentadoria, art. 73, § 3°, 119
 da União - Ministro - aprovação, art. 52, III, *b*, 100
 da União - Ministro - aprovação, art. 73, § 2°, I, 119
 da União - Ministro - aprovação, art. 84, XV, 123
 da União - Ministro - crimes de responsabilidade - Comandante -
   Aeronáutica, foro competente, art. 102, I, *c*, 144
 da União - Ministro - crimes de responsabilidade - Comandante - Exército,
   foro competente, art. 102, I, *c*, 144
 da União - Ministro - crimes de responsabilidade - Comandante - Marinha,
   foro competente, art. 102, I, *c*, 144

ÍNDICE REMISSIVO

Tribunal de Contas
da União - Ministro - crimes de responsabilidade - Ministro, foro
competente, art. 102, I, c, 144
da União - Ministro - escolha, art. 73, §§ 2° e 3°, 118
da União - Ministro - garantias, art. 73, § 3°, 119
da União - Ministro - *habeas-corpus*, art. 102, I, d, 144
da União - Ministro - impedimentos, art. 73, § 3°, 119
da União - Ministro - indicação pelo Presidente da República, art. 52, III, b,
100
da União - Ministro - indicação pelo Presidente da República, art. 73, § 2°, I,
119
da União - Ministro - infrações penais comuns, art. 102, I, d, 144
da União - Ministro - nomeação pelo Presidente da República, art. 73, § 1°,
118
da União - Ministro - nomeação pelo Presidente da República, art. 84, XV,
123
da União - Ministro - prerrogativas, art. 73, § 3°, 119
da União - Ministro - requisitos, art. 73, § 2°, 118
da União - Ministro - vencimentos, art. 73, § 3°, 119
da União - prestação de informações, art. 71, VII, 117
da União - representação, art. 71, XI, 117
da União - sanção, art. 71, VIII, 117
da União - sede, art. 73, 118
da União - sustação de - contrato, art. 71, §§ 1° e 2°, 118
da União - sustação de - execução de ato impugnado, art. 71, X, 117
da União - Territórios, prestação de contas, art. 33, § 2°, 70
do Distrito Federal - crimes - comuns, foro competente, art. 105, I, a, 152
do Distrito Federal - crimes - de responsabilidade, foro competente, art. 105,
I, a, 152
do Distrito Federal - fiscalização, art. 75, 120
do Distrito Federal - organização, art. 75, 120
do Estado - controle externo - Câmara municipal, art. 31, § 1°, 68
do Município - controle externo - Câmara municipal, art. 31, § 1°, 68
dos Estados - Conselheiros - escolha, S653, 446
dos Estados - crimes - comuns, foro competente, art. 105, I, a, 152
dos Estados - crimes - de responsabilidade, foro competente, art. 105, I, a,
152
dos Estados - fiscalização, art. 75, 120
dos Estados - organização, art. 75, 120
dos Municípios - fiscalização, art. 75, 120
dos Municípios - organização, art. 75, 120
juiz - equiparação - membro do Poder Judiciário, S42, 375

767

Tribunal de Justiça. ....v. também Justiça Estadual
art. 92, VII, 128
competência - ADCT, art. 70, 297
competência - privativa de propostas ao legislativo, art. 96, II, 134
competência, art. 125, § 1°, 164
extinção dos tribunais de alçada - prazo e integração dos membros, EC45, art. 4°, p.ú., 351
extinção dos tribunais de alçada, EC45, art. 4°, 351
MilitarEstadual - funcionamento - descentralizado, art. 125, § 6°, 165
MilitarEstadual - justiça itinerante, art. 125, § 7°, 166
órgãos - administrativos, art. 96, I, *a*, 133
órgãos - diretivos, eleição, art. 96, I, *a*, 133
órgãos - jurisdicionais, art. 96, I, *a*, 133
Regimento Interno, elaboração, art. 96, I, *a*, 133
Tribunal Militar
órgãos - administrativos, art. 96, I, *a*, 133
órgãos - diretivos, eleição, art. 96, I, *a*, 133
órgãos - jurisdicionais, art. 96, I, *a*, 133
Regimento Interno, elaboração, art. 96, I, *a*, 133
Tribunal Penal Internacional
Brasil - submissão jurisdicional, art. 5°, § 4°, 32
Tribunal Regional
do Trabalho - composição, art. 115, 161
do Trabalho - funcionamento - descentralizado, art. 115, § 2°, 162
do Trabalho - justiça itinerante, art. 115, § 1°, 162
do Trabalho - órgãos - administrativo, art. 96, I, *a*, 133
do Trabalho - órgãos - diretivos, eleição, art. 96, I, *a*, 133
do Trabalho - órgãos - jurisdicionais, art. 96, I, *a*, 133
do Trabalho - Regimento Interno, elaboração, art. 96, I, *a*, 133
Eleitoral - órgãos - administrativos, art. 94, 132
Eleitoral - órgãos - administrativos, art. 96, I, *a*, 133
Eleitoral - órgãos - diretivos, eleição, art. 96, I, *a*, 133
Eleitoral - órgãos - jurisdicionais, art. 94, 132
Eleitoral - órgãos - jurisdicionais, art. 96, I, *a*, 133
Eleitoral - Regimento Interno, elaboração, art. 96, I, *a*, 133
Federal - criação e instalação - ADCT, art. 27, § 6°, 280
Federal - até que se instale - competência - ADCT, art. 27, § 7°, 280
Federal - competência - ADCT, art. 27, § 10, 280
Federal - competência, art. 108, 155
Federal - funcionamento descentralizado - possibilidade, art. 107, § 3°, 155
Federal - justiça itinerante - instalação, art. 107, § 2°, 155
Federal - órgãos - administrativos,- art. 96, I, *a*, 133
Federal - órgãos - diretivos, eleição, art. 96, I, *a*, 133

ÍNDICE REMISSIVO

Tribunal Regional
    Federal - órgãos - jurisdicionais, art. 96, I, *a*, 133
    Federal - Regimento Interno, elaboração, art. 96, I, *a*, 133
Tribunal Superior do Trabalho. *vide TST*
Tribunal Superior Eleitoral
    eleições 1988 - disposições gerais - ADCT, art. 5° e §§, 271
    partido político - perda do registro provisório - ADCT, art. 6°, § 1°, 272
    plebiscito - normas regulamentadoras - ADCT, art. 2°, § 2°, 271
    recurso extraordinário - contra decisão - prazo, S728, 455
    registro provisório de partido político - ADCT, art. 6°, § 1°, 272
    requerimento de registro de partido político - ADCT, art. 6°, 272
Tribunal(is)
    atividade jurisdicional - ininterrupta, art. 93, XII, 132
    competência para julgamento - recursos das decisões da auditoria da polícia militar no Estado da Guanabara - ressalva, S364, 411
    competência privativa, art. 96, I, 133
    conflitos de competência, art. 102, I, 142
    conflitos de competência, art. 105, I, *d*, 153
    decisão que acolhe nulidade contra o réu - recurso da acusação - ausência - nulidade - ressalva, S160, 387
    decisões administrativas, motivação, art. 93, X, 131
    decisões administrativas, publicidade, art. 93, X, 131
    declaração de inconstitucionalidade de - ato, art. 97, 135
    declaração de inconstitucionalidade de - lei, art. 97, 135
    do Júri - competência constitucional - prevalência sobre o foro por prerrogativa de função, S721, 454
    do Júri, competência - prerrogativa de função, SV45, 369
    Federal de Recursos - aproveitamento dos ministros - ADCT, art. 27, § 2°, I, 280
    Federal de Recursos - aproveitamento dos ministros - classe - ADCT, art. 27, § 3°, 280
    Federal de Recursos - ministros aposentados - ADCT, art. 27, § 4°, 280
    Federal de Recursos - provimento de vagas de ministros - ADCT, art. 27, § 8°, 280
    férias coletivas - vedação, art. 93, XII, 132
    Internacional dos Direitos Humanos - formação - ADCT, art. 7°, 272
    órgão especial, art. 93, XI, 131
    pleno - habeas-corpus originário - hipótese de não cabimento, S606, 440
    segundo grau, acesso, art. 93, III, 129
    servidores - delegação de atos, art. 93, XIV, 132
    superiores - competência privativa, art. 96, II, 134
    superiores - conflitos de competência, art. 102, I, 142
    superiores - conflitos de competência, art. 105, I, *d*, 153
    superiores - *habeas-corpus*, art. 102, I, *d* e *i*, 144

Tribunal(is)

superiores - *habeas-corpus*, art. 102, II, *a*, 145

superiores - *habeas-data*, art. 102, II, *a*, 145

superiores - jurisdição, art. 92, § 2°, 128

superiores - mandado de injunção, art. 102, II, *q*, 145

superiores - mandado de segurança, art. 102, II, *a*, 145

superiores - membros - crimes de responsabilidade, art. 102, I, *c*, 144

superiores - membros - infrações penais comuns, art. 102, I, *c*, 144

superiores - órgão especial, art. 93, XI, 131

superiores - propostas orçamentárias, art. 99, §§ 1° e 2°, 136

superiores - sede, art. 92, § 1°, 128

Tributação

direito - litígio - configuração, S503, 428

Tributo(s). ....v. também contribuição, imposto(s), taxa e União - limitações ao poder de tributar

anistia, art. 150, § 6°, 189

aumento - cobrança - possibilidade, S66, 377

autarquias - imunidade - abrangência, S73, 378

cobrança - possibilidade, S67, 377

combustíveis - gasosos, art. 155, § 3°, 196

combustíveis - líquidos, art. 155, § 3°, 196

competência, instituição, art. 145, 183

confisco, art. 150, IV, 187

contribuição - de intervenção sobre o domínio econômico - destinação aos Municípios, art. 159, § 4°, 201

contribuição - de intervenção sobre o domínio econômico - produto da arrecadação, repartição - Distrito Federal, art. 159, III, 200

contribuição - de intervenção sobre o domínio econômico - produto da arrecadação, repartição - Estados, art. 159, III, 200

contribuição - de intervenção sobre o domínio econômico, art. 149, § 2°, II, 186

contribuição - social, art. 149, § 2°, II, 186

crédito, ação judicial - depósito prévio, admissibilidade - inconstitucionalidade, SV28, 367

critérios especiais de tributação, art. 146-A, 185

diferença de bens, vedação, art. 152, 190

empresa de pequeno porte, regime diferenciado, art. 146, III, d, 184

empréstimo compulsório, Centrais Elétricas Brasileiras, Eletrobrás - ADCT, art. 34, § 12, 284

energia elétrica, art. 155, § 3°, 196

ensino, aplicação de receita de impostos, art. 212, 243

estadual - cobrança pelos municípios - possibilidade, S68, 377

ÍNDICE REMISSIVO

falta de pagamento - apreensão de mercadorias - coerção - inadmissibilidade, S323, 406

Tributo(s)

imunidade - taxa - exclusão, S324, 406

indireto - restituição - vedação, S71, 378

isenção - bandeira brasileira - transporte em navio - legitimação, S581, 438

isenção - condição onerosa - supressão - restrição, S544, 433

lançamento - crime material, SV24, 367

local - Banco do Brasil - contribuinte, S79, 379

meio de cobrança coercitivo - vedação, S70, 378

municipal - Constituição Estadual - limite para o aumento - vedação, S69, 378

obrigação tributária, prazo - princípio da anterioridade, SV50, 369

pagamento - extinção de punibilidade - extensão - crimes de contrabando e descaminho, S560, 435

pagamento indevido - restituição - cabimento, S546, 433

TST

competência, art. 111-A, § 1°, 159

composição, art. 111-A, 158

cumprimento de mandato, representação classista temporário, EC24, art. 2°, 342

julgamento do agravo - traslado das razões da revista - necessidade, S315, 405

Ministro - advogado, art. 111-A, I, 159

Ministro - crimes - comuns, art. 102, I, c, 143

Ministro - crimes - de responsabilidade, art. 102, I, c, 143

Ministro - *habeas-corpus*, art. 102, I, d, 144

Ministro - juízes dos TRT's, art. 111-A, II, 159

Ministro - membro do Ministério Público, art. 111-A, I, 159

Turismo

Distrito Federal, art. 180, 219

Estado-membro, art. 180, 219

Município, art. 180, 219

União, art. 180, 219

União. ....v. também portos

administração indireta - revisão do estatuto quanto a natureza jurídica, prazo, EC19, art. 26, 334

administração pública - remuneração de qualquer espécie, limites, EC19, art. 29, 334

administração pública - servidor não estável, EC19, art. 33, 337

administração pública - servidor, estágio probatório, prazo e estabilidade, EC19, art. 28, 334

administração pública federal - servidor cedido, ex-território - serviço prestado sem ônus ao cessionário, EC19, art. 31, § 3°, 336

União
administração pública federal - servidor, ex-território - meios probatórios ou vínculo funcional, diretrizes, EC19, art. 31, § 4º, 336
administração pública federal - servidor, ex-território, integração, opção, EC19, art. 31, 335
administração pública federal - servidor, policial civil ou militar, ex-território - cargo originário ou equivalente, EC19, art. 31, § 1º, 335
administração pública federal - servidor, policial militar, ex-território - serviço prestado por cedência, EC19, art. 31, § 2º, 336
administração pública, ex-territórios e dos estados do Amapá ou Roraima - inclusão de quadro em extinção de servidor público policial civil ou militar - descumprimento do prazo, EC98, art. 2º, § 1º, 362
administração pública, ex-territórios e dos estados do Amapá ou Roraima - inclusão de quadro em extinção de servidor público policial civil ou militar - direito e prazo, EC98, art. 3º, 362
administração pública, ex-territórios e dos estados do Amapá ou Roraima - inclusão de quadro em extinção de servidor público policial civil ou militar - prazo, EC98, art. 2º, 362
administração pública, ex-territórios e dos estados do Amapá ou Roraima - inclusão de quadro em extinção de servidor público policial civil ou militar - regime próprio de previdência, EC98, art. 7º, 363
administração pública, ex-territórios e dos estados do Amapá ou Roraima - inclusão de quadro em extinção de servidor público policial civil ou militar - vedação do pagamento, EC98, art. 2º, § 2º, 362
administração pública, ex-territórios e dos estados do Amapá ou Roraima - inclusão de quadro em extinção de servidor público policial civil ou militar - vínculo funcional, EC98, art. 4º, 363
Administração Pública, princípios, art. 37, 72
agentes públicos em nível superior - Distrito Federal - limitações ao poder de tributar, art. 151, II, 190
agentes públicos em nível superior - Estaduais - limitações ao poder de tributar, art. 151, II, 190
agentes públicos em nível superior - Municipais - limitações ao poder de tributar, art. 151, II, 190
anistia - fiscal, art. 150, § 6º, 189
anistia - previdenciária, art. 150, § 6º, 189
aproveitamento energético dos cursos de água - autorização, art. 21, XII, b, 50
aproveitamento energético dos cursos de água - concessão, art. 21, XII, b, 50
aproveitamento energético dos cursos de água - exploração, art. 21, XII, b, 50
aproveitamento energético dos cursos de água - permissão, art. 21, XII, b, 50
assessoramento jurídico, art. 131, 172
atividades nucleares, competência para legislar, art. 22, XXVI, 56

ÍNDICE REMISSIVO

União

autarquias mantidas pelo Poder Público, limitações ao poder de tributar, art. 150, §§ 2º e 3º, 188

autonomia, art. 18, 45

bens da - cavidades naturais - subterrâneas, art. 20, X, 48

bens da - energia hidráulica, art. 20, VIII, 48

bens da - faixa de fronteira, art. 20, § 2º, 48

bens da - ilhas - fluviais, art. 20, IV, 47

bens da - ilhas - lacustres, art. 20, IV, 47

bens da - ilhas - oceânicas, art. 20, IV, 47

bens da - ilhas, art. 20, IV, 47

bens da - lagos, art. 20, III, 47

bens da - mar territorial, art. 20, VI, 47

bens da - plataforma continental, art. 20, V, 47

bens da - praias - marítimas, art. 20, IV, 47

bens da - praias marítimas, art. 20, IV, 47

bens da - propriedades, art. 20, I, 47

bens da - recursos minerais - subsolo, art. 20, X, 48

bens da - recursos rios, art. 20, III, 47

bens da - sítios - arqueológicos, art. 20, X, 48

bens da - sítios - pré-históricos, art. 20, X, 48

bens da - terras - devolutas, art. 20, II, 47

bens da - terras - ocupadas, art. 20, XI, 48

bens da - terrenos de marinha, art. 20, VII, 47

bens da - zona econômica exclusiva, art. 20, V, 47

bens da, art. 20, I a XI, 47

bens, art. 176, 216

câmbio - administração e fiscalização, art. 21, VIII, 49

câmbio - competência para legislar, art. 22, VII, 54

capitalização - fiscalização das operações, art. 21, VIII, 49

causas - fundadas em - contrato com Estado estrangeiro, processo e julgamento, art. 109, III, 156

causas - fundadas em - contrato com organismo federal, processo e julgamento, art. 109, III, 156

causas - fundadas em - tratado com Estado estrangeiro, processo e julgamento, art. 109, III, 156

causas - fundadas em - tratado com organismo internacional, processo e julgamento, art. 109, III, 156

causas e conflitos - Distrito Federal e entidades da administração indireta, processo e julgamento, art. 102, I, f, 144

causas e conflitos - Estados e entidades da administração indireta, processo e julgamento, art. 102, I, f, 144

cidadania, competência para legislar, art. 22, XIII, 55

classificação - diversões públicas, art. 21, XVI, 51

União

classificação - programas - rádio, art. 21, XVI, 51

classificação - programas - televisão, art. 21, XVI, 51

comércio - exterior, competência legislativa, art. 22, VIII, 54

comércio - interestadual, competência legislativa, art. 22, VIII, 54

competência - aeroporto, infra-estrutura - exploração, art. 21, XII, c, 51

competência - anistia - concessão, art. 21, XVII, 51

competência - calamidade - defesa permanente - planejamento, art. 21, XVIII, 52

competência - crimes, processo e julgamento, SV46, 369

competência - estabelecer - diretrizes para o sistema nacional de viação, art. 21, XXI, 52

competência - estabelecer - princípios para o sistema nacional de viação, art. 21, XXI, 52

competência - executar - serviços de polícia - aeroportuária, art. 21, XXII, 52

competência - executar - serviços de polícia - de fronteiras, art. 21, XXII, 52

competência - executar - serviços de polícia - marítima, art. 21, XXII, 52

competência - guerra, declaração, art. 21, II, 49

competência - instituir - sistema nacional de gerenciamento de recursos hídricos, art. 21, XIX, 52

competência - organização e manutenção de serviços oficiais de - cartografia, art. 21, XV, 51

competência - organização e manutenção de serviços oficiais de - estatística, art. 21, XV, 51

competência - organização e manutenção de serviços oficiais de - geografia, art. 21, XV, 51

competência - organização e manutenção de serviços oficiais de - geologia, art. 21, XV, 51

competência - remuneração, SV39, 368

competência - serviço público, compromisso fianceiro, EC19, art. 25, 334

competência - tributária - guerra, impostos extraordinários, art. 154, II, 192

competência - tributária - residual – cumulatividade, art. 154, I, 192

competência - tributária - residual, art. 154, 191

competência - tributária - vedação ao limite de tráfego, art. 150, V, 187

competência comum com Estados, DF e Municípios, art. 23, 57

competência comum com Estados, Distrito Federal e Municípios - agropecuária - fomento, art. 23, VIII, 58

competência comum com Estados, Distrito Federal e Municípios - alimentação - abastecimento - organização, art. 23, VIII, 58

competência comum com Estados, Distrito Federal e Municípios - assistência pública, art. 23, II, 57

competência concorrente com Estados e DF, art. 24, 58

competência concorrente com Estados e Distrito Federal - assistência jurídica, art. 24, XIII, 59

ÍNDICE REMISSIVO

União
  competência exclusiva, art. 149, 185
  competência legislativa para definição e estabelecimento de normas de
    processo e julgamento dos crimes de responsabilidade, S722, 454
  competência privativa, art. 22, 53
  competência, art. 21, 48
  competências - tributária, art. 145, 183
  competências - tributária, art. 153, 190
  Congresso Nacional, prazo - elaboração de lei, serviço público, EC19, art. 27,
    334
  consultoria jurídica, art. 131, 172
  Corpo de Bombeiros Militar - do Distrito Federal, organização e
    manutenção, art. 21, XIV, 51
  correio aéreo nacional, manutenção, art. 21, X, 49
  crédito - externo - concessão de garantia e fixação, art. 52, VII, 101
  crédito - externo - disposições sobre limites globais pelo Senado Federal, art.
    52, VII, 101
  crédito - fiscalização das operações, art. 21, VIII, 49
  crédito - interno - concessão de garantia e fixação, art. 52, VII, 101
  crédito - interno - disposições sobre limites globais pelo Senado Federal, art.
    52, VII, 101
  danos nucleares, responsabilidade civil, art. 21, XXIII, c, 52
  defensoria pública - Distrito Federal, art. 21, XIII, 51
  defensoria pública - Territórios, art. 21, XIII, 51
  defesa - aeroespacial, competência para legislar, art. 22, XXVIII, 57
  defesa - civil, competência para legislar, art. 22, XXVIII, 57
  defesa - marítima, competência para legislar, art. 22, XXVIII, 57
  defesa - territorial, competência para legislar, art. 22, XXVIII, 57
  demarcação de terras - competência - ADCT, art. 12, § 4°, 275
  demarcação de terras indígenas - conclusão - ADCT, art. 67, 297
  desapropriação, competência legislativa, art. 22, II, 53
  desenvolvimento - econômico - plano - nacional, art. 21, IX, 49
  desenvolvimento - econômico - plano - regional, art. 21, IX, 49
  desenvolvimento - social - plano - nacional, art. 21, IX, 49
  desenvolvimento - social - plano - regional, art. 21, IX, 49
  despesas - com pessoal - ADCT, art. 38, p.ú., 285
  despesas - com pessoal, art. 169, 210
  direito - aeronáutico, competência legislativa, art. 22, I, 53
  direito - agrário, competência legislativa, art. 22, I, 53
  direito - civil, competência legislativa, art. 22, I, 53
  direito - comercial, competência legislativa, art. 22, I, 53
  direito - eleitoral, competência legislativa, art. 22, I, 53
  direito - espacial, competência legislativa, art. 22, I, 53
  direito - marítimo, competência legislativa, art. 22, I, 53

União

direito - penal, competência legislativa, art. 22, I, 53

direito - processual, competência legislativa, art. 22, I, 53

direito - trabalho, competência legislativa, art. 22, I, 53

diretrizes para - desenvolvimento urbano, art. 21, XX, 52

diretrizes para - habitação, art. 21, XX, 52

diretrizes para - saneamento básico, art. 21, XX, 52

diretrizes para - transportes urbanos, art. 21, XX, 52

disponibilidades de caixa - depósito em instituições financeiras oficiais, art. 164, § 3°, 203

dívida - ativa tributária, representação pela Procuradoria-Geral da Fazenda Nacional, art. 131, § 3°, 173

dívida - pública - limites globais, fixação pelo Senado Federal, art. 52, VI, 101

dívida pública - Distrito Federal, limitações ao poder de tributar, art. 151, II, 190

dívida pública - Estados, limitações ao poder de tributar, art. 151, II, 190

dívida pública - Municípios, limitações ao poder de tributar, art. 151, II, 190

documento público, recusa de fé, vedação, art. 19, II, 47

educação, diretrizes e bases, competência para legislar, art. 22, XXIV, 56

emigração, competência para legislar, art. 22, XV, 55

emissão de moeda, Banco Central do Brasil, art. 164, 203

empresa de pequeno porte, tratamento jurídico diferenciado, art. 179, 219

empréstimo compulsório, art. 148, 185

energia - elétrica - autorização, art. 21, XII, b, 50

energia - elétrica - concessão, art. 21, XII, b, 50

energia - elétrica - exploração, art. 21, XII, b, 50

energia - elétrica - permissão, art. 21, XII, b, 50

energia, competência para legislar, art. 22, IV, 54

ensino, aplicação de receita de impostos, art. 212, 243

estado - de defesa, decretação, art. 21, V, 49

estado - de sítio, decretação, art. 21, V, 49

Estado-membro - demarcação das terras em litígio com os Municípios - ADCT, art. 12, §§ 3° e 4°, 275

Estado-membro - vedação de encargos em sua criação, art. 234, 264

Estados estrangeiros, relações, art. 21, I, 49

estável, art. 226, 259

estrangeiro - entrada no país, competência para legislar, art. 22, XV, 55

estrangeiro - expulsão, competência para legislar, art. 22, XV, 55

estrangeiro - extradição no país, competência para legislar, art. 22, XV, 55

exploração - atividades nucleares - serviços e instalações, art. 21, XXIII, 52

Fazenda Pública, precatório de sentença judiciária, art. 100, 136

fiscalização - contábil, arts. 70 a 74, 116

fiscalização - financeira, arts. 70 a 74, 116

fiscalização - orçamentária, arts. 70 a 74, 116

ÍNDICE REMISSIVO

União

forças estrangeiras - permanência temporária no território nacional, permissão, art. 21, IV, 49

forças estrangeiras - trânsito no território nacional, permissão, art. 21, IV, 49

fundações mantidas pelo Poder Público, limitações ao poder de tributar, art. 150, §§ 2º e 3º, 188

garimpagem, art. 21, XXV, 53

guerra, declaração, art. 22, III, 54

honorários advocatícios - reajustamento de débito pecuário - responsabilidade - ausência, S185, 390

imigração, competência para legislar, art. 22, XV, 55

imposto - arrecadado, distribuição, arts. 153, § 5º, 157, 158, I e II, 159, 190

imposto - estadual - competência, art. 147, 185

imposto - estadual - territórios, art. 147, 185

imposto - extraordinário em caso de guerra, competência tributária, art. 154, II, 192

imposto - instituição, art. 153, 190

imposto - municipal, competência, art. 147, 185

imposto de combustível - redução da alíquota, competência, EC3, art. 4º, 329

imposto de renda, adicional - redução da alíquota, competência, EC3, art. 3º, 329

imposto, valores, créditos e direitos financeitos, EC3, art. 2º, 329

incentivos fiscais, reavaliação - ADCT, art. 41, 285

informática, competência para legislar, art. 22, IV, 54

infrações penais praticadas em detrimento de seus - bens, processo e julgamento, art. 109, IV, 156

infrações penais praticadas em detrimento de seus - interesses, processo e julgamento, art. 109, IV, 156

infrações penais praticadas em detrimento de seus - serviços, processo e julgamento, art. 109, IV, 156

infra-estrutura aeroportuária - exploração - autorização, art. 21, XII, c, 51

infra-estrutura aeroportuária - exploração - concessão, art. 21, XII, c, 51

infra-estrutura aeroportuária - exploração - permissão, art. 21, XII, c, 51

instituições - assistência social, sem fins lucrativos, limitações ao poder de tributar, art. 150, VI, § 4º, 188

instituições - educação, sem fins lucrativos, limitações ao poder de tributar, art. 150, VI, § 4º, 188

intervenção - Distrito Federal, arts. 34 e 36, 70

intervenção - Estados, arts. 34 e 36, 70

intervenção - federal, decretação, art. 21, V, 49

intervenção em feito - deslocamento do processo - casos, S518, 429

intervenção no processo - deslocamento do juízo cível comum para o fazendário, S250, 398

União

isenção de tributos - Distrito Federal, limitações ao poder de tributar, art. 151, III, 190

isenção de tributos - estaduais, limitações ao poder de tributar, art. 151, III, 190

isenção de tributos - municipais, limitações ao poder de tributar, art. 151, III, 190

jazidas - competência para legislar, art. 22, XII, 55

jornais, limitações ao poder de tributar, art. 150, VI, d, 188

Juizados Especiais, criação - Distrito Federal, art. 98, 135

Juizados Especiais, criação - Territórios, art. 98, 135

Justiça de Paz, criação - Distrito Federal, art. 98, 135

Justiça de Paz, criação - Territórios, art. 98, 135

lavra - autorização para pesquisa por prazo determinado, art. 176, § 3°, 216

lavra - concessão para pesquisa por prazo determinado, art. 176, § 3°, 216

lavra - transferência de pesquisa, art. 176, § 3°, 216

lei estadual, superveniência de lei federal, art. 24, § 4°, 60

limitações ao poder de tributar - agentes públicos em nível superior - Distrito Federal, art. 151, II, 190

limitações ao poder de tributar - agentes públicos em nível superior - Estaduais, art. 151, II, 190

limitações ao poder de tributar - agentes públicos em nível superior - Municipais, art. 151, II, 190

limitações ao poder de tributar - autarquias mantidas pelo Poder Público, art. 150, §§ 2° e 3°, 188

limitações ao poder de tributar - dívida pública - Distrito Federal, art. 151, II, 190

limitações ao poder de tributar - dívida pública - Estados, art. 151, II, 190

limitações ao poder de tributar - dívida pública - Municípios, art. 151, II, 190

limitações ao poder de tributar - fundações mantidas pelo Poder Público, art. 150, §§ 2° e 3°, 188

limitações ao poder de tributar - instituições - assistência social, sem fins lucrativos, art. 150, VI, § 4°, 188

limitações ao poder de tributar - instituições - educação, sem fins lucrativos, art. 150, VI, § 4°, 188

limitações ao poder de tributar - isenção de tributos - Distrito Federal, art. 151, III, 190

limitações ao poder de tributar - isenção de tributos - estaduais, art. 151, III, 190

limitações ao poder de tributar - isenção de tributos - municipais, art. 151, III, 190

limitações ao poder de tributar - jornais, art. 150, VI, d, 188

limitações ao poder de tributar - partidos políticos, art. 150, VI, c e § 4°, 188

ÍNDICE REMISSIVO

União

limitações ao poder de tributar - patrimônio de entes públicos, art. 150, VI, *a*, 187

limitações ao poder de tributar - periódicos, art. 150, VI, *d*, 188

limitações ao poder de tributar - renda de entes públicos, art. 150, VI, *a*, 187

limitações ao poder de tributar - serviço de entes públicos, art. 150, VI, *a*, 187

limitações ao poder de tributar - sindicatos, art. 150, VI e § 4°, 187

limitações ao poder de tributar - templos de qualquer culto, art. 150, VI, *b* e § 4°, 188

limitações ao poder de tributar, livros, art. 150, VI, *d*, 188

limite da alíquota do imposto - Poder Executivo, EC3, art. 2°, § 1°, 329

limites globais - dívida - pública, fixação pelo Senado Federal, art. 52, VI, 101

litígio - Estado estrangeiro, processo e julgamento, art. 102, I, *e*, 144

litígio - Organismo Internacional, processo e julgamento, art. 102, I, *e*, 144

livros, limitações ao poder de tributar, art. 150, VI, *d*, 188

massas de água, represadas ou represáveis, aproveitamento econômico e social, art. 43, § 2°, IV, 95

material bélico, autorização e fiscalização para produção e comércio, art. 21, VI, 49

metais, títulos e garantia, art. 22, VI, 54

metalurgia, competência para legislar, art. 22, XII, 55

microempresa - tratamento jurídico diferenciado, art. 179, 219

minas, competência para legislar, art. 22, XII, 55

minérios nucleares e seus derivados, monopólio estatal, art. 21, *caput* e XXIII, 52

Ministério Público - Distrito Federal, organização e manutenção, art. 21, XIII, 51

Ministério Público - Territórios, competência legislativa sobre sua organização, art. 22, VII, 54

mobilização nacional, competência para legislar, art. 22, XXVIII, 57

moeda, emissão, art. 21, VII, 49

monopólio - comércio de minérios e minerais nucleares e seus derivados, art. 177, V, 217

monopólio - enriquecimento de minérios e minerais nucleares e seus derivados, art. 177, V, 217

monopólio - gás natural - exportação, art. 177, III, 217

monopólio - gás natural - importação, art. 177, III, 217

monopólio - gás natural - lavra, art. 177, I, 216

monopólio - gás natural - pesquisa, art. 177, I, 216

monopólio - gás natural - transporte por meio de condutos, art. 177, IV, 217

monopólio - hidrocarbonetos fluidos, art. 177, I e III, 216

J. U. Jacoby Fernandes

União

monopólio - industrialização de minérios e minerais nucleares e seus derivados, art. 177, V, 217

monopólio - jazidas de petróleo, art. 177, I, 216

monopólio - lavra de minérios e minerais nucleares e seus derivados, art. 177, V, 217

monopólio - pesquisa de minérios e minerais nucleares e seus derivados, art. 177, V, 217

monopólio - reprocessamento de minérios e minerais nucleares e seus derivados, art. 177, V, 217

monopólio - vedações, art. 177, § 1°, 217

monopólio, art. 177, 216

Municípios - demarcação das terras em litígio com os Municípios - ADCT, art. 12, §§ 3° e 4°, 275

nacionalidade, competência para legislar, art. 22, XIII, 55

naturalização, competência para legislar, art. 22, XIII, 55

navegação - aérea, competência para legislar, art. 22, X, 54

navegação - aeroespacial - exploração - autorização, art. 21, XII, c, 51

navegação - aeroespacial - exploração - concessão, art. 21, XII, c, 51

navegação - aeroespacial - exploração - permissão, art. 21, XII, c, 51

navegação - aeroespacial, competência para legislar, art. 22, X, 54

navegação - fluvial, competência para legislar, art. 22, X, 54

navegação - lacustre, competência para legislar, art. 22, X, 54

navegação - marítima, competência para legislar, art. 22, X, 54

normas gerais - competência legislativa supletiva dos Estados, art. 24, § 2°, 60

normas gerais - contratos administrativos, competência para legislar, art. 22, XXVII, 56

normas gerais - licitação, competência para legislar, art. 22, XXVII, 56

orçamento, recursos para a assistência social, art. 204, 239

organização - administrativa - Distrito Federal, competência para legislar, art. 22, XVII, 55

organização - administrativa - Territórios, competência para legislar, art. 22, XVII, 55

organização - corpo de bombeiros militar - competência para legislar, art. 22, XXI, 56

organização - defensoria pública - Distrito Federal, competência para legislar, art. 22, XVII, 55

organização - defensoria pública - Territórios, competência para legislar, art. 22, XVII, 55

organização - internacional, participação, art. 21, I, 49

organização - judiciária - Distrito Federal, competência para legislar, art. 22, XVII, 55

organização - judiciária - Territórios, competência para legislar, art. 22, XVII, 55

Índice Remissivo

União

organização - Ministério Público - Distrito Federal, competência para legislar, art. 22, XVII, 55

organização - Ministério Público - Territórios, competência para legislar, art. 22, XVII, 55

organização - polícia militar, competência para legislar, art. 22, XXI, 56

partidos políticos, limitações ao poder de tributar, art. 150, VI, *c* e § 4º, 188

patrimônio de entes públicos, limitações ao poder de tributar, art. 150, VI, *a*, 187

paz, celebração, art. 21, II, 49

periódicos, limitações ao poder de tributar, art. 150, VI, *d*, 188

pessoal, despesas - ADCT, art. 38, 285

pessoal, despesas, art. 169, 210

petróleo - monopólio - exportação, art. 177, II, 216

petróleo - monopólio - importação, art. 177, II, 216

petróleo - monopólio - refinação, art. 177, II, 216

petróleo - monopólio - transporte - marítimo, art. 177, IV, 217

petróleo - monopólio - transporte - por meio de conduto, art. 177, IV, 217

Poder Judiciário - Distrito Federal, organização e manutenção, art. 21, XIII, 51

Poder Judiciário - Distrito Federal, organização e manutenção, art. 22, XVII, 55

Poder Judiciário - Territórios, organização e manutenção, art. 21, XIII, 51

Poder Judiciário - Territórios, organização e manutenção, art. 22, XVII, 55

poderes, art. 2º, 17

polícia - federal, competência para legislar, art. 22, XXII, 56

polícia - ferroviária federal, competência para legislar, art. 22, XXII, 56

polícia - rodoviária federal, competência para legislar, art. 22, XXII, 56

política - de crédito, competência para legislar, art. 22, VII, 54

política - nacional de transportes, diretrizes, competência para legislar, art. 22, IX, 54

política de crédito, competência para legislar, art. 22, VII, 54

populações indígenas, competência para legislar, art. 22, XIV, 55

portos - fluviais - exploração - autorização, art. 21, XII, f, 51

portos - fluviais - exploração - concessão, art. 21, XII, f, 51

portos - fluviais - exploração - permissão, art. 21, XII, f, 51

portos - lacustres - exploração - autorização, art. 21, XII, f, 51

portos - lacustres - exploração - concessão, art. 21, XII, f, 51

portos - lacustres - exploração - permissão, art. 21, XII, f, 51

portos - marítimos - exploração - autorização, art. 21, XII, f, 51

portos - marítimos - exploração - concessão, art. 21, XII, f, 51

portos - marítimos - exploração - permissão, art. 21, XII, f, 51

portos, competência para legislar, art. 22, X, 54

previdência privada, fiscalização, art. 21, VIII, 49

União

princípio da uniformidade tributária, art. 150, I, 186

Procuradoria-Geral da Fazenda Nacional, representação judicial na área fiscal - ADCT, art. 29, § 5°, 281

produto de arrecadação, imposto - modalidade, entidade federada, EC3, art. 2°, § 3°, 329

produto de arrecadação, imposto - porcentagem, custeio para programa de habitação, EC3, art. 2°, § 4°, 329

propaganda comercial, competência para legislar, art. 22, XXIX, 57

proteção dos bens dos índios, art. 231, 262

quadro de pessoal, compatibilização - ADCT, art. 24, 279

radiodifusão, competência para legislar, art. 22, IV, 54

receita tributária, repartição, art. 159, 199

recursos hídricos, competência para legislar, art. 22, IV, 54

recursos minerais, competência para legislar, art. 22, XII, 55

registros públicos, competência para legislar, art. 22, XXV, 56

religião, vedações, art. 19, I, 47

renda de entes públicos, limitações ao poder de tributar, art. 150, VI, *a*, 187

repartição das receitas tributárias - restrição, vedação, art. 160, 201

repartição das receitas tributárias - retenção, vedação, art. 160, 201

repasse - produto da arrecadação - imposto, renda e proventos, EC17, art. 3°, 333

repasse dos recursos - periodicidade e critérios de repartição, EC17, art. 3°, p.ú., 333

repasse, parcela dos recursos- dedução de cotas, EC17, art. 4°, p.ú., 333

representação - extrajudicial, Advocacia-Geral, art. 131, 172

representação - judicial, Advocacia-Geral, art. 131, 172

requisições - civis, competência para legislar, art. 22, III, 54

requisições - militares, competência para legislar, art. 22, III, 54

reservas cambiais, administração, art. 21, VIII, 49

rios, aproveitamento econômico e social, art. 43, § 2°, IV, 95

seguridade social, competência para legislar, art. 22, XXIII, 56

seguros, competência para legislar, fiscalização, art. 22, VII e VIII, 54

serviço - postal - competência para legislar, art. 22, V, 54

serviço - postal - manutenção, art. 21, X, 49

serviços - de radiodifusão sonora - autorização, art. 21, XII, a, 50

serviços - de radiodifusão sonora - concessão, art. 21, XII, a, 50

serviços - de radiodifusão sonora - exploração direta, art. 21, XII, a, 50

serviços - de radiodifusão sonora - permissão, art. 21, XII, a, 50

serviços - de sons e imagens - autorização, art. 21, XII, a, 50

serviços - de sons e imagens - concessão, art. 21, XII, a, 50

serviços - de sons e imagens - exploração direta, art. 21, XII, a, 50

serviços - de sons e imagens - permissão, art. 21, XII, a, 50

serviços - de telecomunicações - autorização, art. 21, XI, 49

ÍNDICE REMISSIVO

União

serviços - de telecomunicações - concessão, art. 21, XI, 49

serviços - de telecomunicações - exploração direta, art. 21, XI, 49

serviços - de telecomunicações - permissão, art. 21, XI, 49

serviços - e instalações nucleares - comercialização de radioisótopos, art. 21, XXIII, *b*, 52

serviços - e instalações nucleares - exploração, art. 21, XXIII, 52

serviços - e instalações nucleares - fins pacíficos, art. 21, XXIII, *a*, 52

serviços - e instalações nucleares - utilização de radioisótopos, art. 21, XXIII, *b*, 52

serviços - oficiais de - cartografia, organização e manutenção, art. 21, XV, 51

serviços - oficiais de - estatística, organização e manutenção, art. 21, XV, 51

serviços - oficiais de - geografia, organização e manutenção, art. 21, XV, 51

serviços - oficiais de - geologia, organização e manutenção, art. 21, XV, 51

serviços de entes públicos, limitações ao poder de tributar, art. 150, VI, *a*, 187

servidor público, art. 61, § 1°, II, *c*, 110

sindicatos, limitações ao poder de tributar, art. 150, VI e § 4°, 187

sistema - cartográfico nacional, competência para legislar, art. 22, XVIII, 55

sistema - consórcio, competência para legislar, art. 22, XX, 55

sistema - de geologia nacional, competência para legislar, art. 22, XVIII, 55

sistema - de medidas, competência para legislar, art. 22, VI, 54

sistema - estatístico nacional, competência para legislar, art. 22, XVIII, 55

sistema - monetário, competência para legislar, art. 22, VI, 54

sistema - nacional - de recursos hídricos - instituição, art. 21, XIX, 52

sistema - nacional - de recursos hídricos - outorga, art. 21, XIX, 52

sistema - nacional - de transportes, art. 21, XIX, 52

sistema - nacional - de viação, art. 21, XIX, 52

sistema - nacional de emprego, organização, competência para legislar, art. 22, XVI, 55

sistema - poupança popular - captação, competência para legislar, art. 22, XIX, 55

sistema - poupança popular - garantia, competência para legislar, art. 22, XIX, 55

sistema - profissões, condições para o exercício, competência para legislar, art. 22, XVI, 55

sistema - sorteio, competência para legislar, art. 22, XX, 55

sistema de ensino, art. 211, 242

sistema tributário nacional - aplicação da legislação anterior - ADCT, art. 34, § 5°, 283

sistema tributário nacional, edição de leis - ADCT, art. 34, § 3°, 283

sistema tributário nacional, leis necessárias à aplicação - ADCT, art. 34, § 4°, 283

SUS - financiamento, art. 198, § 1°, 229

União

SUS - fiscalização e inspeção de alimentos, art. 200, VI, 232

SUS - formação de recursos humanos- art. 200, III, 232

SUS - incremento do desenvolvimento científico e tecnológico, art. 200, V, 232

SUS - orçamento, art. 198, § 1º, 229

SUS - participação da comunidade, art. 198, III, 229

SUS - participação supletiva da iniciativa privada, art. 199, § 1º, 231

SUS - produtos psicoativos, tóxicos e radioativos, participação, fiscalização, controle, art. 200, VII, 232

SUS - proteção ao meio ambiente, art. 200, VIII, 232

SUS - proteção ao trabalho, art. 200, VIII, 232

SUS - saneamento básico, art. 200, IV, 232

SUS - vigilância sanitária, epidemiológica e de saúde do trabalhador, art. 200, II, 232

telecomunicações, competência para legislar, art. 22, IV, 54

templos, limitações ao poder de tributar, art. 150, VI, *b* e § 4º, 188

terra indígena, demarcação, art. 231, 262

território - competência legislativa sobre organização administrativa, art. 22, XVII, 55

território, art. 18, § 2º, 46

trabalho - inspeção - inspeção, art. 21, XXIV, 52

trabalho - inspeção - manutenção, art. 21, XXIV, 52

trabalho - inspeção - organização, art. 21, XXIV, 52

trânsito, competência para legislar, art. 22, XI, 54

transporte - aquaviário, exploração - autorização, art. 21, XII, d e e, 51

transporte - aquaviário, exploração - concessão, art. 21, XII, d e e, 51

transporte - aquaviário, exploração - permissão, art. 21, XII, d e e, 51

transporte - competência para legislar, art. 22, XI, 54

transporte - ferroviário, exploração - autorização, art. 21, XII, d e e, 51

transporte - ferroviário, exploração - concessão, art. 21, XII, d e e, 51

transporte - ferroviário, exploração - permissão, art. 21, XII, d e e, 51

transporte - rodoviário, exploração - autorização, art. 21, XII, d e e, 51

transporte - rodoviário, exploração - concessão, art. 21, XII, d e e, 51

transporte - rodoviário, exploração - permissão, art. 21, XII, d e e, 51

tributação, limites, art. 150, 186

tributação, limites, art. 151, 189

turismo, promoção e incentivo, art. 180, 219

valores - competência para legislar, art. 22, VII, 54

Unidade(s) jurisdicional(is)

número - proporcionalidade, art. 93, XIII, 132

servidores - delegação de atos, art. 93, XIV, 132

Universidade(s)

autonomia didático-científica, art. 207, 240

Índice Remissivo

pública - descentralização de suas atividades - ADCT, art. 60, 291
pública - taxa de matrícula - inconstitucionalidade, SV12, 365

URP
abril/maio de 1988 - servidores públicos - direitos, S671, 448
abril/maio de 1988 - trabalhadores em geral - direitos, S671, 448

Usina Nuclear
localização, definição legal, art. 225, § 6°, 258

Usuário
de serviço público - acesso a registros, art. 37, § 3°, II, 81
de serviço público - participação, art. 37, § 3°, 80
de serviço público - reclaramação, art. 37, § 3°, I, 81
de serviço público - representação - negligência e abuso, art. 37, § 3°, 81

Usucapião
ação - citação - confinante certo - obrigatoriedade, S391, 414
ação - possuidor - citação pessoal - obrigatoriedade, S263, 399
argüição, S237, 396
bens dominicais - sujeição - impossibilidade, S340, 408
bens públicos - sujeição - impossibilidade, S340, 408
imóvel público - vedação, art. 183, § 3°, 220

Usura. ....v. também lei da usura

Utilidade pública
desapropriação - lei federal - aplicação - processo judicial pendente, S475, 424

Valor(es)
correspondente, inativo - gratificação, GDASST, SV34, 368
da causa - ação de consignação - aluguel - anuidade, S449, 421
de requisitórios - atualização - ADCT art. 100, § 12, 317
do benefício, limite máximo - servidor público - previdência social, regime geral, EC20, art. 14, 341
dos bens - data-base para cálculo do imposto de transmissão causa mortis, S113, 382
e cálculo, aposentadoria por invalidez - servidor público, cargo efetivo - previdência social, regime geral, EC41, art. 6°-A, 348
imposto, créditos e direitos financeitos - União, EC3, art. 2°, 329
inativo - gratificação - GDATA, SV20, 366
indenização - desapropriação - obra licenciada, S23, 373
inferior ao recurso devido - precatório, pagamento, EC62, art. 4°, I, 356
público - fiscalização do TCU, art. 71, V, 117
taxa - imposto, base de cálculo - constitucionalidade, SV29, 367

Valorização
dos profissionais da educação – princípio do Ensino, art. 206, V, 240

Vantagem(ns)
cálculo - salário mínimo, SV15, 366
percebidas em desacordo com a Constituição, redução - ADCT, art. 17, 277

Vara(s) Judiciária(s)
criação, art. 96, I, *d*, 134
especializadas para questões agrárias - Tribunal de Justiça - criação, art. 126, 166

Varanda
construção a menos de metro e meio do prédio de outrem – proibição
visão direta ou oblíqua - não distinção, S414, 417

Vedação(ões)
admissão de pessoal - ADCT, art. 109, IV, 326
aumento de remuneração - ADCT, art. 109, 326
aumento de remuneração - ADCT, art. 109, I, 326
concessão de vantagem - ADCT, art. 109, I, 326
criação de bônus, abonos - MP/Defensoria/Militares - ADCT, art. 109, VI, 326
criação de cargo - ADCT, art. 109, II, 326
criação de despesa obrigatória – ADCT, art. 109, VII, 326
membros do Ministério Público, art. 128, § 5°, II, 168
mudança - carreira - ADCT, art. 109, III, 326
reajuste de despesa obrigatória - ADCT, art. 109, VIII, 326
realização de concurso - ADCT, art. 109, II, 326

Veículo(s). ....v. também automóvel
automotor - imposto - alíquotas - fixação pelo Senado Federal, art. 155, § 6°, I, 197
automotor - imposto - alíquotas diferenciadas, art. 155, § 6°, II, 197
automotor - imposto - instituição, art. 155, III, 192
automotor - imposto de vendas e consignações - não incidência, S541, 432
automotor - impostos - arrecadação, distribuição aos Municípios, art. 158, III, IV e p.ú., 199
de transporte coletivo - deficiente, acesso adequado, art. 227, § 2°, 260
de transporte coletivo - deficiente, acesso adequado, art. 244, 268
locado - locadora - responsabilidade civil, S492, 426
locado - locadora - responsabilidade solidária, S492, 426

Velhice. ....v. também idoso
assistência social, art. 203, V, 238
proteção, art. 203, I, 238

Vencimento(s). ....v. também remuneração e salários
juiz preparador - recebimento, S41, 375
juiz substituto - recebimento, S41, 375
membros substitutos - Ministério Público Militar, S45, 375
Ministério Público - irredutibilidade - Constituição Estadual, S321, 406
Ministério Público x Magistratura - equiparação - constitucionalidade, S43, 375
percebidos em desacordo com a Constituição, redução - ADCT, art. 17, 277

ÍNDICE REMISSIVO

servidor - irredutibilidade - ausência de prerrogativa, S27, 373

Vencimento(s).

servidor público em disponibilidade - integralidade - direito, S358, 410

servidores públicos - aumento pelo Poder Judiciário - descabimento, S339, 407

Venda. ....v. também alienação

ascendente à descentente - ação anulatória - prazo - prescrição, S494, 427

mandante ao mandatário - nulidade - ausência, S165, 388

Vendedor. ....v. também comércio e promitente vendedor

pracista - repouso semanal remunerado, S201, 392

Vereador. ....v. também mandato eletivo

ato institucional - ADCT, art. 8°, § 4°, 273

benefício previdenciário, art. 38, V, 83

estado de sítio, difusão de pronunciamento, art. 139, p.ú., 177

funcionário estatal - licença, S34, 374

idade mínima, art. 14, § 3°, VI, c, 41

impedimentos, art. 29, IX, 66

imposto, art. 29, V, 65

incompatibilidades, art. 29, IX, 66

inviolabilidade, art. 29, VIII, 66

mandato - ADCT, art. 4°, § 4°, 271

mandato eletivo, duração, art. 29, I, 63

remuneração - 75% dos deputados estaduais, art. 29, VI, f, 66

remuneração, art. 29, VI e VII, 65

servidor público, art. 38, III, 83

subsídios, art. 29, VI e VII, 65

tempo de serviço é contado, art. 38, IV, 83

total de despesa com remuneração, art. 29, VII, 66

Verticalização

partido político, art. 17, § 1°, 44

Veto

de lei - não mantido, art. 66, § 5°, 115

de lei - ordem do dia, art. 66, § 6°, 115

deliberação, Congresso Nacional, art. 57, § 3°, IV, 106

lei - apreciação conjunta, art. 66, § 4°, 115

parcial de lei, art. 66, § 4°, 115

projetos de lei, competência privativa do Presidente da República, art. 84, V, 122

Via administrativa

exaustão - acidente de trabalho, S552, 434

Viação. ....v. também transporte

sistema nacional - diretrizes, art. 21, XXI, 52

sistema nacional - princípios, art. 21, XXI, 52

J. U. Jacoby Fernandes

Vice

governado - Estado de Tocantins - mandato - ADCT, art. 13, §§ 3°, 4° e 5°, 276

governador - Distrito Federal, eleição, art. 32, § 2°, 69

governador - elegibilidade, idade mínima, art. 14, § 3°, VI, b, 41

governador - Estado de Tocantins - eleição - ADCT, art. 13, §§ 3°, 4° e 5°, 276

governador - Estado de Tocantins - posse - ADCT, art. 13, §§ 3°, 4° e 5°, 276

governador - Estados - eleição, art. 28, 62

governador - Estados - posse, art. 28, 62

governador - mandato - ADCT, art. 4°, § 3°, 271

governador - mandato - ADCT, art. 5°, § 3°, 272

governador - mandato, art. 28, 62

prefeito - atual parlamentar no exercício da função de Prefeito - ADCT, art. 5°, § 3°, 272

prefeito - elegibilidade, idade mínima, art. 14, § 3°, VI, c, 41

prefeito - mandato - ADCT, art. 4°, § 4°, 271

prefeito - mandato, art. 29, I e II, 63

prefeito - posse, art. 29, III, 63

prefeito - remuneração, art. 29, V, 65

prefeito - subsídios, art. 29, V, 65

presidente - processo contra, instauração, autorização, competência, art. 51, I, 99

presidente - atribuições, art. 79, p.ú., 121

presidente - ausência do País - autorização, competência, art. 49, III, 97

presidente - ausência do País - licença do Congresso Nacional, art. 83, 122

presidente - ausência do País - perda do cargo, art. 83, 122

presidente - cargo - privativo de brasileiro nato, art. 12, § 3°, I, 40

presidente - cargo - vacância - eleição, art. 81, 121

presidente - cargo - vacância - exercício - Presidente - Câmara dos Deputados, art. 80, 121

presidente - cargo - vacância - exercício - Presidente - Senado Federal, art. 80, 121

presidente - cargo - vacância - exercício - Presidente - Supremo Tribunal Federal, art. 80, 121

presidente - cargo - vacância, art. 78, p.ú., 121

presidente - crimes - de responsabilidade, processo e julgamento, art. 52, I e p.ú., 100

presidente - eleição, normas, art. 77, 120

presidente - idade mínima, art. 14, § 3°, VI, a, 41

presidente - impedimento - exercício - Presidente - Câmara dos Deputados, art. 80, 121

presidente - impedimento - exercício - Presidente - Senado Federal, art. 80, 121

ÍNDICE REMISSIVO

Vice
    presidente - impedimento - exercício - Presidente - Supremo Tribunal Federal, art. 80, 121
    presidente - infração penal comum, processo e julgamento, art. 102, I, *b*, 143
    presidente - posse - compromisso, art. 57, § 3º, III e § 6º, I, 106
    presidente - posse - compromisso, art. 78, 121
    presidente - Presidente da República - substituição, art. 79, 121
    presidente - Presidente da República - sucessão, art. 79, 121
    presidente - remuneração, subsídios, fixação, competência, art. 49, VIII, 98

Vigência
    contribuições sociais - ADCT, art. 34, § 1º, 282
    e prazo, benefícios fiscais adicionais - STN, EC42, art. 4º, 350
    e prazo, benefícios fiscais, projeto de lei - STN, EC42, art. 5º, 350
    empréstimo compulsório - ADCT, art. 34, § 1º, 282
    imposto municipal sobre combustível - ADCT, art. 34, § 1º, 282
    limitação do poder de tributar - ADCT, art. 34, § 1º, 282
    novos impostos - ADCT, art. 34, § 1º, 282
    prazo e publicação, contribuição - servidor público - previdência social, EC20, art. 5º, 338
    sistema de governo, forma - plebiscito, EC2, art. único, § 1º, 328
    sistema tributário nacional - ADCT, art. 34, 282

Vigia
    noturno - salário adicional - direito, S402, 415

Vínculo
    funcional - inclusão de quadro em extinção de servidor público policial civil ou militar - administração pública, ex-territórios e dos estados do Amapá ou Roraima, União, EC98, art. 4º, 363
    funcional ou meios probatórios, diretrizes - servidor, ex-território - administração pública federal - União, EC19, art. 31, § 4º, 336

Vistoria
    judicial - para ação de indenização em caso de avaria - dispensa, S261, 399
    prescrição - interrupção - impossibilidade, S154, 387

Vitaliciedade
    extinção do cargo - possibilidade, S11, 372
    juiz, art. 95, I, 132
    Justiça Militar - Ministro Civil do STM, art. 123, 164
    membro do Ministério Público, art. 128, § 5º, I, *a*, 168
    processo - aperfeiçoamento de juiz em cursos oficiais - etapa obrigatória, art. 93, IV, 130
    professor catedrático - desdobramento da cátedra - possibilidade, S12, 372

Voto. ....v. também eleição e sufrágio,
.....................v. também eleição, **Justiça Eleitoral e sufrágio**
    direto e secreto, art. 14, I a III, 40

Voto
facultativo, art. 14, § 1°, II, 41
obrigatório, art. 14, § 1°, I, 41
soberania popular, manifestação, art. 14, I a III, 40

Zelar
pela Constituição, art. 23, I, 57
pela freqüência à escola, art. 208, §§ 2° e 3°, 242
pela sua competência - Congresso Nacional, art. 49, XI, 98
pelos direitos - Ministério Público, art. 129, 169

Zona
costeira - patrimônio nacional, art. 225, § 4°, 258
econômica - recursos - minerais, participação na exploração, art. 20, § 1°, 48
Econômica - recursos - naturais, bens da União, art. 20, V, 47
Franca de Manaus - critérios disciplinadores, modificações - ADCT, art. 40, p.ú., 285
Franca de Manaus - manutenção, prazo - ADCT, art. 40 e art. 92 e 92-A, 285
Franca de Manaus - manutenção, prazo prorrogado - ADCT, art. 92 e 92-A, 312
limítrofe com outros países, art. 20, IV, 47
rural - aquisição por usucapião, art. 191, 223
rural - ocupação produtiva de imóvel rural, art. 191, 223

Quer receber todo dia um resumo com o que saiu de mais importante no Diário Oficial da União?

Aponte a câmera do seu celular para o QR Code

Cadastre seu número e receba via WhatsApp

Conheça o canal do professor Jacoby Fernandes no YouTube

Aponte a câmera do seu celular para o QR Code

Todo dia, um vídeo novo sobre licitações, contratos, PPPs, convênios, recursos humanos e muito mais!

Esta obra foi composta em fonte *Goudy Old Style*, capa cartão supremo 250g, miolo em papel AP 63g, impressa pela Gráfica e Editora O Lutador. 1.000 exemplares. Belo Horizonte/MG, 2019.